CHIMIE FONDAMENTALE

CHIMIE FONDAMENTALE

Raymond Chang
Williams College

Luc Papillon
Cégep de Sherbrooke

Principes et problèmes

Chenelière/McGraw-Hill
MONTRÉAL • TORONTO

Chimie fondamentale
Principes et problèmes

Traduction de: *Essential Chemistry* de Raymond Chang

Éditeur: Michel Poulin
Coordination: Lucie Robidas
Traduction: Jean Blaquière
Révision linguistique: Jean Bernard
Correction d'épreuves: Richard Lavallée
Infographie: Rive-Sud Typo Service inc.
Couverture: Norman Lavoie

Conception graphique: Jean Greenfield and Joseph A. Piliero

Données de catalogage avant publication (Canada)

Chang, Raymond

Chimie fondamentale: principes et problèmes
Traduction de: Essential Chemistry.
Comprend un index.
Pour les étudiants du niveau collégial.
ISBN 2-89461-093-9

1. Chimie. 2. Chimie physique et théorique. 3. Éléments chimiques 4. Équilibre chimique. 5. Réactions chimiques. 6. Chimie - Problèmes et exercices. I. Papillon, Luc, 1943- . II. Titre.

QD33.C3914 1998 540 C97-941291-9

Chenelière/McGraw-Hill
7001, boul. Saint-Laurent
Montréal (Québec)
Canada H2S 3E3
Téléphone: (514) 273-1066
Télécopieur: (514) 276-0324
chene@dlcmcgrawhill.ca

ISBN 2-89461-093-9

Dépôt légal: 1er trimestre 1998
Bibliothèque nationale du Québec
Bibliothèque nationale du Canada

Imprimé et relié au Canada

2 3 4 5 ITIB 02 01 00

À propos de l'auteur...

Né à Hong Kong, Raymond Chang a passé son enfance et sa jeunesse à Shanghai et à Hong Kong. Il a obtenu un diplôme de premier cycle en chimie à l'Université de Londres, puis un doctorat en chimie à l'université Yale. Après des recherches postdoctorales à l'Université de Washington et une année d'enseignement au Hunter College, il a été engagé au Département de chimie du Williams College, où il enseigne depuis 1968. Le professeur Chang a écrit des livres sur la spectroscopie, la chimie physique et la chimie industrielle.

et de l'adaptateur

Après avoir fait des études de pédagogie et de chimie à l'Université de Montréal, Luc Papillon a enseigné pendant une dizaine d'années au secondaire, années durant lesquelles il a écrit, avec Pierre Lahaye et René Valiquette, *Éléments de chimie expérimentale,* un ouvrage qui a marqué toute une génération d'élèves québécois. Depuis 1976, il enseigne au département de chimie du Cégep de Sherbrooke.

AVANT-PROPOS

L'objectif de *Chimie fondamentale* est de présenter toutes les notions de chimie essentielles à ceux et celles qui entreprennent des études scientifiques. Cela implique des choix à faire (quels concepts présenter? jusqu'où doit-on les approfondir?) et pose donc certains problèmes… qui ne peuvent pas tous être résolus; nous croyons cependant que *Chimie fondamentale* est un outil qui répond aux besoins de ceux et celles à qui ne conviennent pas des ouvrages plus complets, mais dont la matière ne peut être vue dans une seule année d'études, ou les plus petits ouvrages faits sur mesure pour un seul cours.

Nous avons tenté d'inclure dans ce manuel tous les sujets fondamentaux que doit comporter une formation de base en chimie, sans renoncer pour autant à la clarté et à la compréhension de l'exposé. Pour atteindre cet objectif dans un nombre limité de pages, il fallait répondre, avant l'écriture de chaque chapitre, à la question suivante: qu'est-ce que l'étudiant ou l'étudiante doit absolument connaître dans ce domaine particulier de la chimie? Nous sommes conscients que ces choix ne feront pas l'unanimité, mais nous croyons que ce livre conviendra à la majorité des enseignants, et des étudiants et étudiantes.

L'ORGANISATION GÉNÉRALE DU MANUEL

L'organisation générale du manuel est classique, mais permet une certaine flexibilité. Les chapitres 1 à 11 exposent les notions de chimie générale et les chapitres 12 à 19 abordent la chimie des solutions. Ceux et celles qui préfèrent traiter la cinétique chimique (chapitre 19) plus tôt dans le cours du programme pourront le faire avant ou après le chapitre 13 sans nuire à la compréhension générale de l'exposé.

Les premiers chapitres révisent certaines notions élémentaires de chimie tout en donnant des outils de travail pour permettre une meilleure maîtrise de la méthode scientifique. Tous les chapitres ont à peu près la même longueur – une trentaine de pages –, et dans le cas de sujets plus complexes comme les liaisons et les acides et les bases, la matière est couverte en deux chapitres. Nous n'avons pas consacré à la chimie descriptive de chapitres comme tels: nous l'avons plutôt intégrée autant que possible dans les nombreux exemples donnés tout au long du manuel.

Une particularité de ce livre, est qu'il couvre un très grand nombre de sujets de manière équilibrée. Par exemple, on y trouve des notions de thermodynamique réparties dans deux chapitres (chapitres 6 et 17) de manière à ne pas rendre la matière trop aride tout en l'intégrant bien aux chapitres avoisinants. Les acides et les bases n'occupent pas une trop grande place, pour que nous puissions aborder les réactions de précipitation, l'oxydoréduction et la cinétique. Cet équilibre des notions essentielles de la chimie moderne que nous avons visé répond aux exigences des nouveaux programmes, qui insistent sur une meilleure intégration des connaissances et sur le développement de l'esprit de synthèse. Dans cette perspective, mentionnons que plusieurs concepts sont approfondis en spirale: par exemple, l'oxydoréduction et les acides et les bases sont abordés dès les premiers chapitres pour ensuite faire l'objet de chapitres subséquents qui, eux, font souvent allusion aux notions déjà vues en les complétant. De la même façon, les réactions de précipitation sont intégrées au deuxième chapitre portant sur les acides et les bases (chapitre 15). Le chapitre 11, qui porte sur les forces intermoléculaires, utilise toutes les notions vues dans les chapitres précédents concernant les liaisons tout en constituant une bonne introduction à la cristallographie et aux changements de phases. Enfin, comme dernier exemple qui illustre ce souci d'intégration, mentionnons le chapitre 16, qui traite de la chimie des composés de coordination: ce sujet à première vue très spécialisé constitue en fait une belle application des notions touchant les orbitales (les éléments de transition), les liaisons, la géométrie moléculaire, les acides et les bases, ainsi que les équilibres en milieu aqueux et la spectroscopie, tout en introduisant des notions d'isomérie.

L'ORGANISATION GÉNÉRALE D'UN CHAPITRE

Chaque chapitre s'ouvre sur un court texte portant sur un sujet historique ou contemporain lié au contenu du chapitre. En présentant ainsi la chimie de façon à bien montrer qu'il s'agit d'une activité humaine ayant de nombreuses conséquences sur nos vies, nous espérons convaincre l'étudiant ou l'étudiante de la pertinence de l'étude de cette science et soulever son intérêt pour l'exposé qui suivra. Cette particularité s'inscrit aussi dans le sens des exigences des nouveaux programmes, qui visent à élever le niveau de culture scientifique dans les cours de sciences.

Dans chaque chapitre, la présentation des concepts ainsi que l'exposé de la théorie et des relations mathématiques sont toujours renforcés par plusieurs illustrations, exemples et exercices permettant à l'étudiant ou l'étudiante de vérifier immmédiatement sa compréhension. À la fin de chaque chapitre, on trouve un résumé et une liste de mots clés, ainsi que des questions de révision et de nombreux exercices.

LA RÉSOLUTION DE PROBLÈMES

La capacité d'analyser et de résoudre des problèmes est essentielle dans un cours de chimie. Pour cette raison, plus de 150 exemples de problèmes résolus ont été intégrés tout au long du manuel. Ces exemples, placés au cœur même de l'exposé, montrent à l'étudiant ou l'étudiante comment utiliser des stratégies de résolution de problèmes; après chacun de ces exemples, un exercice du même type permet de mettre immédiatement à l'épreuve la stratégie utilisée. Les réponses à ces exercices se trouvent à la fin du chapitre.

Les questions de révision et les problèmes de fin de chapitre (plus de 1 500 au total) donneront à l'étudiant ou l'étudiante une autre occasion de revoir les concepts fondamentaux et de mettre en application les stratégies de résolution de problèmes qu'il ou elle a apprises. Les questions de révision font le tour des concepts: l'acquisition du vocabulaire, les définitions et le «pourquoi» de la chimie. Les problèmes couvrent quant à eux l'aspect expérimental et quantitatif de la chimie: ils explorent le «comment» de la chimie. Les questions de révision et les problèmes sont groupés par sujets qui correspondent habituellement aux diverses sections du chapitre. Les problèmes viennent toujours par paires de manière à fournir chaque fois à l'étudiant ou l'étudiante deux occasions de vérifier sa compréhension. La section «Problèmes variés» termine chaque série d'exercices: elle regroupe des problèmes plus difficiles ou touchant plus d'un concept et permettant de faire une synthèse de toutes les notions vues dans le chapitre; c'est alors l'étudiant ou l'étudiante qui doit repérer les notions nécessaires et organiser les étapes menant à la solution du problème. On trouve les réponses de tous les problèmes pairs à la fin du manuel; les solutions détaillées de tous les problèmes du manuel sont expliquées dans le guide de l'enseignant.

Raymond Chang et Luc Papillon

SOMMAIRE

CHAPITRE 1	INTRODUCTION	2
CHAPITRE 2	ATOMES, MOLÉCULES ET IONS	28
CHAPITRE 3	LA STŒCHIOMÉTRIE	56
CHAPITRE 4	LES RÉACTIONS EN MILIEU AQUEUX	92
CHAPITRE 5	LES GAZ	126
CHAPITRE 6	L'ÉNERGIE DANS LES RÉACTIONS CHIMIQUES	162
CHAPITRE 7	LA STRUCTURE ÉLECTRONIQUE DES ATOMES	194
CHAPITRE 8	LE TABLEAU PÉRIODIQUE	234
CHAPITRE 9	LA LIAISON CHIMIQUE I: LA LIAISON COVALENTE	270
CHAPITRE 10	LA LIAISON CHIMIQUE II: LA FORME DES MOLÉCULES ET L'HYBRIDATION DES ORBITALES ATOMIQUES	300
CHAPITRE 11	LES FORCES INTERMOLÉCULAIRES, LES LIQUIDES ET LES SOLIDES	336
CHAPITRE 12	LES PROPRIÉTÉS PHYSIQUES DES SOLUTIONS	372
CHAPITRE 13	L'ÉQUILIBRE CHIMIQUE	404
CHAPITRE 14	LES ACIDES ET LES BASES	438
CHAPITRE 15	L'ÉQUILIBRE ACIDO-BASIQUE ET L'ÉQUILIBRE DE SOLUBILITÉ	478

CHAPITRE 16	LA CHIMIE DES COMPOSÉS DE COORDINATION	514
CHAPITRE 17	LA THERMODYNAMIQUE	538
CHAPITRE 18	LES RÉACTIONS D'OXYDORÉDUCTION ET L'ÉLECTROCHIMIE	568
CHAPITRE 19	LA CINÉTIQUE CHIMIQUE	612
ANNEXE 1	LES UNITÉS DE LA CONSTANTE DES GAZ	651
ANNEXE 2	QUELQUES DONNÉES THERMODYNAMIQUES À 1 ATM ET À 25 °C	653
ANNEXE 3	OPÉRATIONS MATHÉMATIQUES	659
ANNEXE 4	LES ÉLÉMENTS, LEURS SYMBOLES ET L'ORIGINE DE LEURS NOMS	661

GLOSSAIRE	669
RÉPONSES AUX PROBLÈMES PAIRS	683
INDEX	693
TABLEAU PÉRIODIQUE	

TABLE DES MATIÈRES

CHAPITRE 1 INTRODUCTION 2

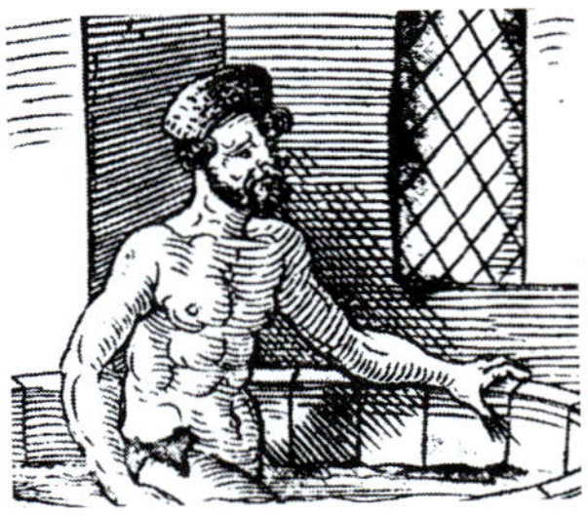

1.1 L'étude de la chimie 4
Comment étudier la chimie 4

1.2 La classification de la matière 5
Les substances pures et les mélanges 5
Les éléments et les composés 6

1.3 Les propriétés physiques et chimiques de la matière 8

1.4 Les mesures 9
Les unités du SI 9
La masse et le poids 10
Le volume 11
La masse volumique 12
La température 13

1.5 La manipulation des nombres 14
La notation scientifique 14
L'addition et la soustraction 15
La multiplication et la division 15
Les chiffres significatifs 15
Les règles d'utilisation des chiffres significatifs 16
L'exactitude et la précision 19

1.6 La résolution de problèmes par la méthode des facteurs de conversion 20

Résumé 23

Mots clés 24

Questions et problèmes 24

CHAPITRE 2 ATOMES, MOLÉCULES ET IONS 28

2.1 La théorie atomique 30

2.2 La structure de l'atome 31
L'électron 31
La radioactivité 33
Le proton et le noyau 34
Le neutron 35

2.3 Numéro atomique, nombre de masse et isotopes 36

2.4 Le tableau périodique 38

2.5 Les molécules et les ions 39
Les molécules 39
Les ions 40

2.6 Les formules chimiques 41
Les formules moléculaires 41
Les formules empiriques (ou brutes) 41

2.7 La nomenclature des composés inorganiques 44
Les composés ioniques 44
Les composés covalents 47
Les acides et les bases 48
La nomenclature des acides 49
La nomenclature des bases 51

Résumé 51

Mots clés 52

Questions et problèmes 52

CHAPITRE 3 LA STŒCHIOMÉTRIE 56

3.1 La masse atomique 58
La masse atomique moyenne 58

3.2 La masse molaire d'un élément et le nombre d'Avogadro 59

3.3 La masse moléculaire 63

3.4 Le spectromètre de masse 65

3.5 La composition centésimale 66

3.6 **La détermination expérimentale des formules empiriques** 69
La détermination des formules moléculaires 71

3.7 **Les réactions et les équations chimiques** 72
L'écriture des équations chimiques 72
L'équilibrage des équations chimiques 74

3.8 **Les calculs des quantités de réactifs et de produits** 77

3.9 **Les réactifs limitants et le rendement des réactions** 81
Le rendement des réactions 83

Résumé 85

Mots clés 86

Questions et problèmes 86

CHAPITRE 4 LES RÉACTIONS EN MILIEU AQUEUX 92

4.1 **Les propriétés générales des solutions aqueuses** 94
Les électrolytes et les non-électrolytes 94

4.2 **Les réactions de précipitation** 96
La solubilité 97
Les équations moléculaires et les équations ioniques 98

4.3 **Les réactions acido-basiques** 100
Les propriétés générales des acides et des bases 100
Les acides 100
Les bases 101
Les acides et les bases de Brønsted 101
Les réactions de neutralisation 103

4.4 **Les réactions d'oxydoréduction** 104
Les nombres d'oxydation 106
La série d'activité 109

4.5 **La concentration des solutions et la dilution** 111
La concentration des solutions 111
La dilution des solutions 113

4.6 **La stœchiométrie en chimie des solutions** 115
L'analyse gravimétrique 115
Les titrages acide-base 117

Résumé 119

Mots clés 120

Questions et problèmes 121

CHAPITRE 5 LES GAZ 126

5.1 **Les substances qui existent à l'état gazeux** 128

5.2 **La pression des gaz** 129
Les unités de pression du SI 129
La pression atmosphérique 130

5.3 **Les lois des gaz** 132
Relation pression-volume: la loi de Boyle-Mariotte 132
Relation température-volume: la loi de Gay-Lussac-Charles 134
Relation volume-nombre de molécules: la loi d'Avogadro 136

5.4 **L'équation des gaz parfaits** 137
La masse volumique et la masse molaire d'une substance gazeuse 141

5.5 **La loi des pressions partielles de Dalton** 142

5.6 **La théorie cinétique des gaz** 147
La distribution des vitesses des molécules 148

5.7 **Les gaz parfaits et les gaz réels** 151

Résumé 154

Mots clés 155

Questions et problèmes 155

CHAPITRE 6 L'ÉNERGIE DANS LES RÉACTIONS CHIMIQUES 162

6.1 **L'énergie** 164

6.2 **Les variations d'énergie au cours des réactions chimiques** 165

6.3 **L'enthalpie** 167
Les équations thermochimiques 168

6.4 La calorimétrie 169
La chaleur spécifique et la capacité calorifique 169
La calorimétrie à volume constant 170
La calorimétrie à pression constante 172

6.5 L'enthalpie standard de formation et l'enthalpie standard de réaction 174
La méthode directe 176
La méthode indirecte 177

6.6 Introduction à la thermodynamique 179
Le premier principe de la thermodynamique 180
Le travail et la chaleur 182
L'enthalpie et le premier principe de la thermodynamique 185

Résumé 187

Mots clés 188

Questions et problèmes 188

CHAPITRE 7 LA STRUCTURE ÉLECTRONIQUE DES ATOMES 194

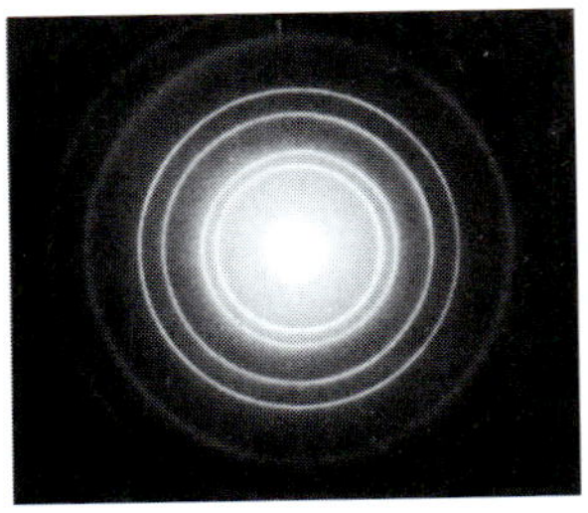

7.1 De la physique classique à la théorie des quanta 196
Le rayonnement électromagnétique 197
La théorie des quanta de Planck 199

7.2 L'effet photoélectrique 200

7.3 Le modèle de l'atome de Bohr 202
Les spectres d'émission 202
Le spectre d'émission de l'atome d'hydrogène 203

7.4 La nature dualiste de l'électron 207

7.5 La mécanique quantique 209

7.6 La mécanique appliquée à l'atome d'hydrogène 210

7.7 Les nombres quantiques 211
Le nombre quantique principal (n) 211
Le nombre quantique secondaire ou azimuthal (*l*) 211
Le nombre quantique magnétique (m) 212
Le nombre quantique de rotation propre ou de spin (s) 212

7.8 Les orbitales atomiques 212
Les orbitales *s* 212
Les orbitales *p* 214
Les orbitales *d* et les autres orbitales à énergie élevée 214
L'énergie des orbitales 215

7.9 La configuration électronique 217
Le principe d'exclusion de Pauli 218
Le diamagnétisme et le paramagnétisme 219
L'effet d'écran dans les atomes polyélectroniques 219
La règle de Hund 220
Les règles générales d'attribution des électrons aux orbitales atomiques 222

7.10 Le principe de construction (ou de l'Aufbau) 223

Résumé 227

Mots clés 229

Questions et problèmes 229

CHAPITRE 8 LE TABLEAU PÉRIODIQUE 234

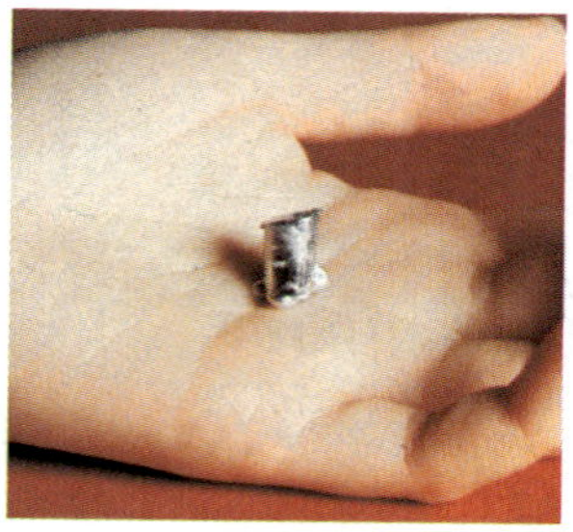

8.1 Le développement du tableau périodique 236

8.2 La classification périodique des éléments 237
Les configurations électroniques des cations et des anions 240
Les ions dérivés des éléments représentatifs 240
Les cations dérivés des métaux de transition 241

8.3 Les variations périodiques des propriétés physiques 241
La charge nucléaire effective 242
Le rayon atomique 242
Le rayon ionique 245

8.4 L'énergie d'ionisation 247

8.5 L'affinité électronique 251

8.6 Les propriétés chimiques des éléments de chaque groupe 253
Les tendances générales des propriétés chimiques 253
L'hydrogène ($1s^1$) 254
Les éléments du groupe IA (ns^1, $n \geq 2$) 254
Les éléments du groupe IIA (ns^2, $n \geq 2$) 255
Les éléments du groupe IIIA ($ns^2 np^1$, $n \geq 2$) 257
Les éléments du groupe IVA ($ns^2 np^2$, $n \geq 2$) 258
Les éléments du groupe VA ($ns^2 np^3$, $n \geq 2$) 258
Les éléments du groupe VIA ($ns^2 np^4$, $n \geq 2$) 260
Les éléments du groupe VIIA ($ns^2 np^5$, $n \geq 2$) 260
Les éléments du groupe VIIIA ($ns^2 np^6$, $n \geq 2$) 262
Les propriétés des oxydes dans une période 262

Résumé 264

Mots clés 265

Questions et problèmes 265

CHAPITRE 9 LA LIAISON CHIMIQUE 1: LA LIAISON COVALENTE 270

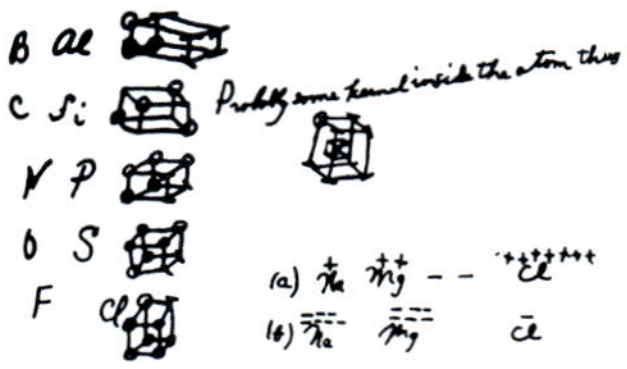

9.1 **La notation de Lewis** 272

9.2 **La liaison covalente** 272

9.3 **L'électronégativité** 275
L'électronégativité et le nombre d'oxydation 278

9.4 **Les règles d'écriture des structures de Lewis** 279

9.5 **La charge formelle et les structures de Lewis** 281

9.6 **Le concept de résonance** 284

9.7 **Les exceptions à la règle de l'octet** 287
L'octet incomplet 287
Les molécules à nombre impair d'électrons 288
L'octet étendu 288

9.8 **La force de la liaison covalente** 289
L'utilisation des énergies de liaison en thermochimie 291

Résumé 293

Mots clés 294

Questions et problèmes 294

CHAPITRE 10 LA LIAISON CHIMIQUE II: LA FORME DES MOLÉCULES ET L'HYBRIDATION DES ORBITALES ATOMIQUES 300

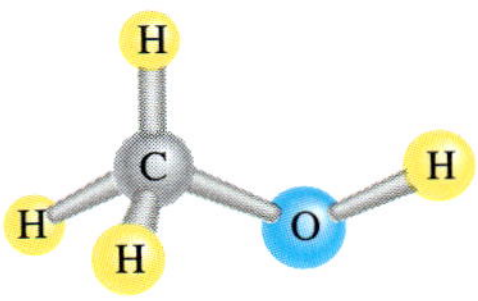

10.1 **La géométrie moléculaire** 302
La forme des molécules dont l'atome central n'a aucun doublet libre 302
AB_2: le chlorure de béryllium ($BeCl_2$) 304
AB_3: le trifluorure de bore (BF_3) 304
AB_4: le méthane (CH_4) 304
AB_5: le pentachlorure de phosphore (PCl_5) 305
AB_6: l'hexafluorure de soufre (SF_6) 305

La forme des molécules dont l'atome central a un ou plusieurs doublets libres 306
AB_2E: le dioxyde de soufre (SO_2) 307
AB_3E: l'ammoniac (NH_3) 307
AB_2E_2: l'eau (H_2O) 308
AB_4E: le tétrofluorure de soufre (SF_4) 308
La forme des molécules qui ont plus de un atome central 309
Les règles à suivre pour appliquer le modèle de VSEPR 309

10.2 Les moments dipolaires 312

10.3 L'hybridation des orbitales atomiques 316
L'hybridation *sp* 317
L'hybridation sp^2 318
L'hybridation sp^3 319
La méthode à suivre pour hybrider des orbitales atomiques 321
L'hybridation des orbitales *s, p* et *d* 325

10.4 L'hybridation dans les molécules qui contiennent des liaisons doubles et triples 327

Résumé 330

Mots clés 330

Questions et problèmes 331

CHAPITRE 11 LES FORCES INTERMOLÉCULAIRES, LES LIQUIDES ET LES SOLIDES 336

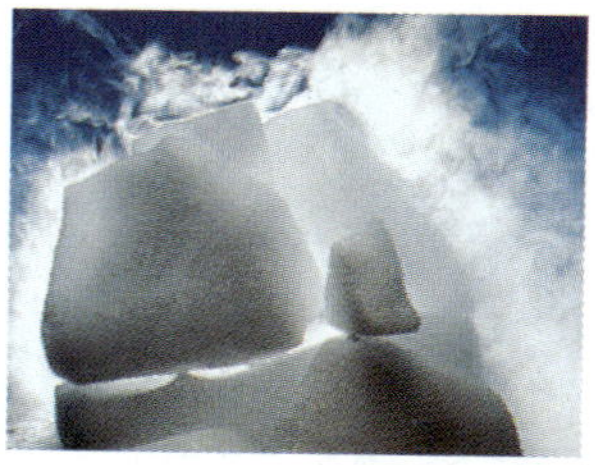

11.1 La théorie cinétique des liquides et des solides 338

11.2 Les forces intermoléculaires 338
Les forces dipôle-dipôle 340
Les forces ion-dipôle 340
Les forces de dispersion 340
La liaison hydrogène 343

11.3 L'état liquide 345
La tension superficielle 345
La viscosité 347
La structure et les propriétés de l'eau 347

11.4 Les structures cristallines 349
L'empilement de sphères 351

11.5 Les liaisons dans les solides cristallins 354
Les solides ioniques 355
Les solides moléculaires 356
Les solides covalents 357
Les solides métalliques 357

11.6 Les changements de phases 358
L'équilibre liquide-vapeur 358
La pression de vapeur 358
La chaleur de vaporisation et le point d'ébullition 360
La température critique et la pression critique 361
L'équilibre liquide-solide 362
L'équilibre solide-vapeur 363

11.7 Les diagrammes de phases 364
L'eau 364
Le dioxyde de carbone 365

Résumé 365

Mots clés 366

Questions et problèmes 367

CHAPITRE 12 LES PROPRIÉTÉS PHYSIQUES DES SOLUTIONS 372

12.1 Les types de solutions 374

12.2 Le processus de dissolution au niveau moléculaire 374
Les facteurs qui influencent la solubilité 376

12.3 Les unités de concentration 377
Les types d'unités de concentration 378
Le pourcentage massique 378
La molarité (M) 378
La molalité (m) 378
La comparaison entre les unités de concentration 379

12.4 L'effet de la température sur la solubilité 382
La solubilité des solides et la température 382
La solubilité des gaz et la température 382

12.5 L'effet de la pression sur la solubilité des gaz 383

12.6 Les propriétés colligatives 385
La diminution de la pression de vapeur 386
L'élévation du point d'ébullition 388
L'abaissement du point de congélation 389
La pression osmotique 391
L'utilisation des propriétés colligatives pour déterminer la masse molaire 393
Les propriétés colligatives des solutions d'électrolytes 395

Résumé 397

Mots clés 397

Questions et problèmes 397

CHAPITRE 13 L'ÉQUILIBRE CHIMIQUE 404

13.1 **Le concept d'équilibre** 406

13.2 **L'expression des constantes d'équilibre** 408
L'équilibre homogène 408
L'équilibre hétérogène 413
L'expression de *k* et l'équation décrivant l'équilibre 415
Résumé des règles d'écriture des constantes d'équilibre 416

13.3 **La signification de la constante d'équilibre** 416
La prévision du sens de l'évolution (ou de l'absence d'évolution) d'une réaction 416
Le calcul des concentrations à l'équilibre 418

13.4 **Les facteurs qui influencent l'équilibre chimique** 422
Le principe de Le Chatelier 422
Les modifications de la concentration 423
Les modifications de la pression et du volume 425
Les modifications de la température 427
Le rôle d'un catalyseur 428
Résumé des effets des facteurs d'influence 428

Résumé 430

Mots clés 430

Questions et problèmes 431

CHAPITRE 14 LES ACIDES ET LES BASES 438

14.1 **Les acides et les bases de Brønsted** 440
Les couples acide-base conjugués 440

14.2 **Les propriétés acido-basiques de l'eau** 441
Le produit ionique de l'eau 442

14.3 **Le pH: une mesure du degré d'acidité** 443

14.4 **Les acides forts et les bases fortes** 445

14.5 **Les acides faibles et les constantes d'ionisation des acides** 449
Le pourcentage d'ionisation 455
Les diacides et les polyacides 456

14.6 **Les bases faibles et les constantes d'ionisation des bases** 460

14.7 **La relation entre les constantes d'ionisation des couples acide-base conjugués** 463

14.8 **Les propriétés acido-basiques des sels** 464
Les sels qui produisent des solutions neutres 464
Les sels qui produisent des solutions basiques 464
Les sels qui produisent des solutions acides 465
Les sels dont le cation et l'anion s'hydrolisent 466

14.9 **Les oxydes acides, basiques et amphotères** 468

14.10 **Les acides et les bases de Lewis** 470

Résumé 472

Mots clés 473

Questions et problèmes 473

CHAPITRE 15 L'ÉQUILIBRE ACIDO-BASIQUE ET L'ÉQUILIBRE DE SOLUBILITÉ 478

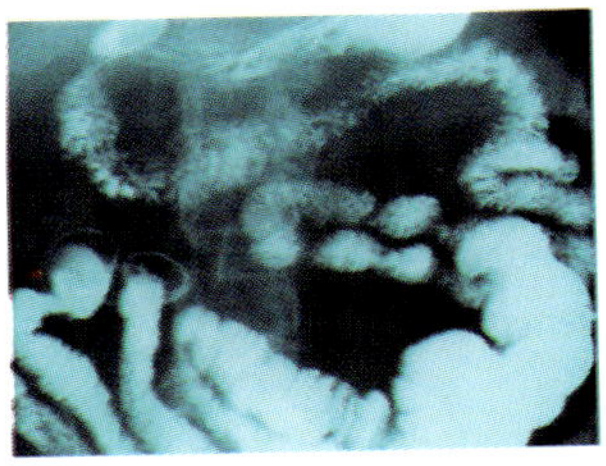

15.1 **L'équilibre des solutions en milieux homogène et hétérogène** 480

15.2 **Les solutions tampons** 480
La préparation d'une solution tampon d'un pH déterminé 484

15.3 **Le titrage acido-basique en détail** 486
Le titrage acide fort-base forte 486
Le titrage acide faible-base forte 488
Le titrage acide fort-base faible 489

15.4 **Les indicateurs acido-basiques** 490

15.5 **L'équilibre de solubilité** 492
Le produit de solubilité 492
La solubilité molaire et la solubilité 494
La prédiction des réactions de précipitation 498

15.6 L'effet d'ion commun et la solubilité 499

15.7 L'équilibre des ions complexes et la solubilité 501

15.8 L'application du principe de l'équilibre de solubilité à l'analyse qualitative 504

Résumé 507

Mots clés 508

Questions et problèmes 508

CHAPITRE 16 LA CHIMIE DES COMPOSÉS DE COORDINATION 514

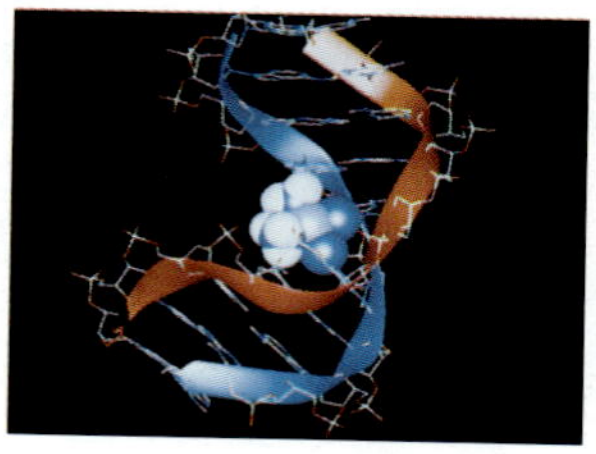

16.1 Les propriétés des métaux de transition 516
Les configurations électroniques 518
Les états d'oxydation 518

16.2 Les composés de coordination 519
Les nombres d'oxydation des métaux dans les composés de coordination 521
La nomenclature des composés de coordination 522

16.3 La géométrie des composés de coordination 525
Indice de coordination = 2 525
Indice de coordination = 4 525
Indice de coordination = 6 526

16.4 Les liaisons dans les composés de coordination: la théorie du champ cristallin 527
Le dédoublement du champ cristallin dans les complexes octaédriques 527
La couleur 528
Les propriétés magnétiques 531
Les complexes tétraédriques et plans carrés 533

Résumé 534

Mots clés 535

Questions et problèmes 535

CHAPITRE 17 LA THERMODYNAMIQUE 538

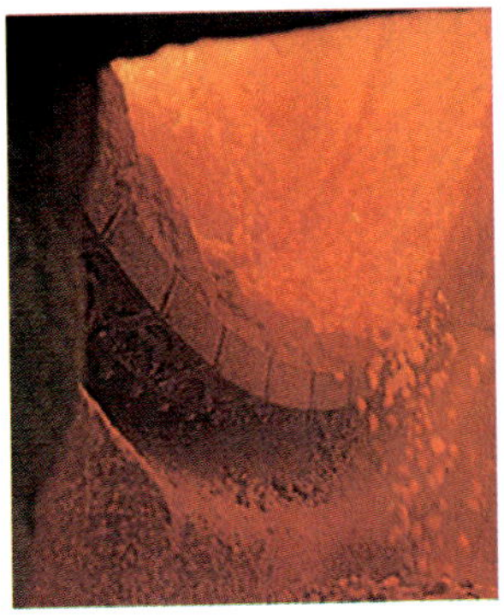

17.1 **Les principes de la thermodynamique** 540
17.2 **Les processus spontanés** 540
17.3 **L'entropie** 542
17.4 **Le deuxième principe de la thermodynamique** 545
17.5 **La fonction de Gibbs** 548
Les variations de l'enthalpie libre standard 549
Les applications de l'équation (17.6) 551
La température et les réactions chimiques 552
Les changements de phases 554
17.6 **L'enthalpie libre et l'équilibre chimique** 556
17.7 **La thermodynamique dans les systèmes vivants** 560
Résumé 561
Mots clés 561
Questions et problèmes 562

CHAPITRE 18 LES RÉACTIONS D'OXYDORÉDUCTION ET L'ÉLECTROCHIMIE 568

18.1 **Les réactions d'oxydoréduction** 570
L'équilibrage des équations d'oxydoréduction 570
18.2 **Les cellules galvaniques** 573
18.3 **Les potentiels standard d'électrode** 575
18.4 **La spontanéité des réactions d'oxydoréduction** 581
18.5 **L'effet de la concentration sur la fem d'une cellule: l'équation de Nernst** 585

18.6 Les piles et les accumulateurs 588
La pile sèche 589
La pile au mercure 589
L'accumulateur au plomb 589
La pile à combustible 591

18.7 La corrosion 593

18.8 L'électrolyse 597
L'électrolyse du chlorure de sodium fondu 597
L'électrolyse de l'eau 598
L'électrolyse d'une solution aqueuse de chlorure de sodium 599
Les aspects quantitatifs de l'électrolyse 601

18.9 L'électrométallurgique 602
La production de l'aluminium 603
L'affinage du cuivre 603

Résumé 603

Mots clés 604

Questions et problèmes 604

CHAPITRE 19 LA CINÉTIQUE CHIMIQUE 612

19.1 La vitesse de réaction 614

19.2 Les lois de vitesse 618
La détermination expérimentale des lois de vitesse 619

19.3 La relation entre les concentrations des réactifs et le temps: les réactions d'ordre 1 622

19.4 L'énergie d'activation et l'effet de la température sur la constante de vitesse 629
La théorie des collisions en cinétique chimique 629
L'équation d'Arrhenius 631

19.5 Les mécanismes réactionnels et les lois de vitesse 635

19.6 La catalyse 638
La catalyse hétérogène 639
La production industrielle d'acide nitrique 640
Les convertisseurs catalytiques 641
La catalyse homogène 642
La catalyse enzymatique 642

Résumé 644

Mots clés 644

Questions et problèmes 645

ANNEXE 1 LES UNITÉS DE LA CONSTANTE DES GAZ 651

ANNEXE 2 QUELQUES DONNÉES THERMODYNAMIQUES À 1 ATM ET À 25 °C 653

ANNEXE 3 OPÉRATIONS MATHÉMATIQUES 659

ANNEXE 4 LES ÉLÉMENTS, LEURS SYMBOLES ET L'ORIGINE DE LEURS NOMS 661

GLOSSAIRE 669

RÉPONSES AUX PROBLÈMES PAIRS 683

INDEX 693

TABLEAU PÉRIODIQUE

SOURCES DES PHOTOS

CHAPITRE 1

Page 3: Les archives Bettmann. Figure 1.1: Fritz Goro/Life Magazine © Time, Inc. Figure 1.2: photos de Ken Karp pour McGraw-Hill. Figure 1.8: Gracieuseté de Mettler. Page 8: photo de Ken Karp pour McGraw-Hill. Page 10: NASA. Page 12: Comstock. Page 13: photo par Ken Karp pour McGraw-Hill.

CHAPITRE 2

Page 29: (gauche) Association Joliot-Curie, Institut du Radium, gracieuseté des Archives Pierre et Marie Curie; (droite) les archives Bettmann. Figure 2.3: photo de Ken Karp pour McGraw-Hill. Page 30: Bibliothèque Niels Bohr. Page 33: Bibliothèque Burndy, gracieuseté de AIP Emilio Segré Visual Archives. Page 34: Bibliothèque de l'université Cambridge, collection Rutherford; gracieuseté de AIP Emilio Segré Visual Archives. Page 42: photo de Ken Karp pour McGraw-Hill. Page 46: photo de Ken Karp pour McGraw-Hill.

CHAPITRE 3

Page 57: The Granger Collection. Figure 3.1: photo de Ken Karp pour McGraw-Hill. Page 59: Andrew Popper/Picture Group. Page 60: Chemical Heritage Foundation. Page 62: Dr E. R. Degginger, FPSA. Page 62: Dr E. R. Degginger, FPSA. Page 63: L. V. Bergman & Associates. Page 64: American Gas. Page 65: photo de Ken Karp pour McGraw-Hill. Page 68: photo de Ken Karp pour McGraw-Hill. Page 69: Ward's Natural Science Establishment. Page 72: photo de Ken Karp pour McGraw-Hill. Page 73: photo de Ken Karp pour McGraw-Hill. Page 74: photo de Ken Karp pour McGraw-Hill. Page 76: Raymond Chang. Page 79: photo de Ken Karp pour McGraw-Hill . Page 84: photo de Ken Karp pour McGraw-Hill.

CHAPITRE 4

Page 93: Dirck Halstead/Gamma-Liaison. Figure 4.3: photo de Ken Karp pour McGraw-Hill. Figure 4.4: photo de Ken Karp pour McGraw-Hill. Figure 4.5: photo de Ken Karp pour McGraw-Hill. Figure 4.6: photo de Ken Karp pour McGraw-Hill. Figure 4.7: photos de Ken Karp pour McGraw-Hill. Figure 4.9: photo de Ken Karp pour McGraw-Hill. Figure 4. 10: Joel Gordon. Figure 4.12: photos de Ken Karp pour McGraw-Hill. Figure 4.15: photos de Ken Karp pour McGraw-Hill. Figure 4.16: photos de Ken Karp pour McGraw-Hill. Page 99: photo de Ken Karp pour McGraw-Hill. Page 101: Chemical Heritage Foundation. Page 102: photo de Ken Karp pour McGraw-Hill. Page 102: photo de Ken Karp pour McGraw-Hill. Page 106: photo de Ken Karp pour McGraw-Hill. Page 113: photos de Ken Karp pour McGraw-Hill. Page 117: photo de Ken Karp pour McGraw-Hill.

CHAPITRE 5

Page 127: The Granger Collection. Figure 5.10: photo de Ken Karp pour McGraw-Hill. Page 128: photo de Ken Karp pour McGraw-Hill. Page 131: Peter Gredley/FPG International. Page 133: AIP Emilio Segré Visual Archive. Page 136: Les archives Bettmann. Page 151: NASA. Page 153: Chemical Heritage Foundation.

CHAPITRE 6

Page 163: (gauche) UPI/Bettmann Newsphotos; (droite) NASA. Figure 6.2: Dr E. R. Degginger, FPSA. Page 166: photo de Ken Karp pour McGraw-Hill. Page 168: photo de Ken Karp pour McGraw-Hill. Page 175: (haut) photo de Ken Karp pour McGraw-Hill; (bas) gracieuseté du Diamond Information Center. Page 177: Dr E. R. Degginger, FPSA. Page 181: photo de Ken Karp pour McGraw-Hill. Page 185: photo de Ken Karp pour McGraw-Hill. Page 186: Raymond Chang.

CHAPITRE 7

Page 195: (haut) Deutsches Museum; (bas) Royal Observatory, Edinburgh/AATB/Science Photo Library/Photo Researchers. Figure 7.2: © 1994 B.S.I.P/ Custom Medical Stock Photos. Figure 7.5: Joel Gordon. Figure 7.12: Avec la permission de Sargent-Welch Scientific Compagny, Skokie, III. Page 196: AIP Emilio Segré Visual Archives, don de Jost Lemmerich. Page 200: Gracieuseté des archives du California Institute of Technology. Page 203: AIP Emilio Segré Visual Archives. Page 207: AIP, bibliothèque, Niels Bohr. Page 209: (haut) AIP, bibliothèque, Niels Bohr, W. F. collection, Meggers; (bas) AIP, bibliothèque, Niels Bohr, photo de Francis Simon. Page 218: AIP, bibliothèque, Niels Bohr, collection Goudsmit.

CHAPITRE 8

Page 235: collection spéciale bibliothèque Van Pelt, université de Pennsylvanie. Figure 8.12: Lithium et sodium, photo de Ken Karp pour McGraw-Hill; potassium, Life Science Library/ MATTER, photo Albert Fenn © Time-Life Books, Inc.; rubidium et césium, L. V. Bergman & Associates. Figure 8.13: Béryllium, magnésium, calcium, strontium et baryum, L. V. Bergman & Associates; radium, Life Science Library/MATTER, photo de Phil Brodatz © Time-Life Books, Inc. Figure 8. 14: L. V. Bergman & Associates. Figure 8.15: Graphite, photo de Ken Karp pour McGraw-Hill; diamant, gracieuseté du Diamond

Information Center; silicium, Frank Wings/Stock, Boston; germanium et plomb, photo de Ken Karp pour McGraw-Hill; étain, L. V. Bergman & Associates. Figure 8.16: Azote, Joe McNally/Wheeler Pictures; phosphore blanc et phosphore rouge, Life Science Library/MATTER, photo Albert Fenn © Time-Life Books, Inc.; arsenic, antimoine et bismuth, L. V. Bergman & Associates. Figure 8.17: Soufre et sélénium, L. V. Bergman & Associates; tellure, photo de Ken Karp pour McGraw-Hill. Figure 8.18: Joel Gordon. Figure 8.19: photos de Ken Karp pour McGraw-Hill. Figure 8.20: Neil Barlett. Figure 8.21: Gracieuseté du Argonne National Laboratory.

CHAPITRE 9

Page 271: (haut) Bibliothèque Bancroft, université de Californie; (bas) de G. N. Lewis, *Valence*, Dover Publications, Inc., New York 1966. Page 276: Linus Pauling Institute of Science and Medicine. Page 282: photo de Ken Karp pour McGraw-Hill. Page 285: Gracieuseté de James O. Shreck, professeur de chimie, University of Northern Colorado.

CHAPITRE 10

Page 301: Raymond Chang. Page 314: AIP Emilio Segré Visual Archives, collection Faukuchen. Page 329: photo de Ken Karp pour McGraw-Hill.

CHAPITRE 11

Page 337: (gauche) Gracieuseté de Edmund Catalogs; (droite) gracieuseté de Railway Technical Research Institute, Tokyo, Japon. Figure 11.3: photo de Ken Karp pour McGraw-Hill. Figure 11.9: photo de Ken Karp pour McGraw-Hill. Figure 11.11: photo de Ken Karp pour McGraw-Hill. Figure 11.28: photos de Ken Karp pour McGraw-Hill . Figure 11.32: Ken Karp. Page 356: L. V. Bergman & Associates. Page 357: Grant Heilman. Page 360: photo de Ken Karp pour McGraw-Hill. Page 363: photo de Ken Karp pour McGraw-Hill.

CHAPITRE 12

Page 373: Les archives Bettmann. Figure 12.1: photos de Ken Karp pour McGraw-Hill. Figure 12.6: photo de Ken Karp pour McGraw-Hill. Page 389: Frank A. Cezus/FPG International. Page 390: Maurice Lafontaine Page 393: John Mead/Science Photo Library/Photo Researchers.

CHAPITRE 13

Page 405: (gauche) German Information Center; (droite) Grant Heilman. Figure 13.4: photo de Ken Karp pour McGraw-Hill. Figure 13.6: photos de Ken Karp pour McGraw-Hill. Figure 13.7: photo de Ken Karp pour McGraw-Hill. Page 406: photo de Ken Karp pour McGraw-Hill. Page 413: Collection Varin-Visage Jacana/Photo Researchers. Page 422: Chemical Heritage Foundation.

CHAPITRE 14

Figure 14.1: photo de Ken Karp pour McGraw-Hill. Figure 14.6: photos de Ken Karp pour McGraw-Hill. Figure 14.7: photo de Ken Karp pour McGraw-Hill. Page 443: Maurice Lafontaine. Page 469: Michael Melford Wheeler Pictures.

CHAPITRE 15

Page 479: (gauche) Dole/The Image Bank; (droite) photo de A. R. Terepka, © *Scientific American*, mars 1970, Vol. 222, N° 3, p. 88. Figure 15.1: photo de Ken Karp pour McGraw-Hill. Figure 15.2: photo de Ken Karp pour McGraw-Hill. Figure 15.5: photo de Ken Karp pour McGraw-Hill. Figure 15.7: photo de Ken Karp pour McGraw-Hill. Figure 15.8: photo de Ken Karp pour McGraw-Hill. Figure 15.9: photo de Ken Karp pour McGraw-Hill. Figure 15.10: Fujimoto/Kodansha. Page 480: photo de Ken Karp pour McGraw-Hill. Page 492: Dr E. R. Degginger, FPSA. Page 493: Bjorn Bolstad/Peter Arnold. Page 495: photos de Ken Karp pour McGraw-Hill. Page 496: photo de Ken Karp pour McGraw-Hill.

CHAPITRE 16

Page 515: Stephen J. Lippard, département de chimie, Massachussetts Institute of Technology. Figure 16.2: Scandium, titane, vanadium, chrome, manganèse, fer, cabalt et nickel, photo de Ken Karp pour McGraw-Hill; cuivre, L. V. Bergman & Associates. Figure 16.9: photo de Ken Karp pour McGraw-Hill. Figure 16.15: photo de Ken Karp pour McGraw-Hill.

CHAPITRE 17

Page 539: Farrell Grehan/Photo Researchers. Figure 17.4: Gracieuseté de National Lime Association. Page 541: photo de Ken Karp pour McGraw-Hill. Page 545: photo de Ken Karp pour McGraw-Hill. Page 549: Bibliothèque de l'université de Yale. Page 555: photo de Ken Karp pour McGraw-Hill.

CHAPITRE 18

Page 569: Les archives Bettmann. Figure 18.1: photo de Ken Karp pour McGraw-Hill. Figure 18.2 photo de Ken Karp McGraw-Hill. Figure 18.5: photo de Ken Karp pour McGraw-Hill. Figure 18.10: NASA. Figure 18.11 a, Dr E. R. Degginger, FPSA; b, photo de Ken Karp pour McGraw-Hill; c, Donald Dietz/Stock, Boston. Figure 18.13: photo de Ken Karp pour McGraw-Hill . Figure 18.16: photo de Ken Karp pour McGraw-Hill. Page 583: photo de Ken Karp pour McGraw-Hill. Page 602: collection, spéciale, bibliothèque Van Pelt, université de Pennsylvanie.

CHAPITRE 19

Figure 19.3: photo de Ken Karp pour McGraw-Hill. Figure 19.5: photo de Ken Karp pour McGraw-Hill. Figure 19.15: photo de Ken Karp pour McGraw-Hill. Figure 19.17: Gracieuseté de Johnson Matthey. Figure 19.19: Gracieuseté de GM. Page 624: photo de Ken Karp pour McGraw-Hill. Page 639: photo de Ken Karp pour McGraw-Hill.

CHIMIE
FONDAMENTALE

1.1
L'étude de la chimie
Comment étudier la chimie

1.2
La classification de la matière
Les substances pures et les mélanges • Les éléments et les composés

1.3
Les propriétés physiques et chimiques de la matière

1.4
Les mesures
Les unités du SI • La masse et le poids • Le volume • La masse volumique • La température

1.5
La manipulation des nombres
La notation scientifique • Les chiffres significatifs

1.6
La résolution de problèmes par la méthode des facteurs de conversion

CHAPITRE 1

INTRODUCTION

Archimède est un mathématicien et un inventeur grec qui vécut de 287 à 212 av. J.-C. Une légende raconte qu'un jour l'empereur lui demanda de déterminer si sa couronne était faite d'or pur ou d'un mélange d'or et de métaux moins précieux comme l'argent et le cuivre. Quelques jours plus tard, prenant un bain, Archimède remarqua que plus il s'enfonçait dans l'eau, plus l'eau débordait de la baignoire; et que plus son corps était submergé, plus il semblait léger. Il en déduisit que l'apparente perte de poids d'un objet plongé dans un liquide était égale au poids du liquide déplacé par l'objet: c'est ce que l'on appelle aujourd'hui le principe d'Archimède. Le savant était si excité par sa trouvaille qu'il s'élança hors du bain en criant «Eurêka» (un mot grec qui signifie: «J'ai trouvé!»). Cette découverte lui permit de concevoir l'expérience suivante. Ayant auparavant observé que le volume d'un objet détermine le volume de liquide déplacé, il n'aurait qu'à peser, en les immergeant dans deux contenants différents, d'une part la couronne et de l'autre le même poids en or. Puisque chaque objet a son propre rapport masse-volume, ou *masse volumique*, la couronne (si elle n'était pas en or pur) et l'or pur, qui avaient le même poids dans l'air, auraient des poids différents dans l'eau, car ils déplaceraient des volumes d'eau différents.

La chimie est une science en grande partie expérimentale. Comme la découverte d'Archimède, ses progrès sont le fruit d'observations et d'expériences, sauf qu'aujourd'hui le lieu de travail habituel est le laboratoire.

1.1 L'ÉTUDE DE LA CHIMIE

Que ce soit ou non votre premier cours de chimie, vous avez certainement une idée concernant la nature de cette science et le travail des chimistes. Vous pensez sans doute que les chimistes sont des gens vêtus d'un sarrau blanc et qui manipulent des éprouvettes dans un laboratoire: vous avez jusqu'à un certain point raison. La chimie étant surtout une science expérimentale, il est vrai que la plupart des connaissances viennent des recherches en laboratoire. Cependant, les chimistes d'aujourd'hui travaillent également avec des ordinateurs, pour étudier, par exemple, la structure microscopique et les propriétés chimiques des substances, ainsi qu'avec de l'équipement électronique sophistiqué, pour analyser, entre autres, les polluants émis par les automobiles ou les substances toxiques présentes dans le sol. Aujourd'hui les progrès de la biologie et de la médecine dépendent des découvertes sur les atomes et les molécules, les unités structurelles sur lesquelles se base l'étude de la chimie. Les chimistes participent également au développement de nouveaux médicaments ainsi qu'à la recherche agronomique. Ils cherchent aussi des solutions au problème de la pollution de l'environnement, ainsi qu'à celui du remplacement de certaines ressources énergétiques. La plupart des industries, quoi qu'elles produisent, ont besoin de la chimie. Par exemple, les chimistes conçoivent des polymères (de très grosses molécules) utilisés en usine pour fabriquer un grand éventail de biens, dont des vêtements, des ustensiles de cuisine, des jouets et même des organes artificiels. On comprend donc pourquoi, étant donné ces diverses applications, la chimie est souvent appelée la «science centrale».

COMMENT ÉTUDIER LA CHIMIE

Comparée à d'autres domaines, la chimie est souvent perçue comme une science difficile, du moins quand on commence à l'étudier. Cette perception est en partie justifiée. D'abord, la chimie possède un vocabulaire très spécialisé. Au début, étudier la chimie est un peu comme apprendre une nouvelle langue. De plus, certains de ses concepts sont abstraits. Néanmoins, en vous appliquant, vous réussirez ce cours, et peut-être même y trouverez-vous du plaisir. Voici quelques suggestions pour vous aider à acquérir de bonnes habitudes de travail et à maîtriser le sujet:

- Assistez au cours régulièrement et prenez de bonnes notes.
- Si possible, revoyez toujours le jour même ce que vous avez étudié en classe. Utilisez le manuel pour compléter vos notes.
- Ayez l'esprit critique. Demandez-vous si vous comprenez réellement le sens d'un terme ou l'utilisation d'une équation, par exemple. Un bon moyen de tester la compréhension que vous avez d'un concept est de l'expliquer à un camarade de classe ou à une autre personne.
- N'hésitez pas à demander de l'aide au professeur ou à son assistant.

Vous découvrirez que la chimie, c'est bien plus que des nombres, des formules et des concepts abstraits. C'est, en fait, une discipline logique qui déborde d'idées et d'applications intéressantes.

FIGURE 1.1

Les trois états de la matière. Un tisonnier chaud change la glace en eau et en vapeur.

1.2 LA CLASSIFICATION DE LA MATIÈRE

La ***matière*** est *tout ce qui occupe un espace et qui a une masse*; la ***chimie*** est la *science qui étudie la structure de la matière et ses transformations*. En principe, du moins, toute la matière peut exister sous trois états: solide, liquide et gazeux. Un solide est un objet rigide qui a une forme fixe. Un liquide est moins rigide qu'un solide et est fluide; il peut couler et prendre la forme de son contenant. Un gaz est fluide, comme le liquide, mais contrairement à ce dernier, il peut se dilater à l'infini.

La matière peut passer d'un état à un autre. Sous l'effet de la chaleur, un solide peut fondre et devenir liquide. Une chaleur plus grande peut convertir ce liquide en gaz. De façon inverse, refroidir un gaz le convertira en liquide. Sous l'effet d'un refroidissement plus important, ce liquide se solidifiera. La figure 1.1 montre les trois états de l'eau.

Les scientifiques divisent également, selon sa composition et ses propriétés, la matière en plusieurs sous-catégories. Ils distinguent les substances pures, les mélanges, les éléments et les composés, ainsi que les unités fondamentales qui forment les éléments et les composés, c'est-à-dire les atomes et les molécules. (C'est ce que nous verrons au chapitre 2.)

LES SUBSTANCES PURES ET LES MÉLANGES

Une ***substance pure*** est un type de *matière qui a une composition fixe et constante, ainsi que des propriétés distinctes*. L'eau, l'argent, l'éthanol, le sel de table (le chlorure de sodium) et le dioxyde de carbone en sont des exemples. Chaque substance se distingue des autres par sa composition et peut être identifiée par son apparence, son odeur, son goût ou d'autres propriétés. Actuellement, plus de huit millions de substances sont connues, et ce nombre croît rapidement.

a) b)

FIGURE 1.2

Séparation de la limaille de fer d'un mélange hétérogène. La même technique est utilisée à grande échelle pour séparer le fer et l'acier des substances non magnétisables comme l'aluminium, le verre et les plastiques.

On appelle ***mélange*** une *combinaison de deux ou de plusieurs substances pures dans laquelle chaque substance garde son identité propre*. L'air, les boissons gazeuses, le lait et le ciment en sont des exemples. Les mélanges n'ont pas une composition constante. Par exemple, la composition des échantillons d'air prélevés dans différentes villes sera probablement différente selon l'altitude, la pollution, etc.

Les mélanges sont soit homogènes soit hétérogènes. Par exemple, quand une cuillerée de sucre se dissout dans l'eau, *la composition du mélange*, après une agitation suffisante, *est la même dans toute la solution*; cette solution constitue un ***mélange homogène***. D'un autre côté, si du sable est mélangé à de la limaille de fer, les grains de sable et la limaille de fer restent visibles et distincts (*figure 1.2a*). Ce type de mélange, dont la *composition n'est pas uniforme*, est appelé ***mélange hétérogène***. L'addition d'huile à de l'eau crée aussi un mélange hétérogène parce que le liquide formé n'a pas une composition constante.

Tout mélange, qu'il soit homogène ou hétérogène, peut être formé par des moyens physiques sans que la nature des substances qui le constituent soit modifiée; inversement, ses constituants peuvent être séparés en substances pures par des moyens physiques. Par exemple, le sel peut être récupéré d'une solution aqueuse si l'on chauffe la solution jusqu'à évaporation complète de l'eau; en condensant la vapeur d'eau ainsi produite, on récupère l'eau du mélange. Pour séparer la limaille de fer du sable, on peut utiliser un aimant, qui attire le fer mais pas le sable (*figure 1.2b*). Après leur séparation, les constituants d'un mélange conservent leur composition et leurs propriétés d'origine.

LES ÉLÉMENTS ET LES COMPOSÉS

Une substance pure peut être soit un élément soit un composé. Un ***élément*** est une *substance que des moyens chimiques ne peuvent décomposer en substances plus simples*. Actuellement, 109 éléments ont été formellement identifiés (*voir la liste au début du manuel*). Quatre-vingt-trois d'entre eux existent naturellement sur la Terre. Les autres ont été créés en laboratoire.

TABLEAU 1.1

Quelques éléments courants et leurs symboles

Nom	Symbole	Nom	Symbole	Nom	Symbole
Aluminium	Al	Cobalt	Co	Or	Au
Argent	Ag	Cuivre	Cu	Oxygène	O
Arsenic	As	Étain	Sn	Phosphore	P
Azote	N	Fer	Fe	Platine	Pt
Baryum	Ba	Fluor	F	Plomb	Pb
Brome	Br	Hydrogène	H	Potassium	K
Calcium	Ca	Iode	I	Silicium	Si
Carbone	C	Magnésium	Mg	Sodium	Na
Chlore	Cl	Mercure	Hg	Soufre	S
Chrome	Cr	Nickel	Ni	Zinc	Zn

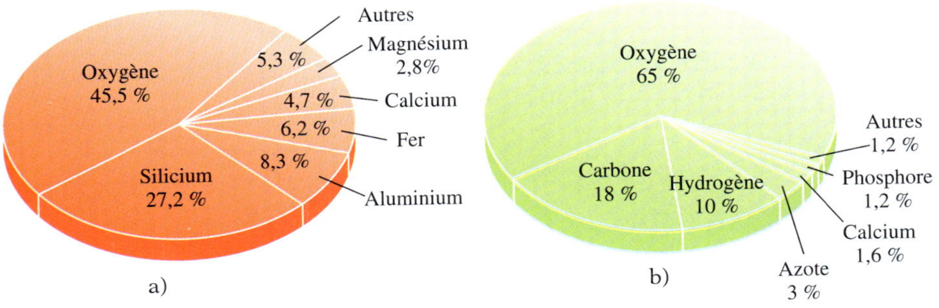

FIGURE 1.3

a) Abondance relative en % masse/masse des éléments présents dans l'écorce terrestre. Par exemple, l'oxygène y représente 45,5 %. Un échantillon de 100 g d'écorce terrestre renferme donc en moyenne 45,5 g d'oxygène. b) Abondance relative (% m/m) des éléments présents dans le corps humain.

Les chimistes utilisent des symboles alphabétiques pour représenter les éléments. La première lettre d'un symbole est *toujours* une majuscule, et la deuxième et la troisième ne sont *jamais* des majuscules. Par exemple, Co est le symbole de l'élément cobalt, mais CO est la formule du monoxyde de carbone, qui est composé des éléments carbone et oxygène. Le tableau 1.1 énumère certains des éléments les plus répandus. Le symbole de certains éléments dérive de leur nom latin (par exemple, Au, de *aurum*, pour or; Fe, de *ferrum*, pour fer; et Na, de *natrium*, pour sodium), mais dans la plupart des cas, il est l'abréviation de son nom français.

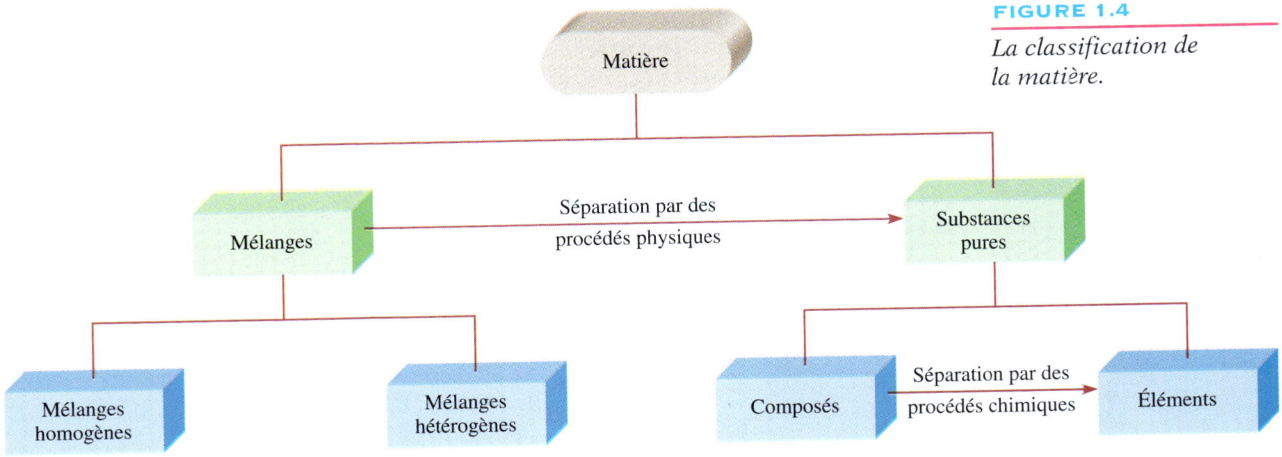

FIGURE 1.4

La classification de la matière.

La figure 1.3 montre les éléments les plus abondants dans l'écorce terrestre et dans le corps humain. Comme vous pouvez le constater, seulement cinq éléments (l'oxygène, le silicium, l'aluminium, le fer et le calcium) forment plus de 90 % de l'écorce terrestre. De ces cinq éléments, seul l'oxygène fait partie des éléments que l'on trouve en grande quantité chez les êtres vivants.

La plupart des éléments peuvent réagir avec un ou plusieurs autres éléments pour former des composés. On appelle ***composé*** une *substance formée d'atomes de deux ou de plusieurs espèces d'éléments liés chimiquement dans des proportions définies*. Par exemple, pendant la combustion de l'hydrogène avec l'oxygène, il y a formation d'eau, un composé dont les propriétés diffèrent de celles des substances de départ. L'eau est constituée de deux parties d'hydrogène et d'une partie d'oxygène. Cette composition ne change pas, que l'eau vienne d'un étang du Québec, du Yang-tseu-kiang en Chine, ou des calottes glaciaires de Mars. Contrairement aux mélanges, les composés ne peuvent être séparés en leurs constituants simples que par des moyens chimiques.

Les relations entre les éléments, les composés et les autres catégories de la matière sont illustrées à la figure 1.4.

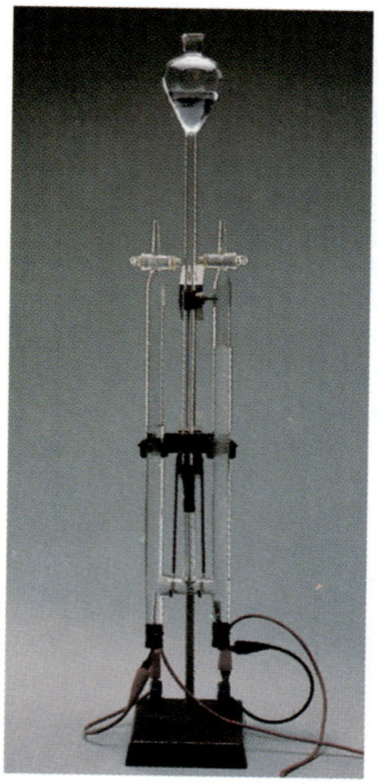

L'électrolyse est l'un des procédés qui permettent de décomposer l'eau en hydrogène et en oxygène; il s'agit d'une transformation chimique.

1.3 LES PROPRIÉTÉS PHYSIQUES ET CHIMIQUES DE LA MATIÈRE

On identifie les substances aussi bien par leurs propriétés que par leur composition. La couleur, le point de fusion, le point d'ébullition et la masse volumique sont des propriétés physiques. Une ***propriété physique*** *peut être mesurée ou observée sans que la composition ou la nature d'une substance soient modifiées*. Par exemple, il est possible de déterminer le point de fusion de la glace en chauffant un cube de glace et en notant la température à laquelle la glace se change en eau. L'eau ne diffère de la glace qu'en apparence, sa composition reste la même; il s'agit donc d'une transformation physique. Pour retrouver la glace de départ, il suffit de recongeler l'eau. Le point de fusion d'une substance est donc une propriété physique. De même, lorsque l'on dit que l'hélium est plus léger que l'air, on parle d'une propriété physique.

D'autre part, l'affirmation «l'hydrogène réagit avec l'oxygène pour former de l'eau» décrit une ***propriété chimique*** de l'hydrogène parce que, *pour observer cette propriété, il doit se produire une transformation chimique*, dans ce cas une réaction de combustion. Après la réaction, les substances originales, l'hydrogène et l'oxygène, n'existent plus comme telles: elles ont cédé leur place à une substance chimiquement différente, l'eau. Ni l'hydrogène ni l'oxygène qui forment l'eau ne peuvent être récupérés par des moyens physiques comme l'ébullition ou la congélation.

Chaque fois que l'on fait cuire un œuf dur, on provoque une transformation chimique. Soumis à une température de près de 100 °C, le jaune et le blanc de l'œuf subissent des réactions qui changent non seulement leur apparence physique, mais aussi leur composition chimique. Une fois avalé, l'œuf subit d'autres transformations, causées par des substances appelées *enzymes*. Le processus digestif est un autre exemple de transformation chimique. Ce qui se produit au cours de ce processus dépend des propriétés chimiques des enzymes liées à la digestion et de celles de la nourriture en cause.

Toutes les propriétés mesurables de la matière font référence soit à une grandeur extensive, soit à une grandeur intensive. La valeur mesurée d'une ***grandeur extensive*** *dépend de la quantité de matière étudiée*. La masse, la longueur et le volume en sont des exemples; plus de matière signifie une plus grande masse, par exemple. On peut additionner les différentes valeurs d'une même grandeur extensive. Par exemple, la masse combinée de deux fils de cuivre sera la somme des masses de chacun des fils, et le volume occupé par l'eau de deux béchers sera la somme des volumes occupés par l'eau de chacun des contenants.

La valeur mesurée d'une ***grandeur intensive*** *ne dépend pas de la quantité de matière étudiée*. La température en est un exemple. Supposons que vous avez deux béchers d'eau à la même température. Si vous mélangez l'eau des deux béchers dans un bécher plus grand, la température de la quantité totale d'eau restera la même qu'au départ. Contrairement à la masse et au volume, la température et les autres grandeurs intensives, comme le point de fusion, le point d'ébullition et la masse volumique, ne s'additionnent pas.

1.4 LES MESURES

L'étude de la chimie dépend largement des mesures. Par exemple, les chimistes utilisent des valeurs chiffrées (ou grandeurs) pour comparer les propriétés des différentes substances, ou pour rendre compte des transformations survenues au cours d'une expérience. Un certain nombre d'instruments permettent de mesurer facilement certaines grandeurs: le mètre mesure la longueur; la burette, la pipette, le cylindre gradué et le ballon volumétrique mesurent le volume (*figure 1.5*); la balance mesure la masse; et le thermomètre mesure la température. Ces instruments permettent la mesure des ***propriétés macroscopiques,*** c'est-à-dire celles qui *sont observables et mesurables à notre échelle*. Les ***propriétés microscopiques,*** quant à elles, *à l'échelle atomique ou moléculaire, sont déterminées par des moyens indirects*: nous le verrons au chapitre suivant.

Une grandeur est habituellement indiquée par un nombre suivi de l'unité appropriée. Dire que la distance séparant Montréal et Toronto est de 523 ne veut rien dire; il faut spécifier qu'elle est de 523 kilomètres. En science, l'unité est essentielle dans la formulation d'une mesure.

LES UNITÉS DU SI

Depuis de nombreuses années, les scientifiques utilisent des *unités métriques,* qui sont associées au système décimal, c'est-à-dire en base 10. En 1960 cependant, la Conférence générale des poids et mesures (CGPM), l'autorité internationale en ce qui a trait aux unités, a proposé un système métrique révisé appelé ***système international,*** ou SI. Le tableau 1.2 présente les sept grandeurs de base (ou fondamentales) du SI ainsi que leurs unités, desquelles peuvent dériver toutes les autres unités de mesure du SI. Comme les unités

FIGURE 1.5

Appareils de mesure courants des laboratoires de chimie. Ils ne sont pas dessinés à l'échelle. Nous aborderons leur utilisation au chapitre 4.

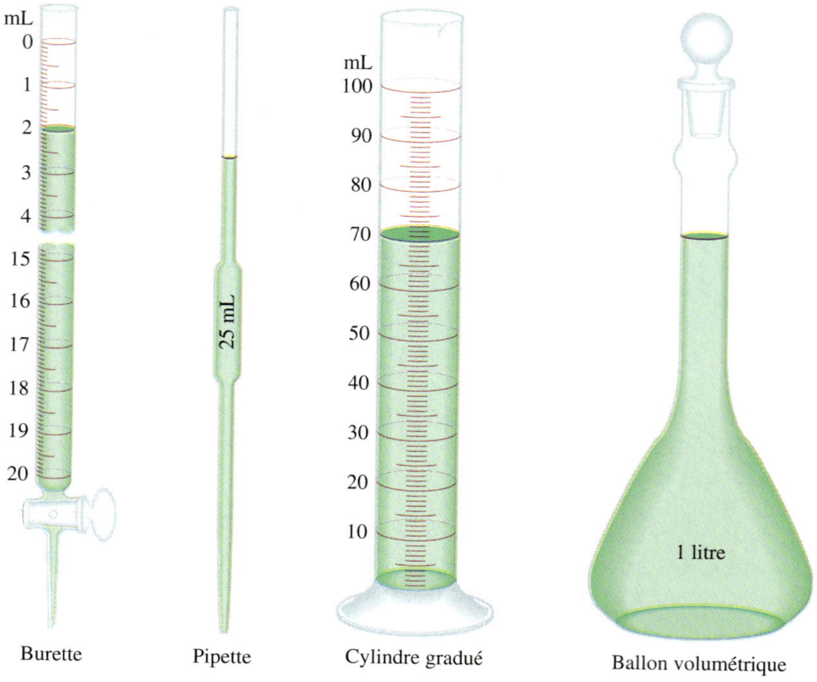

Un astronaute marchant sur la Lune.

métriques, les unités du SI sont modifiées sur une base décimale par une série de préfixes (*tableau 1.3*). Ce manuel utilise les unités métriques et les unités du SI. Les grandeurs que nous utiliserons fréquemment en chimie sont le temps, la masse, le volume, la masse volumique et la température.

La masse et le poids

La ***masse*** est une *mesure de la quantité de matière qui constitue un objet*. Les termes «masse» et «poids» sont souvent utilisés indifféremment, même si, strictement parlant, ils désignent des quantités différentes. En termes scientifiques, le ***poids*** est la *force que la gravité exerce sur un objet*. Par exemple, une pomme qui tombe d'un arbre est attirée vers le bas par la gravité terrestre. Contrairement à son poids, la masse de cette pomme est constante, peu importe où se trouve la pomme. Sur la Lune, la pomme aurait le sixième du poids qu'elle a sur la Terre, parce que la gravité de la Lune est six fois plus faible que celle de la Terre. C'est ce qui permet aux astronautes d'exécuter si facilement des sauts sur la Lune malgré leur habit et leur équipement imposants. La masse d'un objet peut facilement se mesurer sur une balance; ce procédé est malencontreusement appelé pesée.

L'unité du SI pour la masse est le *kilogramme* (kg), mais, en chimie, le gramme (g) est une unité plus pratique:

$$1 \text{ kg} = 1000 \text{ g} = 1 \times 10^3 \text{ g}$$

TABLEAU 1.2
Les grandeurs de base et les unités du SI

Grandeur	Unité	Symbole
Longueur	mètre	m
Masse	kilogramme	kg
Temps	seconde	s
Intensité du courant électrique	ampère	A
Température	kelvin	K
Quantité de matière	mole	mol
Intensité lumineuse	candela	cd

TABLEAU 1.3
Préfixes utilisés avec les unités du SI et les unités métriques

Préfixe	Symbole	Valeur	Exemple
Téra-	T	1 000 000 000 000, ou 10^{12}	1 téramètre (Tm) = 1×10^{12} m
Giga-	G	1 000 000 000, ou 10^{9}	1 gigamètre (Gm) = 1×10^{9} m
Méga-	M	1 000 000, ou 10^{6}	1 mégamètre (Mm) = 1×10^{6} m
Kilo-	k	1 000, ou 10^{3}	1 kilomètre (km) = 1×10^{3} m
Déci-	d	1/10, ou 10^{-1}	1 décimètre (dm) = 0,1 m
Centi-	c	1/100, ou 10^{-2}	1 centimètre (cm) = 0,01 m
Milli-	m	1/1000, ou 10^{-3}	1 millimètre (mm) = 0,001 m
Micro-	μ	1/1 000 000, ou 10^{-6}	1 micromètre (μm) = 1×10^{-6} m
Nano-	n	1/1 000 000 000, ou 10^{-9}	1 nanomètre (nm) = 1×10^{-9} m
Pico-	p	1/1 000 000 000 000, ou 10^{-12}	1 picomètre (pm) = 1×10^{-12} m

LE VOLUME

Le ***volume*** est la *longueur* (m) *au cube;* son unité dans le SI est le mètre cube (m^3). Toutefois, les chimistes travaillent généralement avec de plus petits volumes, comme le centimètre cube (cm^3) et le décimètre cube (dm^3):

$$1\ cm^3 = (1 \times 10^{-2}\ m)^3 = 1 \times 10^{-6}\ m^3$$

$$1\ dm^3 = (1 \times 10^{-1}\ m)^3 = 1 \times 10^{-3}\ m^3$$

Il existe une autre unité de volume utilisée couramment, le litre (L). Un ***litre*** est le *volume occupé par un décimètre cube*. Bien que le litre soit une unité métrique, les chimistes utilisent généralement cette unité (ou le millilitre) pour désigner le volume des liquides. Un litre égale 1000 millilitres (mL) ou 1000 centimètres cubes:

$$1\ L = 1000\ mL = 1000\ cm^3 = 1\ dm^3$$

et un millilitre équivaut à un centimètre cube:

$$1\ mL = 1\ cm^3$$

La figure 1.6 illustre les tailles relatives de deux volumes.

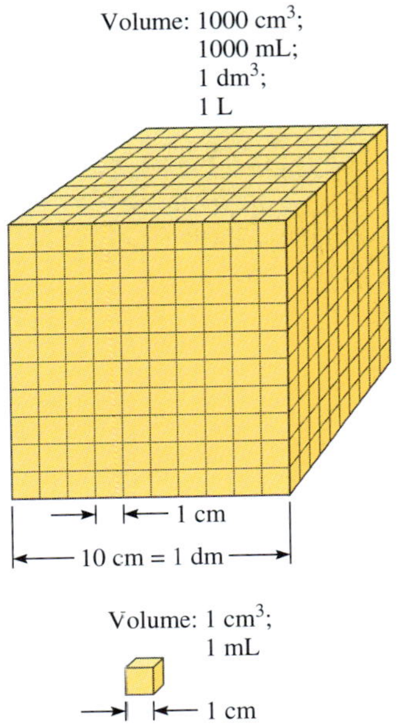

FIGURE 1.6
Comparaison entre deux volumes: 1 mL et 1000 mL.

La masse volumique

La ***masse volumique*** est la *masse d'un objet divisée par son volume:*

$$\text{masse volumique} = \frac{\text{masse}}{\text{volume}}$$

ou

$$\rho = \frac{m}{V}$$

où ρ, m et V expriment la masse volumique, la masse et le volume, respectivement. Notez que la masse volumique est une grandeur intensive; elle ne dépend donc pas de la quantité de matière présente. La raison est que, puisque V augmente avec m, le rapport entre la masse et le volume reste toujours le même pour une substance donnée.

L'unité de la masse volumique dans le SI est le kilogramme par mètre cube (kg/m^3); mais cette unité est beaucoup trop grande pour la plupart des applications chimiques. C'est pourquoi les chimistes utilisent plus couramment le gramme par centimètre cube (g/cm^3) et son équivalent, le gramme par millilitre (g/mL), pour exprimer la masse volumique des solides et des liquides. D'autre part, les gaz ayant une masse volumique très faible, on l'exprime en grammes par litre (g/L):

$$1\ g/cm^3 = 1\ g/mL = 1000\ kg/m^3$$

$$1\ g/L = 0{,}001\ g/mL$$

Des lingots d'or.

EXEMPLE 1.1

Le calcul de la masse volumique

L'or est un métal précieux qui est chimiquement inerte. On l'utilise principalement dans la fabrication de bijoux et d'appareils électroniques, et en médecine dentaire. Un lingot d'or de 301 g a un volume de 15,6 cm^3. Calculez la masse volumique de l'or.

Réponse: La masse volumique de l'or est donnée par

$$\rho = \frac{m}{V} = \frac{301\ g}{15{,}6\ cm^3} = 19{,}3\ g/cm^3$$

EXERCICE*

Un morceau de platine d'une masse volumique de 21,5 g/cm^3 a un volume de 4,49 cm^3. Quelle est sa masse?

* Les réponses aux questions des exercices intercalés dans le texte sont données à la fin du chapitre.

La température

Il existe trois échelles utilisées couramment pour exprimer la température. Leurs unités sont le kelvin (K), le degré Celsius (°C) et le degré Fahrenheit (°F). L'échelle Fahrenheit, *utilisée surtout dans la vie quotidienne aux États-Unis,* situe les points de congélation et d'évaporation normaux de l'eau respectivement à 32 °F et à 212 °F. L'échelle Celsius divise l'écart entre le point de congélation (0 °C) et le point d'évaporation (100 °C) de l'eau en 100 degrés (*figure 1.7*). Bien que le degré Celsius ne fasse pas partie du SI, il est souvent utilisé avec d'autres unités du SI, et nous en ferons autant.

Un degré Fahrenheit équivaut à 100/180 (ou 5/9) fois un degré Celsius. Pour convertir les degrés Fahrenheit en degrés Celsius, il faut effectuer

$$? \text{ °C} = (\text{°F} - 32 \text{ °F}) \times \frac{5 \text{ °C}}{9 \text{ °F}}$$

Pour convertir les degrés Celsius en degrés Fahrenheit, il faut effectuer

$$? \text{ °F} = \frac{9 \text{ °F}}{5 \text{ °C}} \times (\text{°C}) + 32 \text{ °F}$$

L'unité du SI pour la température est le kelvin (K; on ne dit jamais «degré kelvin»). L'échelle kelvin est abordée au chapitre 5.

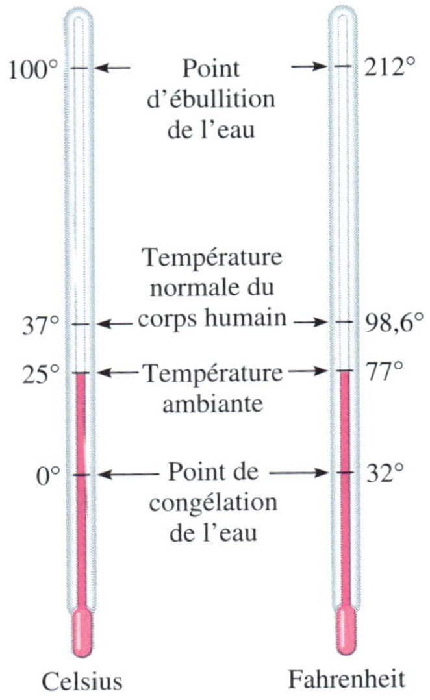

FIGURE 1.7

Comparaison entre les échelles Celsius et Fahrenheit.

EXEMPLE 1.2

Degrés Celsius et degrés Fahrenheit

a) La soudure est un alliage d'étain et de plomb utilisé dans les circuits électroniques. Le point de fusion d'un certain type de soudure est 224 °C. Trouvez l'équivalent en degrés Fahrenheit. b) Le point d'ébullition de l'hélium, −452 °F, est le plus bas parmi ceux de tous les éléments. Convertissez cette température en degrés Celsius.

Réponse: a) Cette conversion s'effectue de la façon suivante:

$$\frac{9 \text{ °F}}{5 \text{ °C}} \times (224 \text{ °C}) + 32 \text{ °F} = 435 \text{ °F}$$

b) Ici nous avons

$$(-425 \text{ °F} - 32 \text{ °F}) \times \frac{5 \text{ °C}}{9 \text{ °F}} = -269 \text{ °C}$$

EXERCICE

a) Le point de fusion du césium est bas: 28,4 °C. Quel est son équivalent en degrés Fahrenheit? b) Convertissez 172,9 °F (point d'ébullition de l'éthanol) en degrés Celsius.

La soudure est très utilisée dans la fabrication des circuits électroniques.

1.5 LA MANIPULATION DES NOMBRES

Après avoir vu certaines des unités utilisées en chimie, nous abordons maintenant les conventions qui régissent l'utilisation des nombres associés aux grandeurs: la notation scientifique et les chiffres significatifs.

LA NOTATION SCIENTIFIQUE

En chimie, les nombres extrêmement grands ou extrêmement petits sont courants. Par exemple, dans 1 g d'hydrogène, il y a environ

$$602\ 200\ 000\ 000\ 000\ 000\ 000\ 000$$

atomes d'hydrogène. Chacun de ces derniers a donc une masse de

$$0{,}000\ 000\ 000\ 000\ 000\ 000\ 000\ 001\ 66\ \text{g}$$

Ces nombres sont encombrants et, de plus, il est facile de faire des erreurs en les utilisant dans des équations. Voyez, par exemple, la multiplication suivante:

$$0{,}000\ 000\ 005\ 6 \times 0{,}000\ 000\ 000\ 48 = 0{,}000\ 000\ 000\ 000\ 000\ 002\ 688$$

Il serait facile de sauter un zéro ou d'en ajouter un après la virgule. C'est pourquoi, pour exprimer des nombres très grands et très petits, on utilise un système appelé *notation scientifique*. Quelle que soit sa valeur, tout nombre peut s'exprimer sous la forme

$$N \times 10^n$$

où N est un nombre compris entre 1 et 10 et n un *exposant* qui est un *nombre entier* positif ou négatif: c'est ce que l'on appelle la notation scientifique.

Supposons que l'on doive écrire un certain nombre en notation scientifique. En pratique, cela consiste à trouver n. Il faut compter le nombre de fois que la virgule doit se déplacer pour obtenir le nombre N (qui doit être compris entre 1 et 10). Si la virgule doit se déplacer vers la gauche, n est un entier positif; si elle doit se déplacer vers la droite, n est négatif. Les exemples qui suivent illustrent l'utilisation de la notation scientifique:

a) Exprimez 568,762 en notation scientifique:

$$568{,}762 = 5{,}687\ 62 \times 10^2$$

Notez que la virgule s'est déplacée de deux chiffres vers la gauche, donc $n = 2$.

b) Exprimez 0,000 007 72 en notation scientifique:

$$0{,}000\ 007\ 72 = 7{,}72 \times 10^{-6}$$

Notez que la virgule s'est déplacée de six chiffres vers la droite, donc $n = -6$

Voyons maintenant comment manipuler la notation scientifique dans les équations.

L'addition et la soustraction

Pour additionner ou soustraire des nombres exprimés en notation scientifique, on doit d'abord ramener toutes les quantités au même exposant n. Puis on additionne ou on soustrait la partie N des nombres; l'exposant reste le même. Prenons les exemples suivants:

$$(7{,}4 \times 10^3) + (2{,}1 \times 10^3) = 9{,}5 \times 10^3$$

$$\begin{aligned}(4{,}31 \times 10^4) + (3{,}9 \times 10^3) &= (4{,}31 \times 10^4) + (0{,}39 \times 10^4)\\ &= 4{,}70 \times 10^4\end{aligned}$$

$$\begin{aligned}(2{,}22 \times 10^{-2}) - (4{,}10 \times 10^{-3}) &= (2{,}22 \times 10^{-2}) - (0{,}41 \times 10^{-2})\\ &= 1{,}81 \times 10^{-2}\end{aligned}$$

La multiplication et la division

Pour multiplier des nombres exprimés en notation scientifique, il faut multiplier la partie N des nombres, puis *additionner* les exposants n. Pour diviser, il faut diviser la partie N des nombres et *soustraire* les exposants n. Les exemples qui suivent montrent comment effectuer ces opérations:

$$\begin{aligned}(8{,}0 \times 10^4) \times (5{,}0 \times 10^2) &= (8{,}0 \times 5{,}0)(10^{4+2})\\ &= 40 \times 10^6\\ &= 4{,}0 \times 10^7\end{aligned}$$

$$\begin{aligned}(4{,}0 \times 10^{-5}) \times (7{,}0 \times 10^3) &= (4{,}0 \times 7{,}0)(10^{-5+3})\\ &= 28 \times 10^{-2}\\ &= 2{,}8 \times 10^{-1}\end{aligned}$$

$$\begin{aligned}\frac{8{,}5 \times 10^4}{5{,}0 \times 10^9} &= \frac{8{,}5}{5{,}0} \times 10^{4-9}\\ &= 1{,}7 \times 10^{-5}\end{aligned}$$

$$\begin{aligned}\frac{6{,}9 \times 10^7}{3{,}0 \times 10^{-5}} &= \frac{6{,}9}{3{,}0} \times 10^{7-(-5)}\\ &= 2{,}3 \times 10^{12}\end{aligned}$$

LES CHIFFRES SIGNIFICATIFS

À moins que tous les nombres en jeu soient des entiers (par exemple, le nombre d'étudiants dans une classe), il est souvent impossible d'obtenir la valeur exacte d'une quantité que l'on veut déterminer. C'est pourquoi il est important d'indiquer la marge d'erreur (ou incertitude) d'une mesure en exprimant de façon claire le nombre de ***chiffres significatifs***, c'est-à-dire les *chiffres ayant une signification dans le calcul ou la mesure d'une quantité.* Une fois le nombre de chiffres significatifs établi, le dernier de ces chiffres est considéré comme incertain. Par exemple, on mesure le volume d'un liquide avec un cylindre gradué (*figure 1.5*) qui est précis à 1 mL près. Si le volume mesuré est de 6 mL, le volume réel se situe alors entre 5 mL et 7 mL. On exprime donc le volume du liquide de la façon suivante: (6 ± 1) mL. Dans ce

FIGURE 1.8
Une balance à plateau unique.

cas, il n'y a qu'un chiffre significatif (le chiffre 6), dont l'incertitude est de plus ou moins 1 mL. Pour une plus grande exactitude, on pourrait utiliser un cylindre gradué dont les divisions sont plus fines, de façon à obtenir une mesure dont la précision est de 0,1 mL. Si le volume du liquide y est de 6,0 mL, cette quantité est alors exprimée de la façon suivante: (6,0 ± 0,1) mL, et la valeur réelle se situe entre 5,9 mL et 6,1 mL. L'amélioration des appareils de mesure permet d'obtenir plus de chiffres significatifs, mais, dans chaque cas, le dernier chiffre est toujours incertain. La marge d'incertitude dépend donc de l'appareil de mesure utilisé.

La figure 1.8 montre une balance moderne comme celles que l'on utilise dans beaucoup de laboratoires de chimie générale. Cette balance mesure facilement la masse des objets jusqu'à la quatrième décimale. Cela signifie que la masse mesurée aura quatre chiffres significatifs (par exemple, 0,8642 g) ou plus (par exemple, 3,9745 g). Tenir compte du nombre de chiffres significatifs dans une mesure signifie que le calcul des données reflétera l'incertitude de la mesure.

Les règles d'utilisation des chiffres significatifs

Nous venons de voir qu'il est toujours important d'écrire le bon nombre de chiffres significatifs. Il est assez facile, en général, de le faire en suivant les règles suivantes:

- Tout chiffre différent de zéro est significatif. Alors, 845 cm a trois chiffres significatifs; 1,234 kg en a quatre, etc.
- Le chiffre zéro placé entre deux chiffres différents de zéro est significatif. Alors, 606 m a trois chiffres significatifs; 40 501 kg en a 5, etc.
- Les zéros placés à gauche du premier chiffre différent de zéro ne sont pas significatifs. Ils servent uniquement à indiquer l'emplacement de la virgule. Alors, 0,08 L a un chiffre significatif; 0,000 034 9 g en a trois, etc.
- Si le nombre est plus grand que 1, tous les zéros écrits à droite de la virgule sont des chiffres significatifs. Alors, 2,0 mg a deux chiffres signifi-

catifs; 40,062 mL en a cinq; et 3,040 dm en a quatre. Si le nombre est plus petit que 1, seuls les zéros écrits à la fin du nombre et ceux situés entre des chiffres différents de zéro sont significatifs. Alors, 0,090 kg a deux chiffres significatifs; 0,3005 L en a quatre; et 0,004 20 min en a trois, etc.

- En ce qui concerne les nombres qui n'ont pas de virgule, les zéros situés après le dernier chiffre différent de zéro peuvent être significatifs ou non. Par exemple, 400 cm peut avoir un chiffre significatif (le chiffre 4), deux chiffres significatifs (40) ou trois chiffres significatifs (400). Pour décider, il nous faudrait plus de renseignements. La notation scientifique, cependant, lève cette ambiguïté. Dans ce cas, le nombre 400 peut s'exprimer des façons suivantes: 4×10^2 avec un chiffre significatif, $4{,}0 \times 10^2$ avec deux chiffres significatifs ou $4{,}00 \times 10^2$ avec trois chiffres significatifs.

EXEMPLE 1.3

La détermination des chiffres significatifs

Déterminez le nombre de chiffres significatifs dans les mesures suivantes: a) 478 cm; b) 6,01 g; c) 0,825 m; d) 0,043 kg; e) $1{,}310 \times 10^{22}$ atomes; f) 7000 mL.

Réponse: a) trois; b) trois; c) trois; d) deux; e) quatre; f) quatre réponses possibles: quatre ($7{,}000 \times 10^3$), trois ($7{,}00 \times 10^3$), deux ($7{,}0 \times 10^3$) ou un (7×10^3).

EXERCICE

Déterminez le nombre de chiffres significatifs de chacune des mesures suivantes: a) 24 mL; b) 3001 g; c) 0,0320 m^3; d) $6{,}4 \times 10^4$ molécules; e) 560 kg.

Un autre ensemble de règles détermine l'utilisation des chiffres significatifs dans les calculs:

- Dans l'addition et la soustraction, le nombre de chiffres significatifs situés à droite de la virgule dans le résultat est déterminé par le plus petit nombre de chiffres significatifs situés à droite de la virgule dans les éléments du calcul. Voyez les exemples suivants:

$$\begin{array}{r l}
89{,}332 & \\
+\ 1{,}1 & \longleftarrow \text{un chiffre significatif après la virgule} \\
\hline
90{,}432 & \longleftarrow \text{arrondir à } 90{,}4
\end{array}$$

$$\begin{array}{r l}
2{,}097 & \\
-\ 0{,}12 & \longleftarrow \text{deux chiffres significatifs après la virgule} \\
\hline
1{,}977 & \longleftarrow \text{arrondir à } 1{,}98
\end{array}$$

Pour arrondir un nombre à un ordre de grandeur donné, on n'a qu'à éliminer les chiffres qui dépassent cet ordre de grandeur si le premier de ces chiffres est inférieur à 5. Par exemple, 8,724 est arrondi à 8,72 si l'on ne veut que deux chiffres après la virgule. Si le chiffre qui suit celui où l'on veut arrondir est égal ou supérieur à 5, on ajoute 1 au dernier chiffre à conserver. Par exemple, si l'on ne veut que deux chiffres après la virgule, 8,727 est arrondi à 8,73, et 0,425 est arrondi à 0,43.

- Dans la multiplication et la division, le nombre de chiffres significatifs du résultat est déterminé par le plus petit nombre de chiffres significatifs des éléments du calcul. Les exemples suivants illustrent cette règle:

$$2{,}8 \times 4{,}5039 = 12{,}610\ 92 \longleftarrow \text{arrondir à } 13$$

$$\frac{6{,}85}{112{,}04} = 0{,}061\ 138\ 878\ 9 \longleftarrow \text{arrondir à } 0{,}0611$$

- Notez que les *nombres entiers* obtenus par des définitions ou par le compte d'objets sont considérés comme pouvant avoir un nombre infini de chiffres significatifs. Si un objet a une masse de 0,2786 g, la masse totale de huit objets semblables sera

$$0{,}2786 \text{ g} \times 8 = 2{,}229 \text{ g}$$

Dans ce cas, on n'arrondit pas le résultat à un chiffre significatif parce que, par définition, le nombre 8 est 8,000 00... De même, pour faire la moyenne des deux mesures de longueur 6,64 cm et 6,68 cm, on écrit:

$$\frac{6{,}64 \text{ cm} + 6{,}68 \text{ cm}}{2} = 6{,}66 \text{ cm}$$

parce que, par définition, le nombre 2 est 2,000 00...

EXEMPLE 1.4

La manipulation des chiffres significatifs dans les calculs

Faites les calculs suivants: a) 11 254,1 + 0,1983; b) 66,59 − 3,113; c) 8,16 × 5,1355; d) 0,0154 ÷ 883; e) $2{,}64 \times 10^3 + 3{,}27 \times 10^2$.

Réponse:

a)
$$\begin{array}{r} 11\ 254{,}1 \\ +\quad 0{,}1983 \\ \hline 11\ 254{,}2983 \end{array} \longleftarrow \text{arrondir à } 11\ 254{,}3$$

b)
$$\begin{array}{r} 66{,}59 \\ -\ 3{,}113 \\ \hline 63{,}477 \end{array} \longleftarrow \text{arrondir à } 63{,}48$$

c) $8{,}16 \times 5{,}1355 = 41{,}905\ 68 \longleftarrow \text{arrondir à } 41{,}9$

d) $\frac{0,0154}{883} = 0,000\,017\,440\,543\,6 \longleftarrow$ arrondir à 0,000 017 4 ou $1,74 \times 10^{-5}$

e) Il faut d'abord convertir $3,27 \times 10^2$ en $0,327 \times 10^3$, puis faire l'addition des termes entre parenthèses: $(2,64 + 0,327) \times 10^3$. Selon le procédé utilisé en a), la réponse est $2,97 \times 10^3$.

EXERCICE

Faites les calculs suivants: a) 26,5862 + 0,17; b) 9,1 − 4,682; c) $7,1 \times 10^4 \times 2,2654 \times 10^2$; d) 6,54 ÷ 86,5542; e) $(7,55 \times 10^4) - (8,62 \times 10^3)$.

La méthode que nous venons d'illustrer ne s'applique qu'aux calculs ayant une seule étape. Dans les *calculs en chaîne*, c'est-à-dire des calculs qui nécessitent plus d'une étape, on utilise une méthode différente. Voyez le calcul en deux étapes suivant:

première étape: $A \times B = C$
seconde étape: $C \times D = E$

Supposons que $A = 3,66$; $B = 8,45$; et $D = 2,11$. La valeur de E variera selon que C est arrondi à trois ou à quatre chiffres significatifs.

Méthode 1	*Méthode 2*
$3,66 \times 8,45 = 30,9$	$3,66 \times 8,45 = 30,93$
$30,9 \times 2,11 = 65,2$	$30,93 \times 2,11 = 65,3$

Toutefois, si l'on avait effectué le calcul $3,66 \times 8,45 \times 2,11$ sur une calculatrice sans arrondir le résultat intermédiaire, on aurait obtenu 65,3 pour E. La méthode qui consiste à conserver *un chiffre significatif de plus* dans les résultats intermédiaires et à n'arrondir que le résultat final au bon nombre de chiffres significatifs est parfois utilisée dans ce manuel; mais, en général, chaque étape du calcul comporte le bon nombre de chiffres significatifs.

L'exactitude et la précision

Pour décrire les mesures et les chiffres significatifs, il est utile de faire la distinction entre exactitude et précision. L'***exactitude*** *indique à quel point une*

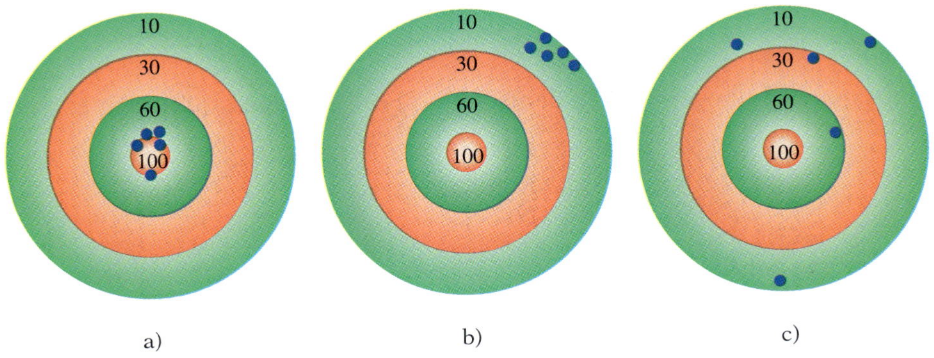

FIGURE 1.9

La disposition des fléchettes sur ces cibles permet de différencier précision et exactitude. a) exact et précis; b) non exact, mais précis; c) ni exact ni précis.

mesure s'approche de la valeur réelle de la quantité mesurée. La ***précision*** *indique les limites à l'intérieur desquelles se situe la valeur d'une quantité mesurée une ou plusieurs fois (figure 1.9).* Supposons que l'on demande à trois étudiants de déterminer la masse d'un fil de cuivre; le professeur a préalablement mesuré cette masse, qui est 2,000 g. Les résultats de deux pesées successives effectuées par chaque étudiant sont

	Étudiant A	*Étudiant B*	*Étudiant C*
	1,964 g	1,972 g	2,000 g
	1,978 g	1,968 g	2,002 g
Valeur moyenne	1,971 g	1,970 g	2,001 g

Les résultats de l'étudiant B sont plus *précis* (ou moins incertains) que ceux de l'étudiant A (1,972 g et 1,968 g sont moins éloignés de 1,970 que le sont 1,964 g et 1,978 g de 1,971 g). Aucun de ces deux groupes de résultats n'est toutefois très *exact*. Cependant, les résultats de l'étudiant C sont non seulement *précis* (faible incertitude), mais également les plus *exacts*, étant donné que leur valeur moyenne est la plus proche de la valeur réelle. Habituellement, les mesures très exactes sont également précises; mais les mesures très précises ne sont pas nécessairement exactes. Par exemple, un mètre mal calibré ou une balance défectueuse peuvent donner des valeurs précises mais erronées (inexactes).

1.6 LA RÉSOLUTION DE PROBLÈMES PAR LA MÉTHODE DES FACTEURS DE CONVERSION

Des mesures bien effectuées et une utilisation adéquate des chiffres significatifs, accompagnées de bons calculs, conduiront à des résultats numériques exacts. Cependant, pour avoir un sens, ces résultats doivent être accompagnés des unités appropriées. La méthode que nous utiliserons pour convertir les unités dans les problèmes de chimie s'appelle *méthode des facteurs de conversion* (aussi appelée *analyse dimensionnelle*). Il s'agit d'une technique simple et qui demande peu de mémoire; elle est basée sur la relation entre différentes unités qui expriment la même quantité physique.

On sait, par exemple, que l'unité «dollar» pour l'argent est différente de l'unité «cent». On dit toutefois que 1 dollar *équivaut* à 100 cents parce que les deux représentent le même montant d'argent. Cette équivalence nous permet d'écrire

$$1 \text{ dollar} = 100 \text{ cents}$$

Parce que 1 dollar égale 100 cents, le rapport des deux quantités est de 1; c'est-à-dire

$$\frac{1 \text{ dollar}}{100 \text{ cents}} = 1$$

Ce rapport peut se lire 1 dollar par 100 cents. On appelle cette fraction *facteur de conversion* (ou équation à l'unité) parce que le numérateur et le dénominateur expriment le même montant d'argent.

Nous aurions pu aussi écrire la fraction comme ceci:

$$\frac{100 \text{ cents}}{1 \text{ dollar}} = 1$$

Cette dernière se lit 100 cents par dollar. La fraction 100 cents/1 dollar est également un facteur de conversion. En fait, la réciproque de tout facteur de conversion en est aussi un. Ce facteur permet d'effectuer des conversions entre différentes unités dont les valeurs expriment une même quantité. Supposons que l'on désire convertir 2,46 dollars en cents. Exprimons le problème de la façon suivante:

$$? \text{ cents} = 2{,}46 \text{ dollars}$$

Étant donné qu'il s'agit de convertir des dollars en cents, nous choisissons le facteur de conversion qui a l'unité «dollar» au dénominateur (pour éliminer «dollars» du 2,46 dollars) et nous écrivons

$$2{,}46 \cancel{\text{dollars}} \times \frac{100 \text{ cents}}{1 \cancel{\text{dollar}}} = 246 \text{ cents}$$

Notez que le facteur de conversion 100 cents/1 dollar contient des nombres entiers (ou nombres exacts), ce qui fait que le nombre de chiffres significatifs n'est pas modifié dans la réponse finale.

Maintenant, voyons la conversion de 57,8 mètres en centimètres. Exprimons le problème de la façon suivante:

$$? \text{ cm} = 57{,}8 \text{ m}$$

Par définition,

$$1 \text{ cm} = 1 \times 10^{-2} \text{ m}$$

Étant donné que la conversion se fait de «m» vers «cm», nous choisissons le facteur de conversion qui a les mètres au dénominateur,

$$\frac{1 \text{ cm}}{1 \times 10^{-2} \text{ m}} = 1$$

et nous écrivons la conversion suivante:

$$\begin{aligned} ? \text{ cm} &= 57{,}8 \cancel{\text{m}} \times \frac{1 \text{ cm}}{1 \times 10^{-2} \cancel{\text{m}}} \\ &= 5780 \text{ cm} \\ &= 5{,}78 \times 10^{3} \text{ cm} \end{aligned}$$

Notez que nous utilisons la notation scientifique pour indiquer que la réponse possède trois chiffres significatifs. Le facteur de conversion 1 cm/1 × 10^{-2} m contient des nombres entiers (ou exacts), c'est pourquoi le nombre de chiffres significatifs de la réponse n'est pas modifié.

Dans la méthode des facteurs de conversion, les unités apparaissent à chacune des étapes du calcul. Par conséquent, si l'équation est posée correctement, toutes les unités s'élimineront sauf celle recherchée. Si tel n'est pas le cas, une erreur s'est sûrement glissée quelque part; on peut généralement la trouver en revoyant la démarche utilisée pour arriver à la solution.

Les facteurs de conversion de certaines unités du système anglais, *couramment utilisées aux États-Unis, parfois même au Canada,* pour des mesures non scientifiques (par exemple, les livres et les pouces), sont fournis à la fin du livre.

EXEMPLE 1.5

La méthode des facteurs de conversion

Un homme pèse 162 livres (lb). Quelle est sa masse en milligrammes (mg)?

Réponse: Exprimons le problème de la façon suivante:

$$? \text{ mg} = 162 \text{ lb}$$

Les équivalences sont

$$1 \text{ lb} = 453{,}6 \text{ g}$$

le facteur de conversion est donc

$$\frac{453{,}6 \text{ g}}{1 \text{ lb}} = 1$$

et

$$1 \text{ mg} = 1 \times 10^{-3} \text{ g}$$

le facteur de conversion est donc

$$\frac{1 \text{ mg}}{1 \times 10^{-3} \text{ g}} = 1$$

Alors

$$? \text{ mg} = 162 \text{ lb} \times \frac{453{,}6 \text{ g}}{1 \text{ lb}} \times \frac{1 \text{ mg}}{1 \times 10^{-3} \text{ g}} = 7{,}35 \times 10^{7} \text{ mg}$$

EXERCICE

Convertissez 53,5 kilogrammes (kg) en livres.

Notez qu'un facteur de conversion peut être porté au carré ou au cube, parce que $1^2 = 1^3 = 1$: c'est ce qu'illustre l'exemple 1.6.

EXEMPLE 1.6

La méthode des facteurs de conversion

La masse volumique de l'or est 19,3 g/cm³. Convertissez-la en kg/m³.

Réponse: Exprimons le problème de la façon suivante:

$$? \text{ kg/m}^3 = 19{,}3 \text{ g/cm}^3$$

Nous avons besoin de deux facteurs de conversion: un pour convertir g en kg et un autre pour convertir cm^3 en m^3. Nous savons que

$$1 \text{ kg} = 1000 \text{ g}$$

donc

$$\frac{1 \text{ kg}}{1000 \text{ g}} = 1$$

Le second facteur de conversion est

$$\left(\frac{1 \text{ cm}}{1 \times 10^{-2} \text{ m}}\right)^3 = 1$$

Nous écrivons donc

$$? \text{ kg/m}^3 = \frac{19{,}3 \text{ g}}{1 \text{ cm}^3} \times \frac{1 \text{ kg}}{1000 \text{ g}} \times \left(\frac{1 \text{ cm}}{1 \times 10^{-2} \text{ m}}\right)^3 = 19\ 300 \text{ kg/m}^3$$

$$= 1{,}93 \times 10^4 \text{ kg/m}^3$$

EXERCICE

La masse volumique du métal le plus léger, le lithium (Li), est $5{,}34 \times 10^2$ kg/m^3. Convertissez-la en g/cm^3.

RÉSUMÉ

Les chimistes étudient la matière et les substances qui la composent. En principe, toutes les substances peuvent exister sous trois états: solide, liquide ou gazeux. Le passage d'un état à un autre peut se faire par un changement de température.

Les substances les plus simples en chimie sont les éléments. Les atomes des différents éléments se combinent pour former des composés. Les substances pures (éléments ou composés) ont des propriétés physiques propres, observables sans modification de la nature de la substance, et des propriétés chimiques propres, qui, une fois démontrées, changent la nature de la substance.

Les unités du SI sont utilisées dans toutes les sciences pour exprimer les quantités physiques. Les nombres exprimés en notation scientifique ont la forme $N \times 10^n$, où N est un nombre situé entre 1 et 10 et n est un entier positif ou négatif. La notation scientifique facilite le travail dans le cas de nombres très grands ou très petits. La plupart des quantités mesurées comportent une certaine marge d'incertitude. Le nombre de chiffres significatifs indique cette incertitude.

Dans la méthode des facteurs de conversion, les unités sont multipliées ou divisées comme des quantités algébriques pour que l'on puisse simplifier l'expression en question. Si la réponse finale est dans l'unité désirée, c'est que le calcul a été mené correctement.

MOTS CLÉS

Chiffre significatif, p. 15
Chimie, p. 5
Composé, p. 8
Élément, p. 6
Exactitude, p. 19
Grandeur extensive, p. 9
Grandeur intensive, p. 9
Litre, p. 11
Masse, p. 10
Masse volumique, p. 12
Matière, p. 5
Mélange, p. 6
Mélange hétérogène, p. 6
Mélange homogène, p. 6
Poids, p. 10
Précision, p. 20
Propriété chimique, p. 8
Propriété macroscopique, p. 9
Propriété microscopique, p. 9
Propriété physique, p. 8
Substance pure, p. 5
Système international d'unités (SI), p. 9
Volume, p. 11

QUESTIONS ET PROBLÈMES

DÉFINITIONS DE BASE

Questions de révision

1.1 Définissez les termes suivants: a) matière; b) masse; c) poids; d) substances pures; e) mélange.

1.2 Laquelle des affirmations suivantes est scientifiquement correcte?
«La masse de l'élève est de 56 kg.»
«Le poids de l'élève est de 56 kg.»

1.3 Donnez un exemple de mélange homogène et un exemple de mélange hétérogène.

1.4 Quelle est la différence entre une propriété physique et une propriété chimique?

1.5 Donnez un exemple d'une grandeur extensive et un exemple d'une grandeur intensive.

1.6 Définissez les termes suivants: a) élément; b) composé.

Problèmes

1.7 Chacune des affirmations suivantes décrit-elle une propriété chimique ou une propriété physique? a) L'oxygène participe à la combustion. b) Les engrais permettent d'augmenter la production agricole. c) Au sommet d'une montagne, le point d'ébullition de l'eau est inférieur à 100 °C. d) La masse volumique du plomb est plus élevée que celle de l'aluminium. e) Le sucre a un goût agréable.

1.8 Chacune des affirmations suivantes décrit-elle une transformation physique ou une transformation chimique? a) L'hélium contenu dans un ballon a tendance à s'échapper après quelques heures. b) Le faisceau lumineux d'une lampe de poche s'atténue lentement pour finalement s'éteindre. c) Le jus d'orange concentré congelé peut être reconstitué par l'addition d'eau. d) La croissance des plantes dépend de l'énergie du Soleil dans un processus appelé photosynthèse. e) Une cuillerée de sel se dissout dans un bol de soupe.

1.9 Lesquelles des grandeurs suivantes sont extensives et lesquelles sont intensives? a) la longueur; b) le volume; c) la température; d) la masse.

1.10 Lesquelles des grandeurs suivantes sont extensives et lesquelles sont intensives? a) la superficie; b) la couleur; c) la masse volumique.

1.11 Dites si les substances suivantes sont des éléments ou des composés: a) l'hydrogène; b) l'eau; c) l'or; d) le sucre.

1.12 Dites si les substances suivantes sont des éléments ou des composés: a) le chlorure de sodium (sel de table); b) l'hélium; c) l'alcool; d) le platine.

LES UNITÉS

Questions de révision

1.13 Donnez les unités du SI qui expriment: a) la longueur; b) la surface; c) le volume; d) la masse; e) le temps; f) la force; g) l'énergie; h) la température.

1.14 Écrivez les nombres qui correspondent aux préfixes suivants: a) méga-; b) kilo-; c) déci-; d) centi-; e) milli-; f) micro-; g) nano-; h) pico-.

1.15 Définissez «masse volumique». Quelles unités utilisent normalement les chimistes pour exprimer la masse volumique? Est-ce que la masse volumique est une grandeur intensive ou extensive?

1.16 Écrivez l'équation: a) de la conversion des degrés Celsius en degrés Fahrenheit; b) de la conversion des degrés Fahrenheit en degrés Celsius.

Problèmes

1.17 Une sphère de plomb a une masse de $1,20 \times 10^4$ g et un volume de $1,05 \times 10^3$ cm^3. Calculez la masse volumique du plomb.

1.18 Le mercure est le seul métal qui soit liquide à la température ambiante. Sa masse volumique est de 13,6 g/mL. Combien de grammes de mercure occuperont un volume de 95,8 mL?

1.19 Calculez, dans chacun des cas suivants, la température en °C: a) une journée chaude d'été à 95 °F; b) une journée froide d'hiver à 12 °F; c) une fièvre de 102 °F; d) un fourneau qui fonctionne à 1852 °F.

1.20 a) Normalement, le corps humain peut endurer une température de 105 °F durant une courte période sans que le cerveau ou les organes vitaux subissent de dommages irréversibles. Quel est l'équivalent de cette température en degrés Celsius? b) L'éthylène glycol est un composé organique liquide qui sert d'antigel dans les radiateurs d'automobiles. Il gèle à −11,5 °C. Calculez son point de congélation en degrés Fahrenheit. c) La température à la surface du Soleil est d'environ $6,3 \times 10^3$ °C. Quel en est l'équivalent en degrés Fahrenheit?

LA NOTATION SCIENTIFIQUE

Problèmes

1.21 Écrivez les nombres suivants en notation scientifique: a) 0,000 000 027; b) 356; c) 0,096.

1.22 Écrivez les nombres suivants en notation scientifique: a) 0,749; b) 802,6; c) 0,000 000 621.

1.23 Écrivez les nombres suivants sans utiliser la notation scientifique: a) $1,52 \times 10^4$; b) $7,78 \times 10^{-8}$.

1.24 Écrivez les nombres suivants sans utiliser la notation scientifique: a) $3,256 \times 10^{-5}$; b) $6,03 \times 10^6$.

1.25 Donnez les réponses des problèmes suivants en notation scientifique:
a) $145,75 + (2,3 \times 10^{-1})$
b) $79\,500 \div (2,5 \times 10^2)$
c) $(7,0 \times 10^{-3}) - (8,0 \times 10^{-4})$
d) $(1,0 \times 10^4) \times (9,9 \times 10^6)$

1.26 Donnez les réponses des problèmes suivants en notation scientifique:
a) $0,0095 + (8,5 \times 10^{-3})$
b) $653 \div (5,75 \times 10^{-8})$
c) $850\,000 - (9,0 \times 10^5)$
d) $(3,6 \times 10^{-4}) \times (3,6 \times 10^6)$

LES CHIFFRES SIGNIFICATIFS

Problèmes

1.27 Quel est le nombre de chiffres significatifs dans chacune des mesures suivantes? a) 4867 km; b) 56 mL; c) 60 104 kg; d) 2900 g.

1.28 Quel est le nombre de chiffres significatifs dans chacune des mesures suivantes? a) 40,2 g/cm^3; b) 0,000 000 3 cm; c) 70 min; d) $4,6 \times 10^{19}$ atomes.

1.29 Effectuez les opérations suivantes comme s'il s'agissait de mesures expérimentales et exprimez chaque réponse avec la bonne unité et le bon nombre de chiffres significatifs:
a) 5,679 2 m + 0,6 m + 4,33 m
b) 3,70 g − 2,913 3 g
c) 4,51 cm × 3,6666 cm

1.30 Effectuez les opérations suivantes comme s'il s'agissait de mesures expérimentales et exprimez chaque réponse avec la bonne unité et le bon nombre de chiffres significatifs:
a) 7,310 km ÷ 5,70 km
b) $(3,26 \times 10^{-3}$ mg$) - (7,88 \times 10^{-5}$ mg$)$
c) $(4,02 \times 10^6$ dm$) + (7,74 \times 10^7$ dm$)$

LA MÉTHODE DES FACTEURS DE CONVERSION

Problèmes

1.31 Effectuez les conversions suivantes: a) 22,6 m en décimètres; b) 25,4 mg en kilogrammes.

1.32 Effectuez les conversions suivantes: a) 242 lb en milligrammes; b) 68,3 cm^3 en mètres cubes.

1.33 Si, à un moment donné, le prix de l'or est de 327 $ l'once, combien vaut 1 g d'or? (1 once = 28,4 g)

1.34 Combien y a-t-il de secondes dans une année solaire (365,24 jours)?

1.35 Combien de minutes prend la lumière du Soleil pour atteindre la Terre? (La distance entre le Soleil et la Terre est de 93 millions de milles; la vitesse de la lumière est de $3,00 \times 10^8$ m/s.)

1.36 Un coureur lent parcourt un mille en 13 minutes. Calculez sa vitesse en: a) po/s; b) m/min; c) km/h. (1 mi = 1609 m; 1 po = 2,54 cm)

1.37 Effectuez les conversions suivantes: a) Une personne de 6 pi pèse 168 lb. Donnez la taille et le poids de cette personne en mètres et en kilogrammes. (1 lb = 453,6 g; 1 m = 3,28 pi) b) La limite de vitesse habituelle aux États-Unis est de 55 milles par heure. Quelle est-elle en kilomètres par heure? c) La vitesse de la lumière est $3,0 \times 10^{10}$ cm/s. Combien de milles la lumière parcourt-elle en une heure? d) Le plomb est une substance toxique. Sa concentration «normale» dans le sang humain est d'environ 0,40 partie par million (0,40 g de plomb par million de grammes de sang). Une valeur de 0,80 partie par million (ppm) est considérée dangereuse. Combien de grammes de plomb sont contenus dans $6,0 \times 10^3$ g de sang (la quantité moyenne de sang chez un adulte) si sa concentration y est de 0,62 ppm?

1.38 Effectuez les conversions suivantes: a) 1,42 année-lumière en milles (une année-lumière, une mesure de distance astronomique, est la distance parcourue par la lumière en une année, ou en 365 jours); b) 32,4 verges en centimètres; c) $3,0 \times 10^{10}$ cm/s en pi/s; d) 47,4 °F en degrés Celsius; e) −273,15 °C (la plus basse température qu'on puisse atteindre) en degrés Fahrenheit; f) 71,2 cm^3 en m^3; g) 7,2 m^3 en litres.

1.39 L'aluminium est un métal léger (sa masse volumique est de 2,70 g/cm^3) utilisé dans la fabrication d'avions, de lignes de haute tension et de feuilles de métal. Quelle est sa masse volumique en kg/m^3?

1.40 La masse volumique de l'ammoniac dans certaines conditions est 0,625 g/L. Calculez-la en g/cm^3.

PROBLÈMES VARIÉS

1.41 Indiquez, selon le cas, s'il s'agit d'une propriété physique ou chimique. a) Le fer peut rouiller. b) L'eau de pluie des régions industrialisées a tendance à être acide. c) Les molécules d'hémoglobine sont rouges. d) Quand un verre d'eau est laissé au soleil, l'eau disparaît graduellement. e) Le dioxyde de carbone de l'air est converti en molécules plus complexes par la photosynthèse des plantes.

1.42 En 1994, 86,6 milliards de livres d'acide sulfurique ont été produites aux États-Unis. Convertissez cette quantité en tonnes. (1 tonne = 2000 lb)

1.43 Supposons qu'une nouvelle échelle de température a été définie sur laquelle le point de fusion de l'éthanol (−117,3 °C) et son point d'ébullition (78,3 °C) sont 0 °S et 100 °S, respectivement, S étant le symbole de la nouvelle échelle. Trouvez l'équation convertissant l'échelle Celsius en échelle S. Quelle serait la température en °S qui équivaut à 25 °C?

1.44 Pour déterminer la masse volumique d'une masse de métal rectangulaire, un étudiant prend les mesures suivantes: longueur, 8,53 cm; largeur, 2,4 cm; hauteur, 1,0 cm; masse, 52,7064 g. Calculez la masse volumique du métal avec le bon nombre de chiffres significatifs.

1.45 Calculez la masse de chacun des objets suivants: a) une sphère d'or de 10,0 cm de rayon (le volume d'une sphère de rayon r est donnée par $V = (\frac{4}{3})\pi r^3$; la masse volumique de l'or est de 19,3 g/cm^3); b) un cube de platine de 0,040 mm d'arête (la masse volumique du platine est de 21,4 g/cm^3); c) 50,0 mL d'éthanol (la masse volumique de l'éthanol est de 0,798 g/mL).

1.46 Un cylindre de verre d'une longueur de 12,7 cm est rempli de mercure. La masse du mercure nécessaire pour remplir ce cylindre est de 105,5 g. Calculez le diamètre interne du cylindre. (La masse volumique du mercure est de 13,6 g/mL.)

1.47 La méthode suivante a été utilisée pour déterminer le volume d'un ballon volumétrique. Le ballon a d'abord été pesé vide, puis ensuite rempli d'eau. Si la masse du ballon vide était 56,12 g et la masse du ballon plein était 87,39 g, quel est le volume du ballon en centimètres cubes. (La masse volumique de l'eau est de 0,9976 g/cm^3.)

1.48 Un cylindre gradué contient 242,0 ml d'eau. On y place un objet en argent (Ag) pesant 194,3 g. Le cylindre indique alors que le volume d'eau est de 260,5 ml. À partir de ces données, calculez la masse volumique de l'argent.

1.49 La méthode décrite au problème 1.48 est une façon rudimentaire mais commode de déterminer la masse volumique de certains solides. Décrivez une méthode semblable qui vous permettrait de déterminer la masse volumique de la glace. Plus spécifiquement, quelles seraient les exigences concernant le liquide utilisé pour répondre au problème?

1.50 La vitesse de propagation du son dans l'air à la température ambiante est de 343 m/s. Calculez cette vitesse en milles par heure.

1.51 Le thermomètre médical que la plupart des gens utilisent à la maison a une incertitude de ±0,1 °F, tandis que celui utilisé par les médecins est incertain à ±0,1 °C. Exprimez, en degrés Celsius, le pourcentage d'incertitude associé à chacun de ces thermomètres si l'on prend la température du corps d'une personne et que celle-ci est 38,9 °C.

1.52 Un thermomètre donne une mesure de 24,2 °C ±0,1 °C. Calculez la température en degrés Fahrenheit. Quelle en est l'incertitude?

1.53 La vanilline (utilisée pour parfumer la crème glacée et d'autres aliments) est une substance dont l'arôme est perçu par notre odorat à de très faibles concentrations. Le seuil limite de perception est de $2,0 \times 10^{-11}$ g par litre d'air. Si le prix actuel de 50 g de vanilline est de 112 $, déterminez ce que coûterait la quantité de vanilline suffisante pour que son arôme soit perçu dans un hangar dont le volume est $5,0 \times 10^7$ pi^3.

1.54 Un adulte au repos a besoin d'environ 240 mL d'oxygène pur par minute, et respire environ 12 fois chaque minute. Si l'air inspiré contient 20 % d'oxygène (% $\frac{\text{volume}}{\text{volume}}$) et que l'air expiré en contient 16 %, quel est le volume d'air de chaque respiration? (Supposez que le volume d'air inspiré est égal à celui de l'air expiré.)

1.55 Le volume total de l'eau de mer de la planète est de $1,5 \times 10^{21}$ L. Supposons que l'eau de mer contient 3,1 % de chlorure de sodium (% $\frac{\text{masse}}{\text{masse}}$) et que sa masse volumique est 1,03 g/mL. Calculez la masse totale de chlorure de sodium en kilogrammes et en tonnes. (1 tonne = 2000 lb; 1 lb = 453,6 g)

1.56 Le magnésium (Mg) est un métal précieux utilisé dans la fabrication d'alliages et de piles, et dans des synthèses chimiques. On l'extrait surtout de l'eau de mer, qui en contient environ 1,3 g par kilogramme d'eau de mer. Calculez le volume d'eau de mer (en litres) nécessaire pour obtenir $8,0 \times 10^4$ tonnes de Mg, ce qui est environ la production annuelle des États-Unis. (La masse volumique de l'eau de mer est de 1,03 g/mL.)

1.57 Une étudiante est chargée de déterminer si un creuset est fait de platine pur. D'abord, elle le pèse dans l'air, puis dans l'eau (la masse volumique de l'eau est de 0,9986 g/cm^3). Les mesures obtenues sont respectivement 860,2 g et 820,2 g. Étant donné que la masse volumique du platine est de 21,45 g/cm^3, quelle sera sa conclusion? (*Note*: un objet plongé dans un liquide subit une poussée ascendante égale à la masse de liquide qu'il déplace.)

1.58 À quelle température un thermomètre gradué en degrés Celsius et un thermomètre en degrés Fahrenheit indiquent-ils la même valeur numérique?

1.59 La superficie et la profondeur moyenne de l'océan Pacifique sont de $1,8 \times 10^8$ km^2 et de $3,9 \times 10^3$ m, respectivement. Calculez le volume d'eau du Pacifique en litres.

1.60 Le pourcentage d'erreur est exprimé par la valeur absolue de la différence entre la valeur vraie et la valeur mesurée, divisée par la valeur vraie, le tout multiplié par cent:

$$\text{Pourcentage d'erreur} = \frac{|\text{valeur vraie} - \text{valeur mesurée}|}{|\text{valeur vraie}|} \times 100\ \%$$

où les lignes verticales signifient que les chiffres sont en valeur absolue. Calculez le pourcentage d'erreur des mesures suivantes: a) la masse volumique de l'alcool (éthanol): 0,802 g/mL (valeur réelle: 0,798g/mL); b) la masse de l'or contenu dans une boucle d'oreille: 0,837 g (valeur réelle: 0,864 g).

Réponses aux exercices: **1.1** 96,5 g; **1.2** a) 83,1 °F; b) 78,3 °C; **1.3** a) deux; b) quatre; c) trois; d) deux; e) trois ou deux; **1.4** a) 26,76; b) 4,4; c) $1,6 \times 10^7$; d) 0,0756; e) $6,69 \times 10^4$; **1.5** 118 lb; **1.6** 0,534 g/cm^3.

CHAPITRE 2
ATOMES, MOLÉCULES ET IONS

2.1
La théorie atomique

2.2
La structure de l'atome
L'électron • *La radioactivité* • *Le proton et le noyau* • *Le neutron*

2.3
Numéro atomique, nombre de masse et isotopes

2.4
Le tableau périodique

2.5
Les molécules et les ions
Les molécules • *Les ions*

2.6
Les formules chimiques
Les formules moléculaires • *Les formules empiriques*

2.7
La nomenclature des composés inorganiques
Les composés ioniques • *Les composés covalents* • *Les acides et les bases*

Pour certaines personnes, une visite chez le dentiste est une expérience traumatisante. À cette seule pensée, leurs mains deviennent moites et leur pouls s'accélère. Cependant, ces mêmes personnes ne craignent probablement pas une radiographie dentaire. Ce procédé indolore ne dure que quelques minutes: le technicien vous met une couverture de plomb, installe une pellicule dans votre bouche et place l'appareil; puis il quitte la salle, appuie sur un bouton et un mince faisceau de rayons X traverse votre mâchoire. Votre bouche est alors exposée à des radiations durant environ une seconde et la radiographie permet au dentiste de poser son diagnostic. Votre corps, cependant, est protégé des radiations par la couverture de plomb.

Il y a un siècle, les dentistes n'utilisaient pas les radiographies: en fait, on connaissait très peu de choses sur les rayons X et les autres types de radiations à haute énergie. Parmi les scientifiques intéressés par ce domaine, il y avait une jeune étudiante au doctorat nommée Marie Sklodowska Curie. Pour sa thèse de doctorat, Marie Curie (aidée de Henri Becquerel, son maître de thèse à la Sorbonne, et de Pierre Curie, son mari) décida d'étudier le pechblende, un minerai d'oxyde d'uranium, qui émet des radiations semblables aux rayons X. En 1898, les Curie isolèrent un nouvel élément qu'ils nommèrent polonium, en l'honneur de la Pologne, le pays d'origine de Mme Curie. Quatre mois plus tard, ils découvrirent un autre élément radioactif, le radium.

Dans leur laboratoire de fortune installé dans un hangar, Marie et Pierre Curie utilisèrent des tonnes de pechblende pour obtenir seulement 0,1 g de chlorure de radium. Ils gardaient un échantillon de cette substance bleue fluorescente près de leur lit et ils aimaient visiter leur hangar la nuit pour regarder les éprouvettes qui brillaient comme des lampes magiques. Vu ses propriétés inhabituelles, le radium était l'élément le plus important à avoir été découvert depuis l'oxygène. La thèse de Marie Curie, basée sur l'étude du radium, fut acclamée par les scientifiques comme «la plus grande contribution jamais apportée à la science par un étudiant au doctorat». Malgré le potentiel d'applications médicales du radium, les Curie ont refusé de faire breveter leur procédé d'extraction du radium à partir du pechblende, parce que, pour eux, la recherche était une fin en soi et non une source de revenus.

Marie Curie dans son laboratoire.

En 1903, les Curie partagèrent avec Becquerel (qui a découvert la radioactivité) le prix Nobel de physique; la même année, Marie obtenait son doctorat. Dès ce moment, Marie Curie devint célèbre; malgré tout, les réactions hostiles envers elle ne cessèrent pas, et elle fut l'objet de discrimination de la part de la communauté scientifique: sa demande d'admission à l'Académie des sciences fut refusée par une voix parce qu'elle était une femme!

Marie Curie fut la première femme à recevoir un prix Nobel, la première personne à en recevoir deux (elle obtint celui de chimie, en 1911), et la première personne à remporter un prix Nobel à avoir un enfant qui recevra un prix Nobel. En effet, sa fille, Irène, et son gendre, Frédéric Joliot, reçurent le prix Nobel de chimie en 1935, pour la découverte de la radioactivité artificielle. Malheureusement, Marie ne vécut pas assez longtemps pour en être témoin. Après des années passées à manipuler des matières radioactives sans protection, elle mourut de leucémie en 1934. Ses cahiers de laboratoire ont été conservés, mais ils ne peuvent être examinés parce qu'ils sont toujours dangereusement radioactifs. Aujourd'hui, grâce à Marie Curie, presque tous savent qu'il faut se protéger des radiations, qu'elles viennent des rayons X ou des déchets nucléaires.

Photographie de 2,7 g de bromure de radium ($RaBr_2$) prise en 1922 avec, comme éclairage, les seuls rayons émis par la substance.

2.1 LA THÉORIE ATOMIQUE

Au ve siècle av. J.-C., le philosophe grec Démocrite formula l'hypothèse que toute la matière était constituée de particules très petites et indivisibles, qu'il nomma *atomos* (c'est-à-dire insécable ou indivisible). Même si cette théorie ne rallia pas nombre de ses contemporains (notamment Platon et Aristote), elle survécut quand même. Les premières recherches scientifiques étayèrent par la suite la théorie atomiste et, graduellement, les définitions modernes des éléments et des composés se précisèrent. C'est en 1808 qu'un scientifique et professeur anglais, John Dalton, formula une définition précise de ces unités indivisibles, véritables blocs de construction de la matière, appelées atomes.

John Dalton (1766-1844)

Les travaux de Dalton marquèrent le début de l'ère moderne de la chimie. Ses hypothèses portant sur la nature de la matière peuvent se résumer ainsi:

- Les éléments sont formés de particules extrêmement petites, appelées atomes. Tous les atomes d'un élément donné sont identiques entre eux; ils ont les mêmes dimensions, la même masse et les mêmes propriétés chimiques. Les atomes d'un élément sont différents de ceux de tous les autres éléments.
- Les composés sont formés d'atomes de plus de un élément. Dans tout composé, le rapport entre les nombres d'atomes de deux éléments est soit un nombre entier soit une fraction simple.
- Une réaction chimique n'est que la séparation, la combinaison ou le réarrangement d'atomes; elle n'entraîne ni la destruction ni la création d'atomes.

La figure 2.1 est une représentation schématique des deux premières hypothèses.

Le concept d'atome développé par Dalton est beaucoup plus détaillé et précis que celui de Démocrite. Selon la première hypothèse de Dalton, les atomes d'un élément sont différents des atomes de tous les autres éléments. Toutefois, Dalton n'a pas tenté de décrire la structure ni la composition des atomes; il n'avait en fait aucune idée de ce à quoi ils ressemblaient réellement. Il a tout de même compris que les propriétés distinctes de l'hydrogène et de l'oxygène devaient s'expliquer par le fait que les atomes d'hydrogène sont différents des atomes d'oxygène.

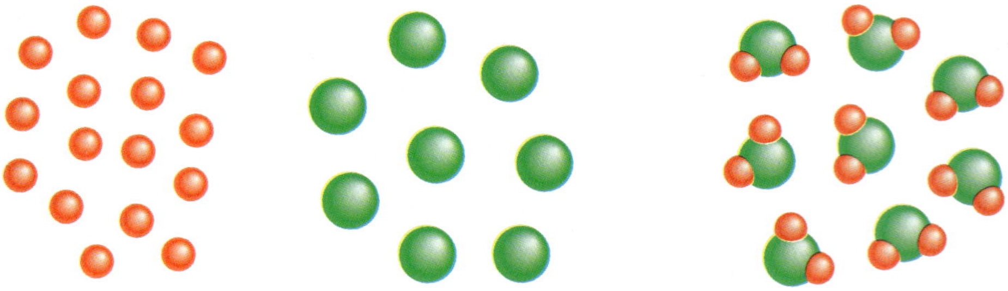

Atomes de l'élément X — Atomes de l'élément Y — a)

Composé formé des éléments X et Y — b)

FIGURE 2.1

a) Selon la théorie atomique de Dalton, les atomes d'un même élément sont identiques, et différents des atomes d'un autre élément. b) Composé formé d'atomes de l'élément X et de ceux de l'élément Y. Dans ce cas, le rapport entre les atomes de l'élément X et ceux de Y est de 2 : 1.

Sa deuxième hypothèse dit que, pour former un composé donné, il faut non seulement les atomes des éléments appropriés, mais aussi des nombres spécifiques de ces atomes. Cette idée constitue l'explication d'une loi pondérale publiée en 1799 par le chimiste français Joseph Proust. La ***loi des proportions définies*** de Proust dit que *les différents échantillons d'un même composé renferment toujours leurs éléments constitutifs dans des proportions de masses constantes;* autrement dit, si l'on analyse des échantillons de dioxyde de carbone obtenus de sources différentes, on trouvera que le rapport entre les masses du carbone et de l'oxygène est constant. Alors, il va de soi que si le rapport entre les masses des différents éléments formant un composé donné est constant, le rapport entre les nombres d'atomes de ces éléments doit être également constant.

La deuxième hypothèse de Dalton explique aussi bien une autre loi fondamentale de la chimie qu'il avait lui-même découverte et qui est à l'origine de sa théorie atomique, la ***loi des proportions multiples.*** Selon cette loi, *si deux éléments peuvent se combiner pour former plus d'un composé, les rapports des masses du premier qui s'unissent à une masse constante de l'autre sont entre eux dans un rapport de nombres entiers simples*. La théorie de Dalton explique cette loi très simplement: les composés diffèrent parce que le nombre d'atomes de chaque sorte qui se combinent pour les former est différent. Par exemple, le carbone forme deux composés stables avec l'oxygène, le monoxyde de carbone et le dioxyde de carbone. Les techniques de mesure modernes ont démontré que un atome de carbone se combine à un atome d'oxygène pour former le monoxyde de carbone, tandis que un atome de carbone se combine à deux atomes d'oxygène pour former le dioxyde de carbone. Alors le rapport entre l'oxygène du monoxyde de carbone et celui du dioxyde de carbone est 1 : 2. Ce résultat est conforme à la loi des proportions multiples.

La troisième hypothèse de Dalton est en fait une autre façon d'exprimer la ***loi de la conservation de la masse,*** qui dit que *la matière ne se crée ni ne se perd*. Si une réaction chimique n'est qu'un réarrangement des atomes constitutifs des substances, la masse doit donc être conservée; la somme des masses des produits est égale à la somme des masses des substances réagissantes. Cette brillante incursion de Dalton dans la nature même de la matière est à l'origine du progrès rapide de la chimie au XIXe siècle.

2.2 LA STRUCTURE DE L'ATOME

Selon la théorie atomique de Dalton, l'***atome*** est *la plus petite partie d'un élément qui peut se combiner chimiquement*. Dalton imagina un atome qui était extrêmement petit et indivisible. Cependant, une série d'études, qui ont commencé dans les années 1850 et qui se sont poursuivies au XXe siècle, ont clairement montré que les atomes possèdent une structure interne, c'est-à-dire qu'ils sont faits de particules encore plus petites, appelées *particules subatomiques* (ou élémentaires). Ces recherches ont conduit à la découverte de trois de ces particules: les électrons, les protons et les neutrons.

L'ÉLECTRON

Dans les années 1890, bien des scientifiques étaient fascinés par l'étude de la ***radiation,*** *c'est-à-dire l'émission et la transmission d'énergie dans l'espace sous forme d'ondes*. Leurs recherches ont grandement contribué à améliorer la

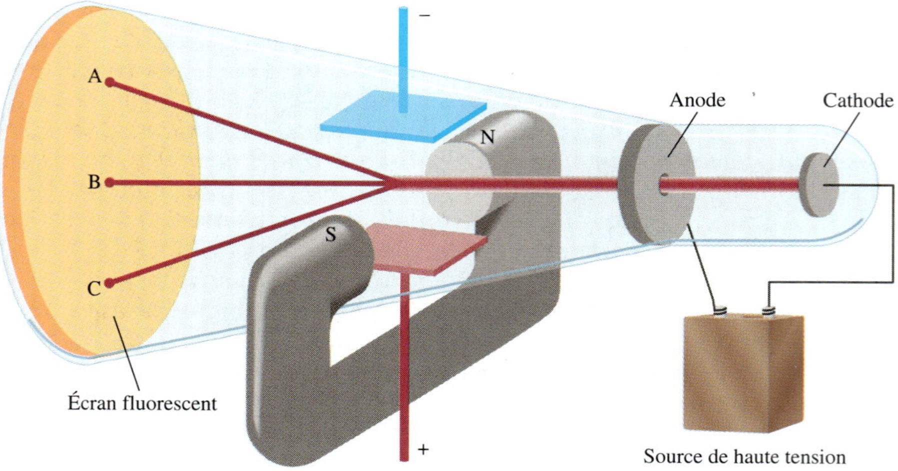

FIGURE 2.2

Un tube à rayons cathodiques dans un champ électrique perpendiculaire aux rayons cathodiques et dans un champ magnétique extérieur. Les lettres N et S indiquent les pôles nord et sud de l'aimant. Les rayons cathodiques heurteront l'extrémité du tube en A en présence d'un champ magnétique; en C en présence d'un champ électrique; et en B en l'absence de champ ou quand l'effet des deux champs s'annule.

compréhension de la structure atomique. Pour étudier la radiation, ils utilisèrent le tube à rayons cathodiques, précurseur du tube du téléviseur (*figure 2.2*). Il s'agit d'un tube de verre dont l'air a été presque entièrement évacué et qui contient deux plaques de métal. Quand celles-ci sont branchées à une source de haute tension, la plaque chargée négativement, appelée *cathode,* émet un rayon invisible. Ce rayon, appelé rayon cathodique, est attiré par la plaque chargée positivement, appelée *anode,* qu'il traverse par un trou avant de continuer son voyage jusqu'à l'autre extrémité du tube où, quand il heurte une surface enduite d'un produit spécial, il se produit alors une forte fluorescence, c'est-à-dire une lumière vive.

Dans certaines expériences, si l'on ajoute à l'*extérieur* du tube à rayons cathodiques des plaques chargées électriquement et un aimant (*figure 2.2*), en présence du champ magnétique, mais en l'absence du champ électrique, le rayon cathodique atteint le point A. Quand seul le champ électrique est présent, le rayon atteint le point C. Quand les deux champs, à savoir le champ magnétique et le champ électrique, sont absents ou présents (mais équilibrés

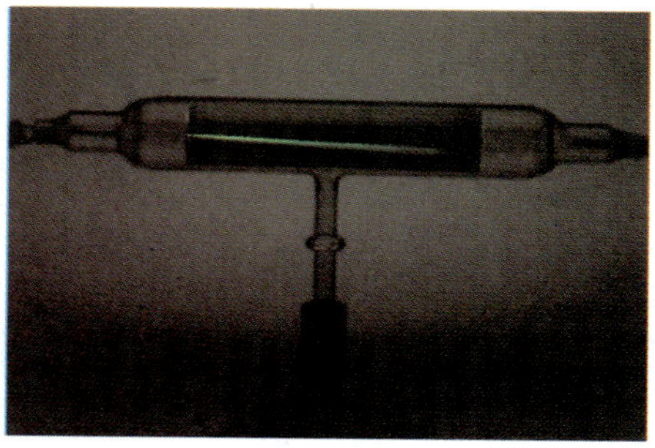

a)

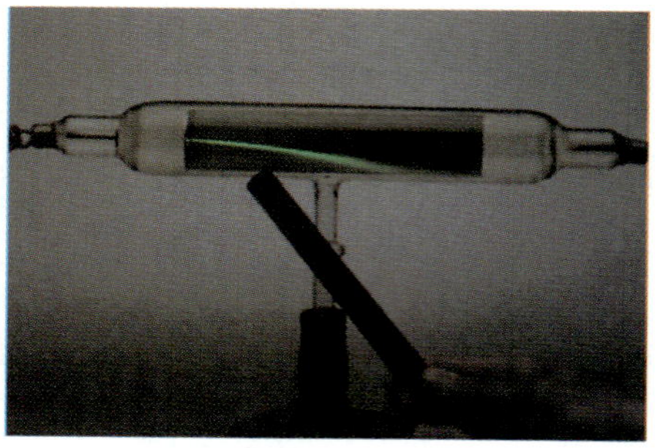

b)

FIGURE 2.3

a) Rayonnement produit dans un tube cathodique. Le rayon lui-même est incolore; la couleur verte est due à la fluorescence provoquée par l'impact du rayon sur l'écran recouvert de sulfure de zinc. b) Le rayon cathodique dévie de sa trajectoire initiale en présence d'un aimant.

de façon à s'annuler), le rayon heurte la surface de l'écran fluorescent au point B. Selon la théorie électromagnétique, un corps électriquement chargé en mouvement agit comme un aimant et peut réagir aux champs électriques ou magnétiques qu'il traverse. Étant donné que le rayon cathodique est attiré par la plaque positive et repoussé par la plaque négative, il doit être constitué de particules chargées négativement. On appelle ***électrons*** ces *particules chargées négativement*. La figure 2.3 montre l'effet d'un aimant sur un rayon cathodique.

J. J. Thomson (1856-1940)

Un physicien anglais, J. J. Thomson, utilisa un tube à rayons cathodiques, ainsi que ses connaissances sur la théorie électromagnétique, pour déterminer le rapport charge électrique/masse d'un électron. La valeur qu'il obtint est $-1{,}76 \times 10^8$ C/g, où C est le symbole de *coulomb*, l'unité de charge électrique. Plus tard, à la suite d'une série d'expériences effectuées entre 1908 et 1917, le physicien américain R. A. Millikan établit la charge d'un électron à $-1{,}60 \times 10^{-19}$ C. Il en déduisit la masse d'un électron:

$$\begin{aligned}\text{masse d'un électron} &= \frac{\text{charge}}{\text{charge/masse}}\\ &= \frac{-1{,}60 \times 10^{-19}\ \text{C}}{-1{,}76 \times 10^{8}\ \text{C/g}}\\ &= 9{,}09 \times 10^{-28}\ \text{g}\end{aligned}$$

ce qui est une masse excessivement petite.

La radioactivité

En 1895, le physicien allemand Wilhelm Röntgen remarqua que les rayons cathodiques provoquaient, sur le verre et le métal, une émission de rayons très inhabituels. Ces radiations à haute énergie pénétraient la matière, impressionnaient les plaques photographiques voilées et rendaient certaines substances fluorescentes. Étant donné que ces rayons n'étaient pas influencés

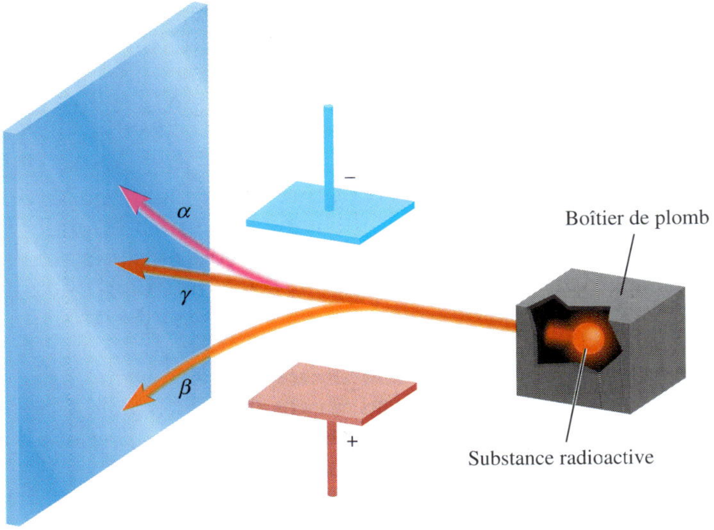

FIGURE 2.4

Trois types de rayons émis par des éléments radioactifs. Les rayons β sont constitués de particules de charge négative (électrons): ils sont donc attirés par la plaque chargée positivement. L'opposé est vrai pour les rayons α qui sont des particules de charge positive, donc attirées par la plaque négative. Étant donné que les rayons γ sont constitués de particules sans charge, leur trajectoire n'est pas modifiée par un champ électrique extérieur.

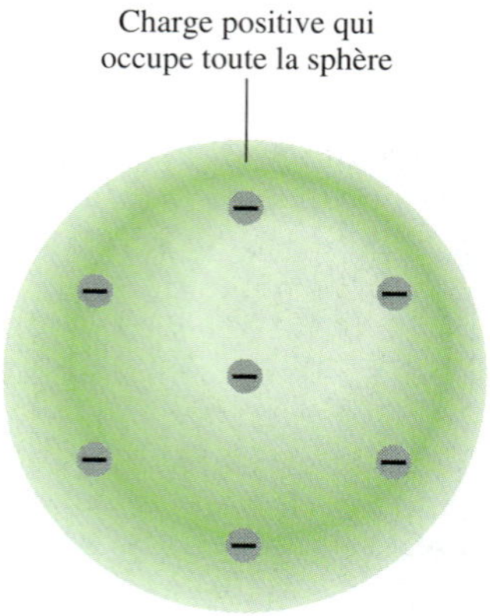

FIGURE 2.5

Le modèle atomique de Thomson, appelé modèle plum-pudding par analogie au dessert traditionnel anglais qui contient des raisins. Les électrons sont dispersés dans une sphère uniforme de charge positive.

par un aimant, ils ne pouvaient contenir des particules chargées négativement comme dans les rayons cathodiques. Röntgen les appela rayons X.

Peu de temps après la découverte de Röntgen, Antoine Becquerel, un professeur de physique à Paris, se mit à l'étude des propriétés fluorescentes des substances. Par pur accident, il découvrit que des plaques photographiques encore très bien enveloppées, exposées à un certain composé d'uranium, étaient impressionnées, même en l'absence de rayons cathodiques. Comme les rayons X, les rayons émis par le composé d'uranium étaient très énergétiques et n'étaient pas influencés par un aimant, mais ils se différenciaient des rayons X par le fait qu'ils étaient générés spontanément. Marie Curie, qui étudiait alors avec Becquerel, suggéra le terme ***radioactivité*** pour décrire l'*émission spontanée de particules et/ou de radiation*. Par conséquent, tout élément qui émet spontanément des radiations est dit *radioactif*.

D'autres recherches révélèrent par la suite l'existence de trois types de rayons produits par la *désintégration*, ou brisure, de substances radioactives tel l'uranium. Deux de ces trois types de rayons sont déviés par des plaques de métal de charges opposées (*figure 2.4*). Les ***rayons alpha*** **(α)** sont constitués de *particules chargées positivement*, appelées ***particules*** **α;** ils sont donc repoussés par la plaque chargée positivement. Les ***rayons bêta*** **(β),** ou ***particules β,*** sont des *électrons;* par conséquent, ils sont repoussés par la plaque chargée négativement. Le troisième type de radiation radioactive est constitué de *rayons à haute énergie* appelés ***rayons gamma*** **(γ);** comme les rayons X, ces derniers n'ont pas de charge; ils ne sont donc influencés ni par un champ électrique ni par un champ magnétique extérieur.

LE PROTON ET LE NOYAU

Au début du XXe siècle, deux caractéristiques des atomes ont donc été établies: ils contiennent des électrons et ils sont électriquement neutres. Or, puisqu'il est électriquement neutre, l'atome doit donc contenir un nombre égal de charges positives et négatives. Thomson suggéra l'explication suivante: un atome est une sphère de matière uniforme et positive, dans laquelle sont dispersés les électrons (*figure 2.5*). Ce modèle, dit plum-pudding, a été la théorie acceptée pendant de nombreuses années.

En 1910, Ernest Rutherford, un physicien néo-zélandais qui avait auparavant étudié avec Thomson à l'université de Cambridge, décida de sonder la structure de l'atome à l'aide de particules α. Aidé de son associé Hans Geiger et d'un étudiant, Ernest Marsden, Rutherford effectua une série d'expériences qui consistaient à bombarder de très minces feuilles d'or et d'autres métaux avec des particules α venant d'une source radioactive (*figure 2.6*). Rutherford et ses collègues remarquèrent que la plupart des particules traversaient la feuille sans être détournées de leur trajectoire, sinon légèrement. Cependant, certaines particules étaient fortement déviées, certaines même au point de retourner là d'où elles venaient! Ce dernier phénomène était le plus surprenant, car, selon le modèle de Thomson, les charges positives de l'atome étaient si dispersées que l'on s'attendait à voir les particules α (positives) les traverser sans que leur trajectoire soit grandement modifiée. En prenant connaissance de ces résultats, Rutherford affirma: «C'est aussi incroyable que de tirer un obus de 35 cm sur une feuille de papier et de le voir rebondir vers soi.»

Ernest Rutherford (1871-1937)

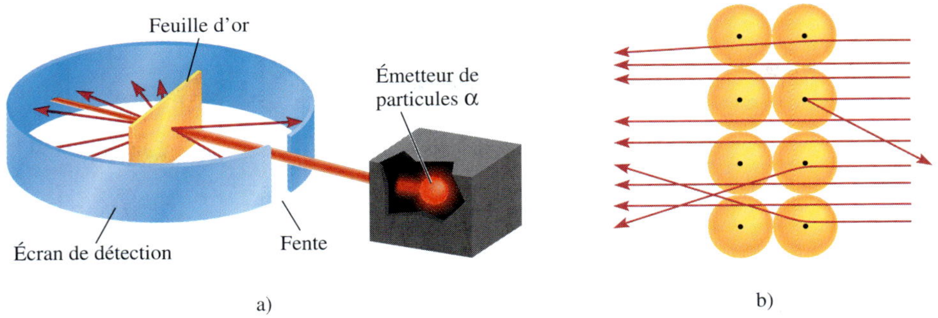

FIGURE 2.6

a) Schéma de l'expérience que fit Rutherford pour déterminer la dispersion des particules α par une feuille d'or. La plupart des particules α traversent la feuille d'or en ne déviant que peu ou pas de leur trajectoire. Quelques-unes sont fortement déviées. Parfois une particule est réfléchie.
b) Vue agrandie des particules α passant à travers l'or et déviées par les noyaux.

Pour expliquer pourquoi les particules α avaient eu ce comportement, Rutherford imagina une nouvelle structure atomique: l'atome serait en grande partie constitué de vide. Cette structure permettrait à la plupart des particules α de traverser la feuille d'or en n'étant que peu ou pas déviées. Pour ce qui est des charges positives de l'atome, selon Rutherford, elles seraient concentrées dans un ***noyau,*** un *corps dense situé au centre de l'atome*. Dans l'expérience de Rutherford, chaque fois qu'une particule α passait près d'un noyau, elle subissait une force répulsive importante qui la faisait grandement dévier de sa trajectoire. Si une particule α arrivait directement sur un noyau, elle subissait une énorme répulsion qui pouvait renverser complètement sa direction.

Ces *particules de charge positive situées dans le noyau* se nomment ***protons.*** Au cours d'expériences subséquentes, on découvrit que la charge d'un proton est *égale*, mais de *signe contraire*, à la charge d'un électron et que sa masse est de $1{,}672\ 52 \times 10^{-24}$ g, soit environ 1840 fois celle d'un électron.

À la suite de ces expériences, les scientifiques ont perçu l'atome de la façon suivante: la masse du noyau représente presque toute la masse de l'atome, bien que son volume n'en représente que le $1/10^{13}$. Les dimensions atomiques (et moléculaires) s'expriment en *picomètres* (pm), unité du SI:

$$1 \text{ pm} = 1 \times 10^{-12} \text{ m}$$

Le rayon moyen d'un atome mesure environ 100 pm, et celui du noyau ne mesure qu'environ 5×10^{-3} pm. Pour mieux saisir le rapport entre la taille d'un atome et celle de son noyau, imaginez que, si un atome était de la taille du stade olympique de Montréal, son noyau aurait un volume comparable à celui d'une petite bille. Les protons sont confinés dans le noyau; les électrons, eux, circulent autour du noyau à une distance relativement grande de celui-ci.

LE NEUTRON

Le modèle atomique de Rutherford comportait cependant un problème important: on savait que l'hydrogène, l'atome le plus simple, ne contenait qu'un proton, et que l'atome d'hélium en contenait deux; on pouvait alors s'attendre à ce que le rapport entre la masse d'un atome d'hélium et celle d'un atome d'hydrogène soit de 2 : 1 (à cause de leur faible masse, on peut négliger les électrons), mais on savait que ce rapport était de 4 : 1.

Rutherford et d'autres suggérèrent qu'il devait y avoir un autre type de particule subatomique dans le noyau, ce qui fut prouvé par un autre physicien anglais, James Chadwick, en 1932. Quand Chadwick bombarda une

TABLEAU 2.1
Masse et charge des particules subatomiques

Particule	Masse (g)	Charge	
		Coulomb	Unité de charge
Électron*	$9,1095 \times 10^{-28}$	$-1,6022 \times 10^{-19}$	-1
Proton	$1,672\ 52 \times 10^{-24}$	$+1,6022 \times 10^{-19}$	$+1$
Neutron	$1,674\ 95 \times 10^{-24}$	0	0

* Des mesures plus précises ont permis d'obtenir, pour la masse de l'électron, une valeur plus exacte que celle mesurée par Millikan.

mince feuille de béryllium de particules α, le métal émit une radiation à très haute énergie semblable aux rayons γ. Les expériences ultérieures révélèrent que ces rayons étaient en fait formés de *particules électriquement neutres ayant une masse légèrement supérieure à celle des protons*. Chadwick nomma ces particules ***neutrons.***

Le mystère du rapport des masses pouvait maintenant s'expliquer. Dans le noyau d'un atome d'hélium, il y a deux protons et deux neutrons, tandis que, dans celui d'un atome d'hydrogène, il n'y a qu'un proton et aucun neutron, d'où le rapport de 4 : 1.

Il existe d'autres particules subatomiques, mais l'électron, le proton et le neutron sont les trois particules fondamentales (ou élémentaires) de l'atome qui sont importantes en chimie. Le tableau 2.1 présente les masses et les charges de ces particules élémentaires.

2.3 NUMÉRO ATOMIQUE, NOMBRE DE MASSE ET ISOTOPES

Tous les atomes peuvent être identifiés au moyen du nombre de protons et de neutrons qu'ils contiennent. Le *nombre de protons contenus dans le noyau de chaque atome d'un élément* s'appelle ***numéro atomique* (*Z*).** Dans un atome électriquement neutre, le nombre de protons est égal au nombre d'électrons; le numéro atomique indique donc également le nombre d'électrons de l'atome. La nature d'un élément chimique peut être déterminée par son seul numéro atomique. Par exemple, le numéro atomique de l'azote est 7, ce qui signifie que chaque atome d'azote neutre possède sept protons et sept électrons. Autrement dit, chaque atome de l'univers qui possède sept protons s'appelle azote.

Le ***nombre de masse* (*A*)** est le *nombre total de neutrons et de protons présents dans le noyau d'un atome*. Tous les noyaux atomiques, sauf celui de la forme la plus courante d'hydrogène (un proton et aucun neutron), contiennent des protons et des neutrons. En général, le nombre de masse est donné par

$$\begin{aligned}\text{nombre de masse} &= \text{nombre de protons} + \text{nombre de neutrons}\\ &= \text{numéro atomique} + \text{nombre de neutrons}\end{aligned}$$

Le nombre de neutrons contenus dans un atome est égal à la différence entre le nombre de masse et le numéro atomique, soit $A - Z$. Par exemple, le nombre de masse du fluor est 19 et son numéro atomique est 9 (son noyau contient neuf protons). Donc, le nombre de neutrons contenus dans un atome de fluor est 19 − 9 = 10. Notez que ces trois nombres (numéro atomique, nombre de neutrons et nombre de masse) doivent être des entiers.

Dans la plupart des cas, les atomes d'un élément donné n'ont pas tous la même masse. On appelle ***isotopes*** les *atomes qui ont le même numéro atomique, mais des nombres de masse différents*. Par exemple, il existe trois isotopes de l'hydrogène: celui qui, simplement appelé hydrogène, a un proton et aucun neutron; le deutérium, qui possède un proton et un neutron; et le tritium, qui a un proton et deux neutrons. Voici la façon correcte d'exprimer le numéro atomique et le nombre de masse d'un élément X:

nombre de masse → $^{A}_{Z}X$ ← numéro atomique

Ainsi, pour les isotopes de l'hydrogène, on écrira

$$^{1}_{1}H \qquad ^{2}_{1}H \qquad ^{3}_{1}H$$

hydrogène   deutérium   tritium

Autre exemple: on représente ainsi les deux isotopes courants de l'uranium ayant respectivement des nombres de masse de 235 et de 238:

$$^{235}_{92}U \qquad ^{238}_{92}U$$

Le premier de ces isotopes est utilisé dans les réacteurs nucléaires et les bombes atomiques. Sauf pour l'hydrogène, les isotopes des éléments sont identifiés par leur nombre de masse. Les deux isotopes nommés ci-dessus sont généralement appelés uranium 235 et uranium 238.

Les propriétés chimiques d'un élément sont déterminées principalement par les protons et les électrons contenus dans ses atomes; les neutrons ne participent pas aux réactions chimiques dans des conditions normales. C'est pourquoi les isotopes d'un même élément ont des propriétés chimiques identiques: ils forment les mêmes types de composés et réagissent de la même façon.

EXEMPLE 2.1

Le calcul du nombre de protons, de neutrons et d'électrons

Donnez le nombre de protons, de neutrons et d'électrons présents dans chacun des éléments suivants: a) $^{17}_{8}O$, b) $^{199}_{80}Hg$, c) $^{200}_{80}Hg$.

Réponse: a) Le numéro atomique étant 8, il y a donc 8 protons. Le nombre de masse est 17: le nombre de neutrons est donc 17 − 8 = 9. Le nombre d'électrons est le même que celui des protons, c'est-à-dire 8.
b) Le numéro atomique est 80: il y a donc 80 protons. Le nombre de masse étant 199, le nombre de neutrons est donc 199 − 80 = 119. Le nombre d'électrons est aussi 80.
c) Ici, le nombre de protons est le même qu'en b), c'est-à-dire 80. Le nombre de neutrons est 200 − 80 = 120. Le nombre d'électrons est également

le même qu'en b), 80. Les éléments donnés en b) et en c) sont deux isotopes du mercure qui sont chimiquement identiques.

EXERCICE

Combien y a-t-il de protons, de neutrons et d'électrons dans l'isotope du cuivre suivant: $^{63}_{29}Cu$?

2.4 LE TABLEAU PÉRIODIQUE

Plus de la moitié des éléments connus aujourd'hui ont été découverts entre 1800 et 1900. Durant cette période, les chimistes remarquèrent que de nombreux éléments présentaient de grandes similitudes entre eux. La découverte d'une périodicité dans les propriétés physiques et chimiques des éléments, ainsi que le besoin d'ordonner la multitude de renseignements sur la structure et les propriétés des éléments, ont mené à la création du ***tableau périodique,*** un *tableau dans lequel sont regroupés les éléments ayant des propriétés chimiques et physiques similaires*. La figure 2.7 montre une version moderne du tableau périodique, dans lequel les éléments sont disposés selon leur numéro atomique (au-dessus du symbole) en *rangées horizontales,* appelées ***périodes,*** et en *colonnes,* appelées ***groupes*** ou ***familles,*** selon la similitude de leurs propriétés chimiques.

IA	IIA	IIIB	IVB	VB	VIB	VIIB	VIIIB	VIIIB	VIIIB	IB	IIB	IIIA	IVA	VA	VIA	VIIA	VIIIA
1 H																	2 He
3 Li	4 Be											5 B	6 C	7 N	8 O	9 F	10 Ne
11 Na	12 Mg											13 Al	14 Si	15 P	16 S	17 Cl	18 Ar
19 K	20 Ca	21 Sc	22 Ti	23 V	24 Cr	25 Mn	26 Fe	27 Co	28 Ni	29 Cu	30 Zn	31 Ga	32 Ge	33 As	34 Se	35 Br	36 Kr
37 Rb	38 Sr	39 Y	40 Zr	41 Nb	42 Mo	43 Tc	44 Ru	45 Rh	46 Pd	47 Ag	48 Cd	49 In	50 Sn	51 Sb	52 Te	53 I	54 Xe
55 Cs	56 Ba	57 La	72 Hf	73 Ta	74 W	75 Re	76 Os	77 Ir	78 Pt	79 Au	80 Hg	81 Tl	82 Pb	83 Bi	84 Po	85 At	86 Rn
87 Fr	88 Ra	89 Ac	104 Rf	105 Db	106 Sg	107 Bh	108 Hs	109 Mt									

58 Ce	59 Pr	60 Nd	61 Pm	62 Sm	63 Eu	64 Gd	65 Tb	66 Dy	67 Ho	68 Er	69 Tm	70 Yb	71 Lu
90 Th	91 Pa	92 U	93 Np	94 Pu	95 Am	96 Cm	97 Bk	98 Cf	99 Es	100 Fm	101 Md	102 No	103 Lr

Métaux

Métalloïdes

Non-métaux

FIGURE 2.7 *Version moderne du tableau périodique. Sauf pour l'hydrogène (H), les non-métaux se trouvent à la droite du tableau. Les éléments sont disposés selon leur numéro atomique qui apparaît au-dessus de chaque symbole. Les deux rangées de métaux séparées de l'ensemble des éléments le sont par convention, pour éviter d'allonger le tableau. En réalité, le cérium (Ce) devrait se retrouver à droite du lanthane (La); le thorium (Th), à droite de l'actinium (Ac).*

On peut classer les éléments en trois catégories: les métaux, les non-métaux et les métalloïdes. Un ***métal*** est un *bon conducteur d'électricité et de chaleur,* tandis qu'un ***non-métal*** en est un *mauvais conducteur;* un ***métalloïde*** *possède des propriétés intermédiaires entre celles d'un métal et celles d'un non-métal.* La figure 2.7 montre que la majorité des éléments connus sont des métaux; seulement 17 éléments sont des non-métaux et 8 des métalloïdes. De gauche à droite, les propriétés physiques et chimiques des éléments passent graduellement de celles qui sont caractéristiques des métaux à celles des non-métaux, et ce quelle que soit la période. Le tableau périodique s'avère un outil précieux puisqu'il met de façon systématique en corrélation les propriétés des éléments et qu'il aide à prédire leur comportement chimique. Nous examinerons de plus près cette clef de voûte de la chimie au chapitre 8.

Les éléments sont souvent connus collectivement par le numéro de leur groupe (groupe IA, groupe IIA, etc.). Cependant, pour plus de commodité, certains groupes d'éléments ont reçu des noms spéciaux. Les *éléments du groupe IA (Li, Na, K, Rb, Cs et Fr)* sont appelés ***métaux alcalins;*** *ceux du groupe IIA (Be, Mg, Ca, Sr, Ba et Ra),* ***métaux alcalino-terreux.*** Les *éléments du groupe VIIA (F, Cl, Br, I et At)* sont appelés ***halogènes;*** *ceux du groupe VIIIA (He, Ne, Ar, Kr, Xe et Rn),* ***gaz rares (ou inertes).*** Les noms des autres groupes seront présentés plus loin.

2.5 LES MOLÉCULES ET LES IONS

De tous les éléments, seuls les six gaz rares qui forment le groupe VIIIA (He, Ne, Ar, Kr, Xe et Rn) existent dans la nature sous forme monoatomique. La plupart des substances sont plutôt constituées de molécules ou d'ions formés d'atomes.

LES MOLÉCULES

Une ***molécule*** est un *assemblage d'au moins deux atomes maintenus ensemble, dans un arrangement déterminé, par des forces chimiques.* Ces atomes peuvent être d'une même espèce d'élément ou encore de deux ou de plusieurs espèces d'éléments, dans un rapport constant, en accord avec la loi des proportions définies mentionnée à la section 2.1. Par conséquent, une molécule n'est pas nécessairement un composé, puisque ce dernier est, par définition, constitué d'au moins deux espèces d'éléments (*voir section 1.2*). L'hydrogène gazeux, par exemple, est un élément (corps simple) qui existe à l'état moléculaire: il est constitué de molécules formées de deux atomes H. La molécule d'eau, par contre, est un composé puisqu'elle contient de l'hydrogène et de l'oxygène dans un rapport de deux H et de un O. Comme les atomes, les molécules sont électriquement neutres.

La molécule d'hydrogène, dont le symbole est H_2, est une ***molécule diatomique*** parce qu'*elle ne contient que deux atomes*. Les autres éléments qui existent normalement sous forme diatomique sont l'azote (N_2) et l'oxygène (O_2), ainsi que les éléments du groupe VIIA: le fluor (F_2), le chlore (Cl_2), le brome (Br_2) et l'iode (I_2). Bien sûr, une molécule diatomique peut également être formée d'atomes d'éléments différents; le chlorure d'hydrogène (HCl) et le monoxyde de carbone (CO) en sont des exemples (ce sont des composés).

La très grande majorité des molécules sont formées de plus de deux atomes soit d'un même élément, comme l'ozone (O_3), qui est formé de trois

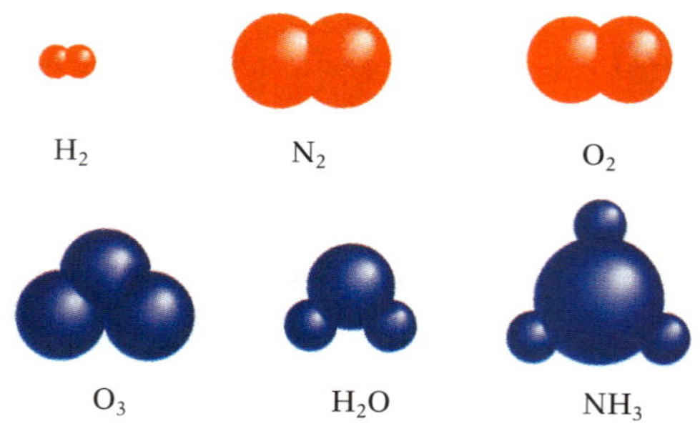

FIGURE 2.8

Molécules diatomiques et polyatomiques courantes.

atomes d'oxygène, soit de deux ou de plusieurs éléments différents. Les *molécules formées de plus de deux atomes* sont dites ***molécules polyatomiques.*** Comme celles de l'ozone, les molécules d'eau (H_2O) et d'ammoniac (NH_3) sont polyatomiques. La figure 2.8 illustre quelques molécules diatomiques et polyatomiques courantes.

LES IONS

On appelle ***ion*** un *atome ou un groupe d'atomes qui a gagné ou perdu des électrons à la suite d'une réaction chimique*. Le nombre de protons (les particules de charge positive) reste constant dans le noyau durant une transformation chimique normale (appelée réaction chimique), mais il peut y avoir gains ou pertes d'électrons. Un atome neutre qui perd un ou plusieurs électrons devient un *ion de charge positive,* ou ***cation.*** Par exemple, un atome de sodium (Na) peut facilement perdre un électron et devenir un cation sodium, représenté par Na^+:

atome Na	*ion* Na^+
11 protons	11 protons
11 électrons	10 électrons

D'autre part, un *ion dont la charge est négative* à cause de l'augmentation du nombre de ses électrons est appelé ***anion.*** Par exemple, un atome de chlore (Cl) peut gagner un électron et devenir un ion chlorure Cl^-:

atome Cl	*ion* Cl^-
17 protons	17 protons
17 électrons	18 électrons

Le chlorure de sodium (NaCl), communément appelé sel de table, est un ***composé ionique,*** c'est-à-dire *un composé de cations et d'anions*.

Un atome peut perdre ou gagner plus de un électron (par exemple, Mg^{2+}, Fe^{3+}, S^{2-} et N^{3-}). Ces ions, comme les ions Na^+ et Cl^-, sont dits ***ions monoatomiques,*** car *ils ne contiennent qu'un atome*. La figure 2.9 présente les charges de quelques ions monoatomiques courants. À quelques exceptions près, les métaux forment des cations, et les non-métaux forment des anions.

De plus, certains ions résultent d'un agencement d'atomes, dont la charge nette est positive ou négative; par exemple OH^- (ion hydroxyde), CN^- (ion cyanure) et NH_4^+ (ion ammonium). De tels ions, parce qu'ils *contiennent plus d'un atome,* sont dits ***ions polyatomiques.***

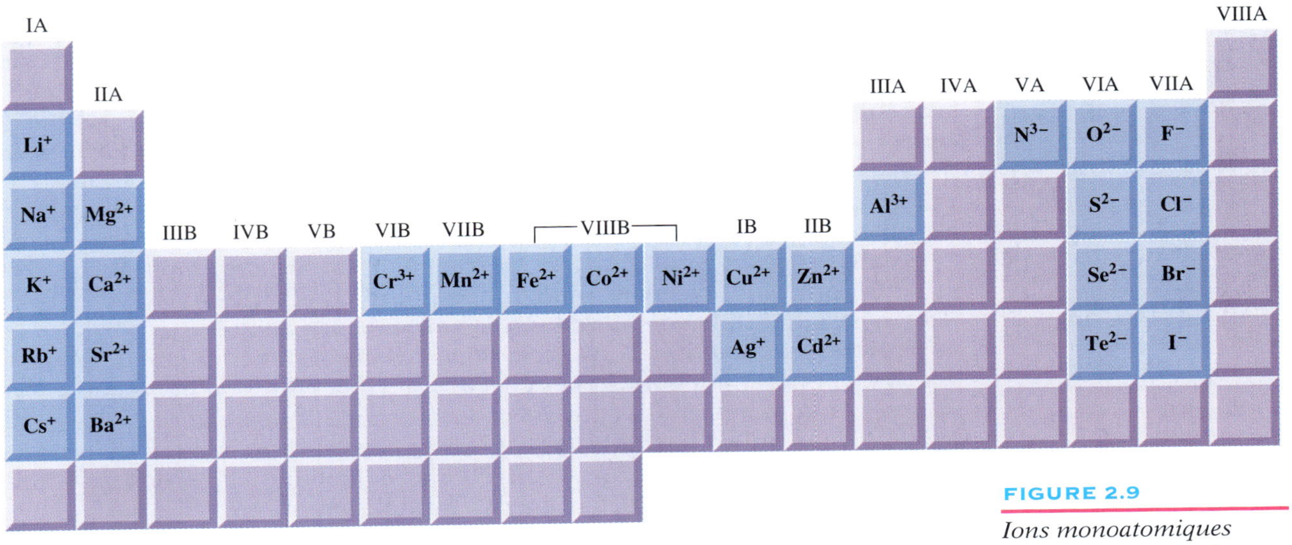

FIGURE 2.9

Ions monoatomiques courants occupant leurs positions dans le tableau périodique.

2.6 LES FORMULES CHIMIQUES

Les chimistes utilisent des ***formules chimiques*** pour exprimer la *composition des molécules et des composés ioniques à l'aide de symboles chimiques*. Par composition, on entend non seulement les éléments présents, mais aussi le rapport dans lequel leurs atomes sont combinés. Il existe deux types de formules: les formules moléculaires et les formules empiriques (ou brutes).

LES FORMULES MOLÉCULAIRES

Une ***formule moléculaire*** *indique le nombre exact d'atomes de chaque élément contenu dans la plus petite unité d'une substance*. Précédemment, quand nous avons parlé des molécules, les exemples étaient accompagnés de formules moléculaires. Ainsi H_2 est la formule moléculaire de l'hydrogène; O_2, celle de l'oxygène; O_3, celle de l'ozone; et H_2O, celle de l'eau. Dans chacune de ces formules, le chiffre en indice indique le nombre d'atomes de l'élément en question. Il n'y a pas de chiffre en indice pour O dans H_2O parce qu'une molécule d'eau ne contient qu'un seul atome d'oxygène (le chiffre 1 est toujours omis et sous-entendu). Notez que l'oxygène (O_2) et l'ozone (O_3) sont deux formes de l'élément oxygène. Il arrive qu'un élément se présente sous *différentes formes;* ces dernières sont alors dites allotropiques. Ainsi les propriétés chimiques et physiques des deux **allotropes** du carbone (le diamant et le graphite) sont radicalement différentes, ce qui se reflète d'ailleurs sur leurs prix.

LES FORMULES EMPIRIQUES (OU BRUTES)

La formule moléculaire du peroxyde d'hydrogène, une substance utilisée comme antiseptique et comme agent de décoloration pour les tissus et les cheveux, est H_2O_2. Cette formule indique que chaque molécule de peroxyde

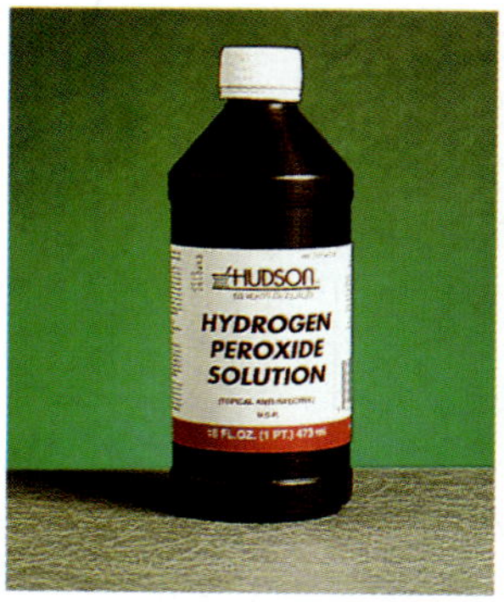

Une bouteille de peroxyde d'hydrogène vendue en pharmacie.

d'hydrogène contient deux atomes d'hydrogène et deux atomes d'oxygène. Le rapport entre les atomes d'hydrogène et les atomes d'oxygène y est donc de 2 : 2, ou de 1 : 1. La formule empirique du peroxyde d'hydrogène est par conséquent HO. Une ***formule empirique*** *indique dans quel rapport de nombres entiers se trouvent les éléments présents dans une molécule;* mais elle n'indique pas nécessairement le nombre réel d'atomes qui constituent la molécule. Par exemple, l'hydrazine (N_2H_4), utilisée comme carburant pour les fusées, a pour formule empirique NH_2. Même si le rapport entre l'azote et l'hydrogène est de 1 : 2 dans la formule moléculaire (N_2H_4) et dans la formule empirique (NH_2), seule la formule moléculaire indique le nombre réel d'atomes N (deux) et d'atomes H (quatre) contenus dans une molécule d'hydrazine.

Les formules empiriques sont donc les formules chimiques *les plus simples;* elles sont toujours écrites de sorte que les chiffres en indice soient les plus petits nombres entiers possibles. Les formules moléculaires, elles, sont les *vraies* formules des molécules. Comme nous le verrons au chapitre 3, quand les chimistes analysent un composé inconnu, la première étape consiste habituellement à déterminer sa formule empirique.

Cependant, pour beaucoup de molécules, la formule moléculaire et la formule empirique sont les mêmes: l'eau (H_2O), l'ammoniac (NH_3), le dioxyde de carbone (CO_2) et le méthane (CH_4) en sont des exemples.

EXEMPLE 2.2

La relation entre les formules empiriques et les formules moléculaires

Écrivez la formule empirique de chacune des molécules suivantes: a) l'acétylène (C_2H_2), un gaz utilisé en soudure; b) le glucose ($C_6H_{12}O_6$), le principal sucre sanguin; et c) l'oxyde de diazote (N_2O), un gaz utilisé comme anesthésiant («gaz hilarant») et comme agent propulsif dans la crème fouettée en aérosol.

Réponse: a) Dans une molécule d'acétylène, il y a deux atomes de carbone et deux atomes d'hydrogène. En divisant les chiffres en indice par 2, nous obtenons la formule empirique CH.
b) Dans une molécule de glucose, il y a 6 atomes de carbone, 12 atomes d'hydrogène et 6 atomes d'oxygène. En divisant les chiffres en indice par 6, nous obtenons la formule empirique CH_2O. Notez que si nous avions divisé ces chiffres par 3, nous aurions obtenu la formule $C_2H_4O_2$. Bien que le rapport entre les atomes de carbone, d'hydrogène et d'oxygène dans $C_2H_4O_2$ soit le même que dans $C_6H_{12}O_6$ (1 : 2 : 1), $C_2H_4O_2$ n'est pas la formule empirique puisque les chiffres ne correspondent pas au rapport des plus petits nombres entiers possibles.
c) Étant donné que les chiffres en indice dans N_2O sont déjà les plus petits nombres entiers possibles, la formule empirique de l'oxyde de diazote et sa formule moléculaire sont identiques.

EXERCICE

Donnez la formule empirique de la caféine ($C_8H_{10}N_4O_2$), une substance présente dans le thé et le café.

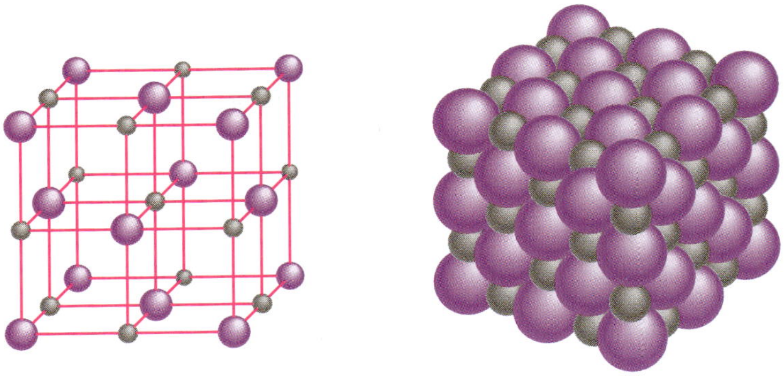

FIGURE 2.10

a) La structure du NaCl solide. b) En réalité, les cations sont en contact avec les anions. Dans a) et b), les petites sphères représentent les ions Na^+, et les grosses les ions Cl^-.

Les formules des composés ioniques correspondent toujours à des formules empiriques, parce que les composés ioniques ne sont pas constitués d'unités moléculaires distinctes. Par exemple, un échantillon solide de chlorure de sodium (NaCl) est constitué d'un nombre égal d'ions Na^+ et Cl^- formant un réseau tridimensionnel (*figure 2.10*). Dans ce type de composés, le rapport entre les anions et les cations est 1 : 1; ces composés sont donc électriquement neutres. Comme le montre la figure 2.10, dans NaCl, aucun ion Na^+ n'est associé à un seul ion Cl^-. En fait, chacun d'eux est également attiré et maintenu par les six ions Cl^- qui l'entourent, et chaque ion Cl^- est attiré et maintenu par les six ions Na^+ qui l'entourent. Ainsi, NaCl est la formule empirique du chlorure de sodium. Dans d'autres composés ioniques, le réseau cristallin peut être différent, mais la disposition des anions et des cations est telle que tous ces composés sont électriquement neutres. Notez que les charges des anions et des cations ne sont pas indiquées dans la formule d'un composé ionique.

Puisqu'un composé ionique est électriquement neutre, sa formule doit correspondre à une somme algébrique des charges des cations et des anions égale à zéro. Si les valeurs des charges des anions et des cations sont différentes, il faut appliquer la règle suivante pour obtenir une formule correcte: *l'indice du cation est numériquement égal à la charge de l'anion, et l'indice de l'anion est numériquement égal à la charge du cation.* Si les charges ont la même valeur numérique, l'utilisation d'indices n'est pas nécessaire. Cette règle découle du fait que, la formule d'un composé ionique étant sa formule empirique, les indices doivent toujours correspondre aux rapports les plus petits. Voyons quelques exemples (*figure 2.9*).

- *Bromure de potassium*. Le cation potassium K^+ et l'anion bromure Br^- se combinent pour former le composé ionique bromure de potassium. La somme des charges est $+1 + (-1) = 0$, aucun indice n'est nécessaire, et la formule est KBr.

- *Iodure de zinc*. Le cation zinc, Zn^{2+}, et l'anion iodure, I^-, se combinent pour former l'iodure de zinc. La somme des charges est $+2 + 1(-1) = +1$. Pour arriver à une somme égale à zéro, il faut multiplier la charge -1 de l'anion par 2 et ainsi ajouter l'indice 2 au symbole de l'iode. Ainsi, la formule de l'iodure de zinc est ZnI_2.

- *Oxyde d'aluminium.* Le cation aluminium est Al^{3+}, et l'anion oxyde est O^{2-}. Le schéma qui suit vous explique comment déterminer les indices à inscrire dans les formules des composés formés de cations et d'anions:

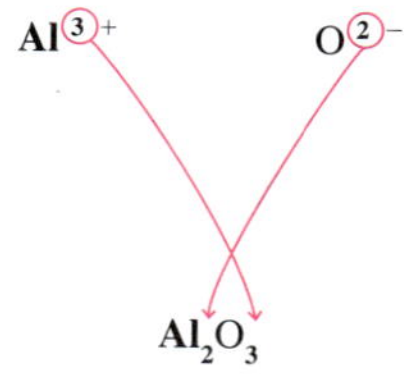

La somme des charges est $2(+3) + 3(-2) = 0$. Ainsi, la formule de l'oxyde d'aluminium est Al_2O_3.

2.7 LA NOMENCLATURE DES COMPOSÉS INORGANIQUES

En plus d'utiliser des formules pour indiquer la composition des molécules et des composés, les chimistes ont créé un système qui leur permet de nommer les substances d'après leur composition. On divise d'abord les substances en trois catégories: les composés ioniques; les composés covalents; et les acides et bases. Ensuite on applique certaines règles pour obtenir le nom scientifique d'une substance donnée. Ces règles s'appliquent seulement pour les composés minéraux appelés aussi inorganiques. D'autres règles qui s'appliquent pour les composés organiques (composés à base de carbones liés à des atomes d'hydrogène) ne seront pas exposées ici.

LES COMPOSÉS IONIQUES

À la section 2.5, nous avons appris que les composés ioniques sont formés de cations (ions positifs) et d'anions (ions négatifs). Exception faite de l'ion ammonium, NH_4^+, tous les cations auxquels nous nous intéresserons ici sont dérivés d'atomes métalliques. Les cations métalliques tirent leur nom des éléments qui les forment. Par exemple:

Élément		*Nom du cation*	
Na	sodium	Na^+	ion sodium (ou cation sodium)
K	potassium	K^+	ion potassium (ou cation potassium)
Mg	magnésium	Mg^{2+}	ion magnésium (ou cation magnésium)
Al	aluminium	Al^{3+}	ion aluminium (ou cation aluminium)

Beaucoup de composés ioniques sont des ***composés binaires,*** ou *composés formés à partir de deux éléments, un métal et un non-métal.* Dans ces cas, on nomme d'abord l'anion non métallique suivi du cation métallique. Par exemple, NaCl est le chlorure de sodium. On nomme l'anion en prenant la racine du nom de l'élément correspondant (chlore) et on lui ajoute le suffixe «-ure»; il y a une exception, l'ion O^{2-}, qui se nomme oxyde. Le bromure de potassium (KBr), l'iodure de zinc (ZnI_2) et l'oxyde d'aluminium (Al_2O_3) sont également des composés binaires. Le tableau 2.2 donne le nom de certains anions monoatomiques courants selon leur position dans le tableau périodique.

TABLEAU 2.2

La nomenclature en «-ure» d'anions monoatomiques courants selon leurs positions dans le tableau périodique

Groupe IVA	Groupe VA	Groupe VIA	Groupe VIIA
C Carbure (C^{4-})*	N Nitrure (N^{3-})	S Sulfure (S^{2-})	F Fluorure (F^-)
Si Siliciure (Si^{4-})	P Phosphure (P^{3-})	Se Séléniure (Se^{2-})	Cl Chlorure (Cl^-)
		Te Tellurure (Te^{2-})	Br Bromure (Br^-)
			I Iodure (I^-)

* Le terme «carbure» désigne également l'anion C_2^{2-}.

TABLEAU 2.3

Noms et formules de certains cations et anions inorganiques courants

Cation	Anion
Aluminium (Al^{3+})	Bromure (Br^-)
Ammonium (NH_4^+)	Carbonate (CO_3^{2-})
Argent (Ag^+)	Chlorate (ClO_3^-)
Baryum (Ba^{2+})	Chlorure (Cl^-)
Cadmium (Cd^{2+})	Chromate (CrO_4^{2-})
Calcium (Ca^{2+})	Cyanure (CN^-)
Césium (Cs^+)	Dichromate ($Cr_2O_7^{2-}$)
Chrome(III) ou chromique (Cr^{3+})	Dihydrogénophosphate ($H_2PO_4^-$)
Cobalt(II) ou cobalteux (Co^{2+})	Fluorure (F^-)
Cuivre(I) ou cuivreux (Cu^+)	Hydrogénocarbonate ou bicarbonate (HCO_3^-)
Cuivre(II) ou cuivrique (Cu^{2+})	Hydrogénophosphate (HPO_4^{2-})
Étain(II) ou stanneux (Sn^{2+})	Hydrogénosulfate (HSO_4^-)
Fer(II) ou ferreux (Fe^{2+})	Hydroxyde (OH^-)
Fer(III) ou ferrique (Fe^{3+})	Hydrure (H^-)
Hydrogène (H^+)	Iodure (I^-)
Lithium (Li^+)	Nitrate (NO_3^-)
Magnésium (Mg^{2+})	Nitrite (NO_2^-)
Manganèse(II) ou manganeux (Mn^{2+})	Nitrure (N^{3-})
Mercure(I) ou mercureux (Hg_2^{2+})*	Oxyde (O^{2-})
Mercure(II) ou mercurique (Hg^{2+})	Permanganate (MnO_4^-)
Plomb(II) ou plombeux (Pb^{2+})	Peroxyde O_2^{2-}
Potassium (K^+)	Phosphate (PO_4^{3-})
Sodium (Na^+)	Sulfate (SO_4^{2-})
Strontium (Sr^{2+})	Sulfite (SO_3^{2-})
Zinc (Zn^{2+})	Sulfure (S^{2-})
	Thiocyanate (SCN^-)

*Les ions mercure(I) existent sous forme diatomique.

Pour ce qui est des ions polyatomiques, il faut mémoriser leurs noms. Ainsi, OH^- est l'ion hydroxyde, CN^- est l'ion cyanure. Les composés LiOH et KCN se nomment donc respectivement hydroxyde de lithium et cyanure de potassium. Ces substances ainsi que de nombreuses autres sont des ***composés ternaires,*** c'est-à-dire qu'ils sont *formés de trois éléments*. Le tableau 2.3 donne, par ordre alphabétique, les noms de cations et d'anions courants.

$FeCl_2$ (à gauche) et $FeCl_3$ (à droite).

Certains métaux, notamment les *métaux de transition,* peuvent former plus de un type de cation. Le fer, par exemple, peut former deux cations: Fe^{2+} et Fe^{3+}. Pour désigner différents cations d'un *même* élément, on utilise les chiffres romains. Le chiffre romain I indique une charge positive, II indique deux charges positives, etc. Cette façon de faire s'appelle *notation de Stock*. Selon ce système, les ions nommés plus haut sont appelés fer(II) et fer(III); les composés $FeCl_2$ (qui contient l'ion Fe^{2+}) et $FeCl_3$ (qui contient l'ion Fe^{3+}) sont appelés respectivement chlorure de fer(II) et chlorure de fer(III). Comme autre exemple, citons les atomes de manganèse (Mn), qui peuvent former plusieurs ions positifs différents:

Mn^{2+}: MnO oxyde de manganèse(II)
Mn^{3+}: Mn_2O_3 oxyde de manganèse(III)
Mn^{4+}: MnO_2 oxyde de manganèse(IV)

On dit «oxyde de manganèse deux», «oxyde de manganèse trois» et «oxyde de manganèse quatre».

EXEMPLE 2.3
La nomenclature des composés ioniques

Nommez les composés ioniques suivants: a) $Cu(NO_3)_2$; b) KH_2PO_4; c) NH_4ClO_3.

Réponse: a) Étant donné que l'ion nitrate (NO_3^-) a une charge négative (*tableau 2.3*), l'ion cuivre doit avoir deux charges positives. C'est pourquoi le composé s'appelle nitrate de cuivre(II).
b) Le cation est K^+, et l'anion $H_2PO_4^-$ (dihydrogénophosphate). Le composé s'appelle donc dihydrogénophosphate de potassium.
c) Le cation est NH_4^+ (ion ammonium), et l'anion ClO_3^- (chlorate). Le composé s'appelle donc chlorate d'ammonium.

EXERCICE

Nommez les composés suivants: a) PbO; b) Li_2SO_3.

EXEMPLE 2.4
La détermination des formules à partir des noms des composés ioniques

Écrivez les formules chimiques des composés suivants: a) nitrite de mercure(I), b) sulfure de césium, c) phosphate de calcium.

Réponse: a) L'ion mercure(I) est diatomique, Hg_2^{2+} (*tableau 2.3*), et l'ion nitrite est NO_2^-. La formule est donc $Hg_2(NO_2)_2$.
b) Chaque ion sulfure porte deux charges négatives, et chaque ion césium porte une charge positive (le césium est dans le groupe IA, comme le sodium). La formule est donc Cs_2S.

c) Chaque ion calcium (Ca^{2+}) porte deux charges positives, et chaque ion phosphate (PO_4^{3-}) porte trois charges négatives. Pour arriver à une somme des charges égale à zéro, le nombre de cations et d'anions doit être ajusté:

$$3(+2) + 2(-3) = 0$$

La formule est donc $Ca_3(PO_4)_2$.

EXERCICE

Écrivez les formules des composés ioniques suivants: a) sulfate de rubidium, b) hydrure de baryum.

Les composés covalents

Contrairement aux composés ioniques, les ***composés covalents*** sont *formés de molécules distinctes*. Ils sont habituellement formés d'éléments non métalliques (*figure 2.7*), et beaucoup d'entre eux sont des composés binaires. La nomenclature des composés covalents binaires ressemble à celle des composés ioniques binaires. On nomme d'abord le deuxième élément de la formule en ajoutant le suffixe «-ure» à la racine de son nom (sauf pour l'oxygène, qui devient «oxyde») puis, après un «de», on nomme le premier élément de la formule. Par exemple:

HCl	Chlorure d'hydrogène
HBr	Bromure d'hydrogène
SiC	Carbure de silicium
NO	Oxyde d'azote

Il est courant qu'une paire d'éléments forme plusieurs composés différents. Dans de tels cas, il est possible d'éviter la confusion en utilisant des préfixes d'origine grecque qui indiquent le nombre d'atomes de chaque élément présent (*tableau 2.4*). Prenons les exemples suivants:

CO	Monoxyde de carbone (ou oxyde de carbone)
CO_2	Dioxyde de carbone
SO_2	Dioxyde de soufre
SO_3	Trioxyde de soufre
NO_2	Dioxyde d'azote
N_2O_4	Tétroxyde de diazote

Les règles suivantes décrivent l'utilisation appropriée des préfixes:

- Le préfixe «mono-» n'est pas nécessaire dans le cas du premier élément de la formule. Par exemple, PCl_3 s'appelle trichlorure de phosphore, non pas trichlorure de monophosphore. Ainsi, l'absence de préfixe pour nommer le premier élément de la formule chimique veut dire qu'il n'y a qu'un seul atome de cet élément dans la molécule.
- Pour les oxydes, la terminaison «a» du préfixe est quelquefois omise. Par exemple, N_2O_4 peut s'appeler tétroxyde de diazote plutôt que tétraoxyde de diazote.

TABLEAU 2.4
Préfixes grecs utilisés pour nommer les composés covalents

Préfixe	Signification
Mono-	1
Di-	2
Tri-	3
Tétra-	4
Penta-	5
Hexa-	6
Hepta-	7
Octa-	8
Nona-	9
Déca-	10

Ces règles d'utilisation de préfixes comportent des exceptions: les composés covalents contenant de l'hydrogène. Beaucoup de ces composés sont traditionnellement appelés par leur nom commun, non systématique, ou par des noms qui ne spécifient pas le nombre d'atomes H présents:

B_2H_6	Diborane	PH_3	Phosphine
CH_4	Méthane	H_2O	Eau
SiH_4	Silane	H_2S	Sulfure d'hydrogène
NH_3	Ammoniac		

Notez que, dans ces formules, même l'ordre dans lequel apparaissent les éléments est irrégulier: H est placé en premier dans les formules de l'eau et du sulfure d'hydrogène, mais il vient en second dans les formules des autres composés.

EXEMPLE 2.5
La nomenclature des composés covalents

Nommez les composés covalents suivants: a) $SiCl_4$; b) P_4O_{10}.

Réponse: a) Étant donné qu'il y a quatre atomes de chlore, le nom est tétrachlorure de silicium.
b) Il y a 4 atomes de phosphore et 10 atomes d'oxygène, le nom du composé est donc décaoxyde de tétraphosphore.

EXERCICE

Nommez les composés covalents suivants: a) NF_3; b) Cl_2O_7.

EXEMPLE 2.6
La détermination des formules à partir des noms des composés covalents

Écrivez les formules chimiques des composés covalents suivants: a) disulfure de carbone, b) hexabromure de disilicium.

Réponse: a) Étant donné qu'il y a un atome de carbone et deux atomes de soufre, la formule est CS_2.
b) Il y a deux atomes de silicium et six atomes de brome, la formule est donc Si_2Br_6.

EXERCICE

Écrivez les formules chimiques des composés covalents suivants: a) tétrafluorure de soufre; b) pentoxyde de diazote.

LES ACIDES ET LES BASES

Bien que les bases et les acides soient aussi des composés covalents, on les considère dans un groupe à part étant donné leurs propriétés particulières.

La nomenclature des acides

On peut définir un ***acide*** comme une *substance, qui, une fois dissoute dans l'eau, libère des ions hydrogène* (H^+). Les formules des acides comportent donc un ou plusieurs atomes d'hydrogène ainsi qu'un groupement anionique. Quand l'*anion ne contient pas d'oxygène*, il s'agit d'un hydracide et l'on remplace son suffixe «-ure» par le suffixe «-hydrique» pour nommer l'acide correspondant (*tableau 2.5*). Il peut arriver que la même formule chimique porte deux noms différents. Par exemple, HCl est connu sous les noms de chlorure d'hydrogène et d'acide chlorhydrique. C'est que le nom choisi dépend de l'état physique du composé. À l'état gazeux ou liquide pur, HCl est un composé covalent appelé chlorure d'hydrogène. Cependant, lorsqu'il est dissout dans l'eau, ses molécules se fragmentent en ions H^+ et Cl^-; cette substance s'appelle alors acide chlorhydrique.

Les acides qui contiennent de l'hydrogène, de l'oxygène et un autre élément (l'élément central) se nomment ***oxacides.*** Habituellement, leurs formules respectent l'ordre suivant: le H, puis l'élément central, et enfin le O, comme dans les exemples suivants:

H_2CO_3	Acide carbonique	H_2SO_4	Acide sulfurique
HNO_3	Acide nitrique	$HClO_3$	Acide chlorique

Il arrive souvent que deux ou plusieurs oxacides aient le même élément central, mais un nombre différent d'atomes O. Pour nommer ces composés, on prend comme point de départ les oxacides dont les noms se terminent en «-ique», et l'on suit les règles suivantes:

- L'ajout d'un atome O à un acide de forme «-ique»: on obtient un acide «per...-ique». Ainsi, l'ajout d'un atome O à $HClO_3$ transforme l'acide chlorique en acide perchlorique, $HClO_4$.
- Le retranchement d'un atome O d'un acide de forme «-ique»: le suffixe «-ique» est remplacé par le suffixe «-eux». Ainsi, l'acide nitrique, HNO_3, devient l'acide nitreux, HNO_2.
- Le retranchement de deux atomes O d'un acide de forme «-ique»: le nouvel acide est dit «hypo...-eux». Ainsi, à partir de $HBrO_3$, l'acide bromique, on a l'acide hypobromeux HBrO.

Voici les règles à suivre pour nommer les *anions des oxacides,* appelés ***oxanions:***

- Quand tous les H sont retranchés de l'acide de forme «-ique», le nom de l'anion prend la terminaison «-ate». Par exemple, l'anion CO_3^{2-} dérivé de H_2CO_3 s'appelle anion carbonate.

TABLEAU 2.5
Quelques acides simples

Anion		**Acide correspondant**	
F^-	(fluorure)	HF	(acide fluorhydrique)
Cl^-	(chlorure)	HCl	(acide chlorhydrique)
Br^-	(bromure)	HBr	(acide bromhydrique)
I^-	(iodure)	HI	(acide iodhydrique)
CN^-	(cyanure)	HCN	(acide cyanhydrique)
S^{2-}	(sulfure)	H_2S	(acide sulfhydrique)

- Quand tous les H sont retranchés de l'acide de forme «-eux», le nom de l'anion dérivé prend la terminaison «-ite». Ainsi, l'anion ClO_2^- dérivé de $HClO_2$ s'appelle anion chlorite.
- Les noms des anions desquels un ou plusieurs hydrogène (mais pas tous) ont été retranchés doivent indiquer le nombre de H présents. Prenons comme exemple les ions dérivés de l'acide phosphorique:

H_3PO_4	Acide phosphorique	HPO_4^{2-}	Hydrogénophosphate
$H_2PO_4^-$	Dihydrogénophosphate	PO_4^{3-}	Phosphate

Notez que le préfixe «mono-» est généralement omis quand il n'y a qu'un H dans l'anion. Le tableau 2.6 donne les noms des oxacides et des oxanions qui contiennent du chlore, et la figure 2.11 schématise la nomenclature des oxacides et des oxanions.

TABLEAU 2.6

Noms des oxacides et des oxanions qui contiennent du chlore

Acide		Anion	
$HClO_4$	(acide perchlorique)	ClO_4^-	(perchlorate)
$HClO_3$	(acide chlorique)	ClO_3^-	(chlorate)
$HClO_2$	(acide chloreux)	ClO_2^-	(chlorite)
$HClO$	(acide hypochloreux)	ClO^-	(hypochlorite)

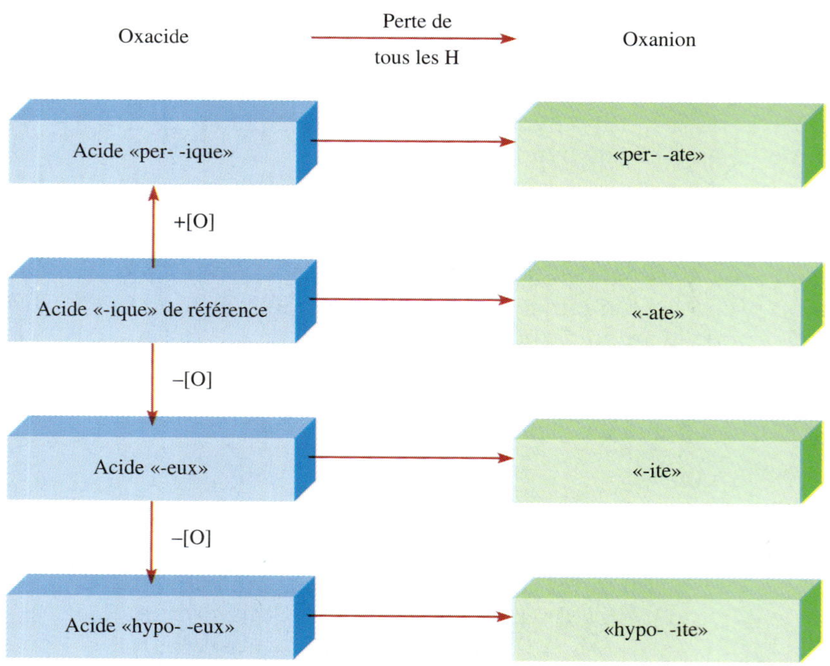

FIGURE 2.11

La nomenclature des oxacides et des oxanions.

EXEMPLE 2.7

La nomenclature des oxacides et des oxanions

Nommez l'oxacide et l'oxanion suivants: a) H_3PO_3, b) IO_4^-.

Réponse: a) Partons de l'acide de référence, l'acide phosphorique (H_3PO_4). Étant donné que H_3PO_3 possède un atome O de moins, on l'appelle acide phosphoreux.
b) Le point de départ est HIO_4, qui s'appelle acide periodique, puisqu'il a un atome O de plus que l'acide de référence, l'acide iodique (HIO_3). L'anion dérivé de HIO_4 s'appelle donc periodate.

EXERCICE

Nommez l'oxacide et l'oxanion suivants: a) $HBrO_3$, b) HSO_4^-.

La nomenclature des bases

On peut définir une ***base*** comme une *substance qui, une fois dissoute dans l'eau, libère des ions hydroxyde* (OH^-). En voici quelques exemples:

NaOH	Hydroxyde de sodium
KOH	Hydroxyde de potassium
$Ba(OH)_2$	Hydroxyde de baryum

L'ammoniac (NH_3), un composé covalent à l'état gazeux ou liquide pur, est également considéré comme une base: au premier abord, cela peut sembler une exception. Cependant, toute substance qui, dissoute dans l'eau, *libère* des ions hydroxyde répond à la définition des bases. Quand NH_3 se dissout dans l'eau, il réagit partiellement avec l'eau pour former des ions NH_4^+ et OH^-: on peut donc le classer parmi les bases. Pour être une base, une substance n'a pas besoin de contenir des ions hydroxyde dans sa structure.

RÉSUMÉ

La chimie moderne a vu le jour avec la théorie atomique de Dalton, qui affirme: que toute matière est composée de minuscules particules indivisibles, appelées atomes; que tous les atomes d'un même élément sont identiques; que les composés contiennent des atomes de différents éléments dans des rapports qui sont des nombres entiers; et qu'aucun atome n'est créé ou perdu au cours des réactions chimiques (loi de la conservation de la masse).

Les atomes des éléments qui forment un composé donné sont toujours combinés dans des proportions constantes de leur masse (loi des proportions définies). Quand deux éléments peuvent se combiner pour former plus de un type de composé, le rapport entre les masses du premier qui se combine à une masse constante de l'autre sont entre eux dans un rapport de nombres entiers simples (loi des proportions multiples).

Un atome est constitué d'un noyau central très dense formé de protons et de neutrons, ainsi que d'électrons qui circulent autour du noyau à une distance relativement grande de celui-ci. Les protons ont une charge positive, les neutrons n'ont pas de charge électrique, et les électrons ont une charge négative. Les protons et les neutrons ont presque la même masse, qui est environ 1840 fois celle de l'électron.

Le numéro atomique d'un élément représente le nombre de protons contenus dans le noyau de chacun des atomes de cet élément; il détermine la nature de l'élément. Le nombre de masse est la somme des protons et des neutrons contenus dans le noyau. Les isotopes sont des atomes d'un même élément qui ont le même nombre de protons, mais des nombres différents de neutrons.

Les formules chimiques, à l'aide des symboles des éléments qui constituent un composé affectés en indice d'un nombre entier, indiquent ainsi le type et le nombre d'atomes contenus dans la plus petite unité de ce composé. La formule moléculaire indique le nombre précis et les types d'atomes qui se combinent dans chaque molécule d'un composé. La formule empirique indique le plus petit rapport entre les atomes qui forment un composé.

Les composés chimiques sont soit des composés covalents (dont la plus petite unité est une molécule distincte) ou des composés ioniques (dans lesquels les ions positifs et négatifs sont maintenus ensemble par attraction mutuelle). Les composés ioniques sont formés de cations et d'anions, des entités formées quand les atomes perdent ou gagnent des électrons, respectivement.

Les noms de beaucoup de composés inorganiques peuvent être déduits à partir de règles simples. Les formules des composés peuvent être déduites à partir du nom de ces composés.

MOTS CLÉS

Acide, p. 49
Allotrope, p. 41
Anion, p. 40
Atome, p. 31
Base, p. 51
Cation, p. 40
Composé binaire, p. 44
Composé covalent, p. 47
Composé ionique, p. 40
Composé ternaire, p. 45
Électron, p. 33
Famille, p. 38
Formule chimique, p. 41
Formule empirique, p. 42
Formule moléculaire, p. 41
Gaz rare, p. 39
Groupe, p. 38
Halogène, p. 39
Ion, p. 40
Ion monoatomique, p. 40
Ion polyatomique, p. 40
Isotope, p. 37
Loi de la conservation de la masse, p. 31
Loi des proportions définies, p. 31
Loi des proportions multiples, p. 31
Métal, p. 39
Métal alcalino-terreux, p. 39
Métal alcalin, p. 39
Métalloïde, p. 39
Molécule, p. 39
Molécule diatomique, p. 39
Molécule polyatomique, p. 40
Neutron, p. 36
Nombre de masse (A), p. 36
Non-métal, p. 39
Noyau, p. 35
Numéro atomique (Z), p. 36
Oxacide, p. 49
Oxanion, p. 49
Particules alpha (α), p. 34
Particules bêta (β), p. 34
Période, p. 38
Proton, p. 35
Radiation, p. 31
Radioactivité, p. 34
Rayons alpha (α), p. 34
Rayons bêta (β), p. 34
Rayons gamma (γ), p. 34
Tableau périodique, p. 38

QUESTIONS ET PROBLÈMES

LA STRUCTURE DE L'ATOME

Questions de révision

2.1 Définissez les termes suivants: a) particule α; b) particule β; c) rayon γ; d) rayon X.

2.2 Énumérez les différents types de radiations émises par les éléments radioactifs.

2.3 Comparez les propriétés des particules suivantes: particules α, rayons cathodiques, protons, neutrons, électrons. Que signifie le terme «particule fondamentale» (ou particule élémentaire)?

2.4 Décrivez les contributions des scientifiques suivants à la connaissance de la structure atomique: J. J. Thomson, R. A. Millikan, Ernest Rutherford, James Chadwick.

2.5 La masse d'un échantillon d'élément radioactif diminue graduellement. Expliquez ce phénomène.

2.6 Décrivez la base expérimentale sur laquelle on s'appuie pour affirmer que le noyau occupe une très petite fraction du volume de l'atome.

Problèmes

2.7 Le diamètre d'un atome neutre d'hélium est d'environ 1×10^2 pm. Supposons que nous puissions former une «rangée» d'atomes d'hélium liés l'un à l'autre. Combien d'atomes environ faudrait-il pour couvrir une distance de 1 cm?

2.8 En gros, le rayon d'un atome est environ 10 000 fois celui de son noyau. Si l'on pouvait grossir un atome de sorte que le rayon de son noyau soit de 10 cm, quel serait le rayon de l'atome en kilomètres?

NUMÉRO ATOMIQUE, NOMBRE DE MASSE ET ISOTOPES

Questions de révision

2.9 Définissez les termes suivants: a) numéro atomique; b) nombre de masse. Pourquoi la connaissance du numéro atomique nous permet-elle de déduire le nombre d'électrons contenus dans un atome?

2.10 Pourquoi tous les atomes d'un même élément ont-ils le même numéro atomique, bien qu'ils puissent avoir des nombres de masse différents? Comment appelle-t-on les atomes d'un même élément qui ont des nombres de masse différents? Expliquez la signification de chaque lettre dans le symbole ^A_ZX.

Problèmes

2.11 Quel est le nombre de masse d'un atome de fer qui possède 28 neutrons?

2.12 Calculez le nombre de neutrons du Pu 239.

2.13 Pour chacune des espèces suivantes, déterminez le nombre de protons et le nombre de neutrons contenus dans le noyau:

^3_2He, ^4_2He, $^{24}_{12}Mg$, $^{25}_{12}Mg$, $^{48}_{22}Ti$, $^{79}_{35}Br$, $^{195}_{78}Pt$.

2.14 Indiquez le nombre de protons, de neutrons et d'électrons contenus dans chacun des éléments suivants:

$^{15}_7N$, $^{33}_{16}S$, $^{63}_{29}Cu$, $^{84}_{38}Sr$, $^{130}_{56}Ba$, $^{186}_{74}W$, $^{202}_{80}Hg$.

2.15 Donnez pour chacun des isotopes suivants le symbole approprié: a) $Z = 11$, $A = 23$; b) $Z = 28$, $A = 64$.

2.16 Donnez pour chacun des isotopes suivants le symbole approprié: a) $Z = 74$, $A = 186$; b) $Z = 80$, $A = 201$.

LE TABLEAU PÉRIODIQUE

Questions de révision

2.17 Qu'est-ce que le tableau périodique et quelle est son utilité en chimie? Qu'appelle-t-on groupes et périodes dans le tableau périodique?

2.18 Donnez deux différences entre un métal et un non-métal.

2.19 Indiquez les noms et les symboles de quatre éléments de chacune des catégories suivantes: a) non-métaux; b) métaux; c) métalloïdes.

2.20 Définissez les termes suivants et donnez deux exemples de chacun des cas: a) métaux alcalins; b) métaux alcalino-terreux; c) halogènes; d) gaz rares (ou inertes).

2.21 Les métaux ont en grande partie des noms qui se terminent en «-ium»; le sodium en est un exemple. Nommez un non-métal dont le nom se termine aussi en «-ium».

2.22 Décrivez les modifications des propriétés (caractéristiques des métaux ou des non-métaux) des éléments du tableau périodique à mesure qu'on se déplace: a) dans un groupe; b) dans une période.

2.23 Consultez un manuel de données physiques et chimiques (demandez à votre professeur où vous pouvez en trouver un) et trouvez: a) deux métaux de masse volumique inférieure à celle de l'eau; b) deux métaux de masse volumique supérieure à celle du mercure; c) le métal connu dont la masse volumique est la plus élevée; d) le non-métal connu dont la masse volumique est la plus élevée.

2.24 Soit K, F, P, Na, Cl et N. Classez par paires les éléments qui, selon vous, ont des propriétés chimiques similaires.

LES MOLÉCULES ET LES FORMULES CHIMIQUES

Questions de révision

2.25 Quelle est la différence entre un atome et une molécule?

2.26 Que sont des allotropes?

2.27 Que représente une formule chimique? Quel est le rapport entre les nombres d'atomes indiqués dans les formules moléculaires suivantes? a) NO; b) NCl_3; c) N_2O_4; d) P_4O_6.

2.28 Définissez les expressions «formule moléculaire» et «formule empirique». Quelles sont les ressemblances et les différences entre la formule moléculaire et la formule empirique d'un composé?

2.29 Donnez un exemple de deux molécules qui ont des formules moléculaires différentes mais la même formule empirique.

2.30 Que signifie P_4? Quelle est la différence entre P_4 et 4P?

2.31 Quelle différence peut-il y avoir entre une molécule et un composé? Donnez la formule d'une molécule qui est aussi un composé et celle d'une molécule qui n'est pas un composé.

2.32 Donnez deux exemples pour chacun des énoncés suivants: a) une molécule diatomique constituée d'atomes d'un même élément; b) une molécule diatomique constituée d'atomes d'éléments différents, c) une molécule polyatomique constituée d'atomes d'un même élément, d) une molécule polyatomique constituée d'atomes d'éléments différents.

Problèmes

2.33 Quelles sont les formules empiriques des composés suivants? a) C_2N_2; b) C_6H_6; c) C_9H_{20}; d) P_4O_{10}; e) B_2H_6.

2.34 Quelles sont les formules empiriques des composés suivants?
a) Al_2Br_6; b) $Na_2S_2O_4$; c) N_2O_5; d) $K_2Cr_2O_7$.

LES COMPOSÉS IONIQUES

Questions de révision

2.35 Qu'est-ce qu'un composé ionique? Comment explique-t-on qu'un composé ionique soit électriquement neutre? Expliquez pourquoi la formule chimique d'un composé ionique est toujours la même que sa formule empirique.

2.36 Comparez les propriétés des composés ioniques avec celles des composés covalents.

Problèmes

2.37 Donnez le nombre de protons et d'électrons de chacun des ions suivants: Na^+, Ca^{2+}, Al^{3+}, Fe^{2+}, I^-, F^-, S^{2-}, O^{2-}, N^{3-}.

2.38 Donnez le nombre de protons et d'électrons de chacun des ions suivants: K^+, Mg^{2+}, Fe^{3+}, Br^-, Mn^{2+}, C^{4-}, Cu^{2+}.

2.39 Lesquels des composés suivants semblent ioniques? Lesquels semblent covalents? $SiCl_4$, LiF, $BaCl_2$, B_2H_6, KCl, C_2H_4.

2.40 Lesquels des composés suivants semblent ioniques? Lesquels semblent covalents? CH_4, NaBr, BaF_2, CCl_4, ICl, CsCl, NF_3.

LA NOMENCLATURE DES COMPOSÉS INORGANIQUES

Problèmes

2.41 Nommez les composés suivants: a) KH_2PO_4; b) K_2HPO_4; c) HBr (gazeux); d) HBr (dans l'eau); e) Li_2CO_3; f) $K_2Cr_2O_7$; g) NH_4NO_2; h) PF_3; i) PF_5; j) P_4O_6; k) CdI_2; l) $SrSO_4$; m) $Al(OH)_3$.

2.42 Nommez les composés suivants: a) KClO; b) Ag_2CO_3; c) $FeCl_2$; d) $KMnO_4$; e) $CsClO_3$; f) KNH_4SO_4; g) FeO; h) Fe_2O_3; i) $TiCl_4$; j) NaH; k) Li_3N; l) Na_2O; m) Na_2O_2.

2.43 Donnez les formules des composés suivants: a) nitrite de rubidium; b) sulfure de potassium; c) hydrogénosulfure de sodium; d) phosphate de magnésium; e) hydrogénophosphate de calcium, f) dihydrogénophosphate de potassium; g) heptafluorure d'iode; h) sulfate d'ammonium; i) perchlorate d'argent; j) chromate de fer(III).

2.44 Donnez les formules des composés suivants: a) cyanure de cuivre(I); b) chlorite de strontium; c) acide perbromique; d) acide iodhydrique; e) phosphate de disodium ammonium; f) carbonate de plomb(II); g) fluorure d'étain(II); h) décasulfure de tétraphosphore; i) oxyde de mercure(II); j) iodure de mercure(I).

PROBLÈMES VARIÉS

2.45 L'isotope d'un élément métallique a un nombre de masse de 65 et son noyau contient 35 neutrons. Le cation dérivé de cet isotope a 28 électrons. Donnez le symbole de ce cation.

2.46 Dans laquelle des paires suivantes les deux espèces ont-elles des propriétés chimiques les plus proches? a) ${}^1_1H$ et ${}^1_1H^+$, b) ${}^{14}_{7}N$ et ${}^{14}_{7}N^{3-}$, c) ${}^{12}_{6}C$ et ${}^{13}_{6}C$.

2.47 Le tableau suivant donne le nombre d'électrons, de protons et de neutrons contenus dans les atomes ou les ions de certains éléments. Répondez aux questions suivantes: a) Lesquelles de ces espèces sont neutres? b) Lesquelles ont une charge négative? c) Lesquelles ont une charge positive? Quel est le symbole de chacune de ces espèces?

Atome, ion ou élément	A	B	C	D	E	F	G
Nombre d'électrons	5	10	18	28	36	5	9
Nombre de protons	5	7	19	30	35	5	9
Nombre de neutrons	5	7	20	36	46	6	10

2.48 Qu'y a-t-il de faux ou d'ambigu dans les énoncés suivants? a) une mole d'hydrogène; b) quatre molécules de NaCl.

2.49 On connaît les sulfures de phosphore suivants: P_4S_3, P_4S_7 et P_4S_{10}. Ces composés respectent-ils la loi des proportions multiples?

2.50 Parmi les substances suivantes, lesquelles sont des éléments? Lesquelles sont des molécules sans être des composés? Lesquelles sont des composés sans être des molécules? Lesquelles sont à la fois des molécules et des composés? a) SO_2; b) S_8; c) Cs; d) N_2O_5; e) O; f) O_2; g) O_3; h) CH_4; i) KBr; j) S; k) P_4; l) LiF.

2.51 Pourquoi le chlorure de magnésium ($MgCl_2$) ne s'appelle-t-il pas chlorure de magnésium(II)?

2.52 Certains composés sont plus connus par leurs noms courants que par leurs noms systématiques. Consultez un manuel, un dictionnaire ou votre professeur pour connaître les formules chimiques des substances suivantes: a) glace sèche; b) sel de table; c) gaz hilarant; d) calcaire; e) chaux vive; f) chaux éteinte; g) bicarbonate de sodium; h) sel d'Epsom.

2.53 Complétez le tableau suivant:

Symbole		$^{54}_{26}Fe^{2+}$			
Protons	5			79	86
Neutrons	6		16	117	136
Électroms	5		18	79	
Charge nette			−3		0

2.54 a) Quels éléments sont plus susceptibles de former des composés ioniques? b) Quels éléments métalliques sont plus susceptibles de former des cations pouvant avoir des charges différentes?

2.55 La plupart des composés ioniques originent d'un métal – soit l'aluminium (métal du groupe IIIA), un métal des groupes IA ou IIA – et d'un nonmétal, soit l'oxygène, soit l'azote ou un halogène (groupe VIIA). Écrivez les formules chimiques et les noms de tous les composés binaires qui pourraient résulter de telles combinaisons.

2.56 Soit deux symboles: ^{23}Na et $_{11}Na$. Lequel des deux fournit le plus de renseignements sur l'atome de sodium? Expliquez.

2.57 Donnez les formules chimiques et les noms d'acides qui contiennent des éléments du groupe VIIA. Faites de même pour d'autres acides contenant cette fois des éléments des groupes IIIA, IVA, VA et VIA.

2.58 Seuls 2 des 109 éléments connus sont liquides à la température ambiante (25 °C). Quels sont-ils? (*Indice:* l'un d'eux est un métal courant; l'autre est un élément du groupe VIIA.)

2.59 Pour chaque gaz rare suivant (éléments du groupe VIIIA): $^{4}_{2}He$, $^{20}_{10}Ne$, $^{40}_{18}Ar$, $^{84}_{36}Kr$ et $^{132}_{54}Xe$, a) déterminez le nombre de protons et de neutrons présents dans le noyau de chacun des atomes; b) déterminez le rapport entre le nombre de neutrons et le nombre de protons de chacun des atomes, et décrivez comment varie ce rapport à mesure que le numéro atomique augmente.

2.60 Dressez la liste des éléments qui sont à l'état gazeux à la température ambiante. (*Indice:* on trouve ces éléments dans les groupes VA, VIA, VIIA et VIIIA.)

2.61 Les métaux du groupe IB (Cu, Ag et Au) sont utilisés entre autres dans la fabrication de pièces de monnaies et de bijoux. Quelle propriété chimique les rend appropriés à ces utilisations?

2.62 On appelle souvent les éléments du groupe VIIIA gaz inertes. Définissez le sens du terme «inertes» dans ce contexte?

Réponses aux exercices: 2.1 29 protons, 34 neutrons et 29 électrons; **2.2** $C_4H_5N_2O$; **2.3** a) oxyde de plomb(II), b) sulfite de lithium; **2.4** a) Rb_2SO_4, b) BaH_2; **2.5** a) trifluorure d'azote, b) heptoxyde de dichlore; **2.6** a) SF_4, b) N_2O_5; **2.7** a) acide bromique, b) ion hydrogénosulfate.

CHAPITRE 3

LA STŒCHIOMÉTRIE

3.1
La masse atomique
La masse atomique moyenne

3.2
La masse molaire d'un élément et le nombre d'Avogadro

3.3
La masse moléculaire

3.4
Le spectromètre de masse

3.5
La composition centésimale

3.6
La détermination expérimentale des formules empiriques
La détermination des formules moléculaires

3.7
Les réactions et les équations chimiques
L'écriture des équations chimiques • L'équilibrage des équations chimiques

3.8
Les calculs des quantités de réactifs et de produits

3.9
Les réactifs limitants et le rendement des réactions
Le rendement des réactions

Quand le bois, le papier ou la cire se consument, ils perdent de leur masse. Cette perte était jadis attribuée à la libération de «phlogistique» dans l'air au cours de la combustion, une théorie acceptée par la plupart des scientifiques du XVIIIe siècle. Cependant, en 1774, le chimiste et théologien anglais Joseph Priestley isola l'oxygène (qu'il appela «air déphlogistiqué») en décomposant de l'oxyde de mercure(II), HgO. De son côté, le chimiste français Antoine Lavoisier remarqua que la masse de certains non-métaux, comme le phosphore, *augmentait* au cours d'une combustion dans l'air; il en conclut que ces non-métaux devaient se combiner à une substance présente dans l'air. Cette substance était en fait l'«air déphlogistiqué» de Priestley; Lavoisier nomma ce nouvel élément «oxygène» (du mot grec signifiant «qui engendre un acide»), parce qu'il croyait que les propriétés des acides étaient dues à la présence d'oxygène dans ces corps.

Né en 1743, Lavoisier est généralement considéré comme le père de la chimie moderne. Il était reconnu pour le soin qu'il mettait à réaliser ses expériences et pour l'usage qu'il faisait des mesures quantitatives. En effectuant des réactions chimiques, comme la décomposition de l'oxyde de mercure(II), dans un contenant fermé, il démontra que la masse totale des produits est égale à la masse totale des réactifs. En d'autres termes, la quantité de matière ne change pas au cours d'une réaction chimique. Cette observation constitue le fondement de la loi de la conservation de la matière (masse) qui est le principe de base de la stœchiométrie.

Lavoisier détermina la composition de l'eau en enflammant un mélange d'hydrogène et d'oxygène avec une étincelle électrique. Il participa également à la commission qui établit le système métrique, système sur lequel se base le SI. Malheureusement, sa carrière scientifique fut interrompue par la Révolution française. Membre de la noblesse, il était également collecteur d'impôts; pour ces «crimes», il fut condamné à la guillotine en 1794.

Lavoisier enflammant un mélange d'hydrogène et d'oxygène gazeux.

3.1 LA MASSE ATOMIQUE

Dans ce chapitre, nous utiliserons les connaissances que nous avons acquises concernant la structure chimique et les formules pour comprendre les relations entre les masses des atomes et des molécules. Ces relations, en retour, nous aideront à comprendre la composition des composés et comment ceux-ci se transforment.

La masse d'un atome dépend du nombre d'électrons, de protons et de neutrons qu'il contient. Connaître cette masse est important pour le travail en laboratoire. Cependant, les atomes sont des particules extrêmement petites; même le plus petit grain de poussière que notre œil peut voir ne contient pas moins de 1×10^{16} atomes! En fait, peser un seul atome est impossible, mais il est possible de déterminer de façon expérimentale la masse *relative* d'un atome, c'est-à-dire comparée à celle d'un autre atome. Cette méthode consiste d'abord à donner une valeur à la masse d'un atome d'un élément donné pour ensuite l'utiliser comme étalon.

Une convention internationale établit la masse de l'atome d'un isotope de carbone appelé carbone 12, qui possède six protons et six neutrons, à exactement 12 ***unités de masse atomique* (u),** aussi appelée poids atomique. L'atome carbone 12 sert d'étalon; on définit donc une unité de masse atomique comme la *masse qui équivaut à exactement un douzième de la masse d'un atome carbone 12:*

$$\text{masse d'un atome carbone 12} = 12\ \text{u}$$

$$\text{u} = \frac{\text{masse de 1 atome carbone 12}}{12}$$

Des expériences ont montré que la masse d'un atome d'hydrogène ne représente en moyenne que 8,400 % de la masse étalon du carbone 12. Si l'on considère que la masse d'un atome carbone 12 est exactement de 12 u, la ***masse atomique*** (c'est-à-dire la *masse de l'atome en unités de masse atomique*) de l'hydrogène est de $0{,}0840\,0 \times 12{,}00$ u, ou 1,008 u. Des calculs semblables révèlent que la masse atomique de l'oxygène est de 16,00 u et que celle du fer est de 55,85 u. Autrement dit, sans connaître la masse réelle moyenne d'un atome de fer, on sait toutefois que sa masse relative est d'approximativement 56 fois celle d'un atome d'hydrogène.

LA MASSE ATOMIQUE MOYENNE

En vérifiant la masse atomique du carbone dans un tableau périodique, vous trouverez qu'elle n'est pas de 12,00 u, mais bien de 12,01 u. La raison de cette différence est que la plupart des éléments naturels (y compris le carbone) ont plus de un isotope. Cela signifie que la masse atomique d'un élément est généralement représentée par la masse *moyenne* pondérée du mélange naturel des isotopes de cet élément. Par exemple, le carbone naturel est formé de deux isotopes, le carbone 12 et le carbone 13 dans les proportions suivantes: 98,89 % et 1,11 %. La masse atomique du carbone 13 a été établie à 13,003 35 u. Ainsi, on peut calculer la masse atomique moyenne du carbone de la façon suivante:

$$\begin{aligned}\text{masse atomique moyenne du carbone naturel} \\ &= (0{,}9889)(12{,}000\,00\ \text{u}) + (0{,}0111)(13{,}003\,35\ \text{u}) \\ &= 12{,}01\ \text{u}\end{aligned}$$

Notez que dans les calculs mettant en jeu des pourcentages, ceux-ci doivent être convertis en fractions. Par exemple, 98,89 % devient 98,89/100 ou 0,9889. À cause de la présence d'un plus grand nombre d'atomes carbone 12 que d'atomes carbone 13 dans la nature, la masse atomique moyenne du carbone est plus près de 12 u que de 13 u; un tel procédé de calcul donne donc une moyenne pondérée, c'est-à-dire qui tient compte des proportions de chacun des isotopes dans le mélange naturel.

Il est important de comprendre que, lorsque l'on dit que la masse atomique du carbone est de 12,01 u, on fait référence à sa valeur *moyenne*. Si l'on pouvait examiner chaque atome de carbone individuellement, chacun d'eux aurait une masse soit de 12,000 00 u soit de 13,003 35 u, mais jamais de 12,01 u.

EXEMPLE 3.1

Le calcul de la masse atomique moyenne

Le cuivre, un métal connu depuis les temps anciens, est utilisé, entre autres, dans la fabrication de câbles électriques et de pièces de monnaie. Les masses atomiques de ses deux isotopes stables, $^{63}_{29}Cu$ (69,09 %) et $^{65}_{29}Cu$ (30,91 %), sont respectivement de 62,93 u et de 64,9278 u. Calculez la masse atomique moyenne du cuivre. Les pourcentages entre parenthèses indiquent les proportions de chaque isotope.

Réponse: En convertissant les pourcentages en fractions, nous calculons la masse atomique moyenne de la façon suivante:

$$(0{,}6909)(62{,}93\ \text{u}) + (0{,}3091)(64{,}9278\ \text{u}) = 63{,}55\ \text{u}$$

EXERCICE

Les masses atomiques des deux isotopes stables du bore, $^{10}_{5}B$ (19,78 %) et $^{11}_{5}B$ (80,22 %), sont respectivement de 10,0129 u et de 11,0093 u. Calculez la masse atomique moyenne du bore.

Du cuivre.

Pour de nombreux éléments, la masse atomique a été déterminée à cinq ou à six chiffres significatifs. Cependant, pour les calculs effectués dans ce livre, nous utiliserons généralement des masses atomiques précises à quatre chiffres significatifs (*voir le tableau des masses atomiques au début du manuel*).

3.2 LA MASSE MOLAIRE D'UN ÉLÉMENT ET LE NOMBRE D'AVOGADRO

Les unités de masse atomique fournissent une échelle des masses relatives des éléments. Les atomes ont des masses si petites qu'aucune balance n'est assez précise pour les peser en unités de masse atomique. En pratique, les chimistes travaillent avec des échantillons qui contiennent des quantités énormes d'atomes. C'est pourquoi ils utilisent une unité spéciale qui désigne

Amedeo Avogadro (1776-1856)

un très grand nombre d'atomes. D'ailleurs, l'emploi d'unités qui décrivent chacune un nombre particulier d'objets n'est pas nouveau: la paire (2 objets), la douzaine (12 objets) et la grosse (144 objets) sont des unités connues.

Dans le SI, l'unité est la ***mole* (*mol*),** c'est-à-dire la *quantité de substance qui contient autant de particules élémentaires (atomes, molécules ou autres particules) qu'il y a d'atomes dans exactement 12 grammes (ou 0,012 kilogramme) de carbone 12.* Remarquez que cette définition explique seulement la méthode par laquelle on peut trouver le nombre de particules élémentaires contenues dans une mole. Le *nombre* réel est déterminé de façon expérimentale. Sa valeur couramment acceptée est

$$1 \text{ mole} = 6{,}022\,045 \times 10^{23} \text{ particules}$$

Ce nombre s'appelle ***nombre d'Avogadro,*** en l'honneur du scientifique italien Amedeo Avogadro. Pour la plupart des calculs, on arrondit ce nombre à $6{,}022 \times 10^{23}$. Ainsi, comme 1 douzaine d'oranges contient 12 oranges, 1 mole d'atomes d'hydrogène contient $6{,}022 \times 10^{23}$ atomes d'hydrogène. La figure 3.1 montre une mole de quelques éléments courants.

Nous avons vu que une mole d'atomes de carbone 12 a une masse de 12 g exactement et qu'elle contient $6{,}022 \times 10^{23}$ atomes. Cette masse du carbone 12 constitue sa ***masse molaire,*** c'est-à-dire la *masse (en grammes ou en kilogrammes) de une mole d'unités* (comme des atomes ou des molécules) d'une substance. Notez que la masse molaire (en grammes) du carbone 12 est numériquement égale à sa masse en unités de masse atomique. De même, la masse atomique du sodium (Na) est de 22,99 u, et sa masse molaire de 22,99 g; la masse atomique du phosphore est de 30,97 u, et sa masse molaire de 30,97 g; et ainsi de suite pour les autres éléments. Donc, si l'on connaît la masse atomique d'un élément, on connaît aussi sa masse molaire.

Maintenant, nous pouvons calculer la masse (en grammes) d'un seul atome carbone 12. Nous savons déjà que une mole d'atomes carbone 12 pèse exactement 12 g. Cela signifie que

$$12{,}00 \text{ g carbone 12} = 1 \text{ mol d'atomes carbone 12}$$

Nous pouvons donc écrire le facteur de conversion suivant:

$$\frac{12{,}00 \text{ g carbone 12}}{1 \text{ mol carbone 12}} = 1$$

(Notez que nous avons utilisé le symbole «mol» pour représenter la mole.) Dans la même ligne de pensée, puisqu'il y a $6{,}022 \times 10^{23}$ atomes dans une mole de carbone, nous pouvons dire que

$$1 \text{ mol d'atomes carbone 12} = 6{,}022 \times 10^{23} \text{ atomes carbone 12}$$

et que le facteur de conversion est

$$\frac{1 \text{ mol d'atomes carbone 12}}{6{,}022 \times 10^{23} \text{ atomes carbone 12}} = 1$$

Le calcul de la masse (en grammes) d'un atome carbone 12 est le suivant:

$$1 \,\cancel{\text{atome carbone 12}} \times \frac{\cancel{1 \text{ mol d'atomes carbone 12}}}{6{,}022 \times 10^{23} \,\cancel{\text{atomes carbone 12}}} \times \frac{12{,}00 \text{ g carbone 12}}{1 \,\cancel{\text{mol d'atomes carbone 12}}}$$

$$= 1{,}993 \times 10^{-23} \text{ g carbone 12}$$

FIGURE 3.1

Échantillons d'une mole de quelques éléments courants. Dans le sens des aiguilles d'une montre à partir d'en haut à gauche: du carbone (poudre de charbon de bois), du soufre (poudre jaune), du fer (clous), du cuivre (cents) et, au centre, du mercure (métal liquide brillant).

On peut également trouver la relation entre les unités de masse atomique et les grammes en tenant compte que la masse de chaque atome carbone 12 est exactement de 12 u. La masse en grammes équivalant à 1 u est

$$\frac{\text{gramme}}{\text{u}} = \frac{1{,}993 \times 10^{-23}\ \text{g}}{\cancel{1\ \text{atome carbone 12}}} \times \frac{\cancel{1\ \text{atome carbone 12}}}{12\ \text{u}}$$

$$= 1{,}661 \times 10^{-24}\ \text{g/u}$$

Donc

$$1\ \text{u} = 1{,}661 \times 10^{-24}\ \text{g}$$

et

$$1\ \text{g} = 6{,}022 \times 10^{23}\ \text{u}$$

Cet exemple montre qu'il est possible d'utiliser le nombre d'Avogadro pour convertir les unités de masse atomique en grammes, et vice versa.

Le nombre d'Avogadro et le concept de masse molaire permettent d'effectuer des conversions entre la masse (en grammes, par exemple) et le nombre de moles d'une certaine quantité d'atomes, et entre un nombre d'atomes et la masse, ainsi que de calculer la masse d'un seul atome. Les exemples 3.2, 3.3 et 3.4 montrent comment s'effectuent ces conversions. Dans ces calculs, nous emploierons les facteurs de conversion suivants:

$$\frac{1\ \text{mol X}}{\text{masse molaire de X}} = 1$$

$$\frac{1\ \text{mol X}}{6{,}022 \times 10^{23}\ \text{atomes X}} = 1$$

où X représente le symbole d'un élément.

Du zinc.

EXEMPLE 3.2

La conversion entre moles d'atomes et masses d'atomes

Le zinc (Zn) est un métal de couleur argent qui entre (avec le cuivre) dans la composition du laiton et sert aussi à plaquer le fer pour en empêcher la corrosion. a) Quelle est la masse en grammes de 0,356 mole de Zn? b) Combien de moles y a-t-il dans 668 g de Zn?

Réponse: a) Étant donné que la masse molaire du Zn est de 65,39 g, la masse de Zn en grammes est donnée par

$$0{,}356 \text{ mol Zn} \times \frac{65{,}39 \text{ g Zn}}{1 \text{ molZn}} = 23{,}3 \text{ g Zn}$$

Ainsi, 0,356 mole de Zn a une masse de 23,3 g.

b) Connaissant la masse molaire du zinc, nous pouvons convertir cette quantité en moles:

$$668 \text{ g Zn} \times \frac{1 \text{ mol Zn}}{65{,}39 \text{ g Zn}} = 10{,}2 \text{ mol Zn}$$

EXERCICE

a) Calculez la masse en grammes de 1,61 mole d'hélium (He).
b) Calculez le nombre de moles contenues dans 0,317 g de magnésium (Mg).

De l'argent.

EXEMPLE 3.3

Le calcul de la masse de un atome

L'argent (Ag) est un métal précieux utilisé principalement dans la fabrication de bijoux. Quelle est la masse (en grammes) de un atome d'argent?

Réponse: La masse molaire de l'argent est de 107,9 g. Puisqu'il y a 6,022 × 10^{23} atomes de Ag dans une mole, la masse d'un atome de Ag est

$$1 \text{ atome Ag} \times \frac{1 \text{ mol d'atomes Ag}}{6{,}022 \times 10^{23} \text{ atomes Ag}} \times \frac{107{,}9 \text{ g Ag}}{1 \text{ mol d'atomes Ag}}$$

$$= 1{,}792 \times 10^{-22} \text{ g Ag}$$

EXERCICE

Quelle est la masse (en grammes) de un atome d'iode (I)?

EXEMPLE 3.4

La conversion de la masse (en grammes) en nombre d'atomes

Le soufre (S) est un élément non métallique. Les pluies acides sont causées pour une bonne part par la présence du soufre dans le charbon. Combien y a-t-il d'atomes dans 16,3 g de S?

Réponse: La solution de ce problème se fait en deux étapes. D'abord, il faut trouver le nombre de moles de S contenues dans 16,3 g de S (comme dans l'exemple 3.2). Ensuite, il faut calculer le nombre d'atomes de S d'après le nombre de moles trouvé. Nous pouvons effectuer ces deux étapes en une seule opération:

$$16{,}3\ \cancel{\text{g S}} \times \frac{1\ \cancel{\text{mol S}}}{32{,}07\ \cancel{\text{g S}}} \times \frac{6{,}022 \times 10^{23}\ \text{atomes S}}{1\ \cancel{\text{mol S}}} = 3{,}06 \times 10^{23}\ \text{atomes S}$$

EXERCICE

Calculez le nombre d'atomes contenus dans 0,551 g de potassium (K).

Du soufre.

3.3 LA MASSE MOLÉCULAIRE

Si l'on connaît les masses atomiques, on peut calculer la masse des molécules. La ***masse moléculaire,*** c'est la *somme des masses atomiques (en unités de masse atomique) des atomes qui forment une molécule*. Par exemple, la masse moléculaire de H_2O est

$$2(\text{masse atomique de H}) + \text{masse atomique de O}$$

ou

$$2(1{,}008\ \text{u}) + 16{,}00\ \text{u} = 18{,}02\ \text{u}$$

EXEMPLE 3.5

Le calcul de la masse moléculaire

Calculez la masse moléculaire de chacun des composés suivants: a) le dioxyde de soufre (SO_2), principal constituant à l'origine des pluies acides; b) l'acide ascorbique, ou vitamine C ($C_6H_8O_6$).

Réponse: a) À partir des masses atomiques de S et de O, nous obtenons:

$$\begin{aligned}\text{masse moléculaire de } SO_2 &= 32{,}07\ \text{u} + 2(16{,}00\ \text{u})\\ &= 64{,}07\ \text{u}\end{aligned}$$

b) À partir des masses atomiques de C, de H et de O, nous obtenons:

$$\begin{aligned}\text{masse moléculaire de } C_6H_8O_6 &= 6(12{,}01\ \text{u}) + 8(1{,}008\ \text{u}) + 6(16{,}00\ \text{u})\\ &= 176{,}12\ \text{u}\end{aligned}$$

EXERCICE

Quelle est la masse moléculaire du méthanol (CH_4O)?

À partir de la masse moléculaire d'une molécule ou d'un composé, il est possible de déterminer la masse molaire de cette molécule ou de ce composé: la masse molaire (en grammes) d'un composé a une valeur numérique égale à sa masse moléculaire (en unités de masse atomique). Par exemple, la masse moléculaire de l'eau est de 18,02 u; sa masse molaire est donc de 18,02 g. Notez que 1 mole d'eau pèse 18,02 g et contient $6{,}022 \times 10^{23}$ *molécules* de H_2O, tout comme 1 mole de carbone contient $6{,}022 \times 10^{23}$ *atomes* de carbone.

Comme le montrent les deux exemples qui suivent, la connaissance de la masse molaire nous permet de calculer le nombre de moles et le nombre d'atomes contenus dans une quantité donnée d'un composé.

EXEMPLE 3.6

Le calcul du nombre de moles dans une quantité donnée d'un composé

Combustion du méthane sur une cuisinière.

Le méthane (CH_4) est le principal constituant du gaz naturel. Combien y a-t-il de moles dans 6,07 g de CH_4?

Réponse: D'abord, nous calculons la masse molaire de CH_4:

$$\text{masse molaire de } CH_4 = 12{,}01 \text{ g} + 4(1{,}008 \text{ g})$$
$$= 16{,}04 \text{ g}$$

Nous appliquons ensuite la méthode utilisée à l'exemple 3.2:

$$6{,}07 \text{ g } CH_4 \times \frac{1 \text{ mol } CH_4}{16{,}04 \text{ g } CH_4} = 0{,}378 \text{ mol } CH_4$$

EXERCICE

Calculez le nombre de moles contenues dans 198 g de chloroforme ($CHCl_3$).

EXEMPLE 3.7

Le calcul du nombre d'atomes dans une quantité donnée d'un composé

Combien d'atomes d'hydrogène sont contenus dans 25,6 g d'urée [$(NH_2)_2CO$], une substance utilisée comme engrais, dans la nourriture animale et pour la fabrication de polymères? La masse molaire de l'urée est de 60,06 g.

Réponse: Il y a 4 atomes d'hydrogène dans chaque molécule d'urée; donc, le nombre total d'atomes d'hydrogène est

$$25{,}6\ \text{g}\ (NH_2)_2CO \times \frac{1\ \text{mol}\ (NH_2)_2CO}{60{,}06\ \text{g}\ (NH_2)_2CO} \times \frac{6{,}022 \times 10^{23}\ \text{molécules}\ (NH_2)_2CO}{1\ \text{mol}\ (NH_2)_2CO}$$

$$\times \frac{4\ \text{atomes H}}{1\ \text{molécule}\ (NH_2)_2CO} = 1{,}03 \times 10^{24}\ \text{atomes H}$$

En suivant la même méthode, nous pourrions calculer le nombre d'atomes d'azote, de carbone ou d'oxygène. Cependant, il existe une méthode plus courte: le rapport entre le nombre d'atomes d'azote et le nombre d'atomes d'hydrogène dans l'urée est 2 : 4, ou 1 : 2, et celui entre l'oxygène (de même que le carbone) et l'hydrogène est 1 : 4. Alors, le nombre d'atomes d'azote contenus dans 25,6 g d'urée est $(\frac{1}{2})(1{,}03 \times 10^{24})$, ou $5{,}15 \times 10^{23}$ atomes. Le nombre d'atomes d'oxygène (ainsi que de carbone) est $(\frac{1}{4})(1{,}03 \times 10^{24})$, ou $2{,}58 \times 10^{23}$ atomes.

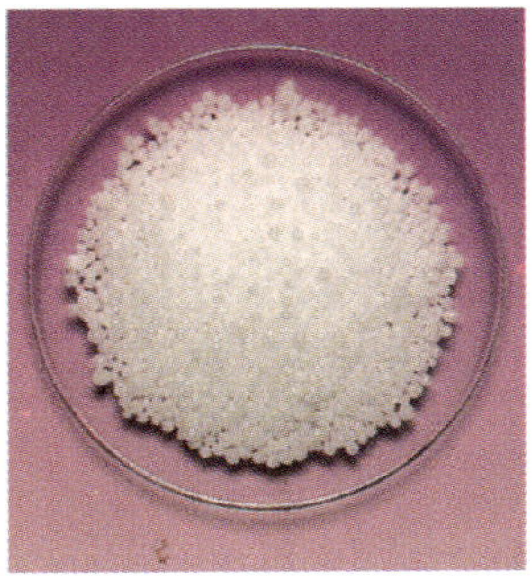

De l'urée.

EXERCICE

Combien y a-t-il d'atomes de H dans 72,5 g d'isopropanol, communément appelé alcool à friction (C_3H_8O)?

3.4 LE SPECTROMÈTRE DE MASSE

La méthode la plus directe et la plus précise pour déterminer les masses atomiques et moléculaires, c'est la spectrométrie de masse (*figure 3.2*). Dans un *spectromètre de masse,* un échantillon de gaz est bombardé d'un faisceau d'électrons de grande énergie. Les collisions qui se produisent entre les électrons et les atomes (ou les molécules) du gaz provoquent la formation d'ions positifs: les électrons du faisceau délogent des électrons des atomes ou des molécules. Les ions positifs créés (de masse m et de charge e) sont accélérés en passant dans des fentes pratiquées dans deux plaques de charges opposées. Ensuite, les ions sont soumis à l'action d'un puissant aimant qui fait dévier leur trajectoire selon différents arcs de cercle dont les rayons dépendent du rapport charge/masse (qui est e/m) de chaque ion. Les ions présentant un faible rapport e/m sont plus fortement déviés que ceux qui ont un rapport e/m élevé; ainsi des ions de charges égales mais de masses différentes sont séparés les uns des autres. Finalement, les ions arrivent au détecteur, ce qui génère un courant pour chaque type d'ions. La quantité de courant généré est directement

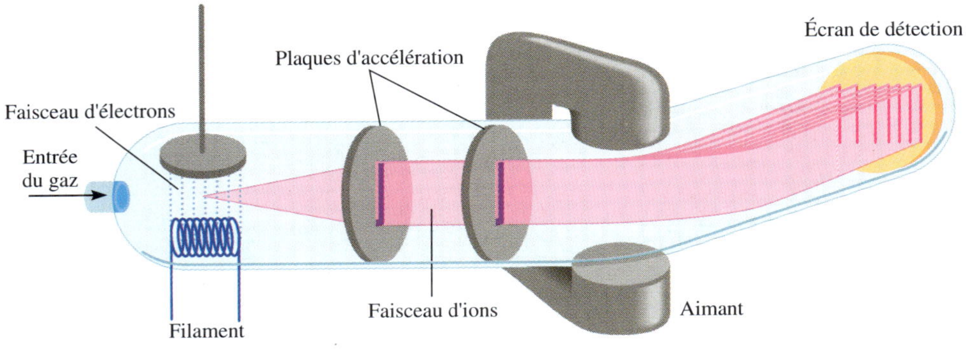

FIGURE 3.2

Schéma d'un type de spectromètre de masse.

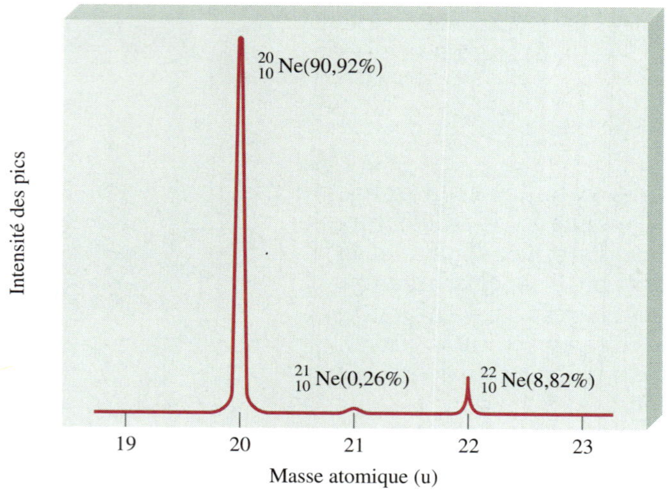

FIGURE 3.3

Le spectre de masse des trois isotopes du néon.

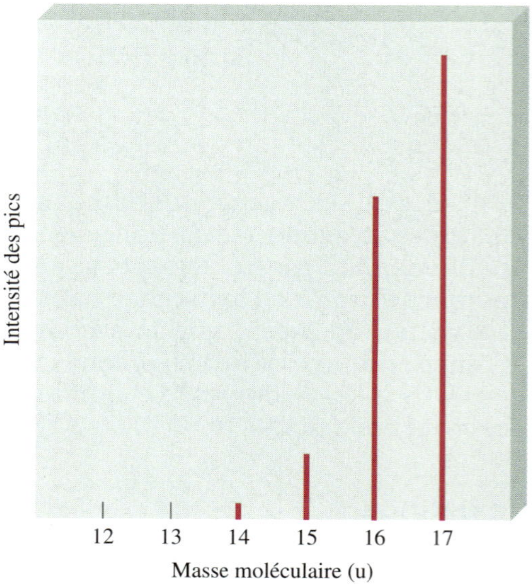

FIGURE 3.4

Le spectre de masse de l'ammoniac (NH_3) sous forme d'histogramme. Le pic le plus haut (17 u) correspond à l'ion NH_3^+; les autres, à d'autres ions dérivés de la fragmentation de l'ion le plus lourd appelé ion-parent.

proportionnelle au nombre d'ions en jeu; ainsi, il est possible de déterminer la quantité relative de chaque isotope.

Le premier spectromètre de masse, fabriqué dans les années 1920 par le physicien anglais F. W. Aston, était rudimentaire. Néanmoins, il permit d'établir la preuve indiscutable de l'existence des isotopes néon 20 (masse atomique de 19,9924 u et abondance relative de 90,92 %) et néon 22 (masse atomique de 21,9914 u et abondance relative de 8,82 %). L'arrivée de spectromètres de masse plus sophistiqués et plus sensibles a permis aux scientifiques de découvrir, avec surprise, qu'il existe dans la nature un troisième isotope stable du néon, dont la masse atomique est de 20,9940 u et l'abondance relative de 0,257 % (*figure 3.3*). Cet exemple illustre l'importance de l'exactitude expérimentale dans une science quantitative comme la chimie. Les premières expériences n'ont pas permis de détecter le néon 21 parce que celui-ci ne constitue que 0,257 % des isotopes naturels du néon. En d'autres termes, sur 10 000 atomes de néon, seulement 26 sont des isotopes ^{21}Ne.

La masse des molécules est déterminée par une méthode semblable. La figure 3.4 montre le spectre de masse de l'ammoniac (NH_3). Le pic le plus élevé (17,03 u) correspond à la masse de l'ion ammoniac NH_3^+. Les autres pics représentent les cations produits par la fragmentation de l'ion NH_3^+.

3.5 LA COMPOSITION CENTÉSIMALE

Comme nous l'avons déjà vu, la formule d'un composé indique les nombres relatifs d'atomes de chaque élément qui forment ce composé. Maintenant, supposons que l'on doive vérifier la pureté d'un échantillon d'un composé en vue de son utilisation pour une expérience. D'après sa formule, on pourrait calculer, en pourcentage, la contribution de chaque élément à la masse totale du composé. Puis, en comparant les résultats avec les pourcentages obtenus expérimentalement, on pourrait déterminer la pureté de l'échantillon.

La **composition centésimale** est le *pourcentage en masse de chaque élément contenu dans un composé*. On obtient le pourcentage massique de chaque élément en divisant sa part de la masse totale dans une mole d'un composé par la masse molaire du même composé, puis en multipliant le résultat par 100 %. Par exemple, dans une mole de peroxyde d'hydrogène (H_2O_2), il y a deux moles d'atomes H et deux moles d'atomes O. Les masses molaires de H_2O_2, de H et de O sont respectivement de 34,02 g, 1,008 g et 16,00 g. Alors, le calcul de la composition centésimale de H_2O_2, donc des deux pourcentages massiques, est

$$\% \text{ de H} = \frac{2 \times 1{,}008 \text{ g}}{34{,}02 \text{ g}} \times 100\,\% = 5{,}926\,\%$$

$$\% \text{ de O} = \frac{2 \times 16{,}00 \text{ g}}{34{,}02 \text{ g}} \times 100\,\% = 94{,}06\,\%$$

La somme des pourcentages est 5,926 % + 94,06 % = 99,99 %. Le petit écart de 0,01 % vient de la façon dont les masses molaires des éléments ont été arrondies. Notez que, avec la formule empirique (HO), nous aurions obtenu le même résultat.

EXEMPLE 3.8
Le calcul de la composition centésimale

L'acide phosphorique (H_3PO_4) est utilisé dans les détergents, les engrais et les dentifrices. C'est aussi l'ingrédient qui accentue le goût des boissons gazeuses. Calculez la composition centésimale de ce composé.

Réponse: La masse molaire de H_3PO_4 est de 97,99 g/mol. Sa composition centésimale est donc

$$\% \text{ de H} = \frac{3(1{,}008 \text{ g})}{97{,}99 \text{ g}} \times 100\,\% = 3{,}086\,\%$$

$$\% \text{ de P} = \frac{30{,}97 \text{ g}}{97{,}99 \text{ g}} \times 100\,\% = 31{,}61\,\%$$

$$\% \text{ de O} = \frac{4(16{,}00 \text{ g})}{97{,}99 \text{ g}} \times 100\,\% = 65{,}31\,\%$$

La somme de ces pourcentages est 3,086 % + 31,61 % + 65,31 % = 100,01 %. L'écart de 0,01 % est dû au fait que les valeurs ont été arrondies.

EXERCICE

Calculez la composition centésimale de l'acide sulfurique (H_2SO_4).

La méthode utilisée dans l'exemple peut être inversée; c'est-à-dire que, à partir de la composition centésimale d'un composé, il est possible d'établir la formule empirique de ce composé.

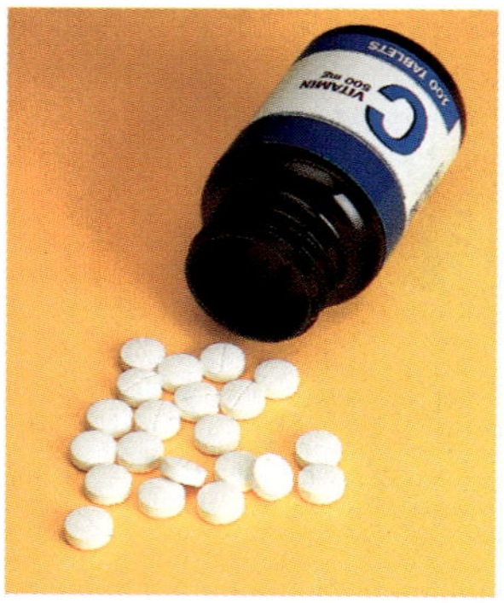

Comprimés de vitamine C.

EXEMPLE 3.9

La détermination de la formule empirique d'un composé à partir de l'analyse centésimale

L'acide ascorbique (vitamine C) guérit du scorbut et peut prévenir le rhume. L'analyse centésimale donne: 40,92 % de carbone (C), 4,58 % d'hydrogène (H) et 54,50 % d'oxygène (O). Déterminez sa formule empirique.

Réponse: Étant donné que la somme de tous les pourcentages est 100 %, il est pratique d'aborder ce problème en prenant comme point de départ exactement 100 g de la substance. Ainsi, dans 100 g d'acide ascorbique, il y a 40,92 g de C, 4,58 g de H et 54,50 g de O. Ensuite, il faut calculer le nombre de moles de chaque élément du composé. Soit n_C, n_H et n_O, les nombres de moles des éléments présents. En utilisant la masse molaire de chacun d'eux, nous écrivons

$$n_C = 40{,}92\ \cancel{\text{g C}} \times \frac{1\ \text{mol C}}{12{,}01\ \cancel{\text{g C}}} = 3{,}407\ \text{mol C}$$

$$n_H = 4{,}58\ \cancel{\text{g H}} \times \frac{1\ \text{mol H}}{1{,}008\ \cancel{\text{g H}}} = 4{,}54\ \text{mol H}$$

$$n_O = 54{,}50\ \cancel{\text{g O}} \times \frac{1\ \text{mol O}}{16{,}00\ \cancel{\text{g O}}} = 3{,}406\ \text{mol O}$$

Nous obtenons alors la formule $C_{3,407}H_{4,54}O_{3,406}$, qui indique la nature des atomes présents et le rapport entre leurs quantités respectives. Cependant, étant donné que les formules chimiques ne s'écrivent qu'avec des nombres entiers, il ne peut y avoir 3,407 atomes C, 4,54 atomes H et 3,406 atomes O. Il est toutefois possible de convertir ces indices en nombres entiers en divisant chacun d'eux par le plus petit d'entre eux, à savoir 3,406:

$$\text{C: } \frac{3{,}407}{3{,}406} = 1 \qquad \text{H: } \frac{4{,}54}{3{,}406} = 1{,}33 \qquad \text{O: } \frac{3{,}406}{3{,}406} = 1$$

Nous obtenons alors $CH_{1,33}O$ comme formule de l'acide ascorbique. Il faut ensuite convertir l'indice 1,33 en nombre entier. Ce qui peut être fait par tâtonnement:

$$1{,}33 \times 1 = 1{,}33$$

$$1{,}33 \times 2 = 2{,}66$$

$$1{,}33 \times 3 = 3{,}99 \approx 4$$

Parce que 1,33 × 3 nous donne à peu près un nombre entier (4), nous devons multiplier tous les indices par 3: on obtient alors $C_3H_4O_3$ comme formule empirique de l'acide ascorbique.

EXERCICE

Déterminez la formule empirique d'un composé selon la composition centésimale suivante: K, 24,75 %; Mn, 34,77 %; O, 40,51 %.

Les chimistes veulent souvent savoir la masse réelle d'un élément contenue dans une masse donnée d'un composé. Puisque la composition centésimale donne le pourcentage du composé qui représente l'élément considéré, la masse de ce dernier peut être calculée facilement.

EXEMPLE 3.10

Le calcul de la masse d'un élément à partir de son pourcentage massique

La chalcopyrite ($CuFeS_2$) est le principal minerai du cuivre. Calculez la masse de Cu en kilogrammes contenue dans $3{,}71 \times 10^3$ kg de chalcopyrite.

Réponse: Les masses molaires de Cu et de $CuFeS_2$ sont respectivement de 63,55 g et de 183,5 g; le pourcentage massique de Cu est donc

$$\% \text{ de Cu} = \frac{63{,}55 \text{ g}}{183{,}5 \text{ g}} \times 100\,\% = 34{,}63\,\%$$

Pour calculer la masse de Cu dans un échantillon de $3{,}71 \times 10^3$ kg de $CuFeS_2$, il faut convertir le pourcentage en fraction ($34{,}63\,\% = 0{,}3463$) et écrire

$$\text{masse de Cu dans } CuFeS_2 = 0{,}3463 \times 3{,}71 \times 10^3 \text{ kg} = 1{,}28 \times 10^3 \text{ kg}$$

Ce calcul peut être simplifié en effectuant les deux étapes simultanément:

$$\text{masse de Cu dans } CuFeS_2 = 3{,}71 \times 10^3 \text{ kg } CuFeS_2 \times \frac{63{,}55 \text{ g Cu}}{183{,}5 \text{ g } CuFeS_2}$$

$$= 1{,}28 \times 10^3 \text{ kg Cu}$$

EXERCICE

Calculez la masse de Al en grammes dans 371 g de Al_2O_3.

De la chalcopyrite.

3.6 LA DÉTERMINATION EXPÉRIMENTALE DES FORMULES EMPIRIQUES

La possibilité d'établir la formule empirique d'un composé d'après l'analyse élémentaire, c'est-à-dire l'identification et le dosage de chacun des éléments présents dans le composé, permet de déterminer expérimentalement la nature de ce composé. La méthode est la suivante. D'abord, une analyse chimique permet de trouver la masse en grammes de chaque élément présent dans un échantillon d'un composé donné. Ensuite, les quantités en grammes de chaque élément sont converties en nombres de moles. Finalement, la formule empirique du composé est déterminée par la méthode illustrée à l'exemple 3.9.

Prenons l'éthanol comme exemple. Quand l'éthanol est brûlé dans un appareil semblable à celui qui est illustré à la figure 3.5, il produit du dioxyde de carbone (CO_2) et de l'eau (H_2O). Étant donné qu'il n'y avait ni carbone ni

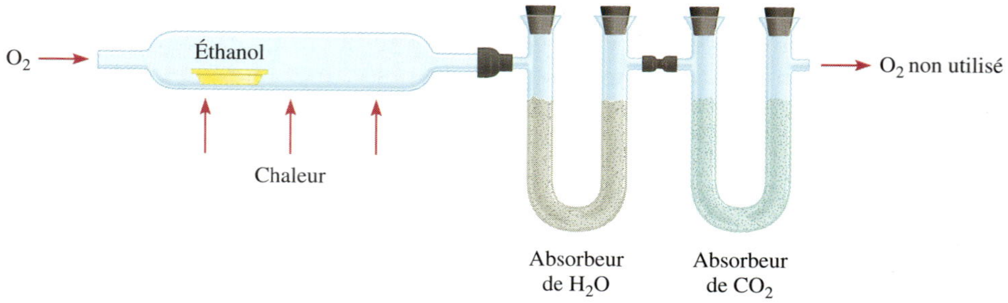

FIGURE 3.5

Appareil servant à déterminer la formule empirique de l'éthanol. Les absorbeurs sont des substances qui peuvent retenir l'eau et le dioxyde de carbone, respectivement.

hydrogène gazeux dans le courant d'oxygène gazeux, on peut en déduire que le carbone (C) et l'hydrogène (H) ne proviennent que de l'éthanol. Comme il a fallu ajouter de l'oxygène pour qu'il y ait combustion, l'oxygène quant à lui peut provenir à la fois du courant d'oxygène et d'oxygène possiblement contenu dans l'éthanol.

Il est possible de déterminer les masses de CO_2 et de H_2O produites en mesurant l'augmentation de la masse de l'absorbeur de CO_2 et celle de l'absorbeur de H_2O. Supposons que, dans une expérience, la combustion de 11,5 g d'éthanol produise 22,0 g de CO_2 et 13,5 g de H_2O. D'après ces données et à l'aide du calcul suivant, il est possible de déterminer la masse du carbone et celle de l'hydrogène contenues dans l'échantillon original d'éthanol:

$$\text{masse de C} = 22{,}0\ \text{g}\ \cancel{\text{CO}_2} \times \frac{1\ \cancel{\text{mol CO}_2}}{44{,}01\ \text{g}\ \cancel{\text{CO}_2}} \times \frac{1\ \cancel{\text{mol C}}}{1\ \cancel{\text{mol CO}_2}} \times \frac{12{,}01\ \text{g C}}{1\ \cancel{\text{mol C}}}$$

$$= 6{,}00\ \text{g C}$$

$$\text{masse de H} = 13{,}5\ \text{g}\ \cancel{\text{H}_2\text{O}} \times \frac{1\ \cancel{\text{mol H}_2\text{O}}}{18{,}02\ \text{g}\ \cancel{\text{H}_2\text{O}}} \times \frac{2\ \cancel{\text{mol H}}}{1\ \cancel{\text{mol H}_2\text{O}}} \times \frac{1{,}008\ \text{g H}}{1\ \cancel{\text{mol H}}}$$

$$= 1{,}51\ \text{g H}$$

Ainsi, dans 11,5 g d'éthanol, il y a 6,00 g de carbone et 1,51 g d'hydrogène. La masse manquante doit être celle de l'oxygène:

$$\text{masse de O} = \text{masse de l'échantillon} - (\text{masse de C} + \text{masse de H})$$

$$= 11{,}5\ \text{g} - (6{,}00\ \text{g} + 1{,}51\ \text{g})$$

$$= 4{,}0\ \text{g}$$

Le nombre de moles de chacun des éléments présents dans 11,5 g d'éthanol est

$$\text{moles de C} = 6{,}00\ \text{g}\ \cancel{\text{C}} \times \frac{1\ \text{mol C}}{12{,}01\ \text{g}\ \cancel{\text{C}}} = 0{,}500\ \text{mol C}$$

$$\text{moles de H} = 1{,}51\ \text{g}\ \cancel{\text{H}} \times \frac{1\ \text{mol H}}{1{,}008\ \text{g}\ \cancel{\text{H}}} = 1{,}50\ \text{mol H}$$

$$\text{moles de O} = 4{,}0\ \text{g}\ \cancel{\text{O}} \times \frac{1\ \text{mol O}}{16{,}00\ \text{g}\ \cancel{\text{O}}} = 0{,}25\ \text{mol O}$$

La formule de l'éthanol est donc $C_{0,50}H_{1,5}O_{0,25}$ (nous avons arrondi les nombres de moles à deux chiffres significatifs). Étant donné que le nombre d'atomes de chaque élément doit être entier, il faut diviser les indices par 0,25 (le plus petit indice) pour ainsi obtenir C_2H_6O comme formule empirique.

Maintenant, on comprend mieux pourquoi on parle de formule *empirique:* ce terme signifie «qui se situe au niveau de l'expérience». La formule empirique de l'éthanol a été établie à partir de l'analyse expérimentale de ce composé, c'est-à-dire sans que l'on connaisse sa structure (la façon dont les atomes sont liés entre eux).

La détermination des formules moléculaires

La formule déterminée à partir de l'analyse élémentaire est toujours une formule empirique, parce que ses indices sont toujours réduits aux plus petits nombres entiers possibles. Pour établir la formule réelle, ou moléculaire, d'un composé, il faut connaître sa masse molaire *approximative* en plus de sa formule empirique.

EXEMPLE 3.11
La détermination de la formule moléculaire d'un composé

Un composé est formé de 1,52 g d'azote (N) et de 3,47 g d'oxygène (O). On sait que sa masse molaire se situe entre 90 g et 95 g. Déterminez la formule moléculaire, puis la masse molaire de ce composé (la réponse doit comporter quatre chiffres significatifs).

Réponse: D'abord, il faut déterminer la formule empirique (*voir l'exemple 3.9*). Soit n_N et n_O les nombres de moles d'azote et d'oxygène. Alors

$$n_N = 1{,}52\ \cancel{\text{g N}} \times \frac{1\ \text{mol N}}{14{,}01\ \cancel{\text{g N}}} = 0{,}108\ \text{mol N}$$

$$n_O = 3{,}47\ \cancel{\text{g O}} \times \frac{1\ \text{mol O}}{16{,}00\ \cancel{\text{g O}}} = 0{,}217\ \text{mol O}$$

Donc, la formule du composé est $N_{0,108}O_{0,217}$. Comme dans l'exemple 3.9, il faut diviser les indices par le plus petit d'entre eux, soit 0,108. Après avoir arrondi, nous obtenons NO_2 comme formule empirique. Nous savons que la formule moléculaire peut être identique à la formule empirique, sinon les indices de la première sont des multiples entiers de la seconde. La masse molaire de la formule empirique NO_2 est

$$\text{masse molaire empirique} = 14{,}01\ \text{g} + 2(16{,}00\ \text{g}) = 46{,}02\ \text{g}$$

Ensuite, il faut déterminer le nombre d'unités de NO_2 présent dans la formule moléculaire. Ce qui peut se faire avec le rapport suivant:

$$\frac{\text{masse molaire}}{\text{masse molaire empirique}} = \frac{95\ \text{g}}{46{,}02\ \text{g}} = 2{,}1 \approx 2$$

Ainsi, il y a deux unités de NO_2 dans chaque molécule du composé; la formule moléculaire est donc $(NO_2)_2$, ou N_2O_4. La masse molaire de ce composé est 2(46,02 g), ou 92,04 g.

EXERCICE

Un composé est formé de 6,444 g de bore (B) et de 1,803 g d'hydrogène (H). La masse molaire du composé est d'environ 30 g. Quelle est sa formule moléculaire?

3.7 LES RÉACTIONS ET LES ÉQUATIONS CHIMIQUES

Après avoir abordé les masses des atomes et des molécules, abordons maintenant ce qui arrive aux atomes et aux molécules lorsqu'il y a transformation chimique. Une *transformation chimique* est appelée ***réaction chimique.*** Pour se transmettre des données sur ce type de réactions, les chimistes ont établi une façon de les représenter: les équations chimiques. Une ***équation chimique*** *utilise des symboles chimiques pour indiquer ce qui se produit durant une réaction chimique*. Dans cette section, nous apprendrons à écrire une équation chimique et à l'équilibrer.

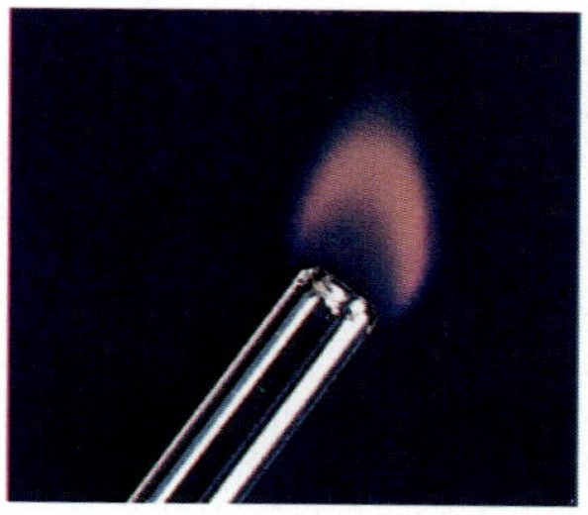

Combustion de l'hydrogène dans l'air.

L'ÉCRITURE DES ÉQUATIONS CHIMIQUES

Prenons comme exemple ce qui se produit quand il y a formation d'eau (H_2O) à partir de la combustion de l'hydrogène (H_2) dans l'air (qui contient de l'oxygène, O_2). Cette réaction peut être représentée par l'équation chimique suivante:

$$H_2 + O_2 \longrightarrow H_2O \quad (3.1)$$

où le signe + signifie «réagit avec» et le signe → signifie «pour former». Ainsi, cette expression symbolique peut se lire: «Une molécule d'hydrogène réagit avec une molécule d'oxygène pour former de l'eau.» La réaction se produit de gauche à droite comme l'indique la flèche.

Cependant, l'expression (3.1) n'est pas complète parce qu'il y a deux fois plus d'atomes d'oxygène à gauche de la flèche qu'à droite. Pour être en accord avec la loi de la conservation de la matière, il faut que le nombre d'atomes de chaque élément soit le même de chaque côté de la flèche; c'est-à-dire qu'il doit y avoir le même nombre d'atomes avant et après la réaction. Il faut alors *équilibrer* l'équation (3.1) en plaçant le coefficient approprié (dans ce cas: 2) devant H_2 et H_2O:

$$2H_2 + O_2 \longrightarrow 2H_2O$$

Cette *équation chimique équilibrée* indique que «deux molécules d'hydrogène réagissent avec une molécule d'oxygène pour former deux molécules d'eau» (*figure 3.6*). (Notez que le coefficient 1, comme dans le cas de O_2 de cette équation, est sous-entendu, donc jamais inscrit.) Étant donné que le rapport qui existe entre les nombres de molécules est égal à celui qu'il y a entre les nombres de moles, l'équation peut également se lire: «deux moles de molécules d'hydrogène réagissent avec une mole de molécules d'oxygène pour former deux moles de molécules d'eau.» Connaissant la masse molaire de

Deux molécules d'hydrogène + Une molécule d'oxygène ⟶ Deux molécules d'eau

$2H_2 + O_2 \longrightarrow 2H_2O$

FIGURE 3.6

Trois façons de représenter la combustion de l'hydrogène. Selon la loi de la conservation de la matière, le nombre de chaque espèce d'atome doit être le même des deux côtés de l'équation.

chacune de ces substances, on peut aussi dire: «4,04 g de H_2 réagissent avec 32,00 g de O_2 pour former 36,04 g de H_2O.» Ces trois façons de lire l'équation sont résumées dans le tableau 3.1.

Les éléments H_2 et O_2 de l'équation (3.1) s'appellent des ***réactifs:*** ce sont les *substances de départ d'une réaction chimique*. L'eau est le ***produit,*** c'est-à-dire, la *substance résultant d'une réaction chimique*. On peut donc dire que l'équation chimique est une sorte de code utilisé par les chimistes pour décrire une réaction. Dans une équation chimique, les réactifs sont, par convention, à gauche de la flèche et les produits à droite:

$$\text{réactifs} \longrightarrow \text{produits}$$

Pour fournir plus de renseignements, les chimistes indiquent souvent l'état physique des réactifs et des produits en utilisant les lettres *g*(gazeux), *l*(liquide) et *s*(solide). Par exemple,

$$2CO(g) + O_2(g) \longrightarrow 2CO_2(g)$$

$$2HgO(s) \longrightarrow 2Hg(l) + O_2(g)$$

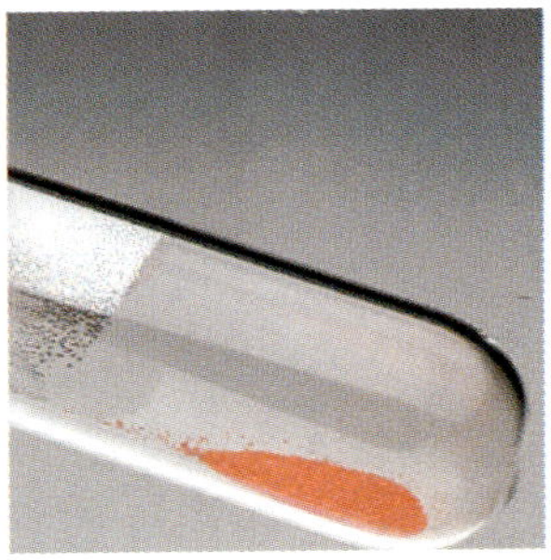

Sous l'effet de la chaleur, l'oxyde de mercure(II) (HgO) se décompose en mercure et en oxygène.

Par ailleurs, pour représenter ce qui arrive au chlorure de sodium (NaCl) dissous dans de l'eau, on écrit

$$NaCl(s) \xrightarrow{H_2O} NaCl(aq)$$

où *aq* signifie «en milieu aqueux». Le symbole H_2O au-dessus de la flèche indique que la dissolution s'est faite dans de l'eau; parfois on l'omet pour simplifier.

TABLEAU 3.1

Interprétation d'une équation chimique

$2H_2$	+	O_2	⟶	$2H_2O$
2 molécules	+	1 molécule	⟶	2 molécules
2 moles	+	1 mole	⟶	2 moles
2(2,02 g) = 4,04 g	+	32,00 g	⟶	2(18,02 g) = 36,04 g
36,04 g de réactifs				36,04 g de produit

L'ÉQUILIBRAGE DES ÉQUATIONS CHIMIQUES

Supposons que l'on veuille écrire une équation pour décrire une réaction chimique réalisée en laboratoire. Comment faire? Sachant la nature des réactifs, on peut écrire leurs formules chimiques. Cependant, la nature des produits est plus difficile à déterminer. Dans le cas d'une réaction simple, il est souvent possible de deviner le ou les produits; mais pour ce qui est des réactions qui produisent trois substances ou plus, les chimistes peuvent avoir à effectuer des analyses plus approfondies afin de déterminer la présence de composés spécifiques. Certains indices sont utiles: par exemple, il est possible de déduire qu'un produit gazeux est formé quand il y a apparition de bulles durant une réaction se produisant dans un milieu aqueux; un changement de couleur est une autre indication qu'une réaction chimique s'est produite.

Une fois la nature de tous les réactifs et de tous les produits déterminée, de même que leurs formules chimiques, on doit les écrire selon les règles, c'est-à-dire: les réactifs à gauche de la flèche et les produits à droite. À cette étape, l'équation n'*est probablement pas équilibrée;* autrement dit, le nombre de chacun des atomes présents de chaque côté de la flèche sont différents. En général, il est possible d'équilibrer une équation chimique en effectuant les étapes suivantes:

- Identifier les réactifs et les produits, puis écrire leurs formules respectivement à gauche et à droite de la flèche.

- Commencer l'équilibrage en essayant différents coefficients jusqu'à l'obtention d'un nombre égal d'atomes pour chaque élément de part et d'autre de la flèche. Il est possible de changer les coefficients (les nombres qui précèdent les formules), mais pas les indices (les nombres à l'intérieur des formules). Changer les indices correspond à changer la nature de la substance. Par exemple, $2NO_2$ signifie «deux molécules de dioxyde d'azote», tandis que, si nous multiplions les indices par deux, nous obtenons N_2O_4, qui est la formule du tétroxyde de diazote, un composé complètement différent.

- Chercher des éléments qui n'apparaissent qu'une fois de chaque côté de la flèche avec le même nombre d'atomes: les formules qui contiennent ces éléments doivent avoir le même coefficient. Ensuite, chercher les éléments qui n'apparaissent qu'une fois de chaque côté, mais avec des nombres différents d'atomes. Équilibrer ces éléments. Finalement, équilibrer les éléments qui apparaissent dans deux ou plusieurs formules situées d'un même côté de la flèche.

- Vérifier son travail en s'assurant que les atomes de chaque élément sont présents en nombre égal de chaque côté de la flèche.

Sous l'effet de la chaleur, le chlorate de potassium ($KClO_3$) produit de l'oxygène, qui participe à la combustion d'une éclisse de bois.

Prenons un exemple précis. En laboratoire, on peut facilement obtenir une petite quantité d'oxygène en chauffant du chlorate de potassium ($KClO_3$). Les produits sont de l'oxygène gazeux (O_2) et du chlorure de potassium (KCl). Selon ces données, nous écrivons

$$KClO_3 \longrightarrow KCl + O_2$$

(Pour simplifier, nous avons omis les états physiques des réactifs et des produits.) Nous remarquons que chacun des trois éléments (K, Cl et O) n'apparaît qu'une fois de chaque côté de la flèche, mais que seuls K et Cl ont le même nombre d'atomes des deux côtés. Alors, $KClO_3$ et KCl doivent avoir le même coefficient. L'étape suivante consiste à rendre le nombre d'atomes O égal des deux côtés de la flèche. Étant donné qu'il y a trois atomes O du côté gauche et deux du côté droit, nous pouvons les équilibrer en plaçant les coefficients 2 devant $KClO_3$ et 3 devant O_2.

$$2KClO_3 \longrightarrow KCl + 3O_2$$

Finalement, nous équilibrons les atomes K et Cl en plaçant le coefficient 2 devant KCl:

$$2KClO_3 \longrightarrow 2KCl + 3O_2 \tag{3.2}$$

Comme vérification finale, nous pouvons faire un tableau comparant les réactifs et les produits (les chiffres entre parenthèses indiquent le nombre d'atomes de chaque élément):

Réactifs	*Produits*
K (2)	K (2)
Cl (2)	Cl (2)
O (6)	O (6)

Notez que cette équation serait également équilibrée si les coefficients étaient un multiple des coefficients déjà trouvés. Si nous multiplions les coefficients par 2, nous obtenons:

$$4KClO_3 \longrightarrow 4KCl + 6O_2$$

Toutefois, il est courant, pour équilibrer les équations, d'utiliser les *plus petits nombres entiers* possibles comme coefficients. L'équation (3.2) respecte cette convention.

Maintenant, examinons la combustion de l'éthane (C_2H_6), un des constituants du gaz naturel, qui donne du dioxyde de carbone (CO_2) et de l'eau. Nous écrivons

$$C_2H_6 + O_2 \longrightarrow CO_2 + H_2O$$

Nous remarquons que, pour chacun des éléments (C, H et O), le nombre d'atomes n'est pas le même de chaque côté. Cependant, C et H n'apparaissent qu'une fois de chaque côté; quant à O, il apparaît dans deux composés du côté droit (CO_2 et H_2O). Pour équilibrer les atomes C, nous plaçons le coefficient 2 devant CO_2:

$$C_2H_6 + O_2 \longrightarrow 2CO_2 + H_2O$$

Pour équilibrer les atomes H, nous plaçons le coefficient 3 devant H_2O:

$$C_2H_6 + O_2 \longrightarrow 2CO_2 + 3H_2O$$

À cette étape, les nombres d'atomes C et H sont les mêmes de chaque côté de la flèche, ce qui n'est pas le cas des atomes O: il y a sept atomes O à droite et seulement deux à gauche. Cette disparité peut être éliminée en écrivant $\frac{7}{2}$ devant O_2:

$$C_2H_6 + \tfrac{7}{2}O_2 \longrightarrow 2CO_2 + 3H_2O$$

Le raisonnement qui justifie ce choix de $\frac{7}{2}$ comme facteur est le suivant: il y avait sept atomes d'oxygène à droite de la flèche, mais seulement une paire d'atomes d'oxygène (O_2) à gauche. Pour les équilibrer, il suffit de se demander combien de *paires* d'atomes d'oxygène sont nécessaires pour obtenir sept atomes d'oxygène. De la même façon que 3,5 paires de chaussures correspondent à sept chaussures, $\frac{7}{2}$ molécules O_2 donnent sept atomes. Comme le décompte qui suit le montre, l'équation est maintenant complètement équilibrée:

Réactifs	*Produits*
C (2)	C (2)
H (6)	H (6)
O (7)	O (7)

Cependant, il est préférable que les coefficients soient des nombres entiers plutôt que fractionnaires. C'est pourquoi il faut multiplier tous les coefficients de l'équation par 2 pour convertir $\frac{7}{2}$ en 7:

$$2C_2H_6 + 7O_2 \longrightarrow 4CO_2 + 6H_2O$$

Le décompte final est

Réactifs	*Produits*
C (4)	C (4)
H (12)	H (12)
O (14)	O (14)

Notez que les coefficients utilisés pour équilibrer l'équation sont les plus petits nombres entiers possibles.

Cette cannette est faite en aluminium, un métal qui résiste à la corrosion.

EXEMPLE 3.12
L'équilibrage des équations chimiques

Quand l'aluminium est exposé à l'air, il se forme une mince couche protectrice d'oxyde d'aluminium (Al_2O_3) à sa surface. L'oxygène ne peut plus par la suite attaquer l'aluminium sous la couche d'oxyde; c'est pourquoi les cannettes de boisson gazeuse en aluminium ne se corrodent pas. (Dans le cas du fer, l'oxyde de fer(III) qui se forme sur ce métal est trop poreux pour le protéger et ainsi stopper la corrosion). Équilibrez l'équation décrivant ce processus.

Réponse: L'équation non équilibrée est

$$Al + O_2 \longrightarrow Al_2O_3$$

Nous remarquons que Al et O n'apparaissent qu'une seule fois de chaque côté de la flèche, mais en quantités inégales. Pour équilibrer les atomes Al, nous plaçons le coefficient 2 devant Al:

$$2Al + O_2 \longrightarrow Al_2O_3$$

Il y a maintenant deux atomes O du côté gauche et trois du côté droit. Cette disparité peut être éliminée si nous écrivons $\frac{3}{2}$ devant O_2:

$$2Al + \tfrac{3}{2}O_2 \longrightarrow Al_2O_3$$

Comme dans l'exemple de l'éthane, nous multiplions tous les coefficients de l'équation par 2 pour convertir $\frac{3}{2}$ en 3:

$$4Al + 3O_2 \longrightarrow 2Al_2O_3$$

Le décompte final est

Réactifs	*Produits*
Al (4)	Al (4)
O (6)	O (6)

EXERCICE

Équilibrez l'équation représentant la réaction entre l'oxyde de fer(III) (Fe_2O_3) et le monoxyde de carbone (CO) qui forme du fer (Fe) et du dioxyde de carbone (CO_2).

3.8 LES CALCULS DES QUANTITÉS DE RÉACTIFS ET DE PRODUITS

Maintenant que nous savons comment écrire et équilibrer des équations chimiques, nous sommes prêts à aborder les aspects quantitatifs des réactions chimiques. L'*étude des relations entre les masses des réactifs et des produits dans une réaction chimique* s'appelle ***stœchiométrie.*** Pour interpréter quantitativement une réaction, il faut faire appel à nos connaissances sur la masse molaire et le concept de mole.

La question fondamentale qui est posée dans bien des calculs stœchiométriques est: «si l'on connaît la quantité des substances de départ (les réactifs) dans une réaction, peut-on calculer la quantité de produits qui sera formée?» Dans certains cas, la question peut aussi être inversée: «quelle quantité de substances de départ doit-on utiliser pour obtenir une quantité donnée de produits?» En pratique, les unités utilisées pour les réactifs (ou les produits) peuvent être les moles, les grammes, les litres (pour les gaz) ou toute autre unité. Qu'importe les unités utilisées, on appelle ***méthode des moles*** la *méthode qui consiste à déterminer la quantité de produit(s) formée au cours d'une réaction*. Elle se base sur le fait que les *coefficients stœchiométriques d'une équation chimique peuvent être interprétés comme le nombre de moles de chaque substance*. Pour illustrer cette méthode, prenons l'exemple de la combustion du monoxyde de carbone dans l'air, qui forme le dioxyde de carbone:

$$2CO(g) + O_2(g) \longrightarrow 2CO_2(g)$$

L'équation et les coefficients stœchiométriques peuvent se lire ainsi: «deux moles de monoxyde de carbone gazeux réagissent avec une mole d'oxygène gazeux pour former deux moles de dioxyde de carbone gazeux.»

La méthode des moles comprend les étapes suivantes:

1. Écrire la formule appropriée à chaque réactif et à chaque produit, puis équilibrer l'équation qui en résulte.
2. Convertir les quantités de certaines ou de toutes les substances connues (habituellement les réactifs) en moles.
3. Utiliser les coefficients de l'équation équilibrée pour calculer le nombre de moles des quantités recherchées ou inconnues (habituellement les produits) dans le problème.
4. D'après les nombres de moles et les masses molaires, convertir les quantités inconnues en n'importe quelle unité (habituellement en grammes).
5. S'assurer que la réponse est plausible.

L'étape 1 est préalable à tout calcul stœchiométrique. Il faut connaître la nature de tous les réactifs et de tous les produits; de plus, il faut que les relations entre leurs masses respectent la loi de la conservation de la matière (bref, il faut avoir une équation équilibrée). L'étape 2 est l'étape critique de la conversion des grammes (ou d'autres unités) en moles. Cette conversion permet d'analyser la réaction réelle en termes de moles seulement.

Pour effectuer l'étape 3, il faut se servir de l'équation équilibrée obtenue à l'étape 1. Le fait important ici, c'est de se rappeler que les coefficients d'une équation équilibrée indiquent dans quels rapports de nombres de moles une substance réagit avec une autre ou en forme une autre. L'étape 4 ressemble à l'étape 2, exception faite qu'elle met en jeu les quantités recherchées du problème. L'étape 5 est souvent négligée, mais elle est très importante: la chimie étant une science expérimentale, la réponse doit correspondre à ce qui peut exister dans la réalité. Si le problème a été mal posé ou si l'on a fait une erreur quantitative, cela deviendra évident, car la réponse obtenue représentera une quantité trop importante ou trop petite par rapport aux quantités de substances initiales. La figure 3.7 montre trois genres de calculs stœchiométriques courants.

En stœchiométrie, on utilise le symbole «$\Leftrightarrow$», qui signifie «stœchiométriquement équivalent» ou simplement «équivalent à». Par exemple, dans l'équation équilibrée de la formation du dioxyde de carbone, deux moles de CO réagissent avec une mole de O_2, donc deux moles de CO sont équivalentes à une mole de O_2:

$$2 \text{ mol CO} \Leftrightarrow 1 \text{ mol } O_2$$

D'après la méthode des facteurs de conversion, nous pouvons écrire le facteur à l'unité suivant:

$$\frac{2 \text{ mol CO}}{1 \text{ mol } O_2} = 1 \qquad \text{ou} \qquad \frac{1 \text{ mol } O_2}{2 \text{ mol CO}} = 1$$

De même, puisque deux moles de CO (ou une mole de O_2) produisent deux moles de CO_2, nous pouvons dire que deux moles de CO (ou une mole de O_2) sont équivalentes à deux moles de CO_2:

$$2 \text{ mol CO} \Leftrightarrow 2 \text{ mol } CO_2$$

$$1 \text{ mol } O_2 \Leftrightarrow 2 \text{ mol } CO_2$$

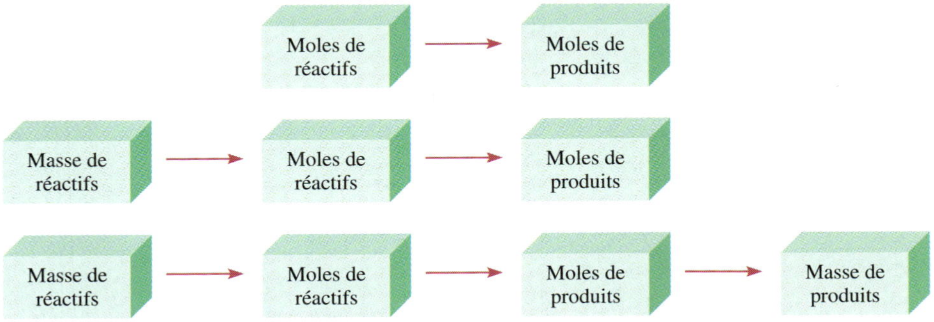

FIGURE 3.7
Trois types de calculs stœchiométriques basés sur la méthode des moles.

L'exemple suivant illustre les cinq étapes à suivre pour résoudre certains problèmes stœchiométriques ordinaires.

EXEMPLE 3.13
Le calcul de la quantité de produit

Tous les métaux alcalins réagissent avec l'eau pour produire de l'hydrogène gazeux et l'hydroxyde correspondant au métal alcalin. Prenons comme exemple la réaction entre le lithium et l'eau:

$$2\text{Li}(s) + 2\text{H}_2\text{O}(l) \longrightarrow 2\text{LiOH}(aq) + \text{H}_2(g).$$

a) Combien de moles de H_2 seront formées par la réaction complète de 6,23 moles de Li avec l'eau? b) Quelle masse en grammes de H_2 sera obtenue par la réaction complète de 80,57 g de Li avec l'eau?

Réaction entre le lithium et l'eau.

Réponse: a)
Étape 1: L'équation équilibrée est donnée dans le problème.
Étape 2: Aucune conversion n'est nécessaire, car la quantité de la substance de départ (Li) est donnée en moles.
Étape 3: Puisque deux moles de Li produisent une mole de H_2 (2 mol Li $\bumpeq$ 1 mol H_2), le calcul du nombre de moles de H_2 produites est le suivant:

$$\text{moles de H}_2\text{ produites} = 6{,}23\ \cancel{\text{mol Li}} \times \frac{1\text{ mol H}_2}{2\ \cancel{\text{mol Li}}} = 3{,}12\text{ mol H}_2$$

Étape 4: Cette étape n'est pas nécessaire.
Étape 5: La quantité initiale de Li était de 6,23 moles; elle a produit 3,12 moles de H_2. Étant donné que 2 moles de Li produisent 1 mole de H_2, 3,12 moles est une quantité plausible.

b)
Étape 1: La réaction est la même qu'en a).
Étape 2: Le nombre de moles de Li est donné par

$$\text{moles de Li} = 80{,}57\ \cancel{\text{g Li}} \times \frac{1\text{ mol Li}}{6{,}941\ \cancel{\text{g Li}}} = 11{,}61\text{ mol Li}$$

Étape 3: Puisque deux moles de Li produisent une mole de H_2, ou 2 mol Li $\bumpeq$ 1 mol H_2, le calcul du nombre de moles de H_2 est le suivant:

$$\text{moles de H}_2\text{ produites} = 11{,}61\ \cancel{\text{mol Li}} \times \frac{1\text{ mol H}_2}{2\ \cancel{\text{mol Li}}} = 5{,}805\text{ mol H}_2$$

Étape 4: Selon la masse molaire de H_2 (2,016 g), le calcul de la masse de H_2 produite est le suivant:

$$\text{masse de } H_2 \text{ produite} = 5{,}805 \cancel{\text{mol } H_2} \times \frac{2{,}016 \text{ g } H_2}{1 \cancel{\text{mol } H_2}} = 11{,}70 \text{ g } H_2$$

Étape 5: 11,70 g de H_2 représente une quantité plausible.

EXERCICE

La réaction entre l'oxyde nitrique (NO) et l'oxygène pour former le dioxyde d'azote (NO_2) est une étape clé dans la formation de *smog* photochimique:

$$2NO(g) + O_2(g) \longrightarrow 2NO_2(g)$$

a) Combien de moles de NO_2 sont formées par la réaction complète de 0,254 mole de O_2? b) Quelle masse en grammes de NO_2 est obtenue par la réaction complète de 1,44 g de NO?

Avec plus de pratique, il vous sera facile de combiner les étapes 2, 3 et 4 en une simple équation, comme dans l'exemple suivant.

EXEMPLE 3.14

Le calcul de la quantité de produits

Les aliments que nous mangeons doivent être dégradés, c'est-à-dire décomposés, pour fournir l'énergie nécessaire à notre croissance et à nos fonctions vitales. Une équation générale correspondant à ce processus très complexe est celle de la dégradation du glucose ($C_6H_{12}O_6$) en dioxyde de carbone (CO_2) et en eau (H_2O):

$$C_6H_{12}O_6 + 6O_2 \longrightarrow 6CO_2 + 6H_2O.$$

Si 856 g de $C_6H_{12}O_6$ sont dégradés par l'organisme durant un certain temps, quelle est la masse de CO_2 produite?

Réponse:

Étape 1: L'équation est déjà équilibrée.

Étapes 2, 3 et 4: L'équation équilibrée nous dit que 1 mol $C_6H_{12}O_6 \simeq$ 6 mol CO_2. Les masses molaires de $C_6H_{12}O_6$ et de CO_2 sont respectivement de 180,2 g et de 44,01 g. Il ne reste plus qu'à combiner toutes ces données en une seule équation:

$$\text{masse de } CO_2 \text{ produite} = 856 \text{ g } \cancel{C_6H_{12}O_6} \times \frac{1 \cancel{\text{mol } C_6H_{12}O_6}}{180{,}2 \text{ g } \cancel{C_6H_{12}O_6}} \times \frac{6 \cancel{\text{mol } CO_2}}{1 \cancel{\text{mol } C_6H_{12}O_6}} \times \frac{44{,}01 \text{ g } CO_2}{1 \cancel{\text{mol } CO_2}} = 1{,}25 \times 10^3 \text{ g } CO_2$$

Étape 5: La masse de CO_2 produite est de $1,25 \times 10^3$ g; cette quantité de dioxyde de carbone produite par la combustion lente de 856 g de $C_6H_{12}O_6$ semble plausible.

EXERCICE

Le méthanol (CH_3OH) brûle dans l'air selon l'équation suivante:

$$2CH_3OH + 3O_2 \longrightarrow 2CO_2 + 4H_2O$$

Si 209 g de méthanol sont brûlés, quelle est la masse de H_2O produite?

3.9 LES RÉACTIFS LIMITANTS ET LE RENDEMENT DES RÉACTIONS

Quand un chimiste synthétise un produit, les réactifs ne sont habituellement pas présents en ***quantités stœchiométriques,*** c'est-à-dire dans les *proportions indiquées par l'équation équilibrée*. Dans une réaction, le *réactif épuisé le premier* s'appelle ***réactif limitant;*** la quantité maximum de produit dépend de la quantité initiale de ce réactif (*figure 3.8*). Quand il ne reste plus de ce réactif, il ne peut plus se former de produit. Les autres *réactifs, dont la quantité dépasse celle requise pour réagir avec la quantité du réactif limitant,* s'appellent ***réactifs en excès.***

On peut établir une analogie entre le concept de réactif limitant et le rapport entre les hommes et les femmes qui participent à un concours de danse. S'il y a quatorze hommes et neuf femmes, seulement neuf couples mixtes pourront participer au concours. Il y aura cinq hommes sans partenaire. Le nombre de femmes «limite» donc le nombre d'hommes qui peuvent danser; il y a un «excès d'hommes.»

Maintenant, voyons ce qui arrive quand il y a un réactif limitant dans une réaction chimique. Par exemple, l'hexafluorure de soufre (SF_6), composé incolore, inodore et extrêmement stable, est formé par la combustion du soufre dans une atmosphère de fluor:

$$S(l) + 3F_2(g) \longrightarrow SF_6(g).$$

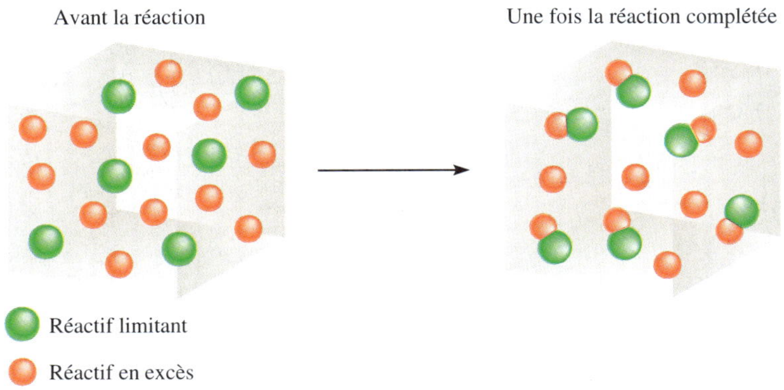

FIGURE 3.8

Un réactif limitant est complètement consommé durant une réaction.

Cette équation indique que 1 mole de S réagit avec 3 moles de F_2 pour former 1 mole de SF_6. Supposons que 4 moles de S sont ajoutées à 20 moles de F_2. Puisque 1 mol S ≎ 3 mol F_2, le nombre de moles de F_2 nécessaire pour réagir avec 4 moles de S est

$$4 \cancel{\text{mol}}\ \text{S} \times \frac{3 \text{ mol } F_2}{1 \cancel{\text{mol S}}} = 12 \text{ mol } F_2$$

Cependant, il y a 20 moles de F_2 disponibles, plus qu'il n'en faut pour réagir complètement avec S. Ainsi, S est le réactif limitant, et F_2 le réactif en excès. La quantité de SF_6 produite dépend seulement de la quantité initiale de S.

Nous pouvons également calculer le nombre de moles de S nécessaire pour réagir avec 20 moles de F_2. Pour ce faire, nous écrivons

$$20 \cancel{\text{mol } F_2} \times \frac{1 \text{ mol S}}{3 \cancel{\text{mol } F_2}} = 6{,}7 \text{ mol S}$$

Puisqu'il n'y a que 4 moles de S, on arrive à la même conclusion, c'est-à-dire que S est le réactif limitant et que F_2 est le réactif en excès.

Dans les calculs stœchiométriques où il peut y avoir un réactif limitant, la première étape consiste à déterminer lequel des réactifs est limitant. Une fois cette étape terminée, le problème se résout suivant la méthode expliquée à la section 3.8. L'exemple qui suit illustre cette méthode. Nous n'inclurons pas l'étape 5 dans les calculs, mais n'oubliez pas que vous devez toujours vérifier vos calculs et vous demander si la réponse est plausible.

EXEMPLE 3.15

Le calcul du réactif limitant et du réactif en excès

L'urée $[(NH_2)_2CO]$ est obtenue par la réaction de l'ammoniac avec le dioxyde de carbone:

$$2NH_3(g) + CO_2(g) \longrightarrow (NH_2)_2CO(aq) + H_2O(l).$$

Dans une expérience, on fait réagir 637,2 g de NH_3 avec 1142 g de CO_2. a) Lequel des deux réactifs est le réactif limitant? b) Calculez la masse de $(NH_2)_2CO$ formée. c) Combien reste-t-il de réactif en excès (en grammes) à la fin de la réaction?

Réponse: a) Puisque nous ne pouvons déterminer à première vue quel est le réactif limitant, nous devons donc convertir la masse de chacun des réactifs en moles. Les masses molaires de NH_3 et de CO_2 sont respectivement de 17,03 g et de 44,01 g.

$$\text{moles de } NH_3 = 637{,}2 \cancel{\text{g } NH_3} \times \frac{1 \text{ mol } NH_3}{17{,}03 \cancel{\text{g } NH_3}} = 37{,}42 \text{ mol } NH_3$$

$$\text{moles de } CO_2 = 1142 \cancel{\text{g } CO_2} \times \frac{1 \text{ mol } CO_2}{44{,}01 \cancel{\text{g } CO_2}} = 25{,}95 \text{ mol } CO_2$$

Selon l'équation équilibrée, nous savons maintenant que 2 mol NH_3 ≎ 1 mol CO_2; ainsi, la quantité de moles de NH_3 nécessaire pour réagir avec 25,95 moles de CO_2 est donnée par

$$25{,}95\ \cancel{\text{mol CO}_2} \times \frac{2\ \text{mol NH}_3}{1\ \cancel{\text{mol CO}_2}} = 51{,}90\ \text{mol NH}_3$$

Étant donné qu'il n'y a que 37,42 moles de NH_3, une quantité insuffisante pour réagir avec tout le CO_2, NH_3 est le réactif limitant et CO_2 le réactif en excès.

b) La quantité de $(NH_2)_2CO$ produite est déterminée par la quantité de réactif limitant. Donc

$$\text{masse de }(\text{NH}_2)_2\text{CO} = 37{,}42\ \cancel{\text{mol NH}_3} \times \frac{1\ \cancel{\text{mol }(\text{NH}_2)_2\text{CO}}}{2\ \cancel{\text{mol NH}_3}} \times \frac{60{,}06\ \text{g }(\text{NH}_2)_2\text{CO}}{1\ \cancel{\text{mol }(\text{NH}_2)_2\text{CO}}} = 1124\ \text{g }(\text{NH}_2)_2\text{CO}$$

c) Le nombre de moles du réactif en excès à la fin de la réaction est

$$25{,}95\ \text{mol CO}_2 - \left(37{,}42\ \cancel{\text{mol NH}_3} \times \frac{1\ \text{mol CO}_2}{2\ \cancel{\text{mol NH}_3}}\right) = 7{,}24\ \text{mol CO}_2$$

et

$$\text{masse de CO}_2\text{ résiduelle} = 7{,}24\ \cancel{\text{mol CO}_2} \times \frac{44{,}01\ \text{g CO}_2}{1\ \cancel{\text{mol CO}_2}} = 319\ \text{g CO}_2$$

EXERCICE

La réaction entre l'aluminium et l'oxyde de fer(III) peut générer une température approchant les 3000 °C et est utilisée pour souder des métaux (aluminothermie):

$$2\text{Al} + \text{Fe}_2\text{O}_3 \longrightarrow \text{Al}_2\text{O}_3 + 2\text{Fe}$$

Dans une expérience, 124 g de Al ont réagi avec 601 g de Fe_2O_3. a) Calculez la masse (en grammes) de Al_2O_3 obtenue. b) Quelle quantité de réactif en excès reste-t-il à la fin de la réaction?

L'exemple 3.15 soulève un point important. En pratique, les chimistes choisissent habituellement la substance la plus coûteuse comme réactif limitant pour qu'elle soit entièrement, ou presque, utilisée dans la réaction. Dans la synthèse de l'urée, l'ammoniac est invariablement le réactif limitant puisqu'il est beaucoup plus cher que le dioxyde de carbone.

LE RENDEMENT DES RÉACTIONS

La quantité de réactif limitant présente au début d'une réaction détermine le ***rendement théorique*** de la réaction, c'est-à-dire la *quantité de produit prévue en supposant que tout le réactif limitant a réagi*. Il s'agit donc du rendement *maximum* prévu par l'équation équilibrée. En pratique toutefois, la *quantité de produit obtenue* est presque toujours inférieure au rendement théorique.

La *quantité de produit réellement obtenue à la fin d'une réaction* est le ***rendement réel.*** La différence entre le rendement réel et le rendement théorique est due à plusieurs facteurs. Par exemple, beaucoup de réactions étant réversibles, elles ne s'effectuent pas à 100 % dans le sens qu'indique l'équation. Même quand une réaction est complète à 100 %, il peut être difficile de récupérer tout le produit du milieu réactionnel (par exemple une solution aqueuse). Certaines réactions sont complexes, leurs produits peuvent réagir entre eux ou avec des réactifs pour former d'autres produits stables. Ces réactions additionnelles réduisent le rendement de la première réaction.

Pour exprimer l'efficacité d'une réaction donnée, les chimistes parlent souvent de ***pourcentage de rendement,*** défini comme étant le *rapport entre le rendement réel et le rendement théorique*. Il se calcule ainsi:

$$\text{pourcentage de rendement} = \frac{\text{rendement réel}}{\text{rendement théorique}} \times 100\%$$

Le pourcentage de rendement peut varier d'une fraction de 1 % à 100 %. Toutefois, les chimistes cherchent toujours à obtenir le pourcentage maximal. Ce pourcentage peut être influencé par la température et la pression. Nous étudierons ces facteurs plus loin.

EXEMPLE 3.16
Le calcul du pourcentage de rendement d'une réaction

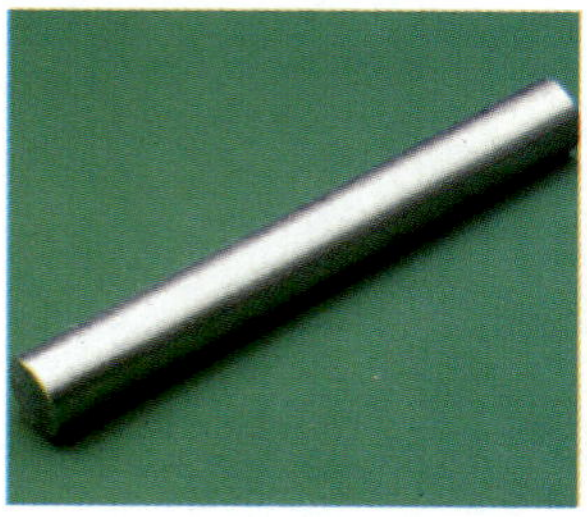

Du titane.

Le titane est un métal léger, dur et résistant à la corrosion; on l'utilise dans les moteurs de fusées, d'avions et d'avions à réaction. Il est obtenu par la réaction entre le chlorure de titane(IV) et le magnésium fondu à une température variant entre 950 °C et 1150 °C:

$$TiCl_4(g) + 2Mg(l) \longrightarrow Ti(s) + 2MgCl_2(l).$$

Au cours d'un procédé industriel, $3{,}54 \times 10^7$ g de $TiCl_4$ réagissent avec $1{,}13 \times 10^7$ g de Mg. a) Calculez le rendement théorique de Ti en grammes. b) Calculez le pourcentage de rendement si la réaction produit $7{,}91 \times 10^6$ g de Ti.

Réponse: a) D'abord, il faut calculer le nombre de moles de $TiCl_4$ et de Mg en jeu:

$$\begin{aligned}\text{moles de } TiCl_4 &= 3{,}54 \times 10^7 \cancel{\text{g } TiCl_4} \times \frac{1 \text{ mol } TiCl_4}{189{,}7 \cancel{\text{g } TiCl_4}} \\ &= 1{,}87 \times 10^5 \text{ mol } TiCl_4\end{aligned}$$

$$\begin{aligned}\text{moles de Mg} &= 1{,}13 \times 10^7 \cancel{\text{g Mg}} \times \frac{1 \text{ mol Mg}}{24{,}31 \cancel{\text{g Mg}}} \\ &= 4{,}65 \times 10^5 \text{ mol Mg}\end{aligned}$$

Ensuite, il faut déterminer laquelle de ces deux substances est le réactif limitant. Selon l'équation équilibrée, nous savons que 1 mol $TiCl_4 \simeq$ 2 mol Mg; ainsi, le nombre de moles de Mg nécessaire pour réagir avec $1{,}87 \times 10^5$ moles de $TiCl_4$ est

$$1{,}87 \times 10^5 \cancel{\text{mol } TiCl_4} \times \frac{2 \text{ mol Mg}}{1 \cancel{\text{mol } TiCl_4}} = 3{,}74 \times 10^5 \text{ mol Mg}$$

Puisqu'il y a $4,65 \times 10^5$ moles de Mg, plus qu'il n'en faut pour réagir avec la quantité de $TiCl_4$ présente, Mg est le réactif en excès, et $TiCl_4$ le réactif limitant.

Puisque 1 mol $TiCl_4$ ≏ 1 mol Ti, théoriquement, la quantité de Ti formée est

$$\text{masse de Ti formée} = 3{,}54 \times 10^7 \text{ g } \cancel{TiCl_4} \times \frac{1 \text{ mol } \cancel{TiCl_4}}{189{,}7 \text{ g } \cancel{TiCl_4}}$$

$$\times \frac{1 \text{ } \cancel{\text{mol Ti}}}{1 \text{ } \cancel{\text{mol } TiCl_4}} \times \frac{47{,}88 \text{ g Ti}}{1 \text{ } \cancel{\text{mol Ti}}} = 8{,}93 \times 10^6 \text{ g Ti}$$

b) Nous calculons le pourcentage de rendement:

$$\text{pourcentage de rendement} = \frac{\text{rendement réel}}{\text{rendement théorique}} \times 100\ \%$$

$$= \frac{7{,}91 \times 10^6 \text{ g}}{8{,}93 \times 10^6 \text{ g}} \times 100\ \% = 88{,}6\ \%$$

EXERCICE

Dans l'industrie, le vanadium, utilisé dans les alliages d'acier, peut être obtenu par la réaction de l'oxyde de vanadium(V) avec le calcium à haute température:

$$5Ca + V_2O_5 \longrightarrow 5CaO + 2V$$

Dans une réaction, $1,54 \times 10^3$ g de V_2O_5 réagissent avec $1,96 \times 10^3$ g de Ca. a) Calculez le rendement théorique de V. b) Calculez le pourcentage de rendement si 803 g de V sont produits.

RÉSUMÉ

Les masses atomiques sont exprimées en unités de masse atomique (u), une unité relative basée sur la valeur exacte de 12 pour l'isotope carbone 12. La masse atomique d'un élément donné représente habituellement la moyenne pondérée des masses des isotopes de cet élément présents dans la nature. La masse moléculaire d'une molécule est la somme des masses atomiques de tous les atomes qui forment cette molécule. La masse atomique et la masse moléculaire peuvent être mesurées à l'aide d'un spectromètre de masse.

Une mole est une quantité fixe de particules (par exemple des atomes ou des molécules) qui vaut exactement $6,022 \times 10^{23}$, quantité appelée nombre d'Avogadro. La masse molaire (en grammes) d'un élément ou d'un composé est numériquement égale à la masse de l'atome, de la molécule ou de l'unité formulaire (en u) et correspond au nombre d'Avogadro d'atomes (dans le cas des éléments), de molécules (corps simples et composés) et d'unités formulaires (dans le cas des composés ioniques). Rappelons qu'une unité formulaire correspond à la formule empirique.

La composition centésimale d'un composé est le pourcentage en masse de chaque élément de ce composé. De la composition centésimale d'un composé, il est possible de déduire la formule empirique de ce composé, ainsi que sa formule moléculaire si l'on connaît sa masse molaire approximative.

Les transformations chimiques, appelées réactions chimiques, sont représentées par des équations chimiques. Les substances qui subissent les transformations (les réactifs) sont inscrites à gauche de la flèche, et les substances formées (les produits) sont inscrites à droite. Les équations chimiques doivent être équilibrées et en accord avec la loi de la conservation de la matière: le nombre d'atomes de chaque élément doit être égal de chaque côté de la flèche.

La stœchiométrie est l'étude quantitative des relations entre les produits et les réactifs dans les réactions chimiques. Les calculs stœchiométriques sont plus simples à effectuer si les quantités connues et inconnues sont exprimées en moles; celles-ci peuvent ensuite être converties en d'autres unités. On appelle réactif limitant le réactif présent dont la quantité stœchiométrique est la plus petite; il détermine la quantité de produit qui peut être formée. La quantité de produit obtenue à la fin d'une réaction (rendement réel) peut être inférieure à la quantité maximum possible (rendement théorique). Le rapport entre les deux permet de calculer le pourcentage de rendement.

MOTS CLÉS

Composition centésimale, p. 67
Équation chimique, p. 72
Masse atomique, p. 58
Masse molaire, p. 60
Masse moléculaire, p. 63
Méthode des moles, p. 77
Mole (mol), p. 60
Nombre d'Avogadro, p. 60
Pourcentage de rendement, p. 84
Produit, p. 73
Quantité stœchiométrique, p. 81
Réactif, p. 73
Réactif en excès, p. 81
Réactif limitant, p. 81
Réaction chimique, p. 72
Rendement réel, p. 84
Rendement théorique, p. 83
Stœchiométrie, p. 77
Unité de masse atomique (u), p. 58

QUESTIONS ET PROBLÈMES

LA MASSE ATOMIQUE ET LE NOMBRE D'AVOGADRO

Questions de révision

3.1 Qu'est-ce qu'une unité de masse atomique?

3.2 Quelle est la masse (en u) d'un atome de carbone 12?

3.3 En vérifiant la masse atomique du carbone, on observe que sa valeur est de 12,01 u au lieu de 12,00 u, telle que définie. Pourquoi?

3.4 Définissez le terme «mole». Donnez des exemples d'entités qui peuvent être calculées en moles? Qu'ont en commun la mole, la paire, la douzaine et la grosse?

3.5 Que représente le nombre d'Avogadro?

3.6 Définissez «masse molaire». Quelles sont les unités habituellement utilisées pour la masse molaire?

3.7 Calculez la charge (en coulombs) et la masse (en grammes) de une mole d'électrons.

3.8 Expliquez clairement ce que signifie l'énoncé: «La masse atomique de l'or est de 197,0 u.»

Problèmes

3.9 Les masses atomiques de $^{35}_{17}Cl$ (75,53 %) et de $^{37}_{17}Cl$ (24,47 %) sont respectivement de 34,968 u et de 36,956 u. Calculez la masse atomique moyenne du chlore. Les pourcentages entre parenthèses indiquent les abondances relatives.

3.10 Les masses atomiques de $^{6}_{3}Li$ et de $^{7}_{3}Li$ sont respectivement de 6,0151 u et de 7,0160 u. Calculez les abondances relatives de ces deux isotopes sachant que la masse atomique moyenne de Li est de 6,941 u.

3.11 La population de la Terre est d'environ 5,5 milliards d'humains. Supposons que toutes ces personnes comptent des particules identiques à une vitesse de deux particules par seconde. Combien d'années leur faudra-t-il pour compter $6,0 \times 10^{23}$ particules? Considérez qu'il y a 365 jours par année.

3.12 L'épaisseur d'une feuille de papier est de 0,0091 cm. Imaginez un livre qui a un nombre d'Avogadro de pages. Calculez l'épaisseur de ce livre en années-lumière. (*Note:* Une année lumière correspond à la distance parcourue par la lumière en une année, soit $9,46 \times 10^{12}$ km)

3.13 Quelle masse en grammes équivaut à 13,2 u?

3.14 Quelle masse en unités de masse atomique équivaut à 8,4 g?

3.15 Combien y a-t-il d'atomes dans 5,10 moles de soufre (S)?

3.16 Combien y a-t-il de moles dans $6,00 \times 10^9$ (six milliards) atomes de cobalt (Co)?

3,17 Combien y a-t-il de moles d'atomes dans 77,4 g de calcium (Ca)?

3.18 Quelle est la masse en grammes de 15,3 moles d'or (Au)?

3.19 Quelle est la masse en grammes d'un seul atome de chacun des éléments suivants? a) Hg; b) Ne.

3.20 Quelle est la masse en grammes d'un seul atome de chacun des éléments suivants? a) As; b) Ni.

3.21 Quelle est la masse en grammes de $1,00 \times 10^{12}$ atomes de plomb (Pb)?

3.22 Combien y a-t-il d'atomes dans 3,14 g de cuivre (Cu)?

3.23 Lequel des échantillons suivants contient le plus d'atomes: 1,10 g d'hydrogène ou 14,7 g de chrome?

3.24 Laquelle des quantités suivantes a la masse la plus élevée: 2 atomes de plomb ou $5,1 \times 10^{-23}$ mole d'hélium?

LA MASSE MOLÉCULAIRE

Problèmes

3.25 Calculez la masse moléculaire (u) de chacune des substances suivantes: a) CH_4; b) H_2O; c) H_2O_2; d) C_6H_6; e) PCl_5.

3.26 Calculez la masse molaire des substances suivantes: a) S_8; b) CS_2; c) $CHCl_3$ (chloroforme); d) $C_6H_8O_6$ (acide ascorbique, ou vitamine C).

3.27 Calculez la masse molaire d'un composé si 0,372 mole de ce composé a une masse de 152 g.

3.28 Combien de moles y a-t-il dans 0,334 g d'éthane (C_2H_6)?

3.29 Calculez les nombres d'atomes C, H et O contenus dans 1,50 g de glucose ($C_6H_{12}O_6$), un glucide.

3.30 L'urée [$(NH_2)_2CO$] est un composé utilisé comme engrais. Calculez les nombres d'atomes N, C, O et H contenus dans $1,68 \times 10^4$ g d'urée.

3.31 Les phéromones sont des composés sécrétés par les femelles de nombreuses espèces d'insectes; elles ont pour effet d'attirer les mâles pour l'accouplement. L'une d'entre elles a comme formule moléculaire $C_{19}H_{38}O$. Normalement, la quantité de cette phéromone sécrétée par un insecte femelle est d'environ $1,0 \times 10^{-12}$ g. Combien y a-t-il de molécules dans cette quantité?

3.32 La masse volumique de l'eau à 4 °C est de 1,00 g/mL. Combien de molécules sont contenues dans 2,56 mL d'eau à cette température?

LA SPECTROMÉTRIE DE MASSE

Questions de révision

3.33 Décrivez le fonctionnement d'un spectromètre de masse.

3.34 Décrivez comment vous détermineriez les abondances relatives des isotopes d'un élément d'après son spectre de masse.

Problèmes

3.35 Le carbone a deux isotopes stables, ${}^{12}_{6}C$ et ${}^{13}_{6}C$; le fluor n'en a qu'un, ${}^{19}_{9}F$. Combien de pics observeriez-vous dans le spectre de masse de l'ion positif CF_4^+? Supposez que l'ion ne se fragmente pas en unités plus petites.

3.36 L'hydrogène a deux isotopes stables, ${}^{1}_{1}H$ et ${}^{2}_{1}H$; le soufre en a quatre, ${}^{32}_{16}S$, ${}^{33}_{16}S$, ${}^{34}_{16}S$ et ${}^{36}_{16}S$. Combien de pics observeriez-vous dans le spectre de masse de l'ion positif de sulfure d'hydrogène, H_2S^+? Supposez que l'ion ne se fragmente pas en unités plus petites.

LA COMPOSITION CENTÉSIMALE ET LES FORMULES CHIMIQUES

Questions de révision

3.37 Définissez l'expression «composition centésimale d'un composé».

3.38 Dites comment la connaissance de la composition centésimale d'un composé inconnu, mais de pureté élevée, aide à établir la nature de ce composé.

3.39 Que signifie le terme «empirique» dans l'expression «formule empirique»?

3.40 Si l'on connaît la formule empirique d'un composé, de quel autre renseignement a-t-on besoin pour déterminer sa formule moléculaire?

Problèmes

3.41 L'étain (Sn) est présent dans l'écorce terrestre sous forme de SnO_2. Calculez la composition centésimale du SnO_2.

3.42 Le sodium, membre de la famille des métaux alcalins (groupe IA), est très réactif; il ne se retrouve donc jamais dans la nature sous forme d'élément: il forme des composés ioniques avec les halogènes (groupe VIIA). Calculez la composition centésimale de chacun des composés suivants: a) NaF, b) NaCl, c) NaBr, d) NaI.

3.43 Durant de nombreuses années, le chloroforme ($CHCl_3$), un composé organique, a été utilisé comme gaz anesthésiant bien qu'il s'agisse d'une substance toxique pouvant provoquer des dommages graves au foie, aux reins et au cœur. Calculez la composition centésimale de ce composé.

3.44 L'allicine est le composé responsable de l'odeur particulière de l'ail. Une analyse élémentaire de ce composé donne les pourcentages massiques suivants: 44,4 % de C; 6,21 % de H; 39,5 % de S et 9,86 % de O. Déterminez sa formule empirique. Quelle est sa formule moléculaire si sa masse molaire est d'environ 162 g?

3.45 L'alcool cinnamylique est utilisé principalement en parfumerie, notamment pour les savons et les produits de beauté. Sa formule moléculaire est $C_9H_{10}O$. a) Calculez la composition centésimale de ce composé. b) Combien de molécules sont contenues dans un échantillon de 0,469 g d'alcool cinnamylique?

3.46 Toutes les substances énumérées ci-dessous sont des engrais qui fournissent de l'azote à la terre. Laquelle d'entre elles constitue la source la plus riche en azote selon sa composition centésimale?

a) Urée, $(NH_2)_2CO$
b) Nitrate d'ammonium, NH_4NO_3
c) Guanidine, $HNC(NH_2)_2$
d) Ammoniac, NH_3

3.47 La rouille peut être représentée par la formule Fe_2O_3. Combien de moles de Fe sont contenues dans 24,6 g de ce composé?

3.48 Quelle masse (en grammes) de soufre (S) faut-il faire réagir avec 246 g de mercure (Hg) pour former HgS?

3.49 Calculez la masse (en grammes) d'iode (I_2) qui réagira complètement avec 20,4 g d'aluminium (Al) pour former de l'iodure d'aluminium (AlI_3).

3.50 Le fluorure d'étain(II) (SnF_2) est souvent ajouté au dentifrice pour prévenir la carie dentaire. Quelle est la masse en grammes de F dans 24,6 g de ce composé?

3.51 Quelles sont les formules empiriques des composés ayant les compositions centésimales suivantes? a) 2,1 % de H, 65,3 % de O, 32,6 % de S; b) 20,2 % de Al, 79,8 % de Cl; c) 40,1 % de C, 6,6 % de H, 53,3 % de O; d) 18,4 % de C, 21,5 % de N, 60,1 % de K.

3.52 Le nitrate de peroxyacétyle (PAN) est un des constituants du *smog*. Il est composé de C, de H, de N et de O. Déterminez le pourcentage massique de l'oxygène et la formule empirique de ce composé si les pourcentages massiques des autres éléments sont: 19,8 % de C; 2,50 % de H; 11,6 % de N.

3.53 La masse molaire de la caféine est de 194,19 g. Est-ce que sa formule moléculaire est $C_4H_5N_2O$ ou $C_8H_{10}N_4O_2$?

3.54 Certains croient que le glutamate de sodium, un ingrédient qui relève le goût des aliments, est la cause du «syndrome du restaurant chinois», dont les symptômes sont des maux de tête et de poitrine. L'analyse élémentaire donne: 35,51 % de C; 4,77 % de H; 37,85 % de O; 8,29 % de N; et 13,60 % de Na. Quelle est sa formule moléculaire si sa masse molaire est de 169 g?

LES RÉACTIONS CHIMIQUES ET LES ÉQUATIONS CHIMIQUES

Questions de révision

3.55 Définissez les termes suivants: réaction chimique, réactif, produit.

3.56 Quelle est la différence entre une réaction chimique et une équation chimique?

3.57 Pourquoi une équation chimique doit-elle être équilibrée? À quelle loi se conforme-t-on quand on équilibre une équation chimique?

3.58 Donnez les symboles qui représentent les états gazeux, liquide et solide, ainsi que la phase aqueuse dans une équation chimique.

Problèmes

3.59 Équilibrez les équations suivantes selon la méthode expliquée à la section 3.7:

a) $C + O_2 \rightarrow CO$
b) $CO + O_2 \rightarrow CO_2$
c) $H_2 + Br_2 \rightarrow HBr$
d) $K + H_2O \rightarrow KOH + H_2$
e) $Mg + O_2 \rightarrow MgO$
f) $O_3 \rightarrow O_2$
g) $H_2O_2 \rightarrow H_2O + O_2$
h) $N_2 + H_2 \rightarrow NH_3$
i) $Zn + AgCl \rightarrow ZnCl_2 + Ag$
j) $S_8 + O_2 \rightarrow SO_2$

3.60 Équilibrez les équations suivantes selon la méthode expliquée à la section 3.7:

a) $KClO_3 \rightarrow KCl + O_2$
b) $KNO_3 \rightarrow KNO_2 + O_2$
c) $NH_4NO_3 \rightarrow N_2O + H_2O$
d) $NH_4NO_2 \rightarrow N_2 + H_2O$
e) $NaHCO_3 \rightarrow Na_2CO_3 + H_2O + CO_2$
f) $P_4O_{10} + H_2O \rightarrow H_3PO_4$
g) $HCl + CaCO_3 \rightarrow CaCl_2 + H_2O + CO_2$
h) $Al + H_2SO_4 \rightarrow Al_2(SO_4)_3 + H_2$
i) $CO_2 + KOH \rightarrow K_2CO_3 + H_2O$
j) $CH_4 + O_2 \rightarrow CO_2 + H_2O$

LES CALCULS DES QUANTITÉS DE RÉACTIFS ET DE PRODUITS

Questions de révision

3.61 Définissez les termes suivants: stœchiométrie, quantité stœchiométrique, réactif limitant, réactif en excès, rendement théorique, rendement réel, pourcentage de rendement.

3.62 Sur quelle loi s'appuie la stœchiométrie?

3.63 Décrivez les étapes de base de la méthode des moles.

3.64 Pourquoi est-il essentiel d'utiliser des équations équilibrées dans la résolution des problèmes de stœchiométrie?

Problèmes

3.65 Soit la combustion du monoxyde de carbone (CO) dans de l'oxygène gazeux:

$$2CO(g) + O_2(g) \longrightarrow 2CO_2(g)$$

Avec 3,60 moles de CO, calculez le nombre de moles de CO_2 produites s'il y a assez d'oxygène gazeux pour réagir avec tout le CO.

3.66 On peut obtenir du tétrachlorure de silicium ($SiCl_4$) en chauffant du silicium (Si) dans du chlore gazeux:

$$Si(s) + 2Cl_2(g) \longrightarrow SiCl_4(l)$$

S'il y a production de 0,507 mole de $SiCl_4$, combien de moles de molécules de chlore ont été utilisées?

3.67 La production annuelle de dioxyde de soufre venant de la combustion de charbon et de combustibles fossiles, des tuyaux d'échappement des voitures et d'autres sources est d'environ 26 millions de tonnes. L'équation de la réaction est

$$S(s) + O_2(g) \longrightarrow SO_2(g)$$

Quelle quantité totale de soufre (en tonnes) faut-il dans les substances de départ pour qu'une telle quantité de SO_2 soit produite?

3.68 Quand le bicarbonate de sodium (ou hydrogénocarbonate de sodium, $NaHCO_3$) est chauffé, il libère du dioxyde de carbone gazeux, qui fait gonfler les biscuits, les beignets et le pain. a) Écrivez l'équation équilibrée de la décomposition de ce composé (l'un des produits est Na_2CO_3). b) Calculez la masse de $NaHCO_3$ requise pour obtenir 20,5 g de CO_2.

3.69 Quand le cyanure de potassium (KCN) réagit avec les acides, le cyanure d'hydrogène (HCN), un gaz mortel, est libéré. L'équation suivante en est un exemple:

$$KCN(aq) + HCl(aq) \longrightarrow KCl(aq) + HCN(g)$$

Si un échantillon de 0,140 g de KCN réagit avec du HCl en excès, calculez la masse en grammes de HCN formée.

3.70 La fermentation est un processus chimique complexe qui joue un rôle dans la fabrication du vin; le glucose y est converti en éthanol et en dioxyde de carbone:

$$\underset{\text{glucose}}{C_6H_{12}O_6} \longrightarrow \underset{\text{éthanol}}{2C_2H_5OH} + 2CO_2$$

Avec 500,4 g de glucose, quelle quantité maximum d'éthanol, en grammes et en litres, peut produire cette réaction? (Masse volumique de l'éthanol = 0,789 g/mL)

3.71 Dans le pentahydrate de sulfate de cuivre(II) cristallisé ($CuSO_4 \cdot 5H_2O$), chaque unité formulaire de sulfate de cuivre(II) est associée à cinq molécules d'eau. Quand ce composé est chauffé dans l'air à une température supérieure à 100 °C, il perd ses molécules d'eau et sa couleur bleue:

$$CuSO_4 \cdot 5H_2O \longrightarrow CuSO_4 + 5H_2O.$$

S'il reste 9,60 g de $CuSO_4$ après qu'on a chauffé 15,01 g du composé bleu, calculez le nombre de moles de H_2O présentes dans le composé initial.

3.72 Durant de nombreuses années, l'une des étapes du procédé utilisé pour obtenir de l'or pur consistait à traiter le minerai au cyanure de potassium:

$$4Au + 8KCN + O_2 + 2H_2O \longrightarrow 4KAu(CN)_2 + 4KOH$$

Quel est le nombre minimum de moles de KCN requis pour extraire 29,0 g d'or?

3.73 Le calcaire ($CaCO_3$) est décomposé par la chaleur en chaux (CaO) et en dioxyde de carbone (CO_2). Calculez la quantité de chaux (en grammes) que peut produire 1,0 kg de calcaire.

3.74 L'oxyde de diazote (N_2O), appelé gaz hilarant, peut être obtenu par la décomposition thermique (chauffage) du nitrate d'ammonium (NH_4NO_3). L'autre produit est H_2O. a) Écrivez l'équation équilibrée de cette réaction. b) Quelle masse en grammes de N_2O est formée si 0,46 mole de NH_4NO_3 est utilisée dans cette réaction?

3.75 Le sulfate d'ammonium [$(NH_4)_2SO_4$] est un engrais obtenu par réaction de l'ammoniac (NH_3) avec l'acide sulfurique:

$$2NH_3(g) + H_2SO_4(aq) \longrightarrow (NH_4)_2SO_4(aq)$$

Quelle masse de NH_3, en kilogrammes, est nécessaire à la production de $1,00 \times 10^5$ kg de $(NH_4)_2SO_4$?

3.76 La préparation d'oxygène gazeux par décomposition thermique du chlorate de potassium ($KClO_3$) est un procédé de laboratoire courant. Quelle quantité en grammes de O_2 gazeux obtiendrait-on après une décomposition complète de 46,0 g de $KClO_3$? (Les produits sont KCl et O_2.)

LES RÉACTIFS LIMITANTS

Questions de révision

3.77 Définissez les expressions «réactif limitant» et «réactif en excès». Quelle est l'importance du réactif limitant dans la prévision de la quantité de produit obtenue dans une réaction?

3.78 Donnez un exemple tiré de la vie de tous les jours qui illustre le concept de réactif limitant.

Problèmes

3.79 Le monoxyde d'azote (NO) réagit instantanément avec l'oxygène gazeux pour former du dioxyde d'azote (NO_2), un gaz brun foncé:

$$2NO(g) + O_2(g) \longrightarrow 2NO_2(g)$$

Dans une expérience, 0,886 mole de NO est mélangée avec 0,503 mole de O_2. Déterminez lequel des deux réactifs est limitant. Calculez le nombre de moles de NO_2 produites.

3.80 Depuis quelques années, la diminution de la couche d'ozone (O_3) dans la stratosphère préoccupe beaucoup les scientifiques. On croit que l'ozone peut réagir avec le monoxyde d'azote (NO) qui s'échappe des avions à réaction volant à très haute altitude. La réaction est

$$O_3 + NO \longrightarrow O_2 + NO_2$$

Si 0,740 g de O_3 réagit avec 0,670 g de NO, quelle masse en grammes de NO_2 sera produite? Quel est le réactif limitant? Calculez le nombre de moles du réactif en excès qui restent après la réaction.

3.81 Le propane (C_3H_8) est un constituant du gaz naturel qui est utilisé pour la cuisson et le chauffage domestique. a) Équilibrez l'équation suivante, qui représente la combustion du propane dans l'air:

$$C_3H_8 + O_2 \longrightarrow CO_2 + H_2O$$

b) Quelle masse en grammes de dioxyde de carbone peut être produite par la combustion de 3,65 moles de propane? Supposez que l'oxygène est le réactif en excès.

3.82 Soit la réaction suivante:

$$MnO_2 + 4HCl \longrightarrow MnCl_2 + Cl_2 + 2H_2O$$

Si 0,86 mole de MnO_2 et 48,2 g de HCl réagissent ensemble, lequel de ces deux réactifs sera épuisé le premier? Quelle masse en grammes de Cl_2 sera produite?

LE RENDEMENT DES RÉACTIONS

Questions de révision

3.83 Pourquoi le rendement d'une réaction n'est-il déterminé que par la quantité du réactif limitant?

3.84 Pourquoi le rendement réel d'une réaction est-il presque toujours inférieur au rendement théorique?

Problèmes

3.85 Le fluorure d'hydrogène est utilisé dans la fabrication des fréons (gaz qui détruisent la couche d'ozone) et dans la production de l'aluminium. Il est obtenu par la réaction suivante:

$$CaF_2 + H_2SO_4 \longrightarrow CaSO_4 + 2HF$$

Si on fait réagir 6,00 kg de CaF_2 avec du H_2SO_4 en excès pour former 2,86 kg de HF, quel est le pourcentage de rendement de la réaction?

3.86 La nitroglycérine ($C_3H_5N_3O_9$) est un puissant explosif. Sa décomposition peut être représentée ainsi:

$$4C_3H_5N_3O_9 \longrightarrow 6N_2 + 12CO_2 + 10H_2O + O_2$$

Cette réaction génère une grande quantité de chaleur et beaucoup de produits gazeux. C'est la formation soudaine de ces gaz, accompagnée de leur expansion rapide, qui produit l'explosion. a) Quelle est la masse maximum de O_2, en grammes, que l'on peut obtenir à partir de $2,00 \times 10^2$ g de nitroglycérine? b) Calculez le pourcentage de rendement de cette réaction si la quantité de O_2 formée est de 6,55 g.

3.87 L'oxyde de titane(IV) (TiO_2) est une substance blanche obtenue par l'action de l'acide sulfurique sur l'ilménite ($FeTiO_3$):

$$FeTiO_3 + H_2SO_4 \longrightarrow TiO_2 + FeSO_4 + H_2O$$

Son opacité et sa non-toxicité permettent de l'utiliser comme pigment dans les plastiques et les peintures. Si $8,00 \times 10^3$ kg de $FeTiO_3$ produisent $3,67 \times 10^3$ kg de TiO_2, quel est le pourcentage de rendement de la réaction?

3.88 L'éthylène (C_2H_4), un composé organique industriel important, peut être obtenu en chauffant de l'hexane (C_6H_{14}) à 800 °C:

$$C_6H_{14} \longrightarrow C_2H_4 + \text{d'autres produits}$$

Si le pourcentage de rendement de la production d'éthylène est de 42,5 %, quelle est la masse d'hexane nécessaire pour produire 481 g d'éthylène?

PROBLÈMES VARIÉS

3.89 La masse atomique d'un élément X est de 33,42 u. Si 27,22 g de cet élément réagissent avec 84,10 g de l'élément Y pour former le composé XY, quelle est la masse atomique de Y?

3.90 Combien de moles de O se combinent avec 0,212 mole de C pour former a) CO et b) CO_2?

3.91 Un chercheur utilise un spectromètre de masse pour étudier les deux isotopes d'un élément. Avec le temps, il accumule une certaine quantité de spectres de masse de ces isotopes. À l'analyse, il remarque que le rapport entre le pic le plus haut (l'isotope le plus abondant) et le pic le plus bas (l'isotope le moins abondant) augmente graduellement avec le temps. En supposant que le spectromètre de masse fonctionne normalement, quelle peut être, d'après vous, la cause de cette augmentation?

3.92 Le pourcentage massique de Al dans l'hydrate de sulfate d'aluminium [$Al_2(SO_4)_3 \cdot xH_2O$] est de 8,20 %. Calculez *x*, c'est-à-dire le nombre de molécules d'eau associées à chaque unité de $Al_2(SO_4)_3$.

3.93 Le gaz moutarde ($C_4H_8Cl_2S$), un gaz toxique, a été utilisé durant la Première Guerre mondiale et interdit par la suite. Il cause la destruction des tissus organiques, et il n'existe pas d'antidote efficace. Calculez la composition centésimale de ce composé.

3.94 Le carat est une unité de masse utilisée en joaillerie; un carat vaut exactement 200 mg. Combien d'atomes de carbone sont présents dans un diamant de 24 carats?

3.95 On laisse une barre de fer de 664 g exposée à l'air humide pendant un mois. On observe alors que un huitième du fer est devenu de la rouille (Fe_2O_3). Calculez la masse finale de la barre de fer rouillée (fer + rouille).

3.96 Un certain oxyde métallique a pour formule MO. Un échantillon de 39,46 g de ce composé est fortement chauffé dans une atmosphère d'hydrogène pour en retirer l'oxygène et former de l'eau. Après la réaction, il reste 31,70 g du métal M. Si O a une masse atomique de 16,00 u, calculez la masse atomique de M et identifiez cet élément.

3.97 Un échantillon impur de zinc (Zn) est traité avec de l'acide sulfurique (H_2SO_4) en excès pour former du sulfate de zinc ($ZnSO_4$) et de l'hydrogène gazeux (H_2). a) Écrivez l'équation équilibrée de cette réaction. b) Si 0,0764 g de H_2 est obtenu de 3,86 g de cet échantillon, calculez le pourcentage de pureté de l'échantillon. c) Quelle hypothèse devez-vous faire en b)?

3.98 Une des réactions qui se produisent dans un haut fourneau, où le minerai de fer est converti en fer fondu, est

$$Fe_2O_3 + 3CO \longrightarrow 2Fe + 3CO_2.$$

Supposons que $1,64 \times 10^3$ kg de Fe sont obtenus d'un échantillon de $2,62 \times 10^3$ kg de Fe_2O_3 et que la réaction a été complète. Quelle est le pourcentage de pureté de Fe_2O_3 dans l'échantillon original?

3.99 Le dioxyde de carbone (CO_2) est le gaz qui est principalement responsable du réchauffement de la planète (appelé effet de serre). La combustion des combustibles fossiles est la principale cause de l'augmentation de la concentration de CO_2 dans l'atmosphère. Le dioxyde de carbone est aussi un produit final du métabolisme (*exemple 3.14*). En utilisant le glucose comme exemple de nourriture, calculez la production annuelle de CO_2 en grammes, en supposant que chaque personne consomme $5,0 \times 10^2$ g de glucose par jour. Considérons que la population mondiale est de 5,5 milliards d'habitants et qu'il y a 365 jours dans une année.

3.100 Les glucides sont des composés qui contiennent du carbone, de l'hydrogène et de l'oxygène; le rapport entre l'hydrogène et l'oxygène y est de 2 : 1. Dans un certain glucide, le pourcentage massique de C est de 40 %. Déterminez les formules empirique et moléculaire de ce composé si sa masse molaire approximative est de 178 g.

Réponses aux exercices: **3.1** 10,81 u; **3.2** a) 6,44 g de He, b) 0,0130 mol de Mg; **3.3** $2,107 \times 10^{-22}$ g; **3.4** $8,49 \times 10^{21}$ atomes K; **3.5** 32,04 u; **3.6** 1,66 mole; **3.7** $5,81 \times 10^{24}$ atomes H; **3.8** 2,055 % de H, 32,69 % de S, 65,25 % de O; **3.9** $KMnO_4$ (permanganate de potassium); **3.10** 196 g; **3.11** B_2H_6; **3.12** $Fe_2O_3 + 3CO \longrightarrow 2Fe + 3CO_2$; **3.13** a) 0,508 mole, b) 2,21 g; **3.14** 235 g; **3.15** a) 234 g, b) 234 g; **3.16** a) 863 g, b) 93,0 %.

CHAPITRE 4

LES RÉACTIONS EN MILIEU AQUEUX

4.1
Les propriétés générales des solutions aqueuses
Les électrolytes et les non-électrolytes

4.2
Les réactions de précipitation
La solubilité • Les équations moléculaires et les équations ioniques

4.3
Les réactions acido-basiques
Les propriétés générales des acides et des bases • Les acides et les bases de Brønsted • Les réactions de neutralisation

4.4
Les réactions d'oxydoréduction
Les nombres d'oxydation • La série d'activité

4.5
La concentration des solutions et la dilution
La concentration des solutions • La dilution des solutions

4.6
La stœchiométrie en chimie des solutions
L'analyse gravimétrique • Les titrages acido-basiques

Une mèche de cheveux de Napoléon.

Après sa défaite à Waterloo en 1815, Napoléon fut déporté à l'île Sainte-Hélène, une petite île de l'Atlantique, où il passa les six dernières années de sa vie. L'analyse d'une mèche de ses cheveux, effectuée dans les années soixante, révéla une forte concentration d'arsenic: on émit alors l'hypothèse que Napoléon avait pu être empoisonné, soit par le gouverneur de Sainte-Hélène, avec qui Napoléon ne s'entendait pas, soit par la famille royale française, qui voulait empêcher le retour de l'ex-empereur en France.

L'arsenic pur n'est pas très dangereux. Le poison auquel on fait référence quand on parle d'arsenic est en fait l'oxyde d'arsenic(III), As_2O_3. Ce composé blanc est soluble dans l'eau, ne goûte rien et est difficile à détecter s'il est administré sur une longue période. On en ajoutait jadis au vin du grand-père pour pouvoir toucher plus rapidement sa part d'héritage!

En 1832, le chimiste anglais James Marsh mit au point une méthode, qui porte maintenant son nom, permettant de détecter l'arsenic. Dans la méthode de Marsh, l'hydrogène, obtenu par la réaction du zinc avec l'acide sulfurique, est mis en présence d'un échantillon du présumé poison. Si ce dernier contient bel et bien de l'oxyde d'arsenic(III), il y a formation avec l'hydrogène d'un gaz toxique, l'arsine (AsH_3). Quand l'arsine est chauffée, elle se décompose en arsenic, qui se distingue par son lustre métallique. Cette méthode de dépistage est suffisante pour dissuader qui que ce soit qui veut recourir au As_2O_3 pour tuer quelqu'un… Cependant, elle fut inventée trop tard pour Napoléon — en supposant évidemment qu'il a effectivement été victime d'un empoisonnement.

On a émis des doutes sur cette hypothèse de l'empoisonnement au début des années quatre-vingt-dix quand on a trouvé des traces d'arsénite de cuivre, un pigment vert utilisé couramment à l'époque de Napoléon, dans un échantillon venant du papier peint de son salon. On pense que le climat humide aurait favorisé le développement de moisissures sur le papier peint. Les moisissures auraient métabolisé l'arsenic sous forme d'un composé volatil, le triméthylarsine, $(CH_3)_3As$. Une exposition prolongée à la vapeur de ce composé volatil et très toxique aurait pu ruiner la santé de Napoléon et pourrait expliquer la présence d'arsenic dans son organisme, sans que cela ait été la principale cause de sa mort. Cette théorie intéressante est étayée par le fait que les invités réguliers de Napoléon souffraient de dérèglements gastro-intestinaux et présentaient d'autres symptômes reliés à l'empoisonnement à l'arsenic, et que leur santé s'améliorait quand ils passaient de longues heures à travailler dans le jardin, leur principal passe-temps sur l'île.

Nous ne saurons sans doute jamais si Napoléon a été victime d'un empoisonnement à l'arsenic, intentionnel ou accidentel, mais ce type d'enquête historique est un exemple fascinant de l'utilisation de l'analyse chimique. Celle-ci joue un rôle essentiel dans bon nombre de domaines, autant en recherche fondamentale que dans des applications pratiques comme le contrôle de la qualité des biens de consommation, les diagnostics médicaux et la médecine légale.

4.1 LES PROPRIÉTÉS GÉNÉRALES DES SOLUTIONS AQUEUSES

Beaucoup de réactions chimiques et presque tous les processus biologiques ont lieu en milieu aqueux. C'est pourquoi il est important de comprendre les propriétés de différentes substances en solution dans l'eau. D'abord, qu'est-ce qu'une solution? Une ***solution*** est un *mélange homogène de deux substances ou plus*. La *substance présente en moins grande quantité* s'appelle **soluté,** tandis que la *substance présente en plus grande quantité* est le **solvant.** Une solution peut être gazeuse (comme l'air), solide (comme un alliage) ou liquide (comme l'eau de mer). Cette section n'abordera que les ***solutions aqueuses,*** c'est-à-dire celles dans lesquelles le *soluté est, au départ, un liquide ou un solide, et le solvant est l'eau*.

LES ÉLECTROLYTES ET LES NON-ÉLECTROLYTES

Tous les solutés dissous dans l'eau entrent dans deux catégories: les électrolytes et les non-électrolytes. Un ***électrolyte*** est une *substance qui, une fois dissoute dans l'eau, forme une solution conductrice de l'électricité;* un ***non-électrolyte,*** par contre, *forme dans l'eau une solution qui n'est pas conductrice d'électricité*. La figure 4.1 montre une méthode simple et directe pour distinguer les électrolytes et les non-électrolytes. Deux électrodes de platine sont plongées dans un bécher rempli d'eau. Pour que l'ampoule s'allume, il faut que le courant électrique passe d'une électrode à l'autre, formant ainsi le circuit. L'eau pure, qui ne contient que très peu d'ions, est un très mauvais conducteur; cependant, si l'on y ajoute une petite quantité de chlorure de sodium (NaCl), l'ampoule brille aussitôt que le sel est dissous. Le NaCl solide, un composé ionique, se brise en ions Na^+ et Cl^- en se dissolvant dans l'eau.

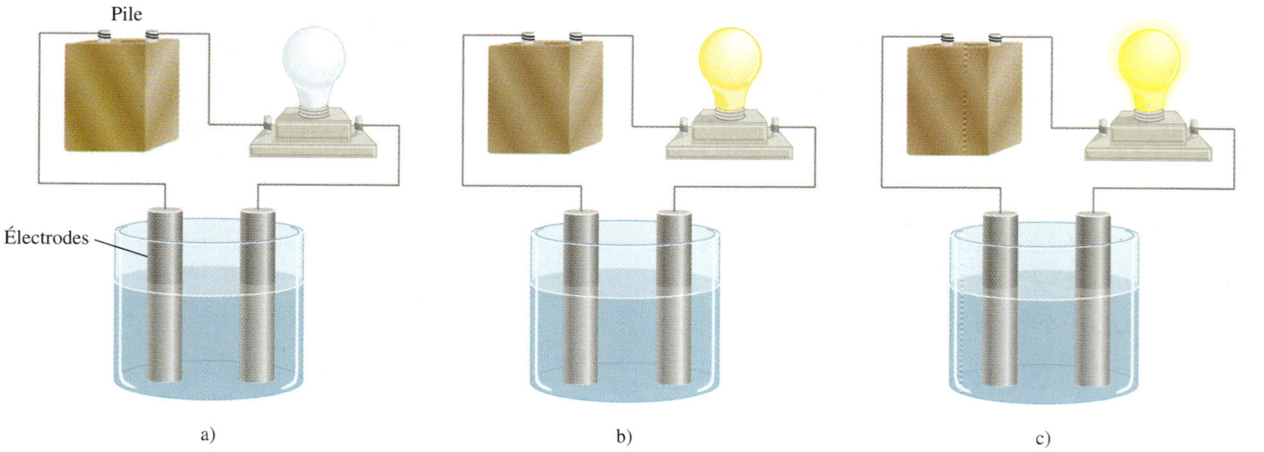

FIGURE 4.1

Comment distinguer un électrolyte d'un non-électrolyte. a) Une solution de non-électrolyte ne contient pas d'ions; l'ampoule ne s'allume pas. b) Une solution d'électrolyte faible contient peu d'ions; l'ampoule éclaire faiblement. c) Une solution d'électrolyte fort contient beaucoup d'ions; l'ampoule éclaire fortement.

TABLEAU 4.1
Classification des solutés en solution aqueuse

Électrolyte fort	Électrolyte faible	Non-électrolyte
HCl	CH_3COOH	$(NH_2)_2CO$ (urée)
HNO_3	HF	CH_3OH (méthanol)
$HClO_4$	HNO_2	C_2H_5OH (éthanol)
H_2SO_4*	NH_3	$C_6H_{12}O_6$ (glucose)
$NaOH$	H_2O†	$C_{12}H_{22}O_{11}$ (saccharose)
$Ba(OH)_2$		
Composés ioniques		

* H_2SO_4 a deux H ionisables.
† L'eau pure est un électrolyte très faible.

Les ions Na^+ sont alors attirés par l'électrode négative, et les ions Cl^- par l'électrode positive. Ce mouvement, équivalent au déplacement des électrons dans un fil métallique, crée un courant électrique. À cause de la conductibilité de la solution de NaCl, on dit que NaCl est un électrolyte.

La *même quantité molaire* de différentes substances permet à l'ampoule d'émettre une lumière dont l'intensité varie (*figure 4.1*): on peut ainsi différencier les électrolytes forts et les électrolytes faibles. Les électrolytes forts, une fois dissous dans l'eau, se dissocient en ions à 100 %. (Par *dissocier,* on veut dire que le composé se brise en cations et en anions.) Ainsi, on peut représenter la dissolution du chlorure de sodium dans l'eau de la façon suivante:

$$NaCl(s) \xrightarrow{H_2O} Na^+(aq) + Cl^-(aq)$$

Ce que l'équation dit, c'est que le chlorure de sodium qui entre dans la solution se dissocie entièrement en ions Na^+ et Cl^-.

Le tableau 4.1 donne des exemples d'électrolytes forts, d'électrolytes faibles et de non-électrolytes. Les composés ioniques, comme le chlorure de sodium, l'iodure de potassium (KI) et le nitrate de calcium $[Ca(NO_3)_2]$, sont des électrolytes forts. Il est intéressant de noter que les liquides corporels humains contiennent beaucoup d'électrolytes forts et faibles.

L'eau est un solvant très efficace pour les composés ioniques. Bien que la molécule d'eau soit électriquement neutre, elle possède des zones positives (les atomes H) et une zone négative (l'atome O): autrement dit, des pôles positifs et négatif; c'est pourquoi on la qualifie souvent de solvant *polaire*. Quand un composé ionique comme le chlorure de sodium se dissout dans l'eau, l'arrangement tridimensionnel des ions (réseau cristallin) du solide est

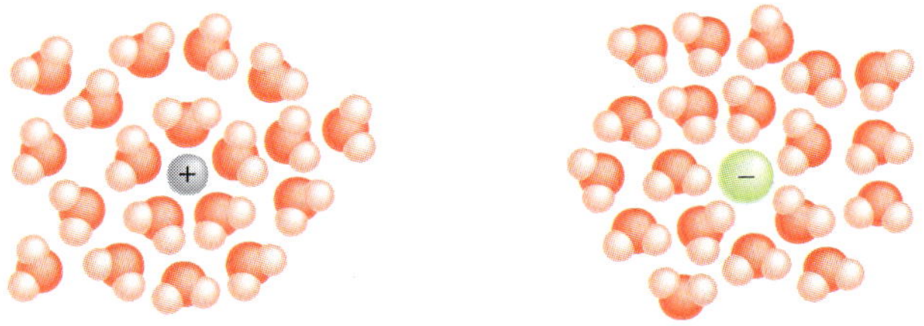

FIGURE 4.2
Hydratation des ions Na^+ et Cl^-.

détruit: les ions Na^+ et Cl^- sont séparés les uns des autres. Chaque ion Na^+ est alors entouré de nombreuses molécules d'eau orientant leur pôle négatif vers le cation. De même, chaque ion Cl^- est entouré de molécules d'eau qui orientent leurs pôles positifs vers l'anion (*figure 4.2*). On appelle ***hydratation*** le *processus par lequel des molécules d'eau sont disposées d'une manière particulière autour des ions*. L'hydratation permet la stabilisation des ions dans la solution et prévient la combinaison entre cations et anions.

Les acides et les bases sont également des électrolytes. Certains acides, dont l'acide chlorhydrique (HCl) et l'acide nitrique (HNO_3), sont des électrolytes forts. Ces acides s'ionisent complètement dans l'eau; par exemple, quand le chlorure d'hydrogène gazeux se dissout dans l'eau, il forme des ions H^+ et Cl^- hydratés:

$$HCl(g) \xrightarrow{H_2O} H^+(aq) + Cl^-(aq)$$

En d'autres termes, dans la solution, *toutes* les molécules HCl se sont ionisées en ions H^+ et Cl^- hydratés. Ainsi, quand on écrit HCl(*aq*), cela signifie que, dans la solution, il n'y a que des ions $H^+(aq)$ et $Cl^-(aq)$ et qu'il n'y a aucune molécule HCl hydratée. Par ailleurs, certains acides, dont l'acide acétique (CH_3COOH), que l'on trouve dans le vinaigre, s'ionisent beaucoup moins. L'ionisation de l'acide acétique est représentée de la façon suivante:

$$CH_3COOH(aq) \rightleftharpoons CH_3COO^-(aq) + H^+(aq)$$

Dans ce livre, nous utiliserons le terme «dissociation» pour les composés ioniques et «ionisation» pour les acides et les bases.

où CH_3COO^- est appelé ion acétate. En écrivant la formule de l'acide acétique de la façon suivante: CH_3COOH, on indique que l'hydrogène ionisable est dans le groupe $-COOH$.

Dans une équation, la double flèche $\rightleftharpoons$ indique que la **réaction** est ***réversible,*** c'est-à-dire qu'*elle peut s'effectuer dans les deux sens*. Au début, un certain nombre de molécules CH_3COOH s'ionisent pour former des ions CH_3COO^- et H^+. Avec le temps, certains des ions CH_3COO^- et H^+ se recombinent pour reformer des molécules CH_3COOH. Finalement, la réaction atteint un stade où les molécules d'acide s'ionisent à la même vitesse que celle à laquelle se recombinent les ions. On appelle ***équilibre chimique*** l'*état d'un système dans lequel aucune transformation nette n'est observée, mais où, au niveau moléculaire, il y a une activité continue*. Ainsi, l'acide acétique est un électrolyte faible parce que son ionisation dans l'eau est incomplète. Par contre, l'acide chlorhydrique forme en solution des ions H^+ et Cl^- qui n'ont pas tendance à se recombiner pour former des molécules HCl: une ionisation complète est représentée par une équation dont la flèche est simple.

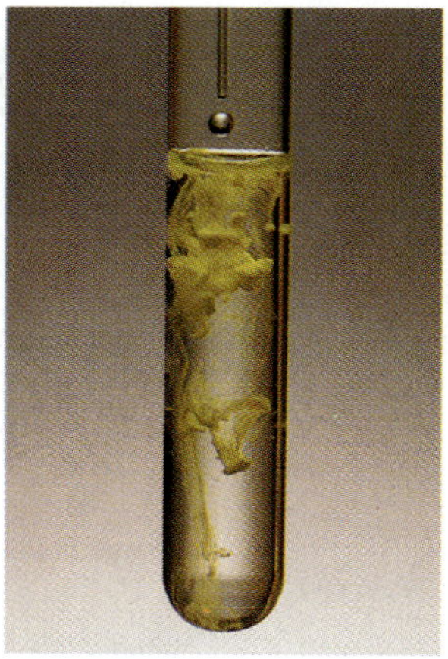

FIGURE 4.3

Formation d'un précipité jaune de PbI_2 à l'ajout d'une solution de $Pb(NO_3)_2$ à une solution de NaI.

4.2 LES RÉACTIONS DE PRÉCIPITATION

Après avoir vu les propriétés générales des solutions aqueuses, nous pouvons maintenant voir quelques réactions courantes et importantes qui ont lieu en milieu aqueux. Dans cette section, nous aborderons les ***réactions de précipitation,*** *caractérisées par la formation d'un produit insoluble, appelé* ***précipité.*** On appelle *précipité* un *solide insoluble qui se sépare de la solution*. Habituellement, les réactions de précipitation mettent en jeu des composés ioniques. Par exemple, quand une solution aqueuse de nitrate de plomb [$Pb(NO_3)_2$] est

TABLEAU 4.2
Caractéristiques de la solubilité des composés ioniques dans l'eau à 25 °C

1. Tous les composés de métaux alcalins (groupe IA) sont solubles.
2. Tous les composés d'ammonium (NH_4^+) sont solubles.
3. Tous les nitrates (NO_3^-), les chlorates (ClO_3^-) et les perchlorates (ClO_4^-) sont solubles.
4. La plupart des hydroxydes (OH^-) sont insolubles, sauf les hydroxydes de métaux alcalins et l'hydroxyde de baryum [$Ba(OH)_2$]. L'hydroxyde de calcium est légèrement soluble.
5. La plupart des chlorures (Cl^-), des bromures (Br^-) ou des iodures (I^-) sont solubles, sauf ceux qui sont formés d'ions Ag^+, Hg_2^{2+} ou Pb^{2+}.
6. Tous les carbonates (CO_3^{2-}), les phosphates (PO_4^{3-}) et les sulfures (S^{2-}) sont insolubles, sauf ceux des métaux alcalins et de l'ion ammonium.
7. La plupart des sulfates (SO_4^{2-}) sont solubles. Le sulfate de calcium ($CaSO_4$) et le sulfate d'argent (Ag_2SO_4) sont légèrement solubles. Le sulfate de baryum ($BaSO_4$), le sulfate de mercure(II) ($HgSO_4$) et le sulfate de plomb ($PbSO_4$) sont insolubles.

ajoutée à une solution d'iodure de sodium (NaI), il se forme un précipité jaune d'iodure de plomb (PbI_2) (*figure 4.3*):

$$Pb(NO_3)_2(aq) + 2NaI(aq) \longrightarrow PbI_2(s) + 2NaNO_3(aq)$$

La solubilité

Comment peut-on prévoir la formation d'un précipité quand deux solutions sont mélangées ou quand un composé est ajouté à une solution? Pour ce faire, il faut connaître la ***solubilité*** du soluté, c'est-à-dire la *quantité maximale du soluté qui se dissout dans une certaine quantité de solvant à une température donnée*. Tous les composés ioniques sont des électrolytes forts,

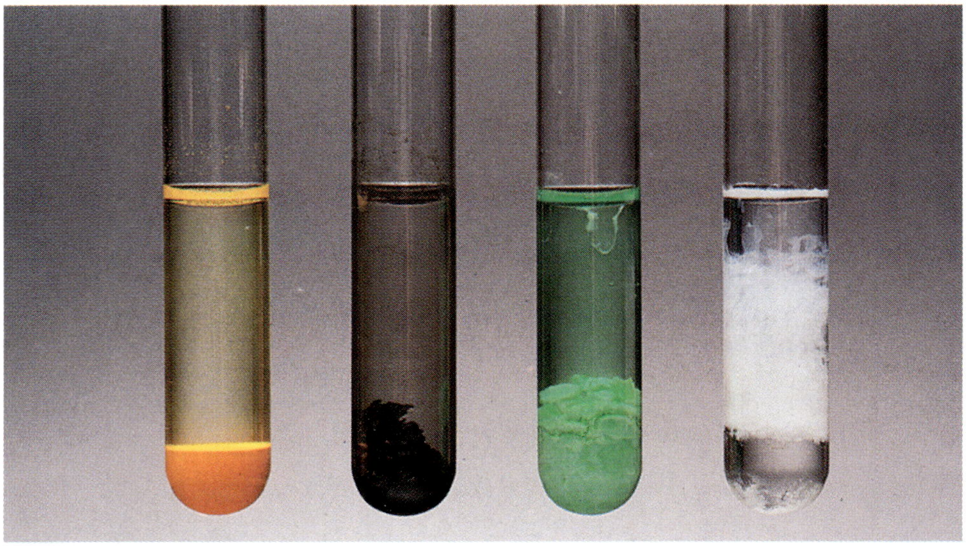

FIGURE 4.4
Quelques précipités. De gauche à droite: CdS, PbS, $Ni(OH)_2$, $Al(OH)_3$.

mais ils ne sont pas solubles au même degré. On les divise en trois catégories: les composés solubles, légèrement solubles et insolubles. Le tableau 4.2 donne des règles qui permettent de déterminer comment un composé donné se comportera dans un milieu aqueux. La figure 4.4 montre quelques substances insolubles.

EXEMPLE 4.1

La solubilité

Classez les composés suivants: sont-ils solubles, légèrement solubles ou insolubles? a) sulfate d'argent (Ag_2SO_4), b) carbonate de calcium ($CaCO_3$), c) phosphate de sodium (Na_3PO_4).

Réponse: a) Selon la règle 7 du tableau 4.2, Ag_2SO_4 est légèrement soluble. b) Selon la règle 6, $CaCO_3$ est insoluble. c) Le sodium est un métal alcalin (groupe IA); selon la règle 1, Na_3PO_4 est soluble.

EXERCICE

Dites si ces composés ioniques sont solubles, légèrement solubles ou insolubles: a) CuS, b) $Ca(OH)_2$, c) $Zn(NO_3)_2$.

LES ÉQUATIONS MOLÉCULAIRES ET LES ÉQUATIONS IONIQUES

L'équation qui décrit la précipitation de l'iodure de plomb à la page 97 est une ***équation moléculaire*** parce que les *formules des composés en jeu représentent toutes les espèces présentes sous forme de molécules ou d'unités complètes.* Ce type d'équation, qui indique la nature des réactifs (ici le nitrate de plomb et l'iodure de sodium), est nécessaire quand on veut effectuer la réaction. Cependant, une telle équation ne décrit pas ce qui se passe réellement au niveau des particules. Comme nous l'avons dit plus tôt, quand les composés ioniques se dissolvent dans l'eau, ils se dissocient complètement en anions et en cations. Pour être plus près de la réalité, les équations devraient donc représenter ici les ions produits lors de la dissolution. Ainsi, si nous reprenons la réaction entre l'iodure de sodium et le nitrate de plomb, nous devrions écrire

$$Pb^{2+}(aq) + 2NO_3^-(aq) + 2Na^+(aq) + 2I^-(aq) \longrightarrow PbI_2(s) + 2Na^+(aq) + 2NO_3^-(aq)$$

Une telle équation, qui *représente les composés ioniques sous forme d'ions libres,* est appelée ***équation ionique.*** Les *ions qui ne participent pas à la réaction,* comme les ions Na^+ et NO_3^-, sont appelés ***ions spectateurs.*** Étant donné que ces ions apparaissent des deux côtés de l'équation et y demeurent inchangés, on peut dire qu'ils s'éliminent. Pour porter notre attention sur les modifications qui ont réellement lieu, il est préférable d'écrire l'***équation ionique nette,*** qui est l'*équation qui n'indique que les espèces participant directement à la réaction:*

$$Pb^{2+}(aq) + 2I^-(aq) \longrightarrow PbI_2(s)$$

De même, quand une solution aqueuse de chlorure de baryum ($BaCl_2$) est ajoutée à une solution aqueuse de sulfate de sodium (Na_2SO_4), il se forme un précipité blanc de sulfate de baryum ($BaSO_4$) (*figure 4.5*):

$$BaCl_2(aq) + Na_2SO_4(aq) \longrightarrow BaSO_4(s) + 2NaCl(aq)$$

L'équation ionique de cette réaction est

$$Ba^{2+}(aq) + 2Cl^-(aq) + 2Na^+(aq) + SO_4^{2-}(aq) \longrightarrow BaSO_4(s) + 2Na^+(aq)\ 2Cl^-(aq)$$

L'élimination des ions spectateurs présents des deux côtés de l'équation donne l'équation ionique nette suivante:

$$Ba^{2+}(aq) + SO_4^{2-}(aq) \longrightarrow BaSO_4(s)$$

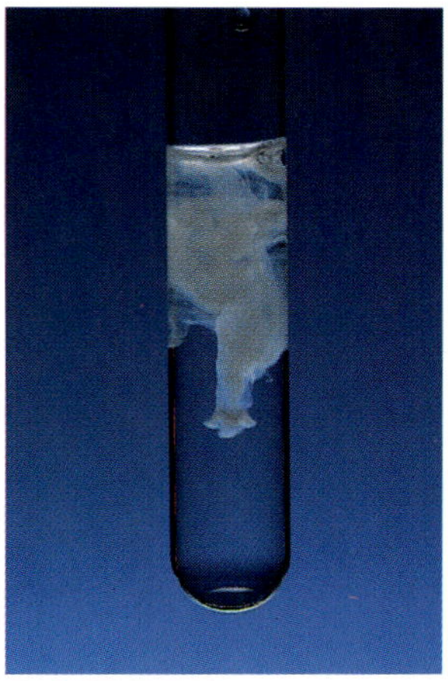

FIGURE 4.5

Formation d'un précipité de $BaSO_4$.

Voici les étapes à suivre pour obtenir les équations ioniques et les équations ioniques nettes.

- Écrire l'équation moléculaire équilibrée de la réaction.
- Réécrire l'équation pour qu'elle indique quelles substances sont présentes sous forme ionique dans la solution. Se souvenir que tous les électrolytes forts dissous sont complètement dissociés en cations et en anions. Cette étape donne l'équation ionique.
- Repérer et annuler les ions spectateurs présents des deux côtés de l'équation, ce qui donne l'équation ionique nette.

EXEMPLE 4.2

La solubilité et la prévision des produits de réactions en milieu aqueux

Dites quels seront les produits de la réaction suivante et donnez l'équation ionique nette de cette réaction:

$$K_3PO_4(aq) + Ca(NO_3)_2(aq) \longrightarrow ?$$

Réponse: Les deux réactifs sont des sels solubles, mais, selon la règle 6, les ions calcium (Ca^{2+}) et les ions phosphate (PO_4^{3-}) peuvent former un composé insoluble, le phosphate de calcium [$Ca_3(PO_4)_2$]. Il s'agit donc d'une réaction de précipitation. L'autre produit, le nitrate de potassium (KNO_3), est soluble et reste en solution. L'équation moléculaire est

$$2K_3PO_4(aq) + 3Ca(NO_3)_2(aq) \longrightarrow 6KNO_3(aq) + Ca_3(PO_4)_2(s)$$

et l'équation ionique est

$$6K^+(aq) + 2PO_4^{3-}(aq) + 3Ca^{2+}(aq) + 6NO_3^-(aq) \longrightarrow 6K^+(aq) + 6NO_3^-(aq) + Ca_3(PO_4)_2(s)$$

Après avoir éliminé les ions K^+ et NO_3^-, on obtient l'équation ionique nette suivante:

$$3Ca^{2+}(aq) + 2PO_4^{3-}(aq) \longrightarrow Ca_3(PO_4)_2(s)$$

Formation d'un précipité de $Ca_3(PO_4)_2$.

Notez que, parce que nous avons d'abord équilibré l'équation moléculaire, l'équation ionique est, elle aussi, équilibrée: le nombre d'atomes est égal de chaque côté et la somme des charges positives et négatives du côté gauche est égale à celle du côté droit.

EXERCICE

Dites quel précipité se formera au cours de la réaction suivante et donnez l'équation ionique nette de cette réaction:

$$Al(NO_3)_3(aq) + 3NaOH(aq) \longrightarrow ?$$

4.3 LES RÉACTIONS ACIDO-BASIQUES

Il existe des acides et des bases que l'on utilise couramment — par exemple l'aspirine et le lait de magnésie (ou magnésie hydratée) —, mais dont on ignore le nom chimique: l'aspirine est de l'acide acétylsalicylique, et le lait de magnésie de l'hydroxyde de magnésium. En plus de constituer les substances de base de nombreux produits médicinaux et domestiques, les acides et les bases jouent un rôle important dans certains procédés industriels et sont essentiels au bon fonctionnement des organismes vivants.

LES PROPRIÉTÉS GÉNÉRALES DES ACIDES ET DES BASES

À la section 2.7, nous avons défini un acide comme une substance qui s'ionise dans l'eau pour donner des ions H^+, et une base comme une substance qui s'ionise dans l'eau pour donner des ions OH^-. C'est le chimiste suédois Svante Arrhenius, à la fin du XIXe siècle, qui formula ces définitions dans le but de classer des substances dont les propriétés en solution aqueuse étaient bien connues.

Les acides

- Les acides ont un goût aigre, piquant; par exemple, le vinaigre doit son goût à l'acide acétique, et les citrons et les autres agrumes le doivent à l'acide citrique.
- Les acides provoquent des modifications de couleur des colorants végétaux; par exemple, ils font passer le tournesol du bleu au rouge.
- Les acides réagissent avec certains métaux, dont le zinc, le magnésium et le fer, pour produire de l'hydrogène gazeux. La réaction entre l'acide chlorhydrique et le magnésium en est un exemple:

$$2HCl(aq) + Mg(s) \longrightarrow MgCl_2(aq) + H_2(g)$$

- Les acides réagissent avec les carbonates et les bicarbonates, comme Na_2CO_3, $CaCO_3$ et $NaHCO_3$, pour produire du dioxyde de carbone gazeux (*figure 4.6*). Par exemple,

$$2HCl(aq) + CaCO_3(s) \longrightarrow CaCl_2(aq) + H_2O(l) + CO_2(g)$$

$$HCl(aq) + NaHCO_3(s) \longrightarrow NaCl(aq) + H_2O(l) + CO_2(g)$$

- Les solutions aqueuses acides conduisent l'électricité.

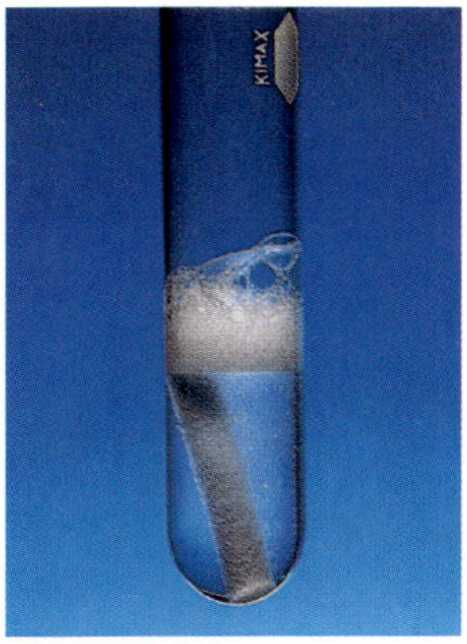

FIGURE 4.6

Un morceau de craie de tableau, formée principalement de $CaCO_3$, réagit avec de l'acide chlorhydrique.

Les bases

- Les bases ont un goût amer.
- Les bases sont visqueuses au toucher; par exemple, les savons, qui contiennent des bases, ont cette caractéristique.
- Les bases provoquent des modifications de couleur des colorants végétaux; par exemple, elles font passer le tournesol du rouge au bleu.
- Les solutions aqueuses basiques conduisent l'électricité.

Les acides et les bases de Brønsted

Les définitions des acides et des bases élaborées par Arrhenius ne s'appliquent qu'aux solutions aqueuses. En 1932, Johannes Brønsted, un chimiste danois, proposa des définitions élargies qui décrivaient un acide comme *donneur de protons* et une base comme *accepteur de protons*. On appelle maintenant les substances qui réagissent de cette façon des ***acides de Brønsted*** et des ***bases de Brønsted.*** Remarquons cependant que le chimiste anglais T.M. Lowry avait proposé les mêmes définitions la même année, d'où les noms également acceptés d'acide et de base de Brønsted-Lowry.

Johannes Nicolaus Brønsted (1879-1947)

L'acide nitrique en est un exemple, car il libère un proton dans l'eau:

$$HNO_3(aq) \longrightarrow H^+(aq) + NO_3^-(aq)$$

Les ions hydrogène (ou protons) en solution sont hydratés, c'est pourquoi ils sont souvent représentés par la formule H_3O^+, et appelés ***ions hydronium.*** L'ionisation de l'acide nitrique est donc mieux représentée de la façon suivante:

$$HNO_3(aq) + H_2O(l) \longrightarrow H_3O^+(aq) + NO_3^-(aq)$$

Dans ce texte, nous utiliserons indifféremment les symboles $H^+(aq)$ et H_3O^+ pour représenter le proton hydraté. Le symbole $H^+(aq)$ est le plus commode, mais H_3O^+ est plus près de la réalité. Il ne faut toutefois pas oublier qu'ils représentent la même espèce en solution aqueuse.

Parmi les acides couramment utilisés en laboratoire, il y a l'acide chlorhydrique (HCl), l'acide nitrique (HNO_3), l'acide acétique (CH_3COOH), l'acide sulfurique (H_2SO_4) et l'acide phosphorique (H_3PO_4). Les trois premiers sont des ***monoacides;*** c'est-à-dire *qu'un seul ion hydrogène est libéré par unité d'acide:*

$$HCl(aq) \longrightarrow H^+(aq) + Cl^-(aq)$$

$$HNO_3(aq) \longrightarrow H^+(aq) + NO_3^-(aq)$$

$$CH_3COOH(aq) \rightleftharpoons CH_3COO^-(aq) + H^+(aq)$$

Comme nous l'avons déjà mentionné, l'ionisation de l'acide acétique en milieu aqueux est incomplète (remarquez la flèche double): il s'agit donc d'un électrolyte faible. Par conséquent, on l'appelle aussi acide faible. Par contre, HCl et HNO_3 sont des acides forts parce qu'ils sont des électrolytes forts: en solution, ils s'ionisent complètement (remarquez les flèches simples).

L'acide sulfurique (H_2SO_4) est un ***diacide*** parce que *deux ions H^+ par unité d'acide sont cédés* en deux étapes distinctes:

$$H_2SO_4(aq) \longrightarrow H^+(aq) + HSO_4^-(aq)$$

$$HSO_4^-(aq) \rightleftharpoons H^+(aq) + SO_4^{2-}(aq)$$

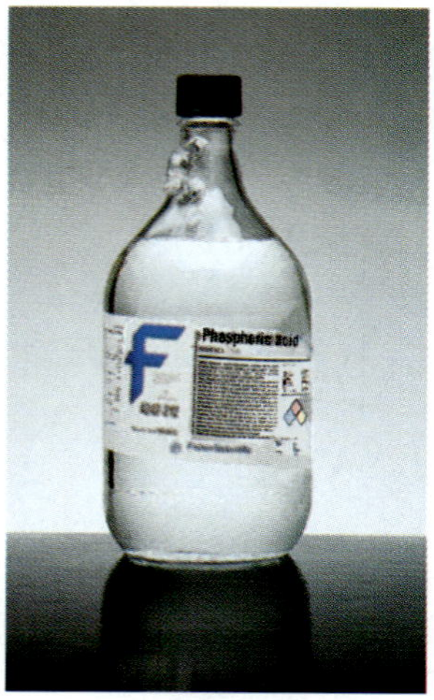

Une bouteille d'acide phosphorique (H_3PO_4).

H_2SO_4 est un électrolyte/acide fort (la première étape de l'ionisation est complète), mais HSO_4^- est un acide faible, d'où la flèche double qui indique que l'ionisation est incomplète.

Les ***triacides,*** qui *libèrent trois ions H^+ par unité,* sont relativement peu nombreux. Le plus connu est l'acide phosphorique, lequel s'ionise ainsi:

$$H_3PO_4(aq) \rightleftharpoons H^+(aq) + H_2PO_4^-(aq)$$

$$H_2PO_4^-(aq) \rightleftharpoons H^+(aq) + HPO_4^{2-}(aq)$$

$$HPO_4^{2-}(aq) \rightleftharpoons H^+(aq) + PO_4^{3-}(aq)$$

Notez que ces trois espèces (H_3PO_4, $H_2PO_4^-$ et HPO_4^{2-}) sont des acides faibles, d'où l'utilisation d'une flèche double pour chaque étape d'ionisation successive. Les anions tels $H_2PO_4^-$ et HPO_4^{2-} peuvent aussi être générés quand des composés ioniques tels NaH_2PO_4 et Na_2HPO_4 se dissolvent dans l'eau.

Les données du tableau 4.1 montrent que l'hydroxyde de sodium (NaOH) et l'hydroxyde de baryum [$Ba(OH)_2$] sont des électrolytes forts. C'est dire qu'ils sont complètement ionisés en solution:

$$NaOH(s) \xrightarrow{H_2O} Na^+(aq) + OH^-(aq)$$

$$Ba(OH)_2(s) \xrightarrow{H_2O} Ba^{2+}(aq) + 2OH^-(aq)$$

L'ion OH^- peut accepter un proton comme le montre l'équation qui suit:

$$H^+(aq) + OH^-(aq) \longrightarrow H_2O(l)$$

Donc OH^- est une base de Brønsted.

L'ammoniac (NH_3) est classé parmi les bases de Brønsted parce qu'il peut accepter un ion H^+, comme le montre l'équation suivante:

$$NH_3(aq) + H_2O(l) \rightleftharpoons NH_4^+(aq) + OH^-(aq)$$

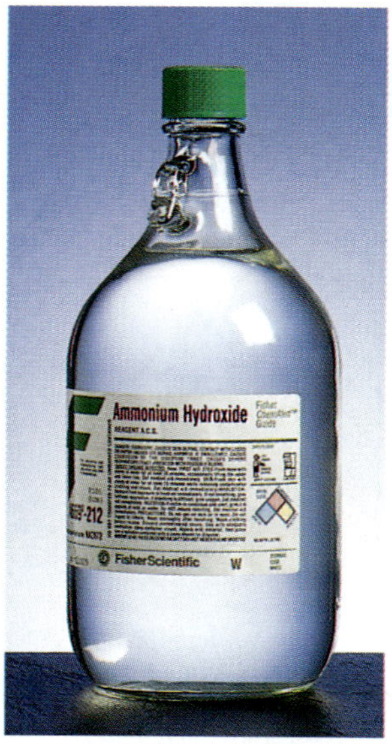

Une bouteille de NH_4OH.

L'ammoniac est un électrolyte faible (c'est donc une base faible) parce que seule une fraction des molécules NH_3 dissoutes réagissent avec l'eau pour former des ions NH_4^+ et OH^-.

La base forte la plus couramment utilisée en laboratoire est l'hydroxyde de sodium, à cause de son faible coût et de sa grande solubilité. (En fait, tous les hydroxydes de métaux alcalins sont solubles.) Quant à la base faible la plus utilisée, c'est une solution aqueuse d'ammoniac, quelquefois appelée à tort hydroxyde d'ammonium (il n'y a pas de preuve que le composé NH_4OH

existe réellement). Tous les éléments du groupe IIA forment des hydroxydes de type $M(OH)_2$, où M est un métal alcalino-terreux. De ces hydroxydes, seul $Ba(OH)_2$ est soluble. Les hydroxydes de magnésium et de calcium, eux, sont utilisés en médecine et dans l'industrie. Les hydroxydes des autres métaux, comme $Al(OH)_3$ et $Zn(OH)_2$, sont insolubles et utilisés moins couramment.

EXEMPLE 4.3

La classification des acides et des bases de Brønsted

Dites si les espèces suivantes sont des bases ou des acides de Brønsted: a) HBr, b) NO_2^-, c) HCO_3^-.

Réponse: a) HBr se dissout dans l'eau pour former des ions H^+ et Br^-:

$$HBr(aq) \longrightarrow H^+(aq) + Br^-(aq)$$

HBr est donc un acide de Brønsted.

b) En solution, l'ion nitrite peut accepter un proton pour former l'acide nitreux:

$$NO_2^-(aq) + H^+(aq) \longrightarrow HNO_2(aq)$$

Cette propriété fait de NO_2^- une base de Brønsted.

c) L'ion bicarbonate est un acide de Brønsted parce que, en solution, il s'ionise de la façon suivante:

$$HCO_3^-(aq) \rightleftharpoons H^+(aq) + CO_3^{2-}(aq)$$

C'est aussi une base de Brønsted parce qu'il peut accepter un proton:

$$HCO_3^-(aq) + H^+(aq) \rightleftharpoons H_2CO_3(aq)$$

EXERCICE

Dites si les espèces suivantes sont des acides ou des bases de Brønsted: a) SO_4^{2-}, b) HI.

LES RÉACTIONS DE NEUTRALISATION

Une réaction acido-basique, aussi appelée ***réaction de neutralisation,*** est une *réaction entre un acide et une base*. Les réactions acido-basiques aqueuses sont généralement caractérisées par l'équation suivante:

$$\text{acide} + \text{base} \longrightarrow \text{sel} + \text{eau}$$

Un ***sel*** est un *composé ionique formé d'un cation autre que H^+ et d'un anion autre que OH^- ou O^{2-}*. Tous les sels sont des électrolytes forts. La substance connue sous le nom de sel de table (NaCl) en est un exemple familier. Elle est un produit de la réaction acido-basique suivante:

$$HCl(aq) + NaOH(aq) \longrightarrow NaCl(aq) + H_2O(l)$$

Dans ce cas, comme l'acide et la base sont des électrolytes forts, ils sont complètement ionisés en solution, et l'équation ionique est

$$H^+(aq) + Cl^-(aq) + Na^+(aq) + OH^-(aq) \longrightarrow Na^+(aq) + Cl^-(aq) + H_2O(l)$$

La réaction peut ainsi être représentée par l'équation ionique nette suivante:

$$H^+(aq) + OH^-(aq) \longrightarrow H_2O(l)$$

Les ions Na^+ et Cl^- sont des ions spectateurs.

Si cette réaction était effectuée avec des quantités molaires égales d'acide et de base, cette réaction serait totale, c'est-à-dire qu'il n'y aurait, à la fin de la réaction, que du sel, et aucune trace d'acide ou de base. C'est une caractéristique des réactions de neutralisation.

Les équations moléculaires suivantes représentent d'autres exemples de réactions de neutralisation:

$$HF(aq) + KOH(aq) \longrightarrow KF(aq) + H_2O(l)$$

$$H_2SO_4(aq) + 2NaOH(aq) \longrightarrow Na_2SO_4(aq) + 2H_2O(l)$$

$$HNO_3(aq) + NH_3(aq) \longrightarrow NH_4NO_3(aq)$$

Si, dans la dernière équation, on avait écrit $NH_4^+(aq)$ et $OH^-(aq)$ au lieu de $NH_3(aq)$, les produits auraient été un sel (NH_4NO_3) et H_2O.

4.4 LES RÉACTIONS D'OXYDORÉDUCTION

Tandis que les réactions acido-basiques mettent en jeu des transferts de protons, les ***réactions d'oxydoréduction*** comportent des transferts d'électrons. Les réactions d'oxydoréduction ont une grande importance dans notre vie quotidienne. Elles vont de la combustion des combustibles fossiles à l'action de l'eau de Javel. Ce sont aussi des réactions d'oxydoréduction qui sont à la base des procédés d'extraction de la plupart des éléments, métalliques ou non, à partir de leur minerai. Souvent on parle dans ce cas de réactions d'oxydation ou de réactions de réduction, parce qu'on met l'accent sur l'élément à extraire; cependant, il ne faut pas oublier que ni l'oxydation ni la réduction ne peuvent avoir lieu sans la présence d'un oxydant *et* d'un réducteur.

Prenons la formation de l'oxyde de calcium (CaO) à partir du calcium et de l'oxygène:

$$2Ca(s) + O_2(g) \longrightarrow 2CaO(s)$$

L'oxyde de calcium (CaO) est un composé ionique formé des ions Ca^{2+} et O^{2-}. Dans cette réaction, deux atomes Ca donnent ou transfèrent en tout quatre électrons à deux atomes O (sous forme O_2). Bien que l'échange d'électrons ait lieu en une seule étape, il est utile de scinder ce phénomène comme s'il se produisait en deux étapes. La première consiste en la perte de quatre électrons par les deux atomes Ca, et la seconde est l'acquisition de ces quatre électrons par une molécule O_2:

$$2Ca \longrightarrow 2Ca^{2+} + 4e^-$$

$$O_2 + 4e^- \longrightarrow 2O^{2-}$$

Chacune de ces étapes est appelée ***demi-réaction;*** elle *indique explicitement les électrons en jeu*. La somme des demi-réactions donne la réaction globale:

$$2Ca + O_2 + 4e^- \longrightarrow 2Ca^{2+} + 2O^{2-} + 4e^-$$

Si nous simplifions l'équation en éliminant les électrons qui apparaissent des deux côtés de la flèche, nous obtenons:

$$2Ca + O_2 \longrightarrow 2Ca^{2+} + 2O^{2-}$$

Finalement, les ions Ca^{2+} et O^{2-} se combinent pour former CaO:

$$2Ca + O_2 \longrightarrow 2CaO$$

Par convention, on n'écrit pas les charges dans la formule d'un composé ionique, d'où la formule CaO plutôt que $Ca^{2+}O^{2-}$.

La *demi-réaction qui traduit la perte d'électrons* est appelée ***réaction d'oxydation.*** À l'origine, le terme «oxydation» était utilisé par les chimistes pour indiquer la combinaison d'un élément avec l'oxygène; maintenant, il a une signification élargie et inclut des réactions dans lesquelles il n'y a pas d'oxygène. La *demi-réaction qui traduit le gain d'électrons* est dite ***réaction de réduction.*** Dans la formation de l'oxyde de calcium, le calcium est oxydé. C'est donc un ***réducteur,*** car il *donne des électrons* à l'oxygène et le réduit. De son côté, l'oxygène réduit agit comme un ***oxydant,*** car il *capte les électrons* du calcium, oxydant ainsi ce dernier. Notez que, dans une réaction d'oxydoréduction, comme il s'agit simplement d'un transfert d'électrons, le nombre d'électrons perdus par le réducteur doit être égal au nombre d'électrons captés par l'oxydant.

L'attaque de métaux par les acides est un phénomène d'oxydoréduction typique:

$$\text{métal} + \text{acide} \longrightarrow \text{sel} + \text{hydrogène moléculaire}$$

En voici quelques exemples (*figure 4.7*):

$$Fe(s) + 2HCl(aq) \longrightarrow FeCl_2(aq) + H_2(g)$$

$$Zn(s) + 2HCl(aq) \longrightarrow ZnCl_2(aq) + H_2(g)$$

$$Mg(s) + 2HCl(aq) \longrightarrow MgCl_2(aq) + H_2(g)$$

Dans ces réactions, le métal agit comme réducteur parce qu'il donne deux électrons aux ions H^+ fournis par HCl. Dans le cas du fer, les demi-réactions sont

$$Fe \longrightarrow Fe^{2+} + 2e^-$$

$$2H^+ + 2e^- \longrightarrow H_2$$

On peut représenter le bilan de la réaction par l'équation ionique nette suivante:

$$Fe + 2H^+ \longrightarrow Fe^{2+} + H_2$$

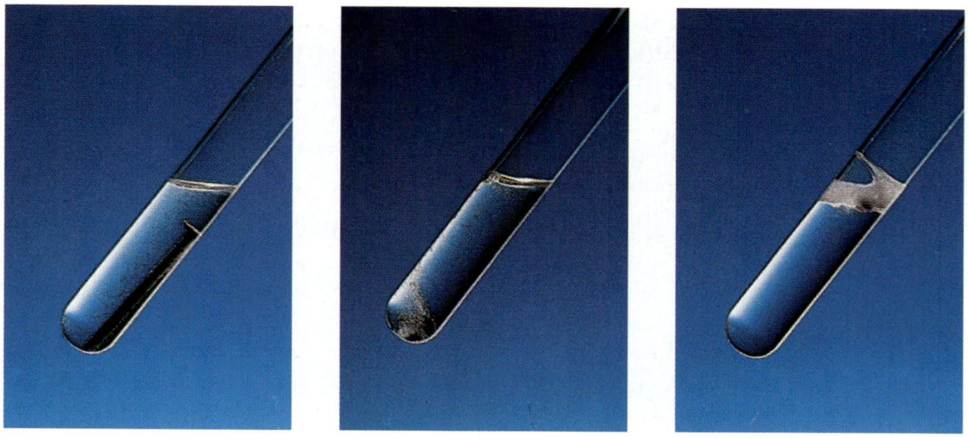

FIGURE 4.7

De gauche à droite: les réactions du fer (Fe), du zinc (Zn) et du magnésium (Mg) avec l'acide chlorhydrique, qui forment de l'hydrogène gazeux et les chlorures correspondants ($FeCl_2$, $ZnCl_2$, $MgCl_2$). La vitesse de formation de l'hydrogène traduit la réactivité des métaux; elle est plus lente pour le fer, le métal le moins réactif, et plus rapide pour le magnésium, le métal le plus réactif.

La combustion du soufre dans l'air produit du dioxyde de soufre.

LES NOMBRES D'OXYDATION

Les définitions que nous avons données des termes «oxydation» et «réduction», c'est-à-dire respectivement perte et gain d'électrons, s'appliquent fort bien à la formation des composés ioniques tel CaO, mais moins bien à la formation du chlorure d'hydrogène (HCl) et du dioxyde de soufre (SO_2), par exemple:

$$H_2(g) + Cl_2(g) \longrightarrow 2HCl(g)$$

$$S(s) + O_2(g) \longrightarrow SO_2(g)$$

Puisque HCl et SO_2 ne sont pas des composés ioniques, mais des composés covalents, il n'y a pas de transfert réel d'électrons durant leur formation, contrairement au cas de CaO. Néanmoins, les chimistes trouvent commode de les considérer comme des réactions d'oxydoréduction, car on a montré expérimentalement qu'il y a transfert *partiel* d'électrons (de H à Cl dans HCl et de S à O dans SO_2).

Afin de tenir compte de ces transferts plus ou moins complets d'électrons, il nous faut donc élargir les définitions déjà données des termes «oxydation» et «réduction». Pour ce faire, nous avons besoin de la notion de *nombre d'oxydation associé aux réactifs et aux produits*. Le ***nombre d'oxydation*** (ou ***degré d'oxydation*** ou ***état d'oxydation***) représente le *nombre de charges qu'aurait un atome dans une molécule (ou dans un composé ionique) si les électrons étaient complètement transférés*. Par exemple, on pourrait réécrire les équations données plus haut de la manière suivante:

$$\overset{0}{H_2}(g) + \overset{0}{Cl_2}(g) \longrightarrow 2\overset{+1}{H}\overset{-1}{Cl}(g)$$

$$\overset{0}{S}(s) + \overset{0}{O_2}(g) \longrightarrow 2\overset{+4}{S}\overset{-2}{O_2}(g)$$

Les chiffres apparaissant au-dessus des éléments sont les nombres d'oxydation. ~~Contrairement à la charge réelle qui s'écrit par exemple 2+ on écrit le signe devant le nombre, soit +2.~~ Dans ces deux réactions, les atomes des réactifs n'ont pas de charges, leur nombre d'oxydation est donc zéro. Pour ce qui est des produits, on suppose que le transfert des électrons s'est fait de manière complète et que les atomes ont gagné ou perdu des électrons. On peut donc maintenant définir, d'une manière plus générale, une oxydation comme étant une augmentation du nombre d'oxydation d'un élément, et une réduction comme une diminution du nombre d'oxydation d'un élément. Une réaction d'oxydoréduction est donc une réaction au cours de laquelle il y a variations des nombres d'oxydation.

Si on examine à nouveau l'équation précédente, on observe que les éléments dont le nombre d'oxydation augmente, l'hydrogène et le soufre, sont oxydés; les éléments dont le nombre d'oxydation diminue, comme le chlore et l'oxygène, sont réduits. Notez que la somme des nombres d'oxydation de H et de Cl dans HCl (+1 et −1) est zéro. De même, dans SO_2 [S (+4) et deux atomes O (2 × −2)], la somme est zéro: HCl et SO_2 sont des composés neutres, leurs charges doivent donc s'annuler. Les variations des nombres d'oxydation nous permettent donc de comptabiliser les transferts d'électrons.

Les règles suivantes permettent de déterminer les nombres d'oxydation:

1. Pour les éléments libres (c'est-à-dire non combinés), chaque atome a un nombre d'oxydation égal à zéro. Ainsi, tous les atomes dans H_2, Br_2, Na, Be, K, O_2 et P_4 ont le même nombre d'oxydation: zéro.

2. Pour les ions monoatomiques, le nombre d'oxydation est égal à la charge de l'ion. Ainsi, Li^+ a un nombre d'oxydation de +1; Ba^{2+}, de +2; Fe^{3+}, de +3; I^-, de −1; O^{2-}, de −2, etc. Tous les métaux alcalins ont un nombre d'oxydation de +1 et tous les métaux alcalino-terreux ont un nombre d'oxydation de +2, quel que soit le composé. L'aluminium a un nombre d'oxydation de +3 dans tous ses composés.

3. Le nombre d'oxydation de l'oxygène dans la plupart des composés (par exemple, MgO et H_2O) est −2; cependant, dans le peroxyde d'hydrogène (H_2O_2) et l'ion peroxyde (O_2^{2-}), son nombre d'oxydation est −1.

4. Le nombre d'oxydation de l'hydrogène est +1, sauf quand il est lié à un métal dans un composé binaire. Dans ce cas (par exemple, LiH, NaH et CaH_2), son nombre d'oxydation est −1.

5. Le fluor a un nombre d'oxydation de −1 dans *tous* ses composés. Les autres halogènes (Cl, Br et I) ont des nombres d'oxydation négatifs lorsqu'ils apparaissent comme ions halogénure dans leurs composés. Par contre, quand ils se combinent avec l'oxygène (dans les oxacides et les oxanions par exemple (*voir la section 2.7*), ils ont des nombres d'oxydation positifs.

6. Dans une molécule neutre, la somme des nombres d'oxydation de tous les atomes doit être zéro. Dans un ion polyatomique, la somme des nombres d'oxydation de tous les éléments de l'ion doit être égale à la charge nette de l'ion. Par exemple, dans l'ion ammonium, NH_4^+, le nombre d'oxydation de N est −3 et celui de H est +1: la somme des nombres d'oxydation est $-3 + 4(+1) = +1$, ce qui correspond à la charge nette de l'ion.

Remarque: les termes «nombre d'oxydation», «degré d'oxydation» et «état d'oxydation» sont tous des termes acceptables et équivalents. Dans ce livre, nous utiliserons surtout le terme «nombre d'oxydation».

EXEMPLE 4.4

La détermination des nombres d'oxydation

Déterminez les nombres d'oxydation de tous les éléments des composés et des ions suivants: a) Li_2O, b) HNO_3, c) $Cr_2O_7^{2-}$.

Réponse: a) D'après la règle 2, nous savons que le lithium a un nombre d'oxydation de +1 (Li^+), et l'oxygène un nombre d'oxydation de −2 (O^{2-}).
b) C'est la formule de l'acide nitrique, lequel libère un ion H^+ et un ion NO_3^- en solution. D'après la règle 4, nous savons que H a un nombre d'oxydation de +1; l'autre groupe (l'ion nitrate) doit donc avoir une charge nette de −1. Puisque le nombre d'oxydation de l'oxygène est −2, celui de l'azote (soit x) est donné par

$$-1 = x + 3(-2)$$

ou

$$x = +5$$

c) D'après la règle 6, nous savons que la somme des nombres d'oxydation dans $Cr_2O_7^{2-}$ doit être −2. Nous savons aussi que le nombre d'oxydation de O est −2. Il ne nous reste qu'à déterminer le nombre d'oxydation de Cr, que nous appellerons y. La somme des nombres d'oxydation de l'ion est

$$-2 = 2(y) + 7(-2)$$

ou

$$y = +6$$

EXERCICE

Déterminez les nombres d'oxydation de tous les éléments dans le composé et l'ion suivants: a) PF_3, b) MnO_4^-.

La figure 4.8 montre les nombres d'oxydation connus des éléments les plus familiers, disposés selon leurs positions dans le tableau périodique. Cette disposition met en évidence les caractéristiques suivantes des nombres d'oxydation:

- Les éléments métalliques ont seulement des nombres d'oxydation positifs, tandis que les éléments non métalliques peuvent avoir des nombres d'oxydation négatifs ou positifs.
- Les éléments représentatifs (c'est-à-dire des groupes IA à VIA) ne peuvent avoir un nombre d'oxydation supérieur au numéro de leur groupe dans le tableau périodique. Par exemple, les halogènes font partie du groupe VIIA, donc le nombre d'oxydation le plus élevé qu'ils peuvent atteindre est +7.
- Les métaux de transition (groupes IB, IIIB−VIIIB) ont habituellement plusieurs nombres d'oxydation possibles (*figure 4.9*).

FIGURE 4.8

Les nombres d'oxydation possibles des éléments. Les nombres d'oxydation les plus courants sont en rouge.

La série d'activité

Les réactions entre les métaux et l'acide chlorhydrique décrites à la section précédente sont des exemples de ***réactions de déplacement,*** appelées ainsi parce que, *durant la réaction, un ion ou un atome est remplacé (ou déplacé) par un autre ion (ou atome) d'un autre élément*. Dans la réaction métal-HCl, par exemple, l'ion H^+ est remplacé par un ion métallique.

Ces réactions de déplacement, sorte de réactions de substitution, sont parmi les réactions d'oxydoréduction les plus courantes. Un métal dans un composé peut aussi être remplacé par un autre métal libre. Par exemple, quand du zinc est plongé dans une solution de sulfate de cuivre ($CuSO_4$), il remplace les ions Cu^{2+} de la solution (*figure 4.10*):

$$\overset{0}{\text{Zn}}(s) + \overset{+2}{\text{Cu}}\text{SO}_4(aq) \longrightarrow \overset{+2}{\text{Zn}}\text{SO}_4(aq) + \overset{0}{\text{Cu}}(s)$$

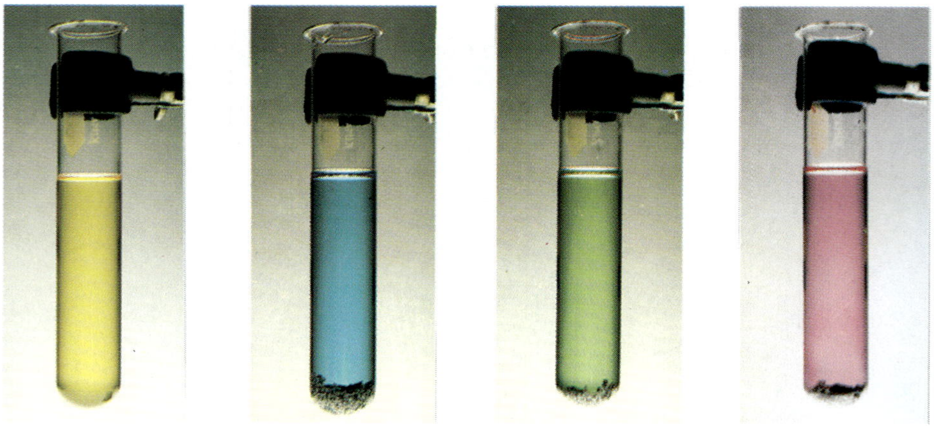

FIGURE 4.9

De gauche à droite: couleurs des solutions aqueuses de composés contenant du vanadium dans quatre états d'oxydation différents (+5, +6, +3 et +2).

ou

$$\overset{0}{\mathrm{Zn}}(s) + \overset{+2}{\mathrm{Cu}}{}^{2+}(aq) \longrightarrow \overset{+2}{\mathrm{Zn}}{}^{2+}(aq) + \overset{0}{\mathrm{Cu}}(s)$$

De même, le cuivre métallique remplace les ions argent d'une solution de nitrate d'argent ($AgNO_3$) (*figure 4.10*):

$$\overset{0}{\mathrm{Cu}}(s) + 2\overset{+1}{\mathrm{Ag}}\mathrm{NO_3}(aq) \longrightarrow \overset{+2}{\mathrm{Cu}}(\mathrm{NO_3})_2(aq) + 2\overset{0}{\mathrm{Ag}}(s)$$

ou

$$\overset{0}{\mathrm{Cu}}(s) + 2\overset{+1}{\mathrm{Ag}}{}^{+}(aq) \longrightarrow \overset{+2}{\mathrm{Cu}}{}^{2+}(aq) + 2\overset{0}{\mathrm{Ag}}(s)$$

Le renversement des rôles des métaux ne provoquerait aucune réaction. En d'autres termes, le cuivre ne remplacerait pas les ions zinc du sulfate de zinc, et l'argent ne remplacerait pas les ions cuivre du nitrate de cuivre.

Une façon facile de prédire si une réaction de substitution comportant un métal ou de l'hydrogène se produira est de consulter une ***série d'activité,*** comme celle de la figure 4.11. Une série d'activité est *une liste ordonnée facile*

FIGURE 4.10

De gauche à droite: quand un morceau de zinc est plongé dans une solution aqueuse de $CuSO_4$, les atomes Zn se dissolvent sous forme d'ions Zn^{2+}, et les ions Cu^{2+} sont convertis en Cu solide (premier bécher). Avec le temps, le bleu de la solution de $CuSO_4$ disparaît (deuxième bécher). Quand un fil de cuivre est plongé dans une solution aqueuse de $AgNO_3$, les atomes Cu se dissolvent sous forme d'ions Cu^{2+}, et les ions Ag^+ sont convertis en Ag solide (troisième bécher). Graduellement, la solution tourne au bleu caractéristique des ions Cu^{2+} hydratés (quatrième bécher).

à consulter qui permet de prévoir ce qui se produira durant des réactions de substitution, semblables à celles que nous venons de voir. Selon cette série, tout métal situé au-dessus de l'hydrogène remplacera l'hydrogène de l'eau ou d'un acide, mais les métaux situés sous l'hydrogène ne réagiront ni avec l'eau ni avec un acide. En fait toute espèce figurant dans cette série réagira avec tout composé formé d'un élément situé sous lui. Par exemple, le zinc est au-dessus du cuivre; alors le zinc remplacera les ions cuivre du sulfate de cuivre.

À l'aide de cette liste d'activité, il est possible de prédire les réactions de tous les métaux alcalins (groupe IA) et de tous les métaux alcalino-terreux (groupe IIA) avec l'eau à la température de la pièce. Par exemple, le sodium (groupe IA) et le calcium (groupe IIA) réagissent avec l'eau de la manière suivante (*figure 4.12*):

$$\overset{0}{2\mathrm{Na}}(s) + 2\overset{+1}{\mathrm{H}}_2\mathrm{O}(l) \longrightarrow 2\overset{+1}{\mathrm{Na}}\mathrm{O}\overset{+1}{\mathrm{H}}(aq) + \overset{0}{\mathrm{H}_2}(g)$$

$$\overset{0}{\mathrm{Ca}}(s) + 2\overset{+1}{\mathrm{H}}_2\mathrm{O}(l) \longrightarrow \overset{+2}{\mathrm{Ca}}(\mathrm{O}\overset{+1}{\mathrm{H}})_2(s) + \overset{0}{\mathrm{H}_2}(g)$$

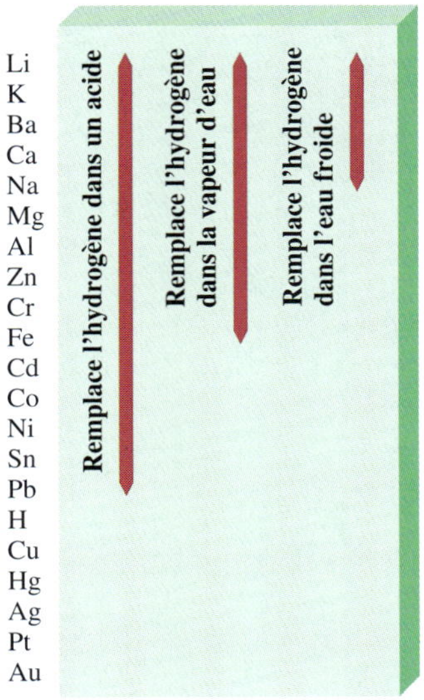

FIGURE 4.11

Série d'activité des métaux. Les métaux sont disposés selon leur pouvoir de remplacer l'hydrogène dans un acide ou dans l'eau. Le lithium (Li) est le métal le plus réactif; l'or (Au) est le moins réactif.

4.5 LA CONCENTRATION DES SOLUTIONS ET LA DILUTION

Avant d'étudier la stœchiométrie des réactions en milieu aqueux à la section 4.6, nous devons d'abord savoir comment exprimer la composition des solutions par des unités de concentration et aussi savoir comment préparer les quantités nécessaires de réactifs.

LA CONCENTRATION DES SOLUTIONS

La ***concentration d'une solution*** est une grandeur indiquant la *quantité de soluté présente dans une quantité de solution donnée.* (Ici, nous tiendrons pour acquis que le soluté est un liquide ou un solide et que le solvant est un liquide.) L'une des unités les plus utilisées pour exprimer la concentration en chimie est la ***concentration molaire volumique* (*M*)**, aussi appelée ***molarité.*** La concentration molaire volumique est le *nombre de moles de soluté contenu*

FIGURE 4.12

Réaction du sodium (Na), à gauche, et du calcium (Ca), à droite, avec de l'eau froide. Notez que la réaction est plus vigoureuse dans le cas de Na que dans le cas de Ca.

par unité de volume de solution en litres; elle est déterminée par l'équation suivante:

$$M = \text{molarité} = \frac{\text{moles de soluté}}{\text{volume de solution (L)}} \tag{4.1}$$

Bien sûr, cette définition ne nous oblige pas à travailler avec exactement un litre de solution (puisqu'il s'agit d'un rapport). Il s'agit de ne pas oublier de convertir en litres le volume de la solution s'il est exprimé dans une autre unité (le plus souvent: en millilitres). Ainsi, une solution de 500 mL contenant 0,730 mole de $C_6H_{12}O_6$ a une concentration de 1,46 M:

$$M = \text{molarité} = \frac{0{,}730\ \text{mol}}{0{,}500\ \text{L}} = 1{,}46\ \text{mol/L} = 1{,}46\ M$$

L'unité de la concentration molaire est la mole par litre: un volume de 500 mL de solution contenant 0,730 mole de $C_6H_{12}O_6$ équivaut donc à 1,46 mol/L ou 1,46 M. Notez que la concentration, comme la masse volumique, est une grandeur intensive, c'est-à-dire que sa valeur ne dépend pas de la quantité de solution présente.

Maintenant, voyons comment on prépare une solution d'une concentration molaire donnée. D'abord il faut peser de façon exacte le soluté et le transférer dans un ballon volumétrique, à l'aide d'un entonnoir (*figure 4.13*). Puis, il faut verser de l'eau dans le ballon et agiter soigneusement pour dissoudre le solide. Après dissolution *complète* du solide, il faut ajouter lentement de l'eau pour amener le volume au trait de jauge. Connaissant le volume de la solution (qui est le volume du ballon) et la quantité (en moles) de composé dissous, on peut calculer la concentration molaire de la solution à l'aide de l'équation (4.1). Notez que, dans cette méthode de préparation d'une solution, il n'est pas nécessaire de connaître le volume exact d'eau qu'il a fallu ajouter vu que le volume final de la solution est connu: c'est le volume indiqué sur le ballon volumétrique.

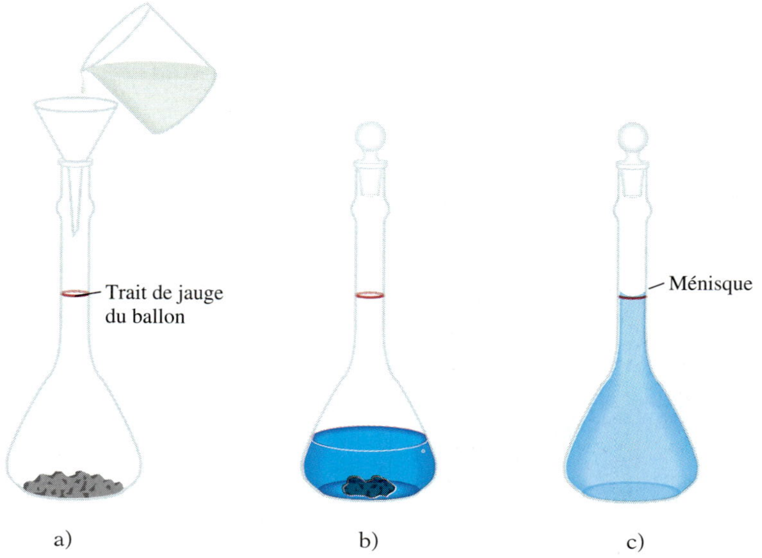

FIGURE 4.13

Méthode de préparation d'une solution de concentration molaire donnée. a) On place une quantité connue d'un soluté solide dans un ballon volumétrique, puis on y ajoute de l'eau à l'aide d'un entonnoir. b) On agite lentement le ballon pour dissoudre le solide. c) Après dissolution complète du solide, on ajoute de l'eau jusqu'au trait de jauge. Connaissant le volume de la solution et la quantité de soluté dissoute, on peut calculer la concentration molaire de la solution.

EXEMPLE 4.5
La préparation d'une solution de concentration molaire donnée

Combien de grammes de dichromate de potassium ($K_2Cr_2O_7$) sont nécessaires pour préparer une solution de 250 mL à 2,16 *M*?

Réponse: La première étape consiste à déterminer le nombre de moles de $K_2Cr_2O_7$ qu'il y aura dans 250 mL de solution:

$$\text{moles de } K_2Cr_2O_7 = 250 \text{ mL solution} \times \frac{2{,}16 \text{ mol } K_2Cr_2O_7}{1000 \text{ mL solution}} = 0{,}540 \text{ mol } K_2Cr_2O_7$$

La masse molaire de $K_2Cr_2O_7$ est de 294,2 g, alors

$$\text{grammes de } K_2Cr_2O_7 \text{ nécessaires} = 0{,}540 \text{ mol } K_2Cr_2O_7 \times \frac{294{,}2 \text{ g } K_2Cr_2O_7}{1 \text{ mol } K_2Cr_2O_7} = 159 \text{ g } K_2Cr_2O_7$$

EXERCICE

Quelle est la concentration molaire d'une solution aqueuse contenant 1,77 g d'éthanol (C_2H_5OH) dans un volume de 85,0 mL?

Une solution de $K_2Cr_2O_7$.

LA DILUTION DES SOLUTIONS

Pour des raisons de commodité de transport et d'entreposage, les solutions sont habituellement disponibles sous forme très concentrée. Bien souvent il faudra les diluer avant de les utiliser en laboratoire. Le *procédé consistant à diminuer la concentration d'une solution* s'appelle ***dilution.***

Supposons que l'on doive préparer exactement 1 L de solution de $KMnO_4$ 0,400 *M* à partir d'une solution de $KMnO_4$ 1,00 *M*. Pour ce faire, on a besoin de 0,400 mole de $KMnO_4$. Puisqu'il y a 1,00 mole de $KMnO_4$ dans 1 L (ou 1000 mL) de solution 1,00 *M*, il y aura 0,400 mole de $KMnO_4$ dans 0,400 × 1000 mL, ou 400 mL de la même solution:

$$\frac{1{,}00 \text{ mol}}{1000 \text{ mL solution}} = \frac{0{,}400 \text{ mol}}{400 \text{ mL solution}}$$

Ainsi, on peut prélever 400 mL de la solution $KMnO_4$ 1,00 *M* et la diluer à 1000 mL en y ajoutant de l'eau (dans un ballon volumétrique de 1 litre). Cette méthode nous donne donc 1 L de la solution voulue de $KMnO_4$ 0,400 *M*.

En effectuant une dilution, il faut se rappeler que l'ajout de solvant à une quantité donnée de la solution concentrée (appelée aussi solution mère ou solution stock) en diminue la concentration sans modifier le nombre de moles de soluté (*figure 4.14*); c'est dire que

$$\text{moles de soluté avant dilution} = \text{moles de soluté après dilution}$$

Note: Dorénavant pour les calculs de dilution et de titrage, nous utiliserons la lettre *C* comme symbole de la concentration.

Deux solutions de $KMnO_4$ de concentrations différentes.

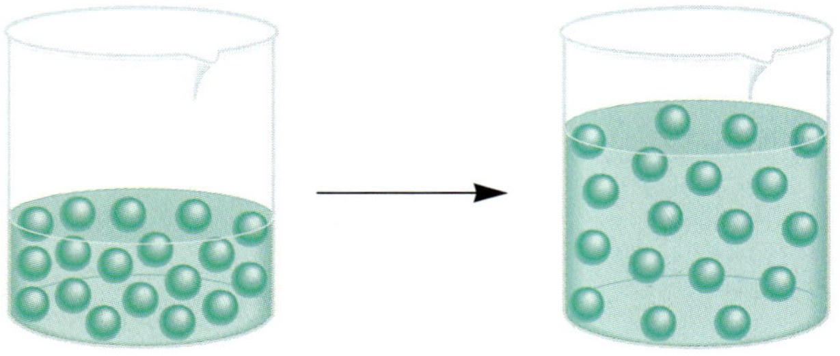

FIGURE 4.14

La dilution d'une solution ne change pas le nombre total de moles de soluté présentes.

Puisque la concentration molaire est définie par le nombre de moles de soluté dans un litre de solution, on peut dire que le nombre de moles de soluté est donné par:

$$\underbrace{\frac{\text{moles de soluté}}{\text{volume de solution (L)}}}_{C} \times \underbrace{\text{volume de solution (L)}}_{V} = \text{moles de soluté}$$

ou

$$CV = \text{moles de soluté}$$

Parce que tout le soluté vient de la solution initiale, on peut dire que:

$$\underbrace{C_{\text{initiale}}V_{\text{initial}}}_{\substack{\text{moles de soluté}\\ \text{avant dilution}}} = \underbrace{C_{\text{finale}}V_{\text{final}}}_{\substack{\text{moles de soluté}\\ \text{après dilution}}} \quad (4.2)$$

où C_{initiale} et C_{finale} sont les concentrations molaires initiale et finale de la solution et V_{initial} et V_{final} sont les volumes initial et final de la solution, respectivement. Bien sûr, les unités de V_{initial} et V_{final} doivent être les mêmes (millilitres ou litres). Afin de vérifier si les résultats sont plausibles, on doit s'assurer que $C_{\text{initiale}} > C_{\text{finale}}$ et que $V_{\text{final}} > V_{\text{initial}}$.

EXEMPLE 4.6

La dilution d'une solution

Décrivez la préparation de $5{,}00 \times 10^2$ mL d'une solution de H_2SO_4 à 1,75 mol/L à partir d'une solution de H_2SO_4 à 8,61 mol/L.

Réponse: Puisque la concentration de la solution finale est inférieure à celle de la solution de départ, il s'agit d'une dilution. Un tableau des données nous aidera à faire nos calculs:

$C_{\text{initiale}} = 8{,}61$ mol/L $\qquad C_{\text{finale}} = 1{,}75$ mol/L

$V_{\text{initial}} = ?$ $\qquad V_{\text{final}} = 5{,}00 \times 10^2$ mL

En utilisant l'équation (4.2), nous avons:

$$(8{,}61 \text{ mol/L})(V_{\text{initial}}) = (1{,}75 \text{ mol/L})(5{,}00 \times 10^2 \text{ mL})$$

$$V_{\text{initial}} = \frac{(1{,}75 \text{ mol})(5{,}00 \times 10^2 \text{ mL})}{8{,}61 \text{ mol/L}}$$

$$V_{\text{initial}} = 102 \text{ mL}$$

Ainsi, nous devons diluer 102 mL de la solution de H_2SO_4 à 8,61 mol/L dans de l'eau jusqu'au trait de jauge dans un ballon de 500 mL pour avoir la concentration voulue.

EXERCICE

Décrivez la préparation de $2{,}00 \times 10^2$ mL d'une solution de NaOH à 0,866 mol/L, à partir d'une solution à 5,07 mol/L.

4.6 LA STŒCHIOMÉTRIE EN CHIMIE DES SOLUTIONS

Au chapitre 3, nous avons vu les calculs stœchiométriques que l'on fait à l'aide de la méthode des moles, qui considère les coefficients d'une équation équilibrée comme des relations entre moles de réactifs et moles de produits. Pour travailler avec des solutions de concentration molaire connue, on utilisera la relation CV = moles de soluté. Étudions maintenant deux applications courantes de la stœchiométrie en chimie des solutions: l'analyse gravimétrique et le titrage.

L'ANALYSE GRAVIMÉTRIQUE

L'***analyse gravimétrique*** est une *méthode analytique basée sur des mesures de masses*. La formation d'un précipité, sa séparation puis sa pesée une fois qu'il a été purifié et séché constitue un bon exemple de ce type d'analyse. Généralement, on applique cette méthode aux composés ioniques. Ainsi, un échantillon d'une substance inconnue est dissous dans de l'eau où il réagit avec une autre substance pour former un précipité. Ce dernier est filtré, séché et pesé. Si l'on connaît la masse et la formule chimique du précipité formé, il est possible de calculer la masse d'un constituant chimique particulier (l'anion ou le cation) de l'échantillon initial; ensuite, en ayant la masse du constituant (que l'on a calculée) et la masse initiale de l'échantillon (que l'on a mesurée), on peut déterminer le pourcentage massique du constituant dans le composé original.

Voici un exemple de réaction souvent utilisée en gravimétrie:

$$AgNO_3(aq) + NaCl(aq) \longrightarrow NaNO_3(aq) + AgCl(s)$$

ou, exprimée sous forme d'équation ionique nette:

$$Ag^+(aq) + Cl^-(aq) \longrightarrow AgCl(s)$$

Le précipité est le chlorure d'argent (*voir la règle de solubilité 5 dans le tableau 4.2*). Par exemple, voyons comment on détermine *expérimentalement* le pourcentage massique de Cl dans NaCl. D'abord, il faut peser de façon exacte un échantillon de NaCl et le dissoudre dans de l'eau. Ensuite, on ajoute assez de solution de $AgNO_3$ dans la solution de NaCl pour provoquer la précipitation, sous forme de AgCl, de tous les ions Cl^- présents dans la solution. Dans cette expérience, NaCl est le réactif limitant, et $AgNO_3$ le réactif en excès. Le précipité de AgCl est alors séparé de la solution par filtration, séché, puis pesé. D'après la masse obtenue, on peut calculer la masse de Cl (en utilisant le pourcentage massique de Cl dans AgCl). Puisque la quantité de Cl dans l'échantillon original de NaCl était la même que dans le précipité, il nous est possible de calculer le pourcentage massique de Cl dans NaCl. La figure 4.15 illustre le déroulement de cette analyse.

Vu que la masse d'un échantillon peut se mesurer de façon précise, l'analyse gravimétrique est une technique très précise. Cependant, cette technique ne peut s'appliquer qu'aux réactions complètes, ou aux réactions dont le pourcentage de rendement avoisine les 100 %. C'est dire que, si AgCl avait été légèrement soluble plutôt qu'insoluble, il n'aurait pas été possible d'extraire tous les ions Cl^- de la solution de NaCl. Le résultat du calcul que l'on a fait aurait donc été erroné.

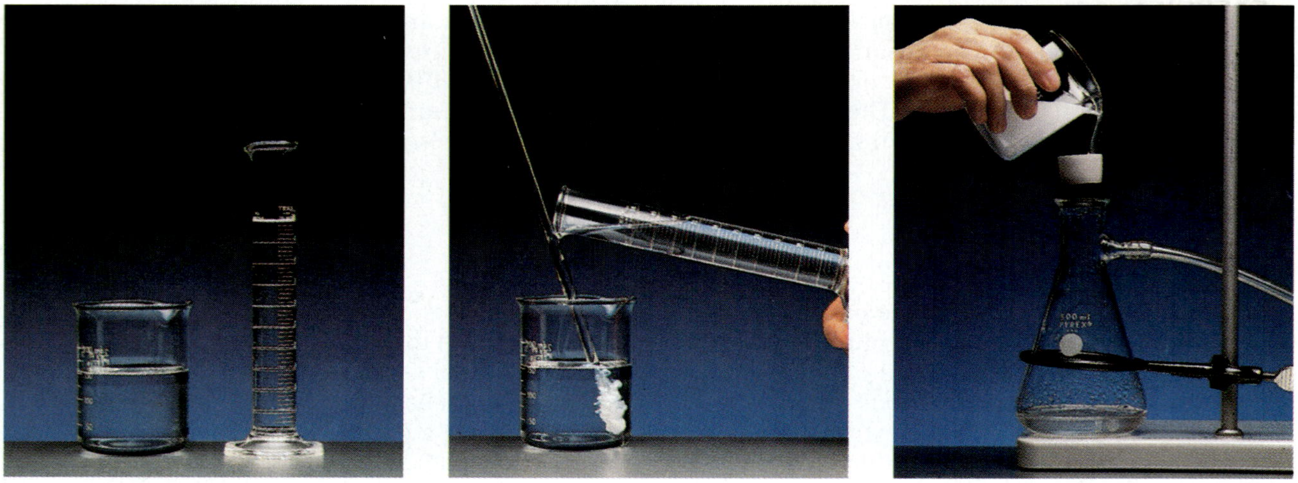

a) b) c)

FIGURE 4.15

Étapes de base de l'analyse gravimétrique. a) Solution contenant une quantité connue de NaCl dans un bécher. b) Précipitation de AgCl causée par l'ajout d'une solution de $AgNO_3$ venant d'un cylindre gradué. c) La solution contenant le précipité de AgCl est filtrée à travers un creuset fritté pré-pesé, qui permet le passage du liquide, mais qui retient le précipité. Le creuset est ensuite retiré, séché dans un four et pesé de nouveau. La différence entre la masse obtenue et la masse du creuset vide correspond à la masse du précipité de AgCl.

EXEMPLE 4.7
La détermination du pourcentage massique par analyse gravimétrique

Un échantillon de 0,5662 g d'un composé ionique formé d'ions chlorure et d'un métal inconnu est dissous dans de l'eau et mis en présence de $AgNO_3$ en excès. Si la masse du précipité de AgCl formée est de 1,0882 g, quel était le pourcentage massique de Cl dans le composé initial?

Réponse: La masse de Cl dans le précipité de AgCl est donnée par

$$\text{masse de Cl} = 1{,}0882\ \cancel{\text{g AgCl}} \times \frac{1\ \cancel{\text{mol AgCl}}}{143{,}4\ \cancel{\text{g AgCl}}} \times \frac{1\ \cancel{\text{mol Cl}}}{1\ \cancel{\text{mol AgCl}}} \times \frac{35{,}45\ \text{g Cl}}{1\ \cancel{\text{mol Cl}}}$$

$$= 0{,}2690\ \text{g Cl}$$

L'équation pour calculer le pourcentage massique de Cl dans l'échantillon inconnu est

$$\text{pourcentage massique de Cl} = \frac{\text{masse de Cl}}{\text{masse de l'échantillon}} \times 100\ \%$$

$$= \frac{0{,}2690\ \text{g}}{0{,}5662\ \text{g}} \times 100\ \%$$

$$= 47{,}51\ \%$$

EXERCICE

Un échantillon de 0,3220 g d'un composé ionique contenant des ions bromure (Br^-) est dissous dans de l'eau et mis en présence de $AgNO_3$ en excès. Si la masse du précipité de AgBr formée est de 0,6964 g, quel est le pourcentage massique de Br dans le composé initial?

LES TITRAGES ACIDO-BASIQUES

C'est par ***titrage*** que les études quantitatives des réactions de neutralisation acido-basique sont le plus facilement effectuées. Dans cette opération, une *solution d'une concentration précise,* appelée ***solution de titrage*** (ou ***solution standard***)*, est graduellement ajoutée à une solution de concentration inconnue, jusqu'à ce que la réaction chimique entre les deux solutions soit complétée*. Si l'on connaît les volumes utilisés de la solution de titrage et de la solution inconnue, ainsi que la concentration de la solution de titrage, on peut calculer la concentration de la solution inconnue. Il s'agit donc d'une sorte d'analyse ou de dosage appelée ici titrage acido-basique.

Hydrogénophtalate de potassium.

L'hydroxyde de sodium est une base couramment utilisée en laboratoire. Cependant, on ne peut se fier à son degré de pureté, ce qui implique qu'il faut d'abord la titrer avant de s'en servir comme solution de titrage. Il faut d'abord doser la solution basique d'hydroxyde de sodium à l'aide d'un acide d'une grande pureté appelé standard primaire. Pour faire ce titrage préalable (étalonnage) on choisit souvent d'utiliser, comme standard primaire, un monoacide appelé hydrogénophtalate de potassium (abrégé en KHP), dont la formule moléculaire est $KHC_8H_4O_4$. Il s'agit d'un solide blanc soluble vendu à l'état très pur. La réaction entre le KHP et l'hydroxyde de sodium est

FIGURE 4.16

a) Montage pour effectuer un titrage acido-basique. Une solution de NaOH contenue dans une burette est ajoutée à une solution de KHP contenue dans un erlenmeyer. b) La solution devient rose-rouge quand le point d'équivalence est atteint. On a intensifié la couleur sur la photo pour mieux voir le changement de couleur.

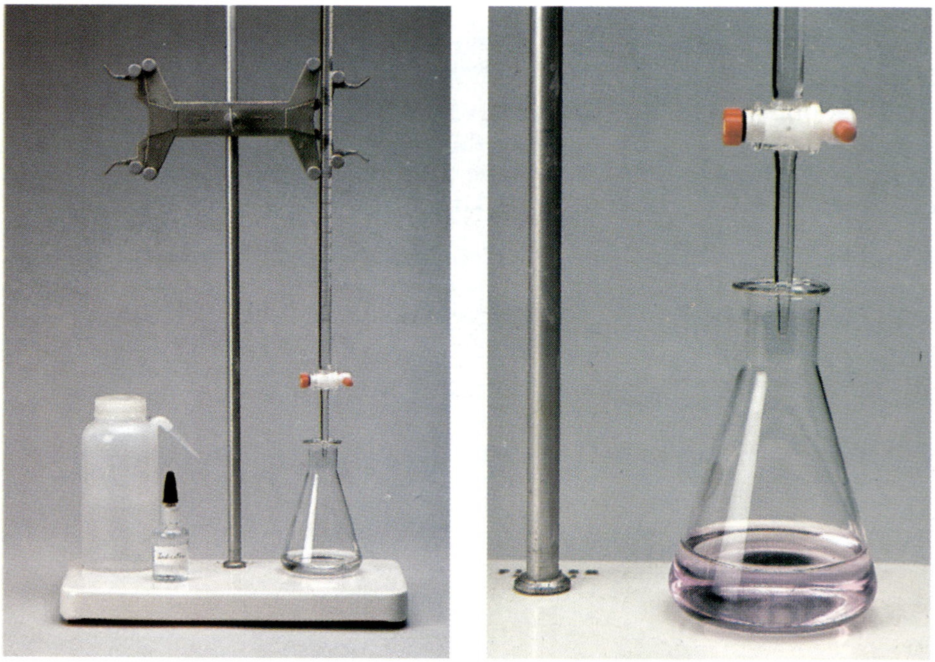

a) b)

$$KHC_8H_4O_4(aq) + NaOH(aq) \longrightarrow KNaC_8H_4O_4(aq) + H_2O(l)$$

L'équation ionique nette est

$$HC_8H_4O_4^-(aq) + OH^-(aq) \longrightarrow C_8H_4O_4^{2-}(aq) + H_2O(l)$$

La figure 4.16 illustre le montage que nécessite un titrage. D'abord, une quantité connue de KHP est transférée dans un erlenmeyer et de l'eau distillée y est ajoutée pour former une solution. Puis, une solution de NaOH y est soigneusement ajoutée à l'aide d'une burette jusqu'au ***point d'équivalence,*** *c'est-à-dire le moment où l'acide a complètement réagi avec la base ou, autrement dit, le moment où il a été complètement neutralisé.* Ce point est habituellement signalé par un changement soudain de couleur de l'indicateur préalablement ajouté à la solution acide. Dans un titrage acido-basique, *l'**indicateur*** est une *substance qui présente des couleurs différentes dans un milieu acide et dans un milieu basique.* Un des indicateurs couramment utilisés est la phénolphtaléine, incolore en milieux acide ou neutre et rose rouge en milieu basique. Au point d'équivalence, tout le KHP est neutralisé par le NaOH et la solution reste incolore. Cependant, l'ajout d'une autre goutte de la solution de NaOH contenue dans la burette ferait immédiatement tourner la solution au rose parce que cette dernière serait devenue basique. À l'aide de la masse (ainsi que du nombre de moles) de KHP qui a réagi, il est possible de calculer la concentration de la solution de NaOH.

La réaction de neutralisation entre le NaOH et le KHP est l'une des neutralisations les plus simples qui soient connues. Supposons que, au lieu du KHP, on ait choisi un diacide comme H_2SO_4. La réaction aurait été la suivante:

$$2NaOH(aq) + H_2SO_4(aq) \longrightarrow Na_2SO_4(aq) + 2H_2O(l)$$

Puisque 2 mol NaOH $\bumpeq$ 1 mol H_2SO_4, la quantité de solution de NaOH nécessaire pour réagir complètement avec la solution de H_2SO_4 est deux fois plus élevée que la quantité de solution de KHP à la *même* concentration.

EXEMPLE 4.8

Le titrage acido-basique

Combien de millilitres (mL) d'une solution de NaOH à 0,610 mol/L sont nécessaires pour neutraliser complètement 20,0 mL d'une solution de H_2SO_4 à 0,245 mol/L?

Réponse: L'équation de la réaction de neutralisation est donnée plus haut. D'abord, il faut calculer le nombre de moles contenues dans 20,0 mL de la solution de H_2SO_4:

$$\text{moles de } H_2SO_4 = \frac{0{,}245 \text{ mol } H_2SO_4}{1 \text{ L } \cancel{\text{solution}}} \times \frac{1 \text{ } \cancel{\text{L solution}}}{1000 \text{ } \cancel{\text{mL solution}}} \times 20{,}0 \text{ } \cancel{\text{mL solution}}$$

$$= 4{,}90 \times 10^{-3} \text{ mol } H_2SO_4$$

D'après les valeurs des coefficients stœchiométriques, nous savons que 1 mol H_2SO_4 $\bumpeq$ 2 mol NaOH. Ainsi, le nombre de moles ayant réagi doit être $2(4{,}90 \times 10^{-3})$ mol, ou $9{,}80 \times 10^{-3}$ mol. D'après la définition de la concentration molaire [*équation (4.1)*], nous avons:

$$\text{litres de solution} = \frac{\text{moles de soluté}}{\text{concentration molaire}}$$

ou

$$\text{volume de NaOH} = \frac{9{,}80 \times 10^{-3} \text{ mol NaOH}}{0{,}610 \text{ mol/L solution}}$$

$$= 0{,}0161 \text{ L, ou } 16{,}1 \text{ mL}$$

EXERCICE

Combien de millilitres d'une solution de H_2SO_4 à 1,28 mol/L sont nécessaires pour neutraliser 60,2 mL d'une solution de KOH à 0,427 mol/L?

RÉSUMÉ

Une solution aqueuse est conductrice d'électricité si le soluté est un électrolyte. Si le soluté n'est pas un électrolyte, la solution n'est pas conductrice.

À l'aide des règles générales concernant la solubilité des composés ioniques, il est possible de prévoir la formation d'un précipité dans une réaction.

Selon les définitions d'Arrhenius, les acides s'ionisent dans l'eau pour libérer des ions H^+, et les bases s'ionisent dans l'eau pour libérer des ions

OH^-. Par contre, selon Brønsted, les acides libèrent des protons et les bases les acceptent. La réaction entre un acide et une base est appelée neutralisation.

Dans les réactions d'oxydoréduction, l'oxydation et la réduction se produisent toujours simultanément. L'oxydation est la perte d'électrons, tandis que la réduction est le gain d'électrons. Les nombres d'oxydation permettent de suivre la distribution des charges et sont donnés à tous les atomes d'un composé ou d'un ion selon certaines règles. On peut définir l'oxydation comme une augmentation du nombre d'oxydation, et la réduction comme une diminution du nombre d'oxydation. La série d'activité permet de prédire le résultat d'une réaction de déplacement, qui est un type de réaction d'oxydoréduction.

La concentration d'une solution est la quantité de soluté présente dans une certaine quantité de solution. La concentration molaire volumique exprime la concentration en nombres de moles de soluté contenues dans 1 L de solution. L'ajout d'un solvant à une solution, un procédé appelé dilution, diminue la concentration de la solution sans changer le nombre total de moles de soluté présent dans la solution.

L'analyse gravimétrique est une technique d'analyse basée sur des mesures de masses qui permet de déterminer la nature d'un composé et/ou la concentration d'une solution. Les analyses gravimétriques se font souvent à l'aide de réactions de précipitation.

Dans un titrage acido-basique, une solution de concentration connue (une base par exemple) est graduellement ajoutée à une solution de concentration inconnue (un acide) pour en déterminer la concentration. Dans un titrage, le point d'équivalence correspond au moment où la réaction est complétée, c'est-à-dire le moment où l'acide et la base ont complètement réagi.

MOTS CLÉS

Acide de Brønsted, p. 101
Analyse gravimétrique, p. 115
Base de Brønsted, p. 101
Concentration d'une solution, p. 111
Concentration molaire volumique (M), p. 111
Degré d'oxydation, p. 106
Demi-réaction, p. 105
Diacide, p. 102
Dilution, p. 113
Électrolyte, p. 94
Équation ionique, p. 98
Équation ionique nette, p. 98
Équation moléculaire, p. 98
Équilibre chimique, p. 96
État d'oxydation, p. 106
Hydratation, p. 96
Indicateur, p. 118
Ion hydronium, p. 101
Ion spectateur, p. 98
Monoacide, p. 101
Nombre d'oxydation, p. 106
Non-électrolyte, p. 94
Oxydant, p. 105
Point d'équivalence, p. 118
Précipité, p. 96
Réaction d'oxydation, p. 105
Réaction d'oxydoréduction, p. 104
Réaction de déplacement, p. 109
Réaction de neutralisation, p. 103
Réaction de précipitation, p. 96
Réaction de réduction, p. 105
Réaction réversible, p. 96
Réducteur, p. 105
Sel, p. 103
Série d'activité, p. 110
Solubilité, p. 97
Soluté, p. 94
Solution, p. 94
Solution aqueuse, p. 94
Solution de titrage, p. 117
Solution standard, p. 117
Solvant, p. 94
Titrage, p. 117
Triacide, p. 102

QUESTIONS ET PROBLÈMES

LES SOLUTIONS AQUEUSES

Questions de révision

4.1 Définissez les termes suivants: soluté, solvant, solution, électrolyte, non-électrolyte, hydratation, réaction réversible, équilibre chimique.

4.2 Quelle est la différence entre les symboles suivants utilisés dans des équations chimiques: $\longrightarrow$ et $\rightleftharpoons$?

4.3 L'eau, on le sait, est un électrolyte extrêmement faible; elle ne peut donc conduire l'électricité. Cependant, on nous dit souvent de ne pas manipuler des appareils électriques avec les mains mouillées: pourquoi?

4.4 LiF est un électrolyte fort. Quand on écrit LiF(*aq*), quelles sont les espèces réellement présentes dans la solution?

Problèmes

4.5 Dites si chacune des substances suivantes est un électrolyte fort, un électrolyte faible ou un non-électrolyte: a) H_2O, b) KCl, c) HNO_3, d) CH_3COOH, e) $C_{12}H_{22}O_{11}$.

4.6 Dites si chacune des substances suivantes est un électrolyte fort, un électrolyte faible ou un non-électrolyte: a) $Ba(NO_3)_2$, b) Ne, c) NH_3, d) NaOH.

4.7 Le passage de l'électricité dans une solution d'électrolyte est-il causé par le mouvement a) des électrons seulement, b) des cations seulement, c) des anions seulement, ou d) des cations et des anions?

4.8 Dites lesquels des systèmes suivants sont conducteurs d'électricité et expliquez pourquoi: a) NaCl solide, b) NaCl fondu, c) solution aqueuse de NaCl.

4.9 On vous donne un composé X hydrosoluble. Dites comment vous feriez pour déterminer s'il s'agit ou non d'un électrolyte. S'il s'agit bien d'un électrolyte, comment détermineriez-vous s'il est fort ou faible?

4.10 Expliquez pourquoi une solution de HCl dans du benzène ne conduit-elle pas l'électricité alors qu'une solution aqueuse de HCl est conductrice.

LES RÉACTIONS DE PRÉCIPITATION

Questions de révision

4.11 Quelle est la différence entre une équation ionique et une équation moléculaire?

4.12 Quel est l'avantage d'écrire des équations ioniques nettes pour représenter les réactions de précipitation?

Problèmes

4.13 Dites si les composés suivants sont solubles ou insolubles dans l'eau: a) $Ca_3(PO_4)_2$, b) $Mn(OH)_2$, c) $AgClO_3$, d) K_2S.

4.14 Dites si les composés suivants sont solubles ou insolubles dans l'eau: a) $CaCO_3$, b) $ZnSO_4$, c) $Hg(NO_3)_2$, d) $HgSO_4$, e) NH_4ClO_4.

4.15 Donnez les équations ioniques et ioniques nettes des réactions suivantes:
a) $2AgNO_3(aq) + Na_2SO_4(aq) \longrightarrow$
b) $BaCl_2(aq) + ZnSO_4(aq) \longrightarrow$
c) $(NH_4)_2CO_3(aq) + CaCl_2(aq) \longrightarrow$

4.16 Donnez les équations ioniques et ioniques nettes des réactions suivantes:
a) $Na_2S(aq) + ZnCl_2(aq) \longrightarrow$
b) $2K_3PO_4(aq) + 3Sr(NO_3)_2(aq) \longrightarrow$
c) $Mg(NO_3)_2(aq) + 2NaOH(aq) \longrightarrow$

4.17 Dites dans lequel des cas suivants il y a formation d'un précipité: a) une solution de $NaNO_3$ dans une solution de $CuSO_4$, b) une solution de $BaCl_2$ dans une solution de K_2SO_4. Donnez l'équation ionique nette de cette réaction.

4.18 D'après les règles de solubilité données dans ce chapitre, suggérez une méthode qui permettrait de séparer: a) K^+ de Ag^+, b) Ag^+ de Pb^{2+}, c) NH_4^+ de Ca^{2+}, d) Ba^{2+} de Cu^{2+}. Tous les cations sont en solution aqueuse et l'anion commun est l'ion nitrate.

LES RÉACTIONS ACIDO-BASIQUES

Questions de révision

4.19 Énumérez les propriétés générales des acides et des bases.

4.20 Donnez les définitions des acides et des bases selon Arrhenius et selon Brønsted.

4.21 Donnez un exemple de monoacide, de diacide et de triacide.

4.22 Qu'est-ce qui caractérise une réaction de neutralisation acido-basique?

4.23 Donnez quatre exemples de sels.

4.24 Dites si les substances suivantes sont des acides ou des bases; précisez si la base ou l'acide sont forts ou faibles: a) NH_3, b) H_3PO_4, c) LiOH, d) HCOOH (acide formique), e) H_2SO_4, f) HF, g) $Ba(OH)_2$.

Problèmes

4.25 Dites si chacune des espèces suivantes est une base ou un acide de Brønsted ou les deux: a) HI, b) CH_3COO^-, c) $H_2PO_4^-$.

4.26 Dites si chacune des espèces suivantes est une base ou un acide de Brønsted ou les deux: a) PO_4^{3-}, b) ClO_2^-, c) NH_4^+, d) HCO_3^-.

4.27 Complétez et équilibrez les équations suivantes et donnez les équations ioniques et ioniques nettes correspondantes (s'il y a lieu):
a) $HBr(aq) + NH_3(aq) \longrightarrow$ (HBr est un acide fort)
b) $Ba(OH)_2(aq) + H_3PO_4(aq) \longrightarrow$
c) $HClO_4(aq) + Mg(OH)_2(s) \longrightarrow$

4.28 Complétez et équilibrez les équations suivantes et donnez les équations ioniques et ioniques nettes correspondantes (s'il y a lieu):
a) $CH_3COOH(aq) + KOH(aq) \longrightarrow$
b) $H_2CO_3(aq) + NaOH(aq) \longrightarrow$
c) $HNO_3(aq) + Ba(OH)_2(aq) \longrightarrow$

LES RÉACTIONS D'OXYDORÉDUCTION

Questions de révision

4.29 Définissez les termes suivants: demi-réaction, réaction d'oxydation, réaction de réduction, réducteur, oxydant, réaction d'oxydoréduction.

4.30 Une réaction d'oxydation peut-elle avoir lieu sans qu'il y ait de réduction? Expliquez.

Problèmes

4.31 Décomposez chacune des réactions d'oxydoréduction complètes suivantes en demi-réactions, puis déterminez l'oxydant et le réducteur.
a) $2Sr + O_2 \longrightarrow 2SrO$
b) $2Li + H_2 \longrightarrow 2LiH$
c) $2Cs + Br_2 \longrightarrow 2CsBr$
d) $3Mg + N_2 \longrightarrow Mg_3N_2$

4.32 Décomposez chacune des réactions d'oxydoréduction complètes suivantes en demi-réactions, puis déterminez l'oxydant et le réducteur.
a) $4Fe + 3O_2 \longrightarrow 2Fe_2O_3$
b) $Cl_2 + 2NaBr \longrightarrow 2NaCl + Br_2$
c) $Si + 2F_2 \longrightarrow SiF_4$
d) $H_2 + Cl_2 \longrightarrow 2HCl$

LES NOMBRES D'OXYDATION

Questions de révision

4.33 Définissez l'expression «nombre d'oxydation». Expliquez pourquoi un nombre d'oxydation n'a de signification physique que pour les composés ioniques.

4.34 a) Sans regarder la figure 4.8, donnez les nombres d'oxydation des métaux alcalins et alcalino-terreux dans leurs composés. b) Donnez les nombres d'oxydation les plus élevés que peuvent avoir les éléments des groupes IIIA à VIIA.

Problèmes

4.35 Classez les espèces suivantes par ordre croissant du nombre d'oxydation du soufre: a) H_2S, b) S_8, c) H_2SO_4, d) S^{2-}, e) HS^-, f) SO_2, g) SO_3.

4.36 Donnez le nombre d'oxydation du phosphore dans chacun des composés suivants: a) HPO_3, b) H_3PO_2, c) H_3PO_3, d) H_3PO_4, e) $H_4P_2O_7$, f) $H_5P_3O_{10}$.

4.37 Donnez, dans chaque cas, le nombre d'oxydation de l'atome souligné: a) $\underline{Cl}F$, b) $\underline{I}F_7$, c) $\underline{C}H_4$, d) $\underline{C}_2H_2$, e) $\underline{C}_2H_4$, f) $K_2\underline{Cr}O_4$, g) $K_2\underline{Cr}_2O_7$, h) $K\underline{Mn}O_4$, i) $NaH\underline{C}O_3$, j) $\underline{Li}_2$, k) $Na\underline{I}O_3$, l) $K\underline{O}_2$, m) $\underline{P}F_6^-$, n) $K\underline{Au}Cl_4$.

4.38 Donnez, dans les molécules ou ions suivants, le nombre d'oxydation de l'atome souligné: a) $\underline{Cs}_2O$, b) $Ca\underline{I}_2$, c) $\underline{Al}_2O_3$, d) $H_3\underline{As}O_3$, e) $\underline{Ti}O_2$, f) $\underline{Mo}O_4^{2-}$, g) $\underline{Pt}Cl_4^{2-}$, h) $\underline{Pt}Cl_6^{2-}$, i) $\underline{Sn}F_2$, j) $\underline{Cl}F_3$, k) $\underline{Sb}F_6^-$.

4.39 Donnez le nombre d'oxydation de chacune des substances suivantes: H_2, Se_8, P_4, O, U, As_4, B_{12}.

4.40 Donnez, dans chaque cas, le nombre d'oxydation de l'atome souligné: a) $Mg_3\underline{N}_2$, b) $Cs\underline{O}_2$, c) $Ca\underline{C}_2$, d) $\underline{C}O_3^{2-}$, e) $\underline{C}_2O_4^{2-}$, f) $Zn\underline{O}_2^{2-}$, g) $Na\underline{B}H_4$, h) $\underline{W}O_4^{2-}$.

4.41 L'acide nitrique est un oxydant fort. Dites laquelle des espèces suivantes est la moins susceptible d'être produite quand l'acide nitrique réagit avec un réducteur fort tel le zinc: N_2O, NO, NO_2, N_2O_4, N_2O_5, NH_4^+. Expliquez votre choix.

4.42 D'après le concept de nombre d'oxydation, l'un des oxydes suivants ne réagirait pas avec l'oxygène moléculaire: NO, N_2O, SO_2, SO_3, P_4O_6. Lequel? Pourquoi?

4.43 À l'aide de la série d'activité, prédisez le résultat des réactions représentées par les équations suivantes, puis équilibrez les équations:
a) $Cu(s) + HCl(aq) \longrightarrow$
b) $I_2(s) + NaBr(aq) \longrightarrow$
c) $Mg(s) + CuSO_4(aq) \longrightarrow$
d) $Cl_2(g) + KBr(aq) \longrightarrow$

4.44 Lesquels des métaux suivants peuvent réagir avec l'eau? a) Au, b) Li, c) Hg, d) Ca, e) Pt.

LA CONCENTRATION DES SOLUTIONS

Questions de révision

4.45 Définissez l'expression «concentration molaire».

4.46 Décrivez les étapes de la préparation d'une solution de concentration molaire donnée dans un ballon volumétrique.

Problèmes

4.47 Calculez la masse en grammes de NaOH requise pour préparer $5{,}00 \times 10^{-2}$ mL d'une solution à une concentration de 2,80 mol/L.

4.48 On dissout 5,25 g de NaOH dans suffisamment d'eau pour former exactement 1 L de solution. Quelle est la concentration molaire de cette solution?

4.49 Combien de moles de $MgCl_2$ sont contenues dans 60,0 mL d'une solution de $MgCl_2$ à 0,100 mol/L?

4.50 Combien de grammes de KOH contiennent 35,0 mL d'une solution à 5,50 mol/L?

4.51 Calculez la concentration molaire de chacune des solutions aqueuses suivantes: a) 29,0 g d'éthanol (C_2H_5OH) dans 545 mL de solution; b) 15,4 g de saccharose ($C_{12}H_{22}O_{11}$) dans 74,0 mL de solution; c) 9,00 g de chlorure de sodium (NaCl) dans 86,4 mL de solution.

4.52 Calculez la concentration molaire de chacune des solutions suivantes: a) 6,57 g de méthanol (CH_3OH) dans $1,50 \times 10^2$ mL de solution aqueuse; b) 10,4 g de chlorure de calcium ($CaCl_2$) dans $2,20 \times 10^2$ mL de solution aqueuse; c) 7,82 g de naphtalène ($C_{10}H_8$) dans 85,2 mL de solution de benzène.

4.53 Dans chacun des cas suivants, calculez le volume (en mL) qu'il faut prélever pour obtenir la masse de soluté indiquée: a) 2,14 g de chlorure de sodium dans une solution à 0,270 mol/L; b) 4,30 g d'éthanol dans une solution à 1,50 mol/L; c) 0,85 g d'acide acétique (CH_3COOH) dans une solution à 0,30 mol/L.

4.54 Calculez, pour chacun des solutés suivants, le nombre de grammes nécessaire pour former $2,50 \times 10^2$ mL d'une solution à 0,100 mol/L: a) iodure de césium (CsI); b) acide sulfurique (H_2SO_4); c) carbonate de sodium (Na_2CO_3); d) dichromate de potassium ($K_2Cr_2O_7$); e) permanganate de potassium ($KMnO_4$).

LA DILUTION DES SOLUTIONS

Questions de révision

4.55 Donnez les étapes de base de la dilution d'une solution de concentration connue.

4.56 Donnez l'équation qui permet de calculer la concentration d'une solution diluée.

Problèmes

4.57 Décrivez la préparation de 1,00 L d'une solution de HCl à 0,646 mol/L à partir d'une solution de HCl à 2,00 mol/L.

4.58 On verse 25,0 mL d'une solution de KNO_3 à 0,866 mol/L dans un ballon volumétrique de 500 mL puis on y ajoute suffisamment d'eau pour que le volume soit de 500 mL exactement. Quelle est la concentration de la solution finale?

4.59 Comment prépareriez-vous 60,0 mL d'une solution de HNO_3 à 0,200 mol/L à partir d'une solution de HNO_3 à 4,00 mol/L?

4.60 Vous avez 505 mL d'une solution de HCl à 0,125 mol/L et vous voulez la diluer à exactement 0,100 mol/L. Quelle quantité d'eau devrez-vous ajouter?

4.61 On mélange 35,2 mL d'une solution de $KMnO_4$ à 1,66 mol/L avec 16,7 mL d'une solution de $KMnO_4$ à 0,892 mol/L. Calculez la concentration de la solution finale.

4.62 On mélange 46,2 mL d'une solution de nitrate de calcium [$Ca(NO_3)_2$] à 0,568 mol/L avec 80,5 mL d'une solution de nitrate de calcium à 1,396 mol/L. Calculez la concentration de la solution finale.

L'ANALYSE GRAVIMÉTRIQUE

Questions de révision

4.63 Définissez l'expression «analyse gravimétrique». Décrivez les étapes de base d'une analyse gravimétrique. Comment une telle méthode aide-t-elle à déterminer la nature d'un composé ou la pureté d'un composé dont la formule est connue?

4.64 Pourquoi doit-on utiliser de l'eau distillée pour l'analyse gravimétrique des chlorures?

Problèmes

4.65 On ajoute 30,0 mL d'une solution de $CaCl_2$ à 0,150 mol/L à 15,0 mL d'une solution de $AgNO_3$ à 0,100 mol/L. Quelle est la masse en grammes du précipité de AgCl formé?

4.66 Un échantillon de 0,6760 g d'un composé inconnu contenant des ions baryum (Ba^{2+}) est dissous dans de l'eau; on ajoute ensuite du Na_2SO_4 en excès. Si la masse du précipité de $BaSO_4$ formé est de 0,4105 g, quel est le pourcentage massique de Ba dans le composé inconnu?

4.67 Combien de grammes de NaCl sont nécessaires pour précipiter tous les ions Ag^+ contenus dans $2,50 \times 10^2$ mL d'une solution de $AgNO_3$ à 0,0113 mol/L? Donnez l'équation ionique nette de cette réaction.

4.68 La concentration des ions Cu^{2+} dans l'eau (qui contient aussi des ions sulfate) rejetée par une usine est déterminée par l'ajout d'une solution en excès de sulfure de sodium (Na_2S) à 0,800 L de cette eau. L'équation moléculaire est

$$Na_2S(aq) + CuSO_4(aq) \longrightarrow Na_2SO_4(aq) + CuS(s)$$

Donnez l'équation ionique nette et calculez la concentration molaire de Cu^{2+} dans l'échantillon d'eau si 0,0177 g de CuS solide est formé.

LES TITRAGES ACIDO-BASIQUES

Questions de révision

4.69 Définissez les termes suivants: titrage acido-basique, solution standard et point d'équivalence.

4.70 Décrivez les principales étapes d'un titrage acido-basique. Pourquoi cette technique a-t-elle une grande valeur pratique? Comment fonctionne un indicateur acido-basique?

Problèmes

4.71 Calculez le volume en millilitres d'une solution de NaOH à 1,420 mol/L nécessaire pour le titrage de chacune des solutions suivantes:
a) 25,00 mL d'une solution de HCl à 2,430 mol/L
b) 25,00 mL d'une solution de H_2SO_4 à 4,500 mol/L
c) 25,00 mL d'une solution de H_3PO_4 à 1,500 mol/L

4.72 Quel volume de solution de KOH à 0,50 mol/L est nécessaire pour neutraliser complètement chacune des solutions suivantes?
a) 10,0 mL d'une solution de HCl à 0,30 mol/L
b) 10,0 mL d'une solution de H_2SO_4 à 0,20 mol/L
c) 15,0 mL d'une solution de H_3PO_4 à 0,25 mol/L

PROBLÈMES VARIÉS

4.73 Classez les réactions suivantes selon les types de réactions abordés dans ce chapitre:
a) $Cl_2 + 2OH^- \longrightarrow Cl^- + ClO^- + H_2O$
b) $Ca^{2+} + CO_3^{2-} \longrightarrow CaCO_3$
c) $NH_3 + H^+ \longrightarrow NH_4^+$
d) $2CCl_4 + CrO_4^{2-} \longrightarrow 2COCl_2 + CrO_2Cl_2 + 2Cl^-$
e) $Ca + F_2 \longrightarrow CaF_2$
f) $2Li + H_2 \longrightarrow 2LiH$
g) $Ba(NO_3)_2 + Na_2SO_4 \longrightarrow 2NaNO_3 + BaSO_4$
h) $CuO + H_2 \longrightarrow Cu + H_2O$
i) $Zn + 2HCl \longrightarrow ZnCl_2 + H_2$
j) $2FeCl_2 + Cl_2 \longrightarrow 2FeCl_3$

4.74 En utilisant le dispositif illustré à la figure 4.1, un élève remarque que l'ampoule brille vivement quand les électrodes sont plongées dans une solution d'acide sulfurique. Cependant, après l'ajout d'une certaine quantité d'une solution d'hydroxyde de baryum [$Ba(OH)_2$], l'intensité de la lumière diminue graduellement; pourtant $Ba(OH)_2$ est un électrolyte fort. Expliquez ce phénomène.

4.75 Quelqu'un vous donne un liquide incolore. Décrivez trois analyses chimiques qui vous permettraient de déterminer que ce liquide est de l'eau.

4.76 On vous donne deux solutions incolores, une qui contient du NaCl et l'autre du saccharose ($C_{12}H_{22}O_{11}$). Proposez un test chimique et un test physique qui permettraient de distinguer ces deux solutions.

4.77 Le chlore (Cl_2) est utilisé pour rendre l'eau potable. Cependant, en trop grande quantité, il est dangereux pour les humains. L'excès de chlore est alors souvent éliminé par traitement au dioxyde de soufre (SO_2). Équilibrez l'équation suivante qui représente cette réaction:

$$Cl_2 + SO_2 + H_2O \longrightarrow Cl^- + SO_4^{2-} + H^+$$

4.78 Avant que l'aluminium soit obtenu par réduction électrolytique de son minerai (Al_2O_3), on l'obtenait par réduction chimique. Quel métal utiliseriez-vous pour réduire Al^{3+} en Al?

4.79 L'oxygène (O_2) et le dioxyde de carbone (CO_2) sont des gaz incolores et inodores. Décrivez brièvement deux tests qui vous permettraient de distinguer ces deux gaz.

4.80 En vous servant des nombres d'oxydation, expliquez pourquoi le monoxyde de carbone (CO) est inflammable, alors que le dioxyde de carbone (CO_2) ne l'est pas.

4.81 Laquelle des solutions aqueuses suivantes serait, selon vous, la meilleure conductrice d'électricité à 25 °C? Expliquez votre réponse.
a) NaCl à 0,20 mol/L
b) CH_3COOH à 0,60 mol/L
c) HCl à 0,25 mol/L
d) $Mg(NO_3)_2$ à 0,20 mol/L

4.82 On ajoute à 4,47 g de magnésium un échantillon de $5{,}00 \times 10^2$ mL d'une solution de HCl à 2,00 mol/L. Calculez la concentration de la solution acide après que tout le métal a réagi. Supposez que le volume est resté le même.

4.83 Quel volume (en litres) d'une solution de $CuSO_4$ à 0,156 mol/L faudrait-il ajouter pour faire réagir 7,89 g de zinc?

4.84 Le carbonate de sodium (Na_2CO_3), qui peut être obtenu à l'état très pur, peut être utilisé comme standard primaire pour titrer des solutions acides. Quelle serait la concentration molaire d'une solution aqueuse de HCl s'il faut 28,3 mL de cette solution pour réagir complètement avec 0,256 g de Na_2CO_3?

4.85 On a dissous un échantillon de 3,664 g d'un monoacide dans de l'eau. Il a fallu 20,27 mL d'une solution de NaOH à 0,1578 mol/L pour neutraliser cette solution. Calculez la masse molaire de l'acide.

4.86 L'acide acétique (CH_3COOH) est un important ingrédient du vinaigre. Un échantillon de 50,0 mL d'un vinaigre commercial est titré à l'aide d'une solution de NaOH à 1,00 mol/L. Quelle est la concentration (en mol/L) de l'acide acétique dans le vinaigre si 5,75 mL de NaOH ont été nécessaires pour le titrage?

4.87 Calculez la masse de précipité formée quand 2,27 L d'une solution de $Ba(OH)_2$ à 0,0820 mol/L sont mélangés avec 3,06 L d'une solution de Na_2SO_4 à 0,0664 mol/L.

4.88 La magnésie hydratée (aussi appelée lait de magnésie) est une suspension aqueuse d'hydroxyde de magnésium [$Mg(OH)_2$] utilisée contre l'acidité gastrique. Calculez le volume d'une solution de HCl à 0,035 mol/L (la concentration moyenne d'acide chez un sujet souffrant de malaises gastriques) nécessaire pour réagir avec deux cuillerées de magnésie hydratée [approximativement 10,0 mL à 0,080 g $Mg(OH)_2$/mL].

Réponses aux exercices: 4.1 a) insoluble, b) légèrement soluble, c) soluble; **4.2** $Al^{3+}(aq) + 3OH^-(aq) \longrightarrow Al(OH)_3(s)$; **4.3** a) base de Brønsted, b) acide de Brønsted; **4.4** a) P: +3, F: −1; b) Mn: +7, O: −2; **4.5** 0,452 mol/L; **4.6** En diluant 34,2 mL de la solution mère jusqu'à 200 mL; **4.7** 92,02 %; **4.8** 10,0 mL.

CHAPITRE 5

LES GAZ

5.1
Les substances qui existent à l'état gazeux

5.2
La pression des gaz
Les unités de pression du SI • La pression atmosphérique

5.3
Les lois des gaz
Relation pression-volume: la loi de Boyle-Mariotte • Relation température-volume: la loi de Gay-Lussac-Charles • Relation volume-nombre de molécules: la loi d'Avogadro

5.4
L'équation des gaz parfaits
La masse volumique et la masse molaire d'une substance gazeuse

5.5
La loi des pressions partielles de Dalton

5.6
La théorie cinétique des gaz
La distribution des vitesses des molécules

5.7
Les gaz parfaits et les gaz réels

Les frères de Montgolfier sont les inventeurs des aérostats, ces fameux «plus légers que l'air» appelés aujourd'hui montgolfières. Lors de la première ascension sans passager qui eut lieu en juin 1783, leur ballon gonflé d'air chaud s'éleva à une altitude de un kilomètre et parcourut 1,6 km. C'est en novembre de la même année qu'eut lieu la première ascension avec un passager à bord d'une montgolfière du même type. Mais dès le mois d'août 1783, le chimiste français Jacques Charles avait réussi à faire monter pour la première fois un aérostat gonflé d'hydrogène. En décembre 1783 Charles et son assistant furent les premiers à s'envoler à bord de ce type de ballon; partis de Paris, ils atterrirent près du village de Neslé situé à 104 km plus au nord. C'était à la suite des récentes découvertes de l'époque concernant les gaz que Charles avait décidé de gonfler son ballon avec de l'hydrogène, un gaz plus léger que l'air. Son ballon était fait de soie enduite d'une solution de caoutchouc qui empêchait le gaz de s'échapper. L'hydrogène fut obtenu par la réaction de 227 kg d'acide sulfurique (H_2SO_4) avec 454 kg de fer: il fallut plusieurs jours pour gonfler le ballon, qui faisait 4 m de diamètre. Le vol d'août 1783 dura 45 minutes et l'atterrissage eut lieu à 24 km du site de décollage. Les habitants de la région furent tellement terrifiés par le ballon qu'ils le mirent en pièces.

Le premier vol libre habité en ballon eut lieu à Paris, en 1783.

Les succès des premiers vols en ballon eurent une portée considérable. Dans le monde entier, on reconnut rapidement les possibilités qu'offraient les ballons pour les voyages et comme instrument de guerre. Le ballon permit également aux scientifiques d'atteindre des altitudes supérieures à 3000 m pour y mesurer la température et la pression de l'atmosphère, et pour y recueillir des échantillons d'air. Les études qui suivirent fournirent une base expérimentale plus solide pour la compréhension du comportement des gaz et établirent les bases qui menèrent à l'abandon de la théorie du phlogistique (*voir p. 57*). Les premiers vols en ballon ont donc contribué à l'essor de la chimie moderne.

5.1 LES SUBSTANCES QUI EXISTENT À L'ÉTAT GAZEUX

Du NO_2 gazeux.

Nous vivons au fond d'un océan d'air dont la composition, par unité de volume, est d'environ 78 % de N_2, 21 % de O_2 et 1 % d'autres gaz, dont le CO_2. À cause de la pollution, la chimie de ce mélange vital est devenue, dans les années quatre-vingt-dix, un champ d'étude encore plus important. Dans ce chapitre, nous nous intéresserons surtout au comportement des substances qui existent à l'état gazeux dans des conditions atmosphériques ordinaires définies comme étant une température de 25 °C et une pression de 1 atmosphère (atm) (*voir section 5.2*).

Dans les conditions atmosphériques ordinaires, seuls 11 éléments existent à l'état gazeux. Le tableau 5.1 en dresse la liste, en y incluant un certain nombre de composés gazeux. Notez que l'hydrogène, l'azote, l'oxygène, le fluor et le chlore existent sous forme de molécules diatomiques. (L'ozone (O_3), une autre forme de l'oxygène (allotrope), est également gazeux à la température ambiante.) Par contre, tous les éléments du groupe VIIIA (les gaz rares) sont des gaz monoatomiques: He, Ne, Ar, Kr, Xe et Rn.

De tous les gaz nommés dans le tableau 5.1, seul O_2 est essentiel à notre survie. Le cyanure d'hydrogène (HCN) est un poison mortel. Le monoxyde de carbone (CO), le sulfure d'hydrogène (H_2S), le dioxyde d'azote (NO_2), l'ozone (O_3) et le dioxyde de soufre (SO_2) sont toxiques, mais à un moindre degré. Par ailleurs, les gaz He, Ne et Ar sont chimiquement inertes, c'est-à-dire qu'ils ne réagissent avec aucune autre substance. La plupart des gaz, sauf F_2, Cl_2 et NO_2, sont incolores. On peut quelquefois distinguer le brun foncé du NO_2 dans l'air pollué. Tous les gaz ont les caractéristiques physiques suivantes:

- Les gaz épousent le volume et la forme de leurs contenants.
- Les gaz sont compressibles alors que les liquides et les solides le sont très peu.

TABLEAU 5.1
Quelques substances qui existent à l'état gazeux à 1 atm et à 25 °C

Éléments	Composés
H_2 (dihydrogène)	HF (fluorure d'hydrogène)
N_2 (diazote)	HCl (chlorure d'hydrogène)
O_2 (dioxygène)	HBr (bromure d'hydrogène)
O_3 (ozone ou trioxygène)	HI (iodure d'hydrogène)
	CO (monoxyde de carbone)
F_2 (difluore)	CO_2 (dioxyde de carbone)
Cl_2 (dichlore)	NH_3 (ammoniac)
He (hélium)	NO (monoxyde d'azote)
Ne (néon)	NO_2 (dioxyde d'azote)
Ar (argon)	N_2O (monoxyde de diazote)
Kr (krypton)	SO_2 (dioxyde de soufre)
Xe (xénon)	H_2S (sulfure d'hydrogène)
Rn (radon)	HCN (cyanure d'hydrogène)*

* Le point d'ébullition de HCN, 26 °C, est suffisamment bas pour que HCN soit considéré comme un gaz aux conditions atmosphériques ordinaires.

- Des gaz déversés dans un même contenant se mélangent uniformément et complètement.
- Les gaz ont des masses volumiques de beaucoup inférieures à celles des liquides et des solides.

À ce stade, il est important de faire la distinction entre «gaz» et «vapeur», deux termes souvent utilisés indifféremment, mais qui n'ont pas exactement la même signification. Un *gaz* est une substance qui est *normalement* gazeuse dans des conditions de température et de pression ordinaires; une *vapeur* est la forme gazeuse d'une substance qui est normalement un liquide ou un solide dans les mêmes conditions. Ainsi, à 25 °C et à 1 atm, on parle de *vapeur* d'eau et d'oxygène *gazeux*.

5.2 LA PRESSION DES GAZ

Les gaz exercent une pression au contact de toute surface, car les molécules gazeuses sont constamment en mouvement. Si nous sommes généralement insensibles à la présence de la pression atmosphérique, c'est parce que nous y sommes physiologiquement adaptés, de la même manière qu'on suppose que se sont adaptés les poissons à la pression de l'eau sur eux.

Il est facile de démontrer l'existence de la pression atmosphérique. Le fait de boire un liquide avec une paille en est un exemple. La succion de l'air dans la paille réduit la pression à l'intérieur de celle-ci. La pression de l'air qui s'exerce sur le liquide étant alors plus grande que la pression dans la paille, elle pousse le liquide dans la paille pour remplacer l'air manquant.

LES UNITÉS DE PRESSION DU SI

La pression est une des grandeurs des gaz les plus faciles à mesurer. Cependant, pour comprendre comment se mesure la pression d'un gaz, il est utile de savoir d'où viennent les unités à l'aide desquelles on l'exprime. Commençons par la vitesse et l'accélération.

La *vitesse* est la distance parcourue par unité de temps; autrement dit,

$$\text{vitesse} = \frac{\text{distance parcourue}}{\text{temps écoulé}}$$

L'unité de vitesse du SI est le mètre par seconde (m/s); on utilise aussi le centimètre par seconde (cm/s).

L'*accélération* est la variation de la vitesse en fonction du temps, ou

$$\text{accélération} = \frac{\text{variation de vitesse}}{\text{temps écoulé}}$$

L'accélération s'exprime en mètres par seconde au carré (m/s^2) ou en centimètres par seconde au carré (cm/s^2).

La deuxième loi du mouvement, formulée par sir Isaac Newton à la fin du XVIIe siècle, définit un autre terme, la *force,* dont dérivent les unités de la pression. Selon cette loi:

$$\text{force} = \text{masse} \times \text{accélération}$$

Dans ce contexte, la force est exprimée par l'*unité du SI kg · m/s²,* ou de manière plus commode, par le ***newton* (N),** où

$$1\ \text{N} = 1\ \text{kg} \cdot \text{m/s}^2$$

(1 newton équivaut donc à la force qui communique à un corps ayant une masse de 1 kg une accélération de 1 m/s². Il est intéressant de savoir que 1 N est environ la force que la gravité exerce sur une pomme.)

Finalement, la **pression** est définie comme la *force exercée par unité de surface:*

$$\text{pression} = \frac{\text{force}}{\text{surface}}$$

L'*unité de pression du SI* est le ***pascal* (Pa),** nommé ainsi en l'honneur du mathématicien et physicien français Blaise Pascal.

$$1\ \text{Pa} = 1\ \text{N/m}^2$$

La pression atmosphérique

Les atomes et les molécules des gaz présents dans l'atmosphère, tout comme ceux de toute matière, sont soumis à l'attraction terrestre. Ainsi, l'atmosphère est plus dense près de la surface de la Terre qu'en haute altitude, et cette pression due à l'air s'exerce dans toutes les directions sur les objets terrestres. La force qu'exerce sur une surface l'atmosphère terrestre est égale au *poids de la colonne d'air située au-dessus de cette surface*. On appelle ***pression atmosphérique*** la *pression exercée par cette colonne d'air*. Sa valeur réelle dépend du lieu (altitude), de la température et des conditions météorologiques.

On *mesure la pression atmosphérique à l'aide d'un instrument* appelé ***baromètre.*** Il est possible d'en fabriquer un rudimentaire de la façon suivante: on remplit de mercure un long tube de verre fermé à une extrémité, qu'on renverse soigneusement dans un récipient contenant aussi du mercure, en s'assurant que l'air n'y entre pas. Un peu de mercure descendra dans le récipient, créant ainsi un vide dans la partie supérieure du tube (*figure 5.1*). Le poids de la colonne de mercure qui reste dans le tube est supporté par la pression atmosphérique s'exerçant sur le mercure contenu dans le récipient. La ***pression atmosphérique normale* (1 atm)** est égale à la *pression qui supporte une colonne de mercure de 760 mm (ou 76 cm) à 0 °C, au niveau de la mer.* Une atmosphère normale est donc égale à une pression de 760 mm Hg, où mm Hg est la pression supportant une colonne de mercure de 1 mm. L'unité mm Hg est également appelée *torr,* en l'honneur du scientifique italien Evangelista Torricelli, l'inventeur du baromètre. Ainsi,

$$1\ \text{torr} = 1\ \text{mm Hg}$$

et

$$\begin{aligned}1\ \text{atm} &= 760\ \text{mm Hg}\\ &= 760\ \text{torr}\end{aligned}$$

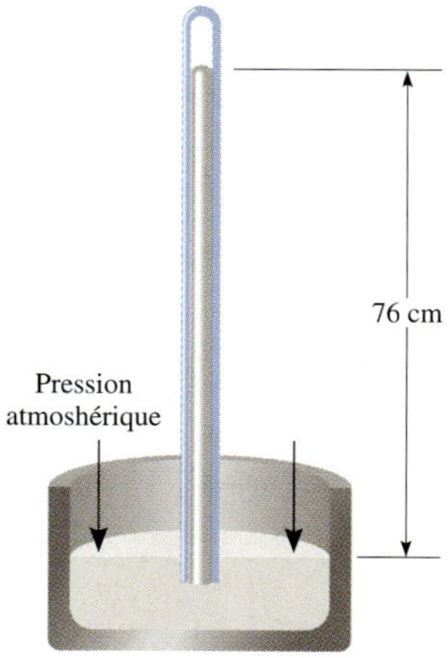

FIGURE 5.1

Un baromètre permet de mesurer la pression atmosphérique. Dans le tube, au-dessus du mercure, il y a un vide. La colonne de mercure est maintenue par la pression atmosphérique.

EXEMPLE 5.1

La conversion mm Hg/atmosphères

La pression atmosphérique à l'extérieur d'un avion à réaction volant à haute altitude est très inférieure à la pression qui s'exerce au niveau de la mer. La pression de l'air à l'intérieur des avions doit donc être réglée pour protéger les passagers. Quelle est la pression de l'air en atmosphères dans un avion si l'on sait qu'elle est de 688 mm Hg?

Réponse: La pression en atmosphères est calculée de la façon suivante:

$$\text{pression} = 688 \text{ mm Hg} \times \frac{1 \text{atm}}{760 \text{ mm Hg}}$$

$$= 0{,}905 \text{ atm}$$

EXERCICE

Convertissez 749 mm Hg en atmosphères.

Un avion à réaction de transport commercial volant à haute altitude.

La relation entre atmosphères et pascals (*voir annexe 1*) est

$$1 \text{ atm} = 101\ 325 \text{ Pa}$$

Comme 1000 Pa = 1 kPa (kilopascals),

$$1 \text{ atm} = 1{,}013\ 25 \times 10^2 \text{ kPa}$$

Cette équation donne la définition de 1 atm dans le SI.

L'appareil utilisé par les scientifiques pour mesurer la pression des gaz autres que l'atmosphère est le *manomètre,* qui fonctionne selon le même principe qu'un baromètre. Il en existe deux types, illustrés à la figure 5.2. Le

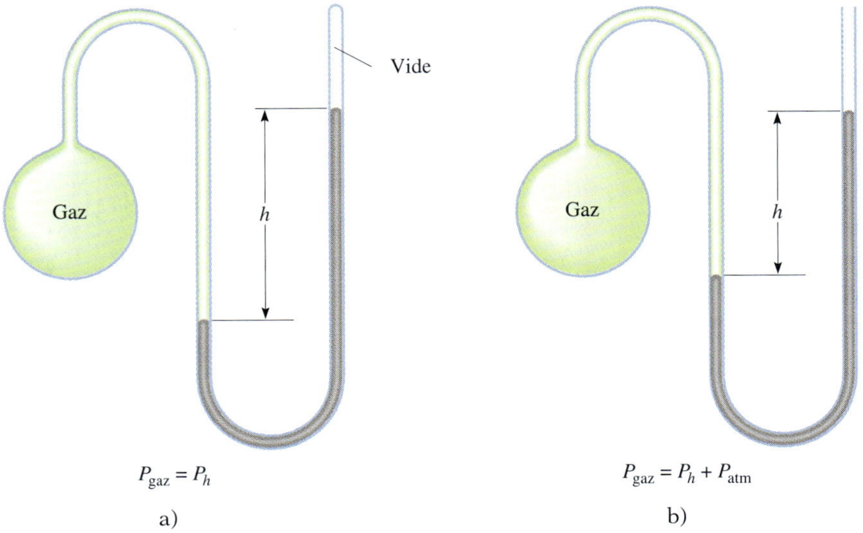

FIGURE 5.2

Deux types de manomètres utilisés pour mesurer la pression des gaz. a) La pression du gaz est inférieure à la pression atmosphérique. b) La pression du gaz est supérieure à la pression atmosphérique.

manomètre à tube fermé est habituellement utilisé pour mesurer les pressions inférieures à la pression atmosphérique [*figure 5.2 a)*]; le manomètre à tube ouvert est plus utile pour mesurer les pressions égales ou supérieures à la pression atmosphérique [*figure 5.2 b)*].

Presque tous les baromètres et la plupart des manomètres sont au mercure, malgré la toxicité de cette substance et le danger que représentent ses vapeurs. Ce choix s'explique par la masse volumique importante (13,6 g/mL) du mercure en comparaison avec celles d'autres liquides: puisque la hauteur de la colonne de liquide est inversement proportionnelle à la masse volumique du liquide, le mercure permet la fabrication de baromètres et manomètres de petite taille.

5.3 LES LOIS DES GAZ

Les lois des gaz que nous étudierons dans ce chapitre résument plusieurs siècles de recherches sur les propriétés physiques des gaz. Ces généralisations sur le comportement macroscopique des substances gazeuses ont joué un rôle important dans les progrès de la chimie.

RELATION PRESSION-VOLUME: LA LOI DE BOYLE-MARIOTTE

À mesure qu'un ballon rempli d'hélium monte dans l'air, son volume augmente parce que la pression extérieure diminue graduellement. Inversement, quand on comprime le volume d'un gaz, la pression de ce gaz augmente. Au XVIIe siècle, le chimiste irlandais Robert Boyle a étudié le comportement des gaz de façon quantitative à l'aide d'un appareil comme celui qui est illustré à la figure 5.3. Edme Mariotte, un physicien français, énonça en même temps que lui cette loi en 1776. À la figure 5.3 a), la pression exercée sur le gaz par le mercure ajouté dans le tube est égale à la pression atmosphérique. En b), l'ajout de mercure cause une augmentation de pression qui est indiquée par l'inégalité entre les niveaux de mercure dans les deux colonnes; par conséquent,

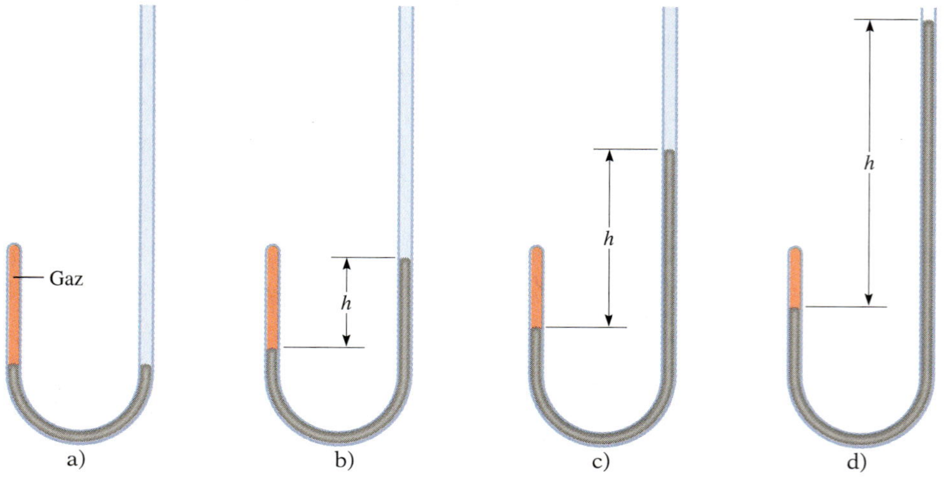

FIGURE 5.3

Appareil servant à étudier la relation entre la pression et le volume d'un gaz. En a), la pression du gaz est égale à la pression atmosphérique. La pression exercée sur le gaz augmente de a) à d) à mesure qu'on ajoute du mercure, et le volume du gaz diminue, comme le prédit la loi de Boyle. La pression supplémentaire exercée sur le gaz est exprimée par la différence dans les niveaux de mercure (h mm Hg) dans les deux colonnes. La température du gaz y est constante.

le volume du gaz diminue. Boyle et Mariotte ont remarqué que, à une température constante, le volume V d'une masse gazeuse diminue avec l'augmentation de la pression totale P exercée (somme de la pression atmosphérique et la pression causée par le mercure ajouté). Cette relation entre la pression et le volume est illustrée à la figure 5.3 b), c) et d). Par contre, si la pression exercée diminue, le volume du gaz augmente.

La loi qui résume ces observations sur la relation pression-volume dit que *le volume d'une masse de gaz maintenu à une température constante est inversement proportionnel à sa pression.* On appelle cette loi ***loi de Boyle-Mariotte,*** et on l'exprime ainsi:

Robert Boyle (1627-1691)

$$V \propto \frac{1}{P}$$

où le symbole $\propto$ signifie *proportionnel à*. Pour changer le symbole $\propto$ pour un symbole d'égalité, il faut écrire

$$V = k_1 \times \frac{1}{P} \tag{5.1a}$$

où k_1 est une constante appelée *constante de proportionnalité.* On peut exprimer l'équation (5.1a) d'une autre façon:

$$PV = k_1 \tag{5.1b}$$

Cette autre façon d'exprimer la loi de Boyle-Mariotte signifie que le produit de la pression et du volume d'un gaz à une température constante est une constante.

La figure 5.4 montre deux manières pratiques d'exprimer à l'aide de graphiques le résultat de ces recherches. La figure 5.4 a) est un graphique qui correspond à l'équation $PV = k_1$; la figure 5.4 b) illustre l'équation $P = k_1 \times 1/V$. Notez que cette dernière équation est une équation linéaire de la forme $y = mx + b$, où $b = 0$.

Bien que les valeurs respectives de la pression et du volume puissent varier grandement pour un échantillon donné, tant que la température est constante et que la quantité de gaz ne change pas, le produit de $P \times V$ est toujours égal à une constante. Ainsi, pour une masse de gaz donnée dans deux ensembles de conditions différentes mais à température constante, on peut écrire

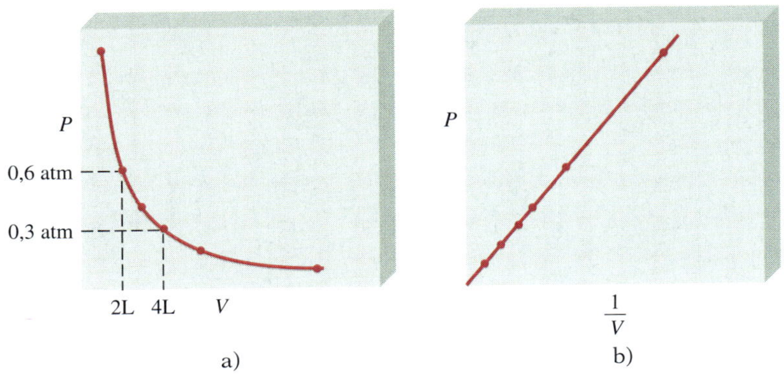

FIGURE 5.4

Deux graphiques montrant la relation entre la pression et le volume d'un échantillon de gaz, à température constante. a) P en fonction de V. Notez que le volume du gaz double quand la pression est réduite de moitié. b) P en fonction de 1/V.

$$P_1V_1 = k_1 = P_2V_2$$

ou

$$P_1V_1 = P_2V_2 \qquad (5.2)$$

où V_1 et V_2 sont les volumes aux pressions P_1 et P_2, respectivement.

Relation température-volume: la loi de Gay-Lussac-Charles

Pour que la loi de Boyle-Mariotte s'applique, la température du système étudié doit rester constante. Supposons maintenant qu'elle change. Comment un changement de température affecte-t-il le volume et la pression d'un gaz? Voyons d'abord l'action de la température sur le volume. Jacques Charles et Joseph Gay-Lussac, deux scientifiques français, furent les premiers à étudier cette relation. Leurs études ont démontré que, à pression constante, pour une masse donnée de gaz, le volume augmente si la température augmente et qu'il diminue si la température diminue (*figure 5.5*). En fait, le rapport quantitatif entre les variations de volume et de température s'avère remarquablement constant. Par exemple, on a observé un phénomène intéressant en étudiant le rapport entre ces deux grandeurs à des pressions différentes: pour toute pression donnée, la variation du volume en fonction de la température est linéaire (*figure 5.6*). L'extrapolation de cette droite jusqu'au volume zéro coupe l'axe de la température à −273,15 °C. Les droites ont une inclinaison différente selon la pression, mais elles coupent toujours l'axe de la température à −273,15 °C pour un volume égal à zéro. (En pratique, on ne peut mesurer le volume d'un gaz que dans un intervalle de températures limité, parce que, à basses températures, tous les gaz se condensent pour former des liquides.)

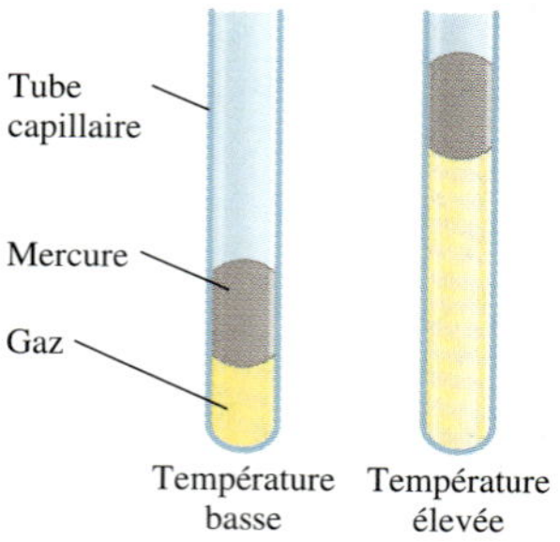

FIGURE 5.5

Variation du volume d'un gaz en fonction de la température, à pression constante. La pression exercée sur le gaz est la somme de la pression atmosphérique et de la pression due au poids du mercure.

En 1848, un physicien écossais, lord William Thomson Kelvin, comprit la signification de cette donnée: −273,15 °C était la *température théorique la plus basse que l'on puisse atteindre.* Il l'appela ***zéro absolu.*** En choisissant ce zéro absolu comme point de départ, il établit une ***échelle de température absolue,*** qu'on appelle maintenant ***échelle Kelvin.*** Un kelvin (K) a la même grandeur qu'un degré Celsius; la seule différence entre les deux échelles est la position du zéro. (Notez que l'on n'utilise pas le signe de degré dans l'échelle de

FIGURE 5.6

Variations du volume d'un gaz en fonction de la température à différentes pressions. (La pression augmente de P_1 à P_4.) En prolongeant ces droites (les parties pointillées) vers les basses températures, elles se coupent toutes en un point dont les coordonnées correspondent à une température de −273,15 °C et à un volume égal à zéro.

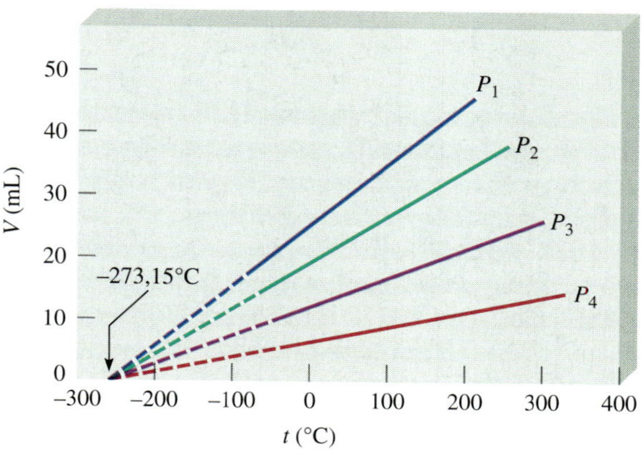

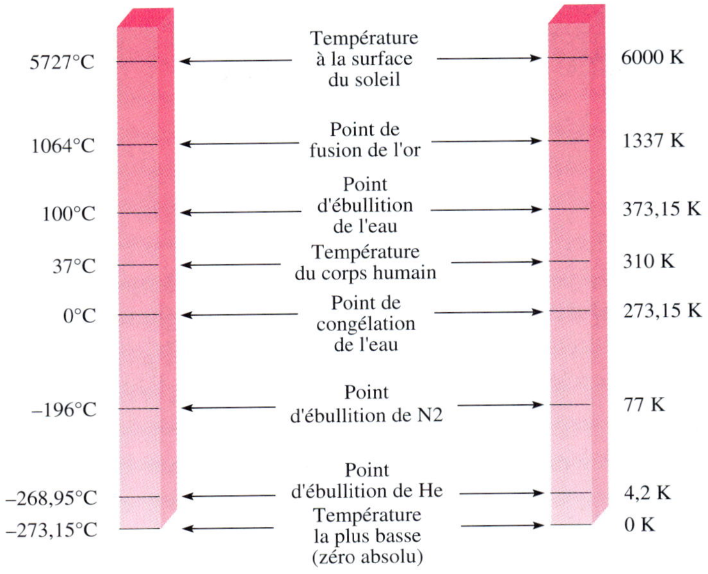

FIGURE 5.7

Comparaison des échelles Celsius et Kelvin. (Les distances entre les marques indiquant les températures ne sont pas à l'échelle.)

température absolue; ainsi, 25 K se dit «vingt-cinq kelvins».) Voici la correspondance sur les deux échelles de certaines températures importantes:

Zéro absolu: 0 K = −273,15 °C

Point de congélation de l'eau: 273,15 K = 0 °C

Point d'ébullition de l'eau: 373,15 K = 100 °C

La relation entre kelvins et degrés Celsius est

$$T(\text{K}) = t(°\text{C}) + 273{,}15\ °\text{C} \quad (5.3)$$

Pour la plupart des calculs, nous utiliserons toutefois 273 au lieu de 273,15 dans la formule de conversion entre kelvins et degrés Celsius. Par convention, le symbole T indique la température absolue (en kelvins), et t indique la

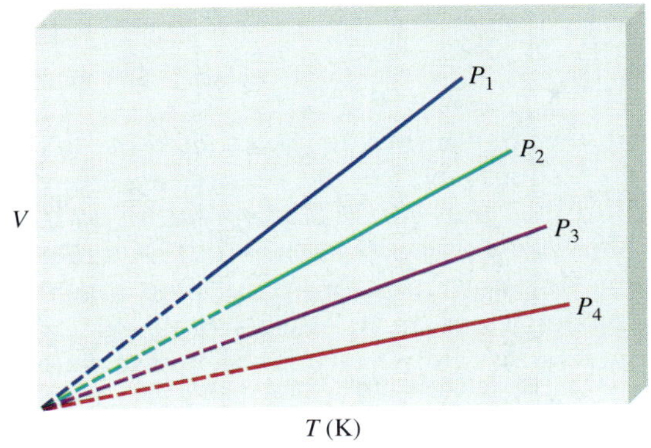

FIGURE 5.8

Variation du volume d'un gaz en fonction de la température, à différentes pressions. Le graphique ressemble à celui de la figure 5.6 sauf que la température est en kelvins et que les droites se coupent en un point situé à l'origine.

température en degrés Celsius. La figure 5.7 montre sur les deux échelles d'autres températures correspondant à quelques phénomènes particuliers.

La relation entre volume et température est la suivante:

$$V \propto T$$

$$V = k_2T$$

ou

$$\frac{V}{T} = k_2 \tag{5.4}$$

où k_2 est la constante de proportionnalité. L'équation (5.4) est connue sous le nom de **loi de Gay-Lussac-Charles,** ou simplement **loi de Charles.** Cette loi dit que, pour une masse donnée de gaz maintenu à une pression constante, le volume du gaz est directement proportionnel à sa température absolue.

Jacques Charles (1746-1832)

Comme nous l'avons fait pour la relation pression-volume à température constante, nous pouvons comparer deux ensembles de conditions différentes pour un gaz donné à pression constante. À partir de l'équation (5.4), on peut écrire

$$\frac{V_1}{T_1} = k_2 = \frac{V_2}{T_2}$$

ou

$$\frac{V_1}{T_1} = \frac{V_2}{T_2} \tag{5.5}$$

où V_1 et V_2 sont les volumes des gaz aux températures T_1 et T_2 (en kelvins), respectivement. La figure 5.8 montre les droites que donnent les rapports entre V et T pour différentes pressions données. Ce graphique est semblable à celui de la figure 5.6, bien qu'on y utilise l'échelle Kelvin.

Relation volume-nombre de molécules: la loi d'Avogadro

Le travail du scientifique italien Amedeo Avogadro (*voir section 3.2*) compléta les recherches de Boyle, de Charles et de Gay-Lussac. En 1811, il proposa l'hypothèse suivante: à la même température et à la même pression, des volumes égaux de gaz différents contiennent le même nombre de molécules (ou d'atomes si le gaz est monoatomique). Il en déduisit que le volume d'un gaz donné devait être proportionnel au nombre de molécules présentes; autrement dit,

$$V \propto n$$

$$V = k_3n \tag{5.6}$$

où n est le nombre de moles, et k_3 est la constante de proportionnalité.

L'équation (5.6) est l'expression mathématique de la **loi d'Avogadro,** qui dit que, *à pression et à température constantes, le volume d'un gaz est directement proportionnel au nombre de moles de gaz présentes.* Cette loi enseigne que, lorsque deux gaz réagissent ensemble, le rapport entre leurs volumes respectifs est un nombre simple. Si le produit est aussi un gaz, le rapport entre son volume et ceux des réactifs est également un rapport simple (ce

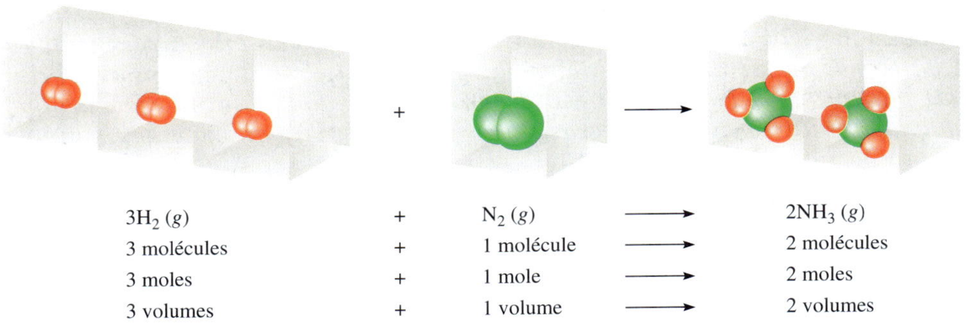

FIGURE 5.9

Relation entre les volumes gazeux dans une réaction chimique. Le rapport entre le volume de l'hydrogène et celui de l'azote est de 3 : 1; celui du volume de l'ammoniac (le produit) et des volumes de l'hydrogène et de l'azote combinés (les réactifs) est de 2 : 4, ou de 1 : 2.

qu'avait déjà démontré Gay-Lussac). Par exemple, prenons la synthèse de l'ammoniac à partir de l'hydrogène moléculaire et de l'azote moléculaire:

$$\underset{3\text{ mol}}{3H_2(g)} + \underset{1\text{ mol}}{N_2(g)} \longrightarrow \underset{2\text{ mol}}{2NH_3(g)}$$

Puisque, à la même température et à la même pression, les volumes des gaz sont directement proportionnels au nombre de moles de ces gaz, on peut écrire

$$\underset{3\text{ volumes}}{3H_2(g)} + \underset{1\text{ volume}}{N_2(g)} \longrightarrow \underset{2\text{ volumes}}{2NH_3(g)}$$

Le rapport entre les volumes de l'hydrogène moléculaire et de l'azote moléculaire est de 3 : 1, et le rapport entre le volume de l'ammoniac (le produit) et le volume total de l'hydrogène moléculaire et de l'azote moléculaire (les réactifs) est de 2 : 4, ou de 1 : 2 (*figure 5.9*).

5.4 L'ÉQUATION DES GAZ PARFAITS

Résumons les lois des gaz que nous avons étudiées jusqu'ici:

Loi de Boyle: $V \propto \dfrac{1}{P}$ (n et T étant constants)

Loi de Charles: $V \propto T$ (n et P étant constants)

Loi d'Avogadro: $V \propto n$ (P et T étant constantes)

Nous pouvons combiner ces trois équations en une seule équation générale qui décrit le comportement des gaz:

$$V \propto \frac{nT}{P}$$

$$= R\,\frac{nT}{P}$$

ou

$$PV = nRT \tag{5.7}$$

où R est la *constante de proportionnalité* appelée ***constante des gaz parfaits.*** L'équation (5.7), qui *décrit la relation entre les quatre variables expérimentales P, V, T et n,* s'appelle ***équation des gaz parfaits*** (qu'on appelle aussi ***loi des gaz parfaits).*** Un ***gaz parfait*** est un *gaz théorique dont la pression, le volume et la température peuvent être exactement prévus par l'équation des gaz parfaits.* Les molécules d'un gaz parfait ne s'attirent ni ne se repoussent les unes les autres, et leur volume est négligeable par rapport au volume du contenant. Bien que les gaz parfaits n'existent pas dans la nature, les écarts dans le comportement des gaz réels par rapport à ce que ferait un gaz parfait, dans des limites de température et de pression raisonnables, ne gênent pas les calculs de façon significative. On peut donc utiliser l'équation des gaz parfaits pour résoudre de nombreux problèmes concernant les gaz.

Avant de pouvoir appliquer l'équation (5.7) à un système réel, il faut évaluer la constante des gaz parfaits R. À 0 °C (273,15 K) et à 1 atm, beaucoup de gaz réels agissent comme un gaz parfait. Les expériences faites dans ces conditions ont démontré que une mole de gaz parfait occupe 22,414 L. La figure 5.10 permet de comparer ce volume molaire et le volume d'un ballon de basket-ball. On appelle ***conditions de température et pression normales* (TPN),** les *conditions de 0 °C et de 1 atm.* À partir de l'équation (5.7), on peut écrire

$$R = \frac{PV}{nT}$$

$$= \frac{(1 \text{ atm})(22{,}414 \text{ L})}{(1 \text{ mol})(273{,}15 \text{ K})} = 0{,}082\,057 \frac{\text{L} \cdot \text{atm}}{\text{K} \cdot \text{mol}}$$

$$= 0{,}082\,057 \text{ L} \cdot \text{atm/K} \cdot \text{mol}$$

Les points reliant L à atm, ainsi que K à mol, nous rappellent que L et atm sont tous deux au numérateur et que K et mol sont tous deux au dénominateur. Dans la plupart des calculs, nous arrondirons la valeur de R à trois chiffres significatifs (0,0821 L · atm/K · mol) et nous utiliserons 22,41 L comme volume molaire d'un gaz à TPN. De plus, nous tiendrons pour acquis que les températures données en degrés Celsius sont exactes, de sorte qu'elles ne modifient pas le nombre de chiffres significatifs.

FIGURE 5.10

Comparaison entre le volume d'une mole de gaz à TPN (environ 22,4 L) et un ballon de basket-ball.

EXEMPLE 5.2

L'application de la loi des gaz parfaits

L'hexafluorure de soufre (SF_6) est un gaz incolore, inodore et très stable. Calculez la pression (en atmosphères) exercée par 1,82 mole de ce gaz dans un contenant en acier d'un volume de 5,43 L à 69,5 °C.

Réponse: À partir de l'équation (5.7), nous écrivons

$$
\begin{aligned}
P &= \frac{nRT}{V} \\
&= \frac{(1{,}82 \text{ mol})(0{,}0821 \text{ L} \cdot \text{atm/K} \cdot \text{mol})(69{,}5 + 273)\text{K}}{5{,}43 \text{ L}} \\
&= 9{,}42 \text{ atm}
\end{aligned}
$$

EXERCICE

Calculez le volume (en litres) qu'occupent 2,12 moles de monoxyde d'azote (NO) à 6,54 atm et à 76 °C.

EXEMPLE 5.3

La détermination du volume d'un gaz à TPN

Calculez le volume (en litres) qu'occupent 7,40 g de CO_2 à TPN.

Réponse: Sachant que 1 mole d'un gaz parfait occupe 22,41 L à TPN, nous écrivons

$$
\begin{aligned}
V &= 7{,}40 \text{ g } \cancel{CO_2} \times \frac{1 \text{ mol } \cancel{CO_2}}{44{,}01 \text{ g } \cancel{CO_2}} \times \frac{22{,}41 \text{ L}}{1 \text{ mol } \cancel{CO_2}} \\
&= 3{,}77 \text{ L}
\end{aligned}
$$

EXERCICE

Quel volume occupent 49,8 g de HCl à TPN?

L'équation (5.7) est utile pour résoudre les problèmes dans lesquels les valeurs de P, de V, de T et de n d'un échantillon de gaz restent constantes. Il arrive parfois, cependant, que l'on travaille avec des variations de pression, de volume, de température ou même du nombre de moles de gaz. Dans tous ces cas, on doit utiliser une forme modifiée de l'équation (5.7), que l'on obtient ainsi: à partir de l'équation (5.7)

si $$R = \frac{P_1 V_1}{n_1 T_1} \quad \text{(avant le changement)}$$

et si

$$R = \frac{P_2V_2}{n_2T_2} \qquad \text{(après le changement)}$$

alors

$$\frac{P_1V_1}{n_1T_1} = \frac{P_2V_2}{n_2T_2}$$

Souvent, le nombre de moles de gaz reste constant durant le changement effectué. Dans ce cas, $n_1 = n_2$, et l'équation ci-dessus devient

$$\frac{P_1V_1}{T_1} = \frac{P_2V_2}{T_2} \tag{5.8}$$

Notez que, à partir de l'équation (5.8), on peut arriver à l'équation (5.2) dans le cas où $T_1 = T_2$, ou à l'équation (5.5) dans le cas où $P_1 = P_2$.

EXEMPLE 5.4
L'application de l'équation (5.8)

Une petite bulle monte du fond d'un lac, où la température et la pression sont de 8 °C et de 6,4 atm, jusqu'à la surface, où la température est de 25 °C et la pression de 1,0 atm. Calculez le volume final (en millilitres) de la bulle si son volume initial est de 2,1 mL.

Réponse: D'abord nous écrivons

État initial Conditions	*État final Conditions*
$P_1 = 6{,}4$ atm	$P_2 = 1{,}0$ atm
$V_1 = 2{,}1$ mL	$V_2 = ?$
$T_1 = (8 + 273)$ K	$T_2 = (25 + 273)$ K

Le nombre de moles de gaz dans la bulle reste le même: $n_1 = n_2$. Pour calculer le volume final, il faut réarranger l'équation (5.8) de la manière suivante:

$$V_2 = V_1 \times \frac{P_1}{P_2} \times \frac{T_2}{T_1}$$

$$= 2{,}1 \text{ ml} \times \frac{6{,}4 \text{ atm}}{1{,}0 \text{ atm}} \times \frac{298 \text{ K}}{281\text{K}}$$

$$= 14 \text{ mL}$$

Ainsi, le volume de la bulle augmente de 2,1 mL à 14 mL à cause de la diminution de la pression de l'eau et de l'augmentation de la température.

EXERCICE

Un échantillon de radon gazeux radioactif d'un volume initial de 4,0 L, à une pression initiale de 1,2 atm et à une température initiale de 66 °C, subit une modification qui porte son volume et sa température à 1,7 L et à 42 °C. Quelle est la pression finale? Supposez que le nombre de moles reste constant.

LA MASSE VOLUMIQUE ET LA MASSE MOLAIRE D'UNE SUBSTANCE GAZEUSE

La loi des gaz parfaits permet de déterminer soit la masse volumique, soit la masse molaire d'une substance gazeuse. En réarrangeant l'équation (5.7), on peut écrire

$$\frac{n}{V} = \frac{P}{RT}$$

Le nombre de moles de gaz, *n*, est donné par

$$n = \frac{m}{\mathscr{M}}$$

où *m* est la masse du gaz en grammes et $\mathscr{M}$ sa masse molaire. Donc,

$$\frac{m}{\mathscr{M}V} = \frac{P}{RT}$$

Comme la masse volumique, ρ, est la masse par unité de volume, on peut écrire

$$\rho = \frac{m}{V} = \frac{P\mathscr{M}}{RT} \qquad (5.9)$$

L'équation (5.9) permet de calculer la masse volumique d'un gaz (en grammes par litre). Cependant, comme il est souvent facile de mesurer la masse volumique d'un gaz, on réarrange l'équation de manière à pouvoir plutôt calculer $\mathscr{M}$:

$$\mathscr{M} = \frac{\rho RT}{P} \qquad (5.10)$$

FIGURE 5.11

Un appareil qui permet de mesurer la masse volumique d'un gaz.

Voyons concrètement comment réaliser une détermination de $\mathscr{M}$. Une ampoule de volume connu est remplie d'une substance gazeuse. La température et la pression de l'échantillon de gaz sont notées, et la masse totale de l'ampoule et du gaz est déterminée (*figure 5.11*). L'ampoule est ensuite vidée et pesée à nouveau. La différence entre les deux masses équivaut à la masse du gaz. En divisant la masse du gaz par le volume de l'ampoule, on obtient la masse volumique du gaz. Ensuite, il est possible de calculer la masse molaire de la substance à l'aide de l'équation (5.10).

EXEMPLE 5.5

La détermination de la masse molaire d'un gaz à partir de sa masse volumique

Un chimiste a synthétisé un composé gazeux de chlore et d'oxygène de couleur jaune verdâtre. Sa masse volumique est de 7,71 g/L, à 36 °C et à 2,88 atm. Calculez la masse molaire du composé et déterminez sa formule moléculaire.

Réponse: Nous effectuons les substitutions requises dans l'équation (5.10)

$$\mathcal{M} = \frac{\rho RT}{P}$$

$$= \frac{(7{,}71 \text{ g/L})(0{,}0821 \text{ L} \cdot \text{atm/K} \cdot \text{mol})(36 + 273) \text{ K}}{2{,}88 \text{ atm}}$$

$$= 67{,}9 \text{ g/mol}$$

Pour déterminer la formule moléculaire du composé, nous devons procéder par tâtonnement, à partir des masses molaires du chlore (35,45 g) et de l'oxygène (16,00 g). Nous savons qu'un composé contenant un atome Cl et un atome O aurait une masse molaire de 51,45 g, ce qui est trop bas; la masse molaire d'un composé formé de deux atomes Cl et de un atome O serait de 86,90 g, ce qui est trop élevé. Si le composé est formé de un atome Cl et de deux atomes O, sa masse molaire est de 67,45 g, ce qui correspond à notre résultat; la formule est donc ClO_2.

EXERCICE

La masse volumique d'un composé organique gazeux est de 3,38 g/L, à 40 °C et à 1,97 atm. Quelle en est la masse molaire?

5.5 LA LOI DES PRESSIONS PARTIELLES DE DALTON

Jusqu'ici, nous ne nous sommes attardés que sur les substances gazeuses pures, mais les études expérimentales concernent très souvent des mélanges de gaz, l'air par exemple. Dans le cas d'un mélange gazeux, il faut comprendre la relation entre la pression totale des gaz et la *pression de chacun des gaz constituant le mélange,* appelée ***pression partielle.*** En 1801, Dalton formula une loi, qu'on appelle maintenant ***loi des pressions partielles de Dalton,*** qui dit que *la pression totale d'un mélange de gaz est la somme des pressions que chaque gaz exercerait s'il était seul.*

Prenons le cas où deux gaz, A et B, sont dans un contenant de volume V. La pression exercée par le gaz A, selon l'équation (5.7), est

$$P_A = \frac{n_A RT}{V}$$

où n_A est le nombre de moles de A. De même, la pression exercée par B est

$$P_B = \frac{n_B RT}{V}$$

Dans un mélange des gaz A et B, la pression totale P_T est le résultat des collisions des deux types de molécules, A et B, sur la paroi du contenant. Ainsi, selon la loi de Dalton,

$$P_T = P_A + P_B$$

$$= \frac{n_A RT}{V} + \frac{n_B RT}{V}$$

$$= \frac{RT}{V}(n_A + n_B)$$

$$= \frac{nRT}{V}$$

où n, le nombre total des moles de gaz présentes, est donné par $n = n_A + n_B$, et P_A et P_B sont respectivement les pressions partielles de A et de B. En général, la pression totale d'un mélange gazeux est donnée par

$$P_T = P_1 + P_2 + P_3 + \ldots \qquad (5.11)$$

où P_1, P_2, P_3, ... sont les pressions partielles des constituants 1, 2, 3, ...

Pour bien voir comment chaque pression partielle contribue à la pression totale, revenons au mélange des gaz A et B. En divisant P_A par P_T, nous obtenons:

$$\frac{P_A}{P_T} = \frac{n_A RT/V}{(n_A + n_B)RT/V}$$

$$= \frac{n_A}{n_A + n_B}$$

$$= X_A$$

où X_A est la fraction molaire d'un gaz. La ***fraction molaire*** est une *grandeur sans dimension qui exprime le rapport entre le nombre de moles d'un constituant donné d'un mélange et le nombre total de moles présentes dans ce mélange.* Elle est toujours inférieure à 1, sauf quand A est le seul constituant. Dans ce cas, $n_B = 0$ et $X_A = n_A/n_A = 1$. Nous pouvons donc maintenant exprimer la pression partielle de A:

$$P_A = X_A P_T$$

de même que

$$P_B = X_B P_T$$

Notez que la somme des fractions molaires doit être égale à 1. S'il y a seulement deux constituants, alors

$$X_A + X_B = \frac{n_A}{n_A + n_B} + \frac{n_B}{n_A + n_B} = 1$$

S'il y a plus de deux gaz, la pression partielle du constituant i est reliée à la pression totale du mélange par

$$P_i = X_i P_T \qquad (5.12)$$

où X_i est la fraction molaire de la substance i.

EXEMPLE 5.6

L'application de la loi des pressions partielles de Dalton

Un mélange de gaz rares contient 4,46 moles de néon (Ne), 0,74 mole d'argon (Ar) et 2,15 moles de xénon (Xe). Calculez les pressions partielles de ces gaz si la pression totale est de 2,00 atm à une température donnée.

Réponse: La fraction molaire de Ne est

$$X_{Ne} = \frac{n_{Ne}}{n_{Ne} + n_{Ar} + n_{Xe}} = \frac{4{,}46 \text{ mol}}{4{,}46 \text{ mol} + 0{,}74 \text{ mol} + 2{,}15 \text{ mol}}$$

$$= 0{,}607$$

À partir de l'équation (5.12),

$$P_{Ne} = X_{Ne}P_T$$

$$= 0{,}607 \times 2{,}00 \text{ atm}$$

$$= 1{,}21 \text{ atm}$$

De même,

$$P_{Ar} = 0{,}10 \times 2{,}00 \text{ atm}$$

$$= 0{,}20 \text{ atm}$$

et

$$P_{Xe} = 0{,}293 \times 2{,}00 \text{ atm}$$

$$= 0{,}586 \text{ atm}$$

EXERCICE

Un échantillon de gaz naturel contient 8,24 moles de méthane (CH_4), 0,421 mole d'éthane (C_2H_6) et 0,116 mole de propane (C_3H_8). Si la pression totale est de 1,37 atm, quelle est la pression partielle de chacun des gaz?

La loi des pressions partielles de Dalton permet entre autres de calculer le volume des gaz recueillis par déplacement d'eau. Par exemple, on peut facilement produire de l'oxygène en laboratoire en chauffant du chlorate de potassium. Ce procédé produit du KCl et du O_2:

$$2KClO_3(s) \longrightarrow 2KCl(s) + 3O_2(g)$$

L'oxygène produit peut être recueilli par déplacement d'eau (*figure 5.12*). Au début, la bouteille renversée est complètement remplie d'eau. À mesure que l'oxygène est produit, les bulles du gaz montent à la surface de l'eau qui, elle, est repoussée hors de la bouteille. Cette méthode de collection des gaz est possible pour autant que le gaz ne réagit pas avec l'eau et qu'il n'est pas soluble dans l'eau de façon appréciable. L'oxygène satisfait à ces conditions mais ce n'est pas le cas de tous les gaz; par exemple, l'ammoniac (NH_3) se dissout

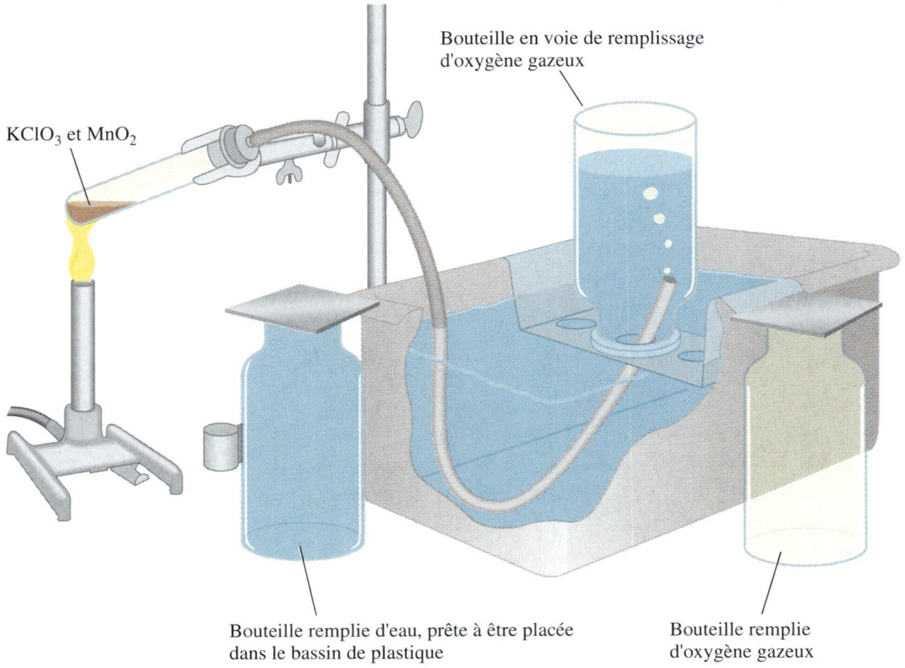

FIGURE 5.12

Appareil permettant de recueillir des gaz par déplacement d'eau. L'oxygène, produit par chauffage de chlorate de potassium ($KClO_3$) en présence d'une petite quantité de dioxyde de manganèse (MnO_2) (pour accélérer la réaction), monte à la surface de l'eau et est recueilli dans une bouteille renversée sous l'eau. L'eau présente au début dans la bouteille se fait déplacer par l'oxygène.

facilement dans l'eau. Cependant, l'oxygène gazeux recueilli par cette méthode n'est pas pur, car il est mélangé à de la vapeur d'eau dans la bouteille. La pression totale du mélange gazeux est donc égale à la somme des pressions partielles exercées par l'oxygène et la vapeur d'eau:

$$P_T = P_{O_2} + P_{H_2O}$$

Par conséquent, il faut tenir compte de la pression exercée par la vapeur d'eau quand on calcule la quantité de O_2 produite. Le tableau 5.2 indique la pression de la vapeur d'eau à différentes températures. Ces données font l'objet du graphique de la figure 5.13.

TABLEAU 5.2
Pression de la vapeur d'eau à différentes températures

t (°C)	Pression de la vapeur d'eau (mm Hg)
0	4,58
5	6,54
10	9,21
15	12,79
20	17,54
25	23,76
30	31,82
35	42,18
40	55,32
45	71,88
50	92,51
55	118,04
60	149,38
65	187,54
70	233,7
75	289,1
80	355,1
85	433,6
90	525,76
95	633,90
100	760,00

EXEMPLE 5.7
Le calcul de la masse d'un gaz recueilli par déplacement d'eau

L'oxygène produit par la décomposition du chlorate de potassium est recueilli comme l'illustre la figure 5.12. Le volume du gaz recueilli à 24 °C et à 762 mm Hg est de 128 mL. Calculez la masse (en grammes) de l'oxygène obtenu. La pression de la vapeur d'eau à 24 °C est de 22,4 mm Hg.

Réponse: D'abord, il faut calculer la pression partielle de O_2. Nous savons que

$$P_T = P_{O_2} + P_{H_2O}$$

ainsi

$$P_{O_2} = P_T - P_{H_2O}$$

$$= 762 \text{ mm Hg} - 22{,}4 \text{ mm Hg}$$

$$= 740 \text{ mm Hg}$$

$$= 740 \text{ mm Hg} \times \frac{1 \text{ atm}}{760 \text{ mm Hg}}$$

$$= 0{,}974 \text{ atm}$$

À partir de l'équation des gaz parfaits, nous écrivons

$$PV = nRT = \frac{m}{\mathcal{M}} RT$$

où m et $\mathcal{M}$ sont la masse de O_2 recueillie et la masse molaire de O_2, respectivement. En réarrangeant l'équation, nous obtenons:

$$m = \frac{PV\mathcal{M}}{RT} = \frac{(0{,}974 \text{ atm})(0{,}128 \text{ L})(32{,}00 \text{ g/mol})}{(0{,}0821 \text{ L} \cdot \text{atm/K} \cdot \text{mol})(273 + 24)\text{K}}$$

$$= 0{,}164 \text{ g}$$

EXERCICE

On prépare de l'hydrogène en faisant réagir du calcium avec de l'eau. L'hydrogène est recueilli à l'aide d'un montage comme celui qui est décrit à la figure 5.12. Le volume de gaz recueilli à 30 °C et à 988 mm Hg est de 641 mL. Quelle est la masse (en grammes) de l'hydrogène obtenu? La pression de la vapeur d'eau à 30 °C est de 31,82 mm Hg.

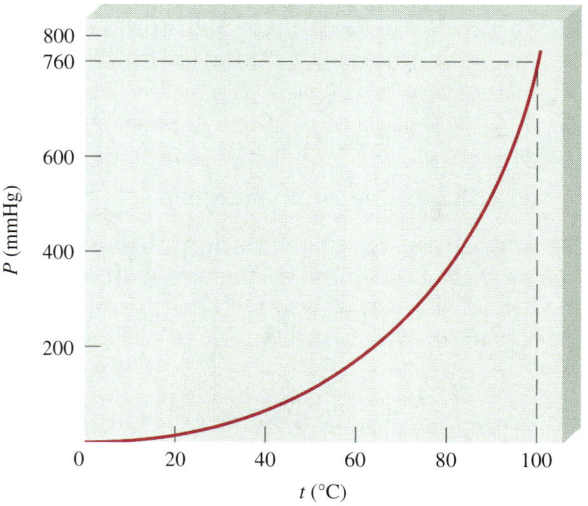

FIGURE 5.13

Variation de la pression de la vapeur d'eau en fonction de la température. Notez que, au point d'ébullition de l'eau (100 °C), la pression est de 760 mm Hg, soit exactement 1 atm.

5.6 LA THÉORIE CINÉTIQUE DES GAZ

Les lois des gaz sont des généralisations importantes faites à la suite de nombreuses observations sur le comportement des gaz. Elles permettent de prédire le comportement des gaz mais elles ne fournissent aucune explication quant à ce qui se passe au niveau moléculaire pour produire tel ou tel comportement. Par exemple, pourquoi le volume d'un gaz augmente-t-il sous l'action de la chaleur?

Au XIXe siècle, certains physiciens, notamment Ludwig Boltzmann, en Allemagne, et James Clerk Maxwell, en Angleterre, découvrirent que les propriétés physiques des gaz peuvent s'expliquer si l'on considère les mouvements des molécules individuelles. Ces mouvements constituent une forme d'*énergie,* et l'on définit l'énergie comme la capacité de faire un travail ou d'effectuer une transformation. En mécanique, on définit le *travail* comme la force multipliée par la distance. Puisque l'énergie équivaut à un travail, on peut écrire

$$\begin{aligned}\text{énergie} &= \text{travail effectué}\\ &= \text{force} \times \text{distance}\end{aligned}$$

L'unité d'énergie du SI est le ***joule* (J):**

$$\begin{aligned}1\ \text{J} &= 1\ \text{kg} \cdot \text{m}^2/\text{s}^2\\ &= 1\ \text{N} \cdot \text{m}\end{aligned}$$

L'énergie peut être également exprimée en kilojoules (kJ):

$$1\ \text{kJ} = 1000\ \text{J}$$

Comme nous le verrons au chapitre 6, il y a plusieurs types d'énergie. L'énergie que possède un objet en mouvement est appelée énergie cinétique. En d'autres termes, l'***énergie cinétique* (E_c)** est l'*énergie du mouvement; elle dépend de la masse et de la vitesse de l'objet observé.*

Les découvertes de Maxwell, de Boltzmann et d'autres ont mené à certaines généralisations concernant le comportement des gaz; c'est la ***théorie cinétique des gaz.*** Les postulats suivants sont à la base de cette théorie:

1. Un gaz est formé de molécules séparées les unes des autres par des distances beaucoup plus grandes que leurs propres dimensions. On peut considérer les molécules comme des «points»: autrement dit, elles ont une masse, mais leur volume est négligeable.

2. Les molécules gazeuses sont constamment en mouvement dans toutes les directions et elles s'entrechoquent fréquemment. Les collisions entre les molécules sont parfaitement élastiques. Bien que de l'énergie puisse être transférée d'une molécule à l'autre pendant une collision, l'énergie totale de toutes les molécules d'un système ne change pas.

3. Les molécules gazeuses n'exercent aucune force attractive ou répulsive entre elles.

4. L'énergie cinétique moyenne des molécules d'un gaz est proportionnelle à la température de ce gaz en kelvins. Deux gaz à la même température ont

la même énergie cinétique moyenne. L'énergie cinétique moyenne pour l'ensemble des molécules est donnée par

$$\text{énergie cinétique} = \overline{E}_c = \tfrac{1}{2}\, m\overline{v^2}$$

où m est la masse d'une molécule et v sa vitesse. La ligne horizontale indique qu'il s'agit d'une valeur moyenne. La quantité $\overline{v^2}$ est la *moyenne des carrés des vitesses* de toutes les molécules (N) présentes:

$$\overline{v^2} = \frac{v_1^2 + v_2^2 + \ldots + v_N^2}{N}$$

D'après le quatrième postulat, on peut écrire

$$\text{énergie cinétique} \propto T$$

$$\tfrac{1}{2}\text{m}\overline{v^2} \propto T$$

$$\tfrac{1}{2}\text{m}\overline{v^2} = kT \qquad (5.13)$$

où k est la constante de proportionnalité et T la température absolue.

Selon la théorie cinétique, la pression exercée par un gaz est le résultat des collisions entre les molécules de ce gaz et les parois du contenant. La pression du gaz dépend donc de la fréquence de ces collisions par unité de surface et de la force avec laquelle chaque molécule heurte une paroi. Cette théorie permet également d'interpréter l'effet de la température au niveau moléculaire. Selon l'équation (5.13), la température absolue d'un gaz est une mesure de l'énergie cinétique moyenne de ses molécules. En d'autres termes, la température absolue est une manifestation du mouvement aléatoire des molécules: plus la température est élevée, plus la vitesse des molécules est grande. Cette relation avec la température fait que le mouvement aléatoire des molécules est quelquefois appelé agitation thermique.

La distribution des vitesses des molécules

La théorie cinétique des gaz permet d'étudier le mouvement des molécules de façon plus détaillée. Supposons que l'on ait une grande quantité de molécules d'un gaz, disons une mole, dans un contenant. Les déplacements des molécules sont complètement aléatoires et imprévisibles. Cependant, tant que la température reste constante, l'énergie cinétique moyenne et la moyenne des carrés des vitesses des molécules resteront les mêmes. Ce qui nous intéresse ici, c'est la distribution des vitesses moléculaires, c'est-à-dire combien de molécules, à un instant précis, se déplacent à une vitesse donnée. En 1860, Maxwell formula une équation pour résoudre ce problème. Cette équation est basée sur une analyse statistique du comportement des molécules.

La figure 5.14 montre des *courbes de Maxwell de distribution des vitesses* pour un gaz parfait à deux températures différentes. À une température donnée, la courbe de distribution indique le nombre de molécules se déplaçant à une certaine vitesse. Le pic de chaque courbe donne la *vitesse la plus probable (ou la plus fréquente)*, c'est-à-dire la vitesse du plus grand

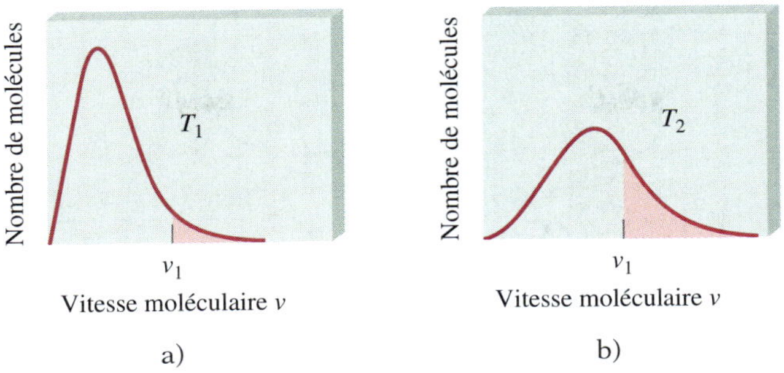

FIGURE 5.14

Courbe de Maxwell de distribution des vitesses des particules d'un gaz: à a) température T_1 et à b) une température plus élevée, T_2. Les surfaces ombragées représentent le nombre de molécules qui se déplacent à des vitesses égales ou supérieures à une certaine vitesse v_1.

nombre de molécules. Notez qu'à une température plus élevée [*figure 5.14 b)*], la vitesse *la plus probable* augmente. De plus, à mesure que la température augmente, non seulement le pic se déplace vers la droite, mais la courbe s'aplatit, indiquant ainsi qu'il y a davantage de molécules possédant une grande vitesse, mais avec une plus grande dispersion.

La théorie cinétique des gaz nous permet d'établir une relation entre les grandeurs macroscopiques P et V et les paramètres moléculaires telles la masse molaire et la moyenne des carrés des vitesses. À partir des postulats de base de cette théorie, on arrive à l'équation suivante non démontrée ici:

$$PV = \frac{1}{3}n\mathcal{M}\overline{v^2}$$

Rappelons-nous que selon l'équation des gaz parfaits

$$PV = nRT$$

Si l'on combine ces deux équations, on obtient:

$$\frac{1}{3}n\mathcal{M}\overline{v^2} = nRT$$

$$\overline{v^2} = \frac{3RT}{\mathcal{M}}$$

En extrayant la racine carrée des deux côtés, on a:

$$\sqrt{\overline{v^2}} = v_{\text{quadr}} = \sqrt{\frac{3RT}{\mathcal{M}}} \qquad (5.14)$$

où v_{quadr} est la ***vitesse quadratique moyenne,*** c'est-à-dire la *racine carrée de la moyenne des carrés des vitesses.* L'équation (5.14) montre que la vitesse quadratique moyenne d'un gaz augmente avec la racine carrée de sa température (en kelvins). Le fait que $\mathcal{M}$ soit au dénominateur indique que la vitesse des molécules est inversement proportionnelle à la masse molaire du gaz. Si l'on utilise 8,314 J/K · mol pour R (*voir annexe 1*) et que l'on convertit la masse molaire en kilogrammes par mole, v_{quadr} sera exprimé en mètres par seconde (m/s).

EXEMPLE 5.8

Le calcul de la vitesse quadratique moyenne

Calculez les vitesses quadratiques moyennes des atomes d'hélium et des molécules d'azote en mètres par seconde à 25 °C.

Réponse: Il nous faut utiliser l'équation (5.14) pour ce calcul. La masse molaire de He est de 4,003 g/mol, ou $4{,}003 \times 10^{-3}$ kg/mol:

$$\begin{aligned} v_{quadr} &= \sqrt{\frac{3RT}{\mathcal{M}}} \\ &= \sqrt{\frac{3(8{,}314\ \text{J/K} \cdot \text{mol})(298\text{K})}{4{,}003 \times 10^{-3}\ \text{kg/mol}}} \\ &= \sqrt{1{,}86 \times 10^{6}\ \text{J/kg}} \end{aligned}$$

À l'aide du facteur d'équivalence

$$1\ \text{J} = 1\ \text{kg} \cdot \text{m}^2/\text{s}^2$$

nous obtenons:

$$\begin{aligned} v_{quadr} &= \sqrt{1{,}86 \times 10^{6}\ \text{kg m}^2/\text{kg} \cdot \text{s}^2} \\ &= \sqrt{1{,}86 \times 10^{6}\ \text{m}^2/\text{s}^2} \\ &= 1{,}36 \times 10^{3}\ \text{m/s} \end{aligned}$$

Procédons de la même manière pour N_2 (masse molaire = $2{,}802 \times 10^{-2}$ kg/mol).

$$\begin{aligned} v_{quadr} &= \sqrt{\frac{3(8{,}314\ \text{J/K} \cdot \text{mol})(298\text{K})}{2{,}802 \times 10^{-2}\ \text{kg/mol}}} \\ &= \sqrt{2{,}65 \times 10^{5}\ \text{m}^2/\text{s}^2} \\ &= 515\ \text{m/s} \end{aligned}$$

À cause de sa masse plus petite, un atome d'hélium, en moyenne, se déplace, à la même température, environ 2,6 fois plus vite qu'une molécule d'azote ($1360 \div 515 = 2{,}64$).

EXERCICE

Calculez la vitesse quadratique moyenne des molécules de chlore en mètres par seconde à 20 °C.

Le résultat de l'exemple 5.8 permet de mieux comprendre la composition de l'atmosphère terrestre. L'atmosphère de la Terre, contrairement à celle de Jupiter par exemple, ne possède pas de quantités appréciables d'hydrogène ni d'hélium. Pourquoi? Étant une plus petite planète que Jupiter, la Terre attire plus faiblement ces molécules légères. Un calcul assez simple montre que, pour échapper à l'attraction terrestre, une molécule doit avoir une vitesse égale ou supérieure à $1{,}1 \times 10^{3}$ m/s: c'est la *vitesse de libération*. À cause de leur vitesse moyenne considérablement plus élevée que celles des molécules d'azote ou d'oxygène, les atomes d'hélium sont beaucoup plus nombreux à s'échapper de l'attraction terrestre. Par conséquent, l'hélium n'est présent qu'à l'état de traces dans notre atmosphère. Par contre, Jupiter, dont la masse est environ 320 fois celle de la Terre, retient facilement ces deux gaz légers dans son atmosphère.

Jupiter. Le centre de cette planète massive est constitué principalement d'hydrogène liquide.

5.7 LES GAZ PARFAITS ET LES GAZ RÉELS

Jusqu'ici, nous avons tenu pour acquis que les molécules à l'état gazeux n'exerçaient aucune force, ni attractive ni répulsive, entre elles. Nous avons également supposé que le volume des molécules est négligeable par rapport à celui du contenant. Un gaz qui respecte ces deux conditions a le *comportement d'un gaz parfait (appelé aussi gaz «idéal»)*.

Si ces affirmations semblent sensées, on sait par contre que nous ne devons pas nous attendre à ce qu'elles soient vérifiées dans toutes les conditions. Par exemple, sans forces intermoléculaires, les gaz ne pourraient se condenser pour former des liquides. La question importante est de savoir quelles sont les conditions dans lesquelles les gaz sont le plus susceptibles de ne pas se comporter comme des gaz parfaits.

La figure 5.15 montre les variations de PV/RT en fonction de P pour trois gaz à une température donnée. Ces variations permettent de déterminer jusqu'à quel point un gaz se comporte comme un gaz parfait. Selon l'équation des gaz parfaits (pour une mole de gaz), PV/RT est égal à 1, peu importe la pression réelle du gaz. Dans le cas des gaz réels, cela est vrai seulement à des pressions relativement basses (<5 atm); à mesure que la pression augmente, on observe des écarts importants. En effet, les forces d'attraction intermoléculaires sont efficaces à des distances relativement courtes. Par exemple, les molécules d'un gaz à la pression atmosphérique sont suffisamment éloignées les unes des autres pour que leurs forces attractives soient négligeables. À des pressions plus élevées, cependant, la masse volumique du gaz augmente et ses molécules se rapprochent les unes des autres. Les forces intermoléculaires sont alors assez importantes pour influencer le mouvement des molécules; le gaz ne se comporte alors plus comme un gaz parfait.

On peut également observer des écarts par rapport au comportement idéal quand il y a une diminution de température. Le refroidissement d'un

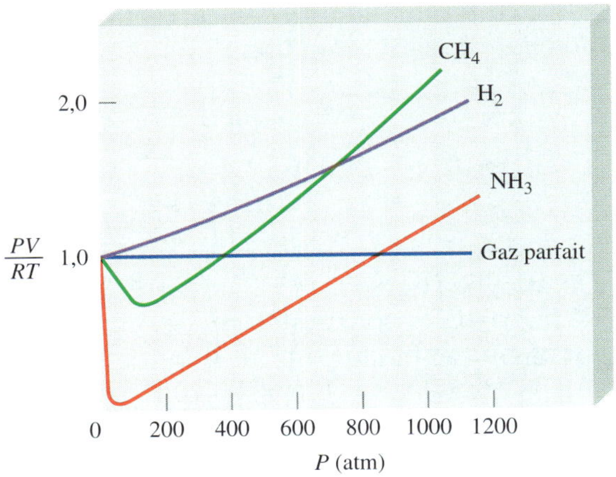

FIGURE 5.15

Variation de PV/RT en fonction de P de une mole d'un gaz à 0 °C. Pour une mole d'un gaz parfait, PV/RT est égal à 1, peu importe la pression du gaz. Par contre, à pressions élevées, les gaz réels ne se comportent pas comme des gaz parfaits. À des pressions très basses toutefois, tous les gaz ont des comportements de gaz parfaits; leurs valeurs de PV/RT convergent toutes vers 1 à mesure que P se rapproche de zéro.

gaz diminue l'énergie cinétique moyenne de ses molécules, les privant ainsi de l'énergie dont elles ont besoin pour échapper à leur attraction mutuelle.

Il est possible de traduire mathématiquement ces écarts en modifiant l'équation (5.7) de telle sorte que soient pris en compte les forces intermoléculaires et le volume des molécules. C'est le physicien néerlandais J. D. van der Waals qui a réussi le premier à modifier correctement cette équation en 1873. En plus d'être mathématiquement simple, l'équation de van der Waals constitue une interprétation du comportement des gaz réels au niveau moléculaire.

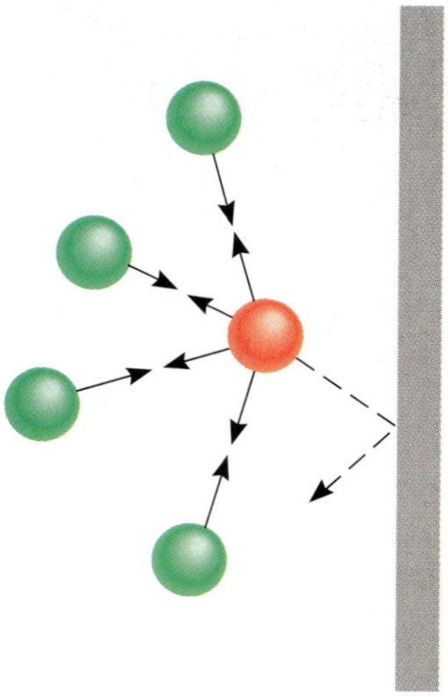

FIGURE 5.16

La vitesse d'une molécule (la sphère rouge) se déplaçant vers la paroi du contenant est réduite par les forces d'attraction exercées par les molécules voisines (les sphères vertes).

Voyez comment une molécule s'approche de la paroi d'un contenant (*figure 5.16*). Les attractions intermoléculaires exercées par les molécules voisines tendent à adoucir l'impact de la molécule sur la paroi; il en résulte une pression plus faible que celle qu'exercerait un gaz parfait. Van der Waals suggéra que la pression exercée par un gaz parfait, P_{parfait}, est reliée à la pression observée, $P_{\text{réel}}$, par un facteur de correction

$$\underbrace{P_{\text{parfait}}}_{} = \underbrace{P_{\text{réel}}}_{\text{pression observée}} + \underbrace{\frac{an^2}{V^2}}_{\text{facteur de correction}}$$

où a est une constante et n et V sont respectivement le nombre de moles et le volume du gaz. Le facteur de correction an^2/V^2 peut être interprété de la façon suivante. L'interaction moléculaire qui conduit aux écarts par rapport au comportement idéal dépend de la fréquence avec laquelle deux molécules se rapprochent l'une de l'autre. Le nombre de ces «rencontres» augmente avec le carré du nombre de molécules par unité de volume, $(n/V)^2$, parce que la présence de chacune des deux molécules dans une région donnée est proportionnelle à n/V. La grandeur P_{parfait} est la pression qui existerait en l'absence de toute attraction intermoléculaire. La valeur de a n'est qu'une constante de proportionnalité dans le facteur de correction.

Un autre facteur de correction concerne le volume occupé par les molécules gazeuses. La grandeur V dans l'équation (5.7) représente le volume du contenant. Cependant chaque molécule a son propre volume, petit mais réel; ainsi le volume dont dispose un gaz est exprimé par $(V - nb)$, où n est le nombre de moles du gaz et b est une constante. L'expression nb représente le volume occupé par n moles de gaz.

Ayant tenu compte des corrections apportées à la pression et au volume, on peut réécrire l'équation (5.7):

$$\underbrace{\left(P + \frac{an^2}{V^2}\right)}_{\text{pression corrigée}} \underbrace{(v - nb)}_{\text{volume corrigé}} = nRT \qquad (5.15)$$

On appelle l'équation (5.15) l'***équation de van der Waals.*** Les valeurs de a et de b, appelées constantes de van der Walls, sont déterminées expérimentalement pour chaque espèce de gaz, ce qui permet de faire correspondre le mieux possible les calculs au comportement observé.

Le tableau 5.3 donne les valeurs de a et de b pour certains gaz. La valeur de a rend compte de la force d'attraction intermoléculaire. On remarque que

TABLEAU 5.3
Constantes de van der Waals pour certains gaz courants

Gaz	a (atm · L^2/mol^2)	b (L/mol)
He	0,034	0,0237
Ne	0,211	0,0171
Ar	1,34	0,0322
Kr	2,32	0,0398
Xe	4,19	0,0266
H_2	0,244	0,0266
N_2	1,39	0,0391
O_2	1,36	0,0318
Cl_2	6,49	0,0562
CO_2	3,59	0,0427
CH_4	2,25	0,0428
CCl_4	20,4	0,138
NH_3	4,17	0,0371
H_2O	5,46	0,0305

Johannes van der Waals (1837-1923)

ce sont les atomes d'hélium qui ont la plus faible attraction, car la valeur de a pour l'hélium est la plus faible. Il y a aussi une corrélation, bien que grossière, entre la taille des molécules et la valeur de b: généralement, b est proportionnel à la taille de la molécule (ou de l'atome), mais cette relation n'est pas aussi directe.

EXEMPLE 5.9
La comparaison des pressions à l'aide de l'équation des gaz parfaits et de l'équation de van der Waals

Une quantité de 3,50 moles de NH_3 occupe 5,20 L à 47 °C. Calculez la pression du gaz (en atmosphères) en utilisant a) l'équation des gaz parfaits et b) l'équation de van der Waals.

Réponse: a) Nous avons les données suivantes:

$$V = 5{,}20\ \text{L}$$
$$T = (47 + 273)\ \text{K} = 320\ \text{K}$$
$$n = 3{,}50\ \text{mol}$$
$$R = 0{,}0821\ \text{L} \cdot \text{atm/K} \cdot \text{mol}$$

On peut donc faire le calcul suivant à l'aide de l'équation des gaz parfaits:

$$P = \frac{nRT}{V} = \frac{(3{,}50\ \text{mol})(0{,}0821\ \text{L} \cdot \text{atm/K} \cdot \text{mol})(320\ \text{K})}{5{,}20\ \text{L}} = 17{,}7\ \text{atm}$$

b) Dans le tableau 5.3, nous avons

$$a = 4{,}17 \text{ atm} \cdot \text{L}^2/\text{mol}^2$$

$$b = 0{,}0371 \text{ L/mol}$$

Il est plus commode de calculer d'abord les facteurs de correction de l'équation (5.15). Ce sont

$$\frac{an^2}{V^2} = \frac{(4{,}17 \text{ atm} \cdot \text{L}^2/\text{mol}^2)(3{,}50 \text{ mol})^2}{(5{,}20 \text{ L})^2} = 1{,}89 \text{ atm}$$

$$nb = (3{,}50 \text{ mol})(0{,}0371 \text{ L/mol}) = 0{,}130 \text{ L}$$

À l'aide de ces facteurs et de l'équation de van der Waals, nous obtenons

$$(P + 1{,}89 \text{ atm})(5{,}20 \text{ L} - 0{,}130 \text{ L}) = (3{,}50 \text{ mol})(0{,}0821 \text{ L} \cdot \text{atm/K} \cdot \text{mol})(320 \text{ K})$$

$$P = 16{,}2 \text{ atm}$$

EXERCICE

À l'aide des données du tableau 5.3, calculez la pression exercée par 4,37 moles de chlore moléculaire contenues dans un volume de 2,45 L à 38 °C. Calculez aussi la pression en utilisant cette fois l'équation des gaz parfaits.

RÉSUMÉ

Dans les conditions atmosphériques, un certain nombre d'éléments sont des gaz: H_2, N_2, O_2, O_3, F_2, Cl_2 et les éléments du groupe VIIIA (les gaz rares).

Les gaz exercent une pression, car leurs molécules se meuvent librement et heurtent les surfaces qui sont sur leur passage. La pression des gaz s'exprime en millimètres de mercure (mm Hg), en torr, en pascals et en atmosphères. Une atmosphère est égale à 760 mm Hg, ou à 760 torr.

La relation entre la pression et le volume des gaz parfaits est décrite par la loi de Boyle: le volume est inversement proportionnel à la pression (T et n étant constants). La relation entre la température et le volume des gaz parfaits est décrite par la loi de Gay-Lussac-Charles: le volume est directement proportionnel à la température (P et n étant constants). Le zéro absolu (−273,15 °C) est la température la plus basse théoriquement atteignable; il équivaut à 0 K sur l'échelle Kelvin. Dans tous les calculs concernant les lois des gaz parfaits, la température doit être exprimée en kelvins. La relation entre le nombre de moles et le volume des gaz est décrite par la loi d'Avogadro: des volumes égaux de gaz différents contiennent un nombre égal de molécules (T et P étant les mêmes pour les deux gaz).

L'équation des gaz parfaits, $PV = nRT$, combine les lois de Boyle, de Charles et d'Avogadro. Cette équation décrit le comportement d'un gaz parfait.

La loi des pressions partielles de Dalton dit que, dans un mélange de gaz, chaque gaz exerce la même pression que s'il était seul dans le même volume.

La théorie cinétique des gaz, un modèle mathématique décrivant le comportement des gaz, est basée sur les postulats suivants: les molécules gazeuses sont séparées par des distances beaucoup plus grandes que leurs propres tailles; elles ont une masse, mais leur volume est négligeable; elles sont en constant mouvement; et elles s'entrechoquent souvent. Les molécules ne s'attirent ni se repoussent entre elles. Les vitesses des molécules à une température donnée sont exprimées par la courbe de Maxwel de distribution des vitesses. Plus la température est élevée, plus nombreuses sont les molécules qui se déplacent à des vitesses élevées.

L'équation de van der Waals est une variation de l'équation des gaz parfaits qui tient compte des écarts entre le comportement des gaz réels et celui des gaz parfaits. Elle corrige deux faits considérés négligeables chez les gaz parfaits: les molécules des gaz réels exercent des forces entre elles et elles ont un volume. Les constantes de van der Waals sont déterminées expérimentalement pour chaque gaz.

MOTS CLÉS

Baromètre, p. 130
Conditions de température et pression normales (TPN), p. 138
Constante des gaz parfaits, p. 138
Échelle de température absolue, p. 134
Échelle de température Kelvin, p. 134
Énergie cinétique, E_c, p. 147
Équation de van der Waals, p. 152
Équation des gaz parfaits, p. 138
Fraction molaire, p. 143
Gaz parfait, p. 138
Joule (J), p. 147
Loi d'Avogadro, p. 136
Loi de Boyle-Mariotte, p. 133
Loi de Charles, p. 136
Loi de Gay-Lussac-Charles, p. 136
Loi des gaz parfaits, p. 138
Loi des pressions partielles de Dalton, p. 142
Newton (N), p. 130
Pascal (Pa), p. 130
Pression, p. 130
Pression atmosphérique, p. 130
Pression atmosphérique normale (1 atm), p. 130
Pression partielle, p. 142
Température et pression normales (TPN), p. 138
Théorie cinétique des gaz, p. 147
Vitesse quadratique moyenne, v_{quadr}, p. 149
Zéro absolu, p. 134

QUESTIONS ET PROBLÈMES

LES SUBSTANCES QUI EXISTENT À L'ÉTAT GAZEUX

Questions de révision

5.1 Nommez cinq éléments et cinq composés qui, à la température ambiante, sont à l'état gazeux.

5.2 Donnez les caractéristiques physiques des gaz.

PRESSION

Questions de révision

5.3 Dites ce qu'est la pression et donnez les unités que l'on utilise pour l'exprimer.

5.4 Décrivez le fonctionnement d'un baromètre et d'un manomètre.

5.5 Pourquoi le mercure est-il plus approprié que l'eau dans un baromètre?

5.6 Dites pourquoi la hauteur du mercure dans un baromètre n'est pas influencée par la section du tube.

5.7 Où est-il plus facile de boire de l'eau avec une paille: au pied du mont Everest ou à son sommet? Expliquez.

5.8 Est-ce que la pression atmosphérique dans une mine située à 500 m sous le niveau de la mer est supérieure ou inférieure à 1 atm?

5.9 Quelle est la différence entre un gaz et une vapeur? À 25 °C, laquelle des substances suivantes à l'état gazeux doit-on appeler gaz et laquelle doit-on appeler vapeur: azote moléculaire (N_2), mercure?

5.10 Si une pompe aspirante peut pomper l'eau d'un puits à une profondeur maximum de 10,3 m, expliquez comment il est possible de puiser de l'eau et du pétrole à des centaines de mètres sous la surface terrestre.

5.11 Comment se fait-il que si la pression indiquée par un baromètre baisse à un endroit, elle doit nécessairement augmenter dans une autre partie du monde?

5.12 Pourquoi les astronautes qui marchent sur la Lune doivent-ils porter une combinaison spéciale?

Problèmes

5.13 Convertissez 562 mm Hg en kPa, et 2,0 kPa en mm Hg.

5.14 On observe que la pression atmosphérique au sommet d'une montagne est de 606 mm Hg. Quelle est la pression en atm?

LOIS DES GAZ

Questions de révision

5.15 Expliquez en quoi consistent les lois suivantes et donnez les équations qui les résument: la loi de Boyle, la loi de Charles, la loi d'Avogadro. Pour chacun des cas, donnez les conditions dans lesquelles la loi s'applique. Quelles sont les unités utilisées pour exprimer chacune des grandeurs des équations.

5.16 Dites pourquoi un ballon sonde gonflé d'hélium se dilate à mesure qu'il s'élève dans l'atmosphère. Supposez que la température reste constante.

Problèmes

5.17 Un gaz occupant un volume de 725 mL à une pression de 0,970 atm se dilate à une température constante jusqu'à ce que sa pression soit de 0,541 atm. Quel est alors son volume?

5.18 À 46 °C, un échantillon d'ammoniac gazeux exerce une pression de 5,3 atm. Quelle sera la pression si l'on réduit le volume à un dixième de sa valeur originale, la température restant constante?

5.19 À 1 atm, le volume d'un gaz est de 5,80 L. Quelle serait la pression de ce gaz en mm Hg si l'on portait son volume à 9,65 L? (La température est constante.)

5.20 Un échantillon d'air occupe 3,8 L quand la pression est de 1,2 atm. a) Quel volume occuperait-il à 6,6 atm? b) Quelle pression est nécessaire pour réduire son volume à 0,075 L? (Considérez que la température est constante.)

5.21 Convertissez les températures suivantes en kelvins: 0 °C, 37 °C, 100 °C, −225 °C.

5.22 Convertissez les températures suivantes en degrés Celsius: 77 K (point d'ébullition de l'azote), 4,2 K (point d'ébullition de l'hélium), $6,0 \times 10^3$ K (température à la surface du Soleil).

5.23 Un échantillon de méthane gazeux de 36,4 L, à 25 °C, est chauffé jusqu'à une température de 88 °C, à pression constante. Quel sera alors le volume du gaz?

5.24 À une pression constante, un échantillon d'hydrogène de 9,6 L, à 88 °C, est refroidi jusqu'à ce que son volume soit de 3,4 L. Quelle sera sa température après le refroidissement?

5.25 L'ammoniac brûle en présence d'oxygène pour former du monoxyde d'azote (NO) et de la vapeur d'eau. Combien de volumes de NO sont obtenus à partir de un volume d'ammoniac à température et à pression constantes?

5.26 Le chlore moléculaire et le fluor moléculaire se combinent pour former un produit gazeux. À température et à pression constantes, un volume de Cl_2 réagit avec trois volumes de F_2 pour former deux volumes de produit. Quelle est la formule du produit?

ÉQUATION DES GAZ PARFAITS

Questions de révision

5.27 Donnez les caractéristiques d'un gaz parfait.

5.28 Donnez l'équation des gaz parfaits et expliquez-la. Donnez les unités utilisées pour exprimer chaque grandeur de l'équation.

5.29 Qu'appelle-t-on température et pression normales (TPN)? Quelle est la relation entre TPN et le volume occupé par une mole d'un gaz parfait?

5.30 Pourquoi la masse volumique d'un gaz est-elle très inférieure à celle d'un liquide ou d'un solide dans des conditions atmosphériques habituelles? Quelles unités sont habituellement utilisées pour exprimer la masse volumique des gaz?

Problèmes

5.31 Un échantillon d'azote gazeux gardé dans un contenant de 2,3 L à une température de 32 °C exerce une pression de 4,7 atm. Combien y a-t-il de moles d'azote dans le contenant?

5.32 Un échantillon de 6,9 moles de monoxyde de carbone est gardé dans un contenant de 30,4 L. Quelle est la pression du gaz (en atm) si la température est de 62 °C?

5.33 Quel volume occupent 5,6 moles d'hexafluorure de soufre (SF_6) gazeux si la température et la pression sont de 128 °C et de 9,4 atm?

5.34 Une certaine quantité de gaz à 25 °C et à 0,800 atm est contenue dans un récipient de verre. Supposons que le récipient puisse supporter une pression de 2,00 atm. Jusqu'à quelle température pourriez-vous chauffer le gaz sans faire éclater le récipient?

5.35 On gonfle un ballon au sol à l'aide d'un gaz jusqu'à ce que le volume de ce ballon soit de 2,50 L à 1,2 atm et à 25 °C. Il s'élève ensuite jusque dans la stratosphère (environ 30 km au-dessus de la surface de la Terre), où la température et la pression sont de −23 °C et de 3,00 × 10^{-3} atm. Calculez le volume du ballon dans la stratosphère.

5.36 La température de 2,5 L d'un gaz initialement à TPN est élevée à 250 °C à un volume constant. Calculez la pression finale du gaz en atm.

5.37 Un gaz contenu dans un cylindre ayant comme couvercle un piston mobile a initialement un volume de 6,0 L. Si la pression est réduite au tiers de sa valeur initiale, et la température absolue abaissée de moitié, quel est le volume final du gaz?

5.38 Durant la fermentation du glucose (fabrication du vin), il y a formation d'un gaz qui a un volume de 0,78 L quand il est mesuré à 20,1 °C et à 1 atm. Quel est le volume de ce gaz quand la température est de 36,5 °C à 1,00 atm?

5.39 Un gaz parfait initialement à 0,85 atm et à 66 °C s'est dilaté jusqu'à ce que son volume, sa pression et sa température soient respectivement de 94 mL, de 0,60 atm et de 45 °C. Quel était son volume initial?

5.40 Le volume d'un gaz à TPN est de 488 mL. Calculez son volume à 22,5 atm et à 150 °C.

5.41 Un gaz occupe un volume de 6,85 L à 772 mm Hg et à 35 °C. Calculez son volume à TPN.

5.42 Un échantillon de 0,050 g de glace sèche, du dioxyde de carbone solide, est placé dans un récipient dont l'air a été préalablement évacué. Le volume du récipient est de 4,6 L et la température 30°C. Calculez la pression dans le récipient une fois que toute la glace sèche sera devenue du CO_2 gazeux.

5.43 Un volume de 0,280 L d'un gaz pèse 0,400 g à TPN. Calculez la masse molaire de ce gaz.

5.44 Une quantité de gaz pesant 7,10 g à 741 torr et à 44 °C occupe un volume de 5,40 L. Quelle est la masse molaire de ce gaz?

5.45 Les molécules d'ozone présentes dans la stratosphère absorbent la plupart des radiations dangereuses du Soleil. Généralement, la température et la pression de l'ozone dans la stratosphère sont de 250 K et de 1,0 × 10^{-3} atm, respectivement. Combien de molécules d'ozone y a-t-il dans 1,0 L d'air dans ces conditions?

5.46 En supposant que l'air contienne 78 % de N_2, 21 % de O_2 et 1 % de Ar, par unité de volume, combien de molécules de chaque gaz y a-t-il dans 1 L d'air à TPN?

5.47 Un récipient de 2,10 L contient 4,65 g d'un gaz à 1,00 atm et à 27 °C. a) Calculez la masse volumique du gaz en grammes par litre. b) Quelle est la masse molaire de ce gaz?

5.48 Calculez la masse volumique du bromure d'hydrogène (HBr) en grammes par litre à 733 mm Hg et à 46 °C.

5.49 Un anesthésiant contient 64,9 % de C, 13,5 % de H et 21,6 % de O, par unité de masse. À 120 °C et à 750 mm Hg, 1,00 L de ce composé gazeux pèse 2,30 g. Quelle est la formule moléculaire de ce composé?

5.50 La formule empirique d'un composé est SF_4. À 20 °C, 0,100 g de ce composé gazeux occupe un volume de 22,1 mL et exerce une pression de 1,02 atm. Quelle est sa formule moléculaire?

LOI DES PRESSIONS PARTIELLES DE DALTON

Questions de révision

5.51 Énoncez la loi des pressions partielles de Dalton et définissez l'expression «fraction molaire». La fraction molaire s'exprime-t-elle dans un certain type d'unités?

5.52 Un échantillon d'air ne contient que de l'azote et de l'oxygène et les pressions partielles de ces gaz sont respectivement de 0,80 atm et de 0,20 atm. Calculez la pression totale et la fraction molaire de chacun des gaz.

Problèmes

5.53 Un mélange de gaz contient du CH_4, du C_2H_6 et du C_3H_8. Si la pression totale du mélange est de 1,50 atm et que celui-ci contient 0,31 mole de CH_4, 0,25 mole de C_2H_6 et 0,29 mole de C_3H_8, quelles sont les pressions partielles des gaz?

5.54 Un cylindre ayant un piston mobile comme couvercle, a initialement un volume de 2,5 L et contient un mélange de trois gaz, N_2, He et Ne, à 15 °C, dont les pressions partielles sont respectivement de 0,32 atm, 0,15 atm et 0,42 atm. a) Calculez la pression totale du mélange. b) Calculez le volume en litres à TPN qu'occuperaient He et Ne si on enlevait sélectivement N_2.

5.55 L'air sec près du niveau de la mer a la composition suivante par unité de volume: 78,08 % de N_2, 20,94 % de O_2, 0,93 % de Ar, et 0,05 % de CO_2. La pression atmosphérique est de 1,00 atm. Calculez a) la pression partielle de chaque gaz en atm et b) la concentration de chaque gaz en moles par litre à 0 °C. (*Indice:* puisque le volume est proportionnel au nombre de moles présentes, les fractions molaires des gaz peuvent s'exprimer comme des rapports entre les volumes à la même température et à la même pression.)

5.56 Un mélange d'hélium et de néon est recueilli par déplacement d'eau à une température de 28,0 °C et à une pression de 745 mm Hg. Si la pression partielle de l'hélium est de 368 mm Hg, quelle est la pression partielle du néon? (La pression de la vapeur d'eau à 28,0 °C est de 28,3 mm Hg.)

5.57 Un morceau de sodium réagit complètement avec de l'eau selon l'équation suivante:

$$2Na(s) + 2H_2O(l) \longrightarrow 2NaOH(aq) + H_2(g)$$

L'hydrogène est recueilli par déplacement d'eau à une température de 25,0 °C. Le volume du gaz, mesuré à 1 atm, est de 246 mL. Calculez le nombre de grammes de sodium utilisés dans la réaction. (La pression de la vapeur d'eau à 25 °C est de 0,0313 atm.)

5.58 Un morceau de zinc réagit complètement avec un excès d'acide chlorhydrique:

$$Zn(s) + 2HCl(aq) \longrightarrow ZnCl_2(aq) + H_2(g)$$

L'hydrogène produit est recueilli à l'aide d'un déplacement d'eau à 25,0 °C. Le volume du gaz est de 7,80 L, et sa pression de 0,980 atm. Calculez la masse de zinc qui a réagi. (La pression de la vapeur d'eau à 25 °C est de 23,8 mm Hg.)

5.59 Quand les plongeurs descendent à de grandes profondeurs dans la mer, ils respirent un mélange d'hélium et d'oxygène. Calculez le pourcentage par unité de volume de l'oxygène dans le mélange, si le plongeur doit descendre à une profondeur où la pression totale est de 4,2 atm. La pression partielle de l'oxygène est maintenue à 0,20 atm.

5.60 Un échantillon d'ammoniac (NH_3) gazeux est complètement décomposé en azote et en hydrogène en présence de laine d'acier chauffée. Si la pression totale est de 866 mm Hg, calculez les pressions partielles de N_2 et de H_2.

LA THÉORIE CINÉTIQUE DES GAZ

Questions de révision

5.61 Quels postulats sont à la base de la théorie cinétique des gaz?

5.62 Qu'est-ce que l'agitation thermique?

5.63 Qu'indique la courbe de Maxwell de distribution des vitesses? Est-ce que la théorie de Maxwell peut s'appliquer dans le cas d'un échantillon de 200 molécules? Expliquez.

5.64 Écrivez l'équation décrivant la vitesse quadratique moyenne pour un gaz à une température T. Définissez chaque terme de l'équation et précisez les unités utilisées pour chacun des termes.

5.65 Laquelle des deux affirmations suivantes est juste? a) La chaleur est produite par la collision des molécules gazeuses entre elles. b) Quand un gaz est chauffé, la fréquence des collisions entre ses molécules est plus élevée.

5.66 L'hexafluorure d'uranium, (UF_6) est un gaz plus lourd que l'hélium. Cependant, à une température donnée, l'énergie cinétique moyenne des deux gaz est la même. Expliquez.

Problèmes

5.67 Comparez les vitesses quadratiques moyennes de O_2 et de UF_6 à 65 °C.

5.68 La température dans la stratosphère est de −23 °C. Calculez les vitesses quadratiques moyennes des molécules N_2, O_2 et O_3 à cette altitude.

LES GAZ PARFAITS ET LES GAZ RÉELS

Questions de révision

5.69 Donnez deux preuves que les gaz ne se comportent pas toujours comme des gaz parfaits.

5.70 Dans quelles conditions peut-on attendre d'un gaz qu'il se comporte comme un gaz parfait? a) À une température élevée et à une basse pression; b) à une température et à une pression élevées; c) à une température basse et à une pression élevée; d) à une température et à une pression basses.

5.71 Donnez l'équation de van der Waals pour un gaz réel. Quelle est la signification des facteurs de correction pour la pression et le volume?

5.72 Habituellement, la température d'un gaz réel qui se dilate dans un espace vide baisse. Expliquez.

Problèmes

5.73 À l'aide des données du tableau 5.3, calculez la pression exercée par 2,50 moles de CO_2 contenues dans un volume de 5,00 L à 450 K. Comparez la pression obtenue avec celle calculée à l'aide de l'équation des gaz parfaits.

5.74 À 27 °C, 10,0 moles d'un gaz contenues dans un récipient de 1,50 L exercent une pression de 130 atm. S'agit-il d'un gaz parfait?

5.75 Dans les mêmes conditions de température et de pression, lequel des gaz suivants aura un comportement se rapprochant le plus d'un gaz parfait: Ne, N_2 ou CH_4? Expliquez.

5.76 D'après les données suivantes recueillies à 0 °C, dites si le dioxyde de carbone agit comme un gaz parfait.

P (atm)	0,0500	0,100	0,151	0,202	0,252
V (L)	448,2	223,8	148,8	110,8	89,0

PROBLÈMES VARIÉS

5.77 Expliquez les phénomènes suivants en faisant appel aux lois des gaz : a) la pression dans un pneu d'automobile augmente par une journée chaude; b) l'«explosion» d'un sac de papier; c) l'expansion d'un ballon météorologique à mesure qu'il s'élève dans l'atmosphère; d) le bruit fort que produit une ampoule électrique qui éclate.

5.78 La nitroglycérine, un explosif, se décompose selon l'équation suivante:

$$4C_3H_5(NO_3)_3(s) \longrightarrow 12CO_2(g) + 10H_2O(g) + 6N_2(g) + O_2(g)$$

Calculez le volume total des gaz à 1,2 atm et à 25 °C que produiront 2,6 × 10^2 g de nitroglycérine. Quelles sont les pressions partielles des gaz dans ces conditions?

5.79 La formule empirique d'un composé est CH. À 200 °C et à une pression de 0,74 atm, 0,145 g de ce composé occupe 97,2 mL. Quelle est la formule moléculaire de ce composé?

5.80 Quand du nitrite d'ammonium (NH_4NO_2) est chauffé, il se décompose pour donner de l'azote. On utilise ce processus pour gonfler les balles de tennis. a) Donnez l'équation équilibrée de la réaction. b) Calculez la quantité (en grammes) de NH_4NO_2 nécessaire pour gonfler une balle de tennis jusqu'à un volume de 86,2 mL, à 1,20 atm et à 22 °C.

5.81 Le pourcentage massique de bicarbonate (HCO_3^-) dans un médicament contre les maux d'estomac est de 32,5 %. Calculez le volume de CO_2 produit (en millilitres) à 37 °C et à 1 atm si une personne en ingère un comprimé de 3,29 g. (*Note:* la réaction se produit entre HCO_3^- et HCl dans l'estomac.)

5.82 Le point d'ébullition de l'azote liquide est −196 °C. Cette donnée implique-t-elle que l'azote est un gaz parfait?

5.83 Dans le procédé métallurgique de raffinement du nickel, le métal est d'abord combiné au monoxyde de carbone pour former du tétracarbonyl de nickel, à l'état gazeux à 43 °C:

$$Ni(s) + 4CO(g) \longrightarrow Ni(CO)_4(g)$$

Cette réaction permet de séparer le nickel des autres impuretés solides. a) Si la quantité initiale de nickel est de 86,4 g, calculez la pression de $Ni(CO)_4$ dans un contenant de 4,00 L. (Supposez que la réaction est complète.) b) En chauffant l'échantillon de gaz à plus de 43 °C, on observe que sa pression augmente beaucoup plus rapidement que ne le prévoit l'équation des gaz parfaits. Expliquez.

5.84 La pression partielle du dioxyde de carbone dans l'air varie selon les saisons. Selon vous, est-ce en été ou en hiver que sa pression partielle dans l'hémisphère nord est plus élevée? Pourquoi?

5.85 Un adulte en bonne santé expire environ 5,0 × 10^2 mL de mélange gazeux à chaque respiration. Calculez le nombre de molécules contenues dans ce volume à 37 °C et à 1,1 atm. Nommez les principaux constituants de ce mélange gazeux.

5.86 Le bicarbonate de sodium ($NaHCO_3$) est couramment appelé soda à pâte parce que, à la chaleur, il libère du dioxyde de carbone, qui permet aux biscuits, aux beignets et au pain de lever. a) Calculez le volume (en litres) de CO_2 produit en chauffant 5,0 g de $NaHCO_3$ à 180 °C, à 1,3 atm. b) Le bicarbonate d'ammonium (NH_4HCO_3) est également utilisé dans le même but. Donnez un avantage et un désavantage qu'il y a à utiliser du NH_4HCO_3 au lieu du $NaHCO_3$ dans la cuisson.

5.87 Au niveau de la mer, un baromètre dont la section transversale est de 1,00 cm^2 donne une lecture de 76,0 cm de mercure. La pression exercée par la colonne de mercure est égale à celle exercée par l'air sur 1 cm^2 à la surface de la Terre. Sachant que la masse volumique du mercure est de 13,6 g/mL et que le rayon moyen de la Terre est de 6371 km, calculez la masse totale de l'atmosphère terrestre en kilogrammes. (*Note:* la surface d'une sphère est $4\ \pi r^2$, où r est le rayon de la sphère.)

5.88 Certains produits utilisés pour déboucher les tuyaux d'écoulement contiennent deux substances: de l'hydroxyde de sodium et de la poudre d'aluminium. Quand ce mélange est versé dans un tuyau bouché, la réaction suivante se produit:

$$2NaOH(aq) + 2Al(s) + 6H_2O(l) \longrightarrow 2NaAl(OH)_4(aq) + 3H_2(g)$$

La chaleur générée par cette réaction fait fondre les produits comme la graisse, et l'hydrogène libéré remue les solides qui bouchent le tuyau. Calculez le volume de H_2 formé à TPN si 3,12 g de Al réagit avec du NaOH en excès.

5.89 Un échantillon de HCl gazeux pur a un volume de 189 mL à 25 °C et à 108 mm Hg. On le dissout complètement dans 60 mL d'eau et on le titre avec une solution de NaOH. Il a fallu 15,7 mL de solution de NaOH pour neutraliser HCl. Calculez la concentration molaire volumique de la solution de NaOH.

5.90 Le propane (C_3H_8) brûle dans l'oxygène pour produire du dioxyde de carbone gazeux et de la vapeur d'eau. a) Donnez l'équation équilibrée de cette réaction. b) Calculez le nombre de litres de dioxyde de carbone à TPN qui peuvent être produits à partir de 7,45 g de propane.

5.91 Examinez le montage de la page 160. Quand on introduit une petite quantité d'eau dans l'ampoule à l'aide du compte-gouttes, l'eau du bécher monte dans le tube de verre jusque dans l'ampoule. Expliquez le fonctionnement de cette fontaine. (*Indice:* le chlorure d'hydrogène gazeux est soluble dans l'eau.)

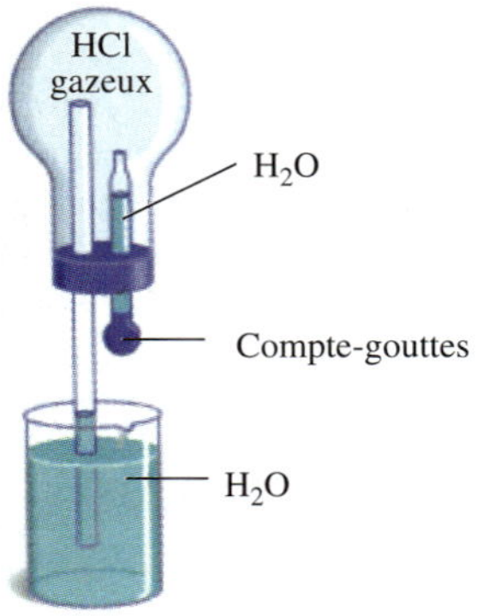

5.92 Le monoxyde d'azote (NO) réagit avec l'oxygène moléculaire de la façon suivante:

$$2NO(g) + O_2(g) \longrightarrow 2NO_2(g)$$

Au début, NO et O_2 sont isolés, comme le montre l'illustration ci-contre. Quand on ouvre la valve, ils réagissent rapidement de façon complète. Déterminez quels sont les gaz présents à la fin de la réaction et calculez leurs pressions partielles. Supposez que la température reste constante, soit 25 °C.

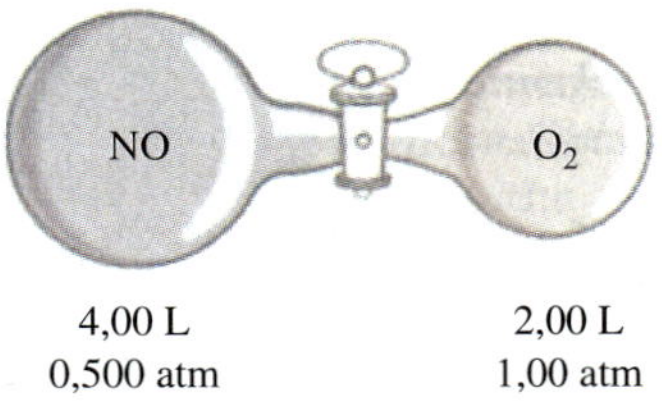

Réponses aux exercices: 5.1 0,986 atm; **5.2** 9,29 L; **5.3** 30,6 L; **5.4** 2,6 atm; **5.5** 44,1 g/mol; **5.6** CH_4: 1,29 atm, C_2H_6: 0,0657 atm, C_3H_8: 0,0181 atm; **5.7** 0,0653 g; **5.8** 321 m/s; **5.9** 30,0 atm, 45,5 atm selon l'équation (5.7).

6.1
L'énergie

6.2
Les variations d'énergie au cours des réactions chimiques

6.3
L'enthalpie
Les équations thermochimiques

6.4
La calorimétrie
La chaleur spécifique et la capacité calorifique • *La calorimétrie à volume constant* • *La calorimétrie à pression constante*

6.5
L'enthalpie standard de formation et l'enthalpie standard de réaction
La méthode directe • *La méthode indirecte*

6.6
Introduction à la thermodynamique
Le premier principe de la thermodynamique • *Le travail et la chaleur* • *L'enthalpie et le premier principe de la thermodynamique*

CHAPITRE 6

L'ÉNERGIE DANS LES RÉACTIONS CHIMIQUES

Le Hindenburg fut détruit par une spectaculaire explosion à Lakehurst, au New Jersey, en 1937.

Le gigantesque dirigeable survolait le terrain d'atterrissage. L'équipe au sol attendait, impatiente que l'orage s'apaise pour arrimer le ballon. Le *Hindenburg,* fierté de la flotte aérienne transatlantique de l'Allemagne, arrivait, après un périple de deux jours et demi, à Lakehurst, au New Jersey, le 6 mai 1937. À 19 heures, comme on descendait les câbles d'arrimage, le *Hindenburg* s'enflamma soudainement. En quelques minutes, le ballon, d'une longueur de 245 mètres (environ trois terrains de football), fut réduit en un amas de débris calcinés. Des 97 passagers, 35 moururent et plus encore furent blessés.

Pour réduire les risques d'explosion, les concepteurs du *Hindenburg* avaient choisi l'hélium, un gaz chimiquement inerte. Cependant, à la veille de la Seconde Guerre mondiale, les États-Unis, qui possédaient la plupart des stocks mondiaux d'hélium, refusèrent d'en vendre à l'Allemagne. Le dirigeable fut alors rempli d'hydrogène.

Quelle fut la cause de l'explosion? On croit que de l'hydrogène, qui fuyait probablement par une valve de purge défectueuse, s'enflamma quand le dirigeable fut frappé par la foudre. Les 200 000 mètres cubes d'hydrogène contenus dans le ballon se combinèrent alors avec l'air environnant et brûlèrent soudainement. Cette réaction chimique libéra violemment l'énergie stockée dans les molécules d'hydrogène. De nos jours, tous les dirigeables, comme ceux que vous voyez durant les parties de football, sont remplis d'hélium, le gaz le plus léger après l'hydrogène.

Aujourd'hui, l'hydrogène est utilisé dans un autre type de voyage aérien, les expéditions spatiales. Combiné à l'oxygène, il constitue un excellent combustible pour les fusées. Même si un litre d'hydrogène liquide renferme trois fois moins d'énergie que un litre d'essence, on choisit l'hydrogène comme carburant dans les fusées parce qu'il pèse dix fois moins que l'essence. Dans l'organisation des vols spatiaux, le poids est un facteur très important. Le gros réservoir externe de la navette américaine *Discovery,* par exemple, contient environ 1 450 000 litres d'hydrogène liquide et 530 000 litres d'oxygène liquide destinés aux trois moteurs qui fournissent la poussée nécessaire au décollage.

On utilise l'hydrogène liquide comme carburant dans les navettes spatiales.

6.1 L'ÉNERGIE

On utilise très souvent le terme «énergie», bien qu'il représente un concept assez abstrait. Par exemple, quand on est fatigué, on dit que l'on n'a plus d'*énergie;* les médias, eux, font état de la nécessité de trouver des solutions de remplacement puisque plusieurs sources d'énergie sont non renouvelables. Contrairement à la matière, c'est par ses effets que l'on connaît ou reconnaît l'énergie, car elle ne peut être ni vue, ni touchée, ni sentie, ni pesée.

On définit habituellement l'***énergie*** comme la *capacité de faire un travail.* Au chapitre 5, nous avons vu que le travail est la force multipliée par la distance (déplacement), mais nous verrons qu'il existe d'autres formes de travail. Toutes les formes d'énergie peuvent effectuer un travail (c'est-à-dire exercer une force sur une certaine distance), mais toutes ne concernent pas la chimie. Par exemple, l'énergie contenue dans les marées peut être exploitée à des fins utiles, mais l'importance des marées en chimie est minime. Les chimistes définissent le ***travail*** comme la *variation d'énergie résultant d'une transformation.* Ils s'intéressent particulièrement à l'énergie cinétique (l'énergie fournie par un objet en mouvement), ainsi qu'à d'autres formes d'énergie comme l'énergie rayonnante, l'énergie thermique, l'énergie chimique et l'énergie potentielle.

L'***énergie rayonnante*** (*radiation*) vient surtout du Soleil: on parle donc d'énergie solaire; c'est la principale source d'énergie de la Terre. Elle réchauffe l'atmosphère et la surface de la Terre, permet la croissance de la végétation grâce à la photosynthèse et influence les conditions climatiques.

L'***énergie thermique*** est l'*énergie associée au mouvement aléatoire des atomes et des molécules.* En général, on peut calculer l'énergie thermique à partir de la température: plus l'agitation des atomes et des molécules d'une substance est forte, plus sa température est élevée et plus son énergie thermique (calorifique) est élevée. Cependant, il faut faire une distinction entre énergie thermique et température. La température d'une tasse de café à 70 °C est plus élevée que celle de l'eau d'un bain à 40 °C; cependant, l'eau du bain contient plus d'énergie thermique que le café parce qu'elle a une masse et un volume plus importants, donc plus de molécules d'eau: par conséquent, l'agitation moléculaire est plus grande.

L'***énergie chimique*** est l'*énergie stockée dans les unités structurales des substances chimiques;* sa valeur dépend du type et de l'arrangement des atomes de chaque substance. Au cours des réactions chimiques, l'énergie chimique des substances est libérée, stockée ou convertie en une ou en plusieurs autres formes d'énergie.

Il existe un autre forme d'*énergie, associée à la position d'un objet dans l'espace.* On l'appelle ***énergie potentielle.*** Par exemple, à cause de sa position élevée, un rocher situé en haut d'une falaise au bord d'un lac provoquera une plus grande gerbe en tombant dans l'eau qu'un rocher de la même taille situé moins haut. L'énergie chimique peut être considérée comme une forme d'énergie potentielle parce qu'elle est associée aux positions relatives et à l'arrangement des atomes dans une substance.

En principe, toutes les formes d'énergie peuvent se convertir entre elles. On sent la chaleur du Soleil parce que ses radiations sont converties en énergie calorifique sur la peau. Quand on fait de l'exercice, l'énergie chimique stockée dans le corps est utilisée pour produire de l'énergie cinétique. Quand une balle descend une pente, son énergie potentielle est convertie en énergie cinétique. Vous pourriez sans doute trouver bien d'autres exemples.

Bien que l'énergie puisse revêtir de nombreuses formes qui sont convertibles, les scientifiques ont établi que l'énergie ne se perd ni ne se crée. Quand une forme d'énergie disparaît, une autre forme (d'égale valeur) doit apparaître, et vice versa. Ainsi, *la quantité totale d'énergie dans l'univers reste constante*. Cette affirmation est généralement appelée ***principe de la conservation de l'énergie.***

6.2 LES VARIATIONS D'ÉNERGIE AU COURS DES RÉACTIONS CHIMIQUES

Les variations d'énergie qui ont lieu au cours d'une réaction chimique revêtent souvent un aussi grand intérêt pratique que les relations de masse dont nous avons parlé au chapitre 3. Par exemple, les réactions de combustion de carburants, tels le gaz naturel et le mazout, sont couramment utilisées bien plus pour l'énergie calorifique qu'elles libèrent que pour leurs produits (l'eau et le dioxyde de carbone).

Presque toutes les réactions chimiques absorbent ou dégagent de l'énergie, généralement sous forme de chaleur. Il est important de faire une distinction entre énergie thermique (calorifique) et chaleur. La ***chaleur,*** c'est le *transfert d'énergie thermique entre deux corps qui sont à des températures différentes*. Ainsi, on parle souvent de «flux de chaleur» passant d'un objet chaud à un objet froid. Le mot «chaleur» implique nécessairement un transfert d'énergie, on parle communément de «chaleur absorbée» et de «chaleur dégagée» dans la description des variations d'énergie qui se produisent durant les transformations chimiques ou physiques. *L'étude des échanges de chaleur dans les réactions chimiques* s'appelle ***thermochimie.***

Pour bien analyser les variations d'énergie associées aux réactions chimiques, il faut d'abord savoir ce qu'est un ***système;*** c'est toute *partie de l'univers sous observation au moment de l'étude d'une transformation*. Pour les chimistes, un système comprend habituellement des substances qui participent à des transformations chimiques et physiques. Par exemple, dans une expérience de neutralisation acide-base, le système peut être constitué d'un bécher contenant 50 mL de HCl auxquels on ajoute 50 mL de NaOH. Le *reste de l'univers* est appelé ***milieu extérieur*** (ou environnement).

Selon le type de frontières qui séparent un système du reste de l'univers, il existe trois types de systèmes. Un ***système ouvert*** *permet l'échange de matière et d'énergie (habituellement sous forme de chaleur) avec l'extérieur.* Par exemple, un système ouvert peut être une quantité d'eau dans un contenant ouvert, comme l'illustre la figure 6.1 a). Si l'on ferme le contenant, comme à la figure 6.1 b), pour empêcher la vapeur d'eau d'en sortir ou d'y entrer, on crée un ***système fermé,*** système qui *permet le transfert d'énergie (chaleur), mais non de matière*. Finalement, en plaçant l'eau dans un contenant parfaitement isolé, on crée un ***système isolé,*** système qui *ne permet le transfert ni d'énergie ni de matière,* comme l'illustre la figure 6.1 c).

La combustion de l'acétylène (C_2H_2) dans l'oxygène est une des réactions chimiques courantes qui dégagent une quantité considérable d'énergie (*figure 6.2*):

$$2C_2H_2(g) + 5O_2(g) \longrightarrow 4CO_2(g) + 2H_2O(l) + \text{énergie}$$

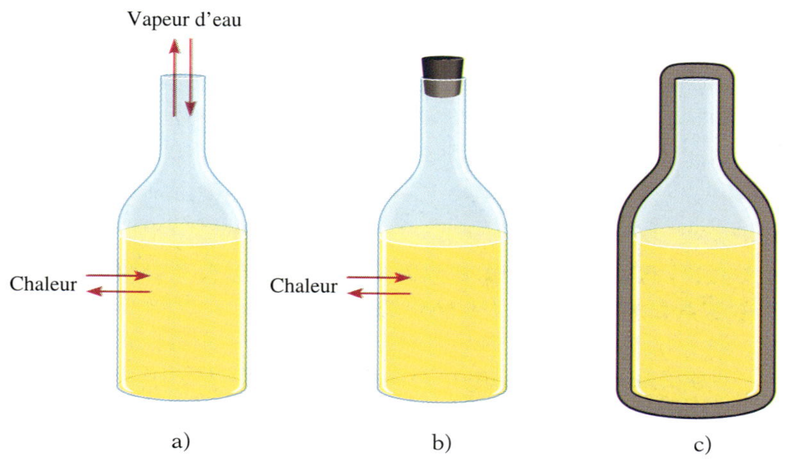

FIGURE 6.1

Les trois types de systèmes, représentés par de l'eau dans un flacon: a) un système ouvert permet les transferts d'énergie et de matière; b) un système fermé permet le transfert d'énergie, mais non le transfert de matière; et c) un système isolé ne permet ni le transfert d'énergie ni le transfert de matière (ici le flacon est recouvert par une enveloppe thermos).

FIGURE 6.2

Un chalumeau oxyacétylénique utilisé pour souder des métaux.

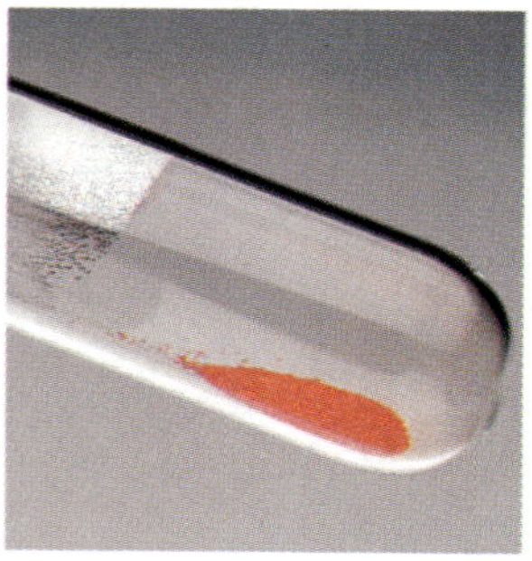

Sous l'action de la chaleur, HgO se décompose en Hg et en O_2.

Dans ce cas, le milieu réactionnel (l'acétylène, l'oxygène, le dioxyde de carbone et l'eau) forme le *système,* et tout ce qui ne fait pas partie du système constitue le milieu extérieur. Puisque l'énergie ne se perd ni ne se crée, toute l'énergie libérée par le système doit être absorbée par le milieu extérieur. Ainsi, la chaleur générée par la combustion est transférée dans le milieu extérieur. *Toute* ***transformation*** *qui dégage de la chaleur* (c'est-à-dire *qui transfère de l'énergie thermique vers l'extérieur*) est dite ***exothermique.*** La figure 6.3 a) montre le transfert d'énergie qui accompagne la combustion de l'acétylène.

Maintenant, voyons un autre type de réaction, la décomposition de l'oxyde de mercure(II) (HgO) à haute température:

$$\text{énergie} + 2HgO(s) \longrightarrow 2Hg(l) + O_2(g)$$

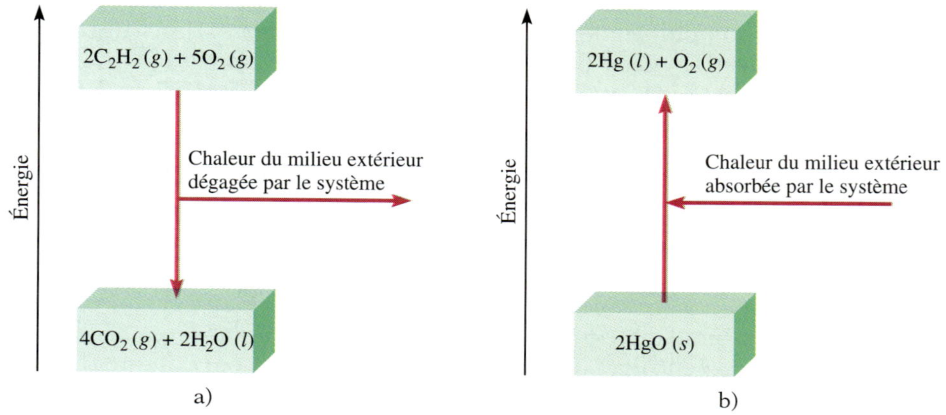

FIGURE 6.3

a) Diagrammes des niveaux d'énergie d'une réaction exothermique: la combustion de l'acétylène. b) Diagrammes des niveaux d'énergie d'une réaction endothermique: la décomposition de l'oxyde de mercure(II). Les échelles en a) et en b) ne sont pas les mêmes: la chaleur dégagée par la combustion de l'acétylène n'est pas égale à la chaleur absorbée par la décomposition de l'oxyde de mercure(II).

Voilà un exemple de ***transformation endothermique,*** c'est-à-dire un *processus qui nécessite que de la chaleur venant du milieu extérieur soit apportée au système.* [*figure 6.3b*)].

À la figure 6.3, on peut voir que, dans une réaction exothermique, l'énergie totale des produits est inférieure à l'énergie totale des réactifs. Cette différence s'explique par le fait que le système libère de la chaleur dans le milieu extérieur. C'est le contraire dans les réactions endothermiques: la différence d'énergie entre les produits et les réactifs s'explique par l'apport de chaleur au système.

6.3 L'ENTHALPIE

La plupart des transformations physiques et chimiques, même celles qui surviennent dans les êtres vivants, se produisent dans les conditions de pression constante de notre atmosphère. Par exemple, en laboratoire, les réactions que l'on étudie — qui absorbent ou dégagent de la chaleur — se produisent généralement dans des béchers, des ballons ou des éprouvettes qui restent ouverts; ainsi la pression est toujours d'environ une atmosphère (1 atm). Pour quantifier le flux de chaleur qui entre dans un système ou qui en sort au cours d'une réaction à pression constante, les chimistes utilisent une grandeur appelée ***enthalpie,*** représentée par le symbole H et définie par $E + PV$. Cependant, ce que l'on mesure en fait, c'est la *variation* de l'enthalpie, ΔH (la lettre grecque «delta», Δ, signifie différence). ***L'enthalpie d'une réaction, ΔH,*** est donc la *différence entre les enthalpies des produits et celles des réactifs:*

$$\Delta H = H(\text{produits}) - H(\text{réactifs}) \qquad (6.1)$$

Autrement dit, ΔH équivaut à la chaleur dégagée ou absorbée.

L'enthalpie d'une réaction peut être positive ou négative, selon la transformation. Au cours d'une transformation endothermique (le système absorbe de la chaleur de l'extérieur), la valeur de ΔH est positive ($\Delta H > 0$). Au cours d'une transformation exothermique (le système libère de la chaleur), la valeur de ΔH est négative ($\Delta H < 0$). Maintenant, appliquons ces notions à deux phénomènes courants, le premier mettant en jeu une transformation physique, le second une transformation chimique.

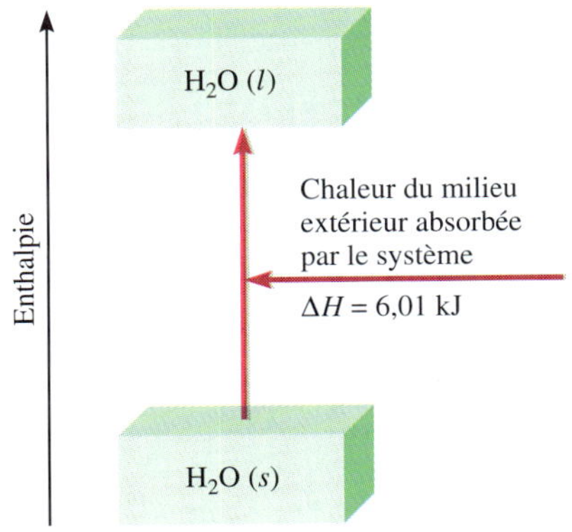

FIGURE 6.4

La fonte de une mole de glace à 0 °C (une transformation endothermique) se solde par une augmentation de 6,01 kJ de l'enthalpie du système.

Du méthane qui brûle dans un bec Bunsen.

Les équations thermochimiques

À 0 °C et à 1 atm, la glace fond et devient de l'eau. Des mesures ont établi que, dans ces mêmes conditions, pour chaque mole de glace convertie en eau liquide, le système absorbe 6,01 kilojoules (kJ) d'énergie. Il s'agit d'un processus endothermique (il doit y avoir apport d'énergie pour que la glace fonde), donc la valeur ΔH est positive (*figure 6.4*). L'équation qui représente cette transformation physique peut s'écrire ainsi:

$$H_2O(s) \longrightarrow H_2O(l) \qquad \Delta H = 6{,}01 \text{ kJ}$$

Comme deuxième exemple, prenons la combustion du méthane (CH_4), le principal constituant du gaz naturel:

$$CH_4(g) + 2O_2(g) \longrightarrow CO_2(g) + 2H_2O(l) \qquad \Delta H = -890{,}4 \text{ kJ}$$

On sait par expérience que la combustion du gaz naturel libère de la chaleur; il s'agit donc d'une réaction exothermique et la valeur de ΔH est négative.

Les équations qui représentent la fonte de la glace et la combustion du méthane indiquent non seulement les relations de masse, mais aussi les variations d'enthalpies. Les *équations qui indiquent à la fois les relations de masse et les variations d'enthalpies* sont appelées ***équations thermochimiques.*** Pour les écrire et les interpréter, on recourt aux règles suivantes:

- Les coefficients stœchiométriques indiquent toujours le nombre de moles de chaque substance. Ainsi, l'équation qui représente la fonte de la glace doit se lire de la façon suivante: quand une mole d'eau liquide est formée à partir de une mole de glace à 0 °C, la variation d'enthalpie est de 6,01 kJ. Pour ce qui est de l'équation thermochimique de la combustion du méthane, elle se lit comme suit: quand une mole de méthane gazeux réagit avec deux moles d'oxygène gazeux pour former une mole de dioxyde de carbone gazeux et deux moles d'eau liquide, la variation d'enthalpie est de −890,4 kJ.

- Quand on inverse une équation, on change le rôle des réactifs et des produits. Par conséquent, la valeur numérique de ΔH reste la même, mais son signe change. C'est compréhensible si l'on considère les processus en jeu. Par exemple, si une réaction absorbe de l'énergie calorifique venant de l'extérieur (si elle est endothermique), la réaction inverse doit libérer cette énergie dans le milieu extérieur (elle doit être exothermique). Cela signifie que l'expression de la variation d'enthalpie doit également changer de signe. Par conséquent, si l'on inverse les réactions de la fonte de la glace ou de la combustion du méthane, les équations thermochimiques deviennent

$$H_2O(l) \longrightarrow H_2O(s) \qquad \Delta H = -6{,}01 \text{ kJ}$$

$$CO_2(g) + 2H_2O(l) \longrightarrow CH_4(g) + 2O_2(g) \qquad \Delta H = 890{,}4 \text{ kJ}$$

  Ce qui était une réaction endothermique devient exothermique, et vice versa.

- Si l'on multiplie tous les membres d'une équation thermochimique par un facteur n, on doit multiplier la valeur de ΔH par le même facteur. Ainsi, pour la fonte de la glace, si $n = 2$, alors

$$2H_2O(s) \longrightarrow 2H_2O(l) \qquad \Delta H = 2(6{,}01 \text{ kJ}) = 12{,}02 \text{ kJ}$$

- Dans une équation thermochimique, l'état physique de tous les réactifs et de tous les produits doit toujours être indiqué, parce qu'il aide à déterminer la variation réelle d'enthalpie. Par exemple, dans l'équation de la combustion du méthane, si les produits comprennent de la vapeur d'eau au lieu d'eau liquide,

$$CH_4(g) + 2O_2(g) \longrightarrow CO_2(g) + 2H_2O(g)$$

la variation d'enthalpie est de −802,4 kJ plutôt que de −890,4 kJ, car il faut 88,0 kJ pour convertir deux moles d'eau liquide en vapeur; c'est-à-dire:

$$2H_2O(l) \longrightarrow 2H_2O(g) \qquad \Delta H = 88,0 \text{ kJ}$$

6.4 LA CALORIMÉTRIE

En laboratoire, les transferts de chaleur qui ont lieu au cours de transformations physiques ou chimiques sont mesurés à l'aide d'un *calorimètre.* Puisque la compréhension de la ***calorimétrie*** (la *mesure des transferts de chaleur*) dépend de la connaissance de la chaleur spécifique et de la capacité calorifique, étudions d'abord ces grandeurs.

LA CHALEUR SPÉCIFIQUE ET LA CAPACITÉ CALORIFIQUE

La ***chaleur spécifique* (ou chaleur massique) (*s*)** d'une substance est la *quantité de chaleur requise pour élever de un degré Celsius la température de un gramme de cette substance.* La ***capacité calorifique* (C)** d'une substance est la *quantité de chaleur requise pour élever de un degré Celsius la température d'une masse donnée de cette substance.* La relation entre la capacité calorifique et la chaleur spécifique d'une substance est

$$C = ms \qquad (6.2)$$

où m est la masse de la substance en grammes. Par exemple, la chaleur spécifique de l'eau est de 4,184 J/g · °C, et la capacité calorifique de 60,0 g d'eau est

$$(60,0 \text{ g})(4,184 \text{ J/g} \cdot °\text{C}) = 251 \text{ J/°C}$$

Notez que les unités utilisées pour exprimer la chaleur spécifique sont les J/g · °C et celles utilisées pour exprimer la capacité calorifique sont les J/°C. Le tableau 6.1 donne les chaleurs spécifiques de quelques substances courantes.

Si l'on connaît la chaleur spécifique et la quantité de substance d'un système, on peut déterminer, à l'aide de la variation de la température (Δt), la quantité de chaleur (Q) absorbée ou dégagée au cours d'un processus donné. L'équation servant à calculer cette quantité est

$$Q = ms\Delta t \qquad (6.3)$$

$$Q = C\Delta t \qquad (6.4)$$

où m est la masse de l'échantillon et Δt la variation de température:

$$\Delta t = t_{\text{finale}} - t_{\text{initiale}}$$

TABLEAU 6.1

La chaleur spécifique (*s*) de quelques substances courantes

Substance	*s* (J/g · °C)
Al	0,900
Au	0,129
C(graphite)	0,720
C(diamant)	0,502
Cu	0,385
Fe	0,444
Hg	0,139
H_2O	4,184
C_2H_5OH (éthanol)	2,46

La valeur de Q a, par convention, le même signe que celle de la variation d'enthalpie: elle est positive dans les réactions endothermiques et négative dans les réactions exothermiques.

EXEMPLE 6.1

Le calcul d'une quantité de chaleur absorbée d'après la chaleur spécifique

La température de 466 g d'eau passe de 8,50 °C à 74,60 °C. Calculez la quantité de chaleur (en kilojoules) absorbée par l'eau.

Réponse: Selon l'équation (6.3), nous avons

$$\begin{aligned} Q &= ms\Delta t \\ &= (466 \text{ g})(4{,}184 \text{ J/g} \cdot {}^\circ\text{C})(74{,}60\ {}^\circ\text{C} - 8{,}50\ {}^\circ\text{C}) \\ &= 1{,}29 \times 10^5 \text{ J} \\ &= 129 \text{ kJ} \end{aligned}$$

EXERCICE

Une barre de fer de 869 g passe de 94 °C à 5 °C. Calculez la quantité de chaleur (en kilojoules) libérée par le métal.

La calorimétrie à volume constant

Habituellement, on mesure la chaleur de combustion d'un composé donné de masse connue en plaçant celui-ci dans un contenant en acier indéformable, appelé *bombe calorimétrique à volume constant,* rempli d'oxygène à une pression d'environ 30 atm. On immerge ensuite la bombe fermée dans une quantité d'eau déterminée (*figure 6.5*), puis l'échantillon est enflammé électriquement. On peut alors calculer la chaleur exacte produite par la combustion en notant l'élévation de la température de l'eau. En effet, la chaleur libérée par l'échantillon est absorbée par l'eau et le calorimètre. La conception spéciale de la bombe calorimétrique permet de supposer que ni chaleur ni matière n'ont été transférées dans le milieu extérieur pendant la prise des mesures. Ainsi, on peut dire que la bombe calorimétrique et l'eau dans laquelle elle est submergée constituent un système isolé. Puisqu'aucune chaleur n'entre dans le système ni ne le quitte durant le processus, on peut écrire

$$\begin{aligned} Q_{\text{système}} &= Q_{\text{eau}} + Q_{\text{bombe}} + Q_{\text{réaction}} \\ &= 0 \end{aligned} \tag{6.5}$$

où Q_{eau}, Q_{bombe} et $Q_{\text{réaction}}$ sont respectivement les quantités de chaleur échangées par l'eau, la bombe et la réaction. Ainsi,

$$Q_{\text{réaction}} = -(Q_{\text{eau}} + Q_{\text{bombe}}) \tag{6.6}$$

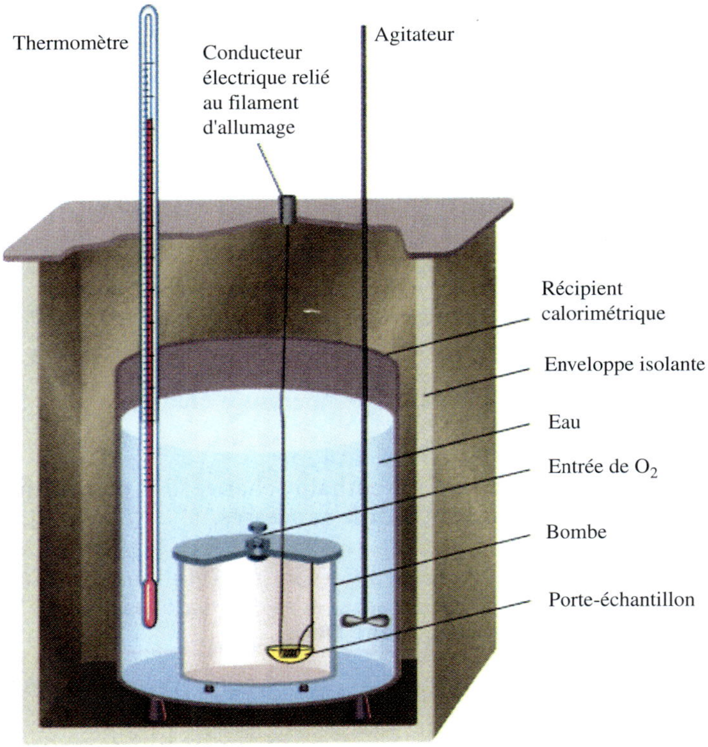

FIGURE 6.5

Une bombe calorimétrique à volume constant. On remplit la bombe d'oxygène avant de la placer dans le contenant d'eau. On enflamme électriquement l'échantillon, et la chaleur produite par la réaction peut être mesurée de façon exacte par l'augmentation de température de l'eau, dont on connaît la masse exacte.

La grandeur Q_{eau} est obtenue par

$$Q = ms\Delta t$$
$$Q_{eau} = (m_{eau})(4{,}184 \text{ J/g} \cdot °\text{C})\ \Delta t$$

Le produit de la masse de la bombe par sa chaleur spécifique constitue la capacité calorifique de la bombe calorimétrique :

$$C_{bombe} = m_{bombe} \times \boldsymbol{s}_{bombe}$$

Donc

$$Q_{bombe} = C_{bombe}\ \Delta t$$

Puisque les réactions dans une bombe calorimétrique ont lieu à volume constant plutôt qu'à pression constante, notez que les échanges de chaleur ne correspondent pas exactement à la variation d'enthalpie ΔH (*section 6.3*). Il est toutefois possible d'apporter la correction nécessaire pour qu'elles y correspondent; étant donné que cette correction est habituellement minime, on la néglige. Finalement, notons que l'énergie contenue dans la nourriture et dans l'essence (habituellement exprimée en calories, où 1 cal = 4,184 J et 1 Cal = 4,184 kJ) est mesurée à l'aide de calorimètres à volume constant.

EXEMPLE 6.2

La chaleur de combustion dans un calorimètre à volume constant

On brûle 1,435 g de naphtalène ($C_{10}H_8$), une substance utilisée comme anti-mites, dans une bombe calorimétrique à volume constant. La température de l'eau passe de 20,17 °C à 25,84 °C. Si la quantité d'eau est de

2000 g exactement et la capacité calorifique de la bombe de 1,80 kJ/°C, calculez la chaleur de combustion d'une mole de naphtalène, c'est-à-dire la chaleur molaire de combustion.

Réponse: D'abord, il faut calculer les échanges de chaleur dans l'eau et dans la bombe.

$$Q = ms\Delta t$$

$$Q_{\text{eau}} = (2000\ \text{g})(4{,}184\ \text{J/g} \cdot {}^\circ\text{C})(25{,}84\ {}^\circ\text{C} - 20{,}17\ {}^\circ\text{C})$$

$$= 4{,}74 \times 10^4\ \text{J}$$

$$Q_{\text{bombe}} = (1{,}80 \times 10^3\ \text{J/}^\circ\text{C})(25{,}84\ {}^\circ\text{C} - 20{,}17\ {}^\circ\text{C})$$

$$= 1{,}02 \times 10^4\ \text{J}$$

(Notez que la capacité calorifique de la bombe est exprimée en J et non en kJ: $1{,}80 \times 10^3$ J/°C au lieu de 1,80 kJ/°C.) Ensuite, à partir de l'équation (6.6), nous avons

$$Q_{\text{réaction}} = -(4{,}74 \times 10^4\ \text{J} + 1{,}02 \times 10^4\ \text{J})$$

$$= -5{,}76 \times 10^4\ \text{J}$$

La masse molaire du naphtalène est de 128,2 g; alors, la chaleur de la combustion de une mole de naphtalène est

$$\text{chaleur molaire de combustion} = \frac{-5{,}76 \times 10^4\ \text{J}}{1{,}435\ \cancel{\text{g C}_{10}\text{H}_8}} \times \frac{128{,}2\ \cancel{\text{g C}_{10}\text{H}_8}}{1\ \text{mol C}_{10}\text{H}_8}$$

$$= -5{,}15 \times 10^6\ \text{J/mol}$$

$$= -5{,}15 \times 10^3\ \text{kJ/mol}$$

EXERCICE

On a brûlé 1,922 g de méthanol (CH_3OH) dans une bombe calorimétrique à volume constant. La température de l'eau s'est élevée de 4,20 °C. Si la quantité d'eau était de 2000 g exactement et la capacité calorifique du calorimètre de 2,02 kJ/°C, calculez la chaleur molaire de combustion du méthanol.

On détermine habituellement la capacité calorifique d'une bombe calorimétrique en y faisant brûler un composé dont on connaît exactement la valeur de la chaleur de combustion. D'après la masse du composé et l'augmentation de la température, on peut calculer la capacité calorifique du calorimètre (*voir problème 6.91*).

La calorimétrie à pression constante

Il existe un appareil plus simple que le calorimètre à volume constant, c'est le calorimètre à pression constante, qu'on utilise pour déterminer les variations de chaleur dans les réactions qui ne sont pas des combustions. On peut en

TABLEAU 6.2
Les chaleurs de quelques transformations courantes mesurées à pression constante

Appellation de la chaleur selon le type de transformation	Exemple	ΔH (kJ)
Chaleur de neutralisation	$HCl(aq) + NaOH(aq) \longrightarrow NaCl(aq) + H_2O(l)$	−56,2
Chaleur d'ionisation	$H_2O(l) \longrightarrow H^+(aq) + OH^-(aq)$	56,2
Chaleur de fusion	$H_2O(s) \longrightarrow H_2O(l)$	6,01
Chaleur de vaporisation	$H_2O(l) \longrightarrow H_2O(g)$	44,0*
Chaleur de réaction	$MgCl_2(s) + 2Na(l) \longrightarrow 2NaCl(s) + Mg(s)$	−180,2

* Mesurée à 25 °C. À 100 °C, sa valeur est de 40,79 kJ.

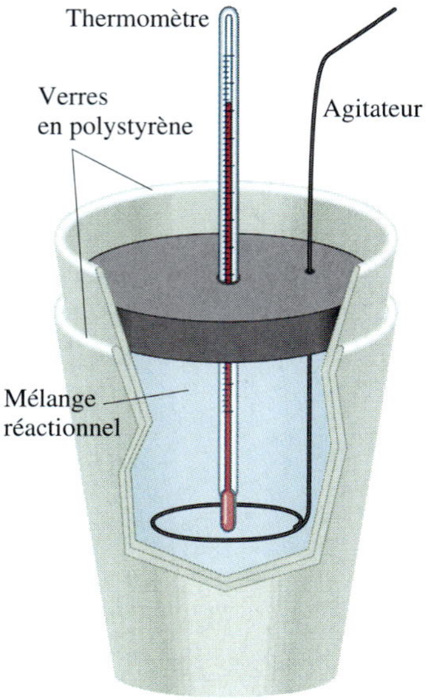

FIGURE 6.6
Un calorimètre à pression constante constitué de deux verres en polystyrène. Le verre extérieur aide à isoler le mélange réactionnel du milieu extérieur. Deux solutions de volumes connus contenant les réactifs à la même température sont soigneusement mélangées dans le calorimètre. La chaleur dégagée ou absorbée par la réaction peut être déterminée par la variation de la température.

fabriquer un avec deux verres en polystyrène (*figure 6.6*). Cet appareil permet de mesurer les effets calorifiques produits, autant pendant différentes réactions (comme dans le cas d'une neutralisation acide-base), que pendant des transformations physiques (comme dans le cas d'une dissolution ou d'une dilution). Puisque les mesures sont prises dans des conditions de pression atmosphérique constante, la chaleur dégagée par la réaction ($Q_{\text{réaction}}$) est égale à la variation d'enthalpie (ΔH). On effectue les mesures de la même façon qu'avec le calorimètre à volume constant; il faut cependant connaître la capacité calorifique du calorimètre, ainsi que la variation de température de la solution (le phénomène étudié se produit en milieu aqueux). Le tableau 6.2 donne les valeurs de ΔH de quelques transformations qui ont été étudiées à l'aide d'un calorimètre à pression constante.

EXEMPLE 6.3
La mesure d'une chaleur de neutralisation à l'aide d'un calorimètre à pression constante

On mélange $1,00 \times 10^2$ mL d'une solution de HCl à 0,500 mol/L avec $1,00 \times 10^2$ mL d'une solution de NaOH à 0,500 mol/L dans un calorimètre à pression constante dont la capacité calorifique est de 335 J/°C. La température initiale des solutions est la même, soit 22,50 °C; la température finale du mélange est de 24,90 °C. Calculez l'échange de chaleur de la réaction de neutralisation suivante:

$$NaOH(aq) + HCl(aq) \longrightarrow NaCl(aq) + H_2O(l)$$

Supposez que les masses volumiques et les chaleurs spécifiques des solutions sont les mêmes que celles de l'eau (1,00 g/mL et 4,184 J/g · °C, respectivement).

Réponse: En supposant qu'il n'y a eu aucune perte de chaleur vers l'extérieur, nous écrivons

$$\begin{aligned} Q_{\text{système}} &= Q_{\text{solution}} + Q_{\text{calorimètre}} + Q_{\text{réaction}} \\ &= 0 \end{aligned}$$

ou

$$Q_{\text{réaction}} = -(Q_{\text{solution}} + Q_{\text{calorimètre}})$$

où

$$Q_{\text{réaction}} = (1{,}00 \times 10^2 \text{ g} + 1{,}00 \times 10^2 \text{ g})(4{,}184 \text{ J/g} \cdot {}^\circ\text{C})(24{,}90\ {}^\circ\text{C} - 22{,}50\ {}^\circ\text{C})$$
$$= 2{,}01 \times 10^3 \text{ J}$$
$$Q_{\text{calorimètre}} = (335 \text{ J/}{}^\circ\text{C})(24{,}90\ {}^\circ\text{C} - 22{,}50\ {}^\circ\text{C})$$
$$= 804 \text{ J}$$

Puisque la masse volumique de la solution est de 1,00 g/mL, la masse de 100 mL d'une solution est donc de 100 g. Ensuite, nous écrivons

$$Q_{\text{réaction}} = -(2{,}01 \times 10^3 \text{ J} + 804 \text{ J})$$
$$= -2{,}81 \times 10^3 \text{ J}$$
$$= -2{,}81 \text{ kJ}$$

D'après les concentrations molaires données, on sait qu'il y a 0,0500 mole de HCl dans $1{,}00 \times 10^2$ g de solution et 0,0500 mole de NaOH dans $1{,}00 \times 10^2$ g de solution. Ainsi, la chaleur de neutralisation quand 1,00 mole de HCl réagit avec 1,00 mole de NaOH est

$$\text{chaleur de neutralisation} = \frac{-2{,}81 \text{ kJ}}{0{,}0500 \text{ mol}} = -56{,}2 \text{ kJ/mol}$$

Puisque la réaction se produit à pression constante, la chaleur libérée est égale à la variation d'enthalpie.

EXERCICE

On mélange $4{,}00 \times 10^2$ mL d'une solution de HNO_3 à 0,600 mol/L avec $4{,}00 \times 10^2$ mL d'une solution de $Ba(OH)_2$ à 0,300 mol/L dans un calorimètre à pression constante dont la capacité thermique est de 387 J/°C. La température initiale des deux solutions est de 18,88 °C. Quelle est la température finale de la solution? (Utilisez le résultat de l'exemple 6.3 pour votre calcul.)

6.5 L'ENTHALPIE STANDARD DE FORMATION ET L'ENTHALPIE STANDARD DE RÉACTION

Jusqu'à maintenant, nous avons appris qu'il est possible de déterminer la variation d'enthalpie standard qui accompagne une réaction en mesurant la chaleur absorbée ou libérée (à pression constante). Nous savons également que, d'après l'équation (6.1), ΔH peut être calculée quand les enthalpies réelles des réactifs et des produits sont connues. Cependant, il n'existe aucune manière de mesurer la valeur *absolue* de l'enthalpie d'une substance. Il est seulement possible de déterminer sa valeur *relative,* en comparaison avec une référence arbitraire. Ce problème rappelle celui qu'ont les géographes qui veulent exprimer l'élévation d'une montagne ou d'une vallée. Au lieu de créer une échelle d'élévation «absolue» (qui serait basée, par exemple, sur la distance par rapport au centre de la Terre), ils ont, d'un commun accord, décidé d'exprimer toutes les élévations et les profondeurs géographiques par rapport au niveau de la mer, auquel on a arbitrairement donné la valeur de zéro mètre. Les chimistes se sont, eux aussi, mis d'accord sur un point de référence arbitraire auquel toutes les enthalpies sont comparées.

Le «niveau de la mer» pour toute expression d'enthalpie s'appelle ***enthalpie standard de formation*** (ΔH_f°). C'est la *quantité de chaleur produite ou absorbée quand une mole d'un composé est formée à partir des éléments de ce composé à une pression de 1 atm. À 1 atm,* les éléments sont dits à l'***état standard,*** d'où le terme «enthalpie standard». Le signe «**o**» en exposant indique que les mesures ont été prises à l'état standard (1 atm), et la lettre «*f*» en indice veut dire formation. Bien que l'état standard ne spécifie aucune température, nous utiliserons toujours les valeurs de ΔH_f° mesurées à 25 °C.

Le tableau 6.3 donne les valeurs des enthalpies standards de formation de certains éléments et composés (et l'annexe 2 en donne une liste plus complète). Par convention, *la valeur de l'enthalpie standard de formation de tout élément dans sa forme allotropique la plus stable est de zéro*. Par exemple, l'oxygène moléculaire (O_2) est plus stable que l'ozone (O_3, l'autre forme allotropique de l'oxygène), à 1 atm et à 25 °C. Ainsi, on peut écrire que ΔH_f° (O_2) = 0, mais $\Delta H_f^\circ(O_3) \neq 0$. De même, le graphite est une forme allotropique du carbone plus stable que le diamant à 1 atm et à 25 °C; ainsi, ΔH_f° (C, graphite) = 0 et ΔH_f° (C, diamant) $\neq$ 0.

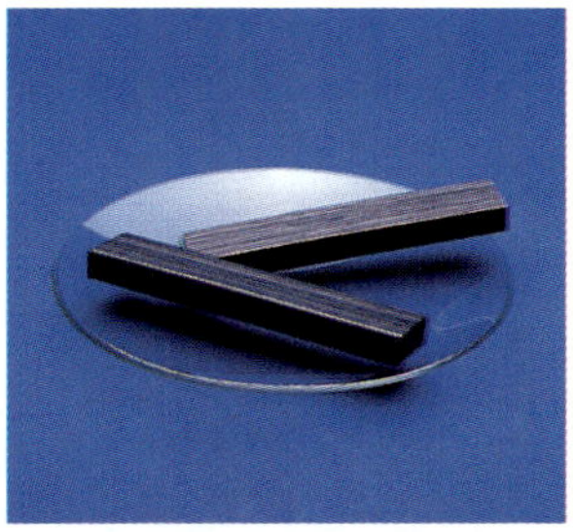

Le graphite (photo du haut) et le diamant (photo du bas): des formes allotropiques du carbone dont les valeurs de ΔH_f° sont différentes.

Il est important de connaître les enthalpies standard de formation, car leurs valeurs permettent de calculer l'enthalpie de réaction. Par exemple, prenons la réaction théorique suivante:

$$aA + bB \longrightarrow cC + dD$$

où *a, b, c* et *d* sont des coefficients stœchiométriques. L'*enthalpie d'une réaction qui se produit dans des conditions d'état standard,* appelée ***enthalpie standard de réaction,*** $\boldsymbol{\Delta H^\circ_{\text{réaction}}}$, est donnée par

$$\Delta H^\circ_{\text{réaction}} = [c\Delta H_f^\circ(C) + d\Delta H_f^\circ(D)] - [a\Delta H_f^\circ(A) + b\Delta H_f^\circ(B)] \quad (6.7)$$

où *a, b, c* et *d* sont des nombres de moles. À partir de l'équation (6.7), on peut formuler une équation générale:

$$\Delta H^\circ_{\text{réaction}} = \Sigma n\Delta H_f^\circ(\text{produits}) - \Sigma m\Delta H_f^\circ(\text{réactifs}) \quad (6.8)$$

où m et n représentent les coefficients stœchiométriques des réactifs et des produits et Σ (la lettre grecque sigma) signifie «la somme des».

L'équation (6.7) montre comment calculer la valeur de $\Delta H^\circ_{\text{réaction}}$ à partir des valeurs de ΔH_f° des composés. Cependant, pour connaître les valeurs de ΔH_f° des composés, on peut utiliser la méthode directe ou la méthode indirecte.

TABLEAU 6.3

Les enthalpies standard de formation de quelques substances inorganiques à 25 °C

Substance	ΔH_f° (kJ/mol)	Substance	ΔH_f° (kJ/mol)
$Ag(s)$	0	$H_2O_2(l)$	−187,6
$AgCl(s)$	−127,04	$Hg(l)$	0
$Al(s)$	0	$I_2(s)$	0
$Al_2O_3(s)$	−1669,8	$HI(g)$	25,94
$Br_2(l)$	0	$Mg(s)$	0
$HBr(g)$	−36,2	$MgO(s)$	−601,8
C(graphite)	0	$MgCO_3(s)$	−1112,9
C(diamant)	1,90	$N_2(g)$	0
$CO(g)$	−110,5	$NH_3(g)$	−46,3
$CO_2(g)$	−393,5	$NO(g)$	90,4
$Ca(s)$	0	$NO_2(g)$	33,85
$CaO(s)$	−635,6	$N_2O_4(g)$	9,66
$CaCO_3(s)$	−1206,9	$N_2O(g)$	81,56
$Cl_2(g)$	0	$O(g)$	249,4
$HCl(g)$	−92,3	$O_2(g)$	0
$Cu(s)$	0	$O_3(g)$	142,2
$CuO(s)$	−155,2	S(orthorhombique)	0
$F_2(g)$	0	S(monoclinique)	0,30
$HF(g)$	−268,61	$SO_2(g)$	−296,1
$H(g)$	218,2	$SO_3(g)$	−395,2
$H_2(g)$	0	$H_2S(g)$	−20,15
$H_2O(g)$	−241,8	$ZnO(s)$	−347,98
$H_2O(l)$	−285,8		

LA MÉTHODE DIRECTE

Cette façon de mesurer ΔH_f° s'applique aux composés qui peuvent être synthétisés directement à partir de leurs éléments. Par exemple, pour connaître l'enthalpie de formation du dioxyde de carbone, il faut déterminer l'enthalpie de la réaction entre le carbone (graphite) et l'oxygène moléculaire qui produit du dioxyde de carbone, à l'état standard:

$$\text{C(graphite)} + O_2(g) \longrightarrow CO_2(g) \qquad \Delta H^\circ_{\text{réaction}} = -393{,}5 \text{ kJ}$$

On sait par expérience que cette réaction de combustion est une réaction totale, c'est-à-dire que tous les réactifs se transforment en produits. Selon l'équation (6.7), on écrit

$$\begin{aligned}\Delta H^\circ_{\text{réaction}} &= (1 \text{ mol})\Delta H_f^\circ\,(CO_2, g) - [(1 \text{ mol})\Delta H_f^\circ\,(\text{C, graphite}) + (1 \text{ mol})\Delta H_f^\circ(O_2, g)]\\ &= -393{,}5 \text{ kJ}\end{aligned}$$

Puisque le graphite et O_2 sont des formes allotropiques stables, ΔH_f° (C, graphite) et ΔH_f° (O_2, g) ont une valeur de zéro. Donc

$$\Delta H^\circ_{\text{réaction}} = (1 \text{ mol})\Delta H_f^\circ\,(CO_2, g) = -393{,}5 \text{ kJ}$$

ou

$$\Delta H_f^\circ\,(CO_2, g) = -393{,}5 \text{ kJ/mole}$$

Il faut noter qu'assigner arbitrairement la valeur de zéro (ΔH_f°) à la forme allotropique la plus stable de chaque élément n'influence pas le calcul. En effet, souvenez-vous que la thermochimie ne s'intéresse qu'aux *variations* d'enthalpie, car on ne peut déterminer des valeurs absolues d'enthalpies. Le choix d'un «niveau de référence» zéro simplifie les calculs. Reprenons l'analogie avec l'altitude des montagnes: le mont Everest est de 4039 m plus haut que le mont Blanc. Cette différence d'altitude n'est pas influencée par la valeur donnée au niveau de la mer, que celle-ci soit de 0 m ou de 1000 m.

SF_6, P_4O_{10} et CS_2 sont d'autres composés que l'on peut étudier par la méthode directe. Les équations qui représentent leurs synthèses sont

Le phosphore blanc brûle dans l'air pour former du P_4O_{10}.

$$\text{S(orthorhombique)} + 3F_2(g) \longrightarrow SF_6(g)$$

$$4\text{P(blanc)} + 5O_2(g) \longrightarrow P_4O_{10}(s)$$

$$\text{C(graphite)} + 2\text{S(orthorhombique)} \longrightarrow CS_2(l)$$

Notez que S(orthorhombique) et P(blanc) sont les formes allotropiques les plus stables du soufre et du phosphore, respectivement, à 1 atm et à 25 °C; ainsi, leur ΔH_f° est zéro.

La méthode indirecte

Nombre de composés ne peuvent être synthétisés directement à partir de leurs éléments, soit parce que la réaction se produit trop lentement, soit parce que des réactions secondaires produisent des substances autres que le composé voulu. Dans ces cas, on peut déterminer la valeur de ΔH_f° de manière indirecte, en utilisant la loi de la somme des chaleurs, formulée par Henri Hess, un chimiste suisse reconnu comme le père de la thermochimie. La ***loi de Hess*** peut s'énoncer de la façon suivante: *Quand les réactifs sont transformés en produits, la variation d'enthalpie est la même, que la réaction ait lieu en une étape ou en plusieurs étapes.* En d'autres termes, si l'on peut scinder la réaction étudiée en une série de réactions de $\Delta H^\circ_{\text{réaction}}$ mesurables, on pourra calculer la valeur de $\Delta H^\circ_{\text{réaction}}$ pour la réaction globale.

Par exemple, pour déterminer l'enthalpie standard de formation du méthane (CH_4), on pourrait représenter la synthèse de CH_4 à partir de ses éléments, de la manière suivante:

$$\text{C(graphite)} + 2H_2(g) \longrightarrow CH_4(g)$$

Cependant, cette réaction ne se produit pas de cette façon, d'où l'impossibilité de déterminer directement la variation d'enthalpie. Il faut alors employer la méthode indirecte, en appliquant la loi de Hess. D'abord, on étudie les réactions mettant en jeu C, H_2 et CH_4 avec O_2, qui sont toutes des réactions dont les valeurs des $\Delta H^\circ_{\text{réaction}}$ sont connues exactement:

a) $\text{C(graphite)} + O_2 \longrightarrow CO_2(g) \qquad \Delta H^\circ_{\text{réaction}} = -393{,}5 \text{ kJ}$

b) $2H_2(g) + O_2(g) \longrightarrow 2H_2O(l) \qquad \Delta H^\circ_{\text{réaction}} = -571{,}6 \text{ kJ}$

c) $CH_4(g) + 2O_2(g) \longrightarrow CO_2(g) + 2H_2O(l) \qquad \Delta H^\circ_{\text{réaction}} = -890{,}4 \text{ kJ}$

Puisque l'on cherche une équation ne contenant que C et H_2 du côté des réactifs, et CH_4 comme produit, on doit inverser (c) pour obtenir :

d) $CO_2(g) + 2H_2O(l) \longrightarrow CH_4(g) + 2O_2(g) \quad \Delta H^\circ_{\text{réaction}} = 890{,}4\ \text{kJ}$

L'étape suivante consiste à additionner les équations a), b) et d):

$$\begin{array}{lrcll} & \text{C(graphite)} + \cancel{O_2(g)} & \longrightarrow & \cancel{CO_2(g)} & \Delta H^\circ_{\text{réaction}} = -393{,}5\ \text{kJ} \\ + & 2H_2(g) + \cancel{O_2(g)} & \longrightarrow & \cancel{2H_2O(l)} & \Delta H^\circ_{\text{réaction}} = -571{,}6\ \text{kJ} \\ + & \cancel{CO_2(g)} + \cancel{2H_2O(l)} & \longrightarrow & CH_4(g) + \cancel{2O_2(g)} & \Delta H^\circ_{\text{réaction}} = 890{,}4\ \text{kJ} \\ \hline & \text{C(graphite)} + 2H_2(g) & \longrightarrow & CH_4(g) & \Delta H^\circ_{\text{réaction}} = -74{,}7\ \text{kJ} \end{array}$$

Comme on peut le voir, toutes les espèces non essentielles (O_2, CO_2 et H_2O) s'annulent. Puisque l'équation donnée ci-dessus représente la synthèse de une mole de CH_4 à partir de ses éléments, on a $\Delta H^\circ_f(CH_4) = -74{,}7$ kJ/mol.

En règle générale, pour utiliser la loi de Hess, il faut trouver une série d'équations chimiques (qui correspond à une série d'étapes) de sorte que, en les additionnant, toutes les espèces qui n'apparaissent pas dans la réaction globale s'annulent. Pour y arriver, il faut souvent multiplier certaines ou toutes les équations (qui représentent les étapes) par des coefficients appropriés.

EXEMPLE 6.4
L'application de la loi de Hess pour déterminer la valeur de ΔH°_f d'un composé

D'après les équations et les variations d'enthalpie suivantes,

a) $\text{C(graphite)} + O_2(g) \longrightarrow CO_2(g) \quad \Delta H^\circ_{\text{réaction}} = -393{,}5\ \text{kJ}$

b) $H_2(g) + \frac{1}{2}O_2(g) \longrightarrow H_2O(l) \quad \Delta H^\circ_{\text{réaction}} = -285{,}8\ \text{kJ}$

c) $2C_2H_2(g) + 5O_2(g) \longrightarrow 4CO_2(g) + 2H_2O(l) \quad \Delta H^\circ_{\text{réaction}} = -2598{,}8\ \text{kJ}$

calculez l'enthalpie standard de formation de l'acétylène (C_2H_2) à partir de ses éléments:

$$2\text{C(graphite)} + H_2(g) \longrightarrow C_2H_2(g)$$

Réponse: Puisque nous voulons une équation ne contenant que les espèces C, H_2 et C_2H_2, il faut éliminer O_2, CO_2 et H_2O des trois premières équations. Nous remarquons que c) contient cinq moles de O_2, quatre moles de CO_2 et deux moles de H_2O. D'abord, il faut inverser l'équation c) pour avoir C_2H_2 du côté des produits:

d) $4CO_2(g) + 2H_2O(l) \longrightarrow 2C_2H_2(g) + 5O_2(g) \quad \Delta H^\circ_{\text{réaction}} = +2598{,}8\ \text{kJ}$

Ensuite, il faut multiplier a) par 4 et b) par 2 et effectuer l'addition 4 a) + 2 b) + d):

$$
\begin{array}{llll}
4C(\text{graphite}) + 4O_2(g) \longrightarrow \cancel{4CO_2(g)} & & \Delta H^\circ_{\text{réaction}} & = -1574{,}0 \text{ kJ} \\
+ 2H_2(g) + \cancel{O_2(g)} \longrightarrow \cancel{2H_2O(l)} & & \Delta H^\circ_{\text{réaction}} & = -571{,}6 \text{ kJ} \\
+ \cancel{4CO_2(g)} + \cancel{2H_2O(l)} \longrightarrow 2C_2H_2(g) + \cancel{5O_2(g)} & & \Delta H^\circ_{\text{réaction}} & = +2598{,}8 \text{ kJ} \\
\hline
4C(\text{graphite}) + 2H_2(g) \longrightarrow 2C_2H_2(g) & & \Delta H^\circ_{\text{réaction}} & = +453{,}2 \text{ kJ}
\end{array}
$$

ou $2C(\text{graphite}) + H_2(g) \longrightarrow C_2H_2(g) \qquad \Delta H^\circ_{\text{réaction}} = +226{,}6 \text{ kJ}$

Puisque cette dernière équation représente la synthèse de C_2H_2 à partir de ses éléments, $\Delta H^\circ_f(C_2H_2) = \Delta H^\circ_{\text{réaction}}/\text{mol} = +226{,}6$ kJ/ mol.

EXERCICE

Calculez l'enthalpie standard de formation du disulfure de carbone (CS_2) à partir de ses éléments, d'après

$C(\text{graphite}) + O_2(g) \longrightarrow CO_2(g) \qquad \Delta H^\circ_{\text{réaction}} = -393{,}5 \text{ kJ}$

$S(\text{orthorhombique}) + O_2(g) \longrightarrow SO_2(g) \qquad \Delta H^\circ_{\text{réaction}} = -296{,}1 \text{ kJ}$

$CS_2(l) + 3O_2(g) \longrightarrow CO_2(g) + 2SO_2(g) \qquad \Delta H^\circ_{\text{réaction}} = -1072 \text{ kJ}$

6.6 INTRODUCTION À LA THERMODYNAMIQUE

La thermochimie est une branche de la ***thermodynamique,*** laquelle est une *discipline scientifique qui étudie les transformations du point de vue des variations et des échanges d'énergie qui les accompagnent.* Les principes de la thermodynamique sont très utiles pour comprendre l'aspect énergétique d'une transformation et pour prédire son évolution dans des conditions données. Dans cette section, nous nous concentrerons sur le premier principe de la thermodynamique, celui qui concerne particulièrement la thermochimie. Nous aborderons les autres aspects de la thermodynamique dans un prochain chapitre.

La thermodynamique étudie les changements d'***état d'un système;*** l'état d'un système est défini par les *valeurs de toutes les variables macroscopiques concernées — par exemple, la composition (masse, concentrations, etc.), l'énergie, la température, la pression et le volume.* Parmi ces variables, l'énergie, la pression, le volume et la température sont des ***fonctions d'état,*** c'est-à-dire des *grandeurs déterminées par l'état du système, indépendamment de la manière d'y arriver.* En d'autres termes, quand l'état d'un système change, la valeur du changement pour toute fonction d'état dépend des états initial et final de ce système et non de la manière dont le changement s'est produit.

Par exemple, si 1 L d'un gaz à 2 atm et à 300 K (l'état initial) subit une transformation qui porte sa pression à 1 atm à température constante, la loi de Boyle prédit que le volume doit augmenter à 2 L. Alors, l'état final correspond à 1 atm, 300 K et 2 L. La variation de volume (ΔV) est

$$
\begin{aligned}
\Delta V &= V_f - V_i \\
&= 2 \text{ L} - 1 \text{ L} \\
&= 1 \text{ L}
\end{aligned}
$$

FIGURE 6.7

L'augmentation de l'énergie potentielle causée par le changement d'altitude est indépendante du chemin emprunté pour gravir une montagne.

où V_i et V_f indiquent respectivement les volumes initial et final. Peu importe la manière d'atteindre cet état final (par exemple, la pression du gaz peut augmenter avant de diminuer à 1 atm), la variation du volume reste de 1 L. Ainsi, le volume d'un gaz est une fonction d'état. D'une manière similaire, on peut démontrer que la température et la pression sont également des fonctions d'état.

L'énergie est également une fonction d'état. Prenons comme exemple l'énergie potentielle: si deux personnes partent d'un même point pour gravir une montagne, l'augmentation nette de l'énergie potentielle gravitationnelle est la même une fois ces personnes rendues au sommet et indépendante des chemins qu'elles ont empruntés (*figure 6.7*).

LE PREMIER PRINCIPE DE LA THERMODYNAMIQUE

Le ***premier principe de la thermodynamique*** se base sur le principe de la conservation de l'énergie. Il dit que l'*énergie peut être convertie d'une forme en une autre, mais qu'elle ne peut être ni créée ni détruite.* Comment en être certain? Il serait impossible de prouver ce principe s'il fallait déterminer la quantité totale d'énergie de l'univers. Même déterminer l'énergie totale contenue dans un seul gramme de fer serait extrêmement difficile. Heureusement, on peut vérifier la validité de ce principe en mesurant la *variation de l'énergie interne d'un système entre ses états initial et final.* La variation de l'énergie interne (ΔU) est donnée par:

$$\Delta U = U_f - U_i$$

où U_i et U_f sont respectivement les énergies internes du système dans ses états initial et final.

L'énergie interne d'un système a deux composantes: l'énergie cinétique et l'énergie potentielle. L'énergie cinétique est constituée des différents types de mouvements moléculaires et du mouvement des électrons contenus dans les molécules. L'énergie potentielle est déterminée par les attractions entre les électrons et les noyaux, par les répulsions entre les électrons et entre les noyaux dans les molécules, ainsi que par les interactions entre les molécules. Comme il est impossible de mesurer de façon exacte toutes ces composantes, on ne peut calculer l'énergie totale d'un système avec exactitude. Heureusement, il n'est même pas nécessaire d'essayer. On peut simplement se concentrer sur les *variations* d'énergie, qui, elles, peuvent être déterminées expérimentalement.

Voyons la réaction entre une mole de soufre et une mole d'oxygène qui produit une mole de dioxyde de soufre:

$$S(s) + O_2(g) \longrightarrow SO_2(g)$$

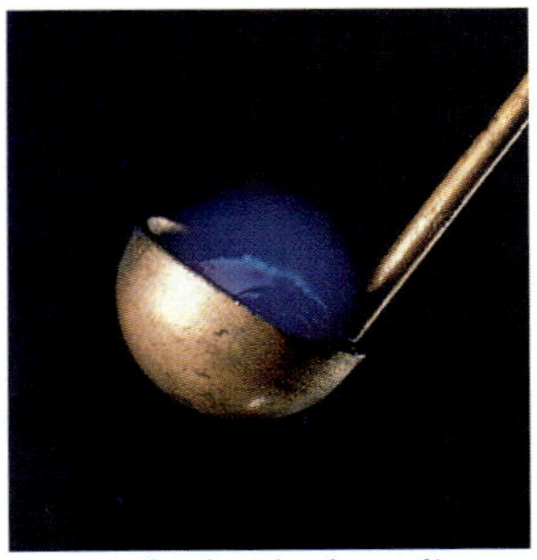

Le soufre brûle dans l'air pour former du SO_2.

Dans ce cas, le système est constitué des molécules des réactifs (S et O_2) et des molécules du produit (SO_2). On ne connaît ni l'énergie contenue dans les molécules des réactifs ni celle qui est contenue dans les molécules du produit, mais il est possible de déterminer exactement la variation de cette énergie, ΔU, par l'équation suivante:

$$\Delta U = U(\text{produit}) - U(\text{réactifs})$$

$$= \text{énergie contenue dans 1 mol } SO_2(g) - \text{énergie contenue dans } [1 \text{ mol } S(s) + 1 \text{ mol } O_2(g)]$$

On observe que cette réaction libère de la chaleur. L'énergie du produit est donc inférieure à celle des réactifs, et la valeur de ΔU est négative.

Si l'on considère que cette perte de chaleur est causée par le transfert d'énergie du système au milieu extérieur, ce qui signifie qu'une quantité d'énergie chimique contenue dans les réactifs s'est convertie en énergie calorifique, on en déduit que l'énergie totale de l'univers n'a pas été modifiée. Ainsi, la somme des variations d'énergie doit être égale à zéro:

$$\Delta E_{syst} + \Delta E_{ext} = 0$$

Note: $\Delta E_{syst} = \Delta U$

ou

$$\Delta E_{syst} = -\Delta E_{ext}$$

où les indices «syst» et «ext» signifient respectivement système et milieu extérieur. Alors, si un système subit une variation d'énergie (ΔE_{syst}), le reste de l'univers, ou le milieu extérieur, doit lui aussi subir une variation d'énergie qui est de valeur égale, mais de signe opposé: c'est-à-dire que l'énergie gagnée à un endroit doit être perdue à un autre. Par ailleurs, puisque l'énergie peut changer de forme, l'énergie perdue par un système peut être captée par un autre sous une forme différente. Par exemple, l'énergie libérée par l'eau des barrages peut se transformer en énergie électrique, qui se transforme à son tour en chaleur, en lumière, etc.

La chimie s'intéresse normalement aux variations associées à un système (par exemple, un bécher contenant des réactifs et des produits), non pas au milieu extérieur. On peut, dans ce cas, utiliser une forme plus commode du premier principe:

$$\Delta U = Q + W \tag{6.9}$$

(On laisse tomber l'indice «syst» pour plus de commodité.) L'équation (6.9) dit que la variation de l'énergie interne, ΔU, d'un système est la somme du transfert de chaleur, Q, (entre le système et le milieu extérieur) et du travail effectué, W, sur (ou par) le système. Selon la convention des signes pour les procédés thermochimiques (*section 6.3*), la valeur de Q est positive dans le cas d'une réaction endothermique et négative dans le cas d'une réaction exothermique. La convention des signes pour le travail dit que la valeur de W est positive dans le cas où le travail est effectué par le milieu extérieur sur le système, et négative si le travail est effectué par le système sur le milieu extérieur. L'équation (6.9) peut sembler abstraite, mais elle est très logique. Si un système dégage de la chaleur ou effectue un travail sur l'extérieur, on peut

TABLEAU 6.4
Conventions concernant les signes pour le travail et la chaleur

Processus	Signe
Travail effectué par le système sur l'extérieur	−
Travail effectué par l'extérieur sur le système	+
Chaleur de l'extérieur absorbée par le système (réaction endothermique)	+
Chaleur du système absorbée par l'extérieur (réaction exothermique)	−

s'attendre à une diminution de son énergie interne puisque ces deux phénomènes constituent des pertes d'énergie. Inversement, si l'on ajoute de la chaleur au système ou si l'on y effectue un travail, son énergie interne augmente, comme le prévoit l'équation (6.9). Le tableau 6.4 résume ces conventions.

LE TRAVAIL ET LA CHALEUR

Nous avons vu que le travail peut être défini comme une force, F, multipliée par une distance, d:

$$W = Fd$$

En thermodynamique, le travail a un sens plus large; il comprend le travail mécanique (par exemple, une grue qui soulève une poutre d'acier), le travail électrique (une pile qui fournit les électrons nécessaires pour allumer une lampe de poche), et bien d'autres. Dans cette section, nous nous concentrerons sur le travail mécanique; nous verrons le travail électrique au chapitre 18.

La dilatation d'un gaz (*figure 6.8*) est un bon exemple de travail mécanique. Supposons qu'un gaz, à une température, à une pression et à un volume donnés, est enfermé dans un cylindre par un piston mobile sans masse et qui ne crée pas de friction. En se dilatant, le gaz pousse le piston vers le haut contre la pression atmosphérique constante, P, qui s'y oppose. Le travail effectué par le gaz sur l'extérieur est donc

$$W = -P\Delta V \qquad (6.10)$$

où ΔV, la variation du volume, est donnée par $V_f - V_i$. Le signe négatif de cette équation respecte la convention dans le cas de W. Dans le cas d'une dilatation d'un gaz, $\Delta V > 0$, alors le résultat de $-P\Delta V$ est négatif. Dans le cas d'une compression, $\Delta V < 0$, alors le résultat de $-P\Delta V$ est positif.

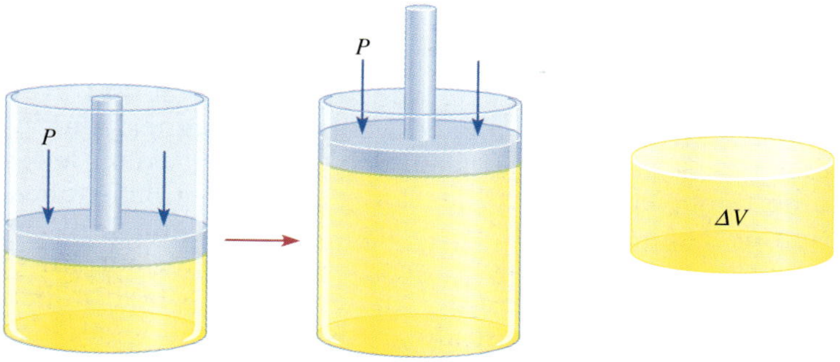

FIGURE 6.8
La dilatation d'un gaz qui s'oppose à une pression externe constante (comme la pression atmosphérique). Le gaz est contenu dans un cylindre muni d'un piston mobile de masse négligeable. Le travail effectué est donné par $-P\Delta V$.

On obtient l'équation (6.10) en considérant que l'équation «pression × volume» peut s'écrire «(force/surface) × volume»; c'est-à-dire

$$P \times V = \underbrace{\frac{F}{d^2}}_{\text{pression}} \times \underbrace{d^3}_{\text{volume}} = Fd = W$$

où F est la force qui s'exerce contre la pression extérieure, d est une distance, d^2 une surface et d^3 un volume. Ainsi, le produit de la pression par le volume est égal au produit de la force et de la distance, autrement dit au travail. On peut voir que, pour une augmentation de volume donnée (c'est-à-dire, pour une certaine valeur de ΔV), le travail effectué dépend de la valeur de la pression externe (P) qui s'oppose à ce travail. Si celle-ci est égale à zéro (c'est-à-dire si le gaz se dilate dans le vide), le travail effectué doit également être de zéro. Si la valeur de P est supérieure à zéro, le travail effectué est alors donné par $-P\Delta V$.

EXEMPLE 6.5

Le calcul du travail effectué par la dilatation d'un gaz

Le volume d'un certain gaz passe de 2,0 L à 6,0 L à température constante. Calculez le travail effectué par le gaz si celui-ci se dilate a) dans le vide, et b) en opposition à une pression constante de 1,2 atm.

Réponse: a) Puisque la pression externe est de zéro, le travail (W) effectué est

$$\begin{aligned} W &= -P\Delta V \\ &= -0(6{,}0 - 2{,}0)\ \text{L} \\ &= 0 \end{aligned}$$

b) Si la pression externe est de 1,2 atm, alors

$$\begin{aligned} W &= -P\Delta V \\ &= -(1{,}2\ \text{atm})(6{,}0 - 2{,}0)\ \text{L} \\ &= -4{,}8\ \text{L}\cdot\text{atm} \end{aligned}$$

Il serait plus commode d'exprimer la valeur de W en joules. Dans l'annexe 1, on trouve l'équivalence suivante:

$$1\ \text{L}\cdot\text{atm} = 101{,}3\ \text{J}$$

Ainsi, nous pouvons écrire

$$\begin{aligned} W &= -4{,}8\ \cancel{\text{L}\cdot\text{atm}} \times \frac{101{,}3\text{J}}{1\ \cancel{\text{L}\cdot\text{atm}}} \\ &= -4{,}9 \times 10^2\ \text{J} \end{aligned}$$

EXERCICE

Le volume d'un gaz passe de 264 mL à 971 mL à température constante. Calculez le travail effectué (en joules) par le gaz s'il se dilate a) dans le vide, et b) en opposition à une pression constante de 4,00 atm.

D'après l'exemple 6.5, on voit que le travail n'est pas une fonction d'état, car, bien que les états initiaux et finaux soient les mêmes en a) et en b), les quantités de travail effectué sont différentes, les pressions externes étant différentes. On ne peut donc pas écrire $\Delta W = W_f - W_i$. Le travail effectué dépend non seulement de l'état initial et de l'état final du système, mais aussi de la manière dont s'est effectué le changement.

L'autre composante de l'énergie interne est Q, la chaleur. Comme le travail, la chaleur n'est pas une fonction d'état. Supposons, par exemple, qu'un système peut passer d'un état initial à un état final de deux manières différentes. Dans le premier cas, le travail effectué est égal à zéro; ainsi nous avons

$$\begin{aligned}\Delta U &= Q_1 + W_1 \\ &= Q_1\end{aligned}$$

Dans le second cas, il y a travail effectué et transfert de chaleur, ainsi

$$\Delta U = Q_2 + W_2$$

Puisque la valeur de ΔU est égale dans les deux cas (parce que les états initiaux et finaux sont les mêmes dans les deux cas), alors $Q_1 \neq Q_2$. Ce simple exemple montre que la chaleur n'est pas une fonction d'état, car la chaleur associée à un processus donné, comme le travail, dépend des différentes étapes qui forment le processus; c'est dire que l'on ne peut écrire $\Delta Q = Q_f - Q_i$. Il est donc important de noter que ni le travail ni la chaleur ne sont des fonctions d'état; cependant, leur somme $(Q + W)$ est égale à ΔU, et U est, comme nous l'avons déjà vu, une fonction d'état.

Pour résumer, la chaleur et le travail ne sont pas des fonctions d'état, car ils ne font pas partie des propriétés d'un système. Ils ne se manifestent que pendant une transformation (pendant un changement d'état). Ainsi, leurs valeurs dépendent des différentes étapes empruntées par le processus et varient selon le cas.

EXEMPLE 6.6
L'application du premier principe de la thermodynamique

Le travail effectué quand un gaz donné est comprimé dans un cylindre (*figure 6.8, avec la flèche horizontale inversée*) est de 462 J. Durant ce processus, il y a transfert de 128 J de chaleur vers le milieu extérieur. Calculez la variation d'énergie dans ce processus.

Réponse: La compression constitue un travail effectué sur le gaz, donc la valeur de W est positive: $W = 462$ J. Selon la direction du transfert de chaleur (du système vers l'extérieur), la valeur de Q est négative: $Q = -128$ J. En utilisant l'équation (6.9), nous écrivons

$$\begin{aligned}\Delta U &= Q + W \\ &= -128\text{ J} + 462\text{ J} \\ &= 334\text{ J}\end{aligned}$$

La compression et le transfert de chaleur combinés provoquent une augmentation de 334 J de l'énergie interne du gaz.

EXERCICE

Un gaz se dilate et effectue un travail *PV* égal à 279 J sur le milieu extérieur. En même temps, il absorbe 216 J de chaleur. Quelle est la variation d'énergie du système?

L'ENTHALPIE ET LE PREMIER PRINCIPE DE LA THERMODYNAMIQUE

Comment applique-t-on le premier principe de la thermodynamique aux transformations qui se produisent dans des conditions de pression et de volume constants? Si une réaction se produit à volume constant, alors $\Delta V = 0$ et aucun travail ne résultera de ce changement. Selon l'équation (6.9), on a

$$\Delta U = Q + W = Q_V$$

c'est-à-dire que la variation d'énergie est égale à la quantité de chaleur dégagée ou absorbée. L'indice «*V*» indique qu'il s'agit d'une transformation à volume constant. Les transformations qui ont lieu dans les bombes calorimétriques (*section 6.4*) en sont des exemples.

Travailler à volume constant est souvent peu commode et même quelquefois impossible. Par ailleurs, la plupart des réactions se produisent à pression constante (habituellement la pression atmosphérique). Si une réaction effectuée à pression constante se solde par une augmentation nette du nombre de moles des substances gazeuses, alors le système effectuera un travail sur le milieu extérieur (dilatation). Ce phénomène est dû au fait que le gaz formé doit repousser l'atmosphère. Inversement, si la réaction consomme plus de molécules gazeuses qu'elle n'en produit, le milieu extérieur effectuera alors un travail sur le système (compression). Pour ce qui est des réactions qui ne mettent en jeu ni la formation ni la consommation d'un gaz, les variations de volumes seront alors négligeables et on peut admettre que $\Delta V = 0$.

Du sodium qui réagit avec de l'eau.

Examinons une réaction qui se produit à pression constante. Quand un petit morceau de sodium est placé dans un bécher rempli d'eau, la réaction qui se produit est la suivante:

$$2\text{Na}(s) + 2\text{H}_2\text{O}(l) \longrightarrow 2\text{NaOH}(aq) + \text{H}_2(g)$$

L'énergie dégagée durant cette réaction est ΔU. L'un des produits est l'hydrogène gazeux, qui doit entrer dans l'atmosphère en repoussant l'air. Par conséquent, une certaine quantité d'énergie produite par la réaction sert à repousser un certain volume d'air (ΔV), c'est-à-dire à s'opposer à la pression atmosphérique (P). La chaleur de la réaction dans des conditions de pression constante est ΔH, ce qui correspond à la variation d'enthalpie, c'est-à-dire, $Q_P = \Delta H$ (l'indice «*P*» indique que la pression reste constante). Cette réaction est donc décrite par l'équation suivante:

$$\Delta U = Q_P + W$$

et puisque $W = -P\Delta V$, on a

$$\Delta U = \Delta H - P\Delta V$$

ou

$$\Delta H = \Delta U + P\Delta V \qquad (6.11)$$

L'équation (6.11) permet de définir l'enthalpie d'un système de la manière suivante:

$$H = U + PV \tag{6.12}$$

où U est l'énergie interne du système, et P et V sont respectivement la pression et le volume du système. Puisque U et le produit PV sont accompagnés d'unités qui expriment l'énergie, l'enthalpie sera aussi exprimée à l'aide de ces unités. Par ailleurs, puisque U, P et V sont des fonctions d'état, les variations de $(U + PV)$ ne dépendent que des états initial et final. Par conséquent, H ne dépend également que des états initial et final et est une fonction d'état. Le fait que H soit une fonction d'état explique la loi de Hess, dont nous avons parlé à la section 6.5. Puisque ΔH ne dépend que des états initial et final (c'est-à-dire de la nature des réactifs et des produits), la variation d'enthalpie au cours d'une réaction reste la même, que la réaction se produise en une ou en plusieurs étapes.

L'équation (6.12) permet de calculer la variation de l'énergie interne (ΔU) au cours d'une réaction qui met en jeu des gaz. En général, la variation de H peut s'exprimer à partir de sa définition comme étant:

$$\Delta H = \Delta U + \Delta(PV) \tag{6.13}$$

ou

$$\Delta U = \Delta H - \Delta(PV)$$

En supposant un comportement de gaz parfait à température constante, on sait que

$$\begin{aligned} \Delta U &= \Delta H - \Delta(nRT) \\ &= \Delta H - RT\Delta n \end{aligned} \tag{6.14}$$

où Δn = nombre de moles de produits gazeux − nombre de moles de réactifs gazeux.

Le monoxyde de carbone brûle dans l'air pour former du dioxyde de carbone.

EXEMPLE 6.7

Le calcul de la variation de l'énergie interne au cours d'une réaction en phase gazeuse

Calculez la variation de l'énergie interne si deux moles de CO sont converties en deux moles de CO_2 à 1 atm et à 25 °C:

$$2CO(g) + O_2(g) \longrightarrow 2CO_2(g) \qquad \Delta H^\circ = -566{,}0 \text{ kJ}$$

Réponse: La variation totale du nombre de moles est donnée par

$$\begin{aligned} \Delta n &= 2 \text{ mol} - 3 \text{ mol} \\ &= -1 \text{ mol} \end{aligned}$$

Selon l'équation (6.14), nous avons

$$\Delta U^\circ = \Delta H^\circ - RT\,\Delta n$$

$$= -566{,}0\ \text{kJ} - (8{,}314\ \text{J/K} \cdot \text{mol})(298\ \text{K})(-1\ \text{mol})$$
$$= -563{,}5\ \text{kJ}$$

EXERCICE

Quelle est la valeur de $\Delta U°$ pour la formation de une mole de CO à 1 atm et à 25 °C?

$$\text{C(graphite)} + \tfrac{1}{2}\text{O}_2(g) \longrightarrow \text{CO}(g) \qquad \Delta H° = -110{,}5\ \text{kJ}$$

Comme il a été mentionné plus tôt, la variation de volume est habituellement négligeable dans des réactions qui ne mettent pas en jeu des gaz. Puisque $\Delta V \simeq 0$, l'équation (6.11) devient alors

$$\Delta H \simeq \Delta U$$

où $\simeq$ signifie «presque égal à». Ainsi, ΔH et ΔU sont pratiquement équivalentes dans les réactions qui ne mettent en jeu que des liquides ou des solides, ou les deux.

RÉSUMÉ

L'énergie est la capacité de faire un travail. Elle existe sous de nombreuses formes qui peuvent se transformer l'une en l'autre. La quantité totale d'énergie dans l'univers ne varie jamais: c'est le principe de la conservation de l'énergie.

Toute transformation qui libère de la chaleur dans le milieu extérieur est dite exothermique; toute transformation qui absorbe de l'énergie est dite endothermique. La variation d'enthalpie (ΔH, habituellement exprimée en kilojoules) est une mesure de la chaleur d'une réaction (ou de toute autre transformation) à pression constante.

Les calorimètres à volume constant et ceux à pression constante servent à mesurer les échanges de chaleur accompagnant les transformations physiques ou chimiques.

La loi de Hess affirme que la variation totale d'enthalpie dans une réaction est égale à la somme des variations d'enthalpie de chacune des étapes qui, réunies, équivalent à la réaction globale (bilan). L'enthalpie standard d'une réaction peut se calculer à partir des enthalpies standard de formation des réactifs et des produits.

L'état d'un système est déterminé par des variables comme la composition (masse, quantité de matière, concentrations), le volume, la température, la pression, etc. La variation dans les fonctions d'état d'un système ne dépend que des états initial et final du système, non des étapes franchies pour parvenir à l'état final. L'énergie est une fonction d'état; le travail et la chaleur n'en sont pas.

L'énergie peut être convertie d'une forme en une autre, mais elle ne peut être ni créée ni détruite (premier principe de la thermodynamique). La chimie s'intéresse principalement à l'énergie thermique, à l'énergie électrique et à l'énergie mécanique; cette dernière est habituellement associée au travail pression-volume.

L'enthalpie est une fonction d'état. La variation d'enthalpie (ΔH) est égale à $\Delta U + P\Delta V$ dans une réaction à pression constante. Pour ce qui est des réactions chimiques à température constante, $\Delta H = \Delta U + RT\Delta n$, où Δn est la différence entre le nombre de moles des produits gazeux et celui des réactifs gazeux.

MOTS CLÉS

Calorimétrie, p. 169
Capacité calorifique (C), p. 169
Chaleur, p. 165
Chaleur spécifique (massique) (*s*), p. 169
Énergie, p. 164
Énergie chimique, p. 164
Énergie potentielle, p. 164
Énergie rayonnante, p. 164
Énergie thermique, p. 164
Enthalpie (*H*), p. 167
Enthalpie d'une réaction, p. 167
Enthalpie standard de formation (ΔH_f^o), p. 175
Enthalpie standard de réaction ($\Delta H^o_{\text{réaction}}$), p. 175
Équation thermochimique, p. 168
État d'un système, p. 179
État standard, p. 175
Fonction d'état, p. 179
Loi de Hess, p. 177
Milieu extérieur, p. 165
Premier principe de la thermodynamique, p. 180
Principe de la conservation de l'énergie, p. 165
Système, p. 165
Système fermé, p. 165
Système isolé, p. 165
Système ouvert, p. 165
Thermochimie, p. 165
Thermodynamique, p. 179
Transformation endothermique, p. 167
Transformation exothermique, p. 166
Travail, p. 164

QUESTIONS ET PROBLÈMES

DÉFINITIONS

Questions de révision

6.1 Définissez les termes suivants: système, milieu extérieur, système ouvert, système fermé, système isolé, énergie thermique, énergie chimique, énergie potentielle, énergie cinétique, principe de la conservation de l'énergie.

6.2 Qu'est-ce que la chaleur? Comment diffère-t-elle de l'énergie thermique? Dans quelles conditions la chaleur est-elle transférée d'un système à un autre?

6.3 Quelles sont les unités couramment utilisées pour exprimer l'énergie en chimie?

6.4 Un camion qui roule à 60 km/h s'arrête à un feu de circulation. Est-ce que ce changement viole le principe de la conservation de l'énergie? Expliquez.

6.5 Les termes suivants décrivent des formes d'énergie: thermique, lumineuse, chimique, mécanique et électrique. Donnez des moyens de convertir ces formes l'une en l'autre.

6.6 Décrivez la conversion des formes d'énergie dans les phénomènes suivants. a) Vous lancez une balle en l'air et la rattrapez. b) Vous allumez une lampe de poche. c) Vous prenez le remonte-pente pour ensuite skier jusqu'en bas. d) Vous grattez une allumette et la laissez brûler.

LES VARIATIONS D'ÉNERGIE DANS LES RÉACTIONS CHIMIQUES

Questions de révision

6.7 Définissez les termes suivants: thermochimie, transformation exothermique, transformation endothermique.

6.8 La stœchiométrie est basée sur le principe de la conservation de la masse. Sur quel principe est basée la thermochimie?

6.9 Décrivez deux transformations exothermiques et deux transformations endothermiques.

6.10 Les réactions de décomposition (composé transformé en ses éléments) sont habituellement endothermiques, tandis que les réactions de combinaison (synthèse d'un composé à partir de ses éléments) sont habituellement exothermiques. Donnez-en une explication qualitative.

L'ENTHALPIE ET SES VARIATIONS

Questions de révision

6.11 Définissez les termes suivants: enthalpie, enthalpie de réaction. Dans quelle condition la chaleur d'une réaction est-elle égale à la variation d'enthalpie de la même réaction?

6.12 Pourquoi est-il important, dans une équation thermochimique, d'écrire l'état physique (c'est-à-dire, gazeux, liquide, solide ou aqueux) de chaque substance?

6.13 Que signifie l'équation thermochimique suivante?

$$4NH_3(g) + 5O_2(g) \longrightarrow 4NO(g) + 6H_2O(g) \qquad \Delta H = -905 \text{ J}$$

6.14 Soit l'équation suivante:

$$2CH_3OH(l) + 3O_2(g) \longrightarrow 4H_2O(l) + 2CO_2(g) \qquad \Delta H = -1452{,}8 \text{ kJ}$$

Quelle est la valeur de ΔH si: a) l'équation est multipliée par deux, b) la réaction est inversée de sorte que les produits deviennent les réactifs et vice versa, c) il se forme de la vapeur d'eau au lieu de l'eau liquide comme produit?

LA CHALEUR SPÉCIFIQUE ET LA CAPACITÉ CALORIFIQUE

Questions de révision

6.15 Définissez les expressions suivantes: chaleur spécifique et capacité calorifique. Quelles sont les unités utilisées pour exprimer ces deux grandeurs?

6.16 Prenons deux métaux, A et B, chacun d'eux ayant une masse de 100 g et une température initiale de 20 °C. La chaleur spécifique de A est supérieure à celle de B. Dans les mêmes conditions de chauffage, quel métal prendra plus de temps à atteindre 21 °C?

6.17 Expliquez pourquoi vous ressentez un refroidissement quand vous vous frottez la peau avec de l'éthanol, sachant que

$$C_2H_5OH(l) \longrightarrow C_2H_5OH(g) \qquad \Delta H = 42{,}2 \text{ kJ}$$

6.18 Pourquoi la chaleur spécifique de l'eau est-elle supérieure à celles de la plupart des autres liquides?

Problèmes

6.19 La capacité calorifique d'un morceau d'argent de 362 g est de 85,7 J/°C. Quelle est la chaleur spécifique de l'argent?

6.20 On chauffe un morceau de cuivre de 6,22 kg pour que sa température passe de 20,5 °C à 324,3 °C. Calculez la chaleur absorbée (en kilojoules) par le métal.

6.21 Calculez la quantité de chaleur libérée (en kilojoules) par 366 g de mercure qui passent de 77,0 °C à 12,0 °C.

6.22 Une feuille d'or de 10,0 g à une température de 18,0 °C est déposée à plat sur une mince plaque de fer de 20,0 g à 55,6 °C. Quelle est la température finale des deux métaux? Supposez qu'aucune chaleur n'est perdue dans le milieu extérieur. (*Indice:* la chaleur absorbée par l'or doit être égale à la chaleur libérée par le fer.)

LA CALORIMÉTRIE

Questions de révision

6.23 Définissez le terme «calorimétrie» et décrivez deux types de calorimètres couramment utilisés.

6.24 En calorimétrie, pourquoi est-il important de connaître la capacité calorifique du calorimètre?

Problèmes

6.25 On brûle 0,1375 g de magnésium solide dans une bombe calorimétrique à volume constant dont la capacité calorifique est de 1769 J/°C. Le calorimètre contient exactement 300 g d'eau, et la température augmente de 1,126 °C. Calculez la chaleur libérée par la combustion du magnésium, en kilojoules par gramme et en kilojoules par mole.

6.26 On mélange $2{,}00 \times 10^2$ mL de HCl à 0,862 mol/L avec $2{,}00 \times 10^2$ mL de $Ba(OH)_2$ à 0,431 mol/L dans un calorimètre à pression constante dont la capacité calorifique est de 453 J/°C. La température initiale des solutions de HCl et de $Ba(OH)_2$ est de 20,48 °C. Si la chaleur de neutralisation de la réaction suivante:

$$H^+(aq) + OH^-(aq) \longrightarrow H_2O(l)$$

est de −56,2 kJ, quelle est la température finale de la solution?

L'ENTHALPIE STANDARD DE FORMATION

Questions de révision

6.27 Que signifie l'expression «état standard»?

6.28 Définissez l'expression «enthalpie standard de formation».

Problèmes

6.29 Laquelle des substances suivantes n'a pas une valeur d'enthalpie standard de formation égale à zéro à 25 °C? $Na(s)$, $Ne(g)$, $CH_4(g)$, $S_8(s)$, $Hg(l)$ et $H(g)$.

6.30 Les valeurs de ΔH_f° des deux formes allotropiques de l'oxygène, O_2 et O_3, sont respectivement de 0 et de 142,2 kJ/mol à 25 °C. Laquelle de ces deux formes est la plus stable à cette température?

6.31 Laquelle de ces valeurs d'enthalpie de formation représente un plus grand dégagement d'énergie à 25 °C: ΔH_f° de $H_2O(l)$ ou ΔH_f° de $H_2O(g)$?

6.32 Prenons les halogènes suivants: le chlore, le brome et l'iode. Prédisez la valeur de leurs ΔH_f° (supérieure, inférieure ou égale à zéro) dans les états physiques suivants à 25 °C: a) $Cl_2(g)$, $Cl_2(l)$; b) $Br_2(g)$, $Br_2(l)$; c) $I_2(g)$, $I_2(s)$.

6.33 En général, les composés qui ont des valeurs de ΔH_f° négatives sont plus stables que ceux dont la valeur est positive. Selon le tableau 6.3, on sait que la valeur de ΔH_f° pour $H_2O_2(l)$ est négative. Alors, pourquoi $H_2O_2(l)$ a-t-il tendance à se décomposer en $H_2O(l)$ et en $O_2(g)$?

6.34 Suggérez des méthodes (avec les équations appropriées) qui permettent de déterminer les valeurs de ΔH_f° de $Ag_2O(s)$ et $CaCl_2(s)$ à partir de leurs éléments. Il n'est pas nécessaire de faire les calculs.

LA LOI DE HESS

Questions de révision

6.35 Énoncez la loi de Hess. Expliquez, à l'aide d'un exemple, l'utilité de cette loi en thermochimie.

6.36 Dites comment les chimistes utilisent la loi de Hess pour déterminer la valeur de ΔH_f° d'un composé.

Problèmes

6.37 D'après les données suivantes:

$$\text{S(orthorhombique)} + O_2(g) \longrightarrow SO_2(g) \quad \Delta H^\circ_{\text{réaction}} = -296{,}06\ \text{kJ}$$

$$\text{S(monoclinique)} + O_2(g) \longrightarrow SO_2(g) \quad \Delta H^\circ_{\text{réaction}} = -296{,}36\ \text{kJ}$$

calculez la variation d'enthalpie pour la transformation suivante :

$$\text{S(orthorhombique)} \longrightarrow \text{S(monoclinique)}$$

(Monoclinique et orthorhombique désignent deux formes allotropiques du soufre.)

6.38 D'après les données suivantes:

$$\text{C(graphite)} + O_2(g) \longrightarrow CO_2(g) \quad \Delta H^\circ_{\text{réaction}} = -393{,}5\ \text{kJ}$$

$$H_2(g) + \tfrac{1}{2}O_2(g) \longrightarrow H_2O(l) \quad \Delta H^\circ_{\text{réaction}} = -285{,}8\ \text{kJ}$$

$$2C_2H_6(g) + 7O_2(g) \longrightarrow 4CO_2(g) + 6H_2O(l) \quad \Delta H^\circ_{\text{réaction}} = -3119{,}6\ \text{kJ}$$

calculez la variation d'enthalpie de la réaction suivante:

$$2\text{C(graphite)} + 3H_2(g) \longrightarrow C_2H_6(g)$$

6.39 D'après les chaleurs de combustion suivantes:

$$CH_3OH(l) + \tfrac{3}{2}O_2(g) \longrightarrow CO_2(g) + 2H_2O(l) \quad \Delta H^\circ_{\text{réaction}} = -726{,}4\ \text{kJ}$$

$$\text{C(graphite)} + O_2(g) \longrightarrow CO_2(g) \quad \Delta H^\circ_{\text{réaction}} = -393{,}5\ \text{kJ}$$

$$H_2(g) + \tfrac{1}{2}O_2(g) \longrightarrow H_2O(l) \quad \Delta H^\circ_{\text{réaction}} = -285{,}8\ \text{kJ}$$

calculez l'enthalpie de formation du méthanol (CH_3OH) à partir de ses éléments:

$$\text{C(graphite)} + 2H_2(g) + \tfrac{1}{2}O_2(g) \longrightarrow CH_3OH(l)$$

6.40 Calculez la variation d'enthalpie standard de la réaction suivante :

$$2Al(s) + Fe_2O_3(s) \longrightarrow 2Fe(s) + Al_2O_3(s)$$

sachant que

$$2Al(s) + \tfrac{3}{2}O_2(g) \longrightarrow Al_2O_3(s) \quad \Delta H^\circ_{\text{réaction}} = -1601\ \text{kJ}$$

$$2Fe(s) + \tfrac{3}{2}O_2(g) \longrightarrow Fe_2O_3(s) \quad \Delta H^\circ_{\text{réaction}} = -821\ \text{kJ}$$

L'ENTHALPIE DE RÉACTION

Questions de révision

6.41 Définissez l'expression «enthalpie standard de réaction».

6.42 Écrivez l'équation qui permet de calculer l'enthalpie d'une réaction. Définissez tous les termes.

Problèmes

6.43 Calculez la chaleur de décomposition de la réaction suivante à 25 °C et à pression constante:

$$CaCO_3(s) \longrightarrow CaO(s) + CO_2(g)$$

(Les enthalpies standard de formation du réactif et des produits se trouvent au tableau 6.3.)

6.44 Les enthalpies standard de formation des ions H^+ et OH^- dans l'eau sont respectivement de 0 et de −229,6 kJ/mol, à 25 °C. Calculez l'enthalpie de neutralisation quand une mole d'un monoacide fort (comme HCl) est titrée à l'aide de une mole d'une base forte (comme KOH) à 25 °C.

6.45 Calculez, à l'aide des enthalpies standard de formation données à l'annexe 2, les chaleurs de combustion des réactions suivantes:

a) $2H_2(g) + O_2(g) \longrightarrow 2H_2O(l)$

b) $2C_2H_2(g) + 5O_2(g) \longrightarrow 4CO_2(g) + 2H_2O(l)$

6.46 Calculez, à l'aide des enthalpies standard de formation données à l'annexe 2, les chaleurs de combustion des réactions suivantes:

a) $C_2H_4(g) + 3O_2(g) \longrightarrow 2CO_2(g) + 2H_2O(l)$

b) $2H_2S(g) + 3O_2(g) \longrightarrow 2H_2O(l) + 2SO_2(g)$

6.47 Le méthanol, l'éthanol et le *n*-propanol sont trois alcools courants. Quand on brûle 1,00 g de chacun d'eux dans l'air, il y a dégagement de chaleur comme suit:

a) méthanol (CH_3OH): −22,6 kJ, b) éthanol (C_2H_5OH): −29,7 kJ, c) *n*-propanol (C_3H_7OH): −33,4 kJ. Calculez les chaleurs de combustion de ces alcools en kJ/mol.

6.48 La variation d'enthalpie standard de la réaction suivante:

$$H_2(g) \longrightarrow H(g) + H(g)$$

est de 436,4 kJ. Calculez l'enthalpie standard de formation de l'hydrogène atomique (H).

6.49 À l'aide des enthalpies standard de formation, calculez la valeur $\Delta H^\circ_{\text{réaction}}$ de la réaction suivante:

$$C_6H_{12}(l) + 9O_2(g) \longrightarrow 6CO_2(g) + 6H_2O(l)$$

(ΔH_f° de $C_6H_{12}(l) = -151{,}9$ kJ/mol)

6.50 Dans l'industrie, la première étape pour extraire le zinc du minerai de sulfure de zinc est le grillage, c'est-à-dire la conversion de ZnS en ZnO par chauffage:

$$2ZnS(s) + 3O_2(g) \longrightarrow 2ZnO(s) + 2SO_2(g) \quad \Delta H^\circ_{\text{réaction}} = -879\ \text{kJ}$$

Calculez la chaleur dégagée (en kilojoules) pour chaque gramme de ZnS grillé.

6.51 Quelle quantité de chaleur (en kilojoules) est libérée quand $1,26 \times 10^4$ g d'ammoniac sont produits, selon l'équation suivante:

$$N_2(g) + 3H_2(g) \longrightarrow 2NH_3(g) \qquad \Delta H^\circ_{\text{réaction}} = -92,6 \text{ kJ}$$

Supposez que la réaction a lieu dans des conditions d'état standard à 25 °C.

6.52 À 850 °C, $CaCO_3$ se décompose en CaO et CO_2. En supposant que les valeurs de ΔH°_f des réactifs et des produits sont les mêmes à 850 °C qu'à 25 °C, calculez la variation d'enthalpie (en kilojoules) si 66,8 g de CO_2 sont produits au cours de cette réaction.

LE PREMIER PRINCIPE DE LA THERMODYNAMIQUE

Questions de révision

6.53 Sur quel principe est basé le premier principe de la thermodynamique? Expliquez la convention des signes dans l'équation $\Delta U = Q + W$.

6.54 Expliquez la signification de l'expression «fonction d'état». Donnez deux grandeurs qui sont des fonctions d'état et deux autres qui n'en sont pas.

6.55 L'énergie interne d'un gaz parfait ne dépend que de sa température. Supposons qu'un échantillon de gaz parfait se dilate à température constante contre la pression atmosphérique. Analysez ce processus à l'aide du premier principe de la thermodynamique. a) Est-ce que le gaz effectue un travail sur l'extérieur? b) Y a-t-il transfert de chaleur entre le système et l'extérieur? Si oui, dans quelle direction ? c) Quelle est la valeur de ΔU du gaz dans ce processus?

6.56 Soit les transformations suivantes.

a) $Hg(l) \longrightarrow Hg(g)$

b) $3O_2(g) \longrightarrow 2O_3(g)$

c) $CuSO_4 \cdot 5H_2O(s) \longrightarrow CuSO_4(s) + 5H_2O(g)$

d) $H_2(g) + F_2(g) \longrightarrow 2HF(g)$

À pression constante, dans quelle(s) réaction(s) le système effectue-t-il un travail sur l'extérieur? Dans quelle(s) réaction(s) l'extérieur effectue-t-il un travail sur le système? Dans laquelle (lesquelles) n'y a-t-il pas de travail effectué?

Problèmes

6.57 Un gaz se dilate et le travail *PV* sur l'extérieur est égal à 325 J. En même temps, il absorbe 127 J de chaleur de l'extérieur. Calculez la variation d'énergie du gaz.

6.58 Le travail effectué pour comprimer un gaz est de 74 J. En même temps, 26 J de chaleur sont libérés dans le milieu extérieur. Calculez la variation d'énergie du gaz.

6.59 Calculez le travail effectué quand 50,0 g d'étain se dissolvent dans un acide en excès à 1,00 atm et à 25 °C:

$$Sn(s) + 2\,H^+(aq) \longrightarrow Sn^{2+}(aq) + H_2(g)$$

Supposez que le gaz se comporte comme un gaz parfait.

6.60 Calculez le travail effectué (en joules) quand 1,0 mole d'eau devient vapeur à 1,0 atm et à 100 °C. Supposez que le volume de l'eau liquide est négligeable par rapport à celui de la vapeur à 100 °C et que la vapeur se comporte comme un gaz parfait.

PROBLÈMES VARIÉS

6.61 La convention qui veut que l'enthalpie de la forme la plus stable de chaque élément à l'état standard, à 25 °C, soit égale à zéro, est pratique pour calculer des enthalpies de réaction. Expliquez pourquoi cette convention ne peut s'appliquer aux réactions nucléaires.

6.62 Soit les deux réactions suivantes:

$$A \longrightarrow 2B \quad \Delta H^\circ_{\text{réaction}} = \Delta H_1$$

$$A \longrightarrow C \quad \Delta H^\circ_{\text{réaction}} = \Delta H_2$$

Quelle est la variation d'enthalpie de la réaction suivante:

$$2B \longrightarrow C$$

6.63 La variation d'enthalpie standard (ΔH°) de la décomposition thermique du nitrate d'argent est de +78,67 kJ, selon l'équation suivante:

$$AgNO_3(s) \longrightarrow AgNO_2(s) + \tfrac{1}{2}O_2(g)$$

L'enthalpie standard de formation de $AgNO_3(s)$ est de −123,02 kJ/mol. Calculez l'enthalpie standard de formation de $AgNO_2(s)$.

6.64 Soit la réaction suivante:

$$3N_2H_4(l) \longrightarrow 4NH_3(g) + N_2(g)$$

a) Calculez ΔH°. (L'enthalpie standard de formation de l'hydrazine, $N_2H_4(l)$, est de 50,42 kJ/mol.) b) L'hydrazine et l'ammoniac brûlent tous les deux dans l'oxygène pour produire $H_2O(l)$ et $N_2(g)$. Donnez l'équation équilibrée de chacune de ces réactions et calculez ΔH° pour chacune d'elles. Si l'on considère la masse (par kilogramme), lequel de l'hydrazine ou de l'ammoniac serait le meilleur carburant?

6.65 Soit la réaction suivante:

$$N_2(g) + 3H_2(g) \longrightarrow 2NH_3(g) \qquad \Delta H^\circ_{\text{réaction}} = -92,6 \text{ kJ}$$

Si 2,0 moles de N_2 réagissent avec 6,0 moles de H_2 pour former NH_3, calculez le travail effectué (en joules) contre une pression de 1,0 atm à 25 °C.

Quelle est la valeur de ΔU de cette réaction? Supposez que la réaction est totale.

6.66 On peut résumer la photosynthèse par l'équation suivante:

$$6CO_2 + 6H_2O \longrightarrow C_6H_{12}O_6 + 6O_2$$

où $C_6H_{12}O_6$ est du glucose. a) Comment détermineriez-vous expérimentalement la valeur de $\Delta H^o_{\text{réaction}}$ de cette réaction? b) Le rayonnement solaire produit environ $7{,}0 \times 10^{14}$ kg de glucose annuellement sur la Terre. Quelle est la valeur de ΔH^o qui correspond à ce processus?

6.67 On fait fondre, à 17,0 °C, 2,10 moles d'acide acétique cristallisé, initialement à 17,0 °C, puis on porte la température de l'acide à 118,1 °C (son point d'ébullition normal) à 1,00 atm. L'échantillon se vaporise à 118,1 °C, puis il est rapidement refroidi à 17,0 °C, pour reformer le solide cristallin. Calculez la valeur de ΔH^o pour le processus complet, tel qu'il est décrit.

6.68 Considérez la réaction suivante:

$$H_2(g) + Cl_2(g) \longrightarrow 2HCl(g) \qquad \Delta H^o_{\text{réaction}} = -184{,}6 \text{ kJ}$$

Si 3 moles de H_2 réagissent avec trois moles de Cl_2 pour former HCl, calculez le travail effectué (en joules) contre une pression de 1,0 atm à 25 °C. Quelle est la valeur de ΔU^o de cette réaction? Supposez que la réaction est totale.

6.69 Calculez le travail effectué (en joules) par la réaction suivante:

$$2Na(s) + 2H_2O(l) \longrightarrow 2NaOH(aq) + H_2(g)$$

quand 0,34 g de Na réagit avec de l'eau pour former de l'hydrogène à 0 °C et à 1 atm.

6.70 On vous fournit les données suivantes:

$$H_2(g) \longrightarrow 2H(g) \qquad \Delta H^o = 436{,}4 \text{ kJ}$$

$$Br_2(g) \longrightarrow 2Br(g) \qquad \Delta H^o = 192{,}5 \text{ kJ}$$

$$H_2(g) + Br_2(g) \longrightarrow 2HBr(g) \qquad \Delta H^o = -104 \text{ kJ}$$

Calculez la valeur de ΔH^o de la réaction suivante:

$$H(g) + Br(g) \longrightarrow HBr(g)$$

6.71 Le méthanol (CH_3OH) est un solvant organique également utilisé comme carburant dans certains véhicules automobiles. D'après les données suivantes, calculez l'enthalpie standard de formation du méthanol.

$$2CH_3OH(l) + 3O_2(g) \longrightarrow 2CO_2(g) + 4H_2O(l) \qquad \Delta H^o_{\text{réaction}} = -1452{,}8 \text{ kJ}$$

6.72 On place 44,0 g d'un métal inconnu à 99,0 °C dans un calorimètre à pression constante contenant 80,0 g d'eau à 24,0 °C. La température finale du système est de 28,4 °C. Calculez la chaleur spécifique du métal. (La capacité calorifique du calorimètre est de 12,4 J/°C.)

6.73 Un échantillon de 1,00 mole d'ammoniac à 14,0 atm et à 25 °C se détend dans un cylindre muni d'un piston mobile; la pression extérieure est constante à 1 atm. À l'équilibre, la pression et le volume du gaz sont respectivement de 1,00 atm et de 23,5 L. a) Calculez la température finale de l'échantillon. b) Calculez les valeurs de Q, de W et de ΔU pour ce processus. (La chaleur spécifique de l'ammoniac est de 0,0258 J/g · °C.)

6.74 Le gaz à l'air (monoxyde de carbone) est produit par l'action de l'oxygène de l'air sur du coke chauffé au rouge:

$$C(s) + \tfrac{1}{2}O_2(g) \longrightarrow CO(g)$$

et on obtient le gaz à l'eau (un mélange de monoxyde de carbone et d'hydrogène) par la réaction de vapeur d'eau avec du coke également chauffé au rouge:

$$C(s) + H_2O(g) \longrightarrow CO(g) + H_2(g)$$

Pendant de nombreuses années, on a utilisé le gaz à l'air et le gaz à l'eau comme carburants dans l'industrie et pour la cuisson domestique. La préparation à grande échelle de ces gaz était faite en alternance, c'est-à-dire qu'on préparait d'abord le gaz à l'air puis le gaz à l'eau, et ainsi de suite. Selon ce que vous connaissez de la thermochimie, pourquoi procédait-on de cette façon?

6.75 Comparez la chaleur produite par la combustion complète de 1 mole de méthane (CH_4) avec celle de une mole de gaz à l'eau (0,50 mole de H_2 et 0,50 mole de CO) dans les mêmes conditions. Selon votre réponse, choisiriez-vous le méthane plutôt que le gaz à l'eau comme carburant? Pouvez-vous donner deux autres raisons pour lesquelles le méthane est préférable au gaz à l'eau comme carburant?

6.76 Ce qu'on appelle la filière énergétique de l'hydrogène est basé sur l'hydrogène produit à partir de l'eau à l'aide de l'énergie solaire. Le gaz est ensuite utilisé comme carburant:

$$2H_2(g) + O_2(g) \longrightarrow 2H_2O(l)$$

L'un des principaux avantages de l'hydrogène comme carburant, c'est qu'il ne pollue pas. Par contre, comme c'est un gaz, il s'entrepose moins facilement qu'un liquide ou un solide. Calculez le volume d'hydrogène, à 25 °C et à 1 atm, nécessaire pour produire autant d'énergie que la combustion de un litre d'octane (C_8H_{18}). (La masse volumique de l'octane est de 0,703 kg/L, et son enthalpie standard de formation est de −249,9 kJ/mol.)

6.77 L'éthanol (C_2H_5OH) et l'essence (en supposant qu'elle n'est composée que d'octane, C_8H_{18}) sont tous les deux utilisés comme carburant dans les automobiles. Si l'essence se vend 0,60 $/L, à quel prix devrait être vendu l'éthanol pour que le rendement en énergie par dollar soit le même? La masse volumique et la valeur de ΔH_f° de l'octane sont de 0,7025 g/mL et de −249,9 kJ/mol; pour l'éthanol, elles sont respectivement de 0,7894 g/mL et de −277,0 kJ/mol.

6.78 Quel volume d'éthane (C_2H_6), mesuré à 23,0 °C et à 752 mm Hg, serait nécessaire pour porter 855 g d'eau de 25,0 °C à 98,0 °C?

6.79 Si l'énergie ne se perd pas, pourquoi parle-t-on parfois de crise de l'énergie?

6.80 La chaleur de vaporisation d'un liquide (ΔH_{vap}) est l'énergie requise pour vaporiser 1,00 g de liquide à son point d'ébullition. Au cours d'une expérience, on verse 60,0 g d'azote liquide (dont le point d'ébullition est −196 °C) dans un verre de polystyrène contenant $2,00 \times 10^2$ g d'eau à 55,3 °C. Calculez la chaleur molaire de vaporisation de l'azote liquide si la température finale de l'eau est de 41,0 °C.

6.81 Dans laquelle des réactions suivantes $\Delta H^\circ_{\text{réaction}} = \Delta H_f^\circ$?

a) $H_2(g) + \text{S(orthorhombique)} \longrightarrow H_2S(g)$
b) $\text{C(diamant)} + O_2(g) \longrightarrow CO_2(g)$
c) $H_2(g) + CuO(s) \longrightarrow H_2O(l) + Cu(s)$
d) $O(g) + O_2(g) \longrightarrow O_3(g)$

6.82 Calculez le travail effectué (en joules) quand 1,0 mole d'eau gèle à 0 °C et à 1,0 atm. Les volumes de une mole d'eau et de une mole de glace à 0 °C sont respectivement de 0,0180 L et de 0,0196 L.

6.83 On dilate à température constante 0,020 mole d'un gaz dont le volume initial est de 0,050 L, à 20 °C, jusqu'à ce que son volume soit de 0,50 L. Calculez le travail (en joules) effectué par le gaz s'il se dilate a) dans le vide et b) contre une pression constante de 0,20 atm. c) Si le gaz se dilate tant qu'il le peut, dans les conditions données en b), quel sera son volume final et quel sera le travail effectué?

6.84 Étant donné que

$$\text{C(graphite)} + O_2(g) \longrightarrow CO_2(g) \qquad \Delta H^\circ = -393{,}5 \text{ kJ}$$

$$\text{C(diamant)} + O_2(g) \longrightarrow CO_2(g) \qquad \Delta H^\circ = -395{,}4 \text{ kJ}$$

calculez l'enthalpie standard de formation du diamant.

6.85 Pour être plus efficace, un congélateur doit être rempli de nourriture. Sur quel principe de thermochimie se base cette recommandation?

6.86 Calculez la variation d'enthalpie standard pour le processus de fermentation (*voir le problème 3.70*).

6.87 Il existe des sachets chauffants pour les skieurs et ceux qui font des activités en plein air l'hiver. Ces petits sachets perméables à l'air contiennent un mélange de poudre de fer, de chlorure de sodium et d'autres substances, le tout légèrement humidifié. La réaction qui produit la chaleur du sachet est une réaction exothermique très courante, à savoir la formation de rouille:

$$4Fe(s) + 3O_2(g) \longrightarrow 2Fe_2O_3(s)$$

Quand on retire l'enveloppe de plastique, les molécules O_2 pénètrent le sachet, déclenchant la réaction. Un sachet moyen contient 250 g de fer, une quantité suffisante pour réchauffer les mains ou les pieds durant quatre heures. Quelle quantité de chaleur (en kilojoules) produit cette réaction? (*Note:* voir les valeurs de ΔH_f° à l'annexe 2.)

6.88 Une personne a mangé 226 grammes de fromage (un apport de 4000 kJ). Supposons que son corps n'a pas stocké cette énergie. Quelle masse d'eau (en grammes) doit-elle transpirer pour maintenir sa température constante? (Il faut 44,0 kJ pour vaporiser une mole d'eau.)

6.89 On estime le volume total de l'océan Pacifique à $7,2 \times 10^8$ km^3. Une bombe atomique de puissance moyenne libère $1,0 \times 10^{15}$ J en explosant. Calculez le nombre de bombes atomiques qu'il faudrait pour hausser la température de l'océan Pacifique de 1 °C.

6.90 On fait sublimer (s'évaporer) 19,2 g de glace sèche (du dioxyde de carbone solide) dans un appareil comme celui qui est illustré à la figure 6.8. Calculez le travail de dilatation effectué contre une pression externe constante de 0,995 atm à une température constante de 22 °C. Supposez que le volume initial de la glace sèche est négligeable et que le CO_2 se comporte comme un gaz parfait.

6.91 L'enthalpie de combustion de l'acide benzoïque (C_6H_5COOH) est couramment utilisée comme valeur étalon pour calibrer les bombes calorimétriques à volume constant; sa valeur est exactement de −3226,7 kJ/mol. Quand 1,986 2 g d'acide benzoïque brûle, la température grimpe de 21,84 °C à 25,67 °C. Quelle est la capacité calorifique du calorimètre? (Supposez que la quantité d'eau entourant le calorimètre est de 2000 g, exactement.)

Réponses aux exercices: **6.1** −34,3 kJ; **6.2** −727 kJ/mol; **6.3** 22,49 °C; **6.4** 86 kJ/mol; **6.5** a) 0, b) −286 J; **6.6** −63 J; **6.7** −111,7 kJ

7.1
De la physique classique à la théorie des quanta
Le rayonnement électromagnétique • La théorie des quanta de Planck

7.2
L'effet photoélectrique

7.3
Le modèle de l'atome de Bohr
Les spectres d'émission • Le spectre d'émission de l'atome d'hydrogène

7.4
La nature dualiste de l'électron

7.5
La mécanique quantique

7.6
La mécanique quantique appliquée à l'atome d'hydrogène

7.7
Les nombres quantiques

7.8
Les orbitales atomiques
Les orbitales s • Les orbitales p • Les orbitales d et les autres orbitales à énergie plus élevée • L'énergie des orbitales

7.9
La configuration électronique

7.10
Le principe de construction (ou de l'Aufbau)

CHAPITRE 7
LA STRUCTURE ÉLECTRONIQUE DES ATOMES

On entend souvent dire qu'une étoile — le Soleil, par exemple — contient tel ou tel élément. Sur quoi se base-t-on pour faire une telle affirmation?

Au début du XIXe siècle, un physicien allemand, Joseph Fraunhofer, étudia le spectre de couleurs émis par le Soleil et y observa un certain nombre de lignes sombres. Puisque chacune des couleurs du spectre continu correspond à des longueurs d'onde particulières, ces lignes sombres devaient correspondre à des ondes de longueurs données absorbées avant que la lumière du Soleil atteigne la Terre; c'est pourquoi de telles lignes ont été appelées *raies d'absorption*.

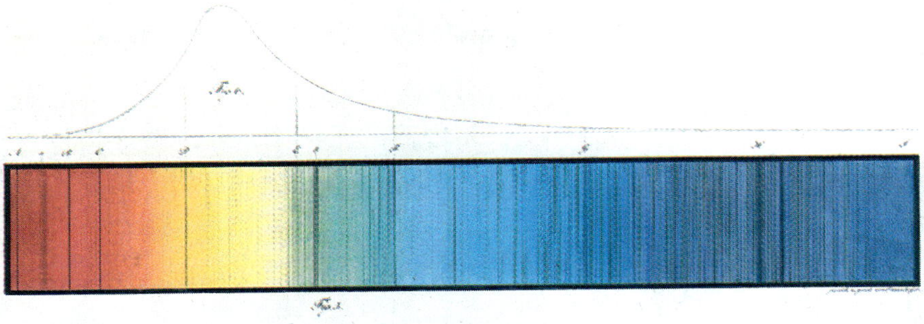

Dessin original de Fraunhofer montrant des raies sombres d'absorption.

On sait maintenant que les «lignes de Fraunhofer» sont dues au fait qu'une partie du rayonnement solaire est absorbée par les atomes de gaz à travers lesquels elles passent. Puisque les atomes d'éléments différents ont une structure différente, chaque élément a un spectre distinct constitué de lumière émise ou absorbée de longueurs d'onde spécifiques. Un peu à la manière dont les empreintes digitales servent à l'identification des gens, les raies spectrales permettent aux scientifiques de déterminer la composition des corps célestes comme le Soleil, ainsi que les gaz responsables des raies sombres de Fraunhofer. L'hélium fut même identifié dans le spectre solaire avant d'être découvert sur Terre. En 1868, le physicien français Pierre Janssen détecta, dans le spectre solaire, une raie sombre qu'il ne pouvait associer à aucun élément connu; on nomma ce nouvel élément *hélium,* du mot grec *helios,* qui signifie «soleil»; ce gaz ne fut découvert sur Terre que 27 ans plus tard.

La couleur rouge de la nébuleuse La Rosette est due aux fortes raies du spectre d'émission de son hydrogène gazeux.

7.1 DE LA PHYSIQUE CLASSIQUE À LA THÉORIE DES QUANTA

Max Planck (1858-1947)

Les résultats des premières recherches sur les atomes et les molécules étaient limités et insatisfaisants pour les scientifiques. En supposant que les molécules se comportent comme des balles élastiques, les physiciens pouvaient prédire et expliquer certains phénomènes au niveau macroscopique, la pression exercée par un gaz, par exemple. Cependant, leur modèle n'expliquait pas la stabilité des molécules: autrement dit, il ne pouvait pas expliquer comment les atomes étaient maintenus ensemble. Il fallut beaucoup de temps pour comprendre (et encore plus de temps pour accepter) que les propriétés des atomes et des molécules *ne* s'expliquent *pas* par les mêmes lois que celles qui régissent les objets plus gros.

L'année 1900 marqua le début d'une nouvelle ère en physique, grâce à un jeune physicien allemand, Max Planck. En analysant le rayonnement émis par des solides chauffés à différentes températures (solides incandescents), Planck découvrit que les atomes et les molécules ne peuvent émettre de l'énergie que par multiples entiers d'une quantité minimale d'énergie appelée *quantum*. Sa théorie, dite *théorie des quanta,* bouleversa les lois de la physique de l'époque, selon lesquelles toute forme d'énergie était continue, c'est-à-dire, entre autres, que n'importe quelle quantité d'énergie pouvait être libérée au cours d'un rayonnement. En fait, la théorie quantique de Planck et les recherches qui suivirent transformèrent de fond en comble notre conception de la nature.

Pour comprendre la théorie des quanta, il faut d'abord se familiariser avec la nature des ondes. On peut définir une ***onde*** comme étant une *vibration par laquelle l'énergie est transmise.* La vitesse de propagation d'une onde dépend de la nature de l'onde et du milieu dans lequel elle voyage (par exemple, l'air, l'eau ou le vide). On appelle ***longueur d'onde*** λ (lambda) la *distance*

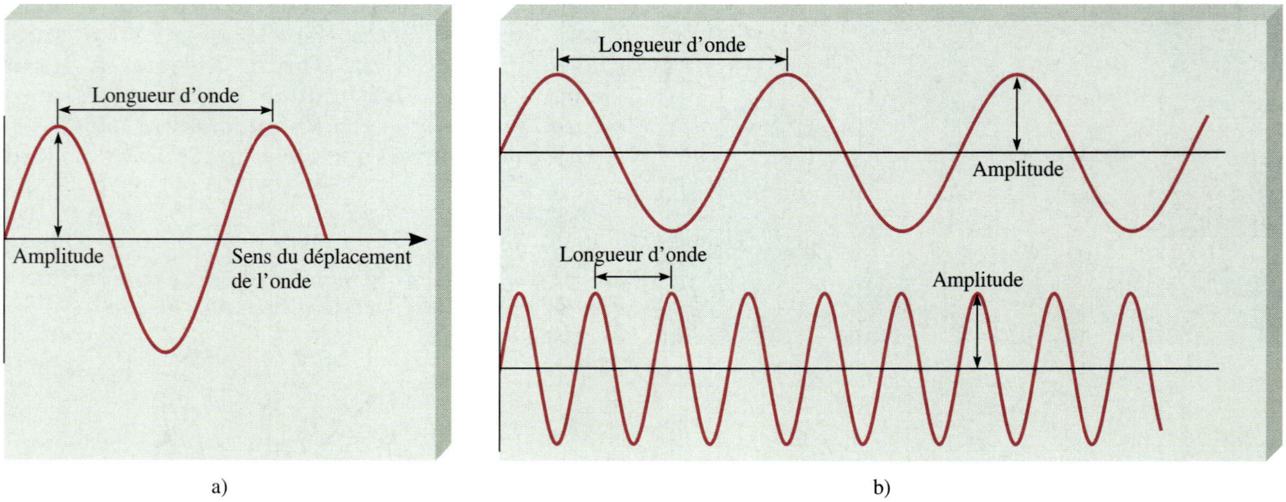

FIGURE 7.1

a) Longueur d'onde et amplitude. b) Deux ondes dont les longueurs et les fréquences sont différentes. La longueur de l'onde supérieure vaut trois fois celle de l'onde inférieure, mais sa fréquence ne représente que le tiers de celle de l'onde inférieure. Les deux ondes ont la même amplitude.

entre deux points identiques situés sur deux ondes successives. La **fréquence ν** (nu) est le *nombre d'ondes qui passent en un point donné par seconde.* L'***amplitude*** est la *hauteur entre la ligne médiane et la crête ou le creux d'une onde* [*figure 7.1 a)*]. La figure 7.1 b) montre deux ondes de même amplitude mais de longueurs et de fréquences différentes.

La vitesse (ν) est une grandeur importante de l'onde qui voyage dans l'espace; elle correspond au produit de la longueur de l'onde par sa fréquence:

$$\nu = \lambda \nu \tag{7.1}$$

On saisit le bien-fondé de cette équation quand on analyse les dimensions physiques de ses trois termes. La longueur d'onde (λ) exprime la distance que couvre chaque onde, ou distance/onde. La fréquence (ν) indique le nombre de ces ondes qui passent en un point donné par unité de temps, ou ondes/temps. Donc les unités du produit de ces deux grandeurs sont distance/temps, c'est-à-dire les unités de la vitesse:

$$\frac{\text{distance}}{\text{onde}} \times \frac{\text{ondes}}{\text{temps}} = \frac{\text{distance}}{\text{temps}}$$

$$\lambda \quad \times \quad \nu \quad = \quad \nu$$

Les unités qui expriment la longueur d'onde sont habituellement le mètre, le centimètre ou le nanomètre; celle qui exprime la fréquence est le hertz (Hz), et

$$1 \text{ Hz} = 1 \text{ cycle/s}$$

On peut omettre le mot «cycle» dans l'expression de la fréquence et dire, par exemple, 25/s (c'est-à-dire «25 par seconde»).

LE RAYONNEMENT ÉLECTROMAGNÉTIQUE

Tous les types de *rayons lumineux,* aussi appelés ***rayonnements électromagnétiques,*** voyagent dans le vide à une vitesse d'environ $3,00 \times 10^8$ m/s, appelée *vitesse de la lumière* (c). Cette vitesse change selon le milieu, mais ce changement est négligeable dans les calculs. Les ondes associées à ces rayonnements sont appelées ondes électromagnétiques.

EXEMPLE 7.1
Le calcul de la fréquence d'une onde

La longueur d'onde d'un feu de circulation vert se situe autour de 522 nm. Quelle est la fréquence de ce rayonnement?

Réponse: En réarrangeant l'équation (7.1), nous obtenons:

$$\nu = \frac{c}{\lambda}$$

Sachant que 1 nm = 1×10^{-9} m (*tableau 1.3*), nous écrivons

$$\nu = \frac{3,00 \times 10^8 \text{ m/s}}{522 \text{ nm} \times \dfrac{1 \times 10^{-9} \text{ m}}{1 \text{nm}}}$$

$$= 5,75 \times 10^{14}\text{/s, ou } 5,75 \times 10^{14} \text{ Hz}$$

Ainsi, il y a $5{,}75 \times 10^{14}$ ondes qui passent en un point donné à chaque seconde. Cette fréquence très élevée est en accord avec la vitesse très élevée de la lumière.

EXERCICE

Quelle est la longueur (en mètres) d'une onde électromagnétique dont la fréquence est de $3{,}64 \times 10^7$ Hz?

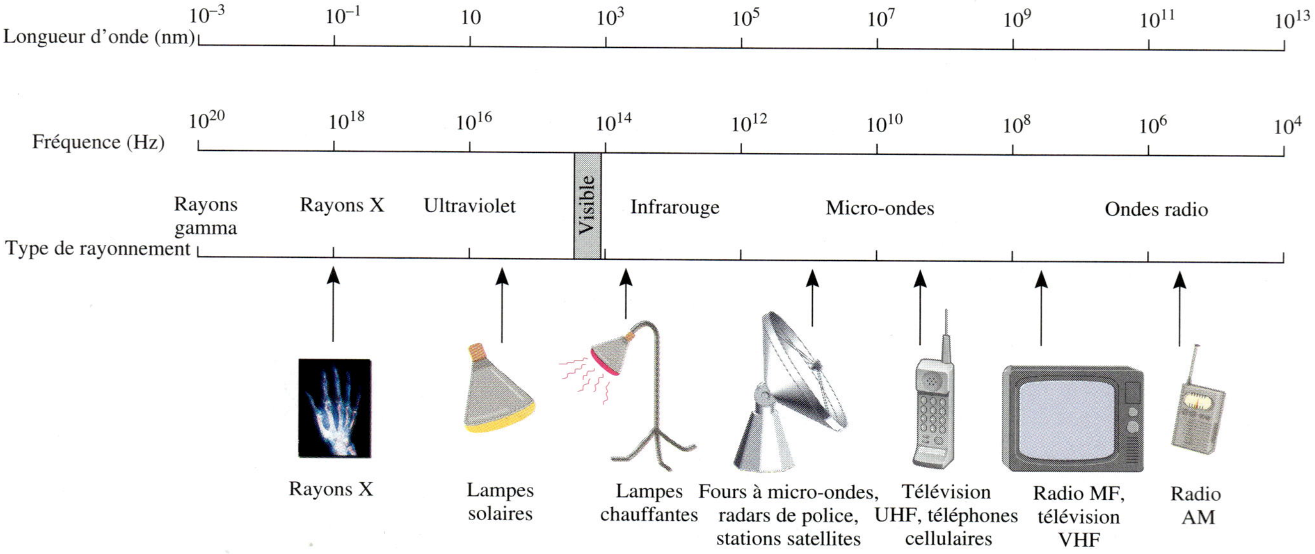

a)

b)

FIGURE 7.2

a) Types de rayonnements électromagnétiques. Les rayons gamma ont les longueurs d'onde les plus courtes, et leurs fréquences sont les plus élevées; les ondes radio sont les plus longues, et leurs fréquences sont les plus basses. Chaque type de rayonnement se situe dans une région spécifique de longueurs d'onde (et de fréquences). b) La région visible s'étend de 400 nm (violet) à 700 nm (rouge).

La figure 7.2 montre différents types de rayonnements électromagnétiques; ces rayonnements se distinguent par leur longueur d'onde et leur fréquence. Les longues ondes radio sont émises par de grandes antennes, comme celles utilisées par les stations de radio. Les ondes de la lumière visible, plus courtes, sont produites par le mouvement des électrons dans les atomes et les molécules. Les ondes les plus courtes, qui ont également les fréquences les plus élevées, sont celles des rayons γ (gamma, *voir chapitre 2*), qui sont le résultat d'une transformation dans le noyau de l'atome. Nous verrons bientôt que plus la fréquence est élevée, plus le rayonnement est énergétique. Ainsi, les rayons ultraviolets, les rayons X et les rayons γ sont des rayonnements à énergie élevée.

La théorie des quanta de Planck

Quand un solide est chauffé, il émet un rayonnement qui se situe dans un large éventail de longueurs d'onde. La lumière rouge fade de l'élément tubulaire d'une cuisinière et la lumière blanche brillante d'une ampoule au tungstène sont des exemples de rayonnements émis par des solides chauffés à des températures différentes.

À la fin du XIXe siècle, des données montrèrent que la quantité d'énergie rayonnante émise par un solide chauffé varie selon les différentes longueurs d'onde associées au spectre dû à ce rayonnement. Les tentatives d'explication de cette relation d'après la théorie ondulatoire de l'époque et les lois de la thermodynamique ne connurent alors qu'un succès partiel. Une théorie valait pour les ondes courtes, mais ne s'appliquait pas aux ondes longues; une autre s'appliquait aux ondes longues, mais non aux ondes courtes. Il semblait manquer quelque chose de fondamental dans les lois de la physique classique.

Planck résolut le problème grâce à une hypothèse qui s'écartait radicalement des concepts acceptés jusqu'alors. La physique classique supposait que les atomes et les molécules pouvaient émettre (ou absorber) n'importe quelle quantité d'énergie lumineuse. Planck, au contraire, affirma que les atomes et les molécules ne pouvaient émettre (ou absorber) de l'énergie qu'en des quantités discrètes, en «petits paquets» ou en «faisceaux». Il donna le nom de ***quantum*** (au pluriel quanta) à la *plus petite quantité d'énergie pouvant être émise (ou absorbée) sous forme de rayonnement électromagnétique*. L'énergie (E) d'un simple quantum est donnée par

$$E = h\nu \qquad (7.2)$$

où h est la *constante de Planck* et ν la fréquence du rayonnement. La valeur de la constante de Planck est $6{,}63 \times 10^{-34}$ J · s.

Selon la théorie des quanta de Planck, la quantité d'énergie émise est toujours représentée par un multiple entier de $h\nu$, par exemple, $h\nu$, 2 $h\nu$, 3 $h\nu$,...; elle n'équivaut jamais, par exemple, à 1,67 $h\nu$ ou à 4,98 $h\nu$. Quand Planck présenta sa théorie, il ne pouvait pas expliquer pourquoi l'énergie devait se quantifier (c'est-à-dire ne prendre que certaines valeurs correspondant à des multiples entiers du quantum) de cette manière. Partant de cette hypothèse, il n'eut toutefois aucune difficulté à reconstituer, pour toutes les longueurs d'onde, le spectre d'émission expérimental des solides incandescents; toutes ces données pouvaient s'expliquer par la théorie des quanta.

L'idée de la quantification de l'énergie peut d'abord sembler étrange, mais il est possible de trouver des analogies qui nous aident à comprendre ce phénomène. Par exemple, une charge électrique est quantifiée: elle ne peut être qu'un multiple entier de e^-, la charge d'un électron. La matière elle-même est quantifiée: les nombres d'électrons, de protons, de neutrons et le nombre d'atomes dans un échantillon d'une substance doivent aussi être entiers. Même certains processus survenant chez les êtres vivants mettent en jeu des phénomènes quantifiés: les œufs pondus par les poules sont quantifiés, les chattes donnent naissance à un nombre entier de chatons, etc. Dans un autre domaine, on pourrait aussi donner comme exemple les systèmes monétaires: ils sont tous fondés sur un «quantum», que ce soit le cent, le franc, la lire, etc.

Albert Einstein (1879-1955)

7.2 L'EFFET PHOTOÉLECTRIQUE

En 1905, seulement cinq ans après la formulation de la théorie des quanta de Planck, Albert Einstein utilisa cette théorie pour résoudre un autre mystère de la physique, l'*effet photoélectrique*. Des expériences avaient déjà démontré que des électrons sont éjectés de la surface de certains métaux si ceux-ci sont exposés à une lumière d'une certaine fréquence minimum, appelée seuil de fréquence (*figure 7.3*). On savait que le nombre d'électrons éjectés est proportionnel à l'intensité (ou à la brillance) de la lumière; par contre, l'énergie des électrons éjectés ne l'est pas. On savait aussi que, sous le seuil de fréquence, aucun électron n'est éjecté, quelle que soit l'intensité de la lumière.

Ce phénomène ne pouvait s'expliquer par la théorie ondulatoire de la lumière. C'est alors qu'Einstein formula une hypothèse extraordinaire: il suggéra qu'un faisceau de lumière est un flux de particules, des *particules de lumière appelées* ***photons.*** Partant de la théorie des quanta de Planck, Einstein déduisit que chaque photon devait posséder une énergie E, donnée par l'équation

$$E = h\nu$$

où ν est la fréquence de la lumière. Cette équation a la même forme que l'équation (7.2) parce que, comme nous le verrons plus loin, les rayonnements électromagnétiques sont émis ou absorbés sous forme de photons.

Les électrons sont retenus dans les métaux par des forces attractives; pour les libérer, il faut une lumière d'une certaine fréquence (qui correspond à une certaine énergie) capable de rompre ces forces. On peut comparer l'éclairage d'une surface métallique par un faisceau de lumière au bombardement des atomes du métal par des particules (photons). Si la fréquence des photons est telle que le produit $h\nu$ est exactement égal à l'énergie qui lie les électrons au métal, la lumière a juste assez d'énergie pour déloger des électrons. Si la fréquence de la lumière est plus élevée, c'est-à-dire qu'elle dépasse le seuil caractéristique du métal, non seulement des électrons seront délogés, mais ils acquerront de l'énergie cinétique. Ce phénonène est représenté par l'équation

$$h\nu = E_c + E_L \tag{7.3}$$

où E_c est l'énergie cinétique d'un électron éjecté et E_L est l'énergie de liaison de l'électron dans le métal. On peut reformuler cette équation de la manière suivante:

$$E_c = h\nu - E_L$$

Cela démontre que plus le photon qui irradie le métal est énergétique plus l'énergie cinétique de l'électron éjecté est élevée.

Maintenant, imaginons deux faisceaux de lumière ayant la même fréquence (supérieure au seuil de fréquence), mais des intensités différentes. Le faisceau de plus grande intensité contient plus de photons; par conséquent, il éjectera plus d'électrons de la surface du métal que le faisceau d'intensité plus faible. Ainsi, plus la lumière est intense, plus le nombre d'électrons libérés par le métal est élevé; et plus la fréquence de la lumière est élevée, plus l'énergie cinétique des électrons éjectés est élevée.

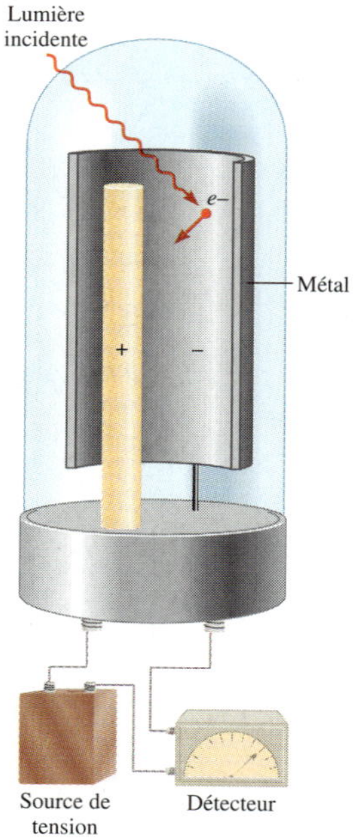

FIGURE 7.3

L'effet photoélectrique. Les électrons éjectés de la surface métallique sont attirés par l'électrode positive. L'importance du flux d'électrons est indiquée par un détecteur.

EXEMPLE 7.2

Le calcul de l'énergie d'un photon

Calculez l'énergie (en joules) a) d'un photon d'une longueur d'onde de $5{,}00 \times 10^4$ nm (rayon infrarouge) et b) d'un photon d'une longueur d'onde de $5{,}00 \times 10^{-2}$ nm (rayon X).

Réponse: a) Il faut utiliser l'équation (7.2): $E = h\nu$. D'après l'équation (7.1), $\nu = c/\lambda$ (voir *exemple 7.1*); ainsi

$$E = \frac{hc}{\lambda}$$

$$= \frac{(6{,}63 \times 10^{-34}\ \text{J} \cdot \text{s})\,(3{,}00 \times 10^{8}\ \text{m/s})}{(5{,}00 \times 10^{4}\ \text{nm})\left(\dfrac{1 \times 10^{-9}\ \text{m}}{1\text{nm}}\right)}$$

$$= 3{,}98 \times 10^{-21}\ \text{J}$$

Voilà l'énergie que possède un photon d'une longueur d'onde de $5{,}00 \times 10^4$ nm.

b) En suivant la méthode utilisée en a), nous pouvons démontrer que l'énergie d'un photon d'une longueur d'onde de $5{,}00 \times 10^{-2}$ nm est de $3{,}98 \times 10^{-15}$ J. Ainsi un photon «de rayons X» est 1×10^6 (un million) fois plus énergétique qu'un photon «infrarouge».

EXERCICE

L'énergie d'un photon est de $5{,}87 \times 10^{-20}$ J. Quelle est sa longueur d'onde (en nanomètres)?

Cette théorie décrivant la lumière comme des particules, telle qu'élaborée par Einstein, posa un problème aux scientifiques. D'une part, elle expliquait de façon satisfaisante l'effet photoélectrique; mais d'autre part, elle ne pouvait pas expliquer le comportement ondulatoire de la lumière. La seule façon de régler le problème fut d'accepter l'idée que la lumière présente à la fois des propriétés propres aux particules et des propriétés propres aux ondes, et que, selon les phénomènes étudiés, elle se comporte soit comme une onde soit comme un faisceau de particules. Les physiciens mirent un certain temps à accepter ce concept, parce que celui-ci était totalement étranger à la conception qu'ils se faisaient de la matière et du rayonnement. Non seulement il fallut l'accepter, mais on sait maintenant que cette dualité (onde et particule) n'est pas unique à la lumière; elle est une caractéristique de toute la matière, y inclus les particules subatomiques comme les électrons; nous en parlerons à la section 7.4.

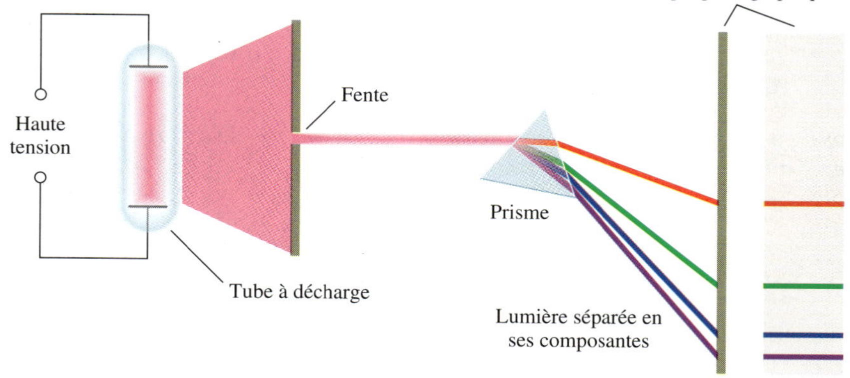

FIGURE 7.4

Dispositif permettant d'étudier le spectre d'émission des atomes et des molécules. Le gaz à l'étude se trouve dans un tube à décharge muni de deux électrodes. En voyageant de l'électrode négative à l'électrode positive, les électrons heurtent les atomes (et les molécules) du gaz. Ces collisions provoquent l'émission de lumière par les atomes (et les molécules). La lumière émise est séparée en ses composantes par un prisme.

7.3 LE MODÈLE DE L'ATOME DE BOHR

Les travaux d'Einstein menèrent à la solution d'un autre mystère du XIXe siècle en physique: les spectres d'émission des atomes.

LES SPECTRES D'ÉMISSION

Depuis que Newton a démontré, au XVIIe siècle, que la lumière du Soleil est constituée de différentes couleurs qui peuvent être recombinées pour produire de la lumière blanche, les scientifiques étudient les caractéristiques des ***spectres d'émission,*** *spectres continus ou discontinus des rayonnements émis par les substances.* Le spectre d'émission d'une substance peut être rendu visible par l'apport d'énergie thermique ou de toute autre forme d'énergie (par exemple, une décharge électrique à haute tension si la substance est gazeuse) à un échantillon de cette substance. Une barre de fer chauffée au rouge ou à blanc émet une lumière caractéristique. Cette lumière visible représente la partie de son spectre d'émission pouvant être captée par l'œil. La chaleur émise par cette même barre correspond à une autre portion de son spectre, cette fois dans la région infrarouge. Une particularité commune aux spectres d'émission du Soleil et d'un solide chauffé est qu'ils sont continus; autrement dit, toutes les longueurs d'onde de la lumière y sont représentées (*figure 7.2: la région visible*).

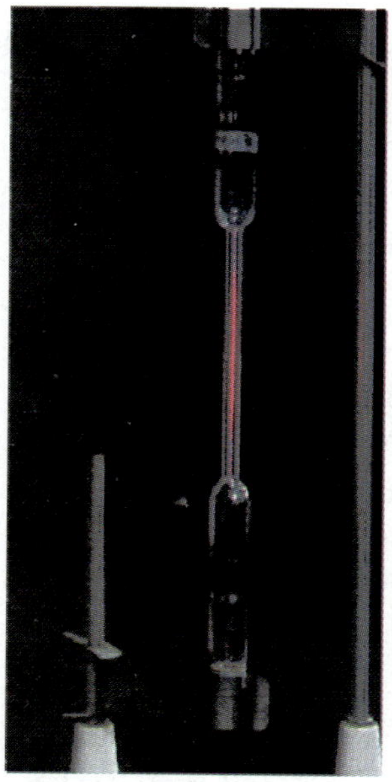

FIGURE 7.5

La couleur émise par les atomes d'hydrogène dans un tube à décharge.

Par contre, le spectre d'émission des atomes à l'état gazeux ne présente pas une continuité de longueurs d'onde allant du rouge au violet; les *atomes émettent plutôt la lumière à des longueurs d'onde spécifiques.* Un tel spectre s'appelle ***spectre discontinu*** ou *spectre de raies,* parce que le rayonnement émis donne un spectre constitué de traits verticaux (raies) lumineux. La figure 7.4 représente schématiquement un montage utilisant un tube à décharge pour étudier les spectres d'émission. La figure 7.5 montre la couleur émise par les atomes d'hydrogène dans un tube à décharge; la figure 7.6 montre la partie visible du spectre discontinu (raies) des atomes d'hydrogène.

Chaque élément a un spectre d'émission qui lui est propre, comme les empreintes digitales d'une personne. Les raies caractéristiques des spectres

FIGURE 7.6

Le spectre de raies d'émission de l'atome d'hydrogène.

atomiques peuvent donc servir à identifier les éléments. Quand les raies spectrales d'un échantillon d'un élément inconnu correspondent exactement à celles d'un élément connu, la nature de l'élément à identifier est rapidement établie. Même si l'on utilisait cette méthode depuis un certain temps, l'origine de ces raies resta inconnue jusqu'au début du XXe siècle.

Le spectre d'émission de l'atome d'hydrogène

En 1913, peu de temps après les découvertes de Planck et d'Einstein, Niels Bohr proposa une explication théorique du spectre d'émission de l'hydrogène. Son raisonnement, fort complexe, n'est plus considéré comme juste dans tous ses détails; nous ne nous arrêterons donc qu'à ses hypothèses les plus importantes et aux résultats qui expliquent les raies spectrales.

Quand Bohr s'attaqua à ce problème, les physiciens savaient déjà que les atomes contenaient des électrons et des protons. Ils considéraient les atomes comme des entités constituées d'électrons tournant à haute vitesse autour d'un noyau en suivant des orbites circulaires. Ce modèle était attrayant parce qu'il ressemblait au mouvement bien connu des planètes autour du Soleil. Dans l'atome d'hydrogène, on croyait que l'attraction électrostatique entre le proton (Soleil) positif et l'électron (planète) négatif attirait ce dernier vers l'intérieur, et que cette attraction était exactement balancée par l'accélération causée par le mouvement circulaire de l'électron.

Le modèle atomique de Bohr supposait que les électrons décrivaient une orbite circulaire autour du noyau, mais il imposait une restriction importante: dans le cas de l'hydrogène, l'unique électron de l'atome ne pouvait se trouver que sur certaines orbites. Puisque chaque orbite était associée à une énergie spécifique, les énergies associées au mouvement de l'électron sur les orbites permises devaient avoir des valeurs fixes, ou quantifiées.

Le rayonnement émis par un atome d'hydrogène pouvait alors être attribué au fait que l'électron libère un quantum d'énergie sous forme de lumière (un photon) (*figure* 7.7) en passant d'une orbite supérieure à une orbite inférieure. À l'aide des lois de Newton sur le mouvement et d'arguments fondés sur l'interaction électrostatique, Bohr démontra que l'énergie que peut posséder un électron dans un atome d'hydrogène est donnée par

$$E_n = -R_H\left(\frac{1}{n^2}\right) \quad (7.4)$$

où R_H, la constante de Rydberg, est égale à $2{,}18 \times 10^{-18}$ J; n est un nombre entier appelé *nombre quantique principal*, dont les valeurs sont n = 1, 2, 3…

Niels Bohr (1885-1962) et sa femme

Le signe négatif dans l'équation (7.4) peut sembler curieux, car il porte à croire que toutes les quantités d'énergie de l'électron sont négatives. En fait, ce signe n'est qu'une convention; il signifie que l'énergie de l'électron dans l'atome est *inférieure* à celle d'un *électron libre*, ou d'un électron qui est infiniment loin d'un noyau. On assigne arbitrairement la valeur de zéro à l'énergie

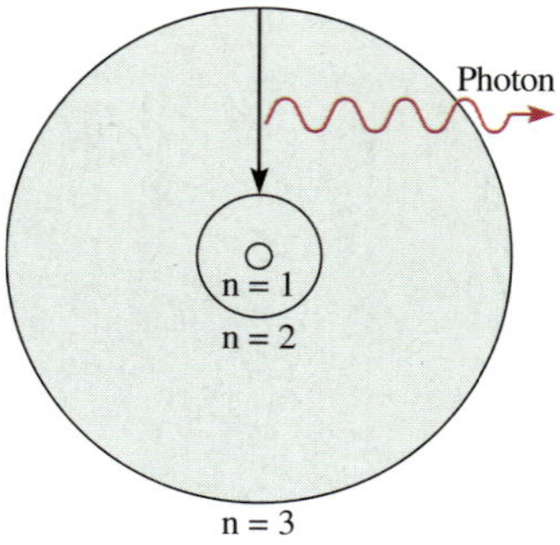

FIGURE 7.7

Processus d'émission dans un atome d'hydrogène excité, selon la théorie de Bohr. Un électron situé sur une orbite d'énergie supérieure (n = 3) redescend sur une orbite d'énergie inférieure (n = 2). Il s'ensuit l'émission d'un photon d'énergie hν. La valeur de hν est égale à la différence d'énergie entre les deux orbites occupées par l'électron dans le processus d'émission. Pour simplifier le schéma, seulement trois orbites sont illustrées.

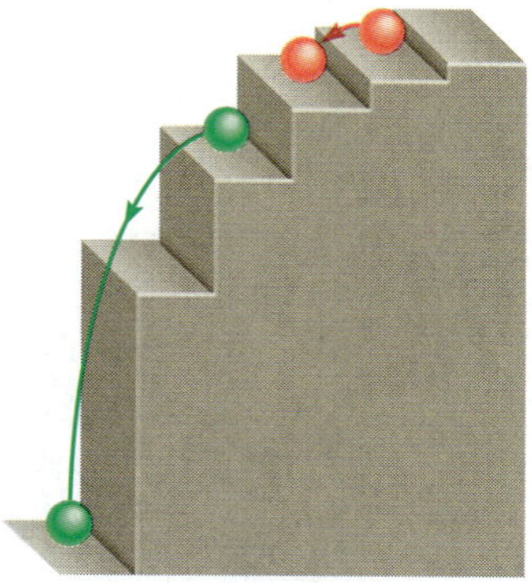

FIGURE 7.8

Analogie mécanique qui illustre le processus d'émission.

d'un électron libre. Mathématiquement, cela correspond à donner à n une valeur infinie (∞) dans l'équation (7.4): donc $E_\infty = 0$. Quand l'électron s'approche du noyau (la valeur de n décroît), E_n augmente en valeur absolue, mais devient également plus basse. Ainsi, la valeur la plus basse est atteinte quand n = 1, qui correspond à l'orbite la plus stable. On appelle ce niveau ***état fondamental*** ou ***niveau fondamental;*** il correspond au *niveau d'énergie le plus bas d'un système* (un atome dans ce cas-ci). Plus la valeur de n augmente (n = 2, 3, ...), plus la stabilité de l'électron diminue, et chacune de ces valeurs de n est alors appelée ***état excité*** ou ***niveau excité,*** c'est-à-dire un *niveau d'énergie supérieur au niveau fondamental.* On dit donc d'un électron qui occupe une orbite dont la valeur de n est supérieure à 1 (dans un atome d'hydrogène) qu'il est à l'état excité. Chaque orbite circulaire a un rayon qui dépend de n^2. Alors, quand n passe de 1 à 2, à 3, le rayon de l'orbite augmente très rapidement. Plus il est excité, plus l'électron est éloigné du noyau (et moins il est retenu par le noyau).

La théorie de Bohr permet d'expliquer le spectre de raies de l'atome d'hydrogène. Le rayonnement absorbé par l'atome force l'électron à passer d'une orbite d'énergie inférieure (dont la valeur de n est petite) à une orbite d'énergie plus élevée (dont la valeur de n est supérieure). Inversement, quand l'électron passe d'une orbite à une autre d'énergie inférieure, il émet un rayonnement (sous forme de un photon). Le mouvement quantifié de l'électron passant d'une orbite à une autre ressemble au mouvement d'une balle de tennis qui monte ou qui descend un escalier (*figure 7.8*). La balle peut être sur n'importe quelle marche, mais jamais entre deux marches. Le passage d'une marche inférieure à une marche supérieure demande de l'énergie, tandis que le passage d'une marche supérieure à une marche inférieure libère de l'énergie. La quantité d'énergie en jeu dans chacun des cas dépend de la différence de hauteur entre les deux marches. De même, dans le modèle atomique de Bohr, la quantité d'énergie nécessaire pour déplacer un électron dépend de la différence d'énergie entre les états final et initial.

Maintenant, appliquons l'équation (7.4) au processus d'émission dans un atome d'hydrogène. Supposons que l'électron est initialement à un niveau excité caractérisé par le nombre quantique principal n_i. Durant l'émission, l'électron descend à un niveau inférieur caractérisé par le nombre quantique principal n_f (les indices «i» et «f» indiquent respectivement l'état initial et l'état final). Le niveau inférieur peut être soit un autre niveau excité soit le niveau fondamental. La différence entre la quantité d'énergie du niveau final et celle du niveau initial est

$$\Delta E = E_f - E_i$$

D'après l'équation (7.4)

$$E_f = -R_H\left(\frac{1}{n_f^2}\right)$$

et

$$E_i = -R_H\left(\frac{1}{n_i^2}\right)$$

Ainsi
$$\Delta E = \left(\frac{-R_H}{n_f^2}\right) - \left(\frac{-R_H}{n_i^2}\right)$$
$$= R_H\left(\frac{1}{n_i^2} - \frac{1}{n_f^2}\right)$$

Puisque cette transition se solde par l'émission d'un photon de fréquence ν et d'énergie $h\nu$ (figure 7.7), on peut écrire

$$\Delta E = h\nu = R_H\left(\frac{1}{n_i^2} - \frac{1}{n_f^2}\right) \qquad (7.5)$$

Quand il y a émission d'un photon, $n_i > n_f$. Par conséquent, la valeur du facteur entre parenthèses est négative, ainsi que la valeur de ΔE (l'énergie est libérée dans le milieu extérieur). Par contre, quand l'énergie est absorbée, $n_i < n_f$, et la valeur du facteur entre parenthèses est positive, ainsi que la valeur de ΔE. Chaque raie du spectre d'émission correspond alors à une transition particulière dans l'atome d'hydrogène. Quand on étudie un grand nombre d'atomes d'hydrogène à la fois, on provoque toutes les transitions possibles, et cela permet d'observer les raies spectrales correspondantes. L'intensité d'une raie spectrale dépend du nombre de photons d'une même longueur d'onde qui sont émis.

Le spectre d'émission de l'hydrogène couvre une grande plage de longueurs d'onde allant de l'infrarouge à l'ultraviolet. Le tableau 7.1 dresse la liste des différentes séries de transitions du spectre de l'hydrogène; elles portent le nom de leurs découvreurs. La série de Balmer a été particulièrement facile à étudier, car plusieurs de ses raies se trouvent dans la région visible.

La figure 7.7 montre une seule transition. Cependant, la figure 7.9 renseigne plus sur les transitions des électrons. Dans ce schéma, chaque ligne horizontale représente un *niveau d'énergie* associé à une orbite particulière. Les orbites sont désignées d'après leur nombre quantique principal.

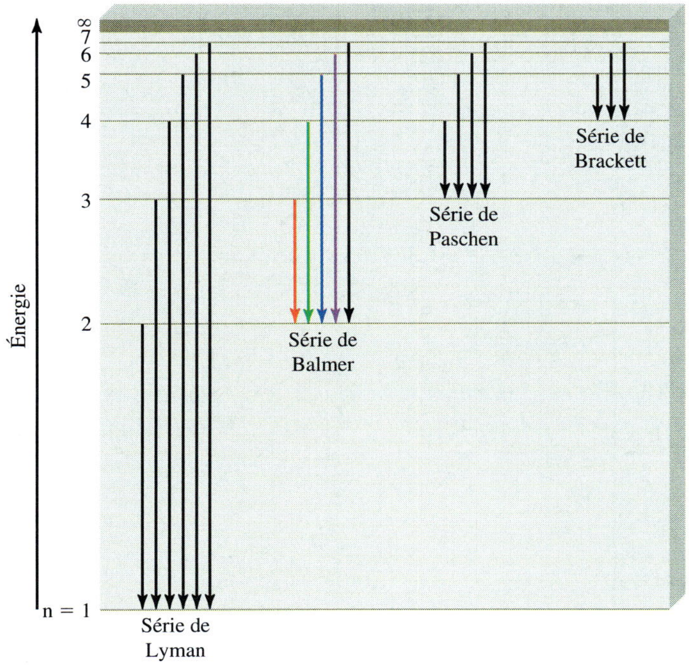

FIGURE 7.9

Les niveaux d'énergie de l'atome d'hydrogène et les différentes séries d'émission. Chaque niveau correspond à l'énergie associée au mouvement d'un électron sur une orbite, comme l'a formulé Bohr et comme le montre la figure 7.7. Les raies d'émission sont désignées en accord avec les données du tableau 7.1.

TABLEAU 7.1

Les différentes séries du spectre d'émission de l'hydrogène atomique

Série	n_f	n_i	Région du spectre
Lyman	1	2, 3, 4, ...	Ultraviolet
Balmer	2	3, 4, 5, ...	Visible et ultraviolet
Paschen	3	4, 5, 6, ...	Infrarouge
Brackett	4	5, 6, 7, ...	Infrarouge

EXEMPLE 7.3

Le calcul de la longueur d'onde dans un spectre d'émission

Quelle est la longueur d'onde d'un photon émis au cours d'une transition de $n_i = 5$ à $n_f = 2$ dans un atome d'hydrogène?

Réponse: Puisque $n_f = 2$, cette transition correspond à une raie dans la série de Balmer (*figure 7.9*). D'après l'équation (7.5), nous écrivons

$$\Delta E = R_H\left(\frac{1}{n_i^2} - \frac{1}{n_f^2}\right)$$

$$= 2{,}18 \times 10^{-18}\ \text{J}\left(\frac{1}{5^2} - \frac{1}{2^2}\right)$$

$$= -4{,}58 \times 10^{-19}\ \text{J}$$

Le signe négatif indique qu'il s'agit d'une émission. Pour calculer la longueur d'onde, on ignore le signe négatif de ΔE, car la longueur d'onde d'un photon doit être positive. Puisque $\Delta E = h\nu$ ou $\nu = \Delta E/h$, on peut calculer la longueur d'onde du photon:

$$\lambda = \frac{c}{\nu}$$

$$= \frac{ch}{\Delta E}$$

$$= \frac{(3{,}00 \times 10^8\ \text{m/s})(6{,}63 \times 10^{-34}\ \text{J} \cdot \text{s})}{4{,}58 \times 10^{-19}\text{J}}$$

$$= 4{,}34 \times 10^{-7}\ \text{m}$$

$$= 4{,}34 \times 10^{-7}\ \text{m} \times \left(\frac{1 \times 10^9\ \text{nm}}{1\ \text{m}}\right) = 434\ \text{nm}$$

EXERCICE

Quelle est la longueur d'onde (en nanomètres) d'un photon émis durant une transition entre $n_i = 6$ et $n_f = 4$ dans un atome d'hydrogène?

7.4 LA NATURE DUALISTE DE L'ÉLECTRON

La théorie de Bohr laissa les physiciens perplexes: pourquoi l'énergie de l'électron d'hydrogène est-elle quantifiée? En d'autres termes, pourquoi l'électron du modèle de Bohr est-il confiné à des orbites situées à des distances fixes du noyau? Pendant une décennie, personne, pas même Bohr, ne trouva d'explication logique. C'est en 1924 que le physicien français Louis de Broglie trouva la solution du casse-tête. Son raisonnement était le suivant: si les ondes lumineuses peuvent se comporter comme un faisceau de particules (photons), peut-être que des particules comme les électrons peuvent alors avoir des propriétés ondulatoires. Selon de Broglie, un électron lié à un noyau se comporte comme une *onde stationnaire*. Une onde stationnaire, c'est, par exemple, une onde que l'on obtient en pinçant une corde de guitare (*figure 7.10*). Cette onde est dite stationnaire parce qu'elle ne voyage pas sur la corde. Certains points de la corde, appelés ***nœuds,*** ne bougent pas du tout: *l'amplitude de l'onde à ces points est de zéro.* Il y a un nœud à chaque extrémité de la corde, mais il peut y en avoir d'autres entre ces deux points. Plus la fréquence de vibration est élevée, plus l'onde stationnaire est courte et plus il y a de nœuds. Comme le montre la figure 7.10, les mouvements d'une corde ne permettent que certaines longueurs d'onde.

Louis de Broglie (1892-1977)

De Broglie proposa ceci: si un électron se comporte comme une onde stationnaire dans l'atome d'hydrogène, la longueur de l'onde doit correspondre parfaitement à la circonférence de l'orbite (*figure 7.11*); sinon, l'onde s'annulerait partiellement durant le parcours d'orbites successives, pour finalement réduire son amplitude à zéro. L'onde n'existerait pas.

La relation entre la circonférence d'une orbite permise ($2\pi r$) et la longueur d'onde (λ) de l'électron est donnée par

$$2\pi r = \mathrm{n}\lambda \qquad (7.6)$$

où r est le rayon de l'orbite, λ la longueur d'onde de l'électron et $\mathrm{n} = 1, 2, 3, \ldots$ Puisque n est un nombre entier, r ne peut prendre que certaines valeurs: une première quand $\mathrm{n} = 1$, puis une autre quand $\mathrm{n} = 2$, une autre encore quand $\mathrm{n} = 3$, et ainsi de suite. De plus, vu que l'énergie de l'électron dépend de la taille de l'orbite (ou de la valeur de r), sa valeur doit être quantifiée.

Le raisonnement de de Broglie mena à la conclusion que les ondes pouvaient se comporter comme des particules et que les particules pouvaient avoir des propriétés ondulatoires. De Broglie en déduisit que cette dualité onde-particule est exprimée par l'équation

$$\lambda = \frac{h}{m\mathrm{v}} \qquad (7.7)$$

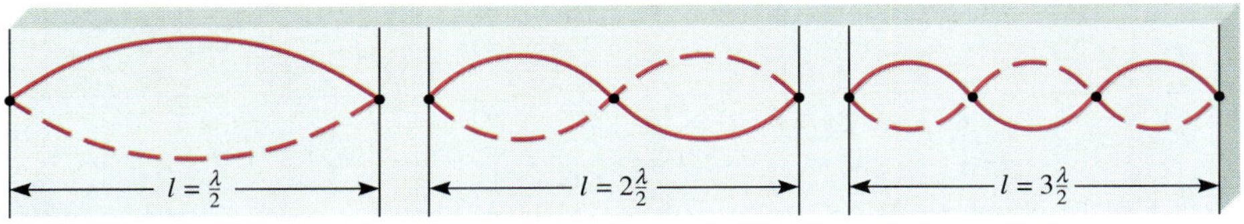

FIGURE 7.10

Ondes stationnaires générées par le pincement d'une corde de guitare. Chaque point représente un nœud. La longueur de la corde l doit être égale à un multiple entier de la moitié de la longueur d'onde (λ/2).

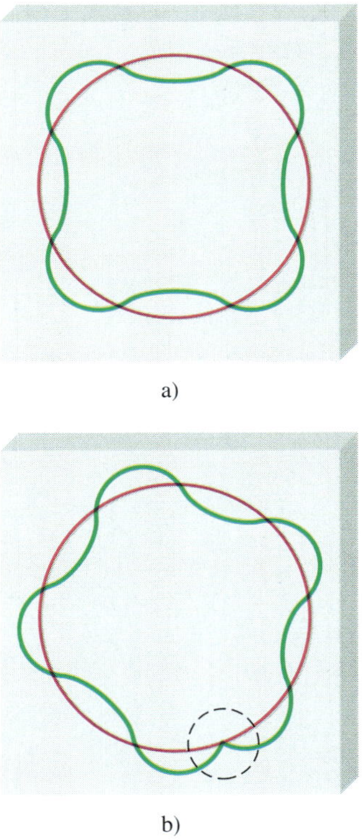

FIGURE 7.11

a) La circonférence de l'orbite est égale à un nombre entier de longueurs d'onde. C'est une orbite permise. b) La circonférence de l'orbite n'est pas égale à un nombre entier de longueurs d'onde. L'onde électronique ne s'y emboîte pas sur elle-même. Cette orbite n'est pas permise.

où λ, m et v sont respectivement la longueur de l'onde associée à une particule en mouvement (ou onde de de Broglie), la masse de cette particule, et sa vitesse. L'équation (7.7) implique qu'une particule en mouvement peut être considérée comme une onde et qu'une onde peut avoir les propriétés d'une particule.

EXEMPLE 7.4

Le calcul de la longueur d'onde d'une particule en mouvement

Calculez la longueur d'onde de la «particule» dans les deux cas suivants: a) Au tennis, une balle de service peut atteindre 62 m/s. Calculez la longueur d'onde associée à une balle de tennis de $6{,}0 \times 10^{-2}$ kg qui voyage à cette vitesse. b) Calculez la longueur d'onde d'un électron voyageant à 62 m/s.

Réponse: a) Selon l'équation (7.7), nous écrivons

$$\lambda = \frac{h}{mv} = \frac{6{,}63 \times 10^{-34}\ \text{J}\cdot\text{s}}{6{,}0 \times 10^{-2}\ \text{kg} \times 62\ \text{m/s}}$$

Comme 1 J = 1 kg m^2/s^2 (*section 5.6*),

$$\lambda = 1{,}8 \times 10^{-34}\ \text{m}$$

Il s'agit d'une longueur d'onde extrêmement petite; en comparaison, la taille d'un atome est de l'ordre de 1×10^{-10} m. C'est pourquoi les propriétés ondulatoires d'une telle balle ne peuvent être détectées par aucun appareil existant.

b) Dans ce cas:

$$\lambda = \frac{h}{mv} = \frac{6{,}63 \times 10^{-34}\ \text{J}\cdot\text{s}}{9{,}1095 \times 10^{-31}\ \text{kg} \times 62\ \text{m/s}}$$

où $9{,}1095 \times 10^{-31}$ kg est la masse d'un électron. En suivant la même méthode qu'en a), on obtient $\lambda = 1{,}2 \times 10^{-5}$ *m*, ou $1{,}2 \times 10^{4}$ nm, ce qui se situe dans la région infrarouge.

EXERCICE

Calculez la longueur d'onde (en nanomètres) d'un atome H (masse = $1{,}674 \times 10^{-27}$ kg) se déplaçant à $7{,}00 \times 10^{2}$ cm/s.

L'exemple 7.4 démontre que, même si l'équation de de Broglie s'applique à différents systèmes, les propriétés ondulatoires deviennent observables seulement lorsqu'il s'agit de particules submicroscopiques. Cela s'explique par la petitesse de la constante de Planck, h, qui se trouve au numérateur dans l'équation (7.7).

Peu après que de Broglie eut proposé cette équation, Clinton Davisson et Lester Germer, aux États-Unis, et G. P. Thomson, en Angleterre, démontrèrent que les électrons avaient effectivement des propriétés ondulatoires. En faisant passer un faisceau d'électrons à travers une mince feuille d'or, Thomson obtint un ensemble d'anneaux concentriques sur un écran (patron de diffraction), semblable au résultat obtenu avec les rayons X (qui sont des ondes). La figure 7.12 montre le résultat obtenu avec une feuille d'aluminium.

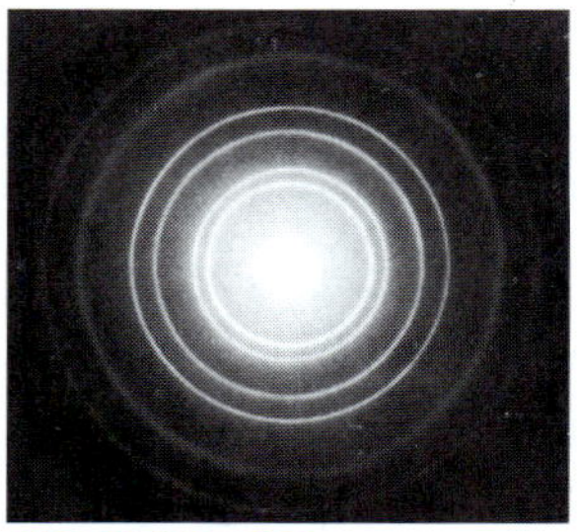

FIGURE 7.12

Patron de diffraction créé par le passage d'un faisceau d'électrons à travers une mince feuille d'aluminium. Ce patron est semblable à celui obtenu avec les rayons X, qui sont des ondes.

7.5 LA MÉCANIQUE QUANTIQUE

Le succès spectaculaire de la théorie de Bohr fut bientôt suivi d'une série de déceptions. Le modèle ne pouvait pas s'appliquer aux spectres d'émission des atomes qui contiennent plus de un électron, comme les atomes d'hélium et de lithium. Il ne pouvait pas non plus expliquer pourquoi des raies supplémentaires apparaissent quand le spectre d'émission de l'hydrogène est soumis à un champ magnétique. La découverte des propriétés ondulatoires de l'électron posa un autre problème: comment localiser une onde? On ne peut en déterminer la position précise parce qu'une onde se déplace dans l'espace.

La double nature de l'électron représentait un problème à cause de la masse extrêmement faible de cette particule. Pour décrire le problème que représente la détermination de la position d'une particule subatomique qui se comporte comme une onde, Werner Heisenberg formula ce qui est maintenant connu sous le nom de ***principe d'incertitude de Heisenberg:*** *il est impossible de connaître simultanément et avec certitude le moment (la masse × la vitesse) et la position d'une particule.* En d'autres termes, déterminer avec une très grande précision le moment d'une particule ne peut se faire sans une perte de précision quant à la position de cette particule, et vice versa: plus on connaît avec précision la position d'une particule, moins on connaît avec précision sa quantité de mouvement. En appliquant ce principe à l'atome d'hydrogène, on voit qu'il est impossible de connaître simultanément la position précise et le moment (quantité de mouvement) précis de l'électron. Il faut donc renoncer à concevoir l'électron comme une particule qui tourne autour du noyau sur des orbites bien définies.

Werner Heisenberg (1901-1976)

On ne peut pas nier que la contribution de Bohr à notre compréhension de l'atome a été importante, et sa théorie sur la quantification de l'énergie de l'électron n'a jamais été mise en doute. Cependant, sa théorie n'a pas fourni une description complète du comportement de l'électron dans l'atome; ce qu'il manquait, c'était une équation générale qui décrive le comportement et l'énergie des particules subatomiques, une équation analogue à la loi de Newton sur le mouvement des objets au niveau macroscopique. En 1926, le physicien autrichien Erwin Schrödinger, grâce à une approche mathématique complexe, formula l'équation recherchée. La solution de l'*équation de Schrödinger* demande des connaissances avancées en calculs intégral et différentiel, nous ne nous y attarderons donc pas. Ce qu'il nous importe de savoir, c'est que cette équation rend compte à la fois du comportement particulaire — pour ce qui est de la masse — et du comportement ondulatoire — de la *fonction d'onde,* — qui dépend de la localisation spatiale du système (comme un électron dans un atome). La fonction d'onde elle-même n'a pas de signification physique réelle, mais elle permet aux scientifiques de calculer la probabilité de trouver un électron à l'intérieur d'un certain volume.

Erwin Schrödinger 1887-1961

L'équation de Schrödinger amena une nouvelle ère en physique et en chimie, car elle créa un nouveau domaine, la *mécanique quantique* (qu'on appelle aussi *mécanique ondulatoire*). Maintenant, quand on fait référence à la théorie des quanta élaborée entre 1913 (l'année où Bohr présenta son modèle de l'atome d'hydrogène) et 1926, on parle d'«ancienne théorie des quanta».

7.6 LA MÉCANIQUE QUANTIQUE APPLIQUÉE À L'ATOME D'HYDROGÈNE

La résolution de l'équation de Schrödinger permet de déterminer, pour l'atome d'hydrogène, les niveaux d'énergie que peut occuper l'électron, et de connaître les fonctions d'onde correspondantes. Ces niveaux d'énergie et ces fonctions d'onde sont identifiés par un ensemble de nombres quantiques (dont nous parlerons à la prochaine section). Ces valeurs permettent d'établir un modèle plausible de l'atome d'hydrogène.

Même si la mécanique quantique spécifie que l'on ne peut pas localiser précisément un électron dans un atome, elle permet néanmoins de déterminer la probabilité de le trouver dans un volume donné à un certain moment. On appelle ***densité électronique*** la *densité de probabilité de présence d'un électron par unité de volume.* Cette densité varie selon la distance au noyau, et sa distribution autour du noyau est égale au carré de la fonction d'onde. Plus une région est dite à densité élevée plus la probabilité que s'y trouve l'électron est grande.

On peut visualiser cette variation de la densité électronique autour du noyau par des points plus ou moins rapprochés les uns des autres selon la densité calculée à un endroit donné, ce qui génère un nuage électronique de densité variable autour du noyau (*figure 7.13*). N.B: Ce nuage de points équivaut au total à un seul électron.

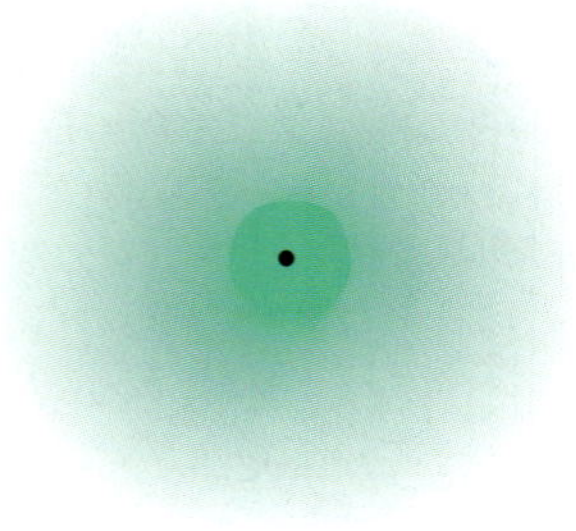

FIGURE 7.13

Nuage électronique: représentation de la distribution de la densité électronique autour du noyau de l'atome d'hydrogène. La probabilité de trouver l'électron près du noyau est élevée et dans ce cas-ci elle est égale à une même distance du noyau.

Pour indiquer que l'on décrit un atome selon la mécanique quantique et non selon le modèle de Bohr, on parle d'***orbitale atomique,*** plutôt que d'orbite. On peut imaginer une orbitale atomique comme la *fonction d'onde d'un électron dans un atome.* Quand on dit qu'un électron est dans une certaine orbitale, on veut dire que la distribution de la densité électronique (c'est-à-dire la probabilité de trouver un électron dans un volume donné) est indiquée par le carré de la fonction d'onde associée à cette orbitale. Une orbitale atomique a donc son énergie propre et sa propre distribution de densité électronique.

L'équation de Schrödinger vaut pour l'atome d'hydrogène, qui ne contient que un proton et un électron, mais elle ne peut pas être résolue exactement pour des atomes contenant plus de un électron! Les chimistes et les physiciens ont cependant réussi à contourner cet obstacle en recourant à des approximations. Par exemple, bien que le comportement des électrons dans les ***atomes polyélectroniques*** (*qui contiennent plus d'un électron*) ne soit pas le même que celui de l'électron de l'hydrogène, on croit qu'il s'en rapproche beaucoup. Ainsi, on peut considérer que les énergies et les fonctions d'ondes obtenues à partir de l'étude de l'atome d'hydrogène sont de bonnes approximations du comportement des électrons dans les atomes plus complexes. En fait, ce concept fournit une assez bonne description du comportement des électrons dans les atomes polyélectroniques.

7.7 LES NOMBRES QUANTIQUES

En mécanique quantique, il faut trois ***nombres quantiques*** pour *décrire la distribution des électrons dans un atome.* Ces nombres, qui viennent de la résolution de l'équation de Schrödinger pour l'atome d'hydrogène, sont le nombre quantique principal, le nombre quantique secondaire (ou azimuthal) et le nombre quantique magnétique; ils servent à décrire les orbitales atomiques et à désigner les électrons qui s'y trouvent. Il existe un quatrième nombre quantique, le nombre quantique de rotation propre (ou de spin), qui décrit le comportement d'un électron donné et complète la description des électrons d'un atome.

LE NOMBRE QUANTIQUE PRINCIPAL (n)

Le nombre quantique principal (n) ne peut prendre que des valeurs entières 1, 2, 3, etc.; c'est celui que l'on retrouve dans l'équation (7.4). Dans un atome d'hydrogène, la valeur de n détermine l'énergie d'une orbitale. Comme nous le verrons bientôt, tel n'est pas le cas pour un atome polyélectronique. Le nombre quantique principal détermine également la distance moyenne entre un électron situé dans une orbitale donnée et le noyau, donc le «rayon atomique». Plus la valeur de n est élevée, plus la distance moyenne d'un électron par rapport au noyau est grande et plus le volume de l'orbitale est important (et moins celle-ci est stable).

LE NOMBRE QUANTIQUE SECONDAIRE OU AZIMUTHAL (l)

Le nombre quantique secondaire ou azimuthal (l) indique la géométrie de la région de l'espace où évolue un électron (ou «forme» de l'orbitale). Les valeurs possibles de l dépendent de la valeur du nombre quantique principal (n). Pour une valeur donnée de n, l peut avoir une valeur entière allant de 0 à (n − 1). Si n = 1, l ne peut avoir qu'une valeur possible, qui est l = n − 1 = 1 − 1 = 0. Si n = 2, l peut avoir deux valeurs possibles, 0 et 1. Si n = 3, l peut avoir trois valeurs, à savoir 0, 1 et 2. La valeur de l est généralement désignée par les lettres *s, p, d,*..., selon le tableau suivant:

l	0	1	2	3	4	5
nom de l'orbitale	*s*	*p*	*d*	*f*	*g*	*h*

Ainsi, si l = 0, on a une orbitale *s;* si l = 1, on a une orbitale *p*, et ainsi de suite.

Un ensemble d'orbitales ayant la même valeur de n est fréquemment appelé *couche.* Une ou plusieurs orbitales ayant les mêmes valeurs de n et de l sont appelés *sous-couches.* Par exemple, la couche où n = 2 est composée de deux sous-couches où l = 0 et 1 (les valeurs possibles quand n = 2). On appelle ces sous-couches les sous-couches 2*s* et 2*p*, où 2 est la valeur de n, et où *s* et *p* indiquent les valeurs de l.

LE NOMBRE QUANTIQUE MAGNÉTIQUE (m)

Le nombre quantique magnétique (m) décrit l'orientation de l'orbitale dans l'espace (nous en reparlerons à la section 7.8). Dans une sous-couche, la valeur de m dépend de la valeur du nombre quantique secondaire (l). Pour une certaine valeur de l, il y a $(2l + 1)$ valeurs entières de m, soit

$$-l, (-l + 1) \ldots 0, \ldots (+l - 1), +l$$

Si $l = 0$, m $= 0$. Si $l = 1$, il y a $[(2 \times 1) + 1]$, ou 3, valeurs de m, soit -1, 0 et 1. Si $l = 2$, il y a $[(2 \times 2) + 1]$, ou 5, valeurs de m, soit -2, -1, 0, 1 et 2. Le nombre de valeurs que peut avoir m indique le nombre d'orbitales contenues dans une sous-couche de valeur l donnée.

Pour résumer ce que l'on vient de voir sur ces trois nombres quantiques, prenons comme exemple une situation où n $= 2$ et $l = 1$. Les valeurs de n et de l indiquent que l'on a une sous-couche $2p$ et que, dans cette sous-couche, il y a *trois* orbitales $2p$ (parce que m a trois valeurs possibles: -1, 0 et 1).

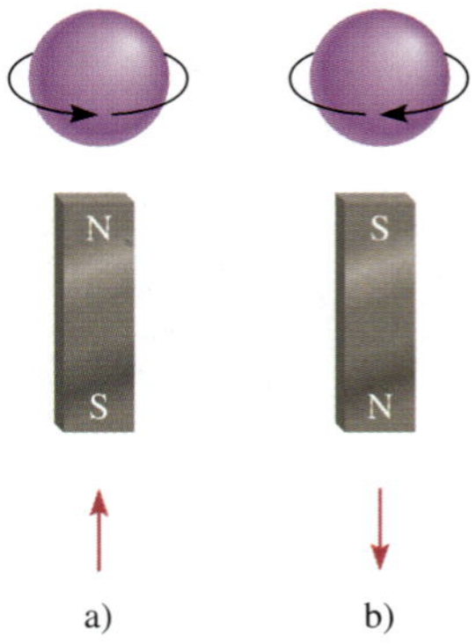

FIGURE 7.14

Les spins d'un électron a) dans le sens contraire des aiguilles d'une montre et b) dans le sens des aiguilles d'une montre. Les champs magnétiques générés par ces deux rotations sont semblables à ceux des deux aimants. Les flèches, vers le haut et le bas, indiquent la direction des spins.

LE NOMBRE QUANTIQUE DE ROTATION PROPRE OU DE SPIN (s)

L'observation des spectres d'émission des atomes d'hydrogène et de sodium en présence d'un champ magnétique externe ont montré que les raies spectrales peuvent se diviser en sous-raies. La seule explication que peuvent apporter les physiciens est la suivante: les électrons agissent comme de minuscules aimants. Si l'on imagine les électrons tournant sur eux-mêmes, comme la Terre, on peut expliquer leurs propriétés magnétiques. Selon la théorie électromagnétique, une charge qui tourne génère un champ magnétique, et c'est ce mouvement qui explique le comportement magnétique de l'électron. La figure 7.14 illustre les deux spins possibles d'un électron: soit dans le sens des aiguilles d'une montre, soit dans le sens contraire des aiguilles d'une montre. On représente ce mouvement par un quatrième nombre quantique, le *nombre quantique de rotation propre ou de spin* (s), qui décrit la direction du spin de l'électron. La valeur de s est soit $+\frac{1}{2}$, soit $-\frac{1}{2}$.

7.8 LES ORBITALES ATOMIQUES

Le tableau 7.2 montre la relation entre les nombres quantiques et les orbitales atomiques. On y voit que, si $l = 0$, $(2l + 1) = 1$, et alors m n'a qu'une seule valeur; on a une orbitale *s*. Quand $l = 1$, $(2l + 1) = 3$, et m peut donc avoir trois valeurs; il y a trois orbitales *p*, soit p_x, p_y et p_z. Quand $l = 2$, $(2l + 1) = 5$, donc m peut avoir cinq valeurs, et les cinq orbitales *d* correspondantes sont désignées par des indices plus complexes. Cette section traite des orbitales *s*, *p* et *d* séparément.

LES ORBITALES *s*

Quand on étudie les propriétés des orbitales atomiques, on se demande quelle forme elles ont. À proprement parler, une orbitale n'a pas une forme bien définie, car la fonction d'onde qui caractérise une orbitale s'étend du noyau à

TABLEAU 7.2
Relation entre les nombres quantiques et les orbitales atomiques

n	l	m	Nombre d'orbitales	Désignation de l'orbitale
1	0	0	1	$1s$
2	0	0	1	$2s$
	1	−1,0,1	3	$2p_x, 2p_y, 2p_z$
3	0	0	1	$3s$
	1	−1,0,1	3	$3p_x, 3p_y, 3p_z$
	2	−2,−1,0,1,2	5	$3d_{xy}$, $3d_{yz}$, $3d_{xz}$ $3d_{x^2-y^2}$, $3d_{z^2}$
⋮	⋮	⋮	⋮	⋮

l'infini. Il est donc difficile de décrire une orbitale. Par contre, il est bien commode d'imaginer les orbitales selon des formes spécifiques, particulièrement quand on parle de la formation de liaisons chimiques entre des atomes, comme nous le verrons aux chapitres 9 et 10.

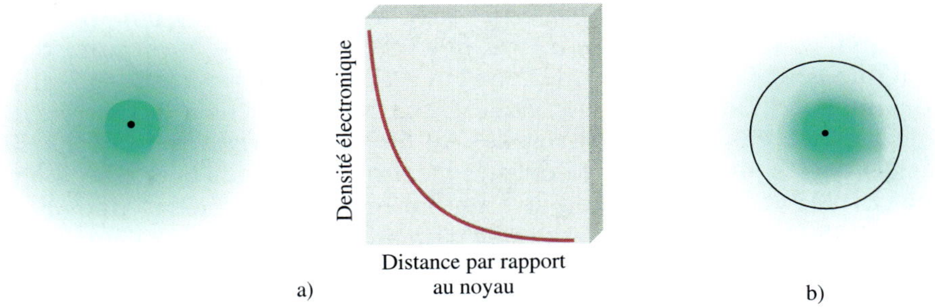

FIGURE 7.15
a) Variation de la densité électronique dans l'orbitale 1s d'un atome d'hydrogène en fonction de la distance par rapport au noyau. La densité électronique chute rapidement à mesure que cette distance augmente. b) Surface de contour de l'orbitale 1s de l'hydrogène.

Même si, en principe, on peut trouver un électron n'importe où, on sait que, la plupart du temps, il se trouve assez près du noyau. La figure 7.15 a) montre la variation de la densité électronique, en fonction de la distance qui sépare l'électron du noyau dans l'orbitale $1s$ d'un atome d'hydrogène. On peut voir que cette densité décroît rapidement à mesure que la distance augmente. En gros, il y a une probabilité de 90 % de trouver l'électron dans une sphère de rayon 100 pm (1 pm $= 1 \times 10^{-12}$ m) autour du noyau. Ainsi, on peut représenter l'orbitale s en traçant une ***surface de contour*** *(surface d'isodensité) délimitant une frontière qui englobe environ 90 % de la densité électronique totale pour une orbitale donnée* [(*figure 7.15 b*)]. Une orbitale 1s ainsi représentée a la forme d'une sphère.

La figure 7.16 montre les surfaces de contour des orbitales $1s$, $2s$ et $3s$ de l'atome d'hydrogène. Toutes les orbitales s sont sphériques, mais elles sont de tailles différentes; leur taille augmente avec le nombre quantique principal. Mis à part la perte de précision dans la variation de la densité électronique à l'intérieur de chaque surface de contour, ce modèle ne comporte pas d'inconvénients majeurs. Pour nous, les caractéristiques les plus importantes des orbitales sont leurs formes et leurs tailles *relatives*, ce que les surfaces de contour représentent adéquatement.

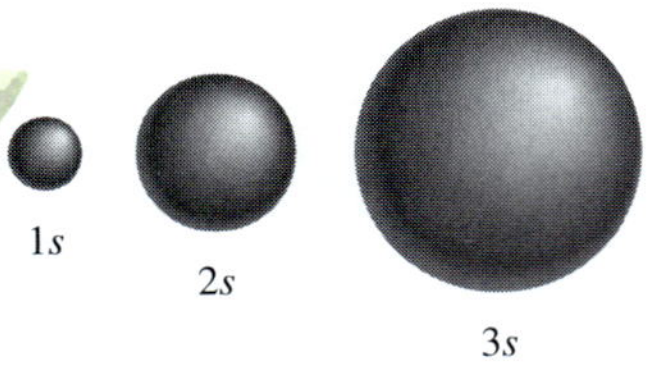

FIGURE 7.16
Surfaces de contour des orbitales 1s, 2s et 3s de l'hydrogène. Chaque surface sphérique délimite un volume dans lequel il y a environ 90 % de probabilité de trouver l'électron. Toutes les orbitales s sont sphériques. En gros, la taille d'une orbitale est proportionnelle à n^2, où n est le nombre quantique principal.

LES ORBITALES *p*

Il est entendu que les orbitales *p* n'existent que si le nombre quantique principal est égal ou supérieur à 2. En effet si n = 1, le nombre quantique secondaire doit être zéro; il n'y a alors que une orbitale 1*s*. Comme nous l'avons vu plus tôt, quand $l = 1$, le nombre quantique magnétique (m) peut avoir les valeurs −1, 0 et 1. Si $n = 2$ et $l = 1$, il y a alors trois orbitales 2*p*: $2p_x$, $2p_y$ et $2p_z$ (*figure 7.17*). La lettre en indice indique l'axe dans lequel chaque orbitale est orientée. Ces trois orbitales *p* sont identiques en taille, en forme et en énergie; seule leur orientation diffère. Fait à noter: il n'y a pas de correspondance directe entre une valeur particulière de m et une direction donnée *x*, *y* ou *z*. Pour vos besoins, vous n'avez qu'à retenir que, m pouvant avoir trois valeurs, il existe trois orbitales *p*, dont les orientations sont différentes.

À la figure 7.17, les surfaces de contour montrent que l'on peut concevoir chaque orbitale *p* comme deux lobes, le noyau étant au centre de chaque orbitale. Comme les orbitales *s*, les orbitales *p* augmentent en taille en passant de 2*p* à 3*p* à 4*p*, etc.

LES ORBITALES *d* ET LES AUTRES ORBITALES À ÉNERGIE PLUS ÉLEVÉE

Quand $l = 2$, m peut avoir cinq valeurs, qui correspondent aux cinq orbitales *d*. Pour qu'il y ait une orbitale *d*, n doit avoir une valeur minimum de 3. Puisque l ne peut jamais être supérieur à n −1, quand n = 3 et $l = 2$, il y a cinq orbitales 3*d* ($3d_{xy}$, $3d_{yz}$, $3d_{xz}$, $3d_{x^2-y^2}$ et $3d_{z^2}$), illustrées à la figure 7.18. Comme c'est le cas pour les orbitales *p*, les différentes orientations des orbitales *d* correspondent aux différentes valeurs de m; mais là encore il n'y a aucune correspondance directe entre une orientation donnée et une valeur particulière de m. Toutes les orbitales 3*d* d'un atome ont la même énergie. Les orbitales *d* pour lesquelles la valeur de n est supérieure à 3 (4*d*, 5*d*,…) ont des formes similaires.

Comme nous l'avons vu à la section 7.7, au-delà des orbitales *d*, il y a les orbitales *f*, *g*, *h*, … Les orbitales *f* jouent un rôle important dans le comportement des éléments dont le numéro atomique est supérieur à 57, même si leurs formes sont difficiles à représenter. Toutefois, nous ne nous intéresserons pas aux orbitales dont les valeurs de l sont supérieures à 3 (les orbitales *g* et audelà).

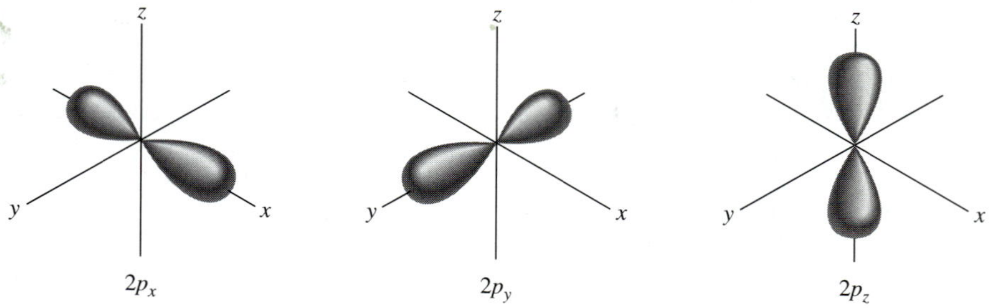

FIGURE 7.17

Surfaces de contour des trois orbitales 2p. Mis à part leurs orientations différentes, ces orbitales sont identiques pour ce qui est de la forme et de l'énergie. Les orbitales p dont le nombre quantique principal est supérieur ont des formes similaires.

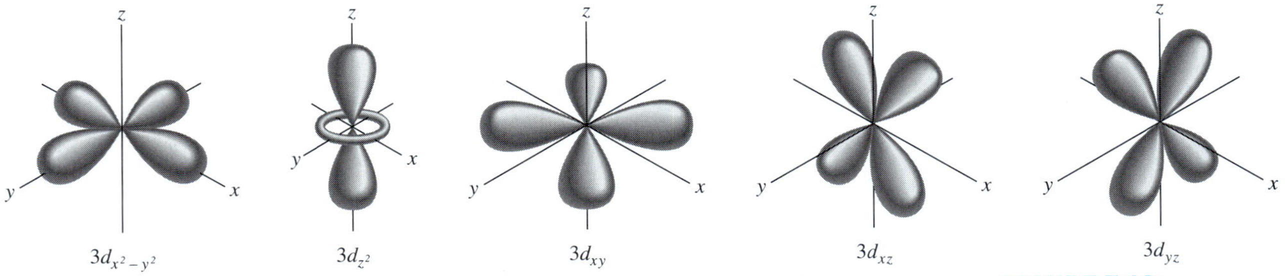

FIGURE 7.18

Surfaces de contour des cinq orbitales 3d. Bien que l'orbitale $3d_{z^2}$ possède une forme différente, elle est équivalente aux quatre autres orbitales sous tous les autres aspects. Les orbitales d dont le nombre quantique principal est supérieur ont des formes similaires.

EXEMPLE 7.5

La désignation d'une orbitale atomique

Donnez les valeurs de n, de *l* et de m des orbitales de la sous-couche 4*d*.

Réponse: Le nombre utilisé pour désigner la sous-couche est le nombre quantique principal, donc n = 4. Vu que nous avons affaire à des orbitales *d*, *l* = 2. Les valeurs de m peuvent varier de −*l* à *l*. Ainsi, m peut avoir les valeurs −2, −1, 0, 1 et 2 (qui correspondent aux cinq orbitales *d*).

EXERCICE

Donnez les valeurs des nombres quantiques associés aux orbitales de la sous-couche 3*p*.

EXEMPLE 7.6

Le calcul du nombre d'orbitales associées à un nombre quantique principal

Quel est le nombre total d'orbitales associées au nombre quantique principal n = 3?

Réponse: Pour n = 3, les valeurs possibles de *l* sont 0, 1 et 2. Ainsi, il y a une orbitale 3*s* (n = 3, *l* = 0 et m = 0); il y a trois orbitales 3*p* (n = 3, *l* = 1 et m = −1, 0, 1); il y a cinq orbitales 3*d* (n = 3, *l* = 2 et m = −2, −1, 0, 1, 2). Donc le nombre total d'orbitales est 1 + 3 + 5 = 9.

EXERCICE

Quel est le nombre total d'orbitales associées au nombre quantique principal n = 4?

L'ÉNERGIE DES ORBITALES

Maintenant que nous connaissons un peu mieux les formes et les dimensions des orbitales, nous sommes prêts à étudier leurs énergies relatives et à voir comment ces niveaux d'énergie permettent de déterminer l'arrangement réel des électrons dans un atome.

Selon l'équation (7.4), l'énergie de l'électron dans l'atome d'hydrogène est déterminée uniquement par son nombre quantique principal. Ainsi les

FIGURE 7.19

Niveaux d'énergie des orbitales dans l'atome d'hydrogène. Chaque petit trait horizontal représente une orbitale. Les orbitales qui ont le même nombre quantique principal (n) possèdent toutes la même énergie.

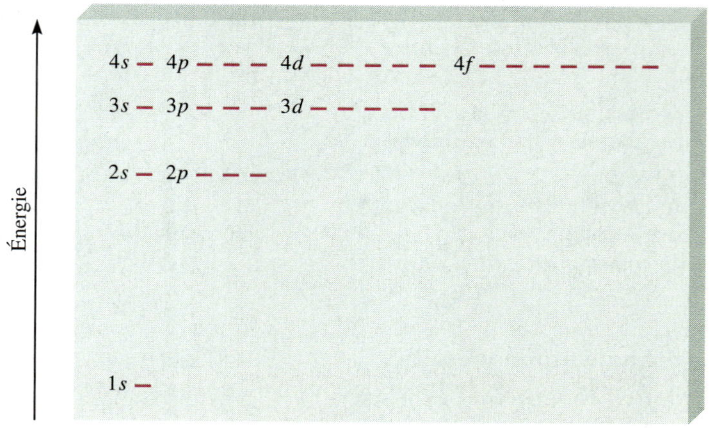

FIGURE 7.20

Niveaux d'énergie des orbitales dans un atome polyélectronique. Notez que les niveaux d'énergie dépendent à la fois des valeurs de n et de celles de l.

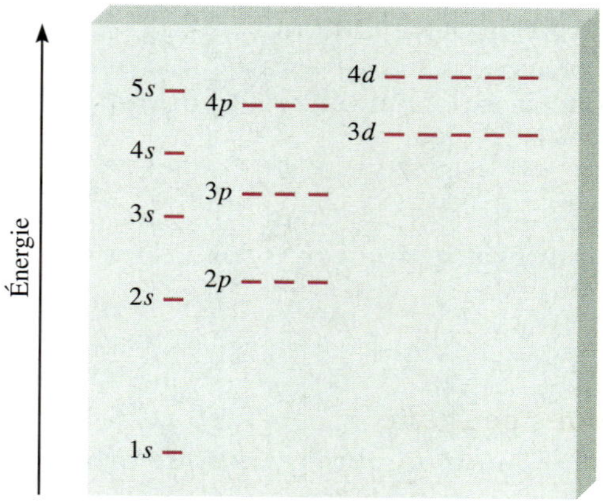

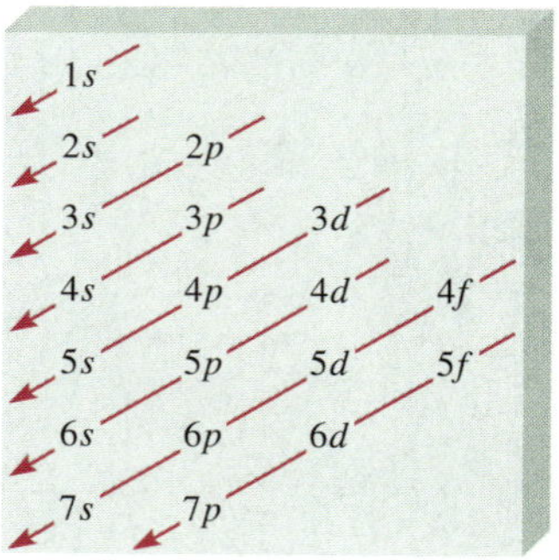

FIGURE 7.21

Règle de Klechkowski: ordre de remplissage des sous-couches dans un atome polyélectronique. Commencez par l'orbitale 1s et descendez en suivant la direction des flèches. L'ordre est donc le suivant: 1s ⟶ 2s⟶2p⟶3s⟶3p ⟶ 4s⟶3d⟶ …

énergies des orbitales de l'hydrogène augmentent de la manière suivante (*figure 7.19*):

$$1s < 2s = 2p < 3s = 3p = 3d < 4s = 4p = 4f < \ldots$$

Bien que la distribution de la densité électronique soit différente dans les orbitales 2*s* et 2*p*, l'énergie de l'électron de l'hydrogène est la même, que celui-ci se trouve dans l'une ou l'autre orbitale. L'orbitale 1*s* correspond, dans un atome d'hydrogène, à la condition la plus stable de l'élément, et est appelée état fondamental; un électron situé dans cette orbitale est plus fortement retenu par le noyau. Dans un atome d'hydrogène, un électron qui se trouve dans une orbitale 2*s*, 2*p* ou dans une orbitale supérieure est dit excité.

La configuration énergétique est plus complexe pour ce qui est des atomes polyélectroniques. L'énergie d'un électron d'un tel atome dépend de son nombre quantique secondaire aussi bien que de son nombre quantique principal (*figure 7.20*). Dans les atomes polyélectroniques, le niveau d'énergie 3*d* est très près du niveau 4*s*. Cependant, l'énergie totale d'un atome dépend non seulement de la somme des énergies orbitales, mais aussi de l'énergie de répulsion entre les électrons qui se trouvent dans ces orbitales. Il s'avère que l'énergie totale d'un atome est plus basse quand la sous-couche 4*s* est remplie avant la sous-couche 3*d*. L'ordre de remplissage des orbitales pour un atome polyélectronique est donné par la règle de Klechkowski (*figure 7.21*). Dans la section suivante, nous en verrons des exemples.

7.9 LA CONFIGURATION ÉLECTRONIQUE

Les quatre nombres quantiques n, *l*, m et s permettent de décrire de façon complète l'état d'un électron dans une orbitale de n'importe quel atome. Par exemple, les quatre nombres quantiques associés à un électron dans une orbitale 2*s* sont n = 2, *l* = 0, m = 0 et s = $+\frac{1}{2}$ ou $-\frac{1}{2}$. Cette façon de noter les nombres quantiques est peu commode: c'est pourquoi on utilise une notation simplifiée: (n, *l*, m, s). Dans l'exemple cité plus haut, les nombres quantiques sont $(2, 0, 0, +\frac{1}{2})$ ou $(2, 0, 0, -\frac{1}{2})$. La valeur de s n'influence ni l'énergie, ni la taille, ni la forme, ni l'orientation d'une orbitale, mais elle joue un rôle important dans l'arrangement des électrons qu'elle contient.

EXEMPLE 7.7
L'attribution de nombres quantiques à un électron

Donnez les différents ensembles de nombres quantiques pouvant caractériser un électron situé dans une orbitale 3*p*.

Réponse: Premièrement, nous savons que le nombre quantique principal n est 3 et que le nombre quantique secondaire *l* doit être 1 (car il s'agit d'une orbitale *p*). Quand *l* = 1, m peut avoir trois valeurs, soit −1, 0, 1. Puisque le nombre quantique de spin s peut être soit $+\frac{1}{2}$, soit $-\frac{1}{2}$, il y a donc six façons possibles d'identifier l'électron:

$$(3, 1, -1, +\tfrac{1}{2}) \qquad (3, 1, -1, -\tfrac{1}{2})$$
$$(3, 1, 0, +\tfrac{1}{2}) \qquad (3, 1, 0, -\tfrac{1}{2})$$
$$(3, 1, 1, +\tfrac{1}{2}) \qquad (3, 1, 1, -\tfrac{1}{2})$$

EXERCICE

Donnez les différents ensembles de nombres quantiques qui caractérisent un électron situé dans une orbitale 5*p*.

L'atome d'hydrogène représente un système particulièrement simple parce qu'il ne contient que un électron. Cet électron peut se trouver dans l'orbitale 1*s* (état fondamental) ou dans une orbitale supérieure (état excité). La situation est différente dans les atomes polyélectroniques. Pour comprendre le comportement des électrons contenus dans un tel atome, il faut connaître la ***configuration électronique*** de l'atome. Cette configuration indique *comment les électrons sont distribués dans les différentes orbitales atomiques.* Pour expliquer les règles de base qui gouvernent l'écriture des configurations électroniques de *niveau fondamental,* nous utiliserons les 10 premiers éléments du tableau périodique (de l'hydrogène au néon). À la section 7.10, nous verrons comment appliquer ces règles aux autres éléments du tableau périodique. Souvenez-vous que le nombre d'électrons contenus dans un atome est égal à son numéro atomique (Z).

La figure 7.19 indique que l'électron de l'atome d'hydrogène dans son état fondamental doit se trouver dans l'orbitale 1*s;* sa configuration électronique est donc $1s^1$:

indique le nombre d'électrons dans l'orbitale ou la sous-couche ↙

$$1s^1$$

↗ indique le nombre quantique principal n

↖ indique le nombre quantique secondaire *l*

On peut également représenter la configuration électronique à l'aide de *cases quantiques* où est indiqué le spin de l'électron (*figure 7.14*):

H [↑]

où la flèche vers le haut indique l'une des deux rotations possibles de l'électron. (On aurait pu aussi bien représenter l'électron par une flèche vers le bas.) La case représente une orbitale atomique.

Le principe d'exclusion de Pauli

Wolfgang Pauli (1900-1958)

L'atome d'hydrogène représente un cas simple, car il ne possède que un électron. Cependant, que faire dans le cas d'un atome qui contient plus de un électron? Il faut alors se rapporter au ***principe d'exclusion de Pauli.*** Ce principe veut que *deux électrons dans un atome ne puissent être représentés par le même ensemble de nombres quantiques*. Si deux électrons dans un même atome ont les mêmes valeurs de n, de l et de m (c'est-à-dire qu'ils sont dans la même orbitale), les valeurs de s doivent alors être différentes. En d'autres termes, il ne peut pas y avoir plus de deux électrons dans une même orbitale atomique, et ces deux électrons doivent avoir des nombres de spin opposés. Voyons l'atome d'hélium, qui possède deux électrons; les trois manières possibles de représenter deux électrons dans une orbitale 1*s* sont les suivantes:

He	[↑↑]	[↓↓]	[↑↓]
	$1s^2$	$1s^2$	$1s^2$
	a)	b)	c)

Cependant, le principe d'exclusion de Pauli interdit les représentations a) et b). En effet, en a), les deux électrons, représentés par les flèches pointant vers le haut, auraient les mêmes nombres quantiques ($1, 0, 0, +\frac{1}{2}$); en b), les deux électrons, représentés par les flèches pointant vers le bas, auraient aussi les mêmes nombres quantiques ($1, 0, 0, -\frac{1}{2}$). Seule la configuration c) est physiquement acceptable, car les électrons sont caractérisés par des ensembles de nombres quantiques différents: d'une part (1, 0, 0, $+\frac{1}{2}$) et d'autre part (1, 0, 0, $-\frac{1}{2}$). La configuration de l'atome d'hélium est donc la suivante:

He [↑↓]
$1s^2$

Notez que $1s^2$ se lit «un *s* deux», non pas «un *s* au carré».

LE DIAMAGNÉTISME ET LE PARAMAGNÉTISME

Le principe d'exclusion de Pauli est l'un des principes fondamentaux de la mécanique quantique. On peut le démontrer à l'aide d'une simple observation. Si les deux électrons contenus dans l'orbitale 1*s* d'un atome d'hélium avaient des spins identiques (ou parallèles)(↑↑ ou ↓↓), leurs champs magnétiques propres se renforceraient mutuellement. Un tel arrangement rendrait l'atome d'hélium ***paramagnétique*** [*figure 7.22 a)*]. On appelle substances paramagnétiques celles qui, *soumises au champ magnétique d'un aimant, sont attirées dans ce champ*. Par contre, si les spins des électrons sont opposés l'un par rapport à l'autre (↑↓ ou ↓↑), l'effet magnétique s'annule et l'atome est ***diamagnétique*** [*figure 7.22 b)*]. Sont dites substances diamagnétiques celles qui, *soumises au champ magnétique d'un aimant, sont repoussées hors de ce champ*. Or, par expérience, on sait que l'atome d'hélium est diamagnétique dans son état fondamental, comme le prévoit le principe d'exclusion de Pauli.

Il existe une règle utile à garder en mémoire: tout atome contenant un nombre impair d'électrons *doit être* paramagnétique, car, pour que l'effet magnétique s'annule, il faut un nombre pair d'électrons. Par contre, les atomes qui contiennent un nombre pair d'électrons peuvent être soit diamagnétiques soit paramagnétiques. Nous verrons bientôt pourquoi.

Prenons comme autre exemple l'atome de lithium, qui possède trois électrons. Le troisième électron ne peut être dans l'orbitale 1*s*, car il aurait inévitablement le même ensemble de nombres quantiques que l'un des deux électrons déjà présents. C'est pourquoi il est dans l'orbitale d'énergie supérieure suivante, qui est l'orbitale 2*s* (*figure 7.20*). La configuration électronique du lithium est donc $1s^22s^1$, et ses cases quantiques sont les suivantes:

Li [↑↓] [↑]
$1s^2$ $2s^1$

L'atome de lithium contient un électron célibataire (c'est-à-dire qui ne forme pas de paire avec un autre électron); il est donc paramagnétique.

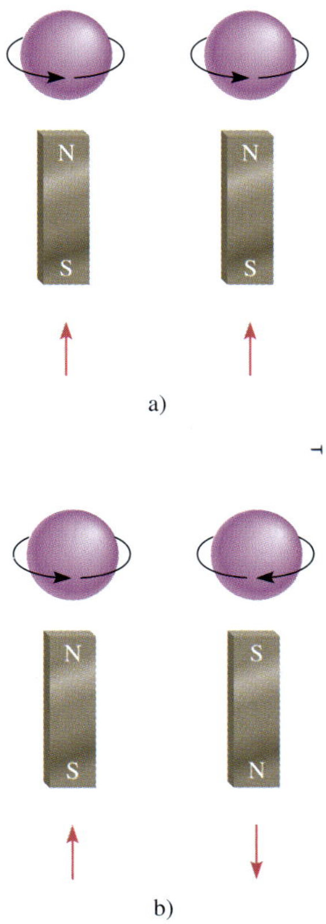

FIGURE 7.22

Les spins a) parallèles et b) antiparallèles de deux électrons. En a), les champs magnétiques des électrons se renforcent mutuellement; l'atome est paramagnétique. En b), les champs magnétiques des deux électrons s'annulent mutuellement; l'atome est diamagnétique.

L'EFFET D'ÉCRAN DANS LES ATOMES POLYÉLECTRONIQUES

Mais pourquoi l'orbitale 2*s* est-elle inférieure, sur le plan énergétique, à l'orbitale 2*p*? En comparant les configurations électroniques $1s^22s^1$ et $1s^22p^1$, on voit que, dans les deux cas, l'orbitale 1*s* contient deux électrons. Puisque les orbitales 2*s* et 2*p* ont un volume plus important que l'orbitale 1*s*, un électron se trouvant dans l'une d'elles passera (en moyenne) plus de temps loin du noyau qu'un électron se trouvant dans l'orbitale 1*s*. On peut ainsi dire que les électrons 1*s* formeront un «écran» partiel à la force attractive qu'exerce le noyau sur l'électron 2*s* ou 2*p*. Ce phénomène a pour conséquence que l'attraction électrostatique entre les protons du noyau et l'électron de l'orbitale 2*s* ou 2*p* est réduite.

La manière dont la densité électronique varie en fonction de la distance qui sépare l'électron du noyau est différente dans les orbitales 2*s* et 2*p*: la densité électronique de l'orbitale 2*s*, près du noyau, est supérieure à celle de l'orbitale 2*p*. En d'autres termes, un électron 2*s* passe plus de temps près du noyau qu'un électron 2*p* (en moyenne). C'est pourquoi on dit que l'orbitale 2*s* est plus «pénétrante» que l'orbitale 2*p* et, par conséquent, qu'elle subit moins l'effet d'écran des électrons 1*s*. En fait, pour un même nombre quantique principal (n), le «pouvoir pénétrant» décroît à mesure que le nombre quantique secondaire (*l*) augmente, ou

$$s > p > d > f > \ldots$$

Puisque la stabilité d'un électron est déterminée par la force d'attraction du noyau, il s'ensuit que l'énergie d'un électron 2*s* sera inférieure à celle d'un électron 2*p*. En d'autres termes, il faut moins d'énergie pour extraire un électron 2*p* qu'un électron 2*s* parce qu'un électron 2*p* n'est pas retenu aussi fortement par le noyau. Pour l'atome d'hydrogène avec son seul électron, ce phénomène d'effet écran n'existe pas.

Continuons l'exposé sur les atomes des 10 premiers éléments. La configuration électronique de l'atome de béryllium ($Z = 4$) est $1s^22s^2$, ou

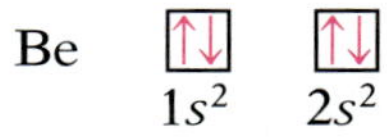

D'après cette configuration on doit donc conclure que les atomes de béryllium sont diamagnétiques.

La configuration électronique du bore ($Z = 5$) est $1s^22s^22p^1$, ou

Notez que l'électron célibataire peut se trouver dans l'orbitale $2p_x$, $2p_y$ ou $2p_z$. Le choix est complètement arbitraire, car les trois orbitales *p* ont une énergie équivalente. Comme on peut le voir, les atomes de bore sont paramagnétiques.

La règle de Hund

La configuration électronique du carbone ($Z = 6$) est $1s^22s^22p^2$. Les diagrammes suivants représentent trois manières différentes de distribuer deux électrons dans trois orbitales *p*:

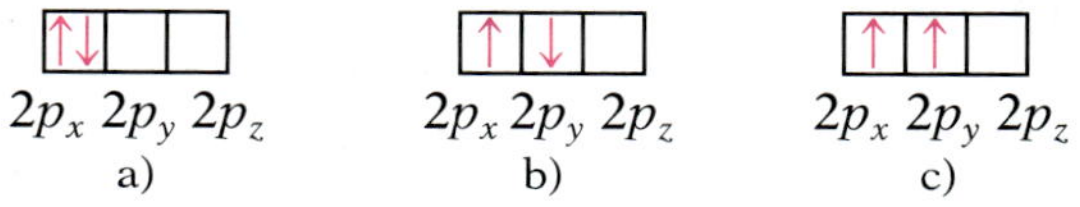

Aucun de ces trois arrangements ne viole le principe d'exclusion de Pauli; il faut donc déterminer lequel est le plus stable. La solution est fournie par la ***règle de Hund,*** qui dit que l'*arrangement électronique le plus stable d'une sous-couche est celui qui présente le plus grand nombre de spins parallèles.* Seul l'arrangement illustré en c) remplit cette condition. En a) et en b), les deux spins s'annulent. Ainsi, la configuration électronique du carbone est $1s^22s^22p^2$, et ses cases quantiques sont

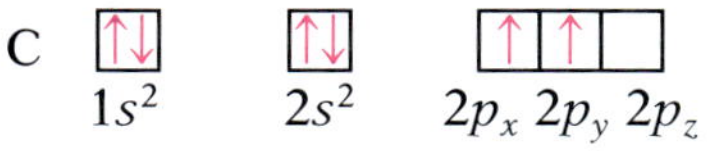

On peut expliquer qualitativement pourquoi on choisit c) plutôt que a); en a), les deux électrons occupent la même orbitale ($2p_x$), et leur proximité occasionne une répulsion mutuelle plus grande que s'ils occupaient deux orbitales différentes, disons $2p_x$ et $2p_y$. Choisir c) plutôt que b) est moins évident, mais cela se justifie par des fondements théoriques.

Les mesures des propriétés magnétiques fournissent la preuve la plus directe étayant le concept de configurations électroniques spécifiques des éléments. La précision des nouveaux instruments apparus au cours des vingt dernières années a permis de déterminer non seulement le caractère paramagnétique d'un atome, mais également le nombre d'électrons célibataires qu'il contient. Le fait que les atomes de carbone soient paramagnétiques, chacun contenant deux électrons célibataires, est en accord avec la règle de Hund.

Voyons maintenant la configuration électronique de l'azote ($Z = 7$): $1s^22s^22p^3$, ou

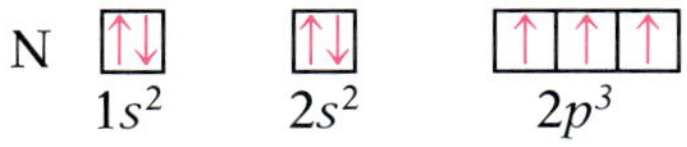

La règle de Hund veut que les trois électrons $2p$ aient des spins parallèles entre eux; l'atome d'azote est donc paramagnétique, car il contient trois électrons célibataires.

La configuration électronique de l'oxygène ($Z = 8$) est $1s^22s^22p^4$. Un atome d'oxygène est paramagnétique parce qu'il contient deux électrons célibataires:

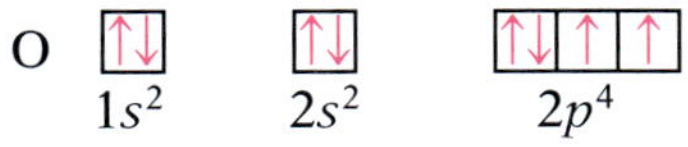

La configuration électronique du fluor ($Z = 9$) est $1s^22s^22p^5$. Ses neuf électrons sont distribués de la manière suivante:

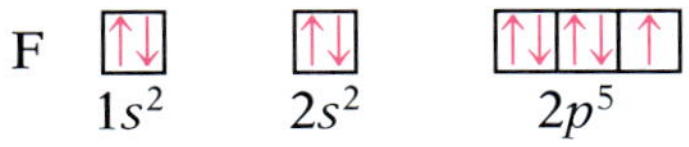

L'atome de fluor est paramagnétique, car il contient un électron célibataire.

Dans l'atome de néon ($Z = 10$), les orbitales $2p$ sont toutes remplies. La configuration électronique du néon est $1s^22s^22p^6$, et *tous* les électrons y sont couplés:

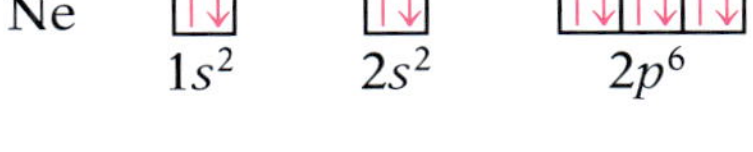

L'atome de néon doit donc être diamagnétique, et c'est ce que l'on observe.

LES RÈGLES GÉNÉRALES D'ATTRIBUTION DES ÉLECTRONS AUX ORBITALES ATOMIQUES

En se fondant sur les exemples précédents, on peut formuler quelques règles générales servant à établir le nombre maximum d'électrons pouvant être assignés aux différentes sous-couches et orbitales pour une valeur donnée de n:

- Chaque couche ou niveau principal de nombre quantique n contient un nombre n de sous-couches. Par exemple, si n = 2, il y a deux sous-couches, dont les nombres quantiques secondaires sont 0 et 1 (deux valeurs de l).
- Chaque sous-couche de nombre quantique l contient $2l + 1$ orbitales. Par exemple, si $l = 1$, il y a trois orbitales *p*.
- Il ne peut y avoir plus de deux électrons dans une même orbitale. Ainsi, le nombre maximum d'électrons est le double du nombre d'orbitales en jeu.

EXEMPLE 7.8

Le calcul du nombre d'électrons d'un niveau principal

Quel est le nombre maximum d'électrons pouvant se trouver au niveau principal de valeur n = 3?

Réponse: Quand n = 3, l = 0, 1 et 2. Le nombre d'orbitales pour chaque valeur de l est donné par

Valeur de l	Nombre d'orbitales ($2l + 1$)
0	1
1	3
2	5

Le nombre total d'orbitales est 9. Puisque chacune d'elle peut contenir 2 électrons, le nombre maximum d'électrons pouvant se trouver dans ces orbitales est 2 × 9, ou 18. Notez que l'on peut généraliser ce résultat à l'aide de la formule $2n^2$. Ici, n = 3, donc $2(3^2) = 18$.

EXERCICE

Calculez le nombre total d'électrons pouvant se trouver au niveau principal de valeur n = 4.

Maintenant, résumons ce que nous avons vu sur les configurations électroniques à l'état fondamental et sur les propriétés des électrons dans un atome:

- Deux électrons dans un même atome ne peuvent avoir le même ensemble de quatre nombres quantiques (principe d'exclusion de Pauli).
- Chaque orbitale peut contenir un maximum de deux électrons. Ceux-ci doivent avoir des spins opposés, ou des nombres quantiques de spin différents.
- L'arrangement le plus stable des électrons dans une sous-couche est celui qui a le plus de spins parallèles (règle de Hund).
- Les atomes qui contiennent un ou plusieurs électrons célibataires sont dits paramagnétiques; ceux dont tous les électrons sont couplés sont diamagnétiques.
- Dans un atome d'hydrogène, l'énergie de l'électron dépend seulement de son nombre quantique principal (n). Dans un atome polyélectronique, l'énergie d'un électron dépend à la fois de n et de son nombre quantique secondaire (l).
- Dans un atome polyélectronique, les sous-couches sont remplies dans l'ordre indiqué à la figure 7.21.
- Le «pouvoir pénétrant», ou la proximité du noyau, des électrons dont le nombre quantique principal est le même décroît dans l'ordre suivant: $s > p > d > f$. Cela signifie qu'il faut plus d'énergie pour arracher, par exemple, un électron 3*s* d'un atome polyélectronique qu'il n'en faut pour arracher un électron 3*p*.

7.10 LE PRINCIPE DE CONSTRUCTION (OU DE L'AUFBAU)

Maintenant, nous appliquerons au reste des éléments les règles d'écriture des configurations électroniques que nous avons appliquées jusqu'ici aux premiers éléments. Pour ce faire, il faut se baser sur le principe de l'Aufbau (un mot allemand qui signifie «construction par empilement»). Le ***principe de l'Aufbau*** veut que, *comme des protons qui s'ajoutent un à un au noyau pour former des éléments successifs, les électrons s'ajoutent un à un aux orbitales atomiques.* À partir de ce principe, on obtient des connaissances détaillées sur les configurations électroniques des éléments à l'état fondamental. Comme nous le verrons plus loin, la connaissance des configurations électroniques permet de comprendre et de prédire les propriétés des éléments; elle permet également de très bien expliquer le tableau périodique.

Le tableau 7.3 donne les configurations électroniques à l'état fondamental de tous les éléments connus, de H ($Z = 1$) à Mt ($Z = 109$). Les configurations électroniques de tous les éléments, sauf celles de l'hydrogène et de l'hélium, sont représentées de manière abrégée par une ***carcasse de gaz inerte,*** *en plaçant entre crochets le gaz rare qui précède de plus près l'élément en*

TABLEAU 7.3

La configuration électronique des éléments* dans leur état fondamental

Numéro atomique	Symbole	Configuration électronique	Numéro atomique	Symbole	Configuration électronique	Numéro atomique	Symbole	Configuration électronique
1	H	$1s^1$	37	Rb	$[Kr]5s^1$	73	Ta	$[Xe]6s^24f^{14}5d^3$
2	He	$1s^2$	38	Sr	$[Kr]5s^2$	74	W	$[Xe]6s^24f^{14}5d^4$
3	Li	$[He]2s^1$	39	Y	$[Kr]5s^24d^1$	75	Re	$[Xe]6s^24f^{14}5d^5$
4	Be	$[He]2s^2$	40	Zr	$[Kr]5s^24d^2$	76	Os	$[Xe]6s^24f^{14}5d^6$
5	B	$[He]2s^22p^1$	41	Nb	$[Kr]5s^14d^4$	77	Ir	$[Xe]6s^24f^{14}5d^7$
6	C	$[He]2s^22p^2$	42	Mo	$[Kr]5s^14d^5$	78	Pt	$[Xe]6s^14f^{14}5d^9$
7	N	$[He]2s^22p^3$	43	Tc	$[Kr]5s^24d^5$	79	Au	$[Xe]6s^14f^{14}5d^{10}$
8	O	$[He]2s^22p^4$	44	Ru	$[Kr]5s^14d^7$	80	Hg	$[Xe]6s^24f^{14}5d^{10}$
9	F	$[He]2s^22p^5$	45	Rh	$[Kr]5s^14d^8$	81	Tl	$[Xe]6s^24f^{14}5d^{10}6p^1$
10	Ne	$[He]2s^22p^6$	46	Pd	$[Kr]4d^{10}$	82	Pb	$[Xe]6s^24f^{14}5d^{10}6p^2$
11	Na	$[Ne]3s^1$	47	Ag	$[Kr]5s^14d^{10}$	83	Bi	$[Xe]6s^24f^{14}5d^{10}6p^3$
12	Mg	$[Ne]3s^2$	48	Cd	$[Kr]5s^24d^{10}$	84	Po	$[Xe]6s^24f^{14}5d^{10}6p^4$
13	Al	$[Ne]3s^23p^1$	49	In	$[Kr]5s^24d^{10}5p^1$	85	At	$[Xe]6s^24f^{14}5d^{10}6p^5$
14	Si	$[Ne]3s^23p^2$	50	Sn	$[Kr]5s^24d^{10}5p^2$	86	Rn	$[Xe]6s^24f^{14}5d^{10}6p^6$
15	P	$[Ne]3s^23p^3$	51	Sb	$[Kr]5s^24d^{10}5p^3$	87	Fr	$[Rn]7s^1$
16	S	$[Ne]3s^23p^4$	52	Te	$[Kr]5s^24d^{10}5p^4$	88	Ra	$[Rn]7s^2$
17	Cl	$[Ne]3s^23p^5$	53	I	$[Kr]5s^24d^{10}5p^5$	89	Ac	$[Rn]7s^26d^1$
18	Ar	$[Ne]3s^23p^6$	54	Xe	$[Kr]5s^24d^{10}5p^6$	90	Th	$[Rn]7s^26d^2$
19	K	$[Ar]4s^1$	55	Cs	$[Xe]6s^1$	91	Pa	$[Rn]7s^25f^26d^1$
20	Ca	$[Ar]4s^2$	56	Ba	$[Xe]6s^2$	92	U	$[Rn]7s^25f^36d^1$
21	Sc	$[Ar]4s^23d^1$	57	La	$[Xe]6s^25d^1$	93	Np	$[Rn]7s^25f^46d^1$
22	Ti	$[Ar]4s^23d^2$	58	Ce	$[Xe]6s^24f^15d^1$	94	Pu	$[Rn]7s^25f^6$
23	V	$[Ar]4s^23d^3$	59	Pr	$[Xe]6s^24f^3$	95	Am	$[Rn]7s^25f^7$
24	Cr	$[Ar]4s^13d^5$	60	Nd	$[Xe]6s^24f^4$	96	Cm	$[Rn]7s^25f^76d^1$
25	Mn	$[Ar]4s^23d^5$	61	Pm	$[Xe]6s^24f^5$	97	Bk	$[Rn]7s^25f^9$
26	Fe	$[Ar]4s^23d^6$	62	Sm	$[Xe]6s^24f^6$	98	Cf	$[Rn]7s^25f^{10}$
27	Co	$[Ar]4s^23d^7$	63	Eu	$[Xe]6s^24f^7$	99	Es	$[Rn]7s^25f^{11}$
28	Ni	$[Ar]4s^23d^8$	64	Gd	$[Xe]6s^24f^75d^1$	100	Fm	$[Rn]7s^25f^{12}$
29	Cu	$[Ar]4s^13d^{10}$	65	Tb	$[Xe]6s^24f^9$	101	Md	$[Rn]7s^25f^{13}$
30	Zn	$[Ar]4s^23d^{10}$	66	Dy	$[Xe]6s^24f^{10}$	102	No	$[Rn]7s^25f^{14}$
31	Ga	$[Ar]4s^23d^{10}4p^1$	67	Ho	$[Xe]6s^24f^{11}$	103	Lr	$[Rn]7s^25f^{14}6d^1$
32	Ge	$[Ar]4s^23d^{10}4p^2$	68	Er	$[Xe]6s^24f^{12}$	104	Rf	$[Rn]7s^25f^{14}6d^2$
33	As	$[Ar]4s^23d^{10}4p^3$	69	Tm	$[Xe]6s^24f^{13}$	105	Db	$[Rn]7s^25f^{14}6d^3$
34	Se	$[Ar]4s^23d^{10}4p^4$	70	Yb	$[Xe]6s^24f^{14}$	106	Sg	$[Rn]7s^25f^{14}6d^4$
35	Br	$[Ar]4s^23d^{10}4p^5$	71	Lu	$[Xe]6s^24f^{14}5d^1$	107	Bh	$[Rn]7s^25f^{14}6d^5$
36	Kr	$[Ar]4s^23d^{10}4p^6$	72	Hf	$[Xe]6s^24f^{14}5d^2$	108	Hs	$[Rn]7s^25f^{14}6d^6$
						109	Mt	$[Rn]7s^25f^{14}6d^7$

* Le symbole [He] représente la carcasse d'hélium et remplace la désignation $1s^2$; [Ne] carcasse de néon remplace $1s^22s^22p^6$; [Ar] carcasse d'Argon remplace $[Ne]3s^23p^6$; [Kr] carcasse de Krypton remplace $[Ar]4s^23d^{10}4p^6$. [Xe] carcasse de xénon remplace $[Kr]5s^24d^{10}5p^6$; [Rn] carcasse de radon remplace $[Xe]6s^24f^{14}5d^{10}6p^6$.

question dans le tableau périodique et en le faisant suivre de la configuration de la couche périphérique. Notez que les configurations électroniques des sous-couches périphériques des éléments allant du sodium ($Z = 11$) à l'argon ($Z = 18$) sont analogues à celles des éléments allant du lithium ($Z = 3$) au néon ($Z = 10$).

Comme nous l'avons vu à la section 7.8, la sous-couche $4s$ est remplie avant la sous-couche $3d$ dans un atome polyélectronique (*figure 7.20*). Ainsi, la configuration électronique du potassium (Z = 19) est $1s^22s^22p^63s^23p^64s^1$. Puisque $1s^22s^22p^63s^23p^6$ est la configuration électronique de l'argon, on peut simplifier celle du potassium en écrivant [Ar]$4s^1$, où [Ar] indique la carcasse d'argon. Il en est de même pour la configuration électronique du calcium (Z = 20), soit [Ar]$4s^2$. Les données expérimentales justifient le fait que l'on place l'électron périphérique du potassium dans l'orbitale 4*s* (plutôt que dans l'orbitale 3*d*); de plus, la chimie du potassium est très semblable à celles du lithium et du sodium, les deux premiers métaux alcalins. Or, l'électron périphérique du lithium et celui du sodium sont dans une orbitale *s* (il n'y a aucune ambiguïté quant à l'attribution de cette configuration électronique); c'est pourquoi on s'attend à ce que le dernier électron du potassium se trouve dans l'orbitale 4*s* plutôt que dans l'orbitale 3*d*.

Les éléments allant du scandium (Z = 21) au cuivre (Z = 29) s'appellent métaux de transition. Les ***métaux de transition*** *présentent des sous-couches d incomplètes ou forment facilement des cations dont les sous-couches d sont incomplètes.* Dans l'ensemble des éléments allant du scandium au cuivre, la première série de métaux de transition, les électrons additionnels se placent dans les orbitales 3*d*, conformément à la règle de Hund. Cependant, il y a deux exceptions: la configuration électronique du chrome (Z = 24) est [Ar]$4s^13d^5$ et non [Ar]$4s^23d^4$; celle du cuivre est [Ar]$4s^13d^{10}$ plutôt que [Ar]$4s^23d^9$. La raison de ces irrégularités est que l'orbitale $3d^5$, à demi-occupée, et l'orbitale $3d^{10}$, remplie, correspondent à une stabilité légèrement supérieure. Les électrons situés dans les mêmes sous-couches (dans ce cas, les orbitales *d*) ont une énergie égale mais une distribution spatiale différente. Par conséquent, l'effet d'écran mutuel est relativement faible, de sorte que les électrons sont plus fortement attirés par le noyau quand ils ont la configuration $3d^5$. Selon la règle de Hund, les cases quantiques de Cr sont

Cr [Ar] [↑] [↑][↑][↑][↑][↑]
$4s^1$ $3d^5$

Ainsi, Cr a un total de six électrons célibataires.

Les cases quantiques du cuivre sont

Cu [Ar] [↑] [↑↓][↑↓][↑↓][↑↓][↑↓]
$4s^1$ $3d^{10}$

Dans ce cas, le fait que les orbitales 3*d* soient remplies augmente la stabilité du système.

Pour ce qui est des éléments allant de Zn (Z = 30) à Kr (Z = 36), les sous-couches 4*s* et 4*p* se remplissent successivement. Le rubidium (Z = 37) est le premier élément comportant des électrons dans la couche n = 5.

Les configurations électroniques des métaux de la deuxième série de métaux de transition [de l'yttrium (Z = 39) à l'argent (Z = 47)] sont également irrégulières, mais nous ne nous en préoccuperons pas ici.

La sixième période du tableau périodique commence par le césium (Z = 55) et le baryum (Z = 56), dont les configurations électroniques sont respectivement [Xe]$6s^1$ et [Xe]$6s^2$. Puis vient le lanthane (Z = 57). D'après la figure 7.21, on pourrait s'attendre à ce que, une fois l'orbitale 6*s* remplie, les électrons additionnels se logent dans les orbitales 4*f*. En réalité, les orbitales 5*d* et 4*f* ont des énergies très proches l'une de l'autre; en fait, dans le cas du lanthane, 4*f* a une énergie légèrement plus élevée que 5*d*. Ainsi la configuration électronique du lanthane est $[Xe]6s^2 5d^1$ plutôt que $[Xe]6s^2 4f^1$.

Immédiatement après le lanthane suivent les 14 éléments qui forment les ***lanthanides*** ou ***série des terres rares*** [du cérium (Z = 58) au lutétium (Z = 71)]. Les lanthanides *possèdent des sous-couches 4f incomplètes ou forment facilement des cations dont les sous-couches 4f sont incomplètes.* Dans cette série, les électrons additionnels se logent dans les orbitales 4*f*. Une fois les sous-couches 4*f* complètement remplies, l'électron suivant se place dans la sous-couche 5*d* du lutétium. Notez que la configuration électronique du gadolinium (Z = 64) est $[Xe]6s^2 4f^7 5d^1$ plutôt que $[Xe]6s^2 4f^8$. Comme dans le cas du chrome, une sous-couche ($4f^7$) à demi-occupée présente plus de stabilité.

La troisième série de métaux de transition, qui comprend le lanthane et le hafnium (Z = 72) et qui va jusqu'à l'or (Z = 79), est caractérisée par le remplissage des orbitales 5*d*. Ensuite se remplissent les sous-couches 6*s* et 6*p*, ce qui mène au radon (Z = 86).

La *dernière rangée d'éléments* appartient aux ***actinides,*** une série qui commence avec le thorium (Z = 90). *La plupart de ces éléments n'existent pas dans la nature; ils ont été synthétisés.*

À l'aide de la figure 7.21, vous devriez pouvoir écrire la configuration électronique de n'importe quel élément, à quelques exceptions près. Les éléments auxquels il faut porter une attention particulière sont ceux qui font partie des métaux de transition, des lanthanides et des actinides. Comme nous l'avons vu précédemment, quand le nombre quantique principal (n) est élevé, l'ordre de remplissage des sous-couches peut s'inverser d'un élément au suivant. La figure 7.23 regroupe les éléments selon la sous-couche dans laquelle les électrons périphériques se trouvent.

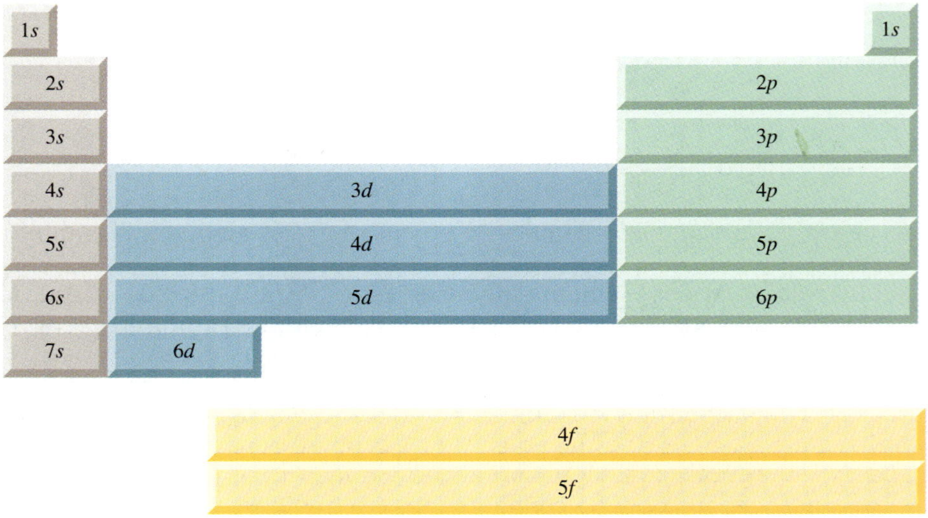

FIGURE 7.23

Classification des groupes d'éléments dans le tableau périodique selon le type de sous-couches remplies d'électrons.

EXEMPLE 7.9
L'écriture des configurations électroniques

Écrivez la configuration électronique du soufre, et celle du palladium, un atome diamagnétique.

Réponse: Soufre ($Z = 16$)

1. Le soufre possède 16 électrons.
2. Il faut 10 électrons pour remplir les première et deuxième périodes ($1s^22s^22p^6$). Il reste donc 6 électrons pour remplir totalement l'orbitale $3s$ et en partie les orbitales $3p$. Ainsi, la configuration électronique du soufre est

$$1s^22s^22p^63s^23p^4$$

ou $[\mathrm{Ne}]3s^23p^4$.

Palladium ($Z = 46$)

1. Le palladium possède 46 électrons.
2. Il faut 36 électrons pour remplir les quatre premières périodes; il reste 10 électrons à distribuer dans les orbitales $5s$ et $4d$. Les trois possibilités sont a) $4d^{10}$, b) $4d^95s^1$ et c) $4d^85s^2$. Puisque l'atome de palladium est diamagnétique, sa configuration électronique doit être

$$1s^22s^22p^63s^23p^64s^23d^{10}4p^64d^{10}$$

ou simplement $[\mathrm{Kr}]4d^{10}$. Les configurations b) et c) donnent toutes deux des atomes paramagnétiques.

EXERCICE

Écrivez la configuration électronique à l'état fondamental du phosphore (P).

RÉSUMÉ

Plusieurs découvertes importantes faites par les physiciens au début du XXe siècle ont eu une grande influence sur la conception que l'on avait alors de l'atome et des molécules, et ont révolutionné la physique. La théorie des quanta de Planck a expliqué le rayonnement des solides incandescents. On savait déjà que les rayonnements avaient des propriétés ondulatoires, et que l'on pouvait donc les caractériser à l'aide de longueurs d'onde, de fréquences et d'amplitudes. La théorie des quanta affirme que les rayonnements sont émis par les atomes et les molécules par petits paquets discontinus (quanta), plutôt qu'en valeurs continues. Ce comportement répond à la relation $E = h\nu$. L'énergie est toujours émise dans des quantités qui sont des multiples entiers de $h\nu$ ($1\,h\nu$, $2\,h\nu$, $3\,h\nu$,...).

Einstein utilisa la théorie des quanta pour expliquer l'effet photoélectrique en proposant que la lumière peut se comporter comme un flux de particules (photons).

Bohr créa un modèle de l'atome d'hydrogène dans lequel l'énergie de l'unique électron qui gravite autour du noyau est quantifiée, c'est-à-dire qu'elle ne peut avoir que certaines valeurs déterminées par des nombres entiers, les nombres quantiques principaux. Un électron à son état d'énergie le plus stable est dit à l'état fondamental, tandis qu'un électron possédant plus d'énergie que son état le plus stable est dit excité. Dans le modèle de Bohr, un électron émet un photon quand il passe d'une orbite d'énergie supérieure (un niveau excité) à une orbite d'énergie inférieure (un niveau moins excité). Ce modèle explique l'énergie spécifique représentée par les raies dans le spectre d'émission de l'hydrogène.

Posant l'équation $\lambda = \frac{h}{mv}$, de Broglie étendit le concept suivant lequel la lumière possède des propriétés à la fois particulaires et ondulatoires à toute matière en mouvement.

L'équation de Schrödinger décrit le mouvement et l'énergie des particules submicroscopiques d'après la théorie des quanta. Elle détermine les états d'énergie possibles de l'électron dans un atome d'hydrogène et la probabilité qu'il se trouve en un point donné à une certaine distance du noyau. Ces calculs peuvent aussi s'appliquer avec une précision acceptable aux atomes polyélectroniques.

Une orbitale atomique est une fonction qui définit la distribution de la densité électronique dans l'espace. Les orbitales sont représentées par des nuages de densité électronique ou des surfaces de contour frontières. Il faut quatre nombres quantiques pour caractériser complètement chaque électron d'un atome: le nombre quantique principal (n), qui indique le niveau d'énergie principal, ou couche, de l'orbitale; le nombre quantique secondaire (l), qui indique la forme de l'orbitale; le nombre quantique magnétique (m), qui indique l'orientation de l'orbitale dans l'espace; et le nombre quantique de spin (s), qui indique seulement le sens de rotation de l'électron sur son axe.

L'unique orbitale *s* à chaque niveau d'énergie est sphérique, et son centre est le noyau. Les trois orbitales *p* possèdent chacune deux lobes et sont situées à angle droit les unes par rapport aux autres. Il y a cinq orbitales *d*, dont la forme et l'orientation sont plus compliquées.

L'énergie de l'électron dans un atome d'hydrogène est déterminée seulement par son nombre quantique principal. Toutefois, dans un atome polyélectronique, l'énergie d'un électron est déterminée à la fois par le nombre quantique principal et par le nombre quantique secondaire. Deux électrons d'un même atome ne peuvent être caractérisés par le même ensemble de nombres quantiques (principe d'exclusion de Pauli). L'arrangement le plus stable des électrons dans une sous-couche est celui qui a le plus grand nombre de spins parallèles (règle de Hund). Un atome qui possède un ou plusieurs spins célibataires est dit paramagnétique. Un atome dont tous les spins sont couplés est dit diamagnétique.

Grâce au principe de l'Aufbau (construction par empilement), on peut déterminer les configurations électroniques à l'état fondamental de tous les éléments selon leur nombre atomique et leur position dans le tableau périodique.

MOTS CLÉS

Actinides, p. 226
Amplitude, p. 197
Atome polyélectronique, p. 210
Carcasse de gaz inerte, p. 223
Configuration électronique, p. 217
Densité électronique, p. 210
Diamagnétique, p. 219
Fréquence (ν), p. 197
Lanthanides, p. 226
Longueur d'onde (λ), p. 196
Métal de transition, p. 225
Niveau (ou état) excité, p. 204
Niveau (ou état) fondamental, p. 204
Nœud, p. 207
Nombre quantique, p. 211
Onde, p. 196
Orbitale atomique, p. 210
Paramagnétique, p. 219
Photon, p. 200
Principe de l'Aufbau, p. 223
Principe d'exclusion de Pauli, p. 218
Principe d'incertitude de Heisenberg, p. 209
Quantum, p. 199
Rayonnement électromagnétique, p. 197
Règle de Hund, p. 221
Série des terres rares, p. 226
Surface de contour, p. 213
Spectre d'émission, p. 202
Spectre discontinu (spectre de raies), p. 202

QUESTIONS ET PROBLÈMES

LE RAYONNEMENT ÉLECTROMAGNÉTIQUE ET LA THÉORIE DES QUANTA

Questions de révision

7.1 Définissez les termes suivants: onde, longueur d'onde, fréquence, amplitude, rayonnement électromagnétique, quantum.

7.2 Quelles sont les unités qui expriment la longueur d'onde? la fréquence des ondes électromagnétiques? Quelle est la vitesse de la lumière en mètres par seconde et en kilomètres par heure?

7.3 Énumérez les types de rayonnements électromagnétiques, en commençant par ceux de longueurs d'onde les plus grandes et en terminant par ceux de longueurs d'onde plus petites.

7.4 Donnez les deux longueurs d'onde qui délimitent la région visible.

7.5 Expliquez brièvement la théorie des quanta de Planck. Quelles sont les unités utilisées pour exprimer la constante de Planck?

7.6 Donnez deux exemples de la vie courante qui illustrent le concept de quantification.

Problèmes

7.7 a) Convertissez $8,6 \times 10^{13}$ Hz en nanomètres, et b) 566 nm en hertz.

7.8 a) Quelle est la fréquence de la lumière dont la longueur d'onde est de 456 nm? b) Quelle est la longueur d'onde (en nanomètres) d'un rayonnement d'une fréquence de $2,20 \times 10^9$ Hz?

7.9 La distance moyenne entre Mars et la Terre est d'environ $2,1 \times 10^8$ kilomètres. Combien de temps prendrait une transmission télévisuelle en provenance du vaisseau spatial Viking, situé sur Mars, pour rejoindre la Terre?

7.10 Combien faut-il de temps à une onde radio pour voyager de Vénus à la Terre? (La distance moyenne entre Vénus et la Terre est de 45 millions de kilomètres.)

7.11 L'unité de base du SI pour le temps est la seconde, qui correspond à 9 192 631 770 cycles du rayonnement associé à une certaine émission de l'atome de césium. Calculez la longueur d'onde de ce rayonnement avec une précision de trois chiffres significatifs. Dans quelle région du spectre électromagnétique se trouve cette longueur d'onde?

7.12 L'unité de base du SI pour la longueur est le mètre, qui correspond à 1 650 763,73 longueurs d'onde de la lumière émise par une certaine transition d'énergie dans les atomes de krypton. Calculez la fréquence de cette lumière avec une précision de trois chiffres significatifs.

L'EFFET PHOTOÉLECTRIQUE

Questions de révision

7.13 Expliquez ce qu'on entend par «effet photoélectrique».

7.14 Qu'est-ce qu'un photon? Quel rôle l'explication d'Einstein sur l'effet photoélectrique a-t-elle joué dans le développement de l'interprétation onde-particule concernant la nature des rayonnements électromagnétiques?

Problèmes

7.15 Un photon a une longueur d'onde de 624 nm. Calculez son énergie en joules.

7.16 Le bleu du ciel est le résultat de la dispersion de la lumière par les molécules de l'air. La fréquence de la lumière bleue est d'environ $7,5 \times 10^{14}$ Hz. a) Calculez la longueur d'onde correspondant à ce rayonnement. b) Calculez l'énergie en joules d'un photon associé à cette fréquence.

7.17 La fréquence d'un photon est de $6{,}0 \times 10^4$ Hz. a) Convertissez cette fréquence en longueur d'onde (en nanomètres). Se trouve-t-elle dans la région visible? b) Calculez l'énergie (en joules) de ce photon. c) Calculez l'énergie (en joules) de 1 mole de photons, tous de cette fréquence.

7.18 Quelle est la longueur d'onde (en nanomètres) d'un rayonnement qui possède une énergie de $1{,}0 \times 10^3$ kJ/mol? Dans quelle région du spectre électromagnétique se trouve-t-il?

7.19 Quand on bombarde du cuivre avec des électrons à haute énergie, il y a émission de rayons X. Calculez l'énergie (en joules) associée aux photons émis si la longueur d'onde des rayons X est de 0,154 nm.

7.20 Un rayonnement électromagnétique a une fréquence de $8{,}11 \times 10^{14}$ Hz. a) Quelle est sa longueur d'onde en nanomètres? en mètres? b) Dans quelle région du spectre électromagnétique le situeriez-vous? c) Quelle est l'énergie (en joules) de un quantum de ce rayonnement?

LE MODÈLE DE L'ATOME DE BOHR

Questions de révision

7.21 Qu'est-ce qu'un spectre d'émission? Qu'est-ce qu'un spectre de raies?

7.22 Qu'est-ce qu'un niveau d'énergie? Quelle est la différence entre un niveau fondamental et un niveau excité.

7.23 Décrivez brièvement la théorie élaborée par Bohr sur l'atome d'hydrogène et comment elle justifie les spectres de raies observés. En quoi la théorie de Bohr se distingue-t-elle de la physique classique?

7.24 Expliquez la signification du signe négatif dans l'équation (7.4).

Problèmes

7.25 Expliquez pourquoi les éléments produisent des couleurs qui leur sont propres quand ils émettent des photons.

7.26 Quand on chauffe certains composés contenant du cuivre dans une flamme, il y a émission de lumière verte. Comment détermineriez-vous si l'on peut associer à cette lumière une seule longueur d'onde ou un mélange de deux ou de plusieurs longueurs d'onde?

7.27 Est-ce qu'une substance fluorescente pourrait émettre des photons dans la région ultraviolette après avoir absorbé de la lumière visible? Justifiez votre réponse.

7.28 Expliquez comment les astronomes peuvent dire quels éléments sont présents dans les étoiles à partir de l'analyse des rayonnements électromagnétiques qu'elles émettent.

7.29 Supposons qu'un atome théorique possède les niveaux d'énergie suivants:

E_4 ——— $-1{,}0 \times 10^{-19}$ J
E_3 ——— $-5{,}0 \times 10^{-19}$ J
E_2 ——— -10×10^{-19} J
E_1 ——— -15×10^{-19} J

a) Quelle longueur d'onde un photon doit-il avoir pour faire une transition électronique de E_1 à E_4? b) Quelle est la valeur (en joules) du quantum d'énergie d'un photon nécessaire pour la transition de E_2 à E_3? c) Pour la transition électronique de E_3 à E_1, l'atome émet un photon. Calculez la longueur d'onde de ce photon.

7.30 La première raie de la série de Balmer apparaît à une longueur d'onde de 656,3 nm. Quelle est la différence entre les deux niveaux d'énergie mis en jeu pour produire cette raie d'émission?

7.31 Calculez la longueur d'onde d'un photon émis par un atome d'hydrogène quand son électron passe de l'état n = 5 à l'état n = 3.

7.32 Calculez la fréquence et la longueur d'onde du photon émis quand un électron passe du niveau n = 4 au niveau n = 2 dans un atome d'hydrogène.

7.33 Une analyse spectrale à haute résolution montre que la lumière jaune des lampes à sodium (par exemple, les lampadaires de rue) est constituée de photons de deux longueurs d'onde: 589,0 nm et 589,6 nm. Quelle est la différence d'énergie (en joules) entre ces photons?

7.34 Dans un atome d'hydrogène, un électron situé sur une orbite dont le nombre quantique principal est n_i effectue une transition jusqu'à une orbite dont le nombre quantique principal est 2; le photon émis a une longueur d'onde de 434 nm. Déterminez n_i.

LA DUALITÉ ONDE-PARTICULE

Questions de révision

7.35 Expliquez ce que l'on entend par l'affirmation suivante: la matière et les rayonnements (la lumière) ont une «double nature».

7.36 Comment l'hypothèse de de Broglie explique-t-elle le fait que l'énergie de l'électron dans un atome d'hydrogène est quantifiée?

7.37 Pourquoi l'équation (7.7) vaut-elle seulement pour les particules submicroscopiques, comme les électrons et les atomes, mais non pour des objets macroscopiques?

7.38 Est-ce qu'une balle de base-ball en vol possède des propriétés ondulatoires? Si oui, pourquoi ne peut-on pas les mesurer?

Problèmes

7.39 Les neutrons thermiques sont des neutrons qui se déplacent à des vitesses comparables à celle des molécules d'air à la température ambiante. Ces neutrons sont particulièrement efficaces pour initier une réaction nucléaire en chaîne parmi les isotopes ^{235}U. Calculez la longueur d'onde (en nanomètres) associée à un faisceau de neutrons se déplaçant à $7,00 \times 10^2$ m/s. (La masse d'un neutron est de $1,675 \times 10^{-27}$ kg.)

7.40 Dans un accélérateur de particules, les protons peuvent atteindre des vitesses proches de la vitesse de la lumière. Calculez la longueur d'onde (en nanomètres) d'un tel proton se déplaçant à $2,90 \times 10^8$ m/s. (La masse d'un proton est de $1,673 \times 10^{-27}$ kg.)

7.41 Quelle longueur d'onde de de Broglie (en centimètres) peut-on associer à un colibri pesant 12,4 g et volant à $1,93 \times 10^2$ km/h?

7.42 Quelle est la longueur d'onde de de Broglie associée à une balle de tennis de table de 2,5 g voyageant à 56 km/h?

LA MÉCANIQUE QUANTIQUE ET L'ATOME D'HYDROGÈNE

Questions de révision

7.43 Quelles sont les faiblesses de la théorie de Bohr?

7.44 Qu'est-ce que le principe d'incertitude de Heisenberg? Qu'est-ce que l'équation de Schrödinger?

7.45 Quelle est la signification physique de la fonction d'onde?

7.46 En mécanique quantique, comment se sert-on de la densité électronique pour décrire la position d'un électron dans un atome?

7.47 Définissez l'expression «orbitale atomique». Quelle est la différence entre une orbitale et une orbite?

7.48 Donnez les caractéristiques d'une orbitale *s*, d'une orbitale *p* et d'une orbitale *d*.

7.49 Dans quelle mesure une surface de contour est-elle utile pour représenter une orbitale atomique?

7.50 Décrivez les quatre nombres quantiques utilisés pour caractériser un électron dans un atome.

7.51 Quel nombre quantique définit une couche? Quel nombre quantique définit une sous-couche?

7.52 Lequel ou lesquels des quatre nombres quantiques (n, l, m, s) déterminent l'énergie d'un électron a) dans un atome d'hydrogène et b) dans un atome polyélectronique?

Problèmes

7.53 Un électron dans un atome est au niveau quantique n = 2. Déterminez les valeurs de *l* et de m qu'il peut avoir.

7.54 Un électron dans un atome est au niveau quantique n = 3. Déterminez les valeurs de *l* et de m qu'il peut avoir.

7.55 Donnez les nombres quantiques associés aux orbitales suivantes: a) 2*p*, b) 3*s*, c) 5*d*.

7.56 Donnez les nombres quantiques (n, *l*, et m) et le nombre d'orbitales pour chacune des sous-couches suivantes: a) 4*p*, b) 3*d*, c) 3*s*, d) 5*f*.

7.57 Nommez les similitudes et les différences entre une orbitale 1*s* et une orbitale 2*s*.

7.58 Quelle est la différence entre une orbitale $2p_x$ et une orbitale $2p_y$?

7.59 Nommez les sous-couches et les orbitales possibles quand le nombre quantique principal (n) est 5.

7.60 Nommez les sous-couches et les orbitales possibles quand le nombre quantique principal (n) est 6.

7.61 Calculez le nombre total d'électrons pouvant occuper: a) une orbitale *s*, b) trois orbitales *p*, c) cinq orbitales *d* et d) sept orbitales *f*.

7.62 Pour chacune des valeurs de n, de n = 1 à n = 6, calculez le nombre total d'électrons pouvant être contenus dans toutes les orbitales ayant le même nombre quantique principal (n).

7.63 Quel est le nombre maximum d'électrons pouvant se trouver dans chacune des sous-couches suivantes: 3*s*, 3*d*, 4*p*, 4*f*, 5*f*.

7.64 Indiquez le nombre total: a) d'électrons *p* dans N ($Z = 7$), b) d'électrons *s* dans Si ($Z = 14$), et c) d'électrons 3*d* dans S ($Z = 16$).

7.65 Faites un tableau comportant toutes les orbitales possibles contenues dans les quatre premiers principaux niveaux d'énergie de l'atome d'hydrogène. Indiquez le type de chacune d'elle (par exemple, *s*, *p*) et combien il y a d'orbitales de chaque type.

7.66 Pourquoi les orbitales 3*s*, 3*p* et 3*d* ont-elles la même énergie dans l'atome d'hydrogène, mais des énergies différentes dans un atome polyélectronique?

7.67 Dans chacune des paires suivantes, quelle orbitale de l'atome d'hydrogène a l'énergie la plus élevée? a) 1*s*, 2*s*; b) 2*p*, 3*p*; c) $3d_{xy}$, $3d_{yz}$; d) 3*s*, 3*d*; e) 5*s*, 4*f*.

7.68 Dans chacune des paires suivantes, quelle orbitale d'un atome polyélectronique a l'énergie la moins élevée? a) 2*s*, 2*p*; b) 3*p*, 3*d*; c) 3*s*, 4*s*; d) 4*d*, 5*f*.

LA CONFIGURATION ÉLECTRONIQUE ET LE TABLEAU PÉRIODIQUE

Questions de révision

7.69 Définissez les termes suivants: configuration électronique, principe d'exclusion de Pauli, règle de Hund.

7.70 Donnez la signification des mots «diamagnétique» et «paramagnétique». Donnez un exemple d'atome diamagnétique et un exemple d'atome paramagnétique.

7.71 Que signifie $4d^6$?

7.72 Qu'entend-on par «effet d'écran» dans un atome? En prenant l'atome Li comme exemple, décrivez l'effet d'écran sur l'énergie des électrons dans un atome.

7.73 Définissez chacun des termes suivants et, dans chaque cas, donnez un exemple: métaux de transition, lanthanides, actinides.

7.74 Expliquez pourquoi les configurations électroniques à l'état fondamental de Cr et de Cu sont différentes de ce à quoi on pourrait s'attendre.

7.75 Expliquez ce que l'on entend par «carcasse de gaz inerte». Écrivez la configuration électronique de la carcasse de Xe.

7.76 Commentez la justesse de l'affirmation suivante: la probabilité de trouver deux électrons caractérisés par les quatre mêmes nombres quantiques dans un atome est nulle.

Problèmes

7.77 Lesquels des ensembles de nombres quantiques suivants sont impossibles? Expliquez votre choix. a) $(1, 0, \frac{1}{2}, -\frac{1}{2})$, b) $(3, 0, 0, +\frac{1}{2})$, c) $(2, 2, 1, +\frac{1}{2})$, d) $(4, 3, -2, +\frac{1}{2})$, e) $(3, 2, 1, 1)$.

7.78 Les configurations électroniques à l'état fondamental suivantes sont incorrectes. Dites où sont les erreurs et corrigez-les.

Al: $1s^22s^22p^43s^23p^3$

B: $1s^22s^22p^6$

F: $1s^22s^22p^6$

7.79 Le numéro atomique d'un élément est 73. Ses atomes sont-ils diamagnétiques ou paramagnétiques?

7.80 Donnez le nombre d'électrons célibataires présents dans chacun des atomes suivants: B, Ne, P, Sc, Mn, Se, Zr, Ru, Cd, I, W, Pb, Ce, Ho.

7.81 Écrivez les configurations électroniques à l'état fondamental des éléments suivants: B, V, Ni, As, I, Au.

7.82 Écrivez les configurations électroniques à l'état fondamental des éléments suivants: Ge, Fe, Zn, Ru, W, Tl.

7.83 La configuration électronique d'un atome neutre est $1s^22s^22p^63s^2$. Donnez tous les nombres quantiques qui caractérisent chacun de ses électrons. De quel élément s'agit-il?

7.84 Laquelle des espèces suivantes possède le plus d'électrons célibataires: S^+, S ou S^-? Justifiez votre réponse.

PROBLÈMES VARIÉS

7.85 Quand on chauffe, avec un bec Bunsen, un composé contenant du césium, il y a émission de photons dont l'énergie est de $4{,}30 \times 10^{-19}$ J. De quelle couleur est la flamme?

7.86 Donnez l'opinion de la science actuelle sur la rectitude des affirmations suivantes. a) L'électron contenu dans l'atome d'hydrogène se situe sur une orbite qui ne s'approche jamais à moins de 100 pm du noyau. b) Les spectres d'absorption atomique résultent du passage d'électrons de niveaux d'énergie inférieurs à des niveaux supérieurs. c) Un atome polyélectronique se comporte un peu comme un système solaire possédant plusieurs planètes.

7.87 Dans chacun des cas établissez la différence entre les deux termes: a) longueur d'onde et fréquence, b) ondes et particules, c) quantification de l'énergie et variation continue de l'énergie.

7.88 Dans un atome, quel est le nombre maximum d'électrons pouvant être caractérisé par les nombres quantiques suivants? Associez chaque électron à une orbitale particulière. a) $n = 2, s = +\frac{1}{2}$; b) $n = 4, m = +1$; c) $n = 3, l = 2$; d) $n = 2, l = 0, s = -\frac{1}{2}$; e) $n = 4, l = 3, m = -2$.

7.89 Dites qui sont les personnes suivantes et en quoi elles ont contribué à la théorie des quanta: de Broglie, Einstein, Bohr, Planck, Heisenberg, Schrödinger.

7.90 Quelles propriétés des électrons sont utilisées dans un microscope électronique?

7.91 Dans une expérience sur l'effet photoélectrique, un étudiant utilise une source lumineuse dont la fréquence est supérieure à celle nécessaire pour éjecter des électrons d'un certain métal. Cependant, après une longue exposition continue de la même surface métallique à la lumière, l'étudiant remarque que l'énergie cinétique maximum des électrons éjectés commence à diminuer, même si la fréquence de la lumière demeure constante. Comment expliquez-vous ce phénomène?

7.92 Une balle lancée par un lanceur de base-ball peut atteindre 193 km/h. a) Calculez la longueur d'onde (en nanomètres) d'une balle de 0,141 kg voyageant à cette vitesse. b) Quelle est la longueur d'onde d'un atome d'hydrogène voyageant à cette vitesse?

7.93 En ne tenant compte que des configurations électroniques à l'état fondamental, y a-t-il plus d'éléments diamagnétiques que paramagnétiques? Expliquez.

Réponses aux exercices: **7.1** 8,24 m; **7.2** $3{,}39 \times 10^3$ nm; **7.3** $2{,}63 \times 10^3$ nm; **7.4** 56,6 nm; **7.5** $n = 3$, $l = 1$, $m = -1, 0, 1$; **7.6** 16; **7.7** $(5, 1, -1, +\frac{1}{2})$, $(5, 1, 0, +\frac{1}{2})$, $(5, 1, 1, +\frac{1}{2})$, $(5, 1, -1, -\frac{1}{2})$, $(5, 1, 0, -\frac{1}{2})$, $(5, 1, 1, -\frac{1}{2})$; **7.8** 32; **7.9** $[Ne]3s^23p^3$.

CHAPITRE 8
LE TABLEAU PÉRIODIQUE

8.1
Le développement du tableau périodique

8.2
La classification périodique des éléments
Les configurations électroniques des cations et des anions

8.3
Les variations périodiques des propriétés physiques
La charge nucléaire effective • Le rayon atomique • Le rayon ionique

8.4
L'énergie d'ionisation

8.5
L'affinité électronique

8.6
Les propriétés chimiques des éléments de chaque groupe
Les tendances générales des propriétés chimiques • Les propriétés des oxydes dans une période

En 1848, à l'âge de 14 ans, Dimitri Ivanovitch Mendeleïev fit un voyage qui allait changer sa vie. Né en Sibérie, Mendeleïev était le dernier d'une famille de 14 enfants. Ils étaient très pauvres, mais sa mère avait décidé que Dimitri Ivanovitch devait étudier à Moscou. Voyageant par ses propres moyens, après un trajet de plus de 2250 kilomètres, il se présenta à l'université de Moscou pour s'y voir refuser l'admission parce qu'il était Sibérien. Sa mère et lui se rendirent à Saint-Pétersbourg, où grâce à une bourse il put étudier pour devenir professeur. Par la suite, il enseigna la chimie minérale à l'université de Saint-Pétersbourg.

C'est Mendeleïev qui, le premier, nota qu'il existait une relation entre les masses moléculaires et les propriétés physiques de composés similaires. Il se demanda s'il existait une relation analogue entre les masses atomiques et les propriétés des éléments. En 1869, il fit un tableau en disposant les éléments en fonction de leurs masses atomiques croissantes. Ce tableau révéla une périodicité dans les propriétés des éléments. On l'appelle maintenant tableau périodique des éléments. Le tableau de Mendeleïev se révéla la clé du mystère entourant la structure atomique et les liaisons chimiques.

Dimitri Ivanovitch Mendeleïev (1834-1907)

Mendeleïev avait découvert une loi fondamentale de la nature. Il réalisa qu'il restait encore beaucoup d'éléments à découvrir et prédit même leurs propriétés grâce à son tableau. Par exemple, en 1875, le chimiste français Lecoq découvrit le gallium et établit sa masse volumique à 4,7 g/cm^3; selon Mendeleïev, cette masse volumique devait plutôt être de 5,49 g/cm^3: c'est en effet sa valeur réelle à 1 % près. La communauté scientifique fut estomaquée de voir qu'un théoricien connaissait mieux les propriétés d'un élément que le chimiste qu'il l'avait découvert!

En plus de formuler la loi périodique, Mendeleïev écrivit des manuels de chimie et de philosophie, contribua au développement de l'industrie pétrolière en Russie et participa à la normalisation des poids et des mesures. De son vivant, il fut le scientifique le plus célèbre en Russie. À sa mort, en 1907, des étudiants qui faisaient partie du cortège funèbre défilèrent en portant bien haut des tableaux périodiques géants.

Aujourd'hui, on considère le tableau périodique de Mendeleïev comme la contribution la plus importante faite à la chimie au XIXe siècle. On nomma mendélévium (Md) l'élément 101, en l'honneur du grand scientifique.

8.1 LE DÉVELOPPEMENT DU TABLEAU PÉRIODIQUE

Au XIXe siècle, à l'époque de Mendeleïev, les chimistes n'avaient qu'une vague idée des atomes et des molécules et ils ne connaissaient pas encore les particules constitutives de la matière, tels les électrons et les protons. Les premiers tableaux périodiques ont été conçus d'après les observations expérimentales de l'époque. On connaissait les masses atomiques de plusieurs éléments avec une grande précision et il apparaissait logique d'essayer d'établir une classification périodique basée sur ces masses puisque l'on supposait que le comportement chimique d'un élément avait une relation quelconque avec sa masse atomique.

En 1864, le chimiste anglais John Newlands remarqua que, si les éléments connus étaient disposés par ordre de masse atomique, les propriétés se répétaient à tous les huit éléments. Il nomma cette relation particulière *loi des octaves*. Cependant, cette «loi» s'avéra inapplicable pour les éléments venant après le calcium; le travail de Newlands ne fut donc pas accepté par la communauté scientifique.

Cinq ans plus tard, le chimiste russe Dimitri Mendeleïev et le chimiste allemand Lothar Meyer proposèrent, chacun de leur côté, une classification beaucoup plus complète des éléments, où l'on observait la répétition périodique (c'est-à-dire à intervalles réguliers) de leurs propriétés. La classification de Mendeleïev était de beaucoup supérieure à celle de Newlands, et cela pour deux raisons: elle regroupait les éléments sur la base de critères de ressemblance plus exacts, c'est-à-dire selon leurs propriétés; de plus, elle permettait de faire des prédictions quant aux propriétés d'éléments qui n'avaient pas encore été découverts. Par exemple, Mendeleïev proposa l'existence d'un élément, inconnu à l'époque, qu'il appela éka-aluminium (*eka* est un mot sanskrit qui signifie «premier»; l'éka-aluminium était, selon Mendeleïev, le premier élément situé sous l'aluminium dans le même groupe). Quand on découvrit le gallium quatre ans plus tard, on nota que ses propriétés rappelaient étrangement celles qu'avait prédites Mendeleïev pour l'éka-aluminium (*tableau 8.1*).

Néanmoins, les premières versions du tableau périodique avaient quelques défauts flagrants. Par exemple, la masse atomique de l'argon (39,95 u) était supérieure à celle du potassium (39,10 u). Si l'on avait disposé les éléments seulement par ordre croissant de leurs masses atomiques, dans le tableau périodique moderne l'argon apparaîtrait à la position occupée par le potassium (*voir le tableau périodique à la fin du manuel*). Mais aucun chimiste ne situerait l'argon, un gaz inerte, dans le même groupe que le lithium et le sodium, deux métaux très réactifs. Cette irrégularité et certaines autres suggéraient que la périodicité était basée sur une caractéristique fondamentale autre que la masse atomique. Cette caractéristique se révéla être le numéro atomique.

Grâce aux données des expériences sur la dispersion des particules α (*section 2.2*), Rutherford put estimer le nombre de charges positives contenues dans les noyaux de quelques éléments, mais, jusqu'en 1913, il n'existait pas de méthode générale permettant de déterminer les numéros atomiques. Cette année-là, un jeune physicien anglais, Henry Moseley, établit une corrélation entre le numéro atomique d'un élément et la fréquence des rayons X générés par le bombardement de l'élément sous observation par des électrons à haute énergie. Moseley découvrit que, à quelques exceptions près, les numéros

TABLEAU 8.1

La comparaison entre les propriétés de l'éka-aluminium prédites par Mendeleïev et celles du gallium*

Éka-aluminium (Ea)	Gallium (Ga)
Masse atomique d'environ 68.	Masse atomique de 69,9.
Métal: masse volumique de 5,9 g/cm^3; point de fusion bas; non volatil; ne réagit pas à l'air; chauffé au rouge, il devrait décomposer la vapeur d'eau; devrait se dissoudre lentement en milieu acide ou basique.	*Métal:* masse volumique de 5,94 g/cm^3; point de fusion de 30,15 °C; non volatil à température ambiante; ne se modifie pas à l'air; son action sur la vapeur d'eau n'est pas connue; se dissout lentement en milieu acide ou basique.
Oxyde: formule Ea_2O_3; masse volumique de 5,5 g/cm^3; devrait se dissoudre en milieu acide pour former des sels de type EaX_3. L'hydroxyde devrait se dissoudre en milieu acide ou basique.	*Oxyde:* Ga_2O_3; masse volumique inconnue; se dissout en milieu acide pour former des sels de type GaX_3. L'hydroxyde se dissout en milieu acide ou basique.
Les *sels* devraient être basiques; le sulfate devrait former des aluns; le sulfure devrait être précipité par H_2S ou $(NH_4)_2S$. Le chlorure anhydre devrait être plus volatil que le chlorure de zinc.	Les *sels* s'hydrolysent facilement et forment des sels basiques; on lui connaît des aluns; le sulfure est précipité par H_2S et par $(NH_4)_2S$ dans des conditions spécifiques. Le chlorure anhydre est plus volatil que le chlorure de zinc.
L'élément sera probablement découvert grâce à l'analyse spectroscopique.	Le gallium fut découvert par spectroscopie.

* D'après M. E. Weeks, *Discovery of the elements*, 6th ed., Chemical Education Publishing Company, Easton, Pa., 1956.

atomiques suivent le même ordre croissant que les masses atomiques. Par exemple, le calcium est le vingtième élément par ordre croissant des masses atomiques et son numéro atomique est 20. Les irrégularités qui gênaient les scientifiques étaient maintenant expliquées. Le numéro atomique de l'argon est 18 et celui du potassium est 19; le potassium doit donc suivre l'argon dans le tableau périodique.

Dans un tableau périodique moderne, le numéro atomique accompagne habituellement le symbole de l'élément. Comme vous le savez déjà, le numéro atomique indique également le nombre d'électrons contenus dans chaque atome de l'élément. La configuration électronique des éléments permet d'expliquer la répétition de leurs propriétés physiques et chimiques. L'importance et l'utilité du tableau périodique reposent sur le fait que l'on peut, grâce aux connaissances que l'on a sur les propriétés générales d'un groupe (famille) ou d'une période, prédire avec une précision considérable les propriétés de n'importe quel élément, même s'il s'agit d'un élément que l'on connaît mal.

8.2 LA CLASSIFICATION PÉRIODIQUE DES ÉLÉMENTS

À la figure 8.1, on trouve le tableau périodique avec la configuration électronique de la couche périphérique des éléments à l'état fondamental. (Les configurations électroniques des éléments sont également données au tableau 7.3.)

	IA	IIA	IIIB	IVB	VB	VIB	VIIB	VIIIB	VIIIB	VIIIB	IB	IIB	IIIA	IVA	VA	VIA	VIIA	VIIIA
1	1 **H** $1s^1$																	2 **He** $1s^2$
2	3 **Li** $2s^1$	4 **Be** $2s^2$											5 **B** $2s^22p^1$	6 **C** $2s^22p^2$	7 **N** $2s^22p^3$	8 **O** $2s^22p^4$	9 **F** $2s^22p^5$	10 **Ne** $2s^22p^6$
3	11 **Na** $3s^1$	12 **Mg** $3s^2$											13 **Al** $3s^23p^1$	14 **Si** $3s^23p^2$	15 **P** $3s^23p^3$	16 **S** $3s^23p^4$	17 **Cl** $3s^23p^5$	18 **Ar** $3s^23p^6$
4	19 **K** $4s^1$	20 **Ca** $4s^2$	21 **Sc** $4s^23d^1$	22 **Ti** $4s^23d^2$	23 **V** $4s^23d^3$	24 **Cr** $4s^13d^5$	25 **Mn** $4s^23d^5$	26 **Fe** $4s^23d^6$	27 **Co** $4s^23d^7$	28 **Ni** $4s^23d^8$	29 **Cu** $4s^13d^{10}$	30 **Zn** $4s^23d^{10}$	31 **Ga** $4s^24p^1$	32 **Ge** $4s^24p^2$	33 **As** $4s^24p^3$	34 **Se** $4s^24p^4$	35 **Br** $4s^24p^5$	36 **Kr** $4s^24p^6$
5	37 **Rb** $5s^1$	38 **Sr** $5s^2$	39 **Y** $5s^24d^1$	40 **Zr** $5s^24d^2$	41 **Nb** $5s^14d^4$	42 **Mo** $5s^14d^5$	43 **Tc** $5s^24d^5$	44 **Ru** $5s^14d^7$	45 **Rh** $5s^14d^8$	46 **Pd** $4d^{10}$	47 **Ag** $5s^14d^{10}$	48 **Cd** $5s^24d^{10}$	49 **In** $5s^25p^1$	50 **Sn** $5s^25p^2$	51 **Sb** $5s^25p^3$	52 **Te** $5s^25p^4$	53 **I** $5s^25p^5$	54 **Xe** $5s^25p^6$
6	55 **Cs** $6s^1$	56 **Ba** $6s^2$	57 **La** $6s^25d^1$	72 **Hf** $6s^25d^2$	73 **Ta** $6s^25d^3$	74 **W** $6s^25d^4$	75 **Re** $6s^25d^5$	76 **Os** $6s^25d^6$	77 **Ir** $6s^25d^7$	78 **Pt** $6s^15d^9$	79 **Au** $6s^15d^{10}$	80 **Hg** $6s^25d^{10}$	81 **Tl** $6s^26p^1$	82 **Pb** $6s^26p^2$	83 **Bi** $6s^26p^3$	84 **Po** $6s^26p^4$	85 **At** $6s^26p^5$	86 **Rn** $6s^26p^6$
7	87 **Fr** $7s^1$	88 **Ra** $7s^2$	89 **Ac** $7s^26d^1$	104 **Rf** $7s^26d^2$	105 **Db** $7s^26d^3$	106 **Sg** $7s^26d^4$	107 **Bh** $7s^26d^5$	108 **Hs** $7s^26d^6$	109 **Mt** $7s^26d^7$									

58 **Ce** $6s^24f^15d^1$	59 **Pr** $6s^24f^3$	60 **Nd** $6s^24f^4$	61 **Pm** $6s^24f^5$	62 **Sm** $6s^24f^6$	63 **Eu** $6s^24f^7$	64 **Gd** $6s^24f^75d^1$	65 **Tb** $6s^24f^9$	66 **Dy** $6s^24f^{10}$	67 **Ho** $6s^24f^{11}$	68 **Er** $6s^24f^{12}$	69 **Tm** $6s^24f^{13}$	70 **Yb** $6s^24f^{14}$	71 **Lu** $6s^24f^{14}5d^1$
90 **Th** $7s^26d^2$	91 **Pa** $7s^25f^26d^1$	92 **U** $7s^25f^36d^1$	93 **Np** $7s^25f^46d^1$	94 **Pu** $7s^25f^6$	95 **Am** $7s^25f^7$	96 **Cm** $7s^25f^76d^1$	97 **Bk** $7s^25f^9$	98 **Cf** $7s^25f^{10}$	99 **Es** $7s^25f^{11}$	100 **Fm** $7s^25f^{12}$	101 **Md** $7s^25f^{13}$	102 **No** $7s^25f^{14}$	103 **Lr** $7s^25f^{14}6d^1$

FIGURE 8.1

Les configurations électroniques des éléments à l'état fondamental. Pour simplifier le tableau, seules les configurations des électrons périphériques sont indiquées.

À partir de l'hydrogène, on voit que les sous-couches sont remplies dans l'ordre indiqué à la figure 7.21. On peut regrouper les éléments selon les types de sous-couches en remplissage: les éléments représentatifs, les gaz rares, les métaux de transition, les lanthanides et les actinides. Comme on le voit à la figure 8.1, les ***éléments représentatifs*** sont les *éléments des groupes IA à VIIA; ils ont tous des sous-couches s ou p incomplètes dans le niveau principal périphérique*. À l'exception de l'hélium, les ***gaz rares*** *(les éléments du groupe VIIIA) ont tous une sous-couche p complètement remplie*. (Les configurations électroniques sont $1s^2$ pour l'hélium et ns^2np^6 pour les autres gaz rares, où n est le nombre quantique principal de la couche périphérique.) Les métaux de transition sont les éléments des groupes IB, et IIIB à VIIIB; ils ont des sous-couches *d* incomplètes, ou encore ils produisent facilement des cations dont les sous-couches *d* sont incomplètes. (Ces métaux sont parfois appelés éléments de transition du bloc d.) Les éléments du groupe IIB sont Zn, Cd et Hg; ce ne sont ni des éléments représentatifs ni des métaux de transition. Pour ce qui est des lanthanides et des actinides, ce sont leurs sous-couches *f* qui sont incomplètes. (On les appelle parfois éléments de transition du bloc f.)

TABLEAU 8.2

Les configurations électroniques des éléments des groupes IA et IIA

Groupe IA	Groupe IIA
Li: $[He]2s^1$	Be: $[He]2s^2$
Na: $[Ne]3s^1$	Mg: $[Ne]3s^2$
K: $[Ar]4s^1$	Ca: $[Ar]4s^2$
Rb: $[Kr]5s^1$	Sr: $[Kr]5s^2$
Cs: $[Xe]6s^1$	Ba: $[Xe]6s^2$
Fr: $[Rn]7s^1$	Ra: $[Rn]7s^2$

Quand on examine les configurations électroniques des éléments d'un groupe particulier, on se rend compte que ces éléments ont une caractéristique commune. Par exemple, examinons les configurations électroniques des éléments des groupes IA et IIA données au tableau 8.2: on y remarque que tous les membres du groupe IA (les métaux alcalins) ont des configurations électroniques périphériques similaires; chaque configuration est constituée d'une carcasse de gaz rare suivie d'une configuration ns^1, qui représente l'électron périphérique. De même, les configurations électroniques des éléments du groupe IIA (les métaux alcalino-terreux) sont constituées d'une

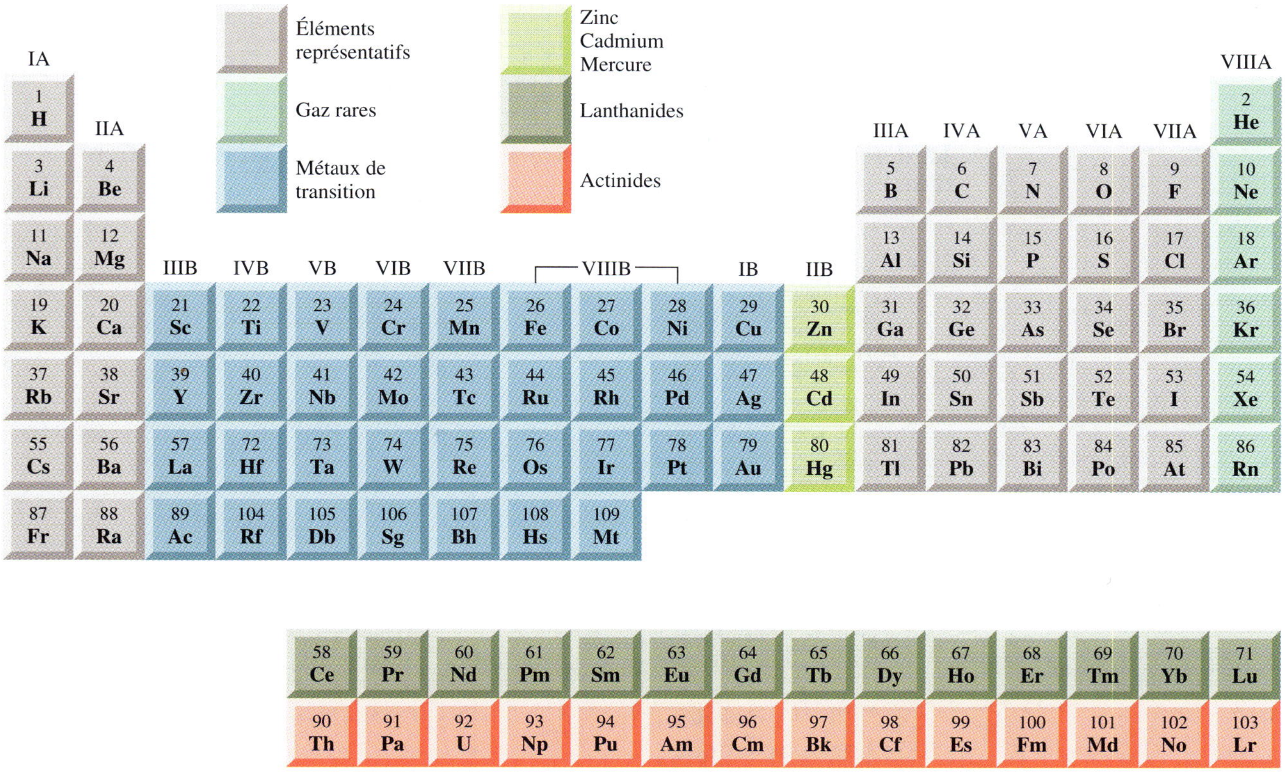

FIGURE 8.2

La classification des éléments. Notez que l'on classe souvent les éléments du groupe IIB avec les métaux de transition même s'ils n'en ont pas les caractéristiques.

carcasse de gaz rare suivie d'une configuration ns^2, qui représente les électrons périphériques. On appelle ***électrons de valence*** les *électrons périphériques (de la couche de nombre* n *le plus élevé) d'un atome; ce sont ceux qui participent à la formation des liaisons chimiques.* Le fait que les éléments d'un même groupe aient tous le même nombre d'électrons de valence explique les similitudes dans leur réactivité. Cette observation vaut également pour les halogènes (les éléments du groupe VIIA), dont la configuration électronique périphérique est ns^2np^5: leurs propriétés sont similaires. Il faut toutefois être prudent quand on prédit les propriétés des éléments des groupes IIIA à VIA. Par exemple, les électrons périphériques des éléments du groupe IVA ont tous la même configuration, ns^2np^4, mais leurs propriétés chimiques varient beaucoup: le carbone est un non-métal, le silicium et le germanium sont des métalloïdes, et l'étain et le plomb sont des métaux.

Dans le groupe que forment les gaz rares, tous les éléments ont un comportement très semblable. Ces éléments, à l'exception du krypton et du xénon, sont totalement inertes chimiquement, parce que leurs sous-couches périphériques ns^2np^6 sont complètement remplies, condition qui explique leur grande stabilité. Pour ce qui est des métaux de transition, même si leur configuration électronique périphérique n'est pas toujours la même à l'intérieur d'un groupe et que, entre les éléments d'une même période, la variation de la configuration électronique ne suit pas un modèle unique, ils partagent de nombreuses caractéristiques qui les distinguent des autres éléments. Cette similitude tient au fait que ces métaux ont tous une sous-couche *d* incomplète. Par ailleurs, les lanthanides (et les actinides) se ressemblent tous parce qu'ils ont des sous-couches *f* incomplètes. La figure 8.2 permet de distinguer les groupes d'éléments dont nous venons de parler.

EXEMPLE 8.1

La détermination d'une configuration électronique et l'identification d'un élément

Un atome neutre d'un certain élément a 15 électrons. Sans consulter le tableau périodique, répondez aux questions suivantes: a) Quelle est la configuration électronique de l'élément? b) Comment devrait-on classer cet élément? c) Les atomes de cet élément sont-ils diamagnétiques ou paramagnétiques?

Réponse: a) Grâce au principe de l'*Aufbau* et à la capacité maximum des sous-couches *s* et *p*, on peut déterminer la configuration électronique de l'élément: $1s^22s^22p^63s^23p^3$.

b) Puisque la sous-couche $3p$ n'est pas complètement remplie, il s'agit d'un élément représentatif. D'après les données fournies, on ne peut savoir s'il s'agit d'un métal, d'un non-métal ou d'un métalloïde.

c) Selon la règle de Hund, les trois électrons des orbitales $3p$ ont des spins parallèles. Les atomes de cet élément sont donc paramagnétiques; ils ont trois électrons non appariés. (Souvenez-vous qu'on a vu au chapitre 7 que tout atome possédant un nombre impair d'électrons *doit nécessairement* être paramagnétique.)

EXERCICE

Un atome d'un certain élément a 20 électrons. a) Écrivez la configuration électronique de l'élément à l'état fondamental; b) classez-le; c) dites si ses atomes sont diamagnétiques ou paramagnétiques.

LES CONFIGURATIONS ÉLECTRONIQUES DES CATIONS ET DES ANIONS

Vu que nombre de composés ioniques sont formés d'anions et/ou de cations monoatomiques, il est utile de pouvoir écrire les configurations électroniques des ions. La méthode qu'on utilise alors est très semblable à celle qu'on applique dans le cas d'atomes neutres. Pour les besoins de l'explication, nous regrouperons les ions en deux catégories.

Les ions dérivés des éléments représentatifs

Au moment de la formation d'un cation dérivé d'un atome neutre d'un élément représentatif, il y a libération de un ou de plusieurs électrons de la couche n périphérique. La liste qui suit donne les configurations électroniques de quelques atomes neutres et des cations correspondants:

Na:	$[Ne]3s^1$	Na^+:	[Ne]
Ca:	$[Ar]4s^2$	Ca^{2+}:	[Ar]
Al:	$[Ne]3s^23p^1$	Al^{3+}:	[Ne]

Notez que chacun de ces ions a la configuration d'un gaz rare.

Par contre, au moment de la formation d'un anion, un ou plusieurs électrons s'ajoutent à la couche n la plus élevée et qui est partiellement remplie. Voyez les exemples suivants:

H: $1s^1$	H^-: $1s^2$ ou [He]
F: $1s^22s^22p^5$	F^-: $1s^22s^22p^6$ ou [Ne]
O: $1s^22s^22p^4$	O^{2-}: $1s^22s^22p^6$ ou [Ne]
N: $1s^22s^22p^3$	N^{3-}: $1s^22s^22p^6$ ou [Ne]

Encore une fois, tous les anions ont la configuration électronique stable d'un gaz rare. Ainsi, on peut dire des éléments représentatifs que la configuration électronique périphérique (ns^2np^6) des ions dérivés de leurs atomes est celle d'un gaz rare. Sont dites ***isoélectroniques*** les ***espèces*** *qui ont le même nombre d'électrons, donc qui ont la même configuration électronique;* par exemple, F^-, Na^+ et Ne sont isoélectroniques.

Les cations dérivés des métaux de transition

À la section 7.10, nous avons vu que, dans les métaux de transition de la première rangée (de Sc à Cu), l'orbitale 4*s* se remplit toujours avant les orbitales 3*d*. Voyez la configuration électronique du manganèse: $[Ar]4s^23d^5$. Au cours de la formation de l'ion Mn^{2+}, on pourrait s'attendre à ce que les deux électrons s'échappent des orbitales 3*d* pour former $[Ar]4s^23d^3$. En fait, la configuration électronique de Mn^{2+} est $[Ar]3d^5$! Pourquoi? Parce que les interactions électron-électron et électron-noyau dans un atome neutre peuvent être très différentes de celles qui existent dans son ion. Alors, même si, dans Mn, l'orbitale 4*s* se remplit toujours avant l'orbitale 3*d*, quand Mn^{2+} est formé, les électrons quittent toujours l'orbitale 4*s* parce que, dans les ions des métaux de transition, l'orbitale 3*d* est plus stable que l'orbitale 4*s*. Donc, de façon générale, lorsqu'un cation est formé à partir d'un atome d'un métal de transition, les électrons quittent toujours l'orbitale n*s* avant les orbitales $(n - 1)d$.

Souvenez-vous que la plupart des métaux de transition peuvent former plus de un type de cations et que souvent ces cations et le gaz rare qui les précède ne sont pas isoélectroniques.

8.3 LES VARIATIONS PÉRIODIQUES DES PROPRIÉTÉS PHYSIQUES

Comme nous l'avons vu, les configurations électroniques varient périodiquement suivant l'augmentation du numéro atomique. Par conséquent, les comportements physiques et chimiques des éléments présentent également des variations périodiques. Dans cette section et les deux prochaines, nous verrons certaines propriétés physiques des éléments d'un groupe et d'une période, ainsi que certaines propriétés qui influencent la réactivité chimique de ces éléments. Mais d'abord, voyons le concept de charge nucléaire effective, qui nous aidera à mieux comprendre ces propriétés.

La charge nucléaire effective

Au chapitre 7, nous avons vu que les électrons situés près du noyau forment en quelque sorte un écran entre les électrons des couches périphériques et le noyau: la présence de ces électrons a pour effet de réduire l'attraction électrostatique entre les protons, situés dans le noyau, et les électrons périphériques. De plus, la force répulsive qui s'exerce entre les électrons eux-mêmes atténue également la force d'attraction du noyau. Le concept de charge nucléaire effective permet d'expliquer comment l'effet d'écran influence les propriétés périodiques.

Voyons, par exemple, l'atome d'hélium; sa configuration électronique est $1s^2$. Ses deux protons donnent au noyau une charge de +2, mais cette force attractive qui s'exerce sur les deux électrons 1*s* est partiellement contrebalancée par la répulsion électron-électron. Par conséquent, on dit que chaque électron 1*s* fait écran à l'autre électron 1*s*. La *charge nucléaire effective* (Z_{eff}) est donnée par

$$Z_{eff} = Z - \sigma$$

où Z est la charge nucléaire réelle et σ (sigma) est la *constante d'écran*. La valeur de cette constante est toujours supérieure à zéro, mais inférieure à celle de Z.

L'énergie requise pour arracher un électron d'un atome polyélectronique illustre bien l'effet d'écran des électrons. Il faut une énergie de 2373 kJ pour retirer le premier électron de une mole d'atomes He et 5251 kJ pour arracher l'électron résiduel de une mole d'ions He^+. Cette si grande différence d'énergie nécessaire pour arracher le deuxième électron s'explique par le fait qu'il n'y a plus que un électron présent; il n'y a donc plus d'effet d'écran, et l'électron subit l'effet total de la charge nucléaire, qui est +2.

Dans le cas des atomes qui ont plus de deux électrons, les électrons d'une couche donnée subissent, en plus de l'effet d'écran des autres électrons de la même couche s'il y a lieu, l'effet d'écran des électrons des couches inférieures (qui sont les couches plus près du noyau). Un électron d'une couche supérieure n'a pas d'effet sur un électron donné d'une couche inférieure. Ainsi, dans le cas du lithium, dont la configuration électronique est $1s^2 2s^1$, l'électron 2*s* subit l'effet d'écran des deux électrons 1*s*, mais l'inverse n'est pas vrai. De plus, les électrons des couches inférieures ont un meilleur effet d'écran sur les électrons des couches supérieures que celui que produisent entre eux les électrons d'une même couche. Comme nous le verrons, l'effet d'écran joue un rôle important dans la grosseur de l'atome, ainsi que dans la formation des ions et des molécules.

Le rayon atomique

Plusieurs propriétés physiques, dont la masse volumique, le point de fusion et le point d'ébullition, sont reliées à la taille des atomes. Mais (nous l'avons vu au chapitre 7) comme la densité électronique dans un atome s'étend loin autour du noyau, la taille d'un atome est une donnée difficile à déterminer. En pratique, on entend par taille atomique le volume qui, autour du noyau, contient environ 90 % de la densité électronique totale.

Il existe plusieurs techniques permettant d'estimer la taille d'un atome. D'abord voyons les éléments métalliques. Bien que leurs structures soient très variées, tous les métaux partagent une caractéristique structurelle commune:

leurs atomes sont liés entre eux en un vaste réseau tridimensionnel. Ainsi, le ***rayon atomique*** d'un métal équivaut à la *moitié de la distance séparant les noyaux de deux atomes adjacents* [*figure 8.3 a)*]. *Dans le cas des éléments qui existent à l'état de molécules diatomiques, le rayon atomique équivaut à la moitié de la distance séparant les noyaux des deux atomes de la molécule* [*figure 8.3 b)*].

La figure 8.4 montre les rayons atomiques de plusieurs éléments selon leurs positions dans le tableau périodique; la figure 8.5 montre la variation du rayon de ces éléments en fonction de leurs numéros atomiques. La périodicité y est évidente. En examinant cette périodicité, rappelez-vous que le rayon atomique est déterminé en grande partie par la force qui retient les électrons des couches périphériques autour du noyau. Plus la charge nucléaire effective est élevée, plus ces électrons sont fortement attirés et plus le rayon atomique est petit. Voyons les éléments de la deuxième période (de Li à F). De gauche à droite, on remarque que le nombre d'électrons contenus dans la couche interne ($1s^2$) reste constant, alors que la charge nucléaire augmente. Les électrons qui s'ajoutent pour contrebalancer l'augmentation de la charge nucléaire

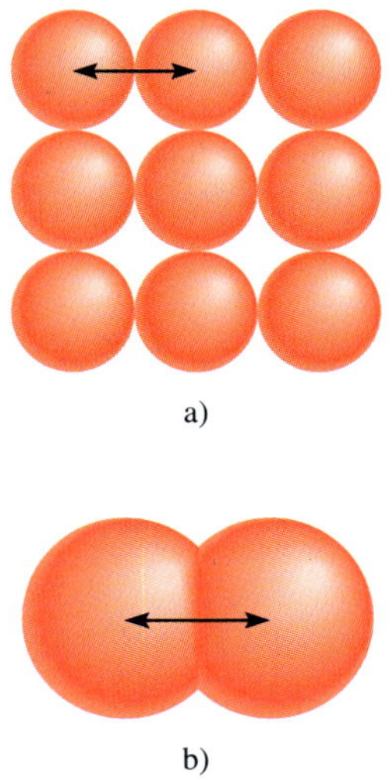

FIGURE 8.3

a) Dans un métal, le rayon atomique correspond à la moitié de la distance qui sépare les centres de deux atomes adjacents. b) Chez les éléments qui existent à l'état de molécules diatomiques, comme l'iode, le rayon de l'atome correspond à la moitié de la distance qui sépare les centres des atomes dans la molécule.

FIGURE 8.4

Les rayons atomiques (en picomètres) des éléments représentatifs selon la position de ceux-ci dans le tableau périodique.

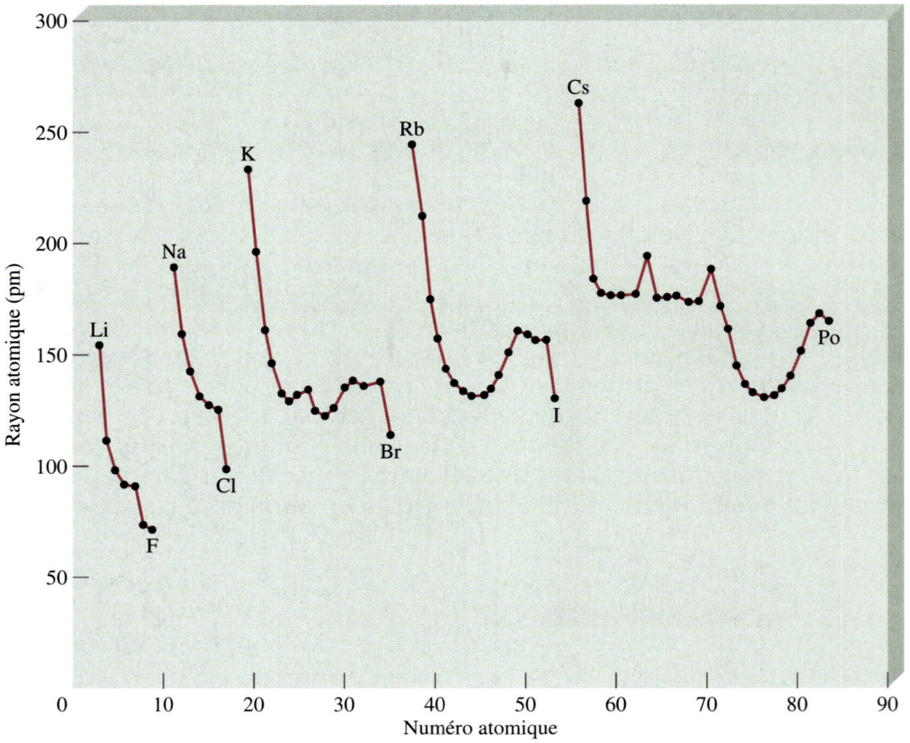

FIGURE 8.5

Variation du rayon atomique (en picomètres) des éléments en fonction des numéros atomiques.

ne se font pas écran entre eux. Par conséquent, la charge nucléaire effective augmente régulièrement tant que le nombre quantique principal reste constant (n = 2). Par exemple, l'électron 2*s* du lithium subit l'effet d'écran des deux électrons 1*s*; on suppose, en faisant une approximation, que l'effet d'écran des deux électrons 1*s* équivaut à l'annulation de deux charges positives du noyau (qui possède trois protons); donc l'électron 2*s* subit une attraction n'équivalant qu'à celle de un proton: autrement dit, la charge nucléaire effective est de +1. Dans le cas du béryllium ($1s^22s^2$), chacun des électrons 2*s* subit l'effet d'écran des électrons 1*s*, qui annulent deux des quatre charges positives du noyau. Puisque les électrons 2*s* n'exercent pas l'un sur l'autre un effet d'écran aussi important, le résultat net est que la charge nucléaire effective de chaque électron 2*s* est supérieure à +1. Alors, à mesure que la charge nucléaire effective augmente, le rayon atomique diminue régulièrement, du lithium au fluor.

À mesure que l'on descend dans un groupe (par exemple, le groupe IA), on remarque que le rayon atomique augmente. Dans le cas des métaux alcalins, l'électron périphérique est dans l'orbitale n*s*. Puisque le volume de l'orbitale augmente avec le nombre quantique principal (n), la taille des atomes métalliques augmente de Li à Cs. Le même raisonnement s'applique aux éléments des autres groupes.

EXEMPLE 8.2

La comparaison de la taille des atomes

À l'aide du tableau périodique, classez les atomes suivants selon l'ordre croissant de leurs rayons atomiques: P, Si, N.

Réponse: N et P sont dans le même groupe (le groupe VA). Puisque le rayon atomique augmente de haut en bas dans un groupe, le rayon de N est inférieur à celui de P. Si et P sont tous les deux dans la même période; Si est à gauche de P. Puisque le rayon atomique décroît de gauche à droite dans une période, le rayon de P est inférieur à celui de Si. Ainsi, l'ordre croissant des rayons est N < P < Si.

EXERCICE

Classez les atomes suivants par ordre décroissant de leurs rayons: C, Li, Be.

LE RAYON IONIQUE

Le ***rayon ionique*** est le *rayon d'un cation ou d'un anion.* Il influence les propriétés physiques et chimiques des composés ioniques. Par exemple, le type de structure tridimensionnelle d'un composé ionique dépend de la taille relative de ses cations et de ses anions.

Quand un atome neutre devient un ion, on s'attend à ce que sa taille change. Si l'atome devient un anion, sa taille (ou son rayon) augmente, puisque, la charge nucléaire restant la même, l'augmentation de la répulsion entre les électrons qui résulte de l'ajout d'un ou de plusieurs électrons a pour effet de grossir le nuage électronique (une représentation de la densité électronique). Par contre, un cation est plus petit que l'atome neutre correspondant, puisque le retrait de un ou de plusieurs électrons réduit la répulsion électron-électron alors que la charge nucléaire reste la même; ainsi, le nuage

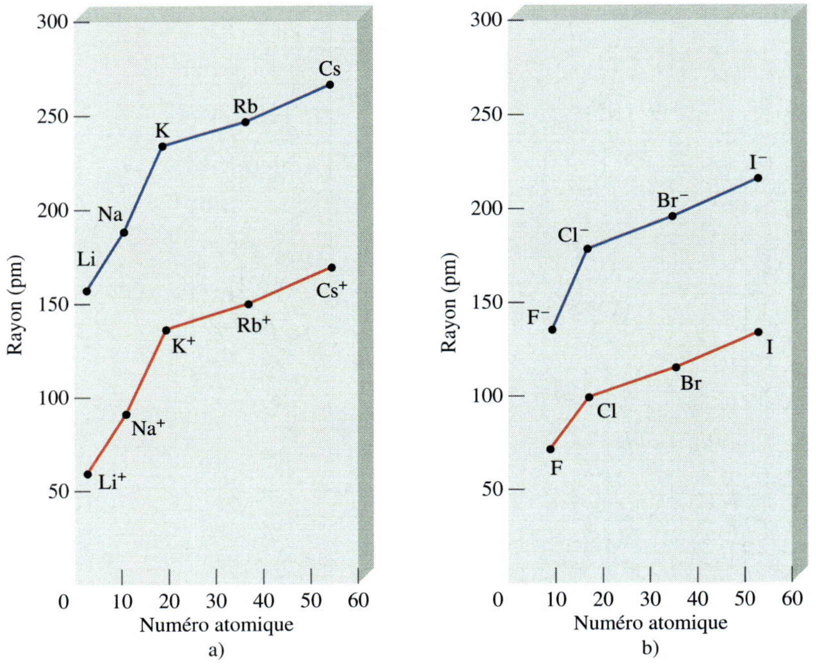

FIGURE 8.6

Comparaison entre les rayons atomiques et les rayons ioniques. a) Métaux alcalins et leurs cations. b) Halogènes et ions halogénures.

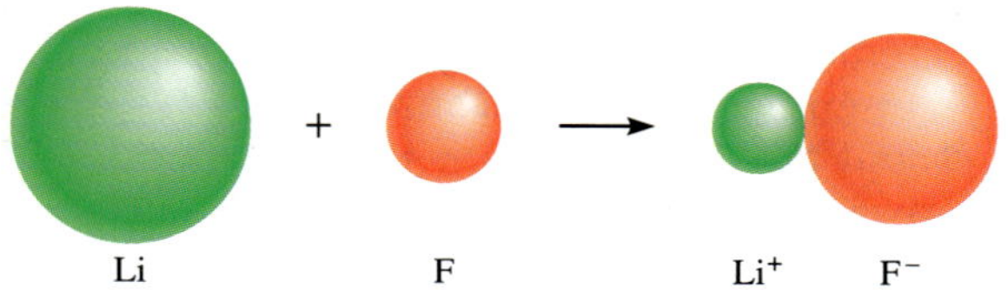

FIGURE 8.7

Variation de la taille des espèces quand Li réagit avec F pour former LiF.

électronique rétrécit. La figure 8.6 montre la variation de taille quand les atomes des métaux alcalins forment des cations et que ceux des halogènes forment des anions; la figure 8.7 montre la variation de taille quand un atome de lithium réagit avec un atome de fluor pour former LiF.

La figure 8.8 montre les rayons des ions dérivés des éléments les plus courants; ces derniers sont disposés selon leurs positions dans le tableau périodique. On voit que, dans certains cas, la variation des rayons atomiques et des rayons ioniques va dans le même sens. Par exemple, à mesure qu'on descend dans un groupe, les deux rayons, atomique et ionique, augmentent. Pour ce qui est des ions de groupes différents, on ne peut comparer leurs tailles que s'ils sont isoélectroniques. Si l'on examine les ions isoélectroniques, on remarque que les cations sont plus petits que les anions. Par exemple, Na^+ est plus petit que F^-. Ces deux ions ont le même nombre d'électrons, mais Na (Z = 11) possède plus de protons que F (Z = 9). La charge nucléaire effective supérieure de Na^+ explique son plus petit rayon.

Chez les cations isoélectroniques, on remarque que les rayons des *ions de charge 3+* sont plus petits que ceux des ions *de charge 2+*, qui à leur tour sont plus petits que ceux des ions *de charge 1+*. Cette tendance est clairement illustrée par la taille des trois ions isoélectroniques de la troisième période: Al^{3+}, Mg^{2+} et Na^+ (*figure 8.8*). L'ion Al^{3+} possède le même nombre d'électrons que

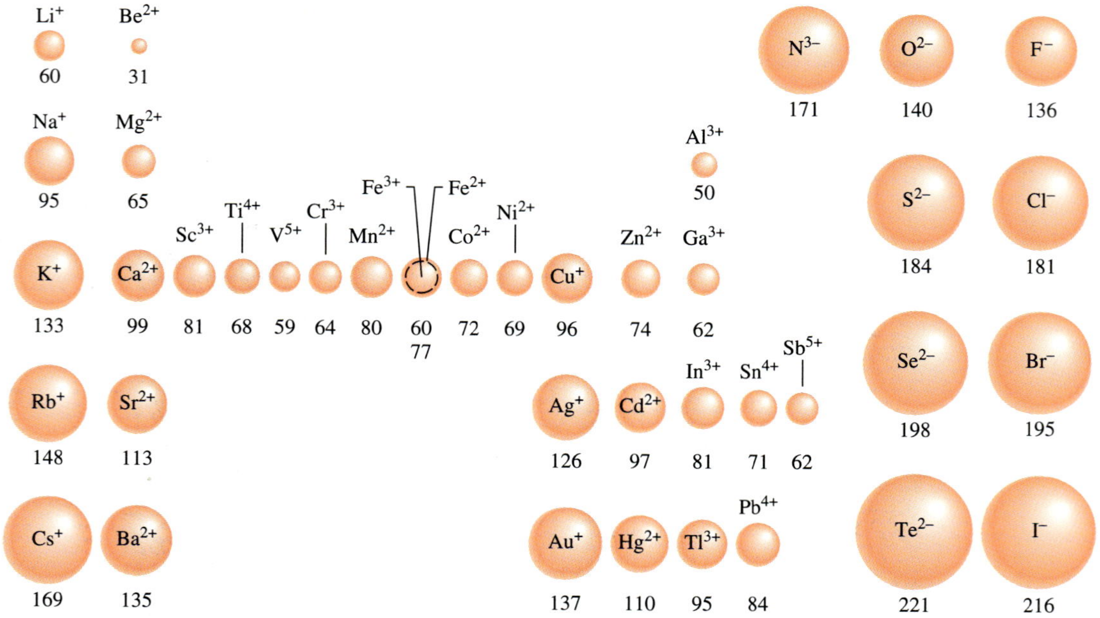

FIGURE 8.8

Rayons (en picomètres) de certains ions des éléments les plus courants suivant la position de ces éléments dans le tableau périodique.

Mg^{2+}, mais un proton de plus. Alors, le nuage électronique de Al^{3+} est attiré plus fortement vers l'intérieur que celui de Mg^{2+}. La différence entre les rayons de Mg^{2+} et de Na^+ s'explique de la même manière. Pour ce qui est des anions isoélectroniques, on remarque que le rayon augmente si l'on passe d'un ion de charge 1− à un ion de charge 2−, et ainsi de suite. Ainsi, l'ion oxyde est plus gros que l'ion fluorure parce que l'oxygène a un proton de moins que le fluor; le nuage électronique de O^{2-} est donc plus étendu que celui de F^-.

EXEMPLE 8.3
La comparaison de la taille des ions

Pour chacune des paires suivantes, indiquez quel ion est le plus gros: a) N^{3-}, F^-; b) Mg^{2+}, Ca^{2+}; c) Fe^{2+}, Fe^{3+}.

Réponse: a) N^{3-} et F^- sont des anions isoélectroniques. Puisque N^{3-} possède deux protons de moins que F^-, N^{3-} est plus gros.

b) Mg et Ca appartiennent au groupe IIA (les métaux alcalino-terreux). Puisque, dans le tableau, Ca se trouve sous Mg, l'ion Ca^{2+} est plus gros que l'ion Mg^{2+}.

c) Les deux ions ont la même charge nucléaire; mais, comme Fe^{2+} a un électron de plus, la répulsion électron-électron y est plus forte. Le rayon ionique de Fe^{2+} est donc plus grand.

EXERCICE

Dites quel ion est le plus petit dans chacun des couples suivants: a) K^+, Li^+; b) Au^+, Au^{3+}; c) P^{3-}, N^{3-}.

8.4 L'ÉNERGIE D'IONISATION

Comme nous le verrons tout au long de ce manuel, les propriétés chimiques de tout atome, sa réactivité, sont déterminées par la configuration de ses électrons de valence. La stabilité de ces électrons périphériques se reflète directement dans les énergies d'ionisation de l'atome. L'***énergie d'ionisation*** est *l'énergie minimale requise pour arracher un électron d'un atome gazeux à l'état fondamental.* Sa valeur équivaut à l'effort requis pour forcer un atome à céder un électron, ou à la force qui retient un électron dans l'atome. Plus l'énergie d'ionisation est élevée, plus il est difficile d'arracher un électron.

Dans le cas d'un atome polyélectronique, on appelle *énergie de première ionisation (I_1)*, l'énergie requise pour arracher le premier électron de l'atome à l'état fondamental. Cette définition est exprimée par l'équation suivante:

$$\text{énergie} + X(g) \longrightarrow X^+(g) + e^-$$

Dans l'équation ci-dessus, X représente un atome gazeux d'un élément donné et e^- représente un électron. Contrairement à un atome à l'état solide ou à l'état liquide, un atome à l'état gazeux n'est pratiquement pas influencé par ses voisins. L'*énergie de deuxième ionisation* (I_2) et l'*énergie de troisième ionisation* (I_3) sont exprimées par les équations suivantes:

$$\text{énergie} + X^{+}(g) \longrightarrow X^{2+}(g) + e^{-} \qquad \text{deuxième ionisation}$$

$$\text{énergie} + X^{2+}(g) \longrightarrow X^{3+}(g) + e^{-} \qquad \text{troisième ionisation}$$

Et ainsi de suite pour les électrons suivants.

Quand un électron est arraché d'un atome neutre, la répulsion entre les électrons résiduels décroît. Puisque la charge nucléaire demeure constante, il faut plus d'énergie pour arracher un autre électron de l'ion positif. Ainsi, pour un même élément, les énergies d'ionisation augmentent toujours de la manière suivante:

$$I_1 < I_2 < I_3 < \cdots$$

Le tableau 8.3 donne la liste des énergies d'ionisation des 20 premiers éléments en kilojoules par mole (kJ/mol), c'est-à-dire la quantité d'énergie en kilojoules nécessaire pour arracher une mole d'électrons de une mole d'atomes (ou d'ions) gazeux. Par convention, l'énergie absorbée par un atome (ou un ion) durant son ionisation a une valeur positive. Alors, les énergies d'ionisation sont toutes positives. La figure 8.9 montre la variation de l'énergie de première ionisation en fonction du numéro atomique: la courbe montre clairement la périodicité dans la stabilité de l'électron le moins fortement retenu. Notez que, à part quelques petites irrégularités, les énergies

TABLEAU 8.3
Les énergies d'ionisation (kJ/mol) des 20 premiers éléments

Z	Élément	Première	Deuxième	Troisième	Quatrième	Cinquième	Sixième
1	H	1312					
2	He	2373	5251				
3	Li	520	7300	11815			
4	Be	899	1757	14850	21005		
5	B	801	2430	3660	25000	32820	
6	C	1086	2350	4620	6220	38000	47261
7	N	1400	2860	4580	7500	9400	53000
8	O	1314	3390	5300	7470	11000	13000
9	F	1680	3370	6050	8400	11000	15200
10	Ne	2080	3950	6120	9370	12200	15000
11	Na	495,9	4560	6900	9540	13400	16600
12	Mg	738,1	1450	7730	10500	13600	18000
13	Al	577,9	1820	2750	11600	14800	18400
14	Si	786,3	1580	3230	4360	16000	20000
15	P	1012	1904	2910	4960	6240	21000
16	S	999,5	2250	3360	4660	6990	8500
17	Cl	1251	2297	3820	5160	6540	9300
18	Ar	1521	2666	3900	5770	7240	8800
19	K	418,7	3052	4410	5900	8000	9600
20	Ca	589,5	1145	4900	6500	8100	11000

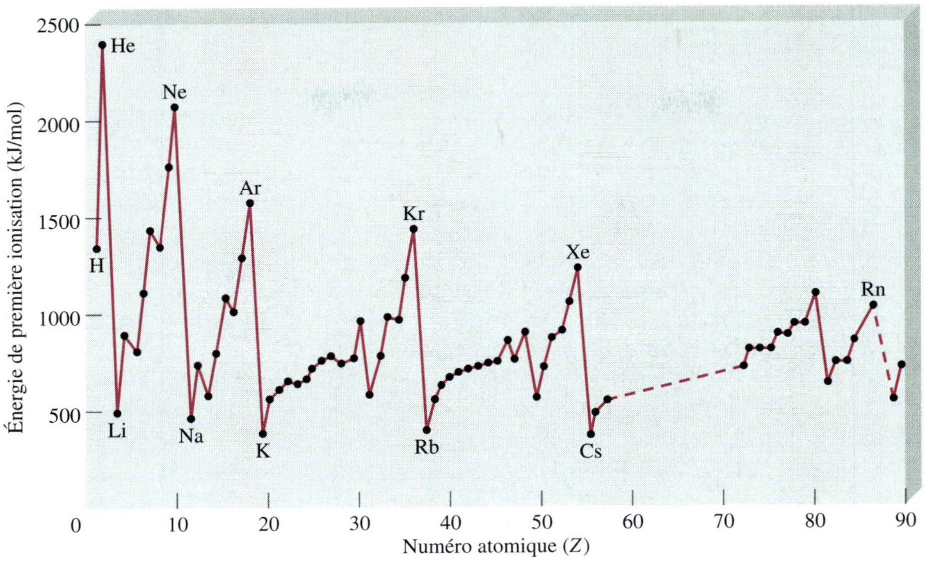

FIGURE 8.9

Variation de l'énergie de première ionisation en fonction du numéro atomique. Notez que les gaz rares ont des énergies d'ionisation élevées, et que les métaux alcalins et alcalino-terreux ont des énergies d'ionisation faibles.

d'ionisation des éléments dans une période augmente avec le numéro atomique. Cette tendance (comme la variation du rayon atomique) s'explique par l'augmentation de la charge nucléaire effective de gauche à droite dans la période. Une charge nucléaire effective élevée signifie que l'électron périphérique est fortement retenu et, par conséquent, que l'énergie de première ionisation est élevée. Remarquez les pics à la figure 8.9; ils correspondent aux gaz rares. Ces fortes valeurs d'énergies d'ionisation sont en accord avec le fait que la plupart des gaz rares sont chimiquement inertes. En fait, l'hélium a l'énergie de première ionisation la plus élevée.

Les éléments du groupe IA (les métaux alcalins), qui occupent les creux de la courbe de la figure 8.9, ont les plus basses valeurs d'énergie d'ionisation. Chacun de ces métaux a un électron de valence (l'électron périphérique dont la configuration est ns^1) qui subit fortement l'effet d'écran des couches internes complètement remplies. Par conséquent, il est facile d'arracher un électron d'un atome d'un métal alcalin pour former des ions de charge 1+ (Li^+, Na^+, K^+, ...)

Les éléments du groupe IIA (les métaux alcalino-terreux) ont des énergies de première ionisation plus élevées que celles des métaux alcalins. Les métaux alcalino-terreux ont deux électrons de valence (la configuration électronique périphérique est ns^2). Puisque ces deux électrons n'exercent pas l'un sur l'autre un fort effet d'écran, la charge nucléaire effective d'un atome d'un métal alcalino-terreux est plus grande que celle de l'atome du métal alcalin qui le précède. La plupart des composés des métaux alcalino-terreux contiennent des ions de charge 2+ (Mg^{2+}, Ca^{2+}, Sr^{2+}, Ba^{2+}); ces ions et les ions de charge 1+ des métaux alcalins qui les précèdent dans la période sont tous isoélectroniques.

Nous avons vu que les énergies d'ionisation des métaux sont relativement basses, alors que celles des non-métaux sont plus élevées. Quant à celles des métalloïdes, elles se situent habituellement entre celles des métaux et celles des non-métaux. La différence entre ces énergies d'ionisation explique pourquoi, dans les composés ioniques, les métaux forment toujours des cations, et les non-métaux des anions. Dans un groupe donné, l'énergie d'ionisation diminue avec l'augmentation du numéro atomique (c'est-à-dire de haut en bas de la colonne). Les électrons périphériques des éléments d'un même groupe ont la même configuration. Cependant, à mesure que le nombre quantique principal (n) augmente, la distance moyenne entre les électrons de valence et le noyau augmente aussi. Or, une plus grande distance entre le noyau et les électrons signifie une plus faible attraction; donc, le premier électron devient plus facile à arracher à mesure que l'on descend dans un groupe. Ainsi, le caractère métallique des éléments est plus marqué à mesure que l'on descend dans un groupe. Cette tendance s'observe tout particulièrement pour les éléments des groupes IIIA à VIIA: par exemple, dans le groupe IVA, on remarque que le carbone est un non-métal; le silicium et le germanium sont des métalloïdes; l'étain et le plomb sont des métaux.

Bien qu'en général les énergies d'ionisation augmentent de gauche à droite dans le tableau périodique, il existe quelques exceptions. La première apparaît quand on passe du groupe IIA au groupe IIIA (par exemple, de Be à B ou de Mg à Al). Les éléments du groupe IIIA ont tous un seul électron dans la sous-couche *p* périphérique (ns^2np^1); cet électron subit un fort effet d'écran dû à la fois aux électrons des couches internes et aux électrons ns^2 de la sous-couche périphérique. C'est pourquoi, dans un même niveau principal d'énergie, il faut moins d'énergie pour arracher un électron *p* célibataire qu'il en faut pour un électron *s* couplé. Cela explique le fait que les énergies d'ionisation des éléments du groupe IIIA sont *inférieures* à celles du groupe IIA, pour une même période. La deuxième exception se situe entre les groupes VA et VIA (par exemple, de N à O et de P à S). Dans les éléments du groupe VA (ns^2np^3), les électrons *p* sont dans trois orbitales différentes, conformément à la règle de Hund. Dans le groupe VIA (ns^2np^4), l'électron additionnel doit être couplé avec l'un des trois électrons *p*. La proximité de deux électrons dans une même orbitale se solde par une forte répulsion électrostatique, ce qui rend l'ionisation d'un atome du groupe VIA plus facile, même si sa charge nucléaire est supérieure de une unité. C'est pourquoi les énergies d'ionisation des éléments du groupe VIA sont *inférieures* à celles des éléments du groupe VA, pour une même période.

EXEMPLE 8.4
La comparaison des énergies d'ionisation des éléments

a) Lequel de ces deux atomes a la plus faible énergie de première ionisation: l'oxygène ou le soufre? b) Lequel de ces deux atomes a la plus forte énergie de deuxième ionisation: le lithium ou le béryllium?

Réponse: a) L'oxygène et le soufre font partie du groupe VIA. Puisque l'énergie d'ionisation des éléments diminue à mesure que l'on descend dans le groupe, l'énergie de première ionisation de S doit être inférieure.

b) Les configurations électroniques de Li et de Be sont respectivement $1s^22s^1$ et $1s^22s^2$. Pour la deuxième ionisation, on écrit

$$\underset{1s^2}{Li^+(g)} \longrightarrow \underset{1s^1}{Li^{2+}(g)} + e^-$$

$$\underset{1s^22s^1}{Be^+(g)} \longrightarrow \underset{1s^2}{Be^{2+}(g)} + e^-$$

Puisque l'effet d'écran des électrons 1*s* sur les électrons 2*s* est plus important que celui qu'ils exercent l'un sur l'autre dans la même couche, il devrait être plus facile d'arracher un électron 2*s* de Be^+ que d'arracher un électron 1*s* de Li^+. Le tableau 8.3 confirme cette prédiction. Le lithium a donc la plus forte énergie de deuxième ionisation.

EXERCICE

a) Lequel de ces deux atomes a la plus forte énergie de première ionisation: N ou P? b) Lequel de ces deux atomes a la plus faible énergie de deuxième ionisation: Na ou Mg?

8.5 L'AFFINITÉ ÉLECTRONIQUE

Une autre propriété atomique qui influence grandement la réactivité des éléments c'est leur plus ou moins grande facilité à capter un ou plusieurs électrons. Cette facilité se mesure par l'***affinité électronique,*** qui est la *variation d'énergie (énergie absorbée ou dégagée) qui se produit quand un atome à l'état gazeux capte un électron*. L'équation qui la représente est

$$X(g) + e^- \longrightarrow X^-(g)$$

où X est un atome d'un élément donné. En accord avec la convention utilisée en thermochimie (*chapitre 6*), on donne une valeur négative à l'affinité électronique quand il y a libération d'énergie et une valeur positive quand il y a absorption d'énergie. Plus l'affinité électronique s'éloigne de zéro en valeur négative (grande exothermicité), plus l'atome a tendance à capter facilement

TABLEAU 8.4
Les affinités électroniques (kJ/mol) des éléments représentatifs*

IA	IIA	IIIA	IVA	VA	VIA	VIIA	VIIIA
H −77							He (21)
Li −58	Be (241)	B −23	C −123	N 0	O −142	F −333	Ne (29)
Na −53	Mg (230)	Al −44	Si −120	P −74	S −200	Cl −348	Ar (35)
K −48	Ca (154)	Ga (−35)	Ge −118	As −77	Se −195	Br −324	Kr (39)
Rb −47	Sr (120)	In −34	Sn −121	Sb −101	Te −190	I −295	Xe (40)
Cs −45	Ba (52)	Tl −48	Pb −101	Bi −100	Po ?	At ?	Rn ?

* Les valeurs entre parenthèses sont des estimations.

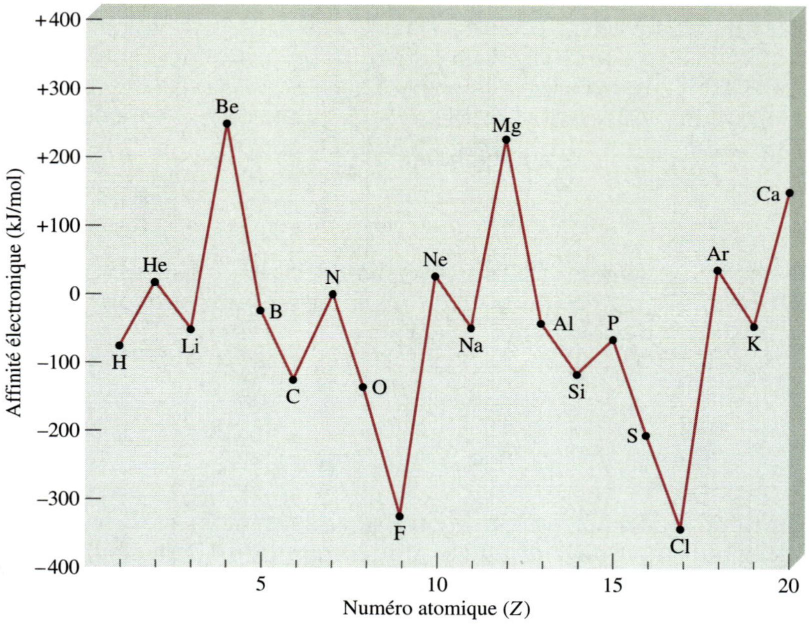

FIGURE 8.10

Variation de l'affinité électronique des 20 premiers éléments en fonction des numéros atomiques.

un électron et plus on dira que son affinité est *grande*. Le tableau 8.4 donne les valeurs de l'affinité électronique de quelques éléments représentatifs et des gaz rares; la figure 8.10 montre la variation des valeurs des affinités électroniques pour les 20 premiers éléments en fonction de leurs numéros atomiques. En général, la tendance à capter un électron augmente (c'est-à-dire que l'exothermicité augmente) de gauche à droite dans une période. Les métaux ont en général des affinités inférieures à celles des non-métaux. À l'intérieur d'un même groupe, l'affinité varie peu. C'est dans le groupe des halogènes (groupe VIIA) que l'on trouve les affinités les plus grandes. Ce n'est pas surprenant quand on pense que, en captant un électron, chaque atome de ce groupe prend la configuration électronique stable du gaz rare qui le suit immédiatement. Par exemple, la configuration électronique de F^- est $1s^22s^22p^6$ ou [Ne]; celle de Cl^- est $[Ne]3s^23p^6$ ou [Ar], etc. Les gaz rares, dont les sous-couches *s* et *p* sont remplies, n'ont pas tendance à capter d'électrons.

L'affinité électronique de l'oxygène est une valeur négative, ce qui signifie que l'oxygène accepte facilement un premier électron supplémentaire.

$$O(g) + e^- \longrightarrow O^-(g)$$

Par contre, l'affinité électronique de l'ion O^-

$$O^-(g) + e^- \longrightarrow O^{2-}(g)$$

a une valeur positive (780 kJ/mol) même si l'ion O^{2-} et le gaz rare Ne sont isoélectroniques. À l'état gazeux, ce processus est difficile parce que l'augmentation de la répulsion électron-électron qui en résulte l'emporte sur la stabilité acquise par la configuration électronique du gaz rare. Cependant, notez que des ions tels les ions O^{2-} sont courants dans les composés ioniques (par exemple, Li_2O et MgO); dans les solides, ces ions sont stabilisés par les cations voisins.

EXEMPLE 8.5

L'affinité électronique des métaux alcalino-terreux

Expliquez pourquoi l'affinité électronique des métaux alcalino-terreux a toujours une valeur positive.

Réponse: La configuration électronique de la couche périphérique des métaux alcalino-terreux est ns^2. Pour le processus

$$M(g) + e^- \longrightarrow M^-(g)$$

où M est un élément du groupe IIA, l'électron additionnel doit se loger dans la sous-couche n*p*, qui subit l'effet d'écran des deux électrons n*s* (les électrons n*p* sont plus loin du noyau que les électrons n*s*). Par conséquent, les métaux alcalino-terreux n'ont pas tendance à capter un électron additionnel.

EXERCICE

Est-il possible que Ar forme l'anion Ar^-?

8.6 LES PROPRIÉTÉS CHIMIQUES DES ÉLÉMENTS DE CHAQUE GROUPE

L'énergie d'ionisation et l'affinité électronique permettent aux chimistes de comprendre les types de réactions des éléments et la nature des composés qu'ils forment. Grâce à ces concepts, on peut étudier systématiquement le comportement chimique des éléments, en portant une attention toute particulière à la relation qui existe entre les propriétés chimiques et les configurations électroniques.

LES TENDANCES GÉNÉRALES DES PROPRIÉTÉS CHIMIQUES

Nous avons dit que les éléments d'un même groupe ont des comportements chimiques similaires parce que les configurations de leurs couches d'électrons périphériques sont similaires. Cette affirmation, bien que juste en général, doit être interprétée avec précaution. Les chimistes savent depuis longtemps que, pour chaque groupe, le premier élément (c'est-à-dire, les éléments de la deuxième période, qui vont du lithium au fluor) est différent des autres éléments de son groupe. Par exemple, le lithium, qui présente beaucoup de propriétés caractéristiques des métaux alcalins, est le seul métal du groupe IA qui ne forme qu'un seul composé avec l'oxygène. Généralement, cette différence s'explique par la taille relativement petite du premier élément de chaque groupe par rapport aux autres éléments de son groupe.

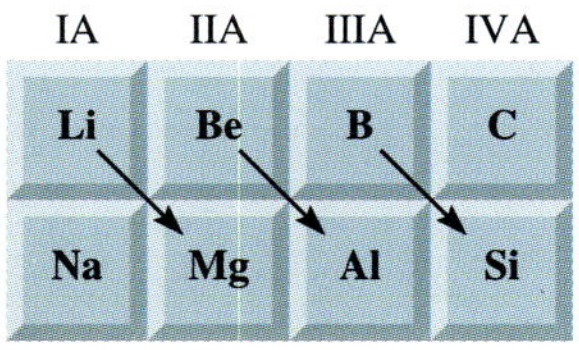

FIGURE 8.11

Parenté diagonale dans le tableau périodique. Cette relation est vérifiée pour le lithium et le magnésium, le béryllium et l'aluminium, le bore et le silicium.

Dans le cas des éléments représentatifs, la **parenté diagonale** représente une autre tendance du comportement chimique. Elle fait référence aux *similitudes qui existent entre deux éléments immédiatement voisins de différents groupes et de différentes périodes du tableau périodique;* ils sont donc placés en diagonale, le premier plus haut à gauche du second plus bas à droite. Plus spécifiquement, les trois premiers membres de la deuxième période (Li, Be, et B) présentent beaucoup de similitudes avec les éléments situés en diagonale sur la période inférieure dans le tableau périodique (*figure 8.11*). À certains égards, la chimie du lithium ressemble à celle du magnésium; cela est également vrai du béryllium et de l'aluminium, de même que du bore et du silicium. Nous verrons plus loin des exemples de cette parenté.

Quand on compare les propriétés des éléments d'un même groupe, il faut se souvenir que la comparaison est plus valable s'il s'agit d'éléments du même type. Par exemple, les éléments des groupes IA et IIA sont tous des métaux; ceux du groupe VIIA sont tous des non-métaux. Par contre, les groupes IIIA à VIA comprennent des non-métaux, des métalloïdes et des métaux. Il est donc naturel qu'il y ait certaines variations des propriétés chimiques à l'intérieur même de ces groupes, bien que ces éléments aient des configurations électroniques périphériques semblables.

Maintenant, voyons les propriétés chimiques de l'hydrogène et des éléments représentatifs.

L'hydrogène ($1s^1$)

Dans le tableau périodique, il n'y a pas de place qui convienne parfaitement à l'hydrogène. Traditionnellement, on le place dans le groupe IA, mais il *ne faut pas* le voir comme un élément de ce groupe. À l'instar des métaux alcalins, l'hydrogène a un unique électron de valence *s*, et il forme un ion de charge 1+ (H^+), qui est hydraté en solution. L'hydrogène peut également former l'ion hydrure (H^-) dans les composés ioniques comme NaH et CaH_2, et, à cet égard, il ressemble aux halogènes, qui forment tous des ions de charge 1− (F^-, Cl^-, Br^- et I^-). Les hydrures ioniques réagissent avec l'eau pour former de l'hydrogène gazeux et l'hydroxyde du métal correspondant:

$$NaH(s) + H_2O(l) \longrightarrow NaOH(aq) + H_2(g)$$

$$CaH_2(s) + 2H_2O(l) \longrightarrow Ca(OH)_2(s) + 2H_2(g)$$

Le composé le plus important de l'hydrogène est évidemment l'eau, qui est formée quand l'hydrogène brûle dans l'air:

$$2H_2(g) + O_2(g) \longrightarrow 2H_2O(l)$$

Les éléments du groupe IA (ns^1, n ≥ 2)

La figure 8.12 montre les éléments du groupe IA, ou métaux alcalins. Tous ces éléments ont une énergie d'ionisation faible; ils ont donc tendance à perdre facilement leur unique électron de valence. En fait, dans la grande majorité de leurs composés, ils forment des ions de charge 1+. Ces métaux sont si réactifs, qu'on ne les retrouve jamais à l'état natif (c'est-à-dire sous forme d'éléments non combinés) dans la nature. Ils réagissent avec l'eau pour former de l'hydrogène gazeux et l'hydroxyde du métal correspondant:

$$2M(s) + 2H_2O(l) \longrightarrow 2MOH(aq) + H_2(g)$$

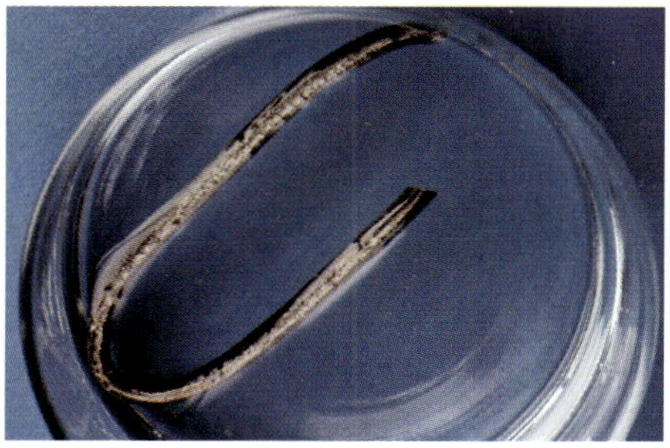
Lithium (Li)

Sodium (Na)

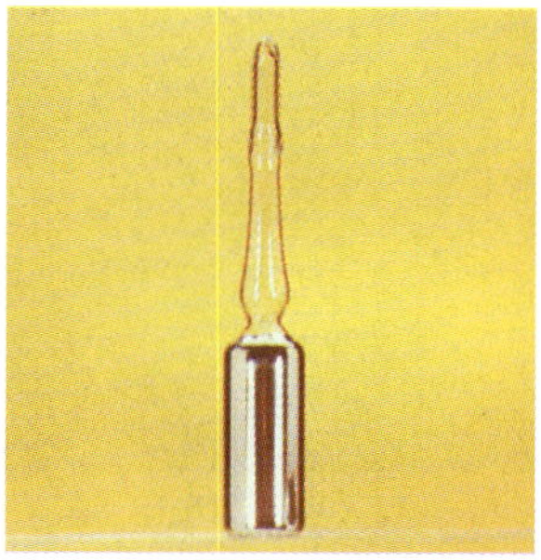
Potassium (K)

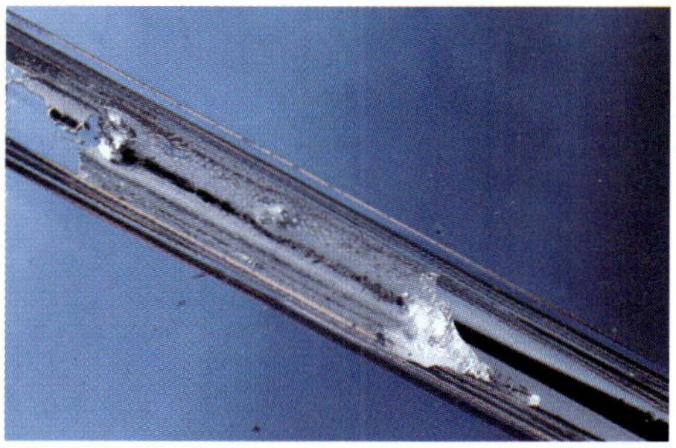
Rubidium (Rb)

Césium (Cs)

FIGURE 8.12

Les éléments du groupe IA: les métaux alcalins. Le francium (non illustré) est un élément radioactif.

où M indique un métal alcalin. Exposés à l'air, ils perdent graduellement leur apparence lustrée en se combinant avec l'oxygène pour former des oxydes. Le lithium forme l'oxyde de lithium (qui contient un ion O^{2-}):

$$4Li(s) + O_2(g) \longrightarrow 2Li_2O(s)$$

Les autres métaux alcalins forment tous des *peroxydes* (qui contiennent l'ion O_2^{2-}) en plus des oxydes. Par exemple:

$$2Na(s) + O_2(g) \longrightarrow Na_2O_2(s)$$

Le potassium, le rubidium et le césium forment également des *superoxydes* (qui contiennent un ion O_2^-):

$$K(s) + O_2(g) \longrightarrow KO_2(s)$$

La raison pour laquelle les métaux alcalins forment différents types d'oxydes en réagissant avec l'oxygène est liée à la stabilité des oxydes à l'état solide. Puisque ces oxydes sont tous des composés ioniques, leur stabilité dépend de la force d'attraction entre les cations et les anions. Le lithium forme préférablement de l'oxyde de lithium parce que ce composé est plus stable que le peroxyde de lithium. La formation des autres oxydes de métal alcalin peut s'expliquer de la même manière.

Les éléments du groupe IIA (ns^2, n ≥ 2)

Be
Mg
Ca
Sr
Ba

La figure 8.13 montre les éléments du groupe IIA. Les métaux alcalino-terreux sont moins réactifs que les métaux alcalins. Leurs énergies de

Béryllium (Be)

Magnésium (Mg)

Calcium (Ca)

Strontium (Sr)

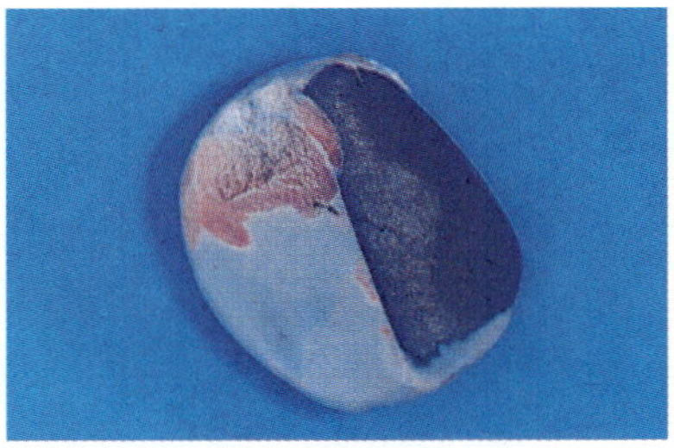
Baryum (Ba)

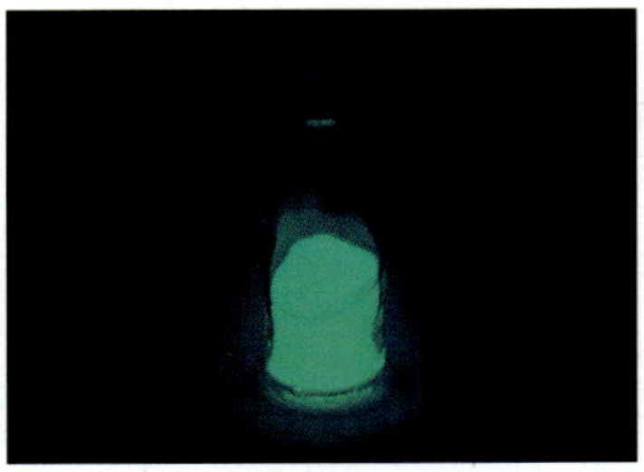
Radium (Ra)

FIGURE 8.13

Les éléments du groupe IIA: les métaux alcalino-terreux.

première et de deuxième ionisations diminuent, du béryllium au baryum. Ils ont tendance à former des ions M^{2+} (où M est un atome d'un métal alcalino-terreux), et le caractère métallique augmente à mesure que l'on descend dans le groupe. La plupart des composés du béryllium (BeH_2 et les halogénures de béryllium, tel $BeCl_2$) et certains composés du magnésium (MgH_2, par exemple) sont covalents et non ioniques. La réactivité des métaux alcalino-terreux avec l'eau varie beaucoup: le béryllium ne réagit pas avec l'eau; le magnésium réagit lentement avec la vapeur d'eau; le calcium, le strontium et le baryum réagissent même avec l'eau froide.

$$\mathrm{Ba}(s) + 2\mathrm{H_2O}(l) \longrightarrow \mathrm{Ba(OH)_2}(aq) + \mathrm{H_2}(g)$$

La réactivité des métaux alcalino-terreux avec l'oxygène augmente de Be à Ba. Le béryllium et le magnésium forment des oxydes (BeO et MgO) seulement à température élevée, alors que CaO, SrO et BaO se forment à la température ambiante.

Le magnésium réagit avec les acides pour libérer de l'hydrogène gazeux:

$$\mathrm{Mg}(s) + 2\mathrm{H^+}(aq) \longrightarrow \mathrm{Mg^{2+}}(aq) + \mathrm{H_2}(g)$$

Le calcium, le strontium et le baryum aussi réagissent avec les acides pour produire de l'hydrogène gazeux. Cependant, puisque ces métaux réagissent aussi avec l'eau, il se produit alors deux réactions simultanées.

Les propriétés chimiques du calcium et du strontium constituent un exemple intéressant de similitude dans un groupe. Le strontium 90, un isotope radioactif, est l'un des principaux produits d'une explosion atomique. Si une bombe atomique explosait dans l'atmosphère, le strontium 90 formé se déposerait sur la terre et dans l'eau, puis pénétrerait dans l'organisme humain par une chaîne alimentaire relativement courte. Par exemple, les vaches mangeraient l'herbe contaminée et boiraient l'eau contaminée, et le strontium 90

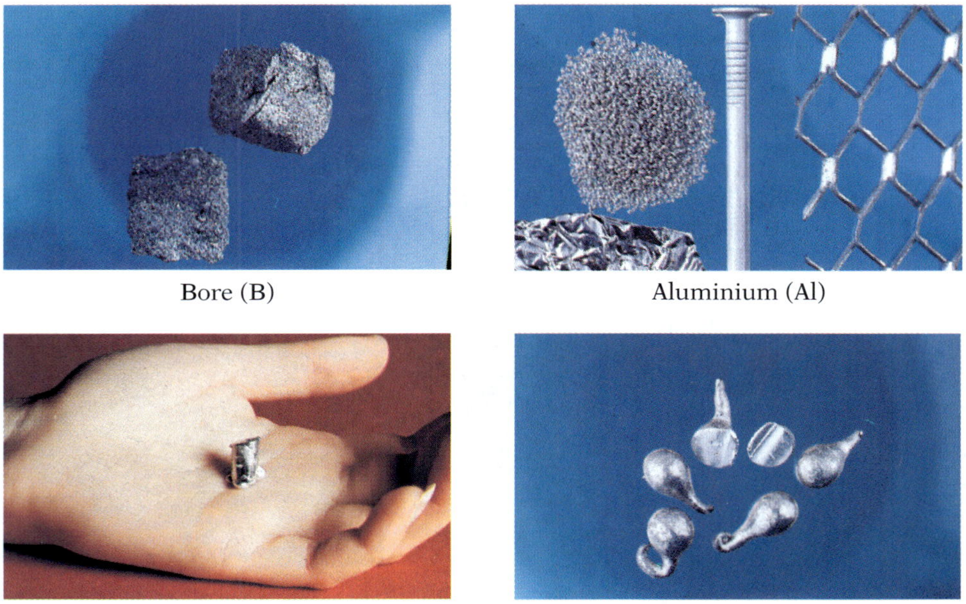

Bore (B) — Aluminium (Al) — Gallium (Ga) — Indium (In)

FIGURE 8.14

Les éléments du groupe IIIA.

se retrouverait dans le lait. Puisque le calcium et le strontium sont chimiquement similaires, les ions Sr^{2+} pourraient remplacer les ions Ca^{2+} dans l'organisme, par exemple dans les os. Une exposition constante du corps aux radiations à haute énergie émises par le strontium 90 peut provoquer l'anémie, la leucémie et d'autres maladies chroniques.

Les éléments du groupe IIIA (ns^2np^1, $n \geq 2$)

B Al Ga In Tl

Le premier élément du groupe IIIA, le bore, est un métalloïde; les autres sont des métaux (*figure 8.14*). Le bore ne forme pas de composés ioniques binaires; il ne réagit pas avec l'oxygène gazeux ni avec l'eau. L'élément suivant, l'aluminium, forme facilement de l'oxyde d'aluminium quand il est exposé à l'air:

$$4Al(s) + 3O_2(g) \longrightarrow 2Al_2O_3(s)$$

L'aluminium, une fois qu'il est recouvert d'une couche protectrice d'oxyde d'aluminium, devient moins réactif. L'aluminium ne forme que des ions de charge 3+. Il réagit avec l'acide chlorhydrique:

$$2Al(s) + 6H^+(aq) \longrightarrow 2Al^{3+}(aq) + 3H_2(g)$$

Les autres éléments métalliques du groupe IIIA forment des ions de charge 1+ ou 3+. On remarque que, de haut en bas dans le groupe, les ions de charge 1+ deviennent plus stables que les ions de charge 3+.

Les éléments métalliques du groupe IIIA forment également de nombreux composés covalents. Par exemple, l'aluminium réagit avec l'hydrogène pour former AlH_3, dont les propriétés ressemblent à celles de BeH_2 (voilà un exemple de parenté diagonale). Ainsi, on remarque chez les éléments représentatifs un changement allant graduellement, de gauche à droite du tableau périodique, du caractère métallique au caractère non métallique.

Carbone (C) (graphite) — Carbone (C) (diamant) — Silicium (Si)

Germanium (Ge) — Étain (Sn) — Plomb (Pb)

FIGURE 8.15

Les éléments du groupe IVA.

Les éléments du groupe IVA (ns^2np^2, n ≥ 2)

C Si Ge Sn Pb

Le premier élément du groupe IVA, le carbone, est un non-métal; les deux suivants, le silicium et le germanium, sont des métalloïdes (*figure 8.15*). Ils ne forment pas de composés ioniques. Les éléments métalliques de ce groupe, l'étain et le plomb, ne réagissent pas avec l'eau, mais ils réagissent avec les acides (l'acide chlorhydrique, par exemple) pour libérer de l'hydrogène gazeux:

$$Sn(s) + 2H^+(aq) \longrightarrow Sn^{2+}(aq) + H_2(g)$$

$$Pb(s) + 2H^+(aq) \longrightarrow Pb^{2+}(aq) + H_2(g)$$

Les éléments du groupe IVA forment des composés dont les degrés d'oxydation sont +2 et +4. Dans le cas du carbone et du silicium, le degré d'oxydation +4 est le plus stable. Par exemple, CO_2 est plus stable que CO; SiO_2 est un composé stable, tandis que SiO n'existe pas dans les conditions normales. Si l'on descend dans le groupe, cependant, cette tendance s'atténue, puis s'inverse. Dans les composés de l'étain, le degré d'oxydation +4 n'est que légèrement plus stable que le degré +2. Dans les composés du plomb, le degré d'oxydation +2 est incontestablement le plus stable. La configuration électronique périphérique du plomb est $6s^26p^2$; le plomb a tendance à perdre seulement les électrons 6*p* (pour former Pb^{2+}) plutôt que les électrons 6*p* et 6*s* (pour former Pb^{4+}).

Les éléments du groupe VA (ns^2np^3, n ≥ 2)

N P As Sb Bi

Dans le groupe VA, l'azote et le phosphore sont des non-métaux, l'arsenic et l'antimoine des métalloïdes, et le bismuth un métal (*figure 8.16*). On peut ainsi s'attendre à une importante variation dans les propriétés à mesure que

FIGURE 8.16

Les éléments du groupe VA. L'azote gazeux est incolore et inodore.

Azote (N_2)

Phosphore blanc et phosphore rouge (P)

Arsenic (As)

Antimoine (Sb)

Bismuth (Bi)

l'on descend dans le groupe. L'azote élémentaire est un gaz diatomique (N_2). Il forme différents oxydes (NO, N_2O, NO_2, N_2O_4 et N_2O_5), dont seul N_2O_5 est un solide; les autres sont des gaz. L'azote a tendance à accepter trois électrons pour former l'ion nitrure, N^{3-} (il atteint ainsi la configuration électronique $2s^22p^6$; N^{3-} et le néon sont isoélectroniques). La plupart des nitrures métalliques (par exemple, Li_3N et Mg_3N_2) sont des composés ioniques. Le phosphore existe sous forme de molécules P_4. Il forme deux oxydes solides dont les formules sont P_4O_6 et P_4O_{10}. Les oxacides HNO_3 et H_3PO_4, deux oxacides importants, sont formés quand les oxydes suivants réagissent avec l'eau:

$$N_2O_5(g) + H_2O(l) \longrightarrow 2HNO_3(aq)$$

$$P_4O_{10}(s) + 6H_2O(l) \longrightarrow 4H_3PO_4(aq)$$

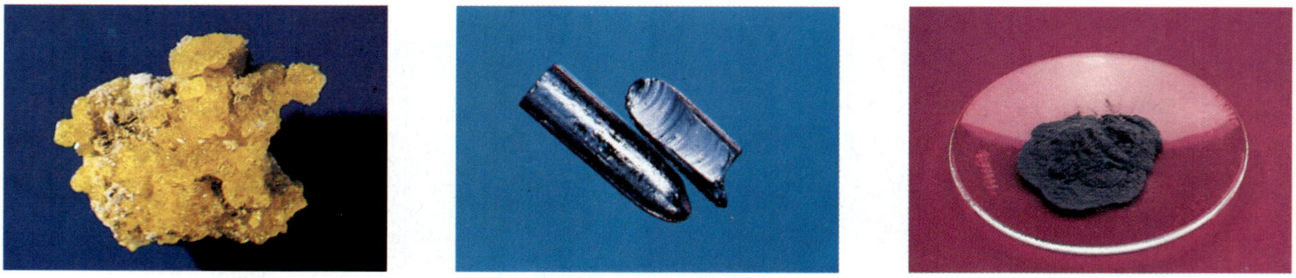

Soufre (S_8) — Sélénium (Se_8) — Tellure (Te)

FIGURE 8.17

Les éléments du groupe VIA: le soufre, le sélénium et le tellure. L'oxygène gazeux est incolore et inodore. Le polonium est un élément radioactif.

L'arsenic, l'antimoine et le bismuth sont des solides structurés en vastes réseaux atomiques. Le bismuth est un métal beaucoup moins réactif que ceux des groupes précédents.

O | S | Se | Te | Po

Les éléments du groupe VIA (ns^2np^4, $n \geq 2$)

Les trois premiers éléments du groupe VIA (l'oxygène, le soufre et le sélénium) sont des non-métaux; les deux derniers (le tellure et le polonium) sont des métalloïdes (*figure 8.17*). L'oxygène est un gaz diatomique; le soufre et le sélénium sont des solides moléculaires dont les formules sont respectivement S_8 et Se_8; le tellure et le polonium sont des solides constitués en vastes réseaux. (Le polonium est un élément radioactif difficile à étudier en laboratoire.) L'oxygène a tendance à capter deux électrons pour former l'ion oxyde (O^{2-}) dans de nombreux composés ioniques. (La configuration électronique de O^{2-} est $1s^22s^22p^6$: donc O^{2-} et Ne sont isoélectroniques.) Le soufre, le sélénium et le tellure aussi forment des anions de charge 2^-: S^{2-}, Se^{2-} et Te^{2-}. Les éléments de ce groupe (en particulier l'oxygène) forment avec les non-métaux un grand nombre de composés covalents. Les principaux composés du soufre sont SO_2, SO_3 et H_2S. Quand du trioxyde de soufre se dissout dans l'eau, il y a formation d'acide sulfurique:

$$SO_3(g) + H_2O(l) \longrightarrow H_2SO_4(aq)$$

F | Cl | Br | I | At

Les éléments du groupe VIIA (ns^2np^5, $n \geq 2$)

Tous les halogènes sont des non-métaux, de formule générale X_2, où X représente un atome d'un halogène (*figure 8.18*). À cause de la grande réactivité de ces éléments, on ne les trouve jamais à l'état natif (sous forme élémentaire dans la nature). Le dernier élément du groupe VIIA est l'astate, un élément radioactif, dont on connaît peu les propriétés. Le fluor est si réactif qu'il réagit avec l'eau pour former de l'oxygène:

$$2F_2(g) + 2H_2O(l) \longrightarrow 4HF(aq) + O_2(g)$$

En fait, la réaction entre le fluor moléculaire et l'eau est assez complexe; les produits formés dépendent des conditions de la réaction. La réaction illustrée

FIGURE 8.18

Les éléments du groupe VIIA: le chlore, le brome et l'iode. Le fluor est un gaz jaune-verdâtre qui attaque le verre. L'astate est un élément radioactif.

ici en est une parmi bien d'autres possibles. Les halogènes ont des énergies d'ionisation élevées et des affinités électroniques qui correspondent à une grande exothermicité. Ces propriétés suggèrent qu'ils formeront préférablement des anions de type X^-. On appelle *halogénures* les anions dérivés des halogènes (F^-, Cl^-, Br^- et I^-). Ces anions et les gaz rares correspondants sont isoélectroniques. Par exemple, F^- et Ne, de même que Cl^- et Ar, sont isoélectroniques. La plupart des halogénures de métaux alcalins et de métaux alcalino-terreux sont des composés ioniques. Les halogènes forment également de nombreux composés covalents entre eux (ICl et BrF_3, par exemple) et avec des éléments non métalliques d'autres groupes (NF_3, PCl_5 et SF_6, par exemple). Les halogènes réagissent avec l'hydrogène pour former des halogénures d'hydrogène:

$$H_2(g) + X_2(g) \longrightarrow 2HX(g)$$

Quand cette réaction met en jeu du fluor, elle est explosive, mais la violence de cette réaction diminue à mesure qu'elle met en jeu un halogène situé plus bas dans la colonne (du chlore à l'iode). Les halogénures d'hydrogène se dissolvent dans l'eau pour former des acides halohydriques. Parmi eux, l'acide fluorhydrique (HF) est un acide faible (c'est-à-dire qu'il est un électrolyte faible), mais les autres acides (HCl, HBr et HI) sont tous forts (ce sont donc des électrolytes forts).

FIGURE 8.19

Tous les gaz rares sont inodores et incolores. Ces photos montrent les couleurs émises par ces gaz dans un tube à décharge.

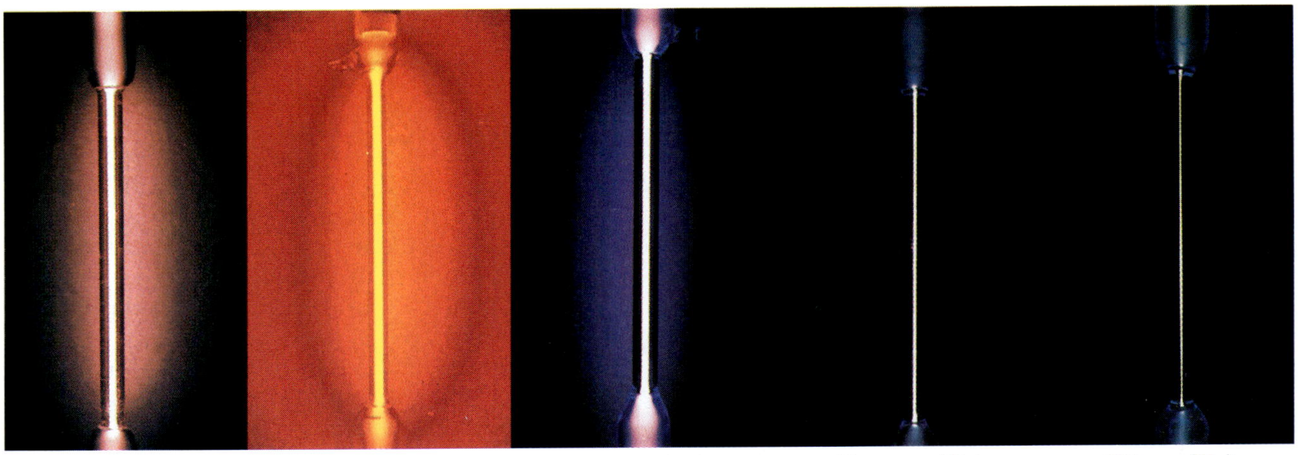

Hélium (He) Néon (Ne) Argon (Ar) Krypton (Kr) Xénon (Xe)

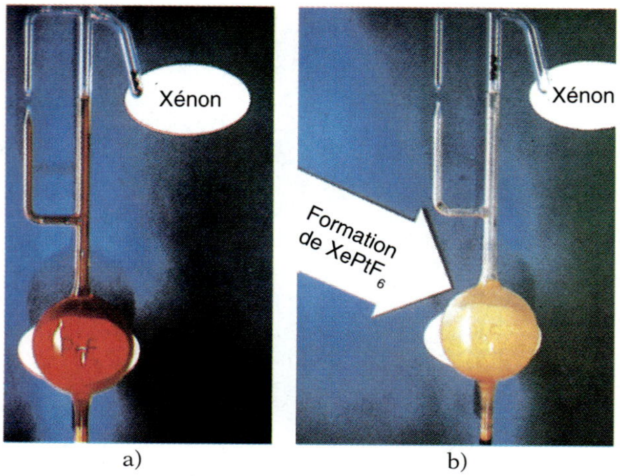

FIGURE 8.20

a) Le xénon (incolore) et le PtF_6 (gaz rouge) séparés l'un de l'autre. b) Quand les deux gaz sont mélangés, il y a formation d'un composé solide jaune-orangé.

Les éléments du groupe VIIIA (ns^2np^6, $n \geq 2$)

Tous les gaz rares sont monoatomiques (*figure 8.19*). Leurs configurations électroniques montrent que leurs atomes présentent des sous-couches n*s* et n*p* périphériques complètement remplies, ce qui leur confère une grande stabilité. (La configuration de l'hélium est $1s^2$.) Les énergies d'ionisation des éléments du groupe VIIIA sont parmi les plus élevées; de plus, ces gaz n'ayant aucune tendance à capter des électrons, leurs valeurs d'affinités électroniques sont presque nulles. Pendant de nombreuses années, on a appelé ces éléments *gaz inertes,* et avec raison. Jusque dans les années soixante, personne n'avait réussi à synthétiser un composé contenant un de ces éléments. Cependant, en 1963, le chimiste britannique Neil Bartlett démolit la vieille conception qu'avaient les chimistes sur ces éléments: en exposant du xénon à de l'hexafluorure de platine, un agent oxydant puissant, la réaction suivante eut lieu (*figure 8.20*):

$$Xe(g) + PtF_6(g) \longrightarrow XePtF_6(s)$$

Depuis lors, on a synthétisé plusieurs composés du xénon (XeF_4, XeO_3, XeO_4, $XeOF_4$) et quelques composés du krypton (par exemple, KrF_2)(*figure 8.21*). Malgré le grand intérêt que suscite la chimie des gaz rares, leurs composés n'ont aucune application commerciale, et ne participent à aucun processus biologique. On ne connaît encore aucun composé de l'hélium, du néon ni de l'argon.

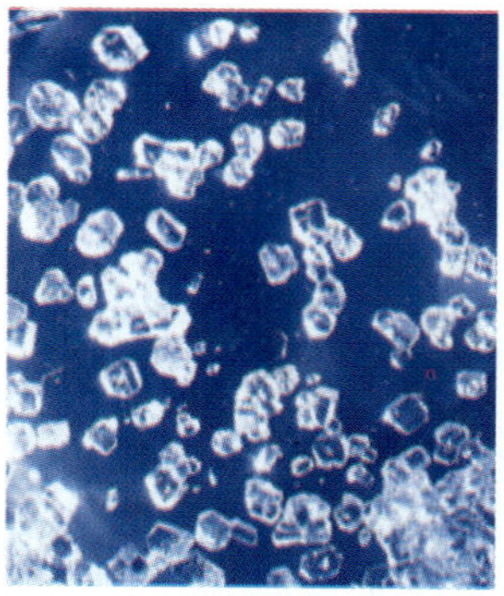

FIGURE 8.21

Cristaux de tétrafluorure de xénon (XeF_4).

LES PROPRIÉTÉS DES OXYDES DANS UNE PÉRIODE

Une façon de comparer les propriétés des éléments représentatifs d'une même période consiste à examiner une série de composés similaires. Puisque l'oxygène se combine avec presque tous les éléments, nous comparerons les oxydes des éléments de la troisième période pour voir la différence entre les métaux, les métalloïdes et les non-métaux. Le tableau 8.5 dresse la liste de quelques caractéristiques générales de ces oxydes.

Nous avons vu plus tôt que l'oxygène a tendance à former des ions oxyde. Cette tendance est grandement favorisée dans les réactions avec les métaux dont l'énergie d'ionisation est basse, à savoir ceux des groupes IA et IIA, ainsi que l'aluminium. Par conséquent, les composés Na_2O, MgO et Al_2O_3 sont ioniques, comme l'indiquent leurs points de fusion et d'ébullition élevés. Ce sont des structures tridimensionnelles formant de vastes réseaux où chaque cation est entouré par un nombre spécifique d'anions, et vice versa. À mesure que l'énergie d'ionisation des éléments augmente, de gauche à droite dans une période, la nature covalente des oxydes formés augmente elle aussi. Le silicium est un métalloïde; son oxyde (SiO_2) aussi forme un immense réseau tridimensionnel, qui ne comporte cependant aucun ion. Les oxydes de phosphore, de soufre et de chlore sont des solides moléculaires formés de petites unités distinctes. Les faibles attractions entre ces unités, les molécules de ces composés, expliquent leurs points de fusion et d'ébullition relativement bas.

La plupart des oxydes sont classés soit comme oxydes acides ou comme oxydes basiques, selon qu'ils produisent des acides ou des bases en se solubilisant dans l'eau ou qu'ils réagissent comme des acides ou des bases dans certains processus. Certains **oxydes** sont ***amphotères,*** ce qui signifie qu'ils *présentent à la fois les propriétés des acides et celles des bases*. Les deux premiers oxydes de la troisième période, Na_2O et MgO, sont des oxydes basiques. Par exemple, Na_2O réagit avec l'eau pour former de l'hydroxyde de sodium (qui est une base):

$$Na_2O(s) + H_2O(l) \longrightarrow 2NaOH(aq)$$

L'oxyde de magnésium est pratiquement insoluble; il ne réagit pas avec l'eau de façon appréciable. Cependant, il réagit avec les acides d'une manière qui ressemble à une réaction acido-basique:

$$MgO(s) + 2HCl(aq) \longrightarrow MgCl_2(aq) + H_2O(l)$$

Notez que les produits de cette réaction sont un sel ($MgCl_2$) et de l'eau, les produits habituels d'une neutralisation acido-basiqe.

L'oxyde d'aluminium est encore moins soluble que l'oxyde de magnésium; lui non plus ne réagit pas avec l'eau. Cependant, il présente des propriétés basiques en réagissant avec des acides:

$$Al_2O_3(s) + 6HCl(aq) \longrightarrow 2AlCl_3(aq) + 3H_2O(l)$$

Il présente également des propriétés acides en réagissant avec des bases:

$$Al_2O_3(s) + 2NaOH(aq) + 3H_2O(l) \longrightarrow 2NaAl(OH)_4(aq)$$

TABLEAU 8.5

Quelques propriétés d'oxydes des éléments de la troisième période

	Na_2O	MgO	Al_2O_3	SiO_2	P_4O_{10}	SO_3	Cl_2O_7
Type du composé	←	ionique	→	←	moléculaire covalent		→
Structure	←	vaste réseau tridimensionnel		→	←	molécules distinctes	→
Point de fusion (°C)	1275	2800	2045	1610	580	16,8	−91,5
Point d'ébullition (°C)	?	3600	2980	2230	?	44,8	82
Propriétés acido-basiques	basique	basique	amphotère	←	acide		→

Ainsi, on considère Al_2O_3 comme un oxyde amphotère parce qu'il possède à la fois les propriétés des acides et celles des bases. Les oxydes ZnO, BeO et Bi_2O_3 sont aussi amphotères.

Le dioxyde de silicium est insoluble et ne réagit pas avec l'eau. Il a cependant des propriétés acides, car il réagit avec des bases très concentrées:

$$SiO_2(s) + 2NaOH(aq) \longrightarrow Na_2SiO_3(aq) + H_2O(l)$$

C'est pourquoi on ne doit pas entreposer des bases concentrées, comme NaOH, dans des contenants de verres comme le pyrex, les verres étant faits de SiO_2.

Les oxydes des autres éléments de la troisième période sont des oxydes acides, non pas parce qu'ils sont eux-mêmes des acides mais parce que leurs réactions avec l'eau donnent de l'acide phosphorique (H_3PO_4), de l'acide sulfurique (H_2SO_4) ou de l'acide perchlorique ($HClO_4$).

$$P_4O_{10}(s) + 6H_2O(l) \longrightarrow 4H_3PO_4(aq)$$

$$SO_3(g) + H_2O(l) \longrightarrow H_2SO_4(aq)$$

$$Cl_2O_7(s) + H_2O(l) \longrightarrow 2HClO_4(aq)$$

Cette brève étude des oxydes des éléments de la troisième période nous démontre que, à mesure que le caractère métallique des éléments diminue (de gauche à droite dans une période), les oxydes de ces éléments sont d'abord basiques, puis amphotères, puis acides. Normalement, les oxydes métalliques sont basiques et la plupart des oxydes non métalliques sont acides. Les propriétés intermédiaires des oxydes (qui sont celles des oxydes amphotères) se retrouvent chez les éléments situés au centre de la période. Notez également que, puisque le caractère métallique des éléments augmente de haut en bas dans un groupe donné d'éléments représentatifs, on devrait s'attendre à ce que les oxydes des éléments à numéro atomique élevé soient plus basiques que ceux des éléments plus légers: c'est effectivement le cas.

RÉSUMÉ

Newlands, Mendeleïev et Meyer sont à l'origine du tableau périodique actuel: ils ont été les premiers à classer les éléments par ordre croissant de leurs masses atomiques. Cependant, cette première version posait quelques problèmes, qui ont été résolus par Moseley; celui-ci a classé les éléments par ordre croissant de leurs numéros atomiques.

Les configurations électroniques influencent directement les propriétés des éléments. Le tableau périodique actuel classe les éléments selon leurs numéros atomiques, et donc selon leurs configurations électroniques. La configuration électronique périphérique (les électrons de valence) influence directement les propriétés des atomes des éléments représentatifs.

Les variations périodiques dans les propriétés physiques des éléments reflètent les différences de structure de ceux-ci. Le caractère métallique des éléments diminue de gauche à droite dans une période (des métaux aux métalloïdes aux non-métaux) et il augmente de haut en bas dans un groupe donné d'éléments représentatifs. La taille de l'atome, définie par le rayon atomique, varie aussi périodiquement; elle diminue de gauche à droite dans une période et elle augmente de haut en bas dans un groupe.

L'énergie d'ionisation est la grandeur qui exprime la facilité (ou la difficulté) à enlever un électron à un atome. Plus cette énergie est élevée, plus le noyau retient l'électron fortement. L'affinité électronique est la grandeur qui exprime la tendance d'un atome à capter un électron. Plus l'exothermicité qui accompagne ce gain d'électron est grande, plus la tendance de l'atome à capter un électron est grande. En général, les métaux ont des énergies d'ionisation faibles (ils cèdent facilement un électron) et les non-métaux ont des affinités électroniques négatives (ils acceptent facilement un électron).

Les gaz rares sont très stables parce que leurs sous-couches n*s* et n*p* périphériques sont complètement remplies. Parmi les éléments représentatifs, les métaux (ceux des groupes IA, IIA et IIIA) ont tendance à perdre des électrons jusqu'à ce que leurs cations et le gaz rare qui les précède dans le tableau périodique soient isoélectroniques; les non-métaux (ceux des groupes VA, VIA et VIIA) ont tendance, eux, à capter des électrons jusqu'à ce que leurs anions et le gaz rare qui les suit dans le tableau périodique soient isoélectroniques.

MOTS CLÉS

Affinité électronique, p. 251
Électrons de valence, p. 239
Éléments représentatifs, p. 238
Énergie d'ionisation, p. 247
Gaz rare, p. 238
Espèce isoélectronique, p. 241
Oxyde amphotère, p. 263
Parenté diagonale, p. 253
Rayon atomique, p. 243
Rayon ionique, p. 245

QUESTIONS ET PROBLÈMES

LE DÉVELOPPEMENT DU TABLEAU PÉRIODIQUE

Questions de révision

8.1 Décrivez brièvement l'importance du tableau périodique de Mendeleïev.

8.2 Quelle est la contribution de Moseley au tableau périodique moderne?

8.3 Donnez les grandes lignes de la manière dont sont disposés les éléments dans le tableau périodique moderne.

8.4 Quelle est, dans le tableau périodique, la relation la plus importante entre les éléments d'un même groupe?

LA CLASSIFICATION PÉRIODIQUE DES ÉLÉMENTS

Questions de révision

8.5 Dites si les éléments suivants sont des métaux, des non-métaux ou des métalloïdes: As, Xe, Fe, Li, B, Cl, Ba, P, I, Si.

8.6 Comparez les propriétés physiques et chimiques des métaux et celles des non-métaux.

8.7 Esquissez à grands traits un tableau périodique. Indiquez où se trouvent les métaux, les non-métaux et les métalloïdes.

8.8 Qu'est-ce qu'un élément représentatif? Nommez-en quatre et donnez leurs symboles.

8.9 Sans l'aide d'un tableau périodique, écrivez le nom et le symbole d'un élément faisant partie de chacun des groupes suivants: IA, IIA, IIIA, IVA, VA, VIA, VIIA, VIIIA et les métaux de transition.

8.10 Dites si les éléments suivants existent sous forme atomique, moléculaire ou sous forme de structure tridimensionnelle en vastes réseaux dans leur état le plus stable à 25 °C et à 1 atm; écrivez la formule empirique ou moléculaire de chacun d'eux: phosphore, iode, magnésium, néon, arsenic, soufre, bore, sélénium et oxygène.

8.11 On vous donne un solide noir et brillant et on vous demande s'il s'agit d'iode ou d'un élément métallique. Suggérez un test non destructif (c'est-à-dire qui ne change pas la nature du solide) qui permettrait de répondre à la question.

8.12 Définissez l'expression «électrons de valence». Le nombre d'électrons de valence d'un élément représentatif est égal au numéro de son groupe. Démontrez que cette affirmation est juste à l'aide des éléments suivants: Al, Sr, K, Br, P, S, C.

8.13 Un atome neutre d'un certain élément possède 17 électrons. Sans consulter un tableau périodique: a) donnez la configuration électronique de cet élément à l'état fondamental, b) classez cet élément, c) dites s'il est diamagnétique ou paramagnétique.

8.14 Dans le tableau périodique, on classe l'hydrogène tantôt avec les métaux alcalins (comme c'est le cas dans ce manuel), tantôt avec les halogènes. Expliquez comment l'hydrogène peut ressembler à la fois aux éléments du groupe IA et à ceux du groupe VIIA.

8.15 Donnez les configurations des électrons périphériques a) des métaux alcalins, b) des métaux alcalino-terreux, c) des halogènes, d) des gaz rares.

8.16 Utilisez les éléments de la première série des métaux de transition (de Sc à Cu) pour illustrer les caractéristiques des configurations électroniques des métaux de transition.

Problèmes

8.17 Regroupez par deux les configurations électroniques suivantes pour que dans chaque paire les atomes qu'elles représentent aient des propriétés chimiques similaires:

a) $1s^22s^22p^63s^2$

b) $1s^22s^22p^3$

c) $1s^22s^22p^63s^23p^64s^23d^{10}4p^6$

d) $1s^22s^2$

e) $1s^22s^22p^6$

f) $1s^22s^22p^63s^23p^3$

8.18 Regroupez par deux les configurations électroniques suivantes pour que dans chaque paire les atomes qu'elles représentent aient des propriétés chimiques similaires:

a) $1s^22s^22p^5$

b) $1s^22s^1$

c) $1s^22s^22p^6$

d) $1s^22s^22p^63s^23p^5$

e) $1s^22s^22p^63s^23p^64s^1$

f) $1s^22s^22p^63s^23p^64s^23d^{10}4p^6$

8.19 Sans consulter un tableau périodique, écrivez les configurations électroniques des éléments dont les numéros atomiques sont les suivants: a) 9, b) 20, c) 26, d) 33. Classez ensuite ces éléments selon les catégories qui correspondent aux types de sous-couches en voie de remplissage.

8.20 Dites dans quel groupe du tableau périodique se trouve chacun des éléments suivants: a) $[Ne]3s^1$, b) $[Ne]3s^23p^3$, c) $[Ne]3s^23p^6$, d) $[Ar]4s^23d^8$.

8.21 Un ion M^{2+} dérivé d'un métal de la première série de métaux de transition possède quatre électrons dans sa couche externe et ces quatre électrons sont tous dans la sous-couche $3d$. De quel élément s'agit-il?

8.22 Un ion métallique de charge nette de 3+, dérivé d'un métal de la première série de métaux de transition, possède cinq électrons dans la sous-couche $3d$. De quel ion métallique s'agit-il?

LA CONFIGURATION ÉLECTRONIQUE DES IONS

Questions de révision

8.23 Quelle est la caractéristique de la configuration électronique des ions stables formés à partir des éléments représentatifs?

8.24 Que veut-on dire quand on affirme que deux ions (ou un atome et un ion) sont isoélectroniques?

8.25 Qu'y a-t-il de faux dans l'affirmation suivante: « Les atomes de l'élément X et les atomes de l'élément Y sont isoélectroniques »?

8.26 Donnez trois exemples d'ions de métaux de transition de la première série (de Sc à Cu) dont les configurations électroniques sont représentées par une carcasse d'argon.

Problèmes

8.27 Donnez les configurations électroniques à l'état fondamental des ions suivants: a) Li^+, b) H^-, c) N^{3-}, d) F^-, e) S^{2-}, f) Al^{3+}, g) Se^{2-}, h) Br^-, i) Rb^+, j) Sr^{2+}, k) Sn^{2+}.

8.28 Donnez les configurations électroniques à l'état fondamental des ions suivants, qui jouent des rôles biochimiques importants dans le corps humain: a) Na^+, b) Mg^{2+}, c) Cl^-, d) K^+, e) Ca^{2+}, f) Fe^{2+}, g) Cu^{2+}, h) Zn^{2+}.

8.29 Donnez les configurations électroniques à l'état fondamental des ions suivants dérivés de métaux de transition: a) Sc^{3+}, b) Ti^{4+}, c) V^{5+}, d) Cr^{3+}, e) Mn^{2+}, f) Fe^{2+}, g) Fe^{3+}, h) Co^{2+}, i) Ni^{2+}, j) Cu^+, k) Cu^{2+}, l) Ag^+, m) Au^+, n) Au^{3+}, o) Pt^{2+}.

8.30 Nommez les ions de charge 3+ qui ont les configurations électroniques suivantes: a) $[Ar]3d^3$, b) [Ar], c) $[Kr]4d^6$, d) $[Xe]4f^{14}5d^6$.

8.31 Formez, à partir des espèces suivantes, toutes les combinaisons de celles qui sont isoélectroniques: C, Cl^-, Mn^{2+}, B^-, Ar, Zn, Fe^{3+}, Ge^{2+}.

8.32 Regroupez les espèces qui sont isoélectroniques: Be^{2+}, F^-, Fe^{2+}, N^{3-}, He, S^{2-}, Co^{3+}, Ar.

LA VARIATION PÉRIODIQUE DES PROPRIÉTÉS PHYSIQUES

Questions de révision

8.33 Dites ce qu'est le rayon atomique. Est-ce que la taille d'un atome est une grandeur facilement évaluable à partir de son nuage électronique?

8.34 De quelle façon varie le rayon atomique quand on va a) de gauche à droite dans une période et b) de haut en bas dans un groupe?

8.35 Dites ce qu'est le rayon ionique. Comparez la taille d'un anion et celle de l'atome à partir duquel cet anion a été formé. Faites de même pour un cation.

8.36 Expliquez pourquoi, dans le cas d'ions isoélectroniques, les anions sont plus gros que les cations.

Problèmes

8.37 En vous basant sur sa position dans le tableau périodique, dites quel atome a le rayon le plus grand dans chacune des paires suivantes: a) Na, Cs; b) Be, Ba; c) N, Sb; d) F, Br; e) Ne, Xe.

8.38 Classez les atomes suivants par ordre décroissant de leurs rayons atomiques: Na, Al, P, Cl, Mg.

8.39 Quel est l'atome le plus gros du groupe IVA?

8.40 Quel est l'atome le plus petit du groupe VIIA?

8.41 Pourquoi le rayon d'un atome de lithium est-il beaucoup plus grand que celui d'un atome d'hydrogène?

8.42 Utilisez la deuxième période du tableau périodique pour illustrer le fait que la taille des atomes diminue quand on va de gauche à droite. Expliquez cette variation.

8.43 Dans chacune des paires suivantes, indiquez quelle espèce est la plus petite: a) Cl et Cl^-; b) Na et Na^+; c) O^{2-} et S^{2-}; d) Mg^{2+} et Al^{3+}; e) Au^+ et Au^{3+}.

8.44 Classez les ions suivants par ordre croissant de leurs rayons: N^{3-}, Na^+, F^-, Mg^{2+}, O^{2-}.

8.45 Dites lequel de ces deux ions est le plus gros et pourquoi: Cu^+ et Cu^{2+}.

8.46 Dites lequel de ces deux anions est le plus gros et pourquoi: Se^{2-} et Te^{2-}.

8.47 Dites dans quel état physique (gazeux, liquide ou solide) se trouve chacun des éléments représentatifs suivants de la quatrième période à 1 atm et à 25 °C: K, Ca, Ga, Ge, As, Se et Br.

8.48 Les points d'ébullition du néon et du krypton sont respectivement −245,9 °C et −152,9 °C. À l'aide de ces données, estimez le point d'ébullition de l'argon. (*Indice:* les propriétés de l'argon sont intermédiaires entre celles du néon et du krypton.)

L'ÉNERGIE D'IONISATION

Questions de révision

8.49 Expliquez ce qu'est l'énergie d'ionisation. Pourquoi mesure-t-on habituellement l'énergie d'ionisation à l'état gazeux? Pourquoi, pour tous les éléments, l'énergie de deuxième ionisation est-elle toujours supérieure à l'énergie de première ionisation?

8.50 Faites un schéma du tableau périodique et montrez les tendances des énergies de première ionisation des éléments dans un groupe et dans une période. Pour quel type d'éléments l'énergie de première ionisation est-elle la plus élevée et pour quel type est-elle la moins élevée?

Problèmes

8.51 Utilisez la troisième période du tableau périodique pour illustrer la variation, de gauche à droite, des énergies de première ionisation des éléments. Expliquez cette tendance.

8.52 Dans une période donnée, l'énergie d'ionisation augmente habituellement de gauche à droite. Alors, pourquoi l'énergie d'ionisation de l'aluminium est-elle plus basse que celle du magnésium?

8.53 Les énergies de première et de deuxième ionisation de K sont respectivement de 419 kJ/mol et de 3052 kJ/mol; celles de Ca sont de 590 kJ/mol et de 1145 kJ/mol. Comparez ces valeurs et expliquez leurs différences.

8.54 Deux atomes ont les configurations électroniques suivantes: $1s^22s^22p^6$ et $1s^22s^22p^63s^1$. L'énergie de première ionisation de l'un d'eux est de 2080 kJ/mol et celle de l'autre est de 496 kJ/mol. Associez chacune de ces énergies à l'une des configurations données. Justifiez votre réponse.

8.55 Un ion hydrogénoïde est un ion qui ne contient qu'un électron. L'énergie de l'électron dans un tel ion est donnée par:

$$E_\mathrm{n} = -(2{,}18 \times 10^{-18}\ \mathrm{J})\, Z^2 \left(\frac{1}{\mathrm{n}^2}\right)$$

où n est le nombre quantique principal et *Z* est le numéro atomique de l'élément. Calculez l'énergie d'ionisation (en kilojoules par moles) de l'ion He^+.

8.56 Le plasma est un état de la matière dans lequel un système gazeux est constitué d'ions positifs et d'électrons. À l'état de plasma, un atome de mercure serait dépossédé de ses 80 électrons et serait sous forme Hg^{80+}. À l'aide de l'équation donnée au problème 8.55, calculez l'énergie requise pour atteindre le dernier état d'ionisation, à savoir

$$Hg^{79+}(g) \longrightarrow Hg^{80+}(g) + e^-.$$

L'AFFINITÉ ÉLECTRONIQUE

Questions de révision

8.57 a) Définissez l'expression «affinité électronique». Pourquoi est-ce à l'état gazeux que l'on détermine habituellement l'affinité électronique des atomes? b) Pourquoi l'énergie d'ionisation est-elle toujours une quantité positive, alors que l'affinité électronique peut être positive ou négative?

8.58 Expliquez les tendances dans les affinités électroniques que l'on peut observer pour les éléments allant de l'aluminium au chlore (*voir tableau 8.4*).

Problèmes

8.59 Classez les éléments suivants par ordre croissant d'affinité électronique exothermique: a) Li, Na, K ; b) F, Cl, Br, I.

8.60 D'après vous, lequel des éléments suivants a la plus grande affinité électronique: He, K, Co, S, Cl?

8.61 D'après les valeurs des affinités électroniques des métaux alcalins, croyez-vous qu'il soit possible que l'un de ces métaux forme un anion du type M^-, où M est un métal alcalin?

8.62 Pourquoi les métaux alcalins ont-ils une plus grande affinité électronique que les métaux alcalino-terreux?

LA VARIATION DES PROPRIÉTÉS CHIMIQUES

Questions de révision

8.63 Qu'entend-on par l'expression «parenté diagonale»? Donnez deux paires d'éléments qui illustrent cette relation.

8.64 Quels éléments sont les plus susceptibles de former des oxydes acides? des oxydes basiques? des oxydes amphotères?

Problèmes

8.65 À l'aide d'exemples choisis parmi les métaux alcalins et les métaux alcalino-terreux, démontrez comment on peut prédire les propriétés chimiques des éléments simplement d'après leurs configurations électroniques.

8.66 Selon vos connaissances en chimie des métaux alcalins, prédisez quelques propriétés chimiques du francium, le dernier élément de ce groupe.

8.67 Pourquoi les gaz rares constituent-ils un groupe d'éléments chimiquement très stables (seuls Kr et Xe forment quelques composés)?

8.68 Pourquoi les éléments du groupe IB sont-ils plus stables que ceux du groupe IA, même s'ils semblent avoir la même configuration électronique périphérique ns^1, où n est le nombre quantique principal de la couche périphérique?

8.69 Comment les propriétés chimiques des oxydes varient-elles de gauche à droite dans une période? de haut en bas dans un groupe?

8.70 Prédisez les réactions entre l'eau et chacun des oxydes suivants, et donnez-en l'équation équilibrée: a) Li_2O, b) CaO, c) CO_2.

8.71 Donnez les formules et les noms des composés binaires formés d'hydrogène et d'un élément de la deuxième période (de Li à F). Décrivez les variations des propriétés chimiques et physiques de ces composés à partir de celui formé par Li jusqu'à celui formé par F (de gauche à droite dans la période).

8.72 Lequel des oxydes suivants est le plus basique, MgO ou BaO? Justifiez votre réponse.

PROBLÈMES VARIÉS

8.73 Indiquez si généralement, de gauche à droite dans une période et de haut en bas dans un groupe, chacune des propriétés suivantes des éléments représentatifs augmente ou diminue: a) le caractère métallique, b) la taille atomique, c) l'énergie d'ionisation, d) l'acidité des oxydes.

8.74 En vous aidant du tableau périodique, nommez: a) l'élément du groupe des halogènes de la quatrième période, b) un élément dont les propriétés chimiques sont semblables à celles du phosphore, c) le métal le plus réactif de la cinquième période, d) un élément dont le numéro atomique est inférieur à 20 et qui est semblable au strontium.

8.75 Pourquoi les éléments dont l'énergie d'ionisation est élevée ont-ils habituellement une grande affinité électronique (forte exothermicité)?

8.76 Classez les espèces isoélectroniques suivantes par ordre croissant a) de leurs rayons ioniques et b) de leurs énergies d'ionisation: O^{2-}, F^-, Na^+, Mg^{2+}.

8.77 Écrivez les formules empiriques (ou moléculaires) des composés que formeraient les éléments de la troisième période (du sodium au chlore) avec a) l'oxygène moléculaire et b) le chlore moléculaire. Pour chacun des cas, indiquez si le composé est ionique ou moléculaire covalent.

8.78 L'élément M est un métal brillant et très réactif (point de fusion: 63 °C); l'élément X est un non-métal très réactif (point de fusion: −7,2 °C). M et X réagissent entre eux pour former le composé MX, qui est un solide cassant incolore dont le point de fusion est 734 °C. Quand il est dissous dans l'eau ou quand il est fondu, le composé conduit l'électricité. Quand du chlore gazeux passe dans une solution aqueuse de MX, il y a apparition d'un liquide brun-rouge et formation d'ions Cl^-. À partir de ces données, identifiez M et X. (Pour vérifier votre réponse, vous aurez peut-être besoin de consulter un manuel de données de chimie où l'on trouve les points de fusion, par exemple le *Handbook of Chemistry and Physics,* CRC Press ed)

8.79 Associez chacun des éléments de droite à sa description à gauche:

a) Liquide rouge foncé.	Calcium (Ca)
b) Gaz incolore qui brûle dans l'oxygène gazeux.	Or (Au)
c) Métal réactif qui réagit avec l'eau.	Hydrogène (H_2)
d) Métal brillant utilisé en joaillerie.	Argon (Ar)
e) Gaz totalement inerte.	Brome (Br_2)

8.80 Classez les espèces suivantes en paires isoélectroniques: O^+, Ar, S^{2-}, Ne, Zn, Cs^+, N^{3-}, As^{3+}, N, Xe.

8.81 Dans lequel des ensembles suivants les espèces sont-elles inscrites par ordre décroissant de leurs rayons? a) Be, Mg, Ba; b) N^{3-}, O^{2-}, F^-; c) Tl^{3+}, Tl^{2+}, Tl^+.

8.82 Lesquelles des propriétés suivantes présentent une variation périodique évidente? a) L'énergie de première ionisation. b) La masse molaire des éléments. c) Le nombre d'isotopes par élément. d) Le rayon atomique.

8.83 Quand on fait passer du dioxyde de carbone dans une solution limpide d'hydroxyde de calcium, la solution devient laiteuse. Écrivez l'équation de cette réaction et expliquez en quoi cette réaction indique que CO_2 est un oxyde acide.

8.84 On vous donne quatre substances: un liquide rouge fumant, un solide foncé d'apparence métallique, un gaz jaune pâle et un gaz vert jaunâtre qui réagit avec le verre. On vous dit que ces substances sont les quatre premiers éléments du groupe VIIA, les halogènes. Identifiez chaque halogène d'après les propriétés citées.

8.85 Pour chacune des paires d'éléments suivantes, donnez trois propriétés qui illustrent leurs ressemblances chimiques: a) le sodium et le potassium; b) le chlore et le brome.

8.86 Quel élément forme, dans des conditions adéquates, des composés avec tous les autres éléments du tableau périodique sauf avec He, Ne et Ar?

8.87 Expliquez pourquoi la première affinité électronique du soufre est de −200 kJ/mol, alors que sa deuxième est de +649 kJ/mol.

8.88 L'ion H^- et l'atome He ont chacun deux électrons 1*s*. Laquelle de ces deux espèces est la plus grosse? Justifiez votre réponse.

8.89 Les oxydes acides sont ceux qui réagissent avec l'eau pour former des solutions acides, tandis que les oxydes basiques réagissent avec l'eau pour former des solutions basiques. Les oxydes non-métalliques sont habituellement acides, tandis que les oxydes métalliques sont basiques. Prédisez les produits formés entre les oxydes suivants et l'eau: Na_2O, BaO, CO_2, N_2O_5, P_4O_{10}, SO_3. Écrivez l'équation de chacune de ces réactions.

8.90 Écrivez les formules et les noms des oxydes des éléments de la deuxième période (de Li à N). Dites si ces oxydes sont acides, basiques ou amphotères.

Réponses aux exercices: 8.1 a) [Ar]4s^2, b) élément représentatif, c) diamagnétique; **8.2** Li > Be > C; **8.3** a) Li^+, b) Au^{3+}, c) N^{3-}; **8.4** a) N, b) Mg; **8.5** Non.

CHAPITRE 9

LA LIAISON CHIMIQUE I: LA LIAISON COVALENTE

9.1
La notation de Lewis

9.2
La liaison covalente

9.3
L'électronégativité
L'électronégativité et le nombre d'oxydation

9.4
Les règles d'écriture des structures de Lewis

9.5
La charge formelle et les structures de Lewis

9.6
Le concept de résonance

9.7
Les exceptions à la règle de l'octet
L'octet incomplet • Les molécules à nombre impair d'électrons • L'octet étendu

9.8
La force de la liaison covalente
L'utilisation des énergies de liaison en thermochimie

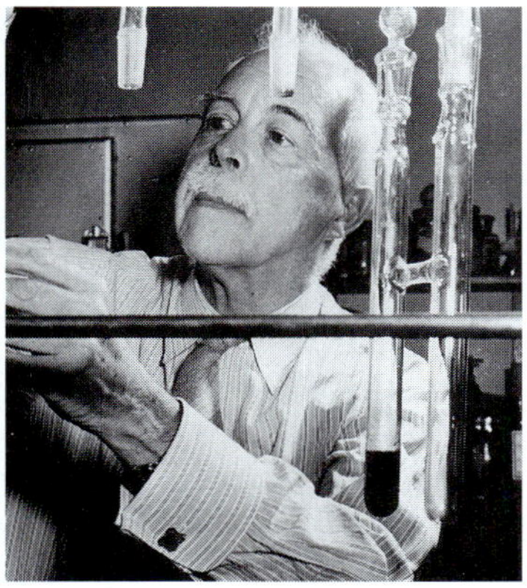

Le professeur Lewis dans son laboratoire.

C'est en donnant un cours d'introduction à la chimie que Gilbert N. Lewis aurait eu l'idée que les atomes forment des molécules en partageant des électrons: cette hypothèse pouvait expliquer le fait que certains composés sont plus stables que les éléments qui les constituent. À partir de cette idée, Lewis développa la règle de l'octet, qui s'avéra très utile pour expliquer les propriétés et les réactions des composés.

Né en 1875, Lewis grandit dans le Nebraska. Après avoir étudié à l'université Harvard et en Europe, il enseigna au Massachusetts Institute of Technology, puis à l'université de Californie, à Berkeley, en 1912. Il fit du département de chimie de cette université l'une des meilleures institutions d'enseignement et de recherche du monde.

Bien qu'on le connaisse mieux pour son travail sur les liaisons chimiques, Lewis a aussi largement contribué à la connaissance des acides et des bases, de la thermodynamique et de la spectroscopie (étude de l'interaction entre la lumière et la matière). De plus, il fut le premier à préparer de l'eau lourde (D_2O) et à en étudier les propriétés. Malgré ses succès marqués, Lewis n'a jamais remporté de prix Nobel. Il est mort en 1946.

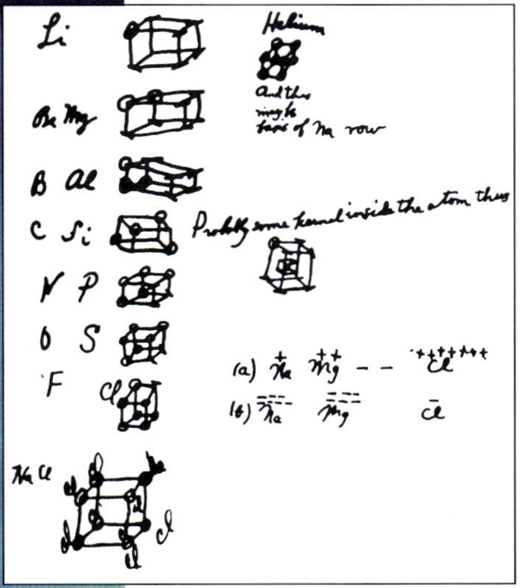

Lewis illustra pour la première fois le concept de règle de l'octet au verso d'une enveloppe.

9.1 LA NOTATION DE LEWIS

Le développement du tableau périodique et le concept de configuration électronique ont permis aux chimistes d'expliquer la formation des molécules et des composés. Cette explication, conçue par le chimiste américain Gilbert Lewis, est basée sur le fait que les atomes réagissent entre eux pour arriver à une configuration électronique plus stable. Un atome acquiert le maximum de stabilité quand sa configuration électronique est celle d'un gaz rare.

Quand des atomes interagissent pour former une liaison chimique, seules leurs couches périphériques entrent en contact. C'est pourquoi, dans l'étude des liaisons chimiques, ce sont les électrons de valence qui nous intéressent. Pour rendre compte du comportement des électrons de valence dans une réaction chimique et s'assurer que le nombre total d'électrons ne change pas, les chimistes utilisent un système établi par Lewis, appelé ***notation de Lewis;*** c'est une *représentation d'un élément par son symbole entouré de points qui représentent les électrons de valence*. La figure 9.1 montre la notation de Lewis des éléments représentatifs des groupes IA à VIIA et celles des gaz rares. Notez que, à l'exception de l'hélium, le nombre d'électrons de valence dans chaque atome est équivalent au numéro de son groupe. Par exemple, Li appartient au groupe IA et a un point pour son électron de valence; Be, du groupe IIA, a deux électrons de valence (deux points), etc. Comme les éléments d'un même groupe ont tous la même configuration électronique périphérique, ils ont donc la même notation de Lewis. Les métaux de transition, les lanthanides et les actinides, qui ont tous des couches internes incomplètes, ne peuvent généralement pas être représentés à l'aide de la notation de Lewis.

Dans ce chapitre, nous apprendrons à utiliser les configurations électroniques et le tableau périodique pour prédire le nombre de liaisons que peut former un atome d'une espèce d'élément, ainsi que la stabilité du produit.

9.2 LA LIAISON COVALENTE

Bien que le concept de molécule remonte au XVIIe siècle, ce n'est qu'au début du XXe siècle que les chimistes ont commencé à comprendre comment et pourquoi se forment les molécules. La première percée importante dans ce domaine fut la suggestion de Gilbert Lewis sur le partage d'électrons par les atomes dans une liaison chimique. Il fit le diagramme suivant pour illustrer la formation de la liaison chimique dans H_2:

$$H\cdot + \cdot H \longrightarrow H:H$$

Ce type de doublet électronique représente une ***liaison covalente,*** *une liaison dans laquelle deux électrons sont partagés par deux atomes*. Pour simplifier, on représente souvent la paire d'électrons partagés par un petit trait. On peut alors représenter la liaison covalente dans la molécule d'hydrogène par H—H. Dans une liaison covalente, chaque électron du doublet partagé est attiré par les noyaux des deux atomes: c'est cette attraction qui maintient ensemble les deux atomes de H_2. On peut appliquer le même principe à la formation des liaisons covalentes dans les autres molécules.

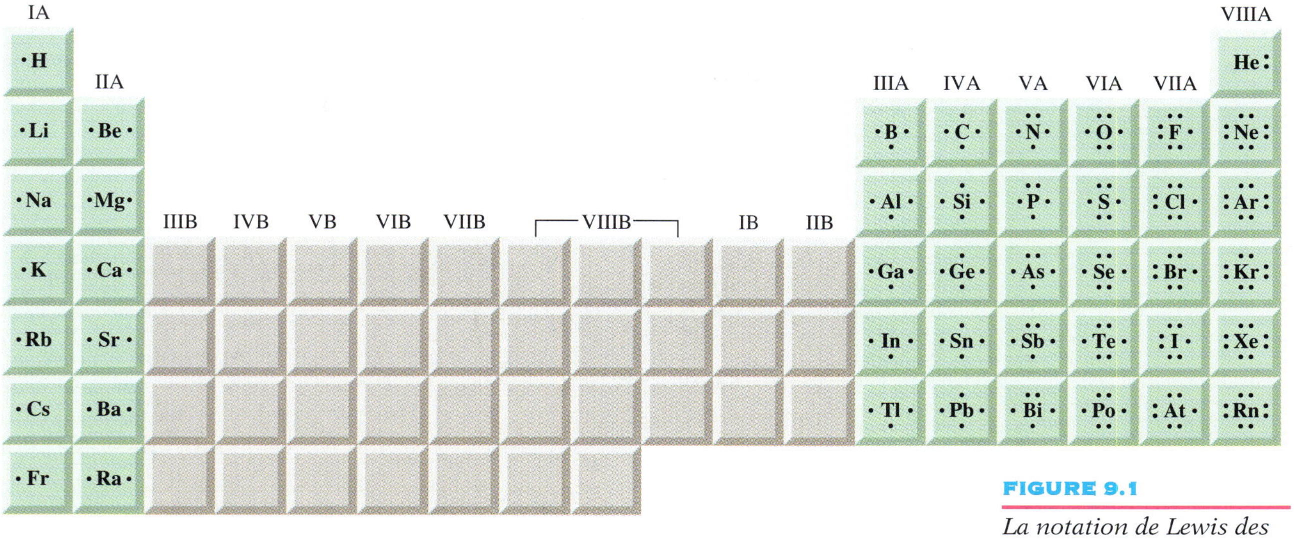

FIGURE 9.1

La notation de Lewis des éléments représentatifs et des gaz rares. Le nombre de points non appariés correspond au nombre de liaisons qu'un atome de cet élément peut former dans un composé.

Dans le cas des atomes polyélectroniques, la liaison covalente ne met en jeu que les électrons de valence. Prenons comme exemple la molécule de fluor, F_2; la configuration électronique de F est $1s^2 2s^2 2p^5$. Les électrons $1s$ sont à un niveau inférieur d'énergie et restent la plupart du temps près du noyau; ils ne participent donc pas à la formation de la liaison. On dit alors que chaque atome F a sept électrons de valence (les électrons $2s$ et $2p$). À la figure 9.1, on voit que F n'a qu'un seul électron célibataire; on peut donc représenter la formation de la molécule F_2 de la manière suivante:

Notez qu'il n'y a que deux électrons de valence qui participent à la formation de F_2. Les *électrons qui ne participent pas à la formation d'une liaison covalente* s'appellent ***électrons non liants;*** on dit aussi ***doublets libres.*** Ainsi, chaque atome dans F_2 a trois doublets d'électrons libres:

Les diagrammes utilisés pour représenter H_2 et F_2 s'appellent structures de Lewis. Une ***structure de Lewis*** est une *représentation des liaisons covalentes par la notation de Lewis où les doublets liants sont illustrés par de petits traits ou par des paires de points entre deux atomes; quant aux doublets libres, ils sont illustrés par des paires de points associées à chacun des atomes.* Seuls les électrons de valence sont illustrés dans une structure de Lewis.

Maintenant, voyons la structure de Lewis de la molécule d'eau. La figure 9.1 montre que l'oxygène a deux électrons célibataires représentés par deux points isolés; on peut donc s'attendre à ce que O forme deux liaisons covalentes. De son côté, l'atome d'hydrogène ne peut former qu'une liaison covalente puisqu'il n'a qu'un seul électron. Donc, la structure de Lewis de la molécule d'eau est

Dans ce cas, l'atome O a deux doublets libres. L'atome d'hydrogène, lui, n'en a pas parce que son unique électron participe à la liaison covalente.

Dans les molécules F_2 et H_2O, les atomes F et O acquièrent la configuration stable des gaz rares en partageant des électrons:

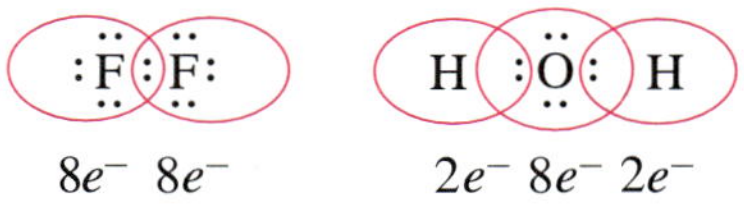

La formation de ces molécules illustre la ***règle de l'octet,*** formulée par Lewis: *tout atome, sauf l'hydrogène, a tendance à former des liaisons jusqu'à ce qu'il soit entouré de huit électrons de valence.* Autrement dit, il se forme une liaison covalente chaque fois qu'un atome n'a pas assez d'électrons pour former un octet complet; le partage d'électrons dans les liaisons covalentes permet donc aux deux atomes de compléter leurs octets. Dans le cas de l'hydrogène, il doit atteindre la configuration électronique de l'hélium, c'est-à-dire posséder deux électrons.

La règle de l'octet vaut principalement pour les éléments de la deuxième période. Ces éléments n'ont que des sous-couches 2*s* et 2*p*, qui peuvent contenir un total de huit électrons. Quand un atome de l'un de ces éléments forme un composé covalent, il peut acquérir la configuration électronique du gaz rare [Ne] en partageant des électrons avec les autres atomes de la molécule. Cependant, comme nous le verrons plus tard, il y a, à la règle de l'octet, nombre d'exceptions importantes que nous devrons expliquer plus loin par un modèle plus approfondi concernant la nature des liaisons chimiques.

Deux atomes maintenus ensemble par un doublet d'électrons sont dits associés par une ***liaison simple.*** Dans de nombreux composés, *deux atomes partagent deux ou plus de deux doublets d'électrons:* on parle alors de ***liaison multiple.*** Si *deux atomes partagent deux doublets d'électrons,* on dit qu'ils forment une ***liaison double.*** Par exemple, on trouve une liaison double dans la molécule du dioxyde de carbone (CO_2):

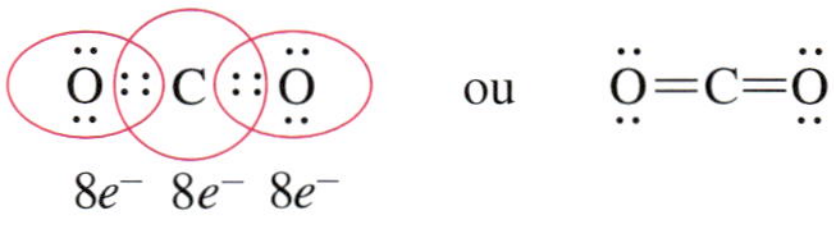

et dans la molécule d'éthylène (ou éthène) (C_2H_4):

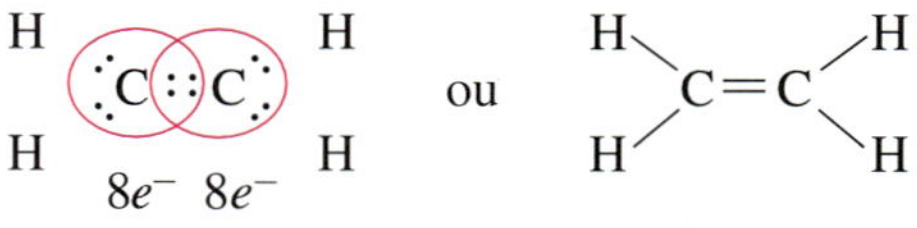

Quand *deux atomes partagent trois doublets d'électrons,* on dit qu'ils forment une ***liaison triple,*** comme dans la molécule d'azote (N_2):

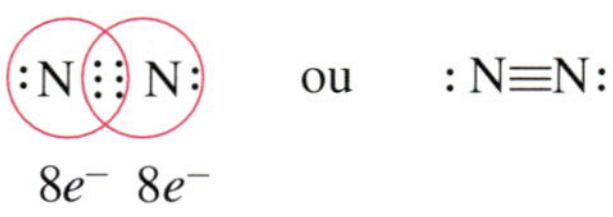

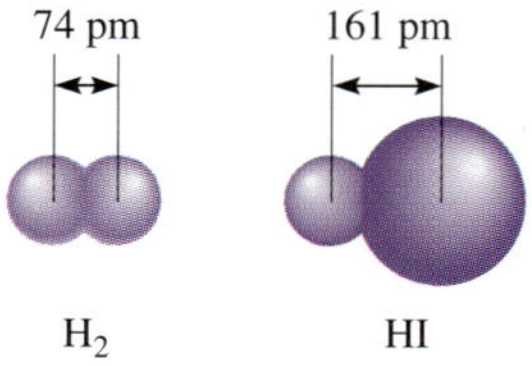

FIGURE 9.2

La longueur de liaison est la distance qui sépare les noyaux de deux atomes qui forment cette liaison. La figure illustre les longueurs des liaisons (en picomètres) des molécules diatomiques H_2 et HI.

La molécule d'acétylène (ou éthyne) (C_2H_2) possède également une liaison triple, entre les deux atomes de carbone:

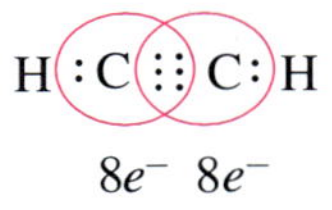

ou H—C≡C—H

Nous verrons bientôt les règles d'écriture des structures de Lewis s'appliquant dans les cas des liaisons simples, doubles et triples.

Les liaisons covalentes multiples sont plus courtes que les liaisons simples. La ***longueur de liaison*** est la *distance mesurée entre les centres (noyaux) de deux atomes formant une liaison dans une molécule* (*figure 9.2*). On appelle rayon covalent la moitié de cette distance. Le tableau 9.1 liste quelques longueurs de liaisons déterminées expérimentalement. Pour une paire donnée d'atomes (par exemple, le carbone et l'azote), les liaisons triples sont plus courtes que les liaisons doubles, qui, elles, sont plus courtes que les liaisons simples. Plus courtes, les liaisons multiples sont également plus stables que les liaisons simples, comme nous le verrons plus tard.

TABLEAU 9.1
La longueur de liaison moyenne dans le cas de quelques liaisons simples, doubles et triples courantes.

Type de liaison	Longueur de liaison (pm)
C—H	107
C—O	143
C=O	121
C—C	154
C=C	133
C≡C	120
C—N	143
C=N	138
C≡N	116
N—O	136
N=O	122
O—H	96

9.3 L'ÉLECTRONÉGATIVITÉ

Comme nous le savons déjà, une liaison covalente consiste en un partage d'un doublet d'électrons par deux atomes. Dans une molécule comme H_2, où les deux atomes sont identiques, on peut s'attendre à ce que les électrons soient partagés de façon égale entre les deux atomes, c'est-à-dire qu'ils se trouvent en moyenne à égale distance des deux noyaux. Cependant, dans une molécule comme HF, la situation est différente. Même si les atomes H et F sont aussi unis par une liaison covalente, ils ne partagent pas le doublet d'électrons de manière égale, car ce sont des atomes différents. C'est dire que les électrons passent *plus* de temps près d'un atome que de l'autre. Une telle liaison est dite *covalente polaire* ou plus simplement *polaire*.

Des mesures expérimentales nous portent à conclure que, dans la molécule HF, les électrons passent plus de temps près de l'atome F. On peut considérer ce partage inégal comme le résultat d'un transfert partiel d'électrons ou d'un déplacement du nuage électronique (comme on le décrit le plus souvent) de H vers F (*figure 9.3*). Ce phénomène se solde par une densité électronique relativement plus grande près de l'atome de fluor et, inversement, par une densité électronique plus petite près de l'hydrogène. On peut ainsi dire que la liaison dans HF et les autres liaisons polaires sont des intermédiaires entre une liaison covalente (non polaire), dans laquelle le partage des électrons est égal, et une ***liaison ionique,*** dans laquelle le *transfert d'électron(s) est presque complet*. On retrouve les liaisons ioniques dans les composés ioniques.

L'***électronégativité*** est une caractéristique qui aide à distinguer une liaison polaire d'une liaison non polaire; il s'agit de la *tendance qu'a un atome à attirer vers lui les électrons dans une liaison chimique*. Il s'agit d'une valeur relative qui, par conséquent, est sans unité. Plus l'électronégativité d'un élément est élevée, plus cet élément a tendance à attirer les électrons. Comme on peut s'y attendre, l'électronégativité est reliée à l'affinité électronique et à l'énergie d'ionisation. Dans un atome de fluor, par exemple, dont l'affinité

Linus Pauling (1901-1994)

électronique est forte (il capte des électrons facilement) et l'énergie d'ionisation est forte (il ne perd pas facilement ses électrons), l'électronégativité est forte. Par contre, le sodium a une faible affinité électronique, une faible énergie d'ionisation et, par conséquent, une faible électronégativité.

Le chimiste américain Linus Pauling a établi une méthode pour calculer l'électronégativité *relative* de la plupart des éléments. Ces valeurs sont données à la figure 9.4. Quand on examine bien ce tableau, on remarque que l'électronégativité est une propriété périodique: en général, l'électronégativité augmente de gauche à droite dans une période, ce qui est en accord avec la diminution du caractère métallique des éléments; de plus, dans chaque groupe, elle diminue de haut en bas, ce qui indique une augmentation du caractère métallique. Notez qu'on ne trouve pas cette tendance chez les métaux de transition. Les éléments les plus électronégatifs (les halogènes, l'oxygène, l'azote et le soufre) se trouvent dans le coin supérieur droit du tableau périodique; les moins électronégatifs (les métaux alcalins et les alcalino-terreux), dans le coin inférieur gauche. La figure 9.5 illustre bien cette variation périodique de l'électronégativité.

Les atomes de deux éléments d'électronégativités très différentes ont tendance à former entre eux des liaisons ioniques (comme celles de NaCl et de CaO), car l'atome dont l'électronégativité est la plus faible donne un ou des électrons à l'autre atome. Une telle liaison met généralement en jeu un atome d'un élément métallique et un atome d'un élément non métallique. Par contre, les atomes dont les électronégativités sont peu différentes ont tendance à former des liaisons covalentes polaires entre eux, car le déplacement du nuage électronique est habituellement faible. La plupart des liaisons covalentes mettent en jeu des atomes d'éléments non métalliques. Seuls les atomes d'un même élément, qui ont évidemment la même électronégativité, peuvent s'unir par une liaison covalente pure. Ces tendances et ces caractéristiques sont conformes à ce que nous avons vu précédemment sur l'énergie d'ionisation et l'affinité électronique.

Il n'est pas toujours évident de déterminer si une liaison est polaire ou ionique. Cependant, voici une règle qui permet de distinguer les deux types de liaison: une liaison ionique se forme quand la différence d'électronégativité entre les deux atomes en jeu est égale ou supérieure à 2,0. Cette règle s'applique à la plupart des composés ioniques. Quelquefois les chimistes utilisent le *pourcentage du caractère ionique* pour décrire la nature d'une liaison. Par exemple, un caractère ionique à 100 % correspond à une liaison ionique pure, tandis qu'un caractère ionique à 0 % correspond à une liaison non polaire, ou covalente pure.

L'électronégativité et l'affinité électronique sont des concepts apparentés mais différents. Ces deux propriétés expriment la tendance d'un atome à attirer les électrons. Cependant, l'affinité électronique concerne l'attraction

FIGURE 9.3

La distribution du nuage électronique dans la molécule HF. Les points représentent la position des noyaux.

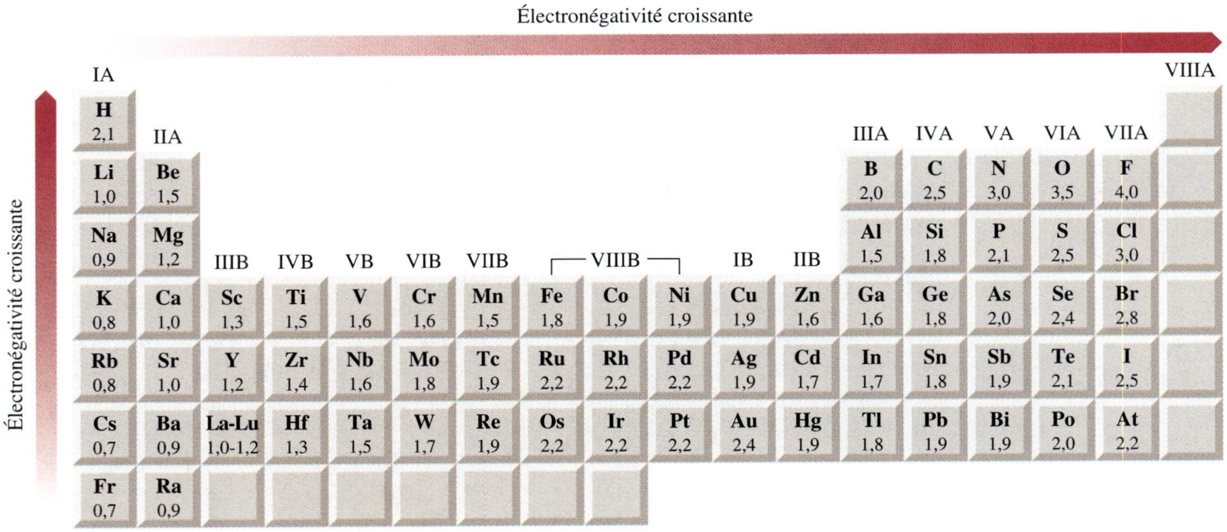

FIGURE 9.4

L'électronégativité des éléments courants.

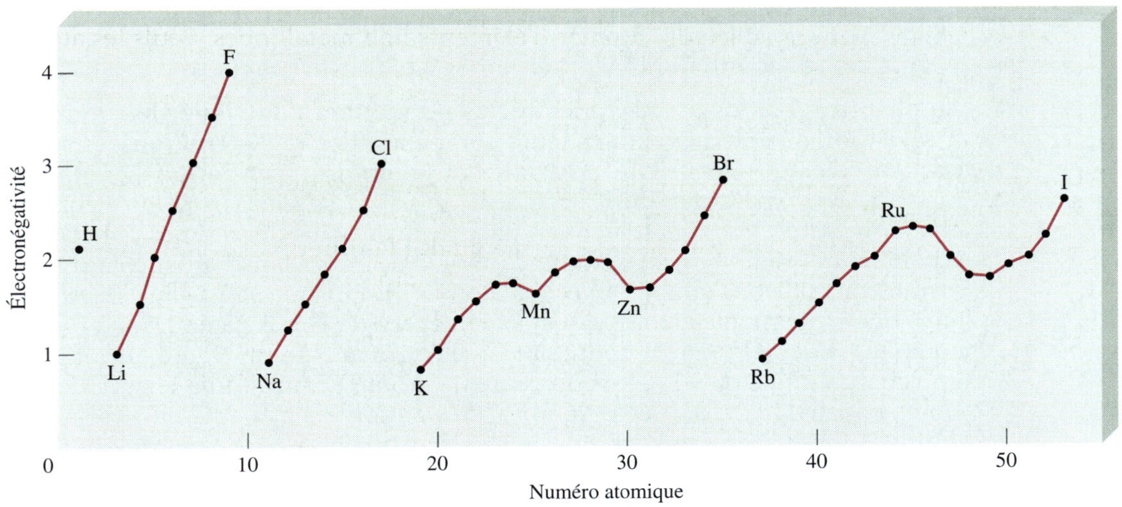

FIGURE 9.5

La variation de l'électronégativité en fonction du numéro atomique. Les halogènes sont les plus électronégatifs, les métaux alcalins les moins électronégatifs.

qu'a un atome isolé pour un électron additionnel, tandis que l'électronégativité exprime l'attraction qu'exerce un atome dans une liaison chimique sur les électrons partagés. De plus, l'affinité électronique est une grandeur mesurable, tandis que l'électronégativité est une grandeur relative, non mesurable de manière absolue.

EXEMPLE 9.1

La classification des liaisons chimiques

Dites si les liaisons suivantes sont ioniques, covalentes polaires ou covalentes: a) la liaison dans HCl, b) la liaison dans KF, c) la liaison CC dans H_3CCH_3.

Réponse: a) D'après la figure 9.4, on sait que la différence d'électronégativité entre H et Cl est de 0,9, ce qui est appréciable, mais pas assez élevé (selon la règle du 2,0) pour qualifier HCl de composé ionique. Ainsi, la liaison entre H et Cl est covalente polaire.

b) La différence d'électronégativité entre K et F est de 3,2, donc bien supérieure à 2,0; la liaison entre K et F est donc ionique.

c) Les deux atomes C sont identiques en tous points (ils sont liés entre eux et chacun est lié à 3 atomes H); la liaison entre eux est donc covalente.

EXERCICE

Dites si les liaisons suivantes sont covalentes, covalentes polaires ou ioniques: a) la liaison dans CsCl, b) la liaison dans H_2S, c) la liaison NN dans H_2NNH_2.

L'ÉLECTRONÉGATIVITÉ ET LE NOMBRE D'OXYDATION

Au chapitre 4, nous avons vu les règles permettant d'attribuer les nombres d'oxydation aux éléments dans leurs composés. Ces règles sont basées sur le concept d'électronégativité. En fait, un nombre d'oxydation indique le nombre de charges qu'aurait un atome, dans une molécule, si les électrons étaient transférés complètement au plus électronégatif des atomes participant à la liaison. Prenons, par exemple, la molécule NH_3, dans laquelle l'atome N forme trois liaisons simples avec les atomes H. Puisque N est plus électronégatif que H, le nuage électronique se déplacera de H à N. Si le transfert était complet, chaque atome H donnerait un électron à l'atome N, qui aurait alors une charge totale de -3, alors que chaque atome H aurait une charge de $+1$. Donc, dans NH_3, on donne le nombre d'oxydation -3 à N et le nombre d'oxydation $+1$ à H. Pour sa part, l'oxygène a habituellement -2 comme nombre d'oxydation, excepté dans le peroxyde d'hydrogène (H_2O_2), dont le diagramme de Lewis est

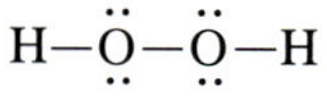

Une liaison entre des atomes identiques n'influence pas le nombre d'oxydation de ces atomes puisque le doublet d'électrons y est partagé de manière *égale*. Puisque le nombre d'oxydation de H est $+1$, le nombre d'oxydation de chaque atome O doit être -1.

Voyez-vous maintenant pourquoi le nombre d'oxydation du fluor est toujours -1? C'est l'élément connu le plus électronégatif; il forme *toujours* une liaison simple dans ses composés. C'est pourquoi il aurait la charge -1 si le transfert d'électron était total.

9.4 LES RÈGLES D'ÉCRITURE DES STRUCTURES DE LEWIS

Même si la règle de l'octet et les structures de Lewis ne donnent pas une image complète de la liaison covalente, ils permettent d'expliquer l'agencement des liaisons dans de nombreux composés, de même que les propriétés et les réactions des molécules. C'est pourquoi il est important d'apprendre à écrire les structures de Lewis des composés. Les étapes de base sont les suivantes:

1. Établir la structure squelettique du composé en utilisant les symboles chimiques et en plaçant côte à côte les atomes liés. Pour les composés simples, cette étape est facile. Pour ce qui est des composés plus complexes, si l'information ne nous est pas donnée, on utilise l'hypothèse la plus plausible. En général, l'atome le moins électronégatif occupe la position centrale. L'hydrogène et le fluor sont habituellement placés aux extrémités de la structure de Lewis.

2. Compter le nombre total d'électrons de valence, en consultant si nécessaire la figure 9.1. Dans le cas d'un anion polyatomique, ajouter le nombre de charges négatives au total (par exemple, pour l'ion CO_3^{2-}, il faut ajouter deux électrons parce que la charge -2 indique qu'il y a deux électrons de plus que dans le composé neutre). Dans le cas d'un cation polyatomique, soustraire le nombre de charges positives du total. (par exemple, pour NH_4^+, il faut soustraire un électron parce que la charge $+1$ indique que le composé neutre a perdu un électron).

3. Tracer une liaison simple covalente entre l'atome central et chacun des atomes qui l'entourent. Compléter les octets des atomes liés à l'atome central. (Ne pas oublier que la couche de valence de l'atome d'hydrogène est complète avec seulement deux électrons.) Les électrons qui appartiennent à l'atome central ou aux atomes qui y sont liés et qui ne participent pas aux liaisons doivent être illustrés sous forme de doublets libres. Le nombre total d'électrons illustrés doit être celui qui a été déterminé à l'étape 2.

4. Si la règle de l'octet n'est pas respectée dans le cas de l'atome central, essayer de faire des liaisons doubles ou triples entre celui-ci et les atomes voisins, en utilisant les doublets libres de ces derniers.

EXEMPLE 9.2
Technique d'écriture d'une structure de Lewis

Écrivez la structure de Lewis du trifluorure d'azote (NF_3), où les trois atomes F sont liés à l'atome N.

Réponse:

Étape 1: La structure squelettique de NF_3 est

F N F

F

Étape 2: Les configurations électroniques des couches périphériques de N et de F sont respectivement $2s^22p^3$ et $2s^22p^5$. Ainsi, il y a [5 + (3 × 7)], ou 26, électrons de valence dans NF_3.

Étape 3: Tracer une liaison covalente simple entre N et chaque atome F et compléter les octets des atomes F. Placer les électrons qui restent sur N:

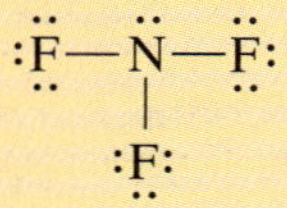

Puisque cette structure respecte la règle de l'octet pour tous ses atomes, l'étape 4 n'est pas nécessaire. Pour vérifier, il faut compter combien NF_3 a d'électrons de valence (dans les liaisons chimiques et dans les doublets libres); la réponse est 26, ce qui est aussi le nombre d'électrons de valence contenus dans trois atomes F et un atome N.

EXERCICE

Écrivez la structure de Lewis du disulfure de carbone (CS_2).

EXEMPLE 9.3

Technique d'écriture d'une structure de Lewis dans le cas d'un anion polyatomique

Écrivez la structure de Lewis de l'ion carbonate (CO_3^{2-}).

Réponse:

Étape 1: Sachant que C est moins électronégatif que O, on peut en déduire qu'il occupera la position centrale dans la structure squelettique:

O

O C O

Étape 2: Les configurations électroniques des couches périphériques de C et de O sont respectivement $2s^22p^2$ et $2s^22p^4$, et l'ion a deux charges négatives. Ainsi, le nombre total d'électrons est [4 + (3 × 6) + 2], soit 24.

Étape 3: On trace une liaison covalente simple entre C et chaque O et on complète les octets des atomes O:

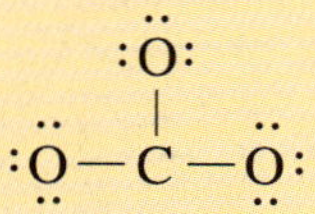

Cette structure montre les 24 électrons.

Étape 4: Même si la règle de l'octet est respectée dans le cas des atomes O, elle ne l'est pas pour l'atome C. On déplace donc un doublet libre de l'un des atomes O pour qu'il forme une autre liaison avec C. Alors, la règle de l'octet est également respectée pour l'atome C:

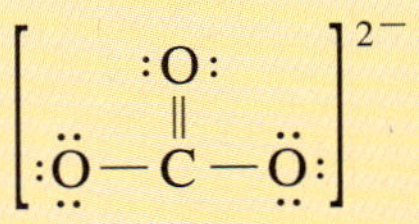

Comme vérification finale, on s'assure que la structure de Lewis de l'ion carbonate possède 24 électrons de valence.

EXERCICE

Écrivez la structure de Lewis de l'ion nitrite (NO_2^-).

9.5 LA CHARGE FORMELLE ET LES STRUCTURES DE LEWIS

En comparant le nombre d'électrons contenus dans un atome isolé et le nombre d'électrons associés à ce même atome dans une structure de Lewis, on peut déterminer la distribution des électrons dans la molécule et établir la structure la plus plausible. Voici la façon de procéder: pour un atome isolé, le nombre d'électrons qui lui sont associés correspond au nombre d'électrons de valence qu'il possède (comme toujours, on ne s'occupe pas des électrons des couches inférieures); dans une molécule, les électrons associés à chaque atome sont ceux qui font partie des doublets libres et ceux qui font partie des doublets liant l'atome aux autres atomes. Cependant, puisque, dans une liaison, les électrons sont partagés, il faut diviser les électrons d'un doublet liant de manière égale entre les atomes qui forment cette liaison. La *différence entre le nombre d'électrons de valence contenus dans un atome isolé et le nombre d'électrons associés à ce même atome dans une structure de Lewis* est appelée ***charge formelle*** de l'atome. On peut calculer la charge formelle d'un atome contenu dans une molécule à l'aide de l'équation suivante:

$$\begin{array}{l}\text{Charge formelle}\\ \text{d'un atome dans}\\ \text{une structure de}\\ \text{Lewis}\end{array} = \begin{array}{l}\text{nombre total}\\ \text{d'électrons de}\\ \text{valence dans}\\ \text{l'atome isolé}\end{array} - \begin{array}{l}\text{nombre}\\ \text{total}\\ \text{d'électrons}\\ \text{non liants}\end{array} - \frac{1}{2}\left(\begin{array}{l}\text{nombre}\\ \text{total}\\ \text{d'électrons}\\ \text{liants}\end{array}\right) \quad (9.1)$$

Voyons le concept de charge formelle à l'aide de la molécule d'ozone (O_3). Procédons par étapes, comme nous l'avons fait pour les exemples 9.2 et 9.3; établissons d'abord la structure squelettique de O_3, puis ajoutons-y les

De l'ozone liquide.

liaisons et les électrons afin de respecter la règle de l'octet pour les atomes des deux extrémités:

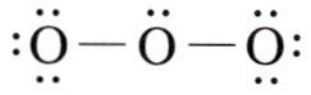

Vous remarquez que, même si tous les électrons disponibles sont utilisés, la règle de l'octet n'est pas respectée dans le cas de l'atome central. Pour pallier cette irrégularité, nous utilisons un doublet libre de l'un des atomes latéraux pour former une seconde liaison entre ce dernier et l'atome central:

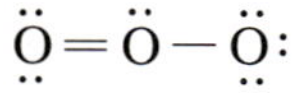

Nous pouvons maintenant utiliser l'équation (9.1) pour calculer les charges formelles des atomes O:

- *L'atome O central.* Un atome O isolé a six électrons de valence; dans la structure de Lewis illustrée ci-dessus, il a un doublet libre (ou deux électrons libres) et trois liaisons (ou six électrons liants). En utilisant ces données dans l'équation (9.1), nous obtenons:

$$\text{charge formelle} = 6 - 2 - \tfrac{1}{2}(6) = +1$$

- *L'atome O latéral dans O═O.* Un atome O isolé a six électrons de valence; dans la structure, il a deux doublets libres (ou quatre électrons libres) et deux liaisons (ou quatre électrons liants). Ainsi, nous obtenons:

$$\text{charge formelle} = 6 - 4 - \tfrac{1}{2}(4) = 0$$

- *L'atome O latéral dans O—O.* Un atome O isolé a six électrons de valence; dans la structure, il a trois doublets libres (ou six électrons libres) et une liaison (ou deux électrons liants). Ainsi, nous obtenons :

$$\text{charge formelle} = 6 - 6 - \tfrac{1}{2}(2) = -1$$

Nous pouvons maintenant écrire la structure de Lewis de l'ozone avec les charges formelles:

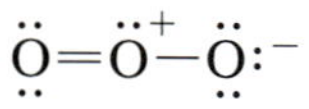

Pour déterminer les charges formelles, les règles suivantes sont utiles:

- Dans le cas d'une molécule neutre, la somme des charges formelles doit être de zéro. (Cette règle s'applique, par exemple, à la molécule O_3.)
- Dans le cas d'un cation, la somme des charges formelles doit être égale à la charge positive de l'ion.
- Dans le cas d'un anion, la somme des charges formelles doit être égale à la charge négative de l'ion.

Il faut se rappeler que les charges formelles ne représentent pas la distribution réelle des charges dans une molécule. Par exemple, dans une molécule O_3, rien ne prouve que l'atome central a une charge nette de +1 ni que l'un des autres atomes a une charge de −1. Le fait d'écrire ces charges près des atomes dans la structure de Lewis permet simplement de repérer les électrons de valence dans la molécule.

EXEMPLE 9.4

La détermination des charges formelles dans un ion polyatomique

Déterminez les charges formelles dans l'ion carbonate.

Réponse: La structure de Lewis de l'ion carbonate a été établie à l'exemple 9.3:

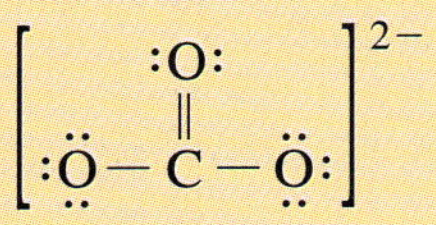

Nous pouvons calculer les charges formelles des atomes de la manière suivante:

L'atome C: charge formelle $= 4 - 0 - \frac{1}{2}(8) = 0$
L'atome O dans C═O: charge formelle $= 6 - 4 - \frac{1}{2}(4) = 0$
L'atome O dans C—O: charge formelle $= 6 - 6 - \frac{1}{2}(2) = -1$
Ainsi, la structure de Lewis de CO_3^{2-} comprenant les charges formelles est

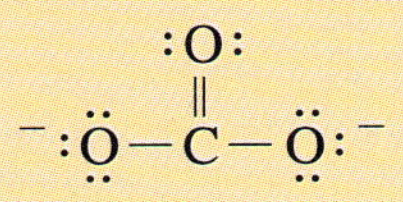

Notez que la somme des charges formelles est de −2, ce qui équivaut à la charge de l'ion carbonate.

EXERCICE

Inscrivez les charges formelles dans la structure de Lewis de l'ion nitrite (NO_2^-)

Quelquefois, les règles sur la façon de tracer les structures de Lewis mènent à plus d'un schéma acceptable. Dans de tels cas, ce sont les charges formelles qui permettent de choisir la structure la plus vraisemblable pour un composé donné. Les règles à suivre sont résumées ainsi:

- Dans le cas d'une molécule neutre, une structure de Lewis qui ne comprend aucune charge formelle est préférable à une autre qui en comprend.
- Une structure de Lewis qui comprend des charges formelles élevées (+2, +3 et/ou −2, −3, etc.) est moins plausible qu'une autre dans laquelle ces charges sont plus petites.
- Si les structures de Lewis ont une distribution similaire de charges formelles, la plus plausible est celle dans laquelle les charges formelles négatives sont placées sur les atomes les plus électronégatifs.

EXEMPLE 9.5

Le choix de la structure de Lewis la plus vraisemblable à l'aide des charges formelles

On utilise traditionnellement le formaldéhyde, un liquide à odeur désagréable, pour conserver les cadavres d'animaux. Sa formule moléculaire est CH_2O. Écrivez la structure de Lewis la plus vraisemblable de ce composé.

Réponse: Les deux squelettes possibles sont

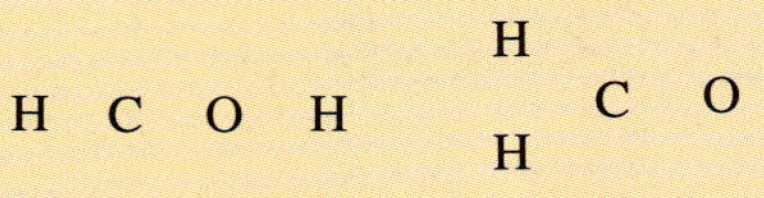

a) b)

En suivant les méthodes utilisées dans les exemples précédents, nous pouvons écrire une structure de Lewis pour chacune de ces possibilités:

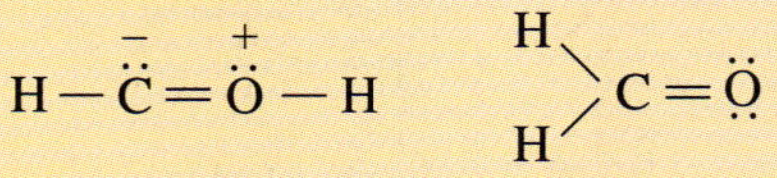

a) b)

Puisque b) ne comprend aucune charge formelle, c'est la structure la plus vraisemblable. Ce choix est confirmé expérimentalement.

EXERCICE

Écrivez la structure de Lewis la plus plausible d'une molécule qui contient un atome N, un atome C et un atome H.

9.6 LE CONCEPT DE RÉSONANCE

En écrivant la structure de Lewis de l'ozone (O_3), nous avons respecté la règle de l'octet pour l'atome central en plaçant une liaison double entre celui-ci et l'un des deux atomes latéraux. En fait, on peut tracer cette liaison double de n'importe quel côté de la molécule, comme le montrent les deux diagrammes suivants, qui sont équivalents:

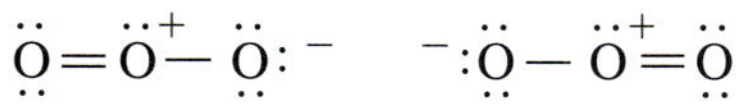

Le choix arbitraire de l'une de ces deux structures pose toutefois un problème: il rend difficile l'explication des longueurs connues des liaisons dans O_3.

Puisque les liaisons doubles sont plus courtes que les liaisons simples, on peut s'attendre à ce que la liaison O—O soit plus longue que la liaison O=O. Cependant, des mesures expérimentales ont démontré que les deux liaisons oxygène-oxygène sont d'égale longueur (128 pm). C'est pourquoi aucune de ces deux structures de Lewis ne représente exactement la molécule. Pour résoudre ce problème, on les utilise toutes les *deux* pour représenter O_3:

Chacune de ces deux structures est appelée ***structure de résonance.*** Une structure de résonance, c'est donc l'*une des structures de Lewis d'une molécule qui sont nécessaires pour décrire de façon adéquate cette molécule.* Le symbole ⟷ indique que les structures illustrées sont des structures de résonance.

Le terme «***résonance***» désigne donc l'*utilisation de deux ou de plusieurs structures de Lewis pour représenter une molécule donnée.* Un peu comme les voyageurs du Moyen Âge décrivaient le rhinocéros comme un croisement entre un griffon et une licorne, deux animaux familiers mais imaginaires, on décrit l'ozone, une molécule réelle, par deux molécules familières mais inexistantes en réalité.

Il ne faut pas croire — et c'est pourtant une erreur courante — qu'une molécule comme l'ozone passe successivement et rapidement de l'une à l'autre de ses structures de résonance. Il faut se rappeler qu'*aucune* de ces structures ne représente adéquatement la molécule réelle, qui a sa propre structure unique et stable. La résonance est une invention humaine, conçue pour tenter de vaincre les limites de structures trop simplistes qui n'arrivent pas à décrire correctement les liaisons. Pour reprendre l'analogie, le rhinocéros est un animal distinct, non pas une sorte d'oscillation entre le griffon et la licorne!

L'ion carbonate fournit un autre exemple de résonance:

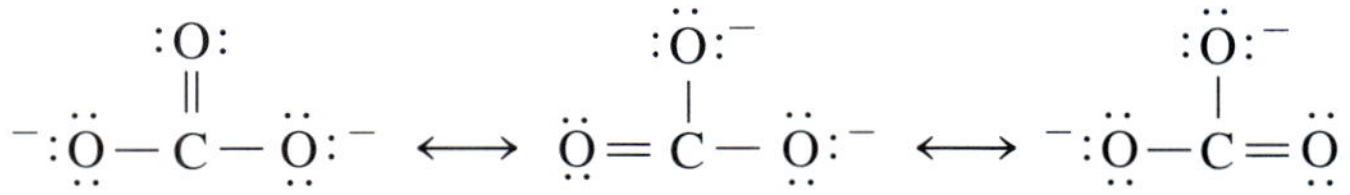

Selon les résultats expérimentaux, toutes les liaisons carbone-oxygène dans l'ion CO_3^{2-} sont équivalentes. Les caractéristiques de l'ion carbonate sont donc mieux représentées si l'on tient compte à la fois de ses trois structures de résonance.

La résonance s'applique également aux molécules organiques. La molécule de benzène (C_6H_6) en est un exemple bien connu:

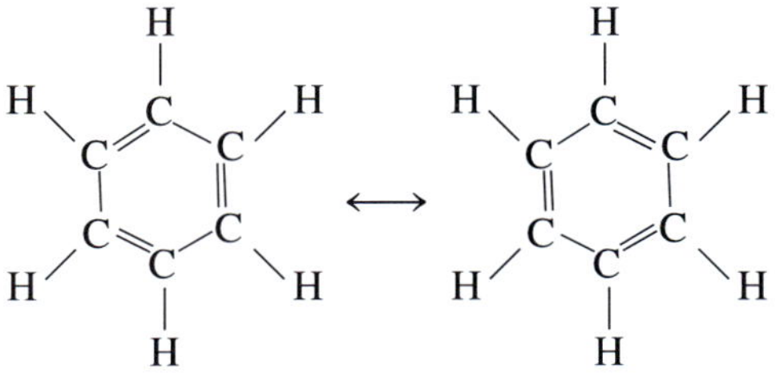

La structure hexagonale du benzène fut d'abord proposée par le chimiste allemand August Kékulé (1829-1896).

Si l'une de ces structures de résonance correspondait à la structure réelle du benzène, les liaisons entre les atomes C seraient de deux longueurs différentes: la première pour les liaisons simples, et la seconde pour les liaisons doubles. En fait, la distance entre tous les atomes C adjacents dans cette molécule est de 140 pm, ce qui se situe entre la longueur d'une liaison C—C (154 pm) et celle d'une liaison C=C (133 pm).

Pour représenter la molécule de benzène ou tout autre composé qui contient un noyau benzénique, on prend un raccourci: on ne dessine que le squelette et non les atomes de carbone et d'hydrogène. Selon cette convention, les structures de résonance sont

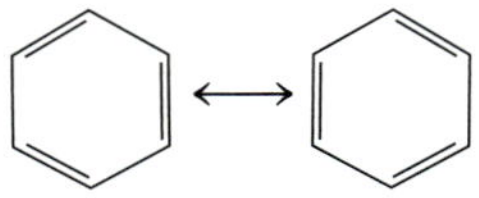

Notez que les atomes C se situent aux sommets des angles de l'hexagone et que les atomes H ne sont pas illustrés, même s'il est entendu qu'ils existent. Seules les liaisons entre les atomes C sont illustrées.

Pour écrire des structures de résonance, souvenez-vous de la règle suivante: la position des électrons — mais non celle des atomes — peut être réarrangée dans les différentes structures de résonance. Autrement dit, pour une espèce donnée, les atomes sont disposés de la même manière, peu importe la structure de résonance.

EXEMPLE 9.6

Technique d'écriture des structures de résonance

Écrivez les structures de résonance (avec les charges formelles) de l'ion nitrate, NO_3^-, dont le squelette est le suivant:

O

O N O

Réponse: Puisque l'azote a cinq électrons de valence, que l'oxygène en a six et qu'il y a une charge négative nette, le nombre total d'électrons de valence est $[5 + (3 \times 6) + 1] = 24$. Les trois structures de résonance suivantes sont équivalentes:

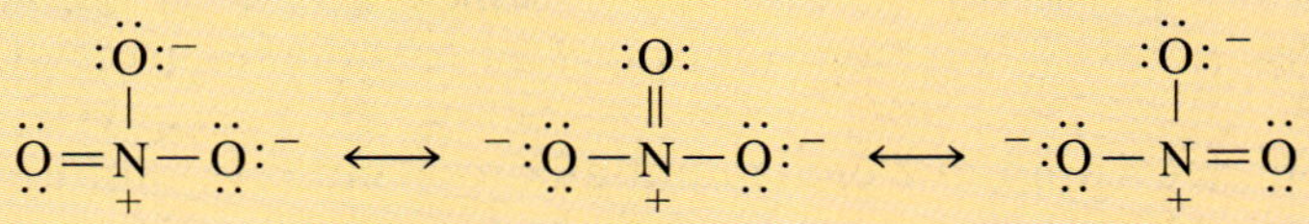

EXERCICE

Écrivez les structures de résonance de l'ion nitrite (NO_2^-).

Un dernier mot sur la résonance. Même s'il est plus exact de représenter une molécule à l'aide de toutes ses structures de résonance, on utilise souvent, pour simplifier, une seule structure de Lewis.

9.7 LES EXCEPTIONS À LA RÈGLE DE L'OCTET

Comme nous l'avons déjà mentionné, la règle de l'octet s'applique principalement aux éléments de la deuxième période. Il y a des exceptions à cette règle: on peut les classer en trois catégories selon qu'elles sont caractérisées par la présence d'un octet incomplet, d'un nombre impair d'électrons, ou de plus de huit électrons de valence autour de l'atome central.

L'OCTET INCOMPLET

Dans certains composés, le nombre d'électrons qui entourent l'atome central d'une molécule stable est inférieur à huit. Prenons comme exemple le béryllium, qui est un élément du groupe IIA (et de la deuxième période). Sa configuration électronique est $1s^22s^2$; son orbitale 2*s* comporte deux électrons de valence. À l'état gazeux, l'hydrure de béryllium (BeH_2) existe sous forme de molécules distinctes. La structure de Lewis de BeH_2 est

H—Be—H

Comme on peut le voir, seulement quatre électrons entourent l'atome Be, et il n'y a aucune façon de respecter la règle de l'octet pour le béryllium dans cette molécule.

Les éléments du groupe IIIA aussi, notamment le bore et l'aluminium, ont tendance à former des composés dans lesquels ils sont entourés de moins de huit électrons. Prenons l'exemple du bore: sa configuration électronique étant $1s^22s^22p^1$, il a donc un total de trois électrons de valence. Les composés formés par le bore et un halogène ont la formule suivante: BX_3, où X est un halogène. Donc, dans le trifluorure de bore, il n'y a que six électrons autour de l'atome de bore:

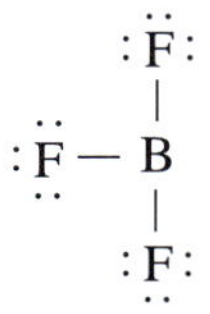

Pour que la règle de l'octet soit respectée, on pourrait tracer une structure de résonance comprenant une liaison double entre B et F, mais une structure de Lewis ne comprenant que des liaisons simples explique mieux les propriétés de BF_3.

Même si le trifluorure de bore est stable, il a tendance à capter un doublet d'électrons libres provenant d'un autre composé, comme dans sa réaction avec l'ammoniac:

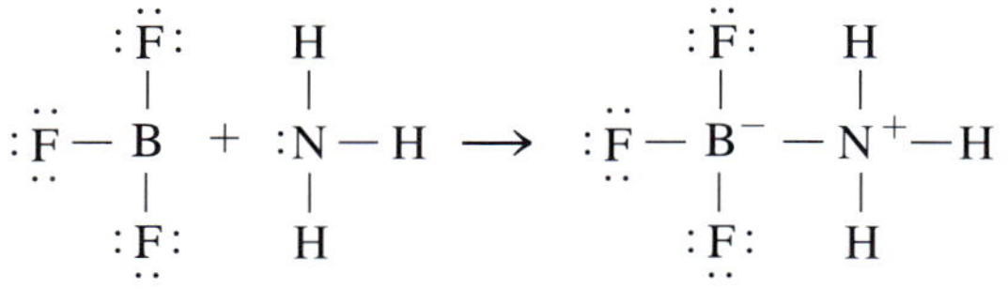

Cette structure respecte la règle de l'octet pour les atomes B, N et F.

La liaison B—N de ce composé est différente des liaisons covalentes déjà vues, en ce sens que les deux électrons sont fournis par l'atome N. On appelle

liaison de coordinence une *liaison covalente dans laquelle l'un des atomes fournit les deux électrons*. Bien que les propriétés d'une telle liaison ne soient pas différentes de celles d'une liaison covalente normale (parce que tous les électrons sont semblables indépendamment de leur provenance), il est utile de faire cette distinction pour repérer les électrons de valence et pour attribuer les charges formelles aux atomes.

Les molécules à nombre impair d'électrons

Certaines molécules, par exemple l'oxyde d'azote (NO) et le dioxyde d'azote (NO_2), contiennent un nombre impair d'électrons:

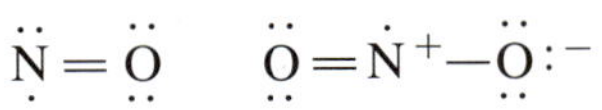

Puisqu'il faut un nombre pair d'électrons pour que la règle de l'octet soit respectée, quand une molécule contient un nombre impair d'électrons, il est impossible que la règle soit respectée pour tous ses atomes.

L'octet étendu

Dans de nombreux composés, l'atome central est entouré de plus de huit électrons de valence; ce type d'atome n'existe qu'à partir des éléments de la troisième période du tableau périodique. En plus des orbitales 3*s* et 3*p*, les éléments de la troisième période du tableau périodique ont des orbitales 3*d* qui peuvent participer à une liaison. L'hexafluorure de soufre, qui est très stable, est un exemple de composé dans lequel il y a un octet étendu. La configuration électronique du soufre est $[Ne]3s^23p^4$. Dans une molécule SF_6, chacun des 6 électrons de valence du soufre forme une liaison covalente avec un atome de fluor, de sorte qu'il y a 12 électrons autour de l'atome central (soufre):

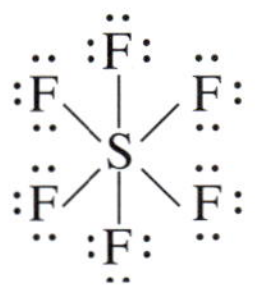

Au prochain chapitre, nous verrons que ces 12 électrons, ou ces 6 doublets liants, occupent 6 orbitales: une orbitale 3*s*, 3 orbitales 3*p* et 2 des 5 orbitales 3*d*. Ceci dit, le soufre forme également de nombreux composés dans lesquels la règle de l'octet est respectée. Par exemple, dans le dichlorure de soufre, S est entouré de 8 électrons et respecte ainsi la règle de l'octet:

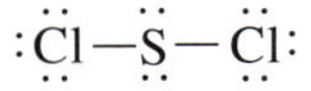

EXEMPLE 9.7

La structure de Lewis d'une molécule qui ne respecte pas la règle de l'octet

Quelle est la structure de Lewis du pentafluorure de phosphore (PF_5), dans laquelle les cinq atomes F sont directement liés à l'atome P?

Réponse: Les configurations électroniques périphériques de P et de F sont respectivement $3s^23p^3$ et $2s^22p^5$; le nombre total d'électrons de valence est donc [5 + (5 × 7)], soit 40. La structure de Lewis de PF_5 est

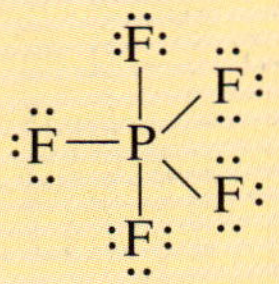

Notez que, même si les atomes F respectent la règle de l'octet, l'atome P est entouré, lui, de 10 électrons de valence, ce qui forme un octet étendu.

EXERCICE

Quelle est la structure de Lewis du triiodure d'aluminium (AlI_3)?

9.8 LA FORCE DE LA LIAISON COVALENTE

La force d'une liaison covalente est définie comme étant l'énergie nécessaire pour la rompre. Pour évaluer la stabilité d'une molécule, on mesure l'***énergie de dissociation de la liaison*** (ou ***énergie de liaison***), c'est-à-dire la *variation d'enthalpie requise pour rompre une liaison particulière dans une mole de molécules à l'état gazeux*. Par exemple, la valeur de l'énergie de dissociation de la liaison, dans le cas de la molécule d'hydrogène diatomique, a été obtenue expérimentalement et est

$$H_2(g) \longrightarrow H(g) + H(g) \qquad \Delta H^\circ = 436{,}4 \text{ kJ}$$

Cette équation indique que, pour rompre les liaisons covalentes de une mole de molécules H_2 à l'état gazeux, il faut fournir 436,4 kJ.

De même, pour la molécule de chlore, qui est moins stable:

$$Cl_2(g) \longrightarrow Cl(g) + Cl(g) \qquad \Delta H^\circ = 242{,}7 \text{ kJ}$$

Cette énergie de liaison peut également se mesurer directement dans les cas de molécules diatomiques contenant des éléments différents, comme HCl:

$$HCl(g) \longrightarrow H(g) + Cl(g) \qquad \Delta H^\circ = 431{,}9 \text{ kJ}$$

ainsi que dans le cas des molécules qui comprennent des liaisons doubles ou triples:

$$O_2(g) \longrightarrow O(g) + O(g) \qquad \Delta H^\circ = 498{,}7 \text{ kJ}$$
$$N_2(g) \longrightarrow N(g) + N(g) \qquad \Delta H^\circ = 941{,}4 \text{ kJ}$$

Dans le cas des molécules polyatomiques, il est plus compliqué de déterminer la force des liaisons covalentes. Par exemple, les mesures montrent qu'il faut plus d'énergie pour rompre la première liaison O—H dans H_2O qu'il en faut pour rompre la deuxième:

$$H_2O(g) \longrightarrow H(g) + OH(g) \qquad \Delta H^\circ = 502 \text{ kJ}$$
$$OH(g) \longrightarrow H(g) + O(g) \qquad \Delta H^\circ = 427 \text{ kJ}$$

Dans chaque cas, la liaison rompue est une liaison O—H, mais la première étape est plus endothermique que la seconde. Cette différence suggère que la disparition de la première liaison O—H rend la seconde plus facile à rompre. En fait, l'énergie de la liaison O—H varie légèrement d'une molécule à l'autre, car l'environnement chimique est différent. Cela n'est pas seulement vrai pour la liaison O—H, mais pour toute liaison entre deux atomes d'éléments donnés contenus dans des molécules polyatomiques différentes. C'est pourquoi, dans le cas de telles molécules, il est plus commode d'utiliser *l'énergie de liaison moyenne* dans les calculs. Par exemple, on peut mesurer l'énergie de dissociation de la liaison O—H dans 10 molécules polyatomiques différentes et obtenir l'énergie de liaison moyenne de O—H en divisant leur somme par 10. Le tableau 9.2 dresse la liste des énergies de liaison moyennes d'un certain nombre de liaisons qui existent dans des molécules polyatomiques, ainsi que les énergies de liaison de plusieurs molécules diatomiques.

TABLEAU 9.2

Les énergies de dissociation de molécules diatomiques* et les énergies de liaison moyennes

Liaison	Énergie de liaison (kJ/mol)	Liaison	Énergie de liaison (kJ/mol)
H—H	436,4	C—S	255
H—N	393	C=S	477
H—O	460	N—N	193
H—S	368	N=N	418
H—P	326	N≡N	941,4
H—F	568,2	N—O	176
H—Cl	431,9	N—P	209
H—Br	366,1	O—O	142
H—I	298,3	O=O	498,7
C—H	414	O—P	502
C—C	347	O=S	469
C=C	620	P—P	197
C≡C	812	P=P	489
C—N	276	S—S	268
C=N	615	S=S	352
C≡N	891	F—F	156,9
C—O	351	Cl—Cl	242,7
C=O**	745	Br—Br	192,5
C—P	263	I—I	151,0

* Les énergies de liaison des molécules diatomiques (en rouge) ont plus de chiffres significatifs que celles des molécules polyatomiques parce que les énergies de dissociation des molécules diatomiques sont des grandeurs directement mesurables, contrairement à celles des molécules polyatomiques, qui sont des moyennes obtenues à partir de plusieurs composés possédant ces liaisons.

** L'énergie de la liaison C=O dans CO_2 est de 799 kJ/mol.

L'UTILISATION DES ÉNERGIES DE LIAISON EN THERMOCHIMIE

Si l'on compare les variations d'enthalpies de plusieurs réactions (*voir chapitre 6*), on remarque des différences frappantes entre ces valeurs. Par exemple, la combustion de l'hydrogène dans l'oxygène est exothermique:

$$H_2(g) + \tfrac{1}{2}O_2(g) \longrightarrow H_2O(l) \qquad \Delta H° = -285{,}8 \text{ kJ}$$

Par contre, la formation du glucose ($C_6H_{12}O_6$) par photosynthèse à partir d'eau et de dioxyde de carbone est très endothermique:

$$6CO_2(g) + 6H_2O(l) \longrightarrow C_6H_{12}O_6(s) + 6O_2(g) \qquad \Delta H° = 2801 \text{ kJ}$$

Ces différentes valeurs témoignent de la stabilité relative qui existe entre les réactifs et les produits. La plupart des réactions chimiques impliquent la formation et la rupture de liaisons; ainsi, les énergies de liaison et, par conséquent, la stabilité des molécules, constituent une source d'informations concernant la nature thermochimique des réactions impliquant ces molécules.

Dans de nombreux cas, il est possible de prédire l'enthalpie approximative d'une réaction en utilisant les énergies de liaison moyennes. Puisqu'il faut toujours de l'énergie pour rompre une liaison chimique, et que la formation d'une liaison est toujours accompagnée d'un dégagement d'énergie, pour estimer l'enthalpie d'une réaction, il faut d'abord compter le nombre total de liaisons rompues et formées, et ensuite en faire le bilan. L'enthalpie de réaction à l'*état gazeux* est donc donnée par

$$\begin{aligned} \Delta H° &= \Sigma\text{EL (réactifs)} - \Sigma\text{EL (produits)} \\ &= \text{énergie totale absorbée} - \text{énergie totale libérée} \qquad (9.2) \end{aligned}$$

où EL représente l'énergie de liaison moyenne et Σ indique qu'il s'agit d'une sommation. L'équation (9.2) respecte la convention des signes pour $\Delta H°$. En effet, si l'énergie totale absorbée est supérieure à l'énergie totale libérée, la valeur de $\Delta H°$ est positive et la réaction endothermique. Par contre, s'il y a plus d'énergie libérée qu'il y en a d'absorbée, la valeur de $\Delta H°$ est négative et

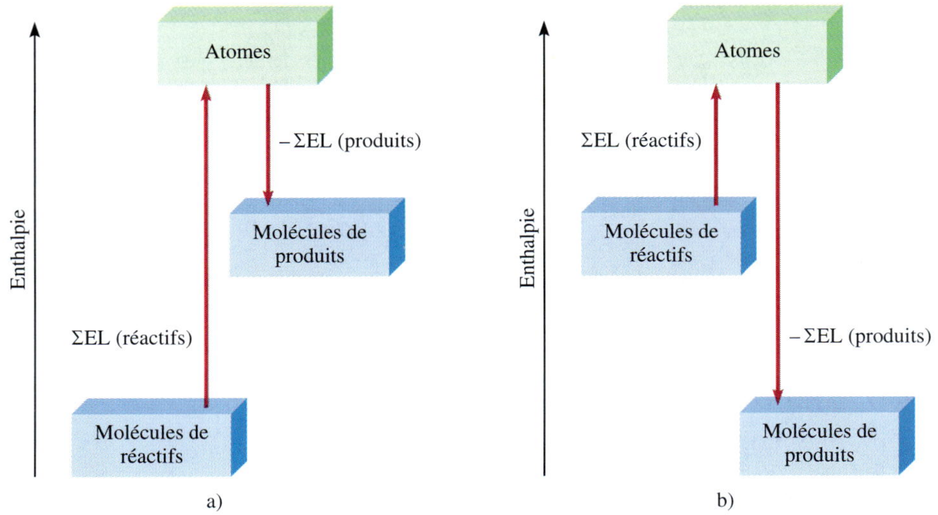

FIGURE 9.6

Les variations de l'énergie de liaison dans a) une réaction endothermique et b) une réaction exothermique.

la réaction est exothermique (*figure 9.6*). Notez que si les réactifs et les produits sont tous des molécules diatomiques, l'équation (9.2) donne des résultats exacts, car les énergies de dissociation des molécules diatomiques sont les vraies valeurs. Si, parmi les réactifs ou les produits, il y a des molécules polyatomiques, l'équation (9.2) ne donnera des résultats qu'approximatifs parce qu'on aura utilisé des énergies de dissociation moyennes dans le calcul.

EXEMPLE 9.8
L'utilisation de l'énergie de liaison pour estimer l'enthalpie d'une réaction

Estimez la variation d'enthalpie au moment de la combustion de l'hydrogène gazeux:

$$2H_2(g) + O_2(g) \longrightarrow 2H_2O(g)$$

Réponse: La première étape consiste à compter les liaisons rompues et les liaisons formées. La façon la plus simple est de faire un tableau:

Type de liaison rompue	*Nombre de liaisons rompues*	*Énergie de liaison (kJ/mol)*	*Variation d'énergie (kJ)*
H—H (H_2)	2	436,4	872,8
O=O (O_2)	1	498,7	498,7

Type de liaison formée	*Nombre de liaisons formées*	*Énergie de liaison (kJ/mol)*	*Variation d'énergie (kJ)*
O—H (H_2O)	4	460	1840

Puis, on calcule l'énergie totale absorbée et l'énergie totale libérée:

$$\text{énergie totale absorbée} = 872{,}8 \text{ kJ} + 498{,}7 \text{ kJ} = 1372 \text{ kJ}$$

$$\text{énergie totale libérée} = 1840 \text{ kJ}$$

D'après l'équation (9.2), nous avons

$$\Delta H^\circ = 1372 \text{ kJ} - 1840 \text{ kJ} = -468 \text{ kJ}$$

Ce résultat n'est qu'une estimation, car l'énergie de liaison de O—H est une valeur moyenne. Par ailleurs, nous pouvons utiliser l'équation (6.8) et les données fournies à l'annexe 2 pour calculer l'enthalpie de la réaction:

$$\begin{aligned}\Delta H^\circ &= 2\Delta H_f^\circ(H_2O) - [2\Delta H_f^\circ(H_2) + \Delta H_f^\circ(O_2)] \\ &= (2 \text{ mol})(-241{,}8 \text{ kJ/mol}) - 0 - 0 \\ &= -483{,}6 \text{ kJ}\end{aligned}$$

EXERCICE

Soit la réaction

$$H_2(g) + C_2H_4(g) \longrightarrow C_2H_6(g)$$

a) estimez l'enthalpie de la réaction en utilisant les énergies de liaison données au tableau 9.2; b) calculez l'enthalpie de la réaction en utilisant les enthalpies standard de formation. (Les ΔH_f° de H_2, de C_2H_4 et de C_2H_6 sont respectivement de 0, de 52,3 kJ/mol et de −84,7 kJ/mol.)

Notez que la valeur estimée à partir des énergies de liaison moyennes est très près de celle calculée d'après les données de ΔH_f°. En général, l'équation (9.2) donne de meilleurs résultats si les réactions sont très endothermiques ou très exothermiques, c'est-à-dire pour des $\Delta H^\circ > 100$ kJ ou < -100 kJ.

RÉSUMÉ

La notation de Lewis permet d'indiquer le nombre d'électrons de valence que possède un atome d'un élément donné. Cette notation est principalement utile pour les éléments représentatifs (groupes IA à VIIA).

Dans une liaison covalente, deux électrons (une paire) sont partagés entre deux atomes. Dans une liaison covalente multiple, deux ou trois paires d'électrons sont partagés entre deux atomes. Certains atomes qui participent à des liaisons ont des doublets libres, c'est-à-dire des paires d'électrons de valence qui ne participent pas à une liaison. Les structures de Lewis représentent la disposition des électrons liants et des doublets libres autour de chaque atome dans une molécule.

Selon la règle de l'octet, les atomes forment assez de liaisons covalentes pour que chacun d'eux s'entoure de huit électrons. Quand, dans une liaison covalente, un atome fournit à lui seul les deux électrons, la structure de Lewis peut inclure la charge formelle de chaque atome; cela permet de mieux repérer les électrons de valence. Il y a des exceptions à la règle de l'octet, notamment dans les cas suivants: les composés covalents du béryllium, les éléments du groupe IIIA, les éléments de la troisième période et des périodes suivantes dans le tableau périodique. L'électronégativité est une grandeur qui exprime la capacité d'un atome d'attirer les électrons dans une liaison chimique.

Pour représenter certains ions et molécules polyatomiques, deux ou plusieurs structures de Lewis, basées sur le même squelette et respectant la règle de l'octet, peuvent être nécessaires pour que la structure soit vraisemblable chimiquement. C'est l'ensemble de ces structures, appelées structures de résonance, qui représente le mieux la molécule ou l'ion. Toutes ces structures n'ont pas nécessairement un poids égal, certaines ayant une contribution plus importante à la structure globale.

La force d'une liaison covalente est mesurée par son énergie de dissociation (ou énergie de liaison). On peut utiliser les énergies de liaison pour estimer l'enthalpie d'une réaction.

MOTS CLÉS

Charge formelle, p. 281
Doublet libre, p. 273
Électron non liant, p. 273
Électronégativité, p. 275
Énergie de dissociation d'une liaison, p. 289
Énergie de liaison, p. 289
Liaison covalente, p. 272
Liaison de coordinence, p. 288
Liaison double, p. 274
Liaison ionique, p. 275
Liaison multiple, p. 274
Liaison simple, p. 274
Liaison triple, p. 274
Longueur de liaison, p. 275
Notation de Lewis, p. 272
Règle de l'octet, p. 274
Résonance, p. 285
Structure de Lewis, p. 273
Structure de résonance, p. 285

QUESTIONS ET PROBLÈMES

LA NOTATION DE LEWIS

Questions de révision

9.1 Qu'est-ce que la notation de Lewis? Avec quels éléments cette notation est-elle surtout utile?

9.2 Utilisez le deuxième élément des groupes IA à VIIA pour démontrer que le nombre d'électrons de valence d'un atome équivaut au numéro de son groupe.

9.3 Sans l'aide de la figure 9.1, représentez les atomes des éléments suivants à l'aide de la notation de Lewis: a) Be, b) K, c) Ca, d) Ga, e) O, f) Br, g) N, h) I, i) As, j) F.

9.4 Représentez, à l'aide de la notation de Lewis, chacun des ions suivants: a) Li^+, b) Cl^-, c) S^{2-}, d) Mg^{2+}, e) N^{3-}.

9.5 Utilisez la notation de Lewis, pour représenter chacun des atomes ou ions suivants: a) I, b) I^-, c) S, d) S^{2-}, e) P, f) P^{3-}, g) Na, h) Na^+, i) Mg, j) Mg^{2+}, k) Al, l) Al^{3+}, m) Pb, n) Pb^{2+}.

LA LIAISON COVALENTE

Questions de révision

9.6 Quelle a été la contribution de Lewis à la compréhension de la liaison covalente?

9.7 Définissez les termes suivants: doublet libre, structure de Lewis, règle de l'octet, longueur de liaison.

9.8 Quelle est la différence entre une notation de Lewis et une structure de Lewis?

9.9 Combien y a-t-il de doublets libres dans les atomes soulignés suivants? H<u>Br</u>, H_2<u>S</u>, <u>C</u>H_4.

9.10 Faites la distinction entre liaison simple, liaison double et liaison triple dans une molécule et donnez un exemple de chacune.

L'ÉLECTRONÉGATIVITÉ ET LES TYPES DE LIAISON

Questions de révision

9.11 Définissez le terme «électronégativité»; dites en quoi l'électronégativité diffère de l'affinité électronique. En général, comment varie l'électronégativité des éléments en fonction de leur position dans le tableau périodique?

9.12 Qu'est-ce qu'une liaison covalente polaire? Nommez deux composés qui contiennent deux ou plusieurs liaisons covalentes polaires.

Problèmes

9.13 Classez les liaisons suivantes par ordre croissant de leur caractère ionique: la liaison entre le lithium et le fluor dans LiF, la liaison entre le potassium et l'oxygène dans K_2O, la liaison entre les atomes d'azote dans N_2, la liaison entre le soufre et l'oxygène dans SO_2, la liaison entre le chlore et le fluor dans ClF_3.

9.14 Classez les liaisons suivantes par ordre croissant de leur caractère ionique: entre carbone et hydrogène; entre fluor et hydrogène; entre brome et hydrogène; entre sodium et iode; entre potassium et fluor, entre lithium et chlore.

9.15 Soit les éléments hypothétiques D, E, F et G, dont l'électronégativité est respectivement de 3,8, de 3,3, de 2,8 et de 1,3. Si les atomes de ces éléments forment les molécules DE, DG, EG et DF, comment classeriez-vous ces molécules selon l'ordre croissant du caractère covalent de leurs liaisons?

9.16 Classez les liaisons entre les atomes suivants par ordre croissant de leur caractère ionique: césium et fluor; chlore et chlore; brome et chlore; silicium et carbone.

9.17 Dites si les liaisons suivantes sont ioniques, covalentes polaires ou covalentes, et dites pourquoi: a) la liaison entre C et C dans H_3CCH_3; b) la liaison entre K et I dans KI; c) la liaison entre N et B dans H_3NBCl_3; d) la liaison entre Cl et O dans ClO_2.

9.18 Dites si les liaisons suivantes sont ioniques, covalentes polaires ou covalentes, et dites pourquoi: a) la liaison entre Si et Si dans $Cl_3SiSiCl_3$; b) la liaison entre Si et Cl dans $Cl_3SiSiCl_3$; c) la liaison entre Ca et F dans CaF_2; d) la liaison entre N et H dans NH_3.

LES STRUCTURES DE LEWIS ET LA RÈGLE DE L'OCTET

Questions de révision

9.19 Décrivez dans ses grandes lignes la règle de l'octet. Pourquoi la règle de l'octet s'applique-t-elle principalement aux éléments de la deuxième période?

9.20 Expliquez le concept de charge formelle. Est-ce que les charges formelles représentent la distribution réelle des charges?

Problèmes

9.21 Écrivez les structures de Lewis des molécules suivantes: a) ICl, b) PH_3, c) P_4 (chaque atome P est lié à trois autres atomes P), d) H_2S, e) N_2H_4, f) $HClO_3$, g) $COBr_2$ (l'atome C est lié à l'atome O et à l'atome Br).

9.22 Écrivez les structures de Lewis des ions suivants: a) O_2^{2-}, b) C_2^{2-}, c) NO^+, d) NH_4^+. Indiquez les charges formelles.

9.23 Les structures de Lewis suivantes sont incorrectes. Dites pourquoi et corrigez-les. (Les positions relatives des atomes sont bonnes.)

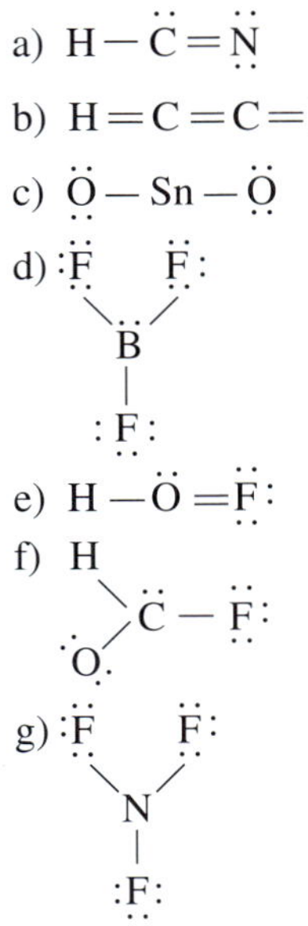

9.24 La disposition des atomes dans l'acide acétique ci-dessous est correcte. Cependant certaines des liaisons sont fausses. a) Indiquez lesquelles et expliquez pourquoi. b) Corrigez la structure de Lewis.

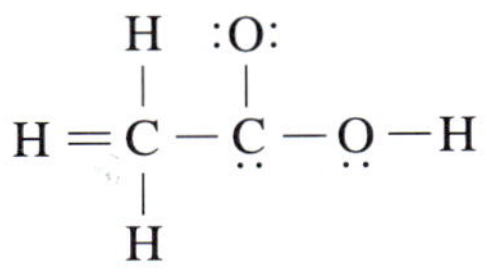

LA RÉSONANCE

Questions de révision

9.25 Définissez les termes suivants: longueur de liaison; résonance et structure de résonance.

9.26 Est-il possible d'isoler une structure de résonance d'un composé pour l'étudier? Pourquoi?

9.27 On fait quelquefois une analogie entre le concept de résonance et un mulet, qui est le produit du croisement d'un cheval et d'une ânesse. Comparez cette analogie à celle utilisée dans ce chapitre, qui décrivait le rhinocéros comme un croisement entre un griffon et une licorne. Quelle analogie est la plus appropriée? Pourquoi?

9.28 Donnez les règles générales qui permettent d'écrire des structures de résonance plausibles. Donnez les deux autres raisons de choisir b) dans l'exemple 9.5.

Problèmes

9.29 Écrivez les structures de Lewis des espèces suivantes; donnez toutes les structures de résonance, et indiquez les charges formelles: a) HCO_2^-, b) $CH_2NO_2^-$. Les positions relatives des atomes sont les suivantes:

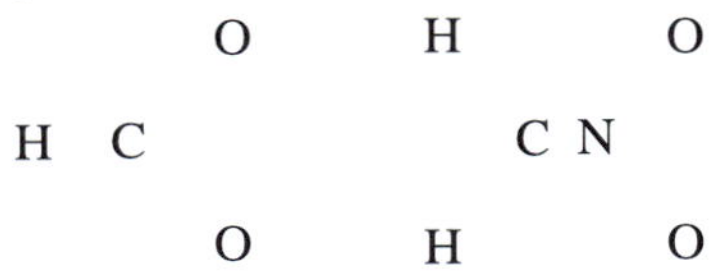

9.30 Donnez trois structures de résonance représentant l'ion chlorate, ClO_3^-. Indiquez les charges formelles.

9.31 Donnez trois structures de résonance représentant l'acide hydrazoïque, HN_3. La disposition atomique est HNNN. Indiquez les charges formelles.

9.32 Donnez deux structures de résonance du diazométhane, CH_2N_2. Indiquez les charges formelles. Le squelette de la molécule est

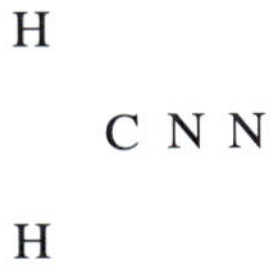

9.33 Proposez trois structures de résonance vraisemblables pour l'ion OCN^-. Indiquez les charges formelles.

9.34 Donnez trois structures de résonance de la molécule N_2O, dans laquelle la disposition des atomes est NNO. Indiquez les charges formelles.

LES EXCEPTIONS À LA RÈGLE DE L'OCTET

Questions de révision

9.35 Pourquoi la règle de l'octet ne s'applique-t-elle pas à de nombreux composés contenant des éléments de la troisième période ou des périodes suivantes du tableau périodique?

9.36 Donnez trois exemples de composés qui ne respectent pas la règle de l'octet. Donnez une structure de Lewis pour chacun d'eux.

9.37 Puisque le fluor a sept électrons de valence ($2s^22p^5$), il pourrait se former, en principe, sept liaisons covalentes autour de l'atome: les composés FH_7 ou FCl_7 sont donc théoriquement possibles. Pourquoi alors n'a-t-on jamais pu préparer ces composés?

9.38 Qu'est-ce qu'une liaison de coordinence? Diffère-t-elle d'une liaison covalente normale?

Problèmes

9.39 Dans la molécule AlI_3, l'octet autour de Al est incomplet. Donnez trois structures de résonance de cette molécule dans lesquelles les atomes Al et I respectent la règle de l'octet. Indiquez les charges formelles.

9.40 En phase gazeuse, le chlorure de béryllium est constitué de molécules $BeCl_2$ distinctes. Est-ce que la règle de l'octet est respectée dans le cas de Be dans ce composé? Sinon, pouvez-vous former un octet autour de Be en dessinant une autre structure de résonance? Cette structure est-elle plausible?

9.41 Parmi les gaz rares, seuls Kr, Xe et Rn forment quelques composés avec O et F. Ces composés sont tous covalents. Sans examiner les formules de ces composés, on peut conclure que ni Kr ni Xe ne respectent la loi de l'octet dans ces composés. Expliquez pourquoi.

9.42 Écrivez la structure de Lewis de $SbCl_5$. La règle de l'octet est-elle respectée?

9.43 Écrivez les structures de Lewis de SeF_4 et de SeF_6. Est-ce que la règle de l'octet est respectée pour ce qui est de Se?

9.44 Illustrez la réaction suivante à l'aide de structures de Lewis: $AlCl_3 + Cl^- \longrightarrow AlCl_4^-$

Dans le produit, quel type de liaison y a-t-il entre Al et Cl?

LES ÉNERGIES DE LIAISON

Questions de révision

9.45 Dites ce qu'est l'énergie de dissociation d'une liaison. Pourquoi les énergies de liaison dans les molécules polyatomiques sont-elles des valeurs moyennes?

9.46 Dites pourquoi on définit habituellement l'énergie de liaison d'une molécule en se basant sur des données obtenues à l'état gazeux. Pourquoi la rupture d'une liaison est-elle toujours endothermique et la formation d'une liaison toujours exothermique?

Problèmes

9.47 À partir des données suivantes, calculez l'énergie de liaison moyenne de la liaison N—H:

$$NH_3(g) \longrightarrow NH_2(g) + H(g) \qquad \Delta H^\circ = 435 \text{ kJ}$$
$$NH_2(g) \longrightarrow NH(g) + H(g) \qquad \Delta H^\circ = 381 \text{ kJ}$$
$$NH(g) \longrightarrow N(g) + H(g) \qquad \Delta H^\circ = 360 \text{ kJ}$$

9.48 Soit la réaction

$$O(g) + O_2(g) \longrightarrow O_3(g) \qquad \Delta H^\circ = -107{,}2 \text{ kJ}$$

Calculez l'énergie de liaison moyenne dans O_3.

9.49 L'énergie de liaison de $F_2(g)$ est de 156,9 kJ/mol. Calculez ΔH_f° de F(*g*).

9.50 a) Soit la réaction

$$2C_2H_6(g) + 7O_2(g) \longrightarrow 4CO_2(g) + 6H_2O(g)$$

Prédisez l'enthalpie de la réaction à partir des énergies de liaison moyennes données au tableau 9.2. b) Calculez l'enthalpie de la réaction à partir des enthalpies standard de formation (*voir annexe 2*) des réactifs et des produits, puis comparez ce résultat avec celui obtenu en a).

PROBLÈMES VARIÉS

9.51 Associez chacun des types d'énergie suivants à une réaction: énergie d'ionisation, affinité électronique, énergie de dissociation d'une liaison, enthalpie standard de formation.

a) $F(g) + e^- \longrightarrow F^-(g)$

b) $F_2(g) \longrightarrow 2F(g)$

c) $Na(g) \longrightarrow Na^+(g) + e^-$

d) $Na(s) + \frac{1}{2}F_2(g) \longrightarrow NaF(s)$

9.52 Les formules des fluorures des éléments de la troisième période sont NaF, MgF_2, AlF_3, SiF_4, PF_5, SF_6 et ClF_3. Dites si ces composés sont covalents ou ioniques.

9.53 Utilisez les valeurs d'énergie d'ionisation et d'affinité électronique données dans le manuel (*tableaux 8.3 et 8.4*) pour calculer la variation d'énergie (en kilojoules) dans les réactions suivantes:

a) $Li(g) + I(g) \longrightarrow Li^+(g) + I^-(g)$

b) $Na(g) + F(g) \longrightarrow Na^+(g) + F^-(g)$

c) $K(g) + Cl(g) \longrightarrow K^+(g) + Cl^-(g)$

9.54 Nommez quelques caractéristiques d'un composé ionique comme KF qui pourraient le distinguer d'un composé comme CO_2.

9.55 Donnez les structures de Lewis de BrF_3, ClF_5 et IF_7. Dites où la règle de l'octet n'est pas respectée.

9.56 Donnez trois structures de résonance possibles de l'ion triazoture (azide) N_3^-, dans lequel la disposition des atomes est NNN. Indiquez les charges formelles.

9.57 Le groupement amide joue un rôle important dans la structure d'une protéine:

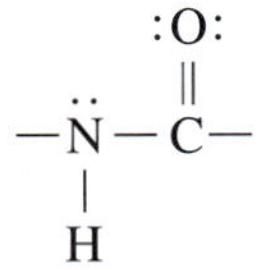

Donnez une autre structure de résonance de ce groupement. Indiquez les charges formelles.

9.58 Donnez un exemple d'ion ou de molécule contenant un atome Al qui: a) respecte la règle de l'octet, b) a un octet étendu, et c) a un octet incomplet.

9.59 Tracez quatre structures de résonance plausibles de l'ion PO_3F^{2-}. L'atome central P est lié aux trois atomes O et à l'atome F. Indiquez les charges formelles.

9.60 Toutes les tentatives pour synthétiser des espèces stables à partir des composés suivants ont échoué dans les conditions atmosphériques. Suggérez des raisons qui expliquent cet échec.

CF_2 CH_5 FH_2^- PI_5

9.61 Tracez des structures de résonance plausibles des ions suivants à base de soufre: a) HSO_4^-, b) SO_4^{2-}, c) HSO_3^-, d) SO_3^{2-}.

9.62 Vrai ou faux? a) Les charges formelles représentent la distribution réelle des charges. b) On peut estimer ΔH_f° à partir des énergies de liaison des réactifs et des produits. c) Tous les éléments de la deuxième période respectent la règle de l'octet dans leurs composés. d) Les structures de résonance d'une molécule correspondent à différentes formes de la molécule qui peuvent être séparées (isolées) les unes des autres.

9.63 L'une des règles d'écriture des structures de Lewis plausibles impose que l'atome central soit invariablement moins électronégatif que les atomes qui l'entourent. Dites pourquoi.

9.64 Sachant que:

$$C(s) \longrightarrow C(g) \qquad \Delta H^\circ_{\text{réaction}} = 716 \text{ kJ}$$

$$2H_2(g) \longrightarrow 4H(g) \qquad \Delta H^\circ_{\text{réaction}} = 872{,}8 \text{ kJ}$$

et que l'énergie de liaison moyenne de C—H est de 414 kJ/mol, estimez l'enthalpie standard de formation du méthane (CH_4).

9.65 Si l'on ne tient compte que du point de vue énergétique, laquelle des deux réactions suivantes se produira plus facilement?

a) $Cl(g) + CH_4(g) \longrightarrow CH_3Cl(g) + H(g)$

b) $Cl(g) + CH_4(g) \longrightarrow CH_3(g) + HCl(g)$

(*Note:* aidez-vous du tableau 9.2, et considérez que l'énergie de liaison moyenne de C—Cl est de 338 kJ/mol.)

9.66 Dans laquelle des molécules suivantes la liaison azote-azote est-elle la plus courte? Justifiez votre réponse.

N_2H_4 N_2O N_2 N_2O_4

9.67 La plupart des acides organiques sont représentés par la formule RCOOH, où COOH est le groupement carboxyle et R le reste de la molécule (par exemple, dans le cas de l'acide acétique, CH_3COOH, R est CH_3). a) Donnez la structure de Lewis du groupement carboxyle. b) Au cours de l'ionisation, le groupement carboxyle est transformé en groupement carboxylate, COO^-. Donnez les structures de résonance du groupement carboxylate.

9.68 Lesquels des molécules ou des ions suivants sont isoélectroniques? NH_4^+, C_6H_6, CO, CH_4, N_2, $B_3N_3H_6$.

9.69 On a pu observer dans l'espace des traces des espèces suivantes: a) CH, b) OH, c) C_2, d) HNC, e) HCO. Donnez les structures de Lewis de ces espèces et dites si elles sont diamagnétiques ou paramagnétiques.

9.70 L'ion amidure, NH_2^-, est une base de Brønsted. Représentez, à l'aide de structures de Lewis, la réaction entre l'ion amidure et l'eau.

9.71 Donnez les structures de Lewis des molécules organiques suivantes: a) tétrafluoroéthylène (C_2F_4), b) propane (C_3H_8), c) butadiène ($CH_2CHCHCH_2$), d) propyne (CH_3CCH), e) acide benzoïque (C_6H_5COOH) (pour la structure de C_6H_5COOH, remplacez un atome H par un groupement COOH dans le benzène).

9.72 L'ion triiodure (I_3^-), dans lequel la disposition des atomes I est III, est stable; pourquoi alors l'ion F_3^- correspondant n'existe-t-il pas?

9.73 Comparez l'énergie de dissociation de la liaison de F_2 à la variation d'énergie dans la réaction suivante:

$$F_2(g) \longrightarrow F^+(g) + F^-(g)$$

D'un point de vue énergétique, laquelle des dissociations de F_2 est la plus facile à réaliser?

9.74 On utilise l'isocyanate de méthyle, CH_3NCO, pour fabriquer certains pesticides. En décembre 1984, à Bhopal, en Inde, de l'eau s'infiltra dans un réservoir contenant cette substance dans une usine de produits chimiques. Il se forma alors un nuage toxique qui provoqua la mort de milliers de gens. Tracez les structures de Lewis de ce composé, en indiquant les charges formelles.

9.75 On croit que la molécule de nitrate de chlore ($ClONO_2$) est l'une des molécules responsables de la destruction de l'ozone dans la stratosphère antarctique. Donnez une structure de Lewis plausible de cette molécule.

9.76 Parmi les structures de résonance de la molécule CO_2 suivantes, certaines représentent moins bien que les autres les liaisons de cette molécule. Trouvez lesquelles et dites pourquoi il en est ainsi.

a) $\ddot{\underset{..}{O}}=C=\ddot{\underset{..}{O}}$

b) $:\overset{+}{O}\equiv\underset{-}{C}-\overset{..}{\underset{..}{O}}:^{-}$

c) $:\overset{+}{O}\equiv\ddot{C}\quad\overset{..}{\underset{..}{O}}:$

d) $^{-}:\underset{..}{\ddot{O}}-\overset{2+}{C}-\underset{..}{\ddot{O}}:^{-}$

9.77 Écrivez la structure de Lewis de chacune des molécules organiques suivantes, dans lesquelles les atomes de carbone sont liés entre eux par des liaisons simples: C_2H_6, C_4H_{10}, C_5H_{12}.

9.78 Écrivez les structures de Lewis des chlorofluorocarbures (CFC) suivants, qui sont en partie responsables de la destruction de la couche d'ozone: $CFCl_3$, CF_2Cl_2, CHF_2Cl, CF_3CHF_2.

9.79 Donnez les structures de Lewis des molécules organiques suivantes; chacune renferme une liaison C=C , et les autres atomes de carbone sont liés par des liaisons C—C: C_2H_3F, C_3H_6, C_4H_8.

9.80 Calculez $\Delta H°$ de la réaction suivante:

$$H_2(g) + I_2(g) \longrightarrow 2HI(g)$$

à l'aide: a) de l'équation (9.2), et b) de l'équation (6.8). $\Delta H_f°$ de $I_2(g)$ est de 61,0 kJ/mol.

9.81 Écrivez les structures de Lewis des molécules organiques suivantes: a) le méthanol (CH_3OH); b) l'éthanol (CH_3CH_2OH); c) le tétraéthyle de plomb [$Pb(CH_2CH_3)_4$], un constituant de l'essence au plomb; d) la méthylamine (CH_3NH_2); e) le gaz moutarde ($ClCH_2CH_2SCH_2CH_2Cl$), un gaz toxique utilisé durant la Première Guerre mondiale; f) l'urée [$(NH_2)_2CO$], un engrais; g) la glycine (NH_2CH_2COOH), un acide aminé.

9.82 Dessinez les structures de Lewis des quatre espèces isoélectroniques suivantes: a) CO, b) NO^+, c) CN^-, d) N_2. Indiquez les charges formelles.

9.83 L'oxygène forme trois types de composés ioniques dans lesquels les anions sont l'oxyde (O^{2-}), le peroxyde (O_2^{2-}) et le superoxyde (O_2^-). Quelles sont les structures de Lewis de ces ions?

9.84 Commentez la justesse de l'affirmation suivante: tous les composés qui contiennent un gaz rare dérogent à la règle de l'octet.

9.85 Le chlorure de vinyle (C_2H_3Cl), qui diffère de l'éthylène (C_2H_4) parce que l'un des atomes H y est remplacé par un atome Cl, est utilisé dans la préparation du chlorure de polyvinyle, un important polymère entrant dans la fabrication de tuyaux. a) Écrivez la structure de Lewis du chlorure de vinyle. b) L'unité qui se répète, ou monomère, dans le chlorure de polyvinyle est $—CH_2—CHCl—$. Représentez une partie de la molécule qui contient trois unités semblables. c) Calculez la variation d'enthalpie qui se produit quand $1,0 \times 10^3$ kg de chlorure de vinyle réagissent pour former du chlorure de polyvinyle.

9.86 a) Sachant que:

$$F_2(g) \longrightarrow 2F(g) \qquad \Delta H°_{\text{réaction}} = 156,9 \text{ kJ}$$
$$F^-(g) \longrightarrow F(g) + e^- \qquad \Delta H°_{\text{réaction}} = 333 \text{ kJ}$$
$$F_2^-(g) \longrightarrow F_2(g) + e^- \qquad \Delta H°_{\text{réaction}} = 290 \text{ kJ}$$

calculez l'énergie de liaison de l'ion F_2^-. b) Expliquez la différence entre les énergies de liaison de F_2 et de F_2^-.

9.87 Donnez trois structures de résonance de l'ion isocyanate (NCO^-). Classez-les par ordre d'importance (la plus vraisemblable en premier).

Réponses aux exercices: 9.1 a) ionique, b) covalente polaire, c) covalente; **9.2** $\ddot{\underset{..}{S}}=C=\ddot{\underset{..}{S}}$; **9.3** $[\ddot{\underset{..}{O}}=\ddot{N}-\overset{..}{\underset{..}{O}}:]^-$;

9.4 $\ddot{\underset{..}{O}}=\ddot{N}-\overset{..}{\underset{..}{O}}:^-$; **9.5** H—C≡N: ;

9.6 $\ddot{\underset{..}{O}}=\ddot{N}-\overset{..}{\underset{..}{O}}:^- \longleftrightarrow {}^-:\overset{..}{\underset{..}{O}}-\ddot{N}=\ddot{\underset{..}{O}}$

9.7 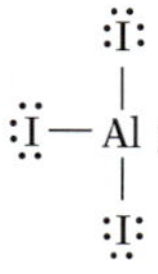 ; **9.8** a) −119 kJ, b) −137,0 kJ.

10.1
La géométrie moléculaire
La forme des molécules dont l'atome central n'a aucun doublet libre • La forme des molécules dont l'atome central a un ou plusieurs doublets libres • La forme des molécules qui ont plus de un atome central • Les règles à suivre pour appliquer le modèle VSEPR

10.2
Les moments dipolaires

10.3
L'hybridation des orbitales atomiques
L'hybridation sp • L'hybridation sp^2 • L'hybridation sp^3 • La méthode à suivre pour hybrider des orbitales atomiques • L'hybridation des orbitales s, p et d

10.4
L'hybridation dans les molécules qui contiennent des liaisons doubles et triples

CHAPITRE 10

LA LIAISON CHIMIQUE II: LA FORME DES MOLÉCULES ET L'HYBRIDATION DES ORBITALES ATOMIQUES

En 1985, pour tenter de créer des molécules bizarres, dont ils soupçonnaient l'existence dans l'espace, les chimistes de l'université Rice vaporisèrent du graphite à l'aide d'un puissant rayon laser. Parmi les produits formés au cours de cette expérience se trouvait une espèce dont la masse molaire correspondait à la formule C_{60}. Étant donné sa taille et sa composition — elle ne comportait qu'un seul type d'atome —, une telle molécule avait nécessairement une forme un peu étrange. Avec du papier, des ciseaux et du ruban gommé, les chercheurs construisirent une sphère fermée constituée de 20 hexagones et de 12 pentagones, comportant 60 sommets, correspondant aux 60 atomes.

À cause de sa forme, les chimistes nommèrent cette nouvelle molécule «buckminsterfullerène», en l'honneur de l'ingénieur et architecte Richard Buckminster Fuller dont les travaux prenaient souvent la forme de dômes géodésiques. Cette molécule sphérique ressemblait donc à un ballon de soccer; des études spectroscopiques et des analyses aux rayons X le confirmèrent d'ailleurs par la suite.

La découverte de cette molécule suscita un très grand intérêt dans la communauté scientifique, et cela pour plusieurs raisons. D'abord, il s'agissait d'une nouvelle forme allotropique stable du carbone, comme le graphite et le diamant. Il s'avéra aussi par la suite qu'elle pouvait être obtenue dans des conditions moins extrêmes; de plus, on a découvert que c'était une des composantes naturelles de la suie. Aussi, du point de vue structural, c'est la molécule la plus symétrique connue.

Depuis sa découverte, les chimistes ont créé des molécules de structures en cages semblables (appelées fullerènes) mais formées de plus de 60 atomes de carbone. De plus, en 1992, on a découvert des molécules C_{60} et C_{70} dans un échantillon rocheux recueilli près de la ville russe de Shungite, située à environ 400 km au nord-est de Saint-Pétersbourg.

La famille des fullerènes représente un tout nouveau concept en architecture moléculaire. Des études ont déjà démontré que ces molécules (et leurs composés) peuvent agir comme supraconducteur à haute température et comme lubrifiants; de plus, elles pourraient servir comme catalyseur ou encore dans des médicaments antiviraux.

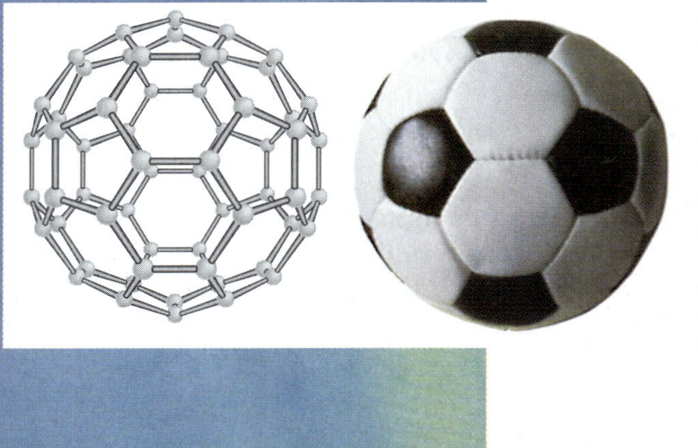

La molécule C_{60} ressemble à un ballon de soccer.

10.1 LA GÉOMÉTRIE MOLÉCULAIRE

L'étude de la géométrie moléculaire permet de connaître la disposition tridimensionnelle des atomes qui forment une molécule, disposition qui a une influence sur de nombreuses propriétés chimiques et physiques, comme le point de fusion, le point d'ébullition, la masse volumique et les types de réactions auxquelles la molécule participe. En général, on peut déterminer expérimentalement la longueur et les angles des liaisons que comporte une molécule; cependant, un raisonnement simple et efficace permet de prédire l'allure générale de la géométrie d'une molécule si l'on connaît le nombre d'électrons qui entourent l'atome central dans sa structure de Lewis. Ce procédé est basé sur la supposition que les doublets d'électrons situés dans la couche de valence d'un atome se repoussent entre eux. La ***couche de valence*** d'un atome, c'est la *couche la plus externe, la couche de nombre quantique principal n le plus élevé, qui contient les électrons périphériques, électrons participant habituellement aux liaisons.* Dans une liaison covalente, une paire d'électrons (souvent appelée *doublet liant*) maintient deux atomes ensemble. Par ailleurs, dans une molécule polyatomique, où l'atome central est lié à deux ou à plusieurs atomes, les différents doublets liants et non liants se repoussent et adoptent des positions aussi éloignées que possible les unes des autres; la forme géométrique de la molécule, c'est-à-dire la figure résultant des positions relatives de l'ensemble de ses atomes, est en fait celle qui permet de minimiser cette répulsion. Cette approche de la géométrie moléculaire est appelée ***modèle VSEPR*** (de l'anglais *valence-shell electron-pair repulsion model*), parce qu'*il explique la disposition des paires d'électrons autour d'un atome central par leur répulsion mutuelle.*

Il y a deux règles générales qui gouvernent l'utilisation de ce modèle:

- Tant que l'on ne s'intéresse qu'à la répulsion entre les paires d'électrons, on peut dire que les liaisons doubles et triples équivalent à des liaisons simples. Cette approximation vaut pour une analyse qualitative. Cependant, il faut tenir compte du fait que, en réalité, les liaisons multiples sont plus «volumineuses» que les liaisons simples: lorsqu'il y a deux ou trois liaisons entre deux atomes, le nuage électronique occupe un plus grand volume.

- S'il est nécessaire d'écrire plusieurs structures de résonance pour décrire correctement une molécule, le modèle VSEPR est valable pour n'importe laquelle de ces structures. On n'indique habituellement pas les charges formelles.

Voyons maintenant comment prédire la forme des molécules grâce à ce modèle. Pour cela, partageons les molécules en deux types, selon que l'atome central a des doublets libres ou non.

LA FORME DES MOLÉCULES DONT L'ATOME CENTRAL N'A AUCUN DOUBLET LIBRE

Pour simplifier, intéressons-nous d'abord aux molécules formées de seulement deux éléments, disons A et B, A étant l'atome central. La formule générale de ces molécules est AB_x, où x est un nombre entier: 2, 3, 4… (Si $x = 1$, la molécule est diatomique et donc, par définition, linéaire.) Dans la grande majorité des cas, la valeur de x va de 2 à 6.

TABLEAU 10.1

L'arrangement des paires d'électrons autour d'un atome central (A) dans une molécule, et la forme de quelques molécules et ions simples dont l'atome central n'a pas de doublets libres

Nombre de paires d'électrons	Arrangement des paires d'électrons*	Géométrie moléculaire* Forme	Exemples
2	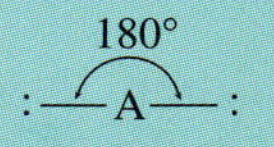 Linéaire	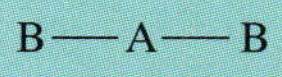 Linéaire	$BeCl_2$, $HgCl_2$
3	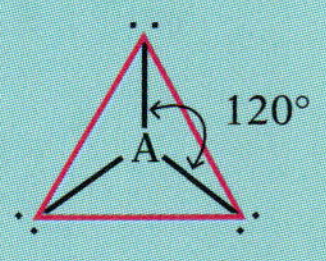 Trigonal plan	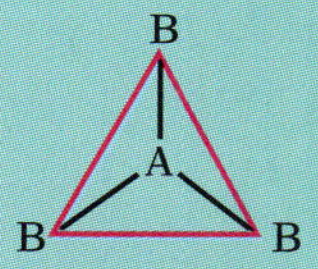 Trigonale plane	BF_3
4	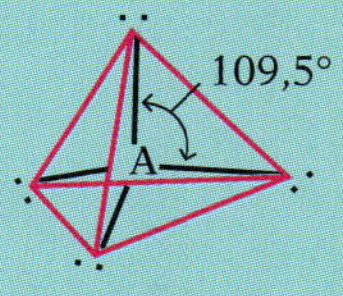 Tétraédrique	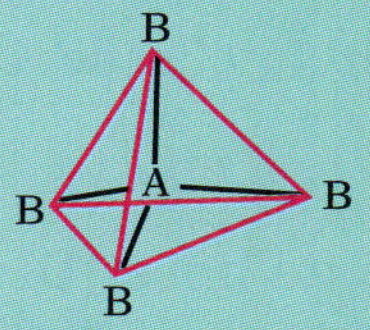 Tétraédrique	CH_4, NH_4^+
5	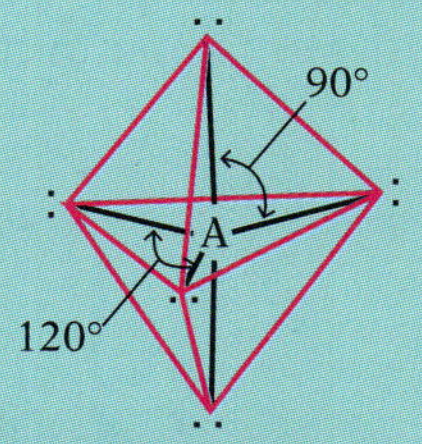 Trigonal bipyramidal	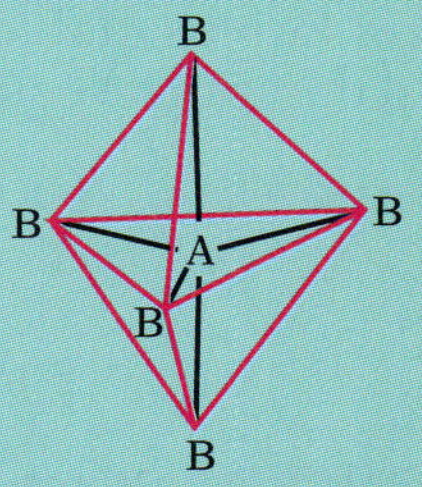 Trigonale bipyramidale	PCl_5
6	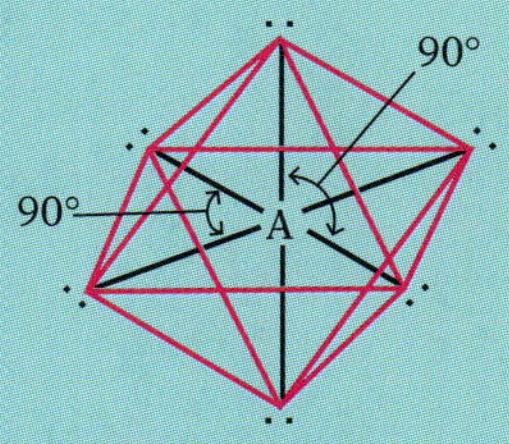 Octaédrique	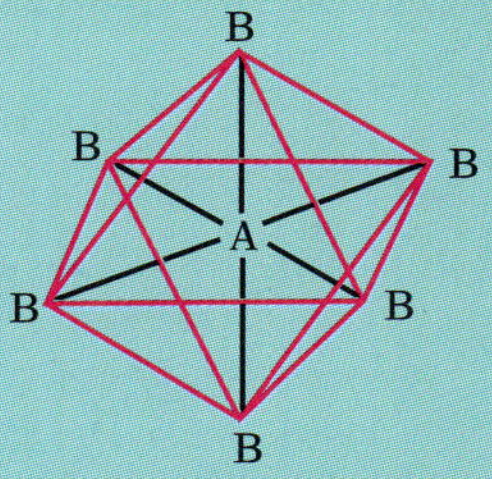 Octaédrique	SF_6

* Les lignes de couleur ne servent qu'à illustrer la forme générale; elles ne représentent pas des liaisons.

Le tableau 10.1 montre cinq arrangements possibles des doublets autour de l'atome central A. Ces doublets, à cause de la répulsion qu'ils exercent les uns sur les autres, ont tendance à occuper des positions les plus éloignées possible les unes des autres. On obtient ainsi une position d'équilibre qui résulte du bilan des attractions et des répulsions. Notez que la deuxième colonne du tableau illustre la disposition des doublets d'électrons, non la position des atomes avoisinants. Les doublets liants des molécules de cette catégorie (celles dont l'atome central n'a pas de doublets libres) peuvent être disposés de cinq façons possibles. Voyons maintenant plus en détail la forme des molécules dont les formules sont AB_2, AB_3, AB_4, AB_5 et AB_6.

AB_2: le chlorure de béryllium ($BeCl_2$)

La structure de Lewis de $BeCl_2$ (à l'état gazeux) est

Cl—Be—Cl

Dans ce cas-ci, à cause de leur répulsion mutuelle, les doublets liants, pour être le plus loin possible les uns des autres, doivent occuper les extrémités d'une ligne droite. Alors l'angle formé par ClBeCl est de 180°; la molécule est donc linéaire (*tableau 10.1*):

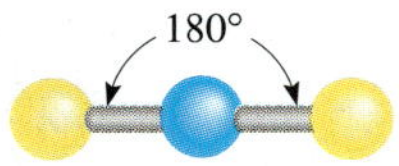

Pour représenter cette molécule, on a utilisé le modèle dit de boules et de bâtonnets.

AB_3: le trifluorure de bore (BF_3)

Le trifluorure de bore comporte trois liaisons covalentes (ou doublets liants). Dans leur disposition la plus stable, les trois liaisons BF sont orientées, à partir du centre (B) d'un triangle équilatéral, vers chacun des sommets (F).

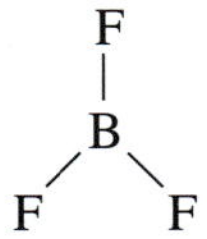

Selon le tableau 10.1, BF_3 est une molécule *trigonale plane* parce que les trois atomes périphériques sont situés aux sommets d'un triangle équilatéral:

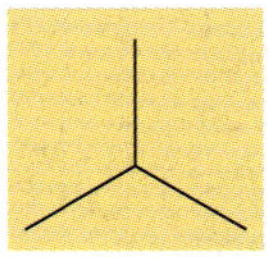

Forme trigonale plane

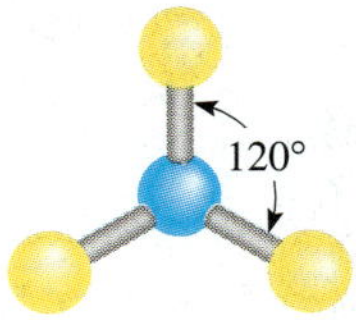

Chacun des trois angles formés par FBF est de 120°, et les quatre atomes sont dans un même plan.

AB_4: le méthane (CH_4)

La structure de Lewis du méthane est

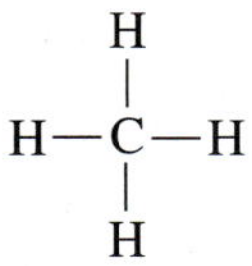

Puisqu'il y a quatre doublets liants, la molécule CH_4 est tétraédrique (*tableau 10.1*). Un *tétraèdre* est formé de quatre faces (le préfixe «tétra-» signifie «quatre»), chacune d'elles étant un triangle équilatéral. Dans une molécule tétraédrique, l'atome central (dans ce cas-ci, C) se trouve au centre du tétraèdre; les quatre autres atomes, aux sommets. Les angles formés par les liaisons sont tous de 109,5°.

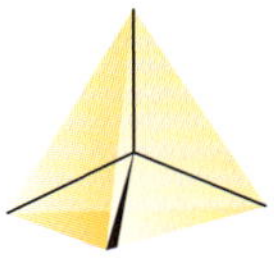
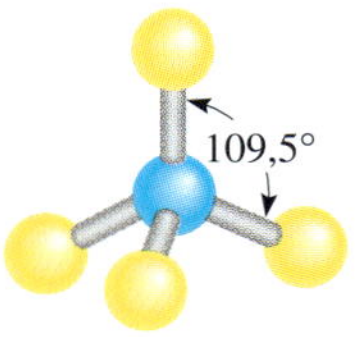

Forme tétraédrique

AB_5: le pentachlorure de phosphore (PCl_5)

La structure de Lewis du pentachlorure de phosphore (à l'état gazeux) est

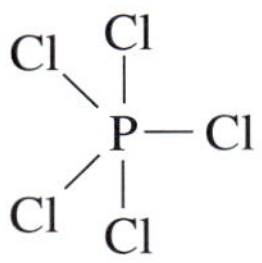

La seule façon de réduire au minimum les forces répulsives entre les cinq doublets liants est de disposer les liaisons P*Cl* de manière à former une bipyramide trigonale (*tableau 10.1*), constituée en fait de deux tétraèdres partageant une base commune:

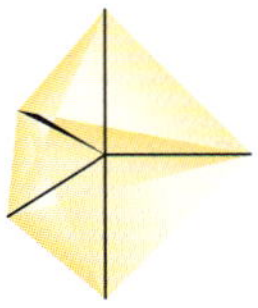
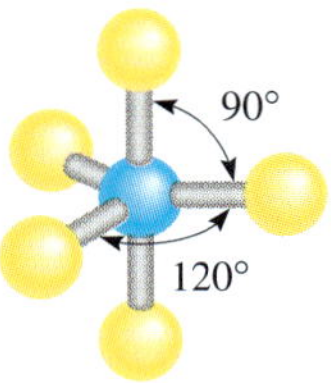

Forme trigonale bipyramidale

L'atome central (dans ce cas-ci, P) se trouve au centre de la base triangulaire commune; les cinq autres atomes sont situés aux cinq sommets de la bipyramide. On dit des atomes situés en dessous et au-dessus du plan du triangle qu'ils sont en position *axiale;* de ceux qui sont dans le plan du triangle, qu'ils sont en position *équatoriale*. L'angle formé par deux liaisons équatoriales est de 120°; celui formé par une liaison axiale et une liaison équatoriale est de 90°; et celui formé par les deux liaisons axiales est de 180°.

AB_6: l'hexafluorure de soufre (SF_6)

La structure de Lewis de l'hexafluorure de soufre est

La disposition la plus stable des six doublets liants de SF_6 est octaédrique (*tableau 10.1*). Un octaèdre possède huit faces (le préfixe «octa-» signifie «huit»). On peut en former un en joignant les bases carrées de deux pyramides à bases carrées. L'atome central (dans ce cas-ci, S) est situé au centre de la face commune; les six autres atomes, aux six sommets des pyramides unies. Tous les angles sont de 90°, sauf ceux formés par l'atome central et deux atomes diamétralement opposés; l'angle formé est alors de 180°. Puisque dans une molécule octaédrique les six liaisons sont équivalentes — contrairement à celles d'une molécule trigonale bipyramidale —, on ne parle pas d'atomes axiaux ou équatoriaux.

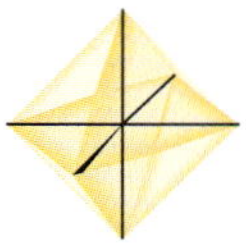

Forme octaédrique

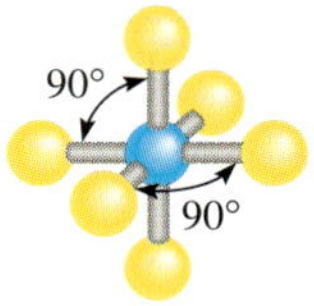

Le tableau 10.1 montre la forme de quelques molécules simples selon le modèle VSEPR.

La forme des molécules dont l'atome central a un ou plusieurs doublets libres

Il est plus difficile de déterminer la forme géométrique d'une molécule si son atome central a à la fois des doublets liants et des doublets libres. Dans de telles molécules, il y a trois types de forces répulsives selon qu'elles s'exercent entre les doublets liants, entre les doublets libres, et entre un doublet liant et un doublet libre. En général, selon le modèle VSEPR, les forces répulsives décroissent dans l'ordre suivant:

répulsion doublet libre – doublet libre > répulsion doublet libre – doublet liant > répulsion doublet liant – doublet liant

Les électrons d'une liaison sont retenus l'un près de l'autre par les forces attractives exercées par les noyaux des deux atomes liés. Ces électrons constituent un nuage électronique moins diffus et préférentiellement orienté, c'est-à-dire qu'ils occupent moins d'espace que les électrons d'un doublet libre, qui eux ne sont associés qu'à un atome. Dans une molécule, les électrons des doublets libres sont plus délocalisés et occupent donc plus de place que ceux des doublets liants; par conséquent ils sont soumis à une répulsion plus importante de la part des doublets voisins, liants ou non liants. Pour pouvoir tenir compte de tous les doublets, liants ou non, on désigne une molécule ayant des doublets libres de la manière suivante: AB_xE_y, où A est l'atome central, B un atome situé autour de A, et E un doublet libre de A. Les indices x et y sont des nombres entiers, $x = 2, 3...$ et $y = 1, 2...$ Ainsi, les valeurs de x et de y indiquent respectivement le nombre d'atomes situés autour de l'atome central et le nombre de doublets libres de l'atome central. La molécule la plus simple de ce type serait une molécule triatomique dont l'atome central a un seul doublet libre, soit AB_2E.

Dans le cas de molécules ayant un ou plusieurs doublets libres, il faut faire une distinction entre l'arrangement géométrique général des doublets d'électrons (figure de répulsion) et la forme de la molécule (géométrie moléculaire). L'arrangement général des doublets d'électrons correspond à la disposition de *tous* les doublets de l'atome central, tant les doublets libres que les doublets liants. Par contre, la forme de la molécule dépend seulement de l'arrangement de ses atomes et, par conséquent, seule la disposition des doublets liants doit être considérée. Donc, comme nous le confirmerons bientôt, si l'atome central contient des doublets libres, l'arrangement général des doublets d'électrons *ne correspond pas* à la forme de la molécule.

Les exemples suivants devraient vous aider à mieux comprendre cette distinction entre l'arrangement des doublets d'électrons et la forme de la molécule.

AB_2E: le dioxyde de soufre (SO_2)

La structure de Lewis du dioxyde de soufre est

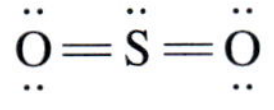

Puisque, dans les règles déjà énoncées (*p. 302*), on considère les liaisons doubles comme des liaisons simples, on peut considérer que, dans la molécule SO_2, il y a trois doublets d'électrons associés à l'atome central S. De ces doublets, deux sont liants et l'autre est libre. Au tableau 10.1, on note que l'arrangement général de trois doublets d'électrons est trigonal plan. Quant à sa forme, à cause du doublet libre de S, elle est dite «pliée» (ou coudée).

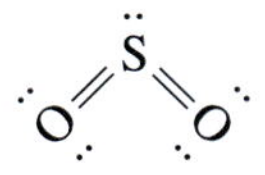

Puisque la répulsion qui s'exerce entre un doublet libre et un doublet liant est plus forte que celle qui s'exerce entre deux doublets liants, les deux liaisons soufre-oxygène sont légèrement poussées l'une vers l'autre; par conséquent, l'angle formé par OSO est inférieur à 120°, ce qui est conforme à l'angle mesuré, soit 119,5° (*voir problème 10.60*).

AB_3E: l'ammoniac (NH_3)

La molécule d'ammoniac contient trois doublets liants et un doublet libre:

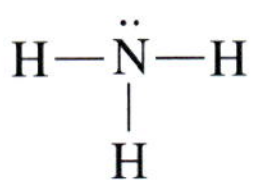

Au tableau 10.1, on note que l'arrangement adopté par quatre doublets d'électrons est tétraédrique. Cependant, dans NH_3, l'un de ces doublets est libre; NH_3 est donc trigonale pyramidale (on l'appelle ainsi parce qu'elle ressemble à une pyramide, l'atome N étant au sommet). Parce que le doublet libre les repousse plus fortement, les trois doublets liants sont poussés les uns vers les autres; les angles HNH dans la molécule d'ammoniac sont donc plus petits que ceux d'un tétraèdre régulier, qui sont de 109,5° (*figure 10.1*).

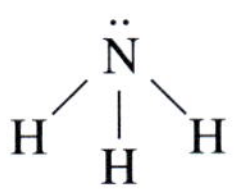

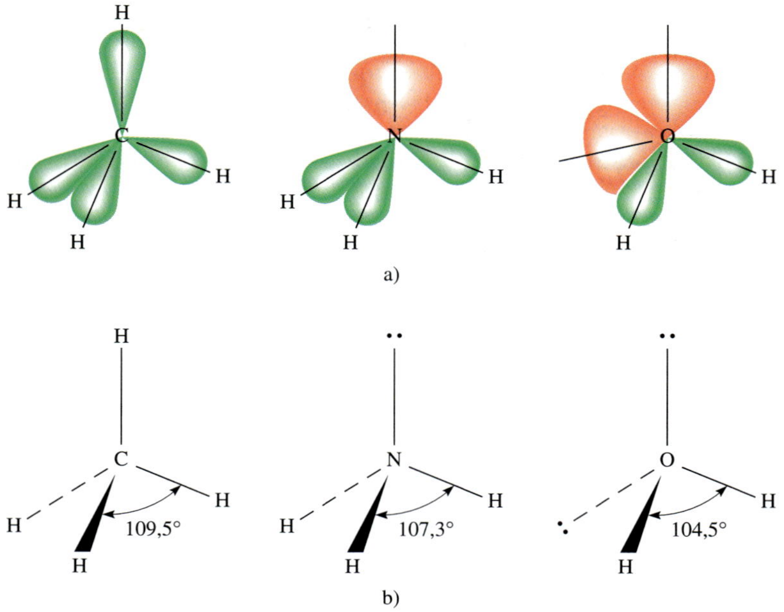

FIGURE 10.1

a) La taille relative des doublets liants et des doublets libres dans CH_4, NH_3 et H_2O. b) Les angles des liaisons dans CH_4, NH_3 et H_2O. Les lignes pointillées indiquent que l'axe de la liaison se situe derrière le plan de la page; les lignes plus larges, que l'axe de la liaison se trouve devant le plan de la page; et les lignes minces et unies, que la liaison est dans le plan de la page.

AB_2E_2: l'eau (H_2O)

Une molécule d'eau contient deux doublets liants et deux doublets libres:

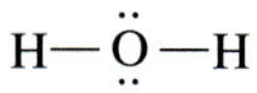

L'arrangement général des quatre doublets d'électrons dans la molécule d'eau est le même que celui que l'on trouve dans la molécule d'ammoniac: tétraédrique. Cependant, contrairement à l'ammoniac, l'atome central (ici O) de la molécule d'eau a deux doublets libres. Ceux-ci ont tendance à rester le plus loin possible l'un de l'autre. Par conséquent, les deux doublets liants des OH sont poussés l'un vers l'autre et on peut prédire que dans le cas de H_2O, qu'il y aura une plus grande déviation de l'angle tétraédrique que dans le cas de NH_3. Comme le montre la figure 10.1, l'angle formé par HOH est de 104,5°. H_2O est donc une molécule «pliée».

AB_4E: le tétrafluorure de soufre (SF_4)

La structure de Lewis de SF_4 est

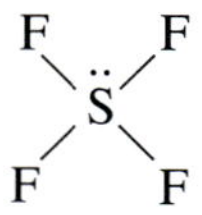

L'atome central S est associé à cinq doublets d'électrons dont l'arrangement, selon le tableau 10.1, est trigonal bipyramidal. Cependant, comme l'un de ces doublets est libre, la molécule doit avoir l'une des formes suivantes:

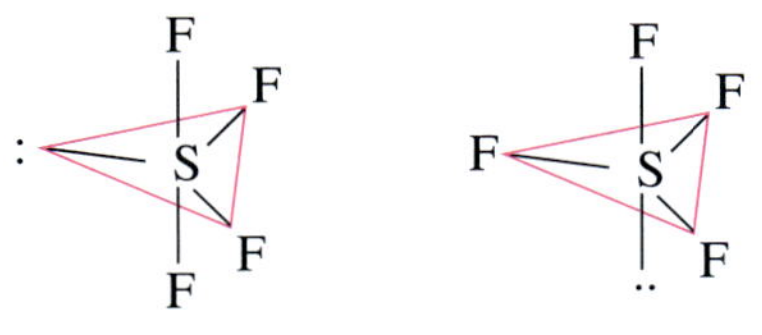

a) b)

En a), le doublet libre est en position équatoriale; en b), il est en position axiale. En b), il y a pour le doublet libre trois doublets liants voisins à 90° et un autre à 180°; en a), il y a deux doublets liants voisins à 90° et deux autres à 120°. La répulsion qui s'exerce en a) est plus faible; c'est d'ailleurs cette structure, qu'on appelle parfois tétraèdre déformé (ou bascule) qui a été trouvée expérimentalement. En réalité, l'angle mesuré formé par les atomes F axiaux et l'atome S est de 186°; celui qui est formé par les atomes F équatoriaux et l'atome S est de 116°.

Le tableau 10.2 montre quelques formes de molécules simples dont l'atome central possède un ou plusieurs doublets libres. Il en existe d'autres.

La forme des molécules qui ont plus de un atome central

Jusqu'à maintenant, nous n'avons étudié que les molécules qui ont un seul atome central. (Ici, par *atome central*, on entend atome qui n'est pas situé à une extrémité d'une molécule polyatomique.) La forme générale des molécules qui ont plus de un atome central est, dans la plupart des cas, difficile à décrire. Souvent, on ne peut que décrire les formes autour des atomes centraux. Voyons, par exemple, le méthanol, dont la structure de Lewis est

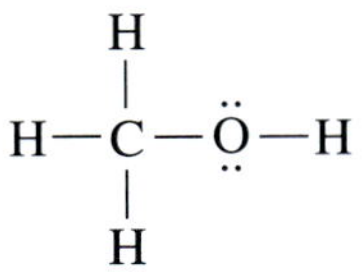

Les deux atomes centraux dans le méthanol sont C et O. On peut dire que les doublets liants des trois liaisons de C—H et celui de la liaison C—O sont disposés en tétraèdre autour de l'atome C. Les angles HCH et OCH sont d'environ 109°. L'atome O dans cette molécule rappelle celui de la molécule d'eau, c'est-à-dire qu'il possède deux doublets libres et deux doublets liants. C'est pourquoi la partie HOC de la molécule est «pliée» et forme un angle d'environ 105° (*figure 10.2*).

Les règles à suivre pour appliquer le modèle VSEPR

Maintenant que nous avons vu la forme des molécules de deux types (celles qui ont un atome central: avec doublets libres, sans doublets libres), abordons certaines règles utiles pour appliquer le modèle VSEPR à tous les types de molécules:

- Écrire la structure de Lewis de la molécule, en ne tenant compte que des doublets d'électrons qui entourent l'atome central (c'est-à-dire l'atome non terminal, lié à plus d'un autre atome).

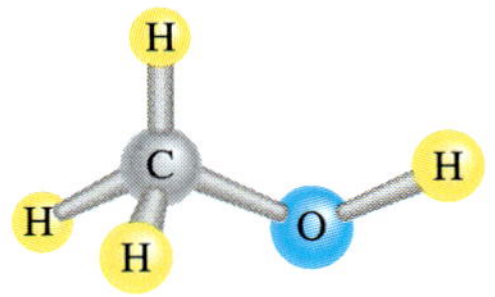

FIGURE 10.2

La forme de CH_3OH.

TABLEAU 10.2

La forme des ions et des molécules simples dont l'atome central a un ou plusieurs doublets libres

Classe de molécules	Nombre total de paires d'électrons	Nombre de doublets liants	Nombre de doublets libres	Arrangement des paires d'électrons*	Forme	Exemples
AB_2E	3	2	1	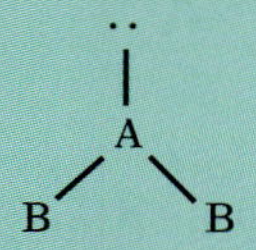 Trigonal plan	«pliée»	SO_2, O_3
AB_3E	4	3	1	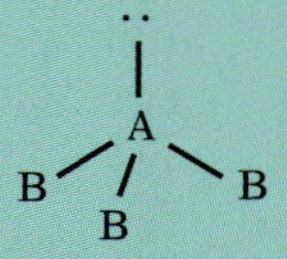 Tétraédrique	Trigonale pyramidale	NH_3
AB_2E_2	4	2	2	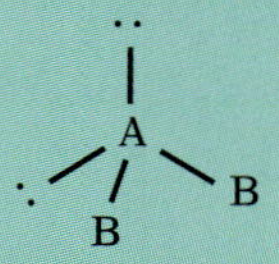 Tétraédrique	«pliée»	H_2O
AB_4E	5	4	1	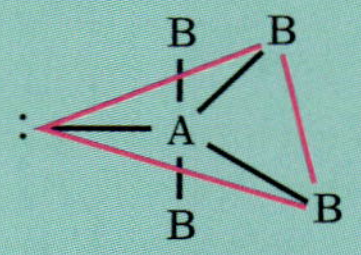 Trigonal bipyramidal	Tétraédrique irrégulière (bascule)	IF_4^+, SF_4, XeO_2F_2
AB_3E_2	5	3	2	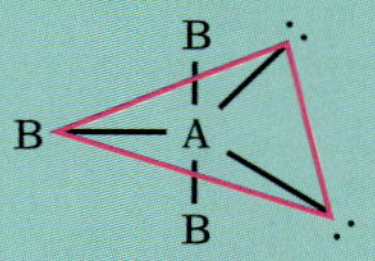 Trigonal bipyramidal	En T	ClF_3
AB_2E_3	5	2	3	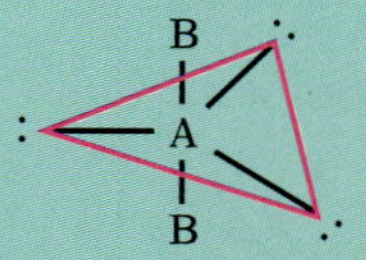 Trigonal bipyramidal	Linéaire	XeF_2,I_3^-
AB_5E	6	5	1	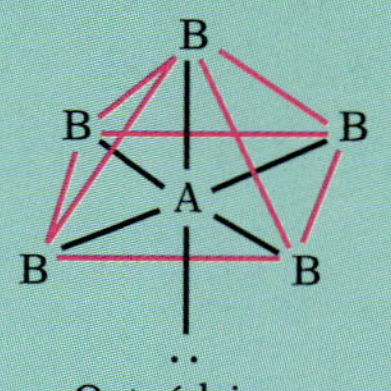 Octaédrique	Pyramidale à base carrée	BrF_5, $XeOF_4$
AB_4E_2	6	4	2	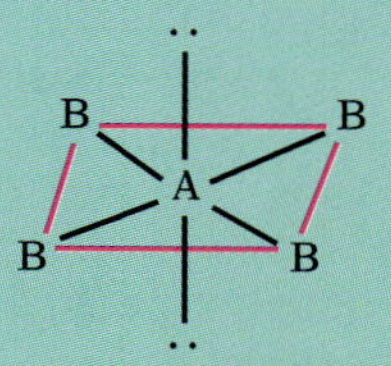 Octaédrique	Plane carrée	XeF_4, ICl_4^-

* Les lignes de couleur indiquent la forme générale, non des liaisons.

- Compter les doublets d'électrons autour de l'atome central (les doublets liants et les doublets libres). Considérer les liaisons doubles et triples comme des liaisons simples. Consulter le tableau 10.1 pour prédire l'arrangement général des doublets.
- Consulter les tableaux 10.1 et 10.2 pour prédire la forme de la molécule.
- Pour prédire les angles des liaisons, se rappeler qu'un doublet libre (DL) repousse un autre doublet libre ou un doublet liant (PL) plus fortement qu'un doublet liant repousse un autre doublet liant: (DL, DL) > (DL, PL) > (PL, PL).

  Se rappeler également qu'il est impossible de prédire exactement les angles des liaisons quand l'atome central possède un ou plusieurs doublets libres.

Le modèle VSEPR permet de prédire de façon assez juste la forme de nombreuses molécules. Les chimistes adoptent cette approche à cause de sa simplicité et de son efficacité. Même si certaines considérations théoriques laissent entendre que la «répulsion entre les doublets» ne détermine peut-être pas la forme de la molécule, force est de reconnaître que cette méthode permet des prédictions utiles (et généralement correctes). À cette étape de notre étude, on peut considérer que ce modèle est plutôt un procédé de raisonnement basé sur le modèle de la liaison tel que conçu par Lewis.

EXEMPLE 10.1

L'application du modèle VSEPR aux molécules et aux ions

À l'aide du modèle VSEPR, prédisez la forme des molécules et des ions suivants: a) AsH_3, b) OF_2, c) $AlCl_4^-$, d) I_3^-, e) C_2H_4.

Réponse: a) La structure de Lewis de AsH_3 est

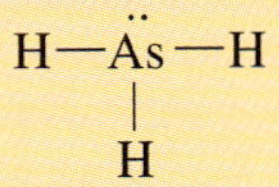

Cette molécule a trois doublets liants et un doublet libre, une combinaison semblable à celle de l'ammoniac. Alors, AsH_3, comme NH_3, a une forme trigonale pyramidale. On ne peut prédire exactement la valeur de l'angle HAsH, mais elle doit être inférieure à 109,5°, car la répulsion exercée par le doublet libre sur les doublets liants est supérieure à celle qui s'exerce entre les doublets liants.

b) La structure de Lewis de OF_2 est F—Ö—F. Puisque l'atome O possède deux doublets libres, la molécule OF_2 est «pliée», comme la molécule H_2O. Encore une fois, tout ce que l'on peut dire de la valeur de son angle FOF est qu'elle doit être inférieure à 109,5° parce que la force répulsive qu'exercent les doublets libres sur les doublets liants est plus grande que celle qui s'exerce entre les doublets liants eux-mêmes.

c) La structure de Lewis de $AlCl_4^-$ est

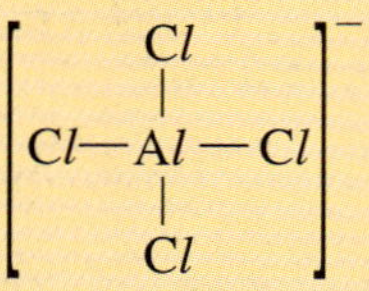

Puisque l'atome central Al n'a pas de doublet libre et que les quatre liaisons $AlCl$ sont équivalentes, l'ion $AlCl_4^-$ doit être tétraédrique; les angles $ClAlCl$ sont tous de 109,5°.

d) La structure de Lewis de I_3^- est

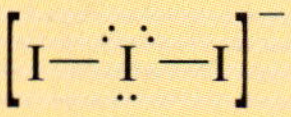

L'atome central I possède deux doublets liants et trois doublets libres. Au tableau 10.2, on voit que les trois doublets libres occupent un plan triangulaire et par conséquent l'ion I_3^- devrait être linéaire.

e) La structure de Lewis de C_2H_4 est

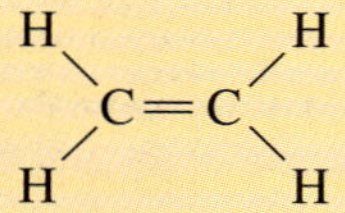

La liaison C=C est considérée comme une liaison simple. Puisqu'il n'y a aucun doublet libre, l'arrangement autour de chaque atome C est trigonal plan, comme dans BF_3. Les angles des liaisons dans C_2H_4 (HCH et HCC) devraient donc tous être de 120°.

EXERCICE

À l'aide du modèle VSEPR, prédisez la forme de: a) $SiBr_4$, b) CS_2 et c) NO_3^-.

10.2 LES MOMENTS DIPOLAIRES

À la section 9.3, nous avons vu que, dans la molécule de fluorure d'hydrogène, la paire d'électrons mise en commun est inégalement partagée entre H et F; elle est davantage localisée du côté de F qui est un atome plus électronégatif que l'atome H. On représente ce déplacement par une flèche barrée (⟷) au-dessus de la structure de Lewis; ce symbole est la représentation vectorielle du déplacement. Par exemple,

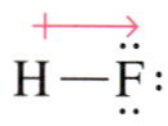

On peut aussi représenter cette distribution des charges dans une molécule de la façon suivante:

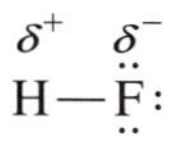

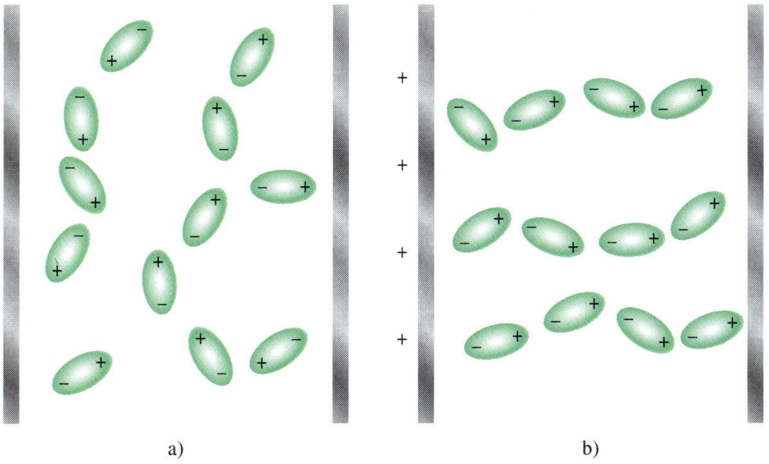

FIGURE 10.3

Le comportement des molécules polaires: a) en l'absence, et b) en présence d'un champ électrique extérieur. Les molécules non polaires ne sont pas influencées par un champ électrique.

où δ est le symbole d'une charge partielle. C'est le comportement des molécules en présence d'un champ électrique externe qui est à l'origine de cette notion de charges patielles (*figure 10.3*). Dans un champ électrique, les molécules HF orientent leurs régions négatives vers la plaque positive, et leurs régions positives vers la plaque négative. Cet alignement des molécules se mesure expérimentalement. Les molécules qui, comme le fluorure d'hydrogène et bien d'autres, *ont des régions positives et négatives* sont appelées ***molécules polaires***.

Peter Debye (1884-1966)

Le ***moment dipolaire,*** μ, c'est-à-dire le *produit de la charge Q par la distance d entre les charges* est une mesure quantitative de la polarité d'une liaison:

$$\mu = Q \times d \tag{10.1}$$

La molécule étant toujours globalement neutre, les charges des deux régions d'une molécule diatomique doivent être égales en valeur absolue mais de signes opposés. Toutefois, la grandeur Q dans l'équation (10.1) ne concerne que la valeur absolue et non le signe, μ est donc toujours positif. Les moments dipolaires sont habituellement exprimés en *debyes* (D), une unité appelée ainsi en l'honneur du chimiste hollandais Peter Debye.

$$1\ \mathrm{D} = 3{,}33 \times 10^{-30}\ \mathrm{C \cdot m}$$

où C est le symbole de coulomb, et m celui de mètre.

Les molécules diatomiques formées d'atomes d'un *même* élément (par exemple, H_2, O_2 et F_2) *n'ont pas de moment dipolaire;* ce sont donc des ***molécules non polaires.*** Par contre, les molécules diatomiques formées d'atomes d'éléments *différents* (par exemple, HCl, CO et NO) ont un moment dipolaire. Dans le cas des molécules formées de trois atomes ou plus, le moment dipolaire dépend à la fois de la polarité des liaisons et de la géométrie de la molécule; autrement dit, une molécule ayant des liaisons polaires n'a pas nécessairement de moment dipolaire. Voyons un exemple: la molécule de dioxyde de carbone, une molécule triatomique, est-elle linéaire ou «pliée»?

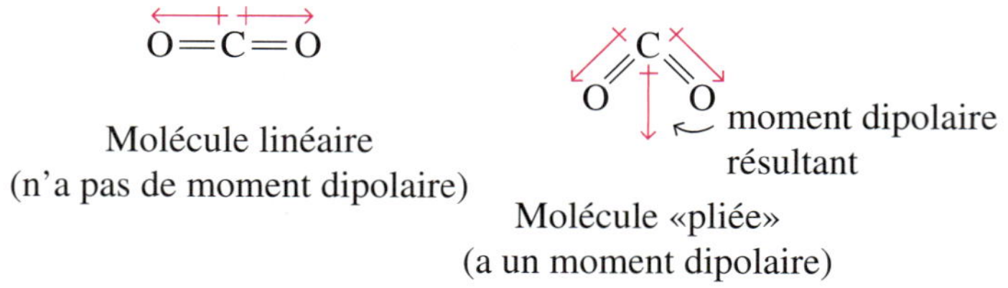

Les flèches indiquent le sens du déplacement du nuage électronique de l'atome de carbone, qui est moins électronégatif, vers l'atome d'oxygène, qui est plus électronégatif. Dans chacun de ces cas, le moment dipolaire de la molécule entière est constitué de deux *moments de liaison,* c'est-à-dire des moments dipolaires individuels des deux liaisons polaires C=O. Le moment de liaison est une *grandeur vectorielle,* c'est-à-dire une grandeur qui a une valeur et une direction. Le moment dipolaire mesuré est une résultante qui est égale à la somme des vecteurs des moments de liaison. Les deux moments de liaison dans CO_2 sont d'égale valeur. Si la molécule est linéaire, ils sont dans des sens opposés et la résultante ou la somme des vecteurs donne un moment dipolaire égal à zéro. Par contre, si la molécule CO_2 est «pliée», les deux moments de liaison se renforcent partiellement l'un l'autre, de sorte que la molécule doit avoir un moment dipolaire. Expérimentalement, on n'observe aucun moment dipolaire dans le dioxyde de carbone: la molécule de dioxyde de carbone est donc linéaire. La nature linéaire de cette molécule a effectivement été confirmée par différents types de mesures.

Le moment dipolaire peut servir à différencier deux isomères, c'est-à-dire des molécules qui ont une même formule mais des structures différentes. Par exemple, les deux molécules suivantes existent bel et bien; elles ont la même formule moléculaire ($C_2H_2Cl_2$), le même nombre et les mêmes types de liaisons, mais une structure moléculaire différente :

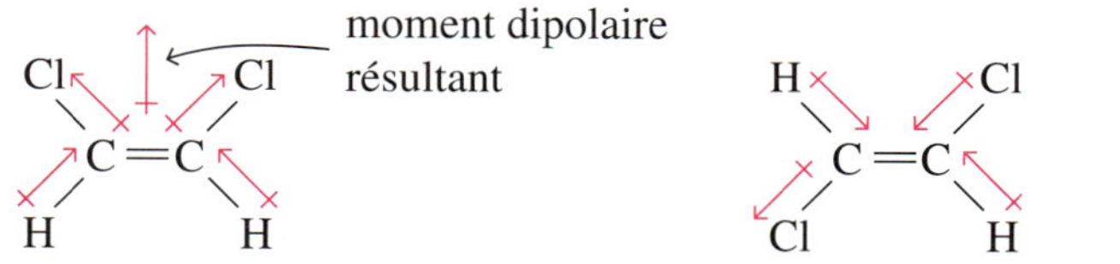

cis-dichloroéthylène
$\mu = 1,89$ D

trans-dichloroéthylène
$\mu = 0$

TABLEAU 10.3
Le moment dipolaire de quelques molécules polaires

Molécule	Forme	Moment dipolaire (D)
HF	Linéaire	1,92
HCl	Linéaire	1,08
HBr	Linéaire	0,78
HI	Linéaire	0,38
H_2O	«pliée»	1,87
H_2S	«pliée»	1,10
NH_3	Pyramidale	1,46
SO_2	«pliée»	1,60

Le *cis*-dichloroéthylène est une molécule polaire, et le *trans*-dichloroéthylène une molécule non polaire: on peut les différencier en mesurant leur moment dipolaire.

Le tableau 10.3 fournit le moment dipolaire de plusieurs molécules polaires.

EXEMPLE 10.2

La prédiction du moment dipolaire

Prédisez si chacune des molécules suivantes a un moment dipolaire: a) IBr, b) BF_3 (trigonale plane), c) CH_2Cl_2 (tétraédrique).

Réponse: a) Puisque IBr (bromure d'iode) est diatomique, sa forme est linéaire. Le brome est plus électronégatif que l'iode (*figure 9.4*); IBr est donc polaire, et le brome est du côté négatif.

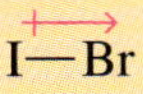

Par conséquent, la molécule a un moment dipolaire.

b) Puisque le fluor est plus électronégatif que le bore, chaque liaison B—F dans BF_3 (trifluorure de bore) est polaire, et les trois moments de liaison sont égaux. Mais la forme symétrique de la molécule trigonale plane fait en sorte que ces trois moments de liaison s'annulent:

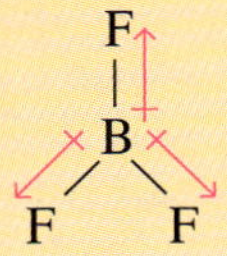

Par conséquent, BF_3 n'a pas de moment dipolaire: c'est une molécule non polaire.

c) La structure de Lewis de CH_2Cl_2 (chlorure de méthylène) est

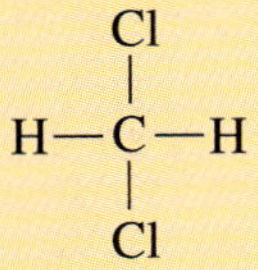

Cette molécule rappelle celle de CH_4, car elle a, elle aussi, la forme d'un tétraèdre. Cependant, puisque ses liaisons ne sont pas toutes identiques, elles forment trois angles différents: HCH, HCCl et ClCCl. Ces angles ne valent pas 109,5°, mais ils s'en approchent. Le chlore étant plus électronégatif que le carbone, qui, lui, est plus électronégatif que l'hydrogène, les moments de liaison ne s'annulent pas entre eux, ce qui veut dire que la molécule a un moment dipolaire:

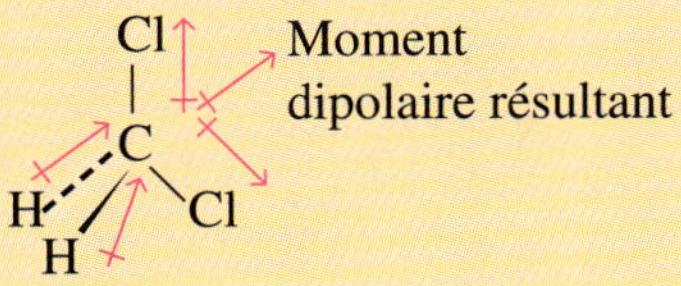

CH_2Cl_2 est une molécule polaire.

EXERCICE

La molécule SO_2 a-t-elle un moment dipolaire?

10.3 L'HYBRIDATION DES ORBITALES ATOMIQUES

Le modèle VSEPR, fondé principalement sur les structures de Lewis, constitue une méthode relativement simple et directe de prédiction de la forme des molécules. Cependant, comme nous l'avons déjà mentionné, le modèle de Lewis de la liaison considère *toutes* les liaisons covalentes comme si elles étaient identiques et, de plus, n'explique pas clairement pourquoi la notion de paire électronique est si fondamentale dans une liaison chimique. Par exemple, la théorie de Lewis décrit la liaison simple formée des atomes H dans H_2 et celle entre les atomes F dans F_2 essentiellement de la même manière: comme le partage de deux électrons. Pourtant, ces liaisons ont des énergies et des longueurs bien différentes (436,4 kJ/mol et 74 pm pour H_2; 150,6 kJ/mol et 142 pm pour F_2). Le modèle de Lewis n'explique pas de façon satisfaisante ces différences ni bien d'autres faits. Pour mieux comprendre la formation d'une liaison chimique, il faut faire appel à la mécanique quantique. En fait, cette étude de la liaison chimique par le biais de la mécanique quantique permet également de comprendre la géométrie moléculaire.

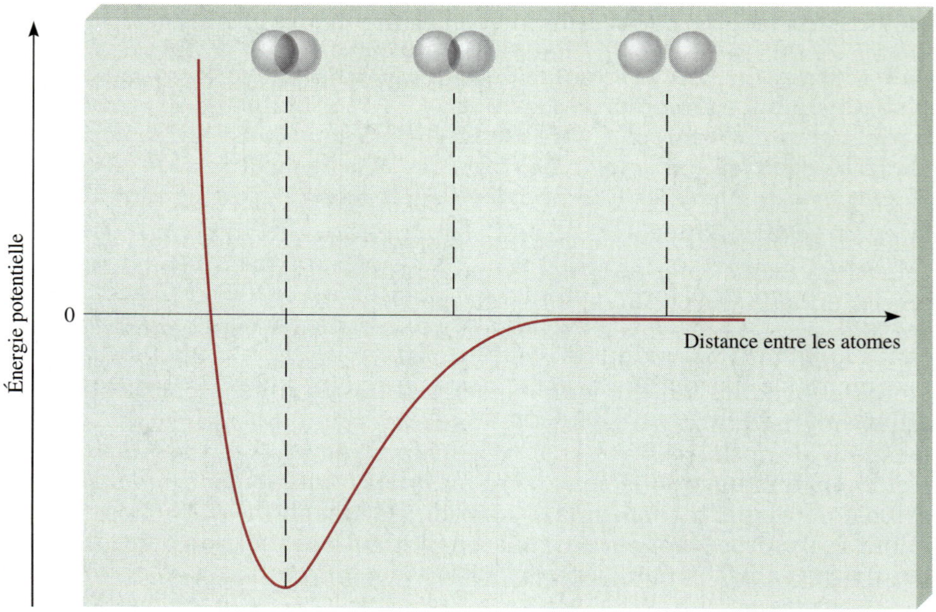

FIGURE 10.4

La variation de l'énergie potentielle de deux atomes H en fonction de la distance qui les sépare. Au niveau d'énergie potentielle minimum, la molécule H_2 est à son état le plus stable; la longueur de sa liaison est de 74 pm.

Vers 1930, on a expliqué la formation des liaisons chimiques par un modèle appelé *modèle de la liaison de valence* (VB pour valence bond en anglais, LV pour liaison de valence en français). Ce modèle décrit la liaison covalente comme le recouvrement d'orbitales atomiques, c'est-à-dire celles qui partagent une région commune dans l'espace. Ainsi, la liaison covalente dans H_2 se forme quand les orbitales 1*s* des deux atomes H se recouvrent (*figure 10.4*). La région où les deux ortibales se recouvrent est plus susceptible de contenir les électrons parce que ceux-ci y sont simultanément attirés par les deux noyaux chargés positivement.

De même, une molécule F_2 stable se forme quand les orbitales 2*p* (qui contiennent les électrons célibataires) des deux atomes F se recouvrent pour former une liaison covalente; la formation de la molécule HF s'explique également par le recouvrement de l'orbitale 1*s* de H et de l'orbitale 2*p* de F. Les orbitales en jeu n'étant pas toutes du même type, on peut voir pourquoi les énergies et les longueurs des liaisons de H_2, de F_2 et de HF sont différentes.

Le concept du recouvrement des orbitales atomiques peut également s'appliquer aux molécules polyatomiques. Cependant, l'arrangement des paires d'électrons liants, ou schéma de liaison, n'est satisfaisant que s'il est conforme à la géométrie moléculaire prédite selon le modèle VSEPR. Voyons trois exemples d'application du modèle LV dans des molécules polyatomiques.

L'HYBRIDATION *sp*

Le modèle VSEPR prédit que la molécule $BeCl_2$ (chlorure de béryllium) est linéaire. Représentons la configuration électronique des électrons de valence de Be à l'aide des cases quantiques:

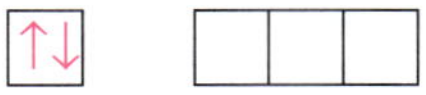

2*s* 2*p*

On sait que, à l'état fondamental, Be ne forme pas de liaisons covalentes avec Cl parce que ses électrons forment une paire dans l'orbitale 2*s*. Alors, on doit faire appel à l'hybridation pour expliquer le comportement liant de Be. D'abord, un électron 2*s* est transféré à une orbitale 2*p* (il est excité), ce qui donne:

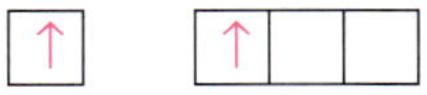

2*s* 2*p*

L'atome Be possède donc alors deux orbitales susceptibles de former une liaison, les orbitales 2*s* et 2*p*. Cependant, si deux atomes Cl devaient se combiner à un atome Be excité, un atome Cl partagerait un électron 2*s* et l'autre partagerait un électron 2*p*, ce qui formerait deux liaisons BeCl non équivalentes. Des résultats expérimentaux prouvent le contraire: les deux liaisons BeCl dans $BeCl_2$ sont identiques en tous points.

Alors, pour expliquer les liaisons dans le chlorure de béryllium, le modèle LV fait appel au concept d'***hybridation.*** L'hybridation, c'est la *combinaison d'orbitales atomiques d'un atome (habituellement un atome central) pour former un ensemble de nouvelles orbitales atomiques,* appelées ***orbitales hybrides.*** Les orbitales hybrides, qui sont des *orbitales atomiques obtenues quand deux ou plusieurs orbitales non équivalentes d'un même atome se*

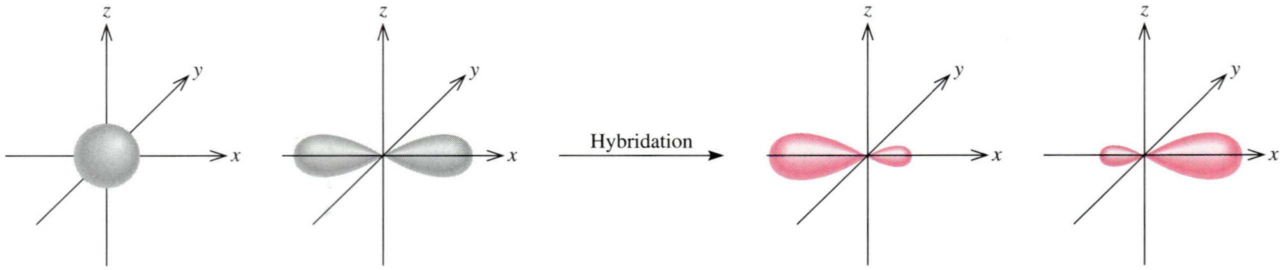

FIGURE 10.5

Formation des orbitales hybrides sp.

combinent, servent à la formation de liaisons covalentes. En combinant l'orbitale 2*s* avec une des orbitales 2*p*, on peut créer deux orbitales hybrides *sp* équivalentes:

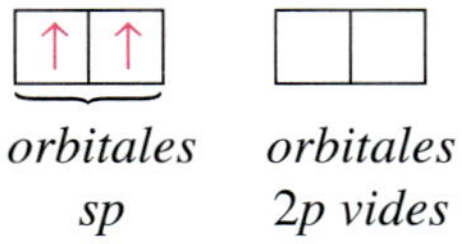

La figure 10.5 montre la forme et l'orientation des orbitales *sp*. Ces deux orbitales hybrides sont orientées dans un même axe, celui des *x*; l'angle qu'elles forment est donc de 180°. Chacune des liaisons Be—Cl est alors formée par le recouvrement d'une orbitale hybride *sp* de Be et d'une orbitale 3*p* de Cl; la molécule $BeCl_2$ qui en résulte a une forme linéaire (*figure 10.6*).

FIGURE 10.6

La forme linéaire de $BeCl_2$ peut s'expliquer si l'on admet que Be est dans l'état d'hybridation sp. Les deux orbitales hybrides sp et les deux orbitales 3p du chlore se recouvrent pour former des liaisons covalentes.

Notez que, même s'il faut fournir de l'énergie au moment de l'hybridation, cette énergie est largement compensée par l'énergie libérée par la formation des liaisons Be—Cl. (La formation d'une liaison est un processus exothermique.)

L'HYBRIDATION sp^2

Voyons maintenant la molécule BF_3 (trifluorure de bore), qui, selon le modèle VSEPR, a une forme plane. Si l'on ne considère que les électrons de valence, la configuration électronique de B est

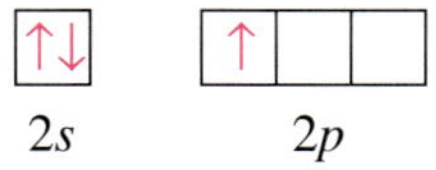

D'abord, on transfère un électron 2*s* à une orbitale 2*p* vide:

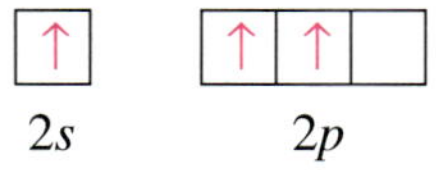

La combinaison de l'orbitale 2*s* et des deux orbitales 2*p* donne trois orbitales hybrides sp^2:

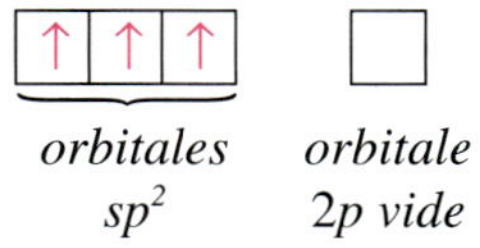

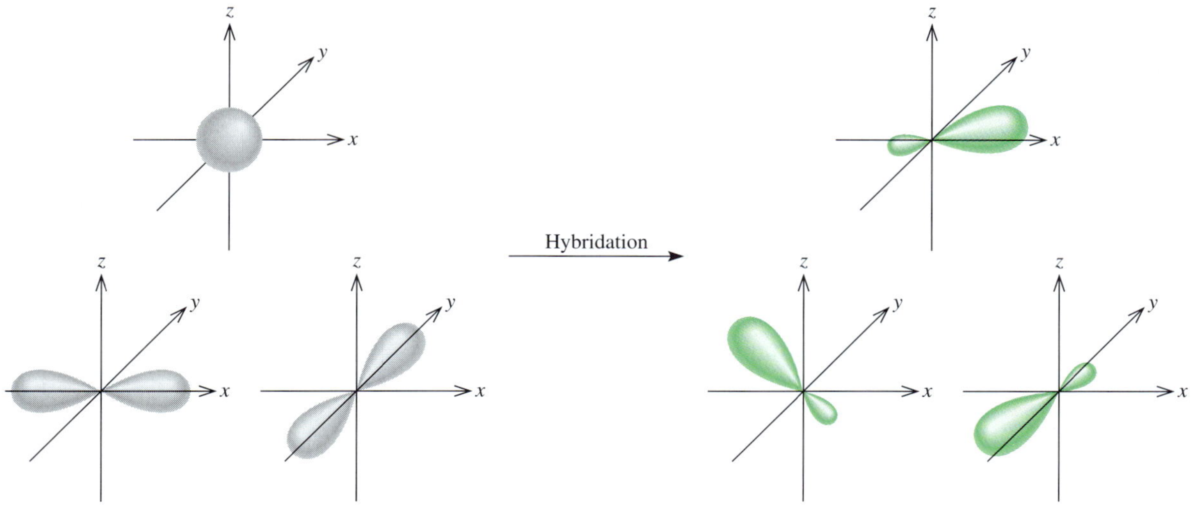

FIGURE 10.7

Formation des orbitales hybrides sp^2.

Ces trois orbitales sp^2 sont situées dans un même plan, et les angles qu'elles forment sont de 120° (*figure 10.7*). Chacune des liaisons B—F est formée par le recouvrement d'une orbitale hybride sp^2 du bore et d'une orbitale $2p$ du fluor (*figure 10.8*). La molécule BF_3 est plane et tous les angles FBF sont de 120°. Ce résultat est conforme aux résultats expérimentaux et aux prédictions faites à l'aide du modèle VSEPR.

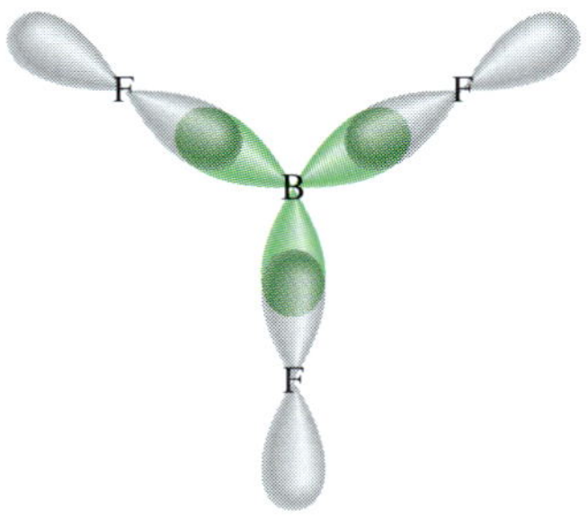

FIGURE 10.8

Recouvrement des orbitales hybrides sp^2 de l'atome de bore et des orbitales 2p des atomes de fluor. La molécule BF_3 est plane et tous les angles FBF sont de 120°.

L'HYBRIDATION sp^3

Finalement, voyons la molécule CH_4, dont la forme est tétraédrique. En ne considérant que les électrons de valence, la configuration électronique de C est

↑↓		↑	↑	
$2s$			$2p$	

Puisque, à l'état fondamental, l'atome de carbone a deux électrons célibataires (un dans chacune des deux orbitales $2p$ occupées), il ne peut former que deux liaisons avec l'hydrogène. On connaît l'espèce CH_2, mais elle est très instable. Pour expliquer les quatre liaisons C—H du méthane, on transfère un électron de l'orbitale $2s$ à l'orbitale $2p$:

↑		↑	↑	↑
$2s$			$2p$	

On peut alors créer quatre orbitales hybrides en combinant l'orbitale $2s$ et les trois orbitales $2p$:

↑	↑	↑	↑

orbitales sp^3

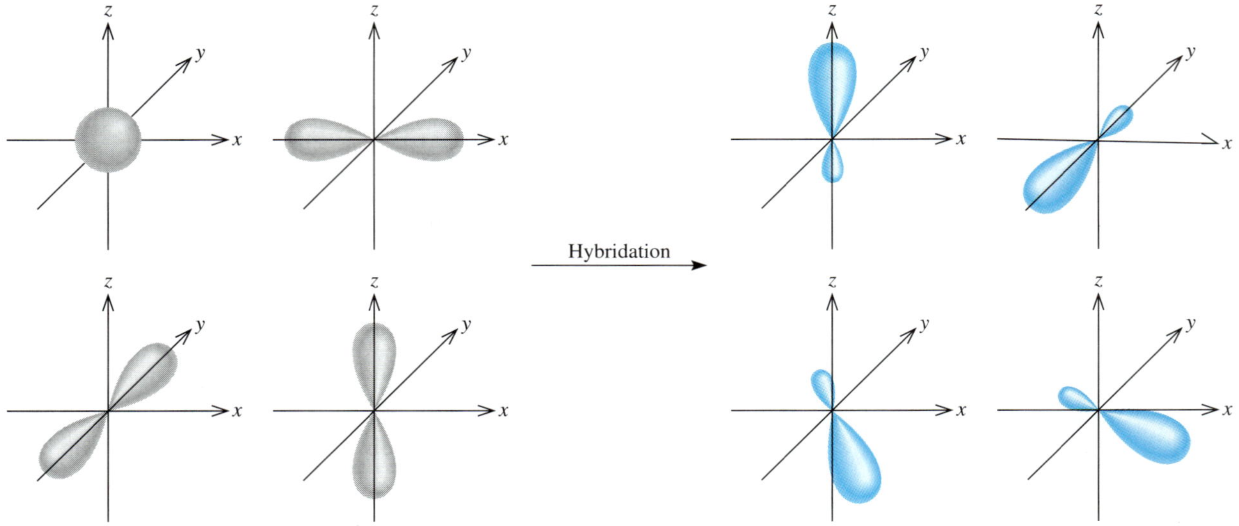

FIGURE 10.9

Formation des orbitales hybrides sp^3.

La figure 10.9 montre la forme et l'orientation des orbitales sp^3. Chacune de ces quatre orbitales hybrides équivalentes est orientée vers l'un des quatre sommets d'un tétraèdre régulier. La figure 10.10 montre comment les orbitales hybrides sp^3 du carbone et les orbitales 1*s* de l'hydrogène se recouvrent pour former les quatre liaisons covalentes C—H. Ainsi, CH_4 a une forme tétraédrique, et tous les angles HCH sont de 109,5°.

L'ammoniac (NH_3) est un autre exemple d'hybridation sp^3. Le tableau 10.1 montre que la disposition de quatre paires d'électrons est tétraédrique; on peut alors expliquer la liaison dans NH_3 en supposant que N ici, comme C dans CH_4, subit une hybridation sp^3. La configuration électronique de N à l'état fondamental est $1s^22s^22p^3$; alors, sa configuration à l'état d'hybridation sp^3 est

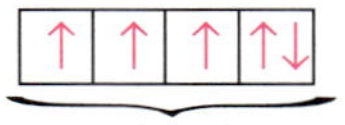

orbitales sp^3

Trois des quatre orbitales hybrides forment les liaisons N—H covalentes; la quatrième loge le doublet libre de l'azote (*figure 10.11*). La répulsion entre les électrons du doublet libre et ceux des paires liantes fait en sorte que les angles HNH sont de 107,3° plutôt que de 109,5°

L'atome O dans H_2O a aussi quatre paires d'électrons. On peut alors s'attendre à ce qu'il ait subi une hybridation sp^3. Cependant, des mesures spectroscopiques suggèrent fortement que les orbitales de O utilisées pour former les liaisons O—H sont des orbitales 2*p* et non des orbitales hybrides sp^3. Cela signifie que l'atome O dans H_2O n'a pas subi d'hybridation. Si c'est le cas, pourquoi l'angle HOH n'est-il pas de 90°, puisque les orbitales *p* sont perpendiculaires entre elles? C'est parce que, dans la molécule H_2O, les deux liaisons O—H doivent être à une certaine distance l'une de l'autre pour que les atomes H ne soient pas trop près l'un de l'autre. Par conséquent, l'angle des liaisons est de 104,5° plutôt que de 90°.

Il est important de comprendre la relation entre l'hybridation et le modèle VSEPR. On recourt à l'hybridation pour décrire le schéma de liaisons seulement après avoir prédit l'arrangement des paires d'élections à l'aide du modèle VSEPR. Si le modèle prédit une disposition tétraédrique des paires d'électrons, on suppose alors qu'une orbitale *s* et trois orbitales *p* s'hybrident pour former quatre orbitales hybrides sp^3.

Vous avez peut-être remarqué le rapport qu'il y a entre l'hybridation et la règle de l'octet. Peu importe le type d'hybridation, un atome qui, au départ, a une orbitale *s* et trois orbitales *p* aura toujours quatre orbitales, ce qui est suffisant pour contenir un total de huit électrons en formant un composé. Chez les éléments de la deuxième période, la couche de valence peut contenir un maximum de huit électrons. C'est la raison pour laquelle la règle de l'octet est habituellement respectée par ces éléments. Il y a cependant des exceptions importantes: le béryllium et le bore forment quelquefois des liaisons avec seulement quatre et six électrons de valence, respectivement.

Dans le cas des éléments de la troisième période, la règle de l'octet s'applique si l'on utilise seulement les orbitales 3*s* et 3*p* de ces atomes pour former des orbitales hybrides dans une molécule. Cependant, ces mêmes atomes peuvent, dans certaines molécules, utiliser une ou plusieurs orbitales 3*d*, en plus des orbitales 3*s* et 3*p*, pour former des orbitales hybrides. Dans ce cas, la règle de l'octet ne s'applique plus. Nous verrons bientôt des exemples faisant intervenir les orbitales 3*d* dans l'hybridation.

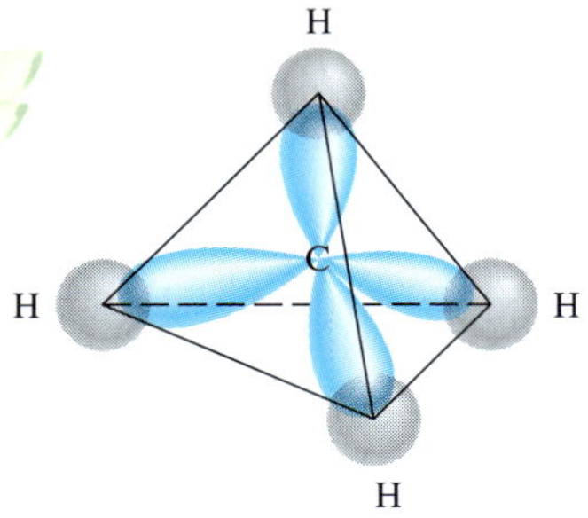

FIGURE 10.10

Formation, dans CH_4, de quatre liaisons entre les orbitales hybrides sp^3 du carbone et les orbitales 1s de l'hydrogène.

LA MÉTHODE À SUIVRE POUR HYBRIDER DES ORBITALES ATOMIQUES

Résumons ce que nous avons vu jusqu'à présent et ce que nous devons savoir pour appliquer le concept de liaison dans les molécules polyatomiques. Essentiellement, l'hybridation est simplement un prolongement de la théorie de Lewis et du modèle VSEPR. Pour commencer, il faut avoir une idée de la forme de la molécule. En écrivant la structure de Lewis de celle-ci et en prédisant la disposition générale des doublets d'électrons (liants et libres) à l'aide du modèle VSEPR (*tableau 10.1*), on peut déduire le type d'hybridation de l'atome central en faisant coïncider la disposition des doublets d'électrons avec celle des orbitales hybrides illustrées au tableau 10.4.

L'hybridation repose sur les principes suivants:

- Le concept d'hybridation ne s'applique pas aux atomes isolés. On l'utilise seulement pour expliquer le schéma des liaisons dans une molécule.
- L'hybridation est la combinaison d'au moins deux orbitales atomiques non équivalentes, par exemple des orbitales *s* et *p*. Ainsi, une orbitale hybride n'est pas une orbitale atomique pure. Les orbitales hybrides et les orbitales atomiques pures ont des formes très différentes.
- Le nombre d'orbitales hybrides formées est égal au nombre d'orbitales atomiques pures qui participent à l'hybridation.
- L'hybridation nécessite un apport d'énergie; cependant, l'énergie libérée par le système durant la formation des liaisons est supérieure à l'énergie nécessaire à l'hybridation.

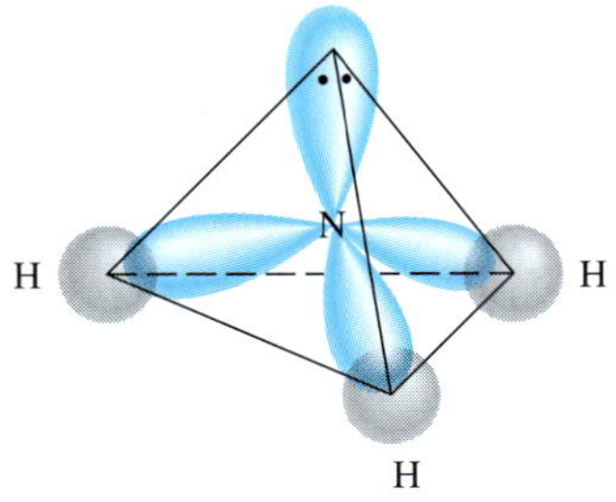

FIGURE 10.11

Dans NH_3, l'atome N a subi une hybridation sp^3. Il forme trois liaisons avec les atomes H. Le doublet libre occupe l'une des orbitales hybrides sp^3.

- Les liaisons covalentes dans les molécules polyatomiques sont formées par le recouvrement d'orbitales hybrides, ou d'orbitales hybrides et d'orbitales non hybrides. Ainsi, le schéma des liaisons obtenu à la suite de l'hybridation ne s'écarte pas du modèle de la liaison de valence (LV); dans une molécule, on suppose que les électrons occupent les orbitales hybrides des atomes individuels.

EXEMPLE 10.3

La déduction de l'état d'hybridation d'un atome

Déduisez l'état d'hybridation de l'atome central (souligné) dans chacune des molécules suivantes: a) $\underline{Hg}Cl_2$, b) $\underline{Al}I_3$, c) $\underline{P}F_3$. Dans chaque cas, décrivez le processus d'hybridation ainsi que la géométrie moléculaire.

Réponse: a) Au tableau 7.3, on voit que la configuration électronique de Hg à l'état fondamental est $[Xe]6s^24f^{14}5d^{10}$; l'atome Hg a donc deux électrons de valence (les électrons 6*s*). La structure de Lewis de $HgCl_2$ est

Cl — Hg — Cl

L'atome Hg n'a pas de doublets libres; la disposition des deux paires d'électrons est donc linéaire (*tableau 10.4*). D'après le tableau 10.4, on déduit que Hg a subi une hybridation *sp,* car la forme linéaire est celle associée à deux orbitales hybrides *sp*. On peut imaginer le processus d'hybridation de la manière suivante. On écrit d'abord la configuration électronique des électrons de valence de Hg à l'état fondamental:

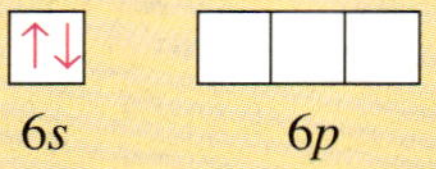

En transférant un électron 6*s* à une orbitale 6*p,* on obtient l'état excité suivant:

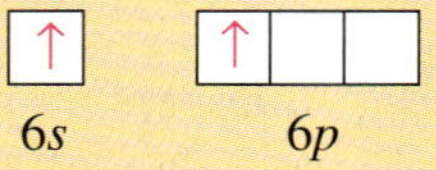

Les orbitales 6*s* et 6*p* se combinent alors pour former deux orbitales hybrides *sp*:

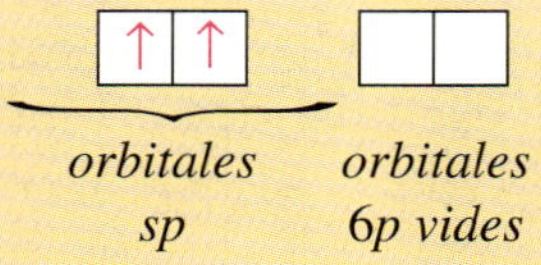

Les deux liaisons Hg—Cl sont formées par le recouvrement des orbitales hybrides *sp* de Hg et des orbitales 3*p* des atomes Cl. $HgCl_2$ est donc une molécule linéaire.

TABLEAU 10.4
Les orbitales hybrides importantes et leurs formes

Orbitales atomiques pures de l'atome central	Hybridation de l'atome central	Nombre d'orbitales hybrides	Forme des orbitales hybrides	Exemples
s, p	*sp*	2	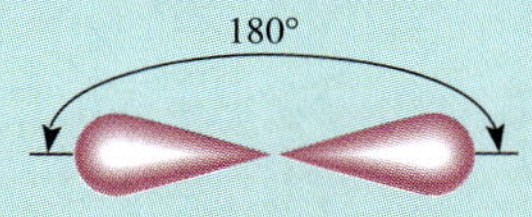 Linéaire	$BeCl_2$
s, p, p	sp^2	3	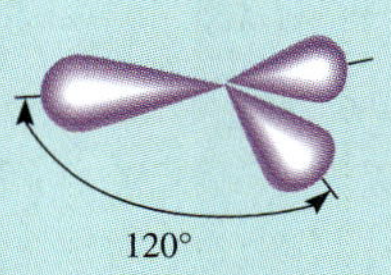 trigonale plane	BF_3
s, p, p, p	sp^3	4	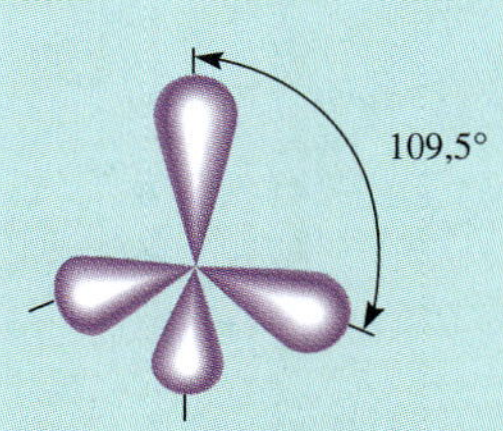 Tétraédrique	CH_4, NH_4^+
s, p, p, p, d	sp^3d	5	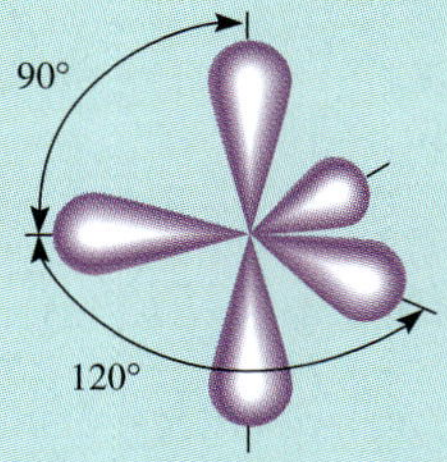 trigonale bipyramidale	PCl_5
s, p, p, p, d, d	sp^3d^2	6	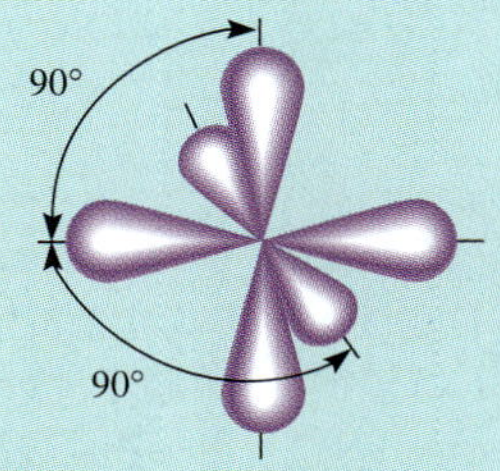 Octaédrique	SF_6

b) La configuration électronique de Al à l'état fondamental est $[Ne]3s^23p^1$. Al a donc trois électrons de valence. La structure de Lewis de AlI_3 est

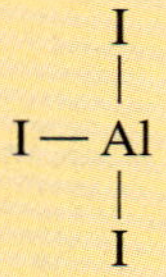

Il y a trois doublets liants et aucun doublet libre associé à l'atome Al. Au tableau 10.1, on voit que la forme adoptée par trois doublets d'électrons est trigonale plane; selon le tableau 10.4, on conclut que Al doit avoir subi une hybridation sp^2 dans AlI_3. Les cases quantiques de l'atome Al à l'état fondamental sont les suivantes:

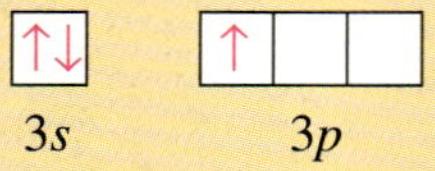

En transférant un électron $3s$ à une orbitale $3p$, on obtient l'état excité suivant:

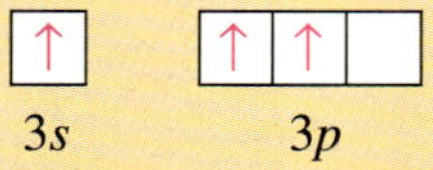

Les orbitales $3s$ et $3p$ se combinent alors pour former trois orbitales hybrides sp^2:

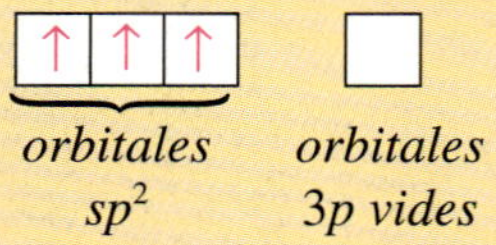

Les orbitales hybrides sp^2 et les orbitales $5p$ de I se recouvrent pour former trois liaisons Al—I covalentes. On peut donc prédire que la molécule AlI_3 est plane et que tous les angles IAlI sont de 120°.

c) La configuration électronique de P à l'état fondamental est $[Ne]3s^23p^3$. L'atome P a donc cinq électrons de valence et la structure de Lewis de PF_3 est

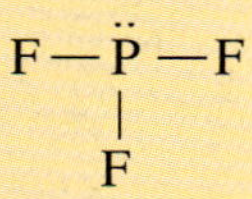

Trois doublets liants et un doublet libre sont associés à l'atome P. Au tableau 10.1, on voit que l'arrangement des quatre doublets d'électrons est tétraédrique et par conséquent, selon le tableau 10.4, P a dû subir une hybridation sp^3. La configuration électronique des électrons de valence de P à l'état fondamental est

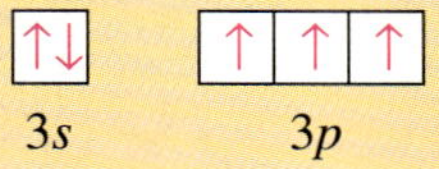

En combinant les orbitales 3*s* et 3*p*, on obtient quatre orbitales hybrides sp^3.

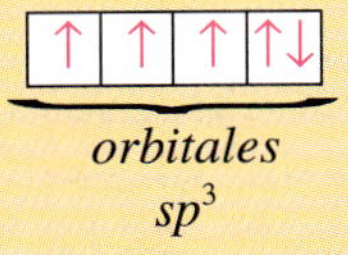

Comme dans le cas de NH_3, l'une des orbitales hybrides sp^3 est utilisée pour contenir le doublet libre de P. Les trois autres orbitales hybrides forment, avec les orbitales 2*p* de F, des liaisons P—F covalentes. On peut prédire que la molécule est pyramidale; l'angle FPF doit être légèrement inférieur à 109,5°.

EXERCICE

Déterminez l'état d'hybridation des atomes soulignés dans les composés suivants: a) <u>Si</u>Br_4, b) <u>B</u>Cl_3.

L'HYBRIDATION DES ORBITALES *s*, *p* ET *d*

Nous avons vu que l'hybridation explique clairement les liaisons qui mettent en jeu des orbitales *s* et *p*. Toutefois, dans le cas des éléments de la troisième période et au-delà, on ne peut pas toujours expliquer la géométrie moléculaire seulement par l'hybridation des orbitales *s* et *p*. Pour comprendre la formation des molécules trigonales bipyramidales ou octaédriques par exemple, on doit faire intervenir les orbitales *d* dans l'hybridation.

Prenons par exemple la molécule SF_6. À la section 10.1, nous avons vu que cette molécule est octaédrique, ce qui correspond également à la disposition des six doublets d'électrons. Au tableau 10.4, on voit que l'atome S dans SF_6 doit avoir subi une hybridation sp^3d^2. La configuration électronique de S à l'état fondamental est [Ne]$3s^23p^4$:

Puisque l'énergie du niveau 3*d* est très proche de celles des niveaux 3*s* et 3*p*, on peut transférer des électrons 3*s* et 3*p* à deux des orbitales 3*d*:

La combinaison de l'orbitale 3*s*, des trois orbitales 3*p* et des deux orbitales 3*d*, crée six orbitales hybrides sp^3d^2:

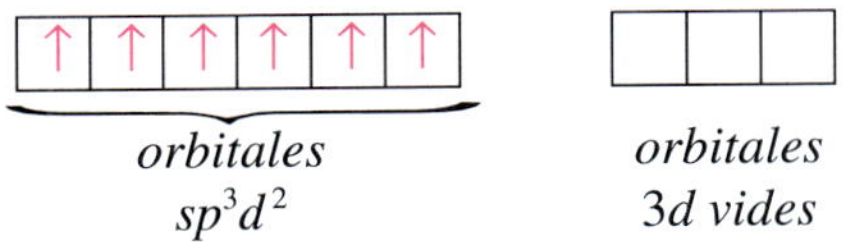

Les six liaisons S—F se forment par le recouvrement des orbitales hybrides de l'atome S et des orbitales 2*p* des atomes F. Étant donné qu'il y a 12 électrons autour de l'atome S, la règle de l'octet n'est pas respectée. *L'utilisation d'orbitales d en plus des orbitales s et p pour former des liaisons covalentes* est un exemple de ***couche de valence étendue,*** qui correspond à l'octet étendu dont nous avons parlé à la section 9.7. Les éléments de la deuxième période, contrairement à ceux de la troisième période, n'ont pas de niveaux 2*d;* ils ne peuvent donc jamais élargir leurs couches de valence. Autrement dit, les atomes des éléments de la deuxième période ne sont jamais entourés de plus de huit électrons dans leurs composés.

EXEMPLE 10.4
La déduction de l'état d'hybridation d'un élément de la troisième période

Décrivez l'état d'hybridation du phosphore dans le pentabromure de phosphore (PBr_5).

Réponse: La structure de Lewis de PBr_5 est

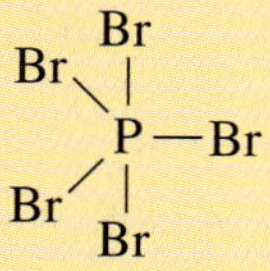

Le tableau 10.1 indique que l'arrangement de cinq doublets d'électrons est trigonal bipyramidal. Le tableau 10.4 indique que cela correspond à la forme adoptée par cinq orbitales hybrides sp^3d. Ainsi, P dans PBr_5 doit avoir subi une hybridation sp^3d. La configuration électronique de P à l'état fondamental est $[Ne]3s^23p^3$. Pour décrire l'hybridation, on écrit d'abord la configuration des électrons de valence de P à l'état fondamental à l'aide des cases quantiques.

Le transfert d'un électron 3*s* à une orbitale 3*d* se solde par l'état d'excitation suivant:

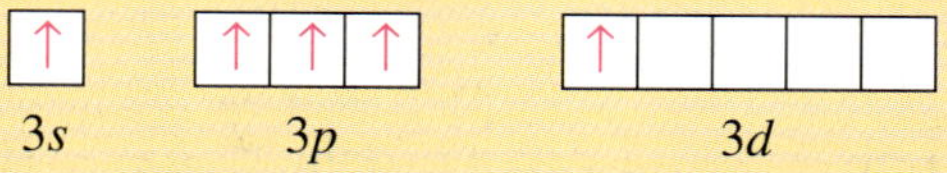

La combinaison de l'orbitale 3*s*, des trois orbitales 3*p* et de l'orbitale 3*d* crée cinq orbitales hybrides sp^3d:

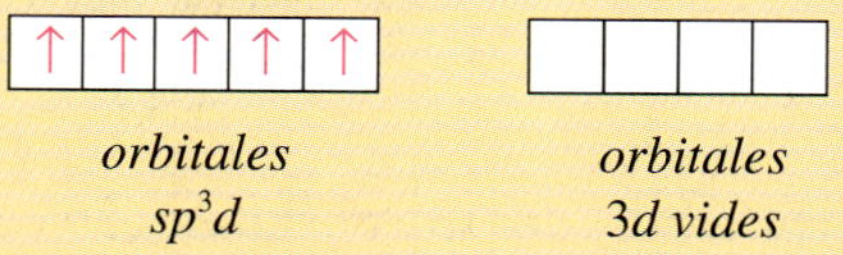

Ces orbitales hybrides et les orbitales 4*p* de Br se recouvrent pour former cinq liaisons P—Br covalentes. Puisque aucun doublet libre n'est associé à l'atome P, la forme de PBr_5 est trigonale bipyramidale.

EXERCICE

Décrivez l'état d'hybridation de Se dans SeF_6.

10.4 L'HYBRIDATION DANS LES MOLÉCULES QUI CONTIENNENT DES LIAISONS DOUBLES ET TRIPLES

Le concept d'hybridation est également utile dans le cas des molécules qui ont des liaisons doubles et triples. Prenons, par exemple, la molécule d'éthylène, C_2H_4. Dans l'exemple 10.1, nous avons vu que, dans C_2H_4, il y a une liaison double entre les deux atomes de carbone, et que la molécule est plane. Cette forme et cette liaison s'expliquent si l'on considère que chaque atome de carbone a subi une hybridation sp^2. La figure 10.12 montre les cases quantiques de cette hybridation. On considère que seules les orbitales $2p_x$ et $2p_y$ se combinent à l'orbitale $2s$ et que l'orbitale $2p_z$ ne change pas. La figure 10.13 montre que l'orbitale $2p_z$ est perpendiculaire au plan des orbitales hybrides. Maintenant, comment peut-on expliquer la liaison des atomes C? Comme le montre la figure 10.14 a), chaque atome de carbone utilise les trois orbitales hybrides sp^2 pour former deux liaisons avec les orbitales $1s$ des deux atomes d'hydrogène et une liaison avec l'orbitale hybride sp^2 de l'atome C adjacent. De plus, les deux orbitales non hybrides $2p_z$ des atomes C forment une autre liaison en se recouvrant de façon latérale [*figure 10.14 b)*].

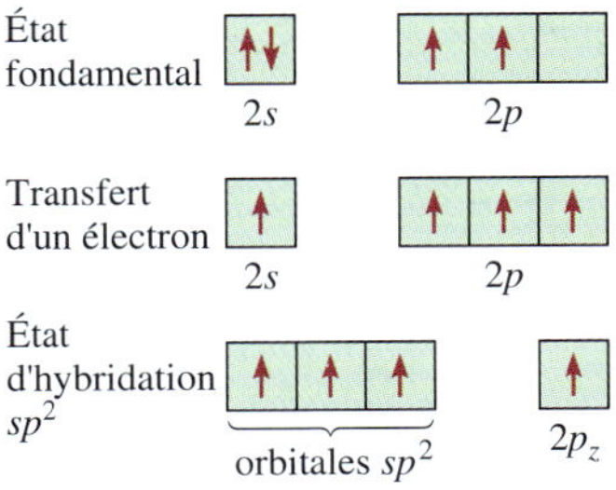

FIGURE 10.12

L'hybridation sp^2 d'un atome de carbone. L'orbitale 2s se combine à seulement deux orbitales 2p pour former trois orbitales hybrides sp^2 équivalentes. Ce processus laisse un électron dans l'orbitale non hybride, l'orbitale $2p_z$.

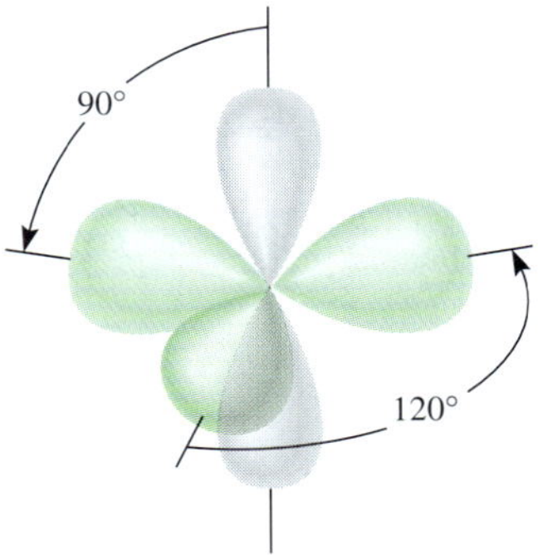

FIGURE 10.13

Chaque atome de carbone de la molécule C_2H_4 a trois orbitales hybrides sp^2 et une orbitale non hybride $2p_z$, qui est perpendiculaire au plan des orbitales hybrides.

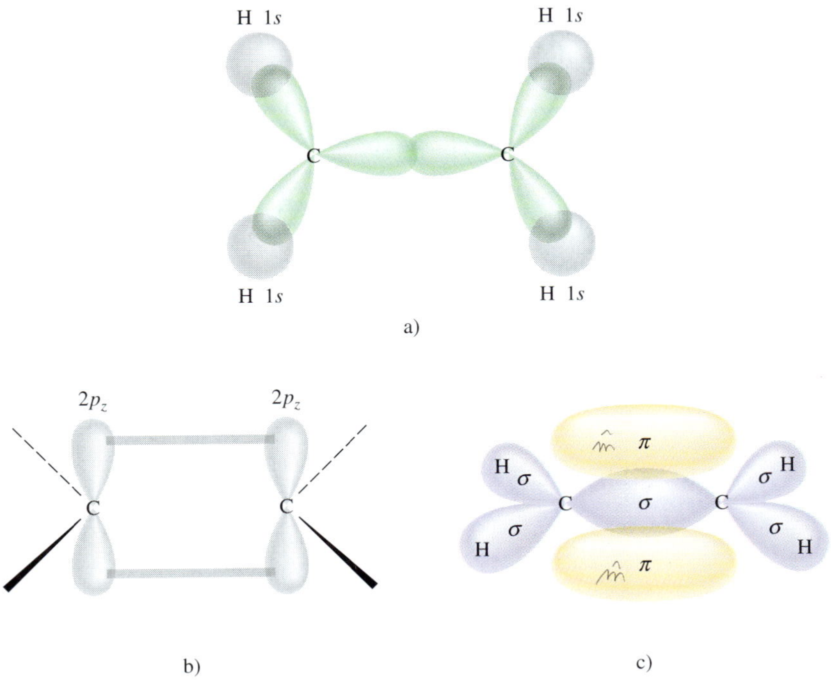

FIGURE 10.14

Les liaisons de l'éthylène, C_2H_4. a) Vue supérieure des liaisons sigma entre les atomes de carbone et entre les atomes de carbone et ceux d'hydrogène. Tous les atomes sont dans un même plan, faisant de C_2H_4 une molécule plane. b) Vue de profil qui montre comment se produit le recouvrement des deux orbitales $2p_z$ des atomes de carbone pour former une liaison pi. c) Les liaisons sigma et pi dans la molécule d'éthylène. Notez que les liaisons pi se situent au-dessus et au-dessous du plan de la molécule.

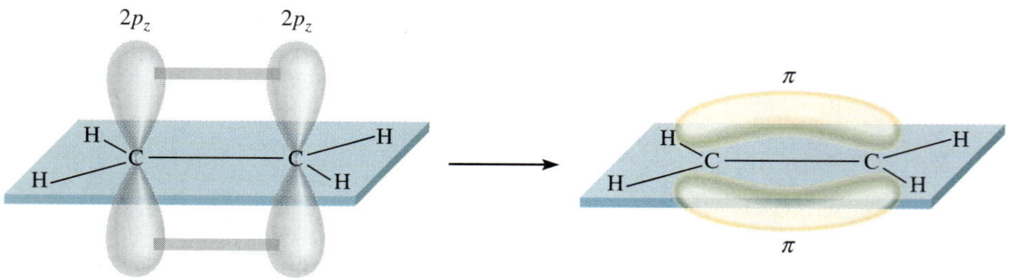

FIGURE 10.15

Une autre façon d'illustrer la formation des liaisons pi dans la molécule C_2H_4. Notez que les six atomes sont tous dans un même plan. C'est le recouvrement des orbitales $2p_z$ qui confère à la molécule sa structure plane.

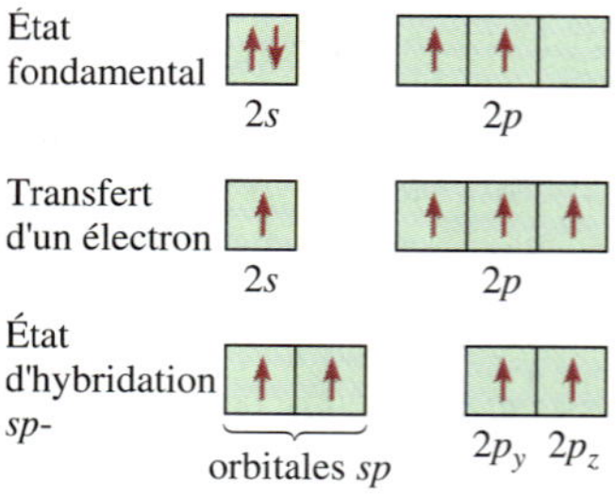

FIGURE 10.16

L'hybridation sp d'un atome de carbone. L'orbitale 2s se combine à une seule orbitale 2p pour former deux orbitales hybrides sp. Ce processus laisse un électron dans chacune des deux orbitales non hybrides 2p, à savoir les orbitales $2p_y$ et $2p_z$.

On fait une distinction entre les deux types de liaisons covalentes dans C_2H_4. *Dans une liaison covalente formée par le recouvrement des extrémités des orbitales,* (recouvrement axial) comme le montre la figure 10.14 a), *le nuage électronique se concentre entre les noyaux des atomes liés;* on a alors une ***liaison sigma (liaison σ).*** Les trois liaisons formées par chacun des atomes C illustrées à la figure 10.14 a) sont toutes des liaisons sigma. Par ailleurs, *une liaison covalente formée par le recouvrement latéral des orbitales de sorte que le nuage électronique se concentre au-dessus et au-dessous du plan dans lequel sont situés les noyaux des atomes qui sont liés* est appelée ***liaison pi (liaison π).*** Les deux atomes C forment une liaison pi, comme le montre la figure 10.14 b). La figure 10.14 c) montre l'orientation des liaisons sigma et pi. La figure 10.15 présente une autre façon d'illustrer la molécule plane C_2H_4 et la liaison pi. Même si on représente habituellement la double liaison carbone-carbone comme C═C (comme dans une structure de Lewis), il est important de se rappeler que ces deux liaisons sont de types différents: l'une est une liaison sigma; l'autre, une liaison pi.

La molécule d'acétylène (C_2H_2) contient une liaison carbone-carbone triple. Cette molécule étant linéaire, on peut expliquer sa forme et ses liaisons en supposant que chaque atome C a subi une hybridation *sp* (*figure 10.16*). Comme le montre la figure 10.17, les deux orbitales hybrides *sp* de chaque atome C forment une liaison sigma avec l'orbitale 1*s* d'un atome H et une autre liaison sigma avec l'autre atome C. De plus, il se forme deux liaisons pi

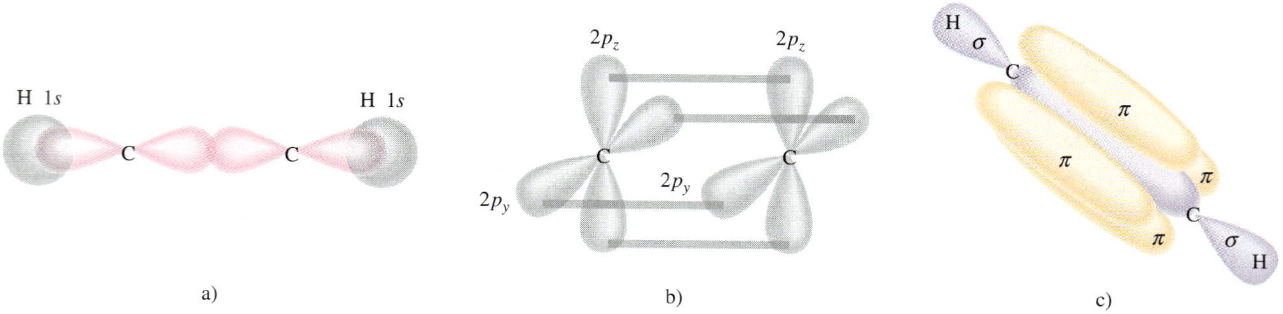

FIGURE 10.17

Les liaisons dans l'acétylène, C_2H_2. a) Vue supérieure montrant les liaisons sigma entre les atomes de carbone et entre les atomes de carbone et ceux d'hydrogène. Tous les atomes sont dans un même axe; la molécule d'acétylène est donc linéaire. b) Vue latérale montrant le recouvrement des deux orbitales $2p_y$ et des deux orbitales $2p_z$ des deux atomes de carbone pour former les deux liaisons pi. c) Schéma montrant les liaisons sigma et les liaisons pi.

par recouvrement latéral des orbitales non hybrides $2p_y$ et $2p_z$. Donc, la liaison C≡C est en réalité une liaison sigma et deux liaisons pi.

La règle suivante aide à prédire le type d'hybridation dans les molécules qui contiennent des liaisons multiples: si l'atome central forme une liaison double, il a subi une hybridation sp^2; s'il forme deux liaisons doubles ou une liaison triple, il a subi une hybridation sp. Notez que cette règle ne s'applique qu'aux atomes des éléments de la deuxième période. Les atomes des éléments de la troisième période et au-delà qui forment des liaisons multiples présentent un problème plus complexe que nous n'aborderons pas ici.

EXEMPLE 10.5
Les liaisons dans une molécule polyatomique

Décrivez les liaisons de la molécule de formaldéhyde. Sa structure de Lewis est

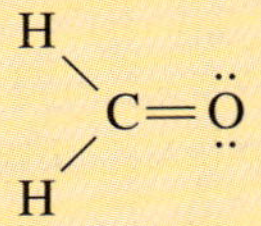

Considérez que l'atome O a subi une hybridation sp^2.

Réponse: On note que l'atome C (un élément de la deuxième période) a une liaison double; il a donc subi une hybridation sp^2. Les cases quantiques de l'atome O sont les suivantes:

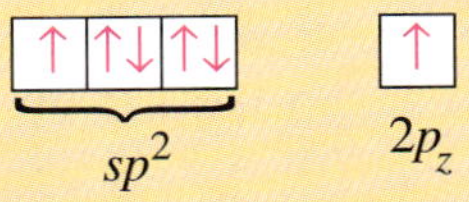

Deux des orbitales sp^2 de l'atome C forment deux liaisons sigma avec les atomes H; la troisième orbitale sp^2 forme une liaison sigma avec une orbitale sp^2 de l'atome O. L'orbitale $2p_z$ de l'atome C et l'orbitale $2p_z$ de l'atome O se recouvrent pour former une liaison pi. Les deux doublets libres de l'atome O occupent ses deux orbitales sp^2 résiduelles (*figure 10.18*).

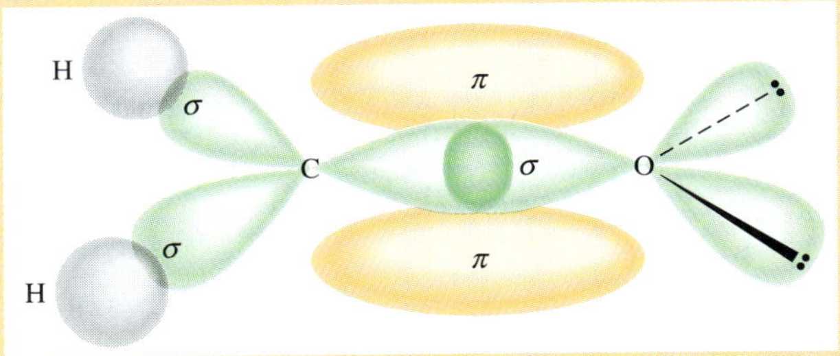

FIGURE 10.18

Les liaisons dans la molécule de formaldéhyde. Une liaison sigma est formée par le recouvrement d'une orbitale hybride sp^2 du carbone et d'une orbitale hybride sp^2 de l'oxygène; une liaison pi est formée par le recouvrement des orbitales $2p_z$ du carbone et de l'oxygène. Les deux doublets libres de l'oxygène occupent les deux autres orbitales sp^2 de l'oxygène.

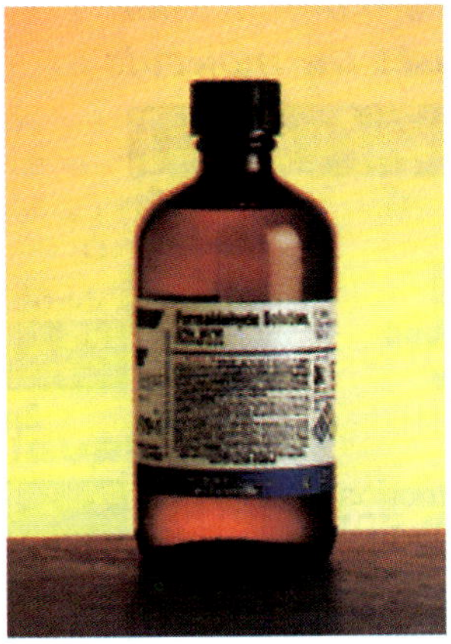

Le formaldéhyde est un liquide incolore dont l'odeur est désagréable.

EXERCICE

Décrivez les liaisons de la molécule de cyanure d'hydrogène, HCN. Considérez que N a subi une hybridation *sp*.

RÉSUMÉ

Le modèle VSEPR, utilisé pour prédire la forme des molécules, est fondé sur l'hypothèse que les doublets d'électrons de valence se repoussent mutuellement de manière à être le plus loin possible les uns des autres. D'après ce modèle, on peut prédire la géométrie moléculaire à partir du nombre de doublets d'électrons liants et du nombre de doublets libres. Les doublets libres se repoussent entre eux plus fortement que ne le font les doublets liants, ce qui a pour effet de modifier la valeur prévue des angles des liaisons.

Le moment dipolaire est une mesure de la séparation des charges dans une molécule qui contient des atomes d'électronégativités différentes. Le moment dipolaire d'une molécule est la somme algébrique de ses moments de liaison; il peut fournir des renseignements sur la forme de la molécule.

Dans le modèle des liaisons de valence, les orbitales atomiques hybrides sont formées par la combinaison et le réarrangement d'orbitales contenues dans un même atome. Les orbitales hybrides ont toutes une énergie et une densité électronique égales; le nombre d'orbitales hybrides est égal au nombre d'orbitales atomiques pures qui se combinent. La couche de valence étendue peut s'expliquer par l'hybridation des orbitales *s*, *p* et *d*.

Dans l'hybridation *sp*, les deux orbitales hybrides se situent dans un même axe; dans l'hybridation sp^2, les trois orbitales hybrides se dirigent vers les trois sommets d'un triangle; dans l'hybridation sp^3, les quatre orbitales hybrides sont orientées vers les sommets d'un tétraèdre; dans l'hybridation sp^3d, les cinq orbitales hybrides sont orientées vers les sommets d'une bipyramide trigonale; dans l'hybridation sp^3d^2, les six orbitales hybrides sont orientées vers les sommets d'un octaèdre.

Dans un atome ayant subi une hybridation sp^2 (par exemple, un atome de carbone), l'orbitale *p* non hybridée peut former une liaison pi avec une autre orbitale *p*. Une liaison double carbone-carbone est constituée d'une liaison sigma et d'une liaison pi. Dans un atome de carbone ayant subi une hybridation *sp*, les deux orbitales *p* non hybridées peuvent former deux liaisons pi avec deux orbitales *p* d'un autre atome (ou de deux autres atomes). Une liaison triple carbone-carbone est constituée d'une liaison sigma et de deux liaisons pi.

MOTS CLÉS

Couche de valence, p. 302
Couche de valence étendue, p. 326
Hybridation, p. 317
Liaison pi (liaison π), p. 328
Liaison sigma (liaison σ), p. 328
Modèle de la répulsion des paires d'électrons de valence (VSEPR), p. 302
Molécule non polaire, p. 313
Molécule polaire, p. 313
Moment dipolaire (μ), p.313
Orbitale hybride, p. 317

QUESTIONS ET PROBLÈMES

LES FORMES GÉOMÉTRIQUES SIMPLES

Questions de révision

10.1 Que signifie l'expression «géométrie moléculaire»? Pourquoi l'étude de la géométrie moléculaire est-elle importante?

10.2 Dessinez la forme d'une molécule triatomique linéaire, d'une molécule trigonale plane qui contient quatre atomes, d'une molécule tétraédrique, d'une molécule trigonale bipyramidale et d'une molécule octaédrique. Donnez la valeur des angles de liaison dans chacun des cas.

10.3 Combien d'atomes sont directement liés à l'atome central dans une molécule tétraédrique, dans une molécule trigonale bipyramidale et dans une molécule octaédrique?

LE MODÈLE VSEPR

Questions de révision

10.4 Énoncez les principales caractéristiques du modèle VSEPR. Dites pourquoi la répulsion décroît dans l'ordre suivant: doublet libre-doublet libre > doublet libre-doublet liant > doublet liant-doublet liant.

10.5 Dans l'arrangement de la forme trigonale bipyramidale, pourquoi un doublet libre occupe-t-il une position équatoriale plutôt qu'axiale?

10.6 On pourrait penser que CH_4 est une molécule de forme plane carrée, les quatre atomes occupant les quatre coins du carré, et l'atome C le centre. Dessinez cette forme et comparez sa stabilité avec celle de la molécule CH_4 de forme tétraédrique.

Problèmes

10.7 À l'aide du modèle VSEPR, prédisez la géométrie des molécules suivantes: a) PCl_3, b) $CHCl_3$, c)SiH_4, d) $TeCl_4$.

10.8 Quelle est la forme des espèces suivantes? a) $AlCl_3$, b) $ZnCl_2$, c) $ZnCl_4^{2-}$.

10.9 À l'aide du modèle VSEPR, prédisez la forme des espèces suivantes: a) $HgBr_2$, b) N_2O (l'arrangement des atomes est NNO), c) SCN^- (l'arrangement des atomes est SCN).

10.10 Quelle est la forme des ions suivants? a) NH_4^+, b) NH_2^-, c) CO_3^{2-}, d) ICl_2^-, e) ICl_4^-, f) AlH_4^-, g) $SnCl_5^-$, h)H_3O^+, i) BeF_4^{2-}.

10.11 Décrivez la géométrie de chacun des trois atomes centraux dans la molécule CH_3COOH.

10.12 Lesquelles des espèces suivantes sont tétraédriques? $SiCl_4$, SeF_4, XeF_4, CI_4, $CdCl_4^{2-}$.

LES MOMENTS DIPOLAIRES ET LA GÉOMÉTRIE MOLÉCULAIRE

Questions de révision

10.13 Définissez l'expression «moment dipolaire». Quels en sont les unités et le symbole?

10.14 Quelle est la relation entre moment dipolaire et moment de liaison? Comment une molécule peut-elle avoir des moments de liaison tout en étant non polaire?

10.15 Dites pourquoi un atome ne peut avoir de moment dipolaire permanent.

10.16 Les liaisons dans la molécule d'hydrure de béryllium (BeH_2) sont polaires, mais le moment dipolaire de la molécule est de zéro. Expliquez.

Problèmes

10.17 Classez les molécules suivantes par ordre croissant de leur moment dipolaire: H_2O, H_2S, H_2Te, H_2Se (*tableau 10.3*).

10.18 Le moment dipolaire des halogénures d'hydrogène décroît de HF à HI (*tableau 10.3*). Expliquez cette tendance.

10.19 Classez les molécules suivantes par ordre croissant de leur moment dipolaire: H_2O, CBr_4, H_2S, HF, NH_3, CO_2.

10.20 Le moment dipolaire de OCS est-il supérieur ou inférieur à celui de CS_2?

10.21 Laquelle de ces deux molécules a le moment dipolaire le plus élevé?

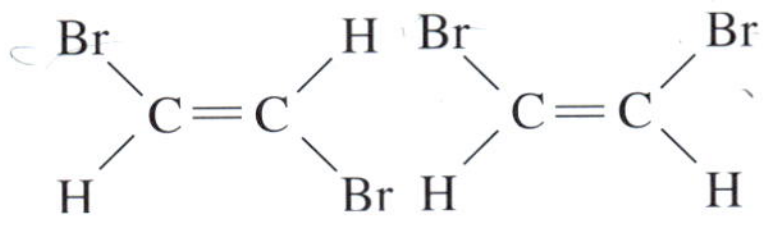

a) b)

10.22 Classez les composés suivants par ordre croissant de leur moment dipolaire:

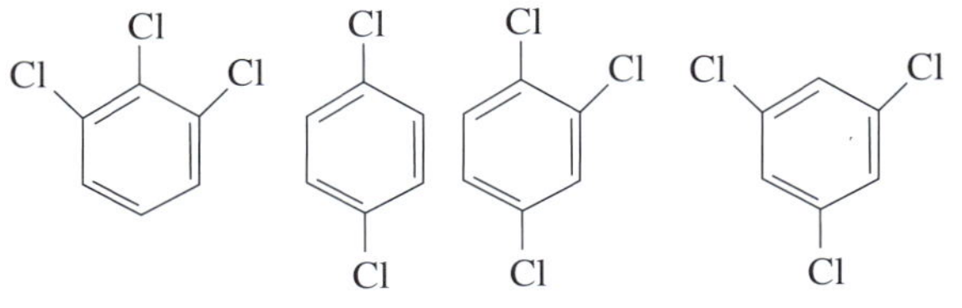

a) b) c) d)

L'HYBRIDATION

Questions de révision

10.23 Qu'est-ce que le modèle de la liaison de valence? Comment diffère-t-il du modèle de Lewis de la liaison chimique?

10.24 À l'aide du modèle de la liaison de valence, expliquez les liaisons dans Cl_2 et HCl. Indiquez les recouvrements des orbitales atomiques dans ces liaisons.

10.25 Tracez une courbe d'énergie potentielle relative à la formation de la liaison de HCl.

10.26 Qu'est-ce que l'hybridation des orbitales atomiques? Pourquoi est-il impossible à un atome isolé d'avoir des orbitales hybrides?

10.27 En quoi une orbitale hybride diffère-t-elle d'une orbitale atomique pure? Est-ce que deux orbitales 2*p* d'un même atome peuvent se combiner entre elles pour donner deux orbitales hybrides?

10.28 Quel est l'angle formé par les deux orbitales hybrides suivantes dans un même atome? a) les orbitales hybrides *sp* et *sp*. b) Les orbitales hybrides sp^2 et sp^2. c) Les orbitales hybrides sp^3 et sp^3.

10.29 Quelle est la différence entre une liaison sigma et une liaison pi?

10.30 Lesquelles des paires d'orbitales atomiques suivantes, chacune des orbitales appartenant à des atomes adjacents, peuvent se recouvrir pour former une liaison sigma? Lesquelles peuvent former une liaison pi? Lesquelles ne peuvent pas se recouvrir (aucune liaison)? Considérez l'axe des *x* comme l'axe internucléaire (ligne qui joint les noyaux des deux atomes). a) 1*s* et 1*s*, b) 1*s* et $2p_x$, c) $2p_x$ et $2p_y$, d) $3p_y$ et $3p_y$, e) $2p_x$ et $2p_x$, f) 1*s* et 2*s*.

Problèmes

10.31 Décrivez les liaisons dans la molécule AsH_3 à l'aide de l'hybridation.

10.32 Quel est l'état d'hybridation de Si dans SiH_4 et dans $H_3Si{-}SiH_3$?

10.33 Décrivez le changement de l'état d'hybridation (s'il y a lieu) de l'atome Al dans la réaction suivante:

$$AlCl_3 + Cl^- \longrightarrow AlCl_4^-$$

10.34 Soit la réaction

$$BF_3 + NH_3 \longrightarrow F_3B{-}NH_3$$

Décrivez les changements d'états d'hybridation (s'il y a lieu) des atomes B et N dans cette réaction.

10.35 Quelles orbitales hybrides sont utilisées par les atomes d'azote dans les espèces suivantes? a)NH_3, b) $H_2N{-}NH_2$, c) NO_3^-.

10.36 Quelles sont les orbitales hybrides des atomes de carbone dans les molécules suivantes?

a) $H_3C{-}CH_3$

b) $H_3C{-}CH{=}CH_2$

c) $CH_3{-}CH_2{-}OH$

d) $CH_3CH{=}0$

e) CH_3COOH

10.37 Quelles sont les orbitales hybrides des atomes de carbone dans les espèces suivantes? a) CO, b) CO_2, c) CN^-.

10.38 Quelle est l'état d'hybridation de l'atome central dans l'ion triazoture (azide), N_3^-? (L'arrangement des atomes est NNN.)

10.39 La molécule d'allène $H_2C{=}C{=}CH_2$ est linéaire (les trois atomes C sont dans le même axe). Quels sont les états d'hybridation des atomes de carbone? Faites un diagramme qui montre la formation des liaisons sigma et des liaisons pi dans la molécule d'allène.

10.40 Décrivez l'hybridation du phosphore dans PF_5.

10.41 Quel est le nombre total de liaisons sigma et de liaisons pi dans chacune des molécules suivantes?

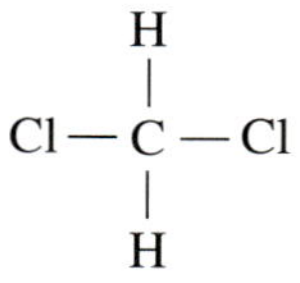

a)

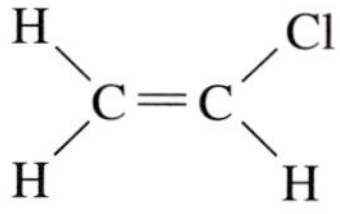

b)

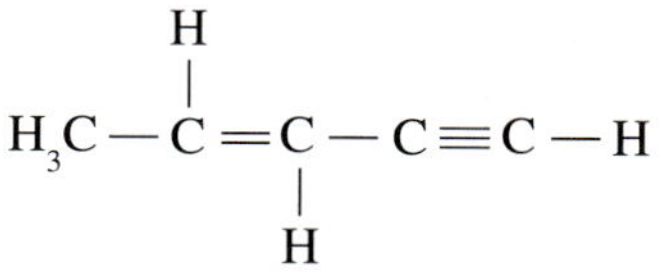

c)

10.42 Combien y a-t-il de liaisons sigma et de liaisons pi dans la molécule de tétracyanoéthylène?

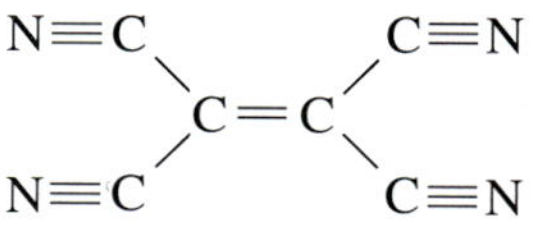

PROBLÈMES VARIÉS

10.43 Laquelle des espèces suivantes n'est pas susceptible d'avoir une forme tétraédrique? a) $SiBr_4$, b) NF_4^+, c) SF_4, d) $BeCl_4^{2-}$, e) BF_4^-, f) $AlCl_4^-$.

10.44 Écrivez la structure de Lewis du bromure de mercure(II). Cette molécule est-elle linéaire ou «pliée»? Comment serait-il possible de confirmer sa forme expérimentalement?

10.45 Tracez les moments de liaison et les moments dipolaires résultants des molécules suivantes: H_2O, PCl_3, XeF_4, PCl_5.

10.46 Bien que le silicium soit, comme le carbone, dans le groupe IVA, on connaît très peu de liaisons Si=Si . Expliquez l'instabilité de la liaison double silicium-silicium en général. (*Indice:* comparez, à l'aide de la figure 8.4, les rayons atomiques de C et de Si. Quel est l'effet de la taille sur la formation des liaisons pi?)

10.47 Prédisez la forme du dichlorure de soufre (SCl_2) et l'hybridation de l'atome de soufre dans ce composé.

10.48 Le pentafluorure d'antimoine, SbF_5, réagit avec XeF_4 et XeF_6 pour former les composés ioniques $XeF_3^+SbF_6^-$ et $XeF_5^+SbF_6^-$. Décrivez la forme des cations et de l'anion dans ces deux composés.

10.49 Écrivez les structures de Lewis des molécules suivantes et donnez les renseignements demandés: a) BF_3. Forme plane ou non? b) ClO_3^-. Forme plane ou non? c) H_2O. Indiquez la direction du moment dipolaire résultant. d) OF_2. Molécule polaire ou non? e) NO_2. Estimez l'angle ONO.

10.50 Prédisez les angles des liaisons dans les molécules suivantes: a) $BeCl_2$, b) BCl_3, c) CCl_4, d) CH_3Cl, e) Hg_2Cl_2 (l'arrangement des atomes est ClHgHgCl), f) $SnCl_2$, g) SCl_2, h) H_2O_2, i) SnH_4.

10.51 Indiquez les liens entre modèle VSEPR et hybridation dans l'étude de la géométrie moléculaire.

10.52 Décrivez l'état d'hybridation de l'arsenic dans le pentafluorure d'arsenic (AsF_5).

10.53 Écrivez les structures de Lewis des espèces suivantes et donnez les renseignements demandés: a) SO_3. Molécule polaire ou non? b) PF_3. Molécule polaire ou non? c) F_3SiH. Indiquez la direction du moment dipolaire résultant. d) SiH_3^-. Forme plane ou pyramidale? e) Br_2CH_2. Molécule polaire ou non?

10.54 Lesquelles des espèces suivantes sont linéaires? ICl_2^-, IF_2^+, OF_2, SnI_2, $CdBr_2$.

10.55 Écrivez la structure de Lewis de l'ion $BeCl_4^{2-}$. Prédisez sa forme et décrivez l'état d'hybridation de l'atome Be.

10.56 La molécule de formule N_2F_2 existe sous les deux formes suivantes:

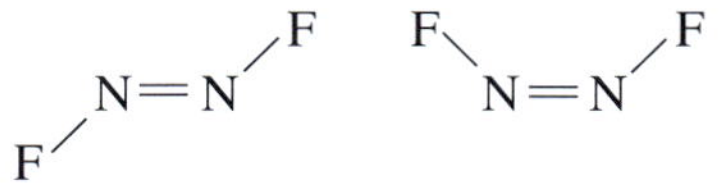

a) Quelle est l'hybridation de N dans la molécule? b) Laquelle des deux formes a un moment dipolaire?

10.57 Le cyclopropane (C_3H_6) a une forme triangulaire, dans laquelle, à chaque angle, un atome C est lié à deux atomes H et à deux autres atomes C. Le cubane (C_8H_8) a une forme cubique, dans laquelle, à chaque coin, un atome C est lié à un atome H et à trois autres atomes C. a) Dessinez les structures de ces molécules. b) Comparez les angles CCC dans ces molécules à ceux qui sont prédits pour un atome C ayant subi une hybridation sp^3. c) D'après vous, ces molécules sont-elles faciles à préparer en laboratoire?

10.58 Le composé dichloro-1,2 éthane ($C_2H_4Cl_2$) est non polaire, alors que le *cis*-dichloroéthylène ($C_2H_2Cl_2$) a un moment dipolaire:

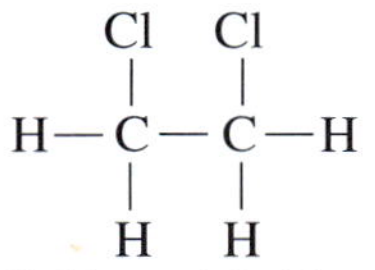

dichloro-1,2 éthane

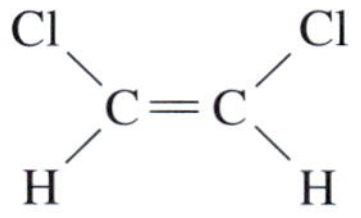

cis-dichloroéthylène

Cette différence s'explique par le fait qu'il y a libre rotation des groupes liés par une liaison simple autour de l'axe de cette liaison, contrairement aux groupes liés par une liaison double. En utilisant ce que vous savez sur les liaisons, dites pourquoi il y a libre rotation dans la molécule de dichloro-1,2 éthane, alors qu'il n'y en a pas dans le *cis*-dichloroéthylène.

10.59 La molécule suivante a-t-elle un moment dipolaire?

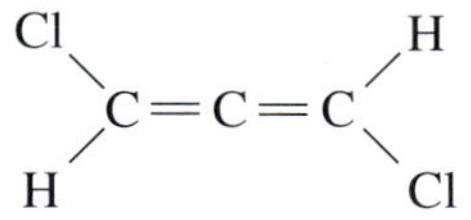

(*Indice:* voir la réponse au problème 10.39.)

10.60 L'angle de liaison dans SO_2 est très près de 120° (*voir page 307*), même si S possède un doublet libre. Expliquez.

10.61 L'azidothymidine, connue sous l'abréviation AZT, est un médicament utilisé dans le traitement du syndrome d'immuno-déficience acquise (SIDA). Quels sont les états d'hybridation des atomes C et N dans cette molécule?

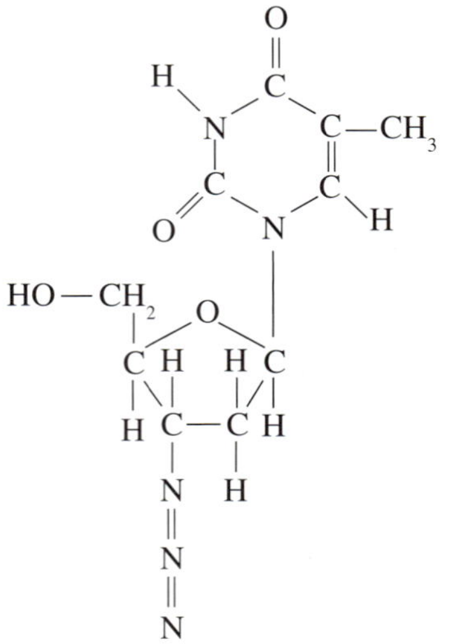

10.62 Les gaz qui contribuent au réchauffement de la planète (gaz à effet de serre) ont un moment dipolaire ou peuvent en produire un en se déformant sous l'effet de la lumière. Lesquels des gaz suivants entrent dans cette catégorie? N_2, O_2, O_3, CO, CO_2, NO_2, $CFCl_3$.

10.63 Toutes les formes moléculaires abordées dans ce chapitre sont telles que l'on peut assez facilement déduire la valeur des angles de leurs liaisons. Le tétraèdre, dont les angles sont difficiles à visualiser, est la seule exception. Prenons la molécule CCl_4, qui est tétraédrique et non polaire. En comparant le moment d'une liaison C—Cl donnée à la résultante des moments de liaison des trois autres liaisons C—Cl orientées dans des directions différentes, démontrez que tous les angles des liaisons sont de 109,5°.

Réponses aux exercices: 10.1 a) tétraédrique, b) linéaire, c) trigonale plane; **10.2** oui; **10.3** a) sp^3, b) sp^2; **10.4** sp^3d^2; **10.5** l'atome C est hybridé *sp*; il forme une liaison sigma avec l'atome H et une autre liaison sigma avec l'atome N; les deux orbitales *p* non hybridées de l'atome C forment deux liaisons pi avec l'atome N; le doublet libre de l'atome N occupe une orbitale *sp*.

CHAPITRE 11
LES FORCES INTERMOLÉCULAIRES, LES LIQUIDES ET LES SOLIDES

11.1
La théorie cinétique des liquides et des solides

11.2
Les forces intermoléculaires
Les forces dipôle-dipôle • Les forces ion-dipôle • Les forces de dispersion • La liaison hydrogène

11.3
L'état liquide
La tension superficielle • La viscosité • La structure et les propriétés de l'eau

11.4
Les structures cristallines
L'empilement de sphères

11.5
Les liaisons dans les solides cristallins
Les solides ioniques • Les solides moléculaires • Les solides covalents • Les solides métalliques

11.6
Les changements de phase
L'équilibre liquide-vapeur • La chaleur de vaporisation et le point d'ébullition • L'équilibre liquide-solide • L'équilibre solide-vapeur

11.7
Les diagrammes de phases
L'eau • Le dioxyde de carbone

Bien que le cuivre et l'aluminium soient de bons conducteurs d'électricité, ils possèdent quand même une certaine résistance. En fait, lorsque l'on utilise ces métaux comme câbles de lignes de transmission d'électricité, on peut observer une perte, sous forme de chaleur, de 20 % de l'électricité transportée. Ne serait-il pas merveilleux de pouvoir fabriquer des câbles qui ne possèderaient aucune résistance électrique?

On sait depuis de nombreuses années que certains métaux et alliages perdent totalement leur résistance quand ils sont à des températures très basses (autour du point d'ébullition de l'hélium liquide, soit 4 K). Cependant, l'utilisation de ces substances, appelées supraconducteurs, pour transporter l'électricité n'est pas commode à cause des coûts qu'entraîne leur maintien à une température si basse.

En 1986, en Suisse, deux physiciens ont découvert une nouvelle classe de substances qui sont des supraconducteurs à des températures avoisinant les 30 K. Bien que cette température reste très basse, le progrès accompli en passant de 4 K à 30 K est si important que leurs travaux ont suscité un immense intérêt et déclenché de nombreuses recherches. En quelques mois, les scientifiques ont synthétisé des composés contenant du cuivre, du baryum et une terre rare qui se révèlent des supraconducteurs autour de 90 K, ce qui est très au-dessus du point d'ébullition de l'azote liquide (77 K).

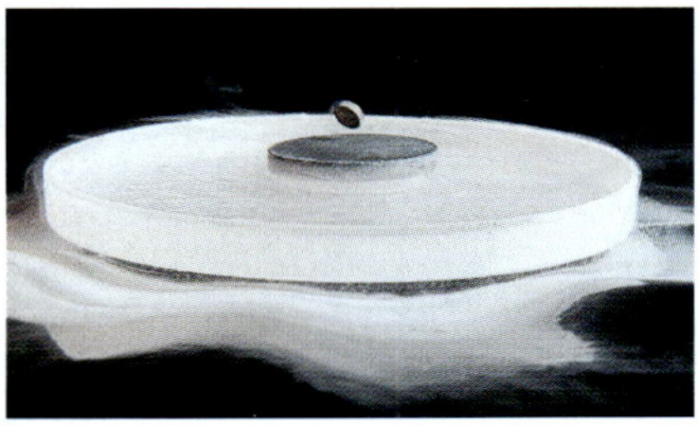

La lévitation d'un aimant au-dessus d'un supraconducteur à haute température immergé dans de l'azote liquide.

Ces découvertes offrent des possibilités intéressantes. À cause du coût peu élevé de l'azote liquide (un litre d'azote liquide est moins cher qu'un litre de lait!), on peut envisager le transport d'électricité sur des centaines de kilomètres sans perte d'énergie. On peut utiliser l'effet de lévitation (l'une des propriétés particulières des supraconducteurs est la capacité de soulever un objet aimanté dans les airs) pour concevoir un train qui circulerait au-dessus des rails (sans les toucher); un tel train serait rapide, silencieux et sans secousse. On peut également utiliser les supraconducteurs dans la fabrication d'ordinateurs très rapides, appelés superordinateurs, dont la vitesse n'est limitée que par celle du courant électrique. Les énormes champs magnétiques créés par ces supraconducteurs permettront la construction d'accélérateurs de particules plus puissants, de dispositifs efficaces pour la fusion nucléaire et d'appareils d'imagerie médicale par résonance magnétique à plus haute résolution.

Un train expérimental à lévitation circulant au-dessus d'un supraconducteur à la température de l'hélium liquide.

Malgré tout ce potentiel, l'exploitation commerciale des supraconducteurs à haute température n'est pas pour demain. De nombreux problèmes techniques subsistent; de plus, les scientifiques n'ont pas encore réussi à fabriquer des câbles durables avec ce type de matériau. Néanmoins, les enjeux sont si importants que l'étude des supraconducteurs à haute température est actuellement l'un des secteurs de pointe en chimie et en physique.

11.1 LA THÉORIE CINÉTIQUE DES LIQUIDES ET DES SOLIDES

Au chapitre 5, nous avons utilisé la théorie cinétique pour expliquer le comportement des gaz. Cette explication est fondée sur le fait qu'un système gazeux est un ensemble de molécules en mouvement constant et aléatoire. Dans un gaz, les molécules sont séparées par des distances si grandes (comparées à leurs diamètres) que, à température et à pression ordinaires (disons, à 25 °C et à 1 atm), il n'y a pas d'interaction appréciable entre elles. Cette simple description explique plusieurs propriétés spécifiques des gaz. Puisqu'il y a beaucoup d'espace vide dans un gaz, c'est-à-dire de l'espace où il n'y a pas de molécules, les gaz peuvent être comprimés facilement. Par contre, ils peuvent également se dilater pour occuper tout le volume de leur contenant, puisqu'aucune force importante ne s'exerce entre leurs particules. Cette grande distance entre les molécules explique également pourquoi les masses volumiques des gaz sont très basses dans des conditions ordinaires.

Pour ce qui est des solides et des liquides, c'est une tout autre chose. La principale différence entre un état condensé (liquide ou solide) et l'état gazeux, c'est la distance entre les molécules. Dans un liquide, les molécules sont si près les unes des autres qu'il reste très peu d'espace vide. Les liquides sont donc beaucoup plus difficiles à comprimer et, dans des conditions ordinaires, ils ont des masses volumiques plus grandes que celles des gaz. Dans un liquide, les molécules sont maintenues ensemble par un ou plusieurs types de forces attractives, dont nous parlerons à la prochaine section. Un liquide a un volume bien défini, puisque ses molécules ne peuvent pas se défaire facilement de leur emprise mutuelle. Cependant, les molécules peuvent glisser librement les unes contre les autres: c'est pourquoi un liquide peut couler, se déverser et prendre la forme de son contenant.

Dans un solide, les molécules sont maintenues fermement en place presque sans liberté de mouvement; elles ne peuvent que vibrer en faisant du surplace. Beaucoup de solides sont structurés de manière ordonnée sur de longues distances, c'est-à-dire que leurs molécules sont disposées tridimensionnellement d'une façon régulière et répétitive. Il y a encore moins d'espace vide entre les molécules d'un solide que dans un liquide. Les solides sont donc presque incompressibles et ont une forme et un volume bien définis. Sauf quelques exceptions (le cas de l'eau étant le plus important), la masse volumique d'une substance est plus grande à l'état solide qu'à l'état liquide. Le tableau 11.1 résume quelques caractéristiques des trois états de la matière.

11.2 LES FORCES INTERMOLÉCULAIRES

On appelle ***forces intermoléculaires*** les *forces attractives qui s'exercent entre les molécules;* elles sont responsables du comportement non idéal des gaz décrit au chapitre 5. Elles expliquent également l'existence des états condensés (liquide et solide) de la matière. Par exemple, quand la température d'un gaz baisse, l'énergie cinétique moyenne de ses molécules baisse également. Si la température baisse suffisamment, les molécules n'ont plus assez d'énergie pour échapper à l'attraction qu'elles exercent les unes sur les autres. Les

TABLEAU 11.1
Les propriétés caractéristiques des gaz, des liquides et des solides

État de la matière	Volume/forme	Masse volumique	Compressibilité	Mouvement des molécules
Gaz	Prend le volume et la forme de son contenant.	Basse	Élevée	Bougent très librement.
Liquide	A un volume défini, mais prend la forme de son contenant.	Élevée	Très légère	Glissent librement les unes contre les autres.
Solide	A un volume et une forme définis.	Élevée	Pratiquement nulle	Vibrent dans une position fixe.

molécules s'agglutinent alors pour former de petites gouttes de liquide. Ce phénomène s'appelle *condensation*.

Par contre, on appelle ***forces intramoléculaires*** les *forces attractives qui maintiennent les atomes ensemble dans une molécule*. (Les liaisons chimiques, déjà étudiées aux chapitres 9 et 10, mettent en jeu de telles forces.) Autrement dit, les forces intramoléculaires permettent l'existence de molécules individuelles, tandis que les forces intermoléculaires sont principalement responsables des caractéristiques macroscopiques des substances (par exemple, le point de fusion et le point d'ébullition).

Généralement, les forces intermoléculaires sont beaucoup plus faibles que les forces intramoléculaires. C'est pourquoi il faut moins d'énergie pour évaporer un liquide que pour rompre les liaisons à l'intérieur des molécules de ce même liquide. Par exemple, il faut fournir environ 41 kJ pour évaporer une mole d'eau à son point d'ébullition, alors qu'il faut en fournir environ 930 kJ pour rompre les liaisons O—H dans une mole de molécules d'eau. Le point d'ébullition d'une substance traduit souvent l'importance de ses forces intermoléculaires. Au point d'ébullition, il faut, pour qu'une substance puisse s'évaporer, fournir l'énergie nécessaire pour rompre les forces attractives entre ses molécules. S'il faut plus d'énergie pour évaporer une substance A qu'il n'en faut pour une substance B, c'est donc parce que les molécules de A sont maintenues ensemble par des forces intermoléculaires supérieures à celles de la substance B: le point d'ébullition de A est plus élevé que celui de B. Le même principe s'applique au point de fusion. En général, plus les forces intermoléculaires sont importantes, plus le point de fusion est élevé.

Pour comprendre les propriétés de la matière condensée, il faut connaître les trois types suivants de forces intermoléculaires appelées globalement ***forces de van der Waals****: les forces (ou interactions) dipôle-dipôle, dipôle-dipôle induit et de dispersion.* Pour ce qui est des ions et des dipôles, les forces électrostatiques qui les attirent sont appelées *forces ion-dipôle* et ne sont pas considérées comme des forces de van der Waals. La *liaison hydrogène* est un type particulièrement fort d'interaction dipôle-dipôle. Puisqu'il n'y a que peu d'éléments qui peuvent participer à une liaison hydrogène, celle-ci est considérée comme une catégorie particulière. Selon l'état physique (gazeux, solide ou liquide) d'une substance, la nature des liaisons chimiques et le type d'éléments présents, toutes ces forces peuvent agir en même temps et c'est de cette superposition de plusieurs types de forces attractives que résultent les forces d'attraction intermoléculaires.

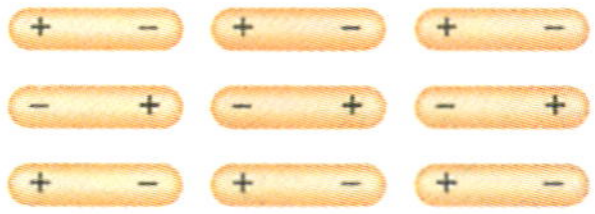

FIGURE 11.1

Les molécules qui ont un moment dipolaire permanent ont tendance à s'aligner à l'état solide pour permettre une attraction mutuelle maximale.

Les forces dipôle-dipôle

Les ***forces dipôle-dipôle*** (ou forces de Keesom) sont celles *qui agissent entre les molécules polaires,* c'est-à-dire entre les molécules qui possèdent des moments dipolaires (*section 10.2*). Elles sont de nature électrostatique et elles obéissent à la loi de Coulomb. Plus le moment dipolaire est élevé, plus la force est importante. La figure 11.1 montre l'orientation des molécules polaires dans un solide. Dans un liquide, les molécules ne sont pas maintenues aussi fermement; elles ont toutefois tendance à s'aligner pour que, en moyenne, l'interaction attractive soit à son maximum.

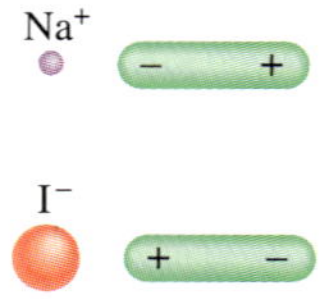

FIGURE 11.2

Deux types d'interactions ion-dipôle.

Les forces ion-dipôle

La loi de Coulomb explique également les ***forces ion-dipôle,*** qui *s'exercent entre un ion (un cation ou un anion) et une molécule polaire* (*figure 11.2*). L'importance de cette interaction dépend de la charge et de la taille de l'ion, ainsi que de la valeur du moment dipolaire et de la taille de la molécule. Les charges d'un cation sont généralement plus concentrées, car les cations sont généralement plus petits que les anions. C'est pourquoi, pour un nombre égal de charges, les interactions cation-dipôle sont plus fortes que les interactions anion-dipôle.

L'hydratation, dont il a été question à la section 4.1, est un exemple d'interaction ion-dipôle. Dans une solution aqueuse de NaCl, par exemple, les ions Na^+ et Cl^- sont entourés de molécules d'eau, qui ont un moment dipolaire important (1,87 D). Quand un composé ionique, comme le NaCl, se dissout, les molécules d'eau agissent comme un isolant électrique qui sépare les ions. Par contre, les molécules non polaires, comme le tétrachlorure de carbone (CCl_4), ne peuvent pas participer à une interaction ion-dipôle. En fait, le tétrachlorure de carbone, comme la plupart des liquides non polaires, est un mauvais solvant pour les composés ioniques.

La figure 11.3 illustre bien l'attraction ion-dipôle. De l'eau s'écoule d'une burette dans un bécher. Si l'on approche un objet chargé négativement (par exemple, une tige d'ébonite qu'on a frottée sur de la fourrure) du filet d'eau, celui-ci est attiré par la tige et dévié. Si l'on remplace cette tige par une autre qui est chargée positivement (par exemple, une tige de verre qu'on a frottée sur de la soie), le filet d'eau est là aussi dévié. En présence de la tige d'ébonite, les molécules d'eau orientent leur région positive vers la tige, de sorte qu'elles sont attirées par la charge négative de celle-ci. Dans le cas du verre, c'est la région négative des dipôles qui est orientée vers la tige. On peut aussi observer un tel phénomène avec d'autres liquides polaires. Cependant, on ne perçoit aucune déviation quand on utilise un liquide non polaire, l'hexane (C_6H_{14}) par exemple.

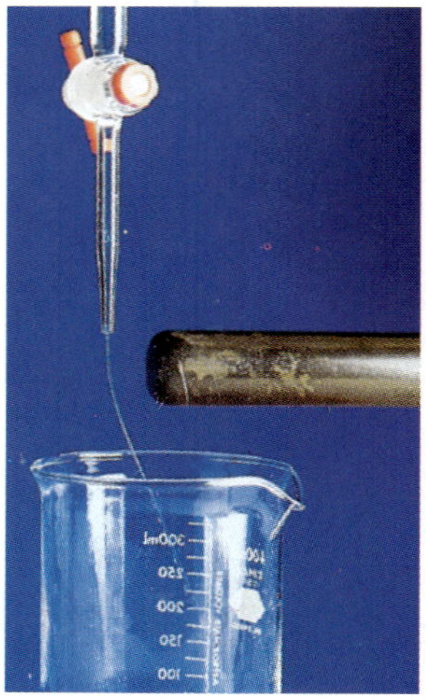

FIGURE 11.3

Déviation d'un filet d'eau causée par une tige d'ébonite chargée.

Les forces de dispersion

Jusqu'à maintenant, nous n'avons parlé que des espèces ioniques et des molécules polaires. Quel type d'interaction attractive s'exerce entre les molécules non polaires? Pour connaître la réponse, examinez la figure 11.4. Si l'on place un ion ou une molécule polaire près d'un atome (ou d'une molécule non polaire), le nuage électronique de l'atome (ou de la molécule) est déformé par la force qu'exerce l'ion ou la molécule polaire. Le dipôle qui en résulte dans l'atome (ou la molécule) est appelé ***dipôle induit,*** car *la séparation des charges positives et négatives dans l'atome (ou la molécule non polaire) est causée par la proximité d'un ion ou d'une molécule polaire*. L'interaction attractive entre un ion et un dipôle induit est appelée *interaction ion-dipôle induit;* celle entre une molécule polaire et un dipôle induit, *interaction dipôle-dipôle induit* (ou forces de Debye).

La possibilité qu'un moment dipolaire soit induit dans un cas donné dépend non seulement de la charge de l'ion ou de la force du dipôle, mais aussi de la polarisabilité de l'atome ou de la molécule. La ***polarisabilité*** *indique la facilité avec laquelle le nuage électronique dans un atome (ou une molécule) peut être déformé*. Généralement, plus il y a d'électrons et plus le nuage électronique de l'atome ou de la molécule est diffus, plus la polarisabilité est élevée. Par *nuage diffus* on entend ici un nuage électronique qui occupe un volume appréciable, ce qui signifie que les électrons ne sont pas retenus fermement près du noyau; ils sont plus délocalisés.

La polarisabilité permet aux gaz qui contiennent des atomes ou des molécules non polaires (par exemple, He et N_2) de se condenser. Dans un atome d'hélium, les électrons se meuvent à une certaine distance du noyau. À chaque instant, c'est comme si l'atome avait un moment dipolaire créé par les positions spécifiques de ses électrons. Ce moment dipolaire est appelé *dipôle instantané* (ou temporaire) parce qu'il ne dure qu'une infime fraction de seconde. L'instant d'après, les électrons sont à des endroits différents et l'atome a un nouveau dipôle instantané, et ainsi de suite. Durant leur très brève existence, si on essaie de mesurer ces moments dipolaires, on obtiendra en fait une moyenne égale à zéro, car pendant le temps de mesure, ces dipôles se font et se défont constamment dans toutes les directions: l'atome n'a donc pas de moment dipolaire. Dans un groupe d'atomes He, un dipôle instantané dans un atome peut induire un dipôle dans chacun de ses plus proches voisins (*figure 11.5*). À l'instant suivant, un dipôle instantané différent peut créer d'autres dipôles temporaires dans les atomes environnants. Ce qu'il est important de retenir, c'est que ce type d'interaction se solde par une attraction entre les atomes He. À une température très basse (à des vitesses atomiques réduites), cette attraction devient assez forte pour maintenir les atomes ensemble et provoquer la condensation de l'hélium. On peut expliquer de la même manière l'attraction entre des molécules non polaires.

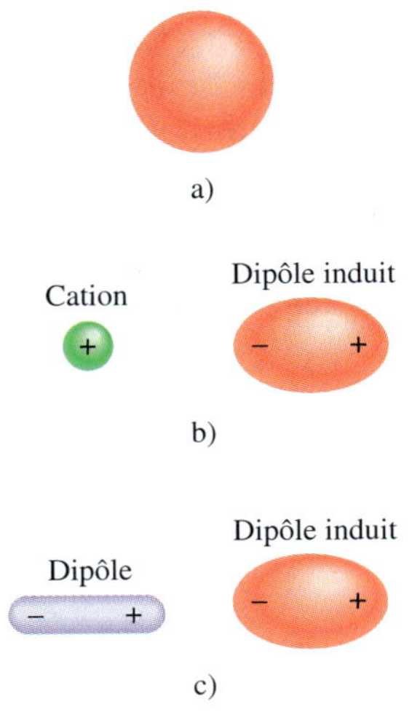

FIGURE 11.4

a) Distribution sphérique des charges dans un atome d'hélium. Déformation causée par b) la proximité d'un cation et c) la proximité d'un dipôle.

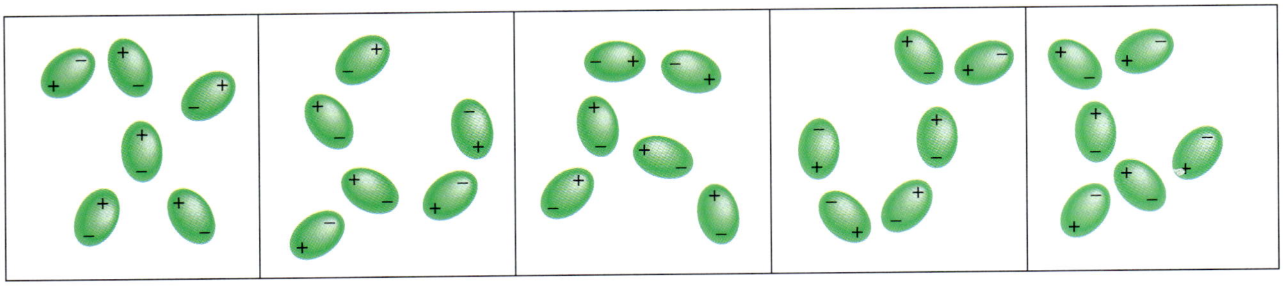

FIGURE 11.5

Interaction de dipôles induits. Un tel phénomène ne dure qu'un instant; l'instant d'après, un nouvel arrangement se forme. Ce type d'interaction est responsable de la condensation des gaz non polaires.

TABLEAU 11.2
Les points de fusion de composés non polaires similaires

Composé	Point de fusion (°C)
CH_4	−182,5
CF_4	−150,0
CCl_4	−23,0
CBr_4	90,0
CI_4	171,0

En 1930, un physicien allemand, Fritz London, donna une interprétation des dipôles instantanés en recourant à la mécanique quantique. Il démontra que l'importance de cette interaction attractive était directement proportionnelle à la polarisabilité de l'atome ou de la molécule. Comme on peut s'y attendre, les *forces d'attraction qui résultent de dipôles temporaires induits dans les atomes ou les molécules,* qu'on appelle ***forces de dispersion,*** ou forces de London, peuvent être assez faibles. C'est certainement le cas pour l'hélium, dont le point d'ébullition n'est que de 4,2 K, ou −269 °C. (Notez que l'hélium n'a que deux électrons, qui sont fermement maintenus dans l'orbitale 1*s*. Ainsi, l'atome d'hélium a une polarisabilité faible.)

Les forces de dispersion augmentent généralement avec la masse molaire, puisque les molécules de masse plus élevée ont un plus grand nombre d'électrons et que les forces de dispersion augmentent avec le nombre d'électrons. De plus, dans le cas de composés similaires, une masse molaire plus élevée va de pair avec des atomes plus volumineux dont les nuages électroniques peuvent être facilement déformés parce que plus faiblement retenus par les noyaux. Le tableau 11.2 compare les points de fusion de quelques substances similaires formées de molécules non polaires. Comme on peut s'y attendre, le point de fusion augmente avec le nombre d'électrons dans la molécule. Puisqu'il ne s'agit que de molécules non polaires, les seules forces attractives intermoléculaires présentes sont les forces de dispersion.

Dans bien des cas, les forces de dispersion sont comparables, voire supérieures, aux forces dipôle-dipôle qui s'exercent entre les molécules polaires. Comme exemple saisissant, comparons les points de fusion de CH_3F (−141,8 °C) et de CCl_4 (−23 °C). Bien que CH_3F ait un moment dipolaire de 1,8 D, son point de fusion est bien inférieur à celui de CCl_4, qui est non polaire. Le point de fusion de CCl_4 est supérieur tout simplement parce que cette molécule contient plus d'électrons. Les forces de dispersion entre les molécules CCl_4 sont par conséquent plus grandes que les forces de dispersion combinées aux forces dipôle-dipôle qui s'exercent entre les molécules CH_3F. (N'oubliez pas que les forces de dispersion existent dans toutes les espèces, neutres ou porteuses d'une charge, polaires ou non polaires.)

L'exemple suivant démontre que, si l'on connaît le type des espèces présentes, on peut facilement déterminer le type de forces intermoléculaires qui s'exercent entre ces espèces.

EXEMPLE 11.1
La détermination des forces intermoléculaires

Quel(s) type(s) de forces intermoléculaires s'exerce(nt) entre les paires des espèces suivantes? a) HBr et H_2S, b) Cl_2 et CBr_4, c) I_2 et NO_3^-, d) NH_3 et C_6H_6.

Réponse: a) Les molécules HBr et H_2S sont toutes deux polaires; les forces qui s'exercent entre elles sont donc de type dipôle-dipôle; il y a également des forces de dispersion.

b) Les molécules Cl_2 et CBr_4 sont toutes deux non polaires; il n'y a donc que des forces de dispersion qui agissent entre ces molécules.

c) La molécule I_2 est non polaire; les forces qui s'exercent entre elle et l'ion NO_3^- sont des forces ion-dipôle induit et des forces de dispersion.

d) La molécule NH_3 est polaire, et la molécules C_6H_6 est non polaire. Les forces sont de types dipôle-dipôle induit et de dispersion.

EXERCICE

Dites quel(s) type(s) de forces intermoléculaires s'exerce(nt) entre les molécules (ou les unités de base) de chacune des espèces suivantes: a) LiF, b) CH_4, c) SO_2.

LA LIAISON HYDROGÈNE

La ***liaison hydrogène*** constitue un *type spécial d'interaction dipôle-dipôle entre l'atome d'hydrogène participant déjà à une liaison polaire (N—H, O—H ou F—H), et un atome O, N ou F électronégatif.* On écrit cette interaction de la façon suivante:

$$A—H\cdots B \quad \text{ou} \quad A—H\cdots A$$

où A et B représentent O, N ou F; A—H est une molécule ou une partie de molécule, et B une partie d'une autre molécule; le pointillé représente la liaison hydrogène. Habituellement, les trois atomes sont bien alignés, mais l'angle AHB (ou AHA) peut dévier jusqu'à 30° de la ligne droite. Ce type d'interaction se rapproche tellement d'une liaison intramoléculaire qu'on le nomme «liaison» hydrogène (ou pont hydrogène car il implique toujours H).

Pour une interaction dipôle-dipôle, la liaison hydrogène a une énergie moyenne élevée (jusqu'à 40 kJ/mol). Ainsi, les liaisons hydrogène constituent une force importante dans le maintien de la structure et dans les propriétés de nombreux composés. La figure 11.6 montre plusieurs exemples de liaisons hydrogène.

C'est en comparant les points d'ébullition de divers composés que l'on a d'abord mis en évidence la liaison hydrogène. Normalement, le point d'ébullition d'une série de composés similaires contenant des éléments d'un même groupe augmente avec la masse molaire. Cependant, comme le montre la figure 11.7, les composés de l'hydrogène correspondant aux éléments des groupes VA, VIA et VIIA ne respectent pas cette tendance. Dans chacune de ces séries, le composé le plus léger (NH_3, H_2O et HF) a le point d'ébullition *le plus élevé,* contrairement à ce que prévoit la tendance basée sur la masse molaire. L'explication réside dans la présence de liaisons hydrogène entre les

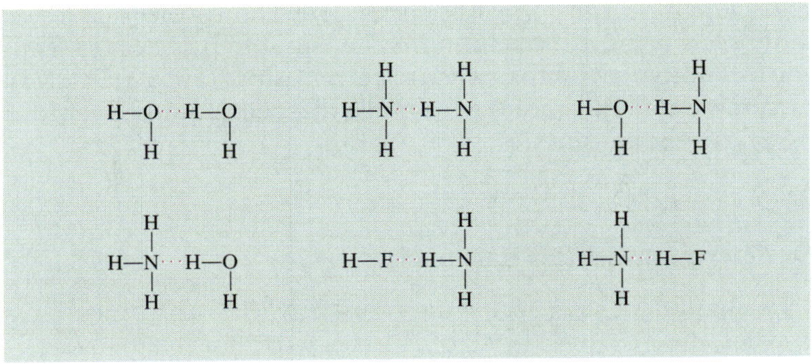

FIGURE 11.6

La liaison hydrogène dans l'eau, l'ammoniac et le fluorure d'hydrogène. Les lignes pleines représentent les liaisons covalentes; les lignes pointillées, les liaisons hydrogène.

FIGURE 11.7

Points d'ébullition des composés de l'hydrogène et des éléments des groupes IVA, VA, VIA et VIIA. Bien que l'on s'attende normalement à ce que le point d'ébullition s'élève à mesure que l'on descend dans un groupe, on voit que trois composés (NH_3, H_2O et HF) font exception. Cette anomalie s'explique par la présence de liaisons hydrogène intermoléculaires.

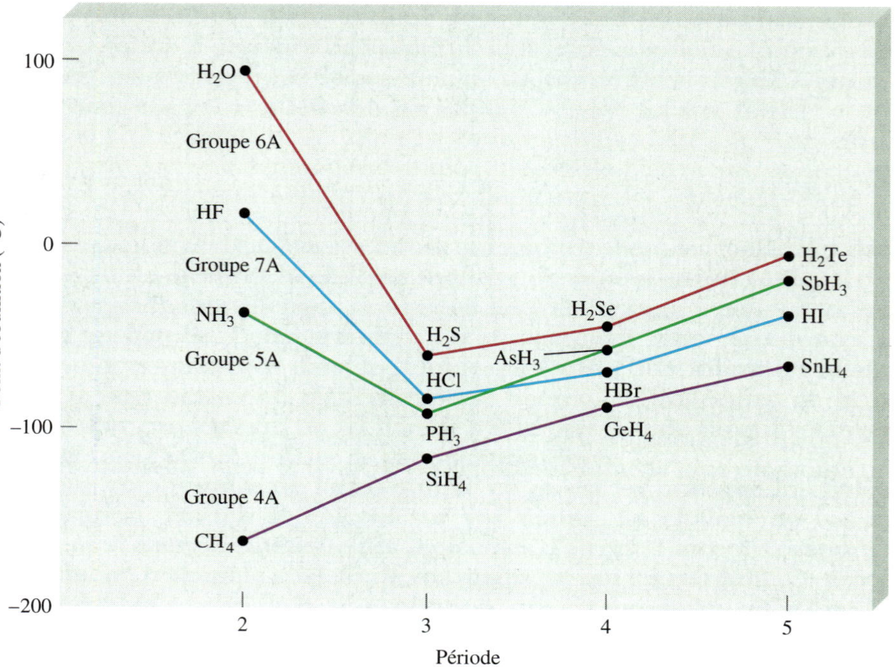

molécules de ces composés. Par exemple, dans HF solide, les molécules n'existent pas de manière individuelle, elles forment plutôt de longues chaînes en zigzag maintenues par des liaisons hydrogène:

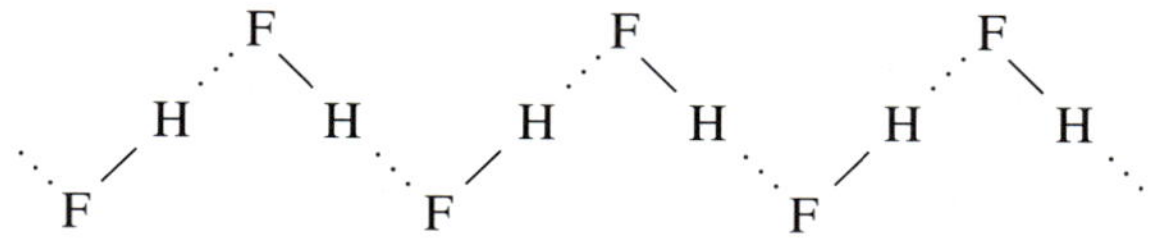

À l'état liquide, les chaînes en zigzag sont brisées, mais les molécules sont toujours unies par des liaisons hydrogène. Dans un tel cas, les molécules sont plus difficiles à séparer; c'est pourquoi HF a un point d'ébullition particulièrement élevé.

La force d'une liaison hydrogène dépend de l'interaction coulombienne entre les électrons libres de l'atome électronégatif et le noyau de l'hydrogène. Il peut sembler étrange que le point d'ébullition de HF soit inférieur à celui de l'eau, car, le fluor étant plus électronégatif que l'oxygène, on devrait s'attendre à ce que la liaison hydrogène soit plus forte dans HF liquide que dans H_2O. Cependant, H_2O est un cas unique, car chacune de ses molécules peut participer jusqu'à *quatre* liaisons hydrogène intermoléculaires; c'est pourquoi les molécules d'eau sont maintenues ensemble plus fortement. À la section suivante, nous reviendrons sur cette importante caractéristique de l'eau. L'exemple qui suit montre les types d'espèces qui peuvent former des liaisons hydrogène avec l'eau.

EXEMPLE 11.2

La détermination des liaisons hydrogène

Lesquelles des espèces suivantes peuvent former des liaisons hydrogène avec l'eau? CH_3OCH_3, CH_4, F^-, HCOOH, Na^+.

Réponse: On ne retrouve pas les éléments électronégatifs requis (F, O ou N) dans CH_4 ni dans Na^+. Alors, seuls CH_3OCH_3, F^- et HCOOH peuvent former des liaisons hydrogène avec l'eau.

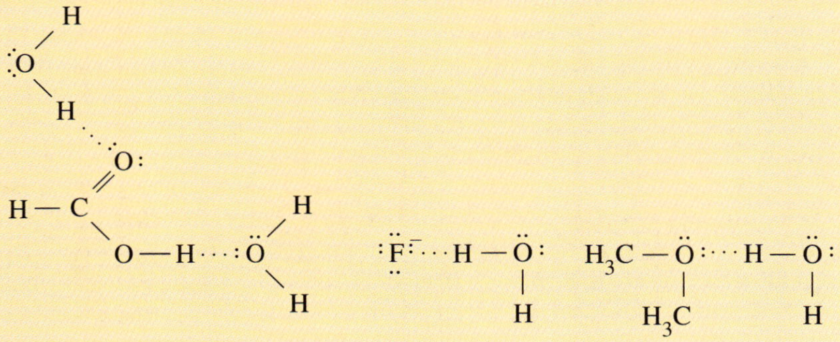

EXERCICE

Parmi les molécules suivantes, lesquelles peuvent former des liaisons hydrogène entre elles? a) H_2S, b) C_6H_6, c) CH_3OH.

Toutes les forces intermoléculaires dont nous venons de parler sont de nature attractive. Cependant, il faut se rappeler que les molécules exercent aussi des forces répulsives entre elles. Ainsi, quand deux molécules sont mises en contact, les répulsions entre les électrons et entre les noyaux se manifestent. Ces répulsions augmentent très rapidement à mesure que la distance qui sépare les molécules dans un état condensé diminue. Voilà pourquoi les liquides et les solides sont si difficiles à comprimer. Dans ces états, les molécules sont déjà très proches les unes des autres; elles s'opposent donc fortement à une plus grande compression.

11.3 L'ÉTAT LIQUIDE

Comme nous le verrons dans les prochains chapitres, beaucoup de réactions chimiques intéressantes et importantes ont lieu dans l'eau ou dans d'autres solvants liquides. Dans cette section, nous verrons deux phénomènes associés aux liquides: la tension superficielle et la viscosité, toutes deux attribuables aux forces intermoléculaires. Nous parlerons également de la structure et des propriétés de l'eau.

LA TENSION SUPERFICIELLE

Nous avons vu que les liquides ont tendance à prendre la forme de leur contenant. Alors, pourquoi, au lieu de former une couche uniforme, l'eau perle-t-elle sur une voiture fraîchement cirée? Ce sont les forces intermoléculaires qui expliquent ce phénomène.

Dans un liquide, les molécules ne sont pas attirées dans un seul et même sens, mais dans tous les sens, par les forces intermoléculaires. Cependant, les molécules situées à la surface sont attirées vers le bas et vers les côtés par les autres molécules, jamais vers le haut, hors du liquide (*figure 11.8*). Ces forces d'attraction intermoléculaire attirent donc les molécules à l'intérieur du liquide et provoquent un «resserrement» à la surface, formant ainsi un genre de film élastique. Pour en revenir à l'exemple de l'eau et de la voiture, étant donné qu'il n'y a que peu ou pas d'attractions entre les molécules d'eau (polaires) et les molécules de cire (essentiellement non polaires), une goutte d'eau sur une auto fraîchement cirée prend la forme d'une petite «perle» (*figure 11.9*).

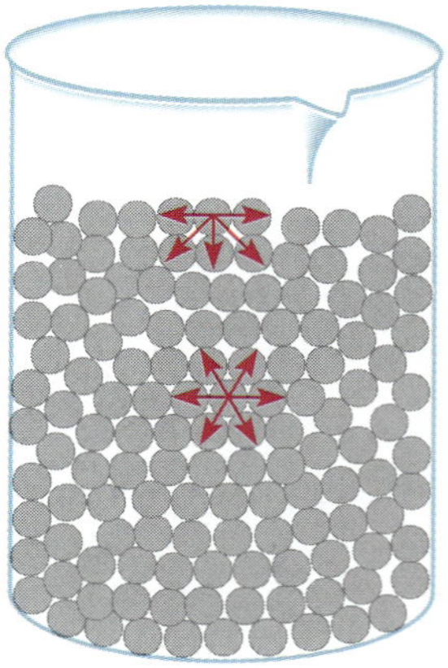

FIGURE 11.8

Les forces intermoléculaires s'exerçant sur une molécule située à la surface du liquide et sur une autre dans le liquide.

La tension superficielle est une mesure de la force élastique qui s'exerce à la surface d'un liquide. La ***tension superficielle*** est la *quantité d'énergie requise par unité de surface pour étirer ou augmenter la surface d'un liquide*. Les liquides dans lesquels les forces intermoléculaires sont grandes ont des tensions superficielles élevées. Par exemple, à cause des liaisons hydrogène, la tension superficielle de l'eau est considérablement plus élevée que celle de la plupart des liquides courants.

FIGURE 11.9

L'eau perle sur une pomme cirée.

La tension superficielle se manifeste également d'une autre manière: la *capillarité*. La figure 11.10 a) illustre la montée spontanée de l'eau dans un tube capillaire. Une mince couche d'eau adhère à la paroi du tube de verre. La tension superficielle de l'eau provoque la contraction de cette couche et, ce faisant, fait monter l'eau dans le tube. Ce phénomène est causé par deux types de forces: d'une part, la ***force de cohésion,*** qui est l'*attraction entre des molécules semblables* (dans ce cas-ci les molécules d'eau) et d'autre part, la ***force d'adhésion,*** qui est l'*attraction entre molécules différentes* (ici l'attraction qui s'exerce entre les molécules d'eau et celles du tube de verre). Si la force d'adhésion est supérieure à la force de cohésion, le liquide sera attiré par le verre, ce qui aura pour effet de le faire monter dans le tube, comme le montre la figure 11.10 a). Ce processus s'arrête quand la force d'adhésion et le poids de l'eau contenue dans le tube sont en équilibre. Ce phénomène ne se produit pas avec tous les liquides, comme le montre la figure 11.10 b). Prenons le mercure: la force de cohésion y est supérieure à la force d'adhésion qui s'exerce entre le mercure et le verre; il se crée donc une dépression du niveau du liquide quand on y plonge un tube capillaire.

a) b)

FIGURE 11.10

a) Quand les forces d'adhésion sont supérieures aux forces de cohésion, le liquide (par exemple, l'eau) monte dans le tube capillaire. b) Quand les forces de cohésion sont supérieures aux forces d'adhésion, comme dans le cas du mercure, il y a dépression du niveau du liquide dans le tube capillaire.

TABLEAU 11.3
La viscosité de certains liquides courants à 20 °C

Liquide	Viscosité (N·s/m²)*
Acétone (C_3H_6O)	$3{,}16 \times 10^{-4}$
Benzène (C_6H_6)	$6{,}25 \times 10^{-4}$
Tétrachlorure de carbone (CCl_4)	$9{,}69 \times 10^{-4}$
Éthanol (C_2H_5OH)	$1{,}20 \times 10^{-3}$
Éther éthylique ($C_2H_5OC_2H_5$)	$2{,}33 \times 10^{-4}$
Glycérol ($C_3H_8O_3$)	1,49
Mercure (Hg)	$1{,}55 \times 10^{-3}$
Eau (H_2O)	$1{,}01 \times 10^{-3}$
Sang	4×10^{-3}

* Le newton-seconde par mètre carré est l'unité du SI qui exprime la viscosité.

La viscosité

La ***viscosité*** est la *grandeur qui exprime la résistance d'un liquide à l'écoulement.* Plus le liquide s'écoule lentement, plus la viscosité est élevée. La viscosité d'un liquide diminue habituellement quand sa température augmente; par exemple de l'huile végétale chauffée dans un chaudron devient beaucoup moins visqueuse qu'à la température de la pièce.

Les liquides dont les forces intermoléculaires sont importantes ont une viscosité plus élevée que ceux dont ces forces sont faibles (*tableau 11.3*). On voit dans le tableau que la viscosité de l'eau est plus élevée que celle de nombreux autres liquides à cause des liaisons hydrogène qui se forment dans l'eau. Fait intéressant, on note que la viscosité du glycérol est de beaucoup plus élevée que celle des autres liquides. Voici la formule du glycérol:

$$\begin{array}{l} CH_2-OH \\ \,| \\ CH-OH \\ \,| \\ CH_2-OH \end{array}$$

Comme l'eau, le glycérol peut former des liaisons hydrogène. Chacune de ses molécules a trois groupes —OH qui peuvent participer à des liaisons hydrogène avec d'autres molécules de glycérol. De plus, à cause de leur forme, ces molécules ont tendance à s'imbriquer plutôt qu'à glisser les unes contre les autres comme dans les liquides moins visqueux. Ces interactions contribuent à la viscosité élevée du glycérol.

La structure et les propriétés de l'eau

L'eau est une substance si courante sur la Terre qu'on oublie souvent sa nature unique. Toute manifestation de la vie met en jeu de l'eau. L'eau est un excellent solvant pour de nombreux composés ioniques comme pour de nombreuses autres substances capables de former des liaisons hydrogène avec elle.

FIGURE 11.11

(Gauche) Des cubes de glace flottent sur l'eau. (Droite) Des cubes de benzène solide calent dans du benzène liquide.

Comme le montre le tableau 6.1 (p. 169), la chaleur spécifique de l'eau est élevée. C'est parce que, pour élever la température de l'eau (autrement dit, pour augmenter l'énergie cinétique moyenne des molécules d'eau), il faut d'abord rompre les nombreuses liaisons hydrogène intermoléculaires. Ainsi, l'eau peut absorber une bonne quantité de chaleur avant que sa température augmente de quelques degrés. L'inverse est aussi vrai: l'eau peut libérer beaucoup de chaleur alors que sa température ne diminue que faiblement. C'est pourquoi les énormes quantités d'eau contenues dans les lacs et les océans peuvent rendre le climat des terres adjacentes modéré en absorbant de la chaleur l'été et en en libérant l'hiver, tout en ne subissant que de faibles changements de température. L'eau joue donc un rôle de régulateur thermique dans la nature.

La caractéristique la plus frappante de l'eau est que sa masse volumique à l'état solide est inférieure à sa masse volumique à l'état liquide: la glace flotte sur l'eau. C'est une propriété qui lui est quasiment propre. La masse volumique de presque toutes les autres substances est plus grande à l'état solide qu'à l'état liquide (*figure 11.11*).

Pour comprendre cette particularité de l'eau, il faut examiner la structure électronique de sa molécule. Comme nous l'avons vu au chapitre 9, il y a deux doublets d'électrons libres sur l'atome d'oxygène:

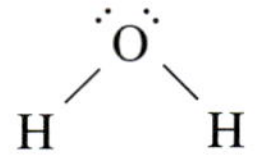

Même si de nombreux composés peuvent former des liaisons hydrogène intermoléculaires, la différence entre la molécule H_2O et les autres molécules polaires, comme NH_3 et HF, est que, dans le cas de l'eau, chaque atome d'oxygène peut former *deux* liaisons hydrogène, c'est-à-dire, autant qu'il y a de doublets libres sur l'atome d'oxygène. Les molécules d'eau sont donc maintenues ensemble dans un réseau tridimensionnel illimité où chaque atome d'oxygène est lié d'une manière presque tétraédrique à quatre atomes d'hydrogène: deux par des liaisons covalentes et deux par des liaisons hydrogène. Cette égalité entre le nombre d'atomes d'hydrogène et le nombre de doublets libres ne se retrouve ni dans NH_3, ni dans HF, ni dans d'autres molécules pouvant former des liaisons hydrogène. Par conséquent, ces autres molécules peuvent former des anneaux ou des chaînes, mais pas des structures tridimensionnelles.

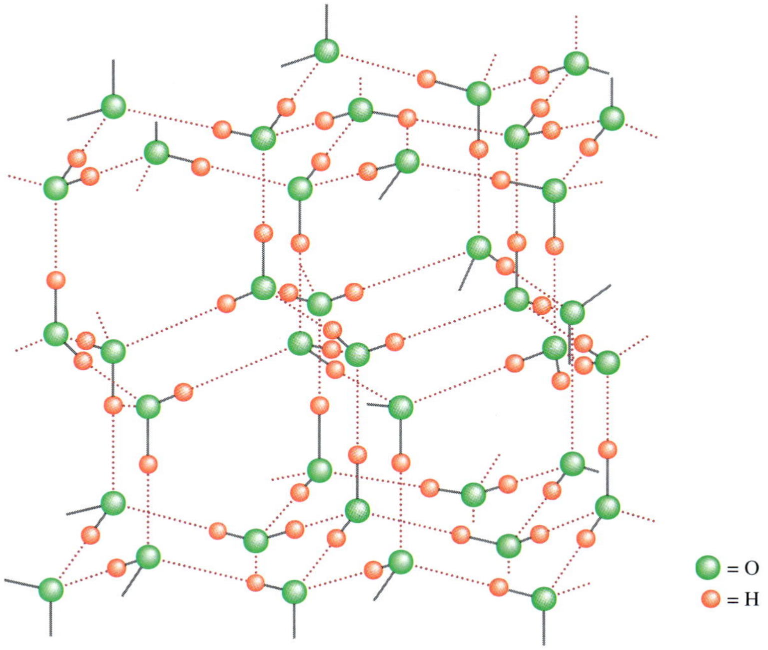

FIGURE 11.12

Structure tridimensionnelle de la glace. Chaque atome O est lié à quatre atomes H. Les liaisons covalentes sont illustrées par des lignes courtes et unies; les liaisons hydrogène, plus faibles, par de longues lignes pointillées entre atomes O et H. Les cavités dans la structure expliquent la faible masse volumique de la glace par rapport à celle de l'eau liquide.

La structure tridimensionnelle très ordonnée de la glace (*figure 11.12*) empêche les molécules de trop s'approcher les unes des autres. Voyez toutefois ce qui arrive quand la glace fond. Au point de fusion, certaines molécules d'eau ont assez d'énergie cinétique pour se libérer des liaisons hydrogène intermoléculaires. Ces molécules sont alors «emprisonnées» dans les cavités de la structure tridimensionnelle, qui se brise en petits amas. Ainsi, par unité de volume, il y a plus de molécules dans l'eau liquide que dans la glace. Puisque «masse volumique = masse/volume», la masse volumique de l'eau est donc supérieure à celle de la glace. Si l'on augmente légèrement la température, un peu plus de molécules d'eau se libèrent des liaisons

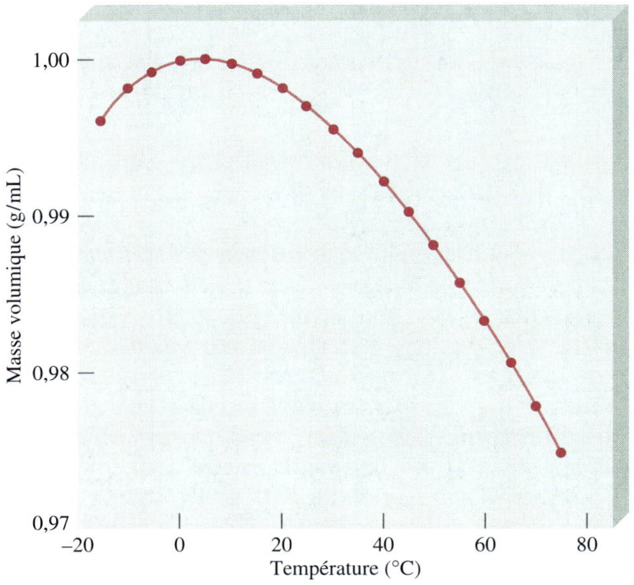

FIGURE 11.13

Variation de la masse volumique de l'eau liquide en fonction de la température. La masse volumique de l'eau liquide atteint sa valeur maximale à 4 °C. La masse volumique de la glace à 0 °C est d'environ 0,92 g/cm^3.

hydrogène intermoléculaires, de sorte que, juste au-dessus du point de fusion, la masse volumique de l'eau augmente avec la température. Bien sûr, en même temps, l'eau se dilate avec la chaleur, et par conséquent sa masse volumique diminue. Ces deux phénomènes (l'emprisonnement des molécules d'eau libres dans les cavités et la dilatation thermique) agissent en sens opposés. De 0 °C à 4 °C, l'emprisonnement prévaut et la masse volumique de l'eau augmente graduellement. Cependant, au-dessus de 4 °C, la dilatation thermique prédomine; la masse volumique de l'eau diminue alors avec la température (*figure 11.13*).

11.4 LES STRUCTURES CRISTALLINES

On peut diviser les solides en deux catégories: les solides cristallins et les solides amorphes. Un ***solide cristallin*** a une *structure ordonnée, rigide et répétitive dans tout le solide; ses atomes, ses molécules ou ses ions occupent des positions déterminées.* Dans un tel solide, les atomes, les molécules ou les ions sont disposés de manière à ce que les forces intermoléculaires attractives soient à leur maximum. Les forces responsables de la stabilité d'un cristal peuvent être des forces ioniques, des liaisons covalentes, des forces de van der Waals, des liaisons hydrogène, seules ou combinées. Les molécules des *solides amorphes,* comme le verre, n'ont pas cette structure ordonnée et répétitive dans l'espace. Dans cette section, nous étudierons seulement les solides cristallins.

On appelle ***maille élémentaire*** l'*unité structurale (cellule) de base qui se répète dans un solide cristallin.* La figure 11.14 montre une maille élémentaire et un empilement tridimensionnel de mailles formant un réseau. Chaque point *représente un atome, un ion ou une molécule* et s'appelle ***nœud*** du réseau cristallin. Dans de nombreux cristaux, le nœud ne contient pas vraiment un atome, un ion ou une molécule; il peut être constitué de plusieurs atomes, ions ou molécules disposés de manière identique d'un nœud à l'autre. Cependant, pour simplifier, imaginons pour le moment que chaque nœud est occupé par un seul atome. Toutes les structures cristallines se ramènent à l'un ou l'autre des sept types ou systèmes illustrés à la figure 11.15. Quatorze sortes de réseaux dérivent de ces sept systèmes. La forme de la maille cubique est particulièrement simple parce que toutes ses arêtes et tous ses angles sont

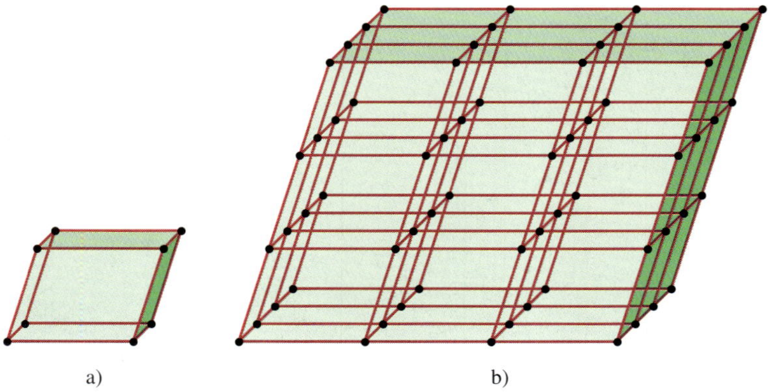

FIGURE 11.14

a) Une maille élémentaire et b) un réseau formé par ce type de mailles. Les points noirs (nœuds) représentent des atomes ou des molécules.

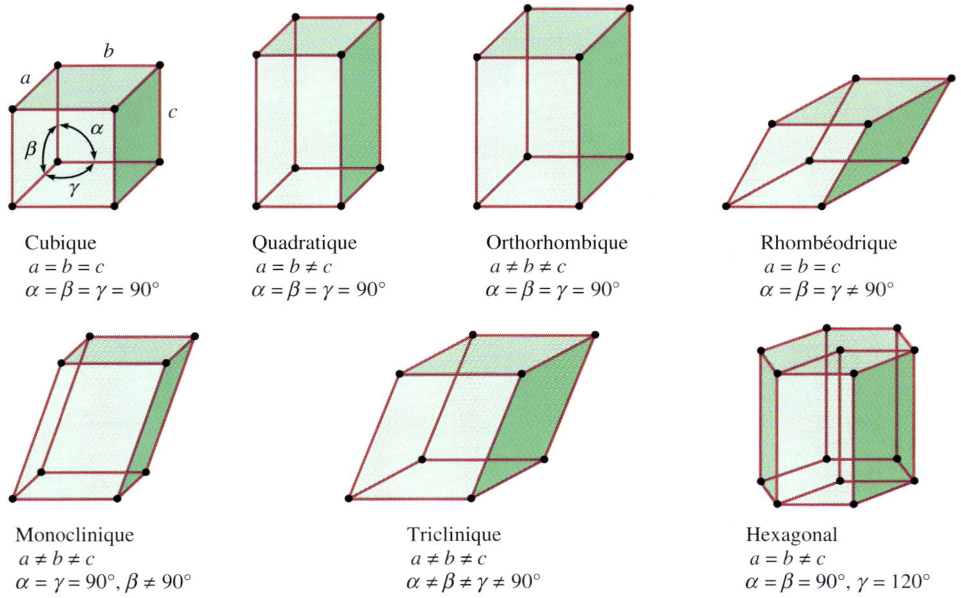

FIGURE 11.15

Les sept systèmes cristallins connus. L'angle α est défini par les arêtes b et c; l'angle ß, par les arêtes a et c; et l'angle γ, par les arêtes a et b.

égaux. Lorsque l'*une de ces mailles se répète dans l'espace tridimensionnel,* il y a formation d'un ***réseau*** caractéristique d'un solide cristallin.

L'EMPILEMENT DE SPHÈRES

On peut comprendre les exigences géométriques générales liées à la formation d'un cristal en essayant d'empiler de différentes façons un certain nombre de sphères identiques (par exemple, des balles de tennis) pour former une structure tridimensionnelle ordonnée. Ce sont ces différentes manières de disposer les sphères dans les couches qui déterminent le type de maille en jeu.

Dans le cas le plus simple, les sphères peuvent être disposées comme le montre la figure 11.16 a). On peut alors créer une structure tridimensionnelle en superposant des couches de telle sorte que les sphères soient placées

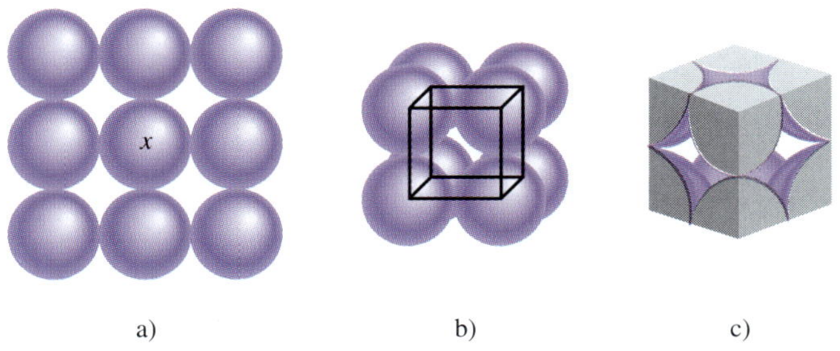

FIGURE 11.16

La disposition de sphères identiques dans une maille cubique simple. a) Vue supérieure d'une couche de sphères. b) Représentation d'une maille cubique simple. c) Puisque chaque sphère appartient à huit mailles adjacentes et qu'il y a huit coins dans un cube, il y a l'équivalent de une sphère complète par maille cubique simple.

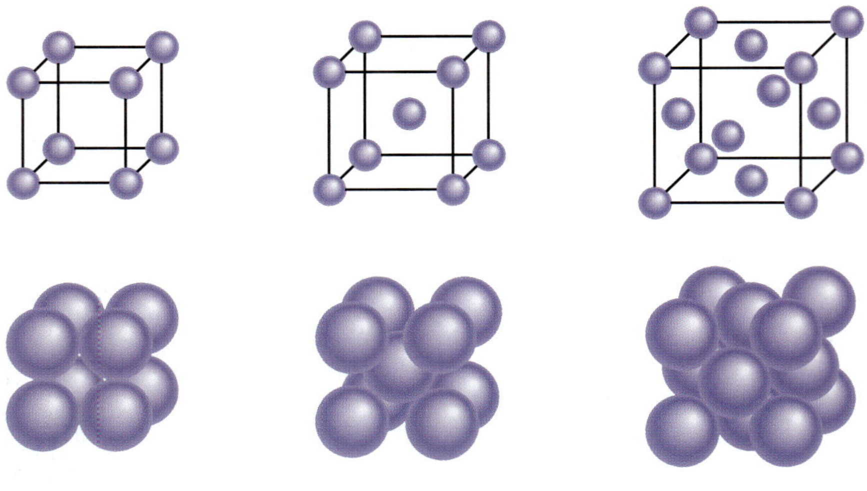

Cubique simple | Cubique centrée I | Cubique centrée F

FIGURE 11.17

Trois types de mailles cubiques. En réalité, les sphères qui représentent des atomes, des molécules ou des ions sont en contact entre elles dans ces mailles.

directement les unes sur les autres. On peut alors répéter ce procédé pour former de nombreuses couches, comme c'est le cas dans un cristal. Si l'on regarde la sphère marquée d'un «x», on voit qu'elle est en contact avec quatre autres sphères de sa propre couche et avec une sphère de la couche supérieure et une sphère de la couche inférieure. Dans un tel cas, on dit que chaque sphère a un indice de coordination de 6 parce qu'elle a six sphères immédiatement voisines. L'***indice de coordination*** (coordinence) indique le *nombre d'atomes (ou d'ions) qui sont dans le voisinage immédiat d'un atome (ou un ion) dans un réseau cristallin*. L'unité de base répétitive correspondant à cet arrangement est appelée *maille cubique simple* [*figure 11.16 b)*].

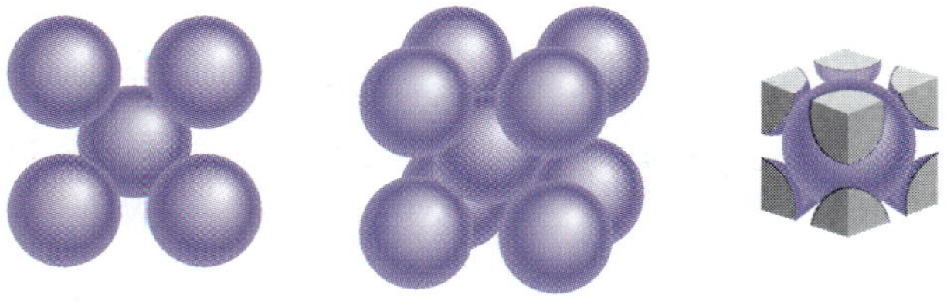

a) b) c)

FIGURE 11.18

Disposition de sphères identiques dans un cube centré I. a) Vue supérieure. b) Représentation d'une maille cubique centrée I. c) Il y a l'équivalent de deux sphères complètes par maille cubique centrée I.

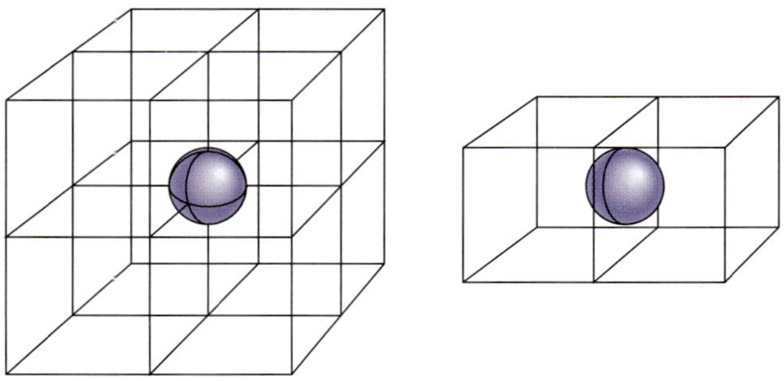

a) b)

FIGURE 11.19

a) Un atome de coin dans tous les types de mailles appartient à huit mailles adjacentes. b) Un atome de face dans une maille cubique appartient à deux mailles adjacentes.

Les autres types de mailles cubiques sont la *maille centrée I* et la *maille centrée F* (*figure 11.17*). La différence entre une maille cubique simple et une maille centrée I est que, dans ce dernier cas, les nœuds de la deuxième couche se logent dans les dépressions de la première couche, et ceux de la troisième couche se logent dans les dépressions de la deuxième (*figure 11.18*). On remarque aussi le nœud à l'*intérieur* au centre du cube (*figure 11.17*) d'où son appellation I. Dans cette structure, l'indice de coordination de chaque nœud est de 8 (chacun d'eux est en contact avec quatre nœuds de la couche supérieure et quatre nœuds de la couche inférieure). Pour sa part, la maille cubique centrée F possède un nœud au centre de chacune des *faces* (d'où son appellation F) du cube, en plus des huit nœuds situés aux quatre coins.

Puisque chaque maille d'un solide cristallin est adjacente à d'autres mailles, la plupart des atomes d'une maille font aussi partie des mailles voisines. Par exemple, dans tous les types de mailles cubiques, chaque atome de coin appartient à huit mailles [*figure 11.19 a)*] et un atome situé au centre d'une face appartient à deux mailles élémentaires [*figure 11.19 b)*]. Puisque chacun des nœuds de coin appartient à huit mailles et qu'il y a huit coins dans un cube, une maille cubique simple renferme donc l'équivalent d'un seul nœud complet [*figure 11.16 c)*]. Une maille cubique centrée I contient l'équivalent de deux nœuds complets: un au centre et un venant des huit nœuds de coin [*figure 11.18 c)*]. Une maille cubique centrée F contient l'équivalent de quatre nœuds complets: trois venant des six nœuds de face et un venant des huit nœuds de coin.

La figure 11.20 résume le rapport entre le rayon atomique r et la longueur de l'arête a dans une maille cubique simple, une maille cubique centrée I et une maille cubique centrée F. Ce rapport peut servir à déterminer la masse volumique d'un cristal, comme le démontre l'exemple suivant.

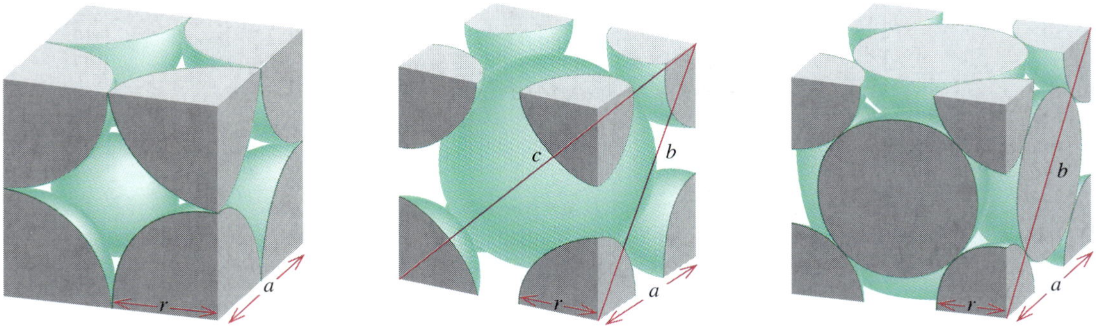

Maille cubique simple

$a = 2r$

Maille cubique centrée I

$$b^2 = a^2 + a^2$$
$$c^2 = a^2 + b^2 = 3a^2$$
$$c = \sqrt{3}a = 4r$$
$$a = \frac{4r}{\sqrt{3}}$$

Maille cubique centrée F

$$b^2 = a^2 + a^2$$
$$b = 4r$$
$$16r^2 = 2a^2$$
$$a = \sqrt{8}r$$

FIGURE 11.20

Le rapport entre l'arête et le rayon des atomes dans une maille cubique simple, dans une maille cubique centrée I et dans une maille cubique centrée F.

EXEMPLE 11.3

Le calcul de la masse volumique d'un métal à partir de sa structure cristalline et de son rayon atomique

Sachant que les cristaux d'or sont constitués de mailles cubiques centrées F et que le rayon atomique de l'or est de 144 pm, calculez la masse volumique de l'or.

Réponse: À la figure 11.20, on voit que le rapport entre l'arête a et le rayon atomique r d'une maille cubique centrée F est $a = \sqrt{8}r$. Alors

$$a = \sqrt{8}\,(144 \text{ pm}) = 407 \text{ pm}$$

Le volume de la maille élémentaire est

$$V = \text{a}^3 = (407 \text{ pm})^3 \left(\frac{1 \times 10^{-12} \text{ m}}{1 \text{ pm}}\right)^3 \left(\frac{1 \text{ cm}}{1 \times 10^{-2} \text{ m}}\right)^3$$

$$= 6{,}74 \times 10^{-23} \text{ cm}^3$$

Chaque maille élémentaire a huit coins et six faces. Alors, le nombre total d'atomes dans une telle maille est, selon la figure 11.19, $(8 \times \frac{1}{8}) + (6 \times \frac{1}{2}) = 4$. La masse d'une maille est

$$m = \frac{4 \text{ atomes}}{1 \text{ maille}} \times \frac{1 \text{ mol}}{6{,}022 \times 10^{23} \text{ atomes}} \times \frac{197{,}0 \text{ g}}{1 \text{ mol}}$$

$$= 1{,}31 \times 10^{-21} \text{ g/maille}$$

Finalement, la masse volumique de l'or est donnée par

$$\rho = \frac{m}{V} = \frac{1{,}31 \times 10^{-21} \text{ g}}{6{,}74 \times 10^{-23} \text{ cm}^3} = 19{,}4 \text{ g/cm}^3$$

EXERCICE

Quand l'argent cristallise, il forme des mailles cubiques centrées F. L'arête de la maille est de 408,7 pm. Calculez la masse volumique de l'argent.

11.5 LES LIAISONS DANS LES SOLIDES CRISTALLINS

La structure et les propriétés des solides cristallins, comme le point de fusion, la masse volumique et la dureté, sont déterminées par les forces attractives qui maintiennent les particules ensemble. On peut classer les cristaux selon les types d'attractions qui s'exercent entre leurs particules: ioniques, moléculaires, covalents et métalliques (*tableau 11.4*).

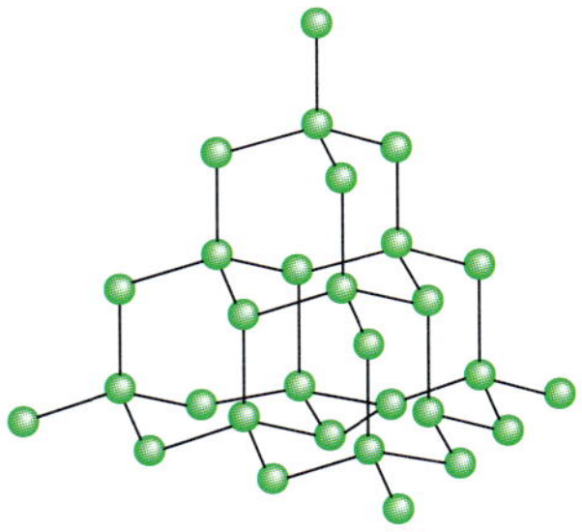

a)

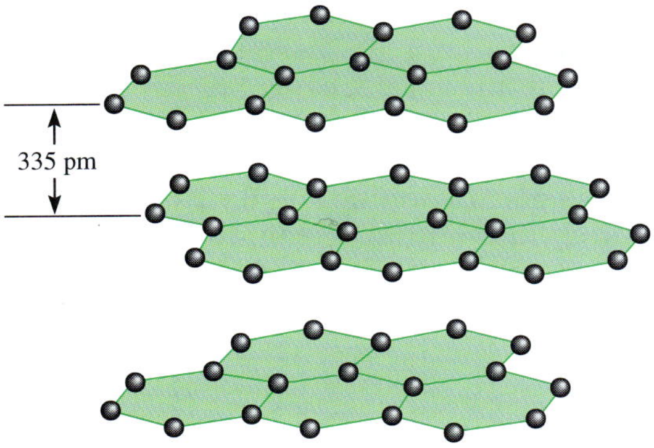

b)

FIGURE 11.23

a) La structure du diamant. Chaque atome de carbone est au centre d'un tétraèdre formé de quatre autres atomes de carbone. b) La structure du graphite. La distance qui sépare deux couches est de 335 pm.

LES SOLIDES COVALENTS

Dans les solides covalents, les atomes sont maintenus ensemble seulement par des liaisons covalentes dans un réseau cristallin tridimensionnel illimité. Il n'y a pas de molécules distinctes, comme dans les solides moléculaires. Les deux formes allotropiques du carbone, le diamant et le graphite (*figure 8.15, p. 258*), en sont des exemples bien connus. Dans le diamant, chaque atome de carbone est au centre d'un tétraèdre formé de quatre autres atomes de carbone (*figure 11.23*). Les puissantes liaisons covalentes orientées dans les trois dimensions expliquent l'extraordinaire dureté du diamant (la substance la plus dure connue) et son point de fusion élevé (3550 °C). Dans le graphite, les atomes de carbone sont disposés en anneaux formés de six atomes. Ces atomes ont tous subi une hybridation sp^2; étant trigonal, chacun d'eux est lié par une liaison covalente à trois autres atomes. L'orbitale non hybride 2*p* forme une liaison pi. En fait, les électrons contenus dans les orbitales 2*p* peuvent se mouvoir librement dans une direction parallèle aux plans des atomes de carbones liés entre eux, faisant du graphite un bon conducteur d'électricité. Les couches sont maintenues ensemble par de faibles forces de van der Waals. D'une part, les liaisons covalentes expliquent la dureté du graphite; d'autre part, sa structure en couches qui peuvent se mouvoir l'une par rapport à l'autre fait qu'il est glissant au toucher et est efficace comme lubrifiant. On l'utilise également dans les crayons et dans les rubans de machines à écrire et de certaines imprimantes.

Du quartz.

Le quartz (SiO_2) représente un autre type de solide covalent. La disposition des atomes de silicium dans le quartz est semblable à celle des atomes de carbone dans le diamant, mais, dans le quartz, il y a un atome d'oxygène entre chaque paire d'atomes Si. Étant donné que Si et O ont des électronégativités différentes (*figure 9.4, p. 277*), la liaison Si—O est polaire. Néanmoins, SiO_2 ressemble au diamant sous plusieurs aspects: il est très dur et son point de fusion est élevé (1610 °C).

LES SOLIDES MÉTALLIQUES

Dans un sens, la structure des solides métalliques est la plus simple à comprendre, puisque chaque nœud du cristal est occupé par un atome du même métal. Dans les métaux, les liaisons sont différentes de celles qui existent dans les autres types de cristaux: les électrons liants sont distribués

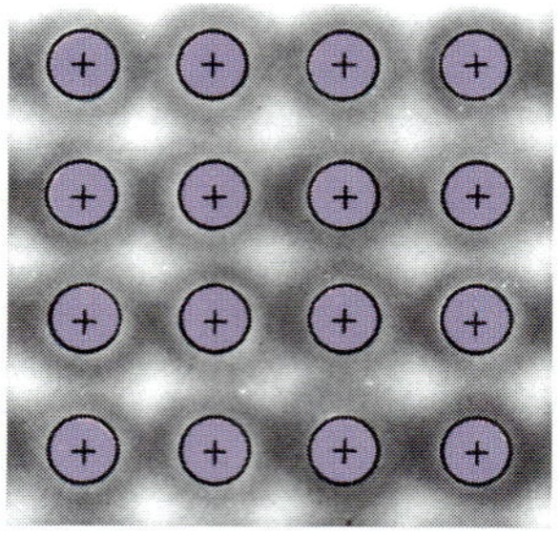

FIGURE 11.24

Section transversale d'un solide métallique. Chaque cercle marqué d'un signe positif représente le noyau et les électrons internes d'un atome métallique. La région grise qui entoure les ions métalliques positifs représente la «mer» d'électrons mobiles.

(ou *délocalisés*) dans le cristal tout entier. En fait, on peut imaginer les atomes métalliques dans un cristal comme un assemblage d'ions positifs baignant dans une mer d'électrons de valence délocalisés (*figure 11.24*). La grande force de cohésion qui résulte de cette délocalisation est responsable de la ténacité (résistance à la rupture) du métal, qui augmente avec le nombre d'électrons disponibles pour les liaisons. Par exemple, le point de fusion du sodium, qui a un électron de valence, est 97,6 °C, tandis que celui de l'aluminium, qui en a trois, est 660 °C. La mobilité des électrons délocalisés rend les métaux bons conducteurs de chaleur et d'électricité.

11.6 LES CHANGEMENTS DE PHASE

Au chapitre 5 et jusqu'à maintenant dans le présent chapitre, nous avons vu les principales caractéristiques des trois états de la matière: l'état gazeux, l'état liquide et l'état solide. On parle souvent de ces états comme des *phases;* une ***phase*** est une *partie homogène d'un système en contact avec d'autres parties du même système, séparée de celles-ci par une frontière bien définie.* Par exemple, dans le cas de la glace qui flotte sur l'eau, le système est constitué de deux phases, la phase solide (la glace) et la phase liquide (l'eau). Les ***changements de phase,*** *passages d'une phase à une autre,* se produisent quand de l'énergie (habituellement sous forme de chaleur) est fournie ou retirée au système. Ces passages sont des transformations physiques qui sont caractérisées par un changement dans l'agencement des molécules; c'est à l'état solide que les molécules sont le plus ordonnées et à l'état gazeux qu'elles le sont le moins. Si l'on garde en tête cette relation entre les échanges d'énergie et l'augmentation ou la diminution de l'ordre des molécules, on comprendra facilement le processus des changements de phase.

L'ÉQUILIBRE LIQUIDE-VAPEUR

La pression de vapeur

Dans un liquide, les molécules ne font pas partie d'un réseau rigide. Même si elles n'ont pas la même «liberté» de mouvement que les molécules gazeuses, elles sont toujours en mouvement. Puisque les liquides ont des masses volu-

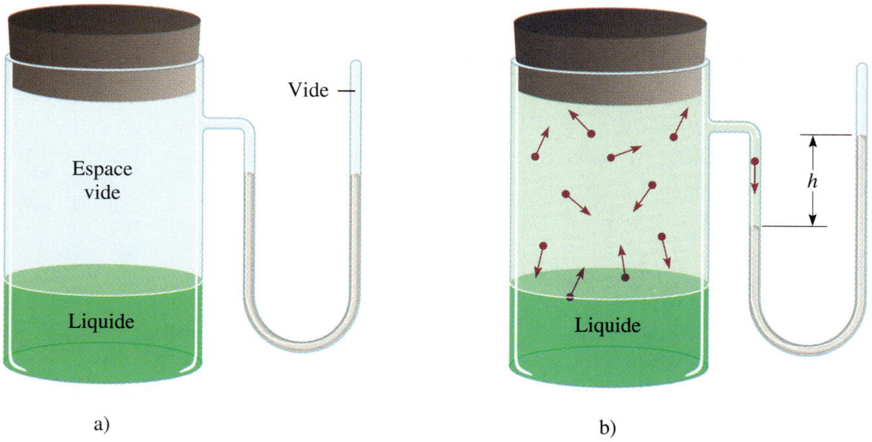

FIGURE 11.25

Appareil servant à mesurer la pression de vapeur d'un liquide: a) avant le début de l'évaporation et b) à l'état d'équilibre. En b), le nombre de molécules qui s'échappent du liquide est égal au nombre de molécules qui y retournent. La différence de niveaux du mercure (h) indique la pression de vapeur à l'équilibre du liquide à une température donnée.

miques plus grandes que celles des gaz, les collisions entre molécules y sont plus nombreuses. *À toute température, il y a un certain nombre de molécules dans un liquide qui possèdent assez d'énergie cinétique pour s'échapper de la surface*. Ce processus s'appelle ***évaporation*** ou ***vaporisation.***

Quand un liquide s'évapore, ses molécules gazeuses exercent une pression appelée pression de vapeur. Voyez l'appareil illustré à la figure 11.25. Avant le processus d'évaporation, les niveaux de mercure dans le manomètre en U sont égaux. Dès que quelques molécules s'échappent du liquide, il se forme une phase vapeur, et la pression de cette vapeur devient mesurable quand il y en a une bonne quantité. Cependant, cette pression n'augmente pas indéfiniment. À un certain moment, les niveaux dans les colonnes de mercure se stabilisent; on observe plus de changements.

Que se passe-t-il au niveau moléculaire durant ce phénomène? Au début, la circulation est à sens unique: du liquide vers l'espace vide. Très tôt, les molécules au-dessus du liquide établissent une phase vapeur. *Comme la concentration de molécules en phase vapeur augmente, certaines molécules retournent à la phase liquide:* c'est la ***condensation.*** Celle-ci se produit parce que les molécules qui heurtent la surface du liquide sont retenues par les forces intermoléculaires.

La vitesse d'évaporation est constante à une température donnée, tandis que la vitesse de condensation augmente avec la concentration des molécules en phase vapeur. Un état d'***équilibre dynamique,*** dans lequel la *vitesse d'un processus est exactement la même que celle du processus inverse*, est atteint quand les vitesses de condensation et d'évaporation sont égales (*figure 11.26*). La *pression de vapeur mesurée quand il y a équilibre entre la condensation et l'évaporation* s'appelle ***pression de vapeur (ou tension de vapeur) à l'équilibre.*** Souvent on dit seulement de manière abrégée «pression de vapeur»; c'est acceptable en autant qu'on s'entend pour dire qu'il s'agit de l'expression abrégée.

Il est important de noter que la pression de vapeur à l'équilibre est la pression de vapeur *maximale* qu'exerce la vapeur d'un liquide à une température donnée, et qu'elle est constante à température constante. Cependant, elle change avec la température. La figure 11.27 montre la variation de la pression de vapeur en fonction de la température pour trois liquides différents. On sait que le nombre de molécules ayant une énergie cinétique élevée augmente

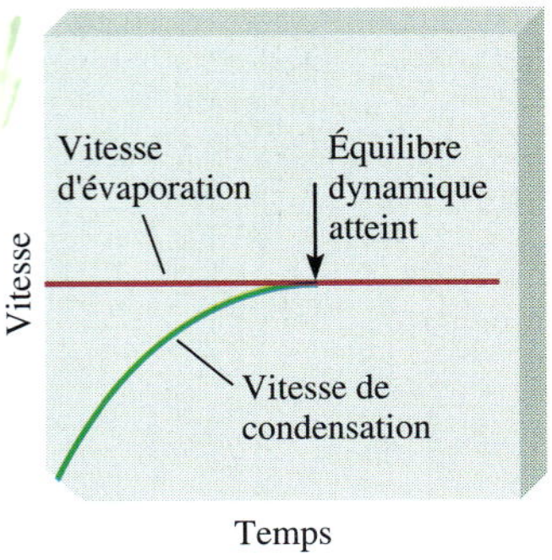

FIGURE 11.26

Comparaison des vitesses d'évaporation et de condensation à température constante.

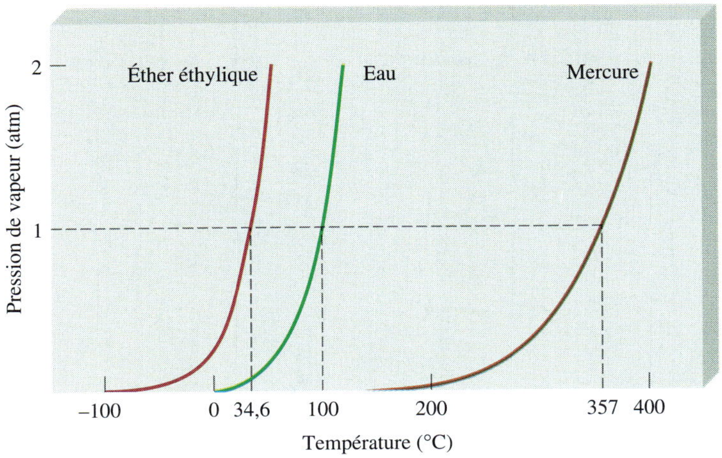

FIGURE 11.27

Augmentation de la pression de vapeur de trois liquides en fonction de la température. Les points d'ébullition normaux des liquides (à 1 atm) sont indiqués sur l'axe des x.

avec la température; il en est donc de même pour la vitesse d'évaporation. C'est pourquoi la pression de vapeur d'un liquide augmente toujours avec la température. Par exemple, la pression de vapeur de l'eau est de 17,5 mm Hg à 20 °C, mais elle passe à 760 mm Hg à 100 °C (*figure 5.13, p. 146*).

LA CHALEUR DE VAPORISATION ET LE POINT D'ÉBULLITION

Une des manières d'évaluer les forces qui maintiennent les molécules dans un liquide est de mesurer la ***chaleur molaire de vaporisation*** **(ΔH_{vap})**, c'est-à-dire l'*énergie* (habituellement donnée en kilojoules) *requise pour vaporiser une mole d'un liquide*. Cette grandeur est directement reliée aux forces intermoléculaires présentes dans le liquide. Si l'attraction intermoléculaire est forte, il faut beaucoup d'énergie pour libérer les molécules de la phase liquide. Par conséquent, un tel liquide a une pression de vapeur relativement basse et une chaleur molaire de vaporisation élevée.

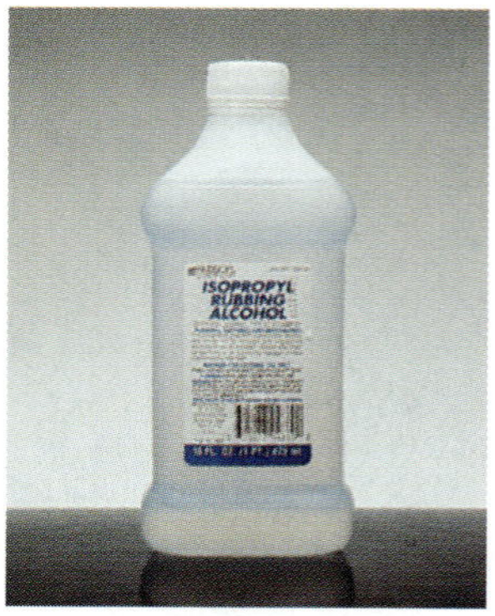

Une bouteille d'isopropanol (alcool à friction).

Pour comprendre de façon simple ce qu'est en pratique la chaleur de vaporisation, frottez de l'alcool sur vos mains. La chaleur de vos mains augmente l'énergie cinétique des molécules d'alcool. L'alcool s'évapore alors rapidement, retirant la chaleur de vos mains, ce qui les refroidit. Ce processus est semblable à celui de la transpiration, qui est un moyen qu'utilise l'organisme pour maintenir sa température constante. À cause des fortes liaisons intermoléculaires dues aux ponts hydrogène qui existent dans l'eau, il faut une quantité considérable d'énergie pour évaporer la sueur de la surface du corps. Cette énergie provient de la chaleur générée par les différents processus du métabolisme.

Vous savez déjà que la pression de vapeur d'un liquide augmente avec la température. Chaque liquide commence à bouillir à une température spécifique. Cette température est le ***point d'ébullition,*** c'est-à-dire la *température à laquelle la pression de vapeur d'un liquide est égale à la pression extérieure*. Le point d'ébullition *normal* d'un liquide est celui qui est mesuré quand la pression extérieure est de 1 atm.

Au point d'ébullition, des bulles apparaissent dans le liquide. En se formant, ces bulles repoussent le liquide qui occupait l'espace qu'elles prennent; par conséquent, le niveau du liquide monte dans le contenant. La pression qui s'exerce *sur* la bulle est principalement la pression atmosphérique plus une certaine *pression hydrostatique* (pression causée par la présence du

TABLEAU 11.5
Chaleur molaire de vaporisation de certains liquides

Substance	Point d'ébullition* (°C)	ΔH_{vap} (kJ/mol)
Argon (Ar)	−186	6,3
Méthane (CH_4)	−164	9,2
Éther éthylique ($C_2H_5OC_2H_5$)	34,6	26,0
Éthanol (C_2H_5OH)	78,3	39,3
Benzène (C_6H_6)	80,1	31,0
Eau (H_2O)	100	40,79
Mercure (Hg)	357	59,0

* À 1 atm.

liquide). Par contre, la pression *dans* la bulle est seulement due à la pression de vapeur du liquide. Quand cette dernière est égale à la pression extérieure, la bulle monte à la surface et éclate. Si la pression dans la bulle est inférieure à la pression extérieure, la bulle disparaît avant de pouvoir s'élever. On peut donc en conclure que le point d'ébullition d'un liquide dépend de la pression extérieure. (On néglige habituellement la faible contribution de la pression hydrostatique.) Par exemple, à 1 atm, l'eau bout à 100 °C, mais si la pression est réduite à 0,5 atm, l'eau bout à seulement 82 °C.

Puisque le point d'ébullition est défini en relation avec la pression de vapeur, on peut s'attendre à ce qu'il soit aussi relié à la chaleur molaire de vaporisation: plus ΔH_{vap} est élevé, plus le point d'ébullition est élevé. Les données du tableau 11.5 confirment en gros ces prédictions. Finalement, on peut dire que le point d'ébullition et ΔH_{vap} dépendent tous deux de la valeur des forces intermoléculaires. Par exemple, l'argon (Ar) et le méthane (CH_4), qui ont des forces de dispersion faibles, ont des points d'ébullition et des chaleurs molaires de vaporisation bas. L'éther éthylique ($C_2H_5OC_2H_5$) a un moment dipolaire, et ses forces dipôle-dipôle expliquent son point d'ébullition et sa valeur de ΔH_{vap} moyennement élevés. L'éthanol (C_2H_5OH) et l'eau ont des liaisons hydrogène fortes, c'est ce qui explique leurs points d'ébullition et leurs valeurs de ΔH_{vap} élevés. Les liaisons métalliques fortes font que le mercure a le point d'ébullition et la valeur de ΔH_{vap} les plus élevés de ce groupe de liquides. Fait intéressant, le point d'ébullition du benzène, une substance non polaire, est comparable à celui de l'éthanol. Le benzène a une grande polarisabilité, et par conséquent les forces de dispersion parmi ses molécules peuvent être aussi fortes et même plus fortes que les forces dipôle-dipôle et/ou les liaisons hydrogène.

La température critique et la pression critique

Le processus inverse de l'évaporation est la condensation. En principe, on peut liquéfier un gaz en utilisant deux techniques. Ou bien on le refroidit: on diminue alors l'énergie cinétique de ses molécules et finalement celles-ci s'agglomèrent pour former de petites gouttes de liquide. Ou bien on augmente la pression: la distance moyenne entre les molécules est alors réduite, au point que leur attraction mutuelle devient efficace. La liquéfaction industrielle fait appel à ces deux méthodes.

Chaque substance a sa ***température critique*** (***T_c***) ***(ou point critique),*** c'est-à-dire la *température au-dessus de laquelle un gaz ne peut être liquéfié, quelle que soit la valeur de la pression appliquée*. C'est également la *température la plus élevée à laquelle une substance donnée peut exister à l'état liquide.* La ***pression critique*** (***P_c***)***,*** est la *pression minimale qu'il faut appliquer pour liquéfier un gaz à sa température critique.* On peut expliquer qualitativement l'existence de la température critique de la manière suivante. Pour toute substance, l'attraction intermoléculaire est une grandeur finie. En dessous de T_c, cette attraction est suffisamment forte pour maintenir les molécules ensemble (sous une pression appropriée) dans un liquide. Au delà de T_c, le mouvement moléculaire devient si fort que les molécules peuvent toujours échapper à cette attraction. La figure 11.28 montre ce qui arrive quand on chauffe de l'hexafluorure de soufre au delà de sa température critique (45,5 °C) puis qu'on le refroidit sous les 45,5 °C.

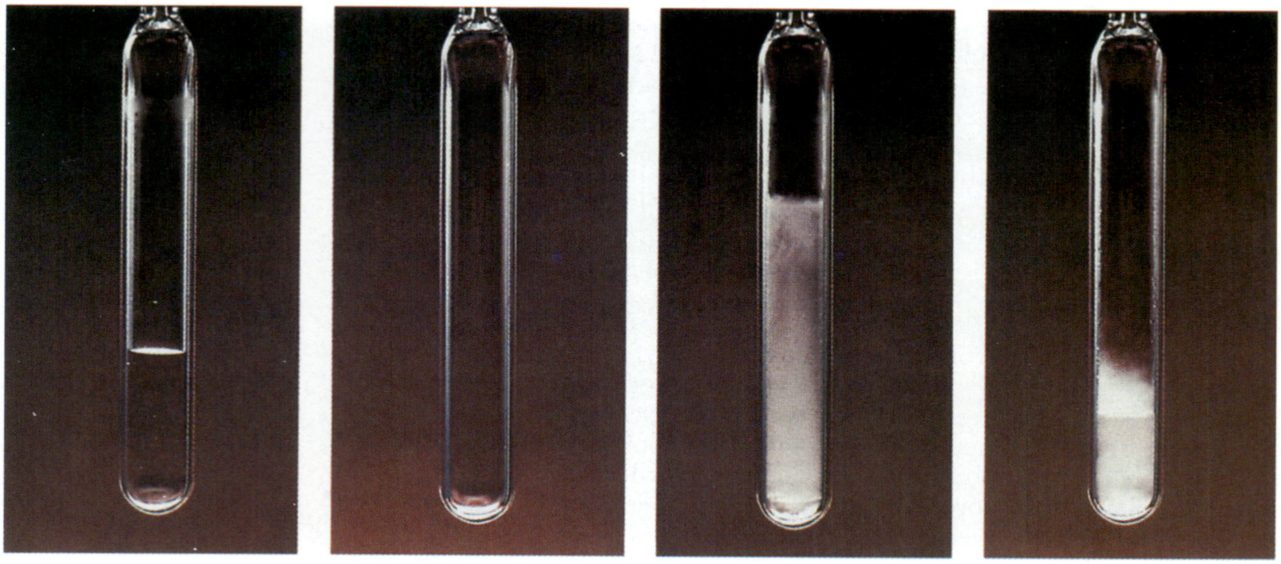

a) b) c) d)

FIGURE 11.28

Comportement de l'hexafluorure de soufre autour de sa température critique. a) Sous la température critique. b) Au-dessus de la température critique. Notez que la phase liquide disparaît. c) La substance est refroidie juste sous sa température critique. La buée est causée par la condensation de la vapeur. d) Finalement, le retour de la phase liquide.

Le tableau 11.6 donne la température et la pression critiques de certaines substances courantes. Le benzène, l'éthanol, le mercure et l'eau, dont les forces intermoléculaires sont grandes, ont des températures critiques élevées comparativement à celles des autres substances énumérées.

L'ÉQUILIBRE LIQUIDE-SOLIDE

Le passage de l'état liquide à l'état solide s'appelle *congélation* (ou solidification); le processus inverse est la fusion. Le ***point de fusion*** d'un solide (ou le point de congélation d'un liquide) est la *température à laquelle les phases solide et liquide coexistent en équilibre.* Le point de fusion *normal* (ou le point de congélation *normal*) d'une substance est celui qui est mesuré à une pression de 1 atm. Généralement, on néglige de dire «normal» quand on parle du point de fusion d'une substance à 1 atm.

L'équilibre liquide-solide le plus connu est celui de l'eau et de la glace. À 0 °C et à 1 atm, on représente l'équilibre dynamique de la manière suivante:

$$\text{glace} \rightleftharpoons \text{eau}$$

Un verre d'eau contenant des glaçons fournit une illustration concrète de cet équilibre dynamique. Alors que certains cubes de glace fondent pour former de l'eau, l'eau qui se trouve entre les glaçons peut geler et ainsi souder les cubes. Ce n'est toutefois pas un véritable équilibre dynamique, puisque la température du verre n'est pas maintenue à 0 °C; toute la glace finira donc par fondre.

On appelle ***chaleur molaire de fusion*** **(ΔH_{fus})** *l'énergie* (habituellement donnée en kilojoules) *requise pour fondre une mole d'un solide*. Le tableau 11.7 montre la chaleur molaire de fusion des substances nommées au tableau 11.5. Si l'on compare les données de ces deux tableaux, on remarque que, pour chaque substance, ΔH_{fus} est inférieur à ΔH_{vap}. Cela est en accord avec le fait que, dans un liquide, les molécules restent relativement près les unes des autres. Il faut donc beaucoup moins d'énergie pour faire passer ces molécules

TABLEAU 11.6
Température et pression critiques de certaines substances

Substance	T_c (°C)	P_c (atm)
Ammoniac (NH_3)	132,4	111,5
Argon (Ar)	−123	6,3
Benzène (C_6H_6)	288,9	47,9
Dioxyde de carbone (CO_2)	31,0	73,0
Éthanol (C_2H_5OH)	243	63,0
Éther éthylique ($C_2H_5OC_2H_5$)	192,6	35,6
Mercure (Hg)	1462	1036
Méthane (CH_4)	−83,0	45,6
Hydrogène moléculaire (H_2)	−239,9	12,8
Azote moléculaire (N_2)	−147,1	33,5
Oxygène moléculaire (O_2)	−118,8	49,7
Hexafluorure de soufre (SF_6)	45,5	37,6
Eau (H_2O)	374,4	219,5

de la phase solide à la phase liquide qu'il n'en faut pour rompre les attractions intermoléculaires et les séparer les unes des autres afin de les faire passer à la phase vapeur.

Iode solide en équilibre avec sa vapeur.

L'ÉQUILIBRE SOLIDE-VAPEUR

Les solides aussi subissent une évaporation; ils ont ainsi une pression de vapeur. Voyez l'équilibre dynamique suivant:

$$\text{solide} \rightleftharpoons \text{vapeur}$$

On appelle ***sublimation*** le *processus par lequel les molécules passent directement de la phase solide à la phase vapeur*. Le processus inverse (qui est le *passage direct de la phase vapeur à la phase solide*) s'appelle ***déposition.*** Le naphtalène (une substance utilisée pour éloigner les mites) a une pression de vapeur relativement élevée pour un solide (1 mm Hg à 53 °C); c'est pourquoi sa vapeur odorante remplit rapidement les espaces fermés. Généralement,

TABLEAU 11.7
Chaleur molaire de fusion de certaines substances

Substance	Point de fusion* (°C)	ΔH_{fus} (kJ/mol)
Argon (Ar)	−190	1,3
Méthane (CH_4)	−183	0,84
Éther éthylique ($C_2H_5OC_2H_5$)	−116,2	6,90
Éthanol (C_2H_5OH)	−117,3	7,61
Benzène (C_6H_6)	5,5	10,9
Eau (H_2O)	0	6,01
Mercure (Hg)	−39	23,4

* À 1 atm.

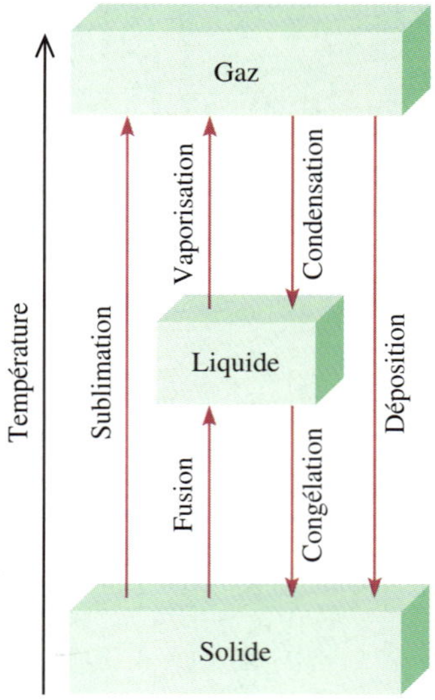

FIGURE 11.29

Les différents changements de phase que peut subir une substance.

puisque les molécules y sont maintenues plus fermement, la pression de vapeur d'une substance est de beaucoup moins élevée à l'état solide qu'à l'état liquide. L'*énergie nécessaire pour sublimer une mole d'un solide,* qu'on appelle ***chaleur molaire de sublimation*** **(ΔH_{sub}),** est donnée par la somme des chaleurs molaires de fusion et de vaporisation:

$$\Delta H_{sub} = \Delta H_{fus} + \Delta H_{vap} \tag{11.1}$$

À proprement parler, l'équation (11.1), qui est une illustration de la loi de Hess, n'est valable que si tous les changements de phase se produisent à la même température. L'enthalpie (ou variation d'énergie) du processus global reste la même, que la substance passe de la phase solide à la phase de vapeur ou qu'elle passe de solide, à liquide puis à vapeur. La figure 11.29 résume les différents types de changements de phase abordés dans la présente section.

11.7 LES DIAGRAMMES DE PHASES

La meilleure façon d'obtenir une vue d'ensemble des relations entre les phases solide, liquide et vapeur est de rassembler toutes ces données en un seul graphique appelé *diagramme de phases*. Un ***diagramme de phases*** décrit les *conditions de température et de pression dans lesquelles une substance se retrouve à l'état solide, liquide ou gazeux*. Dans cette section, nous aborderons brièvement les diagrammes de phases de l'eau et du dioxyde de carbone.

L'EAU

La figure 11.30 a) montre le diagramme de phases de l'eau. Ce graphique est divisé en trois surfaces appelées domaines, chacun représentant une seule phase. Les courbes qui délimitent deux domaines indiquent les conditions dans lesquelles les deux phases peuvent coexister en équilibre. Par exemple, la courbe située entre les phases liquide et vapeur montre la variation de la pression de vapeur à l'équilibre en fonction de la température. (Comparez cette courbe avec celle de la figure 11.27.) Les deux autres courbes indiquent, de la même manière, les conditions dans lesquelles il y a équilibre entre la glace et l'eau liquide, et entre la glace et la vapeur d'eau. (Notez que la courbe d'équilibre solide-liquide a une pente négative.) Le point où les trois courbes se

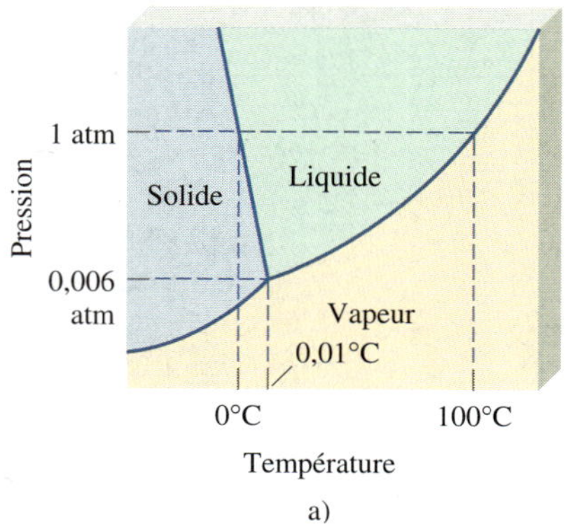

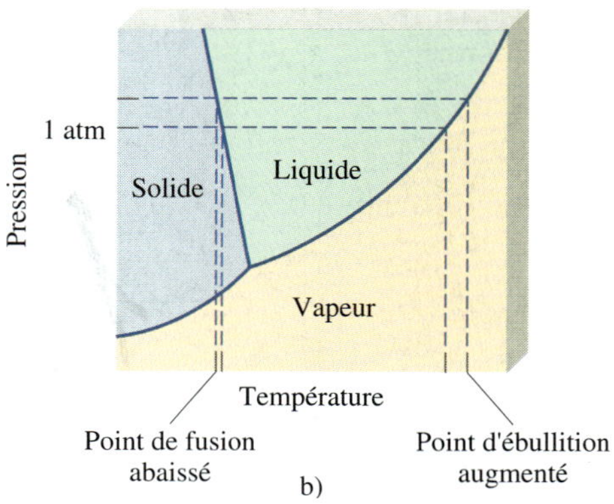

FIGURE 11.30

a) Le diagramme de phases de l'eau. Notez que la courbe liquide-vapeur s'arrête à la température critique de l'eau. b) Ce diagramme indique que l'augmentation de la pression exercée sur la glace abaisse son point de fusion et que l'augmentation de la pression exercée sur l'eau liquide élève son point d'ébullition.

rencontrent s'appelle ***point triple.*** Dans le cas de l'eau, les coordonnées de ce point, qui sont 0,01 °C et 0,006 atm, correspondent aux seules *température et pression où les trois phases sont en équilibre entre elles*. Le dernier point de la courbe liquide-vapeur s'appelle *point critique;* il a comme coordonnées les valeurs de P_c et T_c.

Les diagrammes de phases permettent de prédire les variations du point de fusion et du point d'ébullition d'une substance en fonction des modifications de la pression extérieure; ils permettent également de prédire le sens des changements de phase occasionnés par les variations de température et de pression. Les points de fusion et d'ébullition normaux de l'eau (mesurés à 1 atm) sont respectivement 0 °C et 100 °C. Qu'arriverait-il si on la faisait fondre et bouillir à une pression différente? La figure 11.30 b) montre qu'une augmentation de la pression au-dessus de 1 atm élève le point d'ébullition et abaisse le point de fusion. Une baisse de pression abaisse le point d'ébullition et élève le point de fusion.

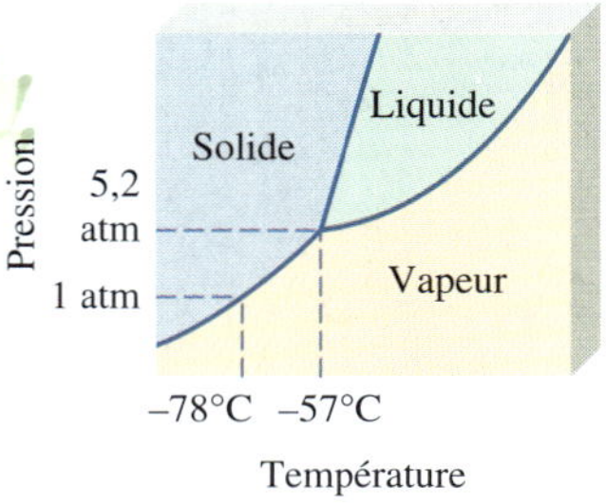

FIGURE 11.31

Le diagramme de phases du dioxyde de carbone. Notez que la courbe solide-liquide a une pente positive. La phase liquide n'est pas stable sous 5,2 atm. Ainsi, seules les phases solide et vapeur peuvent exister dans les conditions atmosphériques.

Le dioxyde de carbone

Le diagramme de phases du dioxyde de carbone (*figure 11.31*) ressemble à celui de l'eau, à la différence que la pente de la courbe d'équilibre solide-liquide est positive. En fait, cela est vrai pour presque toutes les substances. L'eau se comporte différemment parce que la glace a une masse volumique inférieure à celle de l'eau liquide. Le point triple du dioxyde de carbone se situe à 5,2 atm et à −57 °C.

L'examen du diagramme de phases illustré à la figure 11.31 nous permet de faire une observation intéressante: comme toute la phase liquide est située bien au-dessus de la pression atmosphérique, il est impossible au dioxyde de carbone solide de fondre à 1 atm. À 1 atm, quand le CO_2 solide est chauffé à −78 °C, il passe directement à la phase vapeur. Dans le langage courant, on appelle glace sèche le dioxyde de carbone solide parce qu'il ressemble à de la glace et qu'il *ne fond pas* (*figure 11.32*). Cette propriété fait qu'on utilise la glace sèche comme agent refroidissant.

FIGURE 11.32

Dans les conditions atmosphériques, le dioxyde de carbone solide ne fond pas; il ne peut que sublimer. Le dioxyde de carbone gazeux froid (−78 °C) provoque la condensation de la vapeur d'eau, d'où le léger brouillard.

Résumé

Toutes les substances existent sous l'un des trois états: gazeux, liquide ou solide. La principale différence entre l'état gazeux et les états condensés, c'est la distance qui sépare les molécules.

Les forces intermoléculaires s'exercent entre les molécules ou entre les molécules et les ions. Généralement, elles sont beaucoup plus faibles que les forces de liaison. Les forces dipôle-dipôle et les forces ion-dipôle attirent les molécules qui ont des moments dipolaires vers les molécules polaires ou les ions. Les forces de dispersion sont le résultat des moments dipolaires temporaires induits dans des molécules normalement non polaires. La valeur qu'un moment dipolaire induit peut avoir pour une molécule donnée, dépend de sa polarisabilité. Les forces dipôle-dipôle, dipôle-dipôle induit et de dispersion s'appellent globalement «forces de van der Waals».

La liaison hydrogène est une force dipôle-dipôle relativement grande qui agit entre un atome d'hydrogène déjà lié par une liaison polaire et l'un des atomes électronégatifs O, N ou F appartenant à une autre liaison. Dans l'eau, les liaisons hydrogène qui s'exercent entre les molécules sont particulièrement fortes.

Les liquides ont tendance à adopter une forme qui leur assure un minimum de surface. La tension superficielle est l'énergie nécessaire pour agrandir la surface d'un liquide; des attractions intermoléculaires fortes causent une tension superficielle élevée. La viscosité est une grandeur qui exprime la résistance d'un liquide à l'écoulement; elle diminue quand la température augmente.

Les molécules d'eau à l'état solide forment un réseau tridimensionnel dans lequel chaque atome d'oxygène est lié de manière covalente à deux atomes d'hydrogène, et par des liaisons hydrogène à deux autres atomes d'hydrogène. Cette structure unique explique le fait que la glace a une masse volumique inférieure à celle de l'eau. L'eau joue également un rôle écologique grâce à sa chaleur spécifique élevée, une autre caractéristique due à ses fortes liaisons hydrogène. Les grandes étendues d'eau peuvent rendre le climat modéré en libérant ou en absorbant de grandes quantités de chaleur, tout en ne subissant que de petites variations de température.

Les solides sont soit cristallins (structure ordonnée d'atomes, d'ions ou de molécules), soit amorphes (sans structure ordonnée). L'unité structurale de base d'un solide cristallin est la maille élémentaire, qui, en se répétant, forme un réseau cristallin tridimensionnel.

Il existe quatre types de solides cristallins: ioniques, maintenus par des liaisons ioniques; moléculaires, maintenus par des forces de van der Waals et/ou des liaisons hydrogène; covalents, maintenus par des liaisons covalentes; et métalliques, maintenus par des liaisons métalliques.

Un liquide contenu dans un récipient fermé finit par atteindre un état d'équilibre dynamique entre l'évaporation et la condensation. La pression de vapeur du liquide dans ces conditions est définie comme la pression de vapeur à l'équilibre (appelée couramment pression de vapeur). Au point d'ébullition, la pression de vapeur d'un liquide est égale à la pression extérieure. La chaleur molaire de vaporisation d'un liquide est l'énergie requise pour évaporer une mole de ce liquide. La chaleur molaire de fusion d'un solide est l'énergie requise pour fondre une mole de ce solide.

Chaque substance a sa température critique, c'est-à-dire la température au-dessus de laquelle on ne peut la faire passer de l'état gazeux à l'état liquide.

Les relations existant entre les différentes phases d'une même substance sont représentées par un diagramme de phases, dans lequel chaque domaine représente une seule phase et où les courbes qui les délimitent indiquent les valeurs de température et de pression pour lesquelles deux phases coexistent en équilibre. Au point triple, les trois phases sont en équilibre.

MOTS CLÉS

Chaleur molaire de fusion (ΔH_{fus}), p. 362
Chaleur molaire de sublimation (ΔH_{sub}), p. 364
Chaleur molaire de vaporisation (ΔH_{vap}), p. 360
Changements de phase, p. 358
Condensation, p. 359
Déposition, p. 363
Diagramme de phases, p. 364
Dipôle induit, p. 341
Équilibre dynamique, p. 359
Évaporation, p. 359
Force d'adhésion, p. 346
Force de cohésion, p. 346
Forces de dispersion, p. 342
Forces de van der Waals, p. 339
Forces dipôle-dipôle, p. 340
Forces intermoléculaires, p. 338
Forces intramoléculaires, p. 339
Forces ion-dipôle, p. 340
Indice de coordination, p. 352
Liaison hydrogène, p. 343
Maille élémentaire, p. 350
Nœud, p. 350
Phase, p. 358
Point critique, p. 361
Point d'ébullition, p. 360

Point de fusion, p. 362
Point triple, p. 365
Polarisabilité, p. 341
Pression critique (P_c), p. 361
Pression de vapeur à l'équilibre, p. 359
Réseau, p. 351
Solide cristallin, p. 349
Sublimation, p. 363
Température critique (T_c), p. 361
Tension de vapeur à l'équilibre, p. 359
Tension superficielle, p. 346
Vaporisation, p. 359
Viscosité, p. 347

QUESTIONS ET PROBLÈMES

LES FORCES INTERMOLÉCULAIRES

Questions de révision

11.1 Définissez les termes suivants et donnez un exemple pour chacun: a) forces dipôle-dipôle, b) forces dipôle-dipôle induit, c) forces ion-dipôle, d) forces de dispersion, e) forces de van der Waals.

11.2 Expliquez ce que signifie le terme «polarisabilité». Quels types de molécules ont tendance à avoir une polarisabilité élevée? Quel rapport existe-t-il entre la polarisabilité et les forces intermoléculaires?

11.3 Expliquez la différence entre le moment dipolaire temporaire induit d'une molécule et le moment dipolaire permanent d'une molécule polaire.

11.4 Nommez quelques phénomènes qui illustrent le fait que toutes les molécules exercent des forces attractives les unes sur les autres.

11.5 À quels types de caractéristiques physiques devriez-vous recourir pour comparer l'importance des forces intermoléculaires qui s'exercent dans les liquides et celles qui s'exercent dans les solides?

11.6 Quels sont les éléments qui peuvent participer à une liaison hydrogène?

Problèmes

11.7 Les molécules des substances Br_2 et ICl ont le même nombre d'électrons; cependant Br_2 fond à −7,2 °C, tandis que ICl fond à 27,2 °C. Expliquez cette différence.

11.8 Si vous viviez en Alaska, lequel des gaz naturels suivants garderiez-vous dans un réservoir extérieur en hiver: le méthane (CH_4), le propane (C_3H_8) ou le butane (C_4H_{10})? Justifiez votre choix.

11.9 Les composés binaires formés d'hydrogène et des éléments du groupe IVA (avec entre parenthèses leurs points d'ébullition) sont: CH_4 (−162 °C), SiH_4 (−112 °C), GeH_4 (−88 °C) et SnH_4 (−52 °C). Dites pourquoi le point d'ébullition augmente de CH_4 à SnH_4.

11.10 Nommez les forces intermoléculaires présentes dans chacune des espèces suivantes: a) le benzène (C_6H_6), b) CH_3Cl, c) PF_3, d) NaCl, e) CS_2.

11.11 L'ammoniac est à la fois un receveur et un donneur d'hydrogène dans une liaison hydrogène. Illustrez à l'aide d'un diagramme les liaisons hydrogène entre une molécule d'ammoniac et deux autres molécules d'ammoniac.

11.12 Lesquelles des molécules suivantes peuvent former des liaisons hydrogène entre elles? a) C_2H_6, b) HI, c) KF, d) BeH_2, e) CH_3COOH.

11.13 Classez les substances suivantes par ordre croissant de leur point d'ébullition: RbF, CO_2, CH_3OH, CH_3Br. Expliquez votre classement.

11.14 Le point d'ébullition de l'éther diéthylique est 34,5 °C, et celui du butan-1-ol, 117 °C.

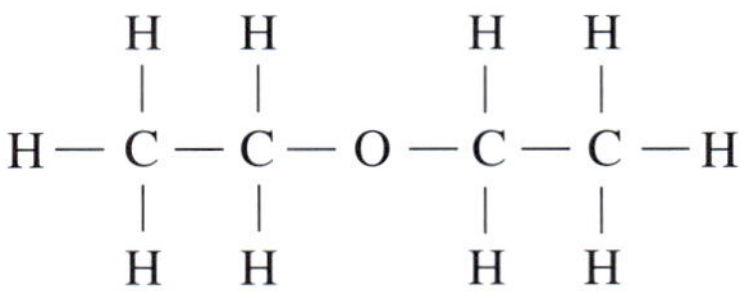

éther diéthylique

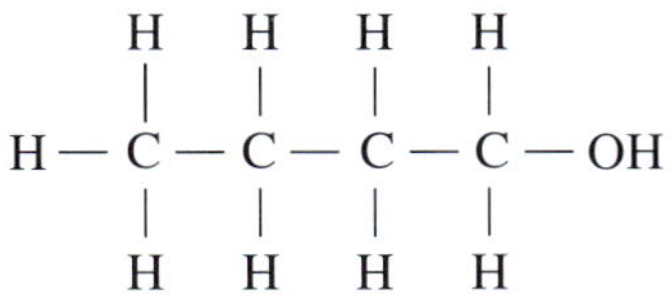

butan-1-ol

Ces deux composés ont la même formule moléculaire (le même nombre et les mêmes types d'atomes). Dites pourquoi leurs points d'ébullition sont différents.

11.15 Dans chacune des paires suivantes, nommez la substance dont le point d'ébullition est le plus élevé: a) O_2, et N_2; b) SO_2 et CO_2; c) HF et HI.

11.16 Dans chacune des paires suivantes, nommez la substance dont le point d'ébullition est le plus élevé et expliquez votre choix: a) Ne et Xe; b) CO_2 et CS_2; c) CH_4 et Cl_2; d) F_2 et LiF; e) NH_3 et PH_3.

11.17 En utilisant le concept de forces intermoléculaires, dites pourquoi a) le point d'ébullition de NH_3 est supérieur à celui de CH_4, et b) le point de fusion de KCl est supérieur à celui de I_2.

11.18 Quel type de forces d'attraction faut-il rompre pour a) fondre de la glace, b) faire bouillir du brome moléculaire, c) fondre de l'iode solide et d) dissocier la molécule F_2 en atomes F?

11.19 Les molécules non polaires suivantes ont le même nombre et les mêmes types d'atomes. Laquelle, selon vous, doit avoir le point d'ébullition le plus élevé?

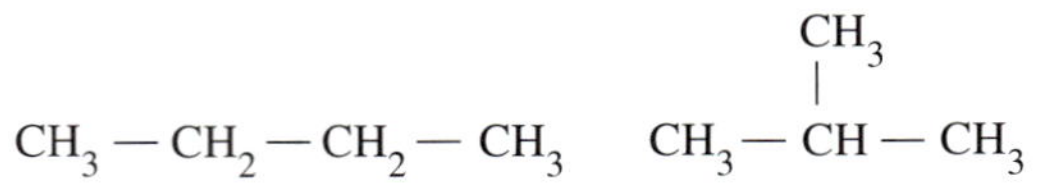

(*Indice:* les molécules qui peuvent s'imbriquer plus facilement subissent des attractions intermoléculaires plus fortes.)

11.20 Expliquez la différence entre les points de fusion des composés suivants:

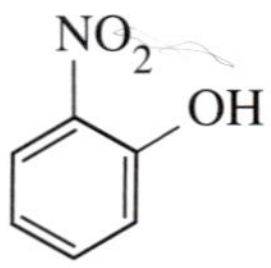

Point de fusion 45 °C

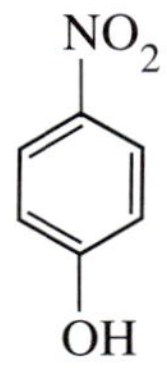

Point de fusion 115 °C

(*Indice:* une seule de ces deux molécules peut former des liaisons hydrogène intramoléculaires.)

L'ÉTAT LIQUIDE

Questions de révision

11.21 Dites pourquoi les liquides, contrairement aux gaz, sont pratiquement incompressibles.

11.22 Dites ce qu'est la tension superficielle. Quelle est la relation entre la tension superficielle et les forces intermoléculaires dans un liquide?

11.23 Même si la masse volumique de l'acier inoxydable est plus grande que celle de l'eau, une lame de rasoir en acier inoxydable peut flotter. Dites pourquoi.

11.24 Utilisez l'exemple de l'eau et du mercure pour expliquer ce que sont les forces d'adhésion et de cohésion.

11.25 Dites pourquoi, lorsqu'on remplit un verre légèrement au-dessus de son bord, l'eau ne déborde pas.

11.26 Faites des dessins expliquant la capillarité, dans trois tubes de différents diamètres, a) de l'eau et b) du mercure.

11.27 Qu'est-ce que la viscosité? Quelle est la relation entre les forces intermoléculaires d'un liquide et sa viscosité?

11.28 Pourquoi la viscosité d'un liquide diminue-t-elle quand la température augmente?

11.29 Expliquez pourquoi la glace flotte sur l'eau.

11.30 Pourquoi en hiver dans les pays froids les conduites d'eau extérieures doivent-elles être vidées ou isolées?

Problèmes

11.31 Lequel des liquides suivants a la tension superficielle la plus élevée: l'éthanol (C_2H_5OH) ou l'éther diméthylique (CH_3OCH_3)?

11.32 Comparez la viscosité de l'éthylène glycol

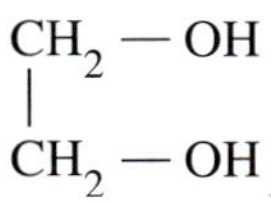

à celles de l'éthanol et du glycérol (*voir tableau 11.3*).

LES SOLIDES CRISTALLINS

Questions de révision

11.33 Définissez les termes suivants: solide cristallin, nœud, maille élémentaire, indice de coordination.

11.34 Décrivez la forme des mailles cubiques suivantes: maille cubique simple, maille cubique centrée I, maille cubique centrée F. Laquelle de ces mailles, si elles sont toutes formées du même type d'atome, aura la masse volumique la plus élevée?

11.35 Décrivez à l'aide d'exemples les types de solides cristallins suivants: a) ionique, b) covalent, c) moléculaire, d) métallique.

11.36 On vous donne un solide dur, friable et qui ne conduit pas l'électricité. Toutefois, la même substance à l'état liquide et en solution aqueuse conduit l'électricité. De quel type de solide s'agit-il?

11.37 Un solide mou a un point de fusion bas (sous les 100 °C). Cette substance ne conduit pas l'électricité, qu'elle soit à l'état solide ou liquide, ou en solution. De quel type de solide s'agit-il?

11.38 Un solide est très dur et a un point de fusion élevé. Cette substance, qu'elle soit solide ou liquide, ne conduit pas l'électricité. De quel type de solide s'agit-il?

11.39 Pourquoi les métaux sont-ils de bons conducteurs de chaleur et d'électricité? Pourquoi la résistance électrique d'un métal augmente-t-elle quand la température augmente?

11.40 Dites quel type de solide forme chacun des éléments de la deuxième période du tableau périodique.

11.41 Le point de fusion de chacun des oxydes des éléments de la troisième période est donné entre parenthèses: Na_2O (1275 °C), MgO (2800 °C), Al_2O_3 (2045 °C), SiO_2 (1610 °C), P_4O_{10} (580 °C), SO_3 (16,8 °C), Cl_2O_7 (−91,5 °C). Dans chaque cas, de quel type de solide s'agit-il?

11.42 Lesquels de ces solides sont moléculaires et lesquels sont covalents? Se_8, HBr, Si, CO_2, C, P_4O_6, B, SiH_4.

Problèmes

11.43 Quel est l'indice de coordination de chaque sphère dans a) un réseau cubique simple, b) un réseau cubique centré I, et c) un réseau cubique centré F? Supposez que les sphères sont de taille égale.

11.44 Calculez le nombre de sphères contenues dans les mailles élémentaires suivantes: cubique simple, cubique centrée I et cubique centrée F. Supposez que les sphères sont toutes de même taille et qu'elles ne sont situées qu'aux nœuds.

11.45 Le fer cristallise en un réseau cubique. L'arête de la maille vaut 287 pm. La masse volumique du fer est de 7,87 g/cm^3. Combien d'atomes de fer y a-t-il dans une maille élémentaire?

11.46 Le baryum cristallise en un réseau cubique centré I (les atomes Ba n'occupent que les nœuds). L'arête de la maille est de 502 pm; la masse volumique de Ba est de 3,50 g/cm^3. Selon ces données, calculez le nombre d'Avogadro. (*Indice:* calculez d'abord le volume occupé par une mole d'atomes Ba dans ce type de maille élémentaire, puis calculez le volume occupé par un des atomes Ba dans une maille élémentaire.)

11.47 Le vanadium cristallise en un réseau cubique centré I (les atomes V n'occupent que les nœuds). Combien d'atomes V y a-t-il dans une maille élémentaire?

11.48 L'europium cristallise en un réseau cubique centré I (les atomes Eu n'occupent que les nœuds). La masse volumique de Eu est de 5,26 g/cm^3. Calculez la longueur de l'arête de la maille en picomètres.

11.49 Le silicium cristallin a une structure cubique. L'arête de sa maille élémentaire est de 543 pm. La masse volumique du solide est de 2,33 g/cm^3. Calculez le nombre d'atomes Si contenus dans une maille élémentaire.

11.50 Soit un solide dont la maille cubique centrée F contient huit atomes de coin X et six atomes de face Y. Quelle est la formule empirique de ce solide?

11.51 Classez les solides suivants en solides ioniques, covalents, moléculaires ou métalliques: a) CO_2, b) B, c) S_8, d) KBr, e) Mg, f) SiO_2, g) $LiCl$, h) Cr.

11.52 Dites pourquoi le diamant est plus dur que le graphite.

LES CHANGEMENTS DE PHASE

Questions de révision

11.53 Définissez l'expression «changement de phase». Nommez tous les changements possibles qui peuvent se produire entre les phases gazeuse, liquide et solide d'une substance.

11.54 Qu'est-ce que la pression de vapeur à l'équilibre d'un liquide? Comment varie-t-elle avec la température?

11.55 Prenez l'exemple d'un changement de phase de votre choix pour expliquer ce qu'on entend par équilibre dynamique.

11.56 Définissez les termes suivants: a) chaleur molaire de vaporisation, b) chaleur molaire de fusion, c) chaleur molaire de sublimation. Quelles sont les unités utilisées pour exprimer ces grandeurs?

11.57 Quel est le rapport entre la chaleur molaire de sublimation et les chaleurs molaires de vaporisation et de fusion? Sur quelle loi cette relation se base-t-elle?

11.58 Que nous apprend la chaleur molaire de vaporisation sur la force des attractions intermoléculaires qui s'exercent dans un liquide?

11.59 Plus la chaleur molaire de vaporisation d'un liquide est élevée, plus sa pression de vapeur est élevée. Vrai ou faux?

11.60 Qu'est-ce que le point d'ébullition? De quelle manière le point d'ébullition d'un liquide dépend-il de la pression extérieure? À l'aide du tableau 5.2, donnez le point d'ébullition de l'eau quand la pression extérieure est de 187,5 mm Hg.

11.61 Quand un liquide est chauffé à pression constante, sa température monte. On observe ce phénomène jusqu'au point d'ébullition du liquide. On ne peut plus alors augmenter la température du liquide par chauffage. Dites pourquoi.

11.62 Dites ce qu'est la température critique. Quelle est l'importance de la température critique dans la condensation des gaz?

11.63 Quelle est la relation, pour un liquide donné, entre les forces intermoléculaires, le point d'ébullition et la température critique? Pourquoi la température critique de l'eau est-elle plus élevée que celles de la plupart des autres substances?

11.64 Comment les points d'ébullition et de fusion de l'eau et du tétrachlorure de carbone varient-ils selon la pression? Expliquez les différences de comportement de ces deux substances.

11.65 Pourquoi le dioxyde de carbone solide est-il appelé glace sèche?

11.66 La pression de vapeur d'un liquide contenu dans un récipient fermé dépend de laquelle des variables suivantes? a) Le volume au-dessus du liquide, b) la quantité de liquide, c) la température.

11.67 En vous aidant de la figure 11.27, estimez le point d'ébullition de l'éther éthylique, de l'eau et du mercure à 0,5 atm.

11.68 Dites pourquoi les vêtements mouillés sèchent plus rapidement durant les journées chaudes et sèches que durant les journées chaudes et humides.

11.69 Lequel des changements de phase suivants libère le plus de chaleur: a) Une mole de vapeur devient une mole d'eau à 100 °C, ou b) une mole d'eau devient une mole de glace à 0 °C?

11.70 L'eau d'un bécher est portée à ébullition à l'aide d'un bec Bunsen. Est-ce que l'ajout d'un deuxième brûleur ferait monter le point d'ébullition de l'eau? Expliquez.

Problèmes

11.71 Calculez la quantité de chaleur requise (en kilojoules) pour convertir 74,6 g d'eau en vapeur à 100 °C.

11.72 Quelle quantité de chaleur (en kilojoules) est nécessaire pour convertir 866 g de glace à −10 °C en vapeur à 126 °C? (Les chaleurs spécifiques de la glace et de la vapeur sont respectivement de 2,03 J/g·°C et de 1,99 J/g·°C.)

11.73 Comment la vitesse d'évaporation d'un liquide est-elle influencée par a) la température, b) la surface du liquide exposée à l'air, c) les forces intermoléculaires?

11.74 Les chaleurs molaires de fusion et de sublimation de l'iode moléculaire sont respectivement de 15,27 kJ/mol et de 62,30 kJ/mol. Estimez la chaleur molaire de vaporisation de l'iode liquide.

11.75 Voici les points d'ébullition de composés qui sont liquides à −10 °C: butane, −0,5 °C; éthanol, 78,3 °C; toluène, 110,6 °C. À −10 °C, lequel de ces liquides, selon vous, aurait la pression de vapeur la plus élevée? La plus basse?

11.76 On obtient le café séché à froid en congelant du café liquide préparé, puis en y retirant la glace à l'aide d'une pompe à vide. Décrivez les changements de phase en jeu dans ce procédé appelé lyophilisation.

11.77 En hiver, par une température de −15 °C, un étudiant suspend des vêtements mouillés dehors. Après quelques heures, les vêtements sont presque secs. Décrivez les changements de phase qui ont eu lieu.

11.78 La vapeur d'eau à 100 °C cause des brûlures plus sérieuses que l'eau à 100 °C. Pourquoi?

LES DIAGRAMMES DE PHASES

Questions de révision

11.79 Qu'est-ce qu'un diagramme de phases? Quels renseignements utiles peut-on en tirer?

11.80 Dites en quoi le diagramme de phases de l'eau diffère de ceux de la plupart des autres substances. Quelle caractéristique de l'eau cause cette différence?

PROBLÈMES

11.81 Les lames de patins à glace étant très minces, la pression exercée sur la glace par un patineur peut alors être importante. Expliquez comment cela permet à une personne de glisser sur la glace.

11.82 Un fil métallique est placé sur un bloc de glace; il dépasse de chaque côté. On attache un poids à chaque extrémité du fil. La glace sous le fil se met à fondre graduellement de sorte que le fil descend lentement à travers le cube. En même temps, l'eau au-dessus du fil regèle. Expliquez ce qui se produit.

11.83 Les points d'ébullition et de congélation du dioxyde de soufre sont respectivement −10 °C et −72,7 °C (à 1 atm). Le point triple est situé à −75,5 °C et à 1,65 × 10^{-3} atm; son point critique est à 157 °C et à 78 atm. D'après ces données, esquissez le diagramme de phases de SO_2.

11.84 Soit le diagramme de phases de l'eau illustré ci-contre. Nommez ses domaines. Prédisez ce qui arriverait si l'on effectuait les opérations suivantes: a) en partant de A, on augmente la température à pression constante; b) en partant de C, on abaisse la température à pression constante; c) en partant de B, on abaisse la pression à température constante.

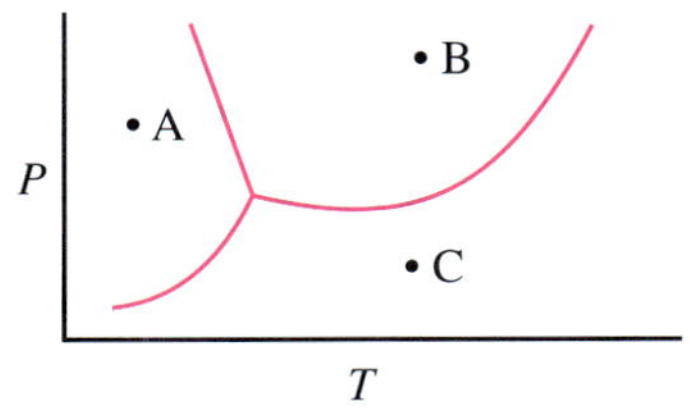

PROBLÈMES VARIÉS

11.85 Nommez les types de forces attractives qui doivent être rompues pour a) faire bouillir de l'ammoniac liquide, b) fondre du phosphore solide (P_4), c) dissoudre du CsI dans du HF liquide, d) fondre du potassium.

11.86 Laquelle des propriétés suivantes traduit des attractions intermoléculaires très fortes dans un liquide? a) Une tension superficielle très faible, b) une température critique très basse, c) un point d'ébullition très bas, d) une pression de vapeur très basse.

11.87 Dites pourquoi, à −35 °C, la pression de vapeur de HI liquide est plus élevée que celle de HF liquide?

11.88 Le bore élémentaire possède les caractéristiques suivantes: il a un point de fusion élevé (2300 °C), est mauvais conducteur de chaleur et d'électricité, est insoluble dans l'eau et très dur. Dites de quel type de solide cristallin il s'agit (*voir section 11.5*).

11.89 À l'aide de la figure 11.31, déterminez la phase stable de CO_2: a) à 4 atm et −60 °C; b) à 0,5 atm et à −20 °C.

11.90 Un solide contient des atomes X, Y et Z assemblés en un réseau cubique; les atomes X sont dans les coins, les atomes Y sont centrés dans les cubes, et les atomes Z sont situés sur les faces des mailles. Quelle est la formule empirique de ce composé?

11.91 Un extincteur à CO_2 est suspendu à l'extérieur d'un immeuble à Montréal. Durant l'hiver, on peut entendre du liquide bouger quand on le secoue lentement. Durant l'été, on n'entend pas bouger de liquide. Dites pourquoi, en considérant que l'extincteur n'a aucune fuite et qu'il n'a pas été utilisé.

11.92 Quelle est la pression de vapeur du mercure à son point d'ébullition normal (375 °C)?

11.93 Un flacon contenant de l'eau est raccordé à une puissante pompe à vide. Quand la pompe est mise en marche, l'eau commence à bouillir. Après quelques minutes, cette même eau commence à geler. Finalement, la glace disparaît. Expliquez ce qui se produit à chaque étape.

11.94 La courbe liquide-vapeur du diagramme de phases de toute substance s'arrête à un certain point. Pourquoi?

11.95 À l'aide du diagramme de phases du carbone donné ci-dessous, répondez aux questions suivantes: a) Combien y a-t-il de points triples et quelles sont les phases qui coexistent à chacun d'eux? b) Lequel du graphite ou du diamant a la masse volumique la plus élevée? c) À partir du graphite, on peut fabriquer du diamant synthétique. En vous aidant du diagramme de phases, comment procéderiez-vous pour en fabriquer?

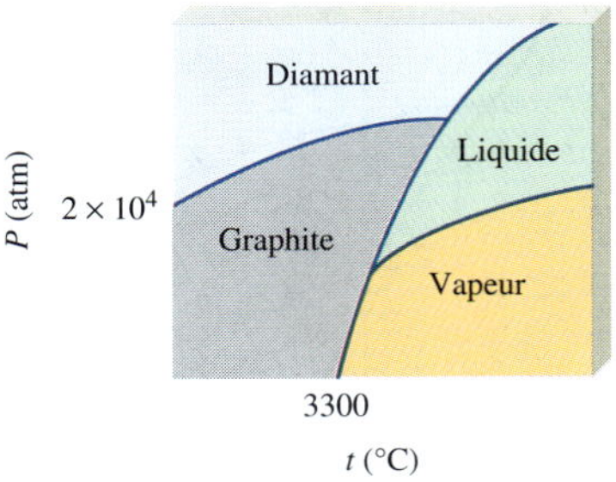

Réponses aux exercices: 11.1 a) Les forces de dispersion et ioniques, b) les forces de dispersion, c) les forces dipôle-dipôle et de dispersion; **11.2** CH_3OH; **11.3** 10,50 g/cm³; **11.4** 2.

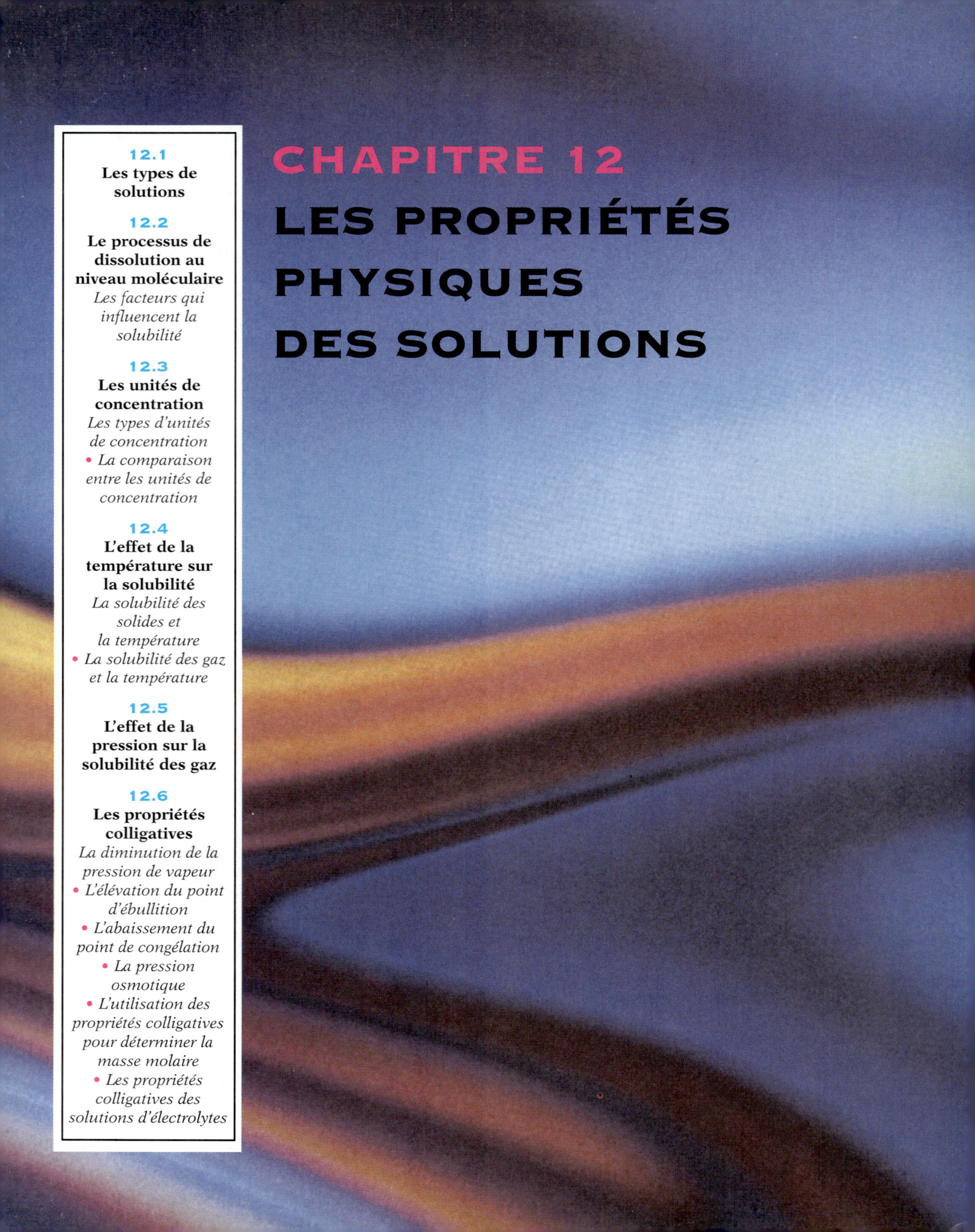

CHAPITRE 12
LES PROPRIÉTÉS PHYSIQUES DES SOLUTIONS

12.1
Les types de solutions

12.2
Le processus de dissolution au niveau moléculaire
Les facteurs qui influencent la solubilité

12.3
Les unités de concentration
Les types d'unités de concentration • La comparaison entre les unités de concentration

12.4
L'effet de la température sur la solubilité
La solubilité des solides et la température • La solubilité des gaz et la température

12.5
L'effet de la pression sur la solubilité des gaz

12.6
Les propriétés colligatives
La diminution de la pression de vapeur • L'élévation du point d'ébullition • L'abaissement du point de congélation • La pression osmotique • L'utilisation des propriétés colligatives pour déterminer la masse molaire • Les propriétés colligatives des solutions d'électrolytes

Quand Svante August Arrhenius (1859-1927) déposa sa thèse de doctorat à l'université d'Uppsala (en Suède), en mai 1884, on lui attribua la plus basse note possible. Il n'eut donc pas droit à un poste d'enseignant, ce qui le déçut amèrement.

Dans sa thèse, Arrhenius proposait une théorie ionique pour expliquer les propriétés des solutions d'électrolytes. Ses expériences démontraient que la conductibilité électrique de certaines solutions salines augmentait avec la dilution. Il suggéra que ces solutions contenaient des parties «actives» (électrolytes) et «inactives»(non électrolytes), et que le nombre de parties actives augmentait avec la dilution; autrement dit, la dissociation électrolytique augmentait avec la dilution. Incidemment, cette théorie démontrait également que ce sont les ions qui transportent l'électricité dans une solution.

Les chimistes et les physiciens plus âgés trouvèrent ridicule l'idée de charges électriques séparées dans les solutions, mais les jeunes acceptèrent tout de suite cette notion. Le concept de dissociation électrolytique s'accordait facilement avec la découverte, faite au début du XXe siècle, des électrons et de leur rôle dans la liaison chimique. Ces travaux valurent à Arrhenius le prix Nobel de chimie en 1903.

En plus de sa théorie sur les électrolytes, Arrhenius apporta une contribution importante à la chimie; un de ces apports le plus connu est l'équation qui décrit l'effet de la température sur la vitesse des réactions (*voir chapitre 19*).

Vers la fin de sa vie, Arrhenius se fit vulgarisateur et écrivit sur les applications de la chimie en astronomie, en biologie et en géologie. Il avança l'idée de la *panspermie*, une théorie selon laquelle la vie n'aurait pas commencé sur Terre mais serait venue d'autres planètes.

Arrhenius fut un enfant précoce; il apprit à lire par lui-même.

12.1 LES TYPES DE SOLUTIONS

La plupart des réactions ont lieu, non pas entre des solides, des liquides ou des gaz purs, mais entre des molécules et des ions dissous dans l'eau ou dans un autre solvant. À la section 4.1, nous avons vu qu'une solution est un mélange homogène de deux substances ou plus. Comme cette définition ne pose aucune restriction sur la nature des substances en jeu, on distingue six types de solutions, caractérisés par les états originaux (solide, liquide ou gazeux) des substances qui les composent. Le tableau 12.1 donne des exemples de chacun de ces types.

Nous étudierons ici surtout les solutions qui mettent en jeu au moins un liquide: les solutions gaz-liquide, liquide-liquide ou solide-liquide. Peut-être vous en doutez-vous, l'eau sera le solvant le plus utilisé.

Les chimistes classent aussi les solutions selon leur capacité de dissoudre une quantité plus ou moins grande de soluté. *Une solution qui contient la quantité maximale de soluté dans une quantité donnée d'un solvant à une température donnée* est appelée ***solution saturée.*** Avant que le point de saturation soit atteint, on parle de ***solution insaturée,*** c'est-à-dire qui *contient moins de soluté qu'elle pourrait en dissoudre*. Finalement, une ***solution sursaturée*** *contient plus de soluté qu'une solution saturée*. Ce dernier type de solution est instable. En effet, avec le temps, une *certaine quantité de soluté s'en sépare pour former des cristaux*. Ce processus s'appelle ***cristallisation.*** Notez que la précipitation et la cristallisation décrivent toutes deux la séparation d'une substance solide d'une solution sursaturée, à la différence toutefois que les solides n'ont pas la même apparence. Normalement, un précipité est formé de petites particules, tandis qu'un cristal peut être gros et de forme définie (*figure 12.1*).

12.2 LE PROCESSUS DE DISSOLUTION AU NIVEAU MOLÉCULAIRE

Dans les liquides et les solides, les molécules sont maintenues ensemble par les attractions intermoléculaires. Ces forces jouent également un rôle primordial dans la formation des solutions. Quand une substance (le soluté) se dissout dans une autre substance (le solvant), ses particules se dispersent et occupent des positions qui sont normalement occupées par les molécules du solvant. La facilité avec laquelle ce phénomène se produit dépend de l'importance relative de trois types d'interactions, à savoir:

TABLEAU 12.1
Types de solutions

Soluté	Solvant	État de la solution	Exemples
Gaz	Gaz	Gaz	Air
Gaz	Liquide	Liquide	Soda (CO_2 dans l'eau)
Gaz	Solide	Solide	H_2 gazeux dans du palladium
Liquide	Liquide	Liquide	Éthanol dans l'eau
Solide	Liquide	Liquide	NaCl dans l'eau
Solide	Solide	Solide	Laiton (Cu/Zn), soudure (Sn/Pb)

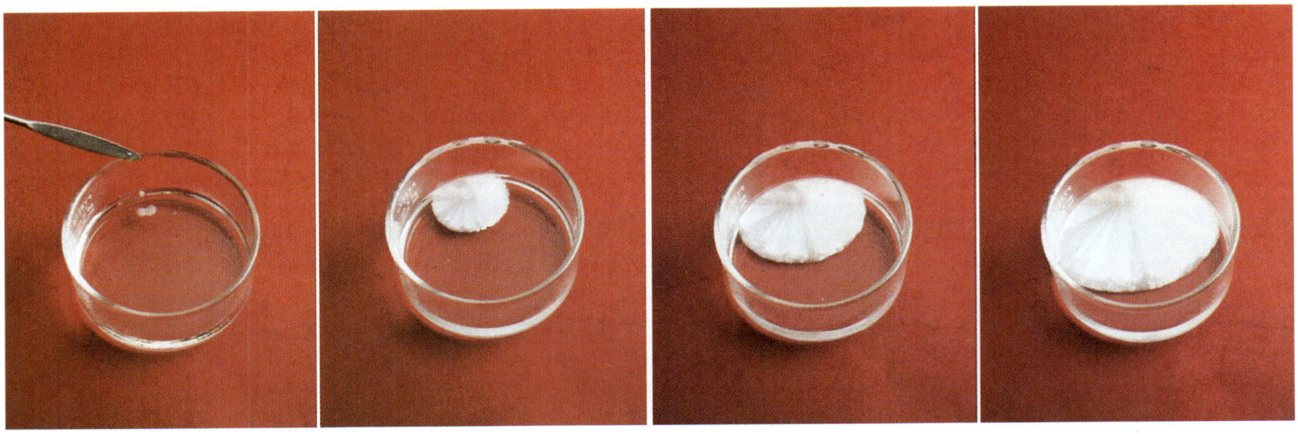

FIGURE 12.1

Dans une solution d'acétate de sodium sursaturée (à gauche), il se forme rapidement des cristaux d'acétate de sodium après l'addition d'un petit cristal.

- l'interaction solvant-solvant
- l'interaction soluté-soluté
- l'interaction solvant-soluté

Pour simplifier, on peut imaginer que le processus de dissolution se déroule en trois étapes distinctes (*figure 12.2*). La première étape est la séparation (éloignement les unes des autres) des molécules du solvant; la deuxième, la séparation des molécules du soluté. Ces étapes nécessitent un apport d'énergie, car il faut rompre les forces attractives intermoléculaires; elles sont donc endothermiques. À la troisième étape, les molécules du solvant et du soluté se mélangent. Ce processus peut être endothermique ou exothermique. L'enthalpie de dissolution est donnée par

$$\Delta H_{\text{dis}} = \Delta H_1 + \Delta H_2 + \Delta H_3$$

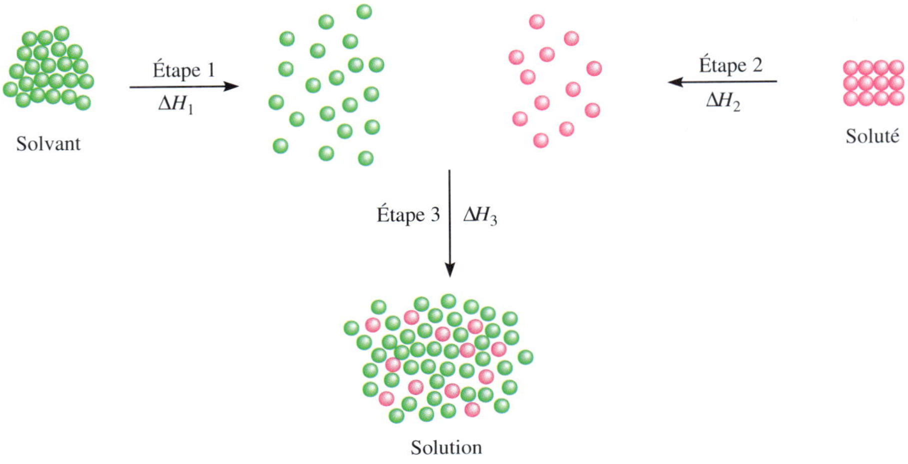

FIGURE 12.2

Illustration du processus de dissolution au niveau moléculaire. D'abord, les molécules du solvant et du soluté se séparent (étapes 1 et 2). Puis les molécules du solvant et du soluté se mélangent (étape 3).

Si l'attraction soluté-solvant est plus grande que la somme des attractions solvant-solvant et soluté-soluté, c'est un facteur favorable pour la dissolution et le processus est exothermique ($\Delta H_{dis} < 0$). Par contre, si l'attraction soluté-solvant est plus faible que la somme des attractions solvant-solvant et soluté-soluté, le processus de dissolution est endothermique ($\Delta H_{dis} > 0$).

On peut alors se demander comment un soluté peut se dissoudre dans un solvant si les forces attractives qui s'exercent entre les molécules de ce soluté sont plus importantes que celles qui unissent les molécules du soluté à celles du solvant. Le processus de dissolution, comme tout processus physique ou chimique, dépend de deux facteurs. Le premier est l'énergie, qui détermine si le processus est exothermique ou endothermique; le second est la tendance à l'accroissement du désordre, inhérente à tout phénomène naturel. Comme le brassage des cartes à jouer augmente le désordre parmi les cartes, la formation d'une solution augmente le désordre parmi les molécules du soluté et du solvant. À leur état pur, le solvant et le soluté ont un caractère ordonné assez marqué, qui dépend de la disposition tridimensionnelle plus ou moins ordonnée de leurs atomes, de leurs molécules ou de leurs ions. Cet ordre est détruit en grande partie quand le soluté se dissout dans le solvant (*figure 12.2*). C'est pourquoi le processus de dissolution est *toujours* accompagné d'une augmentation de désordre. C'est cette augmentation du désordre qui favorise la solubilité d'une substance, même si le processus de dissolution est endothermique.

Les facteurs qui influencent la solubilité

Au chapitre 4, on a déjà défini la solubilité comme la quantité maximale d'un soluté que l'on peut dissoudre dans une certaine quantité de solvant à une température donnée. Le proverbe «Qui se ressemble s'assemble» peut nous aider à prédire la solubilité d'une substance dans un solvant. Deux substances qui ont des forces intermoléculaires de type et de grandeur similaires sont susceptibles d'être solubles l'une dans l'autre. Par exemple, le tétrachlorure de carbone (CCl_4) et le benzène (C_6H_6) sont tous deux des liquides non polaires. Les seules attractions intermoléculaires qui y sont présentes sont donc des forces de dispersion (*voir section 11.2*). Quand on mélange ces deux liquides, ils se dissolvent facilement l'un dans l'autre, parce que la force de l'attraction qui s'exerce entre les molécules CCl_4 et C_6H_6 est du même ordre de grandeur que celle qui existe entre les molécules CCl_4 et entre les molécules C_6H_6. *Deux liquides qui sont complètement solubles l'un dans l'autre dans toutes les proportions* sont dits ***miscibles.*** Les alcools — le méthanol, l'éthanol et l'éthane-1,2-diol, par exemple — et l'eau sont miscibles à cause de leur capacité à former des liaisons hydrogène avec l'eau:

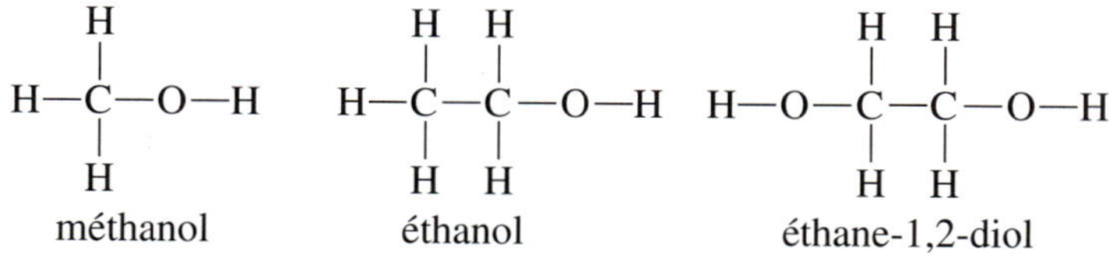

méthanol — éthanol — éthane-1,2-diol (éthylène glycol)

Les règles données au tableau 4.2 (p. 97) permettent de prédire la solubilité d'un composé ionique dans l'eau. Quand le chlorure de sodium, par exemple, se dissout dans l'eau, ses ions sont stabilisés dans la solution par hydratation, un phénomène exothermique qui met en jeu des interactions ion-dipôle. En général, on peut prédire que les composés ioniques devraient être plus solubles dans des solvants polaires (comme l'eau, l'ammoniac liquide et le fluorure d'hydrogène liquide) que dans des solvants non polaires (comme le benzène et le tétrachlorure de carbone). Ces derniers ne peuvent solvater efficacement les ions Na^+ et Cl^- parce qu'ils n'ont pas de moment dipolaire. (La ***solvatation*** est le *processus par lequel un ion ou une molécule en solution est entouré de molécules de solvant, disposées d'une manière spécifique*. Quand le solvant est l'eau, ce processus s'appelle *hydratation*.) C'est l'interaction ion-dipôle induit, beaucoup plus faible que l'interaction ion-dipôle, qui prédomine dans les interactions entre les ions et les composés non polaires. Par conséquent, les composés ioniques sont habituellement très peu solubles dans les solvants non polaires.

EXEMPLE 12.1

La prédiction de la solubilité basée sur les forces intermoléculaires

Prédisez les solubilités relatives dans les cas suivants: a) Br_2 dans le benzène (C_6H_6) ($\mu = 0$ D) et dans l'eau ($\mu = 1,87$ D), b) KCl dans le tétrachlorure de carbone ($\mu = 0$ D) et dans l'ammoniac liquide ($\mu = 1,46$ D).

Réponse: a) La molécule Br_2 est non polaire; elle devrait alors être plus soluble dans C_6H_6, qui est aussi non polaire, que dans l'eau. Les seules forces qui s'exercent entre les molécules Br_2 et C_6H_6 sont les forces de dispersion.

b) Le composé KCl est ionique. Pour qu'il se dissolve, ses ions K^+ et Cl^- doivent être stabilisés par des interactions ion-dipôle. Puisque le tétrachlorure de carbone n'a pas de moment dipolaire, le chlorure de potassium devrait être plus soluble dans l'ammoniac liquide, dont les molécules ont un moment dipolaire élevé.

EXERCICE

L'iode (I_2) est-il plus soluble dans l'eau ou dans le disulfure de carbone (CS_2)?

12.3 LES UNITÉS DE CONCENTRATION

L'étude quantitative d'une solution demande qu'on connaisse sa *concentration*, c'est-à-dire la quantité de soluté dissout dans une quantité donnée de solution. Les chimistes utilisent différentes unités pour exprimer la concentration; chacune d'elles a ses avantages et ses inconvénients. Examinons les trois unités de concentration les plus courantes: le pourcentage massique, la concentration molaire volumique et la molalité.

Les types d'unités de concentration

Le pourcentage massique

Le ***pourcentage massique*** est défini comme suit:

$$\text{pourcentage massique de soluté} = \frac{\text{masse de soluté}}{\text{masse de soluté + masse de solvant}} \times 100\ \%$$

$$= \frac{\text{masse de soluté}}{\text{masse de solution}} \times 100\ \%$$

Aucune unité n'accompagne le pourcentage massique puisque c'est un rapport entre deux quantités ayant les mêmes unités.

EXEMPLE 12.2

Le calcul du pourcentage massique d'une solution

On dissout 0,892 g de chlorure de potassium (KCl) dans 54,6 g d'eau. Quel est le pourcentage massique de KCl dans cette solution?

Réponse:

$$\text{pourcentage massique de KCl} = \frac{\text{masse de soluté}}{\text{masse de solution}} \times 100\ \%$$

$$= \frac{0{,}892\ \text{g}}{0{,}892\ \text{g} + 54{,}6\ \text{g}} \times 100\ \%$$

$$= 1{,}61\ \%$$

EXERCICE

On dissout 6,44 g de naphtalène ($C_{10}H_8$) dans 80,1 g de benzène (C_6H_6). Calculez le pourcentage massique du naphtalène dans cette solution.

La molarité (*M*)

À la section 4.5, nous avons vu que la concentration molaire volumique ou molarité désigne le nombre de moles de soluté par unité de volume de solution en litres:

$$\text{molarité} = \frac{\text{moles de soluté}}{\text{litres de solution}}$$

Ainsi, la concentration molaire s'exprime en moles par litre (mol/L).

La molalité (*m*)

La ***molalité*** (ou concentration molaire massique) est le *nombre de moles de soluté dissous par unité de masse de solvant en kilogrammes:*

$$\text{molalité} = \frac{\text{moles de soluté}}{\text{masse de solvant (kg)}}$$

Par exemple, pour préparer une solution aqueuse de sulfate de sodium (Na_2SO_4) 1 molale, ou 1 *m*, il faut dissoudre 1 mole (142,0 g) de cette substance dans 1000 g (1 kg) d'eau. Selon la nature de l'interaction soluté-solvant, le volume final de la solution sera soit supérieur, soit inférieur à 1000 mL. Il est également possible, bien que peu probable, que le volume de la solution finale soit de 1000 mL.

EXEMPLE 12.3
Le calcul de la molalité d'une solution

Calculez la molalité d'une solution formée de 24,4 g d'acide sulfurique dans 198 g d'eau. La masse molaire de l'acide sulfurique est de 98,08 g/mol.

Réponse: À partir de la masse molaire de l'acide sulfurique, nous pouvons calculer la molalité en deux étapes. D'abord, il faut trouver la quantité en grammes d'acide sulfurique dissous dans 1000 g (1 kg) d'eau. Puis, il faut convertir le nombre de grammes en nombre de moles. En combinant ces deux étapes, on a

$$\text{molalité} = \frac{\text{moles de soluté}}{\text{masse de solvant (kg)}}$$

$$\text{molalité} = \frac{24{,}4\text{ g } H_2SO_4}{198\text{ g } H_2O} \times \frac{1000\text{ g } H_2O}{1\text{ kg } H_2O} \times \frac{1\text{ mol } H_2SO_4}{98{,}08\text{ g } H_2SO_4}$$

$$= 1{,}26\text{ mol } H_2SO_4/\text{kg } H_2O$$

$$= 1{,}26\ m$$

EXERCICE

Quelle est la molalité d'une solution formée de 7,78 g d'urée [$(NH_2)_2CO$] dans 203 g d'eau?

LA COMPARAISON ENTRE LES UNITÉS DE CONCENTRATION

Le choix d'une unité de concentration dépend de ce que l'on veut mesurer. L'avantage de la molarité est qu'il est généralement plus facile de mesurer le volume d'une solution, à l'aide de ballons volumétriques précis, que de peser le solvant, comme nous l'avons vu à la section 4.5. C'est pourquoi on préfère souvent la molarité à la molalité. Par ailleurs, contrairement à la molarité (qui dépend du volume d'une solution, lequel augmente généralement avec la température), la molalité n'est pas influencée par la température, puisqu'elle est exprimée en nombre de moles de soluté par unité de masse de solvant et que la masse ne varie pas selon la température. Par exemple, une solution peut voir sa concentration de 1,0 *M* à 25 °C passer à 0,97 *M* à 45 °C à cause de l'augmentation du volume. Cet effet peut influencer de manière importante la précision des résultats d'une expérience.

Tout comme la molalité, le pourcentage massique est indépendant de la température. De plus, puisqu'il s'agit d'un rapport de masses, on n'a pas besoin de connaître la masse molaire du soluté pour calculer le pourcentage massique.

EXEMPLE 12.4

La conversion de la molalité en molarité

Calculez la molarité d'une solution de glucose ($C_6H_{12}O_6$) à 0,396 *m*. La masse molaire du glucose est de 180,2 g/mol, et la masse volumique de la solution est de 1,16 g/mL.

Réponse: Dans un problème comme celui-ci, il faut convertir la masse de la solution en volume. On utilise la masse volumique de la solution comme facteur de conversion. Puisqu'une solution de glucose à 0,396 *m* contient 0,396 mole de glucose dans 1 kg d'eau, la masse totale de la solution pour 1 kg d'eau est

$$\left(0{,}396 \text{ mol } C_6H_{12}O_6 \times \frac{180{,}2 \text{ g}}{1 \text{ mol } C_6H_{12}O_6}\right) + 1000 \text{ g } H_2O = 1071 \text{ g de solution}$$

À partir de la masse volumique connue de la solution (1,16 g/mL), nous pouvons calculer sa concentration molaire de la manière suivante:

$$\begin{aligned}\text{molarité} &= \frac{0{,}396 \text{ mol } C_6H_{12}O_6}{1071 \text{ g solution}} \times \frac{1{,}16 \text{ g solution}}{1 \text{ mL solution}} \times \frac{1000 \text{ mL solution}}{1 \text{ L solution}} \\ &= \frac{0{,}429 \text{ mol } C_6H_{12}O_6}{1 \text{ L solution}} \\ &= 0{,}429\ M\end{aligned}$$

EXERCICE

Calculez la molarité d'une solution de saccharose ($C_{12}H_{22}O_{11}$) à 1,74 *m*, dont la masse volumique est de 1,12 g/mL.

EXEMPLE 12.5

La conversion de la molarité en molalité

La masse volumique d'une solution aqueuse de méthanol (CH_3OH) à 2,45 *M* est de 0,976 g/mL. Quelle est la molalité de la solution? La masse molaire du méthanol est de 32,04 g/mol.

Réponse: La masse totale de 1 L d'une solution de méthanol à 2,45 *M* est

$$1 \text{ L solution} \times \frac{1000 \text{ mL solution}}{1 \text{ L solution}} \times \frac{0{,}976 \text{ g solution}}{1 \text{ mL solution}} = 976 \text{ g solution}$$

Puisque 1 L de la solution contient 2,45 moles de méthanol, la quantité d'eau par litre de solution est de

$$976 \text{ g solution} - \left(2{,}45 \text{ mol } CH_3OH \times \frac{32{,}04 \text{ g } CH_3OH}{1 \text{ mol } CH_3OH}\right) = 898 \text{ g } H_2O$$

Maintenant, nous pouvons calculer la molalité de la solution:

$$\text{molalité} = \frac{2{,}45 \text{ mol } CH_3OH}{898 \text{ g } H_2O} \times \frac{1000 \text{ g } H_2O}{1 \text{ kg } H_2O}$$

$$= \frac{2{,}73 \text{ mol } CH_3OH}{1 \text{ kg } H_2O}$$

$$= 2{,}73\ m$$

EXERCICE

Calculez la molalité d'une solution d'éthanol (C_2H_5OH) 5,86 *M*, dont la masse volumique est de 0,927 g/mL.

EXEMPLE 12.6

La conversion du pourcentage massique en molalité

Calculez la molalité d'une solution aqueuse d'acide phosphorique (H_3PO_4) à 35,4 % (pourcentage massique). La masse molaire de l'acide phosphorique est de 98,00 g/mol.

Réponse: Pour résoudre ce type de problème, il est pratique de supposer au départ un échantillon de 100,0 g de solution. La masse d'acide phosphorique équivaut à 35,4 % de celle de la solution, elle est donc de 35,4 g; alors, la masse de l'eau dans 100,0 g de solution est 100,0 g − 35,4 g = 64,6 g. À partir de la masse molaire connue de l'acide phosphorique, on peut calculer la molalité en deux étapes. D'abord, il faut trouver le nombre de grammes d'acide phosphorique dissous dans 1000 g (1 kg) d'eau. Puis, il faut convertir le nombre de grammes en nombre de moles. En combinant ces deux étapes, nous obtenons:

$$\text{molalité} = \frac{35{,}4 \text{ g } H_3PO_4}{64{,}6 \text{ g } H_2O} \times \frac{1000 \text{ g } H_2O}{1 \text{ kg } H_2O} \times \frac{1 \text{ mol } H_3PO_4}{98{,}00 \text{ g } H_3PO_4}$$

$$= 5{,}59 \text{ mol } H_3PO_4/\text{kg } H_2O$$

$$= 5{,}59\ m$$

EXERCICE

Calculez la molalité d'une solution aqueuse de chlorure de sodium à 44,6 %.

12.4 L'EFFET DE LA TEMPÉRATURE SUR LA SOLUBILITÉ

Rappelez-vous que la solubilité est la quantité maximale de soluté pouvant être dissous dans une quantité donnée de solvant *à une température donnée*. La température influence la solubilité de la plupart des substances. Dans cette section, nous étudierons cette influence sur les solides et les gaz.

LA SOLUBILITÉ DES SOLIDES ET LA TEMPÉRATURE

La figure 12.3 montre la variation de la solubilité de certains composés ioniques dans l'eau en fonction de la température. Dans la plupart des cas, la solubilité d'une substance solide augmente avec la température. Cependant, il n'y a pas de corrélation claire entre le signe de ΔH_{dis} et cette variation. Par exemple, le processus de dissolution de $CaCl_2$ est exothermique, tandis que celui de NH_4NO_3 est endothermique. Cependant, la solubilité de ces deux composés augmente avec la température. C'est pourquoi il vaut mieux déterminer expérimentalement l'effet de la température sur la solubilité.

LA SOLUBILITÉ DES GAZ ET LA TEMPÉRATURE

Habituellement, la solubilité des gaz dans l'eau diminue quand la température augmente (*figure 12.4*). Quand on chauffe de l'eau dans un bécher, on peut voir des bulles d'air se former sur les parois en verre avant que l'eau bout. À mesure que la température augmente, les molécules d'air dissoutes commencent à s'échapper de la solution bien avant que l'eau bout.

La solubilité réduite de l'oxygène moléculaire dans l'eau chaude est directement liée à un phénomène appelé ***pollution thermique,*** qui est le

FIGURE 12.3

Variation de la solubilité de quelques composés ioniques dans l'eau en fonction de la température.

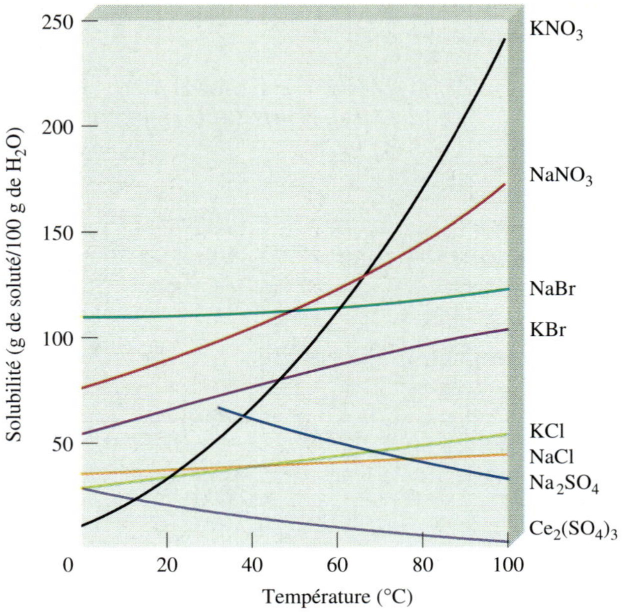

réchauffement de l'environnement (en particulier des cours d'eau) *à des températures trop élevées qui sont nuisibles pour les êtres qui y habitent.* On estime que, chaque année, aux États-Unis, il y a plus de 378 000 milliards de litres d'eau qui sont utilisés comme réfrigérant industriel, la plus grande partie pour produire de l'électricité dans des centrales thermiques (combustion) et nucléaires. Cette eau réchauffée est retournée dans les rivières et les lacs d'où elle provient. Cela entraîne une pollution thermique dont les effets sur la vie aquatique inquiètent de plus en plus les écologistes. Les poissons, comme tous les autres animaux à sang froid, ont beaucoup plus de difficulté que les humains à s'adapter aux fluctuations rapides de température. Une augmentation de température accélère leur métabolisme, dont la vitesse double à chaque hausse de 10 °C. Cette accélération augmente le besoin en oxygène des poissons alors que l'apport d'oxygène diminue à cause de la diminution de sa solubilité dans l'eau chaude. On cherche donc actuellement des façons efficaces et inoffensives pour l'environnement de refroidir les centrales électriques thermiques et nucléaires.

Par ailleurs, la connaissance de la solubilité des gaz en fonction de la température peut améliorer la performance des amateurs de pêche. Durant les chaudes journées d'été, les pêcheurs d'expérience choisissent habituellement un endroit profond dans une rivière ou un lac pour jeter leur ligne. C'est là que se trouvent les poissons parce que, ces endroits étant plus froids, il y a plus d'oxygène.

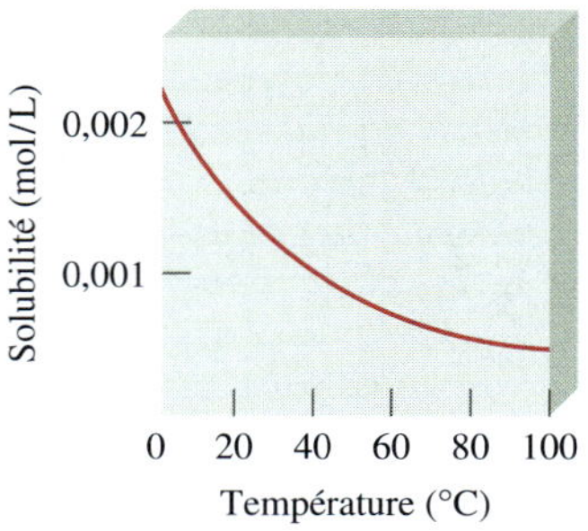

FIGURE 12.4

Variation de la solubilité de O_2 gazeux dans l'eau en fonction de la température. Notez que la solubilité diminue à mesure que la température augmente. La pression exercée par le gaz au-dessus de la solution est de 1 atm.

12.5 L'EFFET DE LA PRESSION SUR LA SOLUBILITÉ DES GAZ

En pratique, la pression extérieure n'influence pas la solubilité des liquides ni celle des solides, mais elle influence grandement celle des gaz. Le rapport quantitatif entre la solubilité des gaz et la pression s'exprime par la ***loi de Henry:*** la *solubilité d'un gaz dans un liquide est directement proportionnelle à la pression qu'exerce le gaz sur la solution:*

$$C \propto P$$

$$C = kP \qquad (12.1)$$

Ici, la solubilité C est la concentration molaire (en moles par litre) du gaz dissous; P, la pression (en atmosphères) du gaz au-dessus de la solution; et k est une constante spécifique du gaz et indépendante de la température (k est exprimé en mol/L · atm). On peut constater que, lorsque la pression du gaz est de 1 atm, C est *numériquement* égal à k.

La théorie cinétique fournit une explication qualitative à la loi de Henry. La quantité de gaz qui se dissoudra dans un solvant dépend de la fréquence des collisions entre les molécules du gaz et la surface du liquide, collisions qui permettent au liquide de piéger les molécules gazeuses. Supposons qu'un gaz et une solution sont en équilibre dynamique [*figure 12.5 a)*]. À chaque instant, le nombre de molécules gazeuses qui entrent dans la solution est égal au nombre de molécules dissoutes qui en sortent. Si on augmente la pression partielle du gaz, il y a plus de molécules qui se dissolvent dans le liquide parce qu'il y en a plus qui heurtent sa surface. Ce processus continue jusqu'à ce que

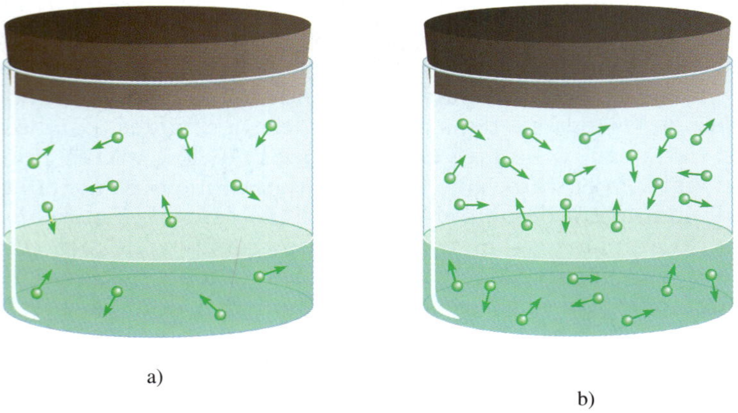

FIGURE 12.5

Interprétation de la loi de Henry au niveau moléculaire. Quand la pression partielle du gaz au-dessus de la solution augmente de a) à b), la concentration du gaz dissous augmente également selon l'équation (12.1).

les vitesses de sortie et de dissolution des molécules redeviennent égales [*figure 12.5 b)*]. Toutefois, à cause de l'augmentation de la concentration des molécules dans le gaz et la solution, le nombre de molécules est plus élevé en b) qu'en a), où la pression partielle est plus basse.

EXEMPLE 12.7

L'application de la loi de Henry

La solubilité de l'azote gazeux pur à 25 °C et à 1 atm est de $6{,}8 \times 10^{-4}$ mol/L. Quelle est la concentration molaire d'azote dissous dans l'eau dans les conditions atmosphériques? La pression partielle de l'azote dans l'atmosphère est de 0,78 atm.

Réponse: D'abord, il faut déterminer la constante k de l'équation (12.1):

$$C = kP$$

$$6{,}8 \times 10^{-4} \text{ mol/L} = k \text{ (1 atm)}$$

$$k = 6{,}8 \times 10^{-4} \text{ mol/L} \cdot \text{atm}$$

Ainsi, la concentration de l'azote gazeux dans l'eau est

$$C = (6{,}8 \times 10^{-4} \text{ mol/L} \cdot \text{atm})(0{,}78 \text{ atm})$$

$$= 5{,}3 \times 10^{-4}\, M$$

La diminution de la solubilité dépend de la diminution de la pression de 1 atm à 0,78 atm.

EXERCICE

Calculez la concentration M d'oxygène dans l'eau à 25 °C pour une pression partielle de 0,22 atm. La constante de Henry pour l'oxygène est de $3{,}5 \times 10^{-4}$ mol/L · atm.

FIGURE 12.6

La fontaine d'ammoniac. (À gauche) Le ballon renversé est rempli d'ammoniac gazeux. (À droite) Quand on y introduit une petite quantité d'eau en pressant la petite bouteille en polyéthylène, la majeure partie de l'ammoniac se dissout dans l'eau, créant ainsi un vide partiel. La pression atmosphérique pousse alors dans le ballon les liquides contenus dans les deux erlenmeyers. Le mélange de ces deux liquides provoque une réaction chimique accompagnée d'une émission de lumière bleue.

La plupart des gaz obéissent à la loi de Henry, mais il y a des exceptions importantes. Par exemple, si le gaz dissous *réagit* avec l'eau, sa solubilité peut être plus élevée. La solubilité de l'ammoniac dépasse les prévisions à cause de la réaction suivante (*figure 12.6*):

$$NH_3 + H_2O \rightleftharpoons NH_4^+ + OH^-$$

Le dioxyde de carbone réagit également avec l'eau:

$$CO_2 + H_2O \rightleftharpoons H_2CO_3$$

12.6 LES PROPRIÉTÉS COLLIGATIVES

Plusieurs propriétés importantes des solutions dépendent du nombre de particules de soluté présentes, et non de leur nature (c'est-à-dire de leur composition chimique); ces propriétés sont appelées ***propriétés colligatives*** parce qu'elles dépendent toutes du nombre de particules de soluté présentes, que celles-ci soient des atomes, des ions ou des molécules. Ces propriétés sont la diminution de la pression de vapeur, l'élévation du point d'ébullition, l'abaissement du point de congélation et la pression osmotique. Pour les besoins de notre exposé sur les propriétés colligatives des solutions de non-électrolytes, il est important de se rappeler que l'on parle de solutions relativement diluées, c'est-à-dire de solutions dont les concentrations sont $\lesssim 0{,}2\ M$.

LA DIMINUTION DE LA PRESSION DE VAPEUR

Si un soluté est ***non volatil*** (c'est-à-dire s'*il n'a pas de pression de vapeur mesurable*), la pression de vapeur de sa solution est toujours inférieure à celle du solvant pur. Ainsi la relation entre la pression de vapeur de la solution et celle du solvant dépend de la concentration de soluté dans la solution. Cette relation est donnée par la ***loi de Raoult*** (nommée ainsi en l'honneur du chimiste français François Raoult), qui dit que *la pression de vapeur partielle exercée par la vapeur du solvant au-dessus d'une solution, P_1, est donnée par la pression de vapeur du solvant pur, P_1°, multipliée par la fraction molaire du solvant dans la solution, X_1:*

$$P_1 = X_1 P_1^\circ \qquad (12.2)$$

Dans une solution ne contenant qu'un seul soluté, $X_1 = 1 - X_2$, où X_2 est la fraction molaire du soluté (*voir section 5.4*). On peut alors réécrire l'équation (12.2) de la manière suivante:

$$P_1 = (1 - X_2)P_1^\circ$$

$$P_1^\circ - P_1 = \Delta P = X_2 P_1^\circ \qquad (12.3)$$

On peut voir que la *diminution* de la pression de vapeur, ΔP, est directement proportionnelle à la concentration (exprimée en fraction molaire) du soluté présent.

EXEMPLE 12.8

Le calcul de la molalité à partir de la diminution de la pression de vapeur

À 25 °C, la pression de vapeur de l'eau pure est de 23,76 mm Hg, et celle d'une solution aqueuse d'urée de 22,98 mm Hg. Évaluez la molalité de la solution.

Réponse: À partir de l'équation (12.3) nous écrivons

$$\Delta P = (23{,}76 - 22{,}98) \text{ mm Hg} = X_2(23{,}76 \text{ mm Hg})$$

$$X_2 = 0{,}033$$

Par définition $$X_2 = \frac{n_2}{n_1 + n_2}$$

où n_1 et n_2 sont respectivement les nombres de moles de solvant et de soluté. Puisque la solution est diluée, nous pouvons supposer que n_1 est beaucoup plus élevé que n_2; nous pouvons donc écrire

$$X_2 = \frac{n_2}{n_1 + n_2} \simeq \frac{n_2}{n_1} \qquad (n_1 \gg n_2)$$

$$n_2 = n_1 X_2$$

Le nombre de moles d'eau dans 1 kg d'eau est de

$$1000 \text{ g } H_2O \times \frac{1 \text{ mol } H_2O}{18{,}02 \text{ g } H_2O} = 55{,}49 \text{ mol } H_2O$$

et le nombre de moles d'urée présentes dans 1 kg d'eau est

$$n_2 = n_1X_2 = (55{,}49 \text{ mol})(0{,}033)$$
$$= 1{,}8 \text{ mol}$$

Ainsi, la concentration de la solution d'urée est de 1,8 *m*.

EXERCICE

La pression de vapeur d'une solution de glucose ($C_6H_{12}O_6$) à 20 °C est de 17,01 mm Hg; celle de l'eau pure à la même température est de 17,25 mm Hg. Calculez la molalité de cette solution.

Pourquoi la pression de vapeur d'une solution est-elle inférieure à celle de son solvant pur? Nous avons vu à la section 12.2 que l'une des grandes tendances qui favorisent les processus physiques et chimiques est l'augmentation du désordre: plus le désordre créé est grand, plus le processus est favorisé. L'évaporation augmente le désordre d'un système parce que les molécules en phase vapeur ne sont pas aussi proches et ont une plus grande liberté de mouvement: il y a donc moins d'ordre qu'en phase liquide. Alors, puisqu'il y a plus de désordre dans une solution que dans un solvant pur, la différence de désordre entre une solution et sa vapeur est moins grande que celle qui existe entre un solvant pur et sa vapeur. C'est pourquoi les molécules de solvant ont moins tendance à s'échapper de la solution qu'à s'échapper du solvant pur pour entrer en phase vapeur; la pression de vapeur d'une solution est donc inférieure à celle de son solvant.

Si les deux composantes de la solution sont ***volatiles*** (c'est-à-dire si *elles ont une pression de vapeur mesurable*), la pression de vapeur de la solution est la somme des pressions partielles de chacune. La loi de Raoult s'applique également dans ce cas:

$$P_A = X_A P_A^\circ$$
$$P_B = X_B P_B^\circ$$

où P_A et P_B sont les pressions partielles des composantes A et B de la solution; P_A° et P_B°, les pressions de vapeur des substances pures; et X_A et X_B, leurs fractions molaires. La pression totale est donnée par la loi des pressions partielles de Dalton [*équation (5.11)*]:

$$P_T = P_A + P_B$$

Appliquons ces notions au cas de solutions de deux composés volatils, soit des mélanges de benzène et de toluène. Ces deux composés ont des structures similaires et, ainsi, des forces intermoléculaires similaires:

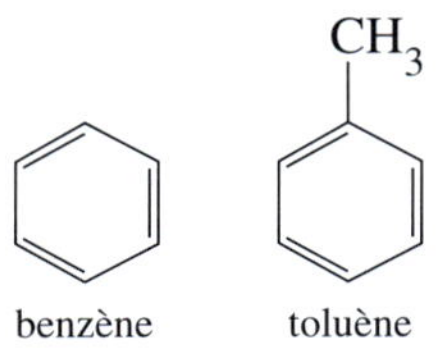

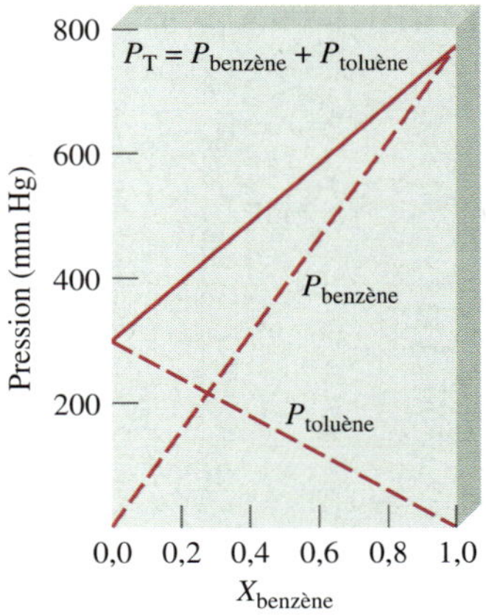

FIGURE 12.7

Variation des pressions partielles du benzène et du toluène en fonction de leur fraction molaire dans une solution benzène – toluène ($X_{toluène} = 1 - X_{benzène}$) à 80 °C. Cette solution est dite idéale parce que les pressions de vapeur obéissent à la loi de Raoult.

Dans une solution de benzène et de toluène, la pression de vapeur de chaque composante obéit à la loi de Raoult. La figure 12.7 montre comment la pression de vapeur totale (P_T) d'une solution benzène-toluène dépend de la composition de la solution. Notez que la composition de la solution n'a besoin d'être exprimée qu'en fonction de l'une des composantes. Pour toute valeur de $X_{benzène}$, la fraction molaire du toluène, $X_{toluène}$, est donnée par $1 - X_{benzène}$. La solution benzène-toluène est l'un des rares exemples de ***solution idéale,*** soit une *solution qui obéit à la loi de Raoult*. L'une des caractéristiques d'une solution idéale est que son enthalpie de dissolution, ΔH_{dis}, est toujours égale à zéro.

L'ÉLÉVATION DU POINT D'ÉBULLITION

Puisque la présence d'un soluté *non volatil* abaisse la pression de vapeur d'une solution, elle peut aussi influencer son point d'ébullition. Rappelez-vous que le point d'ébullition d'une solution est la température à laquelle sa pression de vapeur est égale à la pression atmosphérique (*voir section 11.6*). La figure 12.8 montre la différence, dans un diagramme de phases, entre la courbe de l'eau et celle d'une solution aqueuse. Puisque, à toute température, la pression de vapeur de la solution est toujours inférieure à celle du solvant pur, la courbe de la pression de vapeur de la solution se situe sous celle du solvant. Par conséquent, la courbe de la solution (en pointillé) croise la ligne horizontale qui indique $P = 1$ atm à une température *supérieure* au point d'ébullition normal du solvant pur. Cette analyse graphique révèle que le point d'ébullition de la solution est supérieur à celui de l'eau. L'*élévation du point d'ébullition*, $\Delta T_{éb}$, est donnée par

$$\Delta T_{éb} = T_{éb} - T^{\circ}_{éb}$$

où $T_{éb}$ est le point d'ébullition de la solution, et $T^{\circ}_{éb}$ le point d'ébullition du solvant pur. Puisque $\Delta T_{éb}$ est directement proportionnelle à la diminution de

FIGURE 12.8

Diagramme de phases illustrant l'élévation du point d'ébullition et l'abaissement du point de congélation des solutions aqueuses. La courbe pointillée correspond à la solution, et la courbe pleine au solvant pur. Comme on peut le voir, le point d'ébullition de la solution est plus élevé que celui de l'eau, et le point de congélation de la solution plus bas que celui de l'eau.

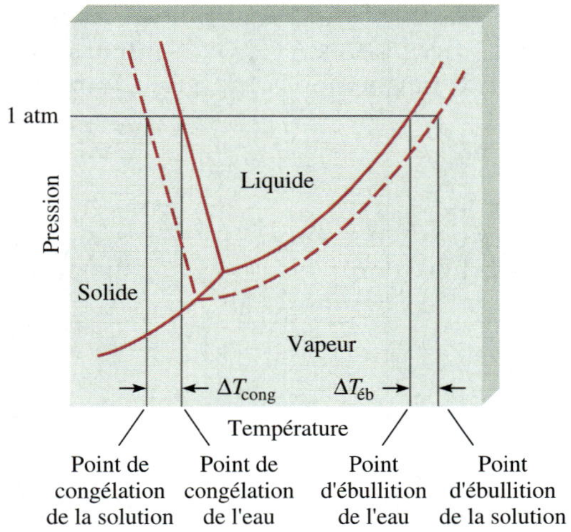

la pression de vapeur, elle est aussi directement proportionnelle à la concentration (molalité) de la solution. Autrement dit:

$$\Delta T_{éb} \propto m$$

$$\Delta T_{éb} = K_{éb}m \qquad (12.4)$$

où m est la molalité de la solution, et $K_{éb}$, la *constante ébullioscopique molale.* $K_{éb}$ est exprimée en °C/m.

Il est important de comprendre le choix de l'unité de concentration ici. On est en présence d'un système (la solution) dont la température n'est pas constante, on ne peut donc pas utiliser la concentration molaire (molarité), car celle-ci change avec la température.

Le tableau 12.2 donne la valeur de $K_{éb}$ pour plusieurs solvants courants. En utilisant cette constante pour l'eau et l'équation (12.4), on constate que, si la molalité (m) d'une solution aqueuse est de 1,00 mol/kg, son point d'ébullition sera de 100,52 °C.

L'ABAISSEMENT DU POINT DE CONGÉLATION

Un profane peut fort bien ne jamais être conscient du phénomène d'élévation du point d'ébullition, mais un bon observateur vivant dans un climat froid connaît l'abaissement du point de congélation. La glace sur les routes et les trottoirs fond lorsqu'on y répand du sel comme NaCl ou $CaCl_2$. On réussit à la faire fondre, car la présence de sel abaisse le point de congélation de l'eau.

La figure 12.8 montre que l'abaissement de la pression de vapeur de la solution déplace la courbe solide-liquide vers la gauche. Par conséquent, cette ligne croise la ligne horizontale à une température *inférieure* à celle du point de congélation de l'eau. L'*abaissement du point de congélation*, ΔT_{cong}, est donné par

$$\Delta T_{cong} = T^\circ_{cong} - T_{cong}$$

On utilise, pour le dégivrage des avions, un procédé qui fait appel à l'abaissement du point de congélation des solutions.

TABLEAU 12.2

Les constantes ébullioscopiques et cryoscopiques molales de quelques liquides courants

Solvant	Point de congélation normal (°C)*	K_{cong} (°C/m)	Point d'ébullition normal (°C)*	$K_{éb}$ (°C/m)
Eau	0	1,86	100	0,52
Benzène	5,5	5,12	80,1	2,53
Éthanol	−117,3	1,99	78,4	1,22
Acide acétique	16,6	3,90	117,9	2,93
Cyclohexane	6,6	20,0	80,7	2,79

* À 1 atm.

où T°_{cong} est le point de congélation du solvant pur, et T_{cong}, celui de la solution. ΔT_{cong} est directement proportionnelle à la concentration de la solution:

$$\Delta T_{cong} \propto m$$

$$\Delta T_{cong} = K_{cong} m \qquad (12.5)$$

où m est la concentration molale du soluté, et K_{cong} est la *constante d'abaissement du point de congélation appelée aussi constante cryoscopique molale* (*tableau 12.2*). Comme $K_{éb}$, K_{cong} est exprimée en °C/m.

Notez que, pour pouvoir observer une élévation du point d'ébullition, le soluté doit être non volatil; ce qui n'est pas nécessaire dans le cas de l'abaissement du point de fusion. Par exemple, on a parfois utilisé le méthanol (CH_3OH), un liquide nettement volatil qui bout à 65 °C, comme antigel dans les radiateurs d'automobiles.

En hiver, dans les pays froids, on doit mettre de l'antigel dans les radiateurs d'automobiles.

EXEMPLE 12.9

Le calcul de l'abaissement du point de congélation

On utilise couramment l'éthylène glycol, $CH_2(OH)CH_2(OH)$, comme antigel dans les automobiles. C'est un composé hydrosoluble relativement non volatil (point d'ébullition: 197 °C). Calculez le point de congélation d'une solution contenant 651 g de cette substance dans 2505 g d'eau. Garderiez-vous cette substance dans le radiateur de votre auto en été? La masse molaire de l'éthylène glycol est de 62,01 g/mol.

Réponse: Le nombre de moles d'éthylène glycol dans 1000 g, ou 1 kg, d'eau est

$$651 \text{ g d'éthylène glycol} \times \frac{1 \text{ mol d'éthylène glycol}}{62{,}01 \text{ g d'éthylène glycol}}$$

$$\times \frac{1 \text{ kg}}{2{,}505 \text{ kg}} = 4{,}19 \text{ mol d'éthylène glycol}$$

Ainsi, la molalité de la solution est de 4,19 m. D'après l'équation (12.5) et le tableau 12.2, nous avons

$$\Delta T_{cong} = (1{,}86\ °\text{C}/m)(4{,}19\ m)$$
$$= 7{,}79\ °\text{C}$$

Puisque l'eau pure gèle à 0 °C, la solution gèlera à −7,79 °C.

Nous pouvons calculer l'élévation du point d'ébullition de la manière suivante:

$$\Delta T_{éb} = (0{,}52\ °\text{C}/m)(4{,}19\ m)$$
$$= 2{,}2\ °\text{C}$$

Puisque la solution bouillira à 102,2 °C, il serait préférable de laisser cet antigel dans le radiateur de l'auto pour prévenir l'ébullition de la solution.

EXERCICE

Calculez les points d'ébullition et de congélation d'une solution formée de 478 g d'éthylène glycol dans 3202 g d'eau.

La pression osmotique

Nombre de réactions chimiques et biologiques dépendent du passage sélectif, à travers une membrane poreuse, des molécules du solvant d'une solution diluée vers une solution plus concentrée. La figure 12.9 illustre ce phénomène. Dans le compartiment de gauche, il y a du solvant pur et dans celui de droite une solution. Ces deux compartiments sont séparés par une ***membrane semi-perméable,*** qui *permet le passage des molécules du solvant mais qui stoppe les molécules du soluté*. Au début, les niveaux de liquide dans les deux tubes sont égaux [*figure 12.9 a)*]. Après un certain temps, les variations de volume dans chaque compartiment se traduisent par une variation du niveau dans les deux tubes; le liquide baisse à gauche et monte à droite jusqu'à ce que l'équilibre soit atteint. On appelle ***osmose*** le *mouvement net des molécules d'un solvant pur ou d'une solution diluée, à travers une membrane semi-perméable, vers une solution plus concentrée*. La ***pression osmotique*** (π) d'une solution est la *pression nécessaire pour arrêter l'osmose*. Comme le montre la figure 12.9 b), cette pression est égale à la différence de niveau entre les deux compartiments.

Qu'est-ce qui pousse l'eau à se déplacer spontanément de gauche à droite dans ce cas-ci? Comparez la pression de vapeur de l'eau pure à celle de l'eau d'une solution (*figure 12.10*). Il y a un transfert net d'eau du bécher de gauche vers celui de droite parce que la pression de vapeur de l'eau pure est supérieure à celle de la solution. Avec le temps, le transfert se fait complètement. C'est une force semblable qui pousse l'eau vers la solution concentrée durant l'osmose.

Même si l'osmose est un phénomène courant et bien connu, on en sait relativement peu sur la manière dont la membrane semi-perméable stoppe certaines molécules pour en laisser passer d'autres. Dans certains cas, ce n'est qu'une question de taille: les pores de la membrane peuvent être assez petits

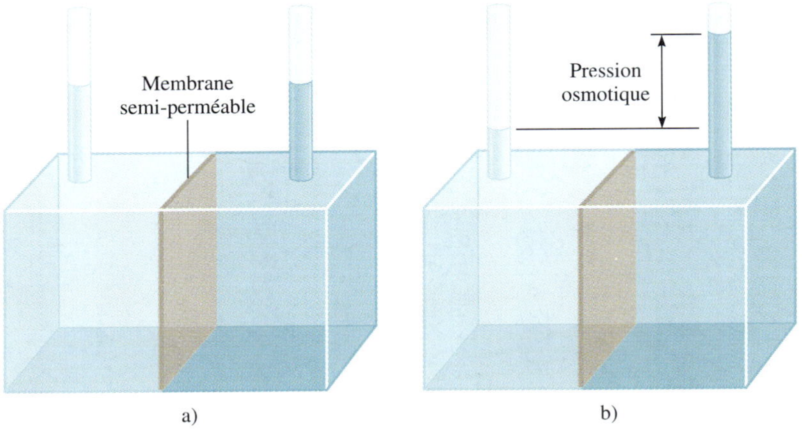

FIGURE 12.9

La pression osmotique. a) Au début, les niveaux du solvant pur (à gauche) et de la solution (à droite) sont égaux. b) Durant l'osmose, le niveau de la solution monte à cause du mouvement net du solvant de gauche à droite. À l'équilibre, la pression osmotique est égale à la pression hydrostatique exercée par la colonne de liquide contenue dans le tube de droite.

FIGURE 12.10

Des pressions de vapeur inégales dans le contenant provoquent un transfert net de l'eau du bécher de gauche (qui contient de l'eau pure) au bécher de droite (qui contient une solution). b) À l'équilibre, toute l'eau du bécher de gauche a été transférée dans le bécher de droite. Ce phénomène est analogue à celui de l'osmose illustrée à la figure 12.9.

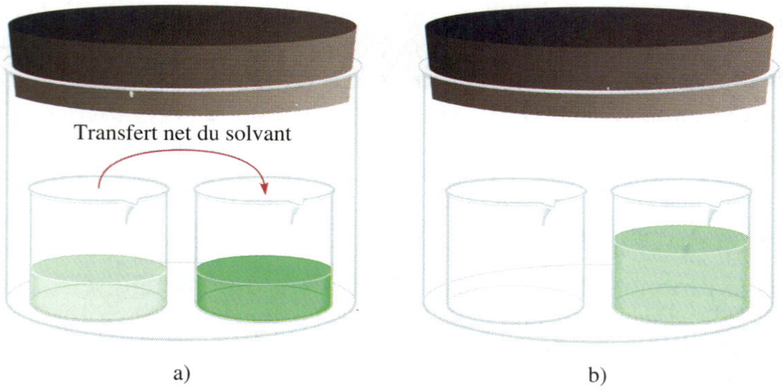

pour ne laisser passer que les molécules du solvant. Dans d'autres cas, c'est un autre mécanisme qui expliquerait cette sélectivité: par exemple, la plus grande «solubilité» du solvant dans la membrane.

La pression osmotique d'une solution est donnée par

$$\pi = MRT \tag{12.6}$$

où M est la molarité, R la constante des gaz (0,0821 L · atm/K · mol), et T la température en degrés absolus. On exprime cette pression en atmosphères. Étant donné que la mesure de la pression osmotique est prise à température constante, les unités de concentration utilisées sont celles de la molarité, qui sont plus commodes que celles de la molalité.

Comme l'élévation du point d'ébullition et l'abaissement du point de fusion, la pression osmotique est directement proportionnelle à la concentration d'une solution. On devait s'y attendre, étant donné que toutes les propriétés colligatives ne dépendent que du nombre de particules de soluté présentes dans la solution. Si deux solutions ont la même concentration et, ainsi, la même pression osmotique, elles sont dites *isotoniques*. Par contre, si leurs pressions osmotiques sont inégales, la solution dont la concentration est plus élevée est dite *hypertonique* tandis que la plus diluée est dite *hypotonique* (*figure 12.11*).

Le phénomène de pression osmotique intervient dans de nombreuses applications intéressantes. Par exemple, pour étudier le contenu des globules rouges, séparé de son milieu ambiant par une membrane semi-perméable, les

FIGURE 12.11

Une cellule: a) dans une solution isotonique, b) dans une solution hypotonique, et c) dans une solution hypertonique. La cellule ne change pas en a); elle gonfle en b); et elle rétrécit en c).

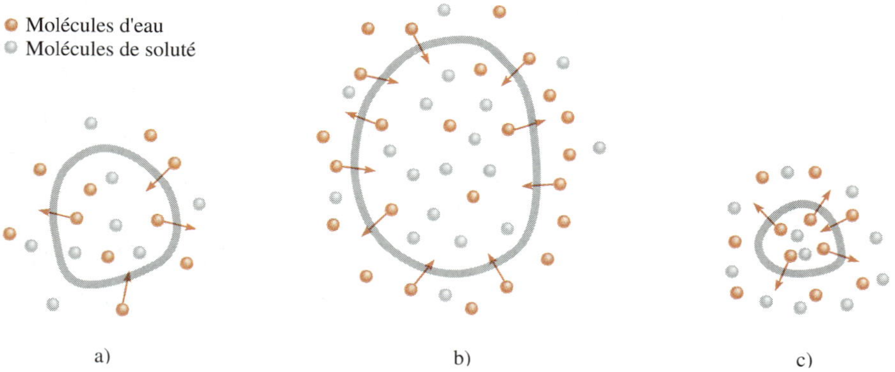

biochimistes utilisent une technique appelée hémolyse. Ils placent les cellules dans une solution hypotonique. Puisque les solutés sont moins concentrés à l'extérieur qu'à l'intérieur du globule, l'eau entre dans celui-ci (*figure 12.11 b*). Les cellules gonflent et finalement éclatent, libérant ainsi l'hémoglobine et d'autres molécules.

La conservation des confitures et des gelées met aussi en jeu la pression osmotique. Il faut vraiment une grande quantité de sucre dans le processus de conservation, car le sucre aide à éliminer les bactéries qui peuvent causer le botulisme. Comme le montre la figure 12.11 c), quand une cellule bactérienne se trouve dans une solution hypertonique (à concentration élevée) de sucre, l'eau qui est à l'intérieur de la cellule a tendance à en sortir par osmose pour rejoindre la solution concentrée. Ce phénomène donne des cellules dites *crénelées,* des cellules déshydratées qui, finalement, meurent. L'acidité naturelle des fruits contribue également à l'inhibition de la croissance bactérienne.

Séquoias de Californie.

La pression osmotique constitue également le principal mécanisme de transport de l'eau dans les plantes. Puisque les feuilles perdent constamment de l'eau dans l'air par un processus appelé *transpiration*, la concentration de soluté dans leur liquide augmente. L'eau est alors poussée par pression osmotique à travers le tronc et les branches jusque dans les feuilles. Pour faire monter l'eau à la cime des séquoias, qui atteignent 120 m de hauteur, la pression doit être de 10 à 15 atm. (La capillarité, abordée à la section 11.3, n'est responsable de la montée de l'eau que sur une hauteur de quelques centimètres.)

L'UTILISATION DES PROPRIÉTÉS COLLIGATIVES POUR DÉTERMINER LA MASSE MOLAIRE

Pour déterminer la masse molaire d'un soluté, on peut, en théorie, utiliser l'une ou l'autre des propriétés colligatives des solutions de non-électrolytes. En pratique, cependant, seuls l'abaissement du point de congélation et la pression osmotique sont utilisés, car ce sont les propriétés les plus sensibles, c'est-à-dire qui présentent les plus grandes variations, d'où une plus grande précision.

EXEMPLE 12.10
La détermination de la masse molaire à partir de l'abaissement du point de congélation

On dissout 7,85 g d'un composé, dont la formule empirique est C_5H_4, dans 301 g de benzène. Le point de congélation de la solution est de 1,05 °C inférieur à celui du benzène pur. Déterminez la masse molaire et la formule moléculaire de ce composé.

Réponse: Selon l'équation (12.5) et le tableau 12.2, nous avons

$$\text{molalité} = \frac{\Delta T_{\text{cong}}}{K_{\text{cong}}} = \frac{1{,}05\ °\text{C}}{5{,}12\ °\text{C}/m} = 0{,}205\ m$$

Le nombre de moles de soluté dans 301 g, ou 0,301 kg, de solvant est donné par

$$\frac{0{,}205 \text{ mol}}{1 \text{ kg solvant}} \times 0{,}301 \text{ kg solvant} = 0{,}0617 \text{ mol}$$

Finalement, nous calculons la masse molaire du soluté de la manière suivante:

$$\frac{7{,}85 \text{ g}}{0{,}0617 \text{ mol}} = 127 \text{ g/mol}$$

Puisque la masse molaire correspondant à la formule empirique C_5H_4 est de 64 g/mol et que la masse molaire moléculaire est de 127 g/mol, la formule moléculaire du composé est $C_{10}H_8$ (le naphtalène).

EXERCICE

Le point de congélation d'une solution formée de 0,85 g d'un composé organique nommé mésitol, dans 100,0 g de benzène, est 5,16 °C. Déterminez la molalité de la solution et la masse molaire du mésitol.

EXEMPLE 12.11

La détermination de la masse molaire à partir de la pression osmotique

On dissout 35,0 g d'hémoglobine (Hb) dans assez d'eau pour obtenir 1 L de solution. Si la pression osmotique de la solution est de 10,0 mm Hg à 25 °C, calculez la masse molaire de l'hémoglobine.

Réponse: D'abord, il faut calculer la concentration de la solution:

$$\pi = MRT$$

$$M = \frac{\pi}{RT}$$

$$= \frac{10{,}0 \text{ mm Hg} \times \dfrac{1 \text{ atm}}{760 \text{ mm Hg}}}{(0{,}0821 \text{ L} \cdot \text{atm/K} \cdot \text{mol})(298 \text{ K})}$$

$$= 5{,}38 \times 10^{-4}\, M$$

Comme la solution a un volume de 1 L, elle doit donc contenir $5{,}38 \times 10^{-4}$ mole de Hb. On utilise cette quantité pour calculer la masse molaire:

$$\text{moles de Hb} = \frac{\text{masse de Hb}}{\text{masse molaire de Hb}}$$

$$\text{masse molaire de Hb} = \frac{\text{masse de Hb}}{\text{moles de Hb}}$$

$$= \frac{35{,}0 \text{ g}}{5{,}38 \times 10^{-4} \text{ mol}}$$

$$= 6{,}51 \times 10^{4} \text{ g/mol}$$

EXERCICE

À 21 °C, une solution de benzène contenant 2,47 g d'un polymère organique dans un volume final de 202 mL a une pression osmotique de 8,63 mm Hg. Calculez la masse molaire du polymère.

Une pression de 10,0 mm Hg, comme dans l'exemple 12.11, peut se mesurer facilement et précisément. C'est pourquoi les données de pression osmotique sont très utiles dans le calcul de la masse molaire de grosses molécules, comme les protéines. Pour illustrer en quoi la technique de détermination de la masse molaire par pression osmotique est plus sensible que celle par l'abaissement du point de congélation, estimons la variation du point de congélation de la même solution d'hémoglobine. Si une solution est bien diluée, nous pouvons considérer que sa molarité est presque égale à sa molalité. (La molarité serait égale à la molalité si la masse volumique de la solution était de 1 g/mL.) Alors, selon l'équation (12.5), nous avons:

$$\Delta T_{\text{cong}} = (1{,}86\ °\text{C}/m)(5{,}38 \times 10^{-4}\ m)$$
$$= 1{,}00 \times 10^{-3}\ °\text{C}$$

Une diminution du point de congélation de un millième de degré est une variation de température trop petite pour être mesurée avec précision. C'est pourquoi la mesure de l'abaissement du point de congélation n'est utilisée que pour déterminer la masse molaire de molécules petites et très solubles, c'est-à-dire les composés dont la masse molaire est d'au plus 500 g/mol, car l'abaissement de leur point de congélation est, dans ce cas, beaucoup plus grand, donc plus facilement mesurable avec précision.

Les propriétés colligatives des solutions d'électrolytes

Les propriétés colligatives des solutions d'électrolytes demandent une approche légèrement différente de celle utilisée jusqu'ici pour les solutions de non-électrolytes. La raison en est que les électrolytes se dissocient en ions dans les solutions; une unité d'un composé qui est un électrolyte donne donc deux particules ou plus une fois dissoute. (Rappelez-vous que c'est le nombre de particules de soluté qui détermine les propriétés colligatives d'une solution.) Par exemple, chaque unité de NaCl se dissocie en deux ions: Na^+ et Cl^-. Ainsi, les propriétés colligatives d'une solution de NaCl à 0,1 *m* devraient être deux fois plus marquées que celles d'une solution contenant un non-électrolyte, comme le saccharose, à 0,1 *m*. De même, on s'attend à ce qu'une solution de $CaCl_2$ à 0,1 *m* abaisse le point de congélation trois fois plus qu'une solution de saccharose de même molalité. Pour tenir compte de cet effet, on doit modifier les équations décrivant les propriétés colligatives de la manière suivante:

$$\Delta T_{\text{éb}} = iK_{\text{éb}}m$$
$$\Delta T_{\text{cong}} = iK_{\text{cong}}m$$
$$\pi = iMRT$$

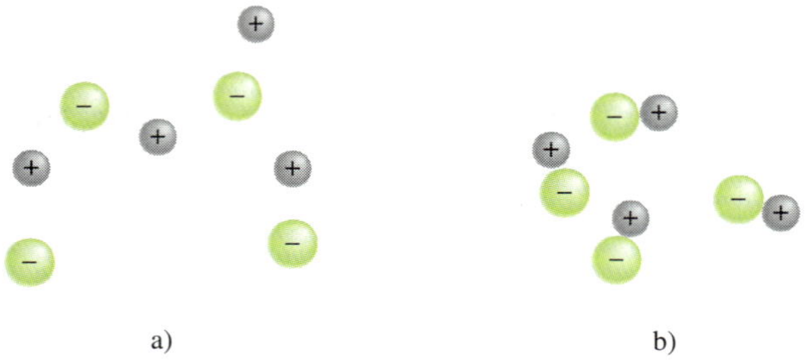

FIGURE 12.12

a) Ions libres et b) paires d'ions en solution. Une telle paire d'ions n'a pas de charge nette; elle ne peut donc conduire l'électricité dans la solution.

La variable i est le *facteur de van't Hoff,* qui est défini de la manière suivante:

$$i = \frac{\text{nombre réel de particules en solution après dissociation}}{\text{nombre d'unités initialement dissoutes}}$$

Ainsi, i devrait être égal à 1 pour tous les non-électrolytes. Pour les électrolytes forts comme NaCl et KNO_3, i devrait être égal à 2; pour les électrolytes forts comme Na_2SO_4 et $MgCl_2$, i devrait être égal à 3.

En réalité, les propriétés colligatives des solutions d'électrolytes sont habituellement moins marquées que celles que l'on a prédites parce que, à des concentrations élevées, des forces électrostatiques entrent en jeu, attirant les cations et les anions les uns vers les autres. Un *cation et un anion maintenus ensemble par des forces électrostatiques* forment ce qu'on appelle une ***paire d'ions.*** La formation des paires d'ions réduit la concentration effective des particules en solution, d'où un effet moindre sur les propriétés colligatives (*figure 12.12*). Le tableau 12.3 compare les valeurs de i mesurées expérimentalement et celles calculées en supposant une dissociation complète. Comme on peut le voir, elles sont proches les unes des autres mais pas égales, ce qui indique l'importance de la formation de paires d'ions dans ces solutions.

TABLEAU 12.3
Valeur du facteur de van't Hoff pour des solutions d'électrolytes 0,0500 *M* à 25 °C

Électrolyte	i (mesuré)	i (calculé)
Saccharose*	1,0	1,0
HCl	1,9	2,0
NaCl	1,9	2,0
$MgSO_4$	1,3	2,0
$MgCl_2$	2,7	3,0
$FeCl_3$	3,4	4,0

* Le saccharose n'est pas un électrolyte. Il n'est présent que pour faciliter la comparaison.

RÉSUMÉ

Les solutions sont des mélanges homogènes de deux substances ou plus, solides, liquides ou gazeuses. La facilité avec laquelle un soluté se dissout dans un solvant dépend des forces intermoléculaires. Le processus de dissolution est provoqué par l'énergie et l'augmentation du désordre qui apparaît quand un soluté et un solvant se mélangent.

On peut exprimer la concentration d'une solution à l'aide de différentes unités: pourcentage massique, fraction molaire, molarité et molalité. Les circonstances dictent quelles sont les unités les plus appropriées.

Habituellement, une augmentation de la température augmente la solubilité des solides et des liquides, mais elle diminue celle des gaz. Selon la loi de Henry, la solubilité d'un gaz dans un liquide est directement proportionnelle à la pression partielle qu'exerce ce gaz au-dessus de la solution.

La loi de Raoult dit que la pression partielle qu'exerce une substance A au-dessus d'une solution est reliée à la fraction molaire (X_A) de A et à la pression de vapeur (P_A^o) de A pure: $P_A = X_A P_A^o$. Une solution idéale obéit à la loi de Raoult à toutes les concentrations. En pratique, cependant, peu de solutions présentent un comportement idéal.

La diminution de la pression de vapeur, l'élévation du point d'ébullition, l'abaissement du point de congélation et la pression osmotique sont les propriétés colligatives des solutions; ce sont des propriétés qui ne dépendent que du nombre de particules de soluté présentes et non de leur nature. Dans les solutions d'électrolytes, l'interaction entre les ions mène à la formation de paires d'ions. Le facteur de van't Hoff est une mesure du degré de dissociation des électrolytes en solution.

MOTS CLÉS

Cristallisation, p. 374
Loi de Henry, p. 383
Loi de Raoult, p. 386
Membrane semi-perméable, p. 391
Miscible, p. 376
Molalité, p. 378
Non volatil, p. 386
Osmose, p. 391
Paire d'ions, p. 396
Pollution thermique, p. 382
Pourcentage massique, p. 378
Pression osmotique (π), p. 391
Propriétés colligatives, p. 385
Solution idéale, p. 388
Solution insaturée, p. 374
Solution saturée, p. 374
Solution sursaturée, p. 374
Solvatation, p. 377
Volatil, p. 387

QUESTIONS ET PROBLÈMES

LE PROCESSUS DE DISSOLUTION

Questions de révision

12.1 Décrivez brièvement le processus de dissolution au niveau moléculaire. Prenez la dissolution d'un solide dans un liquide comme exemple.

12.2 En utilisant le concept de forces intermoléculaires, dites ce que l'expression «Qui se ressemble s'assemble» signifie.

12.3 Qu'est-ce que la solvatation? Quels sont les facteurs qui influencent le phénomène de solvatation? Donnez deux exemples de solvatation, dont l'un met en jeu l'interaction ion-dipôle, et l'autre les forces de dispersion.

12.4 Comme vous le savez, certains processus de dissolution sont endothermiques et d'autres exothermiques. Expliquez cette différence au niveau moléculaire.

12.5 Dites pourquoi le processus de dissolution mène invariablement à une augmentation du désordre.

12.6 Décrivez les facteurs qui influencent la solubilité d'un solide dans un liquide. Que signifie l'affirmation «deux liquides sont miscibles»?

Problèmes

12.7 Pourquoi $C_{10}H_8$ (naphtalène) est-il plus soluble que CsF dans le benzène?

12.8 Dites pourquoi l'éthanol (C_2H_5OH) n'est pas soluble dans le cyclohexane (C_6H_{12}).

12.9 Classez les composés suivants par ordre croissant de leur solubilité dans l'eau: O_2, LiCl, Br_2, méthanol (CH_3OH).

12.10 Expliquez la variation de la solubilité des alcools suivants dans l'eau:

Composé	*Solubilité dans l'eau g/100 g, 20 °C*
CH_3OH	∞
CH_3CH_2OH	∞
$CH_3CH_2CH_2OH$	∞
$CH_3CH_2CH_2CH_2OH$	9
$CH_3CH_2CH_2CH_2CH_2OH$	2,7

Note: le symbole ∞ signifie que l'eau et l'alcool sont miscibles.

LES UNITÉS DE CONCENTRATION

Questions de révision

12.11 Définissez les types de concentration suivants et donnez les unités qui leur sont associées: pourcentage massique, concentration molaire, molalité. Donnez leurs avantages et leurs inconvénients.

12.12 Décrivez les étapes qui permettent de convertir chacun de ces types de concentration en un autre.

Problèmes

12.13 Calculez le pourcentage massique du soluté dans chacune des solutions suivantes: a) 5,50 g de NaBr dans 78,2 g de solution; b) 31,0 g de KCl dans 152 g d'eau; c) 4,5 g de toluène dans 29 g de benzène.

12.14 Calculez la quantité d'eau (en grammes) qu'il faut ajouter a) à 5,00 g d'urée [$(NH_2)_2CO$] pour préparer une solution dont le pourcentage massique est 16,2 % et b) à 26,2 g de $MgCl_2$ pour préparer une solution dont le pourcentage massique est 1,5 %.

12.15 Calculez la molalité de chacune des solutions suivantes: a) 14,3 g de saccharose ($C_{12}H_{22}O_{11}$) dans 676 g d'eau; b) 7,20 moles d'éthylène glycol ($C_2H_6O_2$) dans 3546 g d'eau.

12.16 Calculez la molalité de chacune des solutions aqueuses suivantes: a) une solution de NaCl à 2,50 *M* (masse volumique de la solution: 1,08 g/mL); b) une solution de KBr dont le pourcentage massique est 48,2 %.

12.17 Calculez la molalité de chacune des solutions aqueuses suivantes: a) une solution de saccharose ($C_{12}H_{22}O_{11}$) 1,22 *M* (masse volumique de la solution: 1,12 g/mL); b) une solution de NaOH à 0,87 *M* (masse volumique de la solution: 1,04 g/mL); c) une solution de $NaHCO_3$ à 5,24 *M* (masse volumique de la solution: 1,19 g/mL).

12.18 Dans les solutions diluées où la masse volumique de la solution est pratiquement égale à celle du solvant pur, la molarité de la solution est égale à sa molalité. Démontrez que cette affirmation est vraie à l'aide d'une solution aqueuse d'urée [$(NH_2)_2CO$] à 0,010 *M*.

12.19 La teneur en alcool d'un spiritueux est habituellement exprimée en degrés, ce qui correspond au double du pourcentage par volume (pourcentage volumique) d'éthanol (C_2H_5OH) présent. Calculez la quantité en grammes d'alcool présent dans 1,00 L de gin dont la teneur en alcool est de 75 degrés. La masse volumique de l'éthanol est de 0,798 g/mL.

12.20 L'acide sulfurique (H_2SO_4) concentré que l'on utilise en laboratoire a un pourcentage massique de 98,0 %. Calculez la molalité et la molarité de la solution acide. La masse volumique de la solution est de 1,83 g/mL.

12.21 Calculez la molarité et la molalité d'une solution de 30,0 g de NH_3 dans 70,0 g d'eau. La masse volumique de la solution est de 0,982 g/mL.

12.22 La masse volumique d'une solution aqueuse d'éthanol (C_2H_5OH) est de 0,984 g/mL; son pourcentage massique est de 10,0 %. a) Calculez la molalité de cette solution. b) Calculez sa molarité c) Quel volume de cette solution contiendrait 0,125 mole d'éthanol?

L'EFFET DE LA TEMPÉRATURE ET DE LA PRESSION SUR LA SOLUBILITÉ

Questions de révision

12.23 Comment la température influence-t-elle la solubilité dans l'eau de la plupart des composés ioniques?

12.24 Quel est l'effet de la pression sur la solubilité d'un liquide dans un liquide et sur celle d'un solide dans un liquide?

Problèmes

12.25 Un échantillon de 3,20 g d'un sel se dissout dans 9,10 g d'eau pour former une solution saturée à 25 °C. Quelle est la solubilité (en g de sel/100 g de H_2O) de ce sel?

12.26 À 75 °C, la solubilité de KNO_3 est de 155 g par 100 g d'eau; à 25 °C, elle est de 38,0 g. Quelle masse (en grammes) de KNO_3 cristallisera si exactement 100 g de solution saturée à 75 °C sont refroidis à 25 °C?

LA SOLUBILITÉ DES GAZ

Questions de révision

12.27 Donnez les facteurs qui influencent la solubilité d'un gaz dans un liquide. Dites pourquoi la solubilité d'un gaz diminue habituellement quand la température augmente.

12.28 Qu'est-ce que la pollution thermique? Pourquoi est-elle nuisible à la vie aquatique?

12.29 Qu'est-ce que la loi de Henry? Définissez chacun des termes de l'équation et donnez les unités qui leur sont associées. Expliquez cette loi à l'aide de la théorie cinétique des gaz.

12.30 Donnez deux exceptions à la loi de Henry.

12.31 Un étudiant observe deux béchers d'eau; l'un est chauffé à 30 °C , l'autre à 100 °C. Dans les deux cas, il y a formation de bulles dans l'eau. Ces bulles ont-elles la même origine? Expliquez.

12.32 Une personne achète un poisson rouge dans une boutique d'animaux. De retour à la maison, elle place le poisson dans un bocal rempli d'eau qu'elle a rapidement refroidie après l'avoir fait bouillir. Quelques minutes plus tard, le poisson meurt. Expliquez pourquoi le poisson est mort.

Problèmes

12.33 L'eau contenue dans un bécher est d'abord saturée d'air dissous. Expliquez ce qui arrive quand on y fait barboter assez longtemps de l'hélium à 1 atm.

12.34 Un mineur qui travaille à 260 m sous le niveau de la mer ouvre une bouteille de boisson gazeuse pendant son repas. À sa grande surprise, la boisson n'est pas pétillante du tout. Peu après, l'homme monte à la surface en ascenseur. Durant la montée, il ne peut s'arrêter de faire des rots. Pourquoi?

12.35 La solubilité de CO_2 dans l'eau à 25 °C et à 1 atm est de 0,034 mol/L. Quelle est sa solubilité dans les conditions atmosphériques? (La pression partielle de CO_2 dans l'air est de 0,0003 atm.) Considérez que CO_2 obéit à la loi de Henry.

12.36 La solubilité de N_2 dans le sang à 37 °C et à une pression partielle de 0,80 atm est de $5,6 \times 10^{-4}$ mol/L. Un plongeur sous-marin respire de l'air comprimé dans lequel la pression partielle de N_2 est de 4,0 atm. En considérant que le volume total de sang dans le corps humain est de 5,0 L, calculez la quantité de N_2 gazeux libéré (en litres) quand le plongeur remonte à la surface, où la pression partielle de N_2 est de 0,80 atm.

LES PROPRIÉTÉS COLLIGATIVES DES SOLUTIONS DE NON-ÉLECTROLYTES

Questions de révision

12.37 Nommez les propriétés colligatives? Quelle est la signification du mot «colligative» dans ce contexte?

12.38 Donnez deux exemples de liquides volatils et deux exemples de liquides non volatils.

12.39 Énoncez la loi de Raoult. Définissez chaque terme de l'équation qui la représente et donnez les unités qui leur sont associées. Qu'est-ce qu'une solution idéale?

12.40 Définissez les expressions «élévation du point d'ébullition» et «abaissement du point de congélation». Écrivez les équations qui les décrivent en fonction de la concentration de la solution. Définissez tous les termes et donnez les unités qui les accompagnent.

12.41 En quoi la diminution de la pression de vapeur est-elle reliée à une élévation du point d'ébullition d'une solution?

12.42 Utilisez un diagramme de phases pour démontrer la différence des points de congélation et d'ébullition entre une solution aqueuse d'urée et l'eau pure.

12.43 Qu'est-ce que l'osmose? Qu'est-ce qu'une membrane semi-perméable?

12.44 Écrivez l'équation qui met en rapport la pression osmotique et la concentration d'une solution. Définissez tous les termes et donnez les unités.

12.45 Que veut-on dire quand on dit que la pression osmotique de l'eau de mer est de 25 atm à une certaine température?

12.46 Dites pourquoi on utilise la molalité pour calculer l'élévation du point d'ébullition et l'abaissement du point de congélation, et la molarité pour calculer la pression osmotique.

12.47 Dites comment vous utiliseriez la mesure de l'abaissement du point de congélation et celle de la pression osmotique pour déterminer la masse molaire d'un composé. Pourquoi n'utilise-t-on généralement pas la mesure de l'élévation du point d'ébullition dans ce contexte?

12.48 Dites pourquoi il est essentiel que les solutions utilisées dans les injections intraveineuses soient isotoniques, c'est-à-dire qu'elles doivent avoir approximativement la même pression osmotique que le sang.

Problèmes

12.49 On prépare une solution en dissolvant 396 g de saccharose ($C_{12}H_{22}O_{11}$) dans 624 g d'eau. Quelle est la pression de vapeur de cette solution à 30 °C? (La pression de vapeur de l'eau est de 31,8 mm Hg à 30 °C.)

12.50 Combien de grammes de saccharose ($C_{12}H_{22}O_{11}$) doit-on ajouter à 552 g d'eau pour obtenir une solution dont la pression de vapeur est de 2,0 mm Hg inférieure à celle de l'eau pure à 20 °C? (La pression de vapeur de l'eau à 20 °C est de 17,5 mm Hg.)

12.51 La pression de vapeur du benzène à 26,1 °C est de 100,0 mm Hg. Calculez la pression de vapeur d'une solution contenant 24,6 g de camphre ($C_{10}H_{16}O$) dissous dans 98,5 g de benzène. (Le camphre est un solide peu volatil.)

12.52 Les pressions de vapeur de l'éthanol (C_2H_5OH) et du propan-1-ol (C_3H_7OH) à 35 °C sont respectivement de 100 mm Hg et de 37,6 mm Hg. En supposant un comportement idéal, calculez les pressions partielles qu'exercent l'éthanol et le propan-1-ol à 35 °C au-dessus d'une solution d'éthanol dans du propan-1-ol, dans laquelle la fraction molaire de l'éthanol est 0,300.

12.53 La pression de vapeur de l'éthanol (C_2H_5OH) à 20 °C est de 44 mm Hg; celle du méthanol (CH_3OH) à la même température est de 94 mm Hg. On mélange 30,0 g de méthanol à 45 g d'éthanol (on suppose que la solution est idéale). a) Calculez la pression de vapeur du méthanol et de l'éthanol au-dessus de cette solution à 20 °C. b) Calculez les fractions molaires du méthanol et de l'éthanol dans la vapeur au-dessus de cette solution à 20 °C.

12.54 Combien de grammes d'urée [$(NH_2)_2CO$] doit-on ajouter à 450 g d'eau pour obtenir une solution dont la pression de vapeur est de 2,50 mm Hg inférieure à celle de l'eau pure à 30 °C? (La pression de vapeur de l'eau à 30 °C est de 31,8 mm Hg.)

12.55 Quels sont les points d'ébullition et de congélation d'une solution de naphtalène 2,47 *m* dans du benzène? (Les points d'ébullition et de congélation du benzène sont respectivement 80,1 °C et 5,5 °C.)

12.56 Une solution aqueuse contient de la glycine, (NH_2CH_2COOH), un acide aminé. En supposant qu'il n'y a aucune ionisation de l'acide, calculez la molalité de la solution si elle gèle à −1,1 °C.

12.57 Les phéromones sont des composés sécrétés par les femelles de nombreuses espèces d'insectes pour attirer les mâles. L'un de ces composés est formé de 80,78 % de C, de 13,56 % de H et de 5,66 % de O. Une solution de 1,00 g de cette phéromone dans 8,50 g de benzène gèle à 3,37 °C. Donnez la formule moléculaire et la masse molaire du composé. (Le point de congélation normal du benzène pur est 5,50 °C.)

12.58 L'analyse élémentaire d'un solide organique extrait de la gomme arabique révèle qu'il contient 40,0 % de C, 6,7 % de H et 53,3 % de O. La dissolution de 0,650 g de ce solide dans 27,8 g de diphényle, un solvant, cause un abaissement du point de congélation de 1,56 °C. Calculez la masse molaire et déterminez la formule moléculaire du solide. (Pour le diphényle, K_{cong} est de 8,00 °C/*m*)

12.59 Calculez combien de litres d'éthylène glycol [$CH_2(OH)CH_2(OH)$] vous ajouteriez au radiateur de votre auto qui contient 6,50 L d'eau si la température descend jusqu'à −20 °C en hiver? Calculez aussi le point d'ébullition de ce mélange. La masse volumique de l'éthylène glycol est de 1,11 g/mL.

12.60 On prépare une solution en condensant 4,00 L d'un gaz, mesuré à 27 °C et à une pression de 748 mm Hg, dans 58,0 g de benzène. Calculez le point de congélation de cette solution.

12.61 On sait que la masse molaire de l'acide benzoïque (C_6H_5COOH) déterminée par la mesure de l'abaissement du point de congélation du benzène est équivalente à deux fois celle prédite d'après la formule moléculaire $C_7H_6O_2$. Expliquez cette apparente anomalie.

12.62 On observe qu'une solution formée de 2,50 g d'un composé, dont la formule empirique est C_6H_5P, dans 25,0 g de benzène gèle à 4,3 °C. Calculez la masse molaire du soluté et déterminez sa formule moléculaire.

12.63 Quelle est la pression osmotique (en atmosphères) d'une solution aqueuse d'urée à 1,36 *M* à 22,0 °C?

12.64 Un volume de 170,0 mL d'une solution aqueuse contenant 0,8330 g d'une protéine de structure inconnue a une pression osmotique de 5,20 mm Hg à 25 °C. Déterminez la masse molaire de cette protéine.

12.65 On dissout 7,480 g d'un composé organique dans assez d'eau pour obtenir 300,0 mL de solution. La pression osmotique de cette solution est de 1,43 atm à 27 °C. L'analyse du composé révèle qu'il contient 41,8 % de C, 4,7 % de H, 37,3 % de O et 16,3 % de N. Déterminez la formule moléculaire de ce composé organique.

12.66 Une solution formée de 6,85 g d'un glucide dans 100,0 g d'eau a une masse volumique de 1,024 g/mL et une pression osmotique de 4,61 atm à 20,0 °C. Calculez la masse molaire de ce glucide.

LES PROPRIÉTÉS COLLIGATIVES DES SOLUTIONS D'ÉLECTROLYTES

Questions de révision

12.67 Pourquoi les propriétés colligatives sont-elles plus complexes dans le cas des solutions d'électrolytes que dans le cas des solutions de non-électrolytes?

12.68 Définissez l'expression «paire d'ions». Quel effet a la formation de paires d'ions sur les propriétés colligatives d'une solution? Quelle est l'influence qu'ont sur la formation de paires d'ions: a) la charge des ions, b) la taille des ions, c) la nature du solvant (polaire ou non polaire), et d) la concentration?

12.69 Dans chacune des paires suivantes, indiquez lequel des composés est le plus susceptible de former des paires d'ions dans l'eau: a) NaCl et Na_2SO_4; b) $MgCl_2$ et $MgSO_4$; c) LiBr et KBr.

12.70 Dites ce qu'est le facteur de van't Hoff. Quel renseignement donne cette grandeur?

Problèmes

12.71 Soit une solution de $CaCl_2$ à 0,35 *m* et une solution d'urée à 0,90 *m*. Laquelle de ces deux solutions aqueuses a: a) le point d'ébullition le plus élevé, b) le point de congélation le plus élevé, et c) la pression de vapeur la plus basse. Justifiez votre choix.

12.72 Soit deux solutions aqueuses, l'une de saccharose ($C_{12}H_{22}O_{11}$) et l'autre d'acide nitrique (HNO_3); toutes deux gèlent à −1,5 °C. Quelles autres propriétés ces solutions ont-elles en commun?

12.73 Classez les solutions suivantes par ordre décroissant de leur point de congélation: Na_3PO_4 à 0,10 *m*; NaCl à 0,35 *m*; $MgCl_2$ à 0,20 *m*; $C_6H_{12}O_6$ à 0,15 *m*; CH_3COOH à 0,15 *m*.

12.74 Classez les solutions aqueuses suivantes par ordre décroissant de leur point de congélation et justifiez votre réponse: HCl à 0,50 *m*; glucose à 0,50 *m*; acide acétique à 0,50 *m*.

12.75 Quels sont les points de congélation et d'ébullition normaux des solutions suivantes? a) 21,2 g de NaCl dans 135 mL d'eau; b) 15,4 g d'urée dans 66,7 mL d'eau.

12.76 À 25 °C, la pression de vapeur de l'eau pure est de 23,76 mm Hg, et celle de l'eau de mer est de 22,98 mm Hg. En supposant que l'eau de mer ne contient que du NaCl, évaluez sa molalité.

12.77 En hiver, on utilise du NaCl et du $CaCl_2$ pour faire fondre la glace sur les routes. Quels avantages ont ces substances par rapport au saccharose ou à l'urée pour abaisser le point de congélation de l'eau?

12.78 Une solution de NaCl dont le pourcentage massique est 0,86 % est appelé sérum physiologique parce que sa pression osmotique est égale à celle de la solution contenue dans les cellules sanguines. Calculez la pression osmotique de cette solution à la température normale du corps (37 °C). La masse volumique de la solution saline est de 1,005 g/mL.

12.79 À 25 °C, les pressions osmotiques de solutions de $CaCl_2$ et d'urée, toutes deux à 0,010 *M*, sont respectivement de 0,605 atm et de 0,245 atm. Calculez le facteur de van't Hoff pour la solution de $CaCl_2$.

12.80 Calculez la pression osmotique d'une solution de $MgSO_4$ à 0,0500 *M* à 22 °C. (*Indice:* voir tableau 12.3.)

PROBLÈMES VARIÉS

12.81 Le lysozyme est une enzyme qui détruit la paroi (membrane semi-perméable) des bactéries. Un échantillon de lysozyme extrait du blanc d'œuf de poule a une masse molaire de 13 930 g/mol. On dissout 0,100 g de cette enzyme dans 150 g d'eau à 25 °C. Calculez la diminution de la pression de vapeur, l'abaissement du point de congélation, l'élévation du point d'ébullition et la pression osmotique de cette solution. (La pression de vapeur de l'eau à 25 °C est de 23,76 mm Hg.)

12.82 À une certaine température, les pressions osmotiques de deux solutions, A et B, sont respectivement de 2,4 atm et 4,6 atm. Quelle est la pression osmotique d'une solution formée du mélange de volumes égaux de A et B à cette même température?

12.83 Pourquoi un concombre placé dans la saumure (eau salée) se ratatine-t-il?

12.84 À 25 °C, les pressions de vapeur de deux liquides, A et B, sont respectivement de 76 mm Hg et de 132 mm Hg. Quelle est la pression de vapeur totale de la solution idéale formée: a) de 1,00 mole de A et de 1,00 mole de B; et b) de 2,00 moles de A et 5,00 moles de B?

12.85 Calculez le facteur de van't Hoff pour Na_3PO_4 dans une solution aqueuse à 0,40 *m* dont le point d'ébullition est de 100,78 °C.

12.86 À 35 °C, 262 mL d'une solution contenant 1,22 g d'un sucre a une pression osmotique de 30,3 mm Hg. Quelle est la masse molaire de ce sucre?

12.87 Examinez les trois manomètres au mercure suivants. Dans l'un d'entre eux, on a placé 1 mL d'eau sur la colonne de mercure; dans un autre, 1 mL d'une solution d'urée à 1 *m*; finalement, dans le dernier, 1 mL d'une solution de NaCl à 1 *m*. Associez ces solutions aux lettres X, Y et Z de l'illustration ci-dessous.

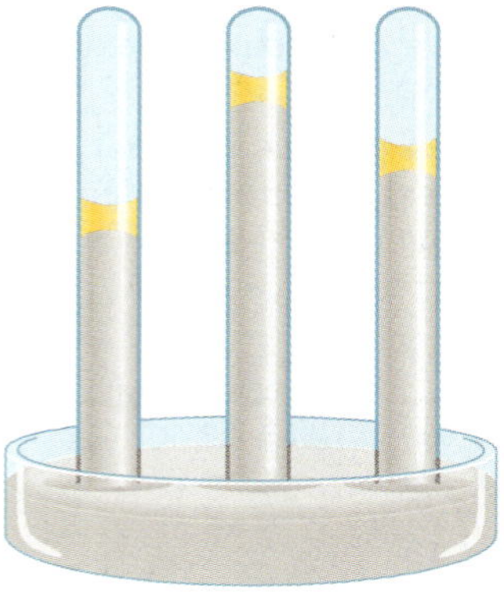

12.88 On demande à une chimiste de la police judiciaire d'analyser une poudre blanche. Elle dissout 0,50 g de la substance dans 8,0 g de benzène. La solution gèle à 3,9 °C. La chimiste peut-elle conclure que le composé est de la cocaïne ($C_{17}H_{21}NO_4$)? Quelle supposition fait-on dans cette analyse?

12.89 Les médicaments dits à «action prolongée» ont l'avantage de se libérer dans l'organisme à une vitesse constante. Leur concentration à tout moment n'est donc pas trop élevée pour causer des effets indésirables ni trop basse pour être inefficace. Un comprimé de ce type de médicament est illustré ci-dessous. Expliquez son fonctionnement.

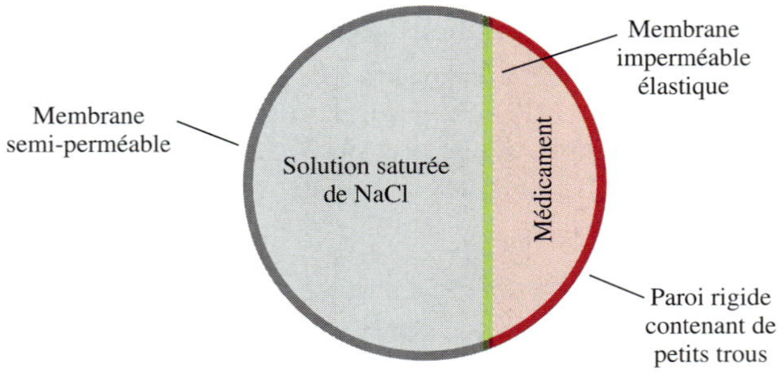

12.90 L'acide chlorhydrique concentré commercial a un pourcentage massique de 37,7 %. Quelle est sa concentration en molarité? (La masse volumique de la solution est de 1,19 g/mL.)

Réponses aux exercices: 12.1 Dans le disulfure de carbone; **12.2** 7,44 %; **12.3** 0,638 *m;* **12.4** 1,22 *M*; **12.5** 8,92 *m*; **12.6** 13,8 *m* **12.7** $7,7 \times 10^{-5}$ *M*; **12.8** 0,78 *m*; **12.9** 101,3 °C et −4,48 °C; **12.10** 0,066 *m* et $1,3 \times 10^2$ g/mol; **12.11** $2,60 \times 10^4$ g/mol.

CHAPITRE 13
L'ÉQUILIBRE CHIMIQUE

13.1
Le concept d'équilibre

13.2
L'expression des constantes d'équilibre
L'équilibre homogène • L'équilibre hétérogène • L'expression de K et l'équation décrivant l'équilibre • Résumé des règles d'écriture des constantes d'équilibre

13.3
La signification de la constante d'équilibre
La prévision du sens de l'évolution (ou de l'absence d'évolution) d'une réaction • Le calcul des concentrations à l'équilibre

13.4
Les facteurs qui influencent l'équilibre chimique
Le principe de Le Chatelier • Les modifications de la concentration • Les modifications de la pression et du volume • Les modifications de la température • Le rôle d'un catalyseur • Résumé des effets des facteurs d'influence

Haber était une autorité reconnue en matière de relations entre la recherche scientifique et l'industrie.

Au début du XXe siècle, certains pays connurent une pénurie de composés azotés utilisés comme engrais et comme explosifs. Les chimistes de l'époque cherchèrent donc à convertir de l'azote atmosphérique en composés utilisables (un procédé appelé fixation de l'azote), comme l'ammoniac. En 1912, le chimiste allemand Fritz Haber développa un procédé — qui porte maintenant son nom — pour synthétiser l'ammoniac directement à partir de l'azote et de l'hydrogène:

$$N_2(g) + 3H_2(g) \rightleftharpoons 2NH_3(g)$$

On appelle parfois ce procédé «procédé Haber-Bosch» pour souligner le fait que c'est Karl Bosch, un ingénieur, qui conçut l'équipement permettant de produire industriellement de l'ammoniac à une température de 500 °C et à une pression de 500 atm. Le succès de Haber reposait sur sa connaissance des facteurs qui influencent les systèmes gazeux à l'équilibre et sur le choix de catalyseurs appropriés. On croit que son travail prolongea la Première Guerre mondiale de quelques années parce qu'il permit à l'Allemagne de continuer à fabriquer des explosifs même si le blocus naval des Alliés avait interrompu son approvisionnement en nitrate de sodium en provenance du Chili. En 1995, les États-Unis ont produit environ 16 millions de kilogrammes d'ammoniac grâce au procédé Haber; la majeure partie est utilisée comme engrais.

Fritz Haber est né en Prusse, en 1868. Sa contribution à la science ne se limite pas à la synthèse de l'ammoniac; il réalisa d'importants travaux en électrochimie et en chimie de la combustion; il fut également directeur du prestigieux Kaiser Wilhelm Institute. Sa tentative d'extraire de l'or des océans est par ailleurs son échec scientifique le plus connu: il avait surestimé de mille fois la concentration de l'or dans l'eau de mer! Sa contribution au développement de l'utilisation d'un gaz toxique, le chlore, sur les champs de bataille a grandement terni sa réputation. La décision de lui attribuer le prix Nobel de chimie en 1918 souleva la controverse et fut vertement critiquée, événement rare en sciences physiques.

En 1933, quand les nazis prirent le pouvoir, Haber fut expulsé d'Allemagne parce qu'il était juif. Il mourut en Suisse d'une crise cardiaque l'année suivante.

On ajoute de l'ammoniac liquide à la terre avant de semer.

13.1 LE CONCEPT D'ÉQUILIBRE

Il y a peu de réactions chimiques qui se produisent dans un seul sens. La plupart sont, jusqu'à un certain point, réversibles. Au début d'une réaction réversible, il y a formation de produits; cependant, aussitôt que des molécules des produits apparaissent, la réaction inverse (c'est-à-dire la formation de molécules de réactifs à partir des molécules de produits) s'amorce. *Quand les vitesses des réactions directe et inverse sont égales et que les concentrations des réactifs et des produits ne changent plus dans le temps*, l'***équilibre chimique*** est atteint.

L'équilibre chimique est un processus dynamique. On peut le comparer au va-et-vient des skieurs dans une station de ski achalandée, où le nombre de skieurs qui remontent la pente est égal au nombre de ceux qui la descendent. Ainsi, malgré ce transfert continuel et constant de skieurs, le nombre de personnes au sommet et celui en bas de la pente ne changent pas.

Quand on parle d'équilibre chimique, on parle d'au moins deux substances différentes: un réactif et un produit; l'***équilibre physique,*** de son côté, n'implique qu'une seule substance, dans deux phases différentes: le *changement produit est physique*. L'évaporation de l'eau dans un contenant fermé à une température donnée est un exemple d'équilibre physique. Dans ce cas, le nombre de molécules H_2O qui quittent la phase liquide est égal au nombre de molécules qui y retournent:

De l'eau liquide en équilibre avec sa vapeur à la température ambiante.

$$H_2O(l) \rightleftharpoons H_2O(g)$$

(Au chapitre 4, nous avons vu que la double flèche indique une réaction réversible.) Même si l'équilibre physique fournit des renseignements utiles, dont la pression de vapeur à l'équilibre (*section 11.6*), c'est l'équilibre chimique, par exemple dans le cas de la réaction réversible entre le dioxyde d'azote (NO_2) et le tétraoxyde de diazote (N_2O_4), qui intéresse le plus les chimistes. On peut facilement suivre le déroulement de la réaction:

$$N_2O_4(g) \rightleftharpoons 2NO_2(g)$$

parce que N_2O_4 est un gaz incolore, tandis que NO_2 est un gaz brun foncé (que l'on peut voir, à l'occasion, quand l'air est pollué). Si l'on injectait une quantité précise de N_2O_4 dans un ballon dans lequel on a fait le vide, une couleur brune apparaîtrait immédiatement, indiquant la formation de molécules NO_2. La couleur deviendrait plus foncée à mesure que les molécules N_2O_4 se dissocieraient. Une fois l'équilibre atteint, la couleur ne changerait plus. On sait, par expérience, que l'on peut aussi atteindre l'équilibre en utilisant du NO_2 pur ou un mélange de NO_2 et de N_2O_4. Dans chacun des cas, on observe un changement initial de couleur, causé soit par la formation de NO_2 (la couleur s'accentue) soit par la disparition de NO_2 (la couleur pâlit); à l'état final, la couleur ne change plus. Selon la température et les quantités initiales de NO_2 et de N_2O_4 utilisées, les concentrations de NO_2 et de N_2O_4 à l'équilibre diffèrent d'un système à l'autre (*figure 13.1*).

Le tableau 13.1 montre quelques données expérimentales concernant cette réaction à 25 °C. Les concentrations des gaz, exprimées en molarité, sont calculées à partir du nombre de moles de gaz présentes au début de la réaction et à l'équilibre, et du volume du ballon en litres. Remarquons ici l'utilisation de crochets, un nouveau symbole qui sera très utilisé dorénavant

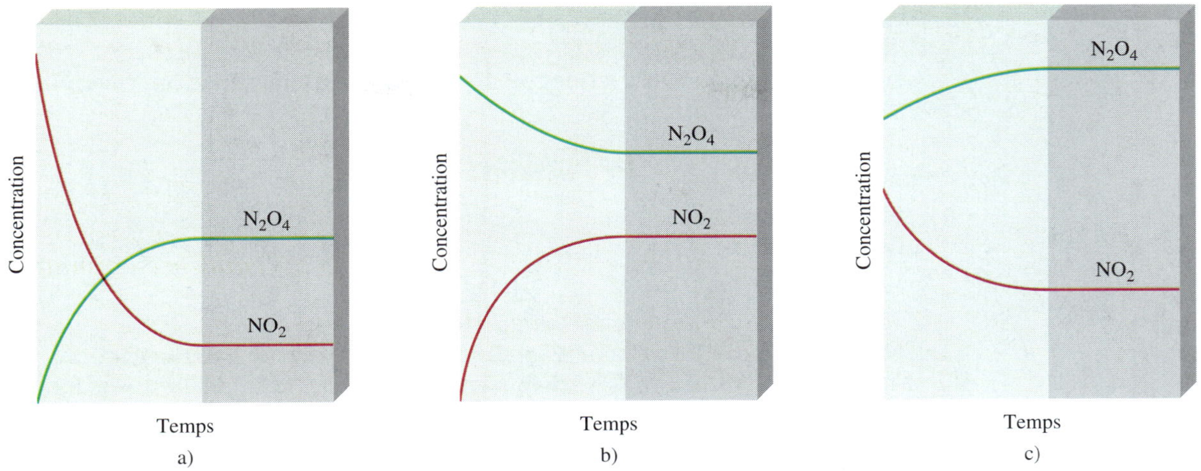

FIGURE 13.1

Variations des concentrations de NO_2 et de N_2O_4 en fonction du temps. a) Initialement, seul NO_2 est présent. b) Initialement, seul N_2O_4 est présent. c) Initialement, on a un mélange de NO_2 et de N_2O_4.

pour exprimer la molarité (concentration molaire volumique) d'une substance; ainsi, par exemple, la molarité de A = [A] = *M*. L'analyse des données à l'équilibre révèle que, même si le rapport $[NO_2]/[N_2O_4]$ donne des valeurs disparates, le rapport $[NO_2]^2/[N_2O_4]$, lui, donne une valeur presque constante dont la moyenne est $4{,}63 \times 10^{-3}$. Cette valeur moyenne est appelée *constante d'équilibre* (*K*) pour cette réaction à 25 °C. L'expression mathématique de la constante d'équilibre pour le système $NO_2-N_2O_4$ est

$$K = \frac{[NO_2]^2}{[N_2O_4]} = 4{,}63 \times 10^{-3} \tag{13.1}$$

TABLEAU 13.1
Le système NO_2–N_2O_4 à 25 °C

Concentrations initiales (*M*)		**Concentrations à l'équilibre (*M*)**		**Rapport des concentrations à l'équilibre**	
$[NO_2]$	$[N_2O_4]$	$[NO_2]$	$[N_2O_4]$	$\frac{[NO_2]}{[N_2O_4]}$	$\frac{[NO_2]^2}{[N_2O_4]}$
0,000	0,670	0,0547	0,643	0,0851	$4{,}65 \times 10^{-3}$
0,0500	0,446	0,0457	0,448	0,102	$4{,}66 \times 10^{-3}$
0,0300	0,500	0,0475	0,491	0,0967	$4{,}60 \times 10^{-3}$
0,0400	0,600	0,0523	0,594	0,0880	$4{,}60 \times 10^{-3}$
0,200	0,000	0,0204	0,0898	0,227	$4{,}63 \times 10^{-3}$

Notez que l'exposant 2 de $[NO_2]$ dans cette équation est égal au coefficient stœchiométrique de NO_2 dans l'équation de la réaction réversible.

On peut généraliser ce concept en considérant la réaction réversible suivante:

$$aA + bB \rightleftharpoons cC + dD$$

où a, b, c et d sont les coefficients stœchiométriques des espèces A, B, C et D. La constante d'équilibre pour la réaction à une température donnée est

$$K = \frac{[C]^c[D]^d}{[A]^a[B]^b} \qquad (13.2)$$

L'équation (13.2) est l'expression mathématique de la *loi d'action de masse*. Elle *décrit la concentration des réactifs et des produits à l'équilibre* selon une grandeur appelée ***constante d'équilibre***. Cette dernière est un quotient; le numérateur est obtenu par la multiplication des concentrations à l'équilibre des *produits*, chacune des concentrations étant élevée à une puissance égale au coefficient stœchiométrique du produit dans l'équation équilibrée; le dénominateur est obtenu de la même manière, mais avec les valeurs des *réactifs*. Les termes «réactifs» et «produits» qui ont déjà été définis à la section 3.7 peuvent porter à confusion dans le présent contexte d'une réaction réversible, car toute substance utilisée comme réactif pour la réaction directe est également un produit pour la réaction inverse. Pour éviter toute confusion, convenons tout simplement d'appeler ici les substances inscrites à droite de la double flèche les «produits» et celles à gauche les «réactifs». Cette équation est le fruit d'observations empiriques faites au cours d'études de réactions semblables à NO_2–N_2O_4. Cependant, la constante d'équilibre peut être déduite théoriquement à partir de la thermodynamique, un sujet que nous aborderons au chapitre 17.

Finalement, notons que, si la constante d'équilibre est beaucoup plus grande que 1 ($K \gg 1$), soit tout nombre > 10 dans ce contexte, l'équilibre se déplacera vers la droite de l'équation chimique et favorisera les produits. Inversement, si la constante d'équilibre est beaucoup plus petite que 1 ($K \ll 1$), tout nombre $< 0{,}1$ dans ce contexte, l'équilibre se déplacera vers la gauche et favorisera les réactifs.

13.2 L'EXPRESSION DES CONSTANTES D'ÉQUILIBRE

Pour qu'elles soient pratiques, on doit exprimer les constantes d'équilibre en utilisant les concentrations des réactifs et des produits, avec, comme point de repère, la loi d'action de masse [équation (13.2)]. Cependant, puisqu'il existe différents types d'unités pour exprimer la concentration et que les espèces en jeu ne sont pas toujours dans la même phase, il peut y avoir plus d'une façon d'exprimer la constante d'équilibre pour une *même* réaction. Commençons par examiner les réactions dont les produits et les réactifs sont tous dans la même phase.

L'ÉQUILIBRE HOMOGÈNE

L'expression «***équilibre homogène***» s'applique aux réactions dans lesquelles *toutes les espèces en jeu sont dans la même phase*. Un exemple d'équilibre homogène en phase gazeuse est la dissociation de N_2O_4. La constante d'équilibre, selon l'équation (13.1) est

$$K_C = \frac{[NO_2]^2}{[N_2O_4]}$$

L'indice «*C*», dans K_C, indique que la concentration des espèces en jeu est exprimée en moles par litre. Les concentrations dans les réactions en phase gazeuse peuvent également être exprimées à l'aide des pressions partielles. D'après l'équation $P = (n/V)RT$ (*section 5.7*), on sait que, à température constante, la pression *P* d'un gaz est directement proportionnelle à sa concentration en moles par litre, car $(n/V) = M$. Ainsi, dans le cas de l'équilibre

$$N_2O_4\,(g) \rightleftharpoons 2NO_2\,(g)$$

on peut écrire

$$K_P = \frac{P^2_{NO_2}}{P_{N_2O_4}} \qquad (13.3)$$

où P_{NO_2} et $P_{N_2O_4}$ sont respectivement les pressions partielles à l'équilibre (en atmosphères) de NO_2 et de N_2O_4. L'indice «*P*», dans K_P, indique que les concentrations à l'équilibre sont exprimées en fonction de la pression.

En général, K_C n'est pas égale à K_P, car la pression partielle des réactifs et des produits n'est pas égale à leurs concentrations molaires. On peut toutefois déduire une relation simple entre K_P et K_C. Voyons l'équilibre suivant en phase gazeuse:

$$a\text{A}(g) \rightleftharpoons b\text{B}(g)$$

où *a* et *b* sont des coefficients stœchiométriques. La constante d'équilibre K_C est

$$K_C = \frac{[\text{B}]^b}{[\text{A}]^a}$$

et l'expression de K_P est

$$K_P = \frac{P^a_{\text{A}}}{P^b_{\text{B}}}$$

où P_{A} et P_{B} sont les pressions partielles de A et de B. En supposant que les gaz se comportent de façon idéale:

$$P_{\text{A}}V = n_{\text{A}}RT$$

$$P_{\text{A}} = \frac{n_{\text{A}}RT}{V}$$

où *V* est le volume du contenant en litres. Il en est de même pour le gaz B:

$$P_{\text{B}}V = n_{\text{B}}RT$$

$$P_{\text{B}} = \frac{n_{\text{B}}RT}{V}$$

Si l'on remplace ces relations dans l'expression de K_P, on obtient

$$K_P = \frac{\left(\frac{n_B RT}{V}\right)^b}{\left(\frac{n_A RT}{V}\right)^a} = \frac{\left(\frac{n_B}{V}\right)^b}{\left(\frac{nA}{V}\right)^a} (RT)^{b-a}$$

Ensuite, comme les unités de n_A/V et de n_B/V sont les moles par litre, on peut les remplacer par [A] et [B], de sorte que

$$K_P = \frac{[B]^b}{[A]^a}(RT)^{\Delta n}$$

$$= K_C (RT)^{\Delta n} \qquad (13.4)$$

où

$$\Delta n = b - a$$

$$= \text{moles de produits gazeux} - \text{moles de réactifs gazeux.}$$

Puisque la pression est habituellement donnée en atmosphères, la constante des gaz (R) est donnée par 0,0821 L · atm/K · mol; on peut alors exprimer la relation entre K_P et K_C de la manière suivante:

$$K_P = K_C (0{,}0821\ T)^{\Delta n} \qquad (13.5)$$

En général, K_P n'est pas égale à K_C, sauf dans le cas spécial où $\Delta n = 0$. Dans ce cas, on peut écrire l'équation (13.5) de la manière suivante:

$$K_P = K_C (0{,}0821\ T)^0$$

$$= K_C$$

Prenons, comme autre exemple d'équilibre homogène, l'ionisation de l'acide acétique (CH_3COOH) dans l'eau:

$$CH_3COOH(aq) + H_2O(l) \rightleftharpoons CH_3COO^-(aq) + H_3O^+(aq)$$

La constante d'équilibre est

$$K'_C = \frac{[CH_3COO^-][H_3O^+]}{[CH_3COOH][H_2O]}$$

[Ici on utilise K'_C («K_C prime») pour la distinguer de la forme finale de la constante d'équilibre donnée ci-après.] Cependant, dans 1 L, ou 1000 g, d'eau, il y a 55,5 moles d'eau [1000 g/(18,02 g/mol)]. Ainsi, la «concentration» de l'eau, ou [H_2O], est de 55,5 mol/L. C'est une très forte concentration si on la compare à celles des autres espèces en solution (habituellement de 1 mol/L ou moins); on peut donc considérer qu'elle ne change pas de manière appréciable durant une réaction. On peut alors considérer [H_2O] comme une constante et réécrire la constante d'équilibre de la manière suivante:

$$K_C = \frac{[CH_3COO^-][H_3O^+]}{[CH_3COOH]}$$

où

$$K_C = K'_C[H_2O]$$

Notez qu'en général on n'indique pas les unités de la constante d'équilibre. En thermodynamique, K n'a pas d'unités, car toute concentration (en moles par litre) ou pression (en atmosphères) est en réalité un rapport à une valeur standard, qui est de 1 mol/L ou de 1 atm. De cette façon, les unités s'éliminent, mais les valeurs numériques de la concentration ou de la pression demeurent. Cette pratique sera également utilisée dans le cas des équilibres acidobasiques et des équilibres de solubilité que nous étudierons aux chapitres 14 et 15.

EXEMPLE 13.1
L'expression de K_C et de K_P

Écrivez l'expression de K_C et de K_P, le cas échéant, pour les réactions réversibles suivantes à l'équilibre:

a) $2NO(g) + O_2(g) \rightleftharpoons 2NO_2(g)$

b) $CH_3COOH(aq) + C_2H_5OH(aq) \rightleftharpoons CH_3COOC_2H_5(aq) + H_2O(l)$

Réponse: a)

$$K_C = \frac{[NO_2]^2}{[NO]^2[O_2]} \qquad K_P = \frac{P^2_{NO_2}}{P^2_{NO}P_{O_2}}$$

b) La constante d'équilibre K'_C est donnée par

$$K'_C = \frac{[CH_3COOC_2H_5][H_2O]}{[CH_3COOH][C_2H_5OH]}$$

Puisque la quantité d'eau produite dans la réaction est négligeable par rapport à la quantité d'eau utilisée comme solvant, on considère la concentration de l'eau comme inchangée. La nouvelle constante d'équilibre peut donc s'exprimer ainsi:

$$K_C = \frac{[CH_3COOC_2H_5]}{[CH_3COOH][C_2H_5OH]}$$

EXERCICE

Exprimez K_C et K_P pour la réaction suivante:

$$2N_2O_5(g) \rightleftharpoons 4NO_2(g) + O_2(g)$$

EXEMPLE 13.2

Le calcul de la pression partielle à l'équilibre

La constante d'équilibre K_P pour la réaction

$$PCl_5(g) \rightleftharpoons PCl_3(g) + Cl_2(g)$$

est 1,05 à 250 °C. Si les pressions partielles à l'équilibre de PCl_5 et de PCl_3 sont respectivement de 0,875 atm et de 0,463 atm, quelle est la pression partielle à l'équilibre de Cl_2 à 250 °C?

Réponse: D'abord, il faut exprimer K_P à l'aide des pressions partielles des espèces en jeu.

$$K_P = \frac{P_{PCl_3}P_{PCl_2}}{P_{PCl_5}}$$

Connaissant les pressions partielles, nous écrivons

$$1{,}05 = \frac{(0{,}463)(P_{Cl_2})}{(0{,}875)}$$

ou

$$P_{Cl_2} = \frac{(1{,}05)(0{,}875)}{(0{,}463)} = 1{,}98 \text{ atm}$$

Notez que P_{Cl_2} comporte l'unité «atm».

EXERCICE

La constante d'équilibre K_P pour la réaction

$$2NO_2(g) \rightleftharpoons 2NO(g) + O_2(g)$$

vaut 158 à 1000 K. Calculez P_{O_2} si $P_{NO_2} = 0{,}400$ atm et $P_{NO} = 0{,}270$ atm.

EXEMPLE 13.3

La conversion de K_C en K_P

Pour la réaction

$$N_2(g) + 3H_2(g) \rightleftharpoons 2NH_3(g)$$

la valeur de K_P est $4{,}3 \times 10^{-4}$ à 375 °C. Calculez K_C pour cette réaction.

Réponse: Selon l'équation (13.5), nous écrivons

$$K_C = \frac{K_P}{(0{,}0821T)^{\Delta n}}$$

Puisque $T = 648$ K et $\Delta n = 2 - 4 = -2$, nous avons

$$K_C = \frac{4{,}3 \times 10^{-4}}{(0{,}0821 \times 648)^{-2}} = 1{,}2$$

EXERCICE

La constante d'équilibre (K_C) pour la réaction

$$N_2O_4(g) \rightleftharpoons 2NO_2(g)$$

vaut $4,63 \times 10^{-3}$ à 25 °C. Quelle est la valeur de K_P à cette température?

La calcite est constituée de carbonate de calcium, comme le sont la craie et le marbre.

L'ÉQUILIBRE HÉTÉROGÈNE

Une réaction réversible qui met en jeu des réactifs et des produits qui sont dans des phases différentes conduit à un ***équilibre hétérogène.*** Par exemple, quand on chauffe du carbonate de calcium dans un contenant fermé, le système atteint l'équilibre suivant:

$$CaCO_3(s) \rightleftharpoons CaO(s) + CO_2(g)$$

Les deux solides et le gaz constituent trois phases distinctes. À l'équilibre, la constante d'équilibre pourrait s'exprimer de la manière suivante:

$$K'_C = \frac{[CaO][CO_2]}{[CaCO_3]} \quad (13.6)$$

Cependant, la «concentration» d'un solide, tout comme sa masse volumique, est une propriété intensive; elle ne dépend donc pas de la quantité de substance présente. [Notez qu'il est possible de convertir les unités de concentration (moles par litre) en unités de masse volumique (grammes par centimètre cube), et vice versa.] C'est pourquoi $[CaCO_3]$ et $[CaO]$ sont des constantes et peuvent faire partie intégrante de la constante d'équilibre. On peut alors simplifier l'expression de la constante d'équilibre donnée plus haut de la manière suivante:

$$\frac{[CaCO_3]}{[CaO]}K'_C = K_C = [CO_2] \quad (13.7)$$

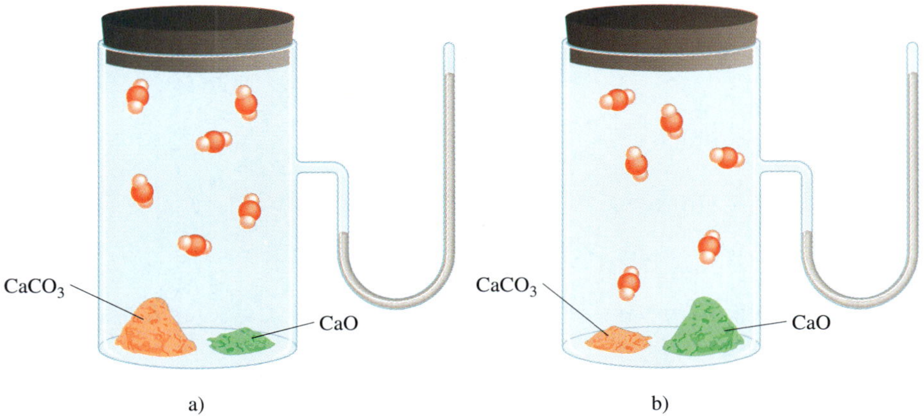

FIGURE 13.2

Peu importe les quantités de $CaCO_3$ et de CaO présentes, à une température donnée, la pression de CO_2 à l'équilibre est la même en a) et en b).

où K_C, la «nouvelle» constante d'équilibre, est exprimée de manière plus commode en fonction d'une seule concentration, celle de CO_2. N'oubliez pas que la valeur de K_C ne dépend pas des quantités de $CaCO_3$ ou de CaO présente pourvu que ces deux substances soient présentes (*figure 13.2*).

Par ailleurs, d'après la définition de K_P déjà donnée au tout début de cette section, on peut aussi représenter la constante d'équilibre de cette réaction de la manière suivante:

$$K_P = P_{CO_2} \tag{13.8}$$

Dans ce cas, la constante d'équilibre est numériquement égale à la pression de CO_2 gazeux, une grandeur facilement mesurable.

Ce qui a été dit des solides s'applique également aux liquides. Si, parmi les réactifs ou les produits, il y a un liquide, on peut considérer sa concentration comme une constante et l'omettre dans l'expression de la constante d'équilibre. On considère qu'elle fait déjà partie de la constante.

EXEMPLE 13.4

Le calcul de K_P et de K_C dans le cas d'un équilibre hétérogène

Soit l'équilibre hétérogène suivant:

$$CaCO_3(s) \rightleftharpoons CaO(s) + CO_2(g)$$

À 800 °C, la pression de CO_2 est de 0,236 atm. Calculez: a) K_P et b) K_C pour la réaction à cette température.

Réponse: a) Selon l'équation (13.8), nous écrivons

$$K_P = P_{CO_2}$$
$$= 0{,}236$$

b) Selon l'équation (13.5), nous savons que

$$K_P = K_C(0{,}0821T)^{\Delta n}$$

$T = 800 + 273 = 1073$ K et $\Delta n = 1$; nous substituons donc ces valeurs dans l'équation et nous obtenons:

$$0{,}236 = K_C(0{,}0821 \times 1073)$$
$$K_C = 2{,}68 \times 10^{-3}$$

EXERCICE

Soit l'équilibre suivant à 295 K:

$$NH_4HS(s) \rightleftharpoons NH_3(g) + H_2S(g)$$

Les gaz ont la même pression partielle: 0,265 atm. Calculez K_P et K_C pour cette réaction.

L'EXPRESSION DE *K* ET L'ÉQUATION DÉCRIVANT L'ÉQUILIBRE

Avant de terminer cette section, il faut prendre en note les deux règles importantes suivantes concernant l'écriture des constantes d'équilibre:

- Si on change le sens de l'équation d'une réaction réversible, la constante d'équilibre est alors la réciproque de la constante d'équilibre originale. Par exemple, si l'on écrit l'équilibre de NO_2–N_2O_4 à 25 °C de la manière suivante:

$$N_2O_4(g) \rightleftharpoons 2NO_2(g)$$

la constante d'équilibre est

$$K_C = \frac{[NO_2]^2}{[N_2O_4]} = 4,63 \times 10^{-3}$$

Cependant, on peut également écrire l'équilibre de la manière suivante:

$$2NO_2(g) \rightleftharpoons N_2O_4(g)$$

et la constante d'équilibre est alors

$$K'_C = \frac{[N_2O_4]}{[NO_2]^2} = \frac{1}{K_C} = \frac{1}{4,63 \times 10^{-3}} = 216$$

On peut donc constater que $K_C = 1/K'_C$; autrement dit, $K_CK'_C = 1,00$. K_C et K'_C sont deux constantes d'équilibre valables; cependant, dire que la constante d'équilibre pour le système NO_2–N_2O_4 est $4,63 \times 10^{-3}$ ou 216 n'a aucun sens, si l'on ne spécifie pas le sens de l'équation d'équilibre.

- La valeur de *K* dépend également de la manière dont l'équation est équilibrée. Voici deux manières différentes de décrire un même équilibre:

$$\tfrac{1}{2}N_2O_4(g) \rightleftharpoons NO_2(g) \qquad K'_C = \frac{[NO_2]}{[N_2O_4]^{1/2}}$$

$$N_2O_4(g) \rightleftharpoons 2NO_2(g) \qquad K_C = \frac{[NO_2]^2}{[N_2O_4]}$$

À l'examen des exposants, on s'aperçoit que $K'_C = \sqrt{K_C}$. Selon le tableau 13.1, $K_C = 4,63 \times 10^{-3}$; alors, $K'_C = 0,0680$.

Donc, si on multiplie les coefficients stœchiométriques par deux, la constante d'équilibre correspondante est le carré de la valeur originale; si on les multiplie par trois, la constante d'équilibre est le cube de la valeur originale, et ainsi de suite. L'exemple NO_2–N_2O_4 illustre une fois de plus la nécessité d'écrire l'équation chimique qui est associée explicitement à la valeur d'une constante d'équilibre.

RÉSUMÉ DES RÈGLES D'ÉCRITURE DES CONSTANTES D'ÉQUILIBRE

- Les concentrations des espèces réagissantes qui sont en phase condensée sont exprimées en moles par litre; en phase gazeuse, les concentrations peuvent s'exprimer en moles par litre ou en atmosphères. K_C et K_P sont reliées par une équation simple [équation (13.5)].
- Les concentrations des solides purs, des liquides purs (dans un équilibre hétérogène) et des solvants (dans un équilibre homogène) n'apparaissent pas dans l'expression de la constante d'équilibre.
- La constante d'équilibre (K_C ou K_P) ne comporte pas d'unité.
- Quand on donne la valeur d'une constante d'équilibre, il faut l'accompagner de l'équation équilibrée qui correspond à cette valeur et il faut mentionner la température.

13.3 LA SIGNIFICATION DE LA CONSTANTE D'ÉQUILIBRE

Nous avons vu que la constante d'équilibre pour une réaction donnée peut être calculée à partir des concentrations à l'équilibre. Quand on connaît la valeur de la constante d'équilibre, on peut utiliser l'équation (13.2) pour calculer les concentrations inconnues à l'équilibre (sans oublier, bien sûr, que la valeur de la constante d'équilibre ne change pas à la condition que la température soit constante). En général, la constante d'équilibre permet de prédire dans quel sens aura lieu une réaction pour atteindre l'équilibre et elle permet aussi de calculer la concentration des réactifs et des produits, une fois l'équilibre atteint. Ce sont ces aspects de la constante d'équilibre que cette section aborde.

LA PRÉVISION DU SENS DE L'ÉVOLUTION (OU DE L'ABSENCE D'ÉVOLUTION) D'UNE RÉACTION

La constante d'équilibre K_C pour la réaction

$$H_2(g) + I_2(g) \rightleftharpoons 2HI(g)$$

vaut 54,3 à 430 °C. Supposons que l'on place 0,243 mole de H_2, 0,146 mole de I_2 et 1,98 mole de HI dans un contenant de 1 L, à 430 °C. Comment évoluera le système? La réaction qui aura lieu formera-t-elle plus de H_2 et de I_2 ou plus de HI? En substituant les concentrations initiales par leurs valeurs dans l'expression de la constante d'équilibre, on obtient:

$$\frac{[HI]_0^2}{[H_2]_0[I_2]_0} = \frac{(1{,}98)^2}{(0{,}243)(0{,}146)} = 111$$

où l'indice 0 indique qu'il s'agit des concentrations initiales. Puisque le quotient $[HI]_0^2/[H_2]_0[I_2]_0$ est supérieur à K_C, ce système n'est pas en équilibre. Par conséquent, une certaine quantité de HI se transformera en H_2 et en I_2 (diminuant ainsi la valeur du quotient). Alors, la réaction nette se produira vers la gauche pour atteindre l'équilibre. Remarquons que cette prévision ne permet pas de savoir vraiment si ce changement sera observé, car la vitesse de cette réaction pourrait être très lente. Il ne s'agit donc que d'une prévision de tendance.

On appelle ***quotient réactionnel*** **(*Q_C*)** la *grandeur obtenue quand on utilise les concentrations initiales dans l'expression de la constante d'équilibre*. Pour déterminer le sens de l'évolution de la réaction nette, il faut comparer les valeurs de Q_C et de K_C. Il y a trois cas possibles:

- $Q_C > K_C$ Le rapport entre les concentrations initiales des produits et des réactifs est trop grand. Pour atteindre l'équilibre, une certaine quantité de produits doit se convertir en réactifs. La réaction évoluera vers la gauche (transformation de produits servant à la formation de réactifs).

- $Q_C = K_C$ Les concentrations initiales sont des concentrations à l'équilibre. Le système n'évolue pas, car il est déjà en équilibre.

- $Q_C < K_C$ Le rapport entre les concentrations initiales des produits et des réactifs est trop petit. Pour atteindre l'équilibre, une certaine quantité de réactifs doit se convertir en produits. Le système évoluera donc vers la droite (transformation de réactifs servant à la formation de produits).

Note: Dans le cas où la constante utilisée est K_P, on fait ce test avec Q_P. Donc d'une manière générale, on compare Q à K.

EXEMPLE 13.5
L'utilisation de Q_C pour prédire le sens de l'évolution d'une réaction

Au début d'une réaction donnée, il y a 0,249 mole de N_2, $3{,}21 \times 10^{-2}$ mole de H_2 et $6{,}42 \times 10^{-4}$ mole de NH_3 dans un contenant de 3,50 L, à 375 °C. Si la constante d'équilibre K_C pour la réaction

$$N_2(g) + 3H_2(g) \rightleftharpoons 2NH_3(g)$$

vaut 1,2 à cette température, dites si ce système est en équilibre. Sinon, dites dans quel sens la réaction aura tendance à évoluer.

Réponse: Les concentrations initiales des espèces en jeu sont

$$[N_2]_0 = \frac{0{,}249 \text{ mol}}{3{,}50 \text{ L}} = 0{,}0711 \; M$$

$$[H_2]_0 = \frac{3,21 \times 10^{-2} \text{ mol}}{3,50 \text{ L}} = 9,17 \times 10^{-3} M$$

$$[NH_3]_0 = \frac{6,42 \times 10^{-4} \text{ mol}}{3,50 \text{ L}} = 1,83 \times 10^{-4} M$$

Nous écrivons

$$\frac{[NH_3]_0^2}{[N_2]_0[H_2]_0^3} = \frac{(1,83 \times 10^{-4})^2}{(0,0711)(9,17 \times 10^{-3})^3} = 0,611 = Q_C$$

Puisque Q_C est inférieur à K_C (1,2), le système n'est pas en équilibre, ce qui se traduira par une augmentation de la concentration de NH_3 et une diminution des concentrations de N_2 et de H_2. Autrement dit, la réaction nette évoluera vers la droite jusqu'à ce que l'équilibre soit atteint.

EXERCICE

La constante d'équilibre (K_C) pour la réaction

$$2NO(g) + Cl_2(g) \rightleftharpoons 2NOCl(g)$$

vaut $6,5 \times 10^4$ à 35 °C. Supposons que l'on mélange $2,0 \times 10^{-2}$ mole de NO, $8,3 \times 10^{-3}$ mole de Cl_2 et 6,8 moles de NOCl dans un ballon de 2,0 L. Dans quel sens évoluera la réaction pour atteindre l'équilibre?

LE CALCUL DES CONCENTRATIONS À L'ÉQUILIBRE

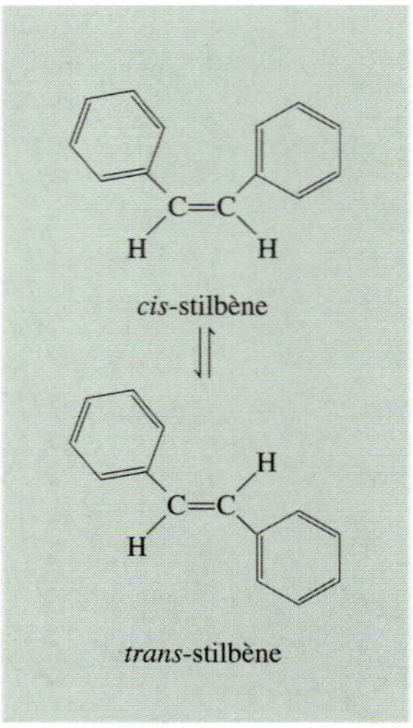

FIGURE 13.3

Les structures du cis-*stilbène et du* trans-*stilbène.*

Si l'on connaît la constante d'équilibre pour une réaction donnée, on peut calculer les concentrations dans le mélange à l'équilibre à partir des concentrations initiales. Selon les données initiales, ce calcul peut nécessiter une ou plusieurs étapes. Le plus souvent, seules les concentrations initiales des réactifs sont connues. Voyons, par exemple, un système qui comprend une paire d'isomères géométriques dans un solvant organique (*figure 13.3*), dont la constante d'équilibre (K_C) vaut 24,0 à 200 °C:

$$cis\text{-stilbène} \rightleftharpoons trans\text{-stilbène}$$

Supposons qu'au début seul le *cis*-stilbène est présent et que sa concentration est de 0,850 mol/L. Comment calculer les concentrations de *cis*-stilbène et de *trans*-stilbène à l'équilibre? Selon la stœchiométrie de la réaction, on constate que, pour chaque mole de *cis*-stilbène convertie, il y a une mole de *trans*-stilbène formée. Soit x la concentration à l'équilibre du *trans*-stilbène en moles par litre; la concentration à l'équilibre de *cis*-stilbène est alors de $(0,850 - x)$ mol/L. La compilation de toutes ces données sous forme de tableau est fort utile pour aider à résoudre ce genre de problèmes:

	cis-stilbène $\rightleftharpoons$	*trans*-stilbène
Concentration initiale (M):	0,850	0
Variation (M):	$-x$	$+x$
Concentration à l'équilibre (M):	$(0{,}850 - x)$	x

Une variation positive (+) représente une augmentation, et une variation négative (−) représente une diminution de concentration. Il faut ensuite écrire l'expression de la constante d'équilibre en fonction des concentrations à l'équilibre:

$$K_C = \frac{[trans\text{-stilbène}]}{[cis\text{-stilbène}]}$$

$$24{,}0 = \frac{x}{0{,}850 - x}$$

$$x = 0{,}816\ M$$

Ayant résolu cette équation du premier degré, on peut calculer les concentrations à l'équilibre (troisième ligne du tableau) du *cis*-stilbène et du *trans*-stilbène de la manière suivante:

$$[cis\text{-stilbène}] = (0{,}850 - 0{,}816)\ M = 0{,}034\ M$$

$$[trans\text{-stilbène}] = 0{,}816\ M$$

On peut résumer cette méthode de résolution de problèmes concernant les calculs des concentrations à l'équilibre de la façon suivante:

1. Exprimer les concentrations à l'équilibre de toutes les espèces à l'aide des concentrations initiales et d'une seule inconnue (x), qui représente une modification de la concentration de l'une des espèces.

2. Exprimer la constante d'équilibre en fonction des concentrations à l'équilibre. La valeur de la constante d'équilibre étant connue, résoudre l'équation pour x.

3. Après avoir déterminé la valeur de x, calculer les concentrations à l'équilibre de toutes les espèces.

EXEMPLE 13.6

Le calcul des concentrations à l'équilibre

On place un mélange de 0,500 mole de H_2 et de 0,500 mole de I_2 dans un ballon en acier inoxydable de 1,00 L, à 430 °C. Calculez les concentrations de H_2, de I_2 et de HI à l'équilibre. La constante d'équilibre K_C pour la réaction $H_2(g) + I_2(g) \rightleftharpoons 2HI(g)$ vaut 54,3 à cette température.

Réponse:

Étape 1: Selon la stœchiométrie de la réaction, une mole de H_2 réagit avec une mole de I_2 pour former deux moles de HI. Soit x la diminution de la concentration (en moles par litre) de H_2 ou de I_2

nécessaire pour atteindre l'équilibre; la concentration de HI à l'équilibre doit donc être de $2x$. Les variations des concentrations peuvent être résumées de la manière suivante:

	H_2	+	I_2	$\rightleftharpoons$	2HI
Concentration initiale (M):	0,500		0,500		0,000
Variation (M):	$-x$		$-x$		$+2x$
Concentration à l'équilibre (M):	$(0{,}500 - x)$		$(0{,}500 - x)$		$2x$

Étape 2: La constante d'équilibre est donnée par

$$K_C = \frac{[HI]^2}{[H_2][I_2]}$$

Par substitution, en utilisant les données de la troisième ligne du tableau, nous obtenons:

$$54{,}3 = \frac{(2x)^2}{(0{,}500 - x)(0{,}500 - x)}$$

Dans ce cas-ci l'équation est en x^2 (ou du second degré), mais elle se résout facilement car il s'agit d'un carré parfait. En extrayant la racine carrée des deux membres de l'équation, nous avons

$$7{,}37 = \frac{2x}{0{,}500 - x}$$

$$x = 0{,}393\ M$$

Étape 3: Les concentrations à l'équilibre sont

$$[H_2] = (0{,}500 - 0{,}393)\ M = 0{,}107\ M$$

$$[I_2] = (0{,}500 - 0{,}393)\ M = 0{,}107\ M$$

$$[HI] = 2 \times 0{,}393\ M = 0{,}786\ M$$

On peut vérifier ces réponses en calculant K_C à partir des valeurs trouvées.

EXERCICE

Soit la réaction de l'exemple 13.6. Si la concentration initiale de HI est de 0,040 M, quelles sont les concentrations de HI, de H_2 et de I_2 à l'équilibre?

EXEMPLE 13.7

Le calcul des concentrations à l'équilibre

Soit la même réaction et la même température qu'à l'exemple 13.6. En supposant que les concentrations initiales de H_2, de I_2 et de HI sont respectivement de 0,00623 *M*, de 0,00414 *M* et de 0,0224 *M*, calculez les concentrations de ces espèces à l'équilibre.

Réponse:

Étape 1: Soit x la diminution de la concentration (en moles par litre) de H_2 et de I_2 à l'équilibre. Selon la stœchiométrie de la réaction, l'augmentation de la concentration de HI doit être de $2x$. Nous écrivons alors

	H_2	+ I_2	$\rightleftharpoons$ 2HI
Concentration initiale (*M*):	0,00623	0,00414	0,0224
Variation (*M*):	$-x$	$-x$	$+2x$
Conc. à l'équilibre (*M*):	$(0{,}00623 - x)$	$(0{,}00414 - x)$	$(0{,}0224 + 2x)$

Étape 2: La constante d'équilibre est

$$K_C = \frac{[HI]^2}{[H_2][I_2]}$$

Par substitution, nous obtenons:

$$54{,}3 = \frac{(0{,}0224 + 2x)^2}{(0{,}00623 - x)(0{,}00414 - x)}$$

Nous ne pouvons ici résoudre cette équation du second degré simplement en extrayant les racines carrées, comme nous l'avons fait précédemment, car cette fois les concentrations de départ de $[H_2]$ et de $[I_2]$ sont inégales. Il faut plutôt procéder par multiplications (produit croisé):

$$54{,}3(2{,}58 \times 10^{-5} - 0{,}0104x + x^2) = 5{,}02 \times 10^{-4} + 0{,}0896x + 4x^2$$

En réarrangeant les termes, nous obtenons:

$$50{,}3x^2 - 0{,}654x + 8{,}98 \times 10^{-4} = 0$$

C'est une équation quadratique (ou du second degré) de la forme $ax^2 + bx + c = 0$. La solution d'une telle équation (*voir l'annexe* 3) est

$$x = \frac{-b \pm \sqrt{b^2 - 4ac}}{2a}$$

Ici, $a = 50{,}3$; $b = -0{,}654$; et $c = 8{,}98 \times 10^{-4}$. Alors:

$$x = \frac{0{,}654 \pm \sqrt{(-0{,}654)^2 - 4(50{,}3)(8{,}98 \times 10^{-4})}}{2 \times 50{,}3}$$

$$x = 0{,}0114\ M \quad \text{ou} \quad x = 0{,}00156\ M$$

La première solution est physiquement impossible, car les quantités de H_2 et de I_2 qui auraient réagi seraient supérieures aux quantités initiales. C'est donc la seconde solution qui est la bonne. Notez que, lorsque l'on résout une équation quadratique de ce genre, il y a toujours une réponse qui est physiquement impossible; par exemple, toute solution menant à une valeur négative de la concentration d'une substance doit être écartée. Toutefois, x étant une variation de la concentration d'une substance, sa valeur peut être positive ou négative. Donc le choix de l'une ou l'autre des valeurs de x est facile à faire.

Étape 3: Les concentrations à l'équilibre sont

$$[H_2] = (0{,}00623 - 0{,}00156)\ M = 0{,}00467\ M$$

$$[I_2] = (0{,}00414 - 0{,}00156)\ M = 0{,}00258\ M$$

$$[HI] = (0{,}0224) + (2 \times 0{,}00156)\ M = 0{,}0255\ M$$

EXERCICE

À 1280 °C, la constante d'équilibre (K_C) pour la réaction

$$Br_2(g) \rightleftharpoons 2Br(g)$$

vaut $1{,}1 \times 10^{-3}$. Si les concentrations initiales sont $[Br_2] = 6{,}3 \times 10^{-2}\ M$ et $[Br] = 1{,}2 \times 10^{-2}\ M$, calculez les concentrations de ces espèces à l'équilibre.

13.4 LES FACTEURS QUI INFLUENCENT L'ÉQUILIBRE CHIMIQUE

L'équilibre chimique est un équilibre entre une réaction directe et la réaction inverse correspondante. Dans la plupart des cas, cet équilibre est assez précaire. Toute modification des conditions dans lesquelles une expérience a lieu peut influencer l'équilibre et déplacer la position d'équilibre de sorte qu'il y aura formation d'une plus ou moins grande quantité d'un produit désiré. Quand on dit que la position d'équilibre se déplace vers la droite, par exemple, on veut dire que la réaction nette se produit de la gauche vers la droite de l'équation qui la représente. Les différentes conditions expérimentales pouvant influencer l'équilibre sont: la concentration, la pression, le volume et la température. Dans cette section, nous verrons comment chacune de ces variables influence un système en équilibre, et quel est l'effet d'un catalyseur sur l'équilibre.

Henry Le Chatelier (1850-1936), chimiste et industriel français.

LE PRINCIPE DE LE CHATELIER

Il existe une règle générale qui permet de prédire dans quel sens un système en équilibre aura tendance à évoluer quand une modification de la concentration, de la pression, du volume ou de la température se produit. Cette règle, appelée ***principe de Le Chatelier,*** dit que *si une contrainte (un facteur extérieur) agit sur un système en équilibre, le système réagit de manière à s'opposer partiellement à cette contrainte.* Le terme «contrainte» signifie ici une modification de la concentration, de la pression, du volume ou de la température, qui perturbe l'état d'équilibre du système. Nous utiliserons ce principe pour déterminer les effets de telles modifications.

Les modifications de la concentration

Le thiocyanate de fer(III) [$Fe(SCN)_3$] se dissout facilement dans l'eau pour donner une solution rouge. La couleur rouge est due à la présence d'ions $FeSCN^{2+}$ hydratés. L'équilibre entre les ions non dissociés $FeSCN^{2+}$ et les ions Fe^{3+} et SCN^- est représenté par

$$\underset{\text{rouge}}{FeSCN^{2+}(aq)} \rightleftharpoons \underset{\text{jaune pâle}}{Fe^{3+}(aq)} + \underset{\text{incolore}}{SCN^-(aq)}$$

Qu'arrive-t-il si l'on ajoute du thiocyanate de sodium (NaSCN) à cette solution? Dans ce cas, la contrainte qui vient agir sur le système en équilibre est une augmentation de la concentration de SCN^- (provenant de la dissociation de NaSCN). Pour s'opposer à cette contrainte, des ions Fe^{3+} réagissent avec des ions SCN^- ajoutés; l'équilibre se déplace alors vers la gauche:

$$FeSCN^{2+}(aq) \longleftarrow Fe^{3+}(aq) + SCN^-(aq)$$

Par conséquent, la coloration rouge de la solution s'intensifie (*figure 13.4*). De même, si l'on ajoute du nitrate de fer(III) [$Fe(NO_3)_3$] à la solution originale, la coloration rouge s'intensifie également, car les ions Fe^{3+} [de $Fe(NO_3)_3$] ajoutés déplacent l'équilibre vers la gauche. Les ions Na^+ et NO_3^- sont des ions spectateurs incolores.

Maintenant, si l'on ajoute de l'acide oxalique ($H_2C_2O_4$) à la solution originale, l'acide oxalique s'ionise dans l'eau pour former des ions oxalate ($C_2O_4^{2-}$), qui se lient fortement aux ions Fe^{3+}. La formation de l'ion jaune stable $Fe(C_2O_4)_3^{3-}$ réduit le nombre d'ions Fe^{3+} de la solution. Par conséquent, il y a dissociation d'ions $FeSCN^{2+}$; l'équilibre se déplace donc vers la droite:

$$FeSCN^{2+}(aq) \longrightarrow Fe^{3+}(aq) + SCN^-(aq)$$

a) b) c) d)

FIGURE 13.4

Effet de la concentration sur la position d'équilibre. a) Une solution aqueuse de $Fe(SCN)_3$: la couleur de la solution est due à la présence du $FeSCN^{2+}$ rouge et du Fe^{3+} jaune. b) Après addition de NaSCN à la solution a), l'équilibre se déplace vers la gauche. c) Après addition de $Fe(NO_3)_3$ à la solution a), l'équilibre se déplace vers la gauche. d) Après addition de $H_2C_2O_4$ à la solution a), l'équilibre se déplace vers la droite. La couleur jaune est due à la présence des ions $Fe(C_2O_4)_3^{3-}$.

La solution rouge devient alors jaune à cause de la formation d'ions $Fe(C_2O_4)_3^{3-}$.

Cette expérience démontre que, à l'équilibre, tous les réactifs et tous les produits sont présents dans le système. De plus, une augmentation des concentrations des produits (Fe^{3+} ou SCN^-) déplace l'équilibre vers la gauche, alors qu'une diminution de la concentration du produit Fe^{3+} déplace l'équilibre vers la droite. Ces résultats sont en accord avec le principe de Le Chatelier.

EXEMPLE 13.8

L'effet d'une modification de la concentration sur la position d'équilibre

À 720 °C, la constante d'équilibre K_C pour la réaction

$$N_2(g) + 3H_2(g) \rightleftharpoons 2NH_3(g)$$

vaut $2{,}37 \times 10^{-3}$. Dans une expérience donnée, les concentrations à l'équilibre sont $[N_2] = 0{,}683\ M$, $[H_2] = 8{,}80\ M$ et $[NH_3] = 1{,}05\ M$. On ajoute une certaine quantité de NH_3 au mélange pour que sa concentration augmente à $3{,}65\ M$. a) À l'aide du principe de Le Chatelier, prédisez dans quel sens la réaction nette évoluera pour atteindre un nouvel équilibre. b) Confirmez votre prédiction en calculant le quotient réactionnel Q_C et en le comparant avec K_C.

Réponse: a) La contrainte externe qui vient agir sur le système est l'addition de NH_3. Pour minimiser cette contrainte, des molécules NH_3 réagissent pour produire des molécules N_2 et H_2 jusqu'à ce qu'un nouvel équilibre soit atteint. La réaction nette se produit alors de droite à gauche:

$$N_2(g) + 3H_2(g) \longleftarrow 2NH_3(g)$$

b) Dès que l'on y ajoute du NH_3, le système n'est plus en équilibre. Le quotient réactionnel est donné par

$$Q_C = \frac{[NH_3]_0^2}{[N_2]_0[H_2]_0^3} = \frac{(3{,}65)^2}{(0{,}683)(8{,}80)^3} = 2{,}86 \times 10^{-2}$$

Puisque cette valeur est supérieure à $2{,}37 \times 10^{-3}$, la réaction nette se produit de droite à gauche, jusqu'à ce que Q_C soit égal à K_C.

La figure 13.5 illustre qualitativement les modifications de concentrations des espèces en jeu.

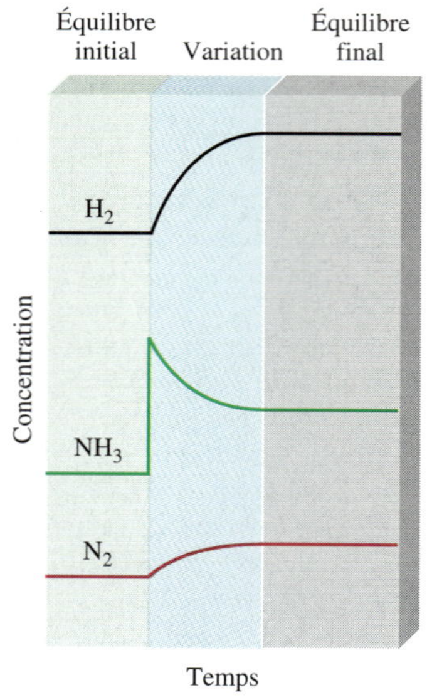

FIGURE 13.5

Variations des concentrations de H_2, de N_2 et de NH_3 après addition de NH_3 au système en équilibre.

EXERCICE

À 430 °C, la constante d'équilibre K_P de la réaction

$$2NO(g) + O_2(g) \rightleftharpoons 2NO_2(g)$$

vaut $1{,}5 \times 10^5$. Dans une expérience donnée, les pressions initiales de NO, de O_2 et de NO_2 sont respectivement de $2{,}1 \times 10^{-3}$ atm, de $1{,}1 \times 10^{-2}$ atm et de 0,14 atm. Calculez Q_P et prédisez dans quel sens aura lieu la réaction nette pour atteindre l'équilibre à la même température.

LES MODIFICATIONS DE LA PRESSION ET DU VOLUME

Les modifications de la pression n'influencent ordinairement pas la concentration des espèces en phases condensées (en solution aqueuse, par exemple), car les liquides et les solides sont pratiquement incompressibles. Par contre, elles influencent grandement la concentration des gaz. Examinons encore l'équation (5.7):

$$PV = nRT$$

$$P = \left(\frac{n}{V}\right)RT$$

P et V sont inversement proportionnels: plus la pression est grande, plus le volume est petit, et vice versa. Notez également que le terme (n/V) équivaut à la concentration du gaz en moles par litre et qu'il est directement proportionnel à la pression.

Soit le système suivant en équilibre

$$N_2O_4(g) \rightleftharpoons 2NO_2(g)$$

dans un cylindre muni d'un piston mobile. Qu'arrive-t-il si, à température constante, on augmente la pression des gaz en appuyant sur le piston? Puisque le volume diminue, les concentrations (n/V) de NO_2 et de N_2O_4 augmentent. Puisque dans l'expression de la constante d'équilibre la concentration de NO_2 est au carré, la valeur du numérateur augmentera plus rapidement que celle du dénominateur. Le système n'est alors plus en équilibre, et on écrit

$$Q_C = \frac{[NO_2]_0^2}{[N_2O_4]_0}$$

Ainsi $Q_C > K_C$, et la réaction nette se produira vers la gauche jusqu'à ce que $Q_C = K_C$. Inversement, une diminution de pression (donc une augmentation de volume) se soldera par $Q_C < K_C$; la réaction nette se produira alors vers la droite, jusqu'à ce que $Q_C = K_C$.

En général, une augmentation de pression (donc une diminution de volume) favorise le déplacement de l'équilibre dans le sens de la réaction nette qui contribue à faire diminuer le nombre total de moles de gaz (dans le cas présent, la réaction inverse); une diminution de pression (donc une augmentation de volume) favorise le déplacement dans le sens de la réaction nette qui contribue à faire augmenter le nombre total de moles de gaz (ici, la réaction directe). Pour ce qui est des réactions où il n'y a aucun changement dans le nombre de moles de gaz en procédant dans un sens ou dans l'autre, une modification de la pression (ou du volume) n'a aucun effet sur la position d'équilibre.

Il est possible de changer la pression d'un système sans en changer le volume. Par exemple, soit le système NO_2–N_2O_4 placé dans un contenant en acier inoxydable fermé dont le volume est constant. On peut augmenter la pression totale en y ajoutant un gaz rare (de l'hélium, par exemple). L'ajout d'hélium au mélange en équilibre, dans un volume constant, augmente la pression totale des gaz et diminue les fractions molaires de NO_2 et de N_2O_4; cependant, la pression partielle de chaque gaz, qui est le produit de la fraction molaire par la pression totale (*section 5.5*), ne change pas. Donc, la présence d'un gaz rare dans un tel cas n'influence pas l'équilibre.

EXEMPLE 13.9

Les effets de la modification de la pression et du volume sur la position d'équilibre

Soit les systèmes suivants en équilibre:

a) $2PbS(s) + 3O_2(g) \rightleftharpoons 2PbO(s) + 2SO_2(g)$

b) $PCl_5(g) \rightleftharpoons PCl_3(g) + Cl_2(g)$

c) $H_2(g) + CO_2(g) \rightleftharpoons H_2O(g) + CO(g)$

Dans chaque cas, prédisez le sens de la réaction nette qui suivrait une augmentation de la pression (une diminution du volume) du système à température constante.

Réponse: a) On ne tient compte que des molécules de gaz. Dans l'équation équilibrée, il y a trois moles de réactifs gazeux pour deux moles de produits gazeux. Alors, une augmentation de pression provoquera une réaction nette vers les produits (vers la droite).

b) Il y a deux moles de produits pour une mole de réactifs; alors, la réaction nette se produira vers les réactifs (vers la gauche).

c) Le nombre de moles des produits est égal à celui des réactifs; une modification de la pression n'a donc aucun effet sur l'équilibre.

EXERCICE

Soit la réaction

$$2NOCl(g) \rightleftharpoons 2NO(g) + Cl_2(g)$$

Prédisez dans quel sens aura lieu la réaction nette causée par une diminution de la pression (une augmentation de volume) du système à température constante.

Les modifications de la température

Bien qu'une modification de la concentration, de la pression ou du volume puisse faire changer la position d'équilibre, elle n'influence pas la valeur de la constante d'équilibre. Seule une modification de la température peut la faire varier.

La formation de NO_2 à partir de N_2O_4 est une réaction endothermique:

$$N_2O_4(g) \longrightarrow 2NO_2(g) \qquad \Delta H^\circ = 58{,}0 \text{ kJ}$$

et la réaction inverse est exothermique:

$$2NO_2(g) \longrightarrow N_2O_4(g) \qquad \Delta H^\circ = -58{,}0 \text{ kJ}$$

À l'équilibre, le bilan d'échange de chaleur est nul puisqu'il n'y a pas de réaction nette. Qu'arrive-t-il si le système en équilibre

$$N_2O_4(g) \rightleftharpoons 2NO_2(g)$$

est chauffé à volume constant? Puisque c'est la réaction endothermique (opposition à la contrainte) qui absorbe la chaleur de l'extérieur, le réchauffement (contrainte) favorise la dissociation des molécules N_2O_4 en NO_2. Par conséquent, la constante d'équilibre, donnée par

$$K_C = \frac{[NO_2]^2}{[N_2O_4]}$$

augmente avec la température (*figure 13.6*).

Prenons, comme autre exemple, l'équilibre entre les ions suivants:

$$\underset{\text{bleu}}{CoCl_4^{2-}} + 6H_2O \rightleftharpoons \underset{\text{rose}}{Co(H_2O)_6^{2+}} + 4Cl^-$$

La formation de $CoCl_4^{2-}$ est endothermique. Sous l'effet de la chaleur, l'équilibre se déplace vers la gauche et la solution devient bleue. Un refroidissement favorise une réaction exothermique [la formation de $Co(H_2O)_6^{2+}$]; la solution devient alors rose (*figure 13.7*).

On peut résumer ces observations par l'affirmation suivante: *une augmentation de température favorise une réaction endothermique, et une diminution de température favorise une réaction exothermique*. Cette affirmation est en accord avec le principe de Le Chatelier.

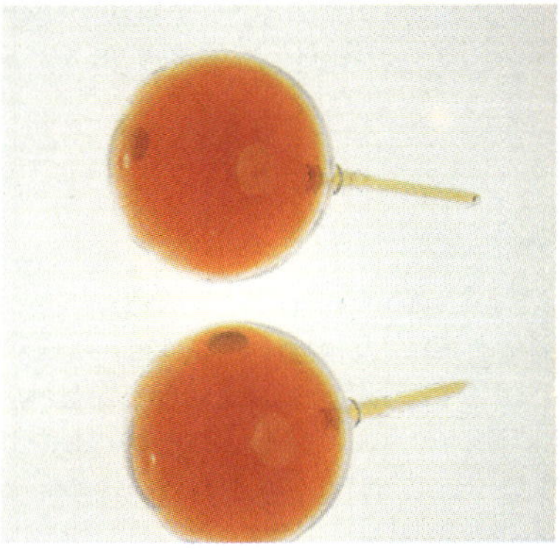

a)

b)

FIGURE 13.6

a) Deux ballons contenant un mélange de NO_2 et de N_2O_4 gazeux en équilibre. b) Quand on immerge un ballon dans l'eau glacée (à gauche), la couleur devient plus pâle, indiquant la formation de N_2O_4 gazeux incolore. Quand on immerge l'autre ballon dans l'eau chaude, la couleur s'intensifie, indiquant la formation de NO_2.

FIGURE 13.7

(À gauche) Le chauffage favorise la formation d'ions $CoCl_4^{2-}$*, d'où la couleur bleue. (À droite) Le refroidissement favorise la formation d'ions* $Co(H_2O)_6^{2+}$*, d'où la couleur rouge.*

LE RÔLE D'UN CATALYSEUR

Un catalyseur augmente la vitesse d'une réaction (*chapitre 19*). Dans une réaction réversible, un catalyseur influence de la même manière la vitesse des réactions directe et inverse. Ainsi, la présence d'un catalyseur ne change pas la constante d'équilibre, pas plus qu'elle ne modifie la position d'équilibre d'un système. L'ajout d'un catalyseur à un mélange réactionnel qui n'est pas en équilibre augmente la vitesse des réactions directe et inverse de sorte que l'équilibre est atteint plus rapidement. Autrement dit, cet équilibre serait atteint sans catalyseur, mais ça prendrait beaucoup plus de temps.

Le principe de Le Chatelier est très utile dans l'industrie. Prenons, par exemple, le procédé Haber de la synthèse de l'ammoniac déjà mentionné à la page 405:

$$N_2(g) + 3H_2(g) \rightleftharpoons 2NH_3(g) \qquad \Delta H^\circ = -92{,}6 \text{ kJ}$$

Puisque la réaction directe se solde par une diminution du nombre de moles de gaz, cette réaction est effectuée, pour un maximum de rendement, à des pressions très élevées (entre 500 atm et 1000 atm). La nature exothermique de la réaction suggère qu'il est préférable d'opérer à basse température. En fait, cette réaction est effectuée autour de 500 °C, en présence de catalyseurs, pour augmenter la vitesse de réaction même si la constante d'équilibre est plus basse à haute température. En pratique, on ne permet pas à la réaction d'atteindre l'équilibre, car on retire continuellement l'ammoniac du mélange réactionnel pour forcer le déplacement de la réaction nette de la gauche vers la droite.

RÉSUMÉ DES EFFETS DES FACTEURS D'INFLUENCE

Nous avons vu quatre facteurs susceptibles d'influencer l'équilibre d'un système. Il est important de se rappeler qu'un seul de ces facteurs, la température, peut faire changer la valeur de la constante d'équilibre. Les modifications de la concentration, de la pression et du volume peuvent faire changer les concentrations des espèces en jeu à l'équilibre, mais elles ne peuvent faire changer la constante d'équilibre tant que la température demeure la même.

Un catalyseur peut aider à atteindre plus rapidement l'état d'équilibre, mais il n'a aucun effet sur la constante d'équilibre ni sur les concentrations à l'équilibre des espèces en jeu.

EXEMPLE 13.10
Les effets des facteurs qui peuvent influencer la position d'équilibre ou la constante d'équilibre

Soit la réaction à l'équilibre suivante:

$$N_2F_4(g) \rightleftharpoons 2NF_2(g) \qquad \Delta H° = 38{,}5 \text{ kJ}$$

Prédisez les effets des changements suivants sur l'équilibre: a) le mélange réactionnel est chauffé à volume constant; b) du NF_2 gazeux est retiré du mélange à température et à volume constants; c) la pression appliquée sur le mélange est abaissée à température constante; et d) un gaz rare, comme l'hélium, est ajouté au mélange à température et à volume constants.

Réponse: a) Puisque la réaction directe est endothermique, une augmentation de température favorise la formation de NF_2. La constante d'équilibre

$$K_C = \frac{[NF_2]^2}{[N_2F_4]}$$

augmentera donc avec la température.

b) Le facteur en jeu ici est le retrait de NF_2 gazeux. Pour s'y opposer, le N_2F_4 se décomposera pour former du NF_2. La constante d'équilibre K_C reste la même.

c) Une diminution de la pression (accompagnée d'une augmentation du volume des gaz) favorise la formation d'un plus grand nombre de molécules de gaz, ce qui correspond à la réaction directe. Il y aura alors formation de NF_2 gazeux. La constante d'équilibre reste la même.

d) L'ajout, à volume constant, d'hélium dans un mélange ne modifie pas son équilibre.

EXERCICE

Soit l'équilibre

$$3O_2(g) \rightleftharpoons 2\,O_3(g) \qquad \Delta H° = 284 \text{ kJ}$$

Quel effet sur le système aurait: a) une augmentation de la pression par diminution du volume; b) une augmentation de la pression par addition de O_2; c) une diminution de la température; et d) l'ajout d'un catalyseur?

RÉSUMÉ

Les chimistes s'intéressent aux équilibres dynamiques impliquant une substance sous plusieurs phases (équilibres physiques) ou des substances en réaction (équilibres chimiques). Pour la réaction chimique générale suivante:

$$aA + bB \rightleftharpoons cC + dD$$

la relation entre les concentrations des réactifs et des produits à l'équilibre (en moles par litre) est exprimée par la constante d'équilibre:

$$K_C = \frac{[C]^c[D]^d}{[A]^a[B]^b}$$

La constante d'équilibre peut également être exprimée en fonction des pressions partielles à l'équilibre (en atmosphères) des gaz, soit K_P.

Lorsque tous les réactifs et les produits d'un système en équilibre sont dans la même phase, l'équilibre est dit homogène. Si, par contre, les réactifs et les produits ne sont pas tous dans la même phase, l'équilibre est dit hétérogène. Les concentrations des solides purs, des liquides purs et des solvants sont constantes et n'apparaissent pas dans l'expression de la constante d'équilibre pour une réaction. La valeur de K pour une réaction dépend de la manière utilisée pour équilibrer l'équation de cette réaction; la constante d'équilibre de la réaction inverse est la réciproque de celle de la réaction directe correspondante.

Le quotient réactionnel Q a la même forme que l'expression de la constante d'équilibre, mais il s'applique à une réaction qui pourrait ne pas être en équilibre. Si $Q > K$, la réaction ira vers la gauche pour atteindre l'équilibre; si $Q < K$, la réaction ira vers la droite.

Le principe de Le Chatelier dit que, si une contrainte (un facteur extérieur) agit sur un système en équilibre, celui-ci réagira de manière à s'opposer partiellement à cette contrainte. Seule une modification de la température fait changer la valeur de la constante d'équilibre pour une réaction donnée. Des modifications de la concentration, de la pression ou du volume peuvent faire changer les concentrations à l'équilibre des réactifs et des produits. L'ajout d'un catalyseur permet d'atteindre plus rapidement l'équilibre, mais il n'influence pas les concentrations à l'équilibre des réactifs et des produits.

MOTS CLÉS

Constante d'équilibre, p. 408
Équilibre chimique, p. 406
Équilibre hétérogène, p. 413
Équilibre homogène, p. 408
Équilibre physique, p. 406
Principe de Le Chatelier, p. 423
Quotient réactionnel (Q_C), p. 417

QUESTIONS ET PROBLÈMES

LE CONCEPT D'ÉQUILIBRE

Questions de révision

13.1 Définissez le terme «équilibre». Donnez deux exemples d'un équilibre dynamique.

13.2 Quelle est la différence entre un équilibre physique et un équilibre chimique? Donnez deux exemples de chacun.

13.3 Expliquez brièvement l'importance de l'équilibre dans l'étude des réactions chimiques.

13.4 Soit le système en équilibre $3A \rightleftharpoons B$. Dites comment les concentrations de A et de B se modifieront avec le temps dans les situations suivantes: a) initialement, seul A est présent; b) initialement, seul B est présent; c) initialement, A et B sont présents (la concentration de A est supérieure). Dans chacun de ces cas, considérez qu'à l'équilibre la concentration de B est supérieure à celle de A.

L'EXPRESSION DES CONSTANTES D'ÉQUILIBRE

Questions de révision

13.5 Définissez les expressions «équilibre homogène» et «équilibre hétérogène». Donnez deux exemples de chacun.

13.6 Que représentent les symboles K_C et K_P?

13.7 Écrivez l'expression de la constante d'équilibre K_P pour les décompositions thermiques suivantes:

a) $2NaHCO_3(s) \rightleftharpoons Na_2CO_3(s) + CO_2(g) + H_2O(g)$

b) $2CaSO_4(s) \rightleftharpoons 2CaO(s) + 2SO_2(g) + O_2(g)$

13.8 Exprimez les constantes d'équilibre K_C, et K_P (si elle s'applique), pour les réactions suivantes:

a) $2CO_2(g) \rightleftharpoons 2CO(g) + O_2(g)$

b) $3O_2(g) \rightleftharpoons 2O_3(g)$

c) $CO(g) + Cl_2(g) \rightleftharpoons COCl_2(g)$

d) $H_2O(g) + C(s) \rightleftharpoons CO(g) + H_2(g)$

e) $HCOOH(aq) \rightleftharpoons H^+(aq) + HCOO^-(aq)$

f) $2\ HgO(s) \rightleftharpoons 2Hg(l) + O_2(g)$

13.9 Exprimez les constantes d'équilibre K_C, et K_P (si elle s'applique) pour les réactions suivantes:

a) $2NO_2(g) + 7H_2(g) \rightleftharpoons 2NH_3(g) + 4H_2O(l)$

b) $2ZnS(s) + 3O_2(g) \rightleftharpoons 2ZnO(s) + 2SO_2(g)$

c) $C(s) + CO_2(g) \rightleftharpoons 2CO(g)$

d) $C_6H_5COOH(aq) \rightleftharpoons C_6H_5COO^-(aq) + H^+(aq)$

LE CALCUL DES CONSTANTES D'ÉQUILIBRE

Question de révision

13.10 Écrivez l'équation reliant K_C et K_P et définissez tous les termes.

Problèmes

13.11 La constante d'équilibre K_C pour la réaction

$$2HCl(g) \rightleftharpoons H_2(g) + Cl_2(g)$$

vaut $4{,}17 \times 10^{-34}$ à 25 °C. Quelle est la constante d'équilibre pour la réaction

$$H_2(g) + Cl_2(g) \rightleftharpoons 2HCl(g)$$

à la même température?

13.12 Soit le système suivant en équilibre à 700 °C:

$$2H_2(g) + S_2(g) \rightleftharpoons 2H_2S(g)$$

Les analyses révèlent qu'il y a 2,50 moles de H_2, $1{,}35 \times 10^{-5}$ mole de S_2 et 8,70 moles de H_2S présentes dans un ballon de 12,0 L. Calculez la constante d'équilibre K_C pour la réaction.

13.13 Quelle est la valeur de K_P à 1273 °C pour la réaction

$$2CO(g) + O_2(g) \rightleftharpoons 2CO_2(g)$$

si $K_C = 2{,}24 \times 10^{22}$ à la même température?

13.14 La constante d'équilibre K_P pour la réaction

$$2SO_3(g) \rightleftharpoons 2SO_2(g) + O_2(g)$$

vaut $5{,}0 \times 10^{-4}$ à 302 °C. Quelle est la valeur de K_C pour cette réaction?

13.15 Soit la réaction suivante:

$$N_2(g) + O_2(g) \rightleftharpoons 2NO(g)$$

Si les pressions partielles à l'équilibre de N_2, de O_2 et de NO sont respectivement de 0,15 atm, de 0,33 atm et de 0,050 atm, à 2200 °C, quelle est la valeur de K_P?

13.16 Un récipient contient des molécules NH_3, N_2 et H_2 à une certaine température; le système est en équilibre. Les concentrations à l'équilibre sont $[NH_3] = 0{,}25\ M$, $[N_2] = 0{,}11\ M$ et $[H_2] = 1{,}91\ M$. Calculez la constante d'équilibre K_C pour la synthèse de l'ammoniac selon que la réaction est décrite en a) ou en b):

a) $N_2(g) + 3H_2(g) \rightleftharpoons 2NH_3(g)$

b) $\frac{1}{2}N_2(g) + \frac{3}{2}H_2(g) \rightleftharpoons NH_3(g)$

13.17 La constante d'équilibre K_C pour la réaction

$$I_2(g) \rightleftharpoons 2I(g)$$

vaut $3{,}8 \times 10^{-5}$ à 727 °C. Calculez K_C et K_P pour l'équilibre

$$2I(g) \rightleftharpoons I_2(g)$$

à la même température.

13.18 La pression du système en équilibre:

$$CaCO_3(s) \rightleftharpoons CaO(s) + CO_2(g)$$

est de 0,105 atm à 350 °C. Calculez K_P et K_C pour cette réaction.

13.19 La constante d'équilibre K_P pour la réaction

$$PCl_5(g) \rightleftharpoons PCl_3(g) + Cl_2(g)$$

vaut 1,05 à 250 °C. Initialement, le mélange est composé de PCl_5, de PCl_3 et de Cl_2 à des pressions respectives de 0,177 atm, de 0,233 atm et de 0,111 atm, à 250 °C. Une fois l'équilibre atteint, quelles sont les pressions qui auront diminué et celles qui auront augmenté? Dites pourquoi.

13.20 Le carbamate d'ammonium ($NH_4CO_2NH_2$) se décompose de la manière suivante:

$$NH_4CO_2NH_2(s) \rightleftharpoons 2NH_3(g) + CO_2(g)$$

Au début, il n'y avait que le solide; à l'équilibre, la pression totale des gaz (NH_3 et CO_2) est de 0,363 atm à 40 °C. Calculez la constante d'équilibre K_P.

13.21 On réalise la réaction suivante à 1600 °C:

$$Br_2(g) \rightleftharpoons 2\,Br(g)$$

Quand on place 1,05 mole de Br_2 dans un ballon de 0,980 L, il y a dissociation de 1,20 % des molécules Br_2. Calculez la constante d'équilibre K_C pour cette réaction.

13.22 On place $3{,}00 \times 10^{-2}$ mole de phosgène gazeux pur ($COCl_2$) dans un contenant de 1,50 L, puis on le chauffe à 800 K. À l'équilibre, la pression de CO est alors de 0,497 atm. Calculez la constante d'équilibre K_P pour la réaction

$$CO(g) + Cl_2(g) \rightleftharpoons COCl_2(g)$$

13.23 Soit l'équilibre

$$2NOBr(g) \rightleftharpoons 2NO(g) + Br_2(g)$$

Si le bromure de nitrosyle (NOBr) se dissocie à 34 % à 25 °C et que la pression totale est de 0,25 atm, calculez K_P et K_C pour la dissociation à cette température.

13.24 On place 2,50 moles de NOCl dans une chambre de réaction de 1,50 L, à 400 °C. Une fois l'équilibre atteint, une analyse révèle que 28,0 % de NOCl s'est dissocié selon l'équation suivante:

$$2NOCl(g) \rightleftharpoons 2NO(g) + Cl_2(g)$$

Calculez la constante d'équilibre K_C pour cette réaction.

LE CALCUL DES CONCENTRATIONS À L'ÉQUILIBRE

Questions de révision

13.25 Dites ce qu'est le quotient réactionnel. En quoi est-il différent de la constante d'équilibre?

13.26 Donnez les grandes étapes du calcul des concentrations à l'équilibre des espèces en jeu dans une réaction.

Problèmes

13.27 La constante d'équilibre K_P pour la réaction

$$2SO_2(g) + O_2(g) \rightleftharpoons 2SO_3(g)$$

vaut $5{,}60 \times 10^4$ à 350 °C. Initialement, on mélange SO_2 et O_2 à des pressions respectives de 0,350 atm et de 0,762 atm, à 350 °C. Une fois l'équilibre atteint, la pression totale est-elle supérieure ou inférieure à la somme des pressions initiales, soit 1,112 atm?

13.28 La constante d'équilibre K_C pour la réaction de synthèse de l'ammoniac

$$N_2(g) + 3H_2(g) \rightleftharpoons 2NH_3(g)$$

vaut 0,65 à 375 °C. Les concentrations initiales sont $[H_2]_0 = 0{,}76\,M$, $[N_2]_0 = 0{,}60\,M$ et $[NH_3]_0 = 0{,}48\,M$; une fois l'équilibre atteint, dites pour chacun des gaz si la concentration a augmenté ou diminué.

13.29 Soit la réaction

$$H_2(g) + CO_2(g) \rightleftharpoons H_2O(g) + CO(g)$$

À 700 °C, $K_C = 0{,}534$. Calculez le nombre de moles de H_2 formées à l'équilibre si un mélange de 0,300 mole de CO et de 0,300 mole de H_2O est chauffé à 700 °C dans un contenant de 10,0 L.

13.30 Un échantillon de NO_2 gazeux pur chauffé à 1000 K se décompose selon l'équation suivante:

$$2NO_2(g) \rightleftharpoons 2NO(g) + O_2(g)$$

La constante d'équilibre K_P vaut 158. Une analyse révèle que la pression partielle de O_2 à l'équilibre est de 0,25 atm. Calculez les pressions de NO et de NO_2 dans le mélange.

13.31 La constante d'équilibre K_C pour la réaction

$$H_2(g) + Br_2(g) \rightleftharpoons 2HBr(g)$$

vaut $2{,}18 \times 10^6$ à 730 °C. Si, initialement, il y a 3,20 moles de HBr dans un contenant de 12,0 L, calculez les concentrations de H_2, de Br_2 et de HBr à l'équilibre.

13.32 La dissociation de l'iode moléculaire en iode atomique est représentée ainsi:

$$I_2(g) \rightleftharpoons 2I(g)$$

À 1000 K, la constante d'équilibre K_C pour cette réaction vaut $3{,}80 \times 10^{-5}$. Si, au départ, il y a 0,0456 mole de I_2 dans un ballon de 2,30 L, à 1000 K, quelles seront les concentrations des gaz une fois l'équilibre atteint?

13.33 La constante d'équilibre K_C pour la décomposition du phosgène ($COCl_2$) vaut $4{,}63 \times 10^{-3}$ à 527 °C:

$$COCl_2(g) \rightleftharpoons CO(g) + Cl_2(g)$$

Calculez la pression partielle à l'équilibre de chaque composante si, au départ, il y avait seulement du phosgène à une pression de 0,760 atm.

13.34 Soit le système suivant en équilibre à 686 °C:

$$CO_2(g) + H_2(g) \rightleftharpoons CO(g) + H_2O(g)$$

Les concentrations à l'équilibre des espèces en jeu sont [CO] = 0,050 *M*, $[H_2]$ = 0,045 *M*, $[CO_2]$ = 0,086 *M*, et $[H_2O]$ = 0,040 *M*. a) Calculez K_C pour la réaction à 686 °C. b) Si l'on ajoutait du CO_2 pour en augmenter la concentration à 0,50 *M*, quelle serait la concentration de chaque gaz une fois le nouvel équilibre atteint?

13.35 Soit l'équilibre hétérogène suivant:

$$C(s) + CO_2(g) \rightleftharpoons 2CO(g)$$

À 700 °C, la pression totale du système est de 4,50 atm. Si la constante d'équilibre K_P vaut 1,52, calculez les pressions partielles de CO_2 et de CO à l'équilibre.

13.36 La constante d'équilibre K_C pour la réaction

$$H_2(g) + CO_2(g) \rightleftharpoons H_2O(g) + CO(g)$$

vaut 4,2 à 1650 °C. On place 0,80 mole de H_2 et 0,80 mole de CO_2 dans un ballon de 5,0 L. Calculez la concentration de chaque espèce à l'équilibre.

LE PRINCIPE DE LE CHATELIER

Questions de révision

13.37 Énoncez le principe de Le Chatelier. Comment ce principe peut-il être mis à profit pour obtenir le maximum de rendement d'une réaction?

13.38 À l'aide du principe de Le Chatelier, dites pourquoi la pression de vapeur à l'équilibre d'un liquide augmente avec la température.

13.39 Nommez quatre facteurs pouvant affecter la position d'équilibre. Lequel d'entre eux peut faire changer la valeur de la constante d'équilibre?

13.40 Que signifie l'expression «position d'équilibre»? La position d'équilibre est-elle influencée par l'ajout d'un catalyseur?

Problèmes

13.41 Soit le système suivant en équilibre:

$$SO_2(g) + Cl_2(g) \rightleftharpoons SO_2Cl_2(g)$$

Prédisez comment changera la position d'équilibre (à température constante): a) si on ajoute du Cl_2 gazeux au système, b) si on retire du SO_2Cl_2 du système, c) si on retire du SO_2 du système.

13.42 Sous l'effet de la chaleur, la dissociation du bicarbonate de sodium dans un contenant fermé atteint l'équilibre suivant:

$$2NaHCO_3(s) \rightleftharpoons Na_2CO_3(s) + H_2O(g) + CO_2(g)$$

Qu'arriverait-il à la position d'équilibre (à température constante): a) si une quantité de CO_2 était retirée du système, b) si une quantité de Na_2CO_3 solide était ajoutée au système, c) si une quantité de $NaHCO_3$ était retirée du système?

13.43 Soit les systèmes suivants en équilibre:

a) $A \rightleftharpoons 2B$ $\quad \Delta H° = 20{,}0$ kJ

b) $A + B \rightleftharpoons C$ $\quad \Delta H° = -5{,}4$ kJ

c) $A \rightleftharpoons B$ $\quad \Delta H° = 0{,}0$ kJ

Prédisez, pour chacune de ces réactions, le changement de la constante d'équilibre K_C que produirait une augmentation de la température du système.

13.44 Quel effet a une augmentation de pression sur chacun des systèmes suivants en équilibre? (La température est constante. Dans chaque cas, le mélange est contenu dans un cylindre muni d'un piston mobile.)

a) $A(s) \rightleftharpoons 2B(s)$

b) $2A(l) \rightleftharpoons B(l)$

c) $A(s) \rightleftharpoons B(g)$

d) $A(g) \rightleftharpoons B(g)$

e) $A(g) \rightleftharpoons 2B(g)$

13.45 Soit l'équilibre suivant:

$$2I(g) \rightleftharpoons I_2(g)$$

Quel serait l'effet, sur la position d'équilibre: a) d'une augmentation de la pression totale du système par diminution du volume, b) d'une addition de I_2, c) d'une diminution de la température?

13.46 Soit le système suivant en équilibre:

$$PCl_5(g) \rightleftharpoons PCl_3(g) + Cl_2(g) \qquad \Delta H° = 92{,}5 \text{ kJ}$$

Prédisez dans quel sens se déplacera l'équilibre: a) si la température augmente, b) si l'on ajoute du chlore gazeux au mélange réactionnel, c) si l'on retire du PCl_3 du mélange, d) si l'on augmente la pression des gaz, e) si l'on ajoute un catalyseur au mélange réactionnel.

13.47 Soit le système suivant en équilibre:

$$2SO_2(g) + O_2(g) \rightleftharpoons 2SO_3(g) \qquad \Delta H° = -198{,}2 \text{ kJ}$$

Dites, pour chacune des espèces, dans quel sens (augmentation ou diminution) variera la concentration si: a) on augmentait la température, b) on augmentait la pression, c) on augmentait la quantité de SO_2, d) on ajoutait un catalyseur, e) on ajoutait de l'hélium à volume constant?

13.48 Soit la réaction non catalysée suivante:

$$N_2O_4(g) \rightleftharpoons 2NO_2(g)$$

À 100 °C, les pressions des gaz à l'équilibre sont $P_{N_2O_4} = 0{,}377$ atm et $P_{NO_2} = 1{,}56$ atm. Qu'arriverait-il à ces pressions en présence d'un catalyseur?

13.49 Soit le système en phase gazeuse en équilibre:

$$2CO(g) + O_2(g) \rightleftharpoons 2CO_2(g)$$

Prédisez le déplacement de la position d'équilibre que produirait un ajout d'hélium au mélange: a) à pression constante et b) à volume constant.

13.50 Soit le système suivant en équilibre et dans un contenant fermé:

$$CaCO_3(s) \rightleftharpoons CaO(s) + CO_2(g)$$

Qu'arriverait-il: a) si l'on augmentait le volume, b) si l'on ajoutait du CaO au mélange, c) si l'on retirait du $CaCO_3$, d) si on ajoutait du CO_2, e) si l'on ajoutait quelques gouttes d'une solution de NaOH, f) si l'on ajoutait quelques gouttes d'une solution de HCl au mélange (ignorez la réaction entre le CO_2 et l'eau), g) si l'on augmentait la température?

PROBLÈMES VARIÉS

13.51 Soit l'affirmation suivante: la constante d'équilibre d'un mélange réactionnel constitué de NH_4Cl solide, de NH_3 gazeux et de HCl gazeux vaut 0,316. Donnez trois renseignements importants qui manquent à cette affirmation pour que l'information qu'elle donne soit utilisable.

13.52 On a chauffé du NOCl gazeux pur à 240 °C dans un contenant de 1,00 L. À l'équilibre, la pression totale était de 1,00 atm, et la pression partielle de NOCl de 0,64 atm.

$$2NOCl(g) \rightleftharpoons 2NO(g) + Cl_2(g)$$

a) Calculez les pressions partielles de NO et de Cl_2 dans le système. b) Calculez la constante d'équilibre K_P.

13.53 Soit la réaction suivante:

$$N_2(g) + O_2(g) \rightleftharpoons 2NO(g)$$

La constante d'équilibre K_P pour la réaction vaut $1{,}0 \times 10^{-15}$ à 25 °C, et 0,050 à 2200 °C. La formation de l'oxyde d'azote est-elle endothermique ou exothermique? Justifiez votre réponse.

13.54 Le bicarbonate de sodium subit une décomposition thermique représentée par l'équation suivante:

$$2NaHCO_3(s) \rightleftharpoons Na_2CO_3(s) + CO_2(g) + H_2O(g)$$

Obtiendrait-on plus de CO_2 et de H_2O en ajoutant du bicarbonate de sodium au mélange réactionnel: a) si la réaction avait lieu dans un contenant fermé, b) si elle avait lieu dans un contenant ouvert?

13.55 Soit le système en équilibre

$$A(g) \rightleftharpoons 2B(g)$$

Selon les données suivantes, calculez les constantes d'équilibre (K_P et K_C) à chaque température. La réaction est-elle endothermique ou exothermique?

Température (°C)	[A]	[B]
200	0,0125	0,843
300	0,171	0,764
400	0,250	0,724

13.56 La constante d'équilibre K_P pour la réaction:

$$2H_2O(g) \rightleftharpoons 2H_2(g) + O_2(g)$$

vaut 2×10^{-42} à 25 °C. a) Quelle est la valeur de K_C pour cette réaction à la même température? b) La très basse valeur de K_P (et de K_C) indique que la réaction favorise grandement la formation de molécules d'eau. Dites pourquoi, malgré ce fait, on peut garder un mélange d'hydrogène et d'oxygène gazeux à température ambiante sans qu'il n'y ait réaction.

13.57 Soit le système suivant:

$$2NO(g) + Cl_2(g) \rightleftharpoons 2NOCl(g)$$

Dans quelles conditions de température et de pression le rendement de NOCl serait-il maximal? [*Indice:* ΔH_f°(NOCl) = 51,7 kJ/mol. Vous aurez aussi besoin de consulter l'annexe 2.]

13.58 À une température donnée et à une pression totale de 1,2 atm, les pressions partielles d'un mélange en équilibre du type

$$2A(g) \rightleftharpoons B(g)$$

sont $P_A = 0{,}60$ atm et $P_B = 0{,}60$ atm. a) Calculez la valeur de K_P pour la réaction à cette température. b) Si l'on élevait la pression totale à 1,5 atm, quelles seraient les pressions partielles de A et de B à l'équilibre?

13.59 La décomposition de l'hydrogénosulfure d'ammonium:

$$NH_4HS(s) \rightleftharpoons NH_3(g) + H_2S(g)$$

est une réaction endothermique. On place 6,1589 g de ce solide dans un contenant (dans lequel on a fait le vide) de 4,000 L à exactement 24 °C. Une fois l'équilibre atteint, la pression totale est de 0,709 atm dans le contenant. Il y reste un peu de NH_4HS solide. a) Quelle est la valeur de K_P pour la réaction? b) Quel pourcentage de solide s'est décomposé? c) Si on doublait le volume du contenant à température constante, qu'arriverait-il à la quantité de solide dans le contenant?

13.60 Soit la réaction

$$2NO(g) + O_2(g) \rightleftharpoons 2NO_2(g)$$

À 430 °C, le système en équilibre est constitué de 0,020 mole de O_2, de 0,040 mole de NO et de 0,96 mole de NO_2. Calculez la valeur de K_P pour la réaction, sachant que la pression totale est de 0,20 atm.

13.61 Sous l'effet de la chaleur, le carbamate d'ammonium se décompose selon l'équation suivante:

$$NH_4CO_2NH_2(s) \rightleftharpoons 2NH_3(g) + CO_2(g)$$

À une certaine température, la pression du système en équilibre est de 0,318 atm. Calculez K_P pour la réaction.

13.62 On chauffe à 2800 °C un mélange de 0,47 mole de H_2 et de 3,59 moles de HCl. Calculez les pressions partielles à l'équilibre de H_2, de Cl_2 et de HCl si la pression totale est de 2,00 atm. La valeur de K_P pour la réaction $H_2(g) + Cl_2(g) \rightleftharpoons 2HCl(g)$ est 193 à 2800 °C.

13.63 Soit la réaction suivante dans un contenant fermé:

$$N_2O_4(g) \rightleftharpoons 2NO_2(g)$$

Initialement, il y avait 1,000 moles de N_2O_4. À l'équilibre, une certaine quantité de N_2O_4, α mole, s'est dissociée pour former du NO_2. a) Exprimez K_P en fonction de α et de P_T (pression totale). b) Comment l'expression de K_P trouvée en a) permet-elle de prédire le déplacement de l'équilibre causé par une augmentation de P? Votre prédiction est-elle en accord avec le principe de Le Chatelier?

13.64 On place une mole de N_2 et trois moles de H_2 dans un récipient fermé à 397 °C. Calculez la pression totale du système à l'équilibre si la fraction molaire de NH_3 est 0,21. La valeur de K_P pour la réaction est $4,31 \times 10^{-4}$.

13.65 À 1130 °C, la constante d'équilibre (K_C) pour la réaction

$$2H_2S(g) \rightleftharpoons 2H_2(g) + S_2(g)$$

vaut $2,25 \times 10^{-4}$. Si, à l'équilibre, $[H_2S] = 4,84 \times 10^{-3}$ M et $[H_2] = 1,50 \times 10^{-3}$ M, calculez $[S_2]$.

13.66 On place 6,75 g de SO_2Cl_2 dans un ballon de 2,00 L. À 648 K, il y a 0,0345 mole de SO_2. Calculez K_C pour la réaction

$$SO_2Cl_2(g) \rightleftharpoons SO_2(g) + Cl_2(g)$$

13.67 La formation de SO_3 à partir de SO_2 et de O_2 est une étape intermédiaire dans la fabrication de l'acide sulfurique; c'est également une réaction à l'origine des pluies acides. La constante d'équilibre K_P pour la réaction

$$2SO_2(g) + O_2(g) \rightleftharpoons 2SO_3(g)$$

vaut 0,13 à 830 °C. On met dans un récipient fermé 2,00 moles de SO_2 et 2,00 moles de O_2. Quelle devrait être la pression totale à l'équilibre pour que le pourcentage de rendement de SO_3 soit de 80,0 %?

13.68 Soit la dissociation de l'iode:

$$I_2(g) \rightleftharpoons 2I(g)$$

On chauffe à 1200 °C 1,00 g de I_2 dans un récipient scellé de 500 mL. À l'équilibre, la pression totale est de 1,51 atm. Calculez la valeur de K_P pour la réaction. [*Indice:* utilisez le résultat obtenu au problème 13,63 a). Le degré de dissociation α se calcule à l'aide du rapport entre la pression observée et la pression calculée, cette dernière étant calculée en supposant qu'il n'y a aucune dissociation.]

13.69 Les coquilles d'œufs sont principalement constituées de carbonate de calcium ($CaCO_3$) dont la formation est représentée par l'équation suivante:

$$Ca^{2+}(aq) + CO_3^{2-}(aq) \rightleftharpoons CaCO_3(s)$$

Les ions carbonate sont fournis par le dioxyde de carbone produit par le métabolisme. Dites pourquoi les coquilles d'œufs sont plus minces en été, quand la respiration de la poule est plus rapide (halètement). Comment pourrait-on remédier à cette situation?

13.70 La constante d'équilibre K_P pour la réaction suivante est $4,31 \times 10^{-4}$ à 397 °C:

$$N_2(g) + 3H_2(g) \rightleftharpoons 2NH_3(g)$$

Un étudiant place du N_2 à 0,862 atm et du H_2 à 0,373 atm dans un récipient scellé à 200 °C, à volume constant. Calculez les pressions partielles de toutes les espèces une fois l'équilibre atteint.

13.71 On chauffe 0,20 mole de dioxyde de carbone en présence d'un excès de graphite, dans un récipient fermé, jusqu'à ce que l'équilibre suivant soit atteint:

$$C(s) + CO_2(g) \rightleftharpoons 2CO(g)$$

La masse molaire moyenne des gaz est de 35 g/mol. a) Calculez les fractions molaires de CO et de CO_2. (*Indice:* la masse molaire moyenne est la somme des produits de la fraction molaire par la masse molaire de chaque gaz.) b) Quelle serait la valeur de K_P à l'équilibre si la pression totale était de 11 atm?

13.72 Lorsqu'ils sont dissous dans l'eau, le glucose (sucre du maïs) et le fructose (sucre des fruits) sont en équilibre:

$$\text{fructose} \rightleftharpoons \text{glucose}$$

Un chimiste prépare une solution de fructose à 0,244 *M* à 25 °C. À l'équilibre, cette concentration a diminué à 0,113 *M*. a) Calculez la constante d'équilibre pour la réaction. b) À l'équilibre, quel pourcentage de fructose a été converti en glucose?

13.73 À la température ambiante, l'iode solide est en équilibre avec sa vapeur grâce à la sublimation et à la déposition (*figure 8.18*). Décrivez comment vous utiliseriez de l'iode radioactif, sous forme solide ou de vapeur, pour démontrer qu'il y a équilibre dynamique entre ces deux phases.

13.74 À 1024 °C, la pression de l'oxygène gazeux provenant de la décomposition de l'oxyde de cuivre(II) (CuO) est de 0,49 atm.

$$4CuO(s) \rightleftharpoons 2Cu_2O(s) + O_2(g)$$

a) Quelle est la valeur de K_P pour cette réaction? b) Calculez la fraction de CuO décomposé si l'on en place 0,16 mole dans un récipient scellé de 2,0 L, à 1024 °C. c) Quelle serait cette fraction si on utilisait 1,0 mole de CuO? d) Quelle est la plus petite quantité de CuO (en moles) qui permettrait d'atteindre l'équilibre?

13.75 Dans un récipient scellé, on fait réagir, à une certaine température, 3,9 moles de NO et 0,88 mole de CO_2 selon l'équation suivante:

$$NO(g) + CO_2(g) \rightleftharpoons NO_2(g) + CO(g)$$

À l'équilibre, il y a 0,11 mole de CO_2. Calculez la constante d'équilibre K_C pour la réaction.

13.76 La constante d'équilibre K_C pour la réaction

$$H_2(g) + I_2(g) \rightleftharpoons 2HI(g)$$

vaut 54,3 à 430 °C. Au début, il y a 0,714 mole de H_2, 0,984 mole de I_2 et 0,886 mole de HI dans une chambre de réaction de 2,40 L. Calculez les concentrations des gaz à l'équilibre.

13.77 Sous l'effet de la chaleur, un composé gazeux A se dissocie de la manière suivante:

$$A(g) \rightleftharpoons B(g) + C(g)$$

On chauffe A à une certaine température jusqu'à ce que sa pression à l'équilibre soit de 0,14 P_T, où P_T est la pression totale. Calculez la constante d'équilibre K_P en fonction de P_T pour cette réaction.

13.78 À la pression atmosphérique, si l'on chauffe un certain gaz à 25 °C, sa couleur s'intensifie; si on le chauffe au-dessus de 150 °C, sa couleur pâlit; à 550 °C, elle est difficile à percevoir. Cependant, à 550 °C, si l'on augmente la pression du système, sa couleur revient partiellement. Lequel des systèmes suivants correspond le mieux à ces observations? Justifiez votre choix. a) Un mélange d'hydrogène et de brome, b) du brome pur, c) un mélange de dioxyde d'azote et de tétroxyde de diazote. (*Indice:* le brome est rougeâtre; le dioxyde d'azote est un gaz brun. Les autres gaz sont incolores.)

13.79 Dans ce chapitre, nous avons appris qu'un catalyseur n'a aucune influence sur la position d'équilibre, car il accélère autant la réaction directe que la réaction inverse. Pour vérifier cette affirmation, imaginons un équilibre du type:

$$2A(g) \rightleftharpoons B(g)$$

Cet équilibre est atteint dans un cylindre muni d'un piston sans poids. Le piston est relié par une corde au couvercle d'une boîte contenant un catalyseur. Quand le piston se soulève (expansion des gaz contre la pression atmosphérique), il soulève également le couvercle, exposant ainsi le catalyseur aux gaz. Quand le piston descend, la boîte se referme. Supposons que le catalyseur accélère la réaction directe ($2A \longrightarrow B$), mais qu'il n'a aucun effet sur la réaction inverse ($B \longrightarrow 2A$). Supposons que le catalyseur est exposé au système au moment où l'équilibre est atteint, comme l'illustre la figure de la page suivante. Décrivez ce qui devrait arriver par la suite. Comment cette expérience «imaginaire» peut-elle vous convaincre qu'un tel catalyseur ne peut exister?

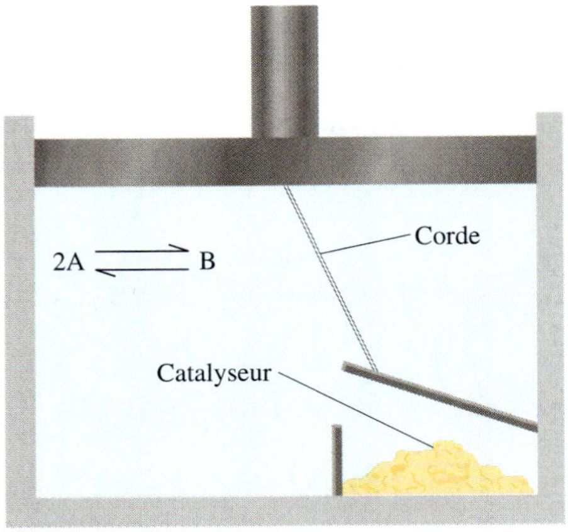

13.80 La constante d'équilibre K_C pour la réaction

$$N_2(g) + 3H_2(g) \rightleftharpoons 2NH_3(g)$$

vaut 0,65, à 375 °C.

a) Quelle est la valeur de K_P pour cette réaction?

b) Quelle est la valeur de la constante d'équilibre K_C pour $2NH_3(g) \rightleftharpoons N_2(g) + 3H_2(g)$?

c) Quelle est la valeur de K_C pour $\frac{1}{2}N_2(g) + \frac{3}{2}H_2(g) \rightleftharpoons NH_3(g)$

d) Quelles sont les valeurs de K_P pour les réactions décrites en b) et en c)?

13.81 Un ballon en verre scellé contient un mélange de NO_2 et de N_2O_4 gazeux. Si l'on augmente la température du ballon de 20 °C à 40 °C, qu'arrive-t-il aux propriétés suivantes des gaz? (Considérez que le volume reste constant. *Indice:* NO_2 est un gaz brun; N_2O_4 est incolore.) a) La couleur, b) la pression, c) la masse molaire moyenne, d) le degré de dissociation (de N_2O_4 en NO_2), e) la masse volumique.

13.82 À 20 °C, la pression de vapeur de l'eau est de 0,0231 atm. Calculez les valeurs de K_P et de K_C pour le changement de phase suivant:

$$H_2O(l) \rightleftharpoons H_2O(g)$$

13.83 Dans l'industrie, le sodium est obtenu par l'électrolyse du chlorure de sodium fondu. La réaction à la cathode est $Na^+ + e^- \longrightarrow Na$. On pourrait alors penser que le potassium s'obtient également par électrolyse du chlorure de potassium fondu. Cependant, comme le potassium est soluble dans le chlorure de potassium fondu, il est difficile à récupérer; de plus, le potassium s'évapore facilement à la température d'opération de ce procédé, créant ainsi des conditions dangereuses. On prépare donc plutôt le potassium par distillation du chlorure de potassium fondu en présence de vapeur de sodium, à 892 °C:

$$Na(g) + KCl(l) \rightleftharpoons NaCl(l) + K(g)$$

Étant donné que le potassium est un agent réducteur plus fort que le sodium, expliquez pourquoi cette méthode fonctionne. (Les points d'ébullition du sodium et du potassium sont respectivement 892 °C et 770 °C.)

13.84 En phase gazeuse, le dioxyde d'azote est en réalité un mélange de dioxyde d'azote (NO_2) et de tétroxyde de diazote (N_2O_4). Si la masse volumique d'un tel mélange à 74 °C et à 1,3 atm est de 2,9 g/L, calculez les pressions partielles des gaz et la valeur de K_P.

Réponses aux exercices: **13.1** $K_C = \frac{[NO_2]^4[O_2]}{[N_2O_5]^2}$; $K_P = \frac{P_{NO_2}^4 P_{O_2}}{P_{N_2O_5}^2}$; **13.2** 347 atm; **13.3** 0,113; **13.4** $K_P = 0{,}0702$; $K_C = 1{,}20 \times 10^{-4}$; **13.5** de droite à gauche;

13.6 [HI] = 0,031 *M*; $[H_2] = 4{,}3 \times 10^{-3}$ *M*; $[I_2] = 4{,}3 \times 10^{-3}$ *M*; **13.7** $[Br_2] = 0{,}065$ *M*; $[Br] = 8{,}4 \times 10^{-3}$ *M*; **13.8** $Q_P = 4{,}0 \times 10^5$, et la réaction nette ira de droite à gauche; **13.9** de gauche à droite; **13.10** L'équilibre se déplacera a) de gauche à droite, b) de gauche à droite, c) de droite à gauche. d) Un catalyseur n'a aucun effet sur l'équilibre.

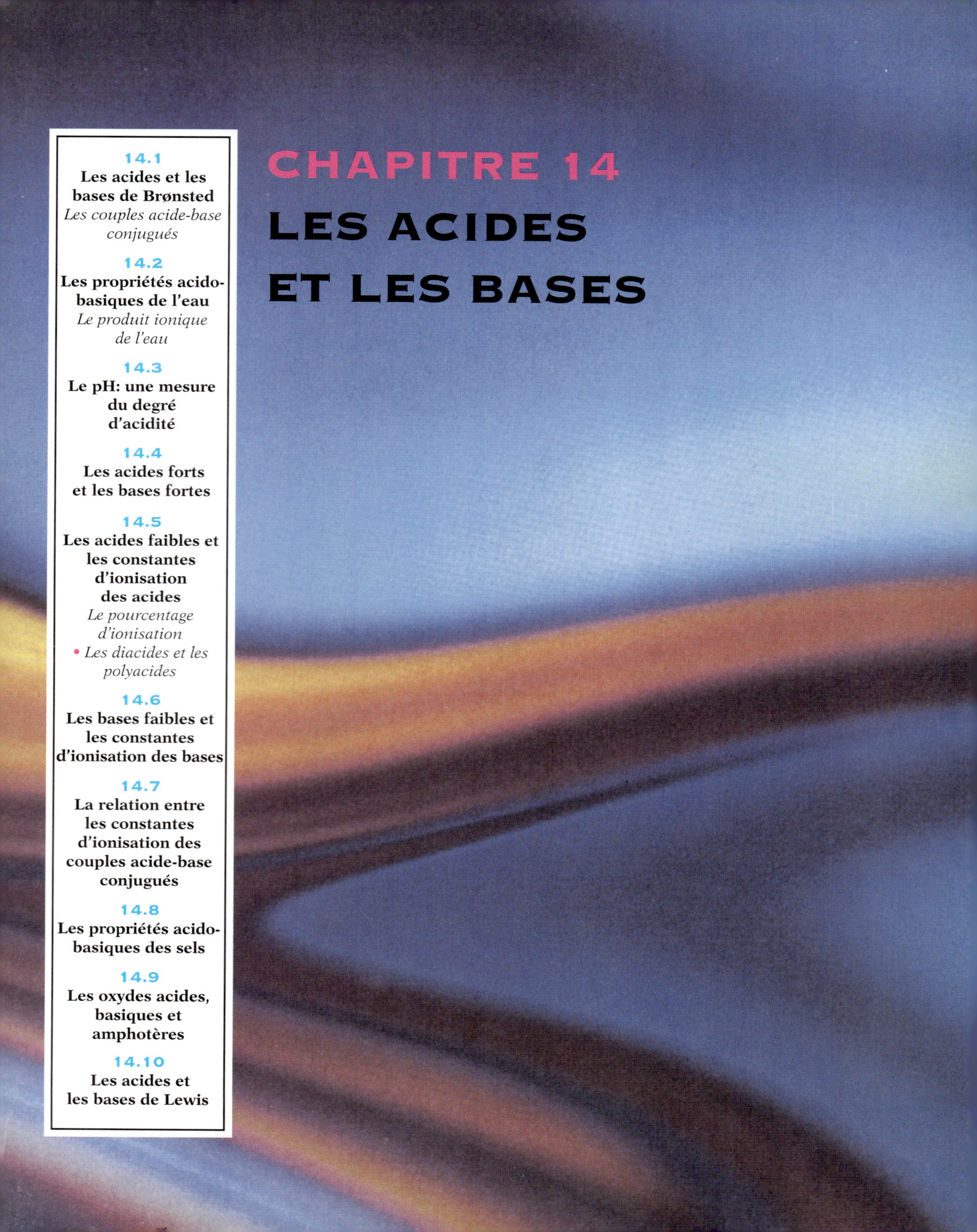

14.1
Les acides et les bases de Brønsted
Les couples acide-base conjugués

14.2
Les propriétés acido-basiques de l'eau
Le produit ionique de l'eau

14.3
Le pH: une mesure du degré d'acidité

14.4
Les acides forts et les bases fortes

14.5
Les acides faibles et les constantes d'ionisation des acides
Le pourcentage d'ionisation
• *Les diacides et les polyacides*

14.6
Les bases faibles et les constantes d'ionisation des bases

14.7
La relation entre les constantes d'ionisation des couples acide-base conjugués

14.8
Les propriétés acido-basiques des sels

14.9
Les oxydes acides, basiques et amphotères

14.10
Les acides et les bases de Lewis

CHAPITRE 14
LES ACIDES ET LES BASES

D'où vient le surnom anglais «limeys» que l'on donne aux marins britanniques? Ce surnom est apparu à la fin du XVIIIe siècle, quand la marine ajouta la lime (*lime* en anglais) et d'autres agrumes au menu des marins. Jusqu'à cette époque, les biscuits et la viande salée avaient constitué la seule nourriture des marins partis en mer durant des mois. Le scorbut, une maladie caractérisée par des douleurs aux articulations, des lésions cutanées, des saignements aux gencives et la perte des dents était courant sur les navires. En 1753, on découvrit que l'on pouvait guérir de cette maladie en buvant du jus d'agrumes, qui contient une grande quantité d'acide ascorbique, ou vitamine C ($C_6H_8O_6$).

L'acide ascorbique peut également agir comme antioxydant, en réagissant avec les agents oxydants, tel le radical · OH, qui peuvent endommager l'ADN de l'organisme. La plupart des mammifères produisent leur propre vitamine C, mais les humains et les autres primates, ainsi que les chauves-souris et les cochons d'Inde, doivent l'obtenir de leur nourriture. Presque tous les régimes qui comprennent des fruits et des légumes frais fournissent suffisamment de vitamine C, dans la mesure où ces aliments ne sont pas trop cuits, car la chaleur détruit facilement ce solide blanc hydrosoluble et inodore.

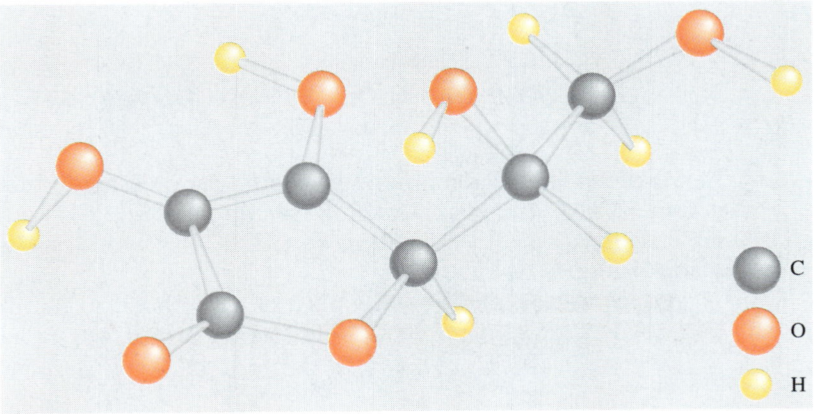

Avant le début du XXe siècle, même si l'on savait que la vitamine C était essentielle à une bonne santé, on ne connaissait pas son comportement chimique. En effet, quand le biochimiste d'origine hongroise Albert von Szent-Gyorgi isola pour la première fois, en 1928, ce composé à partir d'un extrait de chou, il crut d'abord que c'était un sucre, comme le saccharose ou le fructose. Plus tard, Szent-Gyorgi et W. Norman Haworth, un chimiste britannique qui établit une méthode pour synthétiser la vitamine C, baptisèrent cette substance «acide ascorbique». Ils remportèrent tous deux un prix Nobel en 1937 pour leur travail sur cette vitamine.

La biochimie de la vitamine C est complexe; on ne connaît d'ailleurs toujours pas encore la quantité quotidienne de vitamine C nécessaire au corps humain. Néanmoins, Szent-Gyorgi, Linus Pauling et d'autres scientifiques affirmèrent que la consommation massive de comprimés de vitamine C aidait à maintenir une bonne santé. Ils croyaient qu'un taux élevé de vitamine C dans l'organisme prévenait le rhume et protégeait de certains cancers. Ces affirmations restent controversées, mais Szent-Gyorgi et Pauling vécurent quand même tous deux jusqu'à l'âge de 93 ans…

14.1 LES ACIDES ET LES BASES DE BRØNSTED

Au chapitre 4, nous avons vu qu'un acide de Brønsted est une substance (ion ou molécule) susceptible de donner un proton (un ion H^+), et qu'une base de Brønsted est une substance (ion ou molécule) susceptible de recevoir un proton. Ces définitions conviennent généralement quand il s'agit des propriétés et des réactions des acides et des bases.

LES COUPLES ACIDE-BASE CONJUGUÉS

Le concept de ***couple acide-base conjugué*** est un prolongement de la définition des acides et des bases de Brønsted; on peut le définir comme *un acide et sa base conjuguée, ou une base et son acide conjugué*. La base conjuguée d'un acide de Brønsted, c'est ce qui reste de l'acide une fois qu'il a cédé un proton. Inversement, un acide conjugué est le résultat de l'addition d'un proton à une base de Brønsted.

Tous les acides de Brønsted ont une base conjuguée, et toutes les bases de Brønsted ont un acide conjugué. Par exemple, l'ion chlorure (Cl^-) est la base conjuguée formée à partir de l'acide HCl, et H_2O est la base conjuguée de l'acide H_3O^+. De même, l'ionisation de l'acide acétique peut être représentée ainsi:

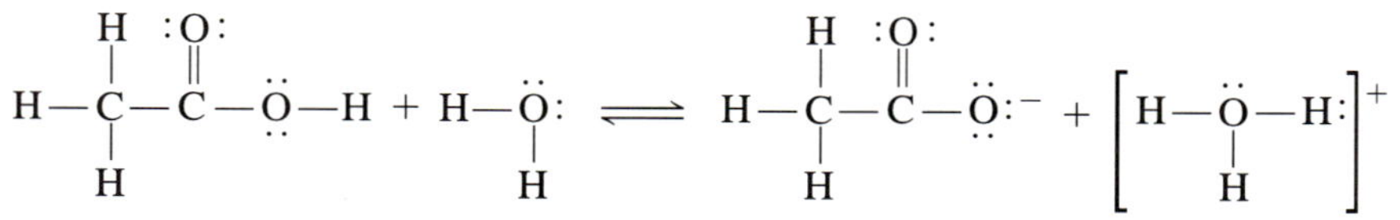

$$\underset{\text{acide}_1}{CH_3COOH(aq)} + \underset{\text{base}_2}{H_2O(l)} \rightleftharpoons \underset{\text{base}_1}{CH_3OO^-(aq)} + \underset{\text{acide}_2}{H_3O^+(aq)}$$

Les indices 1 et 2 désignent les deux couples acide-base conjugués. L'ion acétate (CH_3COO^-) est donc la base conjuguée de CH_3COOH. L'ionisation de HCl (*section 4.3*) et l'ionisation de CH_3COOH sont des exemples de réactions acido-basiques de Brønsted.

La définition de Brønsted permet de considérer l'ammoniac comme une base à cause de sa capacité de recevoir un proton:

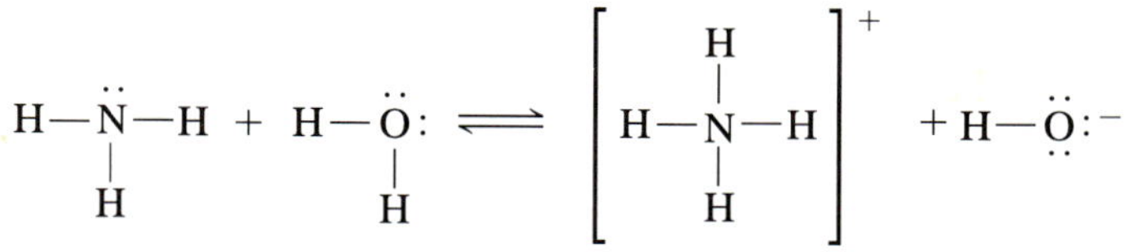

$$\underset{\text{base}_1}{NH_3(aq)} + \underset{\text{acide}_2}{H_2O(l)} \rightleftharpoons \underset{\text{acide}_1}{NH_4^+(aq)} + \underset{\text{base}_2}{OH^-(aq)}$$

Dans ce cas, NH_4^+ est l'acide conjugué de la base NH_3, et OH^- est la base conjuguée de l'acide H_2O.

Il y a cependant des cas moins évidents, comme celui de NaOH, qui n'est pas à strictement parler une base de Brønsted parce qu'il ne peut recevoir un proton. Cependant, NaOH est un électrolyte fort qui s'ionise complètement en solution. L'ion hydroxyde (OH^-) formé par cette ionisation est, lui, une base de Brønsted, car il peut recevoir un proton:

$$H_3O^+(aq) + OH^-(aq) \rightleftharpoons 2H_2O(l)$$

Donc, quand on dit que NaOH ou tout autre hydroxyde métallique est une base, on fait référence à l'espèce OH^- provenant de l'hydroxyde.

EXEMPLE 14.1

L'identification des couples acide-base conjugués

Quels sont les couples acide-base conjugués dans la réaction suivante?

$$NH_3(aq) + HF(aq) \rightleftharpoons NH_4^+(aq) + F^-(aq)$$

Réponse: Les couples acide-base conjugués sont 1) HF (acide) et F^- (base); 2) NH_4^+ (acide) et NH_3 (base).

Exercice

Quels sont les couples acide-base conjugués dans la réaction suivante?

$$CN^- + H_2O \rightleftharpoons HCN + OH^-$$

Finalement, notons que H^+ et H_3O^+ sont deux formules acceptables pour représenter le proton en solution aqueuse. La formule H^+ est moins encombrante dans les calculs mettant en jeu des concentrations d'ions hydrogène et dans les calculs comprenant des constantes d'équilibre; de son côté, la formule H_3O^+ est plus utile quand il est question des propriétés des acides et des bases de Brønsted.

14.2 LES PROPRIÉTÉS ACIDO-BASIQUES DE L'EAU

Comme on le sait, l'eau est un solvant particulier. L'une de ses particularités est sa capacité d'agir soit comme un acide soit comme une base. L'eau se comporte comme une base quand elle réagit avec un acide, comme HCl et CH_3COOH, et elle se comporte comme un acide quand elle réagit avec une base, comme NH_3. Étant un électrolyte très faible, l'eau conduit très mal l'électricité; elle subit quand même une faible ionisation:

$$H_2O(l) \rightleftharpoons H^+(aq) + OH^-(aq) \qquad (14.1)$$

On appelle parfois cette réaction *auto-ionisation* de l'eau. Pour décrire les propriétés acido-basiques de l'eau selon la théorie de Brønsted, on exprime son auto-ionisation de la manière suivante:

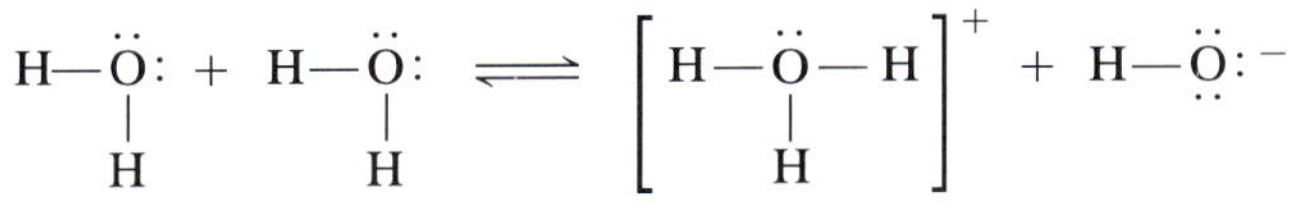

ou

$$\underset{\text{acide}_1}{H_2O} + \underset{\text{base}_2}{H_2O} \rightleftharpoons \underset{\text{acide}_2}{H_3O^+} + \underset{\text{base}_1}{OH^-}$$

Les couples acide-base conjugués sont 1) H_2O (acide) et OH^- (base), et 2) H_3O^+ (acide) et H_2O (base).

Le produit ionique de l'eau

Dans l'étude des réactions acido-basiques en solution aqueuse, la grandeur importante est la concentration en ions hydrogène. On utilise la formule H^+ plutôt que H_3O^+ dans l'expression de la constante d'équilibre pour l'auto-ionisation de l'eau. Selon l'équation (14.1), on a

$$K_C = \frac{[H^+][OH^-]}{[H_2O]}$$

Puisqu'il n'y a qu'une très petite fraction de l'eau qui s'ionise, la concentration de l'eau, soit $[H_2O]$, reste pratiquement inchangée. Ainsi

$$K_C[H_2O] = K_{eau} = [H^+][OH^-] \qquad (14.2)$$

La constante d'équilibre K_{eau} est appelée ***constante du produit ionique de l'eau;*** il s'agit *du produit des concentrations molaires des ions H^+ et OH^- à une température donnée*.

Dans l'eau pure à 25 °C, les concentrations d'ions H^+ et OH^- sont égales et ont pour valeurs: $[H^+] = 1,0 \times 10^{-7}\ M$ et $[OH^-] = 1,0 \times 10^{-7}\ M$. Donc, selon l'équation (14.2), à 25 °C

$$K_{eau} = (1,0 \times 10^{-7})(1,0 \times 10^{-7}) = 1,0 \times 10^{-14}$$

Notez que, dans l'eau pure ou dans une solution aqueuse, la relation suivante est *toujours* vraie à 25 °C:

$$\begin{aligned} K_{eau} &= [H^+][OH^-] \\ &= 1,0 \times 10^{-14} \end{aligned}$$

Si $[H^+] = [OH^-]$, la solution aqueuse est dite neutre. Dans une solution acide, il y a un excès d'ions H^+ ($[H^+] > [OH^-]$); dans une solution basique, il y a un excès d'ions hydroxyde ($[H^+] < [OH^-]$). En pratique, on peut changer la concentration des ions H^+ ou celle des ions OH^- en solution, mais on ne peut le faire indépendamment l'une de l'autre. Si l'on ajuste la solution de sorte que $[H^+] = 1,0 \times 10^{-6}\ M$, la concentration de OH^- *doit* alors changer et se calcule ainsi:

$$\begin{aligned} [OH^-] &= \frac{K_{eau}}{[H^+]} \\ &= \frac{1,0 \times 10^{-14}}{1,0 \times 10^{-6}} = 1,0 \times 10^{-8}\ M \end{aligned}$$

EXEMPLE 14.2

Le calcul de $[H^+]$ d'après $[OH^-]$

La concentration des ions OH^- dans une solution de nettoyant domestique contenant de l'ammoniac est de 0,0025 *M*. Calculez la concentration des ions H^+.

Réponse: En réarrangeant l'équation (14.2), nous obtenons:

$$[H^+] = \frac{K_{eau}}{[OH^-]}$$

$$= \frac{1,0 \times 10^{-14}}{0,0025} = 4,0 \times 10^{-12}\ M$$

Puisque $[H^+] < [OH^-]$, la solution est basique, comme on pouvait s'y attendre d'après ce qu'on sait sur la réaction de l'ammoniac avec l'eau.

EXERCICE

Calculez la concentration d'ions OH^- dans une solution de HCl dont la concentration d'ions hydrogène est de 1,3 *M*.

Beaucoup de nettoyants domestiques contiennent de l'ammoniac.

14.3 LE pH: UNE MESURE DU DEGRÉ D'ACIDITÉ

Puisque les concentrations d'ions H^+ et OH^- en solutions aqueuses sont habituellement des valeurs très petites et peu commodes dans les calculs, le biochimiste danois Søren Sørensen proposa, en 1909, une grandeur plus pratique appelée pH. Le ***pH*** d'une solution est *le logarithme négatif de la concentration d'ions hydrogène (en moles par litre)*:

$$pH = -\log[H^+] \quad (14.3)$$

N'oubliez pas que l'équation (14.3) n'est qu'une définition conçue dans le but de fournir des nombres commodes pour le calcul. Le signe négatif du logarithme donne une valeur positive au pH, qui autrement serait négative à cause de la petite valeur de $[H^+]$. (*Voir annexe 3 pour un exposé sur les logarithmes et les chiffres significatifs.*) De plus, le terme $[H^+]$ dans l'équation (14.3) ne se rapporte qu'à *la partie numérique* de l'expression de la concentration d'ions hydrogène, car on ne peut pas prendre le logarithme des unités. Ainsi, tout comme la constante d'équilibre, le pH d'une solution est une grandeur sans dimension.

Puisque le pH est simplement une manière d'exprimer la concentration d'ions hydrogène, on peut alors déterminer si les solutions sont acides ou basiques, à 25 °C, par la valeur de leur pH:

solutions acides:	$[H^+] > 1,0 \times 10^{-7}\ M$, pH $< 7,00$
solutions basiques:	$[H^+] < 1,0 \times 10^{-7}\ M$, pH $> 7,00$
solutions neutres:	$[H^+] = 1,0 \times 10^{-7}\ M$, pH $= 7,00$

Notez que le pH augmente quand $[H^+]$ diminue.

En laboratoire, on mesure le pH d'une solution à l'aide d'un pH-mètre (*figure 14.1*). Le tableau 14.1 donne le pH de certains liquides courants.

On peut également établir une échelle de pOH, analogue à l'échelle de pH, en utilisant le logarithme négatif de la concentration d'ions hydroxyde. Donc, le pOH est

$$\text{pOH} = -\log [OH^-] \qquad (14.4)$$

Revoyons maintenant la constante du produit ionique de l'eau:

$$[H^+][OH^-] = K_{\text{eau}} = 1{,}0 \times 10^{-14}$$

Si l'on prend le logarithme négatif de chaque côté, on obtient:

$$-(\log [H^+] + \log [OH^-]) = -\log (1{,}0 \times 10^{-14})$$

$$-\log [H^+] - \log [OH^-] = 14{,}00$$

D'après les définitions de pH et de pOH, on obtient:

$$\text{pH} + \text{pOH} = 14{,}00 \qquad (14.5)$$

L'équation (14.5) fournit une autre façon d'exprimer la relation entre la concentration des ions H^+ et celle des ions OH^-.

TABLEAU 14.1

Le pH de certains liquides courants

Échantillon	Valeur du pH
Liquide gastrique dans l'estomac	1,0–2,0
Jus de citron	2,4
Vinaigre	3,0
Jus de pamplemousse	3,2
Jus d'orange	3,5
Urine	4,8–7,5
Eau exposée à l'air*	5,5
Salive	6,4–6,9
Lait	6,5
Eau pure	7,0
Sang	7,35–7,45
Larmes	7,4
Lait de magnésie	10,6
Ammoniac domestique	11,5

* L'eau exposée à l'air durant une longue période absorbe le CO_2 atmosphérique pour former de l'acide carbonique (H_2CO_3).

EXEMPLE 14.3

Le calcul du pH d'après $[H^+]$

La concentration d'ions H^+ était de $3{,}2 \times 10^{-4}\ M$ dans une bouteille de vin de table juste après l'avoir débouchée. On n'a bu que la moitié du vin. L'autre moitié, après avoir été exposée à l'air durant un mois, avait une concentration d'ions hydrogène de $1{,}0 \times 10^{-3}\ M$. Calculez le pH du vin à ces deux moments.

Réponse: À l'ouverture de la bouteille, $[H^+] = 3{,}2 \times 10^{-4}\ M$. Par substitution, dans l'équation (14.3), nous obtenons:

$$\text{pH} = -\log[H^+]$$

$$= -\log (3{,}2 \times 10^{-4}) = 3{,}49$$

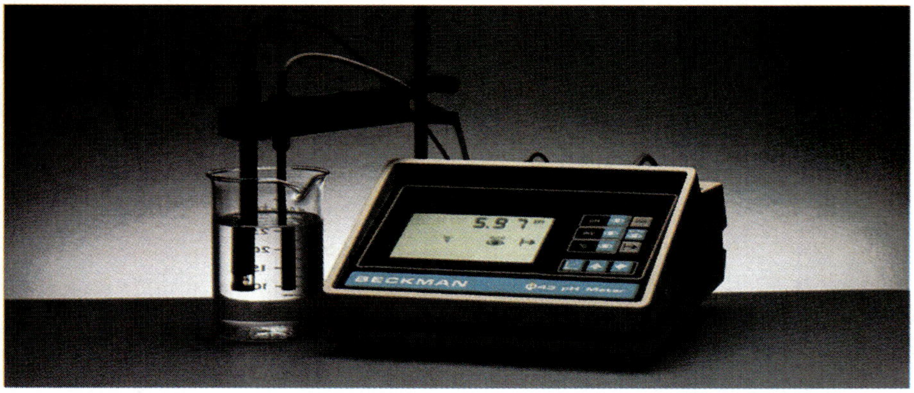

FIGURE 14.1

On utilise couramment des pH-mètres dans les laboratoires pour déterminer le pH des solutions. Bien que de nombreux pH-mètres aient une échelle d'affichage analogique graduée de 1 à 14, le pH peut avoir une valeur inférieure à 1 ou supérieure à 14. Ici, il s'agit d'un modèle à affichage numérique.

Un mois plus tard, $[H^+] = 1{,}0 \times 10^{-3}\ M$, alors

$$pH = -\log(1{,}0 \times 10^{-3}) = 3{,}00$$

Notez que l'augmentation de la concentration d'ions hydrogène (ou la diminution du pH) est due principalement à la conversion partielle de l'alcool (éthanol) en acide acétique, une réaction qui se produit en présence de dioxygène.

EXERCICE

Calculez le pH d'une solution de HNO_3 dont la concentration d'ions hydrogène est de 0,76 *M*.

EXEMPLE 14.4

Le calcul de $[H^+]$ à partir du pH

Le pH de l'eau de pluie recueillie dans une certaine région du Québec à une date donnée était 4,82. Calculez la concentration d'ions H^+ de cette eau.

Réponse: D'après l'équation (14.3)

$$4{,}82 = -\log[H^+]$$

L'antilogarithme de chaque côté de l'équation (*voir annexe 3*) est

$$1{,}5 \times 10^{-5}\ M = [H^+]$$

Puisque le pH est entre 4 et 5, on peut s'attendre à ce que $[H^+]$ soit entre $1 \times 10^{-4}\ M$ et $1 \times 10^{-5}\ M$. La réponse est donc plausible.

EXERCICE

Le pH d'un certain jus de fruits est 3,33. Calculez sa concentration en ions H^+.

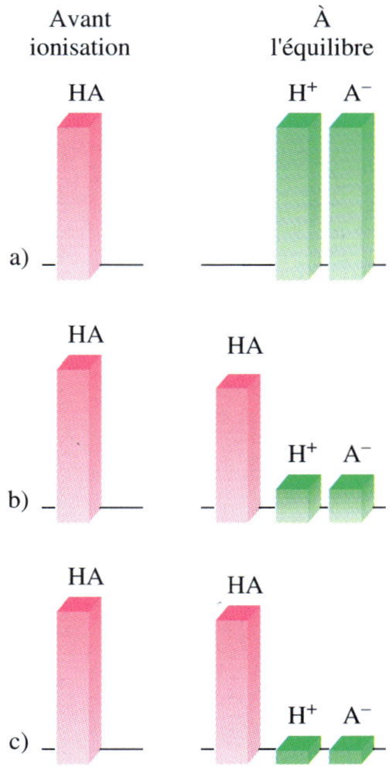

FIGURE 14.2

Le degré d'ionisation: a) d'un acide fort, qui s'ionise à 100 %; b) d'un acide faible; et c) d'un acide très faible.

14.4 LES ACIDES FORTS ET LES BASES FORTES

Les ***acides forts*** sont des *électrolytes forts, qui s'ionisent complètement ou presque dans l'eau* (*figure 14.2*). La plupart des acides forts sont des acides inorganiques, par exemple l'acide chlorhydrique (HCl), l'acide nitrique (HNO_3), l'acide perchlorique ($HClO_4$) et l'acide sulfurique (H_2SO_4):

$$HCl(aq) + H_2O(l) \longrightarrow H_3O^+(aq) + Cl^-(aq)$$

$$HNO_3(aq) + H_2O(l) \longrightarrow H_3O^+(aq) + NO_3^-(aq)$$

$$HClO_4(aq) + H_2O(l) \longrightarrow H_3O^+(aq) + ClO_4^-(aq)$$

$$H_2SO_4(aq) + H_2O(l) \longrightarrow H_3O^+(aq) + HSO_4^-(aq)$$

Notez que H_2SO_4 est un diacide; seule sa première étape d'ionisation est indiquée ci-dessus. En pratique, on peut dire qu'une solution d'acide fort à l'équilibre ne contient aucune molécule d'acide non ionisée.

La plupart *des acides ne s'ionisent que partiellement dans l'eau;* on les appelle ***acides faibles.*** À l'équilibre, une solution aqueuse d'acide faible contient un mélange de molécules d'acide non ionisées, d'ions H_3O^+ et de molécules de la base conjuguée de l'acide. L'acide fluorhydrique (HF), l'acide acétique (CH_3COOH) et l'ion ammonium (NH_4^+) sont des exemples d'acides faibles. Les forces des acides faibles sont très différentes selon leur degré d'ionisation. Cette ionisation limitée est reliée à la constante d'équilibre pour l'ionisation, que nous verrons à la prochaine section.

Ce que nous avons vu sur les acides forts s'applique également aux bases fortes, qui comprennent les hydroxydes de métaux alcalins et de certains métaux alcalino-terreux, comme NaOH, KOH et $Ba(OH)_2$. Les ***bases fortes*** sont *des électrolytes forts qui s'ionisent complètement dans l'eau:*

$$NaOH(s) \xrightarrow{H_2O} Na^+(aq) + OH^-(aq)$$

$$KOH(s) \xrightarrow{H_2O} K^+(aq) + OH^-(aq)$$

$$Ba(OH)_2(s) \xrightarrow{H_2O} Ba^{2+}(aq) + 2OH^-(aq)$$

Les ***bases faibles,*** comme les acides faibles, sont *des électrolytes faibles.* Par exemple, l'ammoniac est une base faible qui s'ionise très peu dans l'eau:

$$NH_3(aq) + H_2O(l) \rightleftharpoons NH_4^+(aq) + OH^-(aq)$$

Le tableau 14.2 énumère quelques couples acide-base conjugués importants, par ordre de leurs forces relatives. Il est utile de se rappeler les points suivants:

- Dans un couple, si un acide est fort, sa base conjuguée est très faible, et vice versa.

- L'ion H_3O^+ est l'acide le plus fort pouvant exister en solution aqueuse. Si un acide est plus fort que H_3O^+, il réagit avec l'eau pour produire des ions H_3O^+ et sa base conjuguée. Ainsi, HCl, qui est un acide plus fort que H_3O^+, réagit complètement avec l'eau pour former H_3O^+ et Cl^-:

$$HCl(aq) + H_2O(l) \rightleftharpoons H_3O^+(aq) + Cl^-(aq)$$

C'est pourquoi il est impossible de distinguer dans l'eau la différence de force entre deux acides forts. Ils se comportent tous comme s'ils étaient des solutions d'ions H_3O^+; on dit qu'ils sont *nivelés* à la même force dans l'eau.

TABLEAU 14.2
Les forces relatives des couples acide-base conjugués

Force croissante des acides (↑)		Acide	Base conjuguée	Force croissante des bases (↓)
	Acides forts	$HClO_4$ (acide perchlorique)	ClO_4^- (ion perchlorate)	
	Acides forts	HI (acide iodhydrique)	I^- (ion iodure)	
	Acides forts	HBr (acide bromhydrique)	Br^- (ion bromure)	
	Acides forts	HCl (Acide chlorhydrique)	Cl^- (ion chlorure)	
	Acides forts	H_2SO_4 (acide sulfurique)	HSO_4^- (ion hydrogénosulfate)	
	Acides forts	HNO_3 (acide nitrique)	NO_3^- (ion nitrate)	
		H_3O^+ (ion hydronium)	H_2O (eau)	
	Acides faibles	HSO_4^- (ion hydrogénosulfate)	SO_4^{2-} (ion sulfate)	
	Acides faibles	HF (acide fluorhydrique)	F^- (ion fluorure)	
	Acides faibles	HNO_2 (acide nitreux)	NO_2^- (ion nitrite)	
	Acides faibles	HCOOH (acide formique)	$HCOO^-$ (ion formate)	
	Acides faibles	CH_3COOH (acide acétique)	CH_3COO^- (ion acétate)	
	Acides faibles	NH_4^+ (ion ammonium)	NH_3 (ammoniac)	
	Acides faibles	HCN (acide cyanhydrique)	CN^- (ion cyanure)	
	Acides faibles	H_2O (eau)	OH^- (ion hydroxyde)	
	Acides faibles	NH_3 (ammoniac)	NH_2^- (ion amidure)	

Les acides plus faibles que H_3O^+ réagissent avec l'eau de façon plus limitée, produisant H_3O^+ et leur base conjuguée. Par exemple, l'équilibre suivant est fortement déplacé du côté gauche:

$$HF(aq) + H_2O(l) \rightleftharpoons H_3O^+(aq) + F^-(aq)$$

- L'ion OH^- est la base la plus forte pouvant exister en solution aqueuse. Si une base est plus forte que OH^-, elle réagit complètement avec l'eau pour produire des ions OH^- et son acide conjugué. Les bases fortes sont donc elles aussi «nivelées» à la même force dans l'eau. Par exemple, l'ion oxyde (O^{2-}) est une base plus forte que OH^-, il réagit donc complètement avec l'eau de la manière suivante:

$$O^{2-}(aq) + H_2O(l) \longrightarrow 2OH^-(aq)$$

C'est pourquoi l'ion oxyde n'existe pas en solution aqueuse. (Notez que l'un des deux ions OH^- produits est considéré comme l'acide conjugué de l'ion O^{2-}.)

EXEMPLE 14.5
Le calcul du pH d'une solution d'un acide fort et d'une solution d'une base forte

Calculez le pH: a) d'une solution de HCl à $1{,}0 \times 10^{-3}$ *M*, et b) d'une solution de $Ba(OH)_2$ à 0,020 *M*.

Réponse: a) Puisque HCl est un acide fort, il s'ionise complètement en solution:

$$\text{HCl}(aq) \longrightarrow \text{H}^+(aq) + \text{Cl}^-(aq)$$

On peut représenter les concentrations de toutes les espèces (HCl, H^+ et Cl^-), avant et après ionisation, dans un tableau:

	$\text{HCl}(aq)$	$\longrightarrow$	$\text{H}^+(aq)$	+	$\text{Cl}^-(aq)$
Concentration initiale (M):	$1,0 \times 10^{-3}$		$0,0$		$0,0$
Variation (M):	$-1,0 \times 10^{-3}$		$+1,0 \times 10^{-3}$		$+1,0 \times 10^{-3}$
Concentration à l'équilibre (M):	$0,0$		$1,0 \times 10^{-3}$		$1,0 \times 10^{-3}$

Une variation positive (+) représente une augmentation de la concentration; une variation négative (−), une diminution. Donc,

$$[\text{H}^+] = 1,0 \times 10^{-3}\ M$$

$$\text{pH} = -\log(1,0 \times 10^{-3})$$

$$= 3,00$$

b) $Ba(OH)_2$ est une base forte; chaque unité de $Ba(OH)_2$ produit deux ions OH^-:

$$\text{Ba(OH)}_2(aq) \longrightarrow \text{Ba}^{2+}(aq) + 2\text{OH}^-(aq)$$

On peut résumer les modifications de concentrations de toutes les espèces dans le tableau suivant:

	$\text{Ba(OH)}_2(aq)$	$\longrightarrow$	$\text{Ba}^{2+}(aq)$	+	$2\text{OH}^-(aq)$
Concentration initiale (M):	$0,020$		$0,00$		$0,00$
Variation (M):	$-0,020$		$+0,020$		$+2(0,020)$
Concentration à l'équilibre (M):	$0,00$		$0,020$		$0,040$

Ainsi,

$$[\text{OH}^-] = 0,040\ M$$

$$\text{pOH} = -\log 0,040 = 1,40$$

Alors,

$$\text{pH} = 14,00 - \text{pOH}$$

$$= 14,00 - 1,40$$

$$= 12,60$$

Notez que, en a) et en b), nous avons négligé la contribution de l'auto-ionisation de l'eau en $[H^+]$ et en $[OH^-]$ parce que $1,0 \times 10^{-7}\ M$ est une valeur trop petite comparativement à $1,0 \times 10^{-3}\ M$ et à $0,40\ M$.

EXERCICE

Calculez le pH d'une solution de $Ba(OH)_2$ à $1,5 \times 10^{-2}\ M$.

14.5 LES ACIDES FAIBLES ET LES CONSTANTES D'IONISATION DES ACIDES

Comme nous l'avons vu, la grande majorité des acides sont faibles. Soit, par exemple, un monoacide faible, HA. Son ionisation dans l'eau sera représentée par

$$HA(aq) + H_2O(l) \rightleftharpoons H_3O^+(aq) + A^-(aq)$$

ou simplement par

$$HA(aq) \rightleftharpoons H^+(aq) + A^-(aq)$$

La constante d'équilibre pour cette ionisation acide, appelée ***constante d'ionisation de l'acide (K_a),*** est donnée par

$$K_a = \frac{[H^+][A^-]}{[HA]}$$

À une température donnée, la mesure quantitative de la force de l'acide HA correspond à la valeur de K_a. Plus cette valeur est élevée, plus l'acide est fort, c'est-à-dire que la concentration à l'équilibre d'ions H^+ provenant de l'ionisation est plus élevée.

Puisque l'ionisation d'un acide faible n'est jamais complète, toutes les espèces (l'acide non ionisé, les ions H^+ et les ions A^-) sont présentes à l'équilibre. Le tableau 14.3 énumère un certain nombre d'acides faibles et donne les valeurs de K_a correspondantes, dans l'ordre décroissant de leur force. Notez que, à l'équilibre, l'espèce prédominante en solution (à part le solvant) est l'acide non ionisé. Même si les composés nommés au tableau 14.3 sont tous des acides faibles, on remarque que, à l'intérieur de ce groupe, la force des acides varie beaucoup. Par exemple, la valeur de K_a pour HF ($7{,}1 \times 10^{-4}$) est d'environ 1,5 million de fois plus élevée que pour HCN ($4{,}9 \times 10^{-10}$).

On peut calculer la valeur de K_a à partir de la concentration initiale de l'acide, et du pH de la solution; aussi, on peut utiliser K_a et la concentration initiale de l'acide pour calculer les concentrations à l'équilibre de toutes les espèces, et le pH de la solution. Pour calculer les concentrations à l'équilibre dans le cas d'un acide faible, on suit la méthode expliquée à la section 13.3; les systèmes peuvent être différents, mais les calculs sont fondés sur le même principe, soit la loi d'action de masse [équation (13.2)]. Dans ce cas, les trois étapes de bases sont les suivantes:

1. Exprimer les concentrations à l'équilibre de toutes les espèces en fonction des concentrations initiales et d'une seule inconnue x, qui représente la variation de la concentration de l'une des substances.

2. Écrire la constante d'ionisation de l'acide en fonction des concentrations à l'équilibre. Connaissant la valeur de K_a, résoudre l'équation pour connaître la valeur de x.

3. Connaissant maintenant la valeur de x, calculer les concentrations à l'équilibre de toutes les espèces et/ou le pH de la solution.

À moins d'avis contraire, nous considérerons que la température est de 25 °C pour tous ces calculs.

TABLEAU 14.3
Les constantes d'ionisation de quelques acides faibles à 25 °C

Nom de l'acide	Formule	Structure	K_a	Base conjuguée	K_b
Acide fluorhydrique	HF	H—F	$7,1 \times 10^{-4}$	F^-	$1,4 \times 10^{-11}$
Acide nitreux	HNO_2	O=N—O—H	$4,5 \times 10^{-4}$	NO_2^-	$2,2 \times 10^{-11}$
Acide acétylsalicylique (aspirine)	$C_9H_8O_4$	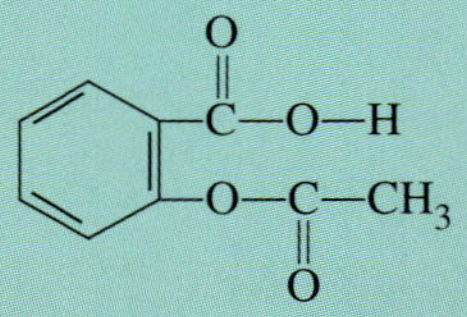	$3,0 \times 10^{-4}$	$C_9H_7O_4^-$	$3,3 \times 10^{-11}$
Acide formique	HCOOH	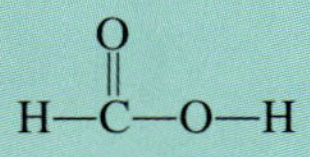	$1,7 \times 10^{-4}$	$HCOO^-$	$5,9 \times 10^{-11}$
Acide ascorbique* (vitamine C)	$C_6H_8O_6$	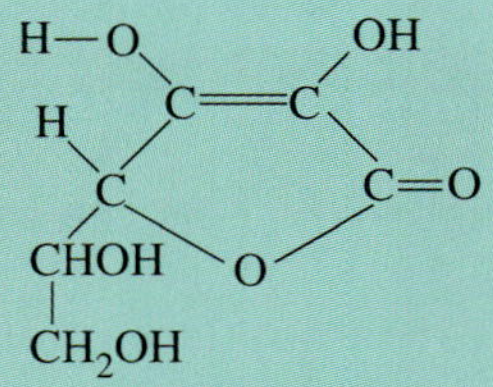	$8,0 \times 10^{-5}$	$C_6H_7O_6^-$	$1,3 \times 10^{-10}$
Acide benzoïque	C_6H_5COOH	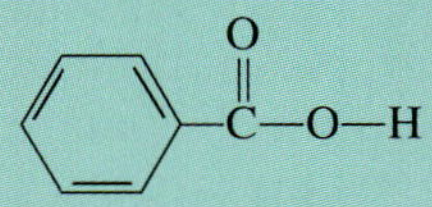	$6,5 \times 10^{-5}$	$C_6H_5COO^-$	$1,5 \times 10^{-10}$
Acide acétique	CH_3COOH	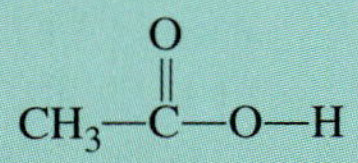	$1,8 \times 10^{-5}$	CH_3COO^-	$5,6 \times 10^{-10}$
Acide cyanhydrique	HCN	H—C≡N	$4,9 \times 10^{-10}$	CN^-	$2,0 \times 10^{-5}$
Phénol	C_6H_5OH	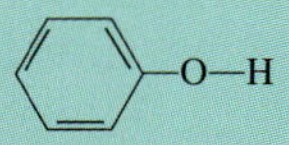	$1,3 \times 10^{-10}$	$C_6H_5O^-$	$7,7 \times 10^{-5}$

* Dans le cas de l'acide ascorbique, c'est le groupe hydroxyle supérieur gauche qui est associé à cette constante d'ionisation.

EXEMPLE 14.6
L'ionisation d'un monoacide faible

Calculez les concentrations de l'acide non ionisé et des ions dans une solution d'acide formique (HCOOH) à 0,100 *M* à l'équilibre.

Réponse:

Étape 1: Le tableau 14.3 nous indique que HCOOH est un acide faible. Puisqu'il s'agit d'un monoacide, une molécule de HCOOH s'ionise pour former un ion H^+ et un ion $HCOO^-$. Soit x la concentration à l'équilibre des ions H^+ et $HCOO^-$ en moles par litre. La concentration à l'équilibre de HCOOH doit alors être $(0{,}100 - x)$ mol/L ou $(0{,}100 - x)$ M. Résumons les variations des concentrations dans le tableau suivant :

	$HCOOH(aq)$	$\rightleftharpoons$	$H^+(aq)$	+	$HCOO^-(aq)$
Concentration initiale (M):	0,100		0,000		0,000
Variation (M):	$-x$		$+x$		$+x$
Concentration à l'équilibre (M):	$(0{,}100 - x)$		x		x

Étape 2: Selon le tableau 14.3:

$$K_a = \frac{[H^+][HCOO^-]}{[HCOOH]} = 1{,}7 \times 10^{-4}$$

$$\frac{x^2}{0{,}100 - x} = 1{,}7 \times 10^{-4}$$

En faisant le produit croisé et en réarrangeant les termes, nous obtenons l'équation suivante:

$$x^2 + 1{,}7 \times 10^{-4}x - 1{,}7 \times 10^{-5} = 0$$

qui correspond à l'équation quadratique du type

$$ax^2 + bx + c = 0$$

Dans plusieurs cas, il est possible de solutionner plus facilement un problème de ce genre en faisant une approximation. Puisque HCOOH est un acide faible, son degré d'ionisation doit être faible. Ainsi, la valeur de x est petite comparée à 0,100. On peut alors établir, comme règle générale, que si la quantité x soustraite de la concentration initiale de l'acide (0,100 M dans ce cas) est égale ou inférieure à 5 % de cette concentration, on peut considérer que $0{,}100 - x \simeq 0{,}100$; on exclut ainsi x du dénominateur dans l'expression de la constante d'équilibre. Si la valeur de x est supérieure à 5 % de la concentration initiale, on doit résoudre l'équation quadratique sans faire d'approximation. En cas de doute, on peut toujours calculer x à l'aide de la méthode approximative et vérifier ensuite sa validité. Si l'on considère que $0{,}100 - x \simeq 0{,}100$, alors:

$$\frac{x^2}{0{,}100 - x} \simeq \frac{x^2}{0{,}100} = 1{,}7 \times 10^{-4}$$

$$x^2 = 1{,}7 \times 10^{-5}$$

En extrayant la racine carrée de chaque membre de l'équation, nous obtenons:

$$x = 4{,}1 \times 10^{-3}\,M$$

Étape 3: Donc, à l'équilibre:

$$[H^+] = 4{,}1 \times 10^{-3}\,M$$
$$[HCOO^-] = 4{,}1 \times 10^{-3}\,M$$
$$[HCOOH] = (0{,}100 - 0{,}0041)\,M$$
$$= 0{,}096\,M$$

Vérifions la validité de l'approximation:

$$\frac{0{,}0041\,M}{0{,}100\,M} \times 100\,\% = 4{,}1\,\%$$

Cela démontre que la valeur de x est inférieure à 5 % de la concentration initiale de l'acide. L'approximation était donc justifiée.

Notez que l'on a négligé la contribution de l'eau à $[H^+]$. Sauf dans le cas de solutions très diluées, cette omission est toujours correcte, car la concentration d'ions hydrogène en provenance de l'eau est négligeable par rapport à celle qui provient de l'acide.

EXERCICE

Calculez la concentration de H^+, de A^- et de HA non ionisé dans une solution de HA à 0,20 M. La valeur de K_a pour HA est $2{,}7 \times 10^{-4}$.

EXEMPLE 14.7

L'ionisation d'un monoacide faible

Calculez le pH d'une solution d'acide nitreux (HNO_2) à 0,052 M.

Réponse:

Étape 1: Selon le tableau 14.3, HNO_2 est un acide faible. Soit x la concentration à l'équilibre des ions H^+ et NO_2^- en moles par litre; résumons les modifications dans le tableau suivant:

	$HNO_2(aq)$	$\rightleftharpoons$	$H^+(aq)$	+	$NO_2^-(aq)$
Concentration initiale (M):	0,052		0,00		0,00
Variation (M):	$-x$		$+x$		$+x$
Concentration à l'équilibre (M):	$(0{,}052 - x)$		x		x

Étape 2: D'après le tableau 14.3:

$$K_a = \frac{[H^+][NO_2^-]}{[HNO_2]} = 4{,}5 \times 10^{-4}$$

$$\frac{x^2}{0{,}052 - x} = 4{,}5 \times 10^{-4}$$

En faisant l'approximation $0{,}052 - x \simeq 0{,}052$, nous obtenons:

$$\frac{x^2}{0{,}052 - x} \simeq \frac{x^2}{0{,}052} = 4{,}5 \times 10^{-4}$$

$$x^2 = 2{,}3 \times 10^{-5}$$

En extrayant la racine carrée de chaque membre de l'équation, nous obtenons:

$$x = 4{,}8 \times 10^{-3}\ M$$

Vérifions l'approximation:

$$\frac{0{,}0048\ M}{0{,}052\ M} \times 100\ \% = 9{,}2\ \%$$

La valeur de x est supérieure à 5 % de la concentration originale, l'approximation n'était donc pas justifiée. Il y a alors deux façons d'obtenir la bonne réponse.

1. *L'équation quadratique sans approximation.* Nous pouvons résoudre l'équation quadratique

$$x^2 + 4{,}5 \times 10^{-4}x - 2{,}3 \times 10^{-5} = 0$$

En utilisant la formule quadratique:

$$x = \frac{-b \pm \sqrt{b^2 - 4ac}}{2a}$$

$$= \frac{-4{,}5 \times 10^{-4} \pm \sqrt{(4{,}5 \times 10^{-4})^2 - 4(1)(-2{,}3 \times 10^{-5})}}{2(1)}$$

Le résultat est

$$x = 4{,}6 \times 10^{-3}\ M \qquad \text{ou} \qquad x = -5{,}0 \times 10^{-3}\ M$$

La deuxième solution est physiquement impossible, car la concentration d'ions produits par suite d'une ionisation ne peut être négative. Donc, la solution est donnée par la racine carrée positive, qui est

$$x = 4{,}6 \times 10^{-3}\,M$$

2. *La méthode des approximations successives* (itération). Calculons la valeur de x en considérant que $0{,}052 - x \simeq 0{,}052$. Puis, utilisons la valeur approximative de x ($4{,}8 \times 10^{-3}\,M$) pour trouver une valeur plus exacte pour la concentration de HNO_2:

$$[HNO_2] = 0{,}052\,M - 4{,}8 \times 10^{-3}\,M = 0{,}047\,M$$

En remplaçant $[HNO_2]$ par sa valeur dans l'expression de K_a, nous obtenons:

$$\frac{x^2}{0{,}047} = 4{,}5 \times 10^{-4}$$

$$x^2 = 2{,}1 \times 10^{-5}$$

$$x = 4{,}6 \times 10^{-3}\,M$$

En utilisant $4{,}6 \times 10^{-3}\,M$ pour x, recalculons $[HNO_2]$ et résolvons pour x encore une fois. Cette fois, la réponse est $4{,}6 \times 10^{-3}\,M$, ce qui est la même réponse que celle déjà trouvée en 1. En général, on applique la méthode des approximations successives jusqu'à ce que la valeur de x obtenue à la dernière étape soit égale à celle de l'étape précédente. (Dans la majorité des cas, nous obtenons la bonne réponse en ne faisant qu'une seule itération, donc en deux étapes comme dans ce cas-ci.

Étape 3: À l'équilibre

$$[H^+] = 4{,}6 \times 10^{-3}\,M$$

et

$$\text{pH} = -\log(4{,}6 \times 10^{-3}) = 2{,}34$$

EXERCICE

Quel est le pH d'une solution d'un monoacide à 0,122 M pour lequel la valeur de K_a est $5{,}7 \times 10^{-4}$?

EXEMPLE 14.8

Le calcul de K_a à partir de la valeur expérimentale du pH

Le pH d'une solution d'un monoacide faible HA à 0,100 *M* est 2,85. Quelle est la valeur de K_a pour cet acide?

Réponse: Dans ce cas, connaissant le pH, nous pouvons obtenir les concentrations à l'équilibre, puis calculer la constante d'ionisation de l'acide. Pour ce faire, nous suivons essentiellement les mêmes étapes.

Étape 1: D'abord, calculons la concentration des ions hydrogène à partir du pH.

$$\text{pH} = -\log[H^+]$$

$$2{,}85 = -\log[H^+]$$

L'antilogarithme de chaque membre donne

$$[H^+] = 1{,}4 \times 10^{-3}\ M$$

Résumons ensuite les modifications:

	$HA(aq)$	$\rightleftharpoons$	$H^+(aq)$	+	$A^-(aq)$
Concentration initiale (*M*):	0,100		0,000		0,000
Variation (*M*):	−0,0014		+0,0014		+0,0014
Concentration à l'équilibre (*M*):	(0,100 − 0,0014)		0,0014		0,0014

Étape 2: La constante d'ionisation de l'acide est donnée par

$$K_a = \frac{[H^+][A^-]}{[HA]} = \frac{(0{,}0014)(0{,}0014)}{(0{,}100 - 0{,}0014)}$$

$$= 2{,}0 \times 10^{-5}$$

EXERCICE

Une solution d'un monoacide faible à 0,060 *M* a un pH égal à 3,44. Calculez la valeur de K_a pour cet acide.

LE POURCENTAGE D'IONISATION

Nous avons vu que la valeur de K_a indique la force d'un acide. Il existe toutefois une autre grandeur qui indique la force d'un acide, le ***pourcentage d'ionisation,*** défini ainsi:

$$\text{pourcentage d'ionisation} = \frac{\text{concentration d'acide ionisé à l'équilibre}}{\text{concentration initiale d'acide}} \times 100\ \%$$

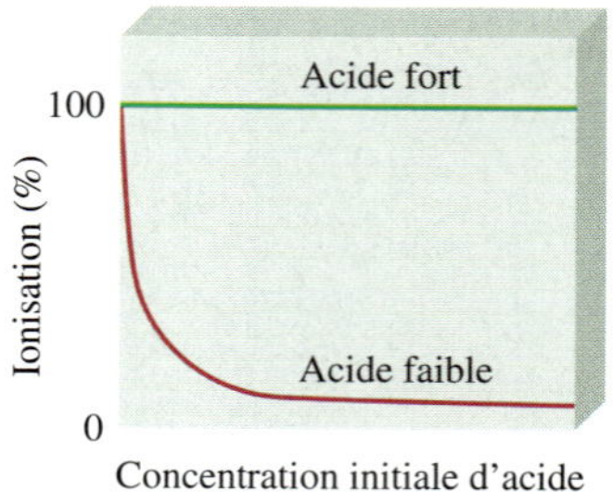

FIGURE 14.3

Le pourcentage d'ionisation en fonction de la concentration initiale d'acide. Notez que, à des concentrations très basses, tous les acides (faibles ou forts) sont presque complètement ionisés.

Plus l'acide est fort, plus ce pourcentage est élevé. Dans le cas d'un monoacide HA, la concentration d'acide ionisé est égale à la concentration des ions H^+ ou à la concentration des ions A^- à l'équilibre. On peut alors exprimer le pourcentage d'ionisation ainsi:

$$\text{pourcentage d'ionisation} = \frac{[H^+]}{[HA]_0} \times 100\ \%$$

où $[H^+]$ est la concentration à l'équilibre et $[HA]_0$ est la concentration initiale. Notez que cette expression est la même que celle utilisée pour vérifier la justesse de l'approximation à l'exemple 14.6. Donc, le pourcentage d'ionisation de l'acide formique à 0,100 M est 4,1 %.

Le degré d'ionisation d'un acide faible dépend de la concentration initiale de l'acide. Plus l'acide est dilué, plus le pourcentage d'ionisation est élevé (*figure 14.3*). En d'autres termes, quand un acide est dilué, initialement le nombre de particules (molécules d'acide non ionisées et ions) par unité de volume est réduit. Selon le principe de Le Chatelier (*section 13.4*), pour s'opposer à cette contrainte (qui est la dilution), l'équilibre se déplace de l'acide non ionisé vers H^+ et la base conjuguée afin de produire plus de particules (ions).

Les diacides et les polyacides

Les diacides et les polyacides peuvent céder plus de un ion hydrogène par molécule. Ces acides s'ionisent par étapes, c'est-à-dire qu'ils cèdent un proton à la fois. Chacune de ces étapes est reliée à une constante d'ionisation. Par conséquent, il faut souvent utiliser deux ou plusieurs expressions de constantes d'équilibre pour calculer les concentrations des espèces présentes dans la solution acide. Par exemple, dans le cas de H_2CO_3, on écrit

$$H_2CO_3(aq) \rightleftharpoons H^+(aq) + HCO_3^-(aq) \qquad K_{a_1} = \frac{[H^+][HCO_3^-]}{[H_2CO_3]}$$

$$HCO_3^-(aq) \rightleftharpoons H^+(aq) + CO_3^{2-}(aq) \qquad K_{a_2} = \frac{[H^+][CO_3^{2-}]}{[HCO_3^-]}$$

Notez que la base conjuguée de la première étape d'ionisation devient l'acide dans la deuxième étape.

Le tableau 14.4 donne les constantes d'ionisation de plusieurs diacides et polyacides. Pour un acide donné, la première constante d'ionisation est plus élevée que la deuxième et ainsi de suite. C'est logique, car il est plus facile de retirer un ion H^+ d'une molécule neutre que de retirer un autre ion H^+ d'un ion négatif dérivé de cette molécule.

TABLEAU 14.4
Les constantes d'ionisation de quelques diacides et polyacides courants dans l'eau à 25 °C

Nom de l'acide	Formule	Structure	K_a	Base conjuguée	K_b
Acide sulfurique	H_2SO_4	H—O—S(=O)(=O)—O—H	très grande	HSO_4^-	très petite
Ion hydrogénosulfate	HSO_4^-	H—O—S(=O)(=O)—O^-	$1,3 \times 10^{-2}$	SO_4^{2-}	$7,7 \times 10^{-13}$
Acide oxalique	$C_2H_2O_4$	H—O—C(=O)—C(=O)—O—H	$6,5 \times 10^{-2}$	$C_2HO_4^-$	$1,5 \times 10^{-13}$
Ion hydrogénoxalate	$C_2HO_4^-$	H—O—C(=O)—C(=O)—O^-	$6,1 \times 10^{-5}$	$C_2O_4^{2-}$	$1,6 \times 10^{-10}$
Acide sulfureux*	H_2SO_3	H—O—S(=O)—O—H	$1,3 \times 10^{-2}$	HSO_3^-	$7,7 \times 10^{-13}$
Ion hydrogénosulfite	HSO_3^-	H—O—S(=O)—O^-	$6,3 \times 10^{-8}$	SO_3^{2-}	$1,6 \times 10^{-7}$
Acide carbonique	H_2CO_3	H—O—C(=O)—O—H	$4,2 \times 10^{-7}$	HCO_3^-	$2,4 \times 10^{-8}$
Ion hydrogénocarbonate	HCO_3^-	H—O—C(=O)—O^-	$4,8 \times 10^{-11}$	CO_3^{2-}	$2,1 \times 10^{-4}$
Acide sulfhydrique	H_2S	H—S—H	$9,5 \times 10^{-8}$	HS^-	$1,1 \times 10^{-7}$
Ion hydrogénosulfure**	HS^-	H—S^-	1×10^{-19}	S^{2-}	1×10^{5}
Acide phosphorique	H_3PO_4	H—O—P(=O)(—O—H)—O—H	$7,5 \times 10^{-3}$	$H_2PO_4^-$	$1,3 \times 10^{-12}$
Ion dihydrogénophosphate	$H_2PO_4^-$	H—O—P(=O)(—O—H)—O^-	$6,2 \times 10^{-8}$	HPO_4^{2-}	$1,6 \times 10^{-7}$
Ion hydrogénophosphate	HPO_4^{2-}	H—O—P(=O)(—O^-)—O^-	$4,8 \times 10^{-13}$	PO_4^{3-}	$2,1 \times 10^{-2}$

* On n'a jamais isolé H_2SO_3 ; ce composé n'existe qu'en concentration faible en solution aqueuse de SO_2. La valeur de K_a correspond à la réaction $SO_2(g) + H_2O(l) \rightleftharpoons H^+(aq) + HSO_3^-(aq)$.

** La constante d'ionisation de HS^- est très petite et très difficile à mesurer. La valeur indiquée ici n'est qu'une estimation.

EXEMPLE 14.9

Le calcul du pH d'une solution d'un diacide

L'acide oxalique est une substance toxique utilisée principalement comme agent de blanchiment et de nettoyage (par exemple, pour nettoyer les cernes dans la baignoire). Calculez les concentrations de toutes les espèces présentes dans une solution à 0,10 *M*.

Réponse: L'acide oxalique est un diacide (*tableau 14.4*). Commençons par la première étape d'ionisation.

Étape 1:

	$C_2H_2O_4(aq)$ $\rightleftharpoons$	$H^+(aq)$ +	$C_2HO_4^-(aq)$
Concentration initiale (*M*):	0,10	0,00	0,00
Variation (*M*):	$-x$	$+x$	$+x$
Conc. à l'équilibre (*M*):	$(0{,}10 - x)$	x	x

Étape 2: Selon la constante d'ionisation du tableau 14.4, nous avons

$$K_{a_1} = \frac{[H^+][C_2HO_4^-]}{[C_2H_2O_4]} = 6{,}5 \times 10^{-2}$$

$$\frac{x^2}{0{,}10 - x} = 6{,}5 \times 10^{-2}$$

Puisque la constante d'ionisation est relativement élevée, nous ne pouvons pas appliquer l'approximation $0{,}10 - x \simeq 0{,}10$. Il faut plutôt résoudre l'équation quadratique sous la forme

$$x^2 + 6{,}5 \times 10^{-2}x - 6{,}5 \times 10^{-3} = 0$$

La solution est $x = 0{,}054$ *M*.

Étape 3: Une fois l'équilibre de la première étape d'ionisation atteint, les concentrations sont

$$[H^+] = 0{,}054\ M$$

$$[C_2HO_4^-] = 0{,}054\ M$$

$$[C_2H_2O_4] = (0{,}10 - 0{,}054)\ M = 0{,}046\ M$$

Voyons maintenant la seconde étape d'ionisation.

Étape 1: Soit y la concentration à l'équilibre de $C_2O_4^{2-}$ en moles par litre. La concentration à l'équilibre de $C_2HO_4^-$ doit donc être $(0{,}054 - y)$ *M*.

Nous avons: (Attention! $[H^+]_0$ n'est pas égal à zéro ici)

	$C_2HO_4^-(aq)$	$\rightleftharpoons$	$H^+(aq)$	+	$C_2O_4^{2-}(aq)$
Concentration initiale (M):	0,054		0,054		0,00
Variation (M):	$-y$		$+y$		$+y$
Concentration à l'équilibre (M):	$(0{,}054 - y)$		$(0{,}054 + y)$		y

Étape 2: En utilisant la constante d'ionisation du tableau 14.4, nous avons

$$K_{a_2} = \frac{[H^+][C_2O_4^{2-}]}{[C_2HO_4^-]} = 6{,}1 \times 10^{-5}$$

$$\frac{(0{,}054 + y)y}{(0{,}054 - y)} = 6{,}1 \times 10^{-5}$$

Puisque la constante d'ionisation est petite, nous pouvons faire les approximations suivantes:

$$0{,}054 + y \simeq 0{,}054$$

$$0{,}054 - y \simeq 0{,}054$$

Après substitution et simplification, nous obtenons donc:

$$y = 6{,}1 \times 10^{-5}\ M$$

Étape 3: Ainsi, les concentrations de toutes les espèces présentes à l'équilibre sont

$$[C_2H_2O_4] = 0{,}046\ M$$

$$[C_2HO_4^-] = (0{,}054 - 6{,}1 \times 10^{-5})\ M \simeq 0{,}054\ M$$

$$[H^+] = (0{,}054 + 6{,}1 \times 10^{-5})\ M \simeq 0{,}054\ M$$

$$[C_2O_4^{2-}] = 6{,}1 \times 10^{-5}\ M$$

$$[OH^-] = 1{,}0 \times 10^{-14}/0{,}054 = 1{,}9 \times 10^{-13}\ M$$

EXERCICE

Calculez les concentrations de $C_2H_2O_4$, de $C_2HO_4^-$, de $C_2O_4^{2-}$ et de H^+ dans une solution d'acide oxalique à 0,20 M.

L'exemple 14.9 montre que, pour les diacides, si $K_{a_1} \gg K_{a_2}$, la concentration des ions H^+ à l'équilibre peut être considérée comme le résultat de la première étape d'ionisation seulement. De plus, la concentration de la base conjuguée de la deuxième étape d'ionisation est numériquement égale à K_{a_2}.

L'acide phosphorique (H_3PO_4) est un important polyacide qui possède trois atomes d'hydrogène ionisables:

$$H_3PO_4(aq) \rightleftharpoons H^+(aq) + H_2PO_4^-(aq) \quad K_{a_1} = \frac{[H^+][H_2PO_4^-]}{[H_3PO_4]} = 7{,}5 \times 10^{-3}$$

$$H_2PO_4^-(aq) \rightleftharpoons H^+(aq) + HPO_4^{2-}(aq) \quad K_{a_2} = \frac{[H^+][HPO_4^{2-}]}{[H_2PO_4^-]} = 6{,}2 \times 10^{-8}$$

$$HPO_4^{2-}(aq) \rightleftharpoons H^+(aq) + PO_4^{3-}(aq) \quad K_{a_3} = \frac{[H^+][PO_4^{3-}]}{[HPO_4^{2-}]} = 4{,}8 \times 10^{-13}$$

On peut voir que l'acide phosphorique est un polyacide faible et que ses constantes d'ionisation décroissent radicalement aux deuxième et troisième étapes. On peut alors prédire que, dans une solution d'acide phosphorique, la concentration d'acide non ionisé est la plus élevée et que les seules autres espèces présentes en concentrations importantes sont les ions H^+ et $H_2PO_4^-$.

14.6 LES BASES FAIBLES ET LES CONSTANTES D'IONISATION DES BASES

On aborde les bases faibles de la même manière que les acides faibles. Quand l'ammoniac se dissout dans l'eau, il se produit la réaction suivante:

$$NH_3(aq) + H_2O(l) \rightleftharpoons NH_4^+(aq) + OH^-(aq)$$

La production d'ions hydroxyde dans cette *ionisation basique* signifie que, dans la solution à 25 °C, $[OH^-] > [H^+]$, et qu'ainsi $pH > 7$.

En comparaison avec la concentration totale d'eau, il n'y a que très peu de molécules d'eau utilisées comme réactif au cours de cette réaction; on peut donc considérer $[H_2O]$ comme une constante. On peut alors exprimer la constante d'équilibre ainsi:

$$K[H_2O] = K_b = \frac{[NH_4^+][OH^-]}{[NH_3]}$$

$$= 1{,}8 \times 10^{-5}$$

où $\boldsymbol{K_b}$*, la constante d'équilibre relative à l'ionisation d'une base,* est appelée ***constante d'ionisation de la base.*** Le tableau 14.5 donne quelques bases faibles courantes et leurs constantes d'ionisation. Notez que la basicité de chacun de ces composés est attribuable au doublet d'électrons libres de l'atome d'azote.

TABLEAU 14.5
Les constantes d'ionisation de quelques bases faibles courantes à 25 °C

Nom de la base	Formule	Structure	K_b*	Base conjuguée	K_a
Éthylamine	$C_2H_5NH_2$	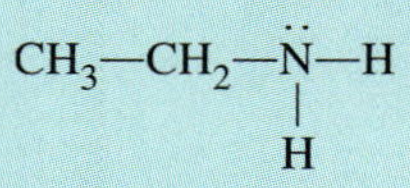	$5,6 \times 10^{-4}$	$C_2H_5\overset{+}{N}H_3$	$1,8 \times 10^{-11}$
Méthylamine	CH_3NH_2	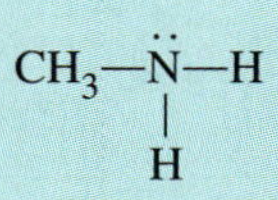	$4,4 \times 10^{-4}$	$CH_3\overset{+}{N}H_3$	$2,3 \times 10^{-11}$
Caféine	$C_8H_{10}N_4O_2$	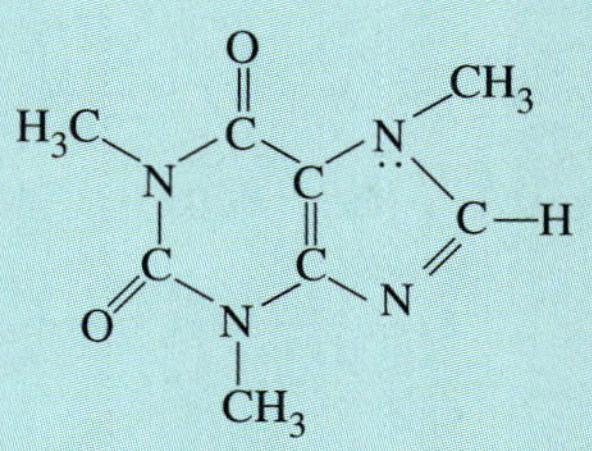	$4,1 \times 10^{-4}$	$C_8H_{11}\overset{+}{N}_4O_2$	$2,4 \times 10^{-11}$
Ammoniac	NH_3	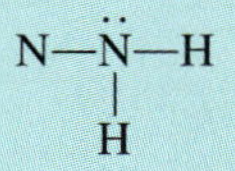	$1,8 \times 10^{-5}$	NH_4^+	$5,6 \times 10^{-10}$
Pyridine	C_5H_5N	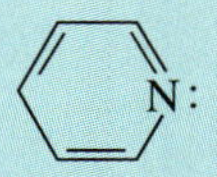	$1,7 \times 10^{-9}$	$C_5H_5\overset{+}{N}H$	$5,9 \times 10^{-6}$
Aniline	$C_6H_5NH_2$	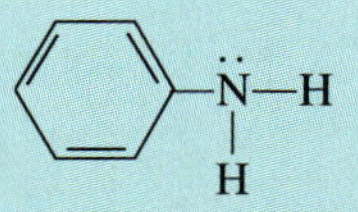	$3,8 \times 10^{-10}$	$C_6H_5\overset{+}{N}H_3$	$2,6 \times 10^{-5}$
Urée	N_2H_4CO	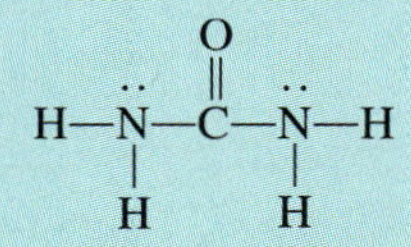	$1,5 \times 10^{-14}$	$H_2NCO\overset{+}{N}H_3$	0,67

* Pour chacun de ces composés, c'est l'atome d'azote qui a le doublet libre qui cause la basicité. Dans le cas de l'urée, K_b peut être associée à l'un ou l'autre des atomes d'azote.

EXEMPLE 14.10
Le calcul du pH d'une solution d'une base faible

Quel est le pH d'une solution d'ammoniac à 0,400 *M*?

Réponse: La méthode est essentiellement la même que celle utilisée pour les acides faibles.

Étape 1: Soit x la concentration en moles par litre des ions NH_4^+ et OH^- à l'équilibre. Résumons les données dans le tableau suivant:

	$NH_3(aq)$ + $H_2O(l)$ ⇌	$NH_4^+(aq)$ +	$OH^-(aq)$
Concentration initiale (M):	0,400	0,000	0,000
Variation (M):	$-x$	$+x$	$+x$
Concentration à l'équilibre (M):	$(0{,}400 - x)$	x	x

Étape 2: En utilisant la constante d'ionisation de la base donnée au tableau 14.5, nous écrivons

$$K_b = \frac{[NH_4^+][OH^-]}{[NH_3]} = 1{,}8 \times 10^{-5}$$

$$\frac{x^2}{0{,}400 - x} = 1{,}8 \times 10^{-5}$$

En faisant l'approximation $0{,}400 - x \simeq 0{,}400$, nous obtenons:

$$\frac{x^2}{0{,}400 - x} \approx \frac{x^2}{0{,}400} = 1{,}8 \times 10^{-5}$$

$$x^2 = 7{,}2 \times 10^{-6}$$

$$x = 2{,}7 \times 10^{-3}\ M$$

Étape 3: À l'équilibre, $[OH^-] = 2{,}7 \times 10^{-3}\ M$. Alors:

$$\text{pOH} = -\log(2{,}7 \times 10^{-3}) = 2{,}57$$

$$\text{pH} = 14{,}00 - 2{,}57 = 11{,}43$$

Notez que nous avons négligé la contribution des ions OH^- provenant de l'eau, pour les mêmes raisons qui nous permettaient d'ignorer la contribution des ions de H^+ provenant de l'eau (*exemple 14.6*).

EXERCICE

Calculez le pH d'une solution de méthylamine à 0,26 M (*tableau 14.5*).

14.7 LA RELATION ENTRE LES CONSTANTES D'IONISATION DES COUPLES ACIDE-BASE CONJUGUÉS

On peut déduire une importante relation entre la constante d'ionisation d'un acide et la constante d'ionisation de sa base conjuguée de la manière suivante, en prenant l'acide acétique comme exemple:

$$CH_3COOH(aq) \rightleftharpoons H^+(aq) + CH_3COO^-(aq)$$

$$K_a = \frac{[H^+][CH_3COO^-]}{[CH_3COOH]}$$

La base conjuguée (CH_3COO^-) réagit avec l'eau selon l'équation suivante:

$$CH_3COO^-(aq) + H_2O(l) \rightleftharpoons CH_3COOH(aq) + OH^-(aq)$$

et on peut exprimer la constante d'ionisation de la base ainsi:

$$K_b = \frac{[CH_3COOH][OH^-]}{[CH_3COO^-]}$$

Le produit de ces deux constantes d'ionisation est donné par

$$K_aK_b = \frac{[H^+][CH_3COO^-]}{[CH_3COOH]} \times \frac{[CH_3COOH][OH^-]}{[CH_3COO^-]}$$

$$= [H^+][OH^-]$$

$$= K_{eau}$$

Ce résultat peut sembler étrange à première vue, mais il s'explique par le fait que la somme des réactions (1) et (2) ci-dessous correspond simplement à l'auto-ionisation de l'eau.

(1)	$CH_3COOH(aq)$	$\rightleftharpoons$	$H^+(aq) + CH_3COO^-(aq)$	K_a
(2)	$CH_3COO^-(aq) + H_2O(l)$	$\rightleftharpoons$	$CH_3COOH(aq) + OH^-(aq)$	K_b
(3)	$H_2O(l)$	$\rightleftharpoons$	$H^+(aq) + OH^-(aq)$	K_{eau}

Cet exemple illustre l'une des règles de l'équilibre chimique: quand deux réactions s'additionnent pour donner une troisième réaction, la constante d'équilibre pour cette dernière est le produit des constantes d'équilibre pour les deux premières. Ainsi, pour tout couple acide-base conjugué, il est toujours vrai que

$$K_aK_b = K_{eau} \qquad (14.6)$$

En exprimant l'équation (14.6) de la manière suivante:

$$K_a = \frac{K_{eau}}{K_b} \qquad K_b = \frac{K_{eau}}{K_a}$$

on peut en tirer une importante conclusion: plus l'acide est fort (plus K_a est grand), plus sa base conjuguée est faible (plus K_b est petit), et vice versa (*tableaux 14.3, 14.4 et 14.5*).

On peut utiliser l'équation (14.6) pour calculer la valeur de K_b de la base conjuguée (CH_3COO^-) de CH_3COOH. On trouve d'abord la valeur de K_a de CH_3COOH dans le tableau 14.3 et on écrit

$$K_b = \frac{K_{eau}}{K_a}$$

$$= \frac{1{,}0 \times 10^{-14}}{1{,}8 \times 10^{-5}}$$

$$= 5{,}6 \times 10^{-10}$$

14.8 LES PROPRIÉTÉS ACIDO-BASIQUES DES SELS

Comme nous l'avons vu à la section 4.3, un sel est un composé ionique qui a été formé par la réaction entre un acide et une base. Les sels sont des électrolytes forts qui se dissocient complètement dans l'eau et qui, dans certains cas, réagissent avec l'eau. On appelle ***hydrolyse d'un sel*** la *réaction entre un anion et/ou un cation dérivé(s) d'un sel, et l'eau.* Cette réaction influence habituellement le pH d'une solution. En fait il s'agit d'une réaction acido-basique comme les autres à part le fait que ce sont des ions provenant de sels qui réagissent avec l'eau.

LES SELS QUI PRODUISENT DES SOLUTIONS NEUTRES

Quand le composé $NaNO_3$, formé par la réaction entre NaOH et HNO_3, se dissout dans l'eau, il se dissocie complètement:

$$NaNO_3(s) \xrightarrow{H_2O} Na^+(aq) + NO_3^-(aq)$$

L'ion Na^+ hydraté ne donne ni ne reçoit d'ions H^+. Par ailleurs, l'ion NO_3^-, étant la base conjuguée de l'acide fort HNO_3, n'a pas d'affinité pour les ions H^+. Par conséquent, une solution contenant des ions Na^+ et NO_3^- est neutre; son pH est 7. Généralement, les sels constitués d'un ion de métal alcalin ou d'un ion de métal alcalino-terreux (excepté l'ion Be^{2+}) et d'une base conjuguée d'un acide fort (par exemple, Cl^-, Br^- et NO_3^-) ne subissent pas d'hydrolyse et leurs solutions sont neutres. Par extension on appelle souvent de tels sels, «sels neutres». Il faut porter attention au mot «neutre» ici; il est employé dans le sens qu'il n'influence pas le pH (le pH est dit «neutre» pour une valeur de 7,0. Il ne faut pas confondre avec la neutralité électrique. De ce point de vue tous les sels sont «neutres».

LES SELS QUI PRODUISENT DES SOLUTIONS BASIQUES

La dissociation de l'acétate de sodium (CH_3COONa) dans l'eau est donnée par

$$CH_3COONa(s) \xrightarrow{H_2O} Na^+(aq) + CH_3COO^-(aq)$$

L'ion Na^+ hydraté n'a aucune propriété basique ni acide. Cependant, l'ion acétate (CH_3COO^-), étant la base conjuguée de l'acide faible CH_3COOH, a une affinité pour les ions H^+. La réaction d'hydrolyse est donnée par

$$CH_3COO^-(aq) + H_2O(l) \rightleftharpoons CH_3COOH(aq) + OH^-(aq)$$

Puisque cette réaction produit des ions OH^-, la solution d'acétate de sodium sera basique. La constante d'équilibre pour cette réaction d'hydrolyse est la constante d'ionisation de la base pour CH_3COO^-, on écrit donc (*p. 463*)

$$K_b = \frac{[CH_3COOH][OH^-]}{[CH_3COO^-]} = 5{,}6 \times 10^{-10}$$

On peut donc dire que l'acétate de sodium est un sel basique.

Les sels qui produisent des solutions acides

Quand un sel dérivé d'un acide fort et d'une base faible se dissout dans l'eau, la solution devient acide. Prenons, par exemple, la réaction suivante:

$$NH_4Cl(s) \xrightarrow{H_2O} NH_4^+(aq) + Cl^-(aq)$$

L'ion Cl^- n'a aucune affinité pour H^+. L'ion ammonium (NH_4^+), pour sa part, est l'acide conjugué faible de la base faible NH_3 et s'ionise de la manière suivante:

$$NH_4^+(aq) + H_2O(l) \rightleftharpoons NH_3(aq) + H_3O^+(aq)$$

ou

$$NH_4^+(aq) \rightleftharpoons NH_3(aq) + H^+(aq)$$

Puisque cette réaction produit des ions H^+, le pH de la solution diminue et on dira que le chlorure d'ammonium est un sel acide. Comme on peut le constater, l'hydrolyse de l'ion NH_4^+ est équivalente à l'ionisation de l'acide NH_4^+. La constante d'équilibre (ou la constante d'ionisation) pour cette réaction est donnée par

$$K_a = \frac{[NH_3][H^+]}{[NH_4{}^+]} = \frac{K_{eau}}{K_b} = \frac{1{,}0 \times 10^{-14}}{1{,}8 \times 10^{-5}} = 5{,}6 \times 10^{-10}$$

Les sels qui contiennent de petits cations métalliques de charge élevée (par exemple, Al^{3+}, Cr^{3+}, Fe^{3+}, Bi^{3+} et Be^{2+}) et les bases conjuguées d'acides forts produisent également des solutions acides. Par exemple, quand le chlorure d'aluminium ($AlCl_3$) se dissout dans l'eau, les ions Al^{3+} prennent la forme hydratée $Al(H_2O)_6^{3+}$ (*figure 14.4*). Examinons une liaison entre l'ion métallique et l'atome d'oxygène de l'une des six molécules d'eau formant $Al(H_2O)_6^{3+}$:

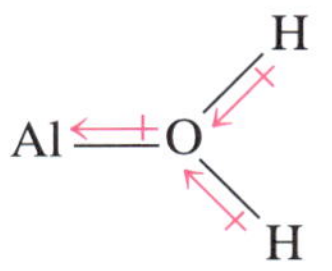

L'ion positif Al^{3+} attire vers lui le nuage électronique, polarisant davantage la liaison O—H. Par conséquent, ces atomes H ont une plus grande tendance à

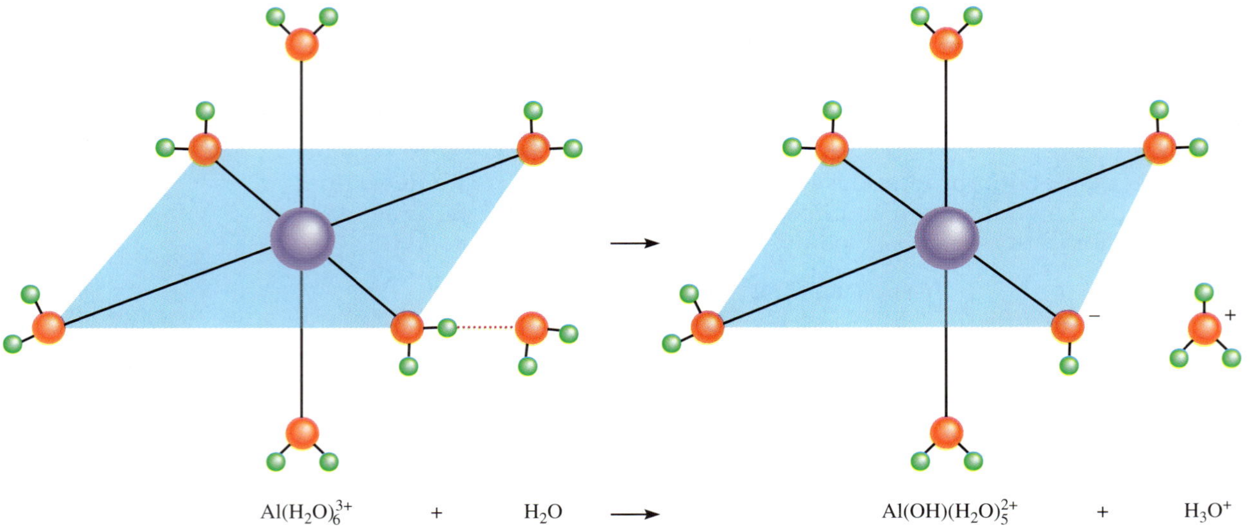

FIGURE 14.4

Les six molécules H_2O entourent l'ion Al^{3+} de manière octaédrique. L'attraction du petit ion Al^{3+} pour les doublets libres des atomes d'oxygène est si grande que les liaisons O—H des molécules H_2O attachées au cation métallique en sont affaiblies, ce qui permet la perte d'un proton (H^+) à l'avantage d'une molécule H_2O environnante. Cette hydrolyse du cation métallique rend la solution acide.

s'ioniser que ceux des molécules d'eau qui ne participent pas à l'hydratation. L'ionisation qui en résulte peut être décrite ainsi:

$$Al(H_2O)_6^{3+}(aq) + H_2O(l) \rightleftharpoons Al(OH)(H_2O)_5^{2+}(aq) + H_3O^+(aq)$$

ou

$$Al(H_2O)_6^{3+}(aq) \rightleftharpoons Al(OH)(H_2O)_5^{2+}(aq) + H^+(aq)$$

La constante d'équilibre pour l'hydrolyse du cation métallique est donnée par

$$K_a = \frac{[Al(OH)(H_2O)_5^{2+}][H^+]}{[Al(H_2O)_6^{3+}]} = 1{,}3 \times 10^{-5}$$

Notez que $Al(OH)(H_2O)_5^{2+}$ peut subir une ionisation ultérieure:

$$Al(OH)(H_2O)_5^{2+}(aq) \rightleftharpoons Al(OH)_2(H_2O)_4^{+}(aq) + H^+(aq)$$

et ainsi de suite. Cependant, on peut s'en tenir habituellement qu'à la première étape de l'hydrolyse.

L'hydrolyse se fait plus abondamment dans le cas de petits ions très chargés, car un ion ayant une densité de charge plus grande est plus efficace pour polariser la liaison O—H; il facilite ainsi l'ionisation. C'est pourquoi les ions relativement gros et peu chargés, comme Na^+ et K^+, ne s'hydrolysent pas.

LES SELS DONT LE CATION ET L'ANION S'HYDROLYSENT

Jusqu'ici, nous n'avons vu que des sels dont seul un des deux ions s'hydrolyse. Toutefois, dans le cas d'un sel dérivé d'un acide faible et d'une base faible, le

TABLEAU 14.6
Les propriétés acido-basiques des sels

Type de sel	Exemples	Ions qui s'hydrolysent	pH de la solution
Cation d'une base forte; anion d'un acide fort	NaCl, KI, KNO_3, RbBr, $BaCl_2$	Aucun	$\simeq 7$
Cation d'une base forte; anion d'un acide faible	CH_3COONa, KNO_2	Anion	> 7
Cation d'une base faible; anion d'un acide fort	NH_4Cl, NH_4NO_3	Cation	< 7
Cation d'une base faible; anion d'un acide faible	NH_4NO_2, CH_3COONH_4, NH_4CN	Anion et cation	< 7 si $K_b < K_a$ $\simeq 7$ si $K_b \simeq K_a$ > 7 si $K_b > K_a$
Cation petit et de charge élevée; anion d'un acide fort	$AlCl_3$, $Fe(NO_3)_3$	Cation hydraté	< 7

cation et l'anion s'hydrolysent tous les deux. Ce sont les forces relatives de la base et de l'acide du sel qui feront que la solution sera basique, acide ou neutre. Les calculs associés à ce type de système étant assez complexes, nous nous contenterons de faire des prédictions qualitatives. Considérons trois situations:

- $K_b > K_a$. Si la valeur de K_b pour l'anion est supérieure à celle de K_a pour le cation, la solution doit être basique, car l'anion s'hydrolysera en plus grande quantité que le cation. À l'équilibre, il y aura plus d'ions OH^- que d'ions H^+.

- $K_b < K_a$. Si la valeur de K_b pour l'anion est inférieure à celle de K_a pour le cation, la solution sera acide, car le cation s'hydrolysera en plus grande quantité que l'anion.

- $K_b \simeq K_a$. Si la valeur de K_b est presque égale à celle de K_a, la solution sera presque neutre.

Le tableau 14.6 résume le comportement en solution aqueuse des sels nommés dans cette section.

EXEMPLE 14.11
La prédiction des propriétés acido-basiques de solutions salines

Prédisez si les solutions suivantes seront acides, basiques ou presque neutres: a) NH_4I, b) $CaCl_2$, c) KCN, d) $Fe(NO_3)_3$.

Réponse: a) Le cation est NH_4^+; il s'hydrolysera pour produire NH_3 et H^+. L'anion I^- est la base conjuguée de l'acide fort HI. Alors, I^- ne s'hydrolysera pas. La solution sera acide.

b) Le cation Ca^{2+} ne s'hydrolyse pas. L'anion Cl^- ne s'hydrolyse pas. La solution sera presque neutre.

c) Le cation K^+ ne s'hydrolyse pas. L'anion CN^- est la base conjuguée de l'acide faible HCN; il s'hydrolysera pour produire OH^- et HCN. La solution sera basique.

d) L'ion Fe^{3+} est un petit ion métallique de charge élevée; il s'hydrolysera pour produire des ions H^+. L'ion NO_3^- ne s'hydrolyse pas. La solution sera acide.

EXERCICE

Prédisez le pH (pH > 7, < 7 ou ≃ 7) des solutions salines suivantes: a) $LiClO_4$, b) Na_3PO_4, c) $Al_2(SO_4)_3$, d) NH_4CN.

Finalement, notez que certains anions ont un comportement amphotère, c'est-à-dire qu'ils peuvent agir soit comme un acide soit comme une base. Par exemple, l'ion bicarbonate (HCO_3^-) peut s'ioniser ou s'hydrolyser:

$$HCO_3^-(aq) + H_2O(l) \rightleftharpoons H_3O^+(aq) + CO_3^{2-}(aq) \qquad K_a = 4{,}8 \times 10^{-11}$$

$$HCO_3^-(aq) + H_2O(l) \rightleftharpoons H_2CO_3(aq) + OH^-(aq) \qquad K_b = 2{,}4 \times 10^{-8}$$

Puisque $K_b > K_a$, on prédit que l'hydrolyse l'emportera sur l'ionisation. Ainsi, une solution de bicarbonate de sodium, par exemple, sera basique.

14.9 LES OXYDES ACIDES, BASIQUES ET AMPHOTÈRES

Comme nous l'avons vu au chapitre 8, on peut classer les oxydes comme acides, basiques ou amphotères. Dans le cadre d'une étude des réactions acido-basiques, il est essentiel de parler des propriétés de ces composés.

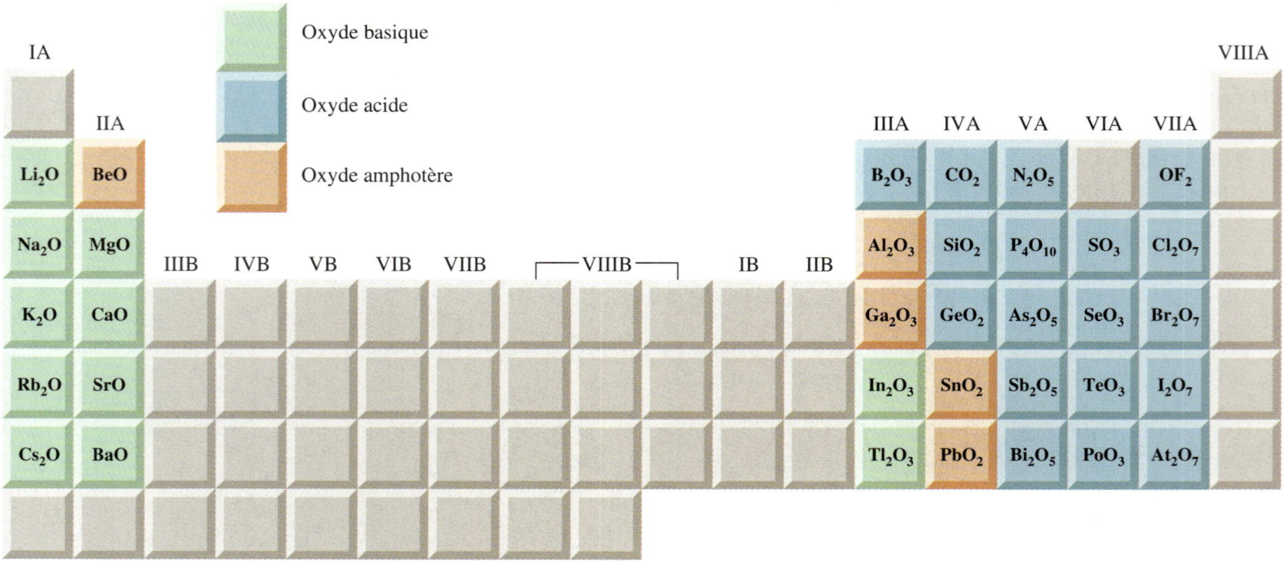

FIGURE 14.5

Les formules de certains oxydes d'éléments représentatifs à leur degré d'oxydation le plus élevé.

La figure 14.5 donne les formules de certains oxydes d'éléments représentatifs (groupes IA à VIIA) à leur degré d'oxydation le plus élevé. Notez que tous les oxydes de métaux alcalins et tous les oxydes de métaux alcalino-terreux (sauf BeO) sont basiques. L'oxyde de béryllium et plusieurs oxydes de métaux des groupes IIIA et IVA sont amphotères. Les oxydes non métalliques dont l'élément représentatif a un degré d'oxydation élevé sont acides (par exemple, N_2O_5, SO_3 et Cl_2O_7). Ceux dont l'élément représentatif a un degré d'oxydation bas (par exemple, CO et NO) ne présentent aucune propriété acide mesurable. On ne connaît aucun oxyde non métallique ayant des propriétés basiques.

Les oxydes métalliques basiques réagissent avec l'eau pour former des hydroxydes métalliques:

$$Na_2O(s) + H_2O(l) \longrightarrow 2NaOH(aq)$$

$$BaO(s) + H_2O(l) \longrightarrow Ba(OH)_2(aq)$$

Voici quelques exemples de réactions entre les oxydes acides et l'eau:

$$CO_2(g) + H_2O(l) \rightleftharpoons H_2CO_3(aq)$$

$$SO_3(g) + H_2O(l) \rightleftharpoons H_2SO_4(aq)$$

$$N_2O_5(g) + H_2O(l) \rightleftharpoons 2HNO_3(aq)$$

$$P_4O_{10}(s) + 6H_2O(l) \rightleftharpoons 4H_3PO_4(aq)$$

$$Cl_2O_7(g) + H_2O(l) \rightleftharpoons 2HClO_4(aq)$$

La réaction entre CO_2 et H_2O explique le fait que l'eau pure exposée à l'air (qui contient du CO_2) prend graduellement un pH d'environ 5,5 (*figure 14.6*). La réaction entre SO_3 et H_2O est principalement responsable des pluies acides.

Une forêt endommagée par les pluies acides.

Les réactions entre les oxydes acides et les bases, et celles entre les oxydes basiques et les acides ressemblent aux réactions acido-basiques normales par le fait qu'elles produisent un sel et de l'eau.

$$\underset{\text{oxyde acide}}{CO_2(g)} + \underset{\text{base}}{2NaOH(aq)} \longrightarrow \underset{\text{sel}}{Na_2CO_3(aq)} + \underset{\text{eau}}{H_2O(l)}$$

$$\underset{\text{oxyde basique}}{BaO(s)} + \underset{\text{acide}}{2HNO_3(aq)} \longrightarrow \underset{\text{sel}}{Ba(NO_3)_2(aq)} + \underset{\text{eau}}{H_2O(l)}$$

Comme le montre la figure 14.5, l'oxyde d'aluminium (Al_2O_3) est amphotère. Selon les conditions de la réaction, il peut agir soit comme un oxyde acide soit comme un oxyde basique. Par exemple, Al_2O_3 agit comme une base en présence d'acide chlorhydrique pour produire un sel ($AlCl_3$) et de l'eau:

$$Al_2O_3(s) + 6HCl(aq) \longrightarrow 2AlCl_3(aq) + 3H_2O(l)$$

FIGURE 14.6

(À gauche) Un bécher d'eau dans lequel on a ajouté quelques gouttes de bleu de bromothymol, un indicateur. (À droite) Quand on ajoute de la glace sèche à l'eau, le CO_2 réagit pour former de l'acide carbonique, ce qui rend la solution acide et la fait passer du bleu au jaune.

et il agit comme un acide en présence d'hydroxyde de sodium:

$$Al_2O_3(s) + 2NaOH(aq) + 3H_2O(l) \longrightarrow 2NaAl(OH)_4(aq)$$

Notez que cette dernière réaction ne forme qu'un sel, $NaAl(OH)_4$ [contenant les ions Na^+ et $Al(OH)_4^-$]; elle ne produit pas d'eau. Néanmoins, on peut tout de même la qualifier d'acido-basique, car Al_2O_3 neutralise NaOH.

Certains oxydes de métaux de transition dont le nombre d'oxydation est élevé agissent comme les oxydes acides. Par exemple, l'oxyde de manganèse(VII) (Mn_2O_7) et l'oxyde de chrome (VI) (CrO_3) réagissent tous les deux avec l'eau pour produire des acides:

$$Mn_2O_7(l) + H_2O(l) \longrightarrow \underset{\text{acide permanganique}}{2HMnO_4(aq)}$$

$$CrO_3(s) + H_2O(l) \longrightarrow \underset{\text{acide chromique}}{H_2CrO_4(aq)}$$

14.10 LES ACIDES ET LES BASES DE LEWIS

Jusqu'à maintenant, nous avons parlé des propriétés acido-basiques selon la théorie de Brønsted. Pour agir comme une base de Brønsted, par exemple, une substance doit pouvoir recevoir un proton. Selon cette définition, l'ion hydroxyde et l'ammoniac sont tous deux des bases:

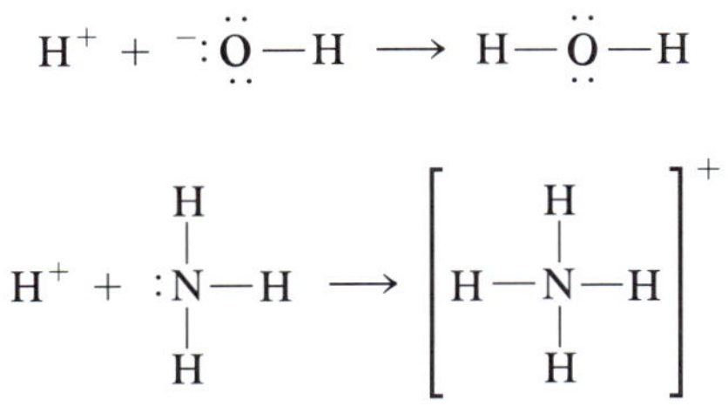

Dans chaque cas, l'atome auquel le proton se lie possède au moins un doublet (ou paire) d'électrons libres. Cette caractéristique de l'ion OH^-, de NH_3 et de bien d'autres bases de Brønsted suggère une définition plus générale pour les acides et les bases.

Le chimiste américain G. N. Lewis formula une telle définition. Selon lui, une base est *une substance qui peut donner un doublet d'électrons,* et un acide est *une substance qui peut recevoir un doublet d'électrons*. Par exemple, dans la protonation de l'ammoniac, NH_3 agit comme une ***base de Lewis,*** car il donne un doublet d'électrons au proton H^+, qui, lui, agit comme un ***acide de Lewis*** en acceptant ce doublet. Une réaction acido-basique de Lewis est donc une réaction dans laquelle il y a transfert d'un doublet d'électrons d'une espèce à une autre. Une telle réaction ne produit pas de sel ni d'eau.

Ce qui rend la définition de Lewis importante, c'est qu'elle est beaucoup plus générale que celles données par ses prédécesseurs; elle inclut dans les réactions acido-basiques beaucoup de réactions dont l'acide n'est pas un acide de Brønsted. Prenons, par exemple, la réaction entre le trifluorure de Bore (BF_3) et l'ammoniac (*figure 14.7*):

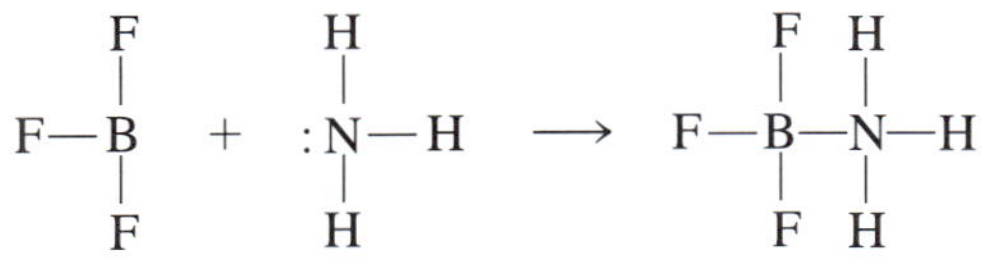

acide base

À la section 10.3, nous avons vu que l'atome B dans BF_3 est à l'état d'hybridation sp^2. L'orbitale $2p$ non hybridée et inoccupée reçoit le doublet d'électrons de NH_3. Ainsi, BF_3 agit comme un acide selon la définition de Lewis, même s'il ne contient aucun proton ionisable. Notez qu'une liaison covalente de coordinence s'est formée entre les atomes B et N.

L'acide borique (un acide faible utilisé dans les gouttes pour les yeux) est un autre acide de Lewis qui contient du bore; c'est un oxacide dont la structure est la suivante:

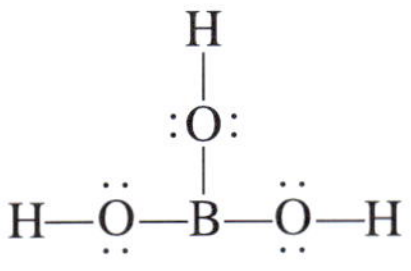

acide borique

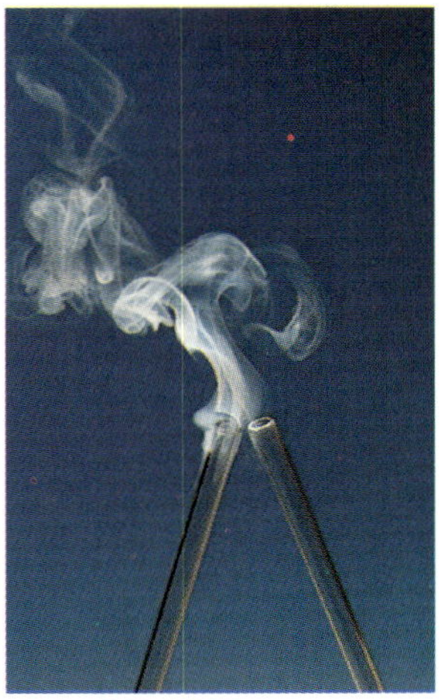

FIGURE 14.7

Une réaction acido-basique de Lewis mettant en jeu BF_3 et NH_3.

L'acide borique ne s'ionise pas dans l'eau pour produire l'ion H^+. Sa réaction avec l'eau est plutôt

$$B(OH)_3(aq) + H_2O(l) \rightleftharpoons B(OH)_4^-(aq) + H^+(aq)$$

Dans cette réaction acido-basique de Lewis, l'acide borique reçoit un doublet d'électrons de l'ion hydroxyde provenant de la molécule H_2O.

L'hydratation du dioxyde de carbone pour produire de l'acide carbonique:

$$CO_2(g) + H_2O(l) \rightleftharpoons H_2CO_3(aq)$$

peut être comprise dans le concept de Lewis: la première étape comprend le transfert d'un doublet libre de l'atome d'oxygène de H_2O à l'atome de carbone de CO_2. Le retrait du doublet liant de la liaison pi C—O libère une orbitale de l'atome C, qui peut alors recevoir le doublet libre. Ce déplacement d'électrons est indiqué par les flèches courbes.

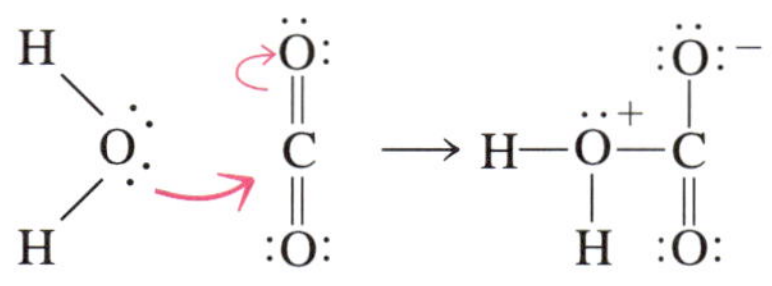

Ainsi, H_2O est une base de Lewis et CO_2 est un acide de Lewis. À la seconde étape, un proton est transféré à l'atome O ayant une charge négative pour former H_2CO_3.

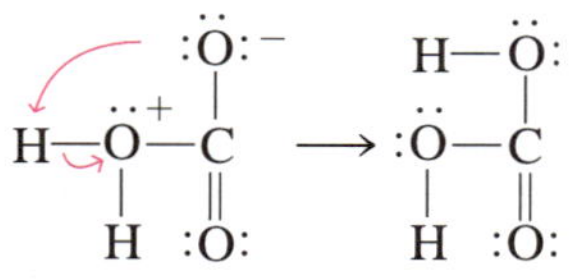

RÉSUMÉ

Les acides de Brønsted donnent des protons et les bases de Brønsted en reçoivent. Chaque acide de Brønsted a sa base conjuguée et vice versa.

L'acidité d'une solution aqueuse est exprimée par son pH; le pH est le logarithme négatif de la concentration d'ions hydrogène en solution (en moles par litre). À 25 °C, pour une solution acide, pH $<$ 7; pour une solution basique, pH $>$ 7; et pour une solution neutre, pH = 7.

En solution aqueuse, les substances suivantes sont des acides forts, car elles s'ionisent complètement: $HClO_4$, HI, HBr, HCl, H_2SO_4 (première étape d'ionisation) et HNO_3. La plupart des acides sont faibles; ils sont donc des électrolytes faibles. Les hydroxydes de métaux alcalins et de métaux alcalino-terreux (excepté du béryllium) sont des bases fortes, car ils s'ionisent complètement en solution aqueuse.

La constante d'ionisation des acides (K_a) augmente avec la force de l'acide. De même, K_b exprime la force des bases. De son côté, le pourcentage d'ionisation est une autre façon d'exprimer la force des acides. Plus un acide faible est dilué, plus son pourcentage d'ionisation est élevé. Les diacides et les polyacides cèdent plus de un proton par molécule au cours de l'ionisation. Le produit de la constante d'ionisation d'un acide et de la constante d'ionisation de sa base conjuguée est égal à la constante du produit ionique de l'eau, autrement dit: $K_aK_b = K_{eau}$.

La plupart des sels sont des électrolytes forts; en solution, ils se dissocient complètement en ions. Plusieurs sels donnent dans l'eau des ions qui réagissent avec l'eau, phénomène appelé hydrolyse, pour former des solutions acides ou basiques. Quand un sel s'hydrolyse, la base conjuguée d'un acide faible produit une solution basique, et l'acide conjugué d'une base faible produit une solution acide. Les petits ions métalliques de charge élevée, comme Al^{3+} et Fe^{3+} s'hydrolysent pour former des solutions acides. On peut classer la plupart des oxydes comme acides, basiques ou amphotères.

Les acides de Lewis reçoivent des doublets d'électrons; les bases de Lewis donnent des doublets d'électrons. L'expression «acide de Lewis» désigne généralement une substance qui peut recevoir un doublet d'électrons, mais qui n'a pas d'atomes d'hydrogène ionisables.

MOTS CLÉS

Acide de Lewis, p. 471
Acide faible, p. 446
Acide fort, p. 445
Base de Lewis, p. 471
Base faible, p. 446
Base forte, p. 446
Constante d'ionisation de l'acide (K_a), p. 449
Constante d'ionisation de la base (K_b), p. 460
Constante du produit ionique de l'eau, p. 442
Couple acide-base conjugué, p. 440
Hydrolyse d'un sel, p. 464
pH, p. 443
Pourcentage d'ionisation, p. 455

QUESTIONS ET PROBLÈMES

LES ACIDES ET LES BASES DE BRØNSTED

Questions de révision

14.1 Dites ce que sont un acide et une base de Brønsted. En quoi la définition de Brønsted diffère-t-elle de la définition d'Arrhenius?

14.2 Pour qu'une espèce agisse comme une base de Brønsted, un de ses atomes doit posséder un doublet libre, pourquoi?

Problèmes

14.3 Dites si chacune des espèces suivantes est un acide ou une base de Brønsted, ou les deux: a) H_2O, b) OH^-, c) H_3O^+, d) NH_3, e) NH_4^+, f) NH_2^-, g) NO_3^-, h) CO_3^{2-}, i) HBr, j) HCN.

14.4 Quels sont les noms et les formules des bases conjuguées des acides suivants? a) HNO_2, b) H_2SO_4, c) H_2S, d) HCN, e) HCOOH (acide formique).

14.5 Quels sont les couples acide-base conjugués dans chacune des réactions suivantes?

a) $CH_3COO^- + HCN \rightleftharpoons CH_3COOH + CN^-$

b) $HCO_3^- + HCO_3^- \rightleftharpoons H_2CO_3 + CO_3^{2-}$

c) $H_2PO_4^- + NH_3 \rightleftharpoons HPO_4^{2-} + NH_4^+$

d) $HClO + CH_3NH_2 \rightleftharpoons CH_3NH_3^+ + ClO^-$

e) $CO_3^{2-} + H_2O \rightleftharpoons HCO_3^- + OH^-$

f) $CH_3COO^- + H_2O \rightleftharpoons CH_3COOH + OH^-$

14.6 Donnez l'acide conjugué de chacune des bases suivantes: a) HS^-, b) HCO_3^-, c) CO_3^{2-}, d) $H_2PO_4^-$, e) HPO_4^{2-}, f) PO_4^{3-}, g) HSO_4^-, h) SO_4^{2-}, i) HSO_3^-, j) SO_3^{2-}.

14.7 Donnez la base conjuguée de chacun des acides suivants: a) $CH_2ClCOOH$, b) HIO_4, c) H_3PO_4, d) $H_2PO_4^-$, e) HPO_4^{2-}, f) H_2SO_4, g) HSO_4^-, h) H_2SO_3, i) HSO_3^-, j) NH_4^+, k) H_2S, l) HS^-, m) HClO.

14.8 La structure de l'acide oxalique ($C_2H_2O_4$) est la suivante:

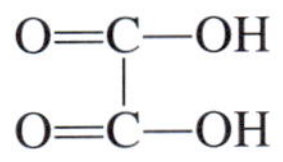

Une solution d'acide oxalique contient les espèces suivantes en concentrations variées: $C_2H_2O_4$, $C_2HO_4^-$, $C_2O_4^{2-}$ et H^+. a) Donnez les structures de Lewis de $C_2HO_4^-$ et de $C_2O_4^{2-}$. b) Pour chacune de ces espèces, dites si elle peut se comporter seulement comme un acide, seulement comme une base ou comme les deux?

LE CALCUL DU pH ET DU pOH

Questions de révision

14.9 Qu'est-ce que la constante du produit ionique de l'eau?

14.10 Écrivez une équation qui met en relation $[H^+]$ et $[OH^-]$ en solution, à 25 °C.

14.11 La valeur de la constante du produit ionique de l'eau est $1{,}0 \times 10^{-14}$, à 25 °C, et $3{,}8 \times 10^{-14}$, à 40 °C. La réaction suivante est-elle endothermique ou exothermique?

$$H_2O(l) \rightleftharpoons H^+(aq) + OH^-(aq)$$

14.12 Définissez le pH. Pourquoi les chimistes préfèrent-ils le pH à la concentration d'ions hydrogène, $[H^+]$, pour exprimer l'acidité d'une solution?

14.13 Le pH d'une solution est 6,7. D'après cette seule donnée, pouvez-vous dire que la solution est acide? Sinon, de quel renseignement additionnel avez-vous besoin? Le pH d'une solution peut-il être nul ou négatif? Si oui, donnez des exemples qui illustrent ces valeurs.

14.14 Définissez le pOH. Écrivez une équation qui met en relation pH et pOH.

Problèmes

14.15 Calculez les concentrations d'ions hydrogène dans les solutions dont les pH sont les suivants: a) 2,42, b) 11,21, c) 6,96, d) 15,00.

14.16 Calculez la concentration d'ions hydrogène en moles par litre de chacune des solutions suivantes: a) une solution dont le pH est 5,20, b) une solution dont le pH est 16,00, c) une solution dont la concentration d'hydroxyde est de $3{,}7 \times 10^{-9}$ *M*.

14.17 Calculez le pH de chacune des solutions suivantes: a) HCl à 0,0010 *M*, b) KOH à 0,76 *M*, c) $Ba(OH)_2$ à $2{,}8 \times 10^{-4}$ *M*, d) HNO_3 à $5{,}2 \times 10^{-4}$ *M*.

14.18 Calculez le pH de l'eau pure à 40 °C, sachant que la valeur de K_{eau} est $3{,}8 \times 10^{-14}$ à cette température.

14.19 Complétez le tableau suivant:

pH	[H+]	La solution est
< 7		
	$< 1{,}0 \times 10^{-7}$ *M*	
		neutre

14.20 Pour chacune des solutions suivantes, utilisez un des qualificatifs suivants pour la décrire: «acide», «basique» ou «neutre».

a) pOH > 7; la solution est __________.

b) pOH = 7; la solution est __________.

c) pOH < 7; la solution est __________.

14.21 Le pOH d'une solution est 9,40. Calculez la concentration d'ions hydrogène de cette solution.

14.22 Calculez le nombre de moles de KOH contenues dans 5,50 mL d'une solution de KOH à 0,360 *M*. Quel est le pOH de cette solution?

14.23 On prépare une solution en dissolvant 18,4 g de HCl dans 662 mL d'eau. Calculez le pH de la solution. (Considérez que le volume de la solution est également de 662 mL.)

14.24 Quelle quantité de NaOH (en grammes) faut-il pour préparer 546 mL d'une solution dont le pH est 10,00?

LA FORCE DES ACIDES ET DES BASES

Questions de révision

14.25 Dites ce que l'on entend par force d'un acide.

14.26 Sans consulter le manuel, écrivez les formules de quatre acides forts et de quatre acides faibles.

14.27 Quels sont l'acide le plus fort et la base la plus forte pouvant exister dans l'eau?

14.28 H_2SO_4 est un acide fort, mais HSO_4^- est un acide faible. Expliquez la différence de force entre ces deux espèces apparentées.

Problèmes

14.29 Dites si chacune des espèces suivantes est un acide fort ou un acide faible: a) HNO_3, b) HF, c) H_2SO_4, d) HSO_4^-, e) H_2CO_3, f) HCO_3^-, g) HCl, h) HCN, i) HNO_2.

14.30 Dites si chacune des espèces suivantes est une base forte ou une base faible: a) LiOH, b) CN^-,c) H_2O, d) ClO_4^-, e) NH_2^-.

14.31 Pour chacune des affirmations suivantes, dites si elle peut ou non s'appliquer à une solution d'un acide faible HA à 0,10 *M*.

a) Le pH est 1,00.
b) $[H^+] \gg [A^-]$
c) $[H^+] = [A^-]$
d) Le pH est inférieur à 1.

14.32 Pour chacune des affirmations suivantes, dites si elle peut ou non s'appliquer à une solution d'un acide fort HA à 1,0 *M*.
a) $[A^-] > [H^+]$
b) Le pH est 0,00.
c) $[H^+] = 1{,}0\ M$
d) $[HA] = 1{,}0\ M$

14.33 Dites dans quel sens la réaction suivante se fait surtout:

$$F^-(aq) + H_2O(l) \rightleftharpoons HF(aq) + OH^-(aq)$$

14.34 Prédisez si la réaction suivante se produira de gauche à droite de façon mesurable:

$$CH_3COOH(aq) + Cl^-(aq) \longrightarrow$$

14.35 Lequel des acides suivants est le plus fort: CH_3COOH ou $CH_2ClCOOH$? Justifiez votre choix. (*Indice:* le chlore est plus électronégatif que l'hydrogène. Comment sa présence influence-t-elle l'ionisation du groupe carboxyle?)

14.36 Soit les composés suivants:

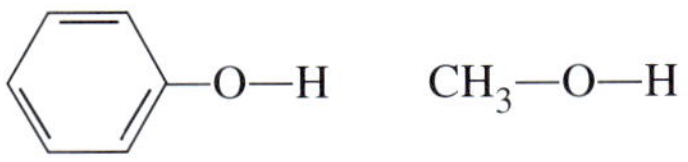

phénol méthanol

On sait, par expérience, que le phénol est un acide plus fort que le méthanol. Expliquez cette différence à l'aide des structures de leurs bases conjuguées. (*Indice:* une base conjuguée stable favorise l'ionisation. Une seule des deux bases conjuguées peut être stabilisée par résonance.)

LES CONSTANTES D'IONISATION DES ACIDES FAIBLES

Questions de révision

14.37 Que révèle la constante d'ionisation sur la force d'un acide?

14.38 Énumérez les facteurs dont dépend la valeur de K_a pour un acide faible.

14.39 Pourquoi ne spécifie-t-on généralement pas la valeur de K_a pour les acides forts comme HCl et HNO_3? Pourquoi faut-il préciser la température quand on donne la valeur de K_a?

14.40 Laquelle des solutions suivantes a le pH le plus élevé? a) HCOOH à 0,40 *M*; b) $HClO_4$ à 0,40 *M*; c) CH_3COOH à 0,40 *M*.

Problèmes

14.41 La valeur de K_a pour l'acide benzoïque est $6{,}5 \times 10^{-5}$. Calculez les concentrations de toutes les espèces (C_6H_5COOH, $C_6H_5COO^-$, H^+ et OH^-) contenues dans une solution d'acide benzoïque à 0,10 *M*.

14.42 On dissout 0,0560 g d'acide acétique dans assez d'eau pour préparer 50,0 mL de solution. Calculez les concentrations de H^+, de CH_3COO^- et de CH_3COOH à l'équilibre. (K_a pour l'acide acétique $= 1{,}8 \times 10^{-5}$.)

14.43 Le pH d'une solution de HF est 6,20. Calculez le rapport [base conjuguée]/[acide] pour HF à ce pH.

14.44 Quelle est la concentration molaire initiale d'une solution d'acide formique (HCOOH) dont le pH est 3,26 à l'équilibre?

14.45 Calculez le pourcentage d'ionisation de l'acide benzoïque lorsque les concentrations sont: a) 0,20 *M*, b) 0,00020 *M*.

14.46 Calculez le pourcentage d'ionisation de l'acide fluorhydrique lorsque les concentrations sont: a) 0,60 *M*, b) 0,080 *M*, c) 0,0046 *M*, d) 0,00028 *M*. Commentez la tendance que vous observez.

14.47 Une solution d'un monoacide à 0,040 *M* est ionisée à 14 %. Calculez la constante d'ionisation de cet acide.

14.48 a) Calculez le pourcentage d'ionisation d'une solution d'acide acétylsalicylique (aspirine) à 0,20 *M* ($K_a = 3{,}0 \times 10^{-4}$). b) Le pH du liquide gastrique dans l'estomac d'une certaine personne est 1,00. Après absorption de quelques cachets d'aspirine, la concentration d'acide acétylsalicylique dans l'estomac est de 0,20 *M*. Calculez le pourcentage d'ionisation de l'acide dans ces conditions.

LES DIACIDES ET LES POLYACIDES

Questions de révision

14.49 L'acide malonique est un diacide. Expliquez ce que cela signifie.

14.50 Nommez toutes les espèces (sauf l'eau) présentes dans une solution d'acide phosphorique. Indiquez les espèces qui peuvent agir comme un acide de Brønsted, celles qui peuvent agir comme une base de Brønsted et celles qui peuvent agir comme les deux.

Problèmes

14.51 Quelles sont les concentrations de HSO_4^-, de SO_4^{2-} et de H^+ dans une solution de $KHSO_4$ à 0,20 *M*? (*Indice:* H_2SO_4 est un acide fort; K_a pour $HSO_4^- = 1{,}3 \times 10^{-2}$.)

14.52 Calculez les concentrations de H^+, de HCO_3^- et de CO_3^{2-} dans une solution de H_2CO_3 à 0,025 *M*.

LES CONSTANTES D'IONISATION DES BASES FAIBLES; LA RELATION K_A—K_B

Questions de révision

14.53 Utilisez NH_3 comme exemple pour illustrer ce que l'on veut dire par la force d'une base.

14.54 Écrivez l'équation qui met en relation K_a pour un acide faible et K_b pour sa base conjuguée. Utilisez NH_3 et son acide conjugué NH_4^+ pour démontrer la relation entre K_a et K_b.

Problèmes

14.55 Calculez le pH de chacune des solutions suivantes: a) NH_3 à 0,10 *M*; b) la pyridine à 0,050 *M*.

14.56 Le pH d'une solution d'une base faible à 0,30 *M* est 10,66. Quelle est la valeur de K_b pour cette base?

14.57 Quelle est la concentration molaire initiale d'une solution d'ammoniac dont le pH est 11,22?

14.58 Dans une solution de NH_3 à 0,080 *M*, quel pourcentage de NH_3 est présent sous forme de NH_4^+?

LES PROPRIÉTÉS ACIDO-BASIQUES DES SOLUTIONS SALINES

Questions de révision

14.59 Définissez l'expression «hydrolyse des sels». Classez les sels selon la manière dont ils influencent le pH d'une solution.

14.60 Dites pourquoi les petits ions métalliques de charge élevée peuvent s'hydrolyser.

14.61 Al^{3+} n'est pas un acide de Brønsted, mais $Al(H_2O)_6^{3+}$ en est un. Pourquoi?

14.62 Dites lesquels des sels suivants seront portés à s'hydrolyser: KF, $NaNO_3$, NH_4NO_2, $MgSO_4$, KCN, C_6H_5COONa, RbI, Na_2CO_3, $CaCl_2$, HCOOK.

14.63 Prédisez le pH (> 7, < 7 ou $\simeq 7$) des solutions aqueuses contenant les sels suivants: a) KBr, b) $Al(NO_3)_3$, c) $BaCl_2$, d) $Bi(NO_3)_3$.

14.64 Quel ion des métaux alcalino-terreux est le plus susceptible de s'hydrolyser?

Problèmes

14.65 On dissout un certain sel, MX (formé des ions M^+ et X^-), dans l'eau; le pH de la solution finale est 7,0. Que peut-on dire sur la force de l'acide et la force de la base à partir desquels le sel a été obtenu?

14.66 Au cours d'une expérience, un étudiant constate que les pH de trois solutions de sels de potassium KX, KY et KZ sont respectivement 7,0, 9,0 et 11,0 à une concentration de 0,10 *M*. Classez les acides HX, HY et HZ par ordre croissant de leur force.

14.67 Calculez le pH d'une solution de CH_3COONa à 0,36 *M*.

14.68 Calculez le pH d'une solution de NH_4Cl à 0,42 *M*.

14.69 Dites si une solution saline de K_2HPO_4 sera acide, basique ou neutre. (*Indice:* il faut tenir compte de l'ionisation et de l'hydrolyse de HPO_4^{2-}.)

14.70 Comparez le pH d'une solution de HCl à 0,040 *M* au pH d'une solution de H_2SO_4 à 0,040 *M*.

14.71 Les constantes de première et de deuxième ionisations du diacide H_2A sont K_{a_1} et K_{a_2}, à une certaine température. Dans quelles conditions $[A^{2-}] = K_{a_2}$?

14.72 La valeur de K_a pour l'acide formique est $1{,}7 \times 10^{-4}$, à 25 °C. L'acide deviendra-t-il plus fort ou plus faible à 40 °C? Expliquez votre réponse.

LES ACIDES ET LES BASES DE LEWIS

Questions de révision

14.73 Comment Lewis a-t-il défini un acide et une base? En quoi ces définitions sont-elles plus générales que celles de Brønsted?

14.74 En fonction des orbitales et de la disposition des électrons, quelles conditions doivent être présentes pour qu'une molécule ou qu'un ion agisse comme un acide de Lewis (prenez H^+ et BF_3 comme exemples)? pour qu'il agisse comme une base de Lewis (prenez OH^- et NH_3 comme exemples)?

Problèmes

14.75 Dites si chacune des espèces suivantes est un acide ou une base de Lewis: a) CO_2, b) H_2O, c) I^-, d) SO_2, e) NH_3, f) OH^-, g) H^+, h) BCl_3.

14.76 Décrivez la réaction suivante selon le concept de Lewis des acides et des bases:

$$AlCl_3(s) + Cl^-(aq) \longrightarrow AlCl_4^-(aq)$$

14.77 Pour chacune des paires d'acides suivantes, dites quel acide est le plus fort: a) BF_3 et BCl_3; b) Fe^{2+} et Fe^{3+}. Justifiez vos choix.

14.78 Tous les acides de Brønsted sont des acides de Lewis, mais l'inverse n'est pas vrai. Donnez deux exemples d'acides de Lewis qui ne sont pas des acides de Brønsted.

PROBLÈMES VARIÉS

14.79 Les oxydes suivants sont-ils acides, basiques, amphotères ou neutres? a) CO_2, b) K_2O, c) CaO, d) N_2O_5, e) CO, f) NO, g) SnO_2, h) SO_3, i) Al_2O_3, j) BaO.

14.80 Une réaction typique entre un antiacide et l'acide chlorhydrique dans le liquide gastrique est

$$NaHCO_3(aq) + HCl(aq) \longrightarrow NaCl(aq) + H_2O(l) + CO_2(g)$$

Calculez le volume (en litres) de CO_2 généré par 0,350 g de $NaHCO_3$ et un excès de liquide gastrique à 1,00 atm et à 37,0 °C.

14.81 Dans laquelle des solutions suivantes l'addition d'un volume égal de NaOH à 0,60 *M* abaissera-t-elle le pH? a) Eau; b) HCl à 0,30 *M*; c) KOH à 0,70 *M*; d) $NaNO_3$ à 0,40 *M*.

14.82 Le pH d'une solution d'un monoacide à 0,0642 *M* est 3,86. S'agit-il d'un acide fort?

14.83 Dans l'ammoniac liquide, l'ammoniac s'auto-ionise (comme l'eau):

$$NH_3 + NH_3 \rightleftharpoons NH_4^+ + NH_2^-$$

a) Indiquez les bases et les acides de Brønsted dans cette réaction. b) Quelles espèces correspondent à H^+ et à OH^-, et quelle est la condition pour qu'une solution soit neutre?

14.84 HA et HB sont deux acides faibles, bien que HB soit plus fort que HA. Faudrait-il un volume plus grand de solution de NaOH à 0,10 *M* pour neutraliser 50,0 mL d'une solution de HB à 0,10 *M* que pour neutraliser 50,0 mL d'une solution de HA à 0,10 *M*?

14.85 Un échantillon de 1,87 g de Mg réagit avec 80,0 mL d'une solution de HCl dont le pH est −0,544. Quel est le pH de la solution une fois que tout le Mg a réagi? Considérez que le volume de la solution est constant.

14.86 Les trois oxydes de chrome courants sont CrO, Cr_2O_3 et CrO_3. Si Cr_2O_3 est amphotère, que peut-on dire à propos des propriétés acido-basiques de CrO et de CrO_3?

14.87 La plupart des hydrures des métaux des groupes IA et IIA sont ioniques (sauf BeH_2 et MgH_2, qui sont des composés covalents). a) Décrivez la réaction entre l'ion hydrure (H^-) et l'eau selon une réaction acido-basique de Brønsted. b) Cette réaction peut également être une oxydoréduction. Indiquez les oxydants et les réducteurs.

14.88 À l'aide du tableau 14.3, calculez la constante d'équilibre pour la réaction suivante:

$$CH_3COOH(aq) + NO_2^-(aq) \rightleftharpoons CH_3COO^-(aq) + HNO_2(aq)$$

14.89 Calculez le pH d'une solution d'acétate d'ammonium (CH_3COONH_4) à 0,20 *M*.

14.90 La novocaïne, utilisée comme anesthésique local par les dentistes, est une base faible ($K_b = 8{,}91 \times 10^{-6}$). Quel est le rapport entre la concentration de cette base et celle de son acide conjugué dans le plasma sanguin (pH = 7,40) d'un patient?

Réponses aux exercices: 14.1 1) H_2O (acide) et OH^- (base), 2) HCN (acide) et CN^- (base); **14.2** $7{,}7 \times 10^{-15}$ *M*; **14.3** 0,12; **14.4** $4{,}7 \times 10^{-4}$ *M*; **14.5** 12,48; **14.6** $[H^+] = 7{,}3 \times 10^{-3}$ *M*, $[A^-] = 7{,}3 \times 10^{-3}$ *M*, [HA] = 0,19 *M*; **14.7** 2,09; **14.8** $2{,}2 \times 10^{-6}$; **14.9** $[C_2H_2O_4] = 0{,}11$ *M*, $[C_2HO_4^-] = 0{,}086$ *M*, $[C_2O_4^{2-}] = 6{,}1 \times 10^{-5}$ *M*, $[H^+] = 0{,}11$ *M*; **14.10** 12,03; **14.11** a) $\simeq 7$, b) > 7, c) < 7, d) > 7.

CHAPITRE 15
L'ÉQUILIBRE ACIDO-BASIQUE ET L'ÉQUILIBRE DE SOLUBILITÉ

15.1
L'équilibre des solutions en milieux homogène et hétérogène

15.2
Les solutions tampons
La préparation d'une solution tampon d'un pH déterminé

15.3
Le titrage acido-basique en détail
Le titrage acide fort-base forte • Le titrage acide faible-base forte • Le titrage acide fort-base faible

15.4
Les indicateurs acido-basiques

15.5
L'équilibre de solubilité
Le produit de solubilité • La solubilité molaire et la solubilité • La prédiction des réactions de précipitation

15.6
L'effet d'ion commun et la solubilité

15.7
L'équilibre des ions complexes et la solubilité

15.8
L'application du principe de l'équilibre de solubilité à l'analyse qualitative

Des œufs de poule.

Comment se forme la coquille d'un œuf de poule? Cette coquille est principalement composée de calcite, une forme cristalline de carbonate de calcium ($CaCO_3$).

Les coquilles d'œufs, qui pèsent en moyenne 5 g, sont constituées à 40 % de calcium. Il faut 16 heures à ce calcium pour se fixer sur la coquille. Il se dépose donc à une vitesse de 125 milligrammes à l'heure. Aucune poule ne peut consommer autant de calcium en si peu de temps pour être en mesure de suffire à cette demande. Les poules utilisent plutôt le calcium contenu dans des masses osseuses spéciales localisées dans leurs os longs, qui accumulent de grandes réserves de calcium destiné à la formation des coquilles. [Le calcium y est présent sous forme de phosphate de calcium, $Ca_3(PO_4)_2$, un autre composé insoluble et un constituant de l'os.] Si le régime d'une poule est faible en calcium, la coquille de ses œufs s'amincit progressivement. La poule peut alors employer 10 % de la quantité totale de calcium contenu dans ses os pour seulement pondre un œuf! Si cette carence continue, la poule cesse de pondre.

Normalement, le sang véhicule les substances de base nécessaires à la formation des coquilles (les ions Ca^{2+} et CO_3^{2-}) jusqu'à la glande coquillière. Dans cette glande, la calcification se fait par une réaction de précipitation:

$$Ca^{2+}(aq) + CO_3^{2-}(aq) \rightleftharpoons CaCO_3(s)$$

Photographie microscopique d'une coquille d'œuf prise aux rayons X; on peut y voir les colonnes de calcite.

Dans le sang, les ions Ca^{2+} libres sont en équilibre avec les ions calcium liés à des protéines. À mesure que les ions libres sont utilisés par la glande coquillière, ceux qui sont liés aux protéines se libèrent.

De leur côté, les ions carbonate sont un dérivé métabolique. Le dioxyde de carbone produit durant le métabolisme est converti en acide carbonique (H_2CO_3) par l'enzyme appelée anhydrase carbonique:

$$CO_2(g) + H_2O(l) \xrightleftharpoons{\text{anhydrase carbonique}} H_2CO_3(aq)$$

L'acide carbonique s'ionise par étapes pour produire des ions carbonate:

$$H_2CO_3(aq) \rightleftharpoons H^+(aq) + HCO_3^-(aq)$$

$$HCO_3^-(aq) \rightleftharpoons H^+(aq) + CO_3^{2-}(aq)$$

Les poules ne transpirent pas; pour se rafraîchir, elles doivent haleter. Cependant, le halètement élimine plus de CO_2 de leur organisme que la respiration normale. Selon le principe de Le Chatelier, le halètement déplace l'équilibre $CO_2-H_2CO_3$ montré ci-dessus vers la gauche, ce qui diminue la concentration d'ions CO_3^{2-} en solution et donne, par conséquent, des coquilles d'œufs plus minces. Durant les journées chaudes, il est donc bon de faire boire de l'eau gazeuse aux poules pour remédier à cette situation. Le CO_2 dissous dans l'eau s'ajoute alors aux liquides corporels de la poule, ce qui déplace l'équilibre $CO_2-H_2CO_3$ vers la droite.

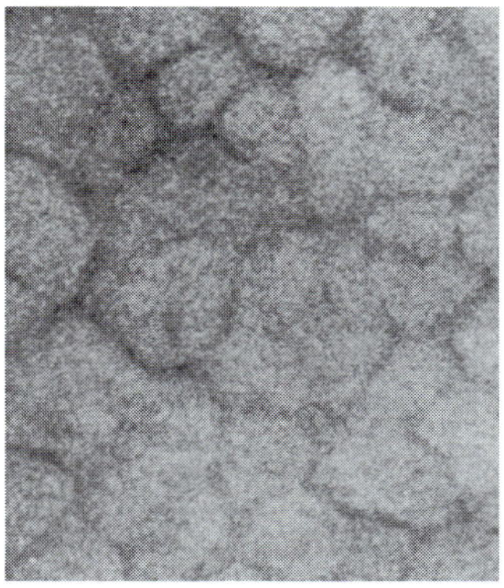

15.1 L'ÉQUILIBRE DES SOLUTIONS EN MILIEUX HOMOGÈNE ET HÉTÉROGÈNE

Au chapitre 14, nous avons vu que les acides faibles et les bases faibles ne s'ionisent jamais complètement dans l'eau. Ainsi, à l'équilibre, une solution d'acide faible, par exemple, contient aussi bien de l'acide non ionisé que de sa base conjuguée et des ions H^+. Néanmoins, toutes ces espèces sont dissoutes, faisant du système un exemple d'équilibre homogène (*chapitre 13*).

Dans la deuxième partie de ce chapitre, nous verrons un autre type important d'équilibre qui met en jeu la dissolution et la précipitation de substances légèrement solubles. Ces systèmes sont des exemples d'équilibre hétérogène, c'est-à-dire des systèmes où les réactions qui se produisent mettent en jeu des composantes qui sont dans des phases différentes.

15.2 LES SOLUTIONS TAMPONS

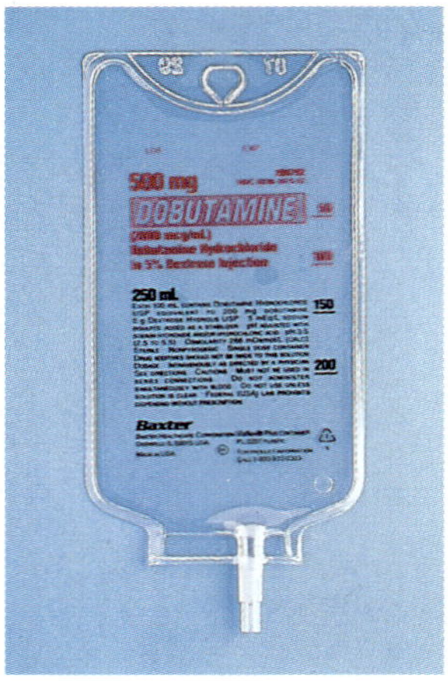

Les liquides destinés aux injections intraveineuses doivent contenir des systèmes tampons pour que le pH sanguin ne soit pas perturbé.

Une ***solution tampon*** est une *solution constituée: 1) d'un acide faible ou d'une base faible et 2) du sel de cet acide ou de cette base; ces deux composantes doivent être présentes. La solution a la capacité de maintenir son pH presque constant, malgré l'ajout de petites quantités d'acide ou de base.* Ce type de solution est très important pour les systèmes chimiques et biologiques. Dans l'organisme humain, le pH varie beaucoup d'un liquide à l'autre; par exemple, le pH du sang est environ 7,4, tandis que celui du liquide gastrique est environ 1,5. Dans la plupart des cas, ces pH sont maintenus constants grâce aux systèmes tampons, ce qui est essentiel à l'efficacité des enzymes et à l'équilibre de la pression osmotique.

Une solution tampon doit avoir une concentration relativement élevée d'acide pour pouvoir réagir avec les ions OH^- qui peuvent y être ajoutés; elle doit également avoir une concentration semblable de base pour pouvoir réagir avec les ions H^+ ajoutés. De plus, l'acide et la base faisant partie d'un système tampon ne doivent pas se neutraliser mutuellement. On retrouve ces caractéristiques dans un couple acide-base conjugués (un acide faible et sa base conjuguée ou une base faible et son acide conjugué).

On peut préparer une solution tampon simple en ajoutant à de l'eau des quantités égales d'acide acétique (CH_3COOH) et d'acétate de sodium (CH_3COONa). On considère alors que les concentrations à l'équilibre de l'acide et de sa base conjuguée (provenant de CH_3COONa) sont les mêmes que les concentrations initiales. C'est parce que: 1. CH_3COOH est un acide faible et que l'hydrolyse des ions CH_3COO^- est très faible; et que 2. la présence d'ions CH_3COO^- réprime l'ionisation de CH_3COOH, et la présence de CH_3COOH réprime, de son côté, l'hydrolyse des ions CH_3COO^-.

Une solution qui contient ces deux substances peut neutraliser tout aussi bien de petites quantités d'un acide ou d'une base ajoutés. L'acétate de sodium, qui est un électrolyte fort, se dissocie complètement dans l'eau:

$$CH_3COONa(s) \xrightarrow{H_2O} CH_3COO^-(aq) + Na^+(aq)$$

Si l'on ajoute un acide, la base conjuguée contenue dans le système tampon (CH_3COO^-) captera les ions H^+, selon l'équation suivante:

$$CH_3COO^-(aq) + H^+(aq) \longrightarrow CH_3COOH(aq)$$

FIGURE 15.1

On utilise le bleu de bromophénol, un indicateur coloré acido-basique (ajouté à toutes ces solutions), pour illustrer l'effet tampon. Quand le pH est supérieur à 4,6, cet indicateur est bleu-mauve; quand le pH est inférieur à 3,0, l'indicateur est jaune. a) Solution tampon constituée de 50 mL de CH_3COOH 0,1 M et de 50 mL de CH_3COONa 0,1 M. Le pH de la solution est 4,7, l'indicateur est bleu-mauve. b) Après ajout de 40 mL d'une solution de HCl 0,1 M à la solution a), la couleur reste bleu-mauve. c) Solution de CH_3COOH (100 mL) dont le pH est 4,7. d) Après ajout de six gouttes (environ 0,3 mL) d'une solution de HCl 0,1 M, la solution devient jaune. Sans l'effet tampon, l'ajout de quelques gouttes de HCl 0,1 M fait rapidement diminuer le pH de la solution à une valeur inférieure à 3,0.

Si l'on ajoute une base au système tampon, l'acide qui y est déjà neutralisera les ions OH^-:

$$CH_3COOH(aq) + OH^-(aq) \longrightarrow CH_3COO^-(aq) + H_2O(l)$$

Le ***pouvoir tampon***, ou *cette capacité de la solution tampon de neutraliser de l'acide ou de la base,* dépend des quantités de l'acide et de sa base conjuguée qui forment le système tampon. Plus cette quantité est élevée, plus le pouvoir tampon est grand.

En général, on peut représenter un système tampon comme un système sel/acide ou base conjuguée/acide. Alors, le système tampon acétate de sodium/acide acétique peut être exprimé de l'une des façons suivantes: CH_3COONa/CH_3COOH ou CH_3COO^-/CH_3COOH. La figure 15.1 montre ce système en action.

EXEMPLE 15.1

La détermination des systèmes tampons

Lesquelles des solutions suivantes sont des systèmes tampons? a) KH_2PO_4/H_3PO_4, b) $NaClO_4/HClO_4$, c) C_5H_5N/C_5H_5NHCl (C_5H_5N est de la pyridine; la valeur de K_b est donnée au tableau 14.4). Justifiez vos réponses.

Réponse: a) H_3PO_4 est un acide faible; sa base conjuguée ($H_2PO_4^-$) est une base faible (*tableau 14.4*). Il s'agit donc d'un système tampon.

b) Puisque $HClO_4$ est un acide fort, sa base conjuguée (ClO_4^-) est une base extrêmement faible. Cela signifie que l'ion ClO_4^- ne se combinera pas à l'ion H^+ en solution pour former $HClO_4$. Alors, ce système ne peut agir comme un système tampon.

c) Comme l'indique le tableau 14.5, C_5H_5N est une base faible et son acide conjugué ($C_5H_5NH^+$, cation du sel C_5H_5NHCl) est un acide faible. Il s'agit donc d'un système tampon.

EXERCICE

Lesquelles des solutions suivantes sont des systèmes tampons? a) KF/HF, b) KBr/HBr, c) $Na_2CO_3/NaHCO_3$.

EXEMPLE 15.2

Le calcul du pH d'un système tampon

a) Calculez le pH d'un système tampon contenant du CH_3COOH à 1,0 *M* et du CH_3COONa à 1,0 *M*. b) Quel est le pH du système tampon après addition de 0,10 mole de HCl gazeux à 1 L de la solution? Considérez que le volume de la solution ne change pas quand on ajoute HCl.

Réponse: a) Considérant que l'ionisation de l'acide acétique et que l'hydrolyse des ions acétate sont négligeables, nous avons, à l'équilibre

$$[CH_3COOH] = 1{,}0\ M \text{ et } [CH_3COO^-] = 1{,}0\ M$$

$$K_a = \frac{[H^+][CH_3COO^-]}{[CH_3COOH]} = 1{,}8 \times 10^{-5}$$

$$[H^+] = \frac{K_a[CH_3COOH]}{[CH_3COO^-]}$$

$$= \frac{(1{,}8 \times 10^{-5})(1{,}0)}{(1{,}0)}$$

$$= 1{,}8 \times 10^{-5}\ M$$

$$\text{pH} = -\log(1{,}8 \times 10^{-5})$$

$$= 4{,}74$$

b) Après addition de HCl, ce dernier s'ionise complètement:

$$\underset{0{,}10 \text{ mol}}{HCl(aq)} \longrightarrow \underset{0{,}10 \text{ mol}}{H^+(aq)} + \underset{0{,}10 \text{ mol}}{Cl^-(aq)}$$

Au départ, il y avait 1,0 mole de CH_3COOH et 1,0 mole de CH_3COO^- contenues dans 1 L de solution. Après neutralisation de l'acide HCl par CH_3COO^-, selon l'équation suivante:

$$\underset{0{,}10 \text{ mol}}{CH_3COO^-(aq)} + \underset{0{,}10 \text{ mol}}{H^+(aq)} \longrightarrow \underset{0{,}10 \text{ mol}}{CH_3COOH(aq)}$$

le nombre de moles d'acide acétique et le nombre de moles d'ions acétate présentes sont alors

$$CH_3COOH: \quad (1{,}0 + 0{,}1)\text{mol} = 1{,}1 \text{ mol}$$
$$CH_3COO^-: \quad (1{,}0 - 0{,}1)\text{mol} = 0{,}90 \text{ mol}$$

Ensuite, il faut calculer la concentration d'ions hydrogène:

$$[H^+] = \frac{K_a[CH_3COOH]}{[CH_3COO^-]}$$

$$[H^+] = \frac{(1{,}8 \times 10^{-5})(1{,}1)}{0{,}90}$$

$$= 2{,}2 \times 10^{-5}\, M$$

Le pH de la solution devient

$$pH = -\log(2{,}2 \times 10^{-5})$$
$$= 4{,}66$$

EXERCICE

Calculez le pH du système tampon suivant: NH_3 à 0,30 *M*/NH_4Cl à 0,36 *M*. Que devient le pH si l'on verse 20,0 mL de NaOH à 0,050 *M* dans 80,0 mL de la solution tampon?

On constate que, dans la solution tampon présentée à l'exemple 15.2, le pH diminue de 0,08 unité (la solution devient plus acide) après l'ajout de HCl. On peut également comparer les concentrations d'ions H^+:

avant ajout de HCl: $[H^+] = 1{,}8 \times 10^{-5}\, M$

après ajout de HCl: $[H^+] = 2{,}2 \times 10^{-5}\, M$

Alors, la concentration d'ions H^+ augmente par un facteur de

$$\frac{2{,}2 \times 10^{-5}\, M}{1{,}8 \times 10^{-5} M} = 1{,}2$$

Pour évaluer l'efficacité du système tampon CH_3COONa/CH_3COOH, voyons ce qui serait arrivé si l'on avait ajouté 0,10 mole de HCl à 1 L d'eau et comparons l'accroissement des concentrations:

avant ajout de HCl: $[H^+] = 1{,}0 \times 10^{-7}\, M$

après ajout de HCl: $[H^+] = 0{,}10\, M$

Alors, après ajout de HCl, la concentration d'ions H^+ augmente par un facteur de

$$\frac{0{,}10\, M}{1{,}0 \times 10^{-7}\, M} = 1{,}0 \times 10^6$$

Cela représente une augmentation de un million de fois! Cette comparaison démontre qu'une solution tampon adéquate peut maintenir presque constante une concentration d'ions H^+ (ou un pH).

La préparation d'une solution tampon d'un pH déterminé

Maintenant, supposons qu'il faille préparer une solution tampon ayant un pH déterminé. Comment peut-on y arriver? Si l'on prend le système tampon acide acétique/acétate de sodium, on peut écrire la constante d'équilibre suivante:

$$K_a = \frac{[CH_3COO^-][H^+]}{[CH_3COOH]}$$

Notez que cette expression s'applique aussi bien quand la solution ne contient que de l'acide acétique que lorsqu'elle contient un mélange d'acide acétique et d'acétate de sodium. Un réarrangement de l'équation donnée ci-dessus donne

$$[H^+] = \frac{K_a\,[CH_3COOH]}{[CH_3COO^-]}$$

Si l'on extrait le logarithme négatif de chaque membre de l'équation, on obtient:

$$-\log\,[H^+] = -\log K_a - \log \frac{[CH_3COOH]}{[CH_3COO^-]}$$

ou

$$-\log\,[H^+] = -\log K_a + \log \frac{[CH_3COO^-]}{[CH_3COOH]}$$

Alors

$$pH = pK_a + \log \frac{[CH_3COO^-]}{[CH_3COOH]} \qquad (15.1)$$

où

$$pK_a = -\log K_a \qquad (15.2)$$

pK_a est à K_a ce que pH est à $[H^+]$. Souvenez-vous que, plus l'acide est fort (plus élevée est la valeur de K_a), plus la valeur de pK_a est basse.

L'équation (15.1) est appelée *relation de Henderson-Hasselbalch*. On peut l'exprimer sous la forme générale

$$pH = pK_a + \log \frac{[\text{base conjuguée}]}{[\text{acide}]} \qquad (15.3)$$

Si les concentrations molaires de l'acide et de sa base conjuguée sont presque égales, c'est-à-dire si [acide] ≈ [base conjuguée], alors

$$\log \frac{[\text{base conjuguée}]}{[\text{acide}]} \approx 0$$

ou

$$pH \approx pK_a$$

Ainsi, pour préparer une solution tampon, on recommande de choisir un acide faible dont la valeur de pK_a est près du pH désiré. Ce choix non seulement donne le pH désiré, mais il fait également en sorte que les quantités de l'acide et de sa base conjuguée soient comparables; ces deux quantités sont essentielles au bon fonctionnement du système tampon.

EXEMPLE 15.3

La préparation d'une solution tampon d'un pH déterminé

Dites comment vous prépareriez un «tampon phosphate» dont le pH serait environ 7,40.

Réponse: Écrivons les trois étapes d'ionisation de l'acide phosphorique. Les valeurs de K_a sont obtenues au tableau 14.4; les valeurs de pK_a sont établies grâce à l'équation (15.2):

$$H_3PO_4(aq) \rightleftharpoons H^+(aq) + H_2PO_4^-(aq) \qquad K_{a_1} = 7{,}5 \times 10^{-3};\ pK_{a_1} = 2{,}12$$

$$H_2PO_4^-(aq) \rightleftharpoons H^+(aq) + HPO_4^{2-}(aq) \qquad K_{a_2} = 6{,}2 \times 10^{-8};\ pK_{a_2} = 7{,}21$$

$$HPO_4^{2-}(aq) \rightleftharpoons H^+(aq) + PO_4^{3-}(aq) \qquad K_{a_3} = 4{,}8 \times 10^{-13};\ pK_{a_3} = 12{,}32$$

Le plus approprié de ces trois systèmes tampons est $HPO_4^{2-}/H_2PO_4^-$, parce que la valeur du pK_a de l'acide $H_2PO_4^-$ est celle qui est la plus près du pH désiré. Selon la relation d'Henderson-Hasselbalch, nous écrivons

$$\text{pH} = pK_a + \log \frac{[\text{base conjuguée}]}{[\text{acide}]}$$

$$7{,}40 = 7{,}21 + \log \frac{[HPO_4^{2-}]}{[H_2PO_4^-]}$$

$$\log \frac{[HPO_4^{2-}]}{[H_2PO_4^-]} = 0{,}19$$

En opérant l'antilogarithme, on obtient:

$$\frac{[HPO_4^{2-}]}{[H_2PO_4^-]} = 1{,}5$$

Ainsi, on peut préparer un tampon phosphate dont le pH est 7,40 en dissolvant dans l'eau de l'hydrogénophosphate de disodium (Na_2HPO_4) et du dihydrogénophosphate de sodium (NaH_2PO_4) dans un rapport molaire de 1,5 : 1,0. Par exemple, on pourrait dissoudre 1,5 mole de Na_2HPO_4 et 1,0 mole de NaH_2PO_4 dans assez d'eau pour préparer une solution de 1 L.

EXERCICE

Comment prépareriez-vous un litre de «tampon carbonate» dont le pH est 10,10? On vous fournit de l'acide carbonique (H_2CO_3), de l'hydrogénocarbonate de sodium ($NaHCO_3$) et du carbonate de sodium (Na_2CO_3).

15.3 LE TITRAGE ACIDO-BASIQUE EN DÉTAIL

Connaissant les solutions tampons, nous pouvons examiner plus en détail les aspects quantitatifs du titrage acido-basique (*section 4.6*). Nous examinerons trois types de réactions: 1. le titrage mettant en jeu un acide fort et une base forte; 2. le titrage mettant en jeu un acide faible et une base forte; et 3. le titrage mettant en jeu un acide fort et une base faible. Le titrage mettant en jeu un acide faible et une base faible est compliqué à cause de l'hydrolyse des cations et des anions du sel formé. Nous n'aborderons donc pas ce type de titrage ici. La figure 15.2 montre le dispositif qui permet de suivre la variation du pH durant le titrage.

LE TITRAGE ACIDE FORT-BASE FORTE

On peut représenter la réaction entre un acide fort (par exemple, HCl) et une base forte (par exemple, NaOH) de la manière suivante:

$$NaOH(aq) + HCl(aq) \longrightarrow NaCl(aq) + H_2O(l)$$

ou selon l'équation ionique correspondante:

$$H^+(aq) + OH^-(aq) \longrightarrow H_2O(l)$$

Supposons qu'on ajoute une solution de NaOH 0,100 *M* (à l'aide d'une burette) à 25,0 mL d'une solution de HCl 0,100 *M* contenue dans un erlenmeyer. Pour plus de commodité, n'utilisons que trois chiffres significatifs pour le volume et la concentration, et deux chiffres significatifs pour le pH. La figure 15.3 montre la variation du pH durant le titrage; cette variation du pH en fonction du volume ajouté est appelée courbe de titrage. Avant toute addition de NaOH, le pH de l'acide est donné par −log(0,100), ou 1,00. Quand on ajoute du NaOH, le pH de la solution commence par augmenter lentement. Près du point d'équivalence, il commence à monter en flèche; puis, au point d'équivalence (qui est le point où des quantités équimolaires d'acide et de base ont réagi), la courbe est presque à la verticale. Dans un titrage acide fort-base forte, les concentrations d'ions hydrogène et d'ions hydroxyde sont

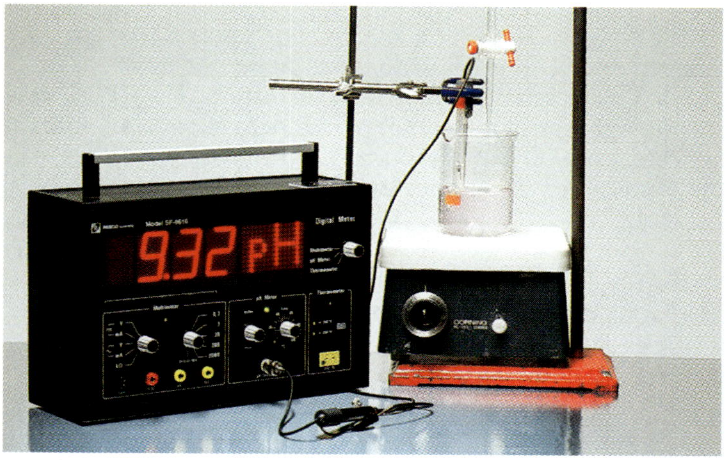

FIGURE 15.2

On utilise un pH-mètre pour effectuer un titrage acido-basique.

toutes deux très basses au point d'équivalence (environ 1×10^{-7} *M*); par conséquent, l'ajout d'une seule goutte de base en excès peut provoquer une forte augmentation de $[OH^-]$ et du pH de la solution. Au delà du point d'équivalence, le pH augmente lentement avec l'ajout de NaOH.

Il est possible de calculer le pH de la solution à chaque étape du titrage; voici trois exemples de calculs.

1. *Après addition de 10,0 mL de NaOH 0,100 M à 25,0 mL de HCl 0,100 M.* Le volume total de la solution est de 35,0 mL. Le nombre de moles de NaOH dans 10 mL est

$$10{,}0 \text{ mL} \times \frac{0{,}100 \text{ mol NaOH}}{1 \text{ L NaOH}} \times \frac{1 \text{L}}{1000 \text{ mL}} = 1{,}00 \times 10^{-3} \text{ mol}$$

Au départ, le nombre de moles de HCl contenues dans 25,0 mL de solution est

$$25{,}0 \text{ mL} \times \frac{0{,}100 \text{ mol HCl}}{1 \text{ L HCl}} \times \frac{1 \text{ L}}{1000 \text{ mL}} = 2{,}50 \times 10^{-3} \text{ mol}$$

Ainsi, la quantité résiduelle de HCl après neutralisation partielle est de $1{,}50 \times 10^{-3}$ mol $[(2{,}50 \times 10^{-3}) - (1{,}00 \times 10^{-3})]$. Finalement, on trouve la concentration d'ions H^+ à l'aide du volume total de la solution, soit 35,0 mL:

$$\frac{1{,}50 \times 10^{-3} \text{ mol HCl}}{35{,}0 \text{ mL}} \times \frac{1000 \text{ mL}}{1 \text{ L}} = 0{,}0429 \text{ mol HCl/L}$$

Ainsi, $[H^+] = 0{,}0429$ *M*; le pH de la solution est donc

$$\text{pH} = -\log 0{,}0429 = 1{,}37$$

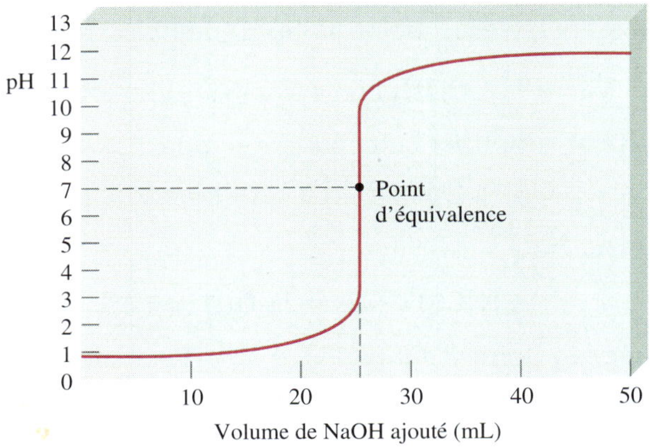

FIGURE 15.3

Variation du pH au cours d'un titrage acide fort-base forte. On verse une solution de NaOH 0,100 M d'une burette dans 25,0 mL d'une solution de HCl 0,100 M contenue dans un erlenmeyer (figure 4.16). Cette courbe est appelée courbe de titrage.

2. *Après addition de 25,0 mL de NaOH 0,100 M à 25,0 mL de HCl 0,100 M*. Il s'agit d'un calcul simple parce que cela met en jeu une neutralisation complète et que le sel (NaCl) ne s'hydrolyse pas. Au point d'équivalence, $[H^+] = [OH^-]$; le pH de la solution est donc 7,00.

3. *Après addition de 35,0 mL de NaOH 0,100 M à 25,0 mL de HCl 0,100 M*. Le volume total de la solution est alors 60,0 mL. Le nombre de moles de NaOH ajoutées est

$$35{,}0\ \text{mL} \times \frac{0{,}100\ \text{mol NaOH}}{1\ \text{L NaOH}} \times \frac{1\ \text{L}}{1000\ \text{mL}} = 3{,}50 \times 10^{-3}\ \text{mol}$$

Le nombre de moles de HCl contenues dans 25,0 mL de solution est $2{,}50 \times 10^{-3}$. Après neutralisation complète de HCl, le nombre de moles de NaOH résiduelles est $1{,}00 \times 10^{-3}$ $[(3{,}50 \times 10^{-3}) - (2{,}50 \times 10^{-3})]$. La concentration de NaOH dans la solution de 60,0 mL est

$$\frac{1{,}00 \times 10^{-3}\ \text{mol NaOH}}{60{,}0\ \text{mL}} \times \frac{1000\ \text{mL}}{1\ \text{L}} = 0{,}0167\ \text{mol NaOH/L}$$

Alors, $[OH^-] = 0{,}0167\ M$ et $\text{pOH} = -\log 0{,}0167 = 1{,}78$. Donc, le pH de la solution est

$$\begin{aligned} \text{pH} &= 14{,}00 - \text{pOH} \\ &= 14{,}00 - 1{,}78 \\ &= 12{,}22 \end{aligned}$$

Le tableau 15. 1 donne un ensemble plus complet des données recueillies au cours de ce titrage.

LE TITRAGE ACIDE FAIBLE-BASE FORTE

Voyons comme exemple la neutralisation entre l'acide acétique (un acide faible) et l'hydroxyde de sodium (une base forte):

$$CH_3COOH(aq) + NaOH(aq) \longrightarrow CH_3COONa(aq) + H_2O(l)$$

On peut simplifier cette équation ainsi:

$$CH_3COOH(aq) + OH^-(aq) \longrightarrow CH_3COO^-(aq) + H_2O(l)$$

L'ion acétate s'hydrolyse:

$$CH_3COO^-(aq) + H_2O(l) \rightleftharpoons CH_3COOH(aq) + OH^-(aq)$$

Donc, au point d'équivalence, le pH sera *supérieur à 7,* car il y aura des ions OH^- formés en excès [*figure 15.4 a)*]. N.B.: Toutes les neutralisations ne donnent pas des solutions neutres quant au pH.

TABLEAU 15.1
Données du titrage de HCl – NaOH*

Volume de NaOH ajouté (mL)	Volume total (mL)	Excès d'acide ou de base (moles)	pH de la solution
0,0	25,0	$2{,}50 \times 10^{-3}$ H^+	1,00
10,0	35,0	$1{,}50 \times 10^{-3}$	1,37
20,0	45,0	$5{,}00 \times 10^{-4}$	1,95
24,0	49,0	$1{,}00 \times 10^{-4}$	2,69
24,5	49,5	$5{,}00 \times 10^{-5}$	3,00
25,0	50,0	0,00	7,00
25,5	50,5	$5{,}00 \times 10^{-5}$ OH^-	11,00
26,0	51,0	$1{,}00 \times 10^{-4}$	11,29
30,0	55,0	$5{,}00 \times 10^{-4}$	11,96
40,0	65,0	$1{,}50 \times 10^{-3}$	12,36
50,0	75,0	$2{,}50 \times 10^{-3}$	12,52

* On effectue le titrage en versant lentement une solution de NaOH 0,100 *M* d'une burette dans 25,0 mL d'une solution de HCl 0,100 *M* contenue dans un erlenmeyer.

Le titrage acide fort-base faible

Examinons comme exemple le titrage de l'acide chlorhydrique (un acide fort) par l'ammoniac (base faible):

$$HCl(aq) + NH_3(aq) \longrightarrow NH_4Cl(aq)$$

ou simplement

$$H^+(aq) + NH_3(aq) \longrightarrow NH_4^+(aq)$$

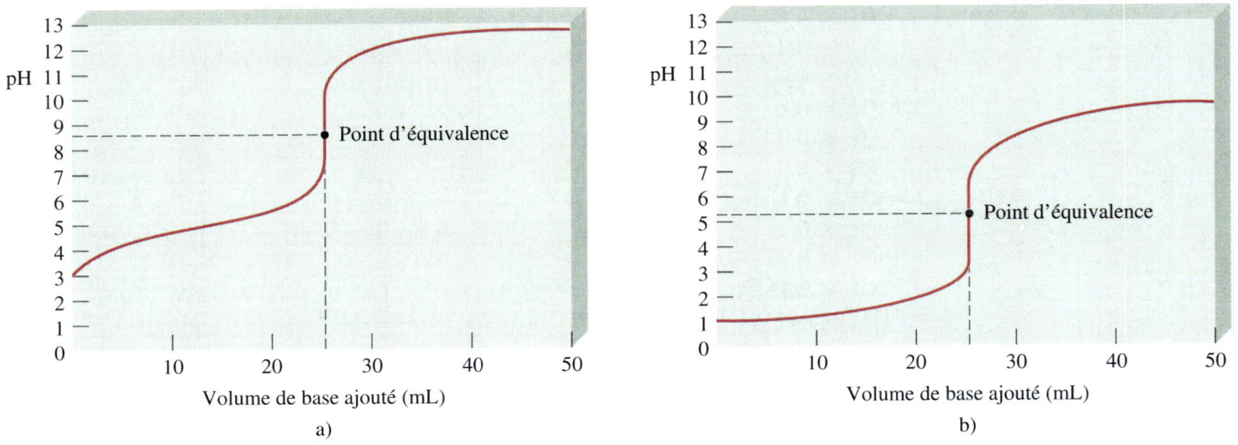

FIGURE 15.4

Courbes de titrage: a) d'un acide faible par une base forte; b) d'un acide fort par une base faible. Dans chacun des cas, on verse une solution basique 0,100 M d'une burette dans 25,0 mL d'une solution acide 0,100 M contenue dans un erlenmeyer. À cause de l'hydrolyse des sels, le pH au point d'équivalence est supérieur à 7 en a), et inférieur à 7 en b).

Le pH au point d'équivalence est inférieur à 7, résultat de l'hydrolyse du sel [*figure 15.4 b)*]:

$$NH_4^+(aq) + H_2O(l) \rightleftharpoons NH_3(aq) + H_3O^+(aq)$$

ou simplement

$$NH_4^+(aq) \rightleftharpoons NH_3(aq) + H^+(aq)$$

15.4 LES INDICATEURS ACIDO-BASIQUES

Le point d'équivalence (ou point final) d'un titrage acide-base est souvent indiqué par le changement de couleur d'un indicateur coloré, habituellement un acide ou une base organique faible dont la couleur varie selon qu'il est sous sa forme ionisée ou non ionisée. Cette forme d'ionisation dépend du pH de la solution dans laquelle il est dissous, comme nous le verrons bientôt. On met à profit un changement de la couleur de l'indicateur pour suivre le déroulement du titrage.

Les indicateurs ne changent pas tous de couleur au même pH; il faut donc choisir l'indicateur approprié à un titrage particulier selon la nature de l'acide et de la base (forts ou faibles). Prenons, comme exemple d'indicateur, un monoacide faible, HIn, qui s'ionise ainsi en solution:

$$HIn(aq) \rightleftharpoons H^+(aq) + In^-(aq)$$

Si cet indicateur est dans un milieu suffisamment acide, selon le principe de Le Chatelier, l'équilibre se déplace vers la gauche; la couleur prédominante de l'indicateur est donc celle de sa forme non ionisée (HIn). Par contre, dans un milieu basique, l'équilibre se déplace vers la droite de sorte que la couleur de la base conjuguée (In^-) prédomine. En gros, on peut utiliser les rapports suivants entre les concentrations pour prédire la couleur de l'indicateur:

$\dfrac{[HIn]}{[In^-]} \geq 10$ la couleur de l'acide (HIn) prédomine

$\dfrac{[In^-]}{[HIn]} \geq 10$ la couleur de la base conjuguée (In^-) prédomine

Si $[HIn] \simeq [In^-]$, la couleur de l'indicateur est une combinaison des couleurs de HIn et de In^-.

À la section 4.6, nous avons mentionné que la phénolphtaléine est un indicateur approprié pour le titrage entre NaOH et HCl. Cet indicateur est incolore en milieu acide ou neutre, et d'un rose rouge en milieu basique. Les mesures expérimentales démontrent que, si le pH $< 8{,}3$, cet indicateur est incolore; il commence à prendre une teinte rose rouge quand le pH dépasse 8,3. Près du point d'équivalence, la pente très abrupte de la courbe montre que l'ajout d'une très petite quantité de NaOH (par exemple, 0,05 mL, environ le volume d'une goutte d'une burette) provoque une forte augmentation du pH de la solution (*figure 15.3*). Ce qui est important, c'est que la partie très abrupte de la courbe du pH comprenne la zone où la phénolphtaléine passe

FIGURE 15.5

Les solutions contenant des extraits de chou rouge (obtenus en faisant bouillir du chou dans de l'eau) prennent des couleurs différentes lorsqu'elles sont acides ou basiques. Le pH des solutions augmente de gauche à droite.

d'incolore à rose rouge. Si tel est le cas, l'indicateur peut servir à déterminer le point d'équivalence du titrage.

De nombreux indicateurs acido-basiques sont des pigments végétaux. Par exemple, en faisant bouillir du chou rouge haché dans l'eau, on peut extraire des pigments qui présentent différentes couleurs selon le pH (*figure 15.5*). Le tableau 15.2 énumère certains indicateurs couramment utilisés dans les titrages acido-basiques. Le critère qui guide le choix de l'indicateur approprié pour un titrage donné est le suivant: il faut que la zone de virage (où l'indicateur change de couleur) corresponde à la partie abrupte de la courbe de titrage (*figures 15.3 et 15.4*). Si ce n'est pas le cas, l'indicateur utilisé n'indiquera pas le point d'équivalence de façon exacte. Le point d'équivalence doit donc être compris à l'intérieur de cette zone de virage de l'indicateur.

TABLEAU 15.2

Certains indicateurs acido-basiques courants

	Couleur		
Indicateur	**En milieu acide**	**En milieu basique**	**Zone de virage***
Bleu de thymol	Rouge	Jaune	1,2–2,8
Bleu de bromophénol	Jaune	Mauve bleuâtre	3,0–4,6
Méthylorange	Orange	Jaune	3,1–4,4
Rouge de méthyle	Rouge	Jaune	4,2–6,3
Bleu de chlorophénol	Jaune	Rouge	4,8–6,4
Bleu de bromothymol	Jaune	Bleu	6,0–7,6
Rouge de crésol	Jaune	Rouge	7,2–8,8
Phénolphtaléine	Incolore	Rose-rouge	8,3–10,0

* La zone de virage est la zone de pH dans laquelle l'indicateur passe de sa couleur acide à sa couleur basique.

EXEMPLE 15.4

Le choix d'indicateurs acido-basiques appropriés

Lequel ou lesquels des indicateurs présentés au tableau 15.2 choisiriez-vous pour le titrage acide-base illustré: a) à la figure 15.3; b) à la figure 15.4 a); c) à la figure 15.4 b)?

Réponse: a) Au voisinage du point d'équivalence, le pH de la solution passe brusquement de 4 à 10. Donc, tous les indicateurs, sauf le bleu de thymol, le bleu de bromophénol et le méthylorange, sont appropriés pour ce titrage.

b) Ici, la partie abrupte va du pH 7 au pH 10; les indicateurs appropriés sont donc le rouge de crésol et la phénolphtaléine.

c) Ici, la partie abrupte va du pH 3 au pH 7; les indicateurs appropriés sont donc le bleu de bromophénol, le méthylorange, le rouge de méthyle et le bleu de chlorophénol.

EXERCICE

À l'aide du tableau 15.2, dites quels indicateurs vous utiliseriez pour les titrages suivants: a) entre HBr et NH_3, b) entre HNO_3 et NaOH, c) entre HNO_2 et KOH.

15.5 L'ÉQUILIBRE DE SOLUBILITÉ

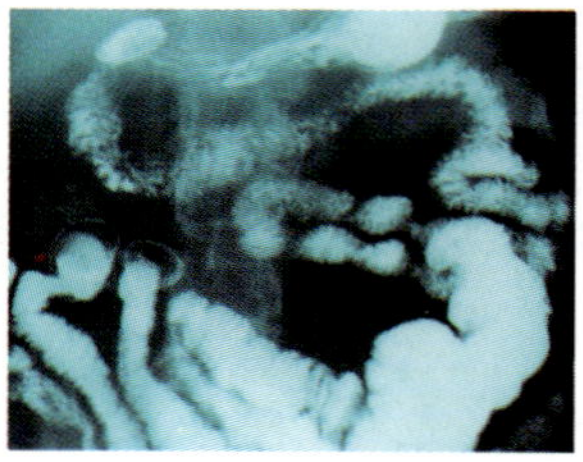

On utilise une suspension aqueuse de $BaSO_4$ pour examiner le tube digestif.

Les réactions de précipitation jouent un rôle important dans l'industrie, en médecine et dans la vie de tous les jours. Par exemple, la préparation de nombreux produits chimiques industriels essentiels, comme le carbonate de sodium (Na_2CO_3), fait appel aux réactions de précipitation. La dissolution de l'émail des dents, principalement constitué d'hydroxyapatite [$Ca_5(PO_4)_3OH$], cause dans un milieu acide la carie dentaire. Le sulfate de baryum ($BaSO_4$), un composé insoluble opaque aux rayons X, est utilisé pour diagnostiquer certaines maladies du tube digestif. De même, les stalactites et les stalagmites, constituées de carbonate de calcium ($CaCO_3$), sont la conséquence d'une réaction de précipitation; ce type de réaction est également nécessaire dans les procédés de préparation de nombreux aliments.

À la section 4.2, nous avons vu les règles générales qui servent à prédire la solubilité des composés ioniques dans l'eau. Bien qu'elles soient utiles, ces règles ne permettent pas de prédire quantitativement cette solubilité. Pour pouvoir faire des prédictions quantitatives, il faut d'abord tenir compte des connaissances déjà acquises concernant l'équilibre chimique.

LE PRODUIT DE SOLUBILITÉ

Prenons une solution saturée de chlorure d'argent qui entre en contact avec du chlorure d'argent solide. On peut représenter l'équilibre de solubilité ainsi:

$$AgCl(s) \rightleftharpoons Ag^+(aq) + Cl^-(aq)$$

Puisqu'un sel comme AgCl est considéré comme un électrolyte fort, tout le AgCl dissous dans l'eau se dissocie complètement en ions Ag^+ et Cl^-. Nous avons vu au chapitre 13 que, dans le cas d'un équilibre hétérogène, la concentration d'un solide est une constante. Ainsi, on peut écrire la constante d'équilibre pour la dissolution de AgCl de la manière suivante:

$$K_s = [Ag^+][Cl^-]$$

où $\boldsymbol{K_s}$ est la constante du produit de solubilité ou simplement le produit de solubilité. En général, le ***produit de solubilité*** d'un composé est le *produit des concentrations molaires des ions qui le constituent, chacune de ces concentrations étant élevée à l'exposant équivalant à son coefficient stœchiométrique dans l'équation équilibrée.*

Puisque chaque unité de AgCl ne contient qu'un seul ion Ag^+ et un seul ion Cl^-, l'expression de son produit de solubilité est simple. Les cas suivants sont plus compliqués:

- MgF_2
$$MgF_2(s) \rightleftharpoons Mg^{2+}(aq) + 2F^-(aq) \qquad K_s = [Mg^{2+}][F^-]^2$$
- Ag_2CO_3
$$Ag_2CO_3(s) \rightleftharpoons 2Ag^+(aq) + CO_3^{2-}(aq) \qquad K_s = [Ag^+]^2[CO_3^{2-}]$$
- $Ca_3(PO_4)_2$
$$Ca_3(PO_4)_2(s) \rightleftharpoons 3Ca^{2+}(aq) + 2PO_4^{3-}(aq) \qquad K_s = [Ca^{2+}]^3[PO_4^{3-}]^2$$

Le tableau 15.3 donne les produits de solubilité de certains sels légèrement solubles. Les sels solubles, comme NaCl et KNO_3, dont les valeurs de K_s sont très élevées, n'apparaissent pas dans ce tableau.

Dans le cas de réactions incomplètes mettant en jeu un solide ionique en solution aqueuse, le système peut se trouver dans l'une des situations suivantes: 1. la solution est insaturée; 2. la solution est saturée; ou 3. la solution est sursaturée. En s'inspirant de la méthode expliquée à la section 13.3, on utilise Q, le *produit ionique*, pour représenter le produit des concentrations molaires des ions, chacune de ces concentrations étant élevée à la puissance équivalant à son coefficient stœchiométrique. Alors, dans le cas d'une solution aqueuse contenant des ions Ag^+ et Cl^-, à 25 °C:

$$Q = [Ag^+]_0[Cl^-]_0$$

L'indice 0 indique qu'il s'agit de concentrations initiales qui ne sont pas nécessairement égales aux concentrations à l'équilibre. Les relations possibles entre Q et K_s sont

$$Q < K_s$$
$$[Ag^+]_0[Cl^-]_0 < 1,6 \times 10^{-10}$$
Solution insaturée

$$Q = K_s$$
$$[Ag^+][Cl^-] = 1,6 \times 10^{-10}$$
Solution saturée

$$Q > K_s$$
$$[Ag^+]_0[Cl^-]_0 > 1,6 \times 10^{-10}$$
Solution sursaturée: il y aura précipitation de AgCl jusqu'à ce que le produit ionique soit égal à $1,6 \times 10^{-10}$.

Des stalactites, qui croissent vers le bas, et des stalagmites, qui croissent vers le haut.

TABLEAU 15.3

Les produits de solubilité de certains composés ioniques légèrement solubles à 25 °C

Composé	K_s	Composé	K_s
Bromure d'argent (AgBr)	$7,7 \times 10^{-13}$	Hydroxyde de magnésium [$Mg(OH)_2$]	$1,2 \times 10^{-11}$
Bromure de cuivre(I) (CuBr)	$4,2 \times 10^{-8}$	Hydroxyde de zinc [$Zn(OH)_2$]	$1,8 \times 10^{-14}$
Carbonate d'argent (Ag_2CO_3)	$8,1 \times 10^{-12}$	Iodure d'argent (AgI)	$8,3 \times 10^{-17}$
Carbonate de baryum ($BaCO_3$)	$8,1 \times 10^{-9}$	Iodure de cuivre(I) (CuI)	$5,1 \times 10^{-12}$
Carbonate de calcium ($CaCO_3$)	$8,7 \times 10^{-9}$	Iodure de plomb(II) (PbI_2)	$1,4 \times 10^{-8}$
Carbonate de magnésium ($MgCO_3$)	$4,0 \times 10^{-5}$	Phosphate de calcium [$Ca_3(PO_4)_2$]	$1,2 \times 10^{-26}$
Carbonate de plomb(II) ($PbCO_3$)	$3,3 \times 10^{-14}$	Sulfate d'argent (Ag_2SO_4)	$1,4 \times 10^{-5}$
Carbonate de strontium ($SrCO_3$)	$1,6 \times 10^{-9}$	Sulfate de baryum ($BaSO_4$)	$1,1 \times 10^{-10}$
Chlorure d'argent (AgCl)	$1,6 \times 10^{-10}$	Sulfate de strontium ($SrSO_4$)	$3,8 \times 10^{-7}$
Chlorure de mercure(I) (Hg_2Cl_2)	$3,5 \times 10^{-18}$	Sulfure d'argent (Ag_2S)	$6,0 \times 10^{-51}$
Chlorure de plomb(II) ($PbCl_2$)	$2,4 \times 10^{-4}$	Sulfure d'étain(II) (SnS)	$1,0 \times 10^{-26}$
Chromate de plomb(II) ($PbCrO_4$)	$2,0 \times 10^{-14}$	Sulfure de bismuth (Bi_2S_3)	$1,6 \times 10^{-72}$
Fluorure de baryum (BaF_2)	$1,7 \times 10^{-6}$	Sulfure de cadmium (CdS)	$8,0 \times 10^{-28}$
Fluorure de calcium (CaF_2)	$4,0 \times 10^{-11}$	Sulfure de cobalt(II) (CoS)	$4,0 \times 10^{-21}$
Fluorure de plomb(II) (PbF_2)	$4,1 \times 10^{-8}$	Sulfure de cuivre(II) (CuS)	$6,0 \times 10^{-37}$
Hydroxyde d'aluminium [$Al(OH)_3$]	$1,8 \times 10^{-33}$	Sulfure de fer(II) (FeS)	$6,0 \times 10^{-19}$
Hydroxyde de calcium [$Ca(OH)_2$]	$8,0 \times 10^{-6}$	Sulfure de manganèse(II) (MnS)	$3,0 \times 10^{-14}$
Hydroxyde de chrome(III) [$Cr(OH)_3$]	$3,0 \times 10^{-29}$	Sulfure de mercure(II) (HgS)	$4,0 \times 10^{-54}$
Hydroxyde de cuivre(II) [$Cu(OH)_2$]	$2,2 \times 10^{-20}$	Sulfure de nickel(II) (NiS)	$1,4 \times 10^{-24}$
Hydroxyde de fer(II) [$Fe(OH)_2$]	$1,6 \times 10^{-14}$	Sulfure de plomb(II) (PbS)	$3,4 \times 10^{-28}$
Hydroxyde de fer(III) [$Fe(OH)_3$]	$1,1 \times 10^{-36}$	Sulfure de zinc (ZnS)	$3,0 \times 10^{-23}$

LA SOLUBILITÉ MOLAIRE ET LA SOLUBILITÉ

La valeur de K_s est une mesure de la solubilité d'un composé ionique; plus cette valeur est petite, moins le composé est soluble dans l'eau. Cependant, quand on utilise les valeurs de K_s pour comparer entre elles les solubilités des substances, il faut que ces substances aient des formules similaires, comme AgCl et ZnS, ou CaF_2 et $Fe(OH)_2$. On peut aussi exprimer la solubilité de deux autres façons: la ***solubilité molaire,*** qui est le *nombre de moles de soluté par litre de solution saturée (moles par litre)*, et la ***solubilité,*** qui est le *nombre de grammes de soluté par litre de solution saturée*. Notez que ces grandeurs expriment la concentration des solutions saturées à une température donnée (habituellement 25 °C). La figure 15.6 montre les relations entre la solubilité, la solubilité molaire et K_s.

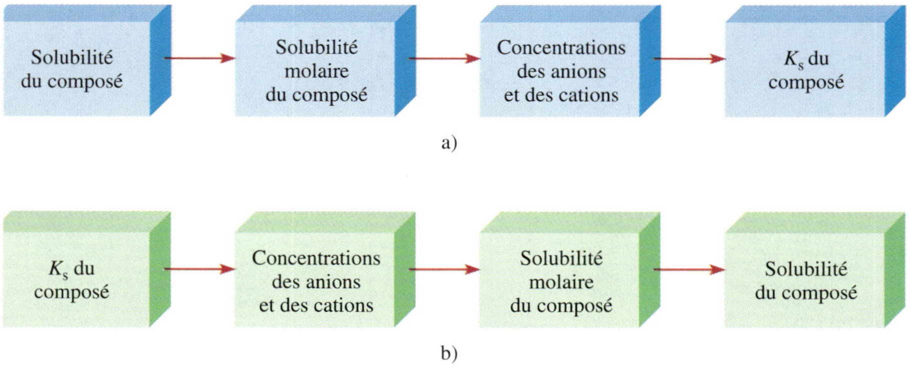

FIGURE 15.6

Les étapes du calcul a) de la valeur de K_s à partir de la solubilité; et b) de la solubilité à partir de la valeur de K_s.

EXEMPLE 15.5

Le calcul de K_s à partir de la solubilité molaire

La solubilité molaire du sulfate d'argent est de $1{,}5 \times 10^{-2}$ *M*. Calculez le produit de solubilité de ce sel.

Réponse: Il faut d'abord écrire l'équation de l'équilibre de solubilité:

$$Ag_2SO_4(s) \rightleftharpoons 2Ag^+(aq) + SO_4^{2-}(aq)$$

La stœchiométrie indique que une mole de Ag_2SO_4 produit deux moles de Ag^+ et une mole de SO_4^{2-} en solution. Alors, quand $1{,}5 \times 10^{-2}$ mole de Ag_2SO_4 se dissout dans 1 L de solution, les concentrations sont

$$[Ag^+] = 2(1{,}5 \times 10^{-2}\ M) = 3{,}0 \times 10^{-2}\ M$$

$$[SO_4^{2-}] = 1{,}5 \times 10^{-2}\ M$$

Maintenant, nous pouvons calculer le produit de solubilité:

$$\begin{aligned} K_s &= [Ag^+]^2[SO_4^{2-}] \\ &= (3{,}0 \times 10^{-2})^2(1{,}5 \times 10^{-2}) \\ &= 1{,}4 \times 10^{-5} \end{aligned}$$

EXERCICE

La solubilité molaire du fluorure de baryum (BaF_2) est de $7{,}5 \times 10^{-3}$ *M*. Quel est le produit de solubilité de ce composé?

Du sulfate d'argent.

EXEMPLE 15.6

Le calcul de la solubilité molaire à partir de K_s

À l'aide des données du tableau 15.3, calculez la solubilité molaire de l'iodure de cuivre(I); autrement dit, calculez le nombre de moles de CuI dissoutes par litre de solution saturée.

Réponse: Pour convertir K_s en concentrations d'anions et de cations, utilisons la méthode expliquée à la section 13.3 concernant le calcul des concentrations à l'équilibre à partir de la constante d'équilibre.

Étape 1: Soit *s* la solubilité molaire (en moles par litre) de CuI. Puisque une unité de CuI donne un ion Cu^+ et un ion I^-, à l'équilibre, $[Cu^+]$ et $[I^-]$ sont égales à *s*. Les variations de concentrations se résument ainsi:

	$CuI(s) \rightleftharpoons$	$Cu^+(aq)$	+ $I^-(aq)$
Concentration initiale (*M*):		0,00	0,00
Variation (*M*):		$+s$	$+s$
Concentration à l'équilibre (*M*):		s	s

De l'iodure de cuivre(I).

Étape 2:

$$K_s = [Cu^+][I^-]$$

$$5{,}1 \times 10^{-12} = (s)(s) = s^2$$

$$s = (5{,}1 \times 10^{-12})^{1/2} = 2{,}3 \times 10^{-6}\,M$$

Étape 3: Donc, à l'équilibre:

$$[Cu^+] = 2{,}3 \times 10^{-6}\,M$$

$$[I^-] = 2{,}3 \times 10^{-6}\,M$$

Puisque une mole de CuI donne une mole de Cu^+ et une mole de I^-, la concentration de Cu^+ et celle de I^- sont égales à celle du CuI dissocié. Donc, la solubilité molaire de CuI vaut aussi $2{,}3 \times 10^{-6}\,M$.

EXERCICE

Calculez la solubilité molaire du carbonate de plomb ($PbCO_3$).

De l'hydroxyde de cuivre(II).

EXEMPLE 15.7

Le calcul de la solubilité à partir de K_s

À l'aide des données du tableau 15.3, calculez la solubilité de l'hydroxyde de cuivre [$Cu(OH)_2$] en grammes par litre.

Réponse:

Étape 1: Soit s la solubilité molaire de $Cu(OH)_2$. Puisque une unité de $Cu(OH)_2$ donne un ion Cu^{2+} et deux ions OH^-, à l'équilibre, $[Cu^{2+}]$ est égale à s, et $[OH^-]$ à $2s$. Les variations de concentrations se résument ainsi:

	$Cu(OH)_2(s) \rightleftharpoons$	$Cu^{2+}(aq)$ +	$2OH^-(aq)$
Concentration initiale (M):		0,00	0,00
Variation (M):		$+s$	$+2s$
Concentration à l'équilibre (M):		s	s

Étape 2:

$$K_s = [Cu^{2+}][OH^-]^2$$

$$2{,}2 \times 10^{-20} = (s)(2s)^2 = 4s^3$$

$$s^3 = \frac{2{,}2 \times 10^{-20}}{4} = 5{,}5 \times 10^{-21}$$

$$s = (5{,}5 \times 10^{-21})^{1/3} = 1{,}8 \times 10^{-7}\,M$$

Sachant que la masse molaire de $Cu(OH)_2$ est de 97,57 g/mol et connaissant sa solubilité molaire, nous pouvons calculer sa solubilité en grammes par litre:

$$\text{solubilité de } Cu(OH)_2 = \frac{1,8 \times 10^{-7} \text{ mol } Cu(OH)_2}{1 \text{ L solution}} \times \frac{97,57 \text{ g } Cu(OH)_2}{1 \text{ mol } Cu(OH)_2}$$

$$= 1,8 \times 10^{-5} \text{ g/L}$$

EXERCICE

Calculez la solubilité du chlorure d'argent (AgCl) en grammes par litre.

Comme le montrent les exemples 15.5, 15.6 et 15.7, la solubilité et le produit de solubilité sont reliés. Si l'on connaît l'une de ces grandeurs, on peut calculer l'autre; chacune d'elles fournit toutefois des renseignements différents. Le tableau 15.4 montre la relation entre solubilité molaire et produit de solubilité pour un certain nombre de composés ioniques.

En calculant la solubilité ou le produit de solubilité, n'oubliez pas les points suivants:

- La solubilité est la quantité d'une substance qui peut se dissoudre dans une certaine quantité d'eau. Elle est habituellement exprimée en *grammes* de soluté par litre de solution. La solubilité molaire, elle, est le nombre de *moles* de soluté par litre de solution.
- Le produit de solubilité est une constante d'équilibre.
- La solubilité molaire, la solubilité et le produit de solubilité se rapportent tous à des *solutions saturées*.

TABLEAU 15.4

Relation entre K_s et solubilité molaire (s)

Composé	Expression de K_s	Concentration à l'équilibre (M): Cation	Concentration à l'équilibre (M): Anion	Relation entre K_s et s
AgCl	$[Ag^+][Cl^-]$	s	s	$K_s = s^2; s = (K_s)^{1/2}$
$BaSO_4$	$[Ba^{2+}][SO_4^{2-}]$	s	s	$K_s = s^2; s = (K_s)^{1/2}$
Ag_2CO_3	$[Ag^+]^2[CO_3^{2-}]$	$2s$	s	$K_s = 4s^3; s = \left(\frac{K_s}{4}\right)^{1/3}$
PbF_2	$[Pb^{2+}][F^-]^2$	s	$2s$	$K_s = 4s^3; s = \left(\frac{K_s}{4}\right)^{1/3}$
$Al(OH)_3$	$[Al^{3+}][OH^-]^3$	s	$3s$	$K_s = 27s^4; s = \left(\frac{K_s}{27}\right)^{1/4}$
$Ca_3(PO_4)_2$	$[Ca^{2+}]^3[PO_4^{3-}]^2$	$3s$	$2s$	$K_s = 108s^5; s = \left(\frac{K_s}{108}\right)^{1/5}$

LA PRÉDICTION DES RÉACTIONS DE PRÉCIPITATION

À partir des règles de solubilité (*voir section 4.2*) et des produits de solubilité donnés au tableau 15.3, on peut prédire s'il y aura ou non formation d'un précipité quand on mélange deux solutions.

EXEMPLE 15.8
La prédiction d'une réaction de précipitation

On ajoute exactement 200 mL de $BaCl_2$ 0,0040 *M* à exactement 600 mL de K_2SO_4 0,0080 *M*. Y aura-t-il formation d'un précipité?

Réponse: Selon la règle de solubilité numéro 3, donnée à la page 97, le seul précipité qui pourrait se former est $BaSO_4$:

$$Ba^{2+}(aq) + SO_4^{2-}(aq) \longrightarrow BaSO_4(s)$$

Le nombre de moles de Ba^{2+} présentes dans le volume de 200 mL de la solution de $BaCl_2$ est

$$200 \text{ mL} \times \frac{0{,}0040 \text{ mol } Ba^{2+}}{1 \text{ L solution}} \times \frac{1 \text{ L}}{1000 \text{ mL}} = 8{,}0 \times 10^{-4} \text{ mol } Ba^{2+}$$

Le volume total est de 800 mL après le mélange des deux solutions. La concentration de Ba^{2+} est

$$[Ba^{2+}] = \frac{8{,}0 \times 10^{-4} \text{ mol}}{800 \text{ mL}} \times \frac{1000 \text{ mL}}{1 \text{ L solution}}$$

$$= 1{,}0 \times 10^{-3} \, M$$

Le nombre de moles de SO_4^{2-} dans la solution originale de 600 mL est

$$600 \text{ mL} \times \frac{0{,}0080 \text{ mol } SO_4^{2-}}{1 \text{ L solution}} \times \frac{1 \text{ L}}{1000 \text{ mL}} = 4{,}8 \times 10^{-3} \text{ mol } SO_4^{2-}$$

La concentration de SO_4^{2-} dans cette solution d'un volume total de 800 mL est

$$[SO_4^{2-}] = \frac{4{,}8 \times 10^{-3} \text{ mol}}{800 \text{ mL}} \times \frac{1000 \text{ mL}}{1 \text{ L solution}}$$

$$= 6{,}0 \times 10^{-3} \, M$$

Maintenant, nous pouvons comparer Q et K_s. Selon le tableau 15.3, la valeur de K_s pour $BaSO_4$ est de $1{,}1 \times 10^{-10}$. La valeur de Q est

$$\begin{aligned} Q &= [Ba^{2+}]_0[SO_4^{2-}]_0 \\ &= (1{,}0 \times 10^{-3})(6{,}0 \times 10^{-3}) \\ &= 6{,}0 \times 10^{-6} \end{aligned}$$

Alors

$$Q > K_s$$

La solution est sursaturée, car la valeur de Q indique que les concentrations des ions sont trop élevées. Il y aura donc précipitation de $BaSO_4$ jusqu'à ce que

$$[Ba^{2+}][SO_4^{2-}] = 1{,}1 \times 10^{-10}$$

EXERCICE

Si l'on verse 2,00 mL de NaOH 0,200 M dans 1,00 L de $CaCl_2$ 0,100 M, y aura-t-il précipitation?

15.6 L'EFFET D'ION COMMUN ET LA SOLUBILITÉ

Comme nous l'avons vu, le produit de solubilité est une constante d'équilibre; la précipitation d'un composé ionique en solution se produit quand le produit ionique est supérieur à K_s pour ce composé. Par exemple, dans une solution saturée de AgCl, la valeur du produit ionique $[Ag^+][Cl^-]$ est, bien sûr, égale à celle de K_s. De plus, la stœchiométrie indique que $[Ag^+] = [Cl^-]$. Cette égalité ne s'applique toutefois pas dans tous les cas.

Supposons que l'on étudie une solution contenant deux substances dissoutes qui partagent un ion commun, disons AgCl et $AgNO_3$. En plus de la dissociation de AgCl, la réaction suivante contribue à la concentration totale en solution de l'ion argent commun aux deux substances:

$$AgNO_3\,(s) \xrightarrow{H_2O} Ag^+(aq) + NO_3^-(aq)$$

Si l'on ajoute $AgNO_3$ à une solution saturée de AgCl, l'augmentation de $[Ag^+]$ rendra le produit ionique supérieur au produit de solubilité:

$$Q = [Ag^+]_0[Cl^-]_0 > K_s$$

Pour rétablir l'équilibre, en accord avec le principe de Le Chatelier, il y aura formation d'un précipité de AgCl jusqu'à ce que la valeur du produit ionique soit de nouveau égale à celle de K_s. L'ajout d'un ion déjà présent dans la solution se solde donc par une *diminution* de la solubilité du sel (AgCl) en solution. Notez que, dans ce cas, $[Ag^+]$ n'est plus égale à $[Cl^-]$ à l'équilibre ($[Ag^+] > [Cl^-]$). Cet exemple illustre ce que l'on appelle l'***effet d'ion commun,*** *c'est-à-dire le déplacement d'un équilibre causé par la présence d'un ion commun.*

EXEMPLE 15.9

L'effet d'ion commun sur la solubilité

Calculez la solubilité du chlorure d'argent (en grammes par litre) dans une solution de nitrate d'argent à $6{,}5 \times 10^{-3}$ M.

Réponse:

Étape 1: Puisque $AgNO_3$ est à la fois soluble et un électrolyte fort, il se dissocie complètement:

$$AgNO_3(s) \xrightarrow{H_2O} \underset{6,5 \times 10^{-3}\,M}{Ag^+(aq)} + \underset{6,5 \times 10^{-3}\,M}{NO_3^-(aq)}$$

Soit s la solubilité molaire de AgCl dans une solution de $AgNO_3$. Les variations de concentrations se résument ainsi:

	$AgCl(s)$	$\rightleftharpoons$	$Ag^+(aq)$	+	$Cl^-(aq)$
Concentration initiale (M):			$6,5 \times 10^{-3}$		0,0
Variation (M):			$+s$		$+s$
Concentration à l'équilibre (M):			$(6,5 \times 10^{-3} + s)$		s

Étape 2:

$$K_s = [Ag^+][Cl^-]$$

$$1,6 \times 10^{-10} = (6,5 \times 10^{-3} + s)(s)$$

Puisque AgCl est très peu soluble et que la présence d'ions Ag^+ provenant de $AgNO_3$ en réduit encore plus la solubilité, la valeur de s doit être très petite par rapport à $6,5 \times 10^{-3}$. C'est pourquoi, en appliquant l'approximation $6,5 \times 10^{-3} + s \simeq 6,5 \times 10^{-3}$, nous obtenons:

$$1,6 \times 10^{-10} = 6,5 \times 10^{-3}s$$

$$s = 2,5 \times 10^{-8}\,M$$

Étape 3: À l'équilibre:

$$[Ag^+] = (6,5 \times 10^{-3} + 2,5 \times 10^{-8})\,M \simeq 6,5 \times 10^{-3}\,M$$

$$[Cl^-] = 2,5 \times 10^{-8}\,M$$

L'approximation $6,5 \times 10^{-3} + 2,5 \times 10^{-8} \simeq 6,5 \times 10^{-3}$ était donc tout à fait justifiée à l'étape 2. Puisque tous les ions Cl^- doivent provenir de AgCl, s est donc la solubilité molaire de AgCl dissoute dans la solution de $AgNO_3$ et vaut donc $2,5 \times 10^{-8}\,M$. En connaissant la masse molaire de AgCl (143,4 g/mol), nous pouvons dès lors calculer sa solubilité:

solubilité de AgCl dans une solution de $AgNO_3$

$$= \frac{2,5 \times 10^{-8}\,\text{mol AgCl}}{1\,\text{L solution}} \times \frac{143,3\,\text{g AgCl}}{1\,\text{mol AgCl}}$$

$$= 3,6 \times 10^{-6}\,\text{g/L}$$

La solubilité de AgCl dans l'eau pure est de $1,9 \times 10^{-3}$ g/L (*voir l'exercice de l'exemple 15.7*). La réponse est donc plausible.

EXERCICE

Calculez la solubilité (en grammes par litre) de AgBr: a) dans l'eau pure; et b) dans NaBr 0,0010 M.

15.7 L'ÉQUILIBRE DES IONS COMPLEXES ET LA SOLUBILITÉ

Les réactions acido-basiques de Lewis dans lesquelles un cation métallique (receveur d'un doublet d'électrons) se combine à une base de Lewis (donneur d'un doublet d'électrons) se soldent par la formation d'un ion complexe:

$$\underset{\text{Acide}}{Ag^+(aq)} + \underset{\text{Base}}{2NH_3(aq)} \rightleftharpoons Ag(NH_3)_2^+(aq)$$

On peut définir un ***ion complexe*** comme un *ion contenant un cation métallique central lié à un ou à plusieurs ions ou molécules*. Ce type d'ion est impliqué dans de nombreux phénomènes chimiques et biologiques. Dans la présente section, nous verrons l'effet de la formation d'ions complexes sur la solubilité. Au chapitre 16, nous examinerons plus en détail les propriétés de ces ions.

Les métaux de transition ont particulièrement tendance à former des ions complexes. Par exemple, une solution de chlorure de cobalt(II) est rose à cause de la présence d'ions $Co(H_2O)_6^{2+}$ (*figure 15.7*). Quand on y ajoute du HCl, la solution devient bleue à cause de la formation de l'ion complexe $CoCl_4^{2-}$:

$$Co^{2+}(aq) + 4Cl^-(aq) \rightleftharpoons CoCl_4^{2-}(aq)$$

Le sulfate de cuivre(II) ($CuSO_4$) se dissout dans l'eau pour former une solution bleue. Ce sont les ions cuivre(II) hydratés qui sont responsables de cette couleur; beaucoup d'autres sulfates (Na_2SO_4, par exemple) sont incolores. L'ajout de *quelques gouttes* d'une solution d'ammoniac concentrée à une solution de $CuSO_4$ provoque la formation d'un précipité bleu clair [l'hydroxyde de cuivre(II)]:

$$Cu^{2+}(aq) + 2OH^-(aq) \longrightarrow Cu(OH)_2(s)$$

où les ions OH^- sont fournis par la solution d'ammoniac. S'il y a ajout d'un *excès* de NH_3, le précipité bleu se dissout à nouveau pour former une solution bleu foncé: la couleur est due, cette fois, à la formation de l'ion complexe $Cu(NH_3)_4^{2+}$ (*figure 15.8*):

$$Cu(OH)_2(s) + 4NH_3(aq) \rightleftharpoons Cu(NH_3)_4^{2+}(aq) + 2OH^-(aq)$$

FIGURE 15.7

(À gauche) Une solution aqueuse de chlorure de cobalt(II). La couleur rose est due à la présence d'ions $Co(H_2O)_6^{2+}$. (À droite) Après ajout d'une solution de HCl, la solution devient bleue à cause de la formation des ions complexes $CoCl_4^{2-}$.

FIGURE 15.8

(À gauche) Un bécher contenant une solution aqueuse de sulfate de cuivre(II). (Au centre) Après addition de quelques gouttes d'une solution d'ammoniac concentrée, il y a formation d'un précipité bleu clair de $Cu(OH)_2$. (À droite) Quand on ajoute un excès d'une solution d'ammoniac concentrée, le précipité de $Cu(OH)_2$ se dissout pour former les ions complexes $Cu(NH_3)_4^{2+}$, responsables de la couleur bleu foncé.

Donc, la formation de l'ion complexe $Cu(NH_3)_4^{2+}$ augmente la solubilité de $Cu(OH)_2$.

La ***constante de formation*** $\boldsymbol{K}_f$ (aussi appelée constante de stabilité ou de complexation) exprime la tendance d'un ion métallique à former un ion complexe particulier; cette constante est la *constante d'équilibre pour la formation d'un ion complexe*. Plus la valeur de K_f est grande, plus l'ion complexe est stable. Le tableau 15.5 donne les constantes de formation de certains ions complexes.

On peut exprimer la formation de l'ion $Cu(NH_3)_4^{2+}$ de la manière suivante:

$$Cu^{2+}(aq) + 4NH_3(aq) \rightleftharpoons Cu(NH_3)_4^{2+}(aq)$$

pour laquelle la constante de formation est

$$K_f = \frac{[Cu(NH_3)_4^{2+}]}{[Cu^{2+}][NH_3]^4}$$

$$= 5{,}0 \times 10^{13}$$

TABLEAU 15.5

Les constantes de formation de certains ions complexes dans l'eau à 25 °C

Ion complexe	Expression de l'équilibre			Constante de formation (K_f)
$Ag(NH_3)_2^+$	$Ag^+ + 2NH_3$	$\rightleftharpoons$	$Ag(NH_3)_2^+$	$1{,}5 \times 10^7$
$Ag(CN)_2^-$	$Ag^+ + 2CN^-$	$\rightleftharpoons$	$Ag(CN)_2^-$	$1{,}0 \times 10^{21}$
$Cu(CN)_4^{2-}$	$Cu^{2+} + 4CN^-$	$\rightleftharpoons$	$Cu(CN)_4^{2-}$	$1{,}0 \times 10^{25}$
$Cu(NH_3)_4^{2+}$	$Cu^{2+} + 4NH_3$	$\rightleftharpoons$	$Cu(NH_3)_4^{2+}$	$5{,}0 \times 10^{13}$
$Cd(CN)_4^{2-}$	$Cd^{2+} + 4CN^-$	$\rightleftharpoons$	$Cd(CN)_4^{2-}$	$7{,}1 \times 10^{16}$
CdI_4^{2-}	$Cd^{2+} + 4I^-$	$\rightleftharpoons$	CdI_4^{2-}	$2{,}0 \times 10^6$
$HgCl_4^{2-}$	$Hg^{2+} + 4Cl^-$	$\rightleftharpoons$	$HgCl_4^{2-}$	$1{,}7 \times 10^{16}$
HgI_4^{2-}	$Hg^{2+} + 4I^-$	$\rightleftharpoons$	HgI_4^{2-}	$2{,}0 \times 10^{30}$
$Hg(CN)_4^{2-}$	$Hg^{2+} + 4CN^-$	$\rightleftharpoons$	$Hg(CN)_4^{2-}$	$2{,}5 \times 10^{41}$
$Co(NH_3)_6^{3+}$	$Co^{3+} + 6NH_3$	$\rightleftharpoons$	$Co(NH_3)_6^{3+}$	$5{,}0 \times 10^{31}$
$Zn(NH_3)_4^{2+}$	$Zn^{2+} + 4NH_3$	$\rightleftharpoons$	$Zn(NH_3)_4^{2+}$	$2{,}9 \times 10^9$

Dans ce cas, la très grande valeur de K_f traduit la grande stabilité de l'ion complexe en solution et explique la très faible concentration d'ions cuivre(II) à l'équilibre.

EXEMPLE 15.10

La formation d'ions complexes

On ajoute 0,20 mole de $CuSO_4$ à un litre de solution de NH_3 1,20 M. Quelle est la concentration d'ions Cu^{2+} à l'équilibre?

Réponse: L'ajout de $CuSO_4$ à la solution de NH_3 entraîne la réaction suivante:

$$Cu^{2+}(aq) + 4NH_3(aq) \rightleftharpoons Cu(NH_3)_4^{2+}(aq)$$

Puisque la valeur de K_f est très élevée ($5{,}0 \times 10^{13}$), la réaction se produit principalement vers la droite. On peut dire de façon approximative que tous les ions Cu^{2+} dissous forment des ions $Cu(NH_3)_4^{2+}$. Alors, la quantité de NH_3 utilisée dans la formation des ions complexes est de 0,80 mole ($4 \times 0{,}20$). (Notez que, au départ, il y a 0,20 mole de Cu^{2+} dans la solution et qu'il faut quatre molécules de NH_3 pour «complexer» un ion Cu^{2+}.) La concentration de NH_3 à l'équilibre est donc de 0,40 M (1,20 − 0,80); celle de $Cu(NH_3)_4^{2+}$ est de 0,20 M, égale à la concentration initiale de Cu^{2+}. Puisque $Cu(NH_3)_4^{2+}$ se dissocie légèrement, soit x la concentration d'ions Cu^{2+}:

$$K_f = \frac{[Cu(NH_3)_4^{2+}]}{[Cu^{2+}][NH_3]^4} = 5{,}0 \times 10^{13}$$

$$\frac{0{,}20}{x(0{,}40)^4} = 5{,}0 \times 10^{13}$$

La solution de l'équation donne

$$x = 1{,}6 \times 10^{-13}\,M = [Cu^{2+}]$$

La faible valeur de $[Cu^{2+}]$ à l'équilibre, par rapport à 0,20 M, justifie notre approximation.

EXERCICE

Si l'on dissout 2,50 g de $CuSO_4$ dans $9{,}0 \times 10^2$ mL de NH_3 0,30 M, quelles sont les concentrations de Cu^{2+}, de $Cu(NH_3)_4^{2+}$ et de NH_3 à l'équilibre?

Finalement, notons qu'il y a une classe d'hydroxydes, appelés *hydroxydes amphotères,* qui peuvent réagir avec les acides comme avec les bases. On y trouve $Al(OH)_3$, $Pb(OH)_2$, $Cr(OH)_3$, $Zn(OH)_2$ et $Cd(OH)_2$. Par exemple, l'hydroxyde d'aluminium réagit avec les acides et avec les bases de la manière suivante:

FIGURE 15.9

(À gauche) Il y a formation d'un précipité de $Al(OH)_3$ quand on ajoute une solution de NaOH à une solution de $Al(NO_3)_3$. (À droite) On ajoute encore de la solution de NaOH, ce qui provoque la dissolution du précipité $Al(OH)_3$, à cause de la formation de l'ion complexe $[Al(OH)_4^-]$.

$$Al(OH)_3(aq) + 3H^+(aq) \longrightarrow Al^{3+}(aq) + 3H_2O(l)$$

$$Al(OH)_3(aq) + OH^-(aq) \rightleftharpoons Al(OH)_4^-(aq)$$

L'augmentation de la solubilité de $Al(OH)_3$ en milieu basique est le résultat de la formation de l'ion complexe $Al(OH)_4^-$, dans lequel $Al(OH)_3$ agit comme un acide de Lewis et OH^- comme une base de Lewis (*figure 15.9*). Les autres hydroxydes amphotères agissent de façon semblable.

15.8 L'APPLICATION DU PRINCIPE DE L'ÉQUILIBRE DE SOLUBILITÉ À L'ANALYSE QUALITATIVE

À la section 4.6, nous avons parlé du principe de l'analyse gravimétrique, grâce à laquelle on peut mesurer la quantité d'un ion donné dans un échantillon d'une substance inconnue. Ici, nous parlerons brièvement de l'***analyse qualitative,*** c'est-à-dire *d'une méthode d'identification des ions présents dans une solution*. Nous limiterons notre exposé à l'identification des cations.

On peut facilement analyser 20 cations courants en solution aqueuse. On divise d'abord ces cations en cinq groupes selon les produits de solubilité de leurs sels insolubles (*tableau 15.6*). Puisqu'une solution inconnue peut contenir un ou plusieurs de ces 20 ions, il faut effectuer l'analyse de manière systématique en partant du groupe 1 jusqu'au groupe 5. Utilisons le procédé général de séparation des ions par l'ajout de réactifs qui vont permettre la formation de précipités.

- *Les cations du groupe 1*. Quand on ajoute du HCl dilué dans la solution inconnue, seuls les ions Ag^+, Hg_2^{2+} et Pb^{2+} forment des précipités: des chlorures insolubles. Les autres ions, dont les chlorures sont solubles, restent en solution.
- *Les cations du groupe 2*. Une fois les précipités de chlorure retirés par filtration, on fait réagir du sulfure d'hydrogène avec la solution acide inconnue. En milieu acide, la concentration d'ions S^{2-} en solution est négligeable. Alors, la précipitation des sulfures de métaux s'exprime ainsi:

$$M^{2+}(aq) + H_2S(aq) \rightleftharpoons MS(s) + 2H^+(aq)$$

L'ajout d'acide à la solution déplace l'équilibre vers la gauche de sorte que seuls les sulfures de métaux les moins solubles (ceux pour lesquels les valeurs de K_s sont les plus petites) précipiteront. Ce sont Bi_2S_3, CdS, CuS et SnS.

- *Les cations du groupe 3*. À ce stade, on ajoute de l'hydroxyde de sodium à la solution pour la rendre basique. En solution basique, l'équilibre ci-dessus se déplace vers la droite. Alors, les sulfures plus solubles (CoS, FeS, MnS, NiS ZnS) précipitent. Notez que les ions Al^{3+} et Cr^{3+} forment des précipités qui sont des hydroxydes [$Al(OH)_3$ et $Cr(OH)_3$] plutôt que des sulfures, car les hydroxydes sont moins solubles. On retire alors les sulfures et les hydroxydes insolubles par filtration.
- *Les cations du groupe 4*. Une fois tous les cations des groupes 1, 2 et 3 retirés de la solution, on ajoute du carbonate de sodium à la solution basique pour que les ions Ba^{2+}, Ca^{2+} et Sr^{2+} forment les précipités $BaCO_3$, $CaCO_3$ et $SrCO_3$. On retire ces précipités également par filtration.
- *Les cations du groupe 5*. À ce stade, les seuls cations qui peuvent rester en solution sont Na^+, K^+ et NH_4^+. On peut déceler la présence d'ions NH_4^+ par l'ajout d'hydroxyde de sodium:

TABLEAU 15.6

La séparation des cations en groupes selon leurs réactions de précipitation avec différents réactifs

Groupe	Cation	Réactifs de précipitation	Composé insoluble	K_s
1	Ag^+	HCl	AgCl	$1,6 \times 10^{-10}$
	Hg_2^{2+}	↓	Hg_2Cl_2	$3,5 \times 10^{-18}$
	Pb^{2+}		$PbCl_2$	$2,4 \times 10^{-4}$
2	Bi^{3+}	H_2S	Bi_2S_3	$1,6 \times 10^{-72}$
	Cd^{2+}	en solution	CdS	$8,0 \times 10^{-28}$
	Cu^{2+}	acide	CuS	$6,0 \times 10^{-37}$
	Sn^{2+}	↓	SnS	$1,0 \times 10^{-26}$
3	Al^{3+}	H_2S	$Al(OH)_3$	$1,8 \times 10^{-33}$
	Co^{2+}	en solution	CoS	$4,0 \times 10^{-21}$
	Cr^{3+}	basique	$Cr(OH)_3$	$3,0 \times 10^{-29}$
	Fe^{2+}		FeS	$6,0 \times 10^{-19}$
	Mn^{2+}		MnS	$3,0 \times 10^{-14}$
	Ni^{2+}		NiS	$1,4 \times 10^{-24}$
	Zn^{2+}	↓	ZnS	$3,0 \times 10^{-23}$
4	Ba^{2+}	Na_2CO_3	$BaCO_3$	$8,1 \times 10^{-9}$
	Ca^{2+}		$CaCO_3$	$8,7 \times 10^{-9}$
	Sr^{2+}	↓	$SrCO_3$	$1,6 \times 10^{-9}$
5	K^+	Aucun	Aucun	
	Na^+	réactif	Aucun	
	NH_4^+	de précipitation	Aucun	

$$NaOH(aq) + NH_4^+(aq) \longrightarrow Na^+(aq) + H_2O(l) + NH_3(g)$$

On peut déceler l'ammoniac gazeux par son odeur caractéristique ou en plaçant un papier tournesol rouge humide au-dessus de la solution; en présence d'ammoniac, ce papier devient bleu. Pour confirmer la présence d'ions Na^+ et K^+, on utilise habituellement un test d'émission à la flamme: on plonge un fil de platine (choisi parce que le platine est inerte) dans la solution et on le place ensuite dans la flamme d'un bec Bunsen. La flamme change alors de couleur selon le type d'ion métallique présent. Par exemple, la couleur émise par l'ion Na^+ est jaune, celle de l'ion K^+ est violette et celle de l'ion Cu^{2+} est verte (*figure 15.10*).

La figure 15.11 résume cette méthode de séparation des ions métalliques.

Deux aspects concernant l'analyse qualitative doivent être mentionnés. Premièrement, la séparation des cations en groupes est faite de la manière la plus sélective possible; c'est-à-dire que les anions choisis comme réactifs doivent limiter la formation de précipités au plus petit nombre de types de cations possible. Par exemple, tous les cations du groupe 1 forment des sulfures insolubles. Ainsi, si dès la première étape on faisait réagir H_2S avec la solution, sept sulfures différents (les sulfures des groupes 1 et 2) formeraient des précipités, ce qui n'est pas souhaité. Deuxièmement, la séparation des cations doit être effectuée de façon complète à chaque étape. Par exemple, si l'on n'ajoute pas assez de HCl à la solution inconnue pour retirer tous les cations du groupe 1, ceux-ci formeront avec les cations du groupe 2 des sulfures insolubles; ce phénomène pourrait fausser les analyses chimiques ultérieures et mener à des conclusions erronées.

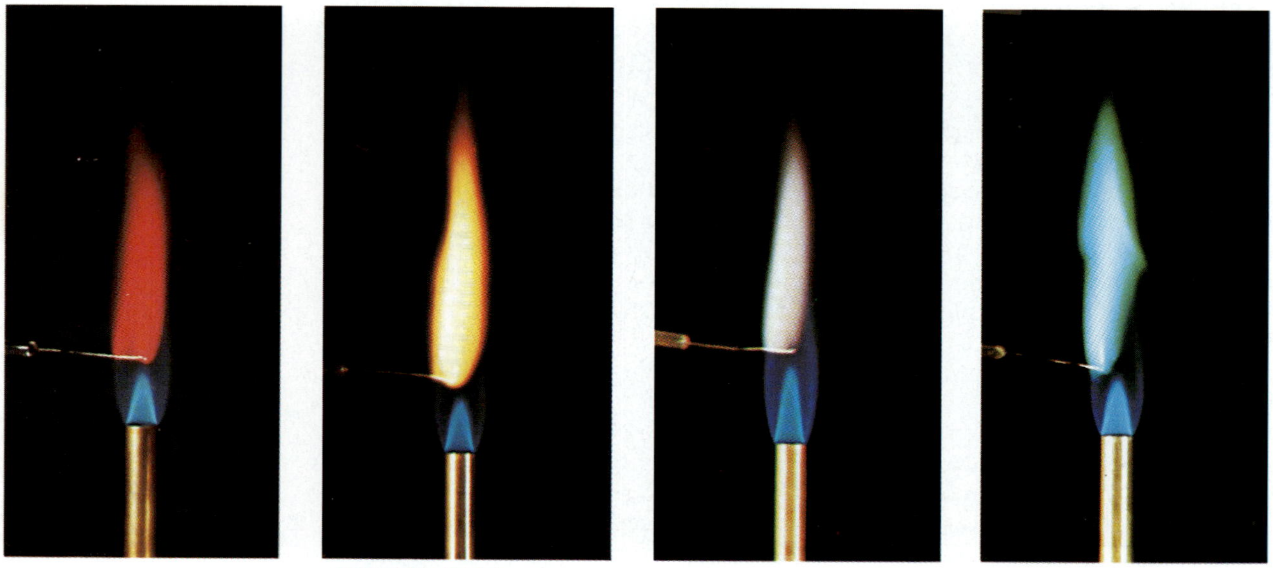

FIGURE 15.10

Test d'émission à la flamme. De gauche à droite: lithium, sodium, potassium et cuivre.

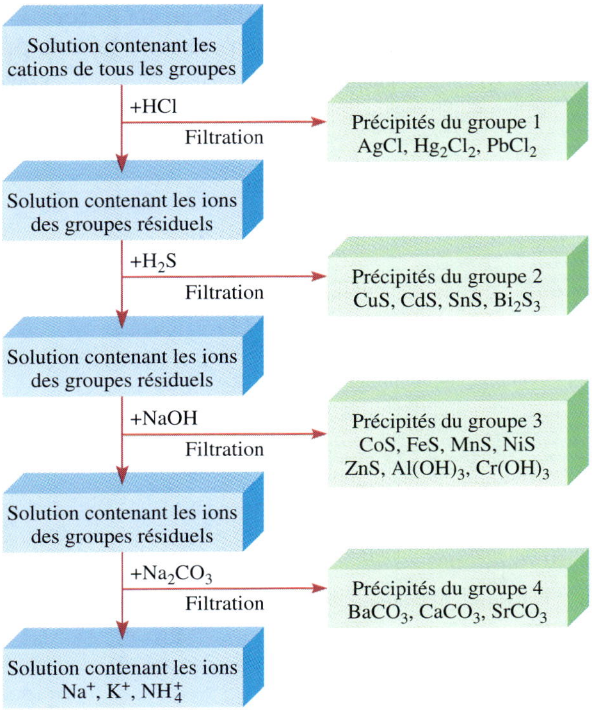

FIGURE 15.11

Schéma opératoire de la séparation des cations dans l'analyse qualitative.

RÉSUMÉ

Les équilibres qui mettent en jeu des acides faibles ou des bases faibles en solution aqueuse sont des équilibres homogènes. Les équilibres de solubilité sont des exemples d'équilibres hétérogènes.

Une solution tampon est une solution constituée d'un acide faible et de sa base conjuguée faible; ce type de solution réagit avec de petites quantités d'acide ou de base ajoutées de manière à garder le pH de la solution presque constant. Les systèmes tampons jouent un rôle vital dans la régulation du pH des liquides de l'organisme.

Le pH au point d'équivalence d'un titrage acido-basique dépend de l'hydrolyse du sel formé pendant la neutralisation. Dans le cas d'un titrage acide fort–base forte, le pH au point d'équivalence est 7; pour un titrage acide faible–base forte, le pH au point d'équivalence est supérieur à 7; pour un titrage acide fort-base faible, le pH au point d'équivalence est inférieur à 7. Les indicateurs colorés acido-basiques sont des acides ou des bases organiques faibles qui changent de couleur au point d'équivalence au cours d'une neutralisation.

Le produit de solubilité (K_s) exprime l'équilibre entre un solide et ses ions en solution. On peut déterminer la solubilité à partir de K_s et vice versa. La présence d'un ion commun diminue la solubilité d'un sel.

Les ions complexes sont formés en solution par la combinaison d'un cation métallique et d'une base de Lewis. La constante de formation (K_f) exprime la tendance à la formation d'un ion complexe donné. La formation d'un ion complexe peut faire augmenter la solubilité d'une substance insoluble.

L'analyse qualitative permet de détecter la présence des cations et des anions dans une solution inconnue. Elle est principalement fondée sur le principe de l'équilibre de solubilité.

MOTS CLÉS

Analyse qualitative, p. 504
Constante de formation (K_f), p. 502
Ion commun (effet d'), p. 499
Ion complexe, p. 501
Pouvoir tampon, p. 481
Produit de solubilité (K_s), p. 493
Solubilité molaire, p. 494
Solubilité, p. 494
Solution tampon, p. 480

QUESTIONS ET PROBLÈMES

LES SOLUTIONS TAMPONS

Questions de révision

15.1 Définissez l'expression «solution tampon».

15.2 Définissez le pK_a d'un acide faible et expliquez la relation entre la valeur de pK_a et la force d'un acide. Faites de même pour pK_b et une base faible.

15.3 Les pK_a de deux monoacides HA et HB sont respectivement 5,9 et 8,1. Lequel des deux acides est le plus fort?

15.4 Les valeurs de pK_b des bases X^-, Y^- et Z^- sont respectivement 2,72, 8,66 et 4,57. Classez les acides suivants par ordre croissant de leur force: HX, HY et HZ.

Problèmes

15.5 Dites lesquels des systèmes suivants peuvent être qualifiés de tampons: a) KCl/HCl b) NH_3/NH_4NO_3, c) Na_2HPO_4/NaH_2PO_4.

15.6 Dites lesquels des systèmes suivants peuvent être qualifiés de tampons: a) KNO_2/HNO_2, b) $KHSO_4$/H_2SO_4, c) HCOOK/HCOOH.

15.7 Le pH d'un système tampon bicarbonate/acide carbonique est 8,00. Calculez le rapport entre la concentration d'acide carbonique et celle des ions bicarbonate.

15.8 Calculez le pH des deux solutions tampons suivantes: a) CH_3COONa 2,0 *M*/CH_3COOH 2,0 *M*, b) CH_3COONa 0,20 *M*/CH_3COOH 0,20 *M*. Laquelle de ces solutions a le meilleur pouvoir tampon? Pourquoi?

15.9 Calculez le pH du système tampon suivant: NH_3 0,15 *M*/NH_4Cl 0,35 *M*.

15.10 Calculez le pH du système tampon suivant: Na_2HPO_4 0,10 *M*/KH_2PO_4 0,15 *M*.

15.11 Le pH d'un système tampon acétate de sodium/acide acétique est 4,50. Calculez le rapport $[CH_3COO^-]/[CH_3COOH]$.

15.12 Le pH du plasma sanguin est 7,40. En considérant que son principal système tampon est HCO_3^-/H_2CO_3, calculez le rapport $[HCO_3^-]/[H_2CO_3]$. Ce tampon est-il plus efficace contre l'ajout d'un acide ou d'une base?

15.13 Calculez le pH d'une solution tampon préparée par l'addition de 20,5 g de CH_3COOH et de 17,8 g de CH_3COONa à assez d'eau pour former $5,00 \times 10^2$ mL de solution.

15.14 Calculez le pH de 1,00 L du système tampon CH_3COONa 1,00 *M*/CH_3COOH 1,00 *M* avant et après addition: a) de 0,080 mole de NaOH, et b) de 0,12 mole de HCl. Considérez qu'il n'y a aucune variation de volume.

15.15 Les constantes d'ionisation d'un diacide (H_2A) sont les suivantes: $K_{a_1} = 1,1 \times 10^{-3}$ et $K_{a_2} = 2,5 \times 10^{-6}$. Pour former une solution tampon dont le pH est 5,80, quelle combinaison choisiriez-vous: $NaHA/H_2A$ ou $Na_2A/NaHA$?

15.16 Une étudiante veut préparer une solution tampon à pH 8,60. Lequel des acides faibles suivants devrait-elle choisir et pourquoi: HA ($K_a = 2,7 \times 10^{-3}$), HB ($K_a = 4,4 \times 10^{-6}$) ou HC ($K_a = 2,6 \times 10^{-9}$)?

LE TITRAGE ACIDO-BASIQUE

Problèmes

15.17 Un échantillon de 0,2688 g d'un monoacide neutralise 16,4 mL d'une solution de KOH 0,08133 *M*. Calculez la masse molaire de l'acide.

15.18 On dissout 5,00 g d'un diacide dans assez d'eau pour obtenir une solution de 250 mL. Calculez la masse molaire de l'acide s'il faut 11,1 mL de KOH 1,00 *M* pour neutraliser 25,0 mL de cette solution. Considérez que les deux protons de l'acide sont titrés.

15.19 Calculez le pH au point d'équivalence pour les titrages suivants: a) HCl 0,10 *M* par NH_3 0,10 *M*, b) CH_3COOH 0,10 *M* par NaOH 0,10 *M*.

15.20 On a dissous 0,1276 g d'un monoacide inconnu dans 25,0 mL d'eau et on l'a titré avec une solution de NaOH 0,0633 *M*. Il a fallu 18,4 mL de cette base pour atteindre le point d'équivalence. a) Calculez la masse molaire de l'acide. b) Après avoir ajouté 10,0 mL de la base pendant le titrage, le pH était 5,87. Quelle est la valeur de K_a pour l'acide inconnu?

LES INDICATEURS ACIDO-BASIQUES

Questions de révision

15.21 Expliquez le fonctionnement d'un indicateur acido-basique au cours d'un titrage.

15.22 Selon quels critères faut-il choisir un indicateur acido-basique pour pouvoir effectuer correctement un certain titrage acido-basique?

15.23 Pourquoi la quantité d'indicateur utilisée dans un titrage acido-basique doit-elle être petite?

15.24 Un étudiant effectue un titrage acide-base en ajoutant une solution de NaOH à l'aide d'une burette à une solution de HCl contenue dans un erlenmeyer; il utilise la phénolphtaléine comme indicateur. Au point d'équivalence, il observe une légère couleur rose-rouge. Cependant, après quelques minutes, la solution devient graduellement incolore. Selon vous, qu'est-il arrivé?

Problèmes

15.25 À l'aide du tableau 15.2, dites quel(s) indicateur(s) vous utiliseriez pour les titrages suivants: a) HCOOH par NaOH, b) HCl par KOH, c) HNO_3 par NH_3.

15.26 La valeur de la constante d'ionisation K_a pour HIn est $1,0 \times 10^{-6}$. La forme non ionisée de cet indicateur est rouge, et sa forme ionisée est jaune. Quelle est sa couleur dans une solution dont le pH est 4,00? (*Indice:* on peut estimer la couleur d'un indicateur grâce au rapport $[HIn]/[In^-]$. Si le rapport est égal ou supérieur à 10, la couleur sera celle de la forme non ionisée. Si le rapport est égal ou inférieur à 0,1, la couleur sera celle de la forme ionisée.)

LA SOLUBILITÉ ET LE PRODUIT DE SOLUBILITÉ

Questions de révision

15.27 Définissez les termes suivants: solubilité, solubilité molaire et produit de solubilité. Expliquez la différence entre la solubilité et le produit de solubilité d'une substance légèrement soluble comme $BaSO_4$.

15.28 Pourquoi ne spécifie-t-on généralement pas les valeurs de K_s pour les composés ioniques solubles?

15.29 Écrivez l'équation équilibrée et l'expression du produit de solubilité pour les équilibres de solubilité des composés suivants: a) CuBr, b) ZnC_2O_4, c) Ag_2CrO_4, d) Hg_2Cl_2, e) $AuCl_3$, f) $Mn_3(PO_4)_2$.

15.30 Écrivez l'expression du produit de solubilité du composé ionique A_xB_y.

15.31 Comment peut-on prédire si oui ou non il y aura formation d'un précipité quand on mélange deux solutions?

15.32 La valeur de K_s pour le chlorure d'argent est supérieure à celle de K_s pour le carbonate d'argent (*tableau 15.3*). Cela signifie-t-il que la solubilité molaire du premier est supérieure à celle du second?

Problèmes

15.33 Calculez la concentration des ions dans chacune des solutions saturées suivantes: a) $[I^-]$ dans une solution de AgI dont $[Ag^+] = 9,1 \times 10^{-9}$ *M*, b) $[Al^{3+}]$ dans une solution de $Al(OH)_3$ dont $[OH^-] = 2,9 \times 10^{-9}$ *M*.

15.34 À l'aide des solubilités fournies, calculez le produit de solubilité de chacun des composés suivants: a) SrF_2, $7,3 \times 10^{-2}$ g/L, b) Ag_3PO_4, $6,7 \times 10^{-3}$ g/L.

15.35 La solubilité molaire de $MnCO_3$ est de $4,2 \times 10^{-6}$ *M*. Quelle est la valeur de K_s pour ce composé?

15.36 La solubilité d'un composé ionique MX (masse molaire = 346 g/mol) est de $4,63 \times 10^{-3}$ g/L. Quelle est la valeur de K_s pour ce composé?

15.37 La solubilité d'un composé ionique M_2X_3 (masse molaire = 288 g/mol) est de $3,6 \times 10^{-17}$ g/L. Quelle est la valeur de K_s pour ce composé?

15.38 À l'aide du tableau 15.3, calculez la solubilité molaire de CaF_2.

15.39 Quel est le pH d'une solution saturée d'hydroxyde de zinc?

15.40 Le pH d'une solution saturée d'un hydroxyde métallique MOH est 9,68. Calculez la valeur de K_s pour ce composé.

15.41 On verse 20,0 mL de $Ba(NO_3)_2$ 0,10 *M* dans 50,0 mL de Na_2CO_3 0,10 *M*. Y aura-t-il précipitation de $BaCO_3$?

15.42 On mélange 75 mL de NaF 0,060 *M* à 25 mL de $Sr(NO_3)_2$ 0,15 *M*. Calculez les concentrations de NO_3^-, de Na^+, de Sr^{2+} et de F^- dans la solution finale (K_s de $SrF_2 = 2,0 \times 10^{-10}$).

L'EFFET D'ION COMMUN

Questions de révision

15.43 Comment un ion commun influence-t-il la solubilité? Utilisez le principe de Le Chatelier pour expliquer la diminution de solubilité de $CaCO_3$ dans une solution de Na_2CO_3.

15.44 Dans une solution de $AgNO_3$ $2,5 \times 10^{-8}$ *M*, la solubilité molaire de AgCl est de $6,5 \times 10^{-3}$ *M*. Si l'on calcule la valeur de K_s à partir de ces données, lesquelles des affirmations suivantes sont plausibles?

a) La valeur de K_s est la même que celle de la solubilité.

b) La valeur de K_s pour AgCl est la même dans une solution de $AgNO_3$ $6,5 \times 10^{-3}$ *M* que dans l'eau pure.

c) La solubilité de AgCl est indépendante de la concentration de $AgNO_3$.

d) $[Ag^+]$ dans une solution de $AgNO_3$ $6,5 \times 10^{-3}$ *M* ne change pas de façon importante après l'ajout de AgCl.

e) La valeur de $[Ag^+]$ en solution après ajout de AgCl à une solution de $AgNO_3$ $6,5 \times 10^{-3}$ *M* est la même que si l'on ajoutait AgCl à l'eau pure.

Problèmes

15.45 Combien de grammes de $CaCO_3$ se dissoudront dans $3,0 \times 10^2$ mL de $Ca(NO_3)_2$ 0,050 *M*?

15.46 Le produit de solubilité de $PbBr_2$ est $8,9 \times 10^{-6}$. Calculez sa solubilité molaire: a) dans l'eau pure, b) dans une solution de KBr 0,20 *M*, c) dans une solution de $Pb(NO_3)_2$ 0,20 *M*.

15.47 Calculez la solubilité molaire de AgCl dans 1,00 L de solution contenant 10,0 g de $CaCl_2$.

15.48 Calculez la solubilité molaire de $BaSO_4$: a) dans l'eau et b) dans une solution contenant des ions SO_4^{2-} 1,0 *M*.

LES IONS COMPLEXES

Questions de révision

15.49 Expliquez la formation des ions complexes du tableau 15.5 selon la théorie des acides-bases de Lewis.

15.50 Donnez un exemple qui illustre l'effet général qu'a la formation d'un ion complexe sur la solubilité.

Problèmes

15.51 Écrivez l'expression de la constante de formation pour chacun des ions complexes suivants: a) $Zn(OH)_4^{2-}$, b) $Co(NH_3)_6^{3+}$, c) HgI_4^{2-}.

15.52 Dites pourquoi, à l'aide d'équations ioniques équilibrées: a) CuI_2 se dissout dans une solution d'ammoniac, b) AgBr se dissout dans une solution de NaCN, c) Hg_2Cl_2 se dissout dans une solution de KCl.

15.53 Si l'on dissout 2,50 g de $CuSO_4$ dans $9,0 \times 10^2$ mL d'une solution de NH_3 0,30 *M*, quelles sont les concentrations de Cu^{2+}, de $Cu(NH_3)_4^{2+}$ et de NH_3 à l'équilibre?

15.54 Calculez les concentrations de Cd^{2+}, de $Cd(CN)_4^{2-}$ et de CN^- à l'équilibre si l'on dissout 0,50 g de $Cd(NO_3)_2$ dans $5,0 \times 10^2$ mL d'une solution de NaCN 0,50 *M*.

15.55 Si l'on ajoute du NaOH à une solution de Al^{3+} 0,010 *M*, quelle sera l'espèce prédominante à l'équilibre: $Al(OH)_3$ ou $Al(OH)_4^-$? Le pH de la solution est 14,00. [K_f pour $Al(OH)_4^- = 2,0 \times 10^{33}$.]

15.56 Calculez la solubilité molaire de AgI dans une solution de NH_3 1,0 *M*.

L'ANALYSE QUALITATIVE

Questions de révision

15.57 Résumez le principe général de l'analyse qualitative.

15.58 Donnez deux exemples d'ions métalliques appartenant à chaque groupe (de 1 à 5) de l'analyse qualitative.

Problèmes

15.59 Au cours de l'analyse du groupe 1, une étudiante obtient un précipité contenant les composés AgCl et $PbCl_2$. Suggérez un réactif qui permettrait de séparer AgCl(*s*) de $PbCl_2$(*s*).

15.60 Au cours de l'analyse du groupe 1, un étudiant ajoute de l'acide chlorhydrique à la solution inconnue pour que $[Cl^-]$ atteigne 0,15 *M*. Un précipité de $PbCl_2$ se forme. Calculez la concentration de Pb^{2+} restant en solution.

15.61 Les composés KCl et NH_4Cl sont tous deux des solides blancs. Suggérez un réactif qui permettrait de les différencier.

15.62 Décrivez un test simple qui permettrait de différencier $AgNO_3(s)$ et $Cu(NO_3)_2(s)$.

PROBLÈMES VARIÉS

15.63 On ajoute 0,560 g de KOH à 25,0 mL de HCl 1,00 *M*. On ajoute ensuite un excès de Na_2CO_3 à la solution. Quelle est la masse (en grammes) de CO_2 formé?

15.64 On titre 25,0 mL de HCl 0,100 *M* en faisant déverser d'une burette du NH_3 0,100 *M*. Calculez les valeurs du pH de la solution: a) après addition de 10,0 mL de la solution de NH_3, b) après addition de 25,0 mL de la solution de NH_3, c) après addition de 35,0 mL de la solution de NH_3.

15.65 La zone de virage est définie par l'équation pH = $pK_a \pm 1$. Calculez la zone du rapport [base conjuguée]/[acide] qui correspond à cette équation.

15.66 Le pK_a de l'indicateur méthylorange est 3,46. Dans quel intervalle de pH cet indicateur passe-t-il de 90 % de HIn à 90 % de In^-?

15.67 Tracez la courbe de titrage d'un acide faible par une base forte, comme le montre la figure 15.4 a). Sur votre graphique, indiquez le volume de la base utilisée au point d'équivalence, ainsi qu'au point de demi-équivalence, le point où la moitié de la base nécessaire à la neutralisation a été ajoutée. Illustrez comment vous pouvez mesurer le pH de la solution au point de demi-équivalence (ou de demi-neutralisation). À l'aide de l'équation (15.3), dites comment cette méthode vous permet de déterminer la valeur du pK_a de l'acide.

15.68 On a ajouté 200 mL d'une solution de NaOH à 400 mL d'une solution de HNO_2 2,00 *M*. Le pH de la solution finale est de 1,50 unité plus élevé que celui de la solution acide de départ. Calculez la concentration molaire de la solution de NaOH.

15.69 Le pK_a de l'acide butyrique est 4,7. Calculez la valeur de K_b pour l'ion butyrate.

15.70 On prépare une solution en mélangeant exactement 500 mL de NaOH 0,167 *M* avec exactement 500 mL de CH_3COOH 0,100 *M*. Calculez les concentrations à l'équilibre de H^+, de CH_3COOH, de CH_3COO^-, de OH^- et de Na^+.

15.71 Le composé $Cd(OH)_2$ est pratiquement insoluble. Il se dissout toutefois dans un excès de NaOH en solution. Écrivez l'équation ionique équilibrée de cette réaction. De quel type de réaction s'agit-il?

15.72 Calculez le pH du système tampon NH_3 0,20 *M*/NH_4Cl 0,20 *M*. Quel est le pH après addition de 10,0 mL de HCl 0,10 *M* à 65,0 mL de ce tampon?

15.73 Pour laquelle des réactions suivantes la constante d'équilibre est-elle égale au produit de solubilité?

a) $Zn(OH)_2(s) + 2OH^-(aq) \rightleftharpoons Zn(OH)_4^{2-}(aq)$

b) $3Ca^{2+}(aq) + 2PO_4^{3-}(aq) \rightleftharpoons Ca_3(PO_4)_2(s)$

c) $CaCO_3(s) + 2H^+(aq) \rightleftharpoons Ca^{2+}(aq) + H_2O(l) + CO_2(g)$

d) $PbI_2(s) \rightleftharpoons Pb^{2+}(aq) + 2I^-(aq)$

15.74 Un étudiant mélange 50,0 mL de $Ba(OH)_2$ 1,00 *M* avec 86,4 mL de H_2SO_4 0,494 *M*. Calculez la masse de $BaSO_4$ formée et le pH de la solution finale.

15.75 Une bouilloire de 2,0 L contient un dépôt de 116 g de carbonate de calcium. Combien de fois devra-t-on remplir complètement la bouilloire d'eau distillée pour enlever tout ce dépôt, à 25 °C?

15.76 On mélange des volumes égaux de $AgNO_3$ 0,12 *M* et de $ZnCl_2$ 0,14 *M*. Calculez les concentrations à l'équilibre de Ag^+, de Cl^-, de Zn^{2+} et de NO_3^-.

15.77 Calculez la solubilité (en grammes par litre) de Ag_2CO_3.

15.78 Soit une solution de Fe^{3+} et de Zn^{2+} à 0,010 *M*. Déterminez la zone de pH approximative appropriée pour la séparation des ions Fe^{3+} et Zn^{2+} par précipitation de $Fe(OH)_3$.

15.79 Lesquels des composés ioniques suivants seront plus solubles en solution acide que dans l'eau pure? a) $BaSO_4$, b) $PbCl_2$, c) $Fe(OH)_3$, d) $CaCO_3$.

15.80 Lesquelles des substances suivantes seront plus solubles en solution acide que dans l'eau pure? a) CuI, b) Ag_2SO_4, c) $Zn(OH)_2$, d) BaC_2O_4, e) $Ca_3(PO_4)_2$.

15.81 Quel est le pH d'une solution saturée d'hydroxyde d'aluminium?

15.82 La solubilité molaire de $Pb(IO_3)_2$ dans une solution de $NaIO_3$ 0,10 *M* est de $2,4 \times 10^{-11}$ *M*. Quelle est la valeur de K_s pour $Pb(IO_3)_2$?

15.83 Le produit de solubilité de $Mg(OH)_2$ est $1,2 \times 10^{-11}$. Quelle concentration minimale d'ions OH^- doit être atteinte (par exemple, en ajoutant du NaOH) pour que la concentration d'ions Mg^{2+} dans une solution de $Mg(NO_3)_2$ soit inférieure à $1,0 \times 10^{-10}$ *M*?

15.84 Y aura-t-il formation d'un précipité si l'on verse 2,00 mL de NH_3 0,60 *M* dans 1,0 L de $FeSO_4$ $1,0 \times 10^{-3}$ *M*?

15.85 Les ions Ag^+ et Zn^{2+} forment tous deux des ions complexes avec NH_3. Écrivez les équations équilibrées de ces réactions. Par contre, $Zn(OH)_2$ est soluble dans NaOH 6 *M*, tandis que AgOH ne l'est pas. Pourquoi?

15.86 Quand on a ajouté une solution de KI à une solution de chlorure de mercure(II), il y a eu formation d'un précipité [iodure de mercure(II)]. Une étudiante a fait une courbe de la masse du précipité formé en fonction du volume de la solution de KI ajoutée, elle a obtenu le graphique suivant. Expliquez cette courbe.

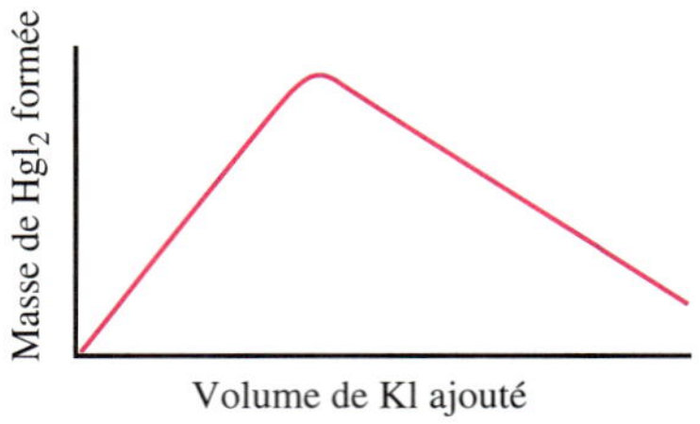

15.87 Le baryum est une substance toxique qui peut provoquer une détérioration grave des fonctions cardiaques. Au cours d'un lavement baryté (pour diagnostiquer certaines maladies du tube digestif), un patient boit une suspension aqueuse de 20 g de $BaSO_4$. À l'équilibre, combien de grammes de $BaSO_4$ seraient dissous dans les 5,0 L de sang du patient? Pour une bonne approximation, on peut considérer que la température est de 25 °C. Pourquoi ne choisit-on pas $Ba(NO_3)_2$ pour ce diagnostic?

15.88 Le pK_a de la phénolphtaléine est 9,10. Dans quel intervalle de pH cet indicateur passe-t-il de 95 % de HIn à 95 % de In^-?

15.89 À l'aide des valeurs de K_s pour $BaSO_4$ et $SrSO_4$ données au tableau 15.3, calculez les valeurs de $[Ba^{2+}]$, de $[Sr^{2+}]$ et de $[SO_4^{2-}]$ dans une solution saturée de ces deux composés.

Réponses aux exercices: 15.1 a) et c), **15.2** 9,17, 9,20, **15.3** Peser le Na_2CO_3 et le $NaHCO_3$ dans un rapport de moles de 0,60 pour 1,0. Dissoudre dans assez d'eau pour obtenir 1 L de solution, **15.4** a) bleu de bromophénol, méthylorange, rouge de méthyle et bleu de chlorophénol, b) tous sauf le bleu de thymol, le bleu de bromophénol et le méthylorange, c) le rouge de crésol et la phénolphtaléine, **15.5** $1{,}7 \times 10^{-6}$, **15.6** $1{,}8 \times 10^{-7}$ *M*, **15.7** $1{,}9 \times 10^{-3}$ g/L, **15.8** non, **15.9** a) $1{,}7 \times 10^{-4}$ g/L, b) $1{,}4 \times 10^{-7}$ g/L, **15.10** $[Cu^{2+}] = 1{,}2 \times 10^{-13}$ *M*, $[Cu(NH_3)_4^{2+}] = 0{,}017$ *M*, $[NH_3] = 0{,}23$ *M*.

CHAPITRE 16

LA CHIMIE DES COMPOSÉS DE COORDINATION

16.1
Les propriétés des métaux de transition
Les configurations électroniques • *Les états d'oxydation*

16.2
Les composés de coordination
Les nombres d'oxydation des métaux dans les composés de coordination • *La nomenclature des composés de coordination*

16.3
La géométrie des composés de coordination
Indice de coordination = 2 • *Indice de coordination = 4* • *Indice de coordination = 6*

16.4
Les liaisons dans les composés de coordination: la théorie du champ cristallin
Le dédoublement du champ cristallin dans les complexes octaédriques • *La couleur* • *Les propriétés magnétiques* • *Les complexes tétraédriques et plans carrés*

La chance joue souvent un rôle dans les découvertes scientifiques importantes; il faut toutefois être attentif et bien avisé pour reconnaître la pertinence d'une découverte accidentelle et en exploiter tout le potentiel. C'est ce qui est arrivé, en 1964, au biophysicien Barnett Rosenberg et à son équipe de la Michigan State University au cours d'une étude sur l'effet des champs électriques sur la croissance des bactéries. Ils suspendirent une culture bactérienne entre deux électrodes de platine et y firent passer un courant électrique. À leur grande surprise, après environ une heure d'exposition, les bactéries cessèrent toute division cellulaire. Les chercheurs établirent rapidement que c'était une substance contenant du platine extraite de la culture bactérienne qui inhibait la division cellulaire.

Rosenberg pensa que ce composé de platine pouvait être utile dans la lutte contre le cancer, car cette maladie se manifeste par la division incontrôlée des cellules atteintes; il décida alors de déterminer la nature de cette substance. Étant donné la présence d'ammoniac et d'ions chlorure en solution durant l'électrolyse, Rosenberg synthétisa un certain nombre de composés du platine contenant de l'ammoniac et du chlore. Celui qui s'avéra le plus efficace dans l'inhibition de la division cellulaire fut le *cis*-diamminedichloroplatine(II) $[Pt(NH_3)_2Cl_2]$, aussi appelé *cisplatine*. Le cisplatine fait partie d'un groupe de composés de métaux de transition qu'on appelle *composés de coordination,* et qui ont des propriétés uniques.

Fait intéressant, on connaissait le cisplatine depuis 1845, mais sa capacité d'inhiber la division cellulaire ne fut confirmée qu'en 1967. Aujourd'hui, c'est l'un des médicaments les plus utilisés dans la lutte contre le cancer. On croit que le cisplatine se fixe à l'ADN de manière à altérer sa réplication ultérieure causant ainsi un défaut (ou une mutation) qui entraîne la mort des cellules cancéreuses.

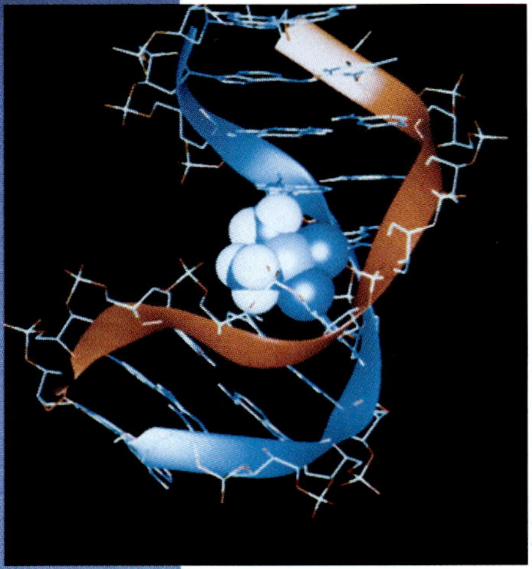

Le cisplatine entrave la réplication de l'ADN en se fixant à la double hélice de l'ADN.

16.1 LES PROPRIÉTÉS DES MÉTAUX DE TRANSITION

Les métaux de transition se distinguent par leurs sous-couches *d* incomplètes ou par le fait qu'ils forment facilement des ions dont les sous-couches *d* sont incomplètes (*figure 16.1*). Ce remplissage incomplet est responsable de plusieurs propriétés importantes, dont une coloration distincte, la formation de composés paramagnétiques, une activité catalytique et notamment une grande tendance à former des ions complexes. Dans ce chapitre, nous étudierons les éléments de la première rangée (du scandium au cuivre), c'est-à-dire les métaux de transition les plus courants (*figure 16.2*).

On constate, pour toutes les périodes du tableau, que le numéro atomique augmente de gauche à droite, qu'il y a addition d'électrons à la couche périphérique et que la charge nucléaire augmente à cause de l'addition de protons. Par exemple, pour les éléments de la troisième période (du sodium à l'argon), les électrons périphériques se font faiblement écran les uns les autres par rapport à la charge nucléaire supplémentaire. Par conséquent, le rayon atomique décroît rapidement du sodium à l'argon, alors que l'électronégativité et l'énergie d'ionisation augmentent progressivement (*figures 8.5, 8.9 et 9.5*).

Dans le cas des métaux de transition, par contre, ces tendances sont différentes. Au tableau 16.1, on voit que, du scandium au cuivre, la charge nucléaire, comme prévu, augmente, mais que les électrons s'ajoutent à la sous-couche interne 3*d*. Ces électrons 3*d* font écran plus efficacement aux électrons 4*s* que les électrons périphériques le font entre eux par rapport à la charge nucléaire supplémentaire; ainsi, le rayon atomique décroît moins rapidement. Pour la même raison, l'électronégativité et l'énergie d'ionisation n'augmentent que légèrement du scandium au cuivre comparativement à l'augmentation que l'on observe du sodium à l'argon.

IA	IIA	IIIB	IVB	VB	VIB	VIIB	VIIIB	VIIIB	VIIIB	IB	IIB	IIIA	IVA	VA	VIA	VIIA	VIIIA
1 **H**																	2 **He**
3 **Li**	4 **Be**											5 **B**	6 **C**	7 **N**	8 **O**	9 **F**	10 **Ne**
11 **Na**	12 **Mg**											13 **Al**	14 **Si**	15 **P**	16 **S**	17 **Cl**	18 **Ar**
19 **K**	20 **Ca**	21 **Sc**	22 **Ti**	23 **V**	24 **Cr**	25 **Mn**	26 **Fe**	27 **Co**	28 **Ni**	29 **Cu**	30 **Zn**	31 **Ga**	32 **Ge**	33 **As**	34 **Se**	35 **Br**	36 **Kr**
37 **Rb**	38 **Sr**	39 **Y**	40 **Zr**	41 **Nb**	42 **Mo**	43 **Tc**	44 **Ru**	45 **Rh**	46 **Pd**	47 **Ag**	48 **Cd**	49 **In**	50 **Sn**	51 **Sb**	52 **Te**	53 **I**	54 **Xe**
55 **Cs**	56 **Ba**	57 **La**	72 **Hf**	73 **Ta**	74 **W**	75 **Re**	76 **Os**	77 **Ir**	78 **Pt**	79 **Au**	80 **Hg**	81 **Tl**	82 **Pb**	83 **Bi**	84 **Po**	85 **At**	86 **Rn**
87 **Fr**	88 **Ra**	89 **Ac**	104 **Rf**	105 **Db**	106 **Sg**	107 **Bh**	108 **Hs**	109 **Mt**									

FIGURE 16.1

Les métaux de transition. Notez que, même si certains chimistes considèrent les éléments du groupe IIB (Zn, Cd et Hg) comme des métaux de transition, aucun de ces métaux ou de leurs ions ne possède de sous-couches d incomplètes.

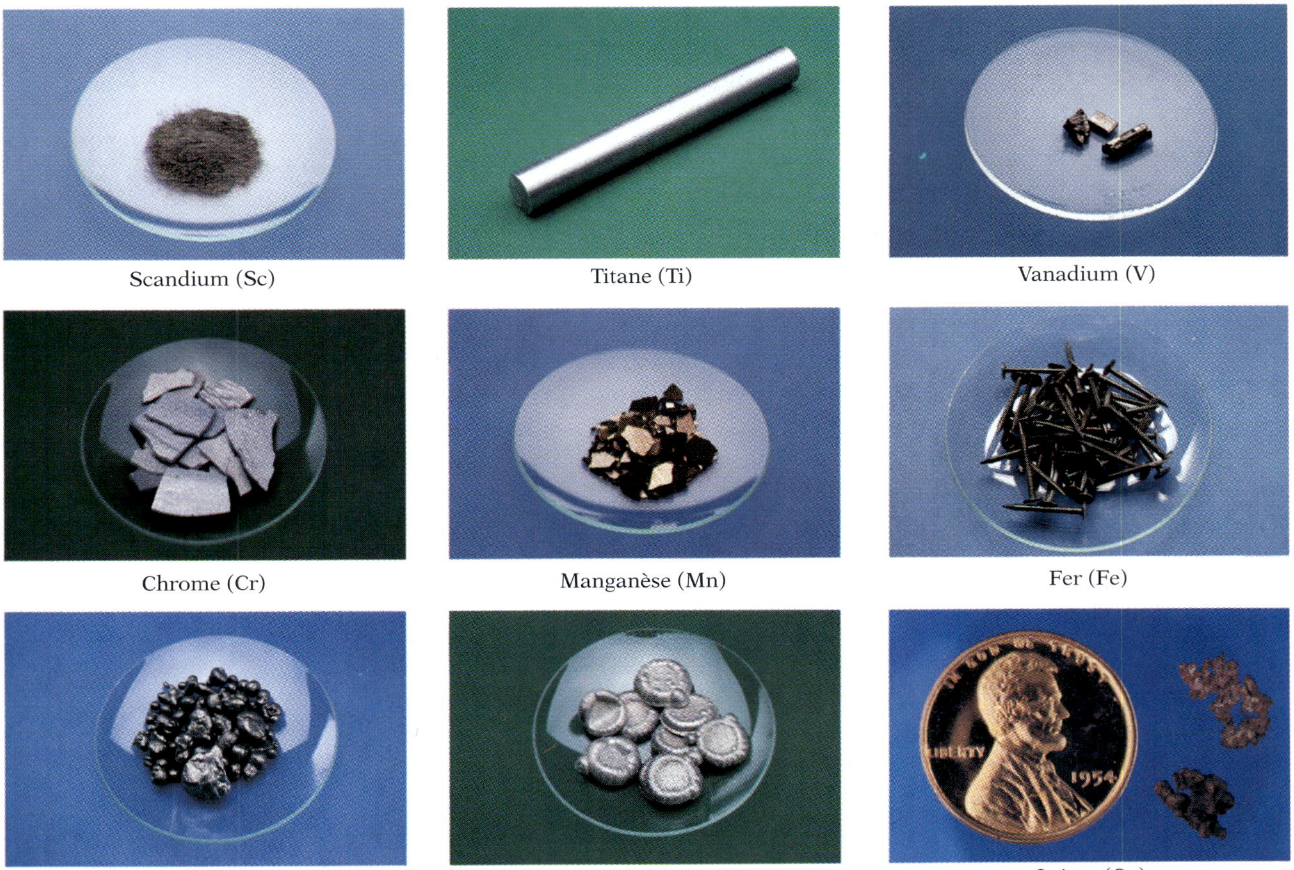

Scandium (Sc) — Titane (Ti) — Vanadium (V)
Chrome (Cr) — Manganèse (Mn) — Fer (Fe)
Cobalt (Co) — Nickel (Ni) — Cuivre (Cu)

FIGURE 16.2

Les métaux de transition de la première rangée.

TABLEAU 16.1

La configuration électronique et d'autres caractéristiques des métaux de transition de la première rangée

	Sc	Ti	V	Cr	Mn	Fe	Co	Ni	Cu
Configuration électronique									
M	$4s^23d^1$	$4s^23d^2$	$4s^23d^3$	$4s^13d^5$	$4s^23d^5$	$4s^23d^6$	$4s^23d^7$	$4s^23d^8$	$4s^13d^{10}$
M^{2+}	—	$3d^2$	$3d^3$	$3d^4$	$3d^5$	$3d^6$	$3d^7$	$3d^8$	$3d^9$
M^{3+}	[Ar]	$3d^1$	$3d^2$	$3d^3$	$3d^4$	$3d^5$	$3d^6$	$3d^7$	$3d^8$
Électronégativité	1,3	1,5	1,6	1,6	1,5	1,8	1,9	1,9	1,9
Énergie d'ionisation (kJ/mol)									
Première	631	658	650	652	717	759	760	736	745
Deuxième	1235	1309	1413	1591	1509	1561	1645	1751	1958
Troisième	2389	2650	2828	2986	3250	2956	3231	3393	3578
Rayon (pm)									
M	162	147	134	130	135	126	125	124	128
M^{2+}	—	90	88	85	80	77	75	69	72
M^{3+}	81	77	74	64	66	60	64	—	—

En présence d'acide, la plupart des métaux de transition ne réagissent pas ou réagissent lentement parce qu'ils possèdent une couche protectrice d'oxyde. Le chrome en est un bon exemple: il est presque chimiquement inerte à cause de la formation, à sa surface, d'oxyde de chrome(III) (Cr_2O_3). Par conséquent, on l'utilise souvent comme couche protectrice et non corrosive sur les autres métaux. Sur les pare-chocs et les garnitures des automobiles, par exemple, le chrome a une fonction pratique aussi bien que décorative.

Les configurations électroniques

À la section 7.10, nous avons vu les configurations électroniques des métaux de transition de la première rangée. La configuration électronique du calcium est $[Ar]4s^2$. Du scandium au cuivre, les électrons s'ajoutent aux orbitales $3d$. Donc, la configuration électronique périphérique du scandium est $4s^23d^1$, celle du titane $4s^23d^2$ et ainsi de suite, à l'exception du chrome et du cuivre, dont les configurations sont respectivement $4s^13d^5$ et $4s^13d^{10}$. Ces exceptions sont le résultat de la stabilité supplémentaire associée au demi-remplissage ou au remplissage complet de la sous-couche $3d$.

Quand les métaux de transition de la première rangée forment des cations, il y a d'abord départ des électrons des orbitales $4s$, puis des orbitales $3d$. (C'est l'inverse de l'ordre dans lequel les orbitales des atomes neutres se remplissent.) Par exemple, la configuration électronique périphérique de Fe^{2+} est $3d^6$, non pas $4s^23d^4$.

Les états d'oxydation

Comme nous l'avons vu au chapitre 4, les métaux de transition ont différents états d'oxydation dans les différents composés qu'ils forment. La figure 16.3 montre les différents états d'oxydation pour les éléments allant du scandium au cuivre. Notez que les états d'oxydation communs à chaque élément sont

FIGURE 16.3

Degrés d'oxydation des métaux de transition de la première rangée. Les nombres d'oxydation les plus stables sont en couleur. On rencontre le degré d'oxydation 0 dans certains composés, comme $Ni(CO)_4$ et $Fe(CO)_5$.

Sc	Ti	V	Cr	Mn	Fe	Co	Ni	Cu
				+7				
			+6	+6	+6			
		+5	+5	+5	+5			
	+4	+4	+4	+4	+4	+4		
+3	+3	+3	+3	+3	+3	+3	+3	+3
	+2	+2	+2	+2	+2	+2	+2	+2
								+1

+2, +3 ou les deux. Les états d'oxydation +3 sont plus stables au début de la rangée, tandis que, vers la fin, les états d'oxydation +2 sont les plus stables. C'est parce que l'énergie d'ionisation augmente graduellement de gauche à droite. Cependant, l'énergie de troisième ionisation (quand on retire un électron de l'orbitale 3*d*) augmente plus rapidement que les énergies de première et de deuxième ionisations. Puisqu'il faut plus d'énergie pour extraire le troisième électron des métaux qui se situent à la fin de la rangée que de ceux qui sont au début, les métaux près de la fin ont tendance à former des ions M^{2+} au lieu des ions M^{3+}.

L'état d'oxydation le plus élevé est +7 (manganèse, $4s^23d^5$). Les métaux de transition sont habituellement à leur état d'oxydation le plus élevé quand ils sont combinés avec des éléments très électronégatifs comme l'oxygène et le fluor, par exemple dans VF_5, CrO_3 et Mn_2O_7.

16.2 LES COMPOSÉS DE COORDINATION

Un ***composé de coordination*** est une *espèce neutre dans laquelle un petit nombre de molécules ou d'ions entourent un atome ou un ion métallique central.* Le composé $[Co(NH_3)_6]Cl_3$ en est un bon exemple; il est formé par la combinaison de l'ion complexe $[Co(NH_3)_6]^{3+}$ (*tableau 15.5*) et des ions chlorure (Cl^-). Le fait de placer les ions chlorure en dehors des crochets indique qu'ils ne font pas partie de l'ion complexe, bien qu'ils y soient liés par des forces ioniques. La plupart des métaux contenus dans les composés de coordination sont des métaux de transition. Les *molécules ou les ions qui entourent le métal dans un ion complexe* sont appelés ***ligands,*** ou coordinats (*tableau 16.2*). Les interactions entre un atome métallique et ses ligands peuvent être considérées comme des réactions acido-basiques de Lewis. Comme nous l'avons vu à la section 14.10, une base de Lewis est une substance susceptible de donner un doublet d'électrons. Chaque ligand a au moins un doublet d'électrons libres sur l'***atome donneur,*** qui est l'*atome d'un ligand directement lié à l'atome métallique* (le receveur, ou l'accepteur), comme le montrent les exemples suivants:

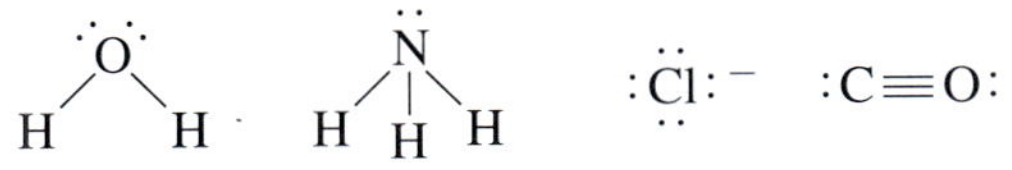

Par exemple, l'atome N (dans NH_3) est l'atome donneur dans $[Co(NH_3)_6]^{3+}$ puisqu'il est lié à Co. Ainsi, les ligands se comportent comme des bases de Lewis. Par contre, l'atome d'un métal de transition (qu'il soit à l'état neutre ou chargé positivement) agit comme un acide de Lewis en recevant (et en partageant) des doublets d'électrons provenant des bases de Lewis. Les liaisons métal-ligand sont donc habituellement des liaisons covalentes de coordinence (*section 9.7*) d'où l'appellation de composé de coordination.

L'***indice de coordination*** dans les composés de coordination correspond au *nombre d'atomes donneurs entourant l'atome métallique central.* Par exemple, l'indice de coordination de Ag^+ dans $[Ag(NH_3)_2]^+$ est 2; celui de Cu^{2+} dans $[Cu(NH_3)_4]^{2+}$ est 4; et celui de Fe^{3+} dans $[Fe(CN)_6]^{3-}$ est 6. Les indices de coordination les plus courants sont 4 et 6, mais on en rencontre également d'autres, comme 2 et 5.

TABLEAU 16.2
Quelques ligands courants

Nom	**Structure**
	Ligands monodentés
Ammoniac	$H-\ddot{N}-H$ (avec H lié à N)
Monoxyde de carbone	$:C\equiv O:$
Ion chlorure	$:\ddot{Cl}:^-$
Ion cyanure	$[:C\equiv N:]^-$
Ion thiocyanate	$[:\ddot{S}-C\equiv N:]^-$
	Ligands bidentés
Éthylènediamine	$H_2\ddot{N}-CH_2-CH_2-\ddot{N}H_2$
Ion oxalate	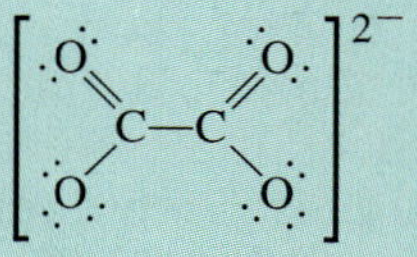
	Ligand polydenté
Ion éthylènediaminetétraacétate (EDTA)	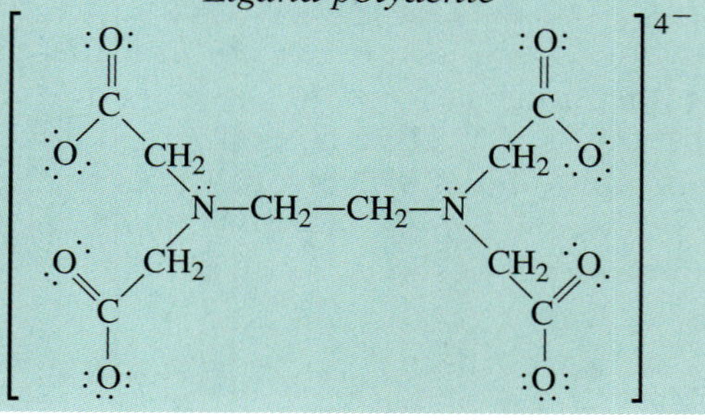

FIGURE 16.4
a) La structure d'un complexe métal-éthylènediamine. Chaque molécule d'éthylènediamine fournit deux atomes donneurs N; il s'agit donc d'un ligand bidenté. b) La structure simplifiée du même complexe.

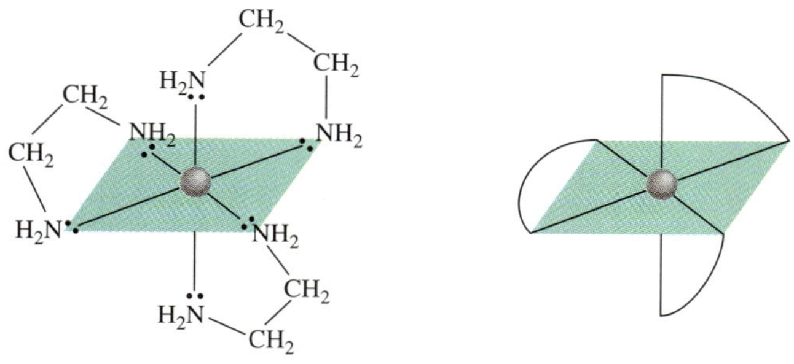

a) b)

Selon le nombre d'atomes donneurs présents, on qualifie les ligands de *monodentés*, de *bidentés* ou de *polydentés* (*tableau 16.2*). Les composés H_2O et NH_3 sont des ligands monodentés, car chacun d'eux ne possède qu'un atome donneur. Un exemple de ligand bidenté est l'éthylènediamine (couramment appelé «en»):

$$H_2\ddot{N}—CH_2—CH_2—\ddot{N}H_2$$

Les deux atomes d'azote peuvent se coordonner avec un atome métallique comme le montre la figure 16.4.

On appelle également ***chélates*** (prononcez «kélates», du grec *khêlê* signifiant «pince») *les ligands bidentés et polydentés, à cause de leur capacité à tenir les atomes métalliques comme dans une ou plusieurs pinces.* L'ion éthylènediaminetétraacétate (EDTA) en est un exemple; c'est un ligand polydenté utilisé comme antidote dans les empoisonnements aux métaux lourds (*figure 16.5*). Ses six atomes donneurs lui permettent de former un ion complexe très stable avec le plomb, ce qui permet de l'éliminer du sang et de l'excréter. On utilise également l'EDTA pour récupérer les métaux radioactifs au moment de déversements accidentels.

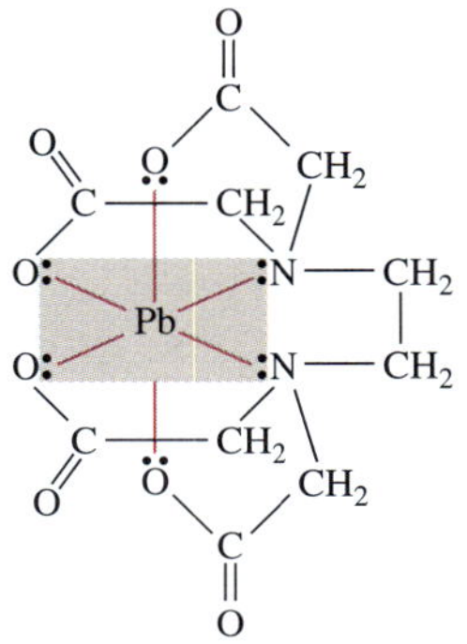

FIGURE 16.5

Le complexe EDTA du plomb. Puisque chaque atome donneur O a une charge négative et que l'ion plomb a deux charges positives, la charge nette du complexe est de −2. Remarquez la structure octaédrique autour de l'ion Pb^{2+}.

LES NOMBRES D'OXYDATION DES MÉTAUX DANS LES COMPOSÉS DE COORDINATION

La charge nette d'un ion complexe correspond à la somme algébrique des charges de l'atome métallique central et de ses ligands. Par exemple, dans l'ion $[PtCl_6]^{2-}$, chaque ion chlorure a un nombre d'oxydation de −1, le nombre d'oxydation de Pt doit donc être +4. Si les ligands n'ont pas de charge nette, le nombre d'oxydation du métal est égal à la charge de l'ion complexe. Ainsi, dans $[Cu(NH_3)_4]^{2+}$, chaque molécule NH_3 est neutre, le nombre d'oxydation de Cu est donc +2.

EXEMPLE 16.1
L'attribution des nombres d'oxydation

Donnez le nombre d'oxydation de l'atome métallique central dans chacun des composés suivants: a) $[Ru(NH_3)_5(H_2O)]Cl_2$, b) $[Cr(NH_3)_6](NO_3)_3$, c) $[Fe(CO)_5]$, d) $K_4[Fe(CN)_6]$.

Réponse: a) Les espèces NH_3 et H_2O sont toutes deux neutres. Puisque chaque ion chlorure a une charge de −1 et qu'il y a deux ions Cl^-, le nombre d'oxydation de Ru doit être +2.

b) Chaque ion nitrate a une charge de −1; donc, le cation doit être $[Cr(NH_3)_6]^{3+}$. Puisque NH_3 est neutre, le nombre d'oxydation de Cr est +3.

c) Puisque CO est neutre, le nombre d'oxydation de Fe est zéro.

d) Chaque ion potassium a une charge de +1; donc, l'anion est $[Fe(CN)_6]^{4-}$. On sait aussi que chaque groupe cyanure a une charge de −1, le nombre d'oxydation de Fe doit donc être +2.

EXERCICE

Donnez les nombres d'oxydation des métaux dans $K[Au(OH)_4]$.

LA NOMENCLATURE DES COMPOSÉS DE COORDINATION

Maintenant que nous avons vu les différents types de ligands et les nombres d'oxydation des métaux, nous pouvons apprendre les règles de nomenclature des composés de coordination:

- Dans le cas du composé, on nomme l'anion, puis le cation comme on le fait pour les autres composés ioniques. Cette règle vaut peu importe si l'ion complexe est porteur d'une charge positive ou négative. Par exemple pour $K_3[Fe(CN)_6]$ et $[Co(NH_3)_4Cl_2]Cl$, on nomme respectivement les anions $[Fe(CN)_6]^{3-}$ et Cl^- en premier.

- Dans le cas de l'ion complexe, on nomme les ligands d'abord, en ordre alphabétique, puis l'ion métallique.

- Les noms des ligands anioniques se terminent en «-o»; un ligand neutre est habituellement appelé par le nom de la molécule, exception faite de H_2O (aqua), de CO (carbonyl) et de NH_3 (ammine). Le tableau 16.3 donne les noms des ligands les plus courants.

- Quand il y a plusieurs ligands d'une même espèce, on utilise les préfixes «di-», «tri-», «tétra-», «penta-» et «hexa-». Donc, les ligands contenus dans $[Co(NH_3)_4Cl_2]^+$ se nomment tétraamminedichloro. (Notez que les préfixes n'influencent pas l'ordre alphabétique des ligands.) Si, dans le nom du ligand, il y a déjà un préfixe, on utilise les préfixes «bis-» (2), «tris-» (3) et «tétrakis-» (4), pour indiquer le nombre de ligands présents. Par exemple,

TABLEAU 16.3
Les noms des ligands les plus courants dans les composés de coordination

Ligand	Nom du ligand dans le composé de coordination
Bromure (Br^-)	Bromo
Chlorure (Cl^-)	Chloro
Cyanure (CN^-)	Cyano
Hydroxyde (OH^-)	Hydroxo
Oxyde (O^{2-})	Oxo
Carbonate (CO_3^{2-})	Carbonato
Nitrite (NO_2^-)	Nitro
Oxalate ($C_2O_4^{2-}$)	Oxalato
Ammoniac (NH_3)	Ammine
Monoxyde de carbone (CO)	Carbonyl
Eau (H_2O)	Aqua
Éthylènediamine	Éthylènediamine (en)
Éthylènediaminetétraacétate	Éthylènediaminetétraacéto

TABLEAU 16.4
Les noms des anions contenant des atomes métalliques

Métal	Nom du sel dans le complexe anionique
Aluminium	Aluminate
Argent	Argentate
Chrome	Chromate
Cobalt	Cobaltate
Cuivre	Cuprate
Étain	Stannate
Fer	Ferrate
Manganèse	Manganate
Molybdène	Molybdate
Nickel	Nickelate
Or	Aurate
Plomb	Plombate
Tungstène	Tungstate
Zinc	Zincate

le ligand éthylènediamine contient déjà le préfixe «di-»; alors, si ce ligand est présent deux fois, on le désigne ainsi: bis(éthylènediamine).

- Le nombre d'oxydation du métal est indiqué en chiffres romains juste après son nom. Par exemple, on utilise le chiffre romain III pour indiquer le degré d'oxydation +3 du chrome dans $[Cr(NH_3)_4Cl_2]^+$, appelé ion tétraamminedichlorochrome(III).

- Si le complexe est un anion, son nom se termine en «-ate». Par exemple, dans $K_4[Fe(CN)_6]$, l'anion $[Fe(CN)_6]^{4-}$ est appelé hexacyanoferrate(II). Notez que le chiffre romain II indique le degré d'oxydation du fer. Le tableau 16.4 donne les noms de certains anions qui contiennent des atomes métalliques.

EXEMPLE 16.2
La nomenclature des composés de coordination

Donnez les noms systématiques des composés suivants: a) $Ni(CO)_4$, b) $[Co(NH_3)_4Cl_2]Cl$, c) $K_3[Fe(CN)_6]$, d) $[Cr(en)_3]Cl_3$.

Réponse: a) Les ligands CO sont une espèce neutre et l'atome de nickel n'a aucune charge nette; le nom du composé est donc tétracarbonylnickel(0), ou plus couramment, tétracarbonyl de nickel.

b) On nomme d'abord l'anion et ensuite le cation. Chacun des deux ligands chlorure a une charge négative, et les molécules d'ammoniac sont neutres. Donc, l'atome de cobalt doit avoir un nombre d'oxydation de +3 (pour s'équilibrer à l'anion chlorure). Le nom du composé est chlorure de tétraamminedichlorocobalt(III).

c) L'ion complexe est l'anion; il a trois charges négatives. L'atome de fer doit donc avoir un nombre d'oxydation de +3. Le nom du composé est hexacyanoferrate(III) de potassium, ou plus couramment ferrocyanure de potassium.

d) Comme nous l'avons noté plutôt, le mot «en» est l'abréviation du ligand éthylènediamine. Puisque ce ligand apparaît trois fois dans le composé et que son nom contient déjà le préfixe «di-», le nom de ce composé est chlorure de tris(éthylènediamine)chrome(III)

EXERCICE

Donnez le nom systématique de $[Cr(H_2O)_4Cl_2]Cl$.

EXEMPLE 16.3

L'écriture des formules des composés de coordination

Écrivez les formules des composés de coordination suivants: a) chlorure de pentaamminechlorocobalt(III); b) nitrate de dichlorobis(éthylènediamine)platine(IV); c) hexanitrocobaltate(III) de sodium.

Réponse: a) Le cation complexe contient cinq groupes NH_3, un ion chlorure et un ion cobalt dont le nombre d'oxydation est +3. La charge nette du cation doit être de 2+. Donc, la formule du composé est $[Co(NH_3)_5Cl]Cl_2$.

b) Dans le cation complexe, il y a deux ions chlorure, deux groupes éthylènediamine et un ion platine dont le nombre d'oxydation est +4. Donc, la formule du composé est $[Pt(en)_2Cl_2](NO_3)_2$.

c) L'anion complexe contient six groupes nitro et un ion cobalt, dont le nombre d'oxydation est +3. Donc, la formule du composé est $Na_3[Co(NO_2)_6]$.

EXERCICE

Écrivez la formule du composé suivant: sulfate de tris(éthylènediamine)-cobalt(III).

16.3 LA GÉOMÉTRIE DES COMPOSÉS DE COORDINATION

La figure 16.6 montre quatre structures géométriques distinctes dans le cas d'atomes métalliques liés à des ligands monodentés. Dans ces schémas, on constate qu'il y a une relation entre la structure et l'indice de coordination de l'atome métallique:

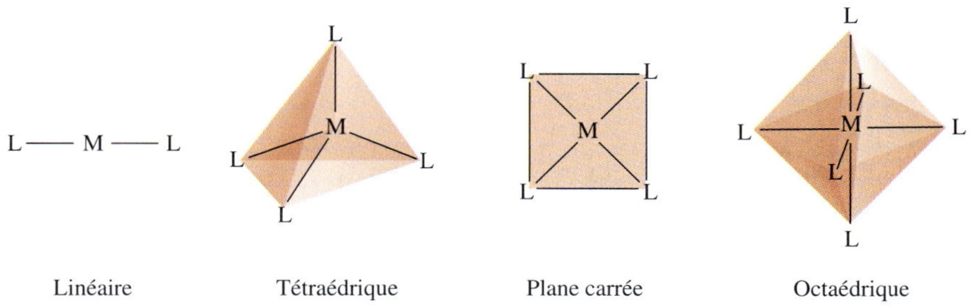

FIGURE 16.6

Les structures géométriques courantes des ions complexes. Dans chaque cas, M est un métal, et L un ligand monodenté.

Indice de coordination	*Structure géométrique*
2	Linéaire
4	Tétraédrique ou plane carrée
6	Octaédrique

INDICE DE COORDINATION = 2

L'ion complexe $Ag(NH_3)_2^+$, formé par la réaction entre l'ion Ag^+ et l'ammoniac (*tableau 15.5*), a un indice de coordination de 2 et est de forme linéaire. $[CuCl_2]^-$ et $[Au(CN)_2]^-$ sont d'autres exemples de ce type.

INDICE DE COORDINATION = 4

L'indice de coordination 4 est associé à deux types de géométrie. Les ions $[Zn(NH_3)_4]^{2+}$ et $[CoCl_4]^{2-}$ ont une forme tétraédrique, tandis que l'ion $[Pt(NH_3)_4]^{2+}$ a une forme plane carrée. Les ions complexes plans carrés ayant deux ligands monodentés différents peuvent former des composés différents appelés isomères géométriques. *On appelle* ***isomères géométriques*** *des composés constitués des mêmes éléments dans les mêmes proportions et rattachés (liés) de la même manière, mais constituant des arrangements*

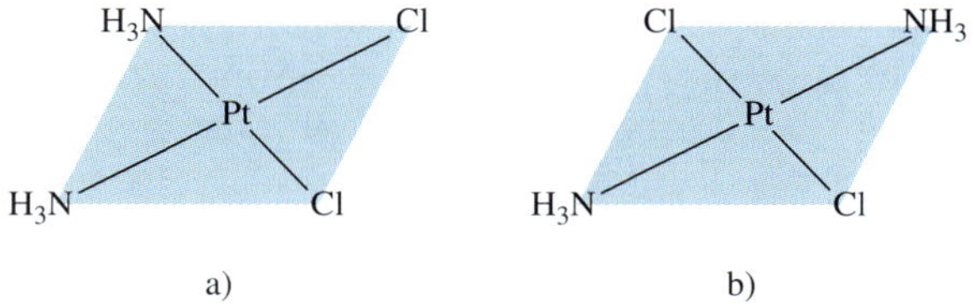

FIGURE 16.7

Les isomères du diamminedichloroplatine(II): en a) le cis *et en b) le* trans. *Notez que les deux atomes Cl sont du même côté par rapport à l'atome central dans l'isomère* cis *et de part et d'autre de l'atome central dans l'isomère* trans.

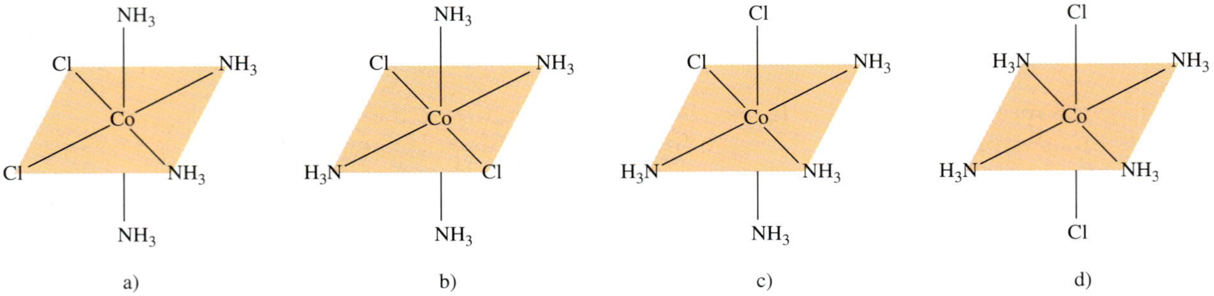

FIGURE 16.8

Les isomères de l'ion tétraamminedichlorocobalt(III): en a) le cis *et en b) le* trans. *La structure illustrée en c) est obtenue par la rotation de la structure en a). Il s'agit donc du même ion; de même, la structure illustrée en d) est obtenue par la rotation de la structure en b). Cet ion n'a donc que deux isomères géométriques: a) [ou c)] et b) [ou d)].*

spatiaux différents. La figure 16.7 illustre les isomères *cis* et *trans* du diamminedichloroplatine(II). Bien que les types de liaisons soient les mêmes dans les deux isomères (deux liaisons Pt—N et deux Pt—Cl), leur disposition spatiale est différente. Ces deux isomères ont des propriétés différentes (point de fusion, point d'ébullition, couleur, solubilité aqueuse et moment dipolaire).

INDICE DE COORDINATION = 6

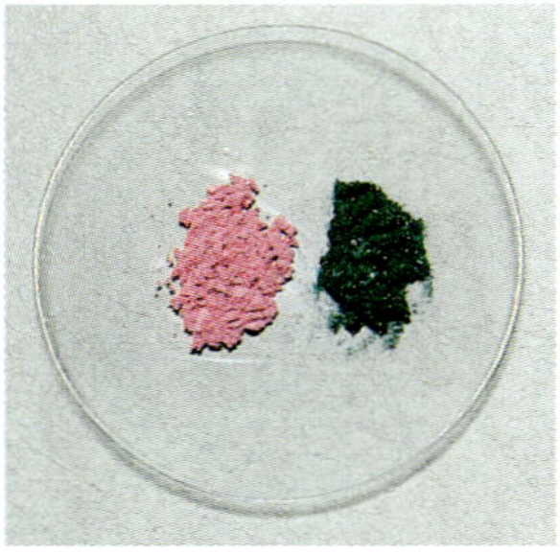

FIGURE 16.9

Le chlorure de cis-*tétraamminedichlorocobalt (III) (à gauche) et le chlorure de* trans-*tétraamminedichlorocobalt(III) (à droite).*

Tous les ions complexes d'indice de coordination 6 ont une structure octaédrique (*section 10.1*). L'isomérie géométrique est possible dans ce type de complexe quand celui-ci comprend au moins deux ligands différents. Voyez, par exemple, l'ion tétraamminedichlorocobalt(III), montré à la figure 16.8. Ces deux isomères géométriques ont des couleurs et des propriétés différentes même s'ils possèdent les mêmes ligands, le même nombre et les mêmes types de liaisons (*figure 16.9*).

En plus de l'isomérie géométrique, certains ions complexes octaédriques peuvent manifester une isomérie optique; ils ont des ***isomères optiques,*** c'est-à-dire qu'*ils constituent l'un par rapport à l'autre des images non superposables dans un miroir.* La figure 16.10 montre les isomères *cis* et *trans* de l'ion dichlorobis(éthylènediamine)cobalt(III) et leurs images dans un miroir. Un examen attentif révèle que l'isomère *trans* et son image dans un miroir sont superposables, tandis que l'isomère *cis* et son image dans un miroir ne le sont pas. Donc, l'isomère *cis* et son image dans un miroir sont deux composés différents appelés ici isomères optiques, ou énantiomères. Il est intéressant de noter que, contrairement à la plupart des isomères optiques observés chez les composés organiques, ces composés ne possèdent pas d'atomes de carbone asymétriques. Vous étudierez ces composés du carbone dans un cours de chimie organique.

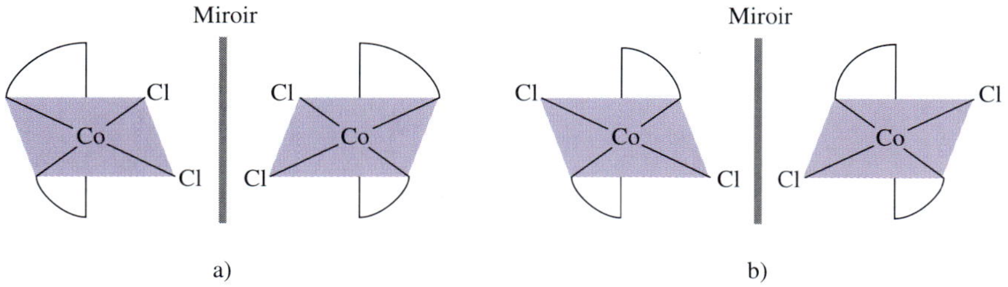

FIGURE 16.10

En a) l'isomère cis *et en b) l'isomère* trans *de l'ion dichlorobis(éthylènediamine)-cobalt(III) et leurs images dans un miroir. En faisant pivoter de 90° l'image dans un miroir (côté droit) de l'isomère* trans *dans le sens des aiguilles d'une montre autour de l'axe vertical, on constate que cette image et l'isomère* trans *sont superposables. Par contre, l'isomère* cis *et son image dans un miroir ne sont pas superposables, peu importe la façon dont on les fait pivoter.*

16.4 LES LIAISONS DANS LES COMPOSÉS DE COORDINATION: LA THÉORIE DU CHAMP CRISTALLIN

Une théorie satisfaisante sur les liaisons dans les composés de coordination devrait expliquer les propriétés comme la couleur et le magnétisme, ainsi que l'isomérie et la force des liaisons. Cependant, on n'a pas encore formulé de théorie unique couvrant tous ces aspects. On a plutôt appliqué différentes approches dans le cas des complexes des métaux de transition. Nous n'en verrons qu'une seule (la théorie du champ cristallin) parce qu'elle explique deux propriétés physiques importantes de nombreux composés de coordination, la couleur et le magnétisme. (L'expression «théorie du champ cristallin» vient de l'utilisation qu'on en fait pour expliquer les propriétés des solides cristallins.)

Nous aborderons la théorie du champ cristallin par le cas le plus simple, à savoir les ions complexes de forme octaédrique. Ensuite, nous verrons comment cette théorie s'applique aux complexes de formes tétraédrique et plane carrée.

LE DÉDOUBLEMENT DU CHAMP CRISTALLIN DANS LES COMPLEXES OCTAÉDRIQUES

La théorie du champ cristallin explique les liaisons dans les ions complexes en tenant compte uniquement des forces électrostatiques (ou champ). Dans un ion complexe, il y a deux types d'interactions électrostatiques en jeu. Le premier est l'attraction entre l'ion métallique positif et le ligand négatif ou le côté négatif d'un ligand polaire; c'est la force qui est responsable des liaisons entre les ligands et le métal. Le second type d'interaction est la répulsion électrostatique qui s'exerce entre les doublets libres des ligands et les électrons des orbitales *d* des métaux.

Comme nous l'avons vu à la section 7.8, bien que les orbitales *d* aient différentes orientations, elles ont toutes la même énergie en l'absence de forces extérieures. Dans un complexe octaédrique, un atome métallique

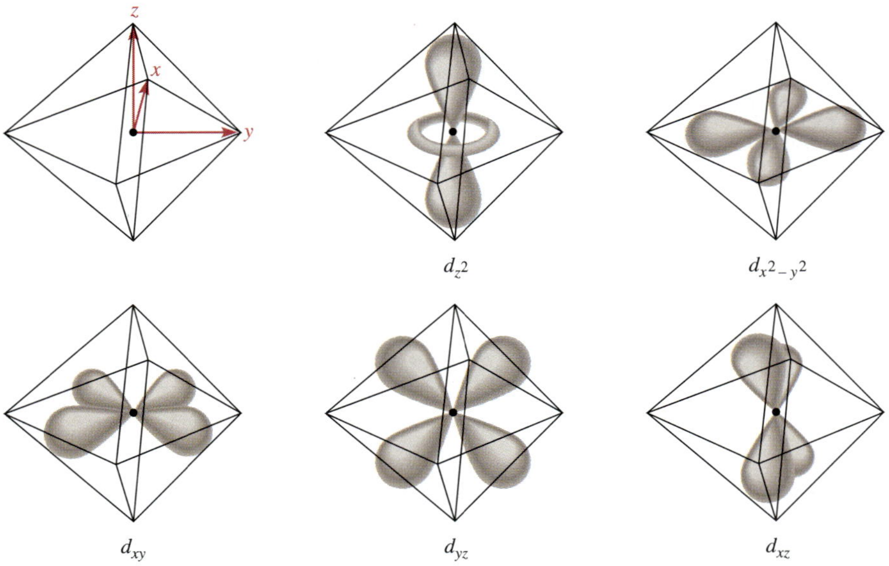

FIGURE 16.11

Les cinq orbitales d dans un environnement octaédrique. L'atome métallique (ou l'ion) est au centre de l'octaèdre; les six doublets libres des atomes donneurs des ligands occupent les sommets.

central est entouré de six doublets d'électrons libres (un sur chacun des six ligands), de sorte que les cinq orbitales *d* subissent toutes une répulsion électrostatique. Cette force de répulsion varie selon l'orientation de l'orbitale *d* en jeu. Prenons, par exemple, l'orbitale $d_{x^2-y^2}$. À la figure 16.11, on voit que les lobes de cette orbitale sont orientés vers les coins de l'octaèdre (où les doublets libres se trouvent) situés selon les axes *x* et *y*. Donc, un électron se trouvant dans cette orbitale subit une répulsion plus importante de la part des ligands que s'il se trouvait, par exemple, dans l'orbitale d_{xy}. C'est pourquoi, l'énergie de l'orbitale $d_{x^2-y^2}$ est accrue par rapport aux énergies des orbitales d_{xy} et d_{xz}. L'énergie de l'orbitale d_{z^2} est également accrue parce que ses lobes sont orientés vers les ligands selon l'axe z.

À cause de ces interactions métal-ligands, les cinq orbitales *d* dans un complexe octaédrique n'ont pas la même énergie et sont dédoublées (partagées) en deux niveaux d'énergie: un niveau supérieur comprenant deux orbitales, $d_{x^2-y^2}$ et d_{z^2}, ayant la même énergie, et un niveau inférieur comprenant trois orbitales d'énergie équivalente (d_{xy}, d_{yz} et d_{xz}) (*figure 16.12*). La *différence d'énergie entre ces deux ensembles d'orbitales* est appelée ***dédoublement du champ cristallin*** (ou *dédoublement du champ des ligands*) (Δ_O; la lettre O en indice fait référence à la structure octaédrique de l'ion complexe.) La valeur de Δ_O dépend du métal et de la nature des ligands; elle a un effet direct sur la couleur et les propriétés magnétiques des ions complexes.

LA COULEUR

Au chapitre 7, nous avons vu que la lumière blanche (comme la lumière du Soleil) est une combinaison de toutes les couleurs. Une substance est noire quand elle absorbe toute la lumière visible qui l'atteint; quand elle n'absorbe aucune lumière visible, elle est blanche ou incolore. Un objet est vert quand il absorbe toute la lumière sauf sa composante verte, qu'il réfléchit; l'objet est

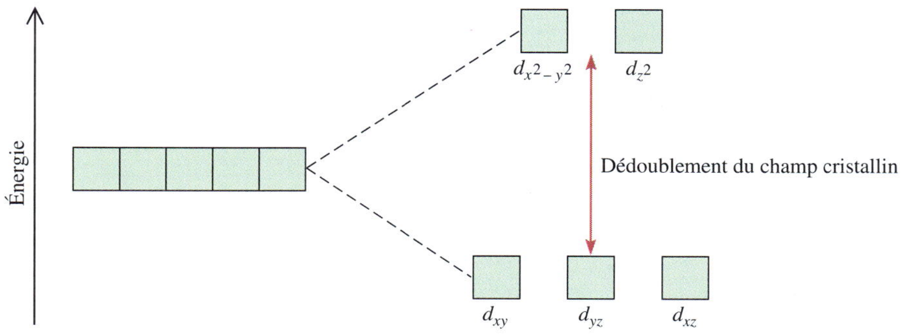

FIGURE 16.12

Le dédoublement du champ cristallin des orbitales d *dans un complexe octaédrique.*

également vert quand il réfléchit toutes les couleurs excepté le rouge, qui est la couleur *complémentaire* du vert. La figure 16.13 montre le *disque chromatique,* une façon rapide de déterminer les couleurs complémentaires.

Ce que nous venons d'expliquer concernant la lumière réfléchie s'applique également à la lumière transmise. Par exemple, l'ion cuivrique hydraté, $[Cu(H_2O)_6]^{2+}$, absorbe la lumière dans le domaine orange du spectre de sorte qu'il nous apparaît bleu. Ici le bleu et l'orange sont des couleurs complémentaires. Cette absorption se produit quand l'énergie d'un photon capté par un ion (ou un composé) est égale à la différence d'énergie entre les niveaux d'énergie des orbitales d inférieures et supérieures; il y a alors excitation électronique et transfert d'un électron d'un niveau d'énergie inférieur à un niveau supérieur. Sachant cela, on peut calculer la variation d'énergie en jeu pour la transition électronique qui a lieu dans l'ion cuivrique. Souvenez-vous que, à la section 7.1, nous avons vu que l'énergie d'un photon est donnée par l'équation (7.2):

$$E = h\nu$$

où h représente la constante de Planck ($6{,}63 \times 10^{-34}$ J · s) et ν est la fréquence de la radiation. Ici, $E = \Delta_O$; donc

$$\begin{aligned}\Delta_O &= h\nu \\ &= (6{,}63 \times 10^{-34}\ \text{J} \cdot \text{s})(5 \times 10^{14}/\text{s}) \\ &= 3 \times 10^{-19}\ \text{J}\end{aligned}$$

(Notez qu'il s'agit de l'énergie absorbée par *un seul* ion.) Si la longueur d'onde du photon absorbé par un ion se situe en dehors du domaine visible, la lumière transmise nous semble la même que la lumière incidente (blanche) et l'ion est incolore.

L'analyse spectroscopique est le meilleur moyen de mesurer le dédoublement du champ cristallin. L'ion $[Ti(H_2O)_6]^{3+}$ fournit un exemple particulièrement simple, car Ti^{3+} ne possède qu'un seul électron $3d$ (*figure 16.14*). L'ion $[Ti(H_2O)_6]^{3+}$ absorbe la lumière dans le domaine visible (*figure 16.15*). La longueur d'onde correspondant à l'absorption maximale est de 498 nm

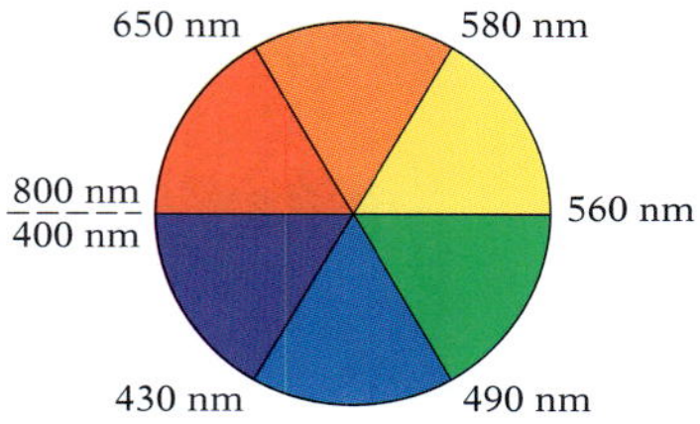

FIGURE 16.13

Le disque chromatique montre les couleurs complémentaires. Les couleurs complémentaires sont diamétralement opposées les unes aux autres sur le disque. Un complexe qui absorbe une lumière d'une certaine couleur nous apparaîtra de sa couleur complémentaire.

FIGURE 16.14

a) L'absorption d'un photon et b) le spectre d'absorption de $[Ti(H_2O)_6]^{3+}$. L'énergie du photon incident est égale au dédoublement du champ cristallin. Le maximum d'absorption dans le visible se situe à 498 nm.

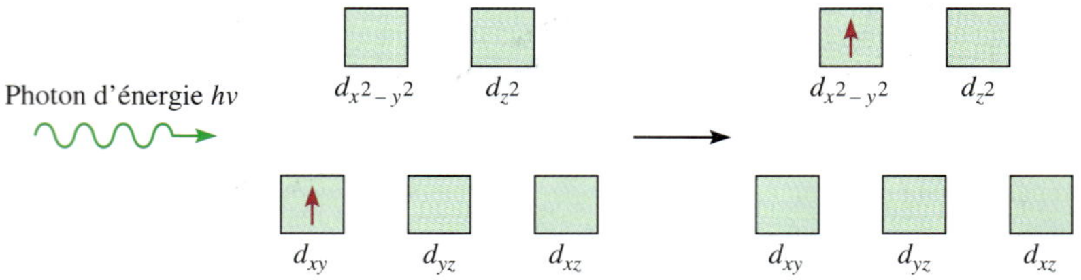

a)

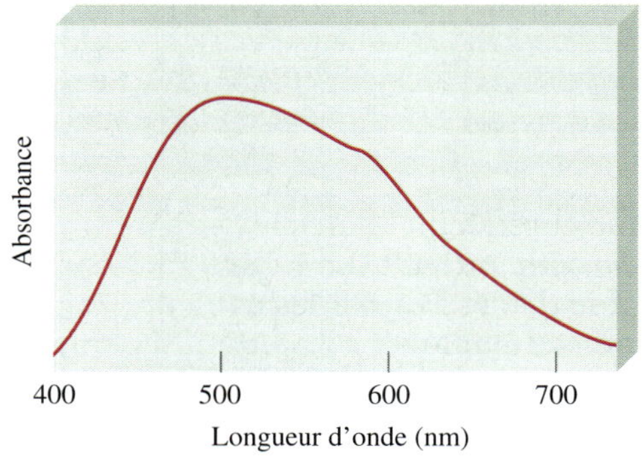

b)

FIGURE 16.15

Les couleurs des solutions de certains ions des métaux de transition de la première rangée. De gauche à droite: Ti^{3+}, Cr^{3+}, Mn^{2+}, Fe^{3+}, Co^{2+}, Ni^{2+} et Cu^{2+}. Non montrés ici, les ions Sc^{3+} et V^{5+} sont incolores.

[*figure 16.14 b)*]. Cette donnée permet de calculer la valeur du dédoublement du champ cristallin de la manière suivante: on écrit d'abord

$$\Delta_O = h\nu$$

et

$$\nu = \frac{c}{\lambda}$$

où c est la vitesse de la lumière et λ est la longueur d'onde. Ainsi,

$$\Delta_O = \frac{hc}{\lambda} = \frac{(6,63 \times 10^{-34}\ \text{J}\cdot\text{s})(3,00 \times 10^{8}\ \text{m/s})}{(498\ \text{nm})(1 \times 10^{-9}\ \text{m/1 nm})}$$

$$= 3,99 \times 10^{-19}\ \text{J}$$

Voilà l'énergie requise pour exciter un ion $[Ti(H_2O)_6]^{3+}$. Pour exprimer cette différence d'énergie de façon plus commode, on utilise les kilojoules par mole; la conversion se fait ainsi :

$$\Delta_O = (3,99 \times 10^{-19} \text{ J/ion})(6,02 \times 10^{23} \text{ ions/mol}) \times 1 \text{ kJ/1000 J}$$

$$= 240 \text{ kJ/mol}$$

À partir de données spectroscopiques recueillies pour un certain nombre de complexes ayant le même métal mais des ligands différents, les chimistes ont calculé le dédoublement du champ causé par chaque ligand et ont établi ce qu'on appelle une ***série spectrochimique,*** qui est une *liste des ligands disposés par ordre de leur capacité à dédoubler les énergies des orbitales d*:

$$I^- < Br^- < Cl^- < OH^- < F^- < H_2O < NH_3 < \text{en} < CN^- < CO$$

Ces ligands sont disposés par ordre croissant de la valeur de Δ_O. On qualifie CO et CN^- de *ligands à champ fort,* car ils provoquent un grand dédoublement des niveaux d'énergie des orbitales *d.* (La démarcation entre ligands à champ faible et ligands à champ fort a lieu entre H_2O et NH_3.) Les ions halogénure et hydroxyde sont des *ligands à champ faible,* car ils provoquent un petit dédoublement.

Les propriétés magnétiques

La valeur du dédoublement du champ cristallin détermine également les propriétés magnétiques d'un ion complexe. L'ion $[Ti(H_2O)_6]^{3+}$, par exemple, qui n'a qu'un seul électron *d,* est toujours paramagnétique. Cependant, pour un ion possédant plusieurs électrons *d,* comme les complexes de Fe^{3+}, la situation est moins simple. Prenons les complexes octaédriques suivants: $[FeF_6]^{3-}$et $[Fe(CN)_6]^{3-}$ (*figure 16.16*). La configuration électronique de Fe^{3+} est $[Ar]3d^5$; il y a deux façons possibles de distribuer les cinq électrons *d* dans les orbitales *d*. Selon la règle de Hund (*section 7.9*), le maximum de stabilité est atteint quand les électrons se trouvent dans cinq orbitales différentes et quand ils ont des spins parallèles. Cependant, cette disposition ne peut être atteinte ici sans un apport d'énergie: deux des cinq électrons doivent être transférés dans les orbitales d'énergie supérieure $d_{x^2-y^2}$ et d_{z^2}, ce qui n'est pas nécessaire si les cinq électrons se logent dans les orbitales d_{xy}, d_{yz} et d_{xz}. Selon

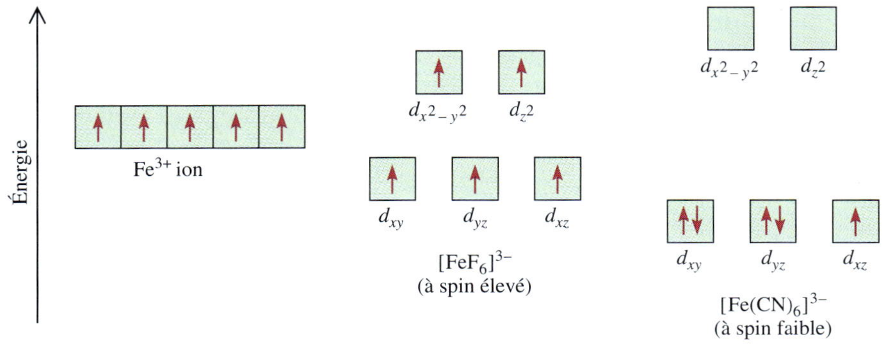

FIGURE 16.16

Diagramme des niveaux d'énergie de l'ion Fe^{3+} et des ions complexes $[FeF_6]^{3-}$ et $[Fe(CN)_6]^{3-}$.

FIGURE 16.17

Diagrammes orbitalaires des complexes octaédriques à spin élevé et à spin faible qui correspondent aux configurations électroniques d[4], d[5], d[6] *et* d[7]. *On ne peut faire une telle distinction dans le cas des orbitales* d[1], d[2], d[3], d[8], d[9] *et* d[10].

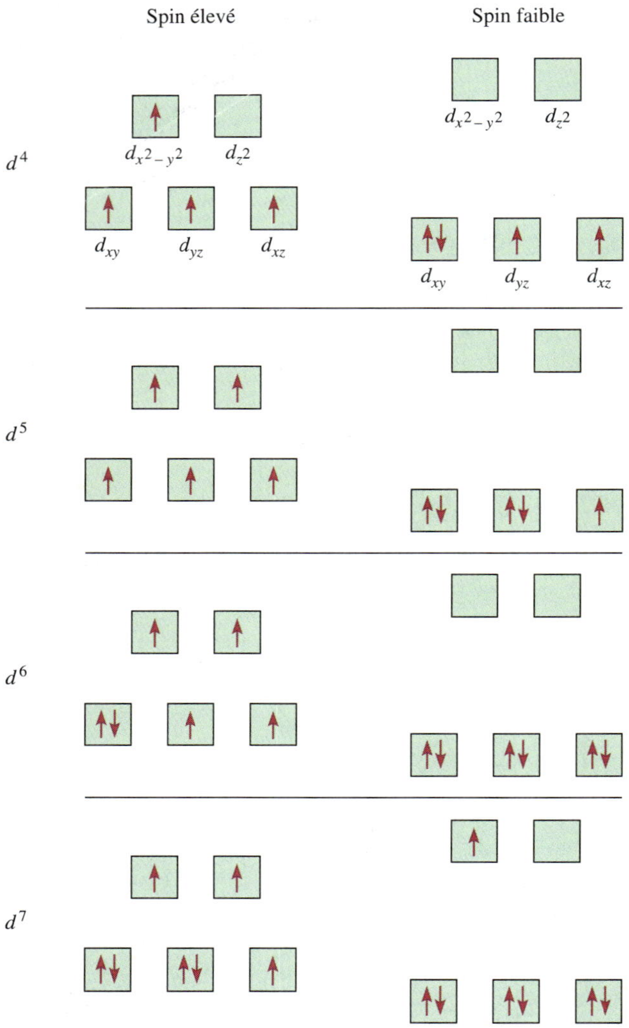

le principe d'exclusion de Pauli (*page 218*), dans ce dernier cas, il n'y aura donc qu'un seul électron célibataire.

La véritable configuration électronique des électrons des orbitales *d* est déterminée par la stabilité obtenue par le maximum de spins parallèles versus l'apport d'énergie nécessaire à fournir aux électrons pour qu'ils occupent les orbitales *d* de niveau énergétique supérieur. Puisque F^- est un ligand à champ faible, cette situation énergétique permet aux cinq électrons *d* d'occuper les cinq orbitales *d* avec des spins parallèles pour créer un complexe dit *à spin élevé* (*figure 16.16*). Par contre, l'ion cyanure est un ligand à champ fort, il est donc plus favorable du point de vue énergétique que les cinq électrons occupent les orbitales de niveau énergétique inférieur; on dit alors qu'il se forme un *complexe à spin faible*. Les complexes à spin élevé sont plus paramagnétiques (*section 7.9*) que les complexes à spin faible. La figure 16.17 montre la configuration électronique dans les orbitales *d* dans le cas des complexes à spin faible et à spin élevé.

On peut déterminer le nombre réel d'électrons célibataires (ou de spins) dans un ion complexe par des mesures de magnétisme; en général, les données expérimentales confirment les prédictions fondées sur la théorie du champ cristallin. Cependant, la distinction entre complexes à spin faible et complexes à spin élevé n'est possible que si l'ion métallique contient plus de trois et moins de huit électrons *d* (*figure 16.17*).

EXEMPLE 16.4

La prédiction du nombre de spins célibataires

Prédisez le nombre de spins célibataires dans l'ion $[Cr(en)_3]^{2+}$.

Réponse: La configuration électronique de Cr^{2+} est $[Ar]3d^4$. Puisque en est un ligand à champ fort, on s'attend à ce que $[Cr(en)_3]^{2+}$ soit un complexe à spin faible. Selon la figure 16.17, les quatre électrons se trouveront dans les orbitales *d* inférieures (d_{xy}, d_{yz} et d_{xz}); il y aura donc un total de deux spins célibataires.

EXERCICE

Combien y a-t-il de spins célibataires dans $[Mn(H_2O)_6]^{2+}$ (H_2O est un ligand à champ faible?)

LES COMPLEXES TÉTRAÉDRIQUES ET PLANS CARRÉS

Le dédoublement des niveaux d'énergie dans les complexes tétraédriques et plans carrés peut également être expliqué de façon satisfaisante par la théorie du champ cristallin. En fait, le dédoublement des niveaux dans un ion tétraédrique est à l'inverse de celui des complexes octaédriques. Dans ce cas, les orbitales d_{xy}, d_{yz} et d_{xz} sont orientées de manière à être plus près des ligands; leur énergie est donc supérieure à celle des orbitales $d_{x^2-y^2}$ et d_{z^2} (*figure 16.18*). Ainsi, la plupart des complexes tétraédriques sont des complexes à spin élevé. On croit que la forme tétraédrique réduit l'importance des interactions métal-ligand, ce qui réduit la valeur de Δ_T. (Le T de Δ_T fait référence ici à un

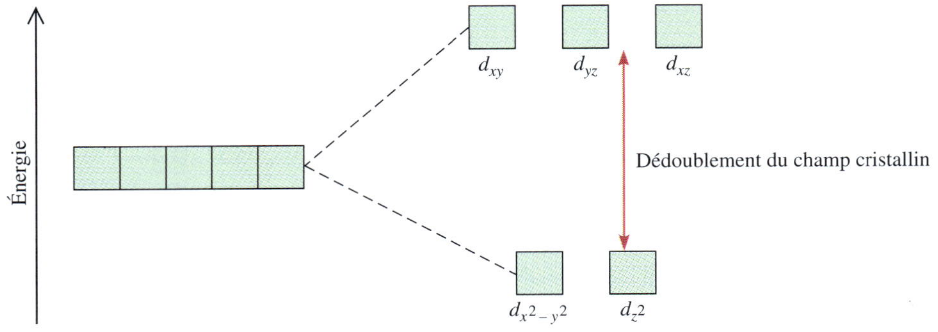

FIGURE 16.18

Dédoublement du champ cristallin des orbitales d *dans un complexe tétraédrique.*

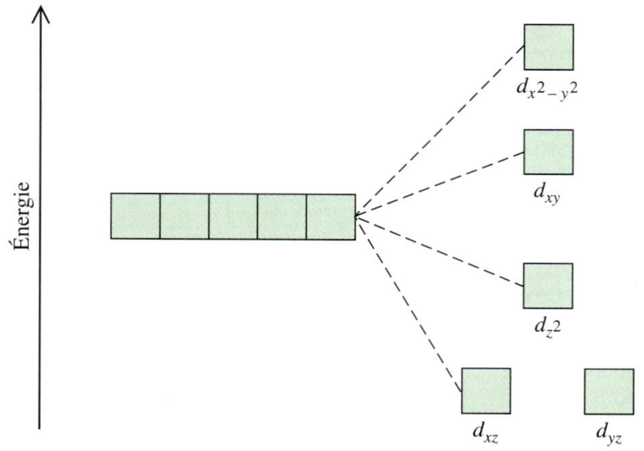

FIGURE 16.19

Diagramme des niveaux d'énergie d'un complexe plan carré. Puisqu'il y a plus de deux niveaux d'énergie, on ne peut définir le partage du champ cristallin par un dédoublement comme on le fait dans le cas des complexes octaédriques et tétraédriques.

complexe tétraédrique.) C'est une supposition plausible puisque le nombre de ligands est inférieur dans un complexe tétraédrique.

Comme le montre la figure 16.19, le schéma du partage des niveaux d'énergie est plus compliqué dans le cas des complexes plans carrés. On peut affirmer que l'orbitale $d_{x^2-y^2}$ possède l'énergie la plus élevée (comme dans le cas de l'octaèdre); l'énergie de l'orbitale d_{xy} la suit. Cependant, on ne peut déterminer aussi simplement l'ordre relatif des énergies des orbitales d_{z^2}, d_{xz} et d_{yz}; pour ce faire, il faut effectuer des calculs.

RÉSUMÉ

Habituellement, les métaux de transition ont des orbitales *d* incomplètes et ils ont une tendance prononcée à former des complexes. Les métaux de transition de la première rangée (du scandium au cuivre) sont les plus courants; leurs propriétés sont représentatives, en plusieurs points, de tout le groupe.

Un composé de coordination est une espèce neutre dans laquelle un petit nombre de molécules ou d'ions entourent un atome métallique ou un ion central. Dans un complexe, chaque atome donneur contenu dans les ligands fournit un doublet d'électrons à l'ion métallique central. Les composés de coordination peuvent présenter des isoméries géométriques et/ou optiques.

La théorie du champ cristallin explique les liaisons des complexes en fonction d'interactions électrostatiques. Selon ce modèle, dans un complexe octaédrique, les orbitales *d* sont dédoublées en deux ensembles d'orbitales, l'un comportant deux orbitales d'énergie supérieure et l'autre trois orbitales d'énergie inférieure. La différence d'énergie entre ces deux ensembles d'orbitales *d* s'appelle dédoublement du champ critallin, Δ_O. Les ligands à champ fort provoquent un grand dédoublement; ceux à champ faible provoquent un petit dédoublement. Les spins des électrons ont tendance à être parallèles dans les ligands à champ faible et couplés dans les ligands à champ fort, même s'il faut fournir de l'énergie pour que les électrons occupent les orbitales *d* supérieures. Le dédoublement des orbitales *d* dans un complexe tétraédrique est à l'opposé de celui qui se produit dans un complexe octaédrique; celui d'un complexe plan carré est le plus compliqué.

MOTS CLÉS

Atome donneur, p. 519
Chélate, p. 521
Composé de coordination, p. 519
Dédoublement du champ cristallin (Δ_O), p. 528
Indice de coordination, p. 519
Isomère géométrique, p. 525
Isomère optique, p. 526
Ligand, p. 519
Série spectrochimique, p. 531

QUESTIONS ET PROBLÈMES

LES PROPRIÉTÉS DES MÉTAUX DE TRANSITION

Questions de révision

16.1 Qu'est-ce qui distingue un métal de transition d'un métal représentatif (des groupes principaux)?

16.2 Pourquoi le zinc n'est-il pas considéré comme un métal de transition?

16.3 Dites pourquoi les rayons atomiques diminuent lentement du scandium au cuivre.

16.4 Sans consulter le texte, écrivez les configurations électroniques à l'état fondamental des métaux de transition de la première rangée. Expliquez toute irrégularité.

16.5 Écrivez les configurations électroniques des ions suivants: V^{5+}, Cr^{3+}, Mn^{2+}, Fe^{3+}, Cu^{2+}, Sc^{3+}, Ti^{4+}.

16.6 Pourquoi les métaux de transition ont davantage de degrés d'oxydation que les autres éléments? Donnez les degrés d'oxydation les plus élevés pour les éléments allant du scandium au cuivre.

16.7 En allant de gauche à droite dans la première rangée des métaux de transition, le degré d'oxydation +2 devient plus stable que le degré +3. Pourquoi?

16.8 Le chrome présente différents degrés d'oxydation dans ses composés, tandis que l'aluminium ne présente que le degré +3. Pourquoi?

LES COMPOSÉS DE COORDINATION: NOMENCLATURE ET NOMBRES D'OXYDATION

Questions de révision

16.9 Définissez les termes suivants: composé de coordination, ligand, atome donneur, indice de coordination et chélate.

16.10 Décrivez l'interaction entre un atome donneur et un atome métallique en utilisant le concept de réaction acido-basique de Lewis.

Problèmes

16.11 Complétez les affirmations suivantes sur l'ion complexe $[Co(en)_2(H_2O)CN]^{2+}$. a) Le terme «en» est l'abréviation de ________. b) Le nombre d'oxydation de Co est ________. c) L'indice de coordination de Co est ________. d) ________ est un ligand bidenté.

16.12 Complétez les affirmations suivantes concernant l'ion complexe $[Cr(C_2O_4)_2(H_2O)_2]^-$. a) Le nombre d'oxydation de Cr est ________. b) L'indice de coordination de Cr est ________. c) ________ est un ligand bidenté.

16.13 Donnez les nombres d'oxydation des métaux dans les espèces suivantes: a) $K_3[Fe(CN)_6]$, b) $K_3[Cr(C_2O_4)_3]$, c) $[Ni(CN)_4]^{2-}$.

16.14 Donnez les nombres d'oxydation des métaux dans les espèces suivantes: a) Na_2MoO_4, b) $MgWO_4$, c)$K_4[Fe(CN)_6]$.

16.15 Donnez les noms systématiques des ions et des composés suivants: a) $[Co(NH_3)_4Cl_2]^+$, b) $Cr(NH_3)_3Cl_3$, c) $[Co(en)_2Br_2]^+$, d) $Fe(CO)_5$.

16.16 Donnez les noms systématiques des ions et des composés suivants: a) [*cis*-$Co(en)_2Cl_2]^+$, b) $[Pt(NH_3)_5Cl]Cl_3$, c) $[Co(NH_3)_6]Cl_3$, d) $[Co(NH_3)_5Cl]Cl_2$, e) *trans*-$Pt(NH_3)_2Cl_2$.

16.17 Écrivez la formule de chacun des ions et des composés suivants: a) tétrahydroxozincate(II), b) chlorure de pentaaquachlorochrome(III), c) tétrabromocuprate(II), d) éthylènediaminetétraacétatoferrate(II).

16.18 Écrivez la formule de chacun des ions et des composés suivants: a) bis(éthylènediamine) dichlorochrome(III), b) pentacarbonylfer(0), c) tétracyanocuprate(II) de potassium, d) chlorure de tétraammineaquachlorocobalt(III).

LA STRUCTURE DES COMPOSÉS DE COORDINATION

Problèmes

16.19 Donnez les structures des isomères géométriques et optiques de chacun des complexes de cobalt suivants:

a) $[Co(NH_3)_6]^{3+}$

b) $[Co(NH_3)_5Cl]^{2+}$

c) $[Co(NH_3)_4Cl_2]^+$
d) $[Co(en)_3]^{3+}$
e) $[Co(C_2O_4)_3]^{3-}$

16.20 À combien d'isomères géométriques les formules suivantes correspondent-elles? a) $[Co(NH_3)_2Cl_4]^-$, b) $[Co(NH_3)_3Cl_3]$.

16.21 Un étudiant prépare un complexe de cobalt ayant l'une des formules suivantes: $[Co(NH_3)_6]Cl_3$, $[Co(NH_3)_5Cl]Cl_2$ ou $[Co(NH_3)_4Cl_2]Cl$. Dites comment l'étudiant pourrait distinguer la bonne formule grâce à des mesures de conductibilité électrique. L'étudiant dispose de trois électrolytes forts: NaCl, $MgCl_2$ et $FeCl_3$, qu'il peut utiliser à des fins de comparaison.

16.22 L'ion complexe $[Ni(CN)_2Br_2]^{2-}$ est de forme plane carrée. Donnez les structures de ses isomères géométriques.

LA LIAISON, LA COULEUR, LE MAGNÉTISME

Questions de révision

16.23 Décrivez brièvement la théorie du champ cristallin. Définissez les termes suivants: dédoublement du champ cristallin, complexe à spin élevé, complexe à spin faible, série spectrochimique.

16.24 Quelle est l'origine de la couleur dans un composé?

16.25 Les composés contenant l'ion Sc^{3+} sont incolores, tandis que ceux contenant l'ion Ti^{3+} sont colorés. Pourquoi?

16.26 Quels facteurs déterminent si un complexe donné sera diamagnétique ou paramagnétique?

Problèmes

16.27 Pour le même type de ligands, dites pourquoi le dédoublement du champ cristallin dans le cas d'un complexe octaédrique est toujours plus grand que celui présent dans un complexe tétraédrique.

16.28 Les complexes des métaux de transition contenant le ligand CN^- sont souvent jaunes, tandis que ceux contenant le ligand H_2O sont souvent verts ou bleus. Pourquoi?

16.29 L'ion $[Ni(CN)_4]^{2-}$, de forme géométrique plane carrée, est diamagnétique; l'ion $[NiCl_4]^{2-}$, de forme géométrique tétraédrique, est paramagnétique. Illustrez les dédoublements des champs cristallins de ces deux complexes.

16.30 Prédisez le nombre d'électrons célibataires dans les ions complexes suivants: a) $[Cr(CN)_6]^{4-}$, b) $[Cr(H_2O)_6]^{2+}$.

16.31 L'absorption maximale dans le cas de l'ion complexe $[Co(NH_3)_6]^{3+}$ se situe à 470 nm. a) Prédisez la couleur du complexe et b) calculez le dédoublement du champ cristallin en kilojoules par mole.

16.32 Une solution formée de 0,875 g de $Co(NH_3)_4Cl_3$ dans 25,0 g d'eau gèle à 0,56 °C sous le point de congélation de l'eau pure. Calculez le nombre de moles d'ions produits quand une mole de $Co(NH_3)_4Cl_3$ est dissoute dans de l'eau, puis suggérez une structure pour l'ion complexe présent dans ce composé.

PROBLÈMES VARIÉS

16.33 Expliquez les faits suivants. a) Le cuivre et le fer ont plusieurs degrés d'oxydation, tandis que le zinc ne peut en avoir qu'un. b) Le cuivre et le fer forment des ions colorés; le zinc n'en forme pas.

16.34 La constante de formation pour la réaction $Ag^+ + 2NH_3 \rightleftharpoons [Ag(NH_3)_2]^+$ est $1,5 \times 10^7$, et pour la réaction $Ag^+ + 2CN^- \rightleftharpoons [Ag(CN)_2]^-$ elle est $1,0 \times 10^{21}$, à 25 °C (*tableau 15.5*). Calculez la constante d'équilibre, à 25 °C, pour la réaction suivante:

$$[Ag(NH_3)_2]^+ + 2CN^- \rightleftharpoons [Ag(CN)_2]^- + 2NH_3$$

16.35 L'hémoglobine est la protéine qui transporte l'oxygène. Dans chaque molécule d'hémoglobine, il y a quatre groupes hème. Dans chacun de ces groupes, un ion Fe(II) est lié de façon octaédrique à cinq atomes N et soit à une molécule d'eau (désoxyhémoglobine) soit à une molécule d'oxygène (oxyhémoglobine). L'oxyhémoglobine est rouge vif, tandis que la désoxyhémoglobine est violette. Démontrez que la différence de couleur peut s'expliquer qualitativement selon qu'il s'agit d'un complexe à spin élevé ou à spin faible. (*Indice:* O_2 est un ligand à champ fort.)

16.36 Les ions Mn^{2+} hydratés sont pratiquement incolores (*figure 16.15*) même s'ils possèdent cinq électrons 3*d*. Pourquoi? (*Indice:* les transitions électroniques qui occasionnent un changement dans le nombre d'électrons célibataires ne se font pas facilement.)

16.37 Lesquels des cations hydratés suivants sont incolores? $Fe^{2+}(aq)$, $Zn^{2+}(aq)$, $Cu^+(aq)$, $Cu^{2+}(aq)$, $V^{5+}(aq)$, $Ca^{2+}(aq)$, $Co^{2+}(aq)$, $Sc^{3+}(aq)$, $Pb^{2+}(aq)$. Justifiez votre choix.

16.38 Pour chacune des paires de complexes suivantes, dites quel complexe absorbe la lumière de longueur d'onde la plus grande:
a) $[Co(NH_3)_6]^{2+}$, $[Co(H_2O)_6]^{2+}$; b) $[FeF_6]^{3-}$, $[Fe(CN)_6]^{3-}$; c) $[Cu(NH_3)_4]^{2+}$, $[CuCl_4]^{2-}$.

16.39 En 1895, un étudiant prépare trois composés de coordination du chrome ayant la même formule, $CrCl_3(H_2O)_6$; leurs propriétés sont les suivantes:

Couleur	*Ions Cl^- par unité en solution*
Violet	3
Vert clair	2
Vert foncé	1

Écrivez les formules modernes de ces composés et suggérez une méthode permettant de confirmer le nombre d'ions Cl^- présents en solution dans chacun des cas. (*Indice:* certains de ces composés peuvent exister sous forme hydratée, c'est-à-dire qu'ils sont liés à un certain nombre de molécules d'eau.)

16.40 On utilise la formation d'ions complexes pour extraire l'or natif, c'est-à-dire à l'état non combiné, qui existe dans la nature. Pour le débarrasser des impuretés solides, on traite le minerai avec une solution de cyanure de sodium (NaCN) en présence d'air; ce procédé dissout l'or en formant l'ion complexe soluble $[Au(CN)_2]^-$.

a) Équilibrez l'équation suivante:

$$Au + CN^- + O_2 + H_2O \rightarrow [Au(CN)_2]^- + OH^-$$

b) L'or est obtenu grâce à la réduction de l'ion complexe par du zinc métallique. Écrivez l'équation équilibrée de cette réaction. c) Donnez la structure géométrique et l'indice de coordination de l'ion $[Au(CN)_2]^-$.

16.41 Les molécules suivantes (AX_4Y_2) ont une structure géométrique octaédrique. Regroupez les molécules qui sont équivalentes.

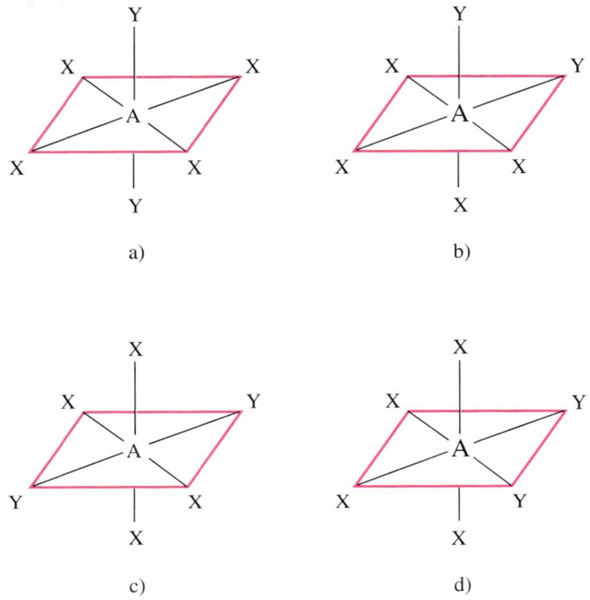

Réponses aux exercices: 16.1 K: +1, Au: +3; **16.2** Chlorure de tétraaquadichlorochrome(III); **16.3** $[Co(en)_3]_2(SO_4)_3$; **16.4** 5.

17.1
Les principes de la thermodynamique

17.2
Les processus spontanés

17.3
L'entropie

17.4
Le deuxième principe de la thermodynamique

17.5
La fonction de Gibbs
Les variations d'enthalpie libre standard
• *Les applications de l'équation (17.6)*

17.6
L'enthalpie libre et l'équilibre chimique

17.7
La thermodynamique dans les systèmes vivants

CHAPITRE 17

LA THERMODYNAMIQUE

Le deuxième principe de la thermodynamique a été formulé, dans les années 1820, par un ingénieur français du nom de Sadi Carnot. Son énoncé concernait le rendement des machines thermiques, qui convertissent la chaleur en travail mécanique. Ce principe permet de répondre à la question suivante: pour une quantité de chaleur fournie, quelle quantité de travail utile un moteur peut-il produire?

Prenons le fonctionnement d'une turbine à vapeur, une machine thermique type, dans une centrale électrique. On y utilise de la vapeur surchauffée à 560 °C (ou 833 K) pour faire tourner une turbine qui entraîne une génératrice. Cette vapeur finit par être libérée dans l'environnement à environ 38 °C (ou 311 K). Carnot démontra que le rendement maximal de tous les types de machines thermiques est donné par $(T_2 - T_1)/T_2$, où T_2 et T_1 sont les températures supérieure et inférieure (en kelvins). Puisque T_1 ne peut être égale à zéro et que T_2 ne peut être infinie, le rendement d'une machine ne peut jamais atteindre 100 %. (Dans le cas de la turbine à vapeur décrite plus haut, le rendement maximal serait de 0,63, ou 63 %.) Comme il est impossible de construire une machine thermique qui convertirait toute la chaleur en travail mécanique, une partie de la chaleur doit donc s'échapper dans l'environnement. C'est l'essence du deuxième principe.

Les conclusions de Carnot sont importantes, mais elles ne s'appliquent pas directement à la chimie. Le père de la «thermodynamique chimique» est un scientifique américain, Josiah Willard Gibbs (1839-1903). En 1876, Gibbs publia un ouvrage de 323 pages intitulé *On the Equilibrium of Heterogeneous Substances,* dans lequel il présentait les principes de base de l'équilibre chimique et de l'équilibre des phases, introduisait un nouveau concept appelé *enthalpie libre* et expliquait les transferts d'énergie dans les piles électrochimiques.

Fils d'un professeur de l'université Yale et premier étudiant à recevoir un doctorat en sciences d'une université américaine, Gibbs devint après ses études professeur de physique mathématique à Yale. Bien qu'on puisse soutenir qu'il fut le scientifique américain le plus brillant de la deuxième moitié du XIXe siècle, Gibbs était un homme modeste et discret, de sorte qu'il ne gagna jamais la notoriété qu'eut à la même époque James Maxwell en Europe. Même aujourd'hui, très peu de gens, exception faite des chimistes et des physiciens, en ont déjà entendu parler.

Le rendement de la conversion de la chaleur en travail, comme dans le cas d'une locomotive à vapeur, est dicté par le deuxième principe de la thermodynamique.

17.1 LES PRINCIPES DE LA THERMODYNAMIQUE

La thermodynamique est une discipline scientifique vaste aux nombreuses applications et qui permet d'utiliser les données expérimentales obtenues à partir de l'observation d'un système pour tirer des conclusions sur d'autres aspects de ce même système sans expériences additionnelles. Au chapitre 6, nous avons vu le premier principe de la thermodynamique, qui dit que l'énergie peut être convertie d'une forme en une autre, mais qu'elle ne peut être ni créée ni détruite. L'une des grandeurs exprimant ces modifications est la quantité de chaleur libérée ou absorbée par un système pendant un processus à pression constante; on l'appelle variation d'enthalpie (ΔH).

Ce chapitre présente le deuxième principe de la thermodynamique et la fonction de Gibbs. Ce deuxième principe, qui est basé sur la variation de l'entropie de l'univers, explique la tendance qu'ont les processus chimiques à se produire dans un sens donné. De façon plus commode, on peut étudier la spontanéité d'une réaction en utilisant la fonction de Gibbs, qui, elle, ne tient compte que du système étudié.

17.2 LES PROCESSUS SPONTANÉS

L'un des principaux objectifs de la thermodynamique est de prédire s'il y aura ou non réaction quand deux réactifs sont mis en présence l'un de l'autre dans des conditions données (par exemple, à une température, à une pression et à une concentration données). Une réaction qui se produit dans des conditions données est appelée *réaction spontanée*.

On observe des phénomènes ou processus physiques et chimiques spontanés tous les jours. En voici des exemples:

- Dans une chute, l'eau tombe toujours, elle ne remonte jamais.
- Une cuillerée de sucre se dissout dans le café, mais le sucre dissous ne reprend pas sa forme initiale spontanément.
- L'eau gèle spontanément au-dessous de 0 °C, et la glace fond spontanément au-dessus de 0 °C (à 1 atm).
- La chaleur passe d'un objet chaud à un objet froid; l'inverse ne se produit jamais spontanément.
- La dilatation d'un gaz introduit dans un ballon où l'on a d'abord fait le vide est un processus spontané [*figure 17.1 a)*]. Le processus inverse, qui est le rassemblement de toutes les molécules dans un seul ballon, n'est pas spontané [*figure 17.1 b)*].
- Un morceau de sodium réagit violemment avec l'eau pour former de l'hydroxyde de sodium et de l'hydrogène. Cependant, l'hydrogène ne réagit pas avec l'hydroxyde de sodium pour former de l'eau et du sodium.
- Le fer exposé à l'eau et à l'oxygène forme de la rouille, mais la rouille ne redevient pas spontanément du fer.

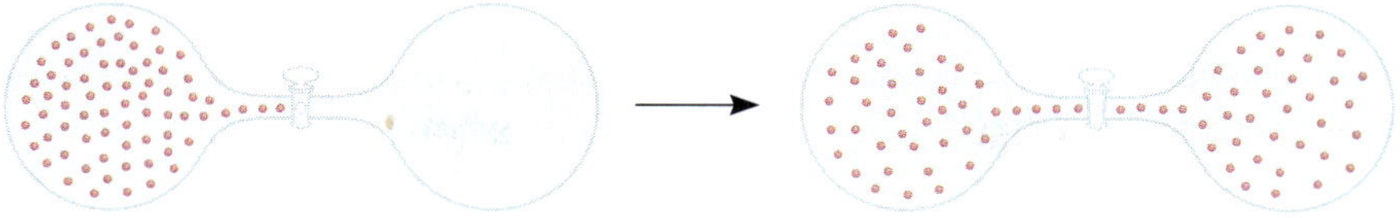

a)

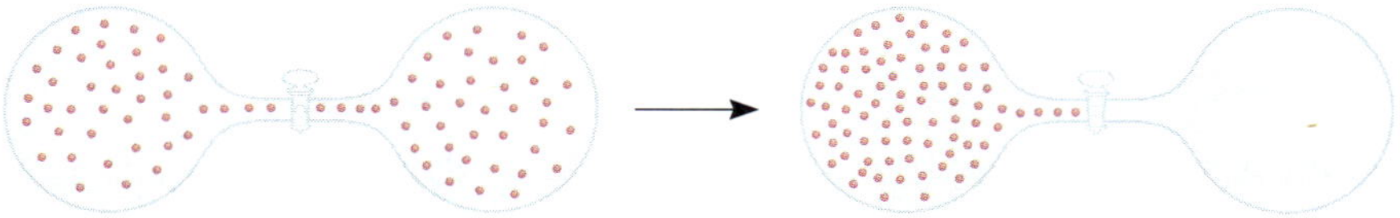

b)

FIGURE 17.1

a) Un processus spontané. b) Un processus non spontané.

Ces exemples démontrent que les processus qui se produisent spontanément dans un sens ne peuvent, *dans les mêmes conditions,* se produire spontanément dans le sens inverse. Notez que «spontané» ne veut pas dire «rapide»; une réaction est spontanée si, dans les conditions requises, elle se produit sans qu'il y ait nécessité d'une intervention extérieure. Par exemple, la formation de rouille peut prendre des mois, mais inévitablement le fer finit par rouiller quand les conditions s'y prêtent.

Comment peut-on prédire qu'un processus se produira spontanément? Si l'on suppose que les processus spontanés se produisent parce qu'ils font en sorte que l'énergie d'un système diminue, on peut expliquer le fait qu'une balle descend une pente et que les ressorts d'une horloge se détendent. On constate, en chimie, qu'un grand nombre de réactions exothermiques sont spontanées. La combustion du méthane en est un exemple:

$$CH_4(g) + 2O_2(g) \longrightarrow CO_2(g) + 2H_2O(l) \qquad \Delta H^\circ = -890{,}4 \text{ kJ}$$

La neutralisation acide-base en est un autre exemple:

$$H^+(aq) + OH^-(aq) \longrightarrow H_2O(l) \qquad \Delta H^\circ = -56{,}2 \text{ kJ}$$

Cependant, dans de nombreux cas, la supposition que les processus spontanés diminuent toujours l'énergie d'un système ne s'applique pas. Prenons le cas du passage d'une substance de la phase solide à la phase liquide:

$$H_2O(s) \longrightarrow H_2O(l) \qquad \Delta H^\circ = 6{,}01 \text{ kJ}$$

On sait, par expérience, que la glace fond spontanément au-dessus de 0 °C; ce processus est pourtant endothermique. Voyons maintenant le refroidissement qui se produit quand le nitrate d'ammonium se dissout dans l'eau:

$$NH_4NO_3(s) \xrightarrow{H_2O} NH_4^+(aq) + NO_3^-(aq) \qquad \Delta H^\circ = 25 \text{ kJ}$$

La dissolution est spontanée, bien qu'elle soit également endothermique. Par ailleurs, la décomposition de l'oxyde de mercure(II) est une réaction endothermique non spontanée à la température ambiante, mais qui devient spontanée quand la température augmente:

$$2HgO(s) \longrightarrow 2Hg(l) + O_2(g) \qquad \Delta H^\circ = 90{,}7 \text{ kJ}$$

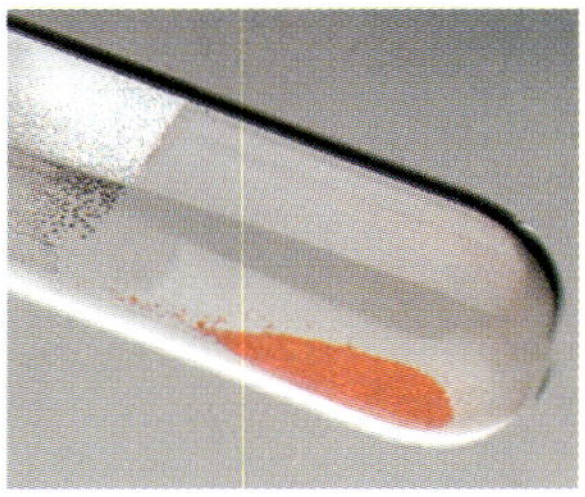

Sous l'effet de la chaleur, HgO se décompose pour donner Hg et O_2.

Après avoir étudié les cas mentionnés ici et bien d'autres, les chimistes en sont venus aux conclusions suivantes: le fait qu'une réaction est exothermique favorise sa spontanéité mais ne la garantit pas. La variation d'enthalpie ne permet pas, à elle seule, de prédire la spontanéité ou la non-spontanéité d'une réaction. Donc, mettons de côté les variations d'enthalpie et les réactions spontanées pour un moment et examinons une autre fonction thermodynamique qui peut servir à prédire le sens d'une réaction.

17.3 L'ENTROPIE

Pour prédire la spontanéité d'un processus, il faut connaître à la fois les variations de l'enthalpie et celles du désordre du système. L'***entropie* (*S*)** est une *grandeur qui mesure directement le désordre d'un système*. Autrement dit, l'entropie indique à quel point les atomes, les molécules ou les ions sont distribués de façon désordonnée dans un espace donné. Plus le désordre d'un système est grand, plus son entropie est grande. Inversement, plus un système est ordonné, plus son entropie est petite.

Prenons un jeu de cartes comme illustration de l'ordre et du désordre au niveau macroscopique. Dans un jeu de cartes neuf, les cartes sont disposées en ordre (de l'as au roi, en commençant par les piques, suivis des cœurs, des carreaux et des trèfles); une fois le jeu brassé, les cartes ne sont plus placées dans cet ordre: elles sont désordonnées. Il est toujours possible, mais fort improbable, qu'un nouveau brassage restaure l'ordre original. De plus, il y a de nombreuses façons pour les cartes d'être en désordre, mais, selon les critères établis ci-dessus, il n'existe qu'une seule façon pour elles d'être en ordre.

La notion d'ordre et de désordre est reliée au calcul des probabilités. Un événement est dit probable s'il peut se produire de nombreuses façons, tandis qu'un événement improbable est celui qui peut se produire d'une seule ou de quelques façons seulement. On peut appliquer ce concept de probabilité à la situation illustrée à la figure 17.1. Supposons qu'il n'y ait initialement, à la figure 17.1 a), qu'une seule molécule dans le ballon de gauche. Puisque les deux ballons sont de volumes égaux, la probabilité de trouver la molécule dans l'un des deux ballons après l'ouverture du robinet est de $\frac{1}{2}$. Si le nombre de molécules est augmenté à 2, la probabilité de trouver les deux molécules dans le *même* ballon est de $\frac{1}{2} \times \frac{1}{2}$, ou $\frac{1}{4}$. Le nombre $\frac{1}{4}$ représente une probabilité élevée, il ne serait donc pas surprenant de trouver les deux molécules dans le même ballon après l'ouverture du robinet. Cependant, on constate aisément que, à mesure que le nombre de molécules augmente, la probabilité (p) de trouver toutes les molécules dans le *même* ballon diminue graduellement:

$$p = \left(\frac{1}{2}\right) \times \left(\frac{1}{2}\right) \times \left(\frac{1}{2}\right) \dots$$

$$= \left(\frac{1}{2}\right)^N$$

où N est le nombre total de molécules présentes. Si $N = 100$, alors:

$$p = \left(\frac{1}{2}\right)^{100} = 8 \times 10^{-31}$$

Si la valeur de N est de l'ordre de 6×10^{23}, soit le nombre de molécules contenues dans une mole de gaz, cette probabilité est de $(\frac{1}{2})^{6 \times 10^{23}}$; ce nombre est tellement petit qu'on peut pratiquement le considérer égal à zéro. Sur la base de cette probabilité, on peut s'attendre à ce que le gaz remplisse les deux ballons uniformément. Du même coup, on comprend pourquoi la situation décrite à la figure 17.1 b) n'est pas spontanée: c'est un événement très improbable. En d'autres termes, un système ordonné est peu probable — son entropie est faible; et un système désordonné est très probable — son entropie est élevée.

Contrairement à l'énergie et à l'enthalpie, l'entropie absolue d'une substance peut être évaluée. On utilise habituellement les entropies absolues mesurées à 1 atm et à 25 °C, appelées *entropies standard* ($S°$). (Rappelez-vous que l'état standard ne s'applique qu'à une pression de 1 atm. Nous avons choisi la température de 25 °C parce que beaucoup de processus ont lieu à la température ambiante.) Le tableau 17.1 énumère les entropies standard de quelques éléments et composés; l'annexe 2 en fournit une liste plus complète. L'entropie s'exprime en J/K, ou en J/K · mol pour une mole de substance. (On utilise les joules plutôt que les kilojoules parce que les valeurs d'entropie sont petites.) Les entropies des éléments et des composés sont positives ($S° > 0$); par ailleurs, l'enthalpie standard de formation ($\Delta H_f°$) des éléments est égale à zéro à leur état le plus stable; et celle des composés peut être soit positive soit négative.

TABLEAU 17.1
Les valeurs des entropies standard ($S°$) pour certaines substances

Substance	$S°$ (J/K · mol)
$H_2O(l)$	69,9
$H_2O(g)$	188,7
$Br_2(l)$	152,3
$Br_2(g)$	245,3
$I_2(s)$	116,7
$I_2(g)$	260,6
C(diamant)	2,44
C(graphite)	5,69
He(g)	126,1
Ne(g)	146,2

Pour toute substance, les particules en phase solide sont plus ordonnées que celles en phase liquide, qui sont, à leur tour, plus ordonnées que celles en phase gazeuse. Par exemple, l'entropie de la vapeur d'eau est supérieure à celle de l'eau liquide, car une mole d'eau a un volume plus petit en phase liquide qu'en phase gazeuse. Par conséquent, les molécules d'eau sont plus ordonnées en phase liquide parce qu'elles ont moins de possibilités d'occuper des positions différentes. Pour la même raison, l'entropie de la vapeur de brome est supérieure à celle du brome liquide, et l'entropie de la vapeur d'iode est supérieure à celle de l'iode solide. Donc, pour toute substance, l'entropie, pour une même quantité molaire, augmente toujours dans l'ordre suivant:

$$S_{\text{solide}} < S_{\text{liquide}} < S_{\text{gaz}}$$

Le diamant et le graphite sont deux formes solides du carbone. Cependant, l'entropie du diamant est inférieure à celle du graphite parce que sa structure est plus ordonnée. Par ailleurs, l'entropie du néon est supérieure à celle de l'hélium parce que l'entropie augmente avec le nombre d'électrons et la masse des atomes.

Comme l'énergie et l'enthalpie, l'entropie est une fonction d'état. Prenons un processus dans lequel un système passe d'un état initial à un état final. Dans ce cas, la variation d'entropie (ΔS) est

$$\Delta S = S_f - S_i$$

où S_f et S_i sont respectivement les entropies du système à l'état final et à l'état initial. Si le changement se solde par une augmentation du désordre, $S_f > S_i$ et $\Delta S > 0$. La figure 17.2 illustre certains processus qui aboutissent à une augmentation d'entropie. Dans chacun de ces cas, le système passe d'un état plus ordonné à un état moins ordonné. Il est clair que, pour les processus de fusion et de vaporisation, $\Delta S > 0$.

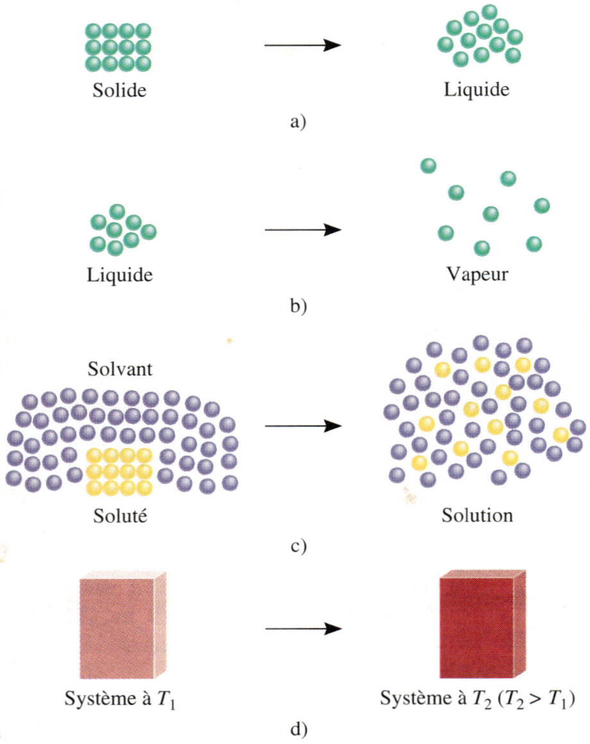

FIGURE 17.2

Des processus qui se soldent par une augmentation de l'entropie du système: a) fusion: $S_{liquide} > S_{solide}$*; b) vaporisation:* $S_{vapeur} > S_{liquide}$*; c) dissolution:* $S_{solution} > (S_{solvant} + S_{soluté})$*; d) réchauffement:* $S_{T_2} > S_{T_1}$.

Quand du sucre cristallin se dissout dans l'eau, la structure très ordonnée du solide et une partie de la structure de l'eau sont détruites. Par conséquent, la solution possède un plus grand désordre que le soluté pur et le solvant pur. (En réalité, l'hydratation des molécules de sucre se solde par une diminution d'entropie, car les molécules d'eau deviennent plus ordonnées autour des molécules du soluté. Cependant, cette diminution ne suffit pas à compenser l'augmentation d'entropie due au mélange de deux composés différents.)

Le chauffage d'un système fait aussi augmenter l'entropie parce qu'il fait augmenter le mouvement aléatoire des atomes et des molécules. En plus du mouvement de translation (d'un point à un autre), les molécules peuvent avoir des mouvements de rotation et de vibration (*figure 17.3*). Plus la

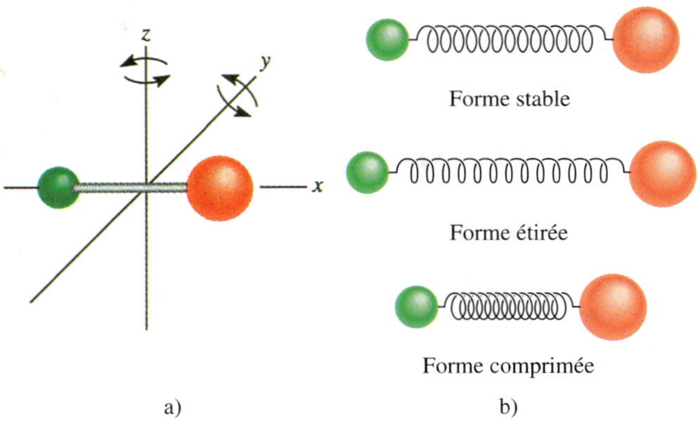

FIGURE 17.3

a) Une molécule diatomique peut pivoter autour des axes y et z (l'axe x est celui de la liaison). b) Le mouvement de vibration d'une molécule diatomique. Les liaisons chimiques peuvent s'étirer et se comprimer comme un ressort.

température est élevée, plus l'énergie cinétique du système est élevée, ce qui entraîne plus de désordre au niveau moléculaire, d'où une augmentation d'entropie.

EXEMPLE 17.1

La prédiction des variations d'entropie

Prédisez si la variation d'entropie est supérieure ou inférieure à zéro dans chacun des processus suivants: a) la congélation de l'éthanol, b) l'évaporation du brome à la température ambiante, c) la dissolution de l'urée dans l'eau, d) le refroidissement de l'azote gazeux de 80 °C à 20 °C.

Réponse: a) Il s'agit d'un passage de la phase liquide à la phase solide. Le système devient plus ordonné, donc $\Delta S < 0$.

b) Il s'agit d'un passage de la phase liquide à la phase de vapeur. Le système devient plus désordonné, donc $\Delta S > 0$.

c) Une solution est invariablement plus désordonnée que ses composantes (le soluté et le solvant). Donc, $\Delta S > 0$.

d) Le refroidissement diminue le mouvement moléculaire; donc, $\Delta S < 0$.

Le brome est un liquide volatil à la température ambiante.

EXERCICE

Comment l'entropie du système change-t-elle dans chacun des processus suivants? a) La condensation de la vapeur d'eau, b) La cristallisation du saccharose, c) Le réchauffement de l'hydrogène gazeux de 60 °C à 80 °C, d) La sublimation de la glace sèche.

17.4 LE DEUXIÈME PRINCIPE DE LA THERMODYNAMIQUE

La relation entre l'entropie et la spontanéité d'une réaction s'exprime par le ***deuxième principe de la thermodynamique:*** *L'entropie de l'univers augmente dans un processus spontané et reste inchangée dans un processus à l'équilibre.* Puisque l'univers est formé d'un système sous observation et du milieu extérieur à celui-ci, la variation de l'entropie de l'univers (ΔS_{univ}) est la *somme* des variations des entropies du système (ΔS_{syst}) et de son milieu extérieur (ΔS_{ext}). On peut donc exprimer le deuxième principe de la thermodynamique de la manière suivante:

Processus spontané: $\Delta S_{univ} = \Delta S_{syst} + \Delta S_{ext} > 0$ (17.1)

Processus à l'équilibre: $\Delta S_{univ} = \Delta S_{syst} + \Delta S_{ext} = 0$ (17.2)

Pour un processus spontané, ce principe dit que la valeur de ΔS_{univ} doit être supérieure à zéro; il ne spécifie toutefois rien sur la valeur de ΔS_{syst} ni sur celle de ΔS_{ext}. Il est donc possible que ΔS_{syst} ou que ΔS_{ext} soit négative, pour autant que leur somme soit supérieure à zéro. Pour un processus à l'équilibre, ΔS_{univ} est égale à zéro. Dans ce cas, les valeurs de ΔS_{syst} et de ΔS_{ext} doivent être numériquement égales, mais de signes opposés. Qu'est-ce qui arrive si, pour un processus, la valeur de ΔS_{univ} est négative? Cela signifie que le processus n'est pas spontané dans le sens indiqué, mais qu'il l'est dans le sens *opposé*.

Pour calculer la valeur de ΔS_{univ}, il faut connaître celles de ΔS_{syst} et de ΔS_{ext}. Concentrons-nous ici sur ΔS_{syst}. Supposons que le système est représenté par la réaction suivante:

$$a\text{A} + b\text{B} \longrightarrow c\text{C} + d\text{D}$$

Comme dans le cas de l'enthalpie d'une réaction [*équation (6.8)*], la variation d'entropie standard (ΔS°) est donnée par

$$\Delta S^\circ_{\text{réaction}} = [cS^\circ(\text{C}) + dS^\circ(\text{D})] - [aS^\circ(\text{A}) + bS^\circ(\text{B})] \qquad (17.3)$$

ou, en général, avec Σ, qui représente la sommation, et m et n qui représentent les coefficients stœchiométriques de la réaction:

$$\Delta S^\circ_{\text{réaction}} = \Sigma nS^\circ(\text{produits}) - \Sigma mS^\circ(\text{réactifs}) \qquad (17.4)$$

À l'aide des valeurs d'entropies standard (S) données à l'annexe 2, on peut calculer $\Delta S^\circ_{\text{réaction}}$, qui correspond à ΔS_{syst}.

EXEMPLE 17.2

Le calcul de la variation d'entropie d'un système

À l'aide des valeurs d'entropies absolues données à l'annexe 2, calculez les variations d'entropies standard des réactions suivantes, à 25 °C.

a) $CaCO_3(s) \longrightarrow CaO(s) + CO_2(g)$

b) $N_2(g) + 3H_2(g) \longrightarrow 2NH_3(g)$

c) $H_2(g) + Cl_2(g) \longrightarrow 2HCl(g)$

Réponse: Nous pouvons calculer la valeur de ΔS° grâce à l'équation (17.4).

a)
$$\begin{aligned}\Delta S^\circ_{\text{réaction}} &= [S^\circ(\text{CaO}) + S^\circ(\text{CO}_2)] - [S^\circ(\text{CaCO}_3)] \\ &= [(1\text{ mol})(39{,}8\text{ J/K}\cdot\text{mol}) + (1\text{ mol})(213{,}6\text{ J/K}\cdot\text{mol})] \\ &\qquad - (1\text{ mol})(92{,}9\text{ J/K}\cdot\text{mol}) \\ &= 160{,}5\text{ J/K}\end{aligned}$$

Donc, quand une mole de $CaCO_3$ se décompose pour former une mole de CaO et une mole de CO_2 gazeux, il y a une augmentation d'entropie de 160,5 J/K.

b) $\Delta S^\circ_{\text{réaction}} = [2S^\circ(NH_3)] - [S^\circ(N_2) + 3S^\circ(H_2)]$

$= (2\ \text{mol})(193\ \text{J/K}\cdot\text{mol}) - [(1\ \text{mol})(192\ \text{J/K}\cdot\text{mol}) + (3\ \text{mol})(131\ \text{J/K}\cdot\text{mol})]$

$= -199\ \text{J/K}$

Ce résultat signifie que, lorsque une mole d'azote gazeux réagit avec trois moles d'hydrogène gazeux pour former deux moles d'ammoniac gazeux, l'entropie diminue de 199 J/K.

c) $\Delta S^\circ_{\text{réaction}} = [2S^\circ(HCl)] - [S^\circ(H_2) + S^\circ(Cl_2)]$

$= (2\ \text{mol})(187\ \text{J/K}\cdot\text{mol}) - [(1\ \text{mol})(131\ \text{J/K}\cdot\text{mol}) + (1\ \text{mol})(223\ \text{J/K}\cdot\text{mol})]$

$= 20\ \text{J/K}$

Donc, la formation de deux moles de HCl gazeux à partir de une mole de H_2 gazeux et de une mole de Cl_2 gazeux se solde par une légère augmentation d'entropie égale à 20 J/K.

EXERCICE

Calculez les variations d'entropie standard des réactions suivantes, à 25 °C:

a) $2CO(g) + O_2(g) \longrightarrow 2CO_2(g)$

b) $3O_2(g) \longrightarrow 2O_3(g)$

c) $2NaHCO_3(s) \longrightarrow Na_2CO_3(s) + H_2O(l) + CO_2(g)$

Les résultats de l'exemple 17.2 sont en accord avec ceux observés dans bien d'autres réactions. Ensemble, ils confirment les règles générales suivantes:

- Si une réaction produit plus de molécules gazeuses qu'elle en consomme [*exemple 17.2 a)*], ΔS° est positive. Si le nombre total de molécules gazeuses diminue [*exemple 17.2 b)*], ΔS° est négative.
- S'il n'y a aucun changement net dans le nombre total de molécules gazeuses [*exemple 17.2 c)*], ΔS° peut être positive ou négative, mais elle aura une valeur numérique relativement petite.

Ces conclusions sont logiques, vu que les gaz ont toujours une entropie supérieure à celles des liquides et des solides. Dans le cas des réactions mettant en jeu seulement des liquides et des solides, la prédiction est plus difficile, mais, dans de nombreux cas, la règle générale — une augmentation du nombre total de molécules et/ou d'ions est accompagnée d'une augmentation de l'entropie — est valable.

EXEMPLE 17.3

La prédiction des variations d'entropie d'un système

Prédisez si la variation d'entropie de chacun des systèmes suivants sera positive ou négative.

a) $Ag^+(aq) + Cl^-(aq) \longrightarrow AgCl(s)$

b) $NH_4Cl(s) \longrightarrow NH_3(g) + HCl(g)$

c) $H_2(g) + Br_2(g) \longrightarrow 2HBr(g)$

Réponse: a) Les ions Ag^+ et Cl^-sont libres de se déplacer dans la solution, tandis que AgCl est un solide. De plus, le nombre de particules décroît de gauche à droite. Donc, ΔS est négative.

b) Puisque le solide est transformé en deux produits gazeux, ΔS est positive.

c) Nous voyons qu'il y a autant de moles de réactifs gazeux que de moles de produits gazeux. Nous ne pouvons donc prédire le signe de ΔS; nous savons seulement que la variation sera petite.

EXERCICE

Expliquez, en termes qualitatifs, le signe attendu de la variation d'entropie pour chacun des processus suivants:

a) $I_2(g) \longrightarrow 2I(g)$

b) $2Zn(s) + O_2(g) \longrightarrow 2ZnO(s)$

c) $N_2(g) + O_2(g) \longrightarrow 2NO(g)$

17.5 LA FONCTION DE GIBBS

Le deuxième principe de la thermodynamique dit qu'une réaction spontanée fait augmenter l'entropie de l'univers, c'est-à-dire que $\Delta S_{univ} > 0$. Cependant, pour déterminer le signe de ΔS_{univ} au cours d'une réaction, il faut calculer ΔS_{syst} et ΔS_{ext}. Le calcul de ΔS_{ext} peut toutefois être difficile; de plus, on est habituellement beaucoup plus intéressé par ce qui arrive dans un système particulier que par ce qui arrive dans l'univers entier. C'est pourquoi on fait appel à une autre fonction thermodynamique, qui ne tient compte que du système étudié, pour déterminer si une réaction se produira spontanément. Cette fonction, appelée ***fonction de Gibbs* (G),** ou simplement *enthalpie libre*, met en relation l'entropie et l'enthalpie dans une équation qui met plus directement en évidence la spontanéité d'une réaction:

$$G = H - TS \qquad (17.5)$$

Souvenez-vous que *toutes* les grandeurs de l'équation (17.5) se rapportent au système et que T est la température (en kelvins) du système. On peut constater que G a des unités d'énergie (H et TS ayant des unités d'énergie); de plus, comme H et S, G est une fonction d'état.

L'expression de la variation d'enthalpie libre (ΔG) d'un système au cours d'un processus à *température constante* est

$$\Delta G = \Delta H - T\Delta S \tag{17.6}$$

Josiah Willard Gibbs (1839-1903)

Pour déterminer les critères de spontanéité et d'équilibre d'un système à température et à pression constantes, il suffit simplement d'observer le signe de son ΔG:

$\Delta G < 0$	Réaction spontanée dans le sens indiqué.
$\Delta G > 0$	Réaction non spontanée. La réaction est spontanée dans le sens opposé.
$\Delta G = 0$	Système en équilibre. Il n'a pas tendance à évoluer ni dans un sens ni dans l'autre.

Le terme «libre» dans ce contexte signifie simplement que l'énergie est disponible pour faire un travail. Alors, si une réaction particulière est accompagnée d'une libération d'énergie utilisable (si ΔG est négative), la réaction est assurément spontanée, peu importe ce qui se passe dans le reste de l'univers.

LES VARIATIONS D'ENTHALPIE LIBRE STANDARD

Quand une réaction se produit dans des conditions standard, c'est-à-dire quand les réactifs à l'état standard sont convertis en produits à l'état standard, la variation d'enthalpie libre est appelée ***variation d'enthalpie libre standard ($\Delta G°$).*** Le tableau 17.2 résume les conventions utilisées par les chimistes pour définir les états standard des substances pures et des solutions. Pour calculer la valeur de $\Delta G°$, on utilise d'abord l'équation

$$a\text{A} + b\text{B} \longrightarrow c\text{C} + d\text{D}$$

La variation d'enthalpie libre standard de cette réaction est donnée par

$$\Delta G°_{\text{réaction}} = [c\Delta G°_f(\text{C}) + d\Delta G°_f(\text{D})] - [a\Delta G°_f(\text{A}) + b\Delta G°_f(\text{B})]$$

ou, de façon plus générale,

$$\Delta G°_{\text{réaction}} = \Sigma n\Delta G°_f(\text{produits}) - \Sigma m\Delta G°_f(\text{réactifs}) \tag{17.7}$$

TABLEAU 17.2
Les conventions qui régissent les états standard

État de la substance	État standard
Gaz	Pression de 1 atm
Liquide	Liquide pur
Solide	Solide pur
Élément*	$\Delta G°_f$(élément) = 0
Solution	Concentration de 1 M

* La forme allotropique la plus stable à 25 °C et à 1 atm.

où m et n sont les coefficients stœchiométriques. Le symbole ΔG_f°, qui représente l'***enthalpie libre standard de formation*** d'un composé, est la *variation d'enthalpie libre qui se produit quand une mole d'un composé est synthétisée à partir de ses éléments à leur état standard*. Par exemple, dans la combustion du graphite:

$$C(\text{graphite}) + O_2(g) \longrightarrow CO_2(g)$$

la variation d'enthalpie libre standard [selon l'équation (17.7)] est

$$\Delta G^\circ_{\text{réaction}} = \Delta G_f^\circ(CO_2) - [\Delta G_f^\circ(\text{C, graphite}) + \Delta G_f^\circ(O_2)]$$

Comme dans le cas de l'enthalpie standard de formation (page 175), on convient de donner la valeur de zéro à l'enthalpie libre standard de formation de tout élément dans sa forme la plus stable. Alors,

$$\Delta G_f^\circ(\text{C, graphite}) = 0 \qquad \text{et} \qquad \Delta G_f^\circ(O_2) = 0$$

Donc, la variation d'enthalpie libre standard de cette réaction est numériquement égale à l'enthalpie libre standard de formation de CO_2:

$$\Delta G^\circ_{\text{réaction}} = \Delta G_f^\circ(CO_2)$$

Notez que la valeur de $\Delta G^\circ_{\text{réaction}}$ est exprimée en kilojoules, mais que celle de ΔG_f° est en kilojoules par mole. L'équation est valide parce que le coefficient de ΔG_f° (1 dans ce cas) est accompagné de l'unité «mol». L'annexe 2 énumère les valeurs de ΔG_f° pour un certain nombre de composés.

EXEMPLE 17.4
Le calcul des variations d'enthalpie libre standard

Calculez les variations d'enthalpie libre standard des réactions suivantes, à 25 °C.

a) $CH_4(g) + 2O_2(g) \longrightarrow CO_2(g) + 2H_2O(l)$

b) $2MgO(s) \longrightarrow 2Mg(s) + O_2(g)$

Réponse: a) Selon l'équation (17.7), nous avons

$$\Delta G^\circ_{\text{réaction}} = [\Delta G_f^\circ(CO_2) + 2\Delta G_f^\circ(H_2O)] - [\Delta G_f^\circ(CH_4) + 2\Delta G_f^\circ(O_2)]$$

D'après les données de l'annexe 2:

$$\begin{aligned}\Delta G^\circ_{\text{réaction}} &= [(1\ \text{mol})(-394{,}4\ \text{kJ/mol}) + (2\ \text{mol})(-237{,}2\ \text{kJ/mol})] \\ &\quad - [(1\ \text{mol})(-50{,}8\ \text{kJ/mol}) + (2\ \text{mol})(0\ \text{kJ/mol})] \\ &= -818{,}0\ \text{kJ}\end{aligned}$$

b) L'équation est

$$\Delta G^\circ_{\text{réaction}} = [2\Delta G_f^\circ(Mg) + \Delta G_f^\circ(O_2)] - [\Delta G_f^\circ(MgO)]$$

D'après les données de l'annexe 2, nous avons

$$\Delta G^{\circ}_{\text{réaction}} = [(2\text{ mol})(0\text{ kJ/mol}) + (1\text{ mol})(0\text{ kJ/mol})] - [(2\text{ mol})(-569{,}6\text{ kJ/mol})]$$

$$= 1139\text{ kJ}$$

EXERCICE

Calculez les variations d'enthalpie libre standard des réactions suivantes, à 25 °C:

a) $H_2(g) + Br_2(l) \longrightarrow 2HBr(g)$

b) $2C_2H_6(g) + 7O_2(g) \longrightarrow 4CO_2(g) + 6H_2O(l)$

Dans l'exemple ci-dessus, la grande valeur négative de ΔG° pour la combustion du méthane en a) signifie que la réaction est spontanée dans les conditions standard; la décomposition de MgO, présentée en b), est non spontanée, car la valeur de ΔG° est grande positive. Il faut toutefois se souvenir qu'une grande valeur négative de ΔG° ne veut rien dire quant à la *vitesse* de la réaction spontanée; un mélange de CH_4 et de O_2, à 25 °C, peut rester inchangé indéfiniment en absence d'une étincelle ou d'une flamme.

LES APPLICATIONS DE L'ÉQUATION (17.6)

Pour prédire le signe de ΔG, selon l'équation (17.6), il faut connaître à la fois les valeurs de ΔH et de ΔS. Une valeur de ΔH négative (réaction exothermique) et une valeur de ΔS positive (augmentation du désordre du système) contribuent à donner nécessairement une valeur négative de ΔG; mais lorsque les valeurs de ΔH et de ΔS sont de même signe, la température peut influencer le sens de la spontanéité de la réaction. Voici les quatre cas possibles:

- Si ΔH et ΔS sont positives, ΔG est négative seulement quand la valeur de $T\Delta S$ est numériquement supérieure à celle de ΔH. Cela est vrai quand T est élevée.
- Si ΔH est positive et ΔS négative, ΔG est toujours positive, quelle que soit la température.
- Si ΔH est négative et ΔS positive, ΔG est toujours négative, quelle que soit la température.
- Si ΔH et ΔS sont négatives, ΔG est négative seulement quand la valeur absolue de $T\Delta S$ est numériquement inférieure à la valeur absolue de ΔH. Cela est vrai quand T est basse.

Les températures qui donneront une valeur négative à ΔG dans les premier et dernier cas dépendent des valeurs particulières de ΔH et de ΔS d'un système donné. Le tableau 17.3 résume les possibilités décrites ci-dessus.

TABLEAU 17.3

Les facteurs influençant le signe de ΔG dans la relation $\Delta G = \Delta H - T\,\Delta S$

ΔH	ΔS	ΔG	Exemple
+	+	La réaction se produit spontanément à température élevée. À basse température, la réaction est spontanée dans le sens opposé.	$H_2(g) + I_2(g) \longrightarrow 2HI(g)$
+	−	La valeur de ΔG est toujours positive. La réaction est spontanée dans le sens opposé à toutes les températures.	$3O_2(g) \longrightarrow 2O_3(g)$
−	+	La valeur de ΔG est toujours négative. La réaction se produit spontanément à toutes les températures.	$2H_2O_2(l) \longrightarrow 2H_2O(l) + O_2(g)$
−	−	La réaction se produit spontanément à basse température. À température élevée, c'est la réaction inverse qui est spontanée.	$NH_3(g) + HCl(g) \longrightarrow NH_4Cl(s)$

Voyons maintenant deux applications précises de l'équation (17.6).

La température et les réactions chimiques

L'oxyde de calcium (CaO), aussi appelé chaux vive, est une substance inorganique très importante utilisée dans la fabrication de l'acier, dans la production du calcium, dans la fabrication du papier, dans le traitement de l'eau et dans le contrôle de la pollution. On l'obtient par la décomposition du calcaire ($CaCO_3$) dans un four à température élevée (*figure 17.4*):

$$CaCO_3(s) \rightleftharpoons CaO(s) + CO_2(g)$$

La réaction est réversible; CaO se combine facilement à CO_2 pour former $CaCO_3$. La pression de CO_2 en équilibre avec $CaCO_3$ et CaO augmente avec la température. Durant la production, le système n'est jamais maintenu en équilibre, car on retire constamment le CO_2 du four pour déplacer l'équilibre vers la droite, ce qui favorise la formation d'oxyde de calcium.

Les chimistes se doivent de connaître la température à laquelle la décomposition de $CaCO_3$ devient appréciable (température à laquelle la réaction devient spontanée). On peut estimer cette température de la façon suivante. D'abord, il faut calculer ΔH° et ΔS° pour la réaction à 25 °C, en utilisant les données de l'annexe 2. Pour déterminer la valeur de ΔH°, il faut utiliser l'équation (6.8):

$$\begin{aligned}\Delta H^\circ &= [\Delta H_f^\circ(CaO) + \Delta H_f^\circ(CO_2)] - [\Delta H_f^\circ(CaCO_3)]\\ &= [(1\ \text{mol})(-635{,}6\ \text{kJ/mol}) + (1\ \text{mol})(-393{,}5\ \text{kJ/mol})] - [(1\ \text{mol})(-1206{,}9\ \text{kJ/mol})]\\ &= 177{,}8\ \text{kJ}\end{aligned}$$

Puis, on utilise l'équation (17.4) pour déterminer ΔS°:

$$\begin{aligned}\Delta S^\circ &= [S^\circ(CaO) + S^\circ(CO_2)] - [S^\circ(CaCO_3)]\\ &= [(1\ \text{mol})(39{,}8\ \text{J/K}\cdot\text{mol}) + (1\ \text{mol})(213{,}6\ \text{J/K}\cdot\text{mol})] - [(1\ \text{mol})(92{,}9\ \text{J/K}\cdot\text{mol})]\\ &= 160{,}5\ \text{J/K}\end{aligned}$$

FIGURE 17.4

La production de CaO dans un four rotatif.

Dans le cas des réactions se produisant dans les conditions standard, l'équation (17.6) prend la forme suivante:

$$\Delta G^\circ = \Delta H^\circ - T\Delta S^\circ$$

On obtient donc:

$$\Delta G^\circ = 177{,}8 \text{ kJ} - (298 \text{ K})(160{,}5 \text{ J/K})\left(\frac{1 \text{ kJ}}{1000 \text{ J}}\right)$$

$$= 130{,}0 \text{ kJ}$$

Puisque la valeur de ΔG° est positive, on conclut que la réaction n'a pas lieu à 25 °C (ou 298 K). Pour rendre ΔG° négative, il faut d'abord trouver la température à laquelle elle est égale à zéro, ce qui permet d'écrire l'équation (17.6) ainsi:

$$0 = \Delta H^\circ - T\Delta S^\circ$$

ou

$$T = \frac{\Delta H^\circ}{\Delta S^\circ}$$

$$= \frac{(177{,}8 \text{ kJ})(1000 \text{ J/1 kJ})}{160{,}5 \text{ J/K}}$$

$$= 1108 \text{ K}$$

$$= 835 \text{ °C}$$

À une température supérieure à 835 °C, la valeur de ΔG° devient négative, ce qui signifie que la décomposition est spontanée. Par exemple, à 840 °C (ou 1113 K),

$$\Delta G^\circ = \Delta H^\circ - T\Delta S^\circ$$

$$= 177{,}8 \text{ kJ} - (1113 \text{ K})(160{,}5 \text{ J/K})\left(\frac{1 \text{ kJ}}{1000 \text{ J}}\right)$$

$$= -0{,}8 \text{ kJ}$$

Il y a deux remarques importantes à faire concernant un tel calcul. Premièrement, on utilise les valeurs de ΔH° et de ΔS° à 25 °C pour calculer des variations qui se produisent à des températures beaucoup plus élevées. Puisque ces valeurs changent avec la température, cette méthode ne donnera pas une valeur exacte de ΔG°, mais c'est tout de même une bonne estimation. Deuxièmement, il ne faut pas croire que rien n'arrive en deçà de 835 °C et que, à 835 °C, $CaCO_3$ se décompose soudainement. La réalité est tout autre. Le fait que la valeur de ΔG° soit positive en dessous de 835 °C ne signifie pas qu'il n'y a pas formation de CO_2; cela signifie seulement que la pression du CO_2 gazeux formé sous cette température est inférieure à 1 atm, sa valeur standard (*tableau 17.2*). Comme le démontre la figure 17.5, la pression de CO_2 augmente d'abord très lentement avec la température; elle devient facilement mesurable au-dessus de 700 °C. La température de 835 °C correspond à la

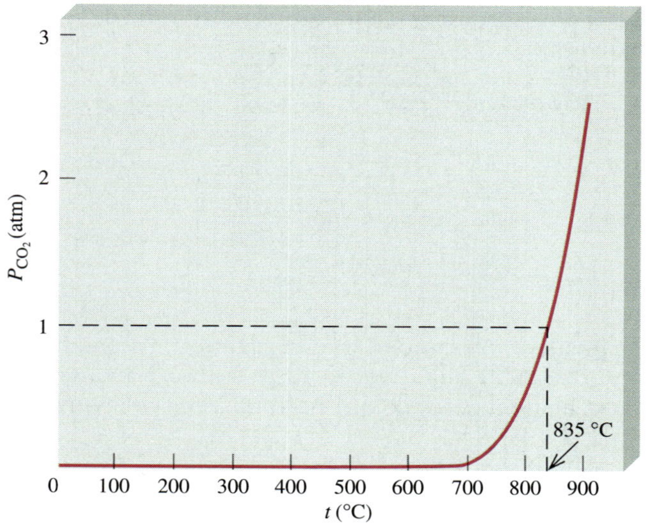

FIGURE 17.5

Variation de la pression à l'équilibre de CO_2 provenant de la décomposition de $CaCO_3$ en fonction de la température. Cette courbe est calculée en supposant que les valeurs de ΔH et ΔS pour la réaction ne changent pas avec la température.

température à laquelle la pression à l'équilibre de CO_2 atteint 1 atm. Au-dessus de 835 °C, la pression à l'équilibre de CO_2 est supérieure à 1 atm. (À la section 17.6, nous verrons la relation entre $\Delta G°$ et la constante d'équilibre d'une réaction donnée.)

Les changements de phases

Au cours d'un changement de phase (fusion ou ébullition), un système est en équilibre ($\Delta G = 0$). L'équation (17.6) devient alors:

$$0 = \Delta H - T\Delta S$$

$$\Delta S = \frac{\Delta H}{T}$$

Voyons d'abord l'équilibre glace-eau. Dans le cas du passage glace $\longrightarrow$ eau, ΔH correspond à la chaleur molaire de fusion (*tableau 11.7*), et T est le point de fusion. La variation d'entropie est alors:

$$\Delta S_{\text{glace}\longrightarrow\text{eau}} = \frac{6010 \text{ J/mol}}{273 \text{ K}}$$

$$= 22{,}0 \text{ J/K} \cdot \text{mol}$$

Donc, quand une mole de glace fond à 0 °C, il y a une augmentation d'entropie de 22,0 J/K. L'augmentation d'entropie correspond bien à l'augmentation du désordre qui accompagne le passage de la phase solide à la phase liquide. Inversement, dans le cas du passage eau $\longrightarrow$ glace, la diminution d'entropie est donnée par

$$\Delta S_{\text{eau}\longrightarrow\text{glace}} = \frac{-6010 \text{ J/mol}}{273 \text{ K}}$$

$$= -22{,}0 \text{ J/K} \cdot \text{mol}$$

En laboratoire, on effectue habituellement des changements dans un seul sens, c'est-à-dire de la glace en eau ou de l'eau en glace. On peut calculer la variation d'entropie dans chacun de ces cas en utilisant l'équation $\Delta S = \Delta H/T$, pour autant que la température demeure à 0 °C. On peut également utiliser la même méthode pour le passage eau $\longrightarrow$ vapeur. Dans ce dernier cas, ΔH est la chaleur de vaporisation, et T est le point d'ébullition de l'eau.

EXEMPLE 17.5

Les variations d'entropie au cours des changements de phases

Du benzène liquide en équilibre avec du benzène solide.

Les chaleurs molaires de fusion et de vaporisation du benzène sont respectivement de 10,9 kJ/mol et de 31,02 kJ/mol. Calculez, pour le benzène, les variations d'entropie pour les passages solide $\longrightarrow$ liquide et liquide $\longrightarrow$ vapeur. À une pression de 1 atm, le benzène fond à 5,5 °C et bout à 80,1 °C.

Réponse: Au point de fusion, le système est en équilibre. Donc, $\Delta G = 0$ et la variation d'entropie de la fusion est donnée par

$$0 = \Delta H_{\text{fus}} - T_f \Delta S_{\text{fus}}$$

$$\Delta S_{\text{fus}} = \frac{\Delta H_{\text{fus}}}{T_f}$$

$$= \frac{(10{,}9 \text{ kJ/mol})(1000 \text{ J/1 kJ})}{(5{,}5 + 273)\text{K}}$$

$$= 39{,}1 \text{ J/K} \cdot \text{mol}$$

De même, au point d'ébullition, $\Delta G = 0$ et nous avons

$$\Delta S_{\text{vap}} = \frac{\Delta H_{\text{vap}}}{T_{\text{éb}}}$$

$$= \frac{(31{,}0 \text{ kJ/mol})(1000 \text{ J/1 kJ})}{(80{,}1 + 273) \text{ K}}$$

$$= 87{,}8 \text{ J/K} \cdot \text{mol}$$

EXERCICE

Les chaleurs molaires de fusion et de vaporisation de l'argon sont respectivement de 1,3 kJ/mol et de 6,3 kJ/mol; les points de fusion et d'ébullition sont −190 °C et −186 °C. Calculez les variations d'entropie de la fusion et de la vaporisation de l'argon.

17.6 L'ENTHALPIE LIBRE ET L'ÉQUILIBRE CHIMIQUE

Dans cette section, nous verrons plus en détail la différence entre ΔG et ΔG°, ainsi que la relation entre les variations d'enthalpie libre et les constantes d'équilibre.

Les expressions de la variation d'enthalpie libre et de la variation d'enthalpie libre standard sont respectivement:

$$\Delta G = \Delta H - T\Delta S$$

$$\Delta G^\circ = \Delta H^\circ - T\Delta S^\circ$$

Il est important de comprendre dans quelles conditions ces équations sont valides et quels types de renseignements sont donnés par ΔG et ΔG°. Utilisons l'exemple suivant:

$$\text{réactifs} \longrightarrow \text{produits}$$

La variation d'enthalpie libre standard de cette réaction est donnée par

$$\Delta G^\circ = G^\circ(\text{produits}) - G^\circ(\text{réactifs})$$

La valeur de ΔG° représente la variation d'enthalpie libre qui se produit quand les réactifs à l'état standard sont convertis en produits à l'état standard (*voir tableau 17.2 pour la définition du terme «état standard»*). Nous avons vu, à l'exemple 17.4, comment se calcule la valeur de ΔG° pour une réaction à partir des enthalpies libres standard de formation des réactifs et des produits. Supposons que la réaction est enclenchée en solution et que tous les réactifs sont à leur état standard (c'est-à-dire qu'ils sont tous à une concentration de 1 *M*). Dès que la réaction s'amorce, on ne peut plus parler d'état standard: les réactifs et les produits ne sont plus à une concentration de 1 *M*. Quand les conditions *ne* sont *pas* standard, il faut utiliser ΔG plutôt que ΔG° pour prédire le sens de la réaction. La relation entre ΔG et ΔG° est

$$\Delta G = \Delta G^\circ + RT \ln Q \qquad (17.8)$$

où R est la constante des gaz (8,314 J/K · mol); T, la température absolue; ln, le logarithme naturel (*voir annexe 3*); et Q, le quotient réactionnel, défini à la page 417. On constate que ΔG dépend de deux valeurs: ΔG° et $RT \ln Q$. À une température T, pour une réaction donnée, la valeur de ΔG° ne varie pas, ce qui n'est pas le cas pour $RT \ln Q$, car Q varie selon la composition du mélange en réaction. Voyons deux cas particuliers.

Cas 1: Si la valeur de ΔG° est grande négative, la valeur positive du terme $RT \ln Q$ ne sera pas suffisamment grande pour l'emporter sur celle de ΔG° tant qu'il n'y aura pas formation significative de produits.

Cas 2: Si la valeur de ΔG° est très grande positive, la valeur négative du terme $RT \ln Q$ l'emportera sur celle de ΔG° tant que la quantité de produits formés sera très faible et que la concentration des réactifs sera élevée par rapport à celle des produits.

À l'équilibre, par définition, $\Delta G = 0$ et $Q = K$, où K est la constante d'équilibre. Donc,

$$0 = \Delta G^\circ + RT \ln K$$

ou

$$\Delta G^\circ = -RT \ln K \qquad (17.9)$$

Dans cette équation, on utilise K_P pour les réactions en phase gazeuse et K_C pour les réactifs en solution. Notez que, plus la valeur de K est élevée, plus celle de ΔG° est grande négative.

Pour le chimiste, l'équation (17.9) est l'une des équations les plus importantes en thermodynamique, car elle met en relation la constante d'équilibre d'une réaction et la variation de l'enthalpie libre standard. Donc, à partir de la valeur de K, on peut calculer celle de ΔG° et vice versa. La figure 17.6 montre les variations d'enthalpie libre de deux systèmes en réaction (deux types de réaction) en fonction de leur composition: cela correspond à la progression de la réaction. Comme on peut le constater, si $\Delta G^\circ < 0$, les produits sont favorisés à l'équilibre. Inversement, si $\Delta G^\circ > 0$, les réactifs sont favorisés à l'équilibre. Le tableau 17.4 résume les trois relations possibles entre ΔG° et K que décrit l'équation (17.9).

TABLEAU 17.4

La relation entre ΔG° et K selon l'équation $\Delta G^\circ = -RT \ln K$

K	$\ln K$	ΔG°	Commentaires
>1	Positif	Négative	À l'équilibre, les produits sont favorisés.
=1	0	0	À l'équilibre, les produits et les réactifs sont également favorisés.
<1	Négatif	Positive	À l'équilibre, les réactifs sont favorisés.

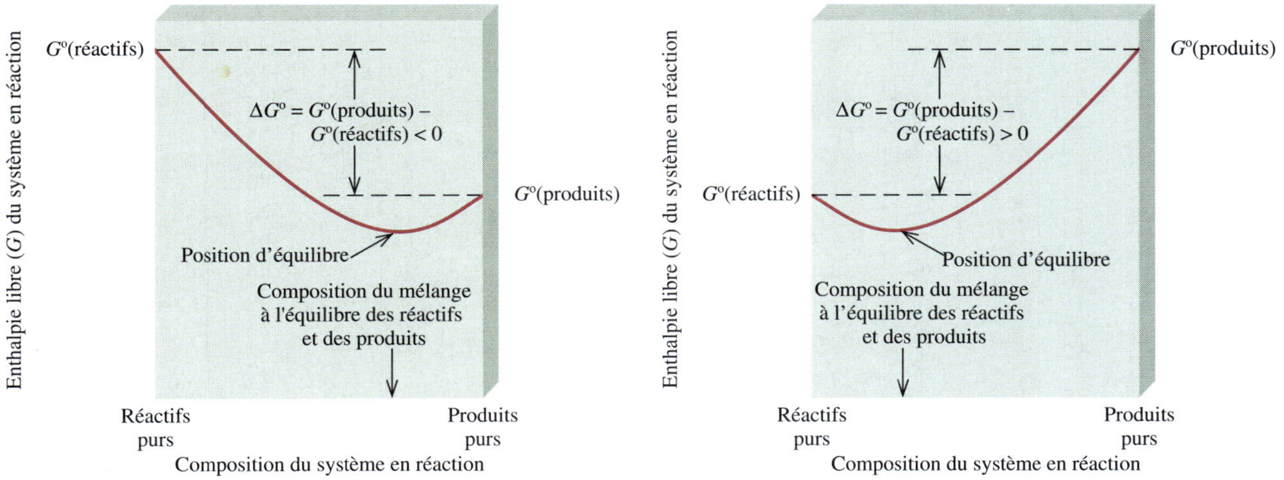

a) b)

FIGURE 17.6

a) $G^\circ_{produits} < G^\circ_{réactifs}$, donc $\Delta G^\circ < 0$. À l'équilibre, il y a une transformation importante de réactifs en produits. b) $G^\circ_{produits} > G^\circ_{réactifs}$, donc $\Delta G^\circ > 0$. À l'équilibre, les réactifs sont favorisés par rapport aux produits.

Dans le cas des réactions à constantes d'équilibre très élevées ou très basses, il est généralement difficile, sinon impossible, de déterminer *K* en suivant la variation des concentrations de toutes les espèces en jeu. Voyons, par exemple, la formation de l'oxyde d'azote à partir de l'azote moléculaire et de l'oxygène moléculaire:

$$N_2(g) + O_2(g) \rightleftharpoons 2NO(g)$$

À 25 °C, la constante d'équilibre K_C est

$$K_C = \frac{[NO]^2}{[N_2][O_2]} = 4{,}0 \times 10^{-31}$$

La très petite valeur de K_C signifie que la concentration de NO à l'équilibre sera extrêmement basse. Dans un tel cas, on obtient plus facilement la constante d'équilibre à partir de la valeur de $\Delta G°$ de la réaction. (Comme nous l'avons vu, $\Delta G°$ peut être calculée à partir des valeurs de $\Delta H°$ et de $\Delta S°$.) Par ailleurs, la constante d'équilibre de la formation de l'iodure d'hydrogène, à partir de l'hydrogène et de l'iode moléculaires, a une valeur proche de 1 à la température ambiante:

$$H_2(g) + I_2(g) \rightleftharpoons 2HI(g)$$

C'est pourquoi dans ce cas-ci il est plus facile de mesurer *K* et ensuite de calculer $\Delta G°$ à l'aide de l'équation (17.9) que de mesurer $\Delta H°$ et $\Delta S°$.

EXEMPLE 17.6
L'utilisation de $\Delta G°$ pour calculer la constante d'équilibre

À l'aide des données fournies à l'annexe 2, calculez la constante d'équilibre (K_P) de la réaction suivante, à 25 °C:

$$2H_2O(l) \rightleftharpoons 2H_2(g) + O_2(g)$$

Réponse: Selon l'équation (17.7):

$$\begin{aligned}\Delta G°_{\text{réaction}} &= [2\Delta G°_f(H_2) + \Delta G°_f(O_2)] - [2\Delta G°_f(H_2O)] \\ &= [(2\text{ mol})(0\text{ kJ/mol}) + (1\text{ mol})(0\text{ kJ/mol})] \\ &\qquad - [(2\text{ mol})(-237{,}2\text{ kJ/mol})] \\ &= 474{,}4\text{ kJ}\end{aligned}$$

En utilisant l'équation (17.9):

$$\Delta G°_{\text{réaction}} = -RT \ln K_P$$

$$474{,}4\text{ kJ} \times \frac{1000\text{ J}}{1\text{ kJ}} = -(8{,}314\text{ J/K}\cdot\text{mol})(298\text{ K}) \ln K_P$$

$$\ln K_P = -191{,}5$$

$$K_P = e^{-191,5}$$
$$= 7 \times 10^{-84}$$

EXERCICE

Calculez la constante d'équilibre (K_P) de la réaction suivante, à 25 °C:

$$2O_3(g) \longrightarrow 3O_2(g)$$

Pour pouvoir utiliser l'équation (17.8), rappelez-vous que le quotient réactionnel (Q) a la même forme que la constante d'équilibre (K), sauf que les concentrations dans Q ne sont pas celles observées à l'équilibre (*voir p.* 417).

EXEMPLE 17.7

L'utilisation de ΔG pour prédire le sens d'une réaction

La variation d'enthalpie libre standard de la réaction

$$N_2(g) + 3H_2(g) \rightleftharpoons 2NH_3(g)$$

est de −33,2 kJ, à 25 °C. Au cours d'une expérience, les pressions initiales sont $P_{H_2} = 0,250$ atm, $P_{N_2} = 0,870$ atm et $P_{NH_3} = 12,9$ atm. Calculez la valeur ΔG de cette réaction qui a lieu à ces pressions et prédisez le sens de la réaction.

Réponse: Nous pouvons écrire l'équation (17.8) ainsi:

$$\Delta G = \Delta G^\circ + RT \ln Q_P$$
$$= \Delta G^\circ + RT \ln \frac{P_{NH_3}^2}{P_{H_2}^3 P_{N_2}}$$
$$\Delta G = -33,2 \times 1000 \text{ J} + (8,314 \text{ J/K} \cdot \text{mol})(298 \text{ K}) \times \ln \frac{(12,9)^2}{(0,250)^3(0,870)}$$
$$= -33,2 \times 10^3 \text{ J} + 23,3 \times 10^3 \text{ J}$$
$$= -9,9 \times 10^3 \text{ J} = -9,9 \text{ kJ}$$

Puisque ΔG est négative, la réaction nette se produira vers la droite.

EXERCICE

La valeur de ΔG° pour la réaction

$$H_2(g) + I_2(g) \rightleftharpoons 2HI(g)$$

est de 2,60 kJ, à 25 °C. Au cours d'une expérience, les pressions initiales sont $P_{H_2} = 4,26$ atm, $P_{I_2} = 0,024$ atm et $P_{HI} = 0,23$ atm. Calculez ΔG pour la réaction et prédisez le sens de la réaction.

17.7 LA THERMODYNAMIQUE DANS LES SYSTÈMES VIVANTS

Il existe de nombreuses réactions biochimiques non spontanées (c'est-à-dire où la valeur de ΔG° est positive), qui sont pourtant essentielles au maintien de la vie. Ces réactions deviennent possibles si elles sont couplées à une autre réaction énergétiquement favorable, dont la valeur de ΔG° est négative. Le principe de *réactions couplées* est basé sur un concept simple; le dispositif nécessaire pour produire ces réactions dans le corps humain a pourtant pris des milliards d'années à se développer.

Durant le catabolisme, les molécules de nourriture, par exemple le glucose ($C_6H_{12}O_6$), sont transformées en dioxyde de carbone et en eau; cette transformation s'accompagne d'une importante variation négative d'enthalpie libre:

$$C_6H_{12}O_6(s) + 6O_2(g) \longrightarrow 6CO_2(g) + 6H_2O(l) \qquad \Delta G^\circ = -2880\ \text{kJ}$$

Dans une cellule vivante, cette réaction ne se produit pas en une seule étape (contrairement à la combustion du glucose dans une flamme); la dégradation du glucose, en présence d'enzymes, s'y produit plutôt en de nombreuses étapes pour donner les produits finaux. La plus grande partie de l'énergie produite durant ce processus est utilisée (stockée) pour la synthèse de l'adénosine triphosphate (ATP) à partir de l'adénosine diphosphate (ADP) et de l'acide phosphorique (*figure 17.7*):

$$\text{ADP} + H_3PO_4 \longrightarrow \text{ATP} + H_2O \qquad \Delta G^\circ = +31\ \text{kJ}$$

Dans des conditions adéquates, l'ATP s'hydrolyse pour redonner de l'ADP et de l'acide phosphorique; cette réaction produit 31 kJ d'enthalpie libre qui peuvent être utilisés pour fournir de l'énergie à des réactions qui ne se produiraient pas sans cet apport d'énergie. C'est le cas, par exemple, d'une réaction de synthèse (anabolisme), la synthèse de l'alanylglycine, un dipeptide:

$$\text{alanine} + \text{glycine} \longrightarrow \text{alanylglycine} \qquad \Delta G^\circ = +29\ \text{kJ}$$

Ce processus non spontané constitue la première étape de la formation d'une chaîne polypeptidique (protéine). Avec l'aide d'une enzyme, la réaction est couplée à l'hydrolyse de l'ATP:

$$\text{ATP} + H_2O + \text{alanine} + \text{glycine} \longrightarrow \text{ADP} + H_3PO_4 + \text{alanylglycine}$$

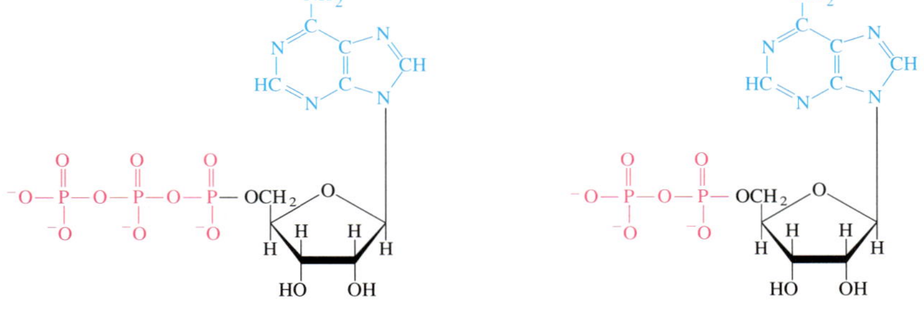

Adénosine triphosphate (ATP)

Adénosine diphosphate (ADP)

FIGURE 17.7

Les structures des formes ionisées de l'ATP et de l'ADP. Le groupe adénine est en bleu, le groupe ribose est en noir et le groupe phosphate est en rouge. Notez que l'ADP a un groupe phosphate de moins que l'ATP.

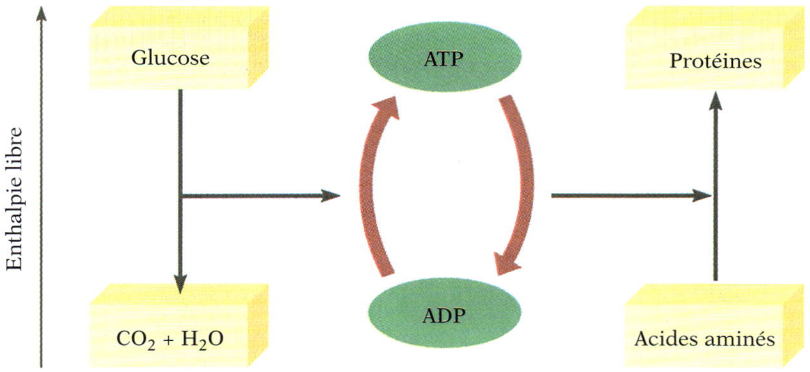

FIGURE 17.8

Illustration des réactions ATP–ADP couplées à des réactions biochimiques. La conversion du glucose en dioxyde de carbone et en eau libère de l'énergie, qui est utilisée pour convertir l'ADP en ATP. Les molécules d'ATP sont ensuite utilisées comme source d'énergie pour produire des réactions non spontanées, comme la synthèse des protéines à partir des acides aminés.

La variation d'enthalpie libre globale est donnée par $\Delta G^\circ = -31$ kJ + 29 kJ = −2 kJ, ce qui signifie que la réaction couplée est spontanée. En réalité, il faudrait tenir compte ici des conditions de températures et de concentrations qui diffèrent des conditions standard. La figure 17.8 illustre les interconversions ATP-ADP qui permettent le stockage d'énergie puis son relâchement par l'hydrolyse de l'ATP, ce qui permet de produire des réactions de synthèse (anabolisme) essentielles à la vie. L'ensemble des réactions de catabolisme et d'anabolisme constituent le métabolisme.

RÉSUMÉ

L'entropie est une grandeur qui mesure le désordre d'un système. Tout processus spontané fait augmenter l'entropie de l'univers (deuxième principe de la thermodynamique), ou, en termes mathématiques, $\Delta S_{\text{univ}} = \Delta S_{\text{syst}} + \Delta S_{\text{ext}} > 0$. La variation d'entropie standard d'une réaction ($\Delta S^\circ_{\text{réaction}}$) peut être calculée à partir des entropies absolues des réactifs et des produits.

On peut utiliser l'équation $\Delta G = \Delta H - T\Delta S$ pour prédire la spontanéité d'un processus. À température et à pression constantes, la variation d'enthalpie libre (ΔG) est inférieure à zéro dans le cas d'un processus spontané et supérieure à zéro dans le cas d'un processus non spontané. Dans le cas d'un processus à l'équilibre, $\Delta G = 0$. On peut trouver la variation d'enthalpie libre standard (ΔG°) d'une réaction à partir des enthalpies libres standard de formation des réactifs et des produits. La relation entre la constante d'équilibre d'une réaction et la variation d'enthalpie libre standard de cette réaction est $\Delta G^\circ = -RT \ln K$.

Un grand nombre de réactions biochimiques sont non spontanées, mais elles sont rendues possibles grâce au couplage: l'hydrolyse de l'ATP, pour laquelle ΔG° a une valeur négative, fournit l'énergie nécessaire pour que le tout soit spontanée.

MOTS CLÉS

Deuxième principe de la thermodynamique, p. 545
Enthalpie libre standard de formation (ΔG°_f), p. 550
Entropie (S), p. 542
Fonction de Gibbs, p. 548
Variation d'enthalpie libre standard (ΔG°), p. 549

QUESTIONS ET PROBLÈMES

LES PROCESSUS SPONTANÉS

Questions de révision

17.1 Dites ce qu'est un processus spontané. Donnez deux exemples de processus spontanés et deux exemples de processus non spontanés.

17.2 Ces processus sont-ils spontanés ou non spontanés? a) La dissolution du sel de table (NaCl) dans une soupe chaude. b) L'ascension du mont Everest. c) La diffusion d'un parfum dans une chambre quand on a ouvert le flacon qui le contient.

17.3 Dites quels sont, parmi les suivants, les processus spontanés et non spontanés à une température donnée?

a) $NaNO_3(s) \xrightarrow{H_2O} NaNO_3(aq)$ solution saturée

b) $NaNO_3(s) \xrightarrow{H_2O} NaNO_3(aq)$ solution insaturée

c) $NaNO_3(s) \xrightarrow{H_2O} NaNO_3(aq)$ solution sursaturée

Problème

17.4 En vous référant à la figure 17.1 a), calculez la probabilité que toutes les molécules se trouvent dans le même ballon si leur nombre est de: a) 6, b) 60, c) 600.

L'ENTROPIE: DEUXIÈME PRINCIPE DE LA THERMODYNAMIQUE

Questions de révision

17.5 Définissez le terme «entropie». Quelles unités utilise-t-on pour l'exprimer? Énoncez le deuxième principe de la thermodynamique et donnez son expression mathématique.

17.6 Comment l'entropie d'un système varie-t-elle dans chacun des processus suivants?

a) La fonte d'un solide.

b) La congélation d'un liquide.

c) L'ébullition d'un liquide.

d) La conversion d'une vapeur en solide (déposition).

e) La condensation d'une vapeur en liquide.

f) La sublimation d'un solide.

Problèmes

17.7 Dans chacune des paires de substances suivantes, choisissez la substance dont l'entropie standard est la plus élevée à 25 °C. Les quantités molaires sont identiques. Justifiez vos choix. a) $Li(s)$ et $Li(l)$; b) $C_2H_5OH(l)$ et $CH_3OCH_3(l)$ (*Indice:* quelle molécule peut former des liaisons hydrogène?); c) $Ar(g)$ et $Xe(g)$; d) $CO(g)$ et $CO_2(g)$; e) graphite et diamant; f) $NO_2(g)$ et $N_2O_4(g)$.

17.8 Classez les substances suivantes (en quantité de une mole chacune) par ordre croissant de leur entropie à 25 °C: a) $Ne(g)$, b) $SO_2(g)$, c) $Na(s)$, d) $NaCl(s)$, e) $NH_3(g)$. Justifiez votre classement.

17.9 À l'aide des données de l'annexe 2, calculez la variation d'entropie standard des réactions suivantes, à 25 °C:

a) $S(s) + O_2(g) \longrightarrow SO_2(g)$

b) $MgCO_3(s) \longrightarrow MgO(s) + CO_2(g)$

17.10 À l'aide des données de l'annexe 2, calculez la variation d'entropie standard des réactions suivantes, à 25 °C:

a) $H_2(g) + CuO(s) \longrightarrow Cu(s) + H_2O(g)$

b) $2Al(s) + 3ZnO(s) \longrightarrow Al_2O_3(s) + 3Zn(s)$

c) $CH_4(g) + 2O_2(g) \longrightarrow CO_2(g) + 2H_2O(l)$

17.11 Sans consulter l'annexe 2, dites, pour chacune des réactions suivantes, si la variation d'entropie sera positive ou négative. Justifiez votre réponse.

a) $2KClO_4(s) \longrightarrow 2KClO_3(s) + O_2(g)$

b) $H_2O(g) \longrightarrow H_2O(l)$

c) $S(s) + O_2(g) \longrightarrow SO_2(g)$

d) $2Na(s) + 2H_2O(l) \longrightarrow 2NaOH(aq) + H_2(g)$

e) $CH_4(g) + 2O_2(g) \longrightarrow CO_2(g) + 2H_2O(l)$

f) $N_2(g) \longrightarrow 2N(g)$

g) $2LiOH(aq) + CO_2(g) \longrightarrow Li_2CO_3(aq) + H_2O(l)$

17.12 Dites, pour chacune des réactions suivantes, si la variation d'entropie sera positive ou négative. Justifiez votre réponse.

a) $PCl_3(l) + Cl_2(g) \longrightarrow PCl_5(s)$

b) $2HgO(s) \longrightarrow 2Hg(l) + O_2(g)$

c) $H_2(g) \longrightarrow 2H(g)$

d) $U(s) + 3F_2(g) \longrightarrow UF_6(s)$

L'ENTHALPIE LIBRE

Questions de révision

17.13 Définissez l'expression «enthalpie libre» . Quelles en sont les unités?

17.14 Pourquoi est-il plus commode de prédire le sens d'une réaction à l'aide de ΔG_{syst} plutôt qu'à l'aide de ΔG_{univ}? Dans quelles conditions peut-on utiliser ΔG_{syst} pour prédire la spontanéité d'une réaction?

Problèmes

17.15 Calculez la valeur de ΔG° pour les réactions suivantes, à 25 °C:

a) $N_2(g) + O_2(g) \longrightarrow 2NO(g)$

b) $H_2O(l) \longrightarrow H_2O(g)$

c) $2C_2H_2(g) + 5O_2(g) \longrightarrow 4CO_2(g) + 2H_2O(l)$

(*Indice:* consultez les enthalpies libres standard de formation des réactifs et des produits à l'annexe 2.)

17.16 Calculez la valeur de ΔG° pour chacune des réactions suivantes, à 25 °C:

a) $2Mg(s) + O_2(g) \longrightarrow 2MgO(s)$

b) $2SO_2(g) + O_2(g) \longrightarrow 2SO_3(g)$

c) $2C_2H_6(g) + 7O_2(g) \longrightarrow 4CO_2(g) + 6H_2O(l)$

Consultez l'annexe 2 pour les données thermodynamiques.

17.17 À partir des valeurs de ΔH et de ΔS données, dites si les réactions A et B suivantes sont spontanées à 25 °C. Sinon, dites à quelles températures elles pourraient le devenir. Réaction A: $\Delta H = 10{,}5$ kJ et $\Delta S = 30$ J/K. Réaction B: $\Delta H = 1{,}8$ kJ et $\Delta S = -113$ J/K.

17.18 À quelles températures les réactions dont les valeurs de ΔH et de ΔS sont indiquées deviennent-elles spontanées? a) $\Delta H = -126$ kJ et $\Delta S = 84$ J/K, b) $\Delta H = -11{,}7$ kJ et $\Delta S = -105$ J/K.

L'ENTHALPIE LIBRE ET L'ÉQUILIBRE CHIMIQUE

Questions de révision

17.19 Dites pourquoi l'équation (17.9) a une grande importance en chimie.

17.20 Expliquez clairement la différence entre ΔG et ΔG°.

Problèmes

17.21 Pour la réaction

$$H_2(g) + I_2(g) \rightleftharpoons 2HI(g)$$

$\Delta G^\circ = 2{,}60$ kJ. Calculez la valeur de K_P pour cette réaction à 25 °C.

17.22 Pour l'auto-ionisation de l'eau

$$H_2O(l) \rightleftharpoons H^+(aq) + OH^-(aq)$$

K_{eau} est $1{,}0 \times 10^{-14}$. Quelle est la valeur de ΔG° pour ce processus?

17.23 Soit la réaction suivante à 25 °C:

$$Fe(OH)_2(s) \rightleftharpoons Fe^{2+}(aq) + 2OH^-(aq)$$

Calculez la valeur de ΔG° pour cette réaction. La valeur de K_s pour $Fe(OH)_2$ est $1{,}6 \times 10^{-14}$.

17.24 Calculez les valeurs de ΔG° et de K_P pour la réaction suivante, à 25 °C:

$$2H_2O(g) \rightleftharpoons 2H_2(g) + O_2(g)$$

17.25 a) Calculez les valeurs de ΔG° et de K_P pour la réaction suivante à l'équilibre, à 25 °C. Les valeurs de ΔG_f° pour $Cl_2(g)$, $PCl_3(g)$ et $PCl_5(g)$ sont respectivement 0 kJ/mol, de −286 kJ/mol et de −325 kJ/mol.

$$PCl_5(g) \rightleftharpoons PCl_3(g) + Cl_2(g)$$

b) Calculez la valeur de ΔG pour la réaction si les pressions partielles du mélange initial sont $P_{PCl_5} = 0{,}0029$ atm, $P_{PCl_3} = 0{,}27$ atm et $P_{Cl_2} = 0{,}40$ atm.

17.26 La constante d'équilibre (K_P) de la réaction suivante:

$$H_2(g) + CO_2(g) \rightleftharpoons H_2O(g) + CO(g)$$

est 4,40, à 2000 K. a) Calculez la valeur de ΔG° pour la réaction. b) Calculez la valeur de ΔG pour la réaction quand les pressions partielles sont $P_{H_2} = 0{,}25$ atm, $P_{CO_2} = 0{,}78$ atm, $P_{H_2O} = 0{,}66$ atm et $P_{CO} = 1{,}20$ atm.

17.27 Soit la décomposition du carbonate de calcium:

$$CaCO_3(s) \rightleftharpoons CaO(s) + CO_2(g)$$

Calculez la pression de CO_2 en atmosphères, à l'équilibre a) à 25 °C et b) à 800 °C. Considérez que $\Delta H^\circ = 177{,}8$ kJ et $\Delta S^\circ = 160{,}5$ J/K.

17.28 La constante d'équilibre K_P de la réaction

$$CO(g) + Cl_2(g) \rightleftharpoons COCl_2(g)$$

est $5{,}62 \times 10^{35}$, à 25 °C. Calculez la valeur de ΔG_f° pour $COCl_2$, à 25 °C.

17.29 À 25 °C, la valeur de ΔG° pour le changement de phase

$$H_2O(l) \rightleftharpoons H_2O(g)$$

est 8,6 kJ. Calculez la «constante d'équilibre» de cette transformation.

17.30 Calculez la valeur de ΔG° pour le changement de phase

$$C(\text{diamant}) \rightarrow C(\text{graphite})$$

Ce changement est-il spontané à 25 °C? Si oui, pourquoi le diamant ne devient-il pas du graphite?

PROBLÈMES VARIÉS

17.31 Expliquez la comptine suivante par le deuxième principe de la thermodynamique.

HUMPTY DUMPTY SAT ON A WALL;
HUMPTY DUMPTY HAD A GREAT FALL.
ALL THE KING'S HORSES AND ALL THE KING'S MEN
COULDN'T PUT HUMPTY DUMPTY TOGETHER AGAIN.

17.32 Calculez la valeur de ΔG pour la réaction

$$H_2O(l) \rightleftharpoons H^+(aq) + OH^-(aq)$$

à 25 °C dans les conditions suivantes:

a) $[H^+] = 1,0 \times 10^{-7}\ M$; $[OH^-] = 1,0 \times 10^{-7}\ M$

b) $[H^+] = 1,0 \times 10^{-3}\ M$; $[OH^-] = 1,0 \times 10^{-4}\ M$

c) $[H^+] = 1,0 \times 10^{-12}\ M$; $[OH^-] = 2,0 \times 10^{-8}\ M$

d) $[H^+] = 3,5\ M$; $[OH^-] = 4,8 \times 10^{-4}\ M$

17.33 Lesquelles des fonctions thermodynamiques suivantes sont associées seulement au premier principe de la thermodynamique: S, E, G et H?

17.34 Une étudiante verse 1 g de chacun des composés A, B et C dans un contenant; une semaine plus tard, elle ne constate aucun changement. Suggérez quelques explications possibles. Considérez que A, B et C sont des liquides complètement miscibles.

17.35 Donnez un exemple détaillé et une explication pour chacun des phénomènes suivants: a) Un processus spontané du point de vue thermodynamique. b) Un processus qui dérogerait au premier principe de la thermodynamique. c) Un processus qui dérogerait au deuxième principe de la thermodynamique. d) Un processus irréversible. e) Un processus à l'équilibre.

17.36 Prédisez les signes de ΔH, de ΔS et de ΔG dans chacun des cas suivants, à 1 atm (le point de fusion normal de l'ammoniac est −77,7 °C.): a) l'ammoniac fond à −60 °C, b) l'ammoniac fond à −77,7 °C, c) l'ammoniac fond à −100 °C.

17.37 Soit les faits suivants: l'eau gèle spontanément à −5 °C, à 1 atm; la structure de la glace est plus ordonnée que celle de l'eau. Dites comment un processus spontané peut se solder par une diminution d'entropie.

17.38 Le nitrate d'ammonium (NH_4NO_3) se dissout spontanément dans l'eau; ce processus est endothermique. Que pouvez-vous déduire concernant le signe de ΔS pour cette dissolution?

17.39 Calculez la pression à l'équilibre causée par la décomposition du chlorure d'ammonium (NH_4Cl), à 25 °C.

17.40 a) La loi de Trouton dit que le rapport entre la chaleur molaire de vaporisation d'un liquide (ΔH_{vap}) et son point d'ébullition en kelvins est approximativement de 90 J/K · mol. Démontrez que c'est bien le cas à l'aide des données suivantes:

	$t_{éb}$ (°C)	ΔH_{vap}(kJ/mol)
Benzène	80,1	31,0
Hexane	68,7	30,8
Mercure	357	59,0
Toluène	110,6	35,2

et dites pourquoi cette règle est vraie. b) Utilisez les valeurs données au tableau 11.5 pour calculer le même rapport dans le cas de l'éthanol et de l'eau. Dites pourquoi la loi de Trouton ne s'applique pas à ces deux substances comme elle le fait pour les autres liquides.

17.41 L'oxyde de carbone (CO) et l'oxyde d'azote (NO) sont deux gaz polluants produits par les moteurs des automobiles. Dans des conditions adéquates, on peut faire réagir ces gaz pour former de l'azote (N_2) et du dioxyde de carbone (CO_2), gaz moins toxique. a) Écrivez l'équation de cette réaction. b) Déterminez l'oxydant et le réducteur. c) Calculez la valeur de K_P pour la réaction, à 25 °C. d) Dans des conditions atmosphériques normales, les pressions partielles sont $P_{N_2} = 0,80$ atm, $P_{CO_2} = 3,0 \times 10^{-4}$ atm, $P_{CO} = 5,0 \times 10^{-5}$ atm, et $P_{NO} = 5,0 \times 10^{-7}$ atm. Calculez la valeur de Q_P et prédisez le sens de la réaction. e) Une augmentation de température favoriserait-elle la formation de N_2 et de CO_2?

17.42 Dans le cas des réactions qui se produisent dans des conditions standard, l'équation (17.6) prend la forme suivante: $\Delta G° = \Delta H° - T\Delta S°$. a) En considérant que $\Delta H°$ et $\Delta S°$ sont indépendantes de la température, déduisez l'équation suivante:

$$\ln \frac{K_2}{K_1} = \frac{\Delta H°}{R}\left(\frac{T_2 - T_1}{T_1 T_2}\right)$$

où K_1 et K_2 sont les constantes d'équilibre à T_1 et à T_2, respectivement. b) Sachant que la valeur de K_C pour la réaction suivante:

$$N_2O_4(g) \rightleftharpoons 2NO_2(g) \qquad \Delta H° = 58,0 \text{ kJ}$$

est $4,63 \times 10^{-3}$, à 25 °C, calculez la constante d'équilibre à 65 °C.

17.43 On place du sulfate de cuivre(II) pentahydraté dans un contenant fermé, puis on laisse l'équilibre s'établir à 25 °C:

$$CuSO_4 \cdot 5H_2O(s) \rightleftharpoons CuSO_4(s) + 5H_2O(g)$$

La pression de la vapeur d'eau est-elle mesurable? (La valeur de $\Delta G_f°$ pour $CuSO_4 \cdot 5H_2O$: −1879,7 kJ/mol.)

17.44 La valeur de K_s pour AgCl est donnée au tableau 15.3. Quelle en est la valeur à 60 °C? (*Indice:* il faut utiliser le résultat du problème 17.42 a) et les données de l'annexe 2 pour calculer la valeur de $\Delta H°$.)

17.45 Dans quelles conditions une substance a-t-elle une entropie standard égale à zéro?

17.46 Le gaz à l'eau est un carburant obtenu par la réaction entre de la vapeur d'eau et du coke (un produit dérivé de la distillation du charbon) chauffé à rouge:

$$H_2O(g) + C(s) \rightleftharpoons CO(g) + H_2(g)$$

À l'aide des données de l'annexe 2, estimez la température à laquelle la réaction devient possible.

17.47 Soit la réaction acide-base de Brønsted suivante, à 25 °C:

$$HF(aq) + Cl^-(aq) \rightleftharpoons HCl(aq) + F^-(aq)$$

a) Dites si la valeur de K sera supérieure ou inférieure à 1. b) Laquelle des valeurs, $\Delta S°$ ou $\Delta H°$, contribue le plus à la valeur de $\Delta G°$? c) La valeur de $\Delta H°$ est-elle susceptible d'être positive ou négative?

17.48 La cristallisation de l'acétate de sodium dans une solution sursaturée se produit spontanément (*voir chapitre 12*). Que peut-on en déduire à propos des signes de ΔS et de ΔH?

17.49 Soit la décomposition thermique de $CaCO_3$:

$$CaCO_3(s) \rightleftharpoons CaO(s) + CO_2(g)$$

La pression de vapeur de CO_2 est de 22,6 mm Hg à 700 °C et de 1829 mm Hg à 950 °C. Calculez l'enthalpie standard de la réaction. (*Indice:* voir le problème 17.42.)

17.50 Une certaine réaction est spontanée à 72 °C. Si la variation d'enthalpie de cette réaction est de 19 kJ, quelle est la valeur *minimale* de ΔS (en joules par kelvin) pour cette réaction?

17.51 Pour chacune des réactions suivantes, dites si la variation d'entropie est positive ou négative:

a) $Zn(s) + 2HCl(aq) \rightleftharpoons ZnCl_2(aq) + H_2(g)$

b) $O(g) + O(g) \rightleftharpoons O_2(g)$

c) $NH_4NO_3(s) \rightleftharpoons N_2O(g) + 2H_2O(g)$

d) $Ba^{2+}(aq) + SO_4^{2-}(aq) \rightleftharpoons BaSO_4(s)$

e) $2H_2O_2(l) \rightleftharpoons 2H_2O(l) + O_2(g)$

17.52 La réaction $NH_3(g) + HCl(g) \longrightarrow NH_4Cl(s)$ est spontanée à 25 °C, même si le désordre du système diminue (les gaz sont convertis en solide). Dites pourquoi.

17.53 Utilisez les données suivantes pour déterminer le point d'ébullition normal du mercure, en kelvins. Quelle supposition devez-vous faire pour pouvoir effectuer le calcul?

Hg(l): $\Delta H_f° = 0$ kJ/mol (par définition)
$S° = 77,4$ J/K · mol

Hg(g): $\Delta H_f° = 60,78$ kJ/mol
$S° = 174,7$ J/K · mol

17.54 La chaleur molaire de vaporisation de l'éthanol est de 39,3 kJ/mol; son point d'ébullition est 78,3 °C. Calculez la valeur de ΔS pour la vaporisation de 0,50 mole d'éthanol.

17.55 On sait que, pour une certaine réaction, la valeur de $\Delta G°$ est de −122 kJ. La réaction se produira-t-elle au moment où on mélangera les réactifs?

17.56 Calculez la valeur de K_P pour la réaction suivante, à 25 °C: $N_2(g) + O_2(g) \rightleftharpoons 2NO(g)$. Selon votre résultat, que pouvez-vous dire sur la stabilité d'un mélange de O_2 et de N_2 gazeux dans l'atmosphère?

17.57 Calculez les valeurs de $\Delta G°$ et de K_P pour les processus suivants, à 25 °C:

a) $H_2(g) + Br_2(l) \rightleftharpoons 2HBr(g)$

b) $\frac{1}{2}H_2(g) + \frac{1}{2}Br_2(l) \rightleftharpoons HBr(g)$

Expliquez les différences entre les valeurs de $\Delta G°$ et de K_P obtenues en a) et en b).

17.58 Calculez la pression de O_2 (en atmosphères) qui s'exerce sur un échantillon de NiO, à 25 °C, si la valeur de $\Delta G°$ est de 212 kJ pour la réaction suivante:

$$NiO(s) \rightleftharpoons Ni(s) + \tfrac{1}{2}O_2(g)$$

17.59 Commentez l'affirmation suivante: le seul fait de parler de l'entropie fait augmenter sa valeur dans l'univers.

17.60 Laquelle des affirmations suivantes s'applique à une réaction pour laquelle la valeur de $\Delta G°$ est négative? a) La constante d'équilibre (K) est supérieure à 1. b) La réaction est spontanée quand les réactifs et les produits sont à leur état standard. c) La réaction est toujours exothermique.

17.61 Soit la réaction

$$N_2(g) + O_2(g) \rightleftharpoons 2NO(g)$$

La valeur de $\Delta G°$ est 173,4 kJ pour la réaction, à 25 °C. a) Calculez l'enthalpie libre standard de formation de NO. b) Calculez la valeur de K_P pour la réaction. c) NO est l'une des substances de départ dans la formation du smog; en considérant que la température dans un moteur d'auto en marche est 1100 °C, estimez la valeur de K_P pour cette réaction. d) Fait connu de certains cultivateurs, les éclairs assurent une meilleure récolte; pourquoi?

17.62 Dans le procédé de Mond pour purifier le nickel, on fait réagir de l'oxyde de carbone avec du nickel chauffé pour produire du $Ni(CO)_4$, un gaz facilement séparable des impuretés solides:

$$Ni(s) + 4CO(g) \rightleftharpoons Ni(CO)_4(g)$$

Sachant que les enthalpies libres standard de formation de $CO(g)$ et de $Ni(CO)_4(g)$ sont respectivement de −137,3 kJ/mol et de −587,4 kJ/mol, calculez la constante d'équilibre de la réaction, à 80 °C. Considérez que les valeurs de $\Delta G_f°$ sont indépendantes de la température.

17.63 Faites l'expérience suivante: étirez rapidement un élastique propre (d'au moins 0,5 cm de large) et appuyez-le sur vos lèvres. Vous sentirez de la chaleur. Ensuite, faites l'inverse: étirez un élastique et maintenez-le ainsi durant quelques secondes. Relâchez rapidement la tension, puis appuyez l'élastique sur vos lèvres. Vous sentirez un refroidissement. a) Utilisez l'équation (17.6) pour déterminer les signes de ΔG, de ΔH et de ΔS dans chaque cas. b) À partir du signe de ΔS, que peut-on conclure à propos de la structure des molécules de caoutchouc?

17.64 Des isomères sont des composés qui ont la même formule moléculaire mais des structures différentes. Ainsi il existe trois isomères pour C_5H_{12} dont voici les structures et les noms correspondants:

A

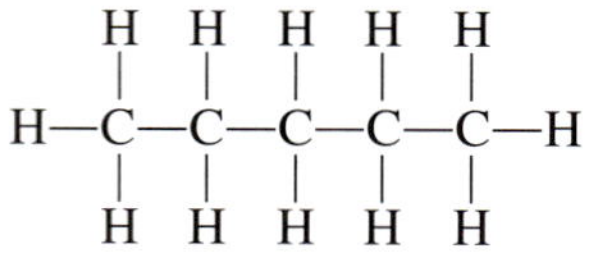

n-pentane

B

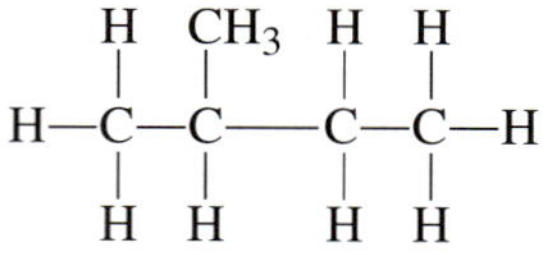

2-méthylbutane

C

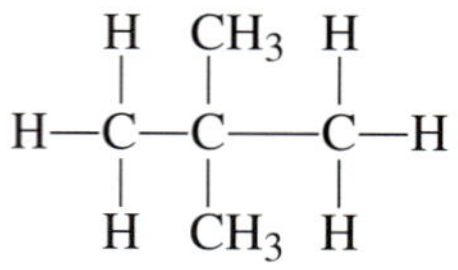

2, 2-diméthylpropane

Les enthalpies libres standard de formation (ΔG_f^o) des trois isomères du pentane sont $-8{,}37$ J/mol pour le *n*-pentane, $-14{,}8$ kJ/mol pour le 2-méthylbutane, $-15{,}2$ kJ/mol pour le 2,2-diméthylpropane. a) Déterminez le pourcentage molaire de ces molécules dans un mélange à l'équilibre, à 25 °C. b) Quel rôle joue la ramification (le composé C est le plus ramifié) dans la stabilité de ces molécules?

17.65 Au cours de la première étape du métabolisme du glucose, le glucose est converti en glucose 6-phosphate:

$$\text{glucose} + H_3PO_4 \longrightarrow \text{glucose 6-phosphate} + H_2O \qquad \Delta G^o = 13{,}4 \text{ kJ}$$

Puisque la valeur de ΔG^o est positive, cette réaction n'est pas spontanée. Démontrez comment cette réaction est rendue possible grâce à un couplage à l'hydrolyse de l'ATP. Écrivez l'équation de cette réaction couplée et estimez la constante d'équilibre de ce processus.

17.66 Comme la valeur suivante de ΔG^o l'indique, le réchauffement de l'oxyde de cuivre(I) à 400 °C ne produit pas de quantité appréciable de Cu:

$$Cu_2O(s) \rightleftharpoons 2Cu(s) + \tfrac{1}{2}O_2(g) \qquad \Delta G^o = 125 \text{ kJ}$$

Cependant, si cette réaction est couplée à la conversion du graphite en oxyde de carbone, elle devient spontanée. Écrivez l'équation de cette réaction couplée et calculez la constante d'équilibre du processus.

Réponses aux exercices: 17.1 a) L'entropie diminue, b) l'entropie diminue, c) l'entropie augmente, d) l'entropie augmente; **17.2** a) $-173{,}6$ J/K, b) $-139{,}8$ J/K, c) 215,3 J/K; **17.3** a) $\Delta S > 0$, b) $\Delta S < 0$, c) $\Delta S \simeq 0$; **17.4** a) $-106{,}4$ k, b) $-2935{,}0$ kJ; **17.5** $\Delta S_{fus} = 16$ J/K · mol, $\Delta S_{vap} = 72$ J/K · mol; **17.6** $1{,}93 \times 10^{57}$; **17.7** $\Delta G = 0{,}97$ kJ, la réaction se produira de droite à gauche.

18.1
Les réactions d'oxydoréduction
L'équilibrage des équations d'oxydoréduction

18.2
Les cellules galvaniques

18.3
Les potentiels standard d'électrode

18.4
La spontanéité des réactions d'oxydoréduction

18.5
L'effet de la concentration sur la fem d'une cellule: l'équation de Nernst

18.6
Les piles et les accumulateurs
La pile sèche • La pile au mercure • L'accumulateur au plomb • La pile à combustible

18.7
La corrosion

18.8
L'électrolyse
L'électrolyse du chlorure de sodium fondu • L'électrolyse de l'eau • L'électrolyse d'une solution aqueuse de chlorure de sodium • Les aspects quantitatifs de l'électrolyse

18.9
L'électrométallurgie
La production de l'aluminium • L'affinage du cuivre

CHAPITRE 18

LES RÉACTIONS D'OXYDORÉDUCTION ET L'ÉLECTROCHIMIE

«Prométhée livra le feu à l'humanité; mais c'est à Faraday que nous devons l'électricité*.»

Michael Faraday est considéré comme l'un des plus grands expérimentateurs du XIXe siècle et l'un des plus grands scientifiques de tous les temps; c'est d'autant plus remarquable qu'il dut laisser l'école après le primaire. Né en Angleterre, en 1791, il faisait partie d'une famille de 10 enfants dont le père était simple forgeron. À 14 ans, il devint apprenti chez un relieur. C'est la lecture d'un livre de chimie qui l'amena à s'intéresser aux sciences. Faraday assista à une série de conférences données par le renommé chimiste sir Humphry Davy, durant lesquelles il prit de nombreuses notes. Plus tard, lorsqu'il postula un emploi auprès de Davy à la Royal Institution, il soumit ses notes comme preuve de son sérieux. Davy l'engagea alors sur-le-champ comme assistant. Durant une série de conférences en Europe, Faraday et Davy utilisèrent une lentille pour concentrer les rayons du Soleil sur un diamant afin de le transformer en dioxyde de carbone, prouvant ainsi que le diamant, comme le graphite — plus commun —, était formé d'atomes de carbone.

Pendant sa carrière, Faraday contribua grandement à l'avancement des sciences. Il découvrit le benzène et détermina sa composition. Il fut le premier à liquéfier de nombreux gaz et à produire de l'acier inoxydable. Il découvrit la rotation de la lumière polarisée dans un champ magnétique (un phénomène maintenant connu sous le nom d'«effet Faraday») et il démontra l'existence de l'induction électromagnétique, en utilisant un aimant mobile pour générer de l'électricité dans un fil. Il énonça également les lois de l'électrolyse et inventa les termes «anion», «cation», «électrode» et «électrolyte».

En 1822, Faraday remplaça Davy au poste de directeur de la Royal Institution. Il fut admis à la Royal Society en 1824. Faraday aurait pu faire fortune avec certaines de ses découvertes, mais il abandonnait tout projet dès qu'il prenait une valeur commerciale. Né dans la pauvreté, il mourut dans la pauvreté en 1867. Son travail acharné constituait, pour lui, une gratification suffisante.

* Traduction d'une citation attribuée à sir Lawrence Bragg, physicien britannique.

Michael Faraday dans son laboratoire.

18.1 LES RÉACTIONS D'OXYDORÉDUCTION

L'***électrochimie*** est la *branche de la chimie qui étudie l'interconversion entre l'énergie électrique et l'énergie chimique*. Les processus électrochimiques sont des réactions d'oxydoréduction au cours desquelles l'énergie libérée par une réaction spontanée est convertie en électricité, ou au cours desquelles l'énergie électrique est utilisée pour déclencher une réaction non spontanée. Bien que nous ayons traité des réactions d'oxydoréduction au chapitre 4, il serait utile de revoir quelques notions de base qui reviendront dans ce chapitre.

Les réactions d'oxydoréduction impliquent le transfert d'électrons d'une substance à une autre. La réaction entre le magnésium et l'acide chlorhydrique en est un exemple:

$$\overset{0}{Mg}(s) + 2\overset{+1}{H}Cl(aq) \longrightarrow \overset{+2}{Mg}Cl(aq) + \overset{0}{H_2}(g)$$

Souvenez-vous que les chiffres inscrits au-dessus des éléments sont les nombres d'oxydation. La perte d'électrons subie durant l'oxydation se traduit par l'augmentation du nombre d'oxydation de l'élément. Dans la réduction, il y a gain d'électrons, indiqué par une diminution du nombre d'oxydation de l'élément. Dans la réaction présentée ci-dessus, Mg est oxydé et les ions H^+ sont réduits; quant aux ions Cl^-, ce sont des ions spectateurs.

L'ÉQUILIBRAGE DES ÉQUATIONS D'OXYDORÉDUCTION

Les équations d'oxydoréduction abordées au chapitre 4 et ici sont relativement faciles à équilibrer. Cependant, en laboratoire, on rencontre souvent des réactions d'oxydoréduction plus compliquées, qui souvent mettent en jeu des oxoanions comme les ions chromate (CrO_4^{2-}), dichromate ($Cr_2O_7^{2-}$), permanganate (MnO_4^-), nitrate (NO_3^-) et sulfate (SO_4^{2-}). En principe, on peut équilibrer toute équation d'oxydoréduction grâce à la méthode valable pour tous les types d'équations expliquée à la section 3.7, mais il y a des techniques spéciales dans le cas des réactions d'oxydoréduction, et qui permettent de suivre le transfert d'électrons. Nous verrons ici l'une de ces méthodes, appelée *méthode ions-électrons*. Dans cette méthode, on divise la réaction globale en deux demi-réactions: une d'oxydation et une de réduction. On équilibre séparément les deux demi-réactions qu'on additionne ensuite pour obtenir l'équation globale équilibrée.

Supposons qu'on nous demande d'équilibrer l'équation de l'oxydation de Fe^{2+} en Fe^{3+} par l'ion dichromate ($Cr_2O_7^{2-}$) en milieu acide. L'ion $Cr_2O_7^{2-}$ est réduit en ion Cr^{3+}. En suivant les étapes suivantes, nous pourrons résoudre ce problème.

Étape 1: Écrire l'équation non équilibrée de la réaction sous forme ionique.

$$Fe^{2+} + Cr_2O_7^{2-} \longrightarrow Fe^{3+} + Cr^{3+}$$

Étape 2: Séparer l'équation en deux demi-réactions.

$$\text{Oxydation:} \quad \overset{+2}{Fe^{2+}} \longrightarrow \overset{+3}{Fe^{3+}}$$

$$\text{Réduction:} \quad \overset{+6}{Cr_2}O_7^{2-} \longrightarrow \overset{+3}{Cr^{3+}}$$

Étape 3: *Équilibrer le nombre d'atomes autres que O et H dans chacune des demi-réactions.*

La demi-réaction d'oxydation est déjà équilibrée dans le cas des atomes Fe. Pour ce qui est de la demi-réaction de réduction, il faut multiplier par 2 l'ion Cr^{3+}.

$$Cr_2O_7^{2-} \longrightarrow 2Cr^{3+}$$

Étape 4: *Dans le cas des réactions en milieu acide, ajouter H_2O pour équilibrer le nombre d'atomes O et ajouter H^+ pour équilibrer le nombre d'atomes H.*

Puisque la réaction a lieu en milieu acide, il faut ajouter 7 molécules H_2O du côté droit de la demi-réaction de réduction pour équilibrer le nombre d'atomes O.

$$Cr_2O_7^{2-} \longrightarrow 2Cr^{3+} + 7H_2O$$

Pour équilibrer le nombre d'atomes H, il faut 14 ions H^+ du côté gauche.

$$14H^+ + Cr_2O_7^{2-} \longrightarrow 2Cr^{3+} + 7H_2O$$

Étape 5: *Ajouter des électrons à un côté de chaque demi-réaction pour équilibrer les charges. Au besoin, égaliser le nombre d'électrons dans les deux demi-réactions en multipliant une ou les deux demi-réactions par des coefficients appropriés.*

Pour la demi-réaction d'oxydation, nous écrivons

$$Fe^{2+} \longrightarrow Fe^{3+} + e^-$$

Nous avons ajouté un électron du côté droit pour que la charge soit de 2+ de chaque côté.

Dans la demi-réaction de réduction, il y a 12 charges positives nettes du côté gauche et seulement 6 du côté droit. Il faut donc ajouter 6 électrons à gauche.

$$14H^+ + Cr_2O_7^{2-} + 6e^- \longrightarrow 2Cr^{3+} + 7H_2O$$

Pour égaliser le nombre d'électrons dans les deux demi-réactions, on multiplie par 6 la demi-réaction d'oxydation:

$$6Fe^{2+} \longrightarrow 6Fe^{3+} + 6e^-$$

Étape 6: *Additionner les deux demi-réactions et équilibrer l'équation finale par simplification. Les électrons des deux côtés doivent s'éliminer.*

L'addition des deux demi-réactions donne

$$14H^+ + Cr_2O_7^{2-} + 6Fe^{2+} + \cancel{6e^-} \longrightarrow 2Cr^{3+} + 6Fe^{3+} + 7H_2O + \cancel{6e^-}$$

Les électrons éliminés, il reste l'équation ionique nette équilibrée:

$$14H^+ + Cr_2O_7^{2-} + 6Fe^{2+} \longrightarrow 2Cr^{3+} + 6Fe^{3+} + 7H_2O$$

Étape 7: *Vérifier que, de chaque côté de l'équation, il y a le même type et le même nombre d'atomes, ainsi que la même charge.*

Cette dernière vérification indique que l'équation finale est équilibrée des points de vue atomique et électrique. Dans le cas d'une réaction en milieu basique, il faut d'abord équilibrer le nombre d'atomes — comme on le fait dans le cas d'un milieu acide (étape 4) —, puis, pour chaque ion H^+, ajouter un ion OH^-des *deux côtés* de l'équation. Ensuite, si d'un côté de l'équation il y a des H^+ et des OH^- qui apparaissent ensemble, on les combine pour obtenir des H_2O. L'exemple suivant illustre cette méthode.

EXEMPLE 18.1

L'équilibrage d'une équation d'oxydoréduction

Écrivez l'équation ionique équilibrée qui représente l'oxydation de l'ion iodure (I^-) par l'ion permanganate (MnO_4^-), en milieu basique, pour donner de l'iode moléculaire (I_2) et de l'oxyde de manganèse(IV) (MnO_2).

Réponse:

Étape 1: L'équation non équilibrée est

$$MnO_4^- + I^- \longrightarrow MnO_2 + I_2$$

Étape 2: Les deux demi-réactions sont

$$\text{Oxydation:} \quad \overset{-1}{I^-} \longrightarrow \overset{0}{I_2}$$

$$\text{Réduction:} \quad \overset{+7}{MnO_4^-} \longrightarrow \overset{+4}{MnO_2}$$

Étape 3: Pour équilibrer le nombre d'atomes I dans la demi-réaction d'oxydation, nous écrivons

$$2I^- \longrightarrow I_2$$

Étape 4: Dans la demi-réaction de réduction, il faut, pour équilibrer le nombre d'atomes O, ajouter deux molécules H_2O à droite:

$$MnO_4^- \longrightarrow MnO_2 + 2H_2O$$

Pour équilibrer le nombre d'atomes H, il faut ajouter quatre ions H^+ à gauche:

$$MnO_4^- + 4H^+ \longrightarrow MnO_2 + 2H_2O$$

Puisque la réaction se produit en milieu basique et qu'il y a quatre ions H^+, il faut ajouter quatre ions OH^- des deux côtés de l'équation:

$$MnO_4^- + 4H^+ + 4OH^- \longrightarrow MnO_2 + 2H_2O + 4OH^-$$

En combinant les ions H^+ et OH^- pour former des molécules H_2O et en soustrayant $2H_2O$ de chaque côté, nous obtenons:

$$MnO_4^- + 2H_2O \longrightarrow MnO_2 + 4OH^-$$

Étape 5: Il faut équilibrer les charges des deux demi-réactions:

$$2I^- \longrightarrow I_2 + 2e^-$$

$$MnO_4^- + 2H_2O + 3e^- \longrightarrow MnO_2 + 4OH^-$$

Pour égaliser le nombre d'électrons, il faut multiplier par 3 la demi-réaction d'oxydation et par 2 la demi-réaction de réduction:

$$6I^- \longrightarrow 3I_2 + 6e^-$$

$$2MnO_4^- + 4H_2O + 6e^- \longrightarrow 2MnO_2 + 8OH^-$$

Étape 6: On additionne les deux demi-réactions pour obtenir

$$6I^- + 2MnO_4^- + 4H_2O + \cancel{6e^-} \longrightarrow 3I_2 + 2MnO_2 + 8OH^- + \cancel{6e^-}$$

Après élimination des électrons, nous obtenons:

$$6I^- + 2MnO_4^- + 4H_2O \longrightarrow 3I_2 + 2MnO_2 + 8OH^-$$

Étape 7: Une vérification finale révèle que l'équation est équilibrée du point de vue autant atomique qu'électrique.

EXERCICE

Équilibrez, par la méthode ions-électrons, l'équation suivante; la réaction se produit en milieu acide:

$$Fe^{2+} + MnO_4^- \longrightarrow Fe^{3+} + Mn^{2+}$$

18.2 LES CELLULES GALVANIQUES

À la section 4.4, nous avons vu que, si un morceau de zinc est placé dans une solution de $CuSO_4$, l'atome Zn est oxydé en ion Zn^{2+}, et l'ion Cu^{2+} réduit en atome Cu (*figure 4.10*):

$$Zn(s) + Cu^{2+}(aq) \longrightarrow Zn^{2+}(aq) + Cu(s)$$

Les électrons passent directement du réducteur (Zn) à l'oxydant (Cu^{2+}) dans la solution. Cependant, si le réducteur et l'oxydant sont physiquement séparés dans deux compartiments, le transfert des électrons peut se faire en empruntant un milieu conducteur extérieur. À mesure que la réaction se produit, il

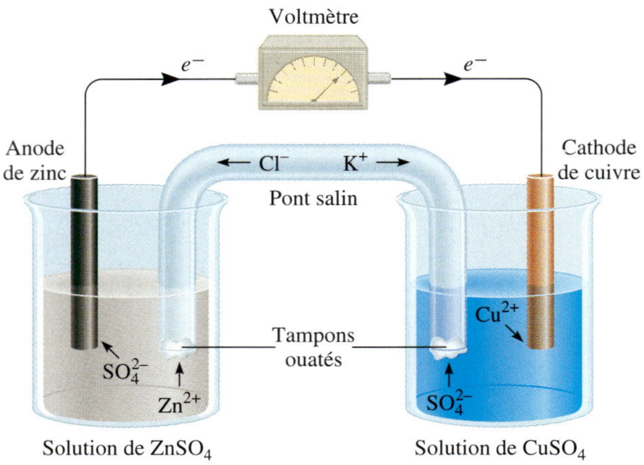

FIGURE 18.1

Une cellule galvanique. Le pont salin (un tube en U renversé) contenant une solution de KCl fournit un milieu conducteur entre les deux solutions. Les ouvertures du tube sont partiellement bouchées par des tampons ouatés afin de prévenir l'écoulement de la solution de KCl dans les béchers tout en permettant le passage des anions et des cations. Les électrons empruntent un circuit extérieur pour circuler de l'électrode de Zn (anode) à l'électrode de Cu (cathode).

s'établit un courant continu d'électrons, donc il y a génération d'électricité (autrement dit il y a production de travail électrique).

Le dispositif expérimental permettant de générer de l'électricité est appelé *cellule électrochimique*. La figure 18.1 montre les composantes essentielles d'un type de ces cellules, la ***cellule galvanique,*** *appelée aussi cellule voltaïque, dans laquelle il y a production d'électricité par réaction d'oxydoréduction spontanée*. Cette cellule est constituée d'une tige de zinc plongée dans une solution de $ZnSO_4$ et d'une tige de cuivre plongée dans une solution de $CuSO_4$. La cellule galvanique fonctionne selon le principe que l'oxydation de Zn en Zn^{2+} et la réduction de Cu^{2+} en Cu peuvent se produire simultanément dans des compartiments séparés, le transfert des électrons se faisant par le circuit extérieur. Les tiges de zinc et de cuivre sont appelées *électrodes*. Par définition, *l'électrode où a lieu l'oxydation* s'appelle l'***anode;*** *l'électrode où se produit la réduction*, la ***cathode.***

Dans le cas du système illustré à la figure 18.1, *les réactions d'oxydation et de réduction qui se produisent aux électrodes,* appelées ***réactions des demi-cellules,*** sont

$$\text{Électrode de Zn (anode): } Zn(s) \longrightarrow Zn^{2+}(aq) + 2e^-$$

$$\text{Électrode de Cu (cathode): } Cu^{2+}(aq) + 2e^- \longrightarrow Cu(s)$$

Notez que, à moins que les deux solutions ne soient séparées l'une de l'autre, les ions Cu^{2+} réagissent directement avec la tige de zinc:

$$Cu^{2+}(aq) + Zn(s) \longrightarrow Cu(s) + Zn^{2+}(aq)$$

et, par conséquent, aucun travail électrique utile ne peut être obtenu.

Pour que le circuit électrique soit complet, les solutions doivent être reliées par un milieu conducteur dans lequel les anions et les cations peuvent se déplacer. Un *pont salin* remplit très bien ce rôle; il s'agit, dans sa forme la plus simple, d'un tube en U renversé contenant un électrolyte inerte, comme KCl ou NH_4NO_3, dont les ions ne réagiront pas avec les autres ions en solution ni avec les électrodes (*figure 18.1*). Durant la réaction globale d'oxydoréduction, les électrons circulent de l'anode (électrode de Zn) à la cathode (électrode de Cu) en empruntant le fil extérieur et en passant par le voltmètre.

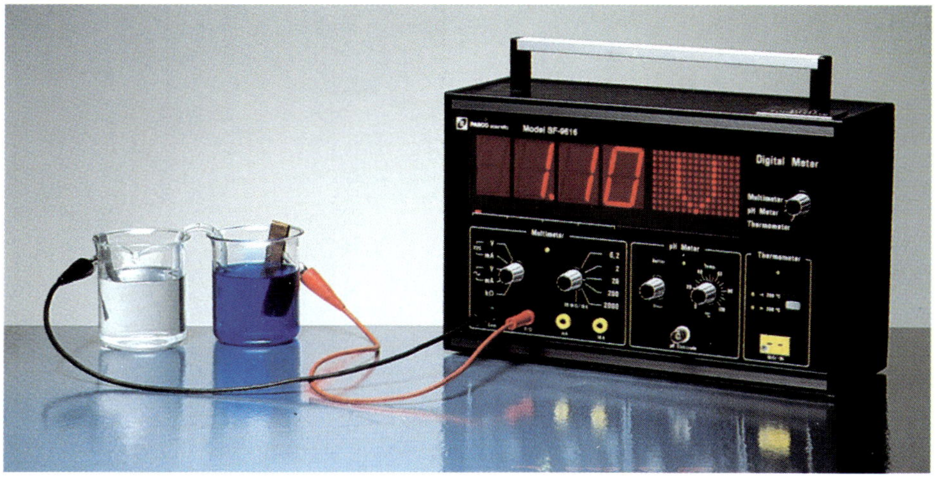

FIGURE 18.2

Montage de la cellule galvanique décrite à la figure 18.1. Notez le tube en U (le pont salin) reliant les deux béchers. Quand les concentrations de $ZnSO_4$ et de $CuSO_4$ sont à 1 M, à 25 °C, la tension de la cellule est de 1,10 V.

En solution, les cations (Zn^{2+}, Cu^{2+} et K^+) se déplacent vers la cathode, tandis que les anions (SO_4^{2-} et Cl^-) vont dans la direction opposée, vers l'anode.

La migration des électrons d'une électrode à l'autre est due à une différence de potentiel, appelée aussi tension électrique, entre les deux électrodes. Cette *différence de potentiel mesurée à très faible courant* s'appelle **force *électromotrice*,** ou ***fem* (ℰ),** et peut se mesurer grâce à un voltmètre branché aux deux électrodes (*figure 18.2*). Habituellement, on exprime la fem d'une cellule galvanique en volts (V). Nous verrons que la fem d'une cellule dépend non seulement de la nature des électrodes et des ions, mais aussi de la concentration des ions et de la température de fonctionnement de la cellule.

La représentation d'*une cellule galvanique par un diagramme conventionnel* s'appelle ***diagramme de cellule*.** Par exemple, dans le cas de la cellule que nous venons de décrire (celle dont le pont salin contient du KCl comme électrolyte, en supposant que les concentrations sont de 1 *M*), le diagramme de cette cellule est

$$Zn(s)\,|\,Zn^{2+}(aq,\ 1\ M)\,|\,KCl(\text{saturé})\,|\,Cu^{2+}(aq,\ 1\ M)\,|\,Cu(s)$$

où les lignes verticales indiquent une démarcation entre deux phases. Par exemple, l'électrode de zinc est un solide et les ions Zn^{2+} (de $ZnSO_4$) sont en solution; pour indiquer cette différence de phases, on inscrit un trait vertical entre Zn et Zn^{2+}. Notez qu'il y a également un trait vertical entre la solution de $ZnSO_4$ et la solution de KCl dans le pont salin parce que, ces deux solutions n'étant pas mélangées, elles constituent ainsi deux phases différentes. Par convention, l'anode est toujours à gauche, puis les autres composantes suivent dans l'ordre du parcours vers la cathode.

18.3 LES POTENTIELS STANDARD D'ÉLECTRODE

Quand les concentrations des ions Cu^{2+} et Zn^{2+} sont toutes deux de 1,0 *M*, on constate que la fem de la cellule illustrée à la figure 18.1 est de 1,10 V, à 25 °C (*figure 18.2*). Quelle est la relation entre cette tension et la réaction

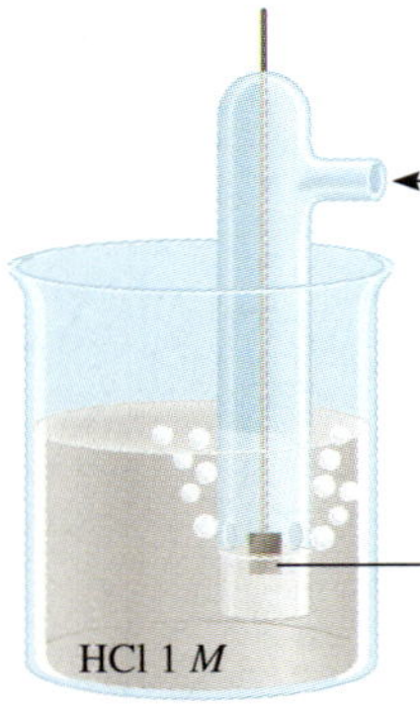

FIGURE 18.3

Une électrode à hydrogène fonctionnant dans des conditions standard. L'hydrogène gazeux à 1 atm passe dans une solution de HCl à 1 M. L'électrode de platine fait partie de l'électrode à hydrogène.

d'oxydoréduction? De même qu'il est possible d'imaginer la réaction globale comme la somme de deux demi-réactions, on peut considérer la tension mesurée de la cellule comme la somme des potentiels électriques aux électrodes de Zn et de Cu. Ainsi, connaissant l'un de ces potentiels, on peut obtenir l'autre par soustraction (de 1,10 V). Cependant, il est impossible de mesurer le potentiel d'une seule électrode. Par contre, si on définit comme étant zéro la valeur du potentiel d'une électrode standard, on pourra ensuite l'utiliser pour déterminer les potentiels relatifs de d'autres électrodes. C'est l'électrode à hydrogène, illustrée à la figure 18.3, qui a été choisie comme standard. On fait barboter de l'hydrogène gazeux dans une solution d'acide chlorhydrique à 25 °C. L'électrode de platine qui s'y trouve a deux fonctions. La première est de fournir une surface qui permet la dissociation des molécules d'hydrogène:

$$H_2 \longrightarrow 2H^+ + 2e^-$$

La seconde est de servir de conducteur électrique vers le circuit extérieur.

Rappelons quelles sont les conditions standard déjà vues au chapitre 17: les gaz doivent tous être à une pression de 1 atm et les solutés à une concentration de 1 *M* (*tableau 17.2*). Quand l'électrode à hydrogène fonctionne dans des conditions standard, c'est-à-dire quand la pression de H_2 est de 1 atm et la concentration de la solution de HCl, ou $[H^+]$, est de 1 *M*, on considère que le potentiel de réduction de H^+, à 25 °C, a la valeur *exacte* de zéro:

$$2H^+(aq,\ 1\ M) + 2e^- \longrightarrow H_2(g,\ 1\ \text{atm}) \qquad \mathcal{E}^\circ = 0\ \text{V}$$

L'exposant «o» indique qu'il s'agit de conditions standard. *Si, au cours d'une réaction de réduction à une électrode, tous les solutés sont à une concentration de 1 M et que tous les gaz sont à une pression de 1 atm,* le potentiel est appelé ***potentiel standard de réduction.*** Donc, le potentiel standard de réduction d'une électrode à hydrogène est fixé à zéro. Cette électrode est alors appelée ***électrode standard à hydrogène (ESH).***

On peut utiliser l'ESH pour mesurer les potentiels des autres types d'électrodes. La figure 18.4 a) montre une cellule galvanique munie d'une électrode de zinc et d'une ESH. L'électrode de zinc est l'anode, et l'ESH la cathode, car on observe que la masse de l'électrode de zinc diminue durant le fonction-

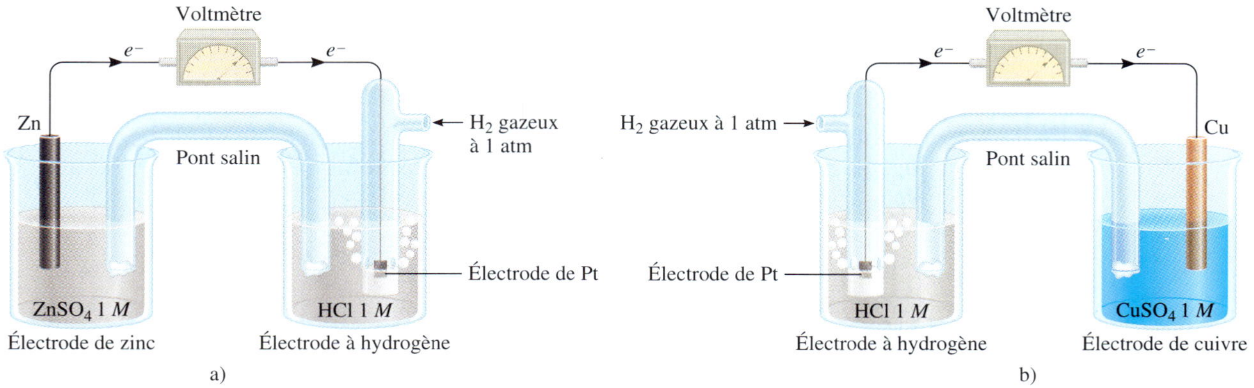

FIGURE 18.4

a) Une cellule constituée d'une électrode de zinc et d'une électrode à hydrogène. b) Une cellule constituée d'une électrode de cuivre et d'une électrode à hydrogène. Les deux cellules fonctionnent dans des conditions standard. Notez que l'ESH agit en a) comme la cathode, et en b) comme l'anode.

nement de la cellule; le zinc passe en solution à cause de la réaction d'oxydation:

$$Zn(s) \longrightarrow Zn^{2+}(aq) + 2e^-$$

Le diagramme de cette cellule est le suivant:

$$Zn(s)\,|\,Zn^{2+}(aq,\ 1\ M)\,|\,KCl(\text{saturé})\,|\,H^+(aq,\ 1\ M)\,|\,H_2(g,\ 1\ atm)\,|\,Pt(s)$$

Quand tous les réactifs sont à l'état standard (H_2 à 1 atm, H^+ et Zn^{2+} à 1 *M*), la fem de la cellule est de 0,76 V. On peut exprimer les demi-réactions de la cellule de la manière suivante:

$$\begin{array}{lrcll} \text{Anode:} & Zn(s) & \longrightarrow & Zn^{2+}(aq,\ 1\ M) + 2e^- & \mathcal{E}^\circ_{Zn/Zn^{2+}} \\ \text{Cathode:} & 2H^+(aq,\ 1\ M) + 2e^- & \longrightarrow & H_2(g,\ 1\ atm) & \mathcal{E}^\circ_{H^+/H_2} \\ \hline \text{Globale:} & Zn(s) + 2H^+(aq,\ 1\ M) & \longrightarrow & Zn^{2+}(aq,\ 1\ M) + H_2(g,\ 1\ atm) & \mathcal{E}^\circ_{cell} \end{array}$$

où $\mathcal{E}^\circ_{Zn/Zn^{2+}}$ est le ***potentiel standard d'oxydation,*** ou *potentiel de la réaction d'oxydation dans des conditions standard:*

$$Zn(s) \longrightarrow Zn^{2+}(aq,\ 1\ M) + 2e^-$$

et $\mathcal{E}^\circ_{H^+/H_2}$ est le potentiel standard de réduction, déjà défini pour l'ESH (Zn/Zn^{2+} signifie $Zn \longrightarrow Zn^{2+} + 2e^-$; H^+/H_2 signifie $2H^+ + 2e^- \longrightarrow H_2$). La ***fem standard*** de la cellule, $\mathcal{E}^\circ_{cell}$, est *la somme du potentiel standard d'oxydation et du potentiel standard de réduction:*

$$\mathcal{E}^\circ_{cell} = \mathcal{E}^\circ_{ox} + \mathcal{E}^\circ_{réd} \tag{18.1}$$

où les indices «ox» et «réd» désignent respectivement l'oxydation et la réduction. Dans le cas de notre cellule galvanique,

$$\mathcal{E}^\circ_{cell} = \mathcal{E}^\circ_{Zn/Zn^{2+}} + \mathcal{E}^\circ_{H^+/H_2}$$

$$0,76\ V = \mathcal{E}^\circ_{Zn/Zn^{2+}} + 0$$

Donc, le potentiel standard d'oxydation du zinc est 0,76 V.

On peut évaluer le potentiel standard de réduction du zinc ($\mathcal{E}^\circ_{Zn^{2+}/Zn}$) en inversant la demi-réaction d'oxydation:

$$Zn^{2+}(aq,\ 1\ M) + 2e^- \longrightarrow Zn(s) \qquad \mathcal{E}^\circ_{Zn^{2+}/Zn} = -0,76\ V$$

À ne pas oublier: Quand on inverse la demi-réaction d'une cellule, la valeur de $\mathcal{E}^\circ$ change de signe.

On peut de la même manière obtenir le potentiel standard d'électrode du cuivre en utilisant une cellule galvanique munie d'une électrode de cuivre et d'une ESH [*figure 18.4 b)*]. Dans ce cas, l'électrode de cuivre est la cathode, car sa masse augmente durant le fonctionnement de la cellule, résultat de la réaction de réduction:

$$Cu^{2+}(aq) + 2e^- \longrightarrow Cu(s)$$

Le diagramme de cette cellule est le suivant:

$$Pt(s)|H_2(g,\ 1\ atm)|H^+(aq,\ 1\ M)|KCl(\text{saturé})|Cu^{2+}(aq,\ 1\ M)|Cu(s)$$

et les demi-réactions sont

Anode:	$H_2(g,\ 1\ atm) \longrightarrow 2H^+(aq,\ 1\ M) + 2e^-$		$\mathcal{E}^\circ_{H_2/H^+}$
Cathode:	$Cu^{2+}(aq,\ 1\ M) + 2e^- \longrightarrow Cu(s)$		$\mathcal{E}^\circ_{Cu^{2+}/Cu}$
Globale:	$H_2(g,\ 1\ atm) + Cu^{2+}(aq,\ 1\ M) \longrightarrow 2H^+(aq,\ 1\ M) + Cu(s)$		$\mathcal{E}^\circ_{cell}$

Dans des conditions standard et à 25 °C, la fem de la cellule est de 0,34 V. On écrit donc

$$\mathcal{E}^\circ_{cell} = \mathcal{E}^\circ_{H_2/H^+} + \mathcal{E}^\circ_{Cu^{2+}/Cu}$$

$$0{,}34\ V = 0 + \mathcal{E}^\circ_{Cu^{2+}/Cu}$$

Le potentiel standard de réduction du cuivre est donc de 0,34 V et son potentiel standard d'oxydation ($\mathcal{E}^\circ_{Cu/Cu^{2+}}$) est de −0,34 V.

Dans le cas de la cellule illustrée à la figure 18.1, on peut maintenant écrire

Anode:	$Zn(s) \longrightarrow Zn^{2+}(aq,\ 1\ M) + 2e^-$		$\mathcal{E}^\circ_{Zn/Zn^{2+}}$
Cathode:	$Cu^{2+}(aq,\ 1\ M) + 2e^- \longrightarrow Cu(s)$		$\mathcal{E}^\circ_{Cu^{2+}/Cu}$
Globale:	$Zn(s) + Cu^{2+}(aq,\ 1\ M) \longrightarrow Zn^{2+}(aq,\ 1\ M) + Cu(s)$		$\mathcal{E}^\circ_{cell}$

La fem de la cellule est

$$\mathcal{E}^\circ_{cell} = \mathcal{E}^\circ_{Zn/Zn^{2+}} + \mathcal{E}^\circ_{Cu^{2+}/Cu}$$

$$= 0{,}76\ V + 0{,}34\ V$$

$$= 1{,}10\ V$$

Cet exemple illustre comment le *signe* de la fem de la cellule permet de prédire la spontanéité d'une réaction d'oxydoréduction. Dans des conditions standard pour les réactifs et les produits, une réaction d'oxydoréduction est spontanée dans le sens indiqué si la fem standard de la cellule est positive. Si celle-ci est négative, la réaction est spontanée dans le sens opposé. Il est important de se rappeler qu'une valeur négative de $\mathcal{E}^\circ_{cell}$ *ne signifie pas* que la réaction ne se produira pas si les réactifs sont mélangés à une concentration de 1 *M*. Cela signifie plutôt que l'équilibre de la réaction, une fois atteint, favorisera les réactifs. Nous verrons les relations entre $\mathcal{E}^\circ_{cell}$, ΔG° et K plus loin dans ce chapitre.

TABLEAU 18.1

Les potentiels standard de réduction, à 25 °C*

Demi-réaction	$\mathcal{E}°$ (V)
$Li^+(aq) + e^- \longrightarrow Li(s)$	−3,05
$K^+(aq) + e^- \longrightarrow K(s)$	−2,93
$Ba^{2+}(aq) + 2e^- \longrightarrow Ba(s)$	−2,90
$Sr^{2+}(aq) + 2e^- \longrightarrow Sr(s)$	−2,89
$Ca^{2+}(aq) + 2e^- \longrightarrow Ca(s)$	−2,87
$Na^+(aq) + e^- \longrightarrow Na(s)$	−2,71
$Mg^{2+}(aq) + 2e^- \longrightarrow Mg(s)$	−2,37
$Be^{2+}(aq) + 2e^- \longrightarrow Be(s)$	−1,85
$Al^{3+}(aq) + 3e^- \longrightarrow Al(s)$	−1,66
$Mn^{2+}(aq) + 2e^- \longrightarrow Mn(s)$	−1,18
$2H_2O + 2e^- \longrightarrow H_2(g) + 2OH^-(aq)$	−0,83
$Zn^{2+}(aq) + 2e^- \longrightarrow Zn(s)$	−0,76
$Cr^{3+}(aq) + 3e^- \longrightarrow Cr(s)$	−0,74
$Fe^{2+}(aq) + 2e^- \longrightarrow Fe(s)$	−0,44
$Cd^{2+}(aq) + 2e^- \longrightarrow Cd(s)$	−0,40
$PbSO_4(s) + 2e^- \longrightarrow Pb(s) + SO_4^{2-}(aq)$	−0,31
$Co^{2+}(aq) + 2e^- \longrightarrow Co(s)$	−0,28
$Ni^{2+}(aq) + 2e^- \longrightarrow Ni(s)$	−0,25
$Sn^{2+}(aq) + 2e^- \longrightarrow Sn(s)$	−0,14
$Pb^{2+}(aq) + 2e^- \longrightarrow Pb(s)$	−0,13
$2H^+(aq) + 2e^- \longrightarrow H_2(g)$	0,00
$Sn^{4+}(aq) + 2e^- \longrightarrow Sn^{2+}(aq)$	+0,13
$Cu^{2+}(aq) + e^- \longrightarrow Cu^+(aq)$	+0,15
$SO_4^{2-}(aq) + 4H^+(aq) + 2e^- \longrightarrow SO_2(g) + 2H_2O$	+0,20
$AgCl(s) + e^- \longrightarrow Ag(s) + Cl^-(aq)$	+0,22
$Cu^{2+}(aq) + 2e^- \longrightarrow Cu(s)$	+0,34
$O_2(g) + 2H_2O + 4e^- \longrightarrow 4OH^-(aq)$	+0,40
$I_2(s) + 2e^- \longrightarrow 2I^-(aq)$	+0,53
$MnO_4^-(aq) + 2H_2O + 3e^- \longrightarrow MnO_2(s) + 4OH^-(aq)$	+0,59
$O_2(g) + 2H^+(aq) + 2e^- \longrightarrow H_2O_2(aq)$	+0,68
$Fe^{3+}(aq) + e^- \longrightarrow Fe^{2+}(aq)$	+0,77
$Ag^+(aq) + e^- \longrightarrow Ag(s)$	+0,80
$Hg_2^{2+}(aq) + 2e^- \longrightarrow 2Hg(l)$	+0,85
$2Hg^{2+}(aq) + 2e^- \longrightarrow Hg_2^{2+}(aq)$	+0,92
$NO_3^-(aq) + 4H^+(aq) + 3e^- \longrightarrow NO(g) + 2H_2O$	+0.96
$Br_2(l) + 2e^- \longrightarrow 2Br^-(aq)$	+1,07
$O_2(g) + 4H^+(aq) + 4e^- \longrightarrow 2H_2O$	+1,23
$MnO_2(s) + 4H^+(aq) + 2e^- \longrightarrow Mn^{2+}(aq) + 2H_2O$	+1,23
$Cr_2O_7^{2-}(aq) + 14H^+(aq) + 6e^- \longrightarrow 2Cr^{3+}(aq) + 7H_2O$	+1,33
$Cl_2(g) + 2e^- \longrightarrow 2Cl^-(aq)$	+1,36
$Au^{3+}(aq) + 3e^- \longrightarrow Au(s)$	+1,50
$MnO_4^-(aq) + 8H^+(aq) + 5e^- \longrightarrow Mn^{2+}(aq) + 4H_2O$	+1,51
$Ce^{4+}(aq) + e^- \longrightarrow Ce^{3+}(aq)$	+1,61
$PbO_2(s) + 4H^+(aq) + SO_4^{2-}(aq) + 2e^- \longrightarrow PbSO_4(s) + 2H_2O$	+1,70
$H_2O_2(aq) + 2H^+(aq) + 2e^- \longrightarrow 2H_2O$	+1,77
$Co^{3+}(aq) + e^- \longrightarrow Co^{2+}(aq)$	+1,82
$O_3(g) + 2H^+(aq) + 2e^- \longrightarrow O_2(g) + H_2O(l)$	+2,07
$F_2(g) + 2e^- \longrightarrow 2F^-(aq)$	+2,87

↓ Augmentation du pouvoir oxydant

↑ Augmentation du pouvoir réducteur

* Dans chaque demi-réaction, la concentration des espèces dissoutes est 1 *M* et la pression des gaz est de 1 atm. Ce sont les valeurs dans les conditions standard.

Le tableau 18.1 de la page précédente énumère les potentiels standard de réduction des demi-réactions. Par définition, la valeur de $\mathcal{E}^o$ pour l'ESH est de 0,00 V. Les potentiels standard de réduction sont de plus en plus négatifs au-dessus de cette valeur, et les potentiels standard de réduction sont de plus en plus positifs sous cette valeur. Autrement dit, plus la valeur de $\mathcal{E}^o$ est positive, plus la substance a tendance à être réduite et, par conséquent, plus elle a tendance à agir comme un oxydant. Au tableau 18.1, on constate que F_2 est l'oxydant le plus fort, et Li^+ le plus faible. On retrouve ici de façon plus complète la série d'activité des métaux déjà vue au chapitre 4 (section 4.4).

EXEMPLE 18.2

La comparaison des pouvoirs oxydants

Classez les espèces suivantes par ordre croissant de leur pouvoir oxydant dans des conditions standard: Sn^{2+}, $Cr_2O_7^{2-}$ (en solution acide) et $Br_2(l)$.

Réponse: Selon le tableau 18.1, nous écrivons les demi-réactions par ordre croissant de leur valeur de $\mathcal{E}^o$:

$$Sn^{2+}(aq,\ 1\ M) + 2e^- \longrightarrow Sn(s) \qquad \mathcal{E}^o = -0,14\ V$$

$$Br_2(l) + 2e^- \longrightarrow 2Br^-(aq,\ 1\ M) \qquad \mathcal{E}^o = +1,07\ V$$

$$Cr_2O_7^{2-}(aq,\ 1\ M) + 14H^+(aq,\ 1\ M) + 6e^- \longrightarrow 2Cr^{3+}(aq,\ 1\ M) + 7H_2O \qquad \mathcal{E}^o = +1,33\ V$$

Puisque le potentiel de réduction de $Cr_2O_7^{2-}$ est le plus élevé et que celui de Br_2 est le deuxième, l'ordre croissant des pouvoirs oxydants est

$$Sn^{2+} < Br_2 < Cr_2O_7^{2-}$$

EXERCICE

Laquelle des espèces suivantes est le réducteur le plus fort dans les conditions standard: Cl^-, I^- ou Pb?

EXEMPLE 18.3

Le calcul de $\mathcal{E}^o$ d'une cellule galvanique

Une pile galvanique est constituée d'une électrode de Mg plongée dans une solution de $Mg(NO_3)_2$ 1,0 *M* et d'une électrode de Ag dans une solution de $AgNO_3$ 1,0 *M*. Calculez la fem standard de cette cellule électrochimique, à 25 °C.

Réponse: Le tableau 18.1 donne les potentiels standard de réduction des deux électrodes:

$$Mg^{2+}(aq,\ 1\ M) + 2e^- \longrightarrow Mg(s) \qquad \mathcal{E}^o = -2,37\ V$$

$$Ag^+(aq,\ 1\ M) + e^- \longrightarrow Ag(s) \qquad \mathcal{E}^o = 0,80\ V$$

Mg étant un réducteur plus fort que Ag, on peut écrire les demi-réactions de la manière suivante:

$$\begin{array}{lrcl} \text{Anode:} & Mg(s) & \longrightarrow & Mg^{2+}(aq,\ 1\ M) + 2e^- \\ \text{Cathode:} & 2Ag^+(aq,\ 1\ M) + 2e^- & \longrightarrow & 2Ag(s) \\ \hline \text{Globale:} & Mg(s) + 2Ag^+(aq,\ 1\ M) & \longrightarrow & Mg^{2+}(aq,\ 1\ M) + 2Ag(s) \end{array}$$

Notez que, pour équilibrer l'équation globale, nous avons multiplié par 2 la réduction de Ag^+. On peut le faire parce que $\mathcal{E}^o$ est une propriété intensive et n'est pas influencée par ce procédé. On trouve la fem de la cellule grâce à l'équation (18.1) et au tableau 18.1:

$$\begin{aligned} \mathcal{E}^o_{cell} &= \mathcal{E}^o_{Mg/Mg^{2+}} + \mathcal{E}^o_{Ag^+/Ag} \\ &= 2{,}37\ V + 0{,}80\ V \\ &= 3{,}17\ V \end{aligned}$$

EXERCICE

Quelle est la fem standard d'une cellule galvanique constituée d'une électrode de Cd dans une solution de $Cd(NO_3)_2$ 1,0 *M* et d'une électrode de Cr dans une solution de $Cr(NO_3)_3$ 1,0 *M*?

18.4 LA SPONTANÉITÉ DES RÉACTIONS D'OXYDORÉDUCTION

Le tableau 18.1 permet de prédire les réactions d'oxydoréduction dans des conditions standard, qu'elles aient lieu soit dans une cellule électrochimique, où le réducteur et l'oxydant sont dans deux compartiments distincts, soit dans un bécher, où les réactifs sont mélangés, donc en contact les uns avec les autres. Abordons maintenant la relation entre $\mathcal{E}^o_{cell}$ et des grandeurs thermodynamiques comme ΔG^o et K.

Au chapitre 17, nous avons vu que la variation d'enthalpie libre (diminution) au cours d'un processus spontané correspond à l'énergie utilisable pour faire un travail. En fait, si un processus a lieu à température et à pression constantes

$$\Delta G = w_{max}$$

où w_{max} est la quantité maximale de travail pouvant être produit.

Dans une cellule galvanique, l'énergie chimique est convertie en énergie électrique. Dans ce cas, l'énergie électrique est le produit de la fem de la cellule par la charge électrique totale (en coulombs) qui passe dans la cellule:

$$\begin{aligned} \text{énergie électrique} &= \text{volts} \times \text{coulombs} \\ &= \text{joules} \end{aligned}$$

La charge totale est déterminée par le nombre de moles d'électrons (n) transférés du réducteur à l'oxydant dans l'équation globale d'oxydoréduction. Par définition

$$\text{charge totale} = nF$$

où F, constante de Faraday, est la charge électrique de une mole d'électrons. On a établi expérimentalement la valeur de un ***faraday*** à *96 487 coulombs,* ou $9{,}65 \times 10^4$ coulombs, arrondi à trois chiffres significatifs. Donc

$$1\ F = 9{,}65 \times 10^4\ \text{C/mol}$$

Puisque

$$1\ \text{J} = 1\ \text{C} \times 1\ \text{V}$$

les unités du faraday peuvent également s'exprimer ainsi:

$$1\ F = 9{,}65 \times 10^4\ \text{J/V} \cdot \text{mol}$$

Pour mesurer la fem d'une cellule, on utilise couramment un *potentiomètre,* un appareil qui peut mesurer la tension exacte de la cellule tout en drainant très peu de courant. La valeur de fem ainsi obtenue correspond à la tension *maximale* que la cellule peut atteindre. On utilise cette valeur pour calculer la quantité maximale d'énergie électrique pouvant être obtenue d'une réaction chimique. Cette énergie sert à faire un travail électrique ($w_{él}$), alors

$$\begin{aligned} w_{max} &= w_{él} \\ &= -nF\mathcal{E}_{cell} \end{aligned}$$

Le signe négatif du côté droit de l'équation indique que le travail électrique est effectué par le système sur le milieu extérieur. Maintenant, puisque

$$\Delta G = w_{max}$$

on obtient:

$$\Delta G = -nF\mathcal{E}_{cell} \qquad (18.2)$$

Les valeurs de n et de F sont toujours toutes les deux positives, et dans le cas d'un processus spontané, ΔG est négative; donc $\mathcal{E}_{cell}$ doit alors être positive. Si les réactifs et les produits sont à l'état standard, l'équation (18.2) devient

$$\Delta G^o = -nF\mathcal{E}^o_{cell} \qquad (18.3)$$

TABLEAU 18.2

Les relations entre ΔG^o, K et $\mathcal{E}^o_{cell}$

ΔG^o	K	$\mathcal{E}^o_{cell}$	Réaction dans les conditions standard
Négative	> 1	Positive	Spontanée
0	$= 1$	0	À l'équilibre
Positive	< 1	Négative	Non spontanée. La réaction est spontanée dans le sens opposé.

Ici encore, la valeur de $\mathcal{E}^\circ_{cell}$ est positive pour un processus spontané.

À la section 17.6, nous avons vu que la relation entre la variation d'enthalpie libre standard (ΔG°) et la constante d'équilibre d'une réaction est la suivante [*équation (17.9)*]:

$$\Delta G^\circ = -RT \ln K$$

On obtient donc à partir des équations (18.3) et (17.9):

$$-nF\mathcal{E}^\circ_{cell} = -RT \ln K$$

La valeur de $\mathcal{E}^\circ_{cell}$ devient donc

$$\mathcal{E}^\circ_{cell} = \frac{RT}{nF} \ln K \qquad (18.4)$$

Quand $T = 298$ K, on peut simplifier l'équation (18.4) en remplaçant R et F par leurs valeurs et en convertissant le logarithme naturel en logarithme de base 10:

$$\mathcal{E}^\circ_{cell} = \frac{2{,}303(8{,}314 \text{ J/K} \cdot \text{mol})(298 \text{ K})}{n(9{,}65 \times 10^4 \text{ J/V} \cdot \text{mol})} \log K$$

$$= \frac{0{,}0591 \text{ V}}{n} \log K \qquad (18.5)$$

Alors, si l'on connaît l'une des trois grandeurs ΔG°, K ou $\mathcal{E}^\circ_{cell}$, on peut calculer les deux autres grâce à l'équation (17.9), (18.3) ou (18.4). Le tableau 18.2 résume les relations entre ΔG°, K et $\mathcal{E}^\circ_{cell}$ et indique si la réaction d'oxydoréduction est spontanée.

EXEMPLE 18.4

La comparaison des pouvoirs oxydants relatifs de HCl et de HNO_3

À l'aide des données du tableau 18.1, calculez $\mathcal{E}^\circ$ pour les réactions du mercure avec a) HCl 1 *M* et b) HNO_3 1 *M*. Lequel de ces acides oxydera Hg en Hg_2^{2+} dans les conditions standard?

Réponse: a) Écrivons d'abord les demi-réactions:

$$\begin{array}{lrcl} \text{Oxydation:} & 2\text{Hg}(l) & \longrightarrow & \text{Hg}_2^{2+}(aq,\ 1\ M) + 2e^- \\ \text{Réduction:} & 2\text{H}^+(aq,\ 1\ M) + 2e^- & \longrightarrow & \text{H}_2(g,\ 1\ \text{atm}) \\ \hline \text{Globale:} & 2\text{Hg}(l) + 2\text{H}^+(aq,\ 1\ M) & \longrightarrow & \text{Hg}_2^{2+}(aq,\ 1\ M) + \text{H}_2(g,\ 1\ \text{atm}) \end{array}$$

La fem standard ($\mathcal{E}^\circ$) est donnée par

$$\mathcal{E}^\circ = \mathcal{E}^\circ_{Hg/Hg_2^{2+}} + \mathcal{E}^\circ_{H^+/H_2}$$
$$= -0{,}85 \text{ V} + 0$$
$$= -0{,}85 \text{ V}$$

(Nous n'avons pas utilisé l'indice «cell» parce que cette réaction ne se produit pas dans une cellule électrochimique.) La valeur négative de $\mathcal{E}^\circ$

HNO_3 (à gauche) peut oxyder Hg, mais HCl (à droite) ne le peut pas.

indique que le mercure n'est pas oxydé par l'acide chlorhydrique dans les conditions standard.

b) Les réactions sont les suivantes:

Oxydation: $3[2Hg(l) \longrightarrow Hg_2^{2+}(aq,\ 1\ M) + 2e^-]$

Réduction: $2[NO_3^-(aq,\ 1\ M) + 4H^+(aq,\ 1\ M) + 3e^- \longrightarrow NO(g,\ 1\ atm) + 2H_2O(l)]$

Globale:

$$6Hg(l) + 2NO_3^-(aq,\ 1\ M) + 8H^+(aq,\ 1\ M) \longrightarrow 3Hg_2^{2+}(aq,\ 1\ M) + 2NO(g,\ 1\ atm) + 4H_2O(l)$$

Alors

$$\begin{aligned} \mathcal{E}^\circ &= \mathcal{E}^\circ_{Hg/Hg_2^{2+}} + \mathcal{E}^\circ_{NO_3^-/NO} \\ &= -0{,}85\ V + 0{,}96\ V \\ &= 0{,}11\ V \end{aligned}$$

Puisque la valeur de $\mathcal{E}^\circ$ est positive, la réaction est spontanée dans les conditions standard.

EXERCICE

Est-ce que H_2O_2 (en solution acide) oxydera Mn^{2+} en MnO_4^- dans les conditions standard?

EXEMPLE 18.5

Le calcul de ΔG° et de K à partir de $\mathcal{E}^\circ$

Calculez la variation d'enthalpie libre standard et la constante d'équilibre de la réaction suivante, à 25 °C:

$$Sn(s) + 2Cu^{2+}(aq) \rightleftharpoons Sn^{2+}(aq) + 2Cu^+(aq)$$

Réponse: Les deux demi-réactions du processus global sont

Oxydation: $Sn(s) \longrightarrow Sn^{2+}(aq) + 2e^-$

Réduction: $2Cu^{2+}(aq) + 2e^- \longrightarrow 2Cu^+(aq)$

Le tableau 18.1 indique que $\mathcal{E}^\circ_{Sn^{2+}/Sn} = -0{,}14$ V et $\mathcal{E}^\circ_{Cu^{2+}/Cu^+} = 0{,}15$ V. Donc

$$\begin{aligned} \mathcal{E}^\circ &= \mathcal{E}^\circ_{Sn/Sn^{2+}} + \mathcal{E}^\circ_{Cu^{2+}/Cu^+} \\ &= 0{,}14\ V + 0{,}15\ V \\ &= 0{,}29\ V \end{aligned}$$

Nous utilisons ensuite l'équation (18.3):

$$\Delta G^\circ = -nF\mathcal{E}^\circ$$

La réaction globale indique que $n = 2$, alors

$$\begin{aligned}\Delta G^\circ &= -(2 \text{ mol})(9{,}65 \times 10^4 \text{ J/V} \cdot \text{mol})(0{,}29 \text{ V})\\ &= -5{,}6 \times 10^4 \text{ J}\\ &= -56 \text{ kJ}\end{aligned}$$

Pour calculer la constante d'équilibre, il faut réarranger ainsi l'équation (18.5):

$$\log K = \frac{n\mathcal{E}^\circ}{0{,}059\,1 \text{ V}}$$

Puisque $n = 2$, nous écrivons

$$\log K = \frac{(2)(0{,}29 \text{ V})}{0{,}0591 \text{ V}} = 9{,}8$$

$$K = 6 \times 10^9$$

EXERCICE

Calculez ΔG° et K pour la réaction suivante, à 25 °C:

$$2\text{Al}^{3+}(aq) + 3\text{Mg}(s) \rightleftharpoons 2\text{Al}(s) + 3\text{Mg}^{2+}(aq)$$

18.5 L'EFFET DE LA CONCENTRATION SUR LA FEM D'UNE CELLULE: L'ÉQUATION DE NERNST

Jusqu'à présent, nous avons vu des réactions d'oxydoréduction dans lesquelles les réactifs et les produits étaient à l'état standard, c'est-à-dire des gaz à 1 atm et des solutés à 1 *M*. Cependant, il est souvent difficile, voire impossible, de maintenir les conditions de l'état standard. Dans le cas d'une réaction d'oxydoréduction du type

$$a\text{A} + b\text{B} \longrightarrow c\text{C} + d\text{D}$$

on peut obtenir la relation entre la fem de la cellule et les concentrations des réactifs et des produits dans des conditions non standard: à partir de l'équation (17.8), on écrit

$$\Delta G = \Delta G^\circ + RT \ln Q$$

où Q est le quotient réactionnel (*section 13.3*). Puisque $\Delta G = -nF\mathcal{E}$ et $\Delta G^\circ = -nF\mathcal{E}^\circ$, on peut écrire l'équation différemment:

$$-nF\mathcal{E} = -nF\mathcal{E}^\circ + RT \ln Q$$

En divisant l'équation par $-nF$ et en convertissant le logarithme naturel en logarithme de base 10, on obtient:

$$\mathcal{E} = \mathcal{E}^\circ - \frac{2{,}303RT}{nF} \log Q \tag{18.6}$$

L'équation (18.6) est appelée ***équation de Nernst,*** d'après le nom du chimiste allemand Walter Hermann Nernst, qui fut le premier à l'obtenir et qui travailla beaucoup en thermodynamique et en électrochimie. Quand T = 298 K, l'équation (18.6) devient

$$\mathcal{E} = \mathcal{E}^\circ - \frac{0{,}0591\ \text{V}}{n} \log Q \tag{18.7}$$

À l'équilibre, il n'y a pas de transfert net d'électrons, donc $\mathcal{E} = 0$ et $Q = K$, où K est la constante d'équilibre de la réaction d'oxydoréduction.

L'équation de Nernst permet de calculer $\mathcal{E}$ en fonction des concentrations des réactifs et des produits d'une réaction d'oxydoréduction. En se rapportant à la cellule galvanique de la figure 18.1, on a

$$\text{Zn}(s) + \text{Cu}^{2+}(aq) \longrightarrow \text{Zn}^{2+}(aq) + \text{Cu}(s)$$

L'équation de Nernst correspondant à cette cellule à T = 298 K est

$$\mathcal{E} = 1{,}10\ \text{V} - \frac{0{,}0591\ \text{V}}{2} \log \frac{[\text{Zn}^{2+}]}{[\text{Cu}^{2+}]}$$

Si le rapport $[Zn^{2+}]/[Cu^{2+}]$ est inférieur à 1, la valeur de $\log[Zn^{2+}]/[Cu^{2+}]$ est négative; le second terme du côté droit de l'équation ci-dessus est alors positif. Dans ce cas, la valeur de $\mathcal{E}$ est supérieure à celle de la fem standard ($\mathcal{E}^\circ$). Par contre, si ce rapport est supérieur à 1, $\mathcal{E}$ est inférieure à $\mathcal{E}^\circ$.

EXEMPLE 18.6
L'utilisation de l'équation de Nernst pour prédire la spontanéité d'une réaction d'oxydoréduction

Prédisez si la réaction suivante se produira spontanément dans le sens indiqué, à 298 K:

$$\text{Co}(s) + \text{Fe}^{2+}(aq) \longrightarrow \text{Co}^{2+}(aq) + \text{Fe}(s)$$

sachant que $[Co^{2+}] = 0{,}15\ M$ et $[Fe^{2+}] = 0{,}68\ M$.

Réponse: Les demi-réactions sont

Oxydation: $\text{Co}(s) \longrightarrow \text{Co}^{2+}(aq) + 2e^-$

Réduction: $\text{Fe}^{2+}(aq) + 2e^- \longrightarrow \text{Fe}(s)$

Au tableau 18.1, nous voyons que $\mathcal{E}^\circ_{Co^{2+}/Co} = -0{,}28$ V et $\mathcal{E}^\circ_{Fe^{2+}/Fe} = -0{,}44$ V. Alors, la fem standard est

$$\begin{aligned}\mathcal{E}^\circ &= \mathcal{E}^\circ_{Co/Co^{2+}} + \mathcal{E}^\circ_{Fe^{2+}/Fe} \\ &= 0{,}28\ \text{V} + (-0{,}44\ \text{V}) \\ &= -0{,}16\ \text{V}\end{aligned}$$

Selon l'équation (18.7):

$$\mathcal{E} = \mathcal{E}^{\circ} - \frac{0{,}0591\ \text{V}}{n} \log \frac{[\text{Co}^{2+}]}{[\text{Fe}^{2+}]}$$

$$= -0{,}16\ \text{V} - \frac{0{,}0591\ \text{V}}{2} \log \frac{0{,}15}{0{,}68}$$

$$= -0{,}16\ \text{V} + 0{,}019\ \text{V}$$

$$= -0{,}14\ \text{V}$$

Puisque la valeur de $\mathcal{E}$ est négative (ce qui correspond à une valeur positive de ΔG), la réaction *n'est pas* spontanée dans le sens indiqué.

EXERCICE

La réaction suivante se produira-t-elle spontanément à 25 °C, si $[\text{Fe}^{2+}]$ = 0,60 *M* et $[\text{Cd}^{2+}]$ = 0,010 *M*?

$$\text{Cd}(s) + \text{Fe}^{2+}(aq) \longrightarrow \text{Cd}^{2+}(aq) + \text{Fe}(s)$$

Il serait intéressant de déterminer à partir de quel rapport $[\text{Co}^{2+}]/[\text{Fe}^{2+}]$ la réaction de l'exemple 18.6 devient spontanée. Pour ce faire, il faut d'abord utiliser l'équation de Nernst pour une température de 298 K [*équation (18.7)*]:

$$\mathcal{E} = \mathcal{E}^{\circ} - \frac{0{,}0591\ \text{V}}{n} \log Q$$

On donne à $\mathcal{E}$ la valeur zéro, ce qui correspond à l'état d'équilibre.

$$0 = -0{,}16\ \text{V} - \frac{0{,}0591\ \text{V}}{2} \log \frac{[\text{Co}^{2+}]}{[\text{Fe}^{2+}]}$$

$$\log \frac{[\text{Co}^{2+}]}{[\text{Fe}^{2+}]} = -5{,}4$$

En calculant l'antilogarithme de chaque membre de l'équation, on obtient:

$$\frac{[\text{Co}^{2+}]}{[\text{Fe}^{2+}]} = 4 \times 10^{-6} = K$$

Donc, pour que la réaction soit spontanée, le rapport $[\text{Co}^{2+}]/[\text{Fe}^{2+}]$ doit être inférieur à 4×10^{-6}.

EXEMPLE 18.7

L'utilisation de l'équation de Nernst pour calculer une concentration

Soit la cellule galvanique illustrée à la figure 18.4 a). Dans une expérience effectuée à 25 °C, on constate que la fem ($\mathcal{E}$) de la cellule est de 0,54 V. Supposons que $[\text{Zn}^{2+}]$ = 1,0 *M* et P_{H_2} = 1,0 atm. Calculez la concentration molaire de H^+.

FIGURE 18.5

Une électrode de verre utilisée avec une électrode de référence dans un pH-mètre.

Réponse: La réaction globale de la cellule est la suivante:

$$Zn(s) + 2H^+(aq, ?\ M) \longrightarrow Zn^{2+}(aq, 1\ M) + H_2(g, 1\ atm)$$

Comme nous l'avons vu plus tôt (page 577), la fem standard de la cellule est 0,76 V. D'après l'équation (18.7):

$$\mathcal{E} = \mathcal{E}^{\circ} - \frac{0{,}0591\ V}{n} \log \frac{[Zn^{2+}]P_{H_2}}{[H^+]^2}$$

$$0{,}54\ V = 0{,}76\ V - \frac{0{,}0591\ V}{2} \log \frac{(1{,}0)(1{,}0)}{[H^+]^2}$$

$$-0{,}22\ V = -\frac{0{,}0591\ V}{2} \log \frac{1}{[H^+]^2}$$

$$7{,}4 = \log \frac{1}{[H^+]^2}$$

$$7{,}4 = -2 \log [H^+]$$

$$\log [H^+] = -3{,}7$$

$$[H^+] = 2 \times 10^{-4}\ M$$

EXERCICE

Quelle est la fem d'une cellule constituée d'une demi-cellule Cd/Cd^{2+} et d'une demi-cellule $Pt/H_2/H^+$ si $[Cd^{2+}] = 0{,}20\ M$, $[H^+] = 0{,}16\ M$ et $P_{H_2} =$ 0,80 atm?

L'exemple 18.7 démontre qu'une cellule galvanique dont la réaction met en jeu des ions H^+ peut servir à mesurer $[H^+]$ ou le pH. Le pH-mètre décrit à la section 14.3 est basé sur ce principe, mais, pour des raisons pratiques, les électrodes utilisées dans un pH-mètre sont très différentes de l'ESH et de l'électrode de zinc de la pile galvanique (*figure 18.5*).

18.6 LES PILES ET LES ACCUMULATEURS

Les ***piles*** et les ***accumulateurs*** sont des *cellules électrochimiques pouvant servir de source de courant électrique continu à tension constante*. Bien qu'en principe le fonctionnement d'une pile ou d'un accumulateur soit semblable à celui des cellules galvaniques décrites à la section 18.2, ces appareils ont l'avantage d'être confinés dans des boîtiers et ne nécessitent pas de composantes auxiliaires comme un pont salin. Voyons maintenant quelques types de piles et d'accumulateurs largement utilisés.

LA PILE SÈCHE

La pile sèche est une pile sans composante liquide; la plus courante est la *pile Leclanché,* qu'on utilise dans les lampes de poche et les baladeurs. Son anode est constituée d'un boîtier de zinc en contact avec du dioxyde de manganèse (MnO_2) et un électrolyte. Ce dernier est constitué de chlorure d'ammonium et de chlorure de zinc dans de l'eau, à laquelle on a ajouté de l'amidon pour former une pâte moins susceptible de fuir qu'une solution liquide (*figure 18.6*). La cathode est formée d'une tige de carbone plongée dans l'électrolyte au centre de la pile. Les réactions dans cette pile sont les suivantes:

$$\begin{array}{ll} \text{Anode:} & Zn(s) \longrightarrow Zn^{2+}(aq) + 2e^- \\ \text{Cathode:} & 2NH_4^+(aq) + 2MnO_2(s) + 2e^- \longrightarrow Mn_2O_3(s) + 2NH_3(aq) + H_2O(l) \\ \hline \text{Globale:} & Zn(s) + 2NH_4^+(aq) + 2MnO_2(s) \longrightarrow Zn^{2+}(aq) + 2NH_3(aq) \\ & \qquad + H_2O(l) + Mn_2O_3(s) \end{array}$$

En fait, les réactions qui se produisent dans la pile sont beaucoup plus complexes que le font voir les équations. La tension produite par une pile sèche est d'environ 1,5 V.

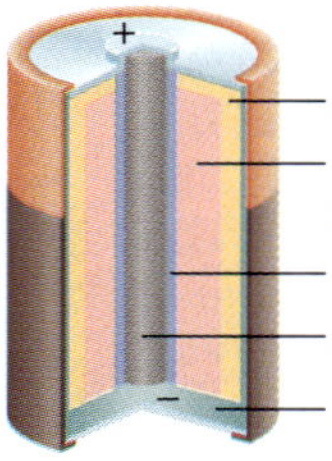

FIGURE 18.6

Section d'une pile sèche du type utilisé dans les lampes de poche et les baladeurs. En fait, la pile n'est pas complètement sèche, elle contient des électrolytes en pâte humide.

LA PILE AU MERCURE

On utilise fréquemment la pile au mercure, plus chère que la pile sèche, en médecine et en électronique. Contenue dans un cylindre en acier inoxydable, la pile au mercure est constituée d'une anode de zinc (amalgamé à du mercure) en contact avec un électrolyte très basique contenant de l'oxyde de zinc et de l'oxyde de mercure(II) (*figure 18.7*). Les réactions dans cette pile sont les suivantes:

$$\begin{array}{ll} \text{Anode:} & Zn(Hg) + 2OH^-(aq) \longrightarrow ZnO(s) + H_2O(l) + 2e^- \\ \text{Cathode:} & HgO(s) + H_2O(l) + 2e^- \longrightarrow Hg(l) + 2OH^-(aq) \\ \hline \text{Globale:} & Zn(Hg) + HgO(s) \longrightarrow ZnO(s) + Hg(l) \end{array}$$

Puisque la composition de l'électrolyte ne change pas durant le fonctionnement de la pile (la réaction globale de la pile ne met en jeu que des substances solides), la pile au mercure fournit une tension plus constante (1,35 V) que la pile Leclanché; elle a également une puissance plus élevée et une durée de vie plus longue. Ces qualités en font le type de pile idéal pour les régulateurs cardiaques, les prothèses auditives, les montres électriques et les posemètres.

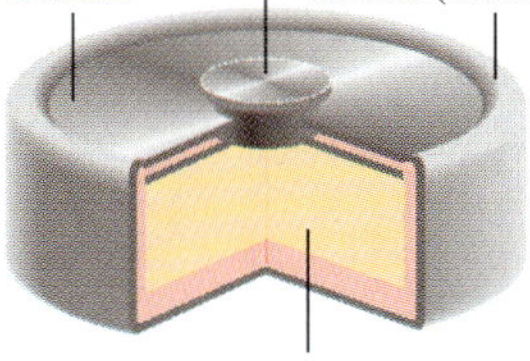

FIGURE 18.7

Section d'une pile au mercure.

L'ACCUMULATEUR AU PLOMB

Une ***batterie*** est *constituée d'un assemblage de plusieurs piles raccordées en série.* La batterie couramment utilisée dans les automobiles comporte six piles au plomb identiques raccordées en série. Chacune d'elle a une anode de plomb et une cathode métallique imprégnée de dioxyde de plomb (PbO_2) (*figure 18.8*). L'anode et la cathode trempent toutes deux dans une solution aqueuse d'acide sulfurique qui sert d'électrolyte. Les réactions dans la batterie sont les suivantes:

$$\begin{array}{ll} \text{Anode:} & Pb(s) + SO_4^{2-}(aq) \longrightarrow PbSO_4(s) + 2e^- \\ \text{Cathode:} & PbO_2(s) + 4H^+(aq) + 2SO_4^{2-}(aq) + 2e^- \longrightarrow PbSO_4(s) + 2H_2O(l) \\ \hline \text{Globale:} & Pb(s) + PbO_2(s) + 4H^+(aq) + 2SO_4^{2-}(aq) \longrightarrow 2PbSO_4(s) + 2H_2O(l) \end{array}$$

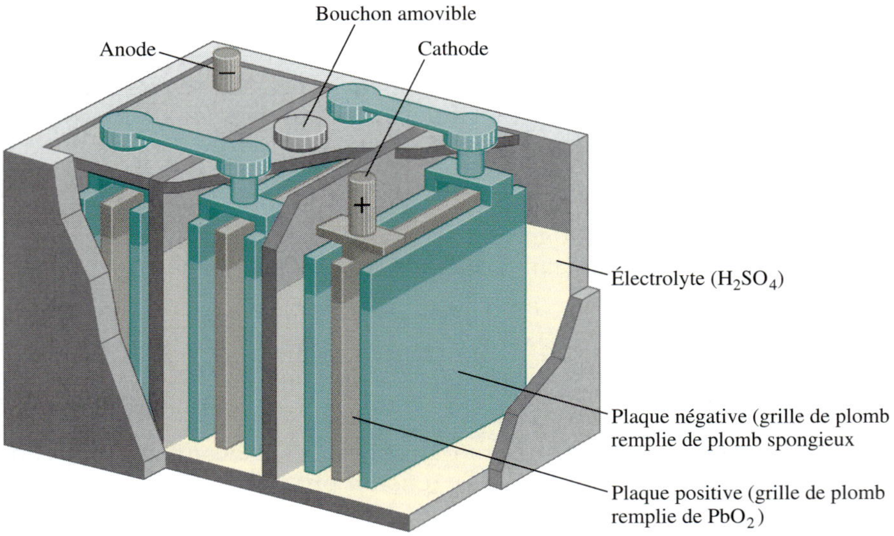

FIGURE 18.8

Écorché d'une batterie d'accumulateurs au plomb. Dans des conditions normales, la concentration de la solution d'acide sulfurique est d'environ 38 % en pourcentage massique.

Normalement chaque cellule produit 2 V; au total, les six cellules fournissent 12 V pour alimenter le circuit de démarrage et le système électrique de la voiture. Ce type de batterie est capable de fournir beaucoup de courant sur une courte période, ce qui est normalement suffisant pour faire démarrer un moteur.

Contrairement à la pile Leclanché et à la pile au mercure, l'accumulateur au plomb est rechargeable. Pour le recharger, on inverse la réaction électrochimique normale en appliquant une tension extérieure à l'anode et à la cathode: on appelle ce procédé *électrolyse* (*page 597*). Les réactions qui restaurent les espèces initiales sont les suivantes:

$$\begin{array}{lrcl}
\text{Anode:} & PbSO_4(s) + 2e^- & \longrightarrow & Pb(s) + SO_4^{2-}(aq) \\
\text{Cathode:} & PbSO_4(s) + 2H_2O(l) & \longrightarrow & PbO_2(s) + 4H^+(aq) + SO_4^{2-}(aq) + 2e^- \\
\hline
\text{Globale:} & 2PbSO_4(s) + 2H_2O(l) & \longrightarrow & Pb(s) + PbO_2(s) + 4H^+(aq) + 2SO_4^{2-}(aq)
\end{array}$$

La réaction globale est exactement l'inverse de la réaction normale de l'accumulateur quand il débite du courant.

Deux aspects du fonctionnement de l'accumulateur au plomb sont particulièrement intéressants. Premièrement, puisque la réaction électrochimique consomme de l'acide sulfurique, on peut vérifier l'état de charge d'une batterie en mesurant la masse volumique de l'électrolyte à l'aide d'un hydromètre, comme on le fait couramment dans les stations-service. La masse volumique du liquide dans une batterie en ordre et totalement chargée devrait être égale ou supérieure à 1,2 g/mL. Deuxièmement, les gens qui vivent dans les climats froids ont quelquefois de la difficulté à faire démarrer leur voiture: la batterie est «à plat». Des calculs thermodynamiques révèlent que la tension de nombreux accumulateurs électrochimiques diminue quand la température baisse. Cependant, dans le cas d'une batterie de voiture, le coefficient de température est d'environ $1{,}5 \times 10^{-4}$ V/°C; autrement dit, la tension de la batterie diminue de $1{,}5 \times 10^{-4}$ V chaque fois que la température baisse de un degré. Donc, même si l'on suppose une baisse de 40 °C, la diminution de la tension ne serait que de 6×10^{-3} V, soit environ

$$\frac{6 \times 10^{-3}\ \text{V}}{12\ \text{V}} \times 100\ \% = 0{,}05\ \%$$

de la tension de fonctionnement, donc une diminution insignifiante. Ce type de panne de batterie est dû à l'augmentation de la viscosité de l'électrolyte causée par une baisse de température. Pour que la batterie fonctionne adéquatement, il faut que l'électrolyte soit le meilleur conducteur possible. Or, dans un liquide visqueux, les ions se déplacent très lentement, car la résistance du liquide est grande, d'où une perte de puissance de la batterie. Donc, si une batterie «à plat» est réchauffée, elle devrait retrouver sa puissance normale. Sinon elle doit être rechargée, et si c'est impossible, c'est qu'elle a définitivement rendu l'âme!

La pile à combustible

Les combustibles fossiles constituent une importante source d'énergie, mais leur conversion en énergie électrique a un rendement très faible. Voyons la combustion du méthane:

$$CH_4(g) + 2O_2(g) \longrightarrow CO_2(g) + 2H_2O(l) + \text{énergie}$$

Pour générer de l'électricité, on utilise d'abord la chaleur produite par cette réaction pour convertir l'eau en vapeur qui fait tourner une turbine qui, à son tour, entraîne une génératrice. À chaque étape, une grande quantité de l'énergie libérée sous forme de chaleur se perd dans l'environnement; la centrale thermique la plus efficace actuellement ne transforme que 40 % de l'énergie chimique originale en électricité. Puisque les combustions sont des réactions d'oxydoréduction, il est préférable de les faire directement par des moyens électrochimiques, ce qui augmente grandement le rendement. Il est possible de le faire grâce à des appareils appelés piles à combustible.

Dans sa forme la plus simple, une pile à combustible hydrogène/oxygène est constituée d'une solution d'électrolyte (par exemple une solution d'hydroxyde de potassium) et de deux électrodes inertes. On fait barboter l'hydrogène et l'oxygène gazeux à travers les compartiments de l'anode et de la cathode (*figure 18.9*), où les réactions suivantes ont lieu:

$$\begin{array}{ll} \text{Anode:} & 2H_2(g) + 4OH^-(aq) \longrightarrow 4H_2O(l) + 4e^- \\ \text{Cathode:} & O_2(g) + 2H_2O(l) + 4e^- \longrightarrow 4OH^-(aq) \\ \hline \text{Globale:} & 2H_2(g) + O_2(g) \longrightarrow 2H_2O(l) \end{array}$$

On peut calculer la fem standard de la pile de la manière suivante, à partir des données du tableau 18.1:

$$\begin{aligned} \mathcal{E}^\circ &= \mathcal{E}^\circ_{\text{ox}} + \mathcal{E}^\circ_{\text{réd}} \\ &= 0{,}83\ \text{V} + 0{,}40\ \text{V} \\ &= 1{,}23\ \text{V} \end{aligned}$$

La réaction de la pile est donc spontanée dans les conditions standard. Notez que la réaction est identique à la combustion de l'hydrogène, mais l'oxydation

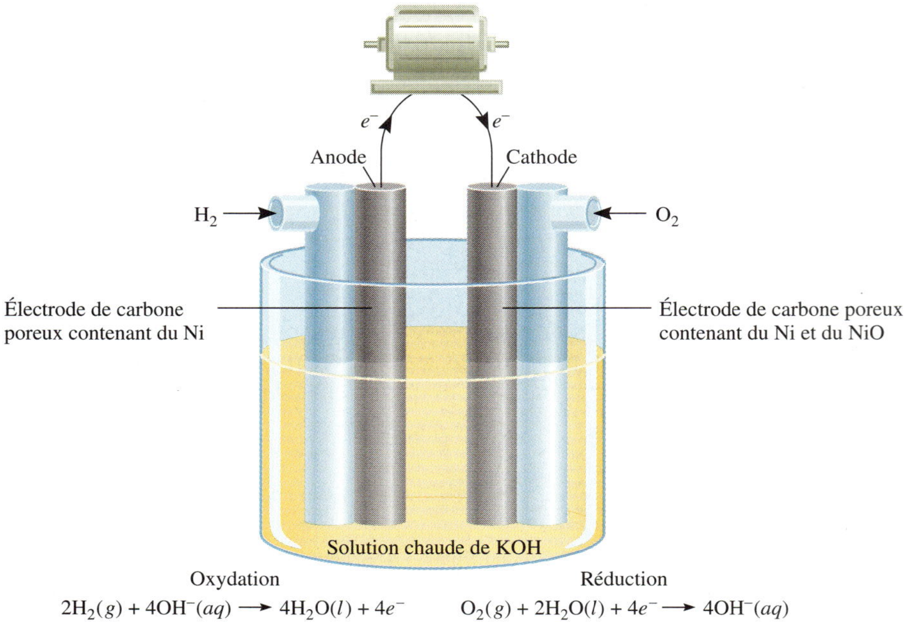

FIGURE 18.9

Une pile à combustible hydrogène/oxygène. Le Ni et le NiO contenus dans les électrodes de carbone poreux sont des électro-catalyseurs.

et la réduction se produisent ici séparément à l'anode et à la cathode. Comme le platine dans l'électrode à hydrogène standard, ces électrodes ont deux fonctions: elles servent de conducteurs électriques et elles fournissent les surfaces nécessaires à la décomposition initiale des molécules en espèces atomiques, une condition préalable aux transferts d'électrons. Ce sont des *électrocatalyseurs*. Les métaux comme le platine, le nickel et le rhodium sont de bons électrocatalyseurs.

En plus du système H_2-O_2, on a développé un certain nombre d'autres piles à combustible, notamment la pile à combustible propane/oxygène, dont les demi-réactions sont les suivantes:

$$\begin{array}{lrcl}
\text{Anode:} & C_3H_8(g) + 6H_2O(l) & \longrightarrow & 3CO_2(g) + 20H^+(aq) + 20e^- \\
\text{Cathode:} & 5O_2(g) + 20H^+(aq) + 20e^- & \longrightarrow & 10H_2O(l) \\
\hline
\text{Globale:} & C_3H_8(g) + 5O_2(g) & \longrightarrow & 3CO_2(g) + 4H_2O(l)
\end{array}$$

La réaction globale est identique à celle de la combustion du propane dans l'oxygène.

Contrairement aux autres piles et aux accumulateurs, les piles à combustible ne stockent pas l'énergie chimique. Il doit y avoir un apport constant de réactifs et un retrait constant des produits. De ce point de vue, une pile à combustible ressemble plus à un moteur qu'à une pile. Une pile à combustible bien conçue peut avoir un rendement de 70 %, environ deux fois celui d'un moteur à combustion interne. De plus, ce type de générateur ne produit pas de bruit, de vibration, de transfert de chaleur, de pollution thermique ni d'autres problèmes normalement associés aux centrales thermiques traditionnelles. Néanmoins, les piles à combustible sont peu répandues. C'est dans les véhicules spatiaux qu'on en fait l'utilisation la plus intéressante jusqu'à maintenant (*figure 18.10*).

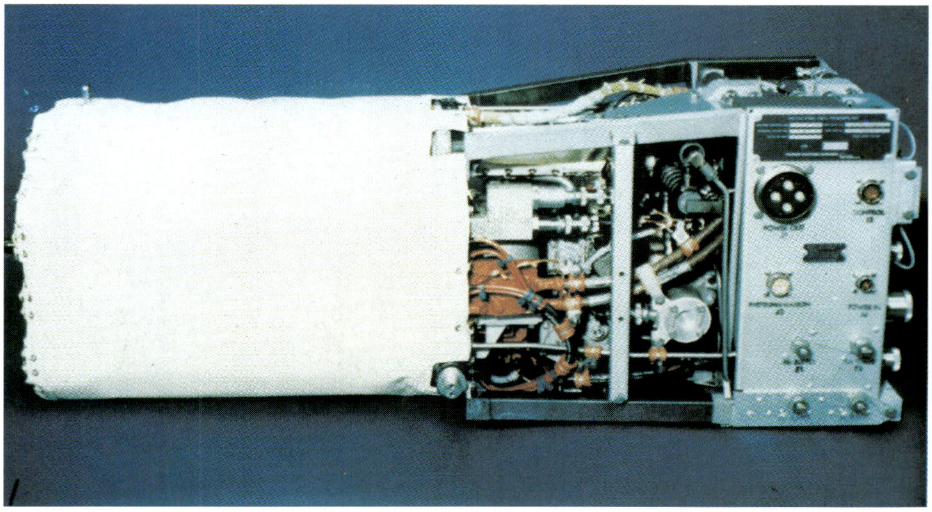

FIGURE 18.10

Une pile à combustible hydrogène/oxygène utilisée dans les véhicules spatiaux. Les astronautes boivent l'eau pure produite par cette pile.

18.7 LA CORROSION

Le terme ***corrosion*** désigne la *détérioration d'un métal par un processus électrochimique*. Autour de nous, il y en a beaucoup d'exemples: la rouille, la ternissure de l'argent et la couche de patine verte qui se forme sur le cuivre ou le bronze (*figure 18.11*). La corrosion cause d'importants dommages aux édifices, aux ponts, aux bateaux et aux autos. Elle entraîne des dépenses annuelles de 100 milliards de dollars aux États-Unis seulement! Nous verrons, dans cette section, certains des processus fondamentaux responsables de la corrosion et les méthodes utilisées pour la prévenir.

La formation de rouille sur le fer est de loin l'exemple de corrosion le plus courant. Pour que le fer rouille, il faut la présence d'oxygène et d'eau. Bien que l'on ne comprenne pas tout à fait les réactions complexes responsables de la formation de la rouille, on croit que les étapes principales sont les suivantes. Une région de la surface métallique sert d'anode, où l'oxydation se produit:

$$Fe(s) \longrightarrow Fe^{2+}(aq) + 2e^-$$

Les électrons libérés par le fer réduisent l'oxygène atmosphérique en eau à la cathode, qui se situe dans une autre région de la même surface métallique:

$$O_2(g) + 4H^+(aq) + 4e^- \longrightarrow 2H_2O(l)$$

La réaction d'oxydoréduction globale est

$$2Fe(s) + O_2(g) + 4H^+(aq) \longrightarrow 2Fe^{2+}(aq) + 2H_2O(l)$$

a) b) c)

FIGURE 18.11

Des exemples de corrosion: a) un navire rouillé; b) un plat en argent à moitié terni; et c) la statue de la Liberté couverte de patine avant sa restauration en 1986.

À l'aide des données du tableau 18.1, on trouve la fem standard de cette réaction:

$$\begin{aligned}\mathcal{E}^{\circ} &= \mathcal{E}^{\circ}_{\text{ox}} + \mathcal{E}^{\circ}_{\text{réd}} \\ &= 0{,}44 \text{ V} + 1{,}23 \text{ V} \\ &= 1{,}67 \text{ V}\end{aligned}$$

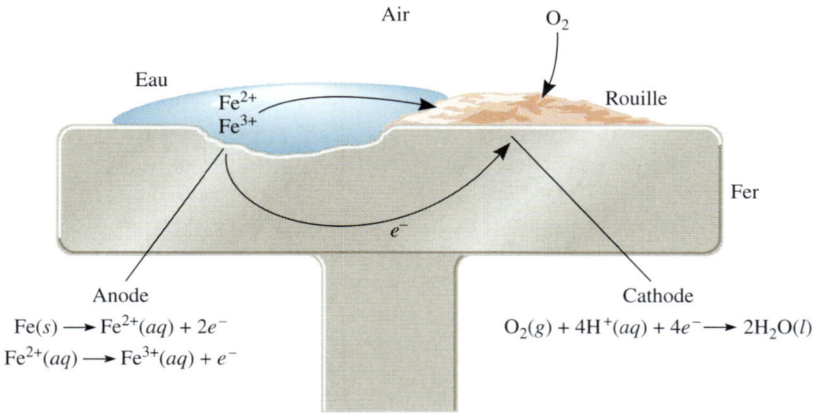

FIGURE 18.12

Le processus électrochimique responsable de la formation de la rouille. Les ions H^+ sont fournis par le H_2CO_3 formé au cours de la dissolution du CO_2 dans l'eau.

Notez que cette réaction se produit en milieu acide; les ions H^+ sont en partie fournis par H_2CO_3, qui est produit par la réaction entre le dioxyde de carbone atmosphérique et l'eau.

Les ions Fe^{2+} formés à l'anode sont à leur tour oxydés par l'oxygène:

$$4Fe^{2+}(aq) + O_2(g) + (4 + 2x)\,H_2O(l) \longrightarrow 2Fe_2O_3 \cdot xH_2O(s) + 8H^+(aq)$$

Cette forme hydratée d'oxyde de fer(III) est appelée rouille. La quantité d'eau associée à l'oxyde de fer varie, c'est pourquoi on utilise la formule $Fe_2O_3 \cdot xH_2O$.

La figure 18.12 illustre le mécanisme de la formation de la rouille. Le circuit électrique est complété par la migration des électrons et des ions; c'est pourquoi la rouille se forme plus rapidement dans l'eau salée. Dans les pays froids, les sels (NaCl ou $CaCl_2$) utilisés pour faire fondre la glace sur les routes sont une cause importante de la formation de rouille sur les automobiles.

La corrosion métallique ne se limite pas au fer. L'aluminium se corrode également; ce métal entre dans la composition de nombreux objets, dont les avions et les cannettes de boissons gazeuses. Il a plus tendance à s'oxyder que le fer; au tableau 18.1, on constate que le potentiel standard de réduction de Al est plus négatif que celui de Fe. En ne se basant que sur ce fait, on pourrait s'attendre à voir les avions se détériorer lentement et les cannettes de soda former des amas d'aluminium corrodé. Ce n'est pourtant pas le cas, car la couche d'oxyde d'aluminium (AlO_3) insoluble qui se forme à la surface du métal exposé à l'air protège l'aluminium sous-jacent de la corrosion ultérieure. La rouille à la surface du fer, elle, est trop poreuse pour jouer un tel rôle.

La monnaie en métal (en cuivre ou en argent) se corrode aussi, mais beaucoup plus lentement.

$$Cu(s) \longrightarrow Cu^{2+}(aq) + 2e^-$$

$$Ag(s) \longrightarrow Ag^+(aq) + e^-$$

Exposé normalement à l'air, le cuivre forme une couche de carbonate de cuivre ($CuCO_3$), une substance verte également appelée patine, qui le protège de la corrosion ultérieure. De même, les services en argent qui sont en contact avec la nourriture forment une couche de sulfure d'argent (Ag_2S).

On a développé un certain nombre de méthodes pour protéger les métaux de la corrosion; la plupart visent à prévenir la formation de la rouille. La méthode la plus simple est de couvrir le métal d'une couche de peinture. Cependant, si la peinture est rayée, trouée ou soulevée de sorte qu'une surface métallique, même très petite, est exposée à l'air, il y aura formation de rouille sous la couche de peinture. Une autre méthode consiste à rendre la surface du fer inactive par un procédé appelé *passivation;* celui-ci consiste à traiter le métal avec un oxydant fort, comme l'acide nitrique concentré, pour produire une mince couche d'oxyde. De plus, pour prévenir la formation de rouille dans les systèmes de refroidissement et les radiateurs, on y ajoute souvent une solution de chromate de sodium.

La tendance du fer à s'oxyder est grandement réduite quand il forme un alliage avec certains autres métaux. Par exemple, l'acier inoxydable, un alliage de fer, de chrome et de nickel, est protégé de la corrosion par une couche superficielle d'oxyde de chrome(III).

On peut couvrir un contenant en fer d'une couche d'un autre métal comme de l'étain ou du zinc. Par exemple, un contenant en fer-blanc est fabriqué par application d'une mince couche d'étain sur du fer. Tant que cette couche d'étain (étamage) restera intacte, il n'y aura aucune formation de rouille. Cependant, si la surface est rayée, la rouille apparaît rapidement. En effet, si l'on examine les potentiels standard de réduction, on constate que le fer agit comme l'anode et l'étain comme la cathode dans le processus de corrosion:

$$\mathrm{Fe}(s) \longrightarrow \mathrm{Fe}^{2+}(aq) + 2e^- \qquad \mathcal{E}^\circ = +0,44 \text{ V}$$

$$\mathrm{Sn}^{2+}(aq) + 2e^- \longrightarrow \mathrm{Sn}(s) \qquad \mathcal{E}^\circ = -0,14 \text{ V}$$

Le processus de protection est différent dans le cas du fer plaqué zinc, ou *galvanisé*. Le zinc s'oxyde plus facilement que le fer (*tableau 18.1*):

$$\mathrm{Zn}(s) \longrightarrow \mathrm{Zn}^{2+}(aq) + 2e^- \qquad \mathcal{E}^\circ = +0,76 \text{ V}$$

Donc, même si une rayure expose le fer, la corrosion continue d'attaquer le zinc. Dans ce cas, le zinc sert d'anode, et le fer de cathode.

La *protection cathodique* est un procédé dans lequel le métal à protéger de la corrosion fait office de cathode comme dans une cellule électrochimique. La figure 18.13 montre comment on peut protéger un clou de fer en le

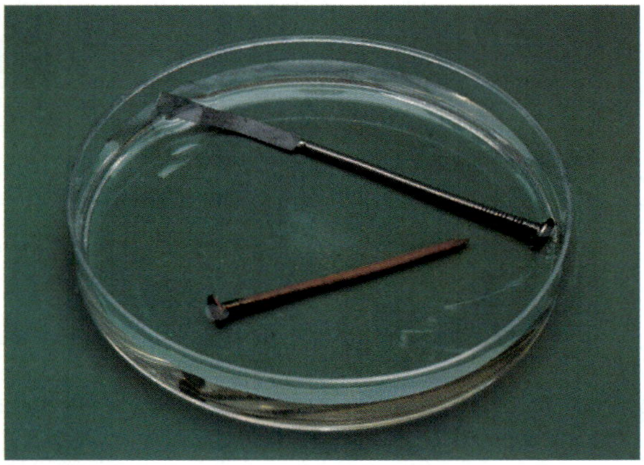

FIGURE 18.13

Un clou en fer en contact avec un ruban de zinc (protection cathodique) ne rouille pas dans l'eau; un clou non protégé rouille facilement.

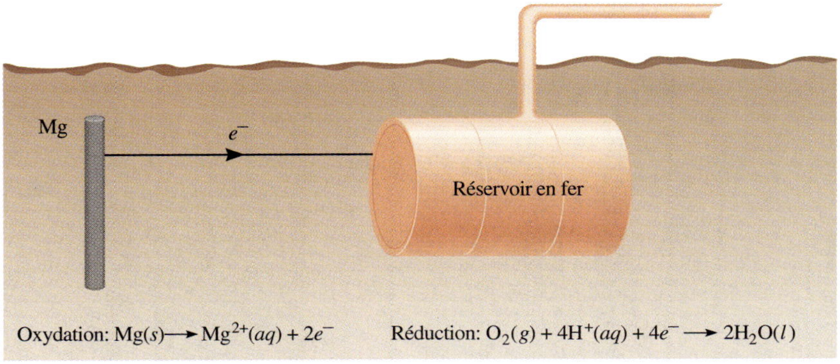

FIGURE 18.14

Protection cathodique d'un réservoir en fer (cathode) par un métal plus électropositif, le magnésium (anode). Puisque seul le magnésium est dégradé dans ce processus, on l'appelle quelquefois anode sacrificielle.

mettant en contact avec un morceau de zinc. Sans une telle protection, un clou de fer rouille rapidement dans l'eau. On peut, de ce fait, prévenir ou réduire grandement la formation de rouille sur les poteaux de fer ou les réservoirs de fer enfouis en les raccordant à des métaux (comme le zinc ou le magnésium) qui s'oxydent plus facilement que le fer et qui servent d'anodes sacrificielles (*figure 18.14*).

18.8 L'ÉLECTROLYSE

Contrairement aux réactions d'oxydoréduction spontanées, au cours desquelles il y a conversion de l'énergie chimique en énergie électrique, l'***électrolyse*** est un *processus dans lequel on utilise l'énergie électrique pour provoquer une réaction chimique non spontanée*. Ce sont les mêmes principes qui gouvernent l'électrolyse et ce qui se produit dans une cellule galvanique. Dans cette section, nous verrons trois exemples d'électrolyses basés sur ces principes. Puis nous verrons les aspects quantitatifs de l'électrolyse.

L'ÉLECTROLYSE DU CHLORURE DE SODIUM FONDU

À l'état liquide, le chlorure de sodium, un composé ionique, peut subir une électrolyse pour former du sodium et du chlore. La figure 18.15 a) représente une *cellule de Downs,* utilisée pour l'électrolyse à grande échelle du NaCl. Dans le NaCl fondu, les cations et les anions sont respectivement les ions Na^+ et Cl^-. La figure 18.15 b) est un schéma simplifié illustrant les réactions qui se produisent aux électrodes. La *cellule électrolytique* contient une paire d'électrodes connectées à une pile. Celle-ci sert de «pompe à électrons», retirant les électrons de l'anode, où l'oxydation se produit, et les poussant vers la cathode, où la réduction se produit. Les réactions aux électrodes sont les suivantes:

$$\begin{array}{lrcl} \text{Anode (oxydation):} & 2Cl^- & \longrightarrow & Cl_2(g) + 2e^- \\ \text{Cathode (réduction):} & 2Na^+ + 2e^- & \longrightarrow & 2Na(l) \\ \hline \text{Globale:} & 2Na^+ + 2Cl^- & \longrightarrow & 2Na(l) + Cl_2(g) \end{array}$$

Ce procédé constitue une source importante de sodium métallique pur et de chlore.

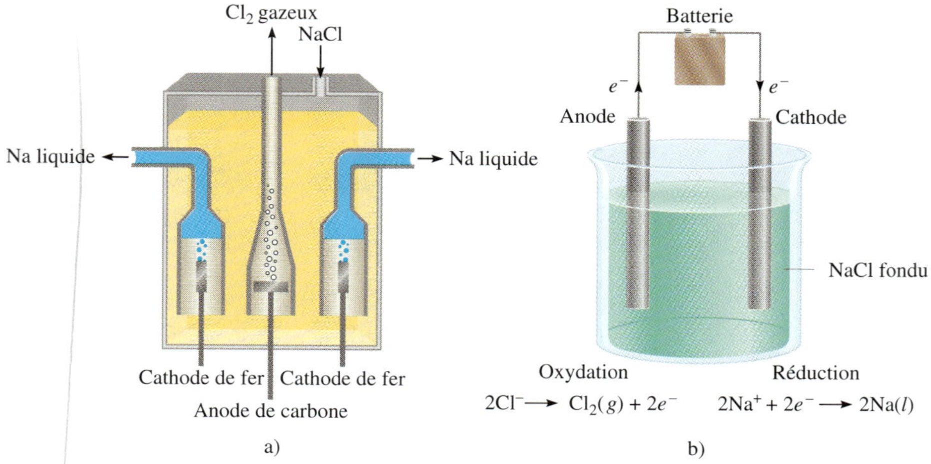

FIGURE 18.15

a) Installation, appelée cellule de Downs, servant à l'électrolyse du NaCl fondu (point de fusion: 801 °C). Le sodium formé aux cathodes est liquide. Puisque le sodium liquide est plus léger que le NaCl fondu, il monte à la surface où il est recueilli. Le chlore gazeux, formé à l'anode, est recueilli par le haut. b) Schéma simplifié des réactions aux électrodes durant l'électrolyse du NaCl fondu. La batterie est nécessaire, car ce sont des réactions non spontanées.

L'ÉLECTROLYSE DE L'EAU

Dans des conditions atmosphériques (1 atm et 25 °C), l'eau contenue dans un bécher ne se décomposera pas spontanément en hydrogène et en oxygène, car la variation d'enthalpie libre standard de la réaction est une valeur très grande positive:

$$2H_2O(l) \longrightarrow 2H_2(g) + O_2(g) \qquad \Delta G^\circ = 474{,}4 \text{ kJ}$$

Cependant, on peut provoquer cette réaction par électrolyse dans une cellule semblable à celle illustrée à la figure 18.16. Cette cellule électrolytique est constituée d'une paire d'électrodes formées d'un métal non réactif, comme le platine, immergées dans de l'eau. Quand on branche les électrodes à cette pile, il ne se passe rien, car il n'y a pas assez d'ions dans l'eau pure pour former un courant électrique. (Souvenez-vous que dans l'eau pure à 25 °C, $[H^+] = 1 \times 10^{-7}\ M$ et $[OH^-] = 1 \times 10^{-7}\ M$.)

Par ailleurs, la réaction se produit facilement dans une solution de H_2SO_4 0,1 M parce qu'il y a alors assez d'ions pour permettre au courant de passer. Il se forme immédiatement des bulles de gaz aux deux électrodes. Ce processus est illustré à la figure 18.17. La réaction à l'anode est la suivante:

$$2H_2O(l) \longrightarrow O_2(g) + 4H^+(aq) + 4e^-$$

À la cathode:

$$H^+(aq) + e^- \longrightarrow \tfrac{1}{2}H_2(g)$$

La réaction globale est donnée par:

$$\begin{array}{lrl} \text{Anode (oxydation):} & 2H_2O(l) & \longrightarrow O_2(g) + 4H^+(aq) + 4e^- \\ \text{Cathode (réduction):} & 4[H^+(aq) + e^- & \longrightarrow \tfrac{1}{2}H_2(g)] \\ \hline \text{Globale:} & 2H_2O(l) & \longrightarrow 2H_2(g) + O_2(g) \end{array}$$

FIGURE 18.16

Un appareil servant à l'électrolyse de petites quantités d'eau. Le volume d'hydrogène gazeux formé (colonne de gauche) est deux fois plus important que celui de l'oxygène gazeux (colonne de droite). Ce type d'appareil est également illustré à la page 8.

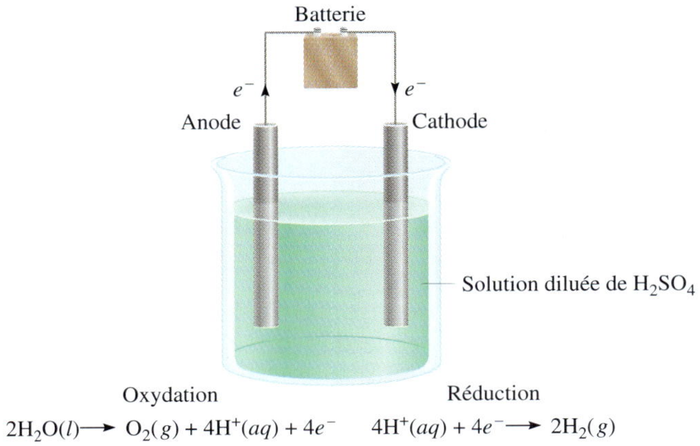

FIGURE 18.17

Schéma illustrant les réactions aux électrodes durant l'électrolyse de l'eau.

L'ÉLECTROLYSE D'UNE SOLUTION AQUEUSE DE CHLORURE DE SODIUM

Des trois exemples d'électrolyse abordés ici, c'est celui qui est le plus complexe, car une solution aqueuse de chlorure de sodium contient plusieurs espèces pouvant être oxydées ou réduites. Les réactions d'oxydation pouvant se produire à l'anode sont

$$1)\quad 2H_2O(l) \longrightarrow O_2(g) + 4H^+(aq) + 4e^-$$

$$2)\quad 2Cl^-(aq) \longrightarrow Cl_2(g) + 2e^-$$

Au tableau 18.1, on trouve:

$$O_2(g) + 4H^+(aq) + 4e^- \longrightarrow 2H_2O(l) \qquad \mathcal{E}^\circ = 1{,}23\ \text{V}$$

$$Cl_2(g) + 2e^- \longrightarrow 2Cl^-(aq) \qquad \mathcal{E}^\circ = 1{,}36\ \text{V}$$

Les potentiels standard de réduction des demi-réactions 1) et 2) ne sont pas très différents, mais leurs valeurs suggèrent que c'est H_2O qui devrait s'oxyder à l'anode. Cependant, l'expérience révèle que c'est Cl_2 et non pas O_2 qui est libéré à l'anode! En étudiant les processus électrolytiques, on découvre quelquefois que la tension requise pour une réaction est beaucoup plus élevée que celle indiquée par les valeurs standard. La *tension supplémentaire requise pour provoquer l'électrolyse* est appelée ***surtension.*** La surtension requise pour la formation de O_2 est élevée. C'est pourquoi, dans des conditions normales de fonctionnement, c'est Cl_2 qui est formé à l'anode plutôt que O_2.

Les réductions pouvant se produire à la cathode sont les suivantes:

$$3)\quad Na^+(aq) + e^- \longrightarrow Na(s) \qquad \mathcal{E}^\circ = -2{,}71\ \text{V}$$

$$4)\quad 2H_2O(l) + 2e^- \longrightarrow H_2(g) + 2OH^-(aq) \qquad \mathcal{E}^\circ = -0{,}83\ \text{V}$$

$$5)\quad 2H^+(aq) + 2e^- \longrightarrow H_2(g) \qquad \mathcal{E}^\circ = 0{,}00\ \text{V}$$

La réaction 3) est éliminée à cause de son potentiel standard de réduction très négatif. La réaction 5) est favorisée par rapport à la réaction 4) dans des conditions standard. Cependant, à un pH de 7 (comme dans le cas d'une solution de NaCl), elles sont toutes deux également probables. On utilise généralement 4) pour décrire la réaction à la cathode parce que la concentration d'ions H^+ est trop faible (environ 1×10^{-7} *M*) pour que 5) soit un choix raisonnable.

Ainsi, les réactions qui se produisent dans l'électrolyse du chlorure de sodium aqueux sont

$$\begin{array}{lrcl} \text{Anode (oxydation):} & 2Cl^-(aq) & \longrightarrow & Cl_2(g) + 2e^- \\ \text{Cathode (réduction):} & 2H_2O(l) + 2e^- & \longrightarrow & H_2(g) + 2OH^-(aq) \\ \hline \text{Globale:} & 2H_2O(l) + 2Cl^-(aq) & \longrightarrow & H_2(g) + Cl_2(g) + 2OH^-(aq) \end{array}$$

Comme l'indique la réaction globale, la concentration des ions Cl^-diminue durant l'électrolyse et celle des ions OH^- augmente. On peut alors, en plus de H_2 et de Cl_2, obtenir, comme sous-produit utile, du NaOH par évaporation de l'eau après l'électrolyse.

EXEMPLE 18.8

La prédiction des produits d'une électrolyse

Au moyen de l'appareil illustré à la figure 18.16, on fait subir une électrolyse à une solution aqueuse de Na_2SO_4. Si les produits formés à l'anode et à la cathode sont respectivement l'oxygène et l'hydrogène, décrivez les réactions qui ont lieu aux électrodes.

Réponse: Avant d'aborder les réactions à la cathode, il faudrait tenir compte des faits suivants: 1) puisque Na_2SO_4 ne s'hydrolyse pas dans l'eau, le pH de la solution est près de 7; 2) les ions Na^+ ne sont pas réduits à la cathode, et les ions SO_4^{2-} ne sont pas oxydés à l'anode. Ces conclusions sont celles déjà obtenues à partir de l'électrolyse de l'eau en présence d'acide sulfurique et de l'électrolyse d'une solution aqueuse de chlorure de sodium. Donc, les réactions aux électrodes sont les suivantes:

$$\text{Anode:} \quad 2H_2O(l) \longrightarrow O_2(g) + 4H^+(aq) + 4e^-$$

$$\text{Cathode:} \quad 2H_2O(l) + 2e^- \longrightarrow H_2(g) + 2OH^-$$

La réaction globale, que l'on obtient en doublant les coefficients de la réaction à la cathode et en additionnant le résultat à la réaction à l'anode, est la suivante:

$$6H_2O(l) \longrightarrow 2H_2(g) + O_2(g) + 4H^+(aq) + 4OH^-(aq)$$

Si les ions H^+ et OH^- peuvent se mélanger, alors

$$4H^+(aq) + 4OH^-(aq) \longrightarrow 4H_2O(l)$$

et la réaction globale devient

$$2H_2O(l) \longrightarrow 2H_2(g) + O_2(g)$$

EXERCICE

On fait l'électrolyse d'une solution aqueuse de $Mg(NO_3)_2$. Quels sont les produits gazeux à l'anode et à la cathode?

L'électrolyse a beaucoup d'applications importantes dans l'industrie, notamment dans celle de l'extraction et de l'affinage des métaux. Nous en verrons quelques-unes à la section 18.9.

Les aspects quantitatifs de l'électrolyse

L'approche quantitative de l'électrolyse fut d'abord élaborée par Faraday. Celui-ci observa que la masse de produit formé (ou de réactif consommé) à une électrode est proportionnelle à la quantité d'électricité transférée à l'électrode et à la masse molaire de la substance en question. Par exemple, dans l'électrolyse de NaCl fondu, la réaction à la cathode indique qu'il y a production de un atome Na quand un ion Na^+ reçoit un électron de l'électrode. Donc, pour réduire une mole d'ions Na^+, il faut fournir le nombre d'Avogadro ($6{,}02 \times 10^{23}$) d'électrons à la cathode. Par contre, la stœchiométrie de la réaction à l'anode indique que l'oxydation de deux ions Cl^- forme une molécule de chlore. Donc, la formation de une mole de Cl_2 exige le transfert de deux moles d'électrons des ions Cl^- à l'anode. De même, il faut deux moles d'électrons pour réduire une mole d'ions Mg^{2+}, et trois moles d'électrons pour réduire une mole d'ions Al^{3+}:

$$Mg^{2+} + 2e^- \longrightarrow Mg$$

$$Al^{3+} + 3e^- \longrightarrow Al$$

Donc

$$2F \bumpeq 1 \text{ mol } Mg^{2+}$$

$$3F \bumpeq 1 \text{ mol } Al^{3+}$$

où F est le faraday.

Au cours d'une électrolyse, on mesure généralement le courant (en ampères, A) qui passe dans une cellule durant un certain temps. La relation entre la charge (en coulombs, C) et le courant est

$$1 \text{ C} = 1 \text{ A} \times 1 \text{ s}$$

autrement dit, un coulomb correspond à la charge électrique qui passe en un point donné du circuit en une seconde quand le courant est de un ampère.

La figure 18.18 indique les étapes du calcul des quantités de substances produites pendant une électrolyse.

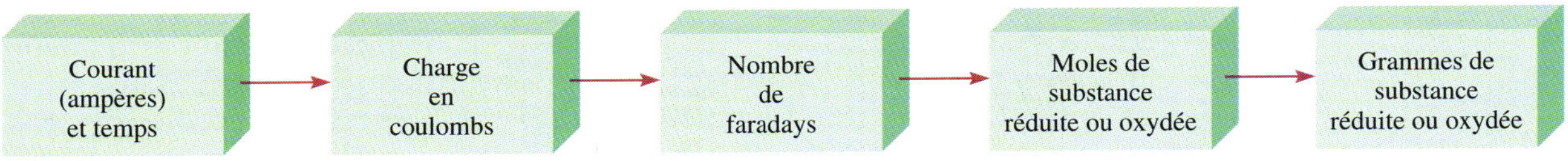

FIGURE 18.18

Les étapes du calcul des quantités de substances réduites ou oxydées durant une électrolyse.

EXEMPLE 18.9

Le calcul de la quantité de produits pendant une électrolyse

Un courant de 0,452 A passe durant 1,50 heure dans une cellule électrolytique contenant du $CaCl_2$ fondu. Écrivez les réactions aux électrodes et calculez la quantité de produits (en grammes) qui s'y sont formés.

Réponse: Puisque les seuls ions présents dans $CaCl_2$ fondu sont Ca^{2+} et Cl^-, les réactions sont les suivantes:

$$\begin{array}{lrcl} \text{Anode:} & 2Cl^- & \longrightarrow & Cl_2(g) + 2e^- \\ \text{Cathode:} & Ca^{2+} + 2e^- & \longrightarrow & Ca(l) \\ \hline \text{Globale:} & Ca^{2+} + 2Cl^- & \longrightarrow & Ca(l) + Cl_2(g) \end{array}$$

Les quantités de Ca et de Cl_2 formées dépendent du nombre d'électrons qui passent dans la cellule; ce nombre dépend, à son tour, du courant et du temps écoulé, ou de la charge:

$$? \text{ C} = 0{,}452 \text{ A} \times 1{,}50 \text{ h} \times \frac{3600 \text{ s}}{1 \text{ h}} \times \frac{1 \text{ C}}{1 \text{ A} \cdot \text{s}} = 2{,}44 \times 10^3 \text{ C}$$

Puisque 1 F = $9{,}65 \times 10^4$ C et qu'il faut 2 F pour réduire 1 mol d'ions Ca^{2+}, la masse de Ca formée à la cathode se calcule de la façon suivante:

$$? \text{ g Ca} = 2{,}44 \times 10^3 \text{ C} \times \frac{1\ F}{9{,}65 \times 10^4 \text{ C}} \times \frac{1 \text{ mol Ca}}{2\ F} \times \frac{40{,}08 \text{ g Ca}}{1 \text{ mol Ca}} = 0{,}507 \text{ g Ca}$$

La réaction à l'anode indique que 2 F d'électricité produisent 1 mol de chlore. Alors, la masse de chlore formée est la suivante:

$$? \text{ g } Cl_2 = 2{,}44 \times 10^3 \text{ C} \times \frac{1\ F}{9{,}65 \times 10^4 \text{ C}} \times \frac{1 \text{ mol } Cl_2}{2\ F} \times \frac{70{,}90 \text{ g } Cl_2}{1 \text{ mol } Cl_2} = 0{,}896 \text{ g } Cl_2$$

EXERCICE

Un courant constant passe pendant 18 heures dans une cellule électrolytique contenant du $MgCl_2$ fondu. Si l'on obtient $4{,}8 \times 10^5$ g de Cl_2, quel est le courant en ampères?

Charles Hall (1863-1914). Encore étudiant à Oberlin College, Hall cherchait un moyen économique d'extraire de l'aluminium. Peu après l'obtention de son diplôme, à 22 ans, installé dans un hangar, il réussit à produire de l'aluminium à partir d'oxyde d'aluminium.

18.9 L'ÉLECTROMÉTALLURGIE

Différentes méthodes d'électrolyse permettent d'obtenir un métal pur à partir d'un minerai, ou encore d'affiner (purifier davantage) un métal. L'ensemble de ces procédés constitue l'*électrométallurgie*. À la section précédente, nous avons vu comment un métal actif, par exemple le sodium, peut être obtenu par réduction électrolytique de son cation contenu dans le NaCl fondu (*page* 597). Voyons deux autres applications.

La production de l'aluminium

On extrait habituellement l'aluminium de la bauxite ($Al_2O_3 \cdot 2H_2O$). On retire d'abord les impuretés du minerai, puis on chauffe celui-ci pour obtenir du Al_2O_3 anhydre. Cet oxyde est ensuite dissous dans de la cryolithe (Na_3AlF_6) fondue dans une cellule électrolytique de Hall (*figure 18.19*). Cette cellule est une cuve contenant une série d'anodes de carbone; la cathode est également en carbone et forme le recouvrement intérieur de la cuve. On procède à l'électrolyse et on obtient de l'aluminium et de l'oxygène:

$$\begin{array}{lrcl} \text{Anode:} & 3[2O^{2-} & \longrightarrow & O_2(g) + 4e^-] \\ \text{Cathode:} & 4[Al^{3} + 3e^- & \longrightarrow & Al(l)] \\ \hline \text{Globale:} & 2Al_2O_3 & \longrightarrow & 4Al(l) + 3O_2(g) \end{array}$$

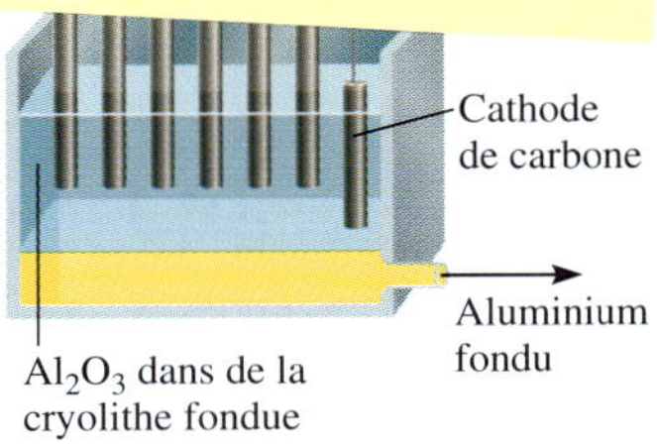

FIGURE 18.19

Production électrolytique d'aluminium basée sur le procédé Hall.

L'oxygène réagit avec les anodes de carbone à 1000 °C (point de fusion de la cryolithe) pour former de l'oxyde de carbone, qui s'échappe sous forme gazeuse. L'aluminium liquide (point de fusion: 660 °C) coule au fond du récipient, d'où il est drainé.

L'affinage du cuivre

Le cuivre obtenu de son minerai contient habituellement beaucoup d'impuretés comme du zinc, du fer, de l'argent et de l'or. Les métaux les plus électropositifs sont retirés par électrolyse; durant ce processus, le cuivre impur agit comme une anode et le cuivre pur agit comme une cathode, le tout dans une solution d'acide sulfurique contenant des ions Cu^{2+} (*figure 18.20*). Les réactions sont les suivantes:

$$\text{Anode:} \quad Cu(s) \longrightarrow Cu^{2+}(aq) + 2e^-$$

$$\text{Cathode:} \quad Cu^{2+}(aq) + 2e^- \longrightarrow Cu(s)$$

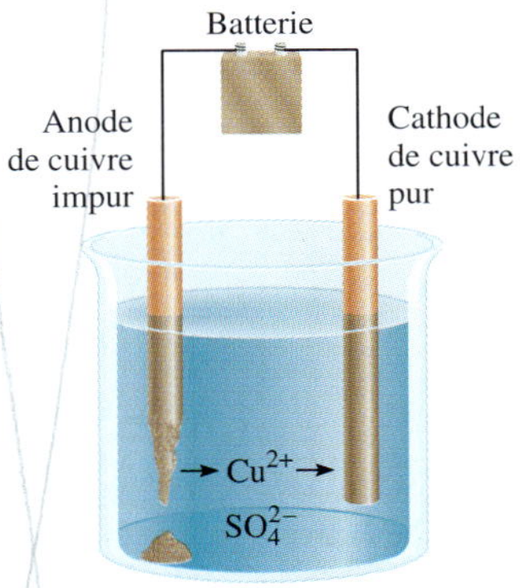

FIGURE 18.20

Affinage électrolytique du cuivre.

Les métaux réactifs contenus dans l'anode de cuivre, comme le fer et le zinc, sont oxydés et entrent en solution sous forme d'ions Fe^{2+} et Zn^{2+}. Cependant, ils ne sont pas réduits à la cathode. Les métaux moins électropositifs, comme l'or et l'argent, ne sont pas oxydés à l'anode. Ils finissent par tomber au fond de la cellule à mesure que l'anode de cuivre se dissout. Donc, le résultat net de cette électrolyse est le transfert du cuivre de l'anode à la cathode. Le cuivre ainsi préparé est pur à au moins 99,5 %. Il est intéressant de noter que les impuretés métalliques (surtout de l'argent et de l'or) provenant de l'anode de cuivre sont des sous-produits ayant une valeur commerciale; leur vente sert souvent à payer l'électricité utilisée pour l'électrolyse.

Résumé

Les réactions d'oxydoréduction impliquent un transfert d'électrons. La méthode ions-électrons peut servir à équilibrer les équations représentant les réactions d'oxydoréduction.

Dans une cellule galvanique, l'électricité est produite par une réaction chimique spontanée. L'oxydation à l'anode et la réduction à la cathode se produisent séparément; les électrons circulent dans un circuit extérieur. Les deux parties d'une cellule galvanique sont appelées demi-cellules et les réactions aux électrodes sont appelées réactions des demi-cellules. Un pont salin permet aux ions de circuler entre les deux demi-cellules.

La fem d'une cellule est la différence de potentiel entre les deux électrodes. Dans le cas d'une pile galvanique, les électrons empruntent un circuit extérieur pour migrer de l'anode à la cathode. En solution, les anions circulent vers l'anode et les cations vers la cathode. La quantité d'électricité transportée par une mole d'électrons est appelée faraday ($1\ F = 9{,}65 \times 10^4$ coulombs).

Les potentiels standard de réduction indiquent les tendances relatives des réactions des demi-cellules à se produire et peuvent servir à prédire les produits, le sens et la spontanéité des réactions d'oxydoréduction entre différentes substances. La diminution d'enthalpie libre du système dans une réaction d'oxydoréduction spontanée est égale au travail électrique effectué par le système sur le milieu extérieur: $\Delta G = -nF\mathcal{E}$. La constante d'équilibre d'une réaction d'oxydoréduction peut être calculée à partir de la fem standard d'une cellule.

L'équation de Nernst établit la relation entre la fem d'une cellule et les concentrations des réactifs et des produits de cette cellule dans des conditions non standard.

Les piles et les accumulateurs, souvent connectés en série (on parle alors de batteries), sont largement utilisés comme sources de courant autonomes. Les plus connus sont la pile sèche (comme la pile Leclanché), la pile au mercure et l'accumulateur au plomb utilisé dans les automobiles. Les piles à combustible produisent de l'énergie électrique grâce à un apport continu de réactifs.

La corrosion des métaux, dont le produit le plus connu est la rouille, est une réaction électrochimique.

Dans une électrolyse, on utilise un courant électrique d'une source extérieure pour provoquer une réaction chimique non spontanée. La quantité de produits formés ou de réactifs utilisés dans une cellule électrolytique dépend de la quantité d'électricité transférée à l'électrode. L'électrolyse joue un rôle important dans l'extraction et l'affinage des métaux.

MOTS CLÉS

Accumulateur, p. 588
Anode, p. 574
Batterie, p. 589
Cathode, p. 574
Cellule galvanique, p. 574
Corrosion, p. 593
Diagramme de cellule, p. 575
Électrochimie, p. 570
Électrode standard à hydrogène (ESH), p. 576
Électrolyse, p. 597
Équation de Nernst, p. 586
Faraday (F), p. 582
Fem standard, p. 577
Force électromotrice (fem), p. 575
Pile, p. 588
Potentiel standard de réduction, p. 576
Potentiel standard d'oxydation, p. 577
Réaction de demi-cellule, p. 574
Surtension, p. 599

QUESTIONS ET PROBLÈMES

L'ÉQUILIBRAGE DES ÉQUATIONS D'OXYDORÉDUCTION

Problèmes

18.1 Équilibrez les équations d'oxydoréduction suivantes à l'aide de la méthode ions-électrons:

a) $H_2O_2 + Fe^{2+} \longrightarrow Fe^{3+} + H_2O$ (en solution acide)

b) $Cu + HNO_3 \longrightarrow Cu^{2+} + NO + H_2O$ (en solution acide)

c) $CN^- + MnO_4^- \longrightarrow CNO^- + MnO_2$ (en solution basique)

d) $Br_2 \longrightarrow BrO_3^- + Br^-$ (en solution basique)

e) $S_2O_3^{2-} + I_2 \longrightarrow I^- + S_4O_6^{2-}$ (en solution acide)

18.2 Équilibrez les équations d'oxydoréduction suivantes à l'aide de la méthode ions-électrons:

a) $Mn^{2+} + H_2O_2 \longrightarrow MnO_2 + H_2O$ (en solution basique)

b) $Bi(OH)_3 + SnO_2^{2-} \longrightarrow SnO_3^{2-} + Bi$ (en solution basique)

c) $Cr_2O_7^{2-} + C_2O_4^{2-} \longrightarrow Cr^{3+} + CO_2$ (en solution acide)

d) $ClO_3^- + Cl^- \longrightarrow Cl_2 + ClO_2$ (en solution acide)

LES CELLULES GALVANIQUES

Questions de révision

18.3 Définissez les termes suivants: anode, cathode, fem, potentiel standard d'oxydation, potentiel standard de réduction.

18.4 Décrivez les composantes de base d'une cellule galvanique. Pourquoi les deux composantes sont-elles séparées l'une de l'autre? Quelle est la fonction du pont salin?

18.5 Quelle est la différence entre les demi-réactions qui caractérisent les réactions d'oxydoréduction décrites à la section 4.4 et les réactions des demi-cellules abordées à la section 18.2?

18.6 Après quelques minutes de fonctionnement d'une cellule galvanique semblable à celle illustrée à la figure 18.1, un étudiant constate que la fem de la cellule commence à diminuer. Pourquoi?

Problèmes

18.7 Calculez la fem standard d'une cellule qui utilise les réactions des demi-cellules Mg/Mg^{2+} et Cu/Cu^{2+}, à 25 °C. Écrivez l'équation de la réaction de la cellule, qui se produit dans les conditions standard.

18.8 Calculez la fem standard d'une cellule qui utilise les réactions des demi-cellules Ag/Ag^+ et Al/Al^{3+}. Écrivez l'équation de la réaction de la cellule, qui se produit dans les conditions standard.

LA SPONTANÉITÉ DES RÉACTIONS D'OXYDORÉDUCTION

Problèmes

18.9 Dites si Fe^{3+} peut oxyder I^- en I_2 dans les conditions standard.

18.10 Lesquels des réactifs suivants peuvent oxyder H_2O en $O_2(g)$ dans les conditions standard? $H^+(aq)$, $Cl^-(aq)$, $Cl_2(g)$, $Cu^{2+}(aq)$, $Pb^{2+}(aq)$, $MnO_4^-(aq)$ (en milieu acide).

18.11 Soit les demi-réactions suivantes:

$$MnO_4^-(aq) + 8H^+(aq) + 5e^- \longrightarrow Mn^{2+}(aq) + 4H_2O(l)$$

$$NO_3^-(aq) + 4H^+(aq) + 3e^- \longrightarrow NO(g) + 2H_2O(l)$$

Dites si les ions NO_3^- oxyderont Mn^{2+} en MnO_4^- dans les conditions standard.

18.12 Dites si les réactions suivantes se produiront spontanément en solution aqueuse, à 25 °C. Supposez que toutes les concentrations initiales des espèces dissoutes sont 1 *M*.

a) $Ca(s) + Cd^{2+}(aq) \longrightarrow Ca^{2+}(aq) + Cd(s)$

b) $2Br^-(aq) + Sn^{2+}(aq) \longrightarrow Br_2(l) + Sn(s)$

c) $2Ag(s) + Ni^{2+} \longrightarrow 2Ag^+(aq) + Ni(s)$

d) $Cu^+(aq) + Fe^{3+}(aq) \longrightarrow Cu^{2+}(aq) + Fe^{2+}(aq)$

18.13 Dans chacune des paires suivantes, quelle espèce est le meilleur oxydant dans les conditions standard? a) Br_2 et Au^{3+}, b) H_2 et Ag^+, c) Cd^{2+} et Cr^{3+}, d) O_2 en milieu acide et O_2 en milieu basique.

18.14 Dans chacune des paires suivantes, quelle espèce est le meilleur réducteur dans les conditions standard? a) Na et Li, b) H_2 et I_2, c) Fe^{2+} et Ag, d) Br^- et Co^{2+}.

LA RELATION ENTRE $\mathcal{E}°$, $\Delta G°$ ET K

Questions de révision

18.15 Écrivez les équations qui mettent en relation $\Delta G°$ et K à la fem standard d'une pile. Définissez tous les termes.

18.16 Est-il plus facile de déterminer la constante d'équilibre à l'aide de moyens électrochimiques ou à l'aide de moyens chimiques [*voir équation (17.9)*]?

Problèmes

18.17 Quelle est la constante d'équilibre de la réaction suivante, à 25 °C?

$$Mg(s) + Zn^{2+}(aq) \rightleftharpoons Mg^{2+}(aq) + Zn(s)$$

18.18 La constante d'équilibre de la réaction suivante

$$Sr(s) + Mg^{2+}(aq) \rightleftharpoons Sr^{2+}(aq) + Mg(s)$$

est $2,69 \times 10^{12}$, à 25 °C. Calculez la valeur de $\mathcal{E}°$ pour une cellule faite des deux demi-cellules Sr/Sr^{2+} et Mg/Mg^{2+}.

18.19 À l'aide des potentiels standard de réduction, trouvez la constante d'équilibre de chacune des réactions suivantes, à 25 °C:

a) $Br_2(l) + 2I^-(aq) \rightleftharpoons 2Br^-(aq) + I_2(s)$

b) $2Ce^{4+}(aq) + 2Cl^-(aq) \rightleftharpoons Cl_2(g) + 2Ce^{3+}(aq)$

c) $5Fe^{2+}(aq) + MnO_4^-(aq) + 8H^+(aq) \rightleftharpoons Mn^{2+}(aq) + 4H_2O(l) + 5Fe^{3+}(aq)$

18.20 Calculez les valeurs de $\Delta G°$ et de K_C pour les réactions suivantes, à 25 °C:

a) $Mg(s) + Pb^{2+}(aq) \rightleftharpoons Mg^{2+}(aq) + Pb(s)$

b) $Br_2(l) + 2I^-(aq) \rightleftharpoons 2Br^-(aq) + I_2(s)$

c) $O_2(g) + 4H^+(aq) + 4Fe^{2+}(aq) \rightleftharpoons 2H_2O(l) + 4Fe^{3+}(aq)$

d) $2Al(s) + 3I_2(s) \rightleftharpoons 2Al^{3+}(aq) + 6I^-(aq)$

18.21 Quelle réaction spontanée se produira dans des conditions standard si une solution aqueuse contient les ions Ce^{4+}, Ce^{3+}, Fe^{3+} et Fe^{2+}? Calculez les valeurs de $\Delta G°$ et de K_C pour cette réaction.

18.22 Sachant que $\mathcal{E}° = 0{,}52$ V pour la réduction $Cu^+(aq) + e^- \longrightarrow Cu(s)$, calculez les valeurs de $\mathcal{E}°$, de $\Delta G°$ et de K pour la réaction suivante, à 25 °C:

$$2Cu^+(aq) \longrightarrow Cu^{2+}(aq) + Cu(s)$$

L'ÉQUATION DE NERNST

Questions de révision

18.23 Écrivez l'équation de Nernst et expliquez tous ses termes.

18.24 Écrivez l'équation de Nernst pour les processus suivants à une température T:

a) $Mg(s) + Sn^{2+}(aq) \longrightarrow Mg^{2+}(aq) + Sn(s)$

b) $2Cr(s) + 3Pb^{2+}(aq) \longrightarrow 2Cr^{3+}(aq) + 3Pb(s)$

Problèmes

18.25 Quelle est la fem d'une cellule faite des demi-cellules Zn/Zn^{2+} et Cu/Cu^{2+}, à 25 °C, si $[Zn^{2+}] = 0{,}25\ M$ et $[Cu^{2+}] = 0{,}15\ M$?

18.26 Calculez les valeurs de $\mathcal{E}°$, de $\mathcal{E}$ et de ΔG pour les réactions des cellules suivantes:

a) $Mg(s) + Sn^{2+}(aq) \longrightarrow Mg^{2+}(aq) + Sn(s)$
$[Mg^{2+}] = 0{,}045\ M$; $[Sn^{2+}] = 0{,}035\ M$

b) $3Zn(s) + 2Cr^{3+}(aq) \longrightarrow 3Zn^{2+}(aq) + 2Cr(s)$
$[Cr^{3+}] = 0{,}010\ M$; $[Zn^{2+}] = 0{,}0085\ M$

18.27 Calculez la fem standard d'une cellule constituée de la demi-cellule Zn/Zn^{2+} et de l'ESH. Quelle sera la fem de la cellule si $[Zn^{2+}] = 0{,}45\ M$, $P_{H_2} = 2{,}0$ atm et $[H^+] = 1{,}8\ M$?

18.28 Quelle est la fem d'une cellule constituée des demi-cellules Pb/Pb^{2+} et $Pt/H_2/H^+$ si $[Pb^{2+}] = 0{,}10\ M$, $[H^+] = 0{,}050\ M$ et $P_{H_2} = 1{,}0$ atm?

18.29 En vous référant à la figure 18.1, calculez pour quel rapport $[Cu^{2+}]/[Zn^{2+}]$ la réaction suivante devient spontanée, à 25 °C:

$$Cu(s) + Zn^{2+}(aq) \longrightarrow Cu^{2+}(aq) + Zn(s)$$

18.30 Calculez la fem de la cellule suivante appelée cellule de concentration (cellule dont les deux compartiments contiennent les mêmes substances, mais à des concentrations différentes):

$Mg(s)|Mg^{2+}(0{,}24\ M)|KCl(\text{saturé})|Mg^{2+}(0{,}53\ M)|Mg(s)$

PILES, ACCUMULATEURS ET PILES À COMBUSTIBLE

Questions de révision

18.31 Expliquez clairement la différence entre une pile primaire (qui n'est pas rechargeable) et une pile secondaire, par exemple, un accumulateur au plomb (qui est rechargeable).

18.32 Donnez les avantages et les inconvénients des piles à combustible par rapport aux centrales thermiques dans la production d'électricité.

Problèmes

18.33 La pile à combustible hydrogène/oxygène est décrite à la section 18.6. a) Quel volume de $H_2(g)$, stocké à 25 °C et à une pression de 155 atm, serait nécessaire pour qu'un moteur utilisant un courant de 8,5 A fonctionne pendant 3,0 h? b) Quel volume (en litres) d'air, à 25 °C et à 1,00 atm, devrait passer dans la pile par minute pour que le moteur tourne? Supposez que l'air contient 20 % de O_2 par volume et que le O_2 est consommé par la pile. Les autres composantes de l'air n'influencent pas les réactions de la pile à combustible. Supposez que les gaz ont un comportement idéal.

18.34 Calculez la fem standard, à 25 °C, de la pile à combustible propane/oxygène que nous avons décrite à la page 592, sachant que la valeur de $\Delta G_f°$ pour le propane est −23,5 kJ/mol.

LA CORROSION

Questions de révision

18.35 Les objets de quincaillerie en acier, comme les vis et les écrous, sont souvent plaqués d'une mince couche de cadmium. Expliquez le rôle de cette couche.

18.36 Le «fer galvanisé» est une feuille d'acier recouverte de zinc; les contenants en fer-blanc sont faits d'une feuille d'acier recouverte d'étain. Expliquez la fonction de ces recouvrements et, d'un point de vue électrochimique, les réactions de corrosion qui se produisent si un électrolyte entre en contact avec la surface rayée d'une feuille de fer galvanisé ou d'un contenant en fer-blanc.

18.37 L'argent terni contient du Ag_2S. On peut redonner son éclat original à l'argent en le plaçant dans un récipient en aluminium contenant une solution d'électrolyte inerte, comme NaCl. Expliquez le principe électrochimique de ce procédé. [Le potentiel standard de réduction de la réaction de la demi-cellule $Ag_2S(s) + 2e^- \longrightarrow 2Ag(s) + S^{2-}(aq)$ est de −0,71 V.]

18.38 Quel effet a le pH d'une solution sur la formation de la rouille?

L'ÉLECTROLYSE

Questions de révision

18.39 Quelle est la différence entre une cellule électrochimique (comme une cellule galvanique) et une cellule électrolytique?

18.40 Quelle fut la contribution de Faraday à l'étude quantitative de l'électrolyse?

Problèmes

18.41 La demi-réaction qui se produit à une électrode est la suivante:

$$Mg^{2+}\text{ (fondu)} + 2e^- \longrightarrow Mg(s)$$

Calculez le nombre de grammes de magnésium pouvant être produit si l'on fait passer 1,00 *F* dans l'électrode.

18.42 Soit l'électrolyse du chlorure de calcium fondu, $CaCl_2$. a) Écrivez les réactions qui se produisent aux électrodes. b) Combien de grammes de calcium peut-on produire en y faisant passer un courant de 0,50 A durant 30 minutes?

18.43 En ne tenant compte que du coût de l'électricité, est-il moins économique de produire une tonne de sodium qu'une tonne d'aluminium par électrolyse?

18.44 Si le coût de l'électricité nécessaire à la production du magnésium par l'électrolyse du chlorure de magnésium fondu est de 155 $ par tonne de métal, quel est le coût (en dollars) de l'électricité nécessaire pour produire: a) 10,0 tonnes d'aluminium, b) 30,0 tonnes de sodium, c) 50,0 tonnes de calcium?

18.45 Dans l'électrolyse de l'eau, l'une des demi-réactions est

$$2H_2O(l) \longrightarrow O_2(g) + 4H^+(aq) + 4e^-$$

Supposons que l'on recueille 0,076 L de O_2 à 25 °C et à 755 mm Hg: combien de faradays sont passés dans la solution?

18.46 Quelle quantité d'électricité en faradays est nécessaire pour produire: a) 0,84 L de O_2, à exactement 1 atm et à 25 °C, à partir d'une solution aqueuse de H_2SO_4, b) 1,50 L de Cl_2, à 750 mm Hg et à 20 °C, à partir de NaCl fondu, c) 6,0 g de Sn à partir de $SnCl_2$ fondu?

18.47 Calculez les quantités de Cu et de Br_2 produites aux électrodes inertes si l'on fait passer un courant de 4,50 A dans une solution de $CuBr_2$ durant 1,0 heure.

18.48 Au cours de l'électrolyse d'une solution aqueuse de $AgNO_3$, après un certain temps, il y a un dépôt de 0,67 g de Ag. a) Écrivez la demi-réaction de la réduction de Ag^+. b) Quelle est la demi-réaction d'oxydation probable? c) Calculez la quantité d'électricité utilisée (en coulombs).

18.49 On a fait passer un courant constant dans du $CoSO_4$ fondu jusqu'à ce qu'il y ait 2,35 g de cobalt produits. Calculez la quantité d'électricité utilisée en coulombs.

18.50 Un courant électrique constant passe durant 3,75 h dans deux cellules électrolytiques connectées en série. L'une des cellules contient une solution de $AgNO_3$; l'autre, une solution de $CuCl_2$. Durant ce temps, 2,00 g d'argent se sont déposés dans la première cellule. a) Combien de grammes de cuivre se seront déposés dans la seconde cellule? b) Quel est le courant, en ampères?

18.51 Quelle est la production horaire de chlore (en kilogrammes) dans une cellule électrolytique utilisant une solution aqueuse de NaCl comme électrolyte et dans laquelle circule un courant de $1{,}500 \times 10^3$ A? Le rendement de l'oxydation de Cl^- à l'anode est de 93,0 %.

18.52 On plaque du chrome par électrolyse sur des objets en les immergeant dans une solution de dichromate, où se produit la demi-réaction (non équilibrée) suivante:

$$Cr_2O_7^{2-}(aq) + e^- + H^+ \longrightarrow Cr(s) + H_2O(l)$$

Combien de temps (en heures) faut-il pour appliquer une couche de chrome de $1{,}0 \times 10^{-2}$ mm sur un pare-choc d'automobile dont la surface est de 0,25 m^2 dans une cellule électrolytique où circule un courant de 25,0 A? (La masse volumique du chrome est de 7,19 g/cm^3.)

18.53 Le passage d'un courant de 0,750 A durant 25,0 min provoque le dépôt de 0,369 g de cuivre dans une solution de $CuSO_4$. À partir de cette donnée, calculez la masse molaire du cuivre.

18.54 Le passage d'un courant de 3,00 A durant 304 s provoque le dépôt de 0,300 g de cuivre dans une solution de $CuSO_4$. Calculez la valeur de la constante de Faraday.

18.55 Dans une expérience d'électrolyse, 1,44 g de Ag se dépose dans une cellule (contenant une solution aqueuse de $AgNO_3$), alors que 0,120 g d'un métal inconnu X se dépose dans une autre cellule (contenant une solution aqueuse de XCl_3); les deux cellules sont branchées en série. Calculez la masse molaire de X.

18.56 Dans l'électrolyse de l'eau, une des démi-réactions est la suivante:

$$2H^+(aq) + 2e^- \longrightarrow H_2(g)$$

Supposons que l'on produise 0,854 L de H_2, à 25 °C et à 782 mm Hg. Combien de faradays a-t-il fallu?

PROBLÈMES VARIÉS

18.57 Pour chacune des réactions d'oxydoréduction suivantes: (i) écrivez les demi-réactions; (ii) écrivez l'équation équilibrée de la réaction globale; (iii) dites dans quel sens la réaction sera spontanée dans des conditions standard.

a) $H_2(g) + Ni^{2+}(aq) \longrightarrow H^+(aq) + Ni(s)$

b) $MnO_4^-(aq) + Cl^-(aq) \longrightarrow Mn^{2+}(aq) + Cl_2(g)$ (en solution acide)

c) $Cr(s) + Zn^{2+}(aq) \longrightarrow Cr^{3+}(aq) + Zn(s)$

18.58 L'oxydation de 25,0 mL d'une solution contenant du Fe^{2+} nécessite 26,0 mL de $K_2Cr_2O_7$ 0,0250 *M* en solution acide. Équilibrez l'équation suivante et calculez la concentration molaire de Fe^{2+}:

$$Cr_2O_7^{2-} + Fe^{2+} + H^+ \longrightarrow Cr^{3+} + Fe^{3+}$$

18.59 Les pluies acides résultent surtout de la présence de SO_2 dans l'air. On peut établir la concentration du SO_2 de l'air par titrage avec une solution standard de permanganate:

$$5SO_2 + 2MnO_4^- + 2H_2O \longrightarrow 5SO_4^{2-} + 2Mn^{2+} + 4H^+$$

Calculez le nombre de grammes de SO_2 contenus dans un échantillon d'air si le titrage a nécessité 7,37 mL d'une solution de $KMnO_4$ 0,00800 *M*.

18.60 On dissout 0,2792 g d'un minerai de fer dans une solution d'un acide dilué; tout le Fe(II) est alors converti en ions Fe(III) par un titrage nécessitant 23,30 mL de $KMnO_4$ 0,0194 *M*. Calculez le pourcentage massique du fer dans le minerai.

18.61 On peut facilement déterminer la concentration d'une solution de peroxyde d'hydrogène par titrage avec une solution standard de permanganate de potassium en milieu acide. Ce titrage répond à l'équation non équilibrée suivante:

$$MnO_4^- + H_2O_2 \longrightarrow O_2 + Mn^{2+}$$

a) Équilibrez l'équation ci-dessus. b) S'il faut 36,44 mL d'une solution de $KMnO_4$ 0,01652 *M* pour oxyder complètement 25,00 mL d'une solution de H_2O_2, calculez la molarité (concentration molaire) de cette dernière.

18.62 On trouve l'acide oxalique ($H_2C_2O_4$) dans de nombreux végétaux. a) Équilibrez la réaction suivante qui se produit en milieu acide:

$$MnO_4^- + C_2O_4^{2-} \longrightarrow Mn^{2+} + CO_2$$

b) S'il faut 24,0 mL d'une solution de $KMnO_4$ 0,0100 *M* pour que 1,00 g de $H_2C_2O_4$ atteigne le point d'équivalence, quel est le pourcentage massique de $H_2C_2O_4$ dans l'échantillon?

18.63 Complétez le tableau suivant. (Dans la troisième colonne il faut indiquer si la réaction de la cellule est spontanée, non spontanée ou à l'équilibre.)

$\mathcal{E}$	ΔG	réaction de la cellule
> 0		
	> 0	
$= 0$		

18.64 L'oxalate de calcium (CaC_2O_4) est insoluble dans l'eau. On utilise cette propriété pour déterminer la quantité d'ions Ca^{2+} dans des liquides, comme le sang. L'oxalate de calcium extrait du sang est dissous dans de l'acide et titré avec une solution standard de $KMnO_4$ comme celle décrite au problème 18.62. Au cours d'une analyse, le titrage de l'oxalate de calcium provenant d'un échantillon de 10,0 mL de sang nécessite 24,2 mL de $KMnO_4$ $9,56 \times 10^{-4}$ *M*. Calculez le nombre de milligrammes de calcium par millilitre de sang.

18.65 D'après les données suivantes, calculez le produit de solubilité de AgBr.

$$AgBr(s) + e^- \longrightarrow Ag(s) + Br^-(aq) \quad \mathcal{E}° = 0,07 \text{ V}$$
$$Ag^+(aq) + e^- \longrightarrow Ag(s) \quad \mathcal{E}° = 0,80 \text{ V}$$

18.66 Soit une cellule constituée d'une ESH et d'une demi-cellule utilisant la réaction $Ag^+(aq) + e^- \longrightarrow Ag(s)$. a) Calculez le potentiel standard de la cellule. b) Quelle est la réaction spontanée de la cellule dans des conditions standard? c) Calculez le potentiel de la cellule quand $[H^+]$ dans l'électrode à hydrogène devient i) $1,0 \times 10^{-2}$ *M* et ii) $1,0 \times 10^{-5}$ *M*, tous les autres réactifs étant maintenus dans des conditions standard. d) En vous inspirant de cette cellule, suggérez comment vous pourriez construire un pH-mètre.

18.67 Une cellule galvanique est constituée d'une électrode d'argent en contact avec 346 mL d'une solution de $AgNO_3$ 0,100 *M*, et d'une électrode de magnésium en contact avec 288 mL d'une solution de $Mg(NO_3)_2$ 0,100 *M*. a) Calculez la valeur de $\mathcal{E}$ pour la cellule, à 25 °C. b) On tire un courant électrique de la cellule jusqu'à ce qu'il y ait un dépôt de 1,20 g d'argent à l'électrode d'argent. Calculez la valeur de $\mathcal{E}$ pour cette cellule à ce stade d'utilisation.

18.68 Dites pourquoi on peut préparer du chlore gazeux grâce à l'électrolyse d'une solution aqueuse de NaCl, alors qu'on ne peut préparer du fluor gazeux par électrolyse d'une solution aqueuse de NaF.

18.69 Calculez la fem à 25 °C de la cellule suivante appelée cellule de concentration (une cellule dont les deux compartiments contiennent les mêmes substances, mais à des concentrations différentes):

$$Cu(s)\,|\,Cu^{2+}(0{,}080\ M)\,|\,KCl(\text{saturé})\,|\,Cu^{2+}(1{,}2\ M)\,|\,Cu(s)$$

18.70 Dans une pile Leclanché, la réaction à la cathode est la suivante:

$$2MnO_2(s) + Zn^{2+} + 2e^- \longrightarrow ZnMn_2O_4(s)$$

Si une pile Leclanché produit un courant de 0,0050 A, calculez le nombre d'heures que durera ce courant s'il y a initialement 4,0 g de MnO_2 dans la pile. Supposons qu'il y a un excès d'ions Zn^{2+}.

18.71 On vous demande de vérifier expérimentalement les réactions qui se produisent aux électrodes illustrées à l'exemple 18.8. En plus de l'appareil et de la solution, on vous donne deux papiers tournesol, l'un bleu, l'autre rouge. Décrivez les étapes de votre expérience.

18.72 Durant de nombreuses années, on ne savait pas très bien si les ions mercure(I) en solution existaient sous la forme Hg^+ ou Hg_2^{2+}. Pour déterminer laquelle de ces deux possibilités est la bonne, on pourrait faire le montage suivant:

$$Hg(l)\,|\,\text{solution A}\,|\,KCl(\text{saturé})\,|\,\text{solution B}\,|\,Hg(l)$$

où la solution A contient 0,263 g de nitrate de mercure(I) par litre de solution, et la solution B contient 2,63 g de nitrate de mercure(I) par litre de solution. Si la fem d'une telle cellule est 0,0289 V à 18 °C, que peut-on déduire concernant la nature des ions mercure?

18.73 Une solution aqueuse de KI, à laquelle on a ajouté quelques gouttes de phénolphtaléine, subit une électrolyse; le montage utilisé est semblable à celui de la figure 18.17. Décrivez ce que l'on peut observer à l'anode et à la cathode. (*Indice:* l'iode moléculaire n'est que légèrement soluble dans l'eau, mais en présence d'ions I^- il forme des ions I_3^- ayant une couleur brune caractéristique, selon l'équation $I^- + I_2 \longrightarrow I_3^-$.)

18.74 On place un morceau de magnésium pesant 1,56 g dans 100,0 mL d'une solution de $AgNO_3$ 0,100 *M*, à 25 °C. Calculez $[Mg^{2+}]$ et $[Ag^+]$ en solution à l'équilibre. Quelle est la masse du magnésium résiduel? Le volume reste constant.

18.75 Décrivez une expérience qui permettrait de distinguer l'anode et la cathode dans une cellule galvanique utilisant des électrodes de cuivre et de zinc.

18.76 On a fait l'électrolyse, à l'aide d'électrodes de cuivre, d'une solution acidifiée. Après le passage d'un courant constant de 1,18 A durant $1{,}52 \times 10^3$ s, on constate que l'anode a perdu 0,584 g. a) Quel gaz est produit à la cathode et quel est son volume à TPN? b) Sachant que la charge d'un électron est de $1{,}6022 \times 10^{-19}$ C, calculez le nombre d'Avogadro. Supposez que le cuivre s'oxyde en ions Cu^{2+}.

18.77 Au cours d'une expérience d'électrolyse mettant en jeu des ions Al^{3+}, on récupère 60,2 g de Al après le passage d'un courant de 0,352 A. Combien de minutes l'électrolyse a-t-elle duré?

18.78 Soit l'oxydation de l'ammoniac:

$$4NH_3(g) + 3O_2(g) \longrightarrow 2N_2(g) + 6H_2O(l)$$

a) Calculez la valeur de ΔG° pour la réaction. b) Si cette réaction avait été utilisée dans une pile à combustible, quelle aurait été la fem standard de la pile?

18.79 On fabrique une cellule galvanique en plongeant une tige de cuivre dans 25,0 mL d'une solution de $CuSO_4$ 0,20 *M* et une tige de zinc dans 25,0 mL d'une solution de $ZnSO_4$ 0,20 *M*. a) Calculez la fem de la cellule, à 25 °C, et prédisez ce qui se produirait si l'on ajoutait une petite quantité de solution de NH_3 concentrée i) à la solution de $CuSO_4$ et ii) à la solution de $ZnSO_4$. Supposez que le volume dans chaque compartiment est constant à 25,00 mL. b) Dans une autre expérience, on ajoute 25,0 mL de NH_3 3,00 *M* à la solution de $CuSO_4$. Si la fem de la pile est 0,68 V, calculez la constante de formation (K_f) pour $Cu(NH_3)_4^{2+}$.

18.80 Au cours d'une expérience d'électrolyse, une étudiante fait passer la même quantité d'électricité dans deux cellules électrolytiques contenant respectivement des sels d'argent et d'or. Après un certain temps, elle constate que 2,64 g de Ag et 1,61 g de Au se sont déposés aux cathodes. Quel est le degré d'oxydation de l'or dans le sel d'or?

18.81 Les gens qui vivent dans les pays où il y a beaucoup de neige en hiver ne devraient pas chauffer leurs garages en hiver. Sur quel principe électrochimique se base cette recommandation?

18.82 Soit

$$2Hg^{2+}(aq) + 2e^- \longrightarrow Hg_2^{2+}(aq) \qquad \mathcal{E}^\circ = 0{,}92\ V$$

$$Hg_2^{2+}(aq) + 2e^- \longrightarrow 2Hg(l) \qquad \mathcal{E}^\circ = 0{,}85\ V$$

Calculez les valeurs de ΔG° et de K pour le processus suivant, à 25 °C:

$$Hg_2^{2+}(aq) \longrightarrow Hg^{2+}(aq) + Hg(l)$$

(Cette réaction est un exemple de *réaction de dismutation,* dans laquelle un élément à un certain degré d'oxydation est à la fois oxydé et réduit.)

18.83 On obtient le fluor (F_2) grâce à l'électrolyse du fluorure d'hydrogène liquide (HF) contenant du fluorure de potassium (KF). a) Écrivez les réactions des demi-cellules et la réaction globale du processus. b) Quel est le rôle de KF? c) Calculez le volume (en litres) de F_2 recueilli à 24,0 °C et à 1.2 atm après électrolyse de la solution durant 15 heures avec un courant de 502 A.

18.84 On a fait subir une électrolyse de 6,00 minutes à 300 mL d'une solution de NaCl. Si le pH de la solution finale est 12,24, calculez le courant moyen utilisé.

18.85 Dans l'industrie, on affine le cuivre par électrolyse. Le cuivre impur constitue l'anode; la cathode est faite de cuivre pur. Les électrodes sont plongées dans une solution de $CuSO_4$. Durant l'électrolyse, le cuivre à l'anode se dissout sous forme de Cu^{2+}, tandis que les ions Cu^{2+} sont réduits à la cathode. a) Écrivez les réactions des demi-cellules et la réaction globale de ce processus électrolytique. b) Supposons que l'anode est contaminée par Zn et Ag. Dites ce qui arrive à ces impuretés durant l'électrolyse. c) Combien de temps (en heures) faudra-t-il pour obtenir 1,00 kg de Cu avec un courant de 18,9 A?

18.86 On fait l'électrolyse d'une solution aqueuse d'un sel de platine en y faisant passer un courant de 2,50 A durant 2,00 h. Il se forme alors 9,09 g de Pt à la cathode. Calculez la charge des ions Pt dans cette solution.

18.87 Soit une cellule galvanique constituée d'une électrode de magnésium en contact avec une solution de $Mg(NO_3)_2$ 1 *M*, et d'une électrode de cadmium en contact avec une solution de $Cd(NO_3)_2$ 1 *M*. Calculez la valeur de $\mathcal{E}^{\circ}$ pour la cellule et faites un schéma illustrant la cathode, l'anode et indiquant le sens du courant.

18.88 On fait passer durant 3,40 h un courant de 6,00 A dans une cellule électrolytique contenant de l'acide sulfurique dilué. Si le volume de O_2 gazeux produit à l'anode est de 4,26 L (à TPN), calculez la charge (en coulombs) de un électron.

18.89 a) L'or ne se dissout ni dans l'acide nitrique concentré ni dans l'acide chlorhydrique concentré. Cependant, il se dissout dans un mélange de ces deux acides (mélange constitué d'un volume de HNO_3 pour trois volumes de HCl), appelé eau régale. Écrivez l'équation équilibrée de cette réaction. (*Indice:* parmi les produits, on trouve $HAuCl_4$ et NO_2.) b) À l'aide du principe de Le Chatelier, dites pourquoi le pouvoir oxydant de l'ion NO_3^- est augmenté dans une solution très acide.

Réponses aux exercices: 20.1 $5Fe^{2+} + MnO_4^- + 8H^+ \longrightarrow 5Fe^{3+} + Mn^{2+} + 4H_2O$; **20.2** Pb; **20.3** 0,34 V; **20.4** oui; **20.5** $\Delta G^{\circ} = -4,1 \times 10^2$ kJ, $K = 1 \times 10^{72}$; **20.6** oui; **20.7** 0,38 V; **20.8** anode: O_2, cathode: H_2; **20.9** $2,0 \times 10^4$ A.

19.1
La vitesse de réaction

19.2
Les lois de vitesse
La détermination expérimentale des lois de vitesse

19.3
La relation entre les concentrations des réactifs et le temps: les réactions d'ordre 1

19.4
L'énergie d'activation et l'effet de la température sur la constante de vitesse
La théorie des collisions en cinétique chimique • *L'équation d'Arrhenius*

19.5
Les mécanismes réactionnels et les lois de vitesse

19.6
La catalyse
La catalyse hétérogène • *La catalyse homogène* • *La catalyse enzymatique*

CHAPITRE 19
LA CINÉTIQUE CHIMIQUE

Depuis quelques années, des appareils électroniques et des lasers de plus en plus sophistiqués ont permis aux chimistes d'étudier des réactions extrêmement rapides, de l'ordre des picosecondes (10^{-12} s), et même des femtosecondes (10^{-15} s). La première étape de la vision est l'un des nombreux processus chimiques et biologiques qui se produisent à une telle vitesse.

Au fond de l'œil se trouvent plusieurs couches de cellules photosensibles, soit les bâtonnets et les cônes rétiniens. Ces cellules contiennent une substance appelée *rétinal,* associée à des protéines appelées *opsines*. Les complexes rétinal-opsine sont appelés rhodopsine — c'est ce qui nous permet de voir en noir et blanc — et iodopsine — responsable de la perception des couleurs.

En 1938, le scientifique allemand Selig Hecht découvrit qu'un *seul* photon suffisait pour exciter un bâtonnet. Vingt ans plus tard, le biochimiste américain George Wald démontra que la première étape de l'excitation optique est un processus d'isomérisation.

Le rétinal est un composé complexe ayant un certain nombre d'isomères géométriques, mais seuls ses isomères tout-*trans* et 11-*cis* participent à la vision. Dans la rhodopsine, l'absorption d'un photon convertit (isomérise) le rétinal de configuration 11-*cis* en configuration tout-*trans* en quelques picosecondes. Ce changement géométrique déclenche le processus de vision, par lequel une impulsion électrique est transmise au nerf optique et finalement au cerveau. C'est cette étape finale qui nous permet de «voir».

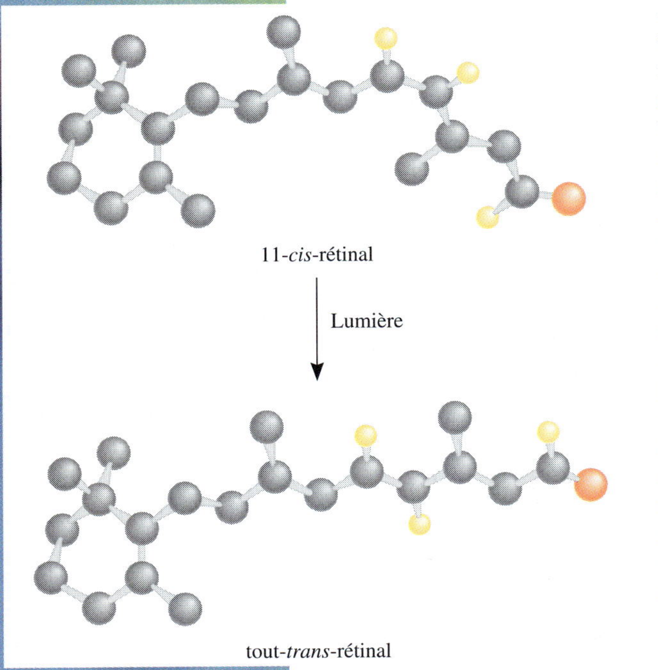

Sous l'effet de la lumière visible, le 11-**cis*****-rétinal est converti en son isomère tout-*****trans*****. Les sphères noires représentent les atomes C, les sphères jaunes les atomes H, et les sphères rouges les atomes O. On a omis certains atomes H pour plus de clarté. Le rétinal est lié à l'opsine par l'atome O.***

19.1 LA VITESSE DE RÉACTION

La branche *de la chimie qui s'intéresse à la vitesse à laquelle s'effectuent les réactions chimiques* s'appelle ***cinétique chimique.*** Le terme «cinétique» signifie mouvement ou changement; au chapitre 5, nous avons défini l'énergie cinétique comme l'énergie associée au mouvement d'un objet. Cependant, ici, le terme «cinétique» a plutôt le sens de ***vitesse de réaction,*** c'est-à-dire la *variation de la concentration d'un réactif ou d'un produit dans le temps* (mol/L · s ou *M*/s).

On sait que toute réaction peut être représentée par l'équation générale suivante:

$$\text{réactifs} \longrightarrow \text{produits}$$

Cette équation indique que, au cours de la réaction, des molécules de réactifs sont utilisées et que des molécules de produits sont formées. On peut donc suivre le déroulement d'une réaction en mesurant soit la diminution de la concentration des réactifs soit l'augmentation de la concentration des produits.

La figure 19.1 illustre le déroulement d'une réaction simple durant laquelle des molécules A sont transformées en molécules B (par exemple, la conversion du *cis*-stilbène en *trans*-stilbène, page 418):

$$A \longrightarrow B$$

La diminution du nombre de molécules A et l'augmentation du nombre de molécules B par unité de temps sont illustrées à la figure 19.2. En général, il est plus commode d'exprimer cette vitesse en fonction de la variation de la concentration par unité de temps. On peut alors exprimer la vitesse de la réaction donnée ci-dessus de la façon suivante:

$$\text{vitesse} = -\frac{\Delta[\text{A}]}{\Delta t} \qquad \text{ou} \qquad \text{vitesse} = \frac{\Delta[\text{B}]}{\Delta t}$$

où Δ[A] et Δ[B] sont les variations des concentrations (en mol/L) dans un laps de temps donné (Δt). Puisque la concentration de A *diminue* avec le temps, la valeur de Δ[A] est négative. Comme la vitesse d'une réaction est une grandeur

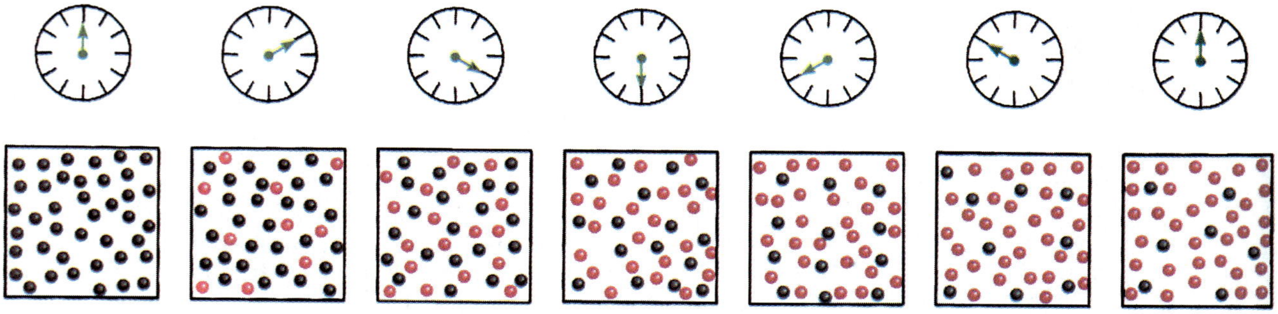

FIGURE 19.1

Le déroulement de la réaction A ⟶ B observé à tous les 10 s, sur une période de 60 s. Au départ, seules les molécules A (points noirs) sont présentes. Avec le temps, il y a formation de molécules B (points colorés).

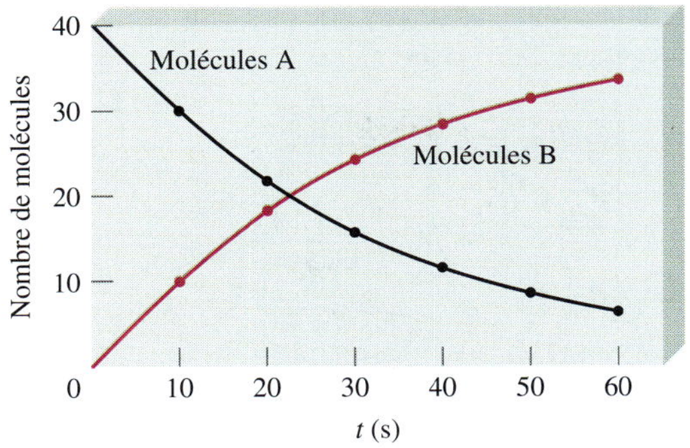

FIGURE 19.2

La vitesse de la réaction A ⟶ B représentée par la disparition des molécules A et l'apparition des molécules B en fonction du temps.

positive, il faut donc attribuer un signe négatif à l'expression pour que la vitesse soit positive. Par contre, pour la vitesse de formation des produits, l'expression ne nécessite pas de signe négatif, car la valeur de $\Delta[B]$ est positive (la concentration de B *augmente* avec le temps).

Dans le cas de réactions plus complexes, il faut faire attention en écrivant les équations de vitesse. Soit, par exemple, la réaction suivante:

$$2A \longrightarrow B$$

Deux moles de A disparaissent pour chaque mole de B formée; c'est dire que A disparaît deux fois plus vite que B apparaît. On exprime donc la vitesse de l'une des deux façons suivantes:

$$\text{vitesse} = -\frac{1}{2}\frac{\Delta[A]}{\Delta t} \quad \text{ou} \quad \text{vitesse} = \frac{\Delta[B]}{\Delta t}$$

Pour la réaction

$$aA + bB \longrightarrow cC + dD$$

la vitesse est donnée par

$$\text{vitesse} = -\frac{1}{a}\frac{\Delta[A]}{\Delta t} = -\frac{1}{b}\frac{\Delta[B]}{\Delta t} = \frac{1}{c}\frac{\Delta[C]}{\Delta t} = \frac{1}{d}\frac{\Delta[D]}{\Delta t}$$

EXEMPLE 19.1

L'écriture des expressions de la vitesse

Écrivez les expressions de la vitesse des réactions suivantes en fonction de la disparition des réactifs et de l'apparition des produits:

a) $I^-(aq) + OCl^-(aq) \longrightarrow Cl^-(aq) + OI^-(aq)$

b) $4NH_3(g) + 5O_2(g) \longrightarrow 4NO(g) + 6H_2O(g)$

Réponse: a) Puisque chaque coefficient stœchiométrique est égal à 1

$$\text{vitesse} = -\frac{\Delta[I^-]}{\Delta t} = -\frac{\Delta[OCl^-]}{\Delta t} = \frac{\Delta[Cl^-]}{\Delta t} = \frac{\Delta[OI^-]}{\Delta t}$$

b) Pour cette réaction

$$\text{vitesse} = -\frac{1}{4}\frac{\Delta[NH_3]}{\Delta t} = -\frac{1}{5}\frac{\Delta[O_2]}{\Delta t} = \frac{1}{4}\frac{\Delta[NO]}{\Delta t} = \frac{1}{6}\frac{\Delta[H_2O]}{\Delta t}$$

EXERCICE

Écrivez l'expression de la vitesse de la réaction suivante:

$$CH_4(g) + 2O_2(g) \longrightarrow CO_2(g) + 2H_2O(g)$$

Selon la nature de la réaction observée, il y a différentes façons de mesurer la vitesse. Par exemple, en solution aqueuse, le brome moléculaire réagit avec l'acide formique (HCOOH) de la façon suivante:

$$Br_2(aq) + HCOOH(aq) \longrightarrow 2H^+(aq) + 2Br^-(aq) + CO_2(g)$$

Le brome moléculaire est brun rouge; toutes les autres espèces participant à la réaction sont incolores. À mesure que la réaction se déroule, la concentration de Br_2 diminue régulièrement, tout comme la couleur (*figure 19.3*). Donc, la variation de la concentration (observable grâce à la variation de l'intensité de la couleur) dans le temps peut être suivie avec un spectrophotomètre. On peut calculer la vitesse de réaction en traçant un graphique de la concentration du brome en fonction du temps (*figure 19.4*). La vitesse de la réaction à un moment particulier est donnée par la pente de la tangente (qui est $\Delta[Br_2]/\Delta t$) à cet instant. Au cours d'une expérience, la vitesse mesurée est de $2{,}96 \times 10^{-5}$ *M*/s à 100 s du début de la réaction, de $2{,}09 \times 10^{-5}$ *M*/s à 200 s et ainsi de suite. Puisque la vitesse est généralement proportionnelle à la concentration des réactifs, il n'est pas surprenant de la voir diminuer à mesure que la concentration de brome diminue.

Si l'un des réactifs ou des produits est un gaz, on peut utiliser un manomètre pour déterminer la vitesse de la réaction. Pour illustrer cette méthode, prenons comme exemple la décomposition du peroxyde d'hydrogène:

FIGURE 19.3

La diminution de la concentration du brome en fonction du temps s'observe par un éclaircissement de la couleur (de gauche à droite).

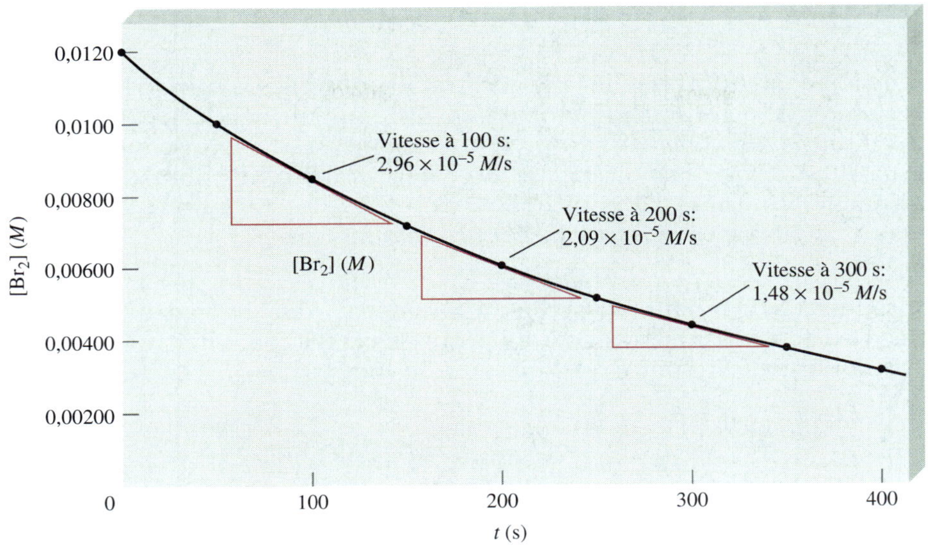

FIGURE 19.4

Les vitesses instantanées de la réaction entre le brome moléculaire et l'acide formique à t = 100 s, 200 s et 300 s sont données par les pentes des tangentes (les droites qui touchent la courbe) à ces temps.

$$2H_2O_2(l) \longrightarrow 2H_2O(l) + O_2(g)$$

Dans ce cas, on peut facilement déterminer la vitesse de la décomposition en mesurant la vitesse de formation de l'oxygène à l'aide d'un manomètre (*figure 19.5*). On peut alors facilement convertir la pression de l'oxygène en concentration grâce à l'équation des gaz parfaits [équation (5.7)]:

$$PV = nRT$$

ou

$$P = \frac{n}{V}RT = MRT$$

où n/V représente la concentration molaire (molarité, M) de l'oxygène gazeux. En reformulant l'équation, on obtient:

$$M = \frac{1}{RT}P$$

La vitesse de la réaction, donnée par la vitesse de formation de l'oxygène, peut maintenant s'exprimer ainsi:

$$\text{vitesse} = \frac{\Delta[O_2]}{\Delta t} = \frac{1}{RT}\frac{\Delta P}{\Delta t}$$

Si une réaction consomme ou produit des ions, on peut évaluer sa vitesse en mesurant la conductivité. Par ailleurs, si l'ion H^+ fait partie des réactifs ou des produits, on peut déterminer la vitesse de réaction en mesurant la variation du pH de la solution en fonction du temps.

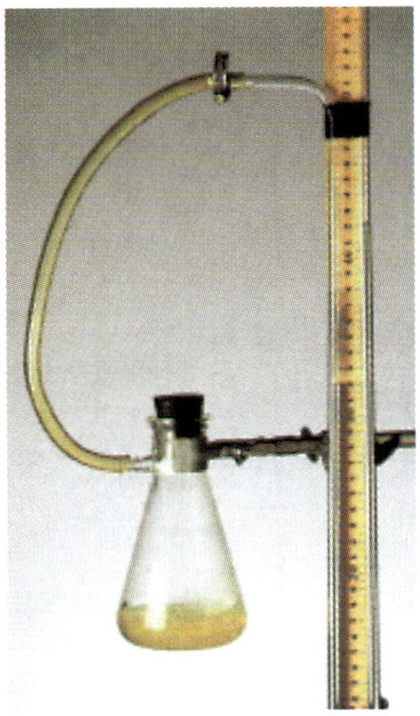

FIGURE 19.5

La vitesse de décomposition du peroxyde d'hydrogène peut se mesurer à l'aide d'un manomètre, qui indique l'augmentation de la pression de l'oxygène dans le temps.

19.2 LES LOIS DE VITESSE

Une façon d'étudier l'effet de la concentration des réactifs sur la vitesse d'une réaction est de déterminer comment la vitesse initiale dépend des concentrations initiales. En général, il est préférable de mesurer la vitesse initiale parce que, à mesure que la réaction se déroule, les concentrations des réactifs diminuent: il devient alors difficile de mesurer les variations de manière précise. De plus, il est possible que la réaction inverse

$$(\text{produits} \longrightarrow \text{réactifs})$$

se produise, ce qui peut fausser la mesure de la vitesse. Ces deux complications n'existent pratiquement pas au début de la réaction.

Le tableau 19.1 montre trois mesures de vitesses dans le cas de la réaction suivante:

$$F_2(g) + 2ClO_2(g) \longrightarrow 2FClO_2(g)$$

TABLEAU 19.1
Quelques mesures de vitesses de la réaction entre F_2 et ClO_2

$[F_2]$ (*M*)	$[ClO_2]$ (*M*)	Vitesse initiale (*M*/s)
1. 0,10	0,010	$1{,}2\times10^{-3}$
2. 0,10	0,040	$4{,}8\times10^{-3}$
3. 0,20	0,010	$2{,}4\times10^{-3}$

En comparant les données 1 et 3, on constate que, si on double $[F_2]$ pendant que $[ClO_2]$ reste constante, la vitesse double. La vitesse est donc directement proportionnelle à $[F_2]$. En comparant les données 1 et 2, on voit que, si on quadruple $[ClO_2]$ en gardant $[F_2]$ constante, la vitesse quadruple également. Donc, la vitesse est aussi directement proportionnelle à $[ClO_2]$. On peut résumer ces observations en écrivant:

$$\text{vitesse} \propto [F_2][ClO_2]$$

ou

$$v = k[F_2][ClO_2]$$

Le terme k est la ***constante de vitesse,*** c'est-à-dire *la constante de proportionnalité entre la vitesse v de la réaction et les concentrations des réactifs*. L'équation donnée ci-dessus est appelée ***loi de vitesse:*** c'est l'*expression qui relie la vitesse d'une réaction à la constante de vitesse et aux concentrations des réactifs*. Pour la réaction générale suivante:

$$aA + bB \longrightarrow cC + dD$$

la loi de vitesse prend la forme

$$v = k[A]^x[B]^y \qquad (19.1)$$

Si on connaît les valeurs de k, de x et de y, ainsi que les concentrations de A et de B, on peut utiliser la loi de vitesse pour calculer la vitesse de la réaction. Comme celle de k, les valeurs de x et de y doivent être déterminées expérimentalement. La *somme des exposants qui affectent toutes les concentrations dans la loi de vitesse* est appelée ***ordre global (ou total) de la réaction.*** Dans la loi de vitesse donnée ci-dessus, l'ordre global de la réaction est donné par $x + y$. Dans le cas de la réaction mettant en jeu F_2 et ClO_2, l'ordre global est (1 + 1), soit 2. On constate que la réaction est d'ordre 1 en F_2 (on dit aussi: d'ordre 1 par rapport à F_2), d'ordre 1 en ClO_2, et d'ordre global 2 (on dit alors qu'il s'agit d'une cinétique d'ordre 2). Notez que dans les cas étudiés ici, l'ordre global d'une réaction est *toujours* déterminé par les concentrations des réactifs, jamais par celles des produits.

L'ordre d'une réaction nous permet de mieux saisir l'effet des concentrations des réactifs sur la vitesse. Supposons que, pour une réaction donnée, $x = 1$ et $y = 2$. La loi de vitesse dans le cas de cette réaction est

$$v = k[\mathrm{A}][\mathrm{B}]^2$$

La réaction est d'ordre 1 en A, d'ordre 2 en B et d'ordre global 3 (1 + 2). Supposons maintenant qu'initialement [A] = 1,0 *M* et [B] = 1,0 *M*. La loi de vitesse dit que si l'on double la concentration de A (de 1,0 *M* à 2,0 *M*) et que [B] reste constante, on double également la vitesse de la réaction:

$$\text{pour } [\mathrm{A}] = 1{,}0\ M \qquad v_1 = k(1{,}0\ M)(1{,}0\ M)^2 = k(1{,}0\ M^3)$$

$$\text{pour } [\mathrm{A}] = 2{,}0\ M \qquad v_2 = k(2{,}0\ M)(1{,}0\ M)^2 = k(2{,}0\ M^3)$$

Donc

$$v_2 = 2v_1$$

Par ailleurs, si l'on double la concentration de B (de 1 *M* à 2 *M*) et que [A] reste constante, la vitesse augmentera d'un facteur 4 à cause de l'exposant 2:

$$\text{pour } [\mathrm{B}] = 1{,}0\ M \qquad v_1 = k(1{,}0\ M)(1{,}0\ M)^2 = k(1{,}0\ M^3)$$

$$\text{pour } [\mathrm{B}] = 2{,}0\ M \qquad v_2 = k(1{,}0\ M)(2{,}0\ M)^2 = k(4{,}0\ M^3)$$

Donc

$$v_2 = 4v_1$$

Si, pour une réaction donnée, $x = 0$ et $y = 1$, la loi de vitesse devient

$$v = k[\mathrm{A}]^0[\mathrm{B}] = k[\mathrm{B}]$$

La réaction est d'ordre zéro en A, d'ordre 1 en B et d'ordre global 1. Donc, la vitesse de cette réaction est *indépendante* de la concentration de A.

La détermination expérimentale des lois de vitesse

Si une réaction ne met en jeu qu'un seul réactif, on peut facilement déduire la loi de vitesse en mesurant la vitesse initiale de la réaction en fonction de la concentration du réactif. Par exemple, si la vitesse double quand la concentration du réactif double, la réaction est d'ordre 1 par rapport au réactif; si la vitesse quadruple quand la concentration double, la réaction est d'ordre 2 par rapport au réactif.

Dans le cas d'une réaction qui met en jeu plus de un réactif, on peut trouver la loi de vitesse en déterminant l'effet sur la vitesse de la concentration de chaque réactif. On garde constantes les concentrations de tous les réactifs sauf un; on observe alors la vitesse de la réaction en fonction de la variation de la concentration du réactif isolé. Tout changement de vitesse ne peut être causé que par des changements dus à cette substance, et cela nous permet d'établir l'ordre de la réaction par rapport à ce réactif particulier. On fait de même avec le réactif suivant, et ainsi de suite. Cette méthode est appelée *méthode d'isolation*.

EXEMPLE 19.2
La détermination de la loi de vitesse d'une réaction

On a mesuré la vitesse de la réaction A + 2B → C, à 25 °C. D'après les données suivantes, déterminez la loi de vitesse et la constante de vitesse de cette réaction.

Expérience	[*A*] *initiale* (*M*)	[*B*] *initiale* (*M*)	*Vitesse initiale* (*M*/s)
1	0,100	0,100	$5{,}50 \times 10^{-6}$
2	0,200	0,100	$2{,}20 \times 10^{-5}$
3	0,400	0,100	$8{,}80 \times 10^{-5}$
4	0,100	0,300	$1{,}65 \times 10^{-5}$
5	0,100	0,600	$3{,}30 \times 10^{-5}$

Réponse: Soit l'équation de la loi de vitesse suivante:

$$v = k[\mathrm{A}]^x[\mathrm{B}]^y$$

Les expériences 1 et 2 indiquent que, si l'on double la concentration de A et que [B] reste constante, la vitesse quadruple. Donc, la réaction est d'ordre 2 en A. Les expériences 4 et 5 indiquent que, si l'on double [B] et que [A] reste constante, la vitesse double; la réaction est donc d'ordre 1 en B.

Nous pouvons tirer la même conclusion en prenant les rapports des vitesses. En utilisant les données des expériences 1 et 2, écrivons le rapport des vitesses de la manière suivante:

$$\frac{v_1}{v_2} = \frac{5{,}50 \times 10^{-6}\ M/\mathrm{s}}{2{,}20 \times 10^{-5}\ M/\mathrm{s}} = \frac{1}{4}$$

Nous pouvons également exprimer le rapport des vitesses en utilisant la loi de vitesse:

$$\frac{v_1}{v_2} = \frac{1}{4} = \frac{\cancel{k}(0{,}100\ M)^x\cancel{(0{,}100\ M)^y}}{\cancel{k}(0{,}200\ M)^x\cancel{(0{,}100\ M)^y}}$$

$$= \left(\frac{0{,}100\ M}{0{,}200\ M}\right)^x = \left(\frac{1}{2}\right)^x$$

Donc $x = 2$: la réaction est d'ordre 2 en A.

De même, en utilisant les données des expériences 4 et 5:

$$\frac{v_4}{v_5} = \frac{1{,}65 \times 10^{-5}\ M/\text{s}}{3{,}30 \times 10^{-5}\ M/\text{s}} = \frac{1}{2}$$

D'après la loi de vitesse, nous écrivons

$$\frac{v_4}{v_5} = \frac{1}{2} = \frac{k\cancel{(0{,}100\ M)^x}(0{,}300\ M)^y}{k\cancel{(0{,}100\ M)^x}(0{,}600\ M)^y}$$

$$= \left(\frac{0{,}300\ M}{0{,}600\ M}\right)^y = \left(\frac{1}{2}\right)^y$$

Donc $y = 1$: la réaction est d'ordre 1 en B. L'ordre global est 3 (2 + 1), ce qui donne la loi de vitesse

$$v = k[\text{A}]^2[\text{B}]$$

Nous pouvons calculer la constante de vitesse (k) à partir des données de n'importe laquelle des expériences.

Puisque

$$k = \frac{v}{[\text{A}]^2[\text{B}]}$$

selon les données de l'expérience 1

$$k = \frac{5{,}50 \times 10^{-6}\ M/\text{s}}{(0{,}100\ M)^2(0{,}100\ M)}$$

$$= 5{,}50 \times 10^{-3}\ 1/M^2 \cdot \text{s}$$

EXERCICE

La réaction de l'ion peroxydisulfate ($S_2O_8^{2-}$) avec l'ion iodure (I^-) est

$$S_2O_8^{2-}(aq) + 3I^-(aq) \longrightarrow 2SO_4^{2-}(aq) + I_3^-(aq)$$

À partir des données suivantes, recueillies à une température donnée, déterminez la loi de vitesse et calculez la constante de vitesse:

Expérience	$[S_2O_8^{2-}]$	$[I^-]$	*Vitesse initiale* (M/s)
1	0,080	0,034	$2{,}2 \times 10^{-4}$
2	0,080	0,017	$1{,}1 \times 10^{-4}$
3	0,16	0,017	$2{,}2 \times 10^{-4}$

L'exemple 19.2 illustre bien un fait important à propos des lois de vitesse: il n'y a pas de relation entre les exposants x, y de la loi de vitesse d'une réaction et les coefficients stœchiométriques de son équation équilibrée. Comme autre exemple, prenons la décomposition thermique de N_2O_5:

$$2N_2O_5(g) \longrightarrow 4NO_2(g) + O_2(g)$$

La loi de vitesse est

$$v = k[N_2O_5]$$

et non pas $v = k[N_2O_5]^2$, comme on aurait pu le penser à l'examen de l'équation équilibrée. *En général, l'ordre d'une réaction se détermine expérimentalement; on ne peut le déduire à partir de l'équation globale équilibrée.*

19.3 LA RELATION ENTRE LES CONCENTRATIONS DES RÉACTIFS ET LE TEMPS: LES RÉACTIONS D'ORDRE 1

Les lois de vitesse permettent de calculer la vitesse d'une réaction à partir de la constante de vitesse et des concentrations des réactifs. Elles peuvent également se convertir en équations qui permettent de déterminer les concentrations des réactifs à n'importe quel moment de la réaction. Illustrons-le en examinant l'une des lois de vitesse les plus simples, soit celle qui s'applique aux réactions d'ordre global 1.

Une ***réaction d'ordre 1*** est une *réaction dont la vitesse dépend de la concentration du réactif élevée à la puissance 1.* Dans une réaction d'ordre 1 du type

$$A \longrightarrow \text{produit}$$

la vitesse est

$$v = -\frac{\Delta[A]}{\Delta t}$$

D'après la loi de vitesse, on sait également que

$$v = k[A]$$

Donc

$$-\frac{\Delta[A]}{\Delta t} = k[A] \qquad (19.2)$$

On peut, en isolant k, déterminer les unités de la constante de vitesse (k) d'ordre 1:

$$k = -\frac{\Delta[A]}{[A]}\frac{1}{\Delta t}$$

Puisque les unités de $\Delta[A]$ et de $[A]$ sont M et que celle de Δt est s, les unités de k sont

$$\frac{M}{M\text{s}} = \frac{1}{\text{s}} = \text{s}^{-1}$$

(On ne tient pas compte du signe négatif quand on détermine les unités.) À l'aide du calcul intégral, on peut démontrer, à partir de l'équation (19.1), que

$$\ln\frac{[A]_0}{[A]} = kt \qquad (19.3)$$

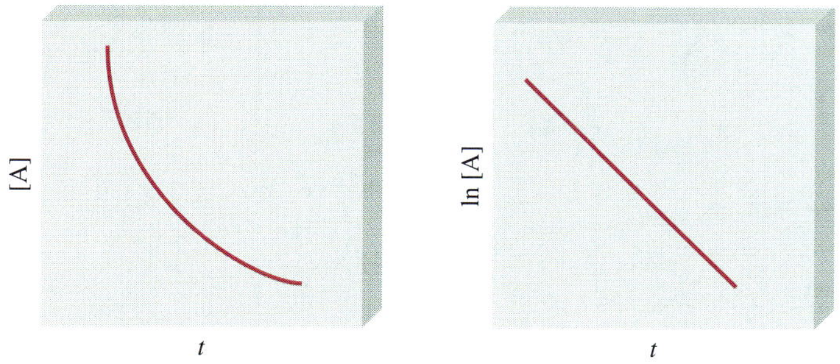

FIGURE 19.6

Caractéristiques d'une réaction d'ordre 1: a) diminution de la concentration du réactif en fonction du temps; b) tracé de la droite permettant d'obtenir la constante de vitesse. La pente de la droite est égale à $-k$.

où ln est le logarithme naturel; et $[A]_0$ et [A], les concentrations de A respectivement aux temps $t = 0$ et $t = t$. Notons que $t = 0$ ne correspond pas nécessairement au début de l'expérience; il peut correspondre à tout temps de départ choisi pour mesurer la variation de la concentration de A. Cette équation (19.3) est la ***loi de vitesse intégrée*** pour une réaction d'ordre 1.

L'équation (19.3) peut être reformulée ainsi:

$$\ln [A]_0 - \ln [A] = kt$$

ou

$$\ln [A] = -kt + \ln [A]_0 \qquad (19.4)$$

L'équation (19.4) a la forme de l'équation $y = mx + b$, où m est la pente de la droite qui représente l'équation:

$$\begin{array}{ccccccc} \ln [A] & = & (-k) & (t) & + & \ln [A]_0 \\ \updownarrow & & \updownarrow & \updownarrow & & \updownarrow \\ y & = & m & x & + & b \end{array}$$

Donc, une courbe de ln [A] en fonction de t (ou de y en fonction de x) donne une ligne droite de pente $-k$ (ou m). Cela permet de calculer la constante de vitesse (k). La figure 19.6 illustre les caractéristiques d'une réaction d'ordre 1.

La désintégration nucléaire, la décomposition de l'éthane en groupements méthyles hautement réactifs ($C_2H_6 \longrightarrow 2CH_3$), et la décomposition de N_2O_5 — que nous avons déjà vue — sont quelques-uns des nombreux cas de réactions d'ordre 1.

EXEMPLE 19.3

L'analyse d'une réaction d'ordre 1

La décomposition du pentoxyde de diazote est une réaction d'ordre 1 dont la constante de vitesse est de $5{,}1 \times 10^{-4}\ s^{-1}$ à 45 °C:

$$2N_2O_5(g) \longrightarrow 4NO_2(g) + O_2(g)$$

a) Si la concentration initiale de N_2O_5 est 0,25 M, quelle est-elle après 3,2 min? b) Combien de temps faudra-t-il pour que la concentration de N_2O_5 diminue de 0,25 M à 0,15 M? c) Combien de temps faudra-t-il pour transformer 62 % de la substance de départ?

Réponse: a) D'après l'équation de la loi de vitesse intégrée (19.3):

$$\ln \frac{[A]_0}{[A]} = kt$$

N_2O_5 se décompose pour former NO_2.

$$\ln \frac{0{,}25\ M}{[\mathrm{A}]} = (5{,}1 \times 10^{-4}\ \mathrm{s}^{-1})\left(\frac{3{,}2\ \mathrm{min} \times 60\ \mathrm{s}}{1\ \mathrm{min}}\right)$$

La solution de l'équation donne

$$\ln \frac{0{,}25\ M}{[\mathrm{A}]} = 0{,}098$$

$$\frac{0{,}25\ M}{[\mathrm{A}]} = e^{0{,}098} = 1{,}1$$

$$[\mathrm{A}] = 0{,}23\ M$$

b) D'après l'équation (19.3):

$$\ln \frac{0{,}25\ M}{0{,}15\ M} = (5{,}1 \times 10^{-4}\ \mathrm{s}^{-1})t$$

$$t = 1{,}0 \times 10^3\ \mathrm{s}$$

$$= 17\ \mathrm{min}$$

c) Dans un calcul de ce type, il n'est pas nécessaire de connaître la concentration réelle de la substance de départ. Si 62 % de la substance de départ a réagi, la quantité résiduelle après t est de 38 % (100 % − 62 %). Donc, $[\mathrm{A}]/[\mathrm{A}]_0$ = 38 %/100 %, ou 0,38. Selon l'équation (19.3), nous écrivons

$$t = \frac{1}{k} \ln \frac{[\mathrm{A}]_0}{[\mathrm{A}]}$$

$$= \frac{1}{5{,}1 \times 10^{-4}\ \mathrm{s}^{-1}} \ln \frac{1{,}0}{0{,}38}$$

$$= 1{,}9 \times 10^3\ \mathrm{s}$$

$$= 32\ \mathrm{min}$$

EXERCICE

La réaction 2A ⟶ B est d'ordre 1 en A, et sa constante de vitesse est de $2{,}8 \times 10^{-2}\ \mathrm{s}^{-1}$ à 80 °C. Combien de temps (en secondes) faudra-t-il pour que [A] diminue de 0,88 M à 0,14 M?

La ***demi-vie*** d'une réaction ($t_{\frac{1}{2}}$) est le *temps requis pour que la concentration d'un réactif diminue de moitié*. L'expression de $t_{\frac{1}{2}}$ pour une réaction d'ordre 1 s'obtient de la manière suivante. Selon l'équation (19.3), on écrit

$$t = \frac{1}{k} \ln \frac{[\mathrm{A}]_0}{[\mathrm{A}]}$$

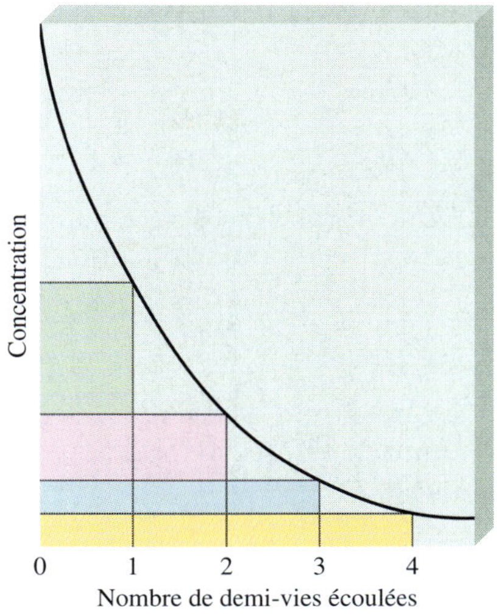

FIGURE 19.7

Variation de la concentration d'un réactif en fonction du nombre de demi-vies dans le cas d'une réaction d'ordre 1.

Selon la définition de la demi-vie, quand $t = t_{\frac{1}{2}}$, $[A] = [A]_0/2$, donc

$$t_{\frac{1}{2}} = \frac{1}{k} \ln \frac{[A]_0}{[A]_0/2}$$

ou

$$t_{\frac{1}{2}} = \frac{1}{k} \ln 2 = \frac{0,693}{k} \qquad (19.5)$$

L'équation (19.5) indique que la demi-vie d'une réaction d'ordre 1 est *indépendante* de la concentration initiale du réactif. Ainsi, il faut le même temps à la concentration du réactif pour passer de 1,0 *M* à 0,50 *M* qu'il lui en faut pour passer de 0,10 *M* à 0,050 *M* (*figure 19.7*). Donc, pour déterminer la constante de vitesse d'une réaction d'ordre 1, on peut recourir à la mesure de sa demi-vie.

EXEMPLE 19.4

La détermination de la demi-vie d'une réaction d'ordre 1

La conversion du cyclopropane en propène en phase gazeuse

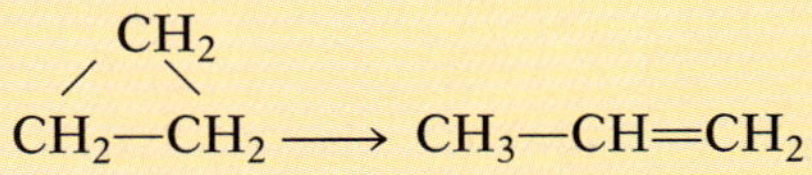

cyclopropane propène

est une réaction d'ordre 1 dont la constante de vitesse est de $6,7 \times 10^{-4}$ s^{-1} à 500 °C. Calculez la demi-vie de la réaction.

Réponse: En utilisant l'équation (19.5), nous obtenons:

$$t_{\frac{1}{2}} = \frac{0,693}{k}$$

$$t_{\frac{1}{2}} = \frac{0{,}693}{6{,}7 \times 10^{-4}\ \mathrm{s}^{-1}}$$

$$= 1{,}0 \times 10^{3}\ \mathrm{s}$$

Donc, il faudra $1{,}0 \times 10^3$ s, soit environ 17 min, pour que *toute* concentration de cyclopropane à un moment donné diminue de moitié.

EXERCICE

La demi-vie d'une réaction d'ordre 1 est de 84,1 min. Calculez la constante de vitesse de la réaction.

Les équations (19.3) et (19.4) permettent d'évaluer la constante de vitesse d'une réaction d'ordre 1. À partir de données expérimentales sur la concentration en fonction du temps, on peut déterminer graphiquement la valeur de k (*figure 19.6*) ou on peut utiliser la méthode de la demi-vie, comme nous le verrons à l'exemple 19.5.

Dans le cas des réactions en phase gazeuse, on peut remplacer les concentrations dans l'équation (19.3) par les pressions du réactif gazeux. Soit la réaction d'ordre 1 suivante:

$$\mathrm{A}(g) \longrightarrow \text{produit}$$

En utilisant l'équation des gaz parfaits, on écrit

$$PV = n_{\mathrm{A}}RT$$

ou

$$\frac{n_{\mathrm{A}}}{V} = [\mathrm{A}] = \frac{P}{RT}$$

Si, dans l'équation (19.3), on remplace [A] par sa valeur (P/RT), on obtient:

$$\ln \frac{[\mathrm{A}]_0}{[\mathrm{A}]} = \ln \frac{P_0/RT}{P/RT} = \ln \frac{P_0}{P} = kt$$

EXEMPLE 19.5

La détermination d'une cinétique d'ordre 1

On détermine la vitesse de décomposition de l'azométhane en mesurant la pression partielle du réactif en fonction du temps:

$$CH_3 — N = N — CH_3(g) \longrightarrow N_2(g) + C_2H_6(g)$$

Voici les données recueillies à 300 °C:

Temps (s)	*Pression partielle de l'azométhane* (*mm Hg*)
0	284
100	220
150	193
200	170
250	150
300	132

Ces valeurs correspondent-elles à une cinétique d'ordre 1? Si oui, déterminez la constante de vitesse: a) en traçant une courbe à partir des données, comme à la figure 19.6, et b) en utilisant la méthode de la demi-vie.

Réponse: À tout moment, la pression partielle de l'azométhane est directement proportionnelle à sa concentration (en moles par litre). Donc, nous pouvons écrire l'équation (19.4) en fonction des pressions partielles:

$$\ln P = -kt + \ln P_0$$

où P_0 et P sont les pressions partielles de l'azométhane aux temps $t = 0$ et $t = t$. Cette équation a la forme linéaire $y = mx + b$. La figure 19.8 a), basée sur les données fournies ci-dessous, indique que la variation de ln P en fonction de t donne une droite, donc que la réaction est d'ordre 1.

t (s)	ln P
0	5,649
100	5,394
150	5,263
200	5,136
250	5,011
300	4,883

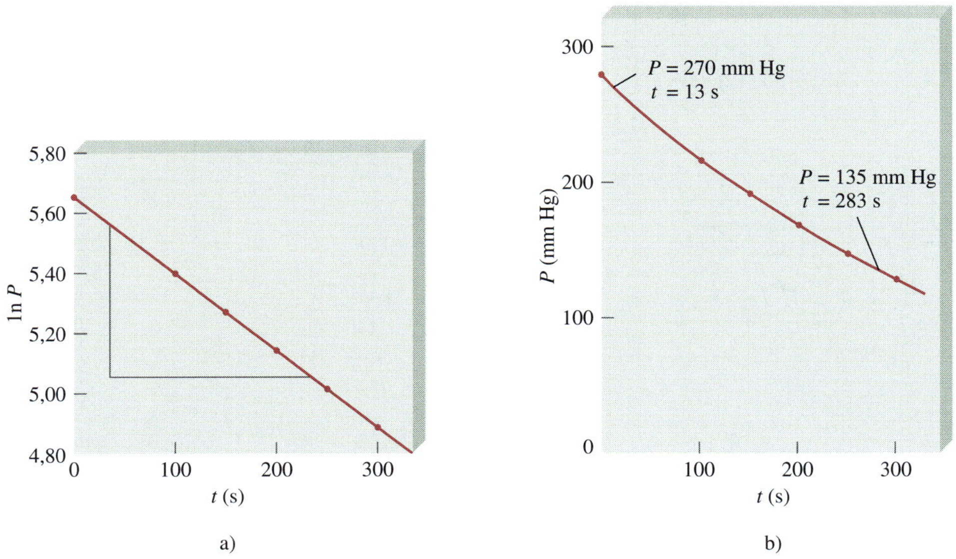

FIGURE 19.8

a) Tracé de ln P en fonction du temps. On calcule la pente de la droite en prenant deux paires de coordonnées:

$$\text{pente} = \frac{5{,}05 - 5{,}56}{(233 - 33)\text{s}} = -2{,}55 \times 10^{-3}\ \text{s}^{-1}$$

Selon l'équation (19.4), la pente est égale à $-k$.
b) La demi-vie peut servir à déterminer la constante de vitesse d'une réaction d'ordre 1. Le temps nécessaire à la pression pour passer de 270 mm Hg (un choix arbitraire) à 135 mm Hg correspond à la demi-vie de la réaction. Ici, $t_{\frac{1}{2}} = 283$ s − 13 s = 270 s.

a) D'après l'équation (19.4), nous savons que la pente de la droite qui représente une réaction d'ordre 1 est égale à $-k$. À la figure 19.8 a), la pente est de $-2,55 \times 10^{-3}\ s^{-1}$. Donc

$$-k = \text{pente}$$

$$-k = -2,55 \times 10^{-3}\ s^{-1}$$

$$k = 2,55 \times 10^{-3}\ s^{-1}$$

b) Pour calculer la constante de vitesse à l'aide de la méthode de la demi-vie, il faut tracer la courbe de la pression partielle en fonction du temps, comme à la figure 19.8 b), parce que les données fournies ne spécifient pas le temps qu'il faut à la pression partielle pour diminuer de moitié. La courbe permet d'établir que $t_{\frac{1}{2}} = 270$ s; on peut alors calculer la constante de vitesse grâce à l'équation (19.5):

$$t_{\frac{1}{2}} = \frac{0,693}{k}$$

$$k = \frac{0,693}{270\ s}$$

$$= 2,57 \times 10^{-3}\ s^{-1}$$

La petite différence entre les résultats obtenus en a) et en b) pour la même réaction ne doit pas nous surprendre, car nous les avons obtenus par des méthodes différentes.

EXERCICE

À une certaine température, l'azométhane ($C_2H_6N_2$) en phase gazeuse se décompose comme suit:

$$C_2H_6N_2(g) \longrightarrow C_2H_6(g) + N_2(g)$$

D'après les données suivantes, déterminez l'ordre de la réaction et la constante de vitesse:

Temps (min)	$[C_2H_6N_2]$ (*M*)
0	0,36
15	0,30
30	0,25
48	0,19
75	0,13

19.4 L'ÉNERGIE D'ACTIVATION ET L'EFFET DE LA TEMPÉRATURE SUR LA CONSTANTE DE VITESSE

À quelques exceptions près, les vitesses de réactions augmentent avec la température. Par exemple, il faut beaucoup moins de temps pour cuire un œuf dur dans de l'eau bouillante à 100 °C (environ 10 min) que dans de l'eau à 80 °C (environ 30 min). Inversement, la congélation des aliments est un moyen efficace de conservation de la nourriture, puisqu'elle permet de ralentir la dégradation bactérienne. La figure 19.9 illustre un exemple type de relation entre la constante de vitesse d'une réaction et la température. Pour expliquer cette variation, il faut d'abord se demander comment les réactions s'amorcent.

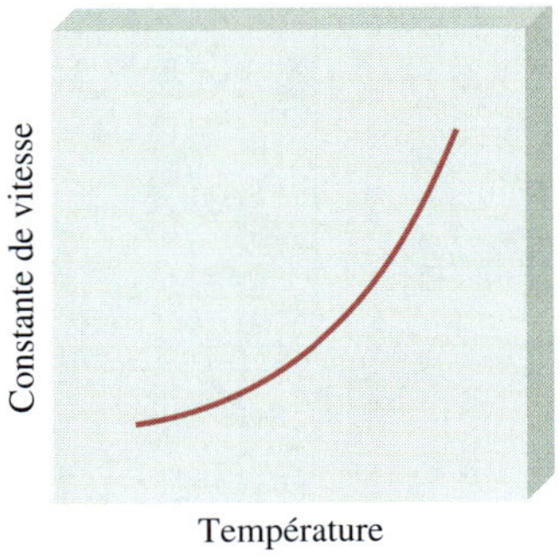

FIGURE 19.9

Variation de la constante de vitesse en fonction de la température. Les constantes de vitesse de la plupart des réactions augmentent avec la température.

LA THÉORIE DES COLLISIONS EN CINÉTIQUE CHIMIQUE

La théorie cinétique des gaz (*page 147*) dit que les molécules gazeuses se heurtent fréquemment entre elles. Il est donc logique de concevoir (et c'est généralement vrai) que les réactions chimiques sont le résultat des collisions entre les molécules. D'après la *théorie des collisions* en cinétique chimique, on s'attend donc à ce que la vitesse d'une réaction soit directement proportionnelle au nombre de collisions intermoléculaires par seconde ou, autrement dit, à la fréquence des collisions intermoléculaires:

$$v \propto \frac{\text{nombre de collisions}}{\text{s}}$$

Cette relation simple explique pourquoi la vitesse de réaction dépend de la concentration.

Imaginons une réaction entre des molécules A et des molécules B formant un produit donné. Supposons que chaque molécule du produit est formée par la combinaison directe d'une molécule A et d'une molécule B. Si l'on double la concentration de A, le nombre de collisions A-B doublera également, car, dans un volume donné, il y aura deux fois plus de molécules A susceptibles de heurter les molécules B (*figure 19.10*). Par conséquent, la vitesse de réaction doublera. De même, si l'on double la concentration de B, la vitesse doublera. On peut donc exprimer la loi de vitesse ainsi:

$$v = k[\text{A}][\text{B}]$$

La réaction est d'ordre 1 en A et en B, donc d'un ordre global 2, et on dit qu'elle obéit à une cinétique d'ordre 2.

Présentée de cette façon, la théorie des collisions est attrayante, mais la relation entre la vitesse et les collisions moléculaires est plus compliquée qu'elle n'y paraît. La théorie des collisions implique qu'une réaction se produit toujours quand les molécules A et B entrent en collision. Cependant, toutes les collisions ne sont pas efficaces. Les calculs basés sur la théorie cinétique moléculaire indiquent que, à pression et à température habituelles (par exemple 1 atm et 298 K), il y a environ 1×10^{27} collisions binaires (entre deux molécules) par seconde dans un volume de 1 mL, en phase gazeuse. Dans les

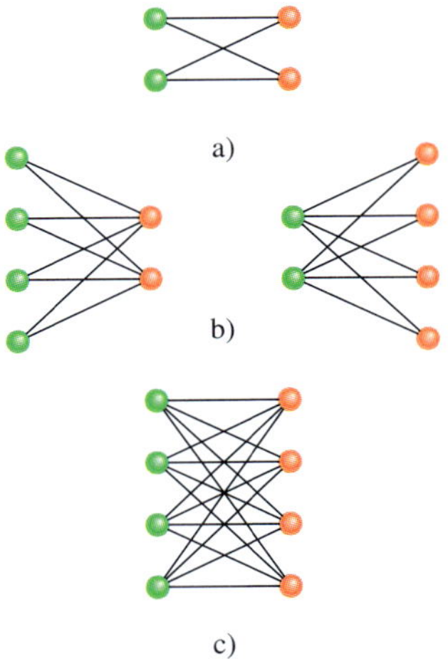

FIGURE 19.10

La relation entre le nombre de collisions et la concentration. On ne considère ici que les collisions A-B, qui peuvent mener à la formation de produits. a) Il y a quatre collisions possibles si on a deux molécules A et deux molécules B. b) Si l'on double le nombre d'une des molécules, on augmente à huit le nombre de collisions possibles. c) Si l'on double le nombre des molécules A et B, on augmente à 16 le nombre de collisions possibles.

liquides, les collisions sont encore plus fréquentes. Si à chacune de ces collisions il y avait formation de produit, la plupart des réactions se produiraient de façon presque instantanée. Or, en pratique, on constate que les vitesses des réactions varient grandement. Cela signifie donc que, dans de nombreux cas, le nombre total de collisions ne garantit pas à lui seul la réalisation d'une réaction.

Toute molécule en mouvement possède une énergie cinétique; plus elle se déplace rapidement, plus son énergie cinétique est élevée. Quand les molécules se heurtent, une partie de leur énergie cinétique est convertie en énergie *vibratoire*. Si leurs énergies cinétiques initiales sont élevées, les chocs seront efficaces, c'est-à-dire que les molécules en collision vibreront si fort que certaines de leurs liaisons chimiques seront rompues. Cette rupture est la première étape vers la formation du produit. Si, par contre, leurs énergies cinétiques initiales sont faibles, les molécules «rebondiront» probablement l'une sur l'autre et resteront intactes. Il faut donc une énergie de collision minimale pour qu'une réaction se produise. Ce n'est donc pas tant le nombre de collisions qui compte, mais plutôt le nombre de collisions efficaces.

On pose comme principe que, pour qu'il y ait réaction, l'énergie cinétique totale des molécules en collision doit être égale ou supérieure à l'***énergie d'activation*** **(E_a)**, qui est l'*énergie minimale requise pour déclencher une réaction chimique*. Sans cette énergie, les molécules restent intactes, la collision est inefficace. L'*espèce temporairement formée à la suite de la collision des molécules des réactifs, juste avant que se forme le produit,* est appelée ***complexe activé.***

À la figure 19.11, on voit deux courbes différentes du profil énergétique (variation de l'énergie potentielle en fonction du déroulement de la réaction) pour la réaction

$$A + B \longrightarrow C + D$$

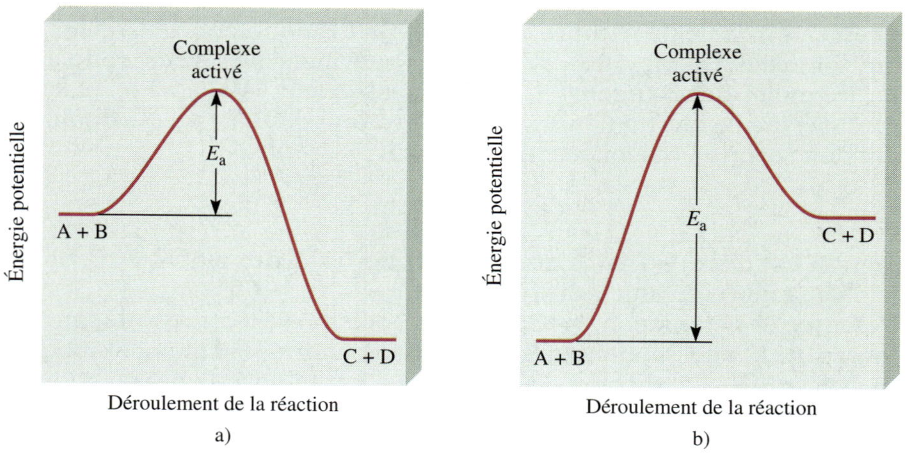

FIGURE 19.11

Courbes du profil énergétique d'une réaction a) exothermique et b) endothermique. Ces courbes montrent les variations de l'énergie potentielle à mesure que les réactifs A et B sont convertis en produits C et D. Le complexe activé est une espèce très instable dont l'énergie potentielle est élevée. L'énergie d'activation est indiquée pour la réaction directe des profils. Notez que les produits C et D sont plus stables que les réactifs en a) et qu'ils sont moins stables qu'eux en b).

Si les produits sont plus stables que les réactifs, la réaction sera accompagnée d'une libération de chaleur; elle est exothermique [*figure 19.11 a)*]. Par contre, si les produits sont moins stables que les réactifs, il y aura absorption de chaleur: c'est une réaction endothermique [*figure 19.11 b)*]. Qualitativement, ces courbes montrent les variations de l'énergie potentielle à mesure que les réactifs sont convertis en produits.

On peut imaginer l'énergie d'activation comme une barrière qui empêche les molécules ayant une plus faible énergie cinétique de réagir. À cause du nombre très élevé de molécules dans un mélange réactionnel ordinaire, les vitesses, ainsi que les énergies cinétiques des molécules, varient largement. Normalement, seule une petite fraction des molécules en collision (les plus rapides) ont une énergie cinétique assez élevée — plus élevée que l'énergie d'activation — pour participer à la réaction. Cela explique l'augmentation de la vitesse de réaction (ou de la constante de vitesse) avec la température: les vitesses des molécules obéissent à la relation de Maxwell, illustrée à la figure 5.14. Comparez la distribution des vitesses à deux températures différentes. Puisque, à des températures élevées, les molécules ayant une énergie élevée sont plus nombreuses, la proportion des chocs efficaces est plus grande et la formation du produit est alors plus rapide.

L'ÉQUATION D'ARRHENIUS

On peut exprimer de quelle façon la constante de vitesse dépend de la température à l'aide de l'équation suivante, appelée *équation d'Arrhenius*:

$$k = Ae^{-E_a/RT} \tag{19.6}$$

où E_a est l'énergie d'activation de la réaction (en kilojoules par mole); R, la constante des gaz parfaits (8,314 J/K · mol); T, la température absolue; et e, la base du logarithme naturel (*voir annexe 3*). La grandeur A, appelée *facteur de fréquence*, représente la fréquence des collisions. On peut la considérer comme constante dans un système réactionnel donné pour un grand écart de températures. L'équation (19.6) indique que la constante de vitesse est directement proportionnelle à A et par conséquent à la fréquence des collisions. De plus, à cause du signe négatif associé à l'exposant E_a/RT, la constante de vitesse diminue à mesure que l'énergie d'activation augmente et elle augmente quand la température augmente. On peut exprimer cette équation sous une forme plus pratique en prenant le logarithme naturel de chaque membre:

$$\ln k = \ln Ae^{-E_a/RT}$$

$$= \ln A - \frac{E_a}{RT} \tag{19.7}$$

L'équation (19.7) peut prendre la forme d'une équation linéaire:

$$\begin{array}{ccccccc} \ln k & = & \left(-\dfrac{E_a}{R}\right) & \left(\dfrac{1}{T}\right) & + & \ln A \\ \updownarrow & & \updownarrow & \updownarrow & & \updownarrow \\ y & = & m & x & + & b \end{array}$$

Donc, la mise en graphe de ln k en fonction de $1/T$ donne une droite dont la pente (m) est égale à $-E_a/R$ et dont l'ordonnée à l'origine, b, est ln A.

EXEMPLE 19.6

L'application de l'équation d'Arrhenius

Les constantes de vitesse de la décomposition de l'acétaldéhyde

$$CH_3CHO(g) \longrightarrow CH_4(g) + CO(g)$$

ont été mesurées à cinq températures différentes. Elles sont données ci-dessous. Faites la mise en graphe de ln k en fonction de $1/T$ et déterminez l'énergie d'activation (en kilojoules par mole) de cette réaction. Notez que la réaction est d'ordre «$\frac{3}{2}$» en CH_3CHO, donc les unités de k sont $1/M^{\frac{1}{2}} \cdot s$

k ($1/M^{\frac{1}{2}} \cdot s$)	T (K)
0,011	700
0,035	730
0,105	760
0,343	790
0,789	810

Réponse: Il faut tracer le graphique de ln k en fonction de $1/T$. Selon les données fournies, nous obtenons:

ln k	$1/T$ (K^{-1})
−4,51	$1,43 \times 10^{-3}$
−3,35	$1,37 \times 10^{-3}$
−2,254	$1,32 \times 10^{-3}$
−1,070	$1,27 \times 10^{-3}$
−0,237	$1,23 \times 10^{-3}$

Le graphique obtenu est celui de la figure 19.12. La pente de la droite est de $-2,09 \times 10^4$ K. À partir de l'équation (19.7):

$$\text{pente} = -\frac{E_a}{R} = -2,09 \times 10^4 \text{ K}$$

$$E_a = (8,314 \text{ J/K} \cdot \text{mol})(2,09 \times 10^4 \text{ K})$$

$$= 1,74 \times 10^5 \text{ J/mol}$$

$$= 1,74 \times 10^2 \text{ kJ/mol}$$

Il est important de noter que, même si les unités de la constante de vitesse sont $1/M^{\frac{1}{2}} \cdot s$, ln k n'a pas d'unité (on ne peut prendre le logarithme d'une unité).

EXERCICE

On a déterminé la constante de vitesse d'ordre 2 de la décomposition de l'oxyde de diazote (N_2O) en molécules d'azote et en atomes d'oxygène à différentes températures.

k ($1/M \cdot s$)	t (°C)
$1,87 \times 10^{-3}$	600
0,0113	650
0,0569	700
0,244	750

Déterminez à l'aide d'un graphique l'énergie d'activation de la réaction.

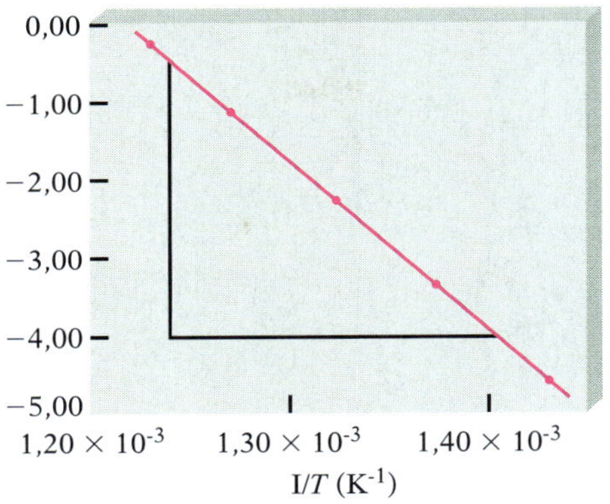

FIGURE 19.12

Tracé de ln k en fonction de 1/T. On calcule la pente de la droite en prenant deux paires de coordonnées:

$$\text{pente} = \frac{-4{,}00 - (-0{,}45)}{(1{,}41 - 1{,}24) \times 10^{-3}\ \text{K}^{-1}} = -2{,}09 \times 10^4\ \text{K}$$

La pente est égale à $-E_a/R$.

On peut utiliser une équation reliant les constantes de vitesse k_1 et k_2 aux températures T_1 et T_2 pour calculer l'énergie d'activation ou, si l'on connaît celle-ci, pour déterminer la constante de vitesse à une autre température. Pour obtenir une telle équation, on prend d'abord l'équation (19.7):

$$\ln k_1 = \ln A - \frac{E_a}{RT_1}$$

$$\ln k_2 = \ln A - \frac{E_a}{RT_2}$$

On soustrait $\ln k_2$ de $\ln k_1$:

$$\ln k_1 - \ln k_2 = \frac{E_a}{R}\left(\frac{1}{T_2} - \frac{1}{T_1}\right)$$

$$\ln \frac{k_1}{k_2} = \frac{E_a}{R}\left(\frac{1}{T_2} - \frac{1}{T_1}\right)$$

$$= \frac{E_a}{R}\left(\frac{T_1 - T_2}{T_1 T_2}\right) \qquad (19.8)$$

EXEMPLE 19.7

L'application de la forme linéaire de l'équation d'Arrhenius selon l'équation (19.8)

La constante de vitesse d'une réaction d'ordre 1 est de $3{,}46 \times 10^{-2}\ \text{s}^{-1}$ à 298 K. Quelle est la constante de vitesse à 350 K si l'énergie d'activation de cette réaction est de 50,2 kJ/mol?

Réponse: Les données sont

$k_1 = 3{,}46 \times 10^{-2}\ \text{s}^{-1}$ $\qquad$ $k_2 = ?$

$T_1 = 298\ \text{K}$ $\qquad$ $T_2 = 350\ \text{K}$

Si nous les appliquons à l'équation (19.8), nous obtenons:

$$\ln \frac{3{,}46 \times 10^{-2}}{k_2} = \frac{50{,}2 \times 10^3 \text{ J/mol}}{8{,}314 \text{ J/K} \cdot \text{mol}} \left[\frac{298 \text{ K} - 350 \text{ K}}{(298 \text{ K})(350 \text{ K})}\right]$$

$$\ln \frac{3{,}46 \times 10^{-2}}{k_2} = -3{,}01$$

$$\frac{3{,}46 \times 10^{-2}}{k_2} = e^{-3{,}01}$$

$$= 0{,}0493$$

$$k_2 = 0{,}702 \text{ s}^{-1}$$

La constante de vitesse devrait être plus élevée à une température supérieure. La réponse est donc plausible.

EXERCICE

La constante de vitesse de la réaction (d'ordre 1) du chlorure de méthyle (CH_3Cl) avec l'eau pour former du méthanol (CH_3OH) et de l'acide chlorhydrique (HCl) est de $3{,}32 \times 10^{-10}$ s^{-1} à 25 °C. Calculez la constante de vitesse à 40 °C si l'énergie d'activation est de 116 kJ/mol.

Dans le cas des réactions simples (par exemple, les réactions entre atomes), on peut considérer comme équivalents le facteur de fréquence (A) de l'équation d'Arrhenius et la fréquence des collisions entre les espèces en réaction. Cependant, dans le cas des réactions complexes, il faut également tenir compte du «facteur d'orientation», c'est-à-dire de l'orientation relative des molécules entre elles (angles de collisions). La réaction entre l'atome de potassium (K) et l'iodure de méthyle (CH_3I) qui a pour produits l'iodure de potassium (KI) et un radical méthyle (CH_3) illustre bien ce facteur:

$$K + CH_3I \longrightarrow KI + CH_3$$

Cette réaction est possible seulement quand l'atome K heurte de front l'atome I de CH_3I (*figure 19.13*). Autrement, il n'y a formation que de peu ou pas de produit. Seul un exposé plus approfondi des notions de cinétique chimique permettrait de mieux comprendre la nature du facteur d'orientation.

K + CH_3I ▶ KI + CH_3

FIGURE 19.13

Orientation relative des molécules en collision. La réaction est possible seulement quand l'atome K heurte directement l'atome I.

19.5 LES MÉCANISMES RÉACTIONNELS ET LES LOIS DE VITESSE

Comme nous l'avons déjà mentionné, une équation globale équilibrée n'en dit pas beaucoup sur la manière dont une réaction se produit vraiment. Dans de nombreux cas, elle représente plutôt la somme d'une *série de réactions simples,* souvent appelées ***réactions (ou étapes) élémentaires,*** car celles-ci *représentent le déroulement de la réaction globale au niveau moléculaire. La séquence des réactions élémentaires qui conduit à la formation du produit* est appelée ***mécanisme réactionnel.*** Prenons comme exemple de mécanisme réactionnel, la réaction entre l'oxyde d'azote et l'oxygène:

$$2NO(g) + O_2 \longrightarrow 2NO_2(g)$$

On sait que le produit ne résulte pas directement de la collision entre une molécule NO et une molécule O_2 parce que l'on détecte la présence de N_2O_2 pendant la réaction. Supposons que la réaction se produit plutôt en deux étapes comportant chacune une réaction élémentaire:

$$2NO(g) \longrightarrow N_2O_2(g)$$

$$N_2O_2(g) + O_2(g) \longrightarrow 2NO_2(g)$$

Dans la première réaction, deux molécules NO se heurtent pour former une molécule N_2O_2. Ce phénomène est suivi de la réaction de N_2O_2 avec O_2 qui forme deux molécules NO_2. L'équation chimique nette, qui représente la réaction globale, est donnée par la somme des réactions élémentaires:

Réaction élémentaire:	$NO + NO \longrightarrow N_2O_2$
Réaction élémentaire:	$N_2O_2 + O_2 \longrightarrow 2NO_2$
Réaction globale:	$2NO + \cancel{N_2O_2} + O_2 \longrightarrow \cancel{N_2O_2} + 2NO_2$

Les ***espèces*** comme N_2O_2 sont appelées ***intermédiaires,*** car elles *apparaissent dans le mécanisme réactionnel (dans les réactions élémentaires), mais non dans la réaction globale équilibrée*. Il faut se rappeler qu'un intermédiaire est toujours formé dans l'une des premières réactions élémentaires et utilisé dans une réaction élémentaire ultérieure.

Le *nombre de molécules réagissant dans une réaction élémentaire* correspond à la ***molécularité*** de celle-ci. Chacune des réactions élémentaires illustrées ci-dessus s'appelle ***réaction bimoléculaire,*** car elle *met en jeu deux molécules*. Il existe aussi des ***réactions unimoléculaires,*** *qui mettent en jeu une seule molécule* dans le mécanisme; la conversion du cyclopropane en propène, dont nous avons parlé à l'exemple 19.4, en est un bon exemple. On connaît toutefois très peu de ***réactions trimoléculaires,*** *qui mettent en jeu trois molécules au cours d'une même étape élémentaire.* C'est parce que, dans une réaction trimoléculaire, le produit est le résultat de la rencontre simultanée de trois molécules, un phénomène beaucoup moins probable qu'une collision bimoléculaire.

La connaissance des réactions élémentaires permet de déduire la loi de vitesse d'une réaction globale. Soit la réaction unimoléculaire suivante:

$$A \longrightarrow \text{produits}$$

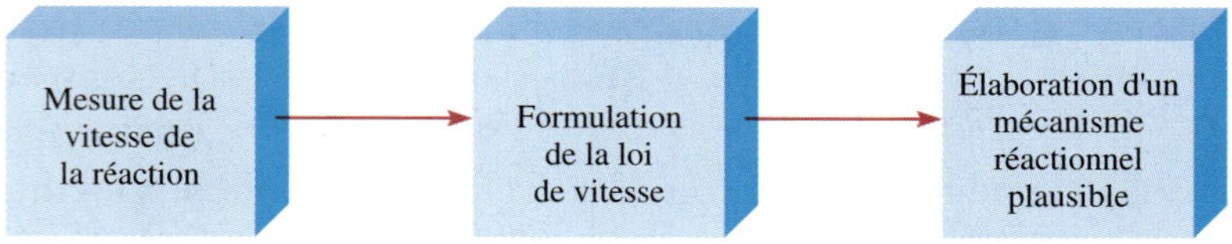

FIGURE 19.14
Les étapes de l'étude d'un mécanisme réactionnel.

Puisque c'est directement de cette manière que cette réaction se produit au niveau moléculaire (cette seule étape correspond à la réaction globale), plus le nombre de molécules A est élevé, plus la vitesse de formation des produits est élevée. On obtient donc la loi de vitesse directement à partir de la réaction élémentaire:

$$v = k[\mathrm{A}]$$

Dans le cas d'une réaction bimoléculaire mettant en jeu les molécules A et B:

$$\mathrm{A} + \mathrm{B} \longrightarrow \text{produits}$$

la vitesse de formation du produit dépend de la fréquence des collisions entre A et B, qui à son tour dépend des concentrations de A et de B. Dans ce cas, on peut écrire la loi de vitesse de la façon suivante:

$$v = k[\mathrm{A}][\mathrm{B}]$$

De même, dans le cas d'une réaction bimoléculaire du type

$$\mathrm{A} + \mathrm{A} \longrightarrow \text{produits}$$

ou

$$2\mathrm{A} \longrightarrow \text{produits}$$

l'équation de vitesse devient

$$v = k[\mathrm{A}]^2$$

Les exemples donnés ci-dessus montrent que l'ordre d'une réaction par rapport à chaque réactif en jeu dans une réaction élémentaire est égal au coefficient stœchiométrique du réactif. Cependant, si l'on a seulement l'équation globale, on ne peut pas déterminer si la réaction se produit telle qu'indiquée ou par une série de réactions élémentaires; cette information est obtenue en laboratoire.

L'étude expérimentale d'un mécanisme réactionnel commence par la cueillette de données (mesures des vitesses). Ensuite, l'analyse des données permet de déterminer la constante de vitesse et l'ordre de la réaction, ce qui permet d'écrire la loi de vitesse. Finalement, on suggère un mécanisme réactionnel plausible comportant des réactions élémentaires (*figure 19.14*). Les réactions élémentaires doivent obéir à deux règles:

- La somme des équations des réactions élémentaires doit correspondre à l'équation équilibrée de la réaction globale.

- La ***réaction cinétiquement limitante (ou étape déterminante)*** c'est-à-dire la *réaction élémentaire la plus lente de la série,* devrait permettre d'obtenir une loi de vitesse identique à celle qui est déterminée expérimentalement.

On peut faire une analogie entre la réaction cinétiquement limitante et le trafic sur une route étroite. Comme tout dépassement est impossible, la vitesse de l'ensemble des voitures est déterminée (limitée) par celle de la voiture la plus lente. Il ne faut surtout pas oublier que, pour chaque schéma de réaction proposé, il faut pouvoir détecter la présence de tout intermédiaire formé dans une ou plusieurs réactions élémentaires.

Pour comprendre la façon d'élucider un mécanisme réactionnel à partir d'expériences, prenons comme exemple la décomposition du peroxyde d'hydrogène. Cette réaction est facilitée par la présence d'ions iodure (*figure 19.15*). La réaction globale est la suivante:

$$2H_2O_2(aq) \longrightarrow 2H_2O(l) + O_2(g)$$

Expérimentalement, on trouve la loi de vitesse suivante:

$$v = k[H_2O_2][I^-]$$

La réaction est donc d'ordre 1 en H_2O_2 et en I^-. On constate que cette décomposition ne se produit pas en une seule réaction élémentaire qui correspondrait à l'équation globale équilibrée. Si cela était le cas, la réaction serait d'ordre 2 en H_2O_2 (notez le coefficient 2 dans l'équation). De plus, l'ion I^-, qui n'est même pas dans l'équation globale, est présent dans l'expression de la loi de vitesse. Comment peut-on l'expliquer?

On peut expliquer la loi de vitesse observée en considérant que la réaction se produit en deux réactions élémentaires distinctes, chacune d'elles étant bimoléculaire:

Réaction 1: $$H_2O_2 + I^- \xrightarrow{k_1} H_2O + IO^-$$

Réaction 2: $$H_2O_2 + IO^- \xrightarrow{k_2} H_2O + O_2 + I^-$$

Si l'on suppose par la suite que la réaction 1 est cinétiquement limitante, c'est donc elle qui déterminera la vitesse de la réaction:

$$v = k_1[H_2O_2][I^-]$$

Cette relation correspond bien à la loi de vitesse déjà trouvée expérimentalement.

Notez que l'ion IO^- est un intermédiaire, car il n'apparaît pas dans l'équation globale équilibrée. Bien que l'ion I^- n'apparaisse pas non plus dans cette dernière, il est différent de IO^-, car il est présent au début et à la fin de la réaction. Il sert à accélérer la réaction; c'est donc un catalyseur. Nous aborderons les catalyseurs dans la prochaine section. Finalement, notez que la somme des réactions 1 et 2 donne bien l'équation globale équilibrée indiquée plus haut.

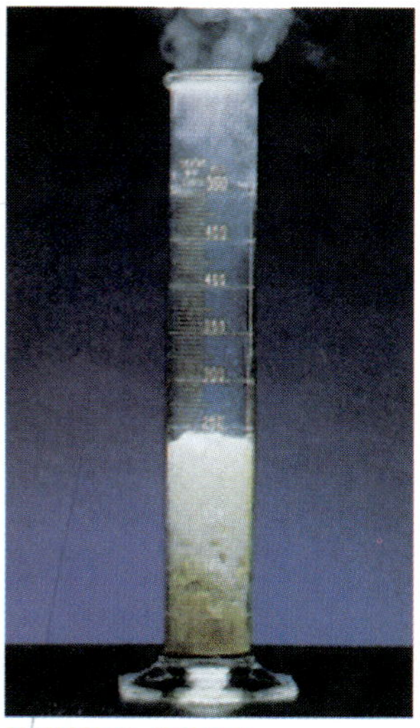

FIGURE 19.15

La décomposition du peroxyde d'hydrogène est catalysée par l'ion iodure. On a ajouté quelques gouttes de savon liquide pour mieux mettre en évidence la formation de l'oxygène. Certains des ions iodure sont oxydés en molécules d'iode, qui réagissent ensuite avec les ions iodure pour former les ions triiodure (I_3^-) de couleur brune.

EXEMPLE 19.8

L'étude des mécanismes réactionnels

On croit que la décomposition en phase gazeuse de l'oxyde de diazote (N_2O) se produit suivant deux réactions élémentaires:

Réaction 1: $$N_2O \xrightarrow{k_1} N_2 + O$$

Réaction 2: $$N_2O + O \xrightarrow{k_2} N_2 + O_2$$

Expérimentalement, on trouve la loi de vitesse suivante: $v = k[N_2O]$. a) Écrivez l'équation de la réaction globale. b) Quelles sont les espèces intermédiaires? c) Que peut-on dire à propos des vitesses relatives des réactions 1 et 2?

Réponse: a) L'addition des réactions 1 et 2 donne la réaction globale suivante:

$$2N_2O \longrightarrow 2N_2 + O_2$$

b) Puisque l'atome O est produit dans la première réaction élémentaire et qu'il n'apparaît pas dans l'équation globale équilibrée, il s'agit d'un intermédiaire.

c) En supposant que la réaction 1 est cinétiquement limitante (c'est-à-dire si $k_2 \gg k_1$), la vitesse de la réaction globale est

$$v = k_1[N_2O]$$

et $k = k_1$.

EXERCICE

On croit que la formation de NO et de CO_2 à partir de NO_2 et de CO se produit en deux étapes:

Réaction 1: $$NO_2 + NO_2 \longrightarrow NO + NO_3$$

Réaction 2: $$NO_3 + CO \longrightarrow NO_2 + CO_2$$

La loi de vitesse déterminée expérimentalement est la suivante: $v = k[NO_2]^2$. a) Écrivez l'équation de la réaction globale. b) Indiquez l'intermédiaire. c) Que peut-on dire à propos des vitesses relatives des réactions 1 et 2?

19.6 LA CATALYSE

Nous avons vu, dans la décomposition du peroxyde d'hydrogène, que la vitesse de réaction dépend de la concentration des ions iodure, même si ceux-ci n'apparaissent pas dans l'équation globale. L'ion I^- agit donc comme un catalyseur dans cette réaction. Un ***catalyseur*** est une *substance qui augmente la vitesse d'une réaction chimique sans y être consommée*. Le catalyseur peut réagir pour former un intermédiaire, mais on le retrouve toujours intact à la fin de la réaction.

Le MnO_2 catalyse la décomposition thermique de $KClO_3$. L'oxygène gazeux produit permet la combustion de l'éclisse de bois.

Pour préparer de l'oxygène moléculaire en laboratoire, on chauffe du chlorate de potassium; la réaction est la suivante:

$$2KClO_3(s) \longrightarrow 2KCl(s) + 3O_2(g)$$

Cependant, sans catalyseur, cette décomposition thermique est très lente. On peut en augmenter considérablement la vitesse en y ajoutant une petite quantité de dioxyde de manganèse (MnO_2), une poudre noire qui agit comme catalyseur. On peut recouvrer tout le MnO_2 à la fin de la réaction, tout comme les ions I^- après la décomposition de H_2O_2.

Un catalyseur accélère une réaction en la faisant procéder par un chemin (mécanisme) différent, c'est-à-dire par un ensemble de réactions élémentaires dont les cinétiques sont plus favorables que celles qui existent en son absence. D'après l'équation (19.7), on sait que la constante de vitesse (k) — et par conséquent la vitesse — d'une réaction dépend du facteur de fréquence (A) et de l'énergie d'activation (E_a); plus A est élevé ou plus E_a est basse, plus la vitesse est élevée. Dans de nombreux cas, c'est en abaissant l'énergie d'activation de la réaction qu'un catalyseur augmente la vitesse.

Supposons que la réaction suivante a une certaine constante de vitesse (k) et une certaine énergie d'activation (E_a).

$$A + B \xrightarrow{k} C + D$$

En présence d'un catalyseur, la constante de vitesse est k_c (appelée constante de vitesse catalytique):

$$A + B \xrightarrow{k_c} C + D$$

Selon la définition d'un catalyseur:

$$\text{vitesse}_{\text{catalysée}} > \text{vitesse}_{\text{non catalysée}}$$

La figure 19.16 montre les courbes d'énergie potentielle des deux réactions. Notez que les énergies totales des réactifs (A et B) et des produits (C et D) ne sont pas influencées par le catalyseur; la seule différence entre les deux réactions réside dans l'abaissement de l'énergie d'activation, de E_a à E_a'. Puisqu'il abaisse du même coup l'énergie d'activation de la réaction inverse, le catalyseur augmente donc également la vitesse de la réaction inverse.

On distingue trois principaux types de catalyses, selon la nature du catalyseur: la catalyse hétérogène, la catalyse homogène et la catalyse enzymatique.

La catalyse hétérogène

Dans la *catalyse hétérogène*, les réactifs et le catalyseur sont dans des phases différentes. Habituellement, le catalyseur est un solide et les réactifs sont des gaz ou des liquides. La catalyse hétérogène est de loin le type de catalyse le plus important en chimie industrielle, notamment dans la synthèse de nombreuses substances clés. Voyons deux exemples de catalyse hétérogène.

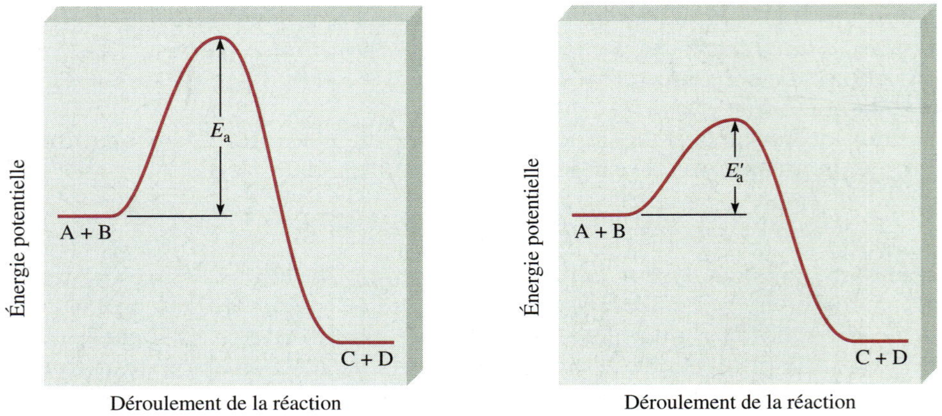

a) b)

FIGURE 19.16

Comparaison des énergies d'activation d'une réaction non catalysée et de la même réaction catalysée. Le catalyseur abaisse l'énergie d'activation sans modifier les énergies des réactifs et des produits. Bien que les réactifs et les produits soient les mêmes dans les deux cas, les mécanismes réactionnels et les lois de vitesse sont différents en a) et en b), d'où l'utilisation de deux profils énergétiques distincts pour illustrer le déroulement de la réaction.

La production industrielle d'acide nitrique

L'acide nitrique est l'un des plus importants acides inorganiques. On l'utilise dans la production d'engrais, de colorants, de médicaments et d'explosifs. Pour produire de l'acide nitrique, l'industrie recourt surtout au *procédé Ostwald*. Ce procédé consiste à chauffer, à environ 800 °C, les substances de départ, de l'ammoniac et de l'oxygène moléculaire, en présence d'un catalyseur, du platine-rhodium (Pt/Rh) (*figure 19.17*):

$$4NH_3(g) + 5O_2(g) \xrightarrow{Pt/Rh} 4NO(g) + 6H_2O(g)$$

L'oxyde d'azote formé s'oxyde facilement (sans catalyse) en dioxyde d'azote:

$$2NO(g) + O_2(g) \longrightarrow 2NO_2(g)$$

Dissous dans l'eau, NO_2 forme de l'acide nitreux et de l'acide nitrique:

$$2NO_2(g) + H_2O(l) \longrightarrow HNO_2(aq) + HNO_3(aq)$$

FIGURE 19.17

Le catalyseur platine-rhodium utilisé dans le procédé Ostwald.

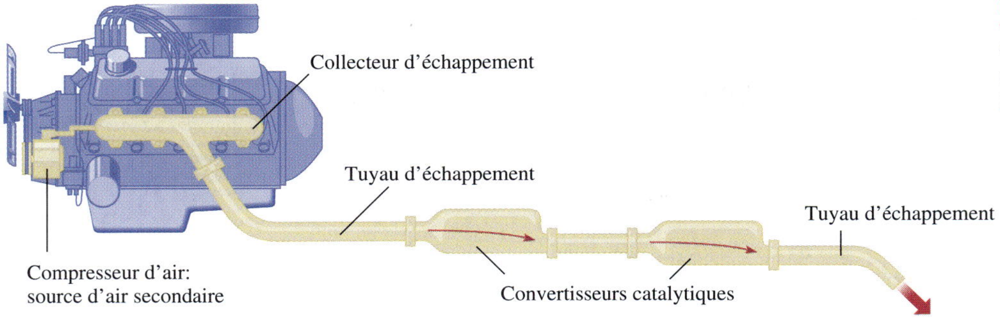

FIGURE 19.18

Convertisseur catalytique à deux étapes utilisé dans les automobiles.

Sous l'effet de la chaleur, l'acide nitreux est converti en acide nitrique:

$$3HNO_2(aq) \longrightarrow HNO_3(aq) + H_2O(l) + 2NO(g)$$

On peut récupérer le NO formé et le réutiliser pour produire du NO_2 dans la deuxième étape.

Les convertisseurs catalytiques

À haute température, dans un moteur d'automobile en marche, l'azote et l'oxygène gazeux réagissent pour former de l'oxyde d'azote:

$$N_2(g) + O_2(g) \rightleftharpoons 2NO(g)$$

Libéré dans l'atmosphère, NO se combine rapidement à O_2 pour former NO_2. Le dioxyde d'azote et d'autres gaz émis par les automobiles, comme l'oxyde de carbone (CO) et les différents hydrocarbures non consumés, font des gaz d'échappement une source importante de pollution atmosphérique.

C'est pourquoi la plupart des nouvelles voitures sont équipées d'un convertisseur catalytique (*figure 19.18*), qui a deux fonctions: il oxyde le CO et les hydrocarbures non consumés en CO_2 et en H_2O; il réduit NO et NO_2 en N_2 et en O_2. Pour ce faire, les gaz d'échappement chauds, dans lesquels de l'air a été injecté, passent dans la première chambre du convertisseur où la combustion complète des hydrocarbures est accélérée et l'émission de CO est diminuée. (La figure 19.19 montre une section longitudinale d'un convertisseur catalytique, contenant du Pt ou du Pd ou un oxyde d'un métal de transition, comme CuO ou Cr_2O_3.) Cependant, puisque les températures élevées

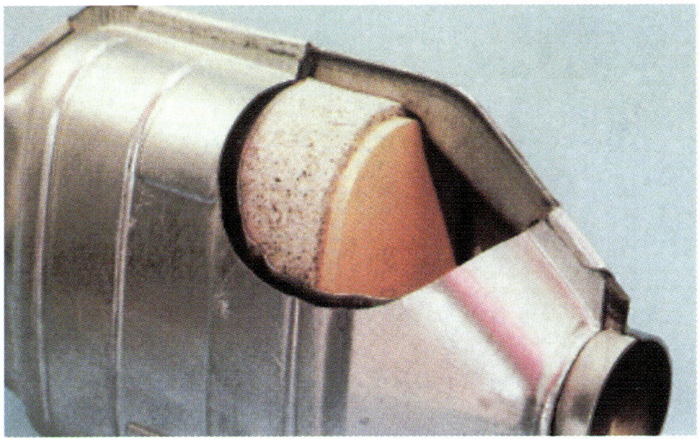

FIGURE 19.19

Écorché d'un convertisseur catalytique. Les granules contiennent du platine, du palladium et du rhodium, qui catalysent la combustion du CO et des hydrocarbures.

augmentent la production de NO, il faut une seconde chambre contenant un catalyseur différent (un métal de transition ou un oxyde de métal de transition) et fonctionnant à des températures plus basses pour dissocier NO en N_2 et en O_2 avant que ces substances soient libérées dans l'environnement.

La catalyse homogène

Dans la *catalyse homogène,* les réactifs et le catalyseur sont dans la même phase, habituellement liquide. En solution liquide, les acides et les bases représentent les plus importants types de catalyseurs. Par exemple, la réaction de l'acétate d'éthyle avec l'eau qui forme de l'acide acétique et de l'éthanol se produit normalement trop lentement pour qu'on puisse en mesurer la vitesse.

$$\underset{\text{acétate d'éthyle}}{CH_3{-}\overset{\overset{\displaystyle O}{\|}}{C}{-}O{-}C_2H_5} + H_2O \longrightarrow \underset{\text{acide acétique}}{CH_3{-}\overset{\overset{\displaystyle O}{\|}}{C}{-}OH} + \underset{\text{éthanol}}{C_2H_5OH}$$

En l'absence d'un catalyseur, la loi de vitesse est donnée par

$$v = k[CH_3COOC_2H_5]$$

Cependant, cette réaction peut être catalysée par un acide. En présence d'acide chlorhydrique, la loi de vitesse est

$$v = k_c[CH_3COOC_2H_5][H^+]$$

La catalyse enzymatique

De tous les processus complexes en jeu dans les systèmes vivants, aucun n'est plus frappant ni plus essentiel que la catalyse enzymatique. Il s'agit d'une catalyse effectuée par des ***enzymes,*** des *catalyseurs biologiques*. Ce qui est remarquable dans ce cas, c'est que, non seulement les enzymes accélèrent les réactions biochimiques de facteurs de l'ordre de 10^6 à 10^{12}, mais elles sont également très spécifiques. En effet, une enzyme n'agit que sur certaines molécules, appelées *substrats* (c'est-à-dire réactifs), tout en laissant le reste du système intact. On estime qu'une cellule vivante moyenne contient environ 3000 enzymes différentes, et que chacune catalyse une réaction spécifique qui convertit un substrat en produits appropriés. La catalyse enzymatique est homogène, car les substrats, les enzymes et les produits sont tous en solution aqueuse.

Une enzyme est une grosse protéine qui contient un ou plusieurs *sites actifs* où ont lieu les interactions avec les substrats. Ces sites sont compatibles, du point de vue structural, avec des molécules spécifiques, à la manière d'une serrure et de sa clé (*figure 19.20*). Cependant, une molécule d'enzyme (ou au moins son site actif) a une structure relativement flexible et peut modifier sa forme pour réagir avec plus d'un substrat.

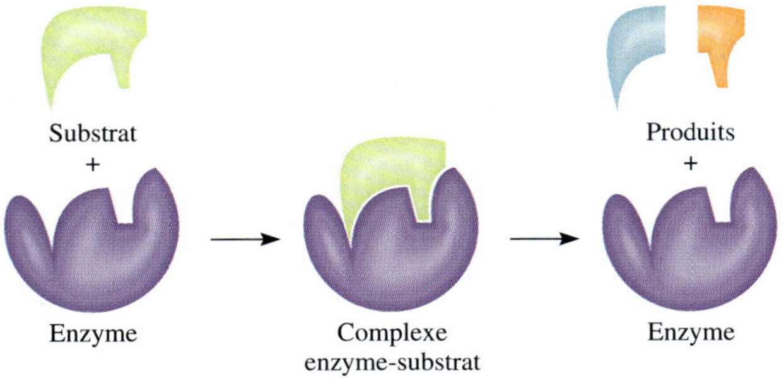

FIGURE 19.20

Analogie entre la spécificité d'une serrure pour une clé et celle d'une enzyme pour son substrat.

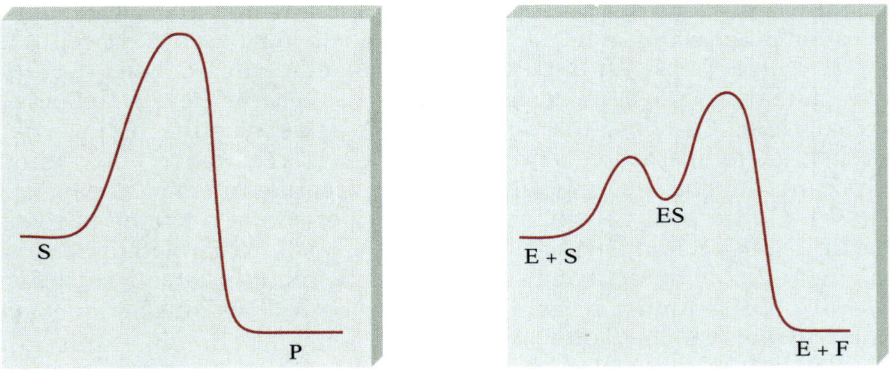

FIGURE 19.21

Comparaison entre a) une réaction non catalysée et b) la même réaction catalysée par une enzyme. D'après la courbe en b), la réaction catalysée se produirait en deux étapes, et c'est la seconde (ES $\longrightarrow$ E + P) qui serait cinétiquement limitante.

Le traitement mathématique de la cinétique enzymatique est très complexe, même quand on connaît les principales étapes d'une telle réaction. En voici un schéma simplifié:

$$E + S \rightleftharpoons ES$$

$$ES \xrightarrow{k} P + E$$

où E, S et P représentent l'enzyme, le substrat et le produit; ES est l'intermédiaire enzyme-substrat. La figure 19.21 montre les courbes d'énergie potentielle de la réaction. On suppose souvent que la formation de ES et sa dissociation en enzyme et en substrat se produisent rapidement et que la réaction cinétiquement limitante est celle de la formation du produit. En général, la vitesse d'une telle réaction est donnée par l'équation suivante:

$$v = \frac{\Delta[P]}{\Delta t}$$

$$v = k\,[ES]$$

La concentration de l'intermédiaire ES est elle-même proportionnelle à la quantité de substrat présent; la mise en graphe de la vitesse en fonction de la concentration de substrat donne habituellement une courbe comme celle de

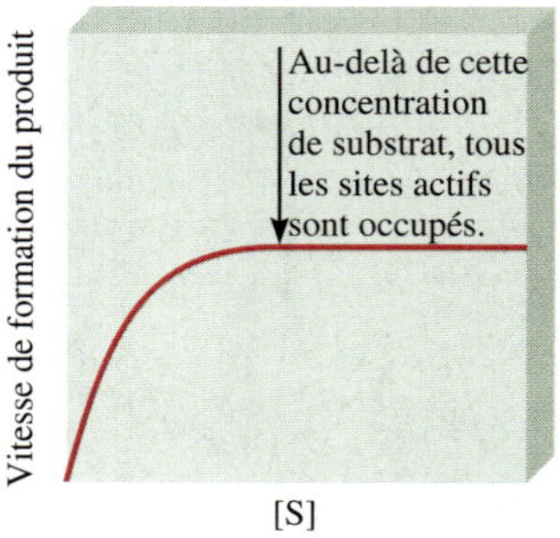

FIGURE 19.22

Variation de la vitesse de formation du produit en fonction de la concentration de substrat dans une réaction catalysée par une enzyme.

la figure 19.22. Au début, la vitesse augmente rapidement avec la concentration du substrat. Cependant, au-delà d'une certaine concentration, tous les sites actifs sont occupés et la réaction devient d'ordre zéro par rapport au substrat. Autrement dit, la vitesse reste la même malgré l'augmentation de la concentration du substrat. À ce point et au-delà, la vitesse de formation du produit ne dépend plus que de la vitesse de rupture des intermédiaires ES, et non du nombre de molécules de substrat présentes.

RÉSUMÉ

La vitesse d'une réaction chimique s'exprime par la variation de la concentration des réactifs ou des produits en fonction du temps. Habituellement, cette vitesse n'est pas constante, elle varie continuellement avec la concentration.

La loi de vitesse est une expression reliant la vitesse d'une réaction à sa constante de vitesse et aux concentrations des réactifs élevées aux puissances appropriées. La constante de vitesse (k) d'une réaction donnée ne varie qu'avec la température. L'ordre global de la réaction est la somme des exposants auxquels les concentrations des réactifs sont élevées dans la loi de vitesse. On ne peut déterminer la loi de vitesse ni l'ordre de la réaction à partir de la stœchiométrie d'une réaction globale; il faut le faire expérimentalement. La demi-vie d'une réaction (temps requis à la concentration d'un réactif pour diminuer de moitié) peut servir à déterminer la constante de vitesse d'une réaction d'ordre 1.

Selon la théorie des collisions, une réaction se produit quand les molécules se heurtent avec suffisamment d'énergie (énergie d'activation) pour rompre les liaisons et faire démarrer la réaction. La constante de vitesse et l'énergie d'activation sont reliées par l'équation d'Arrhenius, $k = Ae^{-E_a/RT}$.

L'équation globale équilibrée d'une réaction peut être la somme d'une série de réactions simples, dites élémentaires. La série complète des réactions élémentaires conduisant à la formation des produits constitue le mécanisme réactionnel. La réaction la plus lente d'un mécanisme est dite cinétiquement limitante.

Habituellement, un catalyseur accélère une réaction en abaissant la valeur de E_a; il se retrouve inchangé à la fin d'une réaction. Dans la catalyse hétérogène, importante en industrie, le catalyseur est un solide et les réactifs sont des gaz ou des liquides. Dans la catalyse homogène, le catalyseur et les réactifs sont dans la même phase. Dans les systèmes vivants ce sont les enzymes qui jouent le rôle de catalyseurs.

MOTS CLÉS

Catalyseur, p. 639
Cinétique chimique, p. 614
Complexe activé, p. 630
Constante de vitesse, p. 618
Demi-vie, p. 624
Énergie d'activation (E_a), p. 630
Enzyme, p. 642
Espèce intermédiaire, p. 635
Loi de vitesse, p. 618
Loi de vitesse intégrée, p. 623
Mécanisme réactionnel, p. 635
Molécularité p. 635
Ordre global (ou total) de la réaction, p. 618
Réaction bimoléculaire, p. 635
Réaction cinétiquement limitante (ou étape déterminante), p. 637
Réaction d'ordre 1, p. 622
Réaction (ou étape) élémentaire, p. 635
Réaction trimoléculaire, p. 635
Réaction unimoléculaire, p. 635
Vitesse de réaction, p. 614

QUESTIONS ET PROBLÈMES

LA VITESSE DE RÉACTION

Questions de révision

19.1 Qu'entend-on par vitesse d'une réaction chimique?

19.2 Quelles sont les unités utilisées pour exprimer la vitesse de réaction?

19.3 Quels sont les avantages de mesurer la vitesse au début d'une réaction?

19.4 Pouvez-vous nommer deux réactions très lentes (dont le déroulement prend des jours ou davantage) et deux réactions très rapides (dont le déroulement prend seulement quelques minutes ou quelques secondes)?

Problèmes

19.5 Écrivez les expressions des vitesses des réactions suivantes en fonction de la disparition des réactifs et de la formation des produits:

a) $H_2(g) + I_2(g) \longrightarrow 2HI(g)$

b) $2H_2(g) + O_2(g) \longrightarrow 2H_2O(g)$

c) $5Br^-(aq) + BrO_3^-(aq) + 6H^+(aq) \longrightarrow 3Br_2(aq) + 3H_2O(l)$

19.6 Soit la réaction suivante:

$$N_2(g) + 3H_2(g) \longrightarrow 2NH_3(g)$$

Supposons qu'à un moment précis de la réaction l'hydrogène moléculaire réagit à la vitesse de 0,074 *M*/s. a) À quelle vitesse se forme l'ammoniac? b) À quelle vitesse réagit l'azote moléculaire?

LES LOIS DE VITESSE

Questions de révision

19.7 Qu'entend-on par loi de vitesse d'une réaction?

19.8 Expliquez ce qu'est l'ordre d'une réaction?

19.9 Quelles sont les unités associées aux constantes de vitesse des réactions d'ordre 1 et d'ordre 2?

19.10 Écrivez une équation qui relie la concentration d'un réactif A à $t = 0$ et celle à $t = t$ pour une réaction d'ordre 1. Définissez tous les termes et donnez-en les unités.

19.11 Soit la réaction d'ordre 0 suivante: $A \longrightarrow$ produit. a) Écrivez la loi de vitesse de la réaction. b) Quelles sont les unités qui accompagnent la constante de vitesse? c) Faites un graphique de la vitesse de réaction en fonction de [A].

19.12 La constante de vitesse d'une réaction d'ordre 1 est de 66 s^{-1}. Quelle est la constante de vitesse en unités comportant des minutes?

19.13 De laquelle des grandeurs suivantes la constante de vitesse d'une réaction dépend-elle: a) les concentrations des réactifs, b) la nature des réactifs, ou c) la température?

19.14 Pour chacune des paires de réactions suivantes, dites quelle réaction forme le plus rapidement de l'hydrogène gazeux: a) le sodium ou le potassium avec l'eau, b) le magnésium ou le fer avec une solution de HCl 1,0 *M*, c) une tige de magnésium ou de la poudre de magnésium avec une solution de HCl 1,0 *M*, d) du magnésium avec une solution de HCl 0,10 *M* ou avec une solution de HCl 1,0 *M*.

Problèmes

19.15 La loi de vitesse de la réaction suivante:

$$NH_4^+(aq) + NO_2^-(aq) \longrightarrow N_2(g) + 2H_2O(l)$$

est $v = k[NH_4^+][NO_2^-]$. À 25 °C, la constante de vitesse est de $3,0 \times 10^{-4}/M \cdot s$. Calculez la vitesse de la réaction à cette température si $[NH_4^+] = 0,26\ M$ et $[NO_2^-] = 0,080\ M$.

19.16 À partir des données du tableau 19.1: a) déduisez la loi de vitesse de la réaction, b) calculez la constante de vitesse, et c) calculez la vitesse de la réaction au moment où $[F_2] = 0,010\ M$ et $[ClO_2] = 0,020\ M$.

19.17 Soit la réaction suivante:

$$A + B \longrightarrow \text{produits}$$

D'après les données suivantes obtenues à une certaine température, déterminez l'ordre de la réaction et calculez la constante de vitesse:

[A] (*M*)	[B] (*M*)	Vitesse (*M*/s)
1,50	1,50	$3,20 \times 10^{-1}$
1,50	2,50	$3,20 \times 10^{-1}$
3,00	1,50	$6,40 \times 10^{-1}$

19.18 Soit la réaction suivante:

$$X + Y \longrightarrow Z$$

Les données suivantes sont obtenues à 360 K:

Vitesse initiale de disparition de X (*M*/s)	[X]	[Y]
0,147	0,10	0,50
0,127	0,20	0,30
4,064	0,40	0,60
1,016	0,20	0,60
0,508	0,40	0,30

a) Déterminez l'ordre de la réaction. b) Déterminez la vitesse initiale de disparition de X quand sa concentration est de 0,30 *M*, et celle de Y de 0,40 *M*.

19.19 Déterminez l'ordre global des réactions qui répondent aux lois de vitesse suivantes: a) $v = k[NO_2]^2$, b) $v = k$, c) $v = k[H_2][Br_2]^{\frac{1}{2}}$, d) $v = k[NO]^2[O_2]$.

19.20 Soit la réaction suivante:

$$A \longrightarrow B$$

La vitesse de la réaction est de $1,6 \times 10^{-2}$ *M*/s quand la concentration de A est 0,35 *M*. Calculez la constante de vitesse si la réaction est: a) d'ordre 1 en A, b) d'ordre 2 en A.

LA DEMI-VIE D'UNE RÉACTION

Questions de révision

19.21 Définissez la demi-vie d'une réaction. Écrivez l'équation qui relie la demi-vie d'une réaction d'ordre 1 à la constante de vitesse.

19.22 Soit une réaction d'ordre 1; combien de temps faudra-t-il pour que la concentration du réactif soit au huitième de sa valeur initiale? Exprimez votre réponse en termes de la demi-vie ($t_{\frac{1}{2}}$) et en termes de la constante de vitesse (k).

Problèmes

19.23 Quelle est la demi-vie d'un composé si 75 % d'un échantillon de ce composé se décompose en 60 minutes? Supposez qu'il s'agit d'une cinétique d'ordre 1.

19.24 La décomposition thermique de la phosphine (PH_3) en phosphore et en hydrogène moléculaire est une réaction d'ordre 1:

$$4PH_3(g) \longrightarrow P_4(g) + 6H_2(g)$$

La demi-vie de la réaction est de 35,0 s à 680 °C. Calculez a) la constante de vitesse de la réaction et b) le temps nécessaire pour que 95 % de la phosphine se décompose.

L'ÉNERGIE D'ACTIVATION

Questions de révision

19.25 Définissez l'expression «énergie d'activation». Quel rôle joue l'énergie d'activation en cinétique chimique?

19.26 Écrivez l'équation d'Arrhenius et définissez tous ses termes.

19.27 Utilisez l'équation d'Arrhenius pour démontrer que la constante de vitesse d'une réaction a) diminue quand l'énergie d'activation augmente et b) augmente quand la température augmente.

19.28 Comme on le sait, le méthane brûle facilement dans de l'oxygène; cette réaction est très exothermique. Cependant, on peut garder un mélange de méthane et d'oxygène gazeux indéfiniment sans changement apparent. Comment est-ce possible?

19.29 Faites un graphique de l'énergie potentielle en fonction du déroulement de la réaction pour chacune des réactions suivantes:

a) $S(s) + O_2(g) \longrightarrow SO_2(g) \quad \Delta H° = -296{,}06$ kJ

b) $Cl_2(g) \longrightarrow Cl(g) + Cl(g) \quad \Delta H° = 242{,}7$ kJ

19.30 Durant de nombreuses années, on a étudié la réaction suivante: $H + H_2 \longrightarrow H_2 + H$. Faites un profil énergétique de cette réaction (variation de l'énergie potentielle en fonction du déroulement).

Problèmes

19.31 Le tableau ci-dessous donne la variation de la constante de vitesse en fonction de la température pour la réaction d'ordre 1 suivante:

$$2N_2O_5(g) \longrightarrow 2N_2O_4(g) + O_2(g)$$

Déterminez à l'aide d'un graphique l'énergie d'activation de cette réaction.

T (K)	*k* (s^{-1})
273	$7,87 \times 10^3$
298	$3,46 \times 10^5$
318	$4,98 \times 10^6$
338	$4,87 \times 10^7$

19.32 Soit la réaction suivante:

$$CO(g) + Cl_2(g) \longrightarrow COCl_2(g)$$

Pour les mêmes concentrations, elle est $1,50 \times 10^3$ fois plus rapide à 250 °C qu'à 150 °C. Calculez son énergie d'activation. Considérez que le facteur de fréquence de collisions (A) est constant.

19.33 Soit la réaction suivante:

$$NO(g) + O_3(g) \longrightarrow NO_2(g) + O_2(g)$$

Si le facteur de fréquence (A) vaut $8,7 \times 10^{12}\ s^{-1}$ et que l'énergie d'activation vaut 63 kJ/mol, quelle est la constante de vitesse de cette réaction à 75 °C?

19.34 La constante de vitesse d'une réaction d'ordre 1 est de $4,60 \times 10^{-4}\ s^{-1}$ à 350 °C. Si l'énergie d'activation est de 104 kJ/mol, calculez la température à laquelle sa constante de vitesse est de $8,80 \times 10^{-4}\ s^{-1}$.

19.35 Les constantes de vitesse de certaines réactions doublent chaque fois que la température augmente de 10 degrés. Si une réaction est observée à 295 K puis à 305 K, quelle doit être son énergie d'activation pour que sa constante de vitesse double entre les deux observations?

19.36 À 27 °C, trois criquets stridulent $2,0 \times 10^2$ fois par minute; à 5 °C, seulement 39,6 fois par minute. Selon ces données, calculez «l'énergie d'activation» de ce processus. (*Indice:* le rapport des vitesses est égal aux rapports des constantes de vitesse.)

LES MÉCANISMES RÉACTIONNELS

Questions de révision

19.37 Qu'entend-on par mécanisme réactionnel?

19.38 Qu'est-ce qu'une réaction élémentaire?

19.39 Dites ce qu'est la molécularité d'une réaction?

19.40 Les réactions peuvent être dites unimoléculaires, bimoléculaires, etc. Pourquoi n'y a-t-il pas de réaction zéromoléculaire?

19.41 Pourquoi les réactions trimoléculaires sont-elles rares?

19.42 Qu'est-ce qu'une réaction cinétiquement limitante? Donnez un exemple tiré de la vie quotidienne pour illustrer cette définition.

19.43 L'équation de la combustion de l'éthane (C_2H_6) est la suivante:

$$2C_2H_6 + 7O_2 \longrightarrow 4CO_2 + 6H_2O$$

Dites pourquoi il est à peu près impossible que cette équation représente aussi la réaction élémentaire.

19.44 Lesquelles des espèces suivantes ne peuvent être isolées durant une réaction: le complexe activé, le produit, l'intermédiaire?

Problèmes

19.45 Soit la réaction suivante:

$$2NO(g) + Cl_2(g) \longrightarrow 2NOCl(g)$$

La loi de vitesse de cette réaction est $v = k[NO][Cl_2]$. a) Quel est l'ordre de cette réaction? b) Pour cette réaction, on a proposé un mécanisme mettant en jeu les réactions élémentaires suivantes:

$$NO(g) + Cl_2(g) \longrightarrow NOCl_2(g)$$
$$NOCl_2(g) + NO(g) \longrightarrow 2NOCl(g)$$

Si ce mécanisme est adéquat, qu'est-ce que cela implique à propos des vitesses relatives de ces deux réactions élémentaires?

19.46 Dans le cas de la réaction $X_2 + Y + Z \longrightarrow XY + XZ$, on constate ce qui suit: si l'on double la concentration de X_2, la vitesse de la réaction double; si l'on triple la concentration de Y, la vitesse triple; si l'on double la concentration de Z, il n'y a aucun changement de vitesse. a) Quelle est la loi de vitesse de cette réaction? b) Pourquoi une modification de la concentration de Z n'a-t-elle aucun effet sur la vitesse? c) Suggérez un mécanisme pour cette réaction qui soit en accord avec la loi de vitesse.

LA CATALYSE

Questions de révision

19.47 Comment un catalyseur augmente-t-il la vitesse d'une réaction?

19.48 Quelles sont les caractéristiques d'un catalyseur?

19.49 Une certaine réaction se produit lentement à la température ambiante. Est-il possible que cette réaction se produise plus vite sans changement de température?

19.50 Faites la distinction entre catalyse homogène et catalyse hétérogène. Décrivez quelques procédés industriels importants qui utilisent la catalyse hétérogène.

19.51 Les réactions catalysées par des enzymes sont-elles des exemples de catalyse homogène ou hétérogène?

19.52 Les concentrations des enzymes dans les cellules sont habituellement assez faibles. Quelle est l'importance biologique de ce fait?

Problèmes

19.53 La plupart des réactions, dont les réactions catalysées par des enzymes, se produisent plus rapidement à des températures élevées. Cependant, pour une enzyme donnée, la vitesse de réaction tombe rapidement à une certaine température. Expliquez ce phénomène.

19.54 Soit le mécanisme suivant pour cette réaction enzymatique:

$$E + S \underset{k_{-1}}{\overset{k_1}{\rightleftharpoons}} ES \quad \text{(équilibre rapidement atteint)}$$

$$ES \overset{k_2}{\rightleftharpoons} E + P \quad \text{(lente)}$$

Écrivez l'expression de la loi de vitesse pour cette réaction en fonction des concentrations de E et de S. (*Indice:* pour calculer [ES], utilisez le fait que, à l'équilibre, la vitesse de la réaction directe est égale à celle de la réaction inverse.)

PROBLÈMES VARIÉS

19.55 Suggérez des moyens expérimentaux permettant d'observer la vitesse des réactions suivantes:

a) $CaCO_3(s) \longrightarrow CaO(s) + CO_2(g)$

b) $Cl_2(g) + 2Br^-(aq) \longrightarrow Br_2(aq) + 2Cl^-(aq)$
c) $C_2H_6(g) \longrightarrow C_2H_4(g) + H_2(g)$

19.56 Nommez quatre facteurs qui influencent la vitesse d'une réaction.

19.57 «La constante de vitesse de la réaction suivante:

$$NO_2(g) + CO(g) \longrightarrow NO(g) + CO_2(g)$$

est de $1{,}64 \times 10^{-6}/M \cdot s$.» Que manque-t-il à cette affirmation?

19.58 Dans un procédé industriel utilisant la catalyse hétérogène, le volume du catalyseur (une sphère) est de 10,0 cm^3. Calculez la surface de ce catalyseur. Si la sphère se sépare en huit sphères de 1,25 cm^3 chacune, quelle est la surface totale des sphères? Sous laquelle de ces deux formes (la sphère ou les petites sphères) le catalyseur est-il le plus efficace? Pourquoi? (La surface d'une sphère est donnée par $4\pi r^2$, où r est le rayon de la sphère.)

19.59 Quand le phosphate de méthyle est chauffé en solution acide, il réagit avec l'eau:

$$CH_3OPO_3H_2 + H_2O \longrightarrow CH_3OH + H_3PO_4$$

Si cette réaction se produit dans de l'eau enrichie de ^{18}O, on retrouve l'isotope ^{18}O dans l'acide phosphorique mais non dans le méthanol. Qu'est-ce que cela indique sur le mécanisme de la réaction?

19.60 La vitesse de la réaction suivante:

$$CH_3COOC_2H_5(aq) + H_2O(l) \longrightarrow CH_3COOH(aq) + C_2H_5OH(aq)$$

présente des caractéristiques d'ordre 1 (c'est-à-dire que $v = k[CH_3COOC_2H_5]$) même si c'est une réaction d'ordre 2 (ordre 1 en $CH_3COOC_2H_5$ et ordre 1 en H_2O). Dites pourquoi.

19.61 Pourquoi la plupart des métaux utilisés comme catalyseurs sont-ils des métaux de transition?

19.62 La bromation de l'acétone est catalysée par un acide:

$$CH_3COCH_3 + Br_2 \xrightarrow[\text{catalyseur}]{H^+} CH_3COCH_2Br + H^+ + Br^-$$

On a mesuré la vitesse de disparition du brome à différentes concentrations d'acétone, de brome et d'ions H^+, à une certaine température:

	$[CH_3COCH_3]$	$[Br_2]$	$[H^+]$	Vitesse de disparition de Br_2 (M/s)
a)	0,30	0,050	0,050	$5{,}7 \times 10^{-5}$
b)	0,30	0,10	0,050	$5{,}7 \times 10^{-5}$
c)	0,30	0,050	0,10	$1{,}2 \times 10^{-4}$
d)	0,40	0,050	0,20	$3{,}1 \times 10^{-4}$
e)	0,40	0,050	0,050	$7{,}6 \times 10^{-5}$

a) Quelle est la loi de vitesse de cette réaction?
b) Déterminez la constante de vitesse.

19.63 La réaction $2A + 3B \longrightarrow C$ est d'ordre 1 en A et en B. Si les concentrations initiales sont $[A] = 1{,}6 \times 10^{-2}\ M$ et $[B] = 2{,}4 \times 10^{-3}\ M$, la vitesse est de $4{,}1 \times 10^{-4}\ M$/s. Calculez la constante de vitesse de cette réaction.

19.64 La décomposition de N_2O en N_2 et en O_2 est une réaction d'ordre 1. À 730 °C, la demi-vie de cette réaction et de $3{,}58 \times 10^3$ minutes. Si la pression initiale de N_2O est de 2,10 atm à 730 °C, calculez la pression gazeuse totale après une demi-vie. Supposez que le volume reste constant.

19.65 La réaction suivante:

$$S_2O_8^{2-} + 2\,I^- \longrightarrow 2SO_4^{2-} + I_2$$

se produit lentement en solution aqueuse, mais très rapidement en présence d'un catalyseur, les ions Fe^{3+}. Sachant que l'ion Fe^{3+} peut oxyder I^- et que l'ion Fe^{2+} peut réduire $S_2O_8^{2-}$, écrivez un mécanisme plausible en deux étapes (deux réactions élémentaires) pour cette réaction. Dites pourquoi la réaction non catalysée est lente.

19.66 Quelles sont les unités associées à la constante de vitesse dans le cas d'une réaction d'ordre 3?

19.67 Soit la réaction d'ordre zéro suivante: $A \longrightarrow B$. Tracez les graphiques suivants: a) la vitesse de réaction en fonction de [A] et b) [A] en fonction de t.

19.68 Un flacon contient un mélange des substances A et B. Ces deux substances se décomposent selon une cinétique d'ordre 1. Les demi-vies sont de 50,0 minutes pour A et de 18,0 minutes pour B. Si, au départ, les concentrations de A et de B sont égales, combien de temps faudra-t-il pour que la concentration de A soit quatre fois supérieure à celle de B?

19.69 En vous référant à l'exemple 19.5, dites comment vous mesureriez de façon expérimentale la pression partielle de l'azométhane en fonction du temps.

19.70 Soit la réaction suivante: $2NO_2(g) \longrightarrow N_2O_4(g)$. La loi de vitesse de cette réaction est $v = k[NO_2]^2$. Lesquelles des conditions suivantes changeront la valeur de k? a) La pression de NO_2 double. b) La réaction se produit dans un solvant organique. c) Le volume du contenant double. d) La température diminue. e) Un catalyseur est ajouté dans le contenant.

19.71 La réaction de G_2 avec E_2 pour former 2EG est exothermique; la réaction de G_2 avec X_2 pour former 2XG est endothermique. L'énergie d'activation de la réaction exothermique est supérieure à celle de la réaction endothermique. Tracez les profils énergétiques (courbes des variations des énergies potentielles en fonction du déroulement) de ces deux réactions sur le même graphique.

19.72 Les travailleurs de l'industrie nucléaire disent habituellement que la radioactivité d'un échantillon est relativement peu dangereuse après dix demi-vies. Calculez la fraction résiduelle d'un échantillon radioactif après cette période. (*Indice:* la désintégration radioactive obéit à une cinétique d'ordre 1.)

19.73 Décrivez brièvement l'effet d'un catalyseur sur les facteurs suivants: a) l'énergie d'activation, b) le mécanisme de réaction, c) l'enthalpie d'une réaction, d) la vitesse de la réaction directe, e) la vitesse de la réaction inverse.

19.74 On ajoute 6 g de Zn granuleux à une solution de HCl à 2 *M* dans un bécher à la température ambiante. Il y a production d'hydrogène gazeux. Pour chacune des modifications suivantes (le volume d'acide reste constant), dites si la vitesse de formation de l'hydrogène gazeux augmente, diminue ou reste inchangée: a) on utilise 6 g de Zn poudreux; b) on utilise 4 g de Zn granuleux; c) on utilise de l'acide acétique 2 *M* au lieu de HCl 2 *M*; d) la température augmente à 40 °C.

19.75 Les données suivantes ont été recueillies au cours d'une réaction entre l'hydrogène et l'oxyde d'azote, à 700 °C:

$$2H_2(g) + 2NO(g) \longrightarrow 2H_2O(g) + N_2(g)$$

Expérience	$[H_2]$	[NO]	Vitesse initiale (*M*/s)
1	0,010	0,025	$2,4 \times 10^{-6}$
2	0,0050	0,025	$1,2 \times 10^{-6}$
3	0,010	0,0125	$0,60 \times 10^{-6}$

a) Déterminez l'ordre de la réaction. b) Calculez la constante de vitesse. c) Suggérez un mécanisme plausible en accord avec la loi de vitesse.(*Indice:* supposez que l'atome d'oxygène est l'intermédiaire.)

19.76 Une réaction donnée d'ordre 1 est réalisée à 35,5 % en 4,90 minutes à 25 °C. Quelle est sa constante de vitesse?

19.77 On a observé la décomposition du pentoxyde de diazote dans du tétrachlorure de carbone (CCl_4) à une certaine température:

$$2N_2O_5 \longrightarrow 4NO_2 + O_2$$

$[N_2O_5]$ (*M*)	Vitesse initiale (*M*/s)
0,92	$0,95 \times 10^{-5}$
1,23	$1,20 \times 10^{-5}$
1,79	$1,93 \times 10^{-5}$
2,00	$2,10 \times 10^{-5}$
2,21	$2,26 \times 10^{-5}$

Déterminez à l'aide d'un graphique la loi de vitesse de cette réaction et calculez sa constante de vitesse.

19.78 La décomposition thermique de N_2O_5 est d'ordre 1. À 45 °C, une mise en graphe de $\ln[N_2O_5]$ en fonction de *t* donne une droite de pente $-6,18 \times 10^{-4}\ min^{-1}$. Quelle est la demi-vie de cette réaction?

19.79 Quand un mélange de méthane et de brome est exposé à la lumière, la réaction suivante se produit lentement:

$$CH_4(g) + Br_2(g) \longrightarrow CH_3Br(g) + HBr(g)$$

Suggérez un mécanisme possible pour cette réaction. (*Indice:* la vapeur de brome est rouge foncé; le méthane est incolore.)

19.80 Soit la réaction élémentaire suivante:

$$X + 2Y \longrightarrow XY_2$$

a) Écrivez la loi de vitesse de cette réaction. b) Si la vitesse initiale de formation de XY_2 est de $3,8 \times 10^{-3}$ *M*/s, et les concentrations initiales de X et de Y, de 0,26 *M* et 0,88 *M*, respectivement, quelle est la constante de vitesse de cette réaction?

19.81 Soit la réaction suivante:

$$C_2H_5I(aq) + H_2O(l) \longrightarrow C_2H_5OH(aq) + H^+(aq) + I^-(aq)$$

Comment expliquer que l'on puisse suivre le déroulement de la réaction en mesurant la conductivité de la solution?

19.82 Un composé X subit deux réactions d'ordre 1 *simultanées:* $X \longrightarrow Y$ (constante de vitesse: k_1) et $X \longrightarrow Z$ (constante de vitesse: k_2). Le rapport k_1/k_2 est de 8,0 à 40 °C. Quel est ce rapport à 300 °C? Supposez que le facteur de fréquence des deux réactions est le même.

19.83 Depuis quelques années, la couche d'ozone se détériore à une vitesse alarmante à cause des chlorofluorocarbones (CFC). Une molécule de CFC, comme $CFCl_3$, est d'abord décomposée par les rayons UV:

$$CFCl_3 \longrightarrow CFCl_2 + Cl$$

Le radical chlore réagit ensuite avec l'ozone:

$$Cl + O_3 \longrightarrow ClO + O_2$$
$$ClO + O \longrightarrow Cl + O_2$$

a) Écrivez l'équation globale de ces deux dernières réactions. b) Quels sont les rôles de Cl et de ClO? c) Pourquoi le radical fluoré n'est-il pas important dans ce mécanisme? d) Une suggestion pour réduire la concentration de radicaux chlore est d'ajouter des hydrocarbures, comme l'éthane (C_2H_6), à la stratosphère. Expliquez le bien-fondé de cette suggestion.

19.84 Si une automobile est munie d'un convertisseur catalytique, c'est durant les dix premières minutes après le démarrage qu'elle est le plus polluante. Pourquoi?

Réponses aux exercices: 19.1 $v = -\frac{\Delta[CH_4]}{\Delta t} = -\frac{1}{2}\frac{\Delta[O_2]}{\Delta t} = \frac{\Delta[CO_2]}{\Delta t} = \frac{1}{2}\frac{\Delta[H_2O]}{\Delta t}$; **19.2** $v = k[S_2O_8^{2-}][I^-]$; $k = 8{,}1 \times 10^{-2}/M \cdot s$; **19.3** 66 s; **19.4** $8{,}24 \times 10^{-3}$ min^{-1}; **19.5** $v = k[C_2H_6N_2]$; $k = 0{,}014$ min^{-1}; **19.6** 240 kJ/mol; **19.7** $3{,}13 \times 10^{-9}$ s^{-1}; **19.8** a) $NO_2 + CO \longrightarrow NO + CO_2$; b) NO_3; c) la première réaction est cinétiquement limitante.

ANNEXE 1
LES UNITÉS DE LA CONSTANTE DES GAZ

Cette annexe explique comment on peut exprimer la constante des gaz (R) en J/K · mol. D'abord, il faut établir une relation entre atm et pascal:

$$\text{pression} = \frac{\text{force}}{\text{surface}}$$

$$= \frac{\text{masse} \times \text{accélération}}{\text{surface}}$$

$$= \frac{\text{volume} \times \text{masse volumique} \times \text{accélération}}{\text{surface}}$$

$$= \text{longueur} \times \text{masse volumique} \times \text{accélération}$$

Par définition, la pression atmosphérique normale est la pression exercée par une colonne de mercure de 76 cm, dont la masse volumique est de 13,5951 g/cm^3, à un endroit où l'accélération gravitationnelle est de 980,665 cm/s^2. Cependant, pour exprimer la pression en N/m^2, il faut écrire

$$\text{masse volumique du mercure} = 1{,}359\ 51 \times 10^4\ \text{kg/m}^3$$

$$\text{accélération causée par la gravité} = 9{,}806\ 65\ \text{m/s}^2$$

L'atmosphère normale est donnée par

$$\begin{aligned} 1\ \text{atm} &= (0{,}76\ \text{m Hg})(1{,}359\ 51 \times 10^4\ \text{kg/m}^3)(9{,}806\ 65\ \text{m/s}^2) \\ &= 101\ 325\ \text{kg m/m}^2 \cdot \text{s}^2 \\ &= 101\ 325\ \text{N/m}^2 \\ &= 101\ 325\ \text{Pa} \end{aligned}$$

D'après la section 5.5, la constante des gaz (R) est 0,082 057 L · atm/K · mol. En utilisant les facteurs de conversion suivants:

$$1\ \text{L} = 1 \times 10^{-3}\ \text{m}^3$$

$$1\ \text{atm} = 101\ 325\ \text{N/m}^2$$

on obtient:

$$R = \left(0{,}082\ 057\ \frac{\text{L}\cdot\text{atm}}{\text{K}\cdot\text{mol}}\right)\left(\frac{1\times 10^{-3}\ \text{m}^3}{1\ \text{L}}\right)\left(\frac{101\ 325\ \text{N/m}^2}{1\ \text{atm}}\right)$$

$$= 8{,}314\ \frac{\text{N}\cdot\text{m}}{\text{K}\cdot\text{mol}}$$

$$= 8{,}314\ \frac{\text{J}}{\text{K}\cdot\text{mol}}$$

$$1\ \text{L}\cdot\text{atm} = (1\times 10^{-3}\ \text{m}^3)(101\ 325\ \text{N/m}^2)$$

$$= 101{,}3\ \text{N}\cdot\text{m}$$

et $$= 101{,}3\ \text{J}$$

ANNEXE 2

QUELQUES DONNÉES THERMODYNAMIQUES À 1 ATM ET À 25 °C

Substances inorganiques

Substance	**ΔH_f^o (kJ/mol)**	**ΔG_f^o (kJ/mol)**	**S^o (J/K · mol)**
$Ag(s)$	0	0	42,7
$Ag^+(aq)$	105,9	77,1	73,9
$AgCl(s)$	−127,0	−109,7	96,1
$AgBr(s)$	−99,5	−95,9	107,1
$AgI(s)$	−62,4	−66,3	114,2
$AgNO_3(s)$	−123,1	−32,2	140,9
$Al(s)$	0	0	28,3
$Al^{3+}(aq)$	−524,7	−481,2	−313,38
$Al_2O_3(s)$	−1669,8	−1576,4	50,99
$As(s)$	0	0	35,15
$AsO_4^{3-}(aq)$	−870,3	−635,97	−144,77
$AsH_3(g)$	171,5		
$H_3AsO_4(s)$	−900,4		
$Au(s)$	0	0	47,7
$Au_2O_3(s)$	80,8	163,2	125,5
$AuCl(s)$	−35,2		
$AuCl_3(s)$	−118,4		
$B(s)$	0	0	6,5
$B_2O_3(s)$	−1263,6	−1184,1	54,0
$H_3BO_3(s)$	−1087,9	−963,16	89,58
$H_3BO_3(aq)$	−1067,8	−963,3	159,8
$Ba(s)$	0	0	66,9
$Ba^{2+}(aq)$	−538,4	−560,66	12,55
$BaO(s)$	−558,2	−528,4	70,3
$BaCl_2(s)$	−860,1	−810,86	125,5
$BaSO_4(s)$	−1464,4	−1353,1	132,2
$BaCO_3(s)$	−1218,8	−1138,9	112,1

(page suivante)

Substance	ΔH_f^o (kJ/mol)	ΔG_f^o (kJ/mol)	S^o (J/K · mol)
$Be(s)$	0	0	9,5
$BeO(s)$	−610,9	−581,58	14,1
$Br_2(l)$	0	0	152,3
$Br^-(aq)$	−120,9	−102,8	80,7
$HBr(g)$	−36,2	−53,2	198,48
C(graphite)	0	0	5,69
C(diamant)	1,90	2,87	2,4
$CO(g)$	−110,5	−137,3	197,9
$CO_2(g)$	−393,5	−394,4	213,6
$CO_2(aq)$	−412,9	−386,2	121,3
$CO_3^{2-}(aq)$	−676,3	−528,1	−53,1
$HCO_3^-(aq)$	−691,1	−587,1	94,98
$H_2CO_3(aq)$	−699,7	−623,2	187,4
$CS_2(g)$	115,3	65,1	237,8
$CS_2(l)$	87,9	63,6	151,0
$HCN(aq)$	105,4	112,1	128,9
$CN^-(aq)$	151,0	165,69	117,99
$(NH_2)_2CO(s)$	−333,19	−197,15	104,6
$(NH_2)_2CO(aq)$	−319,2	−203,84	173,85
$Ca(s)$	0	0	41,6
$Ca^{2+}(aq)$	−542,96	−553,0	−55,2
$CaO(s)$	−635,6	−604,2	39,8
$Ca(OH)_2(s)$	−986,6	−896,8	76,2
$CaF_2(s)$	−1214,6	−1161,9	68,87
$CaCl_2(s)$	−794,96	−750,19	113,8
$CaSO_4(s)$	−1432,69	−1320,3	106,69
$CaCO_3(s)$	−1206,9	−1128,8	92,9
$Cd(s)$	0	0	51,46
$Cd^{2+}(aq)$	−72,38	−77,7	−61,09
$CdO(s)$	−254,6	−225,06	54,8
$CdCl_2(s)$	−389,1	−342,59	118,4
$CdSO_4(s)$	−926,17	−820,2	137,2
$Cl_2(g)$	0	0	223,0
$Cl^-(aq)$	−167,2	−131,1	56,5
$HCl(g)$	−92,3	−95,27	187,0
$Co(s)$	0	0	28,45
$Co^{2+}(aq)$	−67,36	−51,46	155,2
$CoO(s)$	−239,3	−213,38	43,9
$Cr(s)$	0	0	23,77
$Cr^{2+}(aq)$	−138,9		
$Cr_2O_3(s)$	−1128,4	−1046,8	81,17

(page suivante)

Substance	ΔH_f^o (kJ/mol)	ΔG_f^o (kJ/mol)	S^o (J/K · mol)
$CrO_4^{2-}(aq)$	−863,16	−706,26	38,49
$Cr_2O_7^{2-}(aq)$	−1460,6	−1257,29	213,8
$Cs(s)$	0	0	82,8
$Cs^+(aq)$	−247,69	−282,0	133,05
$Cu(s)$	0	0	33,3
$Cu^+(aq)$	51,88	50,2	−26,36
$Cu^{2+}(aq)$	64,39	64,98	98,7
$CuO(s)$	−155,2	−127,2	43,5
$Cu_2O(s)$	−166,69	−146,36	100,8
$CuCl(s)$	−134,7	−118,8	91,6
$CuCl_2(s)$	−205,85		
$CuS(s)$	−48,5	−49,0	66,5
$CuSO_4(s)$	−769,86	−661,9	113,39
$F_2(g)$	0	0	203,34
$F^-(aq)$	−329,1	−276,48	−9,6
$HF(g)$	−271,6	−207,7	173,5
$Fe(s)$	0	0	27,2
$Fe^{2+}(aq)$	−87,86	−84,9	−113,39
$Fe^{3+}(aq)$	−47,7	−10,5	−293,3
$Fe_2O_3(s)$	−822,2	−741,0	90,0
$Fe(OH)_2(s)$	−568,19	−483,55	79,5
$Fe(OH)_3(s)$	−824,25		
$H(g)$	218,2	203,2	114,6
$H_2(g)$	0	0	131,0
$H^+(aq)$	0	0	0
$OH^-(aq)$	−229,94	−157,30	−10,5
$H_2O(g)$	−241,8	−228,6	188,7
$H_2O(l)$	−285,8	−237,2	69,9
$H_2O_2(l)$	−187,6	−118,1	109,6
$Hg(l)$	0	0	77,4
$Hg^{2+}(aq)$		−164,38	
$HgO(s)$	−90,7	−58,5	72,0
$HgCl_2(s)$	−230,1		
$Hg_2Cl_2(s)$	−264,9	−210,66	196,2
$HgS(s)$	−58,16	−48,8	77,8
$HgSO_4(s)$	−704,17		
$Hg_2SO_4(s)$	−741,99	−623,92	200,75
$I_2(s)$	0	0	116,7
$I^-(aq)$	55,9	51,67	109,37
$HI(g)$	25,9	1,30	206,3

(page suivante)

Substance	ΔH_f^o (kJ/mol)	ΔG_f^o (kJ/mol)	S^o (J/K · mol)
$K(s)$	0	0	63,6
$K^+(aq)$	−251,2	−282,28	102,5
$KOH(s)$	−425,85		
$KCl(s)$	−435,87	−408,3	82,68
$KClO_3(s)$	−391,20	−289,9	142,97
$KClO_4(s)$	−433,46	−304,18	151,0
$KBr(s)$	−392,17	−379,2	96,4
$KI(s)$	−327,65	−322,29	104,35
$KNO_3(s)$	−492,7	−393,1	132,9
$Li(s)$	0	0	28,0
$Li^+(aq)$	−287,46	−293,8	14,2
$Li_2O(s)$	−595,8	?	?
$LiOH(s)$	−487,2	−443,9	50,2
$Mg(s)$	0	0	32,5
$Mg^{2+}(aq)$	−461,96	−456,0	−117,99
$MgO(s)$	−601,8	−569,6	26,78
$Mg(OH)_2(s)$	−924,66	−833,75	63,1
$MgCl_2(s)$	−641,8	−592,3	89,5
$MgSO_4(s)$	−1278,2	−1173,6	91,6
$MgCO_3(s)$	−1112,9	−1029,3	65,69
$Mn(s)$	0	0	31,76
$Mn^{2+}(aq)$	−218,8	−223,4	−83,68
$MnO_2(s)$	−520,9	−466,1	53,1
$N_2(g)$	0	0	191,5
$N_3^-(aq)$	245,18	?	?
$NH_3(g)$	−46,3	−16,6	193,0
$NH_4^+(aq)$	−132,80	−79,5	112,8
$NH_4Cl(s)$	−315,39	−203,89	94,56
$NH_3(aq)$	−366,1	−263,76	181,17
$N_2H_4(l)$	50,4		
$NO(g)$	90,4	86,7	210,6
$NO_2(g)$	33,85	51,8	240,46
$N_2O_4(g)$	9,66	98,29	304,3
$N_2O(g)$	81,56	103,6	219,99
$HNO_2(aq)$	−118,8	−53,6	
$HNO_3(l)$	−173,2	−79,9	155,6
$NO_3^-(aq)$	−206,57	−110,5	146,4
$Na(s)$	0	0	51,05
$Na^+(aq)$	−239,66	−261,87	60,25
$Na_2O(s)$	−415,89	−376,56	72,8
$NaCl(s)$	−411,0	−384,0	72,38
$NaI(s)$	−288,0		

(page suivante)

Substance	ΔH_f^o (kJ/mol)	ΔG_f^o (kJ/mol)	S^o (J/K · mol)
$Na_2SO_4(s)$	−1384,49	−1266,8	149,49
$NaNO_3(s)$	−466,68	−365,89	116,3
$Na_2CO_3(s)$	−1130,9	−1047,67	135,98
$NaHCO_3(s)$	−947,68	−851,86	102,09
$Ni(s)$	0	0	30,1
$Ni^{2+}(aq)$	−64,0	−46,4	159,4
$NiO(s)$	−244,35	−216,3	38,58
$Ni(OH)_2(s)$	−538,06	−453,1	79,5
$O(g)$	249,4	230,1	160,95
$O_2(g)$	0	0	205,0
$O_3(aq)$	−12,09	16,3	110,88
$O_3(g)$	142,2	163,4	237,6
P(blanc)	0	0	44,0
P(rouge)	−18,4	13,8	29,3
$PO_4^{3-}(aq)$	−1284,07	−1025,59	−217,57
$P_4O_{10}(s)$	−3012,48		
$PH_3(g)$	9,25	18,2	210,0
$HPO_4^{2-}(aq)$	−1298,7	−1094,1	−35,98
$H_2PO_4^-(aq)$	−1302,48	−1135,1	89,1
$Pb(s)$	0	0	64,89
$Pb^{2+}(aq)$	1,6	24,3	21,3
$PbO(s)$	−217,86	−188,49	69,45
$PbO_2(s)$	−276,65	−218,99	76,57
$PbCl_2(s)$	−359,2	−313,97	136,4
$PbS(s)$	−94,3	−92,68	91,2
$PbSO_4(s)$	−918,4	−811,2	147,28
$Pt(s)$	0	0	41,84
$PtCl_4^{2-}(aq)$	−516,3	−384,5	175,7
$Rb(s)$	0	0	69,45
$Rb^+(aq)$	−246,4	−282,2	124,27
S(orthorhombique)	0	0	31,88
S(monoclinique)	0,30	0,10	32,55
$SO_2(g)$	−296,1	−300,4	248,5
$SO_3(g)$	−395,2	−370,4	256,2
$SO_3^{2-}(aq)$	−624,25	−497,06	43,5
$SO_4^{2-}(aq)$	−907,5	−741,99	17,15
$H_2S(g)$	−20,15	−33,0	205,64
$HSO_3^-(aq)$	−627,98	−527,3	132,38
$HSO_4^-(aq)$	−885,75	−752,87	126,86

(page suivante)

Substance	ΔH_f^o (kJ/mol)	ΔG_f^o (kJ/mol)	S^o (J/K · mol)
$H_2SO_4(l)$	−811,3	?	?
$SF_6(g)$	−1096,2	?	?
$Se(s)$	0	0	42,44
$SeO_2(s)$	−225,35		
$H_2Se(g)$	29,7	15,90	218,9
$Si(s)$	0	0	18,70
$SiO_2(s)$	−859,3	−805,0	41,84
$Sr(s)$	0	0	54,39
$Sr^{2+}(aq)$	−545,5	−557,3	39,33
$SrCl_2(s)$	−828,4	−781,15	117,15
$SrSO_4(s)$	−1444,74	−1334,28	121,75
$SrCO_3(s)$	−1218,38	−1137,6	97,07
$W(s)$	0	0	33,47
$WO_3(s)$	−840,3	−763,45	83,26
$WO_4^-(aq)$	−1115,45		
$Zn(s)$	0	0	41,6
$Zn^{2+}(aq)$	−152,4	−147,2	106,48
$ZnO(s)$	−348,0	−318,2	43,9
$ZnCl_2(s)$	−415,89	−369,26	108,37
$ZnS(s)$	−202,9	−198,3	57,7
$ZnSO_4(s)$	−978,6	−871,6	124,7

Substances organiques

Substance	Formule	ΔH_f^o (kJ/mol)	ΔG_f^o (kJ/mol)	S^o (J/K · mol)
Acétaldéhyde(*g*)	CH_3CHO	−166,35	−139,08	264,2
Acétone(*l*)	CH_3COCH_3	−246,8	−153,55	198,74
Acétylène(*g*)	C_2H_2	226,6	209,2	200,8
Acide acétique(*l*)	CH_3COOH	−484,2	−389,45	159,83
Acide formique(*l*)	$HCOOH$	−409,2	−346,0	128,95
Benzène(*l*)	C_6H_6	49,04	124,5	124,5
Éthane(*g*)	C_2H_6	−84,7	−32,89	229,49
Éthanol(*l*)	C_2H_5OH	−276,98	−174,18	161,04
Éthylène(*g*)	C_2H_4	52,3	68,1	219,45
Glucose(*s*)	$C_6H_{12}O_6$	−1274,5	−910,56	212,1
Méthane(*g*)	CH_4	−74,85	−50,8	186,19
Méthanol(*l*)	CH_3OH	−238,7	−166,3	126,78
Saccharose(*s*)	$C_{12}H_{22}O_{11}$	−2221,7	−1544,3	360,24

ANNEXE 3

OPÉRATIONS MATHÉMATIQUES

Les logarithmes

Les logarithmes de base 10. La notion de logarithme est une extension de la notion d'exposant, dont on parle au chapitre 1. Le logarithme de base 10 d'un nombre correspond à la puissance à laquelle le nombre 10 doit être élevé pour égaler ce nombre. Les exemples suivants illustrent cette relation:

Logarithme	Exposant
$\log 1 = 0$	$10^0 = 1$
$\log 10 = 1$	$10^1 = 10$
$\log 100 = 2$	$10^2 = 100$
$\log 10^{-1} = -1$	$10^{-1} = 0{,}1$
$\log 10^{-2} = -2$	$10^{-2} = 0{,}01$

Dans chacun de ces cas, on peut obtenir le logarithme du nombre par tâtonnement.

Puisque les logarithmes des nombres sont des exposants, ils en ont les mêmes propriétés. On a donc:

Logarithme	Exposant
$\log AB = \log A + \log B$	$10^A \times 10^B = 10^{A+B}$
$\log \frac{A}{B} = \log A - \log B$	$\frac{10^A}{10^B} = 10^{A-B}$

De plus, $\log A^n = n \log A$.

Maintenant, supposons qu'il faille trouver le logarithme de base 10 de $6{,}7 \times 10^{-4}$. Sur la plupart des calculettes, on entre d'abord le nombre, puis on appuie sur la touche «log». Cette opération donne

$$\log 6{,}7 \times 10^{-4} = -3{,}17$$

Notez qu'il y a autant de chiffres *après* la virgule qu'il y a de chiffres significatifs dans le nombre original. Le nombre original a deux chiffres significatifs; le nombre 17 dans –3,17 indique que le logarithme a deux chiffres significatifs. Voici d'autres exemples:

Nombre	Logarithme de base 10
62	1,79
0,872	–0,0595
$1{,}0 \times 10^{-7}$	–7,00

Parfois (comme dans le cas du calcul du pH), il faut trouver le nombre correspondant au logarithme connu. On extrait alors l'antilogarithme; il s'agit simplement du contraire de l'extraction du logarithme. Supposons que, dans un calcul donné, on ait pH = 1,46 et que l'on doive calculer la valeur de $[H^+]$. Selon la définition du pH (pH = $-\log [H^+]$), on peut écrire

$$[H^+] = 10^{-1{,}46}$$

Beaucoup de calculettes ont une touche «$\log^{-1}$» ou «INV log», qui permet d'obtenir l'antilog. D'autres calculettes ont la touche «10^x» ou «y^x» (où x correspond à –1,46 dans le présent exemple, et y est 10, car il s'agit d'un logarithme de base 10). On trouve donc $[H^+] = 0{,}035\ M$.

Les logarithmes naturels. Les logarithmes extraits de la base e au lieu de la base 10 sont dits logarithmes naturels (l'abréviation est ln ou $\log_e$); e est égal à 2,7183. La relation entre les logarithmes de base 10 et les logarithmes naturels est la suivante:

$$\log 10 = 1 \qquad 10^1 = 10$$

$$\ln 10 = 2{,}303 \qquad e^{2{,}303} = 10$$

Donc

$$\ln x = 2{,}303 \log x$$

Par exemple, pour trouver le logarithme naturel de 2,27, il faut entrer le nombre dans la calculette et puis appuyer sur la touche «ln», ce qui donne

$$\ln 2{,}27 = 0{,}820$$

Si la calculette ne comporte pas la touche appropriée, on peut effectuer l'opération de la façon suivante:

$$2{,}303 \log 2{,}27 = 2{,}303 \times 0{,}356$$
$$= 0{,}820$$

Parfois, on connaît le logarithme naturel et il faut trouver le nombre correspondant. Par exemple:

$$\ln x = 59{,}7$$

Sur de nombreuses calculettes, on ne fait qu'entrer le nombre et appuyer sur la touche «e»:

$$e^{59{,}7} = 8{,}46 \times 10^{25}$$

L'équation quadratique

L'équation quadratique prend la forme suivante:

$$ax^2 + bx + c = 0$$

Si l'on connaît les coefficients a, b et c, la valeur de x est donnée par

$$x = \frac{-b \pm \sqrt{b^2 - 4ac}}{2a}$$

Supposons l'équation quadratique suivante:

$$2x^2 + 5x - 12 = 0$$

Si l'on résout l'équation:

$$x = \frac{-5 \pm \sqrt{(5)^2 - 4(2)(-12)}}{2(2)}$$
$$= \frac{-5 \pm \sqrt{25 + 96}}{4}$$

Donc

$$x = \frac{-5 + 11}{4} = \frac{3}{2}$$

et

$$x = \frac{-5 - 11}{4} = -4$$

ANNEXE 4
LES ÉLÉMENTS, LEURS SYMBOLES ET L'ORIGINE DE LEURS NOMS*

Élément	Symbole	Nº atomique	Masse atomique†	Année de la découverte	Découvreur et sa nationalité‡	Origine du nom
Actinium	Ac	89	(227)	1899	A. Debierne (fr.)	Gr. *aktis,* rayon.
Aluminium	Al	13	26,98	1827	F. Wochler (all.)	Alumine, composé dans lequel il fut découvert; dérivé du lat. *alumen,* astringent.
Américium	Am	95	(243)	1944	A. Ghiorso (am.) R. A. James (am.) G. T. Seaborg (am.) S. G. Thompson (am.)	Amériques.
Antimoine	Sb	51	121,8	Antiquité		Lat. *antimonium* (*anti,* opposé de; *monium,* solitaire); nommé ainsi parce que c'est une substance (métallique) qui se combine facilement; le symbole vient du lat. *stibium,* antimoine.
Argent	Ag	47	107,9	Antiquité		Lat. *argentum.*
Argon	Ar	18	39,95	1894	Lord Raleigh (brit.) Sir William Ramsay (brit.)	Gr. *argos,* inactif.

(page suivante)

*Au moment où ce tableau a été conçu, on ne connaissait que 103 éléments.

† Les masses atomiques données ici correspondent aux valeurs établies en 1961 par la Commission sur les masses atomiques. Les masses données entre parenthèses sont celles des isotopes les plus stables ou les plus courants.

‡Pour la nationalité des découvreurs, et l'origine des mots, on utilise les abréviations suivantes: all.: allemande; am.: américaine; ar.: arabe; aut.: autrichienne; brit.: britannique; esp.: espagnole; fr.: française; gr.: grecque; hon.: hongroise; hol.: hollandaise; it.: italienne; lat.: latine; pol.: polonaise; r.: russe; sué.: suédoise.

Élément	Symbole	N° atomique	Masse atomique†	Année de la découverte	Découvreur et sa nationalité‡	Origine du nom
Arsenic	As	33	74,92	1250	Albertus Magnus (all.)	Gr. *aksenikon,* pigment jaune; lat. *arsenicum,* orpiment; les Grecs utilisaient le trisulfure d'arsenic comme pigment.
Astate	At	85	(210)	1940	D. R. Corson (am.) K. R. MacKenzie (am.) E. Segre (am.)	Gr. *astatos,* instable.
Azote	N	7	14,01	1772	Daniel Rutherford (brit.)	Gr. *a–* privatif et *zoê,* vie; le symbole vient de l'ancien nom, nitrogène.
Baryum	Ba	56	137,3	1808	Sir Humphry Davy (brit.)	Baryte, un spath lourd, dérivé du gr. *barys,* lourd.
Berkélium	Bk	97	(247)	1950	G. T. Seaborg (am.) S. G. Thompson (am.) A. Ghiorso (am.)	Berkeley, Californie.
Béryllium	Be	4	9,012	1828	F. Woehler (all.) A. A. B. Bussy (fr.)	Lat. *beryllus,* aigue-marine.
Bismuth	Bi	83	209,0	1753	Claude Geoffroy (fr.)	All. *bismuth,* probablement une transformation de *weiss masse* (masse blanche) dans laquelle il fut découvert.
Bore	B	5	10,81	1808	Sir Humphry Davy (brit.) J. L. Gay–Lussac (fr.) L. J. Thenard (fr.)	Borax, composé; dérivé de l'ar. *buraq,* blanc.
Brome	Br	35	79,90	1826	A. J. Balard (fr.)	Gr. *brômos,* puanteur.
Cadmium	Cd	48	112,4	1817	Fr. Stromeyer (all.)	Gr. *kadmeia*; lat. *cadmia,* calamine (parce qu'on le trouve dans la calamine).
Calcium	Ca	20	40,08	1808	Sir Humphry Davy (brit.)	Lat. *calx,* chaux.
Californium	Cf	98	(249)	1950	G. T. Seaborg (am.) S. G. Thompson (am.) A. Ghiorso (am.) K. Street, Jr. (am.)	Californie.
Carbone	C	6	12,01	Antiquité		Lat. *carbo,* charbon de bois.
Cérium	Ce	58	140,1	1803	J. J. Berzelius (sué.) William Hisinger (sué.) M. H. Klaproth (all.)	Cérès, astéroïde.
Césium	Cs	55	132,9	1860	R. Bunsen (all.) G. R. Kirchhoff (all.)	Lat. *cæsium,* bleu (il fut découvert par ses raies spectrales, qui sont bleues).
Chlore	Cl	17	35,45	1774	K. W Scheele (sué.)	Gr. *khlôros,* lumière verte.

(page suivante)

Élément	Symbole	N° atomique	Masse atomique†	Année de la découverte	Découvreur et sa nationalité‡	Origine du nom
Chrome	Cr	24	52,00	1797	L. N. Vauquelin (fr.)	Gr. *khrôma,* couleur (parce qu'on l'utilise dans les pigments).
Cobalt	Co	27	58,93	1735	G. Brandt (all.)	All. *Kobold,* lutin (parce que le minerai donnait du cobalt au lieu du métal espéré, le cuivre; ce phénomène était attribué à des lutins qui faisaient la substitution).
Cuivre	Cu	29	63,55	Antiquité		Lat. *cuprum,* cuivre; dérivé de *cyprium,* du nom de l'île de Chypre, principale source de cuivre dans l'Antiquité.
Curium	Cm	96	(247)	1944	G. T. Seaborg (am.) R. A. James (am.) A. Ghiorso (am.)	Pierre et Marie Curie.
Dysprosium	Dy	66	162,5	1886	F. Lecoq de Boisbaudran (fr.)	Gr. *dysprositos,* difficile à atteindre.
Einsteinium	Es	99	(254)	1952	A. Ghiorso (am.)	Albert Einstein.
Erbium	Er	68	167,3	1843	C. G. Mosander (sué.)	Ytterby, en Suède, où plusieurs métaux de terre rare ont été découverts.
Étain	Sn	50	118,7	Antiquité		Lat. *stannum*; le symbole vient du nom latin.
Europium	Eu	63	152,0	1896	E. Demarcay (fr.)	Europe.
Fer	Fe	26	55,85	Antiquité		Lat. *ferrum.*
Fermium	Fm	100	(253)	1953	A. Ghiorso (am.)	Enrico Fermi.
Fluor	F	9	19,00	1886	H. Moissan (fr.)	Spath fluor, minéral, du lat. *fluor,* écoulement (parce que le spath fluor était utilisé comme fondant).
Francium	Fr	87	(223)	1939	Marguerite Perey (fr.)	France.
Gadolinium	Gd	64	157,3	1880	J. C. Marignac (fr.)	Johan Gadolin, chimiste finlandais spécialiste des métaux de terre rare.
Gallium	Ga	31	69,72	1875	F. Lecoq de Boisbaudran (fr.)	Lat. *gallus,* coq; d'après le nom de son découvreur. Aussi par allusion à Gallia, la Gaule
Germanium	Ge	32	72,59	1886	Clemens Winkler (all.)	Lat. *Germania,* Allemagne.
Hafnium	Hf	72	178,5	1923	D. Coster (hol.) G. von Hevesey (hon.)	Lat. *Hafnia,* Copenhague.

(page suivante)

Élément	Symbole	Nº atomique	Masse atomique†	Année de la découverte	Découvreur et sa nationalité‡	Origine du nom
Hélium	He	2	4,003	1868	P. Janssen (spectre) (fr.) Sir William Ramsay (isolé) (brit.)	Gr. *hêlios,* Soleil (parce qu'il fut d'abord découvert dans le spectre solaire).
Holmium	Ho	67	164,9	1879	P. T. Cleve (sué.)	Lat. *Holmia,* Stockholm.
Hydrogène	H	1	1,008	1766	Sir Henry Cavendish (brit.)	Gr. *hydro,* eau, et *genês,* production (parce qu'il produit de l'eau quand il se consume avec l'oxygène).
Indium	In	49	114,8	1863	F. Reich (all.) T. Richter (all.)	Indigo (à cause de ses raies spectrales indigo).
Iode	I	53	126,9	1811	B. Courtois (fr.)	Gr. *iôeidês,* violette.
Iridium	Ir	77	192,2	1803	S. Tennant (brit.)	Lat. *iris,* arc-en-ciel.
Krypton	Kr	36	83,80	1898	Sir William Ramsay (brit.) M. W. Travers (brit.)	Gr. *kryptos,* caché.
Lanthane	La	57	138,9	1839	C. G. Mosander (sué.)	Gr. *lanthanein,* être caché.
Lawrencium	Lr	103	(257)	1961	A. Ghiorso (am.) T. Sikkeland (am.) A. E. Larsh (am.) R. M. Latimer (am.)	E. O. Lawrence (am.), inventeur du cyclotron.
Lithium	Li	3	6,941	1817	A. Arfvedson (sué.)	Gr. *lithos,* roche (parce qu'il se trouve dans les roches).
Lutécium	Lu	71	175,0	1907	G. Urbain (fr.) C. A. von Welsbach (aut.)	Lutèce, ancien nom de Paris (en latin *Lutetia*).
Magnésium	Mg	12	24,31	1808	Sir Humphry Davy (brit.)	Magnesia, ville de Thessalie; probablement dérivé du lat. *magnesia*.
Manganèse	Mn	25	54,94	1774	J. G. Gahn (sué.)	Lat. *magnes*, aimant.
Mendélévium	Md	101	(256)	1955	A. Ghiorso (am.) G. R. Choppin (am.) G. T. Seaborg (am.) B. G. Harvey (am.) S. G. Thompson (am.)	Mendeleïv, chimiste russe qui conçut le tableau périodique et qui prédit les propriétés d'éléments alors inconnus.
Mercure	Hg	80	200,6	Antiquité		Mercure, planète; le symbole vient du lat. *hydrargyrum,* argent liquide.
Molybdène	Mo	42	95,94	1778	G. W. Scheele (sué.)	Gr. *molybdos,* plomb.
Néodyme	Nd	60	144,2	1885	C. A. von Welsbach (aut.)	Gr. *neos,* nouveau, et *didymos,* jumeau.
Néon	Ne	10	20,18	1898	Sir William Ramsay (brit.) M. W. Travers (brit.)	Gr. *neos,* nouveau.

(page suivante)

Élément	Symbole	Nº atomique	Masse atomique†	Année de la découverte	Découvreur et sa nationalité‡	Origine du nom
Neptunium	Np	93	(237)	1940	E. M. McMillan (am.) P. H. Abelson (am.)	Neptune, planète.
Nickel	Ni	28	58,69	1751	A. F. Cronstedt (sué.)	Sué. *kopparnickel,* faux cuivre; aussi all. *nickel,* d'après les lutins qui empêchaient l'extraction du cuivre du minerai de nickel.
Niobium	Nb	41	92,91	1801	Charles Hatchett (brit.)	Gr. *Niobé,* fille de Tantale (le niobium était considéré identique au tantale jusqu'en 1884; colombium, symbole Cb).
Nobélium	No	102	(253)	1958	A. Ghiorso (am.) T. Sikkeland (am.) J. R. Walton (am.) G. T. Seaborg (am.)	Alfred Nobel.
Or	Au	79	197,0	Antiquité		Lat. *aurum,* métal précieux de couleur jaune; le symbole vient du nom latin.
Osmium	Os	76	190,2	1803	S. Tennant (brit.)	Gr. *osme,* odeur.
Oxygène	O	8	16,00	1774	Joseph Priestley (brit.) C. W. Scheele (sué.)	Gr. *oxy,* acide, et *genês,* production (parce qu'on croyait jadis qu'il faisait partie de tous les acides).
Palladium	Pd	46	106,4	1803	W. H. Wollaston (brit.)	Pallas, astéroïde.
Phosphore	P	15	30,97	1669	H. Brandt (all.)	Gr. *phôsphoros,* qui apporte la lumière.
Platine	Pt	78	195,1	1735 1741	A. de Ulloa (esp.) Charles Wood (brit.)	Esp. *platina,* argent.
Plomb	Pb	82	207,2	Antiquité		Lat. *plumbum,* lourd.
Plutonium	Pu	94	(242)	1940	G. T. Seaborg (am.) E. M. McMillan (am.) J. W. Kennedy (am.) A. C. Wahl (am.)	Pluton, planète.
Polonium	Po	84	(210)	1898	Marie Curie (pol.)	Pologne.
Potassium	K	19	39,10	1807	Sir Humphry Davy (brit.)	Potasse, composé d'où on l'extrait; le symbole vient du lat. *kalium,* potasse.
Praséodyme	Pr	59	140,9	1885	C. A. von Welsbach (aut.)	Gr. *prasios,* vert, et *didymos,* jumeau.
Prométhéum	Pm	61	(147)	1945	J. A. Marinsky (am.) L. E. Glendenin (am.) C. D. Coryell (am.)	Gr. Promêtheus, géant grec qui vola le feu du ciel.

(page suivante)

Élément	Symbole	N° atomique	Masse atomique†	Année de la découverte	Découvreur et sa nationalité‡	Origine du nom
Protactinium	Pa	91	(231)	1917	O. Hahn (all.) L. Meitner (aut.)	Gr. *protos,* premier, et *actinium* (parce qu'il se désintègre en actinium).
Radium	Ra	88	(226)	1898	Pierre et Marie Curie (fr.; pol.)	Lat. *radius,* rayon.
Radon	Rn	86	(222)	1900	F. E. Dorn (all.)	Radium avec le suffixe «-on» propre aux gaz rares.
Rhénium	Re	75	186,2	1925	W. Noddack (all.) I. Tacke (all.) Otto Berg (all.)	Lat. *Rhenus,* Rhin.
Rhodium	Rh	45	102,9	1804	W. H. Wollaston (brit.)	Gr. *rhodon,* rose (parce que certains de ses sels sont roses).
Rubidium	Rb	37	85,47	1861	R. W. Bunsen (all.) G. Kirchoff (all.)	Lat. *rubidius,* rouge foncé (découvert grâce au spectroscope; son spectre présentait des raies rouges).
Ruthénium	Ru	44	101,1	1844	K. K. Klaus (r.)	Lat. *Ruthenia,* Russie.
Samarium	Sm	62	150,4	1879	F. Lecoq de Boisbaudran (fr.)	Samarskite, d'après Samarski, un ingénieur russe.
Scandium	Sc	21	44,96	1879	L. F. Nilson (sué.)	Scandinavie.
Sélénium	Se	34	78,96	1817	J. J. Berzelius (sué.)	Gr. *selênê,* Lune (à cause de ses analogies avec le tellure, du lat. *tellus,* Terre).
Silicium	Si	14	28,09	1824	J. J. Berzelius (sué.)	Lat. *silex, silicis,* pierre à feu.
Sodium	Na	11	22,99	1807	Sir Humphry Davy (brit.)	Lat. *sodanum,* soude, plante utilisée pour combattre la migraine; le symbole vient du lat. *natrium,* soude.
Soufre	S	16	32,07	Antiquité		Lat. *sulphurium* (en sanskrit, *sulvere*).
Strontium	Sr	38	87,62	1808	Sir Humphry Davy (brit.)	Strontian, village d'Écosse.
Tantale	Ta	73	180,9	1802	A. G. Ekeberg (sué.)	Tantale, à cause de la difficulté à l'isoler (dans la mythologie grecque, tantale, fils de Zeus, fut puni en étant plongé jusqu'au cou dans de l'eau dont le niveau baissait quand il tentait de boire).

(page suivante)

Élément	Symbole	N° atomique	Masse atomique†	Année de la découverte	Découvreur et sa nationalité‡	Origine du nom
Technétium	Tc	43	(99)	1937	C. Perrier (it.)	Gr. *technetos,* artificiel (parce que ce fut le premier élément artificiel).
Tellure	Te	52	127,6	1782	F. J. Müller (aut.)	Lat. *tellus,* Terre.
Terbium	Tb	65	158,9	1843	C. G. Mosander (sué.)	Ytterby, en Suède.
Thallium	Tl	81	204,4	1861	Sir William Crookes (brit.)	Gr. *thallos,* rameau vert (à cause de sa forte raie spectrale verte).
Thorium	Th	90	232,0	1828	J. J. Berzelius (sué.)	Thorite, minéral; dérivé de Thor, dieu scandinave de la guerre.
Thulium	Tm	69	168,9	1879	P. T. Cleve (sué.)	Thule, ancien nom de la Scandinavie.
Titane	Ti	22	47,88	1791	W. Gregor (brit.)	Titans, divinités géantes.
Tungstène	W	74	183,9	1783	J. J. et F. de Elhuyar (esp.)	Sué. *tung,* lourd, et *stene,* pierre; le symbole vient de wolframite, un minéral.
Uranium	U	92	238,0	1789 1841	M. H. Klaproth (all.) E. M. Peligot (fr.)	Uranus, planète.
Vanadium	V	23	50,94	1801 1830	A. M. del Rio (esp.) N. G. Sefstrom (sué.)	Vanadis, déesse scandinave de l'amour et de la beauté.
Xénon	Xe	54	131,3	1898	Sir William Ramsay (brit.) M. W. Travers (brit.)	Gr. *xenos,* étranger.
Ytterbium	Yb	70	173,0	1907	G. Urbain (fr.)	Ytterby, en Suède.
Yttrium	Y	39	88,91	1843	C. G. Mosander (sué.)	Ytterby, en Suède.
Zinc	Zn	30	65,39	1746	A. S. Marggraf (all.)	All. *zink,* d'origine incertaine.
Zirconium	Zr	40	91,22	1789	M. H. Klaproth (all.)	Zircon, dans lequel il fut découvert; dérivé de *Arzargum,* couleur or.

GLOSSAIRE

Accumulateur. n. m. Cellule électrochimique rechargeable (pile secondaire) pouvant servir de source de courant électrique continu à tension constante. (18.6)

Acide. n. m. Substance qui, une fois dissoute dans l'eau, libère des ions hydrogène (H^+). (2.7)

Acide de Brønsted. m. Substance susceptible de libérer un proton dans une réaction. (4.3)

Acide de Lewis. m. Substance qui peut recevoir un doublet d'électrons. (14.10)

Acide faible. m. Acide qui est un électrolyte faible. (14.4)

Acide fort. m. Acide qui est un électrolyte fort. (14.4)

Actinides. n. m. pl. Éléments qui possèdent des sous-couches 5*f* incomplètes ou qui forment facilement des cations dont les sous-couches 5*f* sont incomplètes. (7.10)

Affinité électronique. f. Énergie absorbée ou dégagée lorsqu'un atome (ou un ion) à l'état gazeux capte un électron. (8.5)

Allotrope n. m. Forme distincte d'un élément qui peut exister sous plusieurs formes différentes. Les différences de propriétés chimiques et physiques des allotropes sont dues aux différents modes de liaisons entre les atomes de cet élément. (2.6)

Amplitude. n. f. Distance entre la ligne médiane et la crête ou le creux d'une onde. (7.1)

Analyse gravimétrique. f. Procédé expérimental basé sur des mesures de masses et qui peut être utilisé pour déterminer la nature ou la quantité d'une substance. (4.6)

Analyse qualitative. f. Détermination des types d'ions présents dans une solution. (15.8)

Anion. n. m. Ion de charge négative. (2.5)

Anode. n. f. Électrode où se produit l'oxydation. (18.2)

Atome. n. m. La plus petite partie d'un élément qui peut se combiner chimiquement. (2.2)

Atome donneur. m. Dans un ligand, atome qui est directement lié à l'atome métallique. (16.2)

Atome polyélectronique. m. Atome qui contient plus de un électron. (7.6)

Baromètre. n. m. Instrument qui sert à mesurer la pression atmosphérique. (5.2)

Base. n. f. Substance qui, une fois dissoute dans l'eau, libère des ions hydroxyde (OH^-). (2.7)

Base de Brønsted. f. Substance susceptible d'accepter un proton dans une réaction. (4.3)

Base de Lewis. f. Substance qui peut donner un doublet d'électrons. (14.10)

Base faible. f. Base qui est un électrolyte faible. (14.4)

Base forte. f. Base qui est un électrolyte fort. (14.4)

Calorimétrie. n. f. Mesure des transferts de chaleur au cours d'une transformation. (6.4)

Capacité calorifique. f. Quantité de chaleur requise pour élever de un degré Celsius la température d'une quantité donnée d'une substance. *Symbole:* **C** (6.4)

Catalyseur. n. m. Substance qui augmente la vitesse d'une réaction chimique sans y être consommée. (19.6)

Cathode. n. f. Électrode où se produit la réduction. (18.2)

Cation. n. m. Ion de charge positive. (2.5)

Cellule galvanique. f. Cellule électrochimique qui génère de l'électricité par réaction d'oxydoréduction spontanée. (18.2)

Chaleur. n. f. Transfert d'énergie thermique entre deux corps qui sont à des températures différentes. (6.2)

Chaleur molaire de fusion. f. Énergie requise (en kilojoules) pour fondre une mole d'un solide. (11.6)

Chaleur molaire de sublimation. f. Énergie requise (en kilojoules) pour sublimer une mole d'un solide. (11.6)

Chaleur molaire de vaporisation. f. Énergie requise (en kilojoules) pour vaporiser une mole d'un liquide. (11.6)

Chaleur spécifique. f. Quantité de chaleur requise pour élever de un degré Celsius la température de un gramme d'une substance. *Symbole:* ***s*** (6.4)

Changement de phase. m. Passage d'une phase à une autre. (11.6)

Charge formelle. f. Différence entre le nombre d'électrons de valence contenus dans un atome isolé et le nombre d'électrons associés à ce même atome dans une structure de Lewis. (9.5)

Chiffres significatifs. m. pl. Chiffres utiles, c'est-à-dire qui ont une signification dans le calcul ou la mesure d'une quantité. (1.5)

Chimie. n. f. Science qui étudie la structure de la matière et ses transformations. (1.2)

Cinétique chimique. f. Domaine de la chimie qui s'intéresse à la vitesse des réactions chimiques. (19.1)

Complexe activé. m. Espèce instable formée suite aux collisions entre les molécules des réactifs, juste avant que ne se forme le produit. (19.4)

Composé. n. m. Substance pure formée d'atomes de deux ou de plusieurs éléments liés chimiquement dans des proportions constantes. (1.2)

Composé binaire. m. Composé formé de deux éléments. (2.7)

Composé de coordination. m. Espèce neutre qui contient un ion complexe. (16.2)

Composé ionique. m. Composé neutre qui contient des anions et des cations. (2.5)

Composé ternaire. m. Composé formé de trois éléments. (2.7)

Composition centésimale. f. Pourcentages en masse des éléments d'un composé. Autrement dit c'est l'ensemble des pourcentages massiques des éléments d'un composé. (3.5)

Concentration d'une solution. f. Grandeur indiquant la quantité de soluté présente dans une quantité de solution donnée. (4.5)

Concentration molaire. f. Unité de concentration. Nombre de moles de soluté par litre de solution. (4.5)

Condensation. n. f. Passage de la phase gazeuse à la phase liquide. (11.6)

Configuration électronique. f. Distribution des électrons dans les différentes orbitales d'un atome ou d'une molécule. (7.9)

Constante d'équilibre. f. grandeur qui exprime le rapport entre les concentrations à l'équilibre des produits et les concentrations à l'équilibre des réactifs, chacune de ces concentrations étant affectée d'un exposant égal au coefficient stœchiométrique de la substance. (13.1)

Constante d'ionisation d'un acide. f. Constante d'équilibre relative à l'ionisation de cet acide. (14.5)

Constante d'ionisation d'une base. f. Constante d'équilibre relative à l'ionisation de cette base. (14.6)

Constante de formation. f. Constante d'équilibre pour la formation d'un ion complexe. (15.7)

Constante de vitesse. f. Constante de proportionnalité qui relie la vitesse d'une réaction et les concentrations des réactifs en jeu. (19.2)

Constante des gaz parfaits (*R*). f. Constante qui apparaît dans l'équation des gaz parfaits ($PV = nRT$). Elle vaut, selon les unités choisies, soit 0,08206 L · atm/K · mol ou 8,314 J/K · mol. (5.4)

Constante du produit ionique de l'eau. f. Produit des concentrations molaires des ions H^+ et OH^- à une température donnée. (14.2)

Corrosion. n. f. Détérioration d'un métal par un processus électrochimique. (18.7)

Couche de valence. f. Couche périphérique des électrons d'un atome; ces électrons participent habituellement aux liaisons que l'atome peut former. (10.1)

Couche de valence étendue. f. Utilisation d'orbitales *d* en plus des orbitales *s* et *p* pour former des liaisons covalentes. (10.3)

Couple acide-base conjugués. f. Couple constitué d'un acide et de sa base conjuguée ou d'une base et de son acide conjugué. (14.1)

Cristallisation. n. f. Processus par lequel un soluté dissous se sépare de la solution et forme des cristaux. (12.1)

Dédoublement du champ cristallin. m. Différence d'énergie entre deux ensembles d'orbitales *d* d'un atome métallique en présence de ligands. (16.4)

Degré d'oxydation. m. *Voir* Nombre d'oxydation. (4.4)

Demi-réaction. n. f. Réaction qui indique explicitement les électrons qui participent à une oxydation ou à une réduction. (4.4 et 18.1)

Demi-vie. n. f. Temps requis pour que la concentration d'un réactif diminue de moitié au cours d'une réaction. (19.3)

Densité électronique. f. Probabilité de présence d'un électron par unité de volume dans une région donnée d'une orbitale atomique. Pour une fonction d'onde donnée elle est égale au carré de cette fonction (7.6)

Déposition. n. m. Passage de la phase vapeur à la phase solide sans passage par la forme liquide. (11.6)

Deuxième principe de la thermodynamique. m. Principe qui affirme que l'entropie de l'univers augmente dans un processus spontané et reste inchangée dans un processus à l'équilibre. (17.4)

Diacide. n. m. Acide dont chaque unité libère deux ions hydrogène. (4.3)

Diagramme de phases. m. Diagramme qui montre les conditions de température et de pression dans lesquelles une substance se retrouve à l'état solide, liquide ou gazeux. (11.7)

Diamagnétique. adj. Se dit d'un substance qui est repoussée hors du champ magnétique d'un aimant. Une substance diamagnétique ne contient que des électrons appariés. (7.9)

Dilution. n. f. Procédé qui consiste à faire diminuer la concentration d'une solution. Le plus souvent une dilution se fait par ajout de solvant. (4.5)

Dipôle induit. m. Séparation de charges partielles positives et négatives dans un atome neutre (ou une molécule non polaire) causée par la proximité d'un ion ou d'une molécule polaire. (11.2)

Doublet libre. m. Doublet d'électrons qui ne participent pas à une liaison covalente (synonymes: doublet non partagé, doublet non liant.) (9.2)

Échelle de température absolue. f. Échelle de température dont la température la plus basse est le zéro absolu (0 K) (aussi appelée échelle Kelvin). (5.3)

Échelle Kelvin. f. *Voir* Échelle de température absolue. (5.3)

Effet d'ion commun. m. Diminution de la solubilité d'un sel due à la présence d'un autre sel possédant avec le premier un ion en commun. (15.6)

Électrochimie. n. f. Branche de la chimie qui étudie l'interconversion entre l'énergie électrique et l'énergie chimique. (18.1)

Électrode standard à hydrogène (ESH). f. Électrode de platine en présence d'hydrogène gazeux à 1 atm et de HCl 1 *M* à 25 °C dont le potentiel est fixé conventionnellement à zéro (18.3)

Électrolyse. n. f. Processus au cours duquel on utilise l'énergie électrique pour provoquer une réaction chimique non spontanée. (18.8)

Électrolyte. n. m. Substance qui, une fois dissoute dans l'eau, forme une solution qui permet de conduire l'électricité. (4.1)

Électron. n. m. Particule subatomique; particule élémentaire dont la masse est extrêmement petite et qui possède une seule charge négative. (2.2)

Électronégativité. n. f. Tendance d'un atome à attirer vers lui les électrons dans une liaison chimique. (9.3)

Électrons de valence. m. pl. Électrons périphériques (de la couche de nombre n le plus élevée) d'un atome; ce sont ceux qui participent à la formation des liaisons chimiques. (8.2)

Électrons non liants. m. pl. Électrons de valence qui ne participent pas à une liaison covalente. (9.2)

Élément. n. m. Substance pure, c'est-à-dire qui ne peut être décomposée en substances plus simples par des moyens chimiques. (1.2)

Éléments représentatifs. m. pl. Éléments des groupes IA à VIIA; leurs niveaux principaux périphériques contiennent tous des sous-couches *s* ou *p* incomplètes. (8.2)

Énergie chimique. f. Énergie stockée dans les unités structurales des substances chimiques. Sorte d'énergie potentielle. (6.1)

Énergie cinétique. f. (E_c) Forme d'énergie associée au mouvement d'un objet. Elle dépend de sa masse et de sa vitesse. (5.6)

Énergie d'activation. f. Énergie minimale requise pour déclencher une réaction chimique. (19.4)

Énergie d'ionisation. f. Énergie minimale requise pour arracher un électron d'un atome (ou d'un ion) isolé à l'état fondamental. (8.4)

Énergie de liaison (ou énergie de dissociation ou enthalpie de liaison). f. Variation d'enthalpie requise pour rompre une liaison particulière dans une mole de molécules à l'état gazeux. (9.8)

Énergie potentielle. f. Énergie en puissance, disponible grâce à la position d'un objet dans l'espace. (6.1)

Énergie thermique. f. Énergie associée au mouvement aléatoire des atomes et des molécules. (6.1)

Enthalpie. n. f. Grandeur thermodynamique utilisée pour décrire les variations de chaleur qui ont lieu à pression constante. (6.3)

Enthalpie de réaction. f. Différence entre les enthalpies des produits et celles des réactifs d'une réaction. (6.3)

Enthalpie libre standard de formation. f. Variation d'enthalpie libre qui se produit quand une mole d'un composé est synthétisée à partir de ses éléments à leur état standard. (17.5)

Enthalpie standard de formation. f. Quantité de chaleur produite ou absorbée quand une mole de composé est formée à partir des éléments de ce composé à une pression de 1 atm. (6.5)

Enthalpie standard de réaction. f. Variation d'enthalpie d'une réaction qui se produit dans des conditions d'état standard. (6.5)

Entropie. n. f. Grandeur qui mesure directement le désordre d'un système. (17.3)

Enzyme. n. f. Catalyseur biologique. (19.6)

Équation chimique. f. Équation qui indique, à l'aide de symboles chimiques et de nombres, ce qui se produit au cours d'une réaction. (3.7)

Équation de Nernst. f. Relation entre la fem d'une cellule et les concentrations des réactifs et des produits (18.5)

Équation de van der Waals. f. Équation qui exprime la relation entre *P, V,* et *T* pour un gaz réel. (5.7)

Équation des gaz parfaits. f. Équation qui exprime la relation entre la pression, le volume, la température et la quantité d'un gaz ($PV = nRT$, où R est la constante des gaz parfaits). (5.4)

Équation ionique. f. Équation qui représente les composés ioniques dissous sous forme d'ions libres. (4.2)

Équation ionique nette. f. Équation dans laquelle sont écrites seulement les espèces ioniques qui participent directement à la réaction. (4.2)

Équation moléculaire. f. Équation dans laquelle les formules des composés en jeu sont écrites comme si toutes les espèces existaient sous forme de molécules ou d'unités complètes. (4.2)

Équation thermochimique. f. Équation qui indique à la fois les relations de masse et les variations d'enthalpies d'une réaction. (6.3)

Équilibre. n. m. État d'un système dans lequel il n'y a pas de changements observables en fonction du temps (4.1 et 13.1).

Équilibre chimique. m. État d'un système dont la composition ne varie plus. On peut parler alors de réaction chimique réversible qui se produit à la même vitesse dans les deux sens. (4.1 et 13.1)

Équilibre dynamique. m. Condition dans laquelle la vitesse d'un processus est égale à la vitesse du processus inverse. (11.6)

Équilibre hétérogène. m. État d'équilibre dans lequel les espèces en jeu ne sont pas toutes dans la même phase. (13.2)

Équilibre homogène. m. État d'équilibre dans lequel toutes les espèces en jeu sont dans la même phase. (13.2)

Équilibre physique. m. Équilibre dans lequel seules des propriétés physiques sont en jeu. (13.1)

État d'oxydation. m. *Voir* Nombre d'oxydation. (4.4)

État d'un système. m. Ensemble des valeurs des variables macroscopiques pertinentes [par exemple, la composition (masse, concentration etc.), le volume, la pression et la température] d'un système. (6.6)

État excité. m. État d'un système dont l'énergie est supérieure à celle de son état fondamental. (7.3)

État fondamental. m. État d'énergie le plus bas possible d'un système. (7.3)

État standard. m. Condition de pression de 1 atm. (6.5)

Évaporation. n. f. Processus au cours duquel des molécules s'échappent de la surface d'un liquide. *Syn.* Vaporisation. (11.6)

Exactitude. n. f. Écart entre une mesure et sa vraie valeur. (1.5)

Famille. n. f. *Voir* Groupe. (2.4)

Faraday. n. m. Charge d'une mole d'électrons et qui équivaut à 96 487 coulombs. (18.4)

Fonction d'état. f. Grandeur qui est déterminée par l'état d'un système et dont les valeurs au cours d'une transformation sont indépendantes des étapes parcourues. (6.6)

Fonction de Gibbs. f. Énergie disponible pour faire un travail utile. *Syn.* Enthalpie libre. (17.5)

Force d'adhésion. f. Force d'attraction entre des molécules différentes. (11.3)

Force de cohésion. f. Force d'attraction entre des molécules semblables. (11.3)

Force électromotrice (fem). f. Tension (différence de potentiel) mesurée à très faible courant entre les électrodes d'une cellule. (18.2)

Force électromotrice (fem) standard (ℰ°). f. Somme du potentiel standard d'oxydation et du potentiel standard de réduction dans une réaction d'oxydoréduction. (18.3)

Forces de dispersion. f. pl. Forces attractives causées par des dipôles temporaires induits dans les atomes ou les molécules. (11.2)

Forces de van der Waals. f. pl. Nom générique de certaines forces attractives qui s'exercent entre les atomes et entre les molécules: forces (ou interactions) dipôle-dipôle, forces dipôle-dipôle induit et forces de dispersion. (11.2)

Forces dipôle-dipôle. f. pl. Forces attractives qui s'exercent entre les molécules polaires. (11.2)

Forces intermoléculaires. f. pl. Forces attractives qui s'exercent entre les molécules. (11.2)

Forces intramoléculaires. f. pl. Forces attractives, dues aux liaisons, qui maintiennent les atomes ensemble dans une molécule. (11.2)

Forces ion-dipôle. f. pl. Forces attractives qui s'exercent entre un ion et une molécule polaire. (11.2)

Formule chimique. f. Expression de la composition chimique d'un composé à l'aide de symboles des éléments qui le constituent. (2.6)

Formule empirique. f. Formule qui utilise les symboles chimiques pour exprimer les types d'éléments qui forment une substance ainsi que leurs rapports les plus simples. *Syn.* Formule brute. (2.6)

Formule moléculaire. f. Formule qui indique le nombre exact d'atomes de chaque type d'éléments qui forment une molécule. *Syn.* Formule vraie. (2.6)

Fraction molaire. f. Rapport entre le nombre de moles d'un constituant donné d'un mélange et le nombre total des moles présentes dans ce mélange. (5.5)

Fréquence. n. f. Nombre d'ondes qui passent en un point donné par unité de temps. (7.1)

Gaz parfait. m. Gaz théorique dont la pression, le volume et la température peuvent être prévus par l'équation des gaz parfaits. Dans bien des cas, le comportement des gaz réels est approximativement ou exactement le même que celui des gaz parfaits. (5.4)

Gaz rare. m. Élément non métallique du groupe VIIIA (He, Ne, Ar, Kr, Xe et Rn). (2.4)

Grandeur extensive. f. Propriété qui dépend de la quantité de matière observée. (1.3)

Grandeur intensive. f. Propriété qui ne dépend pas de la quantité de matière observée. (1.3)

Groupe. n. m. Ensemble des éléments d'une même colonne dans le tableau périodique. *Syn.* Famille. (2.4)

Halogène. n. m. s. Élément non métallique du groupe VIIA (F, Cl, Br, I et At). (2.4 et 8.6)

Hybridation. n. f. Processus qui consiste en la combinaison d'orbitales dans un atome (habituellement un atome central) pour former un ensemble de nouvelles orbitales atomiques nécessaires à la formation de liaisons covalentes. (10.3)

Hydratation. n. f. Processus par lequel des molécules d'eau s'associent à un soluté en s'orientant d'une manière particulière autour d'un ion ou d'une molécule. (4.1)

Hydrolyse d'un sel. f. Réaction d'un anion ou d'un cation (ou des deux) d'un sel avec l'eau. (14.8)

Incertitude. n. f. Limites à l'intérieur desquelles se situe la valeur d'une quantité mesurée une ou plusieurs fois. (1.5)

Indicateur acido-basique. n. m. Substance qui présente des couleurs différentes dans un milieu acide et dans un milieu basique. (4.6 et 15.4)

Indice de coordination. m. 1) Dans un réseau cristallin, nombre d'atomes (ou d'ions) qui sont en contact avec un atome (ou un ion). (11.4) 2) Dans un composé de coordination, nombre d'atomes donneurs entourant l'atome métallique central. (16.2)

Insaturé. adj. *Voir* Solution insaturée. (12.1)

Intermédiaire. n. m. Espèce qui apparaît dans le mécanisme réactionnel (dans les réactions élémentaires), mais non dans l'équation globale équilibrée. (19.5)

Ion. n. m. Particule chargée formée d'un atome ou d'un groupe d'atomes qui a gagné ou perdu un ou plusieurs électrons à la suite d'une réaction chimique. (2.5)

Ion commun (effet d'). m. *Voir* Effet d'ion commun. (15.6)

Ion complexe. m. Ion contenant un cation métallique central lié à un ou à plusieurs ions ou molécules. C'est une combinaison d'une base de Lewis et d'un acide de Lewis. (15.7)

Ion hydronium. m. Ion H_3O^+. (4.3)

Ion monoatomique. m. Ion qui n'est formé que d'un atome. (2.5)
Ion polyatomique. m. Ion qui est formé de plus de un atome. (2.5)
Ion spectateur. m. Ion qui ne participe pas à une réaction. (4.2)
Isoélectronique. adj. Se dit d'espèces différentes qui ont le même nombre d'électrons, donc qui présentent la même configuration électronique à l'état fondamental. (8.2)
Isomères géométriques. m. pl. Composés constitués des mêmes éléments dans les mêmes proportions et rattachés (liés) de la même manière mais constituant des arrangements spatiaux différents. (16.3)
Isomères optiques. m. pl. Composés qui constituent l'un par rapport à l'autre des images non superposables dans un miroir. (16.3)
Isotopes. n. m. pl. Atomes de la même espèce d'éléments, donc qui ont le même numéro atomique, mais dont les nombres de masse sont différents. (2.3)

Joule (J). n. m. Unité d'énergie exprimée en newtons × mètre (1 J = 1N · m). (5.6)

Lanthanides. n. m. pl. Éléments qui possèdent des sous-couches 4*f* incomplètes ou qui forment facilement des cations dont les sous-couches 4*f* sont incomplètes. (7.10)
Liaison covalente. f. Liaison dans laquelle deux électrons sont partagés par deux atomes. (9.2)
Liaison de coordinence (ou de coordination). f. Liaison covalente dans laquelle l'un des atomes fournit à lui seul les deux électrons. (9.7)
Liaison double. f. Liaison covalente dans laquelle deux atomes partagent deux paires d'électrons. (9.2)
Liaison hydrogène. f. Type spécial d'interaction dipôle-dipôle qui s'exerce entre l'atome d'hydrogène déjà lié à un atome d'un élément très électronégatif (F, N, O) et un autre atome de l'un de ces trois mêmes éléments. (11.2)
Liaison ionique. f. Liaison dans laquelle il y a transfert presque complet d'électron(s) d'un atome à un autre, du plus électropositif vers le plus électronégatif. (9.3)
Liaison multiple. f. Liaison dans laquelle deux atomes partagent deux ou plusieurs paires d'électrons. (9.2)
Liaison pi. (π) f. Liaison covalente formée par le recouvrement latéral d'orbitales; le nuage électronique se concentre alors au-dessus et en dessous du plan dans lequel sont situés les noyaux des atomes qui sont liés. (10.4)
Liaison sigma. (σ) f. Liaison covalente formée par le recouvrement axial des orbitales; le nuage électronique se concentre alors entre les noyaux des atomes liés. (10.4)
Liaison simple. f. Liaison dans laquelle deux atomes partagent une paire d'électrons. (9.2)
Liaison triple. f. Liaison covalente dans laquelle deux atomes partagent trois paires d'électrons. (9.2)
Ligand. n. m. Molécule ou ion lié à l'ion métallique dans un ion complexe. (16.2)
Litre. n. m. Volume occupé par un décimètre cube. (1.4)
Loi d'Avogadro. f. Loi d'après laquelle, à pression et à température constantes, le volume d'un gaz est directement proportionnel au nombre de moles de gaz présentes. (5.3)
Loi de Boyle-Mariotte. f. Loi d'après laquelle le volume d'une masse de gaz maintenu à une température constante est inversement proportionnel à la pression de ce gaz. (5.3)
Loi de Charles. f. Loi d'après laquelle le volume d'une masse donnée de gaz est directement proportionnel à la température absolue du gaz, si celui-ci demeure à pression constante. (5.3)
Loi de la conservation de la masse. f. Loi qui affirme que, au cours d'une réaction chimique, rien ne se crée ni ne se perd: c'est pourquoi la somme des masses des corps qui réagissent est égale à la somme des masses des produits obtenus. (2.1)
Loi de Gay-Lussac-Charles. *Voir* Loi de Charles. (5.3)
Loi de Henry. f. Loi qui affirme que la solubilité d'un gaz dans un liquide est directement proportionnelle à la pression qu'exerce le gaz au-dessus de la solution. (12.5)
Loi de Hess. f. Loi qui stipule que, quand les réactifs sont transformés en produits, la variation d'enthalpie est la même, que la réaction ait lieu en une étape ou en plusieurs étapes. (6.5)
Loi de Raoult. f. Loi qui affirme que la pression partielle exercée par la vapeur du solvant au-dessus d'une solution est donnée par la pression de vapeur du solvant pur multiplié par la fraction molaire du solvant dans la solution. (12.6)

Loi de vitesse. f. Expression qui relie la vitesse d'une réaction aux concentrations des réactifs. (19.2)

Loi de vitesse intégrée. f. Expression obtenue à partir de la loi de vitesse, qui relie la concentration d'un réactif ou d'un produit au temps de réaction (19.3).

Loi des pressions partielles de Dalton. f. Loi d'après laquelle la pression totale d'un mélange de gaz est la somme des pressions que chaque gaz du mélange exercerait s'il était seul. (5.5)

Loi des proportions définies. f. Loi qui affirme que, si deux ou plusieurs éléments se combinent pour former un composé donné, cette combinaison se fait toujours dans des proportions constantes (invariables) de leur masse. (2.1)

Loi des proportions multiples. f. Loi qui affirme que, si deux éléments peuvent se combiner pour former plus de un type de composé, le rapport entre les masses de celui d'entre eux qui se combine à une masse constante de l'autre est un rapport de nombres entiers simples. (2.1)

Longueur d'onde. f. Distance entre deux points identiques situés sur deux ondes successives. (7.1)

Longueur de liaison. f. Distance mesurée entre les centres (noyaux) de deux atomes formant une liaison dans une molécule. On appelle rayon covalent la moitié de cette distance. (9.2)

Maille élémentaire. f. Unité structurale d'un solide cristallin; disposition ordonnée d'atomes, de molécules ou d'ions qui se répète pour former un réseau cristallin (11.4)

Masse. n. f. Quantité de matière qui constitue un objet. (1.4)

Masse atomique. f. Masse d'un atome en unités de masse atomique. (3.1)

Masse molaire. f. Masse (en grammes ou en kilogrammes) de une mole d'atomes, de molécules ou d'autres particules. (3.2)

Masse moléculaire. f. Somme des masses atomiques (en unités de masse atomique) des atomes qui forment une molécule. (3.3)

Masse volumique. f. Masse d'une substance divisée par son volume. (1.4)

Matière. n. f. Tout ce qui occupe un espace et qui a une masse. (1.3)

Mécanisme réactionnel. m. Séquence des réactions élémentaires qui conduisent à la formation du produit. (19.5)

Mélange. n. m. Combinaison de deux ou de plusieurs substances dans laquelle chacune garde son identité propre. (1.2)

Mélange hétérogène. m. Mélange dont les composantes restent physiquement séparées; cette séparation est visible. (1.2)

Mélange homogène. m. Mélange dont la composition est la même dans toute la solution. (1.2)

Membrane semi-perméable. f. Membrane qui permet le passage des molécules du solvant, mais qui stoppe les molécules du soluté. (12.6)

Métal. n. m. Élément (corps simple) qui est bon conducteur de chaleur et d'électricité, et qui a tendance à former des ions positifs dans les composés ioniques. (2.4)

Métal alcalin. m. Élément du groupe IA (Li, Na, K, Rb, Cs et Fr). (2.4 et 8.6)

Métal alcalino-terreux. m. Élément du groupe IIA (Be, Mg, Ca, Sr, Ba et Ra). (2.4 et 8.6)

Métal de transition. m. Élément qui possède des sous-couches *d* incomplètes ou qui forme facilement des cations dont les sous-couches *d* sont incomplètes. (7.10 et 16.1)

Métalloïde. n. m. Élément dont les propriétés sont intermédiaires entre celles des métaux et celles des non-métaux. (2.4)

Méthode des moles. f. Méthode qui permet de déterminer la quantité de produit(s) formée durant une réaction. (3.8)

Milieu extérieur. m. Partie de l'univers qui se trouve hors d'un système donné. (6.2)

Miscible. adj. Se dit d'un liquide qui est complètement soluble dans un autre, dans toutes les proportions. (12.2)

Modèle VSEPR. m. Modèle qui décrit l'arrangement géométrique des doublets d'électrons autour d'un atome central en tenant compte de la répulsion qui s'exerce entre les doublets de cet atome. (10.1)

Molalité. n. f. Nombre de moles de soluté dissous dans 1 kg de solvant. (12.3)

Molarité. n. f. Concentration molaire volumique, c'est-à-dire le nombre de moles de soluté par litre de solution. (4.5)

Mole (mol). n. f. Quantité de substance qui contient autant de particules élémentaires (atomes, molécules ou autres particules) qu'il y a d'atomes dans exactement 12 grammes (ou 0,012 kilogramme) de carbone 12. (3.2)

Molécularité. n. f. Nombre de molécules réagissant dans une réaction élémentaire. (19.5)

Molécule. n. f. Assemblage d'au moins deux atomes maintenus ensemble, dans un arrangement déterminé, par des liaisons chimiques. (2.5)

Molécule diatomique. f. Molécule formée de deux atomes. (2.5)

Molécule non polaire. f. Molécule qui ne possède pas de moment dipolaire. (10.2)

Molécule polaire. f. Molécule qui possède un moment dipolaire. (10.2)

Molécule polyatomique. f. Molécule formée de plus de deux atomes. (2.5)

Moment dipolaire. (μ) m. Grandeur mesurant la polarité d'une liaison; c'est le produit (μ) de la charge Q par la distance entre les charges: $\mu = Q \times d$ (10.2)

Monoacide. n. m. Acide dont chaque unité libère un ion hydrogène. (4.3)

Neutralisation. n. f. *Voir* Réaction de neutralisation. (4.3)

Neutron. n. m. Particule subatomique constitutive du noyau: le neutron n'a pas de charge électrique et sa masse est légèrement supérieure à celle d'un proton. (2.2)

Newton. n. m. Unité de force du SI. (5.2)

Nœud. n. m. 1) Point d'une onde où l'amplitude est de zéro. (7.4) 2) Positions des atomes, des molécules ou des ions qui déterminent le type de maille élémentaire. (11.4)

Nombre d'Avogadro. m. Nombre de particules contenues dans une mole; vaut $6{,}022 \times 10^{23}$. (3.2)

Nombre d'oxydation. m. Nombre de charges qu'aurait un atome dans une molécule (ou dans un composé ionique) si les électrons étaient complètement transférés dans la direction indiquée par la différence d'électronégativité entre les éléments impliqués. (4.4)

Nombre de masse. m. Nombre total de neutrons et de protons présents dans le noyau d'un atome. (2.3)

Nombres quantiques. m. pl. Nombres qui décrivent la distribution des électrons dans un atome. (7.7)

Non-électrolyte. n. m. Substance qui, une fois dissoute dans l'eau, forme une solution qui ne permet pas de conduire l'électricité. (4.1)

Non-métal. n. m. Élément (corps simple) qui est habituellement mauvais conducteur de chaleur et d'électricité et qui a tendance à former des ions négatifs dans les composés ioniques. (2.4)

Non volatil. adj. Se dit d'une substance qui n'a pas de pression de vapeur mesurable. (12.6)

Notation de Lewis. f. Représentation d'un élément par son symbole accompagné de points indiquant ses électrons de valence. (9.1)

Noyau. n. m. Corps central d'un atome. (2.2)

Numéro atomique. m. Nombre correspondant au nombre présent de protons dans le noyau d'un atome. (2.3)

Onde. n. f. Vibration par laquelle l'énergie est transmise. (7.1)

Onde électromagnétique. f. Onde associée à un rayonnement électromagnétique. (7.1)

Orbitale atomique. f. Fonction d'onde d'un électron dans un atome. (7.6)

Orbitales hybrides. f. pl. Orbitales atomiques obtenues quand deux ou plusieurs orbitales non équivalentes d'un même atome se combinent avant la formation de liaisons covalentes. (10.3)

Ordre global d'une réaction. m. Somme des exposants qui affectent toutes les concentrations des réactifs dans la loi de vitesse. (19.2)

Osmose. n. f. Mouvement net des molécules d'un solvant à travers une membrane semi-perméable; ce mouvement se fait d'un solvant pur (ou d'une solution diluée) vers une solution concentrée. (12.6)

Oxacide. n. m. Acide qui contient de l'hydrogène, de l'oxygène et un autre élément (l'élément central). (2.7)

Oxanion. n. m. Anion dérivé d'un oxacide. (2.7)

Oxydant. n. m. Substance susceptible de capter des électrons d'une autre substance ou d'en augmenter le nombre d'oxydation. (4.4)

Oxydation. n. f. *Voir* Réaction d'oxydation. (4.4)

Oxyde amphotère. m. Oxyde qui possède à la fois les propriétés des acides et celles des bases. (8.6)

Oxydoréduction. n. f. *Voir* Réaction d'oxydoréduction. (4.4)

Paire d'ions. f. Association en solution d'un cation et d'un anion maintenus ensemble par des forces électrostatiques. (12.6)

Paramagnétique. adj. Se dit d'une substance qui est attirée dans le champ magnétique d'un aimant. Une substance paramagnétique contient un ou plusieurs électrons célibataires. (7.9)

Parenté diagonale. f. Similitudes qui existent entre deux éléments voisins le long d'une diagonale reliant un élément placé dans une case du tableau périodique située plus haut à gauche à un autre élément voisin placé plus bas à droite. Ces éléments appartiennent à des périodes et des groupes différents. (8.6)

Pascal. n. m. Unité de pression égale à un newton par mètre carré (1 N/m^2). (5.2)

Période. n. f. Ensemble des éléments d'une même rangée horizontale du tableau périodique. (2.4)

pH. m. Grandeur exprimée par le logarithme négatif de la concentration d'ions hydrogène dans une solution aqueuse. (14.3)

Phase. n. f. Partie homogène d'un système en contact avec d'autres parties du même système, mais dont elle est séparée par une frontière bien définie. (11.6)

Photon. n. m. Particule de lumière. (7.2)

Pile. n. f. Cellule électrochimique souvent non rechargeable (pile primaire) pouvant servir de source de courant électrique continu à tension constante. (18.6)

Poids. n. m. Force que la gravité exerce sur un objet. (1.4)

Point d'ébullition. m. Température à laquelle la pression de vapeur d'un liquide est égale à la pression extérieure. (11.6)

Point d'équivalence. m. Dans un titrage, moment où l'acide a complètement réagi avec la base; ou celui où il a été complètement neutralisé. (4.6)

Point de fusion. m. Température à laquelle les phases solide et liquide coexistent en équilibre. (11.6)

Point triple. m. Dans un diagramme de phases, valeurs de la pression et de la température où les phases solide, liquide et gazeuse sont en équilibre. (11.7)

Polarisabilité. n. f. Grandeur qui indique la facilité avec laquelle le nuage électronique d'un atome (ou d'une molécule) peut être déformé. (11.2)

Pollution thermique. f. Réchauffement de l'environnement à des températures trop élevées et nuisibles pour les êtres qui y habitent. (12.4)

Potentiel standard d'oxydation. m. Tension mesurée par rapport à l'ESH quand une réaction d'oxydation se produit à une électrode et que tous les solutés sont à une concentration 1 *M* et tous les gaz à une pression de 1 atm. (18.3)

Potentiel standard de réduction. m. Tension mesurée par rapport à l'ESH quand une réaction de réduction se produit à une électrode et que tous les solutés sont à une concentration 1 *M* et tous les gaz à une pression de 1 atm. (18.3)

Pourcentage d'ionisation. m. Rapport, multiplié par 100 %, entre la concentration d'acide ionisé à l'équilibre et la concentration initiale d'acide. (14.5)

Pourcentage de rendement. m. Rapport entre le rendement réel d'une réaction et son rendement théorique, multiplié par 100 %. (3.9)

Pourcentage massique. m. Rapport entre la masse d'un soluté et celle de la solution, multiplié par 100 %. (12.3)

Précipitation. n. f. *Voir* Réaction de précipitation. (4.2)

Précipité. n. m. Solide insoluble qui se sépare d'une solution. (4.2)

Précision. n. f. *Voir* Incertitude

Premier principe de la thermodynamique. m. Principe qui stipule que l'énergie peut être convertie d'une forme en une autre, mais elle ne peut ni être créée ni détruite. (6.6)

Pression. n. f. Force exercée par unité de surface. (5.2)

Pression atmosphérique. f. Pression exercée par les gaz constituant l'atmosphère de la Terre sur les objets terrestres. (5.2)

Pression atmosphérique normale (1 atm). f. Pression qui supporte une colonne de mercure de 760 mm (ou 76 cm) à 0 °C au niveau de la mer. (5.2)

Pression critique. f. Pression minimale qu'il faut exercer pour liquéfier un gaz à sa température critique. (11.6)

Pression de vapeur à l'équilibre. f. Pression de vapeur mesurée quand il y a équilibre entre la condensation et l'évaporation. (11.6)

Pression osmotique. f. Pression nécessaire pour arrêter l'osmose. (12.6)

Pression partielle. f. Pression individuelle d'un gaz dans un mélange gazeux. (5.5)

Principe d'exclusion de Pauli. m. Principe qui affirme que deux électrons d'un même atome ne peuvent être représentés par le même ensemble de nombres quantiques. (7.9)

Principe d'incertitude de Heisenberg. m. Principe qui affirme qu'il est impossible de connaître simultanément et avec certitude le moment (la masse × la vitesse) et la position d'une particule. (7.5)

Principe de l'*Aufbau*. m. Principe qui affirme que, comme des protons qui s'ajoutent un à un au noyau pour former des éléments successifs, les électrons s'ajoutent un à un aux orbitales atomiques. (7.10)

Principe de la conservation de l'énergie. m. Principe qui affirme que la quantité totale d'énergie dans l'univers reste constante. (6.1)

Principe de Le Chatelier. m. Principe qui affirme que, si une contrainte (facteur extérieur) agit sur un système à l'équilibre, le système réagit de manière à s'opposer partiellement à cette contrainte. (13.4)

Produit. n. m. Substance qui résulte d'une réaction chimique. (3.7)

Produit de solubilité. m. Produit des concentrations molaires des ions en jeu dans un composé, chacune de ces concentrations étant élevée à l'exposant équivalant à son coefficient stœchiométrique dans l'équation équilibrée. (15.5)

Propriété chimique. f. Toute propriété d'une substance qui ne peut être étudiée sans que cette substance soit transformée en une autre substance. (1.3)

Propriété colligative. f. Propriété importante des solutions qui dépend seulement du nombre de particules de soluté présentes et non de leur nature. (12.6)

Propriété macroscopique. f. Propriété qui peut être mesurée directement à notre échelle de l'observable et du mesurable. (1.4)

Propriété microscopique. f. Propriété qui doit être mesurée de façon indirecte à partir de phénomènes observables ou d'un autre instrument spécialisé. (1.4)

Propriété physique. f. Toute propriété d'une substance qui peut être observée sans qu'il y ait transformation de cette substance en une autre substance. (1.3)

Proton. n. m. Particule subatomique constitutive du noyau et dotée d'une charge positive; la masse d'un proton est d'environ 1840 fois celle d'un électron. (2.2)

Quantités stœchiométriques. f. pl. Quantités initiales de réactifs en moles qui correspondent exactement aux proportions indiquées par les coefficients de l'équation équilibrée. (3.9)

Quantum (plur. quanta). n. m. La plus petite quantité d'énergie pouvant être émise (ou absorbée) sous forme de rayonnement électromagnétique. (7.1)

Quotient réactionnel. m. Grandeur obtenue quand on utilise au moins une des concentrations non à l'équilibre dans l'expression de la constante d'équilibre. (13.3)

Radiation. n. f. Émission et transmission d'énergie dans l'espace sous forme d'ondes ou de particules. (2.2)

Radioactivité. n. f. Émission spontanée de particules et/ou de rayonnements électromagnétiques par suite d'un bris de noyaux, qui s'accompagne d'une perte de masse. Ce bris de noyaux s'appelle désintégration. (2.2)

Rayon atomique. m. Dans un métal, moitié de la distance séparant les noyaux de deux atomes adjacents; chez les éléments constitués de molécules diatomiques, moitié de la distance séparant les noyaux des deux atomes dans la molécule. (8.3)

Rayon ionique. m. Rayon d'un cation ou d'un anion mesuré dans un composé ionique. (8.3)

Rayonnement (Énergie rayonnante). n. Énergie transmise sous forme d'ondes ou de particules. (6.1)

Réactif. n. m. Substance de départ d'une réaction chimique. (3.7)

Réactif en excès. m. Réactif dont la quantité est supérieure à celle requise pour réagir avec la quantité du réactif limitant au cours d'une réaction chimique. (3.9)

Réactif limitant. m. Réactif épuisé le premier au cours d'une réaction chimique. (3.9)

Réaction bimoléculaire. f. Réaction élémentaire qui met en jeu deux molécules. (19.5)

Réaction chimique. f. Processus au cours duquel une ou plusieurs substances (réactifs) sont transformées en de nouvelles substances (produits). (3.7)

Réaction cinétiquement limitante. f. Réaction élémentaire la plus lente parmi celles menant à la formation des produits. (19.5)

Réaction d'ordre 1. f. Réaction dont la vitesse dépend de la concentration du réactif élevée à la puissance 1. (19.3)

Réaction d'oxydation. f. Demi-réaction qui représente la perte d'électrons dans une réaction d'oxydoréduction. (4.4)

Réaction d'oxydoréduction. f. Réaction dans laquelle il y a soit un transfert d'électrons soit une modification des nombres d'oxydation des substances qui participent à la réaction appelée aussi réaction redox. (4.4)

Réaction de déplacement. f. Réaction pendant laquelle un atome ou un ion dans un composé est remplacé par un atome d'un autre élément. (4.4)

Réaction de neutralisation. f. Réaction entre un acide et une base utilisée soit pour modifier l'acidité d'un milieu, soit pour doser un acide à l'aide d'une base ou l'inverse. (4.3)

Réaction de précipitation. f. Réaction caractérisée par la formation d'un précipité. (4.2)

Réaction de réduction. f. Demi-réaction qui représente le gain d'électrons dans une réaction d'oxydoréduction. (4.4)

Réaction élémentaire. f. Réaction simple (étape) qui participe au déroulement de la réaction globale au niveau moléculaire. (19.5)

Réaction endothermique. f. Réaction qui absorbe de la chaleur venant du milieu extérieur. (6.2)

Réaction exothermique. f. Réaction qui libère de la chaleur dans le milieu extérieur. (6.2)

Réaction réversible. f. Se dit d'une réaction qui peut s'effectuer dans les deux sens. (4.1)

Réaction trimoléculaire. f. Réaction élémentaire qui met en jeu trois molécules. (19.5)

Réaction unimoléculaire. f. Réaction élémentaire qui met en jeu une seule molécule. (19.5)

Réactions des demi-cellules. f. pl. Réactions d'oxydation et de réduction qui se produisent aux électrodes. (18.2)

Réducteur. n. m. Substance susceptible de donner des électrons à une autre substance ou d'en réduire le nombre d'oxydation. (4.4)

Réduction. n. f. *Voir* Réaction de réduction. (4.4)

Règle de Hund. f. Règle qui établit que l'arrangement électronique le plus stable d'une souscouche est celui qui présente le plus grand nombre de spins parallèles. (7.9)

Règle de l'octet. f. Règle qui affirme que tout atome, sauf l'hydrogène, a tendance à former des liaisons jusqu'à ce qu'il soit entouré de huit électrons de valence. (9.2)

Rendement réel. m. Quantité de produits réellement obtenue à la fin d'une réaction. (3.9)

Rendement théorique. m. Quantité de produits prévue selon la stœchiométrie de l'équation équilibrée d'une réaction en supposant que tout le réactif limitant réagirait. (3.9)

Résonance. n. f. Utilisation d'au moins deux structures de Lewis pour représenter adéquatement une molécule donnée. (9.6)

Réversible. adj. *Voir* Réaction réversible. (4.1)

Saturé. adj. *Voir* Solution saturée

Sel. n. m. Composé ionique formé d'un cation autre que H^+ et d'un anion autre que OH^- ou O^{2-}. (4.3)

Série d'activité. f. Liste ordonnée qui permet de prévoir les résultats possibles d'un grand nombre de réactions de déplacement. (4.4)

Série spectrochimique. f. Liste qui place les ligands par ordre de leur capacité à séparer les énergies de l'orbitale *d*. (16.4)

Solide cristallin. m. Solide qui a une structure ordonnée, rigide et répétitive dans tout le solide; ses atomes, ses molécules ou ses ions occupent des positions déterminées. (11.4)

Solubilité. n. f. Quantité maximale d'un soluté qui peut être dissoute dans une certaine quantité de solvant à une température donnée. (4.2)

Solubilité molaire. f. Nombre de moles de soluté par litre de solution saturée (mol/L). (15.5)

Soluté. n. m. Substance présente en moins grande quantité dans une solution. (4.1)

Solution. n. f. Mélange homogène de deux ou de plusieurs substances. (4.1)

Solution aqueuse. f. Solution dont le solvant est l'eau. (4.1)

Solution de titrage. f. Solution étalon, c'est-à-dire dont la concentration est connue avec une très grande précision et qui sert au dosage. (4.6)

Solution idéale. f. Solution qui obéit à la loi de Raoult. (12.6)

Solution insaturée. f. Solution qui contient moins de soluté qu'elle peut en dissoudre. (12.1)

Solution saturée. f. Solution qui contient la quantité maximale de soluté dans une quantité donnée de solvant à une température donnée. (12.1)

Solution standard. f. Solution de titrage ayant une concentration connue avec une grande précision. (4.6)

Solution sursaturée. f. Solution qui contient plus de soluté que la solution saturée. (12.1)

Solution tampon. f. Solution constituée d'une part d'un acide faible ou d'une base faible, et d'autre part du sel de l'acide ou de la base; les deux composantes doivent être présentes. Le pH d'une solution tampon est presque constant, malgré l'ajout de petites quantités d'acide ou de base. (15.2)

Solvant. n. m. Substance présente en plus grande quantité dans une solution. (4.1)

Solvatation. n. f. Processus par lequel un ion ou une molécule s'entoure de molécules du solvant, qui sont disposées de manière spécifique. (12.2)

Spectre d'émission. m. Spectre continu ou discontinu de raies de rayonnements électromagnétiques émis par les substances. (7.3)

Spectre discontinu. m Spectre de raies produit lorsqu'une substance absorbe ou émet des rayonnements seulement à certaines longueurs d'onde. (7.3)

Stœchiométrie. n. f. Étude des proportions que forment les quantités de réactifs et de produits dans une réaction chimique. (3.8)

Structure de Lewis. m. Diagramme représentant les liaisons covalentes à l'aide de la notation de Lewis; les doublets liants sont illustrés par des traits ou des paires de points entre les deux atomes qui forment la liaison; les doublets libres non liants sont illustrés par des paires de points placés autour de l'atome auquel ils appartiennent. (9.2)

Structure de résonance. f. L'une des structures de Lewis qui sont nécessaires pour décrire de façon adéquate une molécule. Ces structures ont nécessairement le même squelette. (9.6)

Sublimation. n. f. Passage de la phase solide à la phase vapeur sans passage par la phase liquide. (11.6)

Substance pure. n. f. Forme de la matière dont la composition (le nombre et le type des éléments de base qui la composent) est fixe ou constante, c'est-à-dire qui a des propriétés distinctes. (1.2)

Surface de contour. (frontière) f. Région délimitée par une surface qui englobe environ 90 % de la densité électronique totale d'une orbitale atomique. (7.8)

Sursaturé. adj. *Voir* Solution sursaturée. (12.1)

Surtension. n. f. Tension supplémentaire requise pour provoquer une électrolyse. (18.8)

Système. n. m. Toute partie de l'univers sous observation au moment de l'étude d'une transformation. (6.2)

Système fermé. m. Système qui permet l'échange d'énergie (habituellement sous forme de chaleur), mais non de matière avec le milieu extérieur. (6.2)

Système international d'unités, ou SI. m. Système métrique révisé qui est généralement utilisé en sciences. (1.4)

Système isolé. m. Système qui ne permet le transfert ni d'énergie ni de matière avec l'extérieur. (6.2)

Système ouvert. m. Système qui permet l'échange de matière et d'énergie (habituellement sous forme de chaleur) avec le milieu extérieur. (6.2)

Tableau périodique. m. Tableau dans lequel les éléments sont disposés selon la similitude de leurs propriétés, par ordre croissant de leur numéro atomique. (2.4)

Température critique. f. Température au-delà de laquelle un gaz ne peut être liquéfié. (11.6)

Température et pression normales (TPN). 0 °C et 1 atm. (5.4)

Tension superficielle. f. Quantité d'énergie requise par unité de surface pour étirer ou augmenter la surface d'un liquide. (11.3)

Théorie cinétique des gaz. f. Théorie qui décrit à l'aide d'un modèle mathématique le comportement physique des gaz au niveau moléculaire. Cette théorie a permis d'expliquer toutes les lois des gaz trouvées antérieurement. (5.6)

Thermochimie. n. f. Étude des échanges de chaleur au cours des réactions chimiques. (6.2)

Thermodynamique. n. f. Discipline scientifique qui étudie les transformations du point de vue des variations et des échanges d'énergie qui les accompagnent. (6.6)

Titrage. n. m. Opération consistant à ajouter graduellement une solution dont la concentration est connue avec grande précision, à une solution de concentration inconnue, jusqu'à ce que la réaction entre les deux solutions soit complétée. (4.6)

Triacide. n. m. Acide dont chaque unité libère trois ions hydrogène. (4.3)

Unité de masse atomique. f. Masse qui correspond exactement au douzième de la masse d'un atome de carbone 12. (3.1)

Variation d'enthalpie libre standard. f. Variation d'enthalpie libre qui se produit quand les réactifs à l'état standard sont convertis en produits à l'état standard. (17.5)

Viscosité. n. f. Grandeur qui exprime la résistance d'un liquide à l'écoulement. (11.3)
Vitesse de réaction. f. Variation de la concentration d'un réactif ou d'un produit par unité de temps au cours d'une réaction. (19.1)
Volatil. adj. Se dit d'une substance qui a une pression de vapeur mesurable. (12.6)
Volume. n. m. Mesure de l'espace occupé par un objet; longueur au cube. (1.4)

Zéro absolu. m. Température la plus basse que l'on peut théoriquement atteindre. (5.3)

RÉPONSES AUX PROBLÈMES PAIRS

CHAPITRE 1

1.8 **a)** transformation physique
b) transformation chimique
c) transformation physique
d) transformation chimique
e) transformation physique

1.10 **a)** extensive **b)** intensive **c)** intensive

1.12 **a)** composé **b)** élément **c)** composé **d)** élément

1.18 $1,30 \times 10^3$ g

1.20 **a)** 41 °C **b)** 11,3 °F **c)** $1,1 \times 10^4$ °F

1.22 **a)** $7,49 \times 10^{-1}$ **b)** $8,026 \times 10^2$ **c)** $6,21 \times 10^{-7}$

1.24 **a)** 0,000 032 56 **b)** 6 030 000

1.26 **a)** $1,8 \times 10^{-2}$ **b)** $1,14 \times 10^{10}$ **c)** -5×10^4 **d)** $1,3 \times 10^3$

1.28 **a)** trois **b)** un **c)** un ou deux **d)** deux

1.30 **a)** 1,28
b) $3,18 \times 10^{-3}$ mg
c) $8,14 \times 10^7$ dm

1.32 **a)** $1,10 \times 10^8$ mg
b) $6,83 \times 10^{-5}$ m^3

1.34 $3,1557 \times 10^7$ s

1.36 **a)** 81 po/s
b) $1,2 \times 10^2$ m/min
c) 7,4 km/h

1.38 **a)** $8,35 \times 10^{12}$ mi
b) $2,96 \times 10^3$ cm
c) $9,8 \times 10^8$ pi/s
d) 8,6 °C
e) −459,67 °F
f) $7,12 \times 10^{-5}$ m^3
g) $7,2 \times 10^3$ L

1.40 $6,25 \times 10^{-4}$ g/cm^3

1.42 $4,33 \times 10^7$ t

1.44 2,6 g/cm^3

1.46 0,882 cm

1.48 10,5 g/cm^3

1.50 767 mi/h

1.52 75,6 °F ± 0,2 °F

1.54 500 mL

1.56 $5,4 \times 10^{10}$ L

1.58 −40 °F

1.60 **a)** 0,5 % **b)** 3,1 %

CHAPITRE 2

2.8 1,0 km

2.12 145

2.14 N15: 7 protons, 7 électrons et 8 neutrons; S33: 16 protons, 16 électrons et 17 neutrons; Cu63: 29 protons, 29 électrons et 34 neutrons; Sr84: 38 protons, 38 électrons et 46 neutrons; Ba130: 56 protons, 56 électrons et 74 neutrons; W186: 74 protons, 74 électrons et 112 neutrons; Hg202: 80 protons, 80 électrons et 122 neutrons.

2.16 **a)** $^{186}_{74}W$ **b)** $^{201}_{80}Hg$

2.34 **a)** $AlBr_3$ **b)** $NaSO_2$ **c)** N_2O_5 **d)** $K_2Cr_2O_7$

2.38 K^+ (19,18), Mg^{2+} (12,10), Fe^{3+} (26,23), Br^- (35,36), Mn^{2+} (25,23), C^{4-} (6,10), Cu^{2+} (29,27).

2.40 ioniques: NaBr, BaF_2, CsCl; covalents: CH_4 CCl_4 ICl NF_3.

2.42 **a)** hypochlorite de potassium
b) carbonate d'argent
c) chlorure de fer(II)
d) permanganate de potassium
e) chlorate de césium
f) sulfate de potassium ammonium
g) oxyde de fer(II)
h) oxyde de fer(III)
i) chlorure de titane(IV)
j) hydrure de sodium
k) nitrure de lithium
l) oxyde de sodium
m) peroxyde de sodium

2.44 **a)** CuCN **b)** $Sr(ClO_2)_2$ **c)** $HBrO_4$ **d)** HI **e)** $Na_2(NH_4)PO_4$ **f)** $PbCO_3$ **g)** SnF_2 **h)** P_4S_{10} **i)** HgO **j)** Hg_2I_2

2.46 c)

2.48 **a)** H ou H_2? **b)** NaCl est un composé ionique.

2.50 **a)** molécule et composé
b) élément et molécule
c) élément
d) molécule et composé
e) élément
f) élément et molécule
g) élément et molécule
h) molécule et composé
i) composé
j) élément
k) élément et molécule
l) composé

2.52 **a)** CO_2(solide) **b)** NaCl **c)** N_2O **d)** $CaCO_3$ **e)** CaO **f)** $Ca(OH)_2$ **g)** $NaHCO_3$ **h)** $Mg(OH)_2$

2.54 **a)** les métaux des groupes IA, IIA et l'aluminium avec des non-métaux comme l'azote, l'oxygène et les halogènes.
b) Les métaux de transition.

2.56 ^{23}Na

2.58 Mercure (Hg) et brome (Br_2).

2.60 N_2, O_2, O_3, F_2, Cl_2, He, Ne, Ar, Kr, Xe, Rn.

2.62 He, Ne et Ar sont chimiquement inertes; Kr, Xe et Rn ne forment que quelques composés.

CHAPITRE 3

3.10 Li 6: 7,493 %; Li 7: 92,507 %.

3.12 $5,82 \times 10^3$ années-lumière

3.14 $5,1 \times 10^{24}$ u

3.16 $9,96 \times 10^{-15}$ mol

3.18 $3,01 \times 10^3$ g Au

3.20 **a)** $1,244 \times 10^{-22}$ g/atome
b) $9,746 \times 10^{-23}$ g/atome

3.22 $2{,}98 \times 10^{22}$ atomes Cu
3.24 Plomb
3.26 **a)** 256,6 g **b)** 76,15 g **c)** 119,37 g **d)** 176,12 g
3.28 $1{,}11 \times 10^{-2}$ mol
3.30 $1{,}68 \times 10^{26}$ atomes C; $6{,}72 \times 10^{26}$ atomes H; $3{,}36 \times 10^{26}$ atomes N; $1{,}68 \times 10^{26}$ atomes O.
3.32 $8{,}56 \times 10^{22}$ molécules
3.36 7 pics
3.42 **a)** Na: 54,75 %; F: 45,25 %. **b)** Na: 39,34 %; Cl: 60,66 %. **c)** Na: 22,34 %; Br: 77,66 %. **d)** Na: 15,34 %; I: 84,66 %.
3.44 Les deux sont $C_6H_{10}S_2O$.
3.46 l'ammoniac
3.48 39,3 g
3.50 5,97 g
3.52 O: 66,1 %; $C_2H_3NO_5$.
3.54 $C_5H_8O_4NNa$
3.60 **a)** $2KClO_3 \longrightarrow 2KCl + 3O_2$
b) $2KNO_3 \longrightarrow 2KNO_2 + O_2$
c) $NH_4NO_3 \longrightarrow N_2O + 2H_2O$
d) $NH_4NO_2 \longrightarrow N_2 + 2H_2O$
e) $2NaHCO_3 \longrightarrow Na_2CO_3 + H_2O + CO_2$
f) $P_4O_{10} + 6H_2O \longrightarrow 4H_3PO_4$
g) $2HCl + CaCO_3 \longrightarrow CaCl_2 + H_2O + CO_2$
h) $2Al + 3H_2SO_4 \longrightarrow Al_2(SO_4)_3 + 3H_2$
i) $CO_2 + 2KOH \longrightarrow K_2CO_3 + H_2O$
j) $CH_4 + 2O_2 \longrightarrow CO_2 + 2H_2O$
3.66 1,01 mol
3.68 **a)** $2NaHCO_3 \longrightarrow Na_2CO_3 + H_2O + CO_2$ **b)** 78,3 g
3.70 0,324 L
3.72 0,294 mol
3.74 **a)** $NH_4NO_3 \longrightarrow N_2O + 2H_2O$ **b)** $2{,}0 \times 10$ g (ou 20 g)
3.76 18,0 g
3.80 0,709 g de NO_2; O_3; $6{,}9 \times 10^{-3}$ mol de NO.
3.82 HCl; 23,4 g.
3.86 **a)** 7,05 g **b)** 92,9 %
3.88 $3{,}48 \times 10^3$ g
3.90 **a)** 0,212 mol **b)** 0,424 mol
3.92 18
3.94 $2{,}4 \times 10^{23}$ atomes
3.96 65,4 g; Zn.
3.98 89,6 %
3.100 $C_6H_{12}O_6$

CHAPITRE 4

4.6 **a)** électrolyte fort **b)** non-électrolyte **c)** électrolyte faible **d)** électrolyte fort
4.8 **a)** NaCl solide: n'est pas conducteur d'électricité. **b)** NaCl fondu: conducteur. **c)** Une solution aqueuse de NaCl: conductrice.
4.10 Dans l'eau, HCl est ionisé en H^+ et Cl^-; dans le benzène, il reste sous forme moléculaire.
4.14 **a)** insoluble **b)** soluble **c)** soluble **d)** insoluble **e)** soluble
4.16 **a)** ionique: $2Na^+(aq) + S^{2-}(aq) + Zn^{2+}(aq) + 2Cl^-(aq) \longrightarrow ZnS(s) + 2Na^+(aq) + 2Cl^-(aq)$; ionique nette: $Zn^{2+}(aq) + S^{2-}(aq) \longrightarrow ZnS(s)$.
b) ionique: $6K^+(aq) + 2PO_4^{3-}(aq) + 3Sr^{2+}(aq) + 6NO_3^-(aq) \longrightarrow Sr_3(PO_4)_2(s) + 6K^+(aq) + 6NO_3^-(aq)$; ionique nette: $3Sr^{2+}(aq) + 2PO_4^{3-}(aq) \longrightarrow Sr_3(PO_4)_2(s)$.
c) ionique: $Mg^{2+}(aq) + 2NO_3^-(aq) + 2Na^+(aq) + 2OH^-(aq) \longrightarrow Mg(OH)_2(s) + 2Na^+(aq) + 2NO_3^-(aq)$; ionique nette: $Mg^{2+}(aq) + 2OH^-(aq) \longrightarrow Mg(OH)_2(s)$.
4.18 **a)** L'ajout d'ions chlorure. KCl est soluble; AgCl ne l'est pas.
b) L'ajout d'ions sulfate. Ag_2SO_4 est *modérément* soluble; $PbSO_4$ est insoluble.
c) L'ajout d'ions carbonate. $(NH_4)_2CO_3$ est soluble; $CaCO_3$ est insoluble.
d) L'ajout d'ions sulfate. $CuSO_4$ est soluble; $BaSO_4$ est insoluble.
4.26 **a)** base de Brønsted **b)** base de Brønsted **c)** acide de Brønsted **d)** acide et base de Brønsted
4.28 **a)** ionique: $CH_3COOH(aq) + K^+(aq) + OH^-(aq) \longrightarrow CH_3COO^-(aq) + K^+(aq) + H_2O(l)$; ionique nette: $CH_3COOH(aq) + OH^-(aq) \longrightarrow CH_3COO^-(aq) + H_2O(l)$.
b) ionique: $H_2CO_3(aq) + 2Na^+(aq) + 2OH^-(aq) \longrightarrow 2Na^+(aq) + CO_3^{2-}(aq) + 2H_2O(l)$; ionique nette: $H_2CO_3(aq) + 2OH^-(aq) \longrightarrow CO_3^{2-}(aq) + 2H_2O(l)$.
c) ionique: $2H^+(aq) + 2NO_3^-(aq) + Ba^{2+}(aq) + 2OH^-(aq) \longrightarrow Ba^{2+}(aq) + 2NO_3^-(aq) + 2H_2O(l)$; ionique nette: $2H^+(aq) + 2OH^-(aq) \longrightarrow 2H_2O(l)$.
4.32 **a)** réducteur: $Fe \longrightarrow Fe^{3+} + 3e^-$; oxydant: $O_2 + 4e^- \longrightarrow 2O^{2-}$.
b) réducteur: $2Br^- \longrightarrow Br_2 + 2e^-$; oxydant: $Cl_2 + 2e^- \longrightarrow 2Cl^-$.
c) réducteur: $Si \longrightarrow Si^{4+} + 4e^-$; oxydant: $F_2 + 2e^- \longrightarrow 2F^-$.
d) réducteur: $H_2 \longrightarrow 2H^+ + 2e^-$; oxydant: $Cl_2 + 2e^- \longrightarrow 2Cl^-$.
4.36 **a)** +5 **b)** +1 **c)** +3 **d)** +5 **e)** +5 **f)** +5
4.38 **a)** +1 **b)** −1 **c)** +3 **d)** +3 **e)** +4 **f)** +6 **g)** +2 **h)** +4 **i)** +2 **j)** +3 **k)** +5
4.40 **a)** −3 **b)** $-\frac{1}{2}$ **c)** −1 **d)** +4 **e)** +3 **f)** −2 **g)** +3 **h)** +6
4.42 SO_3 (S est à son degré d'oxydation maximal: +6.)
4.44 Li et Ca
4.48 0,131 mol/L
4.50 10,8 g
4.52 **a)** 1,37 mol/L **b)** 0,426 mol/L **c)** 0,716 mol/L
4.54 **a)** 6,50 g **b)** 2,45 g **c)** 2,65 g **d)** 7,36 g **e)** 3,95 g
4.58 0,0433 mol/L
4.60 126 mL
4.62 1,09 mol/L

4.66 35,72 %
4.68 $2{,}31 \times 10^{-4}$ mol/L
4.72 **a)** 6,0 mL **b)** 8,0 mL **c)** 23 mL
4.74 Les ions Ba^{2+} se combinent aux ions SO_4^{2-} pour former un précipité de $BaSO_4$.
4.76 Test physique: seule la solution de NaCl conduira l'électricité. Test chimique: ajout d'une solution de $AgNO_3$; seule la solution de NaCl donnera un précipité de AgCl.
4.78 Mg, Na, Ca, Ba, K ou Li.
4.80 Les nombres d'oxydation de C sont +2 dans CO et +4 (maximum) dans CO_2.
4.82 1,3 mol/L
4.84 0,171 mol/L
4.86 0,115 mol/L
4.88 0,80 L

CHAPITRE 5

5.14 0,797 atm
5.18 53 atm
5.20 **a)** 0,69 L **b)** 61 atm
5.22 −196 °C; −268,8 °C; $5{,}7 \times 10^3$ °C.
5.24 $1{,}3 \times 10^2$ K
5.26 ClF_3
5.32 6,2 atm
5.34 472 °C
5.36 1,9 atm
5.38 0,82 L
5.40 33,6 mL
5.42 $6{,}1 \times 10^{-3}$ atm
5.44 35,1 g/mol
5.46 N_2: $2{,}1 \times 10^{22}$ molécules
O_2: $5{,}7 \times 10^{21}$ molécules
Ar: $2{,}7 \times 10^{20}$ atomes
5.48 2,98 g/L
5.50 SF_4
5.54 **a)** 0,89 atm **b)** 1,4 L
5.56 349 mm Hg
5.58 19,8 g
5.60 N_2: 217 mm Hg; H_2: 650 mm Hg.
5.68 N_2: 471,7 m/s; O_2: 441,4 m/s; O_3: 360,4 m/s.
5.74 Non. La pression du gaz parfait serait de 164 atm.
5.76 Oui
5.78 169 L. CO_2: 0,50 atm; N_2: 0,25 atm; H_2O: 0,41 atm; O_2: 0,041 atm.
5.80 **a)** $NH_4NO_2(s) \longrightarrow N_2(g) + 2H_2O(l)$
b) 0,273 g
5.82 Non: un gaz parfait ne se condenserait pas.
5.84 Elle est plus élevée en hiver.
5.86 **a)** 0,86 L
b) $NH_4HCO_3(s) \longrightarrow NH_3(g) + CO_2(g) + H_2O(l)$; avantage: plus de gaz (CO_2 et NH_3) généré; désavantage: l'odeur de l'ammoniac!
5.88 3,88 L
5.90 **a)** $C_3H_8(g) + 5O_2(g) \longrightarrow 3CO_2(g) + 4H_2O(g)$
b) 11,4 L
5.92 O_2: 0,167 atm; NO_2: 0,333 atm.

CHAPITRE 6

6.20 728 kJ
6.22 50,8 °C
6.26 25,0 °C
6.30 O_2
6.32 Supérieurs à zéro:
a) $Cl_2(l)$; **b)** $Br_2(g)$; **c)** $I_2(g)$.
6.34 Ag_2O: déterminer l'enthalpie standard de réaction de $2Ag(s) + \frac{1}{2}O_2(g) \longrightarrow Ag_2O(s)$. $CaCl_2$: déterminer l'enthalpie standard de réaction de $Ca(s) + Cl_2(g) \longrightarrow CaCl_2(s)$.
6.38 −84,6 kJ
6.40 −780 kJ
6.44 −56,2 kJ
6.46 **a)** −1411 kJ **b)** −1124 kJ
6.48 218,2 kJ/mol
6.50 −4,51 kJ/g
6.52 $2{,}70 \times 10^2$ kJ
6.58 48 J
6.60 −3,1 kJ
6.62 $\Delta H_2 - \Delta H_1$
6.64 **a)** −336,5 kJ
b) $N_2H_4(l) + O_2(g) \longrightarrow N_2(g) + 2H_2O(l)$; $\Delta H^\circ_{\text{réaction}} = -622{,}0$ kJ. $4NH_3(g) + 3O_2(g) \longrightarrow 2N_2(g) + 6H_2O(l)$; $\Delta H^\circ_{\text{réaction}} = -1529{,}6$ kJ. L'ammoniac est un meilleur carburant.
6.66 **a)** En déterminant $\Delta H^\circ_{\text{réaction}}$ de la réaction inverse, qui est de −2801,3 kJ. Ainsi, $\Delta H^\circ_{\text{réaction}}$ de la photosynthèse est de +2801,3 kJ.
b) $1{,}1 \times 10^{19}$ kJ.
6.68 −553,8 kJ
6.70 −367 kJ
6.72 0,492 J/g · °C
6.74 La première réaction est exothermique (−110,5 kJ); elle peut donc être utilisée pour faciliter la seconde qui, elle, est endothermique (131,3 kJ).
6.76 $2{,}89 \times 10^3$ L
6.78 4,10 L
6.80 5,60 kJ/mol
6.82 −0,16 J
6.84 1,9 kJ
6.86 −66,5 kJ
6.88 $1{,}64 \times 10^3$ g
6.90 −1,06 kJ

CHAPITRE 7

7.8 **a)** $6{,}58 \times 10^{14}$ Hz
b) $1{,}36 \times 10^8$ nm
7.10 $1{,}5 \times 10^2$ s
7.12 $4{,}95 \times 10^{14}$/s
7.16 **a)** $4{,}0 \times 10^2$ nm
b) $5{,}0 \times 10^{-19}$ J
7.18 $1{,}2 \times 10^2$ nm; UV.
7.20 **a)** $3{,}70 \times 10^2$ nm
b) UV
c) $5{,}38 \times 10^{-19}$ J
7.26 En utilisant un prisme.
7.28 Les atomes excités émettent les mêmes fréquences (ce qui donne les mêmes raies caractéristiques), que ce soit dans l'espace ou sur Terre.
7.30 $3{,}027 \times 10^{-19}$ J
7.32 $6{,}17 \times 10^{14}$/s; $4{,}86 \times 10^2$ nm.
7.34 5
7.40 $1{,}37 \times 10^{-6}$ nm
7.42 $1{,}7 \times 10^{-23}$ nm
7.54 $l = 2$: $m = -2, -1, 0, 1, 2$; $l = 1$: $m = -1, 0, 1$; $l = 0$: $m = 0$.
7.56 **a)** $n = 4, l = 1, m = 1, 0, -1$.
b) $n = 3, l = 2, m = 2, 1, 0, -1, -2$.
c) $n = 3, l = 0, m = 0$.
d) $n = 5, l = 3, m = 3, 2, 1, 0, -1, -2, -3$.
7.58 Leurs orientations dans l'espace sont différentes.
7.60 Valeurs de l:
0 (6*s*, une sous-couche),
1 (6*p*, trois sous-couches),
2 (6*d*, cinq sous-couches),
3 (6*f*, sept sous-couches),

4 (6*g*, neuf sous-couches),
5 (6*h*, onze sous-couches).

7.62 $2n^2$

7.64 **a)** 3 **b)** 6
c) 0

7.66 À cause de l'effet d'écran dans un atome polyélectronique.

7.68 **a)** 2*s* **b)** 3*p*
c) 3*s* **d)** 4*d*

7.78 Al: $1s^22s^22p^63s^23p^1$;
B: $1s^22s^22p^1$; F: $1s^22s^22p^5$.

7.80 B (1), Ne (0), P (3), Sc (1), Mn (5), Se (2), Zr (2), Ru (4), Cd (0), I (1), W (4), Pb (2), Ce (2), Ho (3).

7.82 Ge: $[Ar]4s^23d^{10}4p^2$
Fe: $[Ar]4s^23d^6$
Zn: $[Ar]4s^23d^{10}$
Ru: $[Kr]5s^14d^7$
W: $[Xe]6s^24f^{14}5d^4$
Ti: $[Xe]6s^24f^{14}5d^{10}6p^1$

7.84 S^+

7.86 **a)** faux **b)** vrai **c)** faux

7.88 **a)** 4 (un dans 2*s* et trois dans 2*p*)
b) 6 (2 dans 4*p*, 2 dans 4*d* et 2 dans 4*f*)
c) 10 (2 dans chaque 3*d*)
d) 1 (dans 2*s*)
e) 2 (dans 4*f*)

7.90 Les propriétés ondulatoires.

7.92 **a)** $8,77 \times 10^{-35}$ m
b) $7,41 \times 10^{-9}$ m

CHAPITRE 8

8.18 **a)** et **d)**; **b)** et **e)**; **c)** et **f)**.

8.20 **a)** groupe IA
b) groupe VA
c) groupe VIIIA
d) groupe VIIIB

8.22 Fe^{3+}

8.28 **a)** [Ne] **b)** [Ne]
c) [Ar] **d)** [Ar]
e) [Ar] **f)** $[Ar]3d^6$
g) $[Ar]3d^9$ **h)** $[Ar]3d^{10}$

8.30 **a)** Cr^{3+} **b)** Sc^{3+}
c) Rh^{3+} **d)** Ir^{3+}

8.32 Be^{2+} et He; F^- et N^{3-}; Fe^{2+} et Co^{3+}; S^{2-} et Ar.

8.38 Na > Mg > Al > P > Cl

8.40 F

8.42 L'effet d'écran incomplet qu'exercent les électrons plus proches du noyau se solde par une augmentation de la charge nucléaire effective à mesure qu'on passe de gauche à droite dans une période.

8.44 $Mg^{2+} < Na^+ < F^- < O^{2-} < N^{3-}$

8.46 Te^{2-}

8.48 −199,4 °C

8.52 L'électron $3p^1$ de Al subit l'effet d'écran des électrons internes et des électrons $3s^2$.

8.54 2080 kJ/mol est pour $1s^22s^22p^6$.

8.56 $8,43 \times 10^6$ kJ/mol

8.60 Cl

8.62 La configuration électronique périphérique des métaux alcalins est ns^1: ces éléments peuvent donc capter un autre électron.

8.66 Son énergie d'ionisation est basse; il réagit avec l'eau pour former FrOH, et avec l'oxygène pour former un oxyde ou un superoxyde.

8.68 Les énergies de première ionisation des métaux du groupe IB sont élevées parce que leur électron ns^1 ne subit qu'un faible effet d'écran exercé par les électrons de la couche *d* interne.

8.70 **a)** $Li_2O(s) + H_2O(l) \longrightarrow 2LiOH(aq)$
b) $CaO(s) + H_2O(l) \longrightarrow Ca(OH)_2(aq)$
c) $CO_2(g) + H_2O(l) \longrightarrow H_2CO_3(aq)$

8.72 BaO

8.74 **a)** Le brome.
b) L'azote.
c) Le rubidium.
d) Le magnésium.

8.76 **a)** $Mg^{2+} < Na^+ < F^- < O^{2-}$
b) $O^{2-} < F^- < Na^+ < Mg^{2+}$

8.78 M est le potassium (K) et X est le brome (Br_2).

8.80 O^+ et N; Ar et S^{2-}; Ne et N^{3-}; Zn et As^{3+}; Cs^+ et Xe.

8.82 a) et d).

8.84 1er: brome; 2e: iode; 3e: chlore; 4e: fluor.

8.86 Le fluor.

8.88 H^-

8.90 Li_2O (basique), BeO (amphotère), B_2O_3 (acide), CO_2 (acide), N_2O_5 (acide).

CHAPITRE 9

9.14 C—H < Br—H < F—H < Na—I < Li—Cl < K—F

9.16 Cl—Cl < Br—Cl < Si—C < Cs—F

9.18 **a)** covalente
b) covalente polaire
c) ionique
d) covalente polaire

9.22 **a)** $[:\ddot{\underset{..}{O}}-\ddot{\underset{..}{O}}:]^{2-}$

b) $[:C\equiv C:]^{2-}$

c) $[:N\equiv O:]^+$

d)

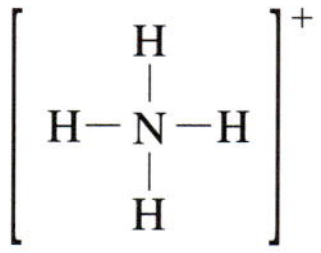

9.24 **a)** Aucun des atomes O n'a un octet complet; un atome H forme une liaison double.

b)

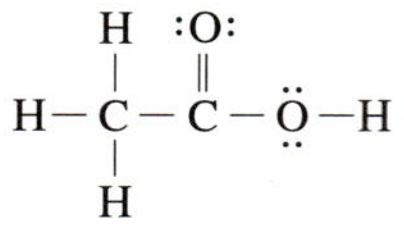

9.30

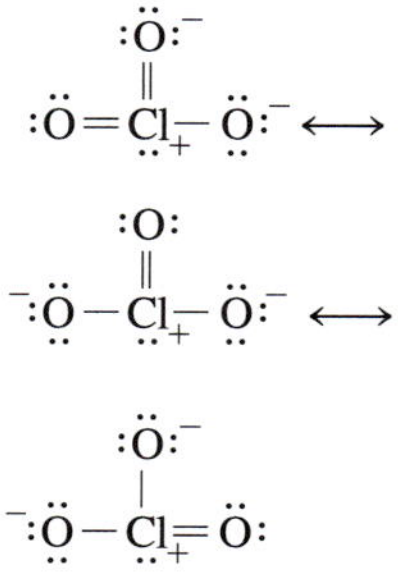

9.32

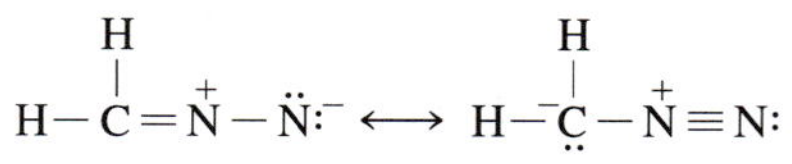

9.34

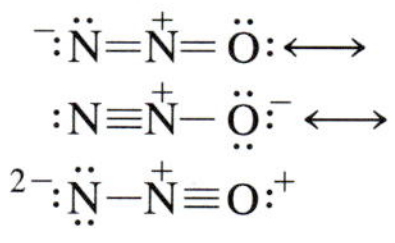

9.40

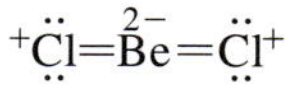

9.42

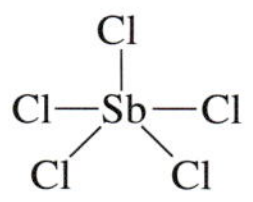

9.44 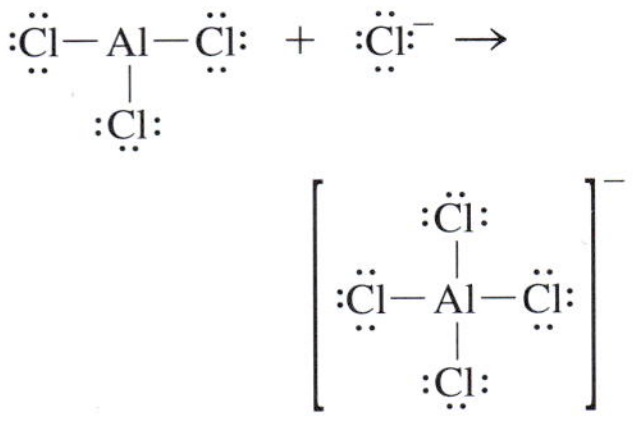

9.48 303,0 kJ/mol

9.50 **a)** −2759 kJ **b)** −3119 kJ

9.52 Covalents: SiF_4, PF_5, SF_6, ClF_3; Ioniques: NaF, MgF_2, AlF_3.

9.54 KF est un solide; il a un point de fusion élevé; c'est un électrolyte. CO_2 est un gaz; c'est un composé covalent.

9.56 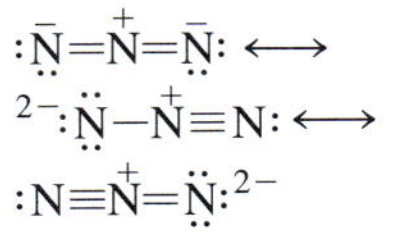

9.58 **a)** $AlCl_4^-$ **b)** AlF_6^{3-} **c)** $AlCl_3$

9.60 C a un octet incomplet dans CF_2; C a un octet étendu dans CH_5; F et H ne peuvent former que des liaisons simples; les atomes I sont trop gros pour entourer l'atome P.

9.62 **a)** faux **b)** vrai **c)** faux **d)** faux

9.64 −67 kJ/mol

9.66 N_2

9.68 NH_4^+ et CH_4; CO et N_2; $B_3N_3H_6$ et C_6H_6.

9.70 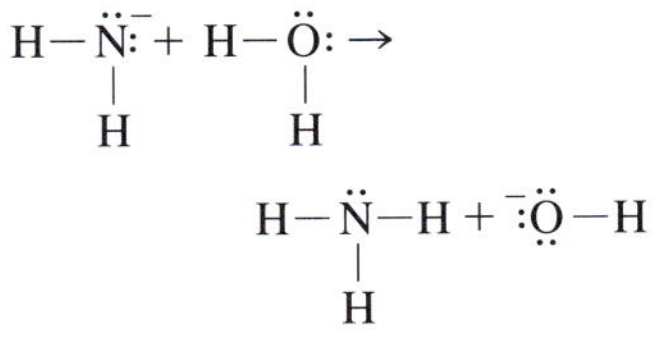

9.72 F ne peut avoir d'octet étendu.

9.74 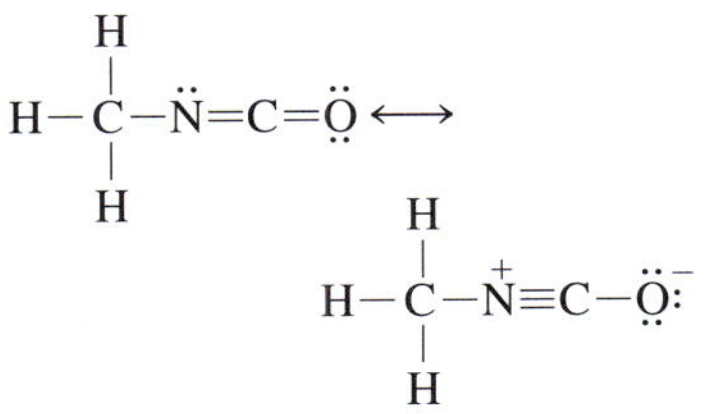

9.76 **a)** Représente bien
b) Représente bien
c) Représente mal
d) Représente mal

9.78 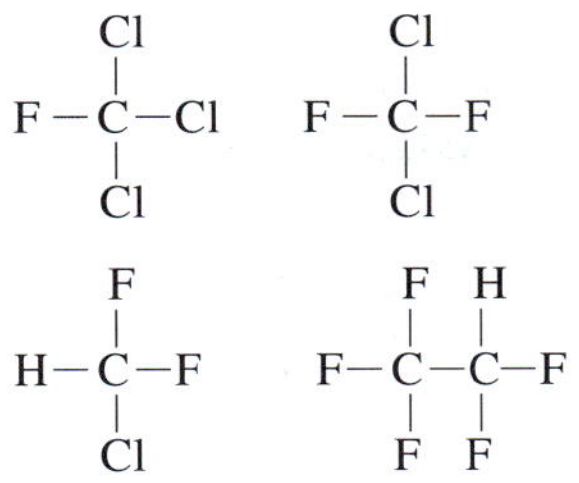

9.80 **a)** −9,2 kJ **b)** −9,2 kJ

9.82 **a)** $^-$:C≡O:$^+$ **b)** $^-$:N≡O:$^+$ **c)** :C≡N: **d)** :N≡N:

9.84 Vrai

9.86 **a)** 114 kJ
b) La répulsion supplémentaire entre les électrons dans F_2^- affaiblit la liaison.

CHAPITRE 10

10.8 **a)** trigonale plane
b) linéaire
c) tétraédrique

10.10 **a)** tétraédrique
b) «pliée»
c) trigonale plane
d) linéaire
e) plane carrée
f) tétraédrique
g) trigonale bipyramidale
h) trigonale pyramidale
i) tétraédrique

10.12 $SiCl_4$, CI_4, $CdCl_4^{2-}$.

10.18 L'électronégativité des halogènes décroît de F à I.

10.20 Il est supérieur.

10.22 b) = d) < c) < a)

10.32 sp^3

10.34 Avant la réaction, B est hybridé sp^2 et N est hybridé sp^3; après la réaction, les deux sont hybridés sp^3.

10.36 **a)** Les deux atomes C sont hybridés sp^3.
b) Le premier atome C est hybridé sp^3; le deuxième et le troisième sont hybridés sp^2.
c) Les deux atomes C sont hybridés sp^3.
d) Le premier atome C est hybridés sp^3; le deuxième est hybridé sp^2.
e) Le premier atome C est hybridé sp^3; le deuxième, est hybridé sp^2.

10.38 La molécule est linéaire et l'atome central N est hybridé *sp*.

10.40 sp^3d

10.42 Neuf liaisons pi et neuf liaisons sigma.

10.44 Br—Hg—Br. Linéaire

10.46 Les gros atomes Si empêchent un recouvrement latéral efficace des orbitales 3*p* qui formeraient des liaisons pi.

10.48 XeF_3^+: en T; XeF_5^+: pyramidale à base carrée; SbF_6^-: octaédrique.

10.50 **a)** 180° **b)** 120°
c) 109,5°
d) environ 109,5°
e) 180°
f) environ 120°
g) environ 109,5°
h) environ 109,5°
i) 109,5°.

10.52 sp^3d

10.54 ICl_2^- et $CdBr_2$.

10.56 **a)** sp^2
b) la molécule de droite

10.58 Une rotation autour de l'axe de la liaison C═C dans la molécule *cis*-dichloroéthylène romprait une liaison pi; dans la molécule dichloro-1,2 éthane, il y a donc libre rotation autour de la liaison sigma.

10.60 La répulsion entre les électrons des liaisons doubles fait augmenter la valeur de l'angle à près de 120°.

10.62 O_3, CO, CO_2, NO_2, $CFCl_3$.

CHAPITRE 11

11.8 Le méthane; son point d'ébullition est le plus bas.

11.10 **a)** forces de dispersion
b) forces de dispersion et dipôle-dipôle
c) forces de dispersion et dipôle-dipôle
d) forces ioniques et de dispersion
e) forces de dispersion

11.12 e)

11.14 Seul le butan-1-ol peut former des liaisons hydrogène; il a donc le point d'ébullition le plus élevé.

11.16 **a)** Xe (forces de dispersion plus grandes)
b) CS_2 (forces de dispersion plus grandes)
c) Cl_2 (forces de dispersion plus grandes)
d) LiF (composé ionique)
e) NH_3 (liaisons hydrogène)

11.18 **a)** Les liaisons hydrogène, les forces dipôle-dipôle et de dispersion.
b) Les forces de dispersion.
c) Les forces de dispersion.
d) Les forces attractives dues aux liaisons covalentes (forces intramoléculaires).

11.20 Le composé de gauche peut former des liaisons hydrogène intramoléculaires.

11.32 Sa viscosité se situe entre celles de l'éthanol et du glycérol.

11.44 Cubique simple: une sphère; cubique centrée I: deux sphères; cubique centrée F: quatre sphères.

11.46 $6{,}21 \times 10^{23}$ atomes/mole

11.48 458 pm

11.50 XY_3

11.52 Dans le diamant, chaque atome C est lié de manière covalente à quatre autres atomes C.

11.72 2670 kJ

11.74 47,03 kJ/mol

11.76 Première étape: congélation; seconde étape: sublimation.

11.78 Il y a libération de chaleur additionnelle quand la vapeur d'eau se condense à 100 °C.

11.82 D'abord, la glace fond à cause de l'augmentation de la pression. À mesure que le fil s'enfonce dans la glace, l'eau qui est au-dessus regèle. Finalement, le fil traverse complètement le cube de glace sans le couper en deux.

11.84 **a)** La glace fond, puis l'eau bout.
b) Il se forme de la glace.
c) L'eau bout.

11.86 d)

11.88 Il s'agit d'un solide covalent.

11.90 XYZ_3

11.92 760 mm Hg

11.94 Elle a atteint son point critique.

CHAPITRE 12

12.8 Le cyclohexane ne peut former de liaisons hydrogène avec l'éthanol.

12.10 Plus la chaîne est longue, moins elle devient polaire. Le groupe −OH peut former des liaisons hydrogène avec l'eau, mais non le reste de la molécule.

12.14 **a)** 25,9 g **b)** $1{,}72 \times 10^3$ g

12.16 **a)** 2,68 *m* **b)** 7,82 *m*

12.20 $5{,}0 \times 10^2$ *m*; 18,3 *M*

12.22 **a)** 2,41 *m* **b)** 2,13 *M*
c) 0,0587 L

12.26 45,9 g

12.34 Comme la pression du dioxyde de carbone est plus élevée au fond de la mine qu'à la surface, le gaz ne s'échappe pas de la solution contenue dans la bouteille. Quand le mineur remonte à la surface, la pression diminue; le dioxyde de carbone peut donc s'échapper de la solution … qui est maintenant dans son estomac.

12.36 0,28 L

12.50 $1{,}3 \times 10^3$ g

12.52 Éthanol: 30,0 mm Hg; propanol: 26,3 mm Hg.

12.54 128 g

12.56 0,59 *m*

12.58 120 g/mol; $C_4H_8O_4$.

12.60 −8,6 °C

12.62 $4{,}3 \times 10^2$ g/mol; $C_{24}H_{20}P_4$.

12.64 $1{,}75 \times 10^4$ g/mol

12.66 342 g/mol

12.72 L'élévation du point d'ébullition, la diminution de la pression de vapeur et la pression osmotique.

12.74 Glucose à 0,50 *m* > acide acétique à 0,50 *m* > HCl à 0,50 *m*.

12.76 0,9420 *m*

12.78 7,6 atm

12.80 1,6 atm

12.82 3,5 atm

12.84 **a)** 104 mm Hg
b) 116 mm Hg

12.86 $2{,}95 \times 10^3$ g/mol

12.88 Non. On considère que le composé est pur et qu'il s'agit d'un non-électrolyte sous forme de monomère.

12.90 12,3 *M*

CHAPITRE 13

13.12 $1{,}08 \times 10^7$

13.14 $1{,}1 \times 10^{-5}$

13.16 **a)** 0,082 **b)** 0,29

13.18 0,105; $2{,}05 \times 10^{-3}$.

13.20 $7{,}09 \times 10^{-3}$

13.22 3,3

13.24 0,0356

13.28 Pour atteindre l'équilibre, la réaction ira vers la gauche. $[NH_3]$ diminuera; $[N_2]$ et $[H_2]$ augmenteront.

13.30 0,020 atm

13.32 $[I] = 8{,}58 \times 10^{-4}$ *M*
$[I_2] = 0{,}0194$ *M*

13.34 **a)** $K_C = 0{,}52$
b) $[CO_2] = 0{,}48$ *M*; $[H_2] = 0{,}020$ *M*; $[CO] = 0{,}075$ *M*; $[H_2O] = 0{,}065$ *M*.

13.36 $[H_2] = [CO_2] = 0{,}05$ *M*
$[H_2O] = [CO] = 0{,}11$ *M*

13.42 **a)** Se déplacerait vers la droite;
b) aucun effet;
c) aucun effet.

13.44 **a)** Aucun effet;
b) aucun effet;
c) se déplace vers la gauche;
d) aucun effet;
e) se déplace vers la gauche.

13.46 **a)** Vers la droite;
b) vers la gauche;
c) vers la droite;
d) vers la gauche;
e) aucun effet.

13.48 Il n'y aurait aucun changement.

13.50 **a)** L'équilibre se déplacerait vers la droite;

b) aucun effet;
c) aucun effet;
d) l'équilibre se déplacerait vers la gauche;
e) vers la droite;
f) vers la gauche;
g) l'équilibre se déplacerait vers la droite.

13.52 **a)** NO: 0,24 atm; Cl_2: 0,12 atm. **b)** 0,017
13.54 **a)** non **b)** oui
13.56 **a)** 8×10^{-44} **b)** La réaction a besoin d'un apport d'énergie pour s'amorcer.
13.58 **a)** 1,7 **b)** P_A = 0,69 atm; P_B = 0,81 atm.
13.60 $1{,}5 \times 10^5$
13.62 H_2: 0,28 atm; Cl_2: 0,049 atm; HCl: 1,67 atm.
13.64 49,8 atm
13.66 $3{,}84 \times 10^{-2}$
13.68 3,13
13.70 N_2: 0,860 atm; H_2: 0,366 atm; NH_3: $4{,}40 \times 10^{-3}$ atm.
13.72 **a)** 1,16 **b)** 53,7 %
13.74 **a)** 0,49 atm **b)** 0,23 **c)** 0,037 **d)** 0,0368 mol
13.76 $[H_2] = 0{,}070\ M$; $[I_2] = 0{,}182\ M$; $[HI] = 0{,}825\ M$.
13.78 c)
13.80 **a)** $2{,}3 \times 10^{-4}$ **b)** 1,5 **c)** 0,81 **d)** $4{,}2 \times 10^3$; 0,015.
13.82 0,0231; $9{,}60 \times 10^{-4}$.
13.84 NO_2: 0,80 atm; N_2O_4: 0,50 atm.

CHAPITRE 14

14.4 **a)** ion nitrite: NO_2^-
b) ion hydrogénosulfate: HSO_4^-
c) ion hydrogénosulfure: HS^-
d) ion cyanure: CN^-
e) ion formate: $HCOO^-$
14.6 **a)** H_2S **b)** H_2CO_3 **c)** HCO_3^- **d)** H_3PO_4 **e)** $H_2PO_4^-$ **f)** HPO_4^{2-} **g)** H_2SO_4 **h)** HSO_4^- **i)** H_2SO_3 **j)** HSO_3^-
14.8 **a)**
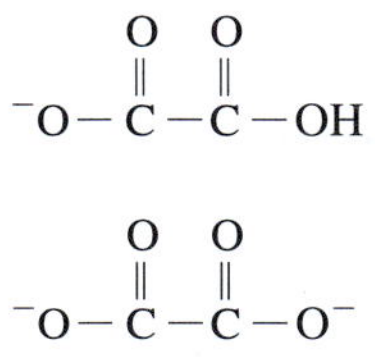

b) Acides: H^+ et $C_2H_2O_4$; base: $C_2O_4^{2-}$; acide et base: $C_2HO_4^-$.
14.16 **a)** $6{,}3 \times 10^{-6}\ M$ **b)** $1{,}0 \times 10^{-16}\ M$ **c)** $2{,}7 \times 10^{-6}\ M$
14.18 6,72
14.20 **a)** acide **b)** neutre **c)** basique
14.22 $1{,}98 \times 10^{-3}$ mol; 0,444.
14.24 $2{,}2 \times 10^{-3}$ g
14.30 **a)** base forte **b)** base faible **c)** base faible **d)** base faible **d)** base forte.
14.32 **a)** non **b)** oui **c)** oui **d)** non
14.34 La réaction s'effectue plutôt de droite à gauche.
14.36 Seul l'anion du phénol peut être stabilisé par résonance.
14.42 $[H^+] = [CH_3COO^-] = 5{,}8 \times 10^{-4}\ M$; $[CH_3COOH] = 0{,}0181\ M$.
14.44 $2{,}3 \times 10^{-3}\ M$
14.46 **a)** 3,5 % **b)** 9,0 % **c)** 33 % **d)** 79 %
14.48 **a)** 3,9 % **b)** 0,30 %
14.52 $[H^+] = [HCO_3^-] = 1{,}0 \times 10^{-4}\ M$; $[CO_3^{2-}] = 4{,}8 \times 10^{-11}\ M$.
14.56 $7{,}1 \times 10^{-7}$
14.58 1,5 %
14.66 HZ < HY < HX
14.68 4,82
14.70 HCl: 1,40; H_2SO_4: 1,31.
14.72 Plus fort
14.76 $AlCl_3$ est un acide de Lewis; Cl^- est une base de Lewis.
14.78 CO_2 et BF_3.
14.80 0,106 L
14.82 Non
14.84 Non
14.86 CrO est ionique et basique; CrO_3 est covalent et acide.
14.88 $4{,}0 \times 10^{-2}$
14.90 0,028

CHAPITRE 15

15.6 a) et c)
15.8 4,74; a).
15.10 7,03
15.12 10; le tampon est plus efficace contre l'ajout d'acide.
15.14 **a)** 4,81 **b)** 4,64
15.16 HC
15.18 89 g/mol
15.20 **a)** 110 g/mol **b)** $1{,}6 \times 10^{-5}$
15.26 Elle est rouge.
15.34 **a)** $7{,}8 \times 10^{-10}$ **b)** $1{,}8 \times 10^{-18}$
15.36 $1{,}8 \times 10^{-10}$
15.38 $2{,}2 \times 10^{-4}\ M$
15.40 $2{,}3 \times 10^{-9}$
15.42 $[Na^+] = 0{,}045\ M$
$[NO_3^-] = 0{,}076\ M$
$[Sr^{2+}] = 1{,}5 \times 10^{-2}\ M$
$[F^-] = 1{,}2 \times 10^{-4}\ M$
15.46 **a)** $0{,}013\ M$ **b)** $2{,}2 \times 10^{-4}\ M$ **c)** $3{,}4 \times 10^{-3}\ M$
15.48 **a)** $1{,}0 \times 10^{-5}\ M$ **b)** $1{,}1 \times 10^{-10}\ M$
15.52 À cause de la formation d'ions complexes:
a) $[Cu(NH_3)_4]^{2+}$
b) $[Ag(CN)_2]^-$
c) $[HgCl_4]^{2-}$
Pour les équations représentant la formation des ions complexes au tableau 15.5.
15.54 $[Cd(CN)_4{}^{2-}] = 4{,}2 \times 10^{-3}\ M$; $[CN^-] = 0{,}48\ M$; $[Cd^{2+}] = 1{,}1 \times 10^{-18}\ M$.
15.56 $3{,}5 \times 10^{-5}\ M$
15.60 $0{,}011\ M$
15.62 L'ion chlorure n'entraînera la précipitation que de Ag^+. On peut également utiliser le test d'émission à la flamme pour Cu^{2+}.
15.64 **a)** 1,37 **b)** 5,28 **c)** 8,85
15.66 2,51–4,41
15.68 $1{,}27\ M$
15.70 $[Na^+] = 0{,}0835\ M$
$[OH^-] = 0{,}0335\ M$
$[H^+] = 3{,}0 \times 10^{-13}\ M$
$[CH_3COO^-] = 0{,}0500\ M$
$[CH_3COOH] = 8{,}3 \times 10^{-10}\ M$
15.72 9,25; 9,18.
15.74 9,97 g; 13,03.

15.76 $[Ag^+] = 2,0 \times 10^{-9}\ M$
$[Cl^-] = 0,080\ M$
$[Zn^{2+}] = 0,070\ M$
$[NO_3^-] = 0,060\ M$

15.78 La zone comprise entre un pH de 2,68 et un pH de 8,11.

15.80 Tous sauf a).

15.82 $2,4 \times 10^{-13}$

15.84 Il y aura précipitation de $Fe(OH)_2$.

15.86 Le précipité original est HgI_2. À une concentration plus élevée de KI, il y a formation de l'ion complexe HgI_4^{2-}; la masse de HgI_2 diminue donc.

15.88 7,82−10,38

CHAPITRE 16

16.12 **a)** +3 **b)** 6
c) oxalate

16.14 **a)** Na: +1; Mo: +6.
b) Mg: +2; W: +6.
c) K: +1; Fe: +2.

16.16 **a)** *cis*-dichlorobis(éthylènediamine)cobalt(III)
b) chlorure de pentaamminechloroplatine(IV)
c) chlorure d'hexaamminecobalt(III)
d) chlorure de pentaamminechlorocobalt(III)
e) *trans*-diamminedichloroplatine(II)

16.18 **a)** $[Cr(en)_2Cl_2]^+$
b) $Fe(CO)_5$
c) $K_2[Cu(CN)_4]$
d) $[Co(NH_3)_4(H_2O)Cl]Cl_2$.

16.20 **a)** 2 **b)** 2

16.22 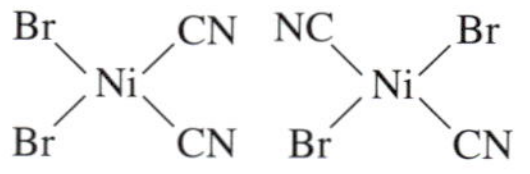

16.28 L'ion CN^- est un ligand à champ fort. L'absorption se produit près de l'extrémité à énergie élevée du spectre (bleu) et l'ion complexe paraît jaune. Le ligand H_2O est à champ plus faible; l'absorption se produit dans les parties orange ou rouge du spectre. Par conséquent, l'ion complexe paraît vert ou bleu.

16.30 **a)** 2 **b)** 4

16.32 $[Co(NH_3)_4Cl_2]Cl$

16.34 $6,7 \times 10^{13}$

16.36 L'ion $Mn(H_2O)_6^{2+}$ est un complexe à spin élevé; il contient cinq spins célibataires.

16.38 Les espèces suivantes absorberont la lumière ayant une plus grande longueur d'onde:
a) $[Co(H_2O)_6]^{2+}$
b) $[FeF_6]^{3-}$
c) $[CuCl_4]^{2-}$.

16.40 **a)** $4Au(s) + 8CN^-(aq) + O_2(g) + 2H_2O(l) \longrightarrow 4[Au(CN)_2]^-(aq) + 4OH^-(aq)$.
b) $Zn(s) + 2[Au(CN)_2]^-(aq) \longrightarrow [Zn(CN)_4]^{2-}(aq) + 2Au(s)$.
c) Linéaire (l'atome Au a subi une hybridation *sp*). Indice de coordination 2.

CHAPITRE 17

17.8 c) < d) < a) < e) < b)

17.10 **a)** 47,5 J/K **b)** −12,5 J/K
c) −242,8 J/K

17.12 **a)** $\Delta S < 0$ **b)** $\Delta S > 0$
c) $\Delta S > 0$ **d)** $\Delta S < 0$

17.16 **a)** −1139 kJ; **b)** −140 kJ;
c) −2935,0 kJ

17.18 **a)** À toutes les températures.
b) Sous 111 K.

17.22 $8,0 \times 10^1$ kJ

17.24 457,2 kJ; 7×10^{-81}.

17.26 **a)** −24,6 kJ **b)** −1,3 kJ

17.28 −341 kJ

17.30 −2,87 kJ/mol

17.32 **a)** $8,0 \times 10^4$ J
b) $4,0 \times 10^4$ J
c) $-3,2 \times 10^4$ J
d) $6,4 \times 10^4$ J

17.34 L'enthalpie libre de la réaction est positive; ou la vitesse de la réaction est trop lente pour que celle-ci soit appréciable après une semaine.

17.36 **a)** $\Delta H > 0, \Delta S > 0, \Delta G < 0$;
b) $\Delta H > 0, \Delta S > 0, \Delta G = 0$;
c) $\Delta H > 0, \Delta S > 0, \Delta G > 0$.

17.38 $\Delta S > 0$

17.40 **b)** La valeur de ΔS_{vap} est plus élevée pour l'eau et l'éthanol parce que ces liquides sont plus ordonnés à cause de leurs liaisons hydrogène.

17.42 **b)** 0,0739

17.44 $2,6 \times 10^{-9}$

17.46 703 °C

17.48 $\Delta S < 0$; $\Delta H < 0$

17.50 55 J/K

17.52 $\Delta S_{syst} < 0$, mais $\Delta S_{ext} > 0$; donc $\Delta S_{univ} > 0$.

17.54 56 J/K

17.56 $4,9 \times 10^{-31}$; l'oxygène ne réagit pas avec l'azote dans l'air.

17.58 $4,8 \times 10^{-75}$ atm

17.60 a) et b).

17.62 $4,5 \times 10^5$

17.64 **a)** Pentane: 3 %;
2-méthylbutane: 43 %;
2,2-diméthylpropane: 54 %.
b) La stabilité augmente du pentane au 2,2-diméthylpropane (selon le degré de ramification).

17.66 $C(s) + Cu_2O(s) \longrightarrow CO(g) + 2Cu(s)$; $K = 8$.

CHAPITRE 18

18.2 **a)** $Mn^{2+} + H_2O_2 + 2OH^- \longrightarrow MnO_2 + 2H_2O$
b) $2Bi(OH)_3 + 3SnO_2^{2-} \longrightarrow 2Bi + 3H_2O + 3SnO_3^{2-}$
c) $Cr_2O_7^{2-} + 14\ H^+ + 3C_2O_4^{2-} \longrightarrow 2Cr^{3+} + 6CO_2 + 7H_2O$
d) $2Cl^- + 2ClO_3^- + 4H^+ \longrightarrow Cl_2 + 2ClO_2 + 2H_2O$

18.8 2,46 V; $3Ag^+(aq) + Al(s) \longrightarrow 3Ag(s) + Al^{3+}(aq)$.

18.10 Cl_2, MnO_4^-, F_2.

18.12 **a)** spontanée
b) non spontanée
c) non spontanée
d) spontanée

18.14 **a)** Li **b)** H_2
c) Fe^{2+} **d)** Br^-

18.18 0,367 V

18.20 **a)** −432 kJ; 6×10^{75}.
b) −104 kJ; 2×10^{18}.
c) −178 kJ; 1×10^{31}.
d) $-1,27 \times 10^3$ kJ; 1×10^{222}.

18.22 0,37 V; −36 kJ; 2×10^6.

18.26 **a)** 2,23 V; 2,23 V; −430 kJ.
b) 0,02 V; 0,04 V; -2×10^1 kJ.

18.28 0,083 V

18.30 0,010 V

18.34 1,09 V
18.42 **a)** Anode: $2Cl^- \longrightarrow Cl_2 + 2e^-$
Cathode: $Ca^{2+} + 2e^- \longrightarrow Ca$
b) 0,19 g
18.44 **a)** $2,09 \times 10^3$ $
b) $2,46 \times 10^3$ $
c) $4,70 \times 10^3$ $
18.46 **a)** 0,14 *F* **b)** 0,123 *F*
c) 0,10 *F*
18.48 **a)** $Ag^+ + e^- \longrightarrow Ag$
b) $2H_2O \longrightarrow O_2 + 4H^+ + 4e^-$
c) $6,0 \times 10^2$ C
18.50 **a)** 0,589 g Cu **b)** 0,133 A
18.52 2,2 h
18.54 $9,66 \times 10^4$ C
18.56 0,0710 *F*
18.58 $Cr_2O_7^{2-} + 6Fe^{2+} + 14H^+ \longrightarrow 2Cr^{3+} + 6Fe^{3+} + 7H_2O$; 0,156 *M*.
18.60 45,1 %
18.62 **a)** $2MnO_4^- + 16H^+ + 5C_2O_4^{2-} \longrightarrow 2Mn^{2+} + 10CO_2 + 8H_2O$
b) 5,40 %
18.64 0,231 mg/mL de sang.
18.66 **a)** 0,80 V
b) $2Ag^+ + H_2 \longrightarrow 2Ag + 2H^+$
c) *i)* 0,92 V *ii)* 1,10 V
d) La cellule fonctionne comme un pH-mètre; son potentiel varie sensiblement avec la concentration d'ions hydrogène.
18.68 L'eau s'oxyderait avant l'ion F^-.
18.70 $2,5 \times 10^2$ h
18.72 Les ions Hg(I) existent sous la forme Hg_2^{2+}.
18.74 $[Mg^{2+}] = 0,0500$ *M;*
$[Ag^+] = 2 \times 10^{-55}$ *M;*
1,44 g Mg.
18.76 **a)** H_2; 0,206 L.
b) $6,09 \times 10^{23} e^-/\text{mol } e^-$
18.78 **a)** −1356,8 kJ **b)** 1,17 V
18.80 +3
18.82 14 kJ; 4×10^{-3}.
18.84 1,4 A
18.86 +4
18.88 $1,60 \times 10^{-19}$ C/e^-

CHAPITRE 19

19.6 **a)** 0,049 *M*/s **b)** 0,025 *M*/s
19.16 **a)** $v = k[F_2][ClO_2]$
b) 1,2 *M* · s
c) $2,4 \times 10^{-4}$ *M*/s
19.18 **a)** $v = k[X]^2[Y]^3$
b) 0,69 *M*/s
19.20 **a)** 0,046 s^{-1} **b)** 0,13 $M^{-1}s^{-1}$
19.22 trois demi-vies ou 2,08/*k*
19.24 **a)** 0,0198 s^{-1} **b)** 151 s
19.32 135 kJ/mol
19.34 371 °C
19.36 51,0 kJ/mol
19.46 **a)** $v = k[X_2][Y]$
b) L'atome Z n'apparaît pas dans la réaction limitante.
c) $X_2 + Y \longrightarrow XY + X$ (lente);
$X + Z \longrightarrow XZ$ (rapide)
19.54 $v = (k_1k_2/k_{-1})[E][S]$
19.56 La température, l'énergie d'activation, la concentration des réactifs, un catalyseur.
19.58 Surface de la grosse sphère: 22,6 cm²; surface des huit petites sphères: 44,9 cm² Les petites sphères offrent la plus grande surface de contact et correspondent au catalyseur le plus efficace.
19.60 On peut considérer $[H_2O]$ comme une constante.
19.62 **a)** $v = k[H^+][CH_3COCH_3]$
b) $3,8 \times 10^{-3}$ /*M* · s
19.64 2,63 atm
19.66 $M^{-2} \cdot s^{-1}$
19.68 56,4 min
19.70 b), d) et e).
19.72 0,098 %
19.74 **a)** Elle augmente;
b) elle diminue;
c) elle diminue;
d) elle augmente.
19.76 0,0896 min^{-1}
19.78 $1,12 \times 10^3$ min
19.80 **a)** $v = k[X][Y]^2$
b) $1,9 \times 10^{-2}$ $M^{-2} \cdot s^{-1}$
19.82 3,1
19.84 Durant les 10 premières minutes, le moteur est relativement froid; les réactions seront donc lentes.

INDEX

Accumulateur au plomb, 589
Acétate de sodium
(CH_3COONa), 464, 480
Acétylène (C_2H_2)
combustion de l'acide, 165
liaison dans l', 275, 328
Acide(s), 48, 442, 480
acétylsalicylique
(aspirine), 450
Arrhenius, 101
ascorbique, *voir* Vitamine C
benzoïque, 452
borique, 472
chloreux ($HClO_2$), 50
chlorique, 50
conjugué, 440
constantes d'ionisation
des, *voir* Constantes
d'ionisation
cyanhydrique (HCN), 447,
450
de Brønsted, 101
de Lewis, 471
force des, 446
formique (HCOOH), 450
fort ou faible, définition,
445-446, 449
hypochloreux, 50
nomenclature des, 49
oxalique, 423
perchlorique ($HClO_4$), 50,
447
propriétés des, 106
propriétés générales des,
100
voir aussi Acides forts;
Acides faibles
Acide-base
Acide acétique, (CH_3COOH),
101, 440, 450
constante d'ionisation de
l', 449
titrages de l', 488
Acide carbonique (H_2CO_3),
457, 479
constante d'ionisation de l', 457
formation de l', 479
Acide chlorhydrique (HCl),
100, 445
comme monoacide, 100
comparé à l'acide nitrique,
583
dans le titrage acide-base,
486
Acide fluorhydrique (HF),
447, 450
comme acide faible, 447
constante d'ionisation de l'
(tableau), 450
Acide nitrique (HNO_3), 101
comme acide fort, 445
procédé d'Ostwall, 447, 640
Acide phosphorique
(H_3PO_4), 101, 460
constante d'ionisation
de l', 457
Acide sulfhydrique (H_2S),
comme diacide, 457
Acide sulfurique (H_2SO_4), 49
comme acide fort, 445
comme diacide, 102, 457
constante d'ionisation
de l', 457
dans les piles, 590
Acides faibles,
constantes d'ionisation
des, 449, 457
définition, 446
Acides forts, 446
Actinides, série des, 226
Action capillaire, 346
Adénosine diphosphate
(ADP), 560
Adénosine triphosphate
(ATP), 560
Affinité électronique, 251
Agent chélatant thérapeu-
tique, 515
Agents chélatants, 521
Air, composition de l', 128
Alcool de bois, *voir* Méthanol
Allotropes, *voir* Formes
allotropiques
Alpha (α), particules, 34
Aluminium, 257
électrométallurgie de l', 603
Ammoniac,
comme base, 102
comme base de Lewis, 471
comme engrais, 405
constante d'ionisation
de l', 461
géométrie de l', 307
préparation de l', 405
solubilité de l', 385
Ampère (A), 601
Amphotère, 263, 468, 503
Amplitude d'une onde, 197
Analyse
dimensionnelle, 20, 60, 78
gravimétrique, 115
qualitative, 504
quantitative, 115-116
voir aussi Titrages
acide-base
Analyse chimique
gravimétrique, 115
qualitative, 504
Anhydrase carbonique, 479
Aniline, 461
Anions, 40
configuration électronique
des, 240
noms des, 45
qui contiennent des
atomes métalliques, 523
rayons des, 246
Anode, 574
Antigel, 390
Approximations successives,
454
Archimède, 3
Argent, corrosion de l', 595
Argon, 261-262
Aristote, 30
Arrhenius, équation d', 631
Arrhenius, Svante A., 373
Arrhenius, théorie acide-base
d', 100
Arsenic, 93, 258-259
Arsine (AsH_3), 93
Aspirine (acide acétylsa-
licylique), 450
Astate, 260
Aston, Francis W., 66
Atome(s), 31
d'hydrogène, énergie de l',
203
équation de
Schrödinger et, 209
modèle de Bohr, 203
spectre d'émission de
l', 203
structure de l', 203
donneur, 519
modèle de Rutherford,
34-35
modèle de Thomson, 33-34
spectre d'émission de l',
202, 261
polyélectroniques, 210, 216
structure de l', 34
théorie de Dalton, 30
théorie grecque, 30
Auto-ionisation de l'eau, 441
Avogadro, Amedeo, 60, 136
loi d', 136
nombre d', 60
Azote, 258-259
diagramme de Lewis de l',
274
électronégativité de l', 277
énergie de dissociation,
289
fixation de l', 405
liaisons dans l', 274

Baromètre, 130
Bartlett, Neil, 262
Baryum, 255-256
Base(s), 48, 446
Arrhenius, 101
constante d'ionisation des,
460
conjuguée, 440
de Brønsted, 101
de Lewis, 470
faibles, 446
force des, 446, 460
fortes, 446
propriétés générales des,
100
Batterie d'accumulateurs au
plomb, 589
Bauxite, 603
Becquerel, Antoine, 29, 34
Benzène (C_6H_6), 285, 388
liaisons dans le, 285
résonnance dans le, 286
structure du, 285

Béryllium, 255-256
Bêta (β) particules, 34
Bohr, modèle de, 203
Bohr, Niels D., 203
Boltzmann, Ludwig, 147
Bombe calorimétrique, 170
  à pression constante, 173
  à volume constant, 170
Bore, 257
Bosch, Karl, 415
Boyle, loi de, 182
Boyle, Robert, 133
Brome, 260-261, 616
  réaction du ___ avec l'acide formique, 616
Brønsted
  acide de, 101, 440
  base de, 101, 440
Brønsted Johannes N., 101
  théorie acide-base de, 101
Buckminsterfullerène, 301
Burette, 10, 118
Bipyramidal(e) trigonal(e), 303, 310

Calcium, 256
Calorimétrie, 169
  à pression constante, 172
  à volume constant, 170
Capacité calorifique (C), 169
Capillaire (action), *voir* Action capillaire
Carbonate de calcium ($CaCO_3$), 413, 479, 552
Carbonate de cuivre, ($CuCO_3$; patine), 593
Carbone,
  formes allotropiques du, 41, 175
  masse atomique du, 58
  voir aussi Diamant; Graphite
Carbone 12, 60
Carbure, 45
Carcasse de gaz inerte, 223
Carnot, Sadi, 539
Catalyse, 638
  enzymatique, 642
  hétérogène, 639
  homogène, 642
  réduction de la pollution de l'air grâce à la, 641
Catalyseur, 639
  dans les convertisseurs catalytiques, 641
  effets d'un ___ sur l'équilibre, 429
  enzymes comme, 642
  hétérogène, 639
  homogène, 642
Cathode, 574
Cations, 40
  configuration électronique des, 240
  hydrolyse des, 465
  identification des ___ en solution, 504
  nomenclature des, 45
  rayon ionique des, 245
Cellule(s)
  diagramme de la, 575
  électrochimique, 574
  électrolytique, 597
  galvaniques cuivre/zinc, 574
  potentiel de la, 575
  tension de la, 575
Cellule de Downs, 597
Celsius, échelle, 13, 135
Césium, 254-255
Chadwick, James, 35-36
Chalcopyrite ($CuFeS_2$), 69
Chaleur, 165, 181
  de neutralisation, 173
  de vaporisation, 360
  et travail, 181
  voir aussi Calorimétrie; Enthalpie; Thermodynamique
Chaleur molaire,
  de fusion, 362, (tableau), 363
  de neutralisation, 173
  de sublimation, 364
  de vaporisation, 360
Chalumeau oxyacétylénique, 166
Champ cristallin, théorie du, 527
Champ magnétique, spin de l'électron et, 219
Changement, *voir* Transformation
Charge
  formelle, 281
  nucléaire effective, 242
Charles, Jacques, 127
Charles, loi de, 136
Chélates, 521
Chiffres significatifs, 15, 659
Chimie, 5
Chimie analytique, *voir* Analyse chimique
Chlorate de potassium ($KClO_3$), 74-75, 145, 622
Chlore, 260-261
Chlorure d'aluminium ($AlCl_3$), 465
Chlorure d'ammonium (NH_4Cl), 465
Chlorure d'argent (AgCl), analyse gravimétrique du, 116
  solubilité et, 492
Chlorure de béryllium ($BeCl_2$), 304, 318
Chlorure de sodium (NaCl), 43
  comme fondant, 389
  électrolyse du ___ aqueux, 597
  structure du, 43, 356
Chou rouge, 491
Chrome, 225
Cinétique chimique, 614
Cisplatine, 515
Classification électrochimique, 110-111
Cohésion *voir* Force
Combustion
  de l'acétylène, 165
  de l'hydrogène, 72
  de l'oxyde de carbone, 77
  du méthane, 168
  du soufre, 106
Complexe(s)
  activé, 630
  à spin élevé, 532
  à spin faible, 531
  tétraédrique, 305
  voir Composés de coordination
Comportement des gaz non parfaits, 151
Composé(s), 6
  binaire, 44
  covalents, 47
  dans la théorie de Dalton, 30
  ionique, 40
Composés, de coordination, 519
  géométrie des, 525-526
  liaisons dans les, 523
  nombre d'oxydation des, 518
  nomenclature des, 522
  propriétés magnétiques des, 531
Composés inorganiques, 44
Composés ioniques, nomenclature des, 44
Composés ternaires, 45
Composition
  atmosphérique, 128
  centésimale, 66
Concentration, 111
  comparaison des unités de, 549
  des solutions, 111
  effet de la ___ sur la force électromotrice, 585
  équilibre chimique et variation de, 422-423
  centésimale, 66
Concentration molaire, 111, 378
  unités de la, 111
  unités de la, fraction molaire, 143, 386
  unités de la, molalité, 378
  unités de la, pourcentage massique, 378
Condensation, 359
Conductivité métallique, 358
Configuration électronique, 217, 240
  des anions, 217, 240
  des cations, 240
  diamagnétisme et paramagnétisme dans la, 219
  distribution des électrons dans les orbitales, 217
  état fondamental, 217, 223
  et l'effet d'écran, 219
  principe d'exclusion de Pauli et, 218, 527
  principe de l'Aufbau et, 223
  règle de Hund et, 220
Constante cryoscopique molale, 390
Constante de dissociation de l'eau (K_{eau}), 442
Constante d'équilibre (K), 408, 557
  dans l'équilibre hétérogène, 413
  dans l'équilibre homogène, 409
  équation équilibrée et, 415
  et calculs des concentrations à l'équilibre, 418
  et loi d'action de masse, 408
  sens de la réaction et, 417
  voir aussi Constante d'ionisation
Constante de formation, (K_f), 502
Constante(s) d'ionisation des acides (K_a), 449, 457
  relation entre la constante d'ionisation des bases et la, 463
  des diacides et des polyacides, 457
  des monoacides, 449

Constante(s) d'ionisation des bases (K_b), 460
relation entre les constantes d'ionisation des acides et les, 463
Constante de Plank (h), 199
Constante de Rydberg (R_H), 203
Constante de stabilité, *voir* Constante(s) de formation K_f
Constante de vitesse, 618
Constante des gaz (R)
unités de la, 138
van der Waals (tableau), 153
Constante ébullioscopique molale, 389
Convertisseur catalytique, 641
Coordinence, 352
Coquille d'œuf, 479
Corrosion, 593
du fer, 593
Couche, 211
de valence, 302
étendue, 288, 326
Couleur
des indicateurs, 491
des ions des métaux de transition, 529
longueurs d'onde et, 198, 530
Coulomb (C), 601
Couple acide-base conjugué, 440
Couplées, réactions, 560
Covalent, *voir* Liaison; Solide
Cristallisation, 374
Cubique, *voir* Maille cubique
Cuivre, 225
affinage du, 603
configuration électronique du, 225
corrosion du, 595
Curie, Marie, 29, 34
Curie, Pierre, 29

Dalton, John, 30
Dalton, loi des pressions partielles de, 142
Dalton, théorie atomique de, 30
Davisson, Clinton, 209
de Broglie, hypothèse de, 207
de Broglie, Louis, 207
Debye (D), 313
Debye, Peter J., 313-314
Degré d'oxydation, *voir* Nombre d'oxydation
Demi-réaction, 105
Demi-vie, 624
des réactions d'ordre 1, 531
Démocrite, 30
Densité électronique, 210
voir aussi Orbitales
Déposition, 363
Désintégration nucléaire, 623
Désordre, entropie et, 542, 544
voir Entropie
Deutérium, 37
Deuxième loi du mouvement, 129
Deuxième principe de la thermodynamique, 539, 545
Diacide, 102, 456, 461
constante d'ionisation d'un, 457
Diagonale, parenté, 253
Diagramme de phases, 364
Diamagnétisme, 219
Diamant, comme forme allotropique du carbone, 41, 175
entropie du, 543
structure du, 357
Dichloroéthylène, 314
Dichromate de potassium ($K_2Cr_2O_7$), 113, 562
Dilution des solutions, 113
Dioxyde d'azote (NO_2), 406, 427
Dioxyde de carbone (CO_2), comme acide de Lewis, 470
diagramme de Lewis du, 274
diagramme de phases du, 365
enthalpie de formation du, 176
moments de liaison du, 313
propriétés acides du, 469-470
solide (glace sèche), 365
solubilité du, 385
Dioxyde de manganèse (MnO_2), 639
Dioxyde de soufre (SO_2), structure de Lewis, 307
Dipôle
induit, 341
temporaire, 341
Disque chromatique, 529
Dissolution, 374
Doublet liant, 306
Doublets libres, 273
Dualité onde-particule, 207
Eau, auto-ionisation de l', 441
capacité thermique massique de l', 169
diagramme de phase de l', 364
électrolyse de l', 598
liaisons hydrogène dans l', 347
masse volumique de l', 350
point d'ébullition de l', 364
pression de vapeur de l' (tableau), 145
produit ionique de l', 442
propriétés acide-base de l', 441
Eau régale, 610
Eau, structure de l', 273, 308
tension superficielle de l', 346
viscosité de l', 347
Écart par rapport au comportement des gaz parfaits, 151
Échelle de température absolue, 134
Échelles de température, *voir* Température, échelles de
Écran, effet d', 219
EDTA (éthylènediaminetrétra-acétate), 520
structure de l', 520
traitement de l'intoxication aux métaux, 523
Effet d'ion commun, solubilité et, 499
Effet photoélectrique, 200
Efficacité, 539
thermodynamique, 539
Einstein, Albert, 200
Électrocatalyseur, 592
Électrochimie, 570
Électrode(s), 574
anode, 574
cathode, 574
de verre, 588
standard d'hydrogène (ESH), 576
voir Potentiel d'
Électrolyse, 8, 597
affinage métallique par, 603
aspects quantitatifs de l', 601
de l'eau, 8, 598
du chlorure de sodium aqueux, 599
du chlorure de sodium fondu, 597
Électrolyte, 94
faible, 95
fort, 95
Électrométallurgie, 602
Électron(s), 33
densité électrique de valence, 239
non liants, 273, *voir* Doublets libres
rapport charge/masse des, 33
spin, 212, 219
voir aussi Tableau périodique
Électronégativité, 275, 278
Éléments, 6
abondance des, 7
affinité électronique dans les, 251
classification des, 38, 239
configurations électroniques des ___ à l'état fondamental, 217, 224
dans l'écorce terrestre, 7
électronégativité des, 277
énergies d'ionisation des (tableau), 248
essentiels, 7
métalliques, 39, 238, 254, *voir aussi* Métal(aux)
non métalliques, 39, 238, 254
normaux, 237-238
propriétés des périodes et des goupes d', 253
rayons atomiques des, 243
représentatifs, 238
symboles des (tableau), 7
Émissions des automobiles, 641
Empoisonnement au plomb, traitement, 521
Endothermique, 167
Énergie, 164
calorifique, 164
chimique, 164
cinétique, 147
d'activation (E_a), 630
dans le modèle du champ cristallin, 528
de l'atome d'hydrogène, 203
de liaison, 289
de liaison moyenne, 290
de première ionisation, 247
d'ionisation, 247
interne, 180, *voir aussi* Énergie cinétique; Énergie potentielle
potentielle, 164
principe de la conservation de l', 165

solaire, 164, *voir aussi* Lumière rayonnement
thermique, *voir* Chaleur
unité d', 147
voir aussi Enthalpie libre; Thermodynamique
Énergie, variation d',
dans les réactions chimiques, 165
et le premier principe de la thermodynamique, 180
voir aussi Enthalpie libre, variation de l'
Enthalpie (H), 167
d'une réaction, 167
standard, 175
de dissolution, 375, 382
Enthalpie libre (G), 549
dans les changements de phase, 555
équilibre chimique et, 556
et travail électrique, 581
spontanéité et, 549
température et, 552
variation de l'___ standard, 549
standard de formation (ΔG_f°), 550
de formation (ΔH_f°), 175
de réaction ($\Delta H^\circ_{\text{réaction}}$), 175
Entropie (S), 542
absolue, 543
des changements de phases, 543
et probabilité, 542
standard, 543
variation d', 546
Enzyme(s), 642
anhydrase carbonique, 479
modèle clé-et-serrure des, 642-643
Équation(s)
d'Arrhenius, 631
d'Henderson-Hasselbach, 484
de Nernst, 586
de Schrodinger, 209-210
de van der Waals, 152
de vitesse, 618, *voir aussi* Ordre de réaction
des gaz parfaits, 137, 138
d'oxydoréduction, 570
équilibrage d'une, 74, 570
moléculaire, 98
quadratique, 660
thermochimiques, 168
voir aussi Équation(s) chimique(s)
Équation ionique nette, 98
Équations chimiques, 72
équilibrées, *voir* Équilibrage des réactions
Équilibrage des réactions, 74, 570
constante d'équilibre et, 414
d'oxydoréduction, 570
voir aussi Constante d'équilibre; Équilibre de solubilité
Équilibre, 406
chimique, 96, 406
dynamique, 359
effet d'un catalyseur sur l', 429
enthalpie libre et, 556
et variation de concentration, 423
et variation de température, 427
et variation de volume et de pression, 425
glace-eau, 362
hétérogène, 413
homogène, 408
liquide-solide, 362
liquide-vapeur, 358, 363
physique, 406
principe de Le Chatelier et, *voir* Le Chatelier, principe de
solide-vapeur, 363
Équilibre de solubilité
effet d'ion commun et, 499
ions complexes et, 501
ESH (électrode standard à hydrogène), 576
Étape
déterminante, 637
élémentaire, 635
État
d'oxydation, *voir* Nombre d'oxydation
d'un système, 179
excité, 204
fonctions d', 179
fondamental (niveau fondamental), 204
standard, 175, 550
Étendue,
couche de valence, 326
voir Octet
Éthylène (C_2H_4), liaisons dans l', 274, 327
Éthylènediamine, 520
Éthylènediaminetétraacétate, *voir* EDTA
Éthylène glycol [$CH_2(OH)CH_2(OH)$], 390
Évaporation, *voir* Vaporisation
Exactitude, 19
Exothermique, 166

Facteur de conversion, *voir* Analyse dimensionnelle
Facteur de fréquence, 631
Facteur de van't Hoff, 396
Famille d'éléments, 38
Faraday, constante de (F), 582
Faraday, Michael, 569
Fahrenheit, échelle, *voir* Température, échelle de
Fer
corrosion du, 593
galvanisé, 596
Fiole jaugée, 10, 112
Fluor, 260-261
nombre d'oxydation du, 107, 279
Fluorure d'hydrogène (HF), 344
Fonction
d'état, 179
d'onde, 209
Fontaine d'ammoniac, 385
Force(s), 129
d'adhésion, 346
de cohésion, 346
de dispersion, 340, 342
des acides, 445, 449
des acides et des bases, 445-447
des bases, 446
de van der Waals, 339
dipôle-dipôle, 340
intramoléculaires, 339
ion-dipôle, 340
unités de la, 130
Force électromotrice (*fem*), 575
effet de la concentration sur la, 585
standard, 576
Forces intermoléculaires, 338
forces de dispersion, 340
forces de van der Waals, 339
forces dipôle-dipôle, 340
forces ion-dipôle, 340
Formaldéhyde (CH_2O), 329
Forme
bipyramidale à base triangulaire, 305
moléculaire, *voir* Géométrie moléculaire
Formes allotropiques, 41
de l'oxygène, 41
du carbone, 41, 175, 301
du carbone, *voir aussi* Diamant; Graphite
du phosphore, 177
du soufre, 177
Formule(s)
empirique, 42, 69
la plus simple, 42
moléculaire, 41, 71
voir aussi Formules chimiques
Formules chimiques, 41
empiriques, 41, 69
moléculaires, 41
Fraction molaire (X), 143, 386
Fraunhofer, Joseph, 195
Fraunhofer, lignes de, 195
Fréquence (ν), 197
facteur de (A), 631
Fusion
chaleur molaire de (tableau), 363
entropie et, 544, 554
point de, 362

Gallium, 235, 257
Gay-Lussac, Joseph, 134
Gaz, 128
constante des (R), 138
loi d'Avogadro, 136
loi de Boyle, 132
loi de Charles, 136
loi des pressions partielles de Dalton, 142
masse volumique des, 141
monoatomiques, 128
pression des, 129
rares, 39, 238, 261-262
solubilité des, 383
spectres d'émission des, 202
théorie cinétique des, 147
Gaz parfait(s)
équation des, 138
Geiger, Hans, 34
Géométrie moléculaire, 302
des composés de coordination, 525
voir aussi Orbitales hybrides; Modèle VSEPR
Germer, Lester, 209
Gibbs, fonction de, 548
Gibbs, Josiah W., 539
Glace, 348
sèche, 365
Glycérol, 347
Gramme (g), 10
Grandeur
extensive, 9
intensive, 9

Graphite, 41, 176
comme solide covalent, 357
entropie du, 543
Groupe (périodique), 38

H_2
diagramme de Lewis de, 272
énergie potentielle de, 316
voir aussi Hydrogène; Atome d'hydrogène
Haber, Fritz, 405
Haber, procédé de, 405
Hall, Charles M., 602
Hall, procédé, 603
Halogène(s), 39, 260-261
électronégativité des, 277
oxacides, 50, 51
propriétés des, 261
Halogénures d'hydrogène,
force acide des, 447
moments dipolaires des, 314
Haworth, W., 439
Heisenberg, principe d'incertitude de, 209
Heisenberg, Werner, 209
Hélium, 261-262
énergie d'ionisation de l', 248
forces intermoléculaires, 341
identification de l'___ dans le soleil, 195
point d'ébullition de l', 342
vitesse de libération de l', 150
Hémolyse, 393
Henderson-Hasselbach, équation de, 484
Henry, loi de, 383
Hertz (Hz), 197
Hess, loi de, 177
Hexafluorure de soufre (SF_6), 305, 362
Hindenburg, 163
Hund, règle de, 220
Hybridation, 317
sp, 317, 328
sp_2, 318, 327
sp_3, 319
sp_3d, 326
sp_3d_2, 325
Hydratation, 96
des ions, 96
des protons, 101
Hydrogène, 254
combustion de l', 72
comme carburant des fusées, 163
électrode standard à (ESH), 576
isotopes de l', 37
liaison, 343
nombre d'oxydation de l', 107
orbitales atomiques de l', 212
propriétés de l', 254
Hydrogénophtalate de potassium, 117
Hydrolyse
des sels, 464
d'ions métalliques, 465
Hydromètre, 590
Hydroxyapatite, $[Ca_5(PO_4)_3OH]$, 492
Hydroxyde(s)
amphotère, 503
d'aluminium $[Al(OH)_3]$, 503
de baryum $[Ba(OH)_2]$, 102, 446
de cuivre, 496
de sodium (NaOH), dans le titrage, 118, 486
des métaux alcalino-terreux, 102, 446
des métaux alcalins, 102, 446
Hydrure du béryllium (BeH_2), 287

Incertitude, principe d', 209
Indicateurs, 118
acido-basiques, 118, 490, (tableau) 491
Indice de coordination, 352, 534
Intermédiaire, 635
enzyme-substrat (ES), 643
Iode, 260-261
sublimation de l', 363
Iodure de cuivre, 495
Ion(s), 40
amidure, 447
ammonium, 45, 465
carbonate, 280, 283
configuration électronique des, 240
des métaux de transition, 241, 516
dichromate, 113, 562
hydraté, 96
hydrogène, hydraté, 101
hydrogène, pH et concentration de l', 443
hydronium, 101
isoélectroniques, 241
libres, 396
monoatomiques, 40
permanganate, comme oxydant, 572
polyatomique, 40
spectateur, 98
superoxydes, 255
voir aussi Effet d'ion commun;
Ion(s) complexe(s), 501
équilibre de solubilité et, 501
formation des, 501
propriétés magnétiques des, 531
voir aussi Composés de coordination
Ionisation, 247
Ion métallique
configuration électronique d'un, 241
hydrolyse d'un, 465
rayon d'un, 245
Isomère(s)
géométriques, 525
optiques, 526
cis-trans des composés de coordination, 526
Isomérie
géométrique, 526
voir Isomère(s)
Isomérisation, 613
Isotopes, 36

Janssen, Pierre, 195
Joule (J), 147

Kekulé, August, 285
Kelvin, échelle de température, 134
Kelvin, Lord (William Thomson), 134
Kilogramme (kg), 10
Krypton, 262

Lanthanides
série des, 226
Lavoisier, Antoine, 57
Le Chatelier, Henry L., 422
Le Chatelier, principe de, 422, 479
effet d'ion commun et, 499
équilibre chimique et, 433, 479
équilibre de solubilité et, 499
ionisation acide et, 456
Lewis
acide de, 471
base de, 471
notation de, 272
structure de, 273
charge formelle et, 281
et concept de résonnance, 284
règle de l'octet et, 274
théorie acide-base de, 471
Lewis, Gilbert N., 271
Liaison(s)
angles des, 302, 308
coordinence , 288
dans les composés de coordination, 527
dans les métaux, 358
dans les solides, 355
double, 274, 327
énergies de, 289, 290, (tableau), 291
dissociation des, 289
hydrogène, 343
ionique, 275
longueur de, 275
métalliques, 358
moment dipolaire, 313
multiple, 274
pi, 328
polaire, 278
polarité d'une, 276
règle de l'octet et, *voir* Octet, règle de
sigma, 328
simple, 274
triple, 274, 328
Liaison(s) covalente(s), 272
coordonnée, 289
Ligand aqua, 522
Ligands, 517
à champ faible, 531
à champ fort, 531
bidentés, 521
monodentés, 521
polydentés, 521
(tableau), 520
Liquide(s)
miscibles, 376
propriétés des (tableau), 339
solutions d'un liquide dans un, 374
solutions d'un solide dans un, 374
tension superficielle, 346
viscosité des, 347

Lithium, 253
Litre (L), 11
Logarithme, 659
Loi(s)
  d'action de masse, 408
  d'Avogadro, 136-137
  de Boyle, 133, 137
  de Charles, 136-137
  de conservation de la masse, 31
  de Henry, 383
  de Hess, 177
  de Raoult, 386
  de la conservation de l'énergie, 165
  des octaves, 236
  des pressions partielles de Dalton, 142
Loi des proportions
  de vitesse, 614, 618
  de vitesse intégrée, 623
  définies, 31
  multiples, 31
London, Fritz, 342
Longueur, unité de base SI, 9
Longueur d'onde, 196
  couleur et, 198
  radiation et, 196, 529
Lumière
  dualité de la (particule-onde), 207
  et dédoublement du champ cristallin, 529
  rayonnement de la, 164
  théorie électromagnétique, 197-198
  vitesse de la, 205

Machine thermique, 539
Magnésium, 255-256
  protection galvanique au, 597
Magnétisme
  des ions complexes, 531
  diamagnétisme, 285
  paramagnétisme, 219, 531
Maille centrée I, 353
Maille cubique
  centrée F, 352
  simple, 352
Maille élémentaire, 350
  cubique, 350
Manomètre, 131
Marsden, Ernest, 39
Marsh, James, 93
Marsh, méthode de, 93
Masse, 10
  de l'électron, 31
  des particules subatomiques, 35
  loi d'action de, 408
  molaire, 60, 141, 393
  moléculaire, 60, 63
  unité de base SI, 11
Masse atomique, 58
  moyenne, 58
Masse volumique, 12
  de l'eau, 350
  des gaz, 141
Matière, 4
  classification de la, 5
  conservation de la, 31
Maxwell, distribution des vitesses selon, 148
Maxwell, James C., 147
Mécanique
  ondulatoire, 210
  quantique, 209
Mécanisme réactionnel, 635
  et molécularité, 635
  réactions élémentaires, 635
Mélange, 6
  gazeux, loi des pressions partielles et, 142
  hétérogène, 6
  homogène, 6
Membrane semi-perméable, 391
Mendeleïev, Dimitri I., 235
Mercure
  dans les baromètres, 130
  pile au, 589
Métabolisme, 560
Métal(aux), 39, 238, 254
  corrosions des, *voir* Corrosion dans les composés ioniques
  liaisons dans les, 358
  propriétés des, 39, 254
  réactions de substitution, 109
Métal(aux) de transition, 225, 516
  configuration électronique des, 225, 517
  ions de, configuration électronique, 220, 241, 517
  nombres d'oxydation des, 518
Métalloïdes, 39
Métaux alcalino-terreux, 39, 255
  électronégativité des, 277
  énergie d'ionisation des, 249
  hydroxydes amphotères, 503
  hydroxydes des, 446
  propriétés des, 255
Métaux alcalins, 39, 255
  électronégativité des, 277
  énergie d'ionisation des, 249
  hydroxydes des, 446
  propriétés communes des, 254-255
  réactions des ___ avec l'oxygène, 255
  tendances du groupe des, 254-255
Méthane (CH_4)
  combustion du, 168
  géométrie moléculaire du, 304-305, 319
Méthanol (CH_3OH), 309
Méthodes
  des approximations successives, 454
  des facteurs de conversion, 22
  des moles, 77
  d'isolation, 620
  ions-électrons, 570
Méthyle, radical, 634
Mètre, 11
Meyer, Lothar, 236
Micro-ondes, 198
Milieu extérieur, 165
Millikan, Robert A., 33
Modèle(s)
  clé-et-serrure, 642-643
  de Bohr des liaisons de valence, 317
Modèle VSEPR, 302
  et molécules dans lesquelles l'atome central a un ou plusieurs doublets libres, 306
  et molécules dans lesquelles l'atome central n'a pas de doublet libre, 302
Molalité (m), 378
Molarité (M), 111, 378
Mole, 60
Molécularité, 635
Molécule(s), 39
  à nombre impair d'électrons, 288
  d'hydrogène, combustion de la, 72
  d'hydrogène, diagramme de Lewis de la, 272
  diatomique, 39, 40
  formules chimiques et, 41
  linéaire, 303, 316, 317
  non polaire, 313
  planes, 305
  polaire, 313, 327
  polyatomiques, 40
Moment dipolaire (μ), 313
Monoacide(s), 101, 449
Moseley, Henry, 236
Mouvement
  de translation, 544
  rotatif, 544
  vibratoire, 544
Moyenne des carrés des vitesses, 148

N_2, *voir* Azote
Napoléon, 93
Navette Discovery, 163
Néon, 66, 262
Nernst, équation de, 586
Neutralisation, réactions de, 103
Neutron, 35
Newlands, John A., 236
Newton (N), 130
  deuxième loi du mouvement de, 129
Newton, Sir Isaac, 129
Niveau excité, 205
Nœud, 207, 350
Nombre de masse (A), 36
Nombre d'oxydation, 106
  attribution du, 107, 278
  des éléments de transition, 518
  des éléments non métalliques, 108
  des halogènes, 108
  des métaux dans les composés de coordination, 518
  et électronégativité, 278
Nombre quantique azimuthal, *voir* Nombre quantique secondaire
Nombre quantique, 211
  de rotation propre, ou de spin (s), 212
  magnétique (m), 212
  principal (n), 203, 211
  secondaire (l) ou azimuthal, 211
Nomenclature
  des acides, 49
  des acides et de leurs bases conjuguées (tableau), 447
  des acides simples (tableau), 49
  des anions (tableau), 45, 447
  des bases, 51

des cations (tableau), 45
des composés covalents, 47
des composés de coordination, 522
des composés ioniques, 44
des oxacides (tableau), 50
des oxanions (tableau), 50
Non-électrolyte(s), 94
solutions de, propriétés colligatives des, 385
Non-métal, 39
Notation scientifique, 14
Noyau, 35
atomique, 34
Nuage électronique, 210
Numéro atomique (*Z*), 36, 236-237

O_2, 260
solubilité, 382
voir aussi Oxygène
O_3, *voir* Ozone
Octaèdre, 306
Octaves, loi des, 236
Octet
étendu, 288, 326
incomplet, 287
règle de l', 274
règle de l', exceptions à la, 287
Onde(s), 196
électromagnétique, 196
longueur d', *voir* Longueur d'onde
énergie sous forme d', *voir* Radiation
fréquence, 197
propriétés des, 197
stationnaires, 197, 207
Opsine, 613
Orbitales
forme des, 213, 317
Orbitales atomiques, 210, 212
distribution des atomes, 217
énergie des, 215
hybrides, *voir* Orbitales, hybrides
relation entre les nombres quantiques et les, 211-212
Orbitales *d*, 214
et le modèle du champ cristallin, 528
hybridation des, 323, 325
Orbitales *f*, 214
Orbitales hybrides, 318
des molécules ayant des liaisons doubles ou triples, 327
hybrides, *sp*, 317, 328
hybrides, sp_2, 318
hybrides, sp_3, 319
hybrides, sp_3d, 325
hybrides, sp_3d_2, 325
tableau, 323
Orbitales *p*, 214
Orbitales *s*, 212
Ordre 0, réactions d', 644
Ordre de réaction, 618
détermination de l', 620
ordre 0, 644
ordre 1, 622
Orientation, facteur, 634
Osmose, 391
Ostwald, procédé d', 640
Oxacides, 49
Oxanions, 49
Oxydant, 105
Oxyde(s), 262
acides, 263, 468
amphotère, 263, 264, 468
basiques, 263, 468
d'aluminium (Al_2O_3), 263
d'arsenic (III) (AsO_3), 93
d'azote (NO), 288
de calcium (CaO; chaux vive), 552
de mercure (HgO), 166
de phosphore (V) (P_4O_{10}), 259
Oxydoréduction, réactions d', *voir* Réactions d'oxydoréduction
Oxygène, 260
électronégativité de l', 277
formes allotropiques de l', 41
nombre d'oxydation de l', 107
réactions des métaux alcalins avec l', 255
Ozone, 41
charge formelle, 281
structure de résonance de l', 285

Paires d'ions, 396
Paramagnétisme, 219, 531
Parenté diagonale, 253
Particules subatomiques, 36
Pascal (Pa), 130
Passivation, 596
Patine, 595
Pauli, principe d'exclusion de, 218, 532
Pauli, Wolfgang, 218
Pauling, Linus, 276
Pentachlorure de phosphore (PCl_5), 305
Pentoxyde de diazote (N_2O_5), 623, 624
Période, 38
Permanganate de potassium ($KMnO_4$), 113
Peroxyde(s), 255
d'hydrogène (H_2O_2), 41-42, 67
décomposition du, 616 617, 637
nombre d'oxydation dans le, 278
pourcentage massique du, 67
pH, 443
des solutions tampons, 482
des titrages acido-basiques, 486
Phase
changement de, 358
diagramme de, 364
effet de la pression sur le, 364
et entropie, 543, 554
liquide-solide, 364
liquide-vapeur, 359
solide-vapeur, 363
Phénolphtaléine, 118, 490, 491
Phlogistique, 57
pH-mètre, 446
Phosphate de calcium [$Ca_3(PO_4)_2$], 479
Phosphore, 258-259
blanc, 259
formes allotropiques du, 259
rouge, 259
Photons, 200
Pile, 588
à combustible, 591
hydrogène/oxygène, 593
oxygène/hydrogène, 591
oxygène/propane, 592
au mercure, 589
Leclanché, 589
sèche, 589
pK_a, 484
Planck, constante de (*h*), 199
Planck, Max, 196
Platine
comme catalyseur, 641
comme électrocatalyseur, 576, 592
utilisation thérapeutique des complexes de, 515
Platon, 30
Pluie acide, 469
pOH, 444
Poids, 10
atomique, *voir* Masse atomique
moléculaire, *voir* Masse moléculaire
Point d'ébullition, 360
élévation du, 388
et forces intermoléculaires, 361
pression de vapeur et, 360
Point de congélation, 362
abaissement du, 389
Point de fusion, 362
Point d'équivalence dans un titrage acide-base, 118
Point triple, 365
Polarisabilité, 341
Pollution thermique, 382
Polyacide(s), 456
Polyélectronique, atome, 210
Pont salin, 576
Position axiale, 305
Position équatoriale, 305
Potassium, 254-255
Potentiel de demi-cellule, *voir* Potentiel standard de réduction
Potentiel d'électrode, *voir* Potentiel standard de réduction
Potentiel standard
d'électrode, 575
(tableau), 579
d'oxydation, 577
d'une cellule, 576
de réduction, 576
Pourcentage
de rendement, 84
d'ionisation, 457
du caractère ionique, 276
massique, 67, 378
Pouvoir pénétrant, 220
Précipité, 96
Précision, 19
Préfixes
nomenclature (tableau), 47
unités SI (tableau), 11
Premier principe de la thermodynamique, 180
Pression, 129
changement de phase et, 364
critique (P_c), 361
équilibre chimique et variation de la, 425
gazeuse, 129

osmotique (π), 391
relation pression-volume dans les gaz, 132
unité SI de la, 130
Pression atmosphérique, 130
normale, 130
point d'ébullition et, 364
point de congélation et, 364
Pression de vapeur, 359
diminution de la, 386
maximale, 359
Pressions partielles, 142
loi des ___ de Dalton, 142
Priestly, Joseph, 57
Principe de l'Aufbau, 223
Principe d'incertitude, 209
Probabilité
dans la distribution des électrons, 209
et entropie, 540
voir aussi Orbitales atomiques
Problèmes, résolution de, 20
Produit, 73
ionique, 442
Produit de solubilité, 493
analyse qualitative du, 504
solubilité molaire et, 497
tableau, 494
Propane, 592
Proportions
définies, loi des, 31
multiples, loi des, 31
Propriété(s)
chimique, 8
extensive, 9
intensive, 9
macroscopiques, 9
microscopiques, 9
physique, 8
Propriétés acido-basiques, 100-101
de l'eau, 441
des hydroxydes, 503
des oxydes, 263
des solutions de sels, 464
Propriétés colligatives
des solutions d'électrolytes, 395
des solutions de non-électrolytes, 385
Protection cathodique, 596
Proton, 34
Proust, Joseph L., 31

Quanta, 196
théorie des, 199
Quantités stœchiométriques, 81
Quantum, 199
Quartz
cristallin, 357
point de fusion du, 357
Quotient réactionnel (Q_c), 417, 556

Radiation, 31, 164
voir aussi Lumière, rayonnement, 164
Radical méthyle, 634
Radioactivité, 33
Radium, 29
Radon, 230
Raoult, loi de, 386
Rapport charge/masse (e/m), 33
Rayon
alpha (α), 33-34
atomique, 242
bêta (β), 33-34
gamma (γ), 33, 34
ionique, 245
Rayon(s) cathodique(s), 32
tube à, 32
Rayonnement
électromagnétique, 197
Rayons X, 34
tableau périodique et, 236
Réactifs, 73
en excès, 75
limitants, 81
Réaction(s)
acido-basiques, 100, 440, 486
bimoléculaires, 635
chimique, 72
cinétiquement limitante, 637
couplée, 562
de la demi-cellule, 574
d'ordre 1, 622
d'oxydation, 104
de précipitation, 96, 490
de réduction, 105
de substitution, 109
élémentaire, 635
endothermique, 167
exothermique, 167
non spontanées, 542
réversible, 96
spontanée, 540
trimoléculaires, 635
unimoléculaire, 635
vitesse des, 614
voir aussi Réactions chimiques
Réactions chimiques
acido-basiques, 100, 440, 486
bimoléculaires, 635
de la demi-cellule, 574
de neutralisation, 117
d'ordre 1, 622
de précipitation, 96, 492
de substitution, 109
définition de Dalton des, 30
équilibrage des, 570
nombre d'oxydation et, *voir* Nombres d'oxydation
spontanée(s), 540, 583
trimoléculaires, 635
unimoléculaires, 635
vitesse des, *voir* Vitesse de réaction
Réactions d'oxydoréduction, 104, 570
équilibre des, 570
nombre d'oxydation et, *voir* Nombre d'oxydation
Recouvrement
dans le modèle des liaisons de valence, 317
dans l'hybridation des orbitales atomiques, 318
Réducteur, 105
Réduction, potentiel de, *voir* Potentiel standard de réduction
Relation diagonale, *voir* Parenté diagonale
Relation volume-température des gaz, 134
Rendement
pourcentage de, 84
réel, 84
théorique et pourcentage de, 83-84
Réseau, *voir* Maille
Résonance, 284
structure de, 285
Rétinal, 613
Röntgen, Wilhelm K., 33
Rosenberg, Barnett, 515
Rotation moléculaire, 544
Rouille, 593
Rutherford, Ernest, 34

Schrödinger, équation de, 209-210
Schrödinger, Erwin, 209
Sel(s), 103
hydrolyse des, 464
voir aussi Solubilité; Produit de solubilité
Séparation énergétique, 529
Série
d'activité, 110
de Balmer, 205-206
spectrochimique, 531
Sigma (σ), liaisons, 328
Silicium, 258
Site actif, 642
SI, unités (unités du système international), 9
Sodium, 254-255
production du, 597
réaction dans l'eau, 111
Solide(s)
covalents, 357
cristallin, 349 (tableau), 355
ioniques, 355
métalliques, 357
moléculaires, 356
propriétés des (tableau), 339
solutions de ___ dans des liquides, 374
température et solubilité des, 382
Solubilité, 97, 376, 494
des gaz, 383
effet d'ion commun et, 499
et pression, 383
et température, 382
molaire, 494
règles de, 97
Soluté(s), 94
non volatils, 386
volatils, 387
Solution(s), 94
aqueuse, 94
d'électrolytes, propriétés colligatives des, 395
de non-électrolytes, propriétés colligatives des, 385
de sels, propriétés acido-basiques des, 464
dilution d'une, 113
enthalpie des, 375
idéales, 388
insaturée, 374
isotonique, hypertonique et hypotonique, 392
saturée, 374
stœchiométrie des, 115, 486
sursaturée, 374
tampon, 480
unités de concentration, 111, 377

Solvant, 94
Solvatation, 377
Sorensen, Soren P., 443
Soufre, 260
combustion du, 181
Sous-couche, 211
électronique, 211
Spectre
d'absorption, 530
discontinu, 202
d'émission, 202
visible, 198, 529
Spectromètre de masse, 65
Spin, *voir* Nombre quantique, de rotation propre ou de spin
Spin d'un électron, 212, 218
dans les composés de coordination, 531
principe d'exclusion de Pauli et, 218
règle de Hund et, 221
Stalactites, 493
Stalagmites, 493
Stéréochimie, 525
Stéréoisomères, 525
Stilbène, 418
Stœchiométrie, 77
vitesse de réaction et, 614
Stœchiométriques, quantités, 81
Strontium, 255-256
Structures cristallines, 349
Structures de Lewis, 273
Sublimation, 363
Substance, 5
Substrat, 642
Sulfate de baryum ($BaSO_4$), 492
Sulfure d'hydrogène (H_2S), dans l'analyse qualitative, 504
Superoxyde de potassium (KO_2), 255
Supraconducteur à haute température, 337
Surface externe, 213
Surtension, 599
Système acétate de sodium/acide acétique, 480
Système
définition, 165
état d'un, 179
fermé, 165
international des unités (unités SI), 9
isolé, 165
ouvert, 165
tampon, 480
Szent-Gyorgi, Albert, 439

Tableau périodique, 38, 236
familles dans le, 38
groupes dans le, 38
histoire du, 235-237
moderne, 239
périodes du, 38
tendances de l'électronégativité dans le, 277
tendances des affinités électroniques dans le, 251
tendances des énergies d'ionisation dans le, 248
tendances des rayons atomiques dans le, 243
Tampon phosphate, 485
Température critique (T_c), 361
(tableau), 363
Température
échelles de, Celsius, 13
échelles de, Fahrenheit, 13
échelles de, Kelvin, 13, 134-135
équilibre chimique et variation de, 427
et pression de vapeur de l'eau (tableau), 145
et pression normales (TPN), 138
et vitesse de réaction, 630
réactions chimiques et, 630
solubilité et, 382
Temps, unité SI, 10, 11
Tension, 576
standard, 577
superficielle, 346
Terre, composition de la (tableau), 7
Terres rares, 226
Test d'émission à la flamme, 506
Tétrafluorure de soufre (SF_4), 308
Tétroxyde de diazote (N_2O_4), 406, 427
Théorie(s) acide-base
Arrhenius, 100-101
Brønsted, 101, 440
Lewis, 471
Théorie(s) atomique(s), *voir* Atome
Théorie cinétique
des gaz, 147
des liquides et des solides, 338
Théorie de la liaison de valence, 317
Théorie des collisions, 629
Théorie du champ cristallin, 527
Théorie particulaire de la lumière, 200
Thermochimie, 165
Thermodynamique, 179, 540
deuxième principe de la, 545
et systèmes vivants, 560
premier principe de la, 180
Thiocyanate de fer, 423
Thomson, George P., 209
Thomson, Joseph J., 33
Titrage(s), 117
acide-base, 117, 486
courbe de, 487, 489
indicateurs pour, *voir* Indicateurs acido-basiques
Toluène, 387
Torr, 130
Torricelli, Evangelista, 130
Tournesol, 100
Toxicité
de l'arsenic, 93
des gaz, 128
du strontium-90, 256-257
TPN (température et pression normales), 138
Transformation
chimique, 72
exothermique, 166
Transpiration, 393
Travail, 164, 182
électrique, 581, 582
enthalpie libre et, 581
et dilatation des gaz, 182
mécanique, 164, 182
Triacides, 102, 246
Trifluorure de bore (BF_3), 287, 304
Triméthylarsine [$(CH_3)_3As$], 93
Trioxyde de soufre (SO_3), 264
Turbine à vapeur, 539

Ultraviolet (UV), 198
Unité de masse atomique (u), 58
Unité(s) SI, 9
dérivées, 11
métriques, 11
Uranium 235, 37
isotopes de l', 37

Van der Waals
équation de, 152
forces de, 339
Van der Waals, Johannes D., 152
van't Hoff, facteur de, 396
Vapeur, 129
pression de, 359
Vapeur d'eau, pression de la (tableau), 145
Vaporisation (évaporation), 359
chaleur molaire et, 360, (tableau), 360
entropie et, 543, 555
Variation d'enthalpie libre standard, 549
Vecteur, 314
Vibration moléculaire, 544
Viscosité, 347
Vision, 613
Vitamine C, 439, 450
Vitesse(s)
de la lumière, 197
de libération, 150
de réaction, 614
en fonction de l'énergie d'activation et de la température, 630
entre le brome et l'acide formique, 616
et stœchiométrie, 614
voir aussi Loi de vitesse; Ordre de réaction
des molécules, distribution des, 148, 149
des ondes électromagnétiques, 197
distribution des ___ selon Maxwell, 148
instantanée, 617
Vitesse quadratique moyenne, 149
Vitesses moléculaires, 148
distribution des, 148
moyenne des carrés des, 148
Volt, 576, 581
Voltmètre, 574
Volume, 11
constant, 185
équilibre chimique et variation de, 422-423
unité SI, 11
VSEPR, *voir* Modèle VSEPR

Xénon, 262

Zéro absolu, 134
Zinc
dans les piles, 589
protection galvanique avec du, 596

24 **Cr** 52,00	
24	Numéro atomique
52,00	Masse atomique

IA	IIA	IIIB	IVB	VB	VIB	VIIB	VIIIB	VIIIB	VIIIB	IB	IIB	IIIA	IVA	VA	VIA	VIIA	VIIIA
1 **H** 1,008																	2 **He** 4,003
3 **Li** 6,941	4 **Be** 9,012											5 **B** 10,81	6 **C** 12,01	7 **N** 14,01	8 **O** 16,00	9 **F** 19,00	10 **Ne** 20,18
11 **Na** 22,99	12 **Mg** 24,31											13 **Al** 26,98	14 **Si** 28,09	15 **P** 30,97	16 **S** 32,07	17 **Cl** 35,45	18 **Ar** 39,95
19 **K** 39,10	20 **Ca** 40,08	21 **Sc** 44,96	22 **Ti** 47,88	23 **V** 50,94	24 **Cr** 52,00	25 **Mn** 54,94	26 **Fe** 55,85	27 **Co** 58,93	28 **Ni** 58,69	29 **Cu** 63,55	30 **Zn** 65,39	31 **Ga** 69,72	32 **Ge** 72,59	33 **As** 74,92	34 **Se** 78,96	35 **Br** 79,90	36 **Kr** 83,80
37 **Rb** 85,47	38 **Sr** 87,62	39 **Y** 88,91	40 **Zr** 91,22	41 **Nb** 92,91	42 **Mo** 95,94	43 **Tc** (98)	44 **Ru** 101,1	45 **Rh** 102,9	46 **Pd** 106,4	47 **Ag** 107,9	48 **Cd** 112,4	49 **In** 114,8	50 **Sn** 118,7	51 **Sb** 121,8	52 **Te** 127,6	53 **I** 126,9	54 **Xe** 131,3
55 **Cs** 132,9	56 **Ba** 137,3	57 **La** 138,9	72 **Hf** 178,5	73 **Ta** 180,9	74 **W** 183,9	75 **Re** 186,2	76 **Os** 190,2	77 **Ir** 192,2	78 **Pt** 195,1	79 **Au** 197,0	80 **Hg** 200,6	81 **Tl** 204,4	82 **Pb** 207,2	83 **Bi** 209,0	84 **Po** (210)	85 **At** (210)	86 **Rn** (222)
87 **Fr** (223)	88 **Ra** (226)	89 **Ac** (227)	104 **Rf** (257)	105 **Db** (260)	106 **Sg** (263)	107 **Bh** (262)	108 **Hs** (265)	109 **Mt** (266)									

58 **Ce** 140,1	59 **Pr** 140,9	60 **Nd** 144,2	61 **Pm** (147)	62 **Sm** 150,4	63 **Eu** 152,0	64 **Gd** 157,3	65 **Tb** 158,9	66 **Dy** 162,5	67 **Ho** 164,9	68 **Er** 167,3	69 **Tm** 168,9	70 **Yb** 173,0	71 **Lu** 175,0
90 **Th** 232,0	91 **Pa** (231)	92 **U** 238,0	93 **Np** (237)	94 **Pu** (242)	95 **Am** (243)	96 **Cm** (247)	97 **Bk** (247)	98 **Cf** (249)	99 **Es** (254)	100 **Fm** (253)	101 **Md** (256)	102 **No** (254)	103 **Lr** (257)

Métaux

Métalloïdes

Non-métaux

La notation 1 à 18 des groupes est recommandée par l'Union internationale de chimie pure et appliquée (UICPA), mais elle n'est pas encore très utilisée. Dans ce manuel, nous utilisons la notation standard américaine (IA – VIIIA et IB – VIIIB).